창세기 1, 2, 3장 강해

창세전 언약으로 본

창조와 구원 이야기

| 정낙원 지음 |

쿰란출판사

창세기 1, 2, 3장 강해

창세전 언약으로 본
창조와
구원 이야기

 들어가는 말

성경은 하나님의 창조 이야기입니다.
역사 밖에 계시던 하나님이 역사 속에서 행하신 일들을 기록한 것입니다.
역사를 히스토리(history)라고 하는데 이는 '그의 이야기'라는 뜻입니다.
그가 누구입니까?
바로 예수 그리스도입니다.
하나님은 창세전에 예수 그리스도를 통한 자기 백성을 구원하실 것을 언약하셨습니다.
그리고 만물을 창조하셨습니다.

요 1:1-3, 14 "태초에 말씀이 계시니라 이 말씀이 하나님과 함께 계셨으니 이 말씀은 곧 하나님이시니라 ²그가 태초에 하나님과 함께 계셨고 ³만물이 그로 말미암아 지은바 되었으니 지은 것이 하나도 그가 없이는 된 것이 없느니라…¹⁴말씀이 육신이 되어 우리 가운데 거하시매 우리가 그 영광을 보니 아버지의 독생자의 영광이요 은혜와 진리가 충만하더라"

골 1:16-17 "만물이 그에게 창조되되 하늘과 땅에서 보이는 것들과 보이지 않는 것들과 혹은 보좌들이나 주관들이나 정사들이나 권세들이나 만물이 다 그로 말미암고 그를 위하여 창조되었고 ¹⁷또한 그가 만물보다 먼저 계시고 만물이 그 안에 함께 섰느니라"

태초에 하나님이 계셨습니다.
이는 하나님 나라를 말합니다.

하나님 나라에 말씀이신 하나님과 아버지 하나님이 계셨습니다.
이러한 사실을 증거하는 하나님이 계셨는데 그를 성령 하나님이라고 합니다.

태초에 삼위 하나님이 계신 것입니다.
삼위 하나님이 스스로에게 언약을 하십니다.
그리고 그 언약을 이루기 위한 장소를 만드셨습니다.

그 장소를 우리는 역사(이 세상)라고 합니다.
태초에 말씀으로 계시던 하나님이 육신을 입고 이 세상에 오셨습니다.
그리고 태초(창세전)에 언약하신 이야기들을 역사 속에서 풀어내시는 것입니다.
언약이 먼저이고 만물의 창조가 나중인 것입니다.

성경을 펴면 첫마디가 "태초에 하나님이 천지를 창조하시니라"라고 합니다.
하나님이 이 세상을 왜 창조하셨을까요?
어떤 목적이 있어서입니다.

'창조'(創造)라는 말 자체가 어떤 원인에 의한 결과로 나타났다는 뜻입니다.
그럼 천지창조를 말하기 전에 그 원인을 추적하는 것이 우선되어야 합니다.
천지가 존재하게 된 배경을 알아야 하는 것입니다.

하나님은 창조주이시고 우리는 피조물입니다.
창조주가 피조물을 만드셨습니다.
그럼 피조물은 창조주에게 물어야 합니다.

나는 누구인가요?
나를 왜 만들었나요?
내가 세상에 존재하는 이유가 무엇인가요?

나는 어디서 왔고,
무엇을 하다가,
어디로 가는지를 물어야 합니다.

내 존재로부터 출발하지 말고,
나를 존재케 하는 원인으로부터 나를 이해하여야 합니다.
그래야 '나'라는 존재 이유를 알 수 있습니다.
성경은 우리의 근원과 존재의 목적을 알려주고 있습니다.

창조주는 피조물을 통해서 드러납니다.
피조물이 없으면 창조주는 드러나지 않습니다.
하나님께서 만물을 창조하신 것은 하나님을 드러내고자 하심입니다.
창조주와 피조물은 서로를 드러내는 짝이 되는 셈입니다.

남자에게서 여자가 나왔듯이 창조주에게서 피조물이 나온 것입니다.
남자와 여자가 한 몸이 되어서 살아가야 하듯이
장차 하나님 나라에서 창조주와 피조물이 하나가 되어서 살아가게 되는 것입니다.
이것이 성경의 완성지점입니다.

우리는 창세기 1, 2, 3장의 창조 이야기를 통해서
하나님께서 자기 백성들을 어떻게 구원해 내시는지를 배우게 됩니다.
본 글은 천지와 만물의 창조 속에 담긴
예수 그리스도가 자기 백성을 구원하는 이야기를 하고자 합니다.
천지창조 속에 담긴 나의 구원 이야기를 찾아보고자 합니다.
부디 이 글을 통해서 하나님의 계획 속에 나는 어떻게 예정되어 있는지를
알아가는 시간이 되길 바랍니다.

해 돋는 강동에서
정낙원 목사

목차

들어가는 말 _4

1강_ 창세전 언약 _10

2강_ 태초에 _43

3강_ 실상과 모형 _71

4강_ 첫째 날, 빛이 있으라 _102

5강_ 둘째 날, 궁창 위 물과 궁창 아래 물 _129

6강_ 셋째 날, 바다에서 뭍을 불러내심 _156

7강_ 넷째 날, 해와 달과 별 _188

8강_ 다섯째 날, 바다의 고기와 궁창의 새 _221

9강_ 여섯째 날, 짐승과 사람 _258

10강_ 저녁에서 아침으로 _297

11강_ 천지와 만물이 다 이루니라 _326

12강_ 일곱째 날, 안식하시니라 _352

13강_ 두 사람 _388

14강_ 아담, 흙과 생기 그리고 생령 _429

15강_ 에덴동산의 두 과실 그리고 독과 약 _466

16강_ 에덴동산의 네 강 _500

17강_ 돕는 배필 _548

18강_ 남자와 여자 _580

19강_ 아담과 하와 _606

20강_ 남자가 부모를 떠나는 아담 이야기 _630

21강_ 남자가 부모를 떠나는 예수님 이야기 _661

22강_ 뱀이 여자를 미혹하는 방법 _685

23강_ 선악과에 취한 사람들 _723

24강_ 아담아 네가 어디 있느냐 _737

25강_ 흙을 먹는 뱀 _768

26강_ 여자의 후손과 뱀의 후손의 전쟁 _805

27강_ 여자의 길과 남자의 길 _834

28강_ 흙으로 돌아가라 _864

29강_ 두 가지 옷 _898

30강_ 에덴동산에서 추방함 _927

맺는말 _957

1강 창세전 언약으로 본 창조와 구원 이야기

창세전 언약

창 1:1 "태초에 하나님이 천지를 창조하시니라"

엡 1:3-10 "찬송하리로다 하나님 곧 우리 주 예수 그리스도의 아버지께서 그리스도 안에서 하늘에 속한 모든 신령한 복으로 우리에게 복 주시되 ⁴곧 창세전에 그리스도 안에서 우리를 택하사 우리로 사랑 안에서 그 앞에 거룩하고 흠이 없게 하시려고 ⁵그 기쁘신 뜻대로 우리를 예정하사 예수 그리스도로 말미암아 자기의 아들들이 되게 하셨으니 ⁶이는 그의 사랑하시는 자 안에서 우리에게 거저 주시는바 그의 은혜의 영광을 찬미하게 하려는 것이라 ⁷우리가 그리스도 안에서 그의 은혜의 풍성함을 따라 그의 피로 말미암아 구속 곧 죄 사함을 받았으니 ⁸이는 그가 모든 지혜와 총명으로 우리에게 넘치게 하사 ⁹그 뜻의 비밀을 우리에게 알리셨으니 곧 그 기쁘심을 따라 그리스도 안에서 때가 찬 경륜을 위하여 예정하신 것이니 ¹⁰하늘에 있는 것이나 땅에 있는 것이 다 그리스도 안에서 통일되게 하려 하심이라"

창세기를 강해하기 전에 창세기는 어디에서 기인된 것인가를 먼저 알아야 합니다. 하나님께서 만물을 창조하신 원인과 목적이 있기 때문입니다. 그래서 창세기의 본문을 강해하기 전에 창세기를 있게 한 원인인 창세전 언약부터 먼저 살펴보고자 합니다.

태초에 하나님이 천지를 창조하셨습니다. 이 말씀은 천지가 창조되기 이전에 하나님이 계셨다는 뜻입니다. 이 사실을 바울은 성령의 감동으로 보았고 에베소서에서 '창세전 예정'이라고 합니다. 예정이란 하나님의 의지이고 약속입니다. 그래서 창세전에 그 기쁘신 뜻대로 예정하셨기 때문에 우리는 창세전 언약이라고 정의해서 부르는 것입니다.

창세기 1장 1절이 있기 전에 창세전 언약이 먼저 있었습니다. 그렇다고 한다면 창세기를 알기 전에 먼저 창세전 언약을 알아야 합니다. 그래야 앞으로 살펴볼 창세기

1, 2, 3장의 구조와 내용들을 올바르게 이해할 수 있습니다. 모든 일에는 원인이 있습니다. 창조를 있게 한 원인을 알아가고자 하는 것이 창세전의 언약 이야기입니다.

창세전 언약은 모든 성경을 여는 키와 같습니다.

창세전 언약은 집을 짓기 위한 설계도와도 같습니다. 창세전 언약을 이해하지 못하면 소경이 코끼리 다리 더듬기 식으로 성경을 해석하게 되고 맙니다. 알다시피 성경은 하나의 이야기입니다. 창세전 언약은 예수 그리스도를 통해 자기 백성들을 구원하는 구속사를 말해주고 있습니다. 그러므로 창세전 언약을 모르면 성경을 하나의 이야기로 보지 못하고 각각 단편적으로 해석하게 되고 마는 것입니다. 모든 성경은 예수 그리스도 이야기입니다.

눅 24:27 "이에 모세와 및 모든 선지자의 글로 시작하여 모든 성경에 쓴바 자기에 관한 것을 자세히 설명하시니라"

요 5:39 "너희가 성경에서 영생을 얻는 줄 생각하고 성경을 상고하거니와 이 성경이 곧 내게 대하여 증거하는 것이로다"

예수님께서는 친히 모든 성경은 자신에 대하여 말해주고 있는 것이라고 말씀해 주셨습니다. 이 말은 성경은 예수 그리스도에 관한 이야기라는 것입니다. 예수님은 엠마오로 내려가는 제자들에게 친히 모든 성경으로 자신의 이야기를 자세히 풀어주셨습니다. 예수님의 말씀대로라면 성경 어디를 펴도 예수 그리스도에 관한 이야기로 해석되어야 하는 것입니다. 모든 성경은 예수님께서 역사 속에서 창세전에 계획하신 언약을 이루어가는 이야기입니다. 그래서 모든 성경 해석을 창세전 언약으로부터 풀어가야 하는 것입니다.

성경은 이스라엘이라는 민족의 역사적 사실을 기반으로 기록되었습니다. 이는 이스라엘이라는 한 민족을 통해서 하나님께서 자기 백성들을 어떻게 간섭하고 계신지를 말해주고자 하신 것입니다. 그래서 구약의 이스라엘을 '예표적 민족'이라고도 하고 또는 '기능적 민족'이라고도 합니다. 구약의 이스라엘은 신약의 성도들을 예표하고 있습니다. 그런 의미에서 구약은 그림자이고 신약은 실상이라고 하는 것입니다. 구약은 신약을 전제로 기록되었고, 신약은 구약을 배경으로 기록되었습니다.

예수님은 창세전에 아버지께서 언약하신 것을 이루고자 이 세상에 오셨습니다. 알다시피 예수님은 창세전 하나님 나라에서는 말씀이신 하나님으로 계셨습니다. 그 말씀이신 하나님이 역사 속에 '예수'라는 이름으로 오셨습니다. 이는 예수라는 이름 속에 담긴 일을 하고자 하심입니다. 창세기에서는 천지창조 이야기로 그 사실을 말해주고 있는 것입니다.

성경은 어떻게 운을 떼는지 봅시다.

창 1:1 "태초에 하나님이 천지를 창조하시니라"

성경을 펴면 제일 먼저 하는 말이 "태초에 하나님이 천지를 창조하시니라"입니다. 하나님이 이 세상을 왜 창조하셨을까요? 어떤 목적이 있어서입니다. 아무런 이유와 목적 없이 창조하시지는 않았을 것 아닙니까? 우리는 이 말씀 앞에 물어야 합니다. '천지를 왜 창조하셨습니까?'라고⋯. 성경 속에서 그 답을 찾아야 합니다. 그 답을 찾아야 나의 존재 이유와 목적을 알 수 있습니다. 나도 천지와 만물 속에 포함되어 있기 때문입니다.

피조물 중에서 유일하게 인간은 하나님의 형상으로 창조되었습니다. 인간은 하나님을 닮았습니다. 그래서 인간 속에도 하나님의 마음이 담겨 있습니다. 그것이 창의성입니다. 인간의 창의성은 하나님의 창조성과 같은 것입니다. 하나님의 창조성이 피조물을 만들었듯이, 인간들도 창의성으로 무엇인가 만드는 일을 합니다. 창조와 창의는 다릅니다. 창조성은 없음에서 있음으로 만들어내는 것이고, 창의성은 있음에서 있음으로 변형하는 것입니다.

하나님의 창조성과 인간들의 창의성의 차이는 창조의 모습 속에서 다르게 나타납니다. 하나님은 무(無)에서 유(有)로 창조하시지만, 인간들은 유(有)에서 유(有)로 만들어 내는 일을 합니다. 즉 인간들은 하나님이 창조하신 것을 가지고 새로운 것을 만들어 내는 일을 하는 것입니다.

우리는 그걸 과학이라고 합니다. 과학은 인간들의 창의성을 바탕으로 하고 있습니다. 인간들은 과학으로 필요로 하는 것들을 만들면서 문명을 발달시켜왔습니다. 물건이 만들어진 바탕에는 원인과 목적이 분명하게 있습니다.

여러분이 어떤 물건을 만든다고 생각해 보세요. 아무런 이유 없이 물건을 만들지는 않습니다. 다 필요해서 만드는 것입니다. 이처럼 우리가 무슨 일을 할 때는 분명한 이유가 있습니다. 피조물인 인간들이 이러할진대 하물며 인간을 창조하신 하나님이야 더욱 그러하시지 않겠습니까? 하나님이 세상을 창조하신 것도 분명한 이유와 목적이 있는 것입니다.

'창조'(創造)라는 말 자체가 어떤 원인에 의한 결과로 나타났다는 뜻입니다. 그러므로 천지창조를 말하기 전에 그 원인을 추적하는 것이 우선되어야 합니다. 존재하게 된 배경을 알아야 합니다. 하나님은 창조주이시고 우리는 피조물입니다. 창조주가 피조물을 만드셨습니다.

그럼 피조물은 창조주에게 물어야 합니다.
하나님, 나를 왜 만들었나요?
나는 누구인가요?
나는 왜 세상에 존재하고 있는 건가요?
나는 어디서 와서, 무엇을 하다가, 어디로 가는 건가요?

내 존재로부터 출발하지 말고 나를 존재케 하는 원인으로부터 나를 이해하여야 합니다. 그럼 '나'라는 존재 이유를 알 수 있게 됩니다. 감사하게도 성경은 이러한 이유를 친절하고 소상하게 말해주고 있습니다. 성경은 우리의 근원과 존재의 목적을 알려주고 있는 거울과 같습니다.

창조주와 피조물은 짝입니다.

하나님은 창조주이십니다. 창조주는 피조물을 통해서 드러납니다. 피조물이 없으면 창조주는 드러나지 않습니다. 하나님께서 만물을 창조하신 것은 하나님을 드러내고자 하심입니다. 창조주와 피조물은 서로를 드러내는 짝이 되는 셈입니다.

마치 남자에게서 여자가 나왔듯이 창조주에게서 피조물이 나온 것입니다. 남자와 여자가 한 몸이 되어서 살아가야 하듯이 장차 하나님 나라에서 창조주와 피조물이 하나가 되어서 살아가게 되는 것입니다. 이것이 성경의 완성지점입니다.

피조물은 하나님의 영광을 위하여 창조되었습니다. 영광이란 다른 말로 거울이라는 뜻입니다. 창조주는 피조물을 통해서 드러나게 되는 것입니다. 그래서 짝이면서 영광이 되는 것입니다. 이사야 선지자는 하나님께서 사람을 창조하신 분명한 목적을 알려주었습니다.

사 42:8 "나는 여호와니 이는 내 이름이라 나는 내 영광을 다른 자에게, 내 찬송을 우상에게 주지 아니하리라"

사 43:21 "이 백성은 내가 나를 위하여 지었나니 나의 찬송을 부르게 하려 함이니라"

만물을 만드신 분이 하나님입니다. 그럼 하나님은 만물 밖에 계신 것이 됩니다. 만물 밖을 태초 또는 창세전이라고 합니다. 하나님은 이름이 없습니다. 스스로 존재하시는 분이기 때문입니다. 스스로 존재하는 분은 이름이 필요 없습니다.

이름이란 피조물에게만 필요한 것입니다. 창조주가 피조물에게 지어주는 것입니다. 부모가 자식에게 지어주는 것입니다. 그런데 이사야 선지자에게 계시하신 하나님은 '여호와'라는 이름을 가지고 계십니다. 그래서 "나는 여호와니 이는 내 이름이라"라고 어린양의 피로 출애굽을 한 언약의 후손들에게 알려 주신 것입니다.

여호와란 천지를 창조하시고 역사 속에서 일하실 때 부르는 하나님의 이름입니다. 여호와는 구원하시는 하나님이라는 뜻입니다. 이름이 없는, 하나님 나라에 계시던 하나님이 이름이 있는 피조 세계에 오신 것입니다. 왜 오셨을까요? 뭔가 하실 일이 있기 때문입니다. 그것은 바로 창세전 언약 속에 담긴, 자기 백성을 구원하는 일입니다.

구원이란 어디에서 건져낸다는 뜻입니다. 그릇된 것을 바로잡는다는 것과 원래의 상태로 회복시킨다는 뜻을 함유하고 있습니다. 즉 구원은 죄에서 건짐을 받는다는 뜻입니다. 이사야는 하나님께서 바벨론에 포로로 잡혀 있는 자기 백성을 구원하는 것을 창조로 말해주고 있습니다.

'이 백성은 나를 위하여 지었다'는 말은 '이 백성은 나를 위하여 구원하였다'는 말과 같습니다. 왜 구원하셨습니까? 여호와의 영광을 위하고, 여호와를 찬송케 하기 위함입니다. 여호와 하나님께서는 자기 백성들을 죄에서 건져내는 일을 하십니다.

여호와 하나님이 신약으로 오면 예수 그리스도로 나타납니다. 예수라는 이름은 '자기 백성을 저희 죄에서 건져주실 자'라는 뜻입니다. 구약에서는 여호와라는 이름으로 일을 하셨고, 신약에서는 예수라는 이름으로 일을 하십니다. 여호와 하나님이 역사 속에서 하시는 모든 일들이 구원하는 일들입니다.

구원 속에는 두 가지가 있습니다.

자기 백성들은 죄에서 건짐을 받지만, 자기 백성들을 사로잡고 있던 죄의 세력들은 심판을 받게 되는 것입니다. 그래서 여호와는 구원주이면서 심판주가 되십니다. 구원주와 심판주가 되시는 여호와라는 이름을 가지신 하나님이 말씀하십니다.

"이 백성은 내가 나를 위하여 지었나니 내 찬송을 부르게 하려 함이라."

여호와라고 이름하는 하나님이 하나님 자신을 위하여 사람을 창조하셨다고 합니다. 그 목적은 하나님의 찬송을 부르게 하려 하심이라고 합니다. 그러면서 "나는 내 영광을 다른 자에게, 내 찬송을 우상에게 주지 않는다"라고 하십니다. 이 말은 어떤 자들이 하나님께 돌아갈 찬송을 도적질하고 있고, 하나님께 돌아갈 영광을 가로채고 있다는 뜻입니다. 이것은 창조의 목적에서 이탈된 것입니다. 이름하여 죄입니다. 그래서 하나님께서 본래의 목적에 맞도록 돌이키는 일을 하십니다. 즉 원래 창조의 목적으로 돌아가게 하는 일을 하시는 것입니다.

우리의 원래 자리가 어디인가요?
하나님을 찬송하는 자리입니다.
하나님께 영광 돌리는 자리입니다.

그런데 죄가 그 자리에서 이탈하게 하였습니다. 그래서 하나님이 여호와라는 이름으로 자기 백성들을 본래의 자리로 돌이키는 일을 하십니다. 이것을 구원이라고 합니다. 구원이 되려면 먼저 이탈됨이 있어야 합니다. 이탈되었다는 것은 목적에서 벗어났다는 뜻입니다. 성경은 창조 목적에서 이탈된 것을 죄라고 합니다.

죄를 헬라어로 '하마르티아'(ἁμαρτία)라고 합니다. 이는 '과녁에서 벗어났다'는 뜻입니다. 과녁에서 벗어난 상태, 즉 본래의 목적에서 벗어난 것입니다. 그것은 하나님을 찬송하지 않는 것이고, 하나님께 영광 돌리지 않는 것입니다. 피조물의 원래 자리는 하나님을 찬송하고 영광 돌리는 자리입니다. 반면 죄로 이탈된 자리는 자기를 찬송하고 자기 영광을 구하며 살아가는 자리입니다. 하나님을 위하여 창조된 자들이 자기를 위하여 살아가고 있는 것입니다. 이것은 반칙입니다. 이름하여 죄입니다.

구원이 무엇입니까? 나를 위한 자리에서 하나님을 위한 자리로 돌아가는 것입니다. 삶의 궤적이 나에게서 하나님에게로 옮겨지는 것입니다. 그래서 성경은 구원받은 자들이 살아가는 천국을 이야기할 때 만물이 세세토록 하나님께 찬송하는 곳으로 말해주고 있는 것입니다.

이 세상은 죄 아래 놓였습니다. 죄 아래 놓였다는 것은 창조 목적에서 이탈되어 있다는 뜻입니다. 인간들이 하나님을 찬송하지 않고 있고, 하나님 영광을 위하여 살고 있지 않다는 뜻입니다. 이를 바로잡는 것이 구원입니다. 우리는 죄 아래서 하나님을 모르고 살았습니다. 나의 찬송을 불렀고, 나의 영광을 위하여 살았습니다. 무엇을 하든 나를 위한 것이었습니다. 그런데 하나님의 손에 찾아진 바가 되었습니다. 구원이 이루어진 것입니다. 구원을 받고 나니까 내가 누구인지를 알게 된 것입니다. 나는 나를 위하여 존재하는 자가 아니라 하나님을 위하여 창조되었고, 하나님을 위하여 존재하는 자라는 것을 알게 되었습니다.

내 인생은 내 것이 아니라 하나님의 것임을 깨닫게 되었습니다. 내 노래를 부르고 내 영광을 위하여 사는 자가 아니라, 하나님의 찬송을 부르고 하나님의 영광을 위하여 살아가야 하는 자라는 것을 알게 된 것입니다. 그래서 구원받은 성도들은 하나님을 찬송하는 인생을 살고, 하나님께 영광 돌리는 삶을 살아가게 되는 것입니다. 창세전 언약이 그 은혜의 영광을 찬미하는 것으로 되어 있고, 또한 창조의 목적이 하나님을 찬양하도록 하는 것이기 때문입니다.

골로새서 1장을 봅시다.

골 1:16 "만물이 그에게 창조되되 하늘과 땅에서 보이는 것들과 보이지 않는 것들과 혹은 보좌들이나 주관들이나 정사들이나 권세들이나 만물이 다 그로 말미암고 그를 위하여 창조되었고"

만물이 그로 말미암아 창조되었고, 그를 위하여 창조되었다고 합니다. '그'란 예수님을 말합니다. 예수님이 이사야가 말한 여호와라는 이름을 가지신 하나님이십니다. 우리는 예수님을 위하여 창조된 것입니다. 그래서 성도들을 예수 그리스도의 것이라고 합니다. 우리가 예수님을 주라고 부르는 것은 예수님은 나의 주인이라는 뜻입니다.

예수님이 우리 안에 주인으로 와 계십니다. 나는 내 것이 아니고 예수 그리스도의 것입니다. 구원받기 전에는 내가 나의 주인으로 내 인생으로 살았습니다. 그런데 구원받고 난 후에는 예수님이 나의 주인이고 예수님을 위한 인생을 살아가게 되는 것입니다. 그래서 성도의 인생이 예수님에게 차압당하는 것을 구원이라고 하는 것입니다. 구원을 받은 성도들은 자기 인생이 없습니다. 내 인생을 사는 것이 아니라 예수 그리스도의 인생으로 살아가게 되어 있는 것입니다.

창세전 언약은 드라마의 시나리오와 같습니다.

　창조는 어떤 원인에 의한 것이라고 하였습니다. 그 원인이 바로 창세전 언약입니다. 하나님께서 역사 속에서 펼쳐가는 창조의 그림은 창세전 계획하신 언약이라는 그림입니다. 하나님께서 역사 속에서 창세전 언약을 펼쳐가는 것을 드라마로 비유하는 것은, 드라마가 우연히 즉흥적으로 만들어지는 것이 아니라 철저히 사전에 검증된 시나리오에 의하여 만들어지는 것이기 때문입니다. 시나리오가 먼저이고 드라마가 나중입니다.

　창조 질서 속에서는 우연이란 없습니다. 모두가 하나님의 뜻으로 일어나는 필연적인 것입니다. 창세전에 다 계획된 것입니다. 드라마는 사전에 준비된 시나리오로 만들어집니다. 드라마에 출연하는 배우 하나하나에서부터 환경과 세트까지 시나리오에 적힌 대로 합니다. 배우들은 철저히 시나리오대로 연기하게 되는 것입니다. 배우는 대사 하나에서 행동 하나하나, 표정과 감정까지 시나리오에 적힌 대로 하게 됩니다.

　드라마 속에서는 한 사람을 만나고 헤어짐에서부터 심지어 먹고 마시고 잠자고 옷 입는 것까지 시나리오대로 합니다. 감독은 드라마 속에서 일어나는 모든 것을 자기의 뜻으로 연출해 가는 것입니다. 자기 뜻대로 될 때 '오케이'를 합니다. 자기 마음에 들 때까지 반복의 반복을 하게 됩니다. 드라마에 출연하는 배우는 자기 생각을 가져서는 안 됩니다. 배우는 철저하게 감독의 생각을 가지고 연기하여야 합니다. 그럴 때 감독이 기뻐합니다.

　하나님은 이 역사 속에 창세전 언약이라는 드라마를 찍고 계십니다. 창세전 언약이라는 드라마의 주인공은 예수님입니다. 우리는 하나님께서 이 세상 속에서 펼쳐가는 창세전 언약이라는 대하 드라마를 찍어가는 데 캐스팅된 배우들입니다. 드라마에 출연하는 배우는 다 각자 맡은 역할들이 있습니다. 역할이 없는 배우는 단 한 사람도 없습니다. 모두가 드라마의 내용을 풀어가는 데 필요해서 출연시킨 것입니다.

이 세상 역사도 모두가 하나님의 손에 의하여 움직여지는 것입니다. 하나님께서 감독이 되셔서 다스려 가고 있는 것입니다. 우리의 인생도 하나님에 의해 간섭당하고 있는 것입니다. 피조물은 창조주를 떠나서는 존재할 수가 없습니다. 그러므로 신자이든 불신자이든 인간들이 살아가는 모든 삶 속에는 다 하나님의 간섭하심이 들어가 있는 것입니다.

죄가 무엇입니까? 하나님의 간섭으로부터 벗어나서 살아가는 것입니다. 이를 '유기'라고 합니다. 다른 말로 '버려짐'이라고 합니다. 엄밀히 말해서 유기조차도 하나님의 간섭 안에서 일어나는 일들입니다. 다만 인간들은 모를 뿐입니다. 하나님의 간섭으로부터 벗어난 인간들은 각자의 드라마를 써 가고 있는 것입니다. 물론 그들의 드라마의 주인공은 자기 자신입니다. 자신을 중심으로 선악의 구도를 만들어 가는 것입니다.

인간들은 선악의 법 아래서 태어납니다. 인간은 모든 것을 자기 안에 새겨진 선악의 법으로 판단합니다. 그래서 인간들이 만든 드라마도 선악의 구도로 만들어지는 것입니다. 인간들의 선악 구도는 철저히 자기중심적으로 구분되어집니다.

선악의 법 아래서 태어난 인간은 자신을 중심으로 하는 선악의 법으로 살아갑니다. 그래서 모든 인간들은 본능적으로 '편 가르기'를 하게 되는 것입니다. 여러 사람이 모이면 '내 편, 네 편'으로 나누는 일을 하게 되는 것입니다. 나를 지지하는 사람은 내 편으로 여기고 이들은 선한 자라고 정의하고, 나를 지지하지 않는 상대편은 악한 자라는 구도로 만들어서 배척하게 되는 것입니다.

선과 악은 항상 대립합니다. 그래서 인간들이 살아가는 곳에는 항상 '내 편이냐, 네 편이냐?'로 갈라지는 편 가름의 일들이 일어나게 되는 것입니다. 선과 악은 이질적이므로 본성적으로 서로를 배척하고 밀어내며 충돌하게 되어 있습니다. 그러므로 선악의 법으로 살아가는 인간 세상에서는 항상 전쟁이 끊이지 않는 것입니다. 이것이 이념과 사상으로도 나타나고, 종교와 신앙으로도 나타나고 있습니다.

세상에는 두 민족이 있습니다.

롬 9:21 "토기장이가 진흙 한 덩이로 하나는 귀히 쓸 그릇을, 하나는 천히 쓸 그릇을 만드는 권이 없느냐"

사도 바울은 하나님을 토기장이로 비유하였습니다. 토기장이는 용도에 따라 그릇을 만듭니다. 어떤 그릇은 귀히 쓸 것으로 만들고, 어떤 그릇은 천히 쓸 그릇으로 만듭니다. 만들어진 그릇에 필요한 것을 담습니다. 토기장이가 만든 물건은 토기장이의 필요에 의하여 만들어진 것입니다. 토기장이 입장에서는 귀하고 천함이 없습니다. 그런 의미에서 모든 그릇이 다 귀한 것입니다.

이것은 마치 하나님이 만물을 창조하시고 난 후에 보시기에 좋았더라고 하신 것과 같습니다. 만물은 하나님의 눈으로 볼 때 다 귀한 것입니다. 집 안에는 쓰레기통도 있고 찬장도 있습니다. 찬장에는 아름다운 그릇들을 진열하고, 쓰레기통에는 버릴 것들을 담아 놓습니다. 주인 입장에서 보면 쓰레기통과 찬장은 동일하게 사용하는 물품들입니다.

아담이라는 한 아버지 속에서 성질이 다른 두 민족이 태어납니다. 가인과 아벨입니다. 성질이 다르다는 것은 서로 하나 될 수 없다는 뜻입니다. 그러므로 두 민족 간에는 항상 다툼이 일어나게 되는 것입니다. 이것은 마치 드라마 속의 주인공과 악당과 같습니다. 둘이 서로 짝이 되어서 드라마를 만들어 가게 되는 것입니다.

하나님이 역사 속에 써 내려가는 창세전 언약이라는 드라마는 예수 그리스도를 중심으로 선악 구도가 짜여 있습니다. 예수 그리스도에게 속한 자와 속하지 않은 자가 있습니다. 이것을 예수님은 '너희'와 '저희'라고 하셨습니다. 예수님 편에 서 있는 자는 너희이고, 예수님의 반대편에 서 있는 자는 저희입니다. 예수에게 속한 자들은 선이고, 예수의 반대편에 속한 자는 악입니다.

하나님이 만든 세상에도 천국과 지옥이 있습니다. 천국은 예쁜 그릇들과 같은 성도들이 가고, 지옥은 쓰레기와 같은 자들이 갑니다. 하나님 입장에서는 천국도 지옥도 다 필요한 것입니다. 그런데 그릇 입장에서 보면 차별을 느끼게 됩니다. 자기하고 다른 그릇을 보면 시기하게 됩니다. 이것이 죄입니다.

바울이 토기장이 비유를 하는 것은 따지는 자들이 있기 때문입니다. '왜 나는 저들과 다른가?'라고 항변하기 때문입니다. 그래서 토기장이가 두 가지 그릇을 만들어서 사용할 권리가 없느냐고 일갈하는 것입니다. 귀히 쓸 그릇과 천히 쓸 그릇을 만들 권리가 없느냐고 하는 것입니다.

그릇은 모든 인간들을 뜻합니다. 바울은 두 종류의 그릇을 모세와 바로를 들어서 이야기하였습니다. 모세는 귀히 쓸 그릇이고, 바로는 천히 쓸 그릇이라고 하였습니다. 모세는 하나님 백성을 말하고, 바로는 마귀의 백성을 말합니다. 하나님은 모세에게는 긍휼을 담고, 바로에게는 진노를 담았습니다. 긍휼을 담은 모세는 하나님이 하시는 일에 토를 달지 않는데, 진노를 담은 바로는 하나님이 하시는 일에 토를 답니다.

긍휼이 담긴 백성들은 하나님이 하시는 일에 "아멘"으로 화답하는데, 진노가 담긴 백성들은 하나님이 하시는 일에 "아니요"라고 반기를 드는 것입니다. 그릇은 인간들을 말합니다. 하나님이 토기장이가 되어서 두 그릇을 사용하십니다. 두 그릇을 가지고 일을 해가시는 것입니다. 이 세상에 존재하는 악인이나 선인이나 모두 하나님이 사용하는 그릇들입니다. 악인이나 선인이나 창세전 언약을 이루어 가는 데 필요한 자들입니다.

하나님이 역사 속에서 펼쳐가는 창세전 언약이라는 드라마에는 마귀도 필요하고 무당도 필요하고 불신자도 필요하고 거짓 선지자도 필요한 것입니다. 드라마를 찍는 감독은 주인공과 악당을 필요 적절하게 사용합니다. 어떤 사람은 선한 역할로 캐스팅이 되었고, 어떤 사람은 악한 역할로 캐스팅이 되었습니다. 감독은 선한 자와 악당을 가지고 시나리오의 내용들을 드라마로 풀어가는 것입니다.

드라마를 확대하면 이 세상 역사가 됩니다. 드라마는 반드시 선악의 구도로 전개가 됩니다. 주인공이 있으면 조연도 있고 엑스트라도 있습니다. 주인공을 드러내는 데 있어서 반드시 악당도 필요합니다. 악당이 악당 노릇을 잘해주어야 드라마가 살아납니다. 악당은 주인공을 돋보이게 하는 역할을 합니다. 그래서 드라마를 찍는 감독들은 주인공에 걸맞은 비중으로 악당을 캐스팅하는 것입니다. 마귀가 마귀다워야지 마귀가 착하면 안 됩니다.

드라마의 주인공이 되고 싶나요, 아니면 엑스트라가 되고 싶나요? 우린 모두가 주인공이 되고 싶어 합니다. 그럼 묻습니다. 드라마 속의 주인공이 편하던가요, 숱한 고난과 역경을 겪어 가던가요? 엄청난 아픔들을 겪어 갑니다. 편안한 주인공은 없습니다. 수많은 고난을 당합니다. 욕도 많이 먹고, 모함도 많이 받고, 배신도 많이 당하고, 죽을 고비도 많이 넘기게 됩니다.

그런데 그 끝이 어떤가요? 해피엔딩이지요. 주인공은 수없이 죽을 고비를 넘나들어도 끝까지 살아남아서 웃게 되어 있습니다. 중간에 주인공이 죽는 드라마는 없습니다. 주인공은 칠전팔기(七顚八起)합니다. 마지막에는 웃게 되어 있습니다. 그것이 인간들이 만드는 드라마이고, 하나님이 만드는 창세전 언약이라는 드라마입니다.

창세전 언약이라는 드라마의 주인공이 바로 예수님입니다. 예수님을 대리하는 자들이 바로 성도들입니다. 우리가 바로 예수 그리스도에게 속한 주인공들인 것입니다. 주인공이기 때문에 예수 믿고 사는 게 힘이 들고 어려운 것입니다. 바울은 현재의 고난은 장차 올 영광과 족히 비교할 수 없다고 하였습니다. 주인공은 마지막에 웃게 되어있으니까 힘들고 어렵더라도 끝까지 견디고 이겨내라는 것입니다.

언약이 먼저이고 창조가 나중입니다.

성경 속에 계시 된 하나님은 언약의 하나님이십니다. 언약은 이 세상이 만들어지기 전에 있었습니다. 그래서 언약을 창세전 언약이라고 하는 것입니다. 하나님은 언약을 먼저 하시고 그 언약의 내용들은 나중에 이루어 가십니다.

이것을 우리의 구원으로 말하면 언약이 먼저이고 우리의 구원은 나중인 것입니다.

우리는 언약에 종속되어 있는 것입니다. 언약이 없었으면 우리는 존재할 수 없습니다. 그러므로 우리를 존재케 하는 근원은 창세전 언약이 되는 것입니다. 하나님은 우리를 구원하시고 난 후에 우리가 어떻게 이 세상에 왔으며, 어떻게 구원을 받았는지를 알려 주십니다.

이것을 아브라함 언약을 통해서 보여 주셨습니다. 구약의 이스라엘은 아브라함 언약에 의하여 생겨난 민족입니다. 아브라함 언약이 먼저이고 이스라엘 민족이 나중입니다. 하나님은 이스라엘을 아브라함 언약을 근거로 다스려 가셨습니다. 이 사실을 출애굽 한 후 광야를 통해서 배워 가는 것입니다.

아브라함 언약은 창세전 언약에서 나온 언약입니다. 창세전 언약이 먼저이고 아브라함 언약이 나중입니다. 창세전 언약이 원본이고 아브라함 언약은 복사본인 것입니다. 그럼 원본인 창세전 언약이 어떤 것인지 살펴보도록 합시다.

에베소서 1장을 봅시다.

엡 1:3-10 "찬송하리로다 하나님 곧 우리 주 예수 그리스도의 아버지께서 그리스도 안에서 하늘에 속한 모든 신령한 복으로 우리에게 복 주시되 ^{4}곧 창세전에 그리스도 안에서 우리를 택하사 우리로 사랑 안에서 그 앞에 거룩하고 흠이 없게 하시려고 ^{5}그 기쁘신 뜻대로 우리를 예정하사 예수 그리스도로 말미암아 자기의 아들들이 되게 하셨으니 ^{6}이는 그의 사랑하시는 자 안에서 우리에게 거저 주시는바 그의 은혜의 영광을 찬미하게 하려는 것이라 ^{7}우리가 그리스도 안에서 그의 은혜의 풍성함을 따라 그의 피로 말미암아 구속 곧 죄 사함을 받았으니 ^{8}이는 그가 모든 지혜와 총명으로 우리에게 넘치게 하사 ^{9}그 뜻의 비밀을 우리에게 알리셨으니 곧 그 기쁘심을 따라 그리스도 안에서 때가 찬 경륜을 위하여 예정하신 것이니 ^{10}하늘에 있는 것이나 땅에 있는 것이 다 그리스도 안에서 통일되게 하려 하심이라"

바울은 성령의 감동으로 에베소서를 씁니다. 에베소서는 만세로부터 감추어졌던 하나님의 비밀을 교회에 이야기해 주고 있습니다. 그 비밀이 뭐고 하니 창세전에 하신 언약입니다. 그 언약을 교회를 통해서 알려주시는 것입니다.

에베소서의 내용은 성경 전체를 축약하고 있습니다. 1장에서는 창세전 언약을 말하고, 2장에서는 성도의 구원을 말하며, 3장에서는 하나님이 만세로부터 감추었던 비밀을 교회를 통해서 알려주신다고 하고, 4장 이후에서는 구원받은 성도는 어떻게 살아가게 되는지를 말해주고 있습니다. 바울은 1장에서 창세전 언약을 보았습니다. 너무도 황홀한 것입니다. 그래서 찬송합니다.

엡 1:3 "찬송하리로다 하나님 곧 우리 주 예수 그리스도의 아버지께서 그리스도 안에서 하늘에 속한 모든 신령한 복으로 우리에게 복 주시되"

"찬송하리로다!" 바울은 먼저 찬송하고 시작합니다. 찬송의 내용이 뭔고 하니 하나님이 그리스도 예수 안에서 자기 백성들에게 하늘의 신령한 복을 주신다는 것입니다. 여기서 눈여겨보아야 할 대목이 '하늘의 신령한 복'입니다.

하늘의 신령한 복은 누구에게 필요한 것이냐 하면 하늘에 속한 자들에게 필요합니다. 그런데 하늘에 속한 자들이 어디에 있는가 하면 땅에 있습니다. 그래서 하나님이 그 아들 예수 그리스도를 이 세상에 보내서 자기 백성들에게 하늘의 신령한 복을 주어서 하늘로 데리고 오라고 하신 것입니다. 이것을 언제 계획하셨는가 하면 창세전입니다. 그래서 4절에 '곧 창세전에'라고 하는 것입니다. 창세전이란 우리가 만들어지기 전을 말합니다. 이 세상이 만들어지기 전을 말합니다.

그럼 창세전에 어떤 계획을 세우셨는지를 봅시다. 창세전에 예수 그리스도 안에서 하늘의 신령한 복을 주고자 하셨습니다. 그것은 곧 예수 그리스도 안에서 거룩하고 흠이 없어지는 것입니다. 어떻게 거룩하고 흠이 없어지는가 하면 예수 그리스도의 피로써 죄 사함을 받는 것입니다. 예수 그리스도의 피로 거룩하고 흠이 없어진다는 것은 예수님의 죽음으로 죄 사함을 받게 된다는 뜻입니다.

이렇게 예수 그리스도의 피로 죄 사함을 받은 자들을 하나님의 아들이라고 합니다. 예수 그리스도의 피로 구속을 받아 하나님의 아들들이 된 자들은 그의 나라에서 그의 은혜의 영광을 세세토록 찬미하게 됩니다. 이것이 창세전 언약입니다.

창세전 언약을 간단한 구조로 말하면 이러합니다.

첫째, 하나님의 백성들이 죄 아래 가두어져 있습니다.
둘째, 하나님이 그 아들을 이 세상에 보내서 자기 백성들의 죗값을 위하여 죽임을 당하게 하십니다.
셋째, 예수님의 죽음으로 죄 사함을 받은 자들을 하나님의 아들로 인정해 주십니다.
넷째, 하나님의 아들로 인정을 받은 자들은 그 은혜의 영광을 찬미하는 일을 합니다.

이 모든 것을 그 기쁘신 뜻대로 창세전에 예정하셨습니다. 창세전 언약은 자기 백성들이 먼저 죄 아래서 태어나고, 나중에 예수 그리스도의 피로 구원을 받고, 구원받은 자들이 하나님의 아들이 되어서 그의 나라에서 그 은혜의 영광을 세세토록 찬미하는 것입니다.

구원의 수순을 봅시다.

구원의 수순이 타락에서 예수 그리스도에 의해 회복되는 것으로 되어 있습니다. 죄는 우리가 짓고, 그 죗값은 예수 그리스도가 갚으십니다. 그래서 구원받은 자는 그 은혜에 감사하게 되고 찬송하게 되는 것입니다.

우리가 저질러 놓은 잘못들을 하나님의 희생으로 되돌리는 일을 하시는 것입니다. 이러면 우리는 가해자가 되고 하나님은 피해자가 됩니다. 그런데 피해자이신 하나님의 희생에 의해서 가해자가 혜택을 입게 되는 것입니다. 이러한 상태를 '은혜'라고 합니다. 그러니까 창세전 언약은 '은혜 언약'인 것입니다.

하나님은 창세전 언약을 근거로 만물을 창조하셨습니다. 만물의 창조 자체가 은혜의 산물인 것입니다. 만물은 원래 없었습니다. 창세전 언약 때문에 존재케 된 것입니다. 그래서 은혜입니다. 만물은 그 존재 자체만으로 하나님께 감사하고 찬송하여야 합니다. 그게 만물의 합당한 본분입니다. 없던 자를 있게 하셨으니 감사해야 합니다. 그것이 귀한 그릇이든지 천한 그릇이든지 간에 말입니다.

이것은 마치 할 일이 없어서 빈둥거리고 놀던 사람을 드라마에 출연시켜 준 것과도 같습니다. 놀던 사람을 드라마에 캐스팅해 준 것 자체가 은혜입니다. 악역을 맡았든 선한 역을 맡았든 간에 드라마에 출연한 것 자체가 영광이고 감사인 것입니다. 이 사실을 모르는 것이 죄입니다.

하나님은 토기장이라고 했습니다. 토기장이는 자기 필요에 의하여 토기를 만듭니다. 그러므로 그 필요에 따라 사용되는 것 자체가 토기에게는 영광이 되는 것입니다. 토기장이는 각양의 그릇을 만들어서 사용합니다. 밥그릇을 만들어서 밥을 담고, 국그릇을 만들어서는 국을 담고, 간장 그릇을 만들어서는 간장을 담습니다.

간장 그릇에 밥을 담지 않고, 밥그릇에 간장을 담지 않습니다. 그럼 간장 그릇에 간장을 담는다고 해서 간장 그릇이 '나는 왜 밥을 담지 않고 간장을 담는가?'라고 따질 수는 없는 것입니다. 따진다는 것은 주인이 틀렸다는 것입니다. 주인은 틀렸고 자신은 옳다는 것입니다. 지음을 받은 물건이 지으신 분을 틀렸다고 하는 것은 악한 것입니다. 이것이 죄입니다. 죄는 자기 지위를 벗어난 것입니다. 자기 주제를 모르고 나대는 것입니다.

예수님은 천국에 들어가는 자들을 포도원 품꾼으로 비유하셨습니다.

천국은 장터에 놀고 있던 자들을 포도원으로 부르신 것과 같다고 합니다. 모두가 놀고 있었습니다. 그런데 포도원 주인이 부르십니다. 어떤 사람은 아침 일찍 부르고, 어떤 사람은 점심때 부르고, 어떤 사람은 저녁 늦게 부릅니다. 그리고는 각자에게 계약한 대로 삯을 줍니다. 늦게 온 자로부터 해서 삯을 줍니다.

약속대로 모두에게 동일하게 주었습니다. 그런데 아침 일찍 온 자들이 주인에게 항의합니다. 아침 일찍 온 자와 저녁에 온 자에게 동일한 삯을 주는 것이 틀렸다는 것입니다. 그러자 주인이 자신은 계약대로 주었는데 왜 따지냐고 합니다. 계약대로 한 것이 무엇이 틀렸느냐고 합니다.

주인에게 부당하다고 따지는 자는 무엇을 근거로 한 것입니까? 자기의 노동력입니다. 일찍 일한 자신의 노동력과 저녁에 온 사람의 노동력은 다르다고 하는 것입니다. 일찍 온 자기는 일을 많이 했고 늦게 온 저 사람은 일을 적게 했다는 것입니다. 그런데 왜 일당이 똑같냐고 불평하는 것입니다. 주인의 처사가 틀렸다는 것입니다.

주인에게 따지는 자가 놓치고 있는 것이 무엇입니까? 부르심입니다. 놀던 자를 불렀다는 것은 주인의 은혜성을 드러내고 있는 것입니다. 주인은 노동력을 위하여 부르지 않았습니다. 그것은 아침 일찍 온 자나 저녁 늦게 온 자를 동등하게 대하는 것을 보면 알 수 있습니다. 만약에 노동력에 따라 삯을 준다고 한다면 아침 일찍 온 자에게는 많이 주고 저녁 늦게 온 자에게는 적게 주어야 합니다. 그러나 주인은 아침 일찍 온 자나 저녁 늦게 온 자나 동등하게 줍니다.

이것은 그들의 수고에 대한 삯이 아닌 것입니다. 노동력에 대한 값으로 주는 것이 아니라는 뜻입니다. 놀고 있던 자들에게 은혜를 베푼 것입니다. 그런데 저녁에 온 자는 그 은혜를 알고 있는데 아침 일찍 온 자는 은혜를 모르고 있는 것입니다. 이것이 악이고 죄입니다.

인간들이 불평하는 것이 이러한 것들 때문입니다. "왜 저 사람은 잘사는데, 나는 못사느냐"입니다. "왜 저 사람하고 나는 다르냐"입니다. "누구는 무를 먹고, 누구는 인삼을 먹느냐"입니다. "나는 열심히 살았는데 왜 이 모양이냐"입니다. "저놈은 빈둥거리고 노는데 왜 잘사느냐"입니다.

우리는 모든 것을 노동의 대가로 따집니다. 이러한 사고가 집단의 힘으로 자신들의 뜻을 이루고자 하는 것으로 나타나고 있는 것입니다. 노동은 우리가 하는데 왜 사장이 돈을 다 갖느냐며 집단의 힘으로 항의하는 것입니다. 그건 공평하지 못하다는 것입니다. 그러니 우리도 우리의 권리를 찾아야 하겠다고 하면서 데모하는 것입니다. 무력으로 자기들이 원하는 것을 얻어내겠다는 것입니다. 이것이 바로 일찍 포도원에 들어간 자들이 주인에게 따지는 것과 같은 것입니다. 이러한 사상이 바로 죄인의 사상이고 마귀적인 것입니다.

우리가 하나님에게 불평하는 것은 자기의 의(義) 때문입니다. 한마디로 자기가 잘났다는 것입니다. 잘난 것이 있다고 여기기 때문에 따지는 것입니다. 탕자 비유에서 큰아들처럼 아버지의 명을 어기지 않고 일을 하였기 때문에 아버지가 하는 처사를 못 마땅히 여기고 반기를 드는 것입니다. 예수님이 지금 이 비유를 누구에게 하고 계십니까? 하나님 말씀대로 잘 살았다고 하는 바리새인들에게 하고 있습니다. 스스로 신앙생활 잘한다고 하는 자들에게 하고 있는 것입니다.

아침 일찍 들어가서 일한 자들은 바리새인들을 상징하고, 저녁 늦게 들어간 자들은 세리와 창기들을 뜻합니다. 세리와 창기들은 이방인들을 상징합니다. 바리새인들이 화가 나는 것은 예수님이 하나님 말씀대로 산 바리새인이나 하나님 말씀과 상관없이 산 세리와 창기들을 동일하게 대우하시는 것 때문입니다. 이러한 사고는 바리새인과 세리의 기도를 보면 잘 나타나고 있습니다.

누가복음 18장을 봅시다.

눅 18:9-14 "또 자기를 의롭다고 믿고 다른 사람을 멸시하는 자들에게 이 비유로 말씀하시되 [10]두 사람이 기도하러 성전에 올라가니 하나는 바리새인이요 하나는 세리라 [11]바리새인은 서서 따로 기도하여 가로되 하나님이여 나는 다른 사람들 곧 토색, 불의, 간음을 하는 자들과 같지 아니하고 이 세리와도 같지 아니함을 감사하나이다 [12]나는 이레에 두 번씩 금식하고 또 소득의 십일조를 드리나이다 하고 [13]세리는 멀리 서서 감히 눈을 들어 하늘을 우러러보지도 못하고 다만 가슴을 치며 가로되 하나님이여 불쌍히 여기옵소서 나는 죄인이로소이다 하였느니라 [14]내가 너희에게 이르노니 이 사람이 저보다 의롭다 하심을 받고 집에 내려갔느니라 무릇 자기를 높이는 자는 낮아지고 자기를 낮추는 자는 높아지리라 하시니라"

이 비유는 자기를 의롭다고 하는 자들을 책망하는 비유입니다. 바리새인들을 보세요. 당당합니다. 기도를 들어보세요. 첫 마디가 "하나님 나는 저 세리와 같지 않습니다"라고 합니다. 그러면서 자기가 행한 일들을 열거합니다. 손을 들고 당당하게 자기 권리를 주장하고 있습니다.

그런데 세리와 창기들은 죄만 짓고 살았습니다. 감히 하나님 앞에 얼굴을 들 수가 없는 것입니다. "나는 죄인입니다"라고 합니다. 바리새인은 자기의 일함을 들고 나왔고, 세리는 긍휼을 구하고 있습니다. 하나님은 바리새인의 기도는 듣지 않고 세리의 기도를 들으십니다. 왜 그렇습니까? 바리새인은 자기의 노동력으로 나아왔고, 세리는 불쌍히 여겨 달라는 긍휼의 마음으로 나아왔기 때문입니다.

바리새인들이 예수를 죽인 이유는 단 하나입니다. 왜 자기들의 의(노동력)를 인정해 주지 않느냐입니다. 왜 열심히 일한 자기들을 인정해 주지 않느냐입니다. 예수님은 왜 아무런 일도 하지 않은 세리와 창기들과 놀고 있느냐입니다. 세리와 창기들과 자기들을 동등하게 취급을 하니까 싫은 것입니다. 뿔따구가 나는 것입니다. 그러니 예수는 틀렸고 자기들은 옳다고 하여서 예수님을 십자가에 죽인 것입니다.

이것은 이 시대 교회 안에서도 그대로 일어나고 있습니다. 예를 들어서 교회에 오래 다니신 분과 금방 등록하신 분이 있습니다. 목사님이 금방 오신 분들과 어울리고 있는 것입니다. 그럼 오래 다닌 사람들이 서운함을 느끼고 이러저러한 핑계로 각을 세우는 것입니다. 급기야 파당을 지어서 교회를 어지럽히게 되는 것입니다.

이 모두가 자기 공로를 의지하고 있기 때문입니다. 나는 저들과 다르다고 하는 것입니다. 내가 이 교회를 위하여 투자한 것이 얼마인데, 내 수고가 얼마인데, 피와 땀과 돈을 바친 것이 얼마인데 금방 온 사람들과 동급으로 취급하느냐 하는 것입니다. 교회는 은혜로 세워져야 하는데 이들은 법으로 세우고 있는 것입니다. 인간의 의로 차별을 두고 우열과 서열을 정하고자 하는 것입니다. 이것은 부르심에 반하는 것입니다. 하나님의 은혜를 가리는 악한 것입니다.

예수님의 비유는 모두가 하나님 나라에 관한 비유들입니다.

'천국'의 비유라는 것을 잊지 마십시오. 천국은 은혜의 나라입니다. 하나님께 감사하는 나라입니다. 그럼 포도원 품꾼 중에서 누가 더 감사할까요? 아침 일찍 온 자입니까, 저녁 늦게 온 자입니까? 저녁 늦게 온 자입니다. 왜 저녁 늦게 온 자가 더 감사할까요? 저녁 늦게 온 자는 자기가 받은 삯을 노동력의 대가로 여기지 않습니다. 주인의 은혜로 여깁니다. 그래서 더 감사하게 되는 것입니다.

우리는 모두가 놀던 자였습니다. 없던 자였습니다. 그런데 하나님의 필요에 의하여 창조되었습니다. 그것이 큰 그릇이든 작은 그릇이든, 그것이 악한 역이든 선한 역이든, 일찍 부름을 입었든 늦게 부름을 입었든… 우린 없던 자였습니다. 우린 놀던 자들이었습니다. 그런데 주인이 만드시고 부르시고 캐스팅해 주었습니다. 그럼 감사하여야 합니다. 내 배역이 왜 이러느냐고 따질 문제가 아닙니다. 따진다는 것은 주인이 틀렸다고 지적질하는 것입니다. 그래서 주인은 따지고 지적질하는 그놈들을 지옥으로 보내는 것입니다. 왜냐하면 감사를 모르기 때문입니다. 감사를 모르는 자는 큰 걸 주어도 감사치 않고 작은 걸 주어도 감사치 못합니다. 이런 자는 천국에 넣어 주어도 감사치 못합니다. 거기서도 불평을 하게 되어 있습니다.

반면에 하나님의 은혜를 아는 성도들은 범사 속에서 감사하고 살아갑니다. 신자와 불신자는 사건을 대하는 것이 다릅니다. 신자는 하나님의 뜻 안에서 사건을 바라보고 감사하지만, 불신자는 자기 중심으로 바라보고 불평을 하게 됩니다. 성도들이 이 세상에서 고난당하는 것은 지옥과 같은 것입니다. 그럼에도 성도들은 모든 것이 합력하여 선을 이루어 간다는 것을 알기 때문에 감사하게 되는 것입니다. 왜냐하면 그들은 자신들이 살아가는 것 자체가 하나님의 은혜임을 알기 때문입니다.

바울과 실라가 복음을 전하다가 지하 감옥에 갇혔는데 찬송과 기도를 합니다. 애매하게 고난받으면서도 하나님께 기도하고 찬송을 부를 수 있었던 것은 자신들이 당한 모든 일들이 하나님께서 자기 몸에 그리스도의 흔적을 새기는 일들이라는 것을 알았기 때문입니다. 바울은 자신이 받은 고난은 모두가 주께서 자기 몸에 그리스도의 흔적을 새기는 것이라고 하였습니다.

　은혜를 아는 자는 있어도 감사하고, 없어도 감사합니다. 많아도 감사하고, 적어도 감사합니다. 크고 작음을 따지지 않습니다. 높고 낮음을 따지지 않습니다. 구원해 주신 그 은혜 하나만으로도 감사하게 됩니다. 신자는 범사에 감사하는 자이고, 불신자는 범사에 불평하는 자입니다. 동일한 환경 속에서도 감사하는 자와 불평하는 자가 생겨나는 것입니다. 은혜로 사는 자는 감사하고, 법으로 사는 자는 불평합니다.

　유유상종(類類相從)입니다. 같은 부류끼리 있어야 편합니다. 조폭들은 조폭들끼리 있어야 행복합니다. 하나님은 감사하는 자들은 감사하는 자들끼리 살게 하시고, 불평하는 자들은 불평하는 자들끼리 살게 하십니다. 감사하는 자들이 살아가는 곳을 천국이라고 하고, 불평하는 자들이 살아가는 곳을 지옥이라고 합니다.

　감사하는 자들은 감사하는 자들끼리 살기 때문에 천국이고, 불평하는 자들은 불평하는 자들끼리 살기 때문에 그곳 또한 그들에게는 천국이 되는 것입니다. 지옥에 있어야 하는 자가 천국에 있으면 그곳이 지옥입니다. 지옥에 있어야 하는 자는 지옥에 있어야 편합니다.

　천국과 지옥은 자기에게 맞는 곳인지로 판단됩니다. 예를 들어서 추위를 좋아하는 사람을 더운 곳에 두면 그곳은 지옥이라고 하고, 반대로 더위를 좋아하는 사람을 추운 곳에 두면 그곳을 지옥이라고 합니다. 추위를 좋아하는 사람은 추운 곳이 천국이고, 더위를 좋아하는 사람은 더운 곳이 천국입니다. 그래서 하나님은 각 사람에게 합당한 곳으로 들여보내시는 것입니다.

　지옥이 좋은 사람은 지옥으로 보내고, 천국이 좋은 사람은 천국으로 보내십니다. 그래서 하나님은 천국에 사는 자들에게나 지옥에 사는 자들에게나 자비로우신 하나님이 되는 것입니다. 부자와 거지 나사로 비유를 보십시오. 지옥에 있는 부자에게도 자비로운 하나님이고, 천국에 있는 거지 나사로에게도 자비로운 하나님이신 것입니다. 그래서 성경은 하나님은 자비로운 아버지라고 하는 것입니다. 선하신 분이라고 하는 것입니다.

하나님이 하시는 모든 일은 믿음으로 받으면 버릴 것이 없고 오로지 감사할 것밖에 없다고 하는 것입니다. 성도들은 믿음으로 받기 때문에 모든 것이 합력하여 선을 이루고 있음을 알기에 어떤 환경 속에서도 감사하게 되는 것입니다. 믿음으로 보면 모든 것이 감사할 것뿐입니다. 사람들은 좋은 환경과 나쁜 환경이 있다고 생각을 합니다. 그래서 좋은 환경을 달라고 합니다.

그러나 분명한 것은 그 속에 탐심이 가득한 사람은 좋은 환경을 주어도 불평하게 되어 있습니다. 돈 많다고 행복한 것이 아니고, 돈이 없다고 불행한 것이 아닙니다. 행복과 불행은 외부의 조건에 의하여 나타나는 것이 아닙니다. 그 사람의 본성에 의한 것입니다.

긍휼의 그릇으로 지음을 받은 성도는 어떤 환경에서도 감사하고, 진노의 그릇으로 지음을 받은 사람은 좋은 환경에서도 불평하게 되어 있습니다. 쌓은 선에서 감사를 토해내고, 쌓은 악에서 불평을 토해내게 되는 것입니다. 속에 선이 쌓여 있으면 감사가 나오고, 속에 악이 쌓여 있으면 불평이 나오게 되어 있습니다.

마귀에게 속한 자들이 할 수 없는 것이 감사이고 찬송입니다. 그리고 하나님에게 속한 자들이 할 수 없는 것이 불평이고 원망입니다. 이것은 온전을 말하는 것이 아니고 속성을 말하는 것입니다. 그 사람의 성향을 말하는 것입니다. 그래서 한 교회 안에서 동일한 말씀을 듣고서도 다르게 해석을 하고, 동일한 조건 속에서도 감사하는 사람과 불평하는 사람으로 나누어지게 되는 것입니다.

죄가 무엇입니까? 하나님께 감사치 않는 것입니다. 하나님을 찬송치 않는 것입니다. 하나님께 영광을 돌리지 않는 것입니다. 이러한 상태를 죽음이라고 합니다. 하나님에 대하여 죽었다고 합니다. 하나님은 이렇게 죽은 세상에서 산 세상을 만드는 일을 하십니다. 이것을 천지창조로 말해주고 있습니다.

창 1:1-2 "태초에 하나님이 천지를 창조하시니라 ²땅이 혼돈하고 공허하며 흑암이 깊음 위에 있고 하나님의 신은 수면에 운행하시니라"

창세기 1장에서 천지가 창조된 모습은 흑암과 혼돈과 공허한 모습입니다. 이것은 타락을 말합니다. 죄로 인하여 죽어 있는 상태를 말합니다. 처음 창조된 세상은 죽은 세상입니다. 하나님은 왜 죽은 세상을 만드셨을까요? 능력이 없어서인가요? 이는 창세 전 언약이 죽은 세상 속에서 예수 그리스도의 피로 구속받은 자들이 하나님의 아들들이 되어서 하나님을 찬송하는 것으로 되어있기 때문입니다.

하나님이 역사 속에서 풀어가는 드라마의 첫 장면이 죽음입니다. 이는 하나님이 창조주이심을 드러내기 위함입니다. 창조주는 '없음'에서 '있음'으로 일을 하십니다. 창세기 1장의 창조는 죽음에서 생명으로 나아가는 것으로 전개가 됩니다. 죽은 자들이 하나님의 희생으로 살아나는 것입니다. 그래서 천지창조의 첫 장면이 죽음이라는 바다 위에 하나님의 신이 운행하는 것으로 그려진 것입니다.

죽은 세상 속에 하나님의 신이 운행하시는 것은 그 속에 자기 백성들이 있기 때문입니다. 창세전에 어린양의 생명책에 녹명된 자들이 있기 때문입니다. 이들은 예수 그리스도의 피로 구원받아서 영생을 받기로 작정된 자들입니다. 수면에 운행하시던 하나님의 신이 역사 속에서 일을 하십니다. 무슨 일을 하는가 하면 자기 백성들을 구원하는 일입니다. 그래서 하나님은 그 아들을 성령으로 잉태케 하여서 예수라는 이름으로 이 세상에 보내신 것입니다.

예수님은 이 세상에 오셔서 자기 백성들을 찾으십니다. 이것을 목자가 잃은 양을 찾는 것으로 비유하여 말씀해 주셨습니다. 잃은 양은 원래 주인의 것이었는데, 잠시 잃어버려진 상태로 있는 것입니다. 그래서 주인이 자기 양을 찾으러 오신 것입니다.

양은 주인의 음성을 압니다. 그래서 예수님은 "내 양은 내 음성을 듣는다"고 하셨습니다. 목자가 양 앞에서 각각 자기 양들의 이름을 부르면 양들은 목자의 음성을 아는고로 따라나서게 됩니다. 이렇게 목자의 음성을 알고 따르는 자들을 일컬어 이는 육정으로나 혈통으로나 사람의 뜻으로 나지 않고 오직 하나님께로서 난 자들이라고 합니다.

예수는 아무나 믿는 것이 아닙니다. 창세전에 어린양의 생명책에 녹명된 자들만 믿습니다. 누가 창세전에 어린양의 생명책에 녹명된 자들인가요? 이는 예수를 주와 그리스도로 믿는 사람들입니다. 그래서 성령이 아니고서는 그 누구도 예수를 주라 시인할 수 없다고 하는 것입니다.

구원은 철저히 하나님 홀로 하시는 은혜 덩어리입니다.

창세전 언약도 하나님이 일방적으로 세우셨고, 그 언약을 우리 가운데 심어 주신 분도 하나님이시고, 우리를 이 세상으로 보내신 분도 하나님이시고, 때가 되어서 우리에게 찾아오신 분도 하나님이시고, 우리 안에서 예수가 주와 그리스도이심이 믿어지게 하시는 분도 하나님이시고, 우리가 이렇게 신앙생활하는 것도 하나님의 은혜입니다. 물론 장차 그 나라로 인도하시는 분도 하나님이십니다.

다시 말합니다. 예수는 아무나 믿는 것이 아닙니다. 내가 믿고 싶다고 해서 믿어지는 것도 아닙니다. 그리고 예수님은 내가 믿기 싫으니 가라고 해서 떠나가시는 분도 아닙니다. 라오디게아 교회를 보십시오. 교인들이 다 예수님을 문밖으로 쫓아냈지만, 우리 예수님은 떠나가시지 않고 계속해서 문을 두드리고 계십니다. 자존심도 없이….

우린 예수를 떠날 수 있어도 예수님은 절대로 우릴 떠나지 않으십니다. 끝까지 예수님께서 이루신 구원을 지켜내십니다. 그래서 우리의 구원은 실패할 수가 없는 것입니다. 그 은혜가 오늘도 우리를 지켜내고 있는 것입니다.

로마서 8장을 봅시다.

롬 8:29-34 "하나님이 미리 아신 자들로 또한 그 아들의 형상을 본받게 하기 위하여 미리 정하셨으니 이는 그로 많은 형제 중에서 맏아들이 되게 하려 하심이니라 30또 미리 정하신 그들을 또한 부르시고 부르신 그들을 또한 의롭다 하시고 의롭다 하신 그들을 또한 영화롭게 하셨느니라 31그런즉 이 일에 대하여 우리가 무슨 말 하리요 만일 하나님이 우리를 위하시면 누가 우리를 대적하리요 32자기 아들을 아끼지 아니하시고 우리 모든 사람을 위하여 내어주신 이가 어찌 그 아들과 함께 모든 것을 우리에게 은사로 주지 아니하시겠느뇨 33누가 능히 하나님의 택하신 자들을 송사하리요 의롭다 하신 이는 하나님이시니 34누가 정죄하리요 죽으실 뿐 아니라 다시 살아나신 이는 그리스도 예수시니 그는 하나님 우편에 계신 자요 우리를 위하여 간구하시는 자시니라"

하나님이 미리 아신 자들을 부르신다고 합니다.
그리고 부르신 그들을 의롭다고 하십니다.
의롭다 하신 그들을 영화롭게 하십니다.

미리 아심은 창세전이고,
부르심은 역사 세계이고,
의롭다 하심은 현재이고,
영화롭게 하심은 장차입니다.

창세전에 예정된 자들을 부르시고 예수가 믿어지게 하셨습니다. 그리고 지금 이 순간까지 믿음으로 살아가도록 간섭하시고 있습니다. 이는 마귀의 시험이 늘 있기 때문입니다. 하지만 그 시험에서 반드시 이기게 하여서 천국으로 데리고 가십니다. 이를 예수님께서는 만유를 지으신 분이 가장 크시므로 누구든지 그 손에서 자기 백성들을 빼앗을 수 없다고 하셨습니다. 하나님은 일을 행하는 여호와이시고 그 일을 지어 성취하는 여호와이십니다. 그래서 바울은 그 어떤 것으로도 성도의 구원은 끊어지지 않는다고 말해주고 있는 것입니다.

우리의 구원은 우연히 일어난 것이 아닙니다. 창세전부터 치밀한 계획 속에서 주어진 것입니다. 그리고 한 치의 오차도 없이 이루어집니다. 천부께서 심으신 것은 하나라도 떨어지지 않습니다. 그러나 천부께서 심지 않으신 것들은 다 뽑히게 됩니다. 왜냐하면 하나님은 언약대로 일하시기 때문입니다.

아브라함 언약을 보십시오.

하나님이 갈대아 우르에 있는 아브람을 찾아가서 부르십니다. 그리고 복의 조상으로 삼아 주겠다고 언약하십니다. 이는 아브라함의 후손을 복의 민족으로 삼으시겠다는 뜻입니다. 아브라함 언약은 창세전 언약을 모티브로 하는 것입니다.

창세전 언약을 보면 예수 그리스도 안에서 나온 자들을 하나님의 아들들로 삼는다고 하셨습니다. 그래서 예수 그리스도를 믿는 성도들은 천국에 가게 되는 것입니다. 아브라함에게 하신 언약이 그 내용입니다. 그래서 하나님은 가나안 땅에서 아브라함과 언약을 세우십니다. '네 후손이 이방의 객이 되었다가 사 대 만에 돌아오게 될 것'이라고 합니다.

가나안 땅은 하늘나라를 상징하고 있습니다. 아브라함이 갈대아 우르에서 하나님의 말씀에 이끌려서 가나안 땅으로 들어옵니다. 그러자 하나님이 아브라함의 눈을 하늘로 향하게 하시곤 하늘에 있는 한 성(城)을 보여 주십니다. 그리곤 '저기가 너와 네 후손이 가게 될 곳'이라고 합니다. 그래서 아브라함은 가나안 땅에서 그 아들 이삭과 야곱으로 더불어 장막 생활을 하면서 하늘에 있는 본향을 사모하며 살았습니다.

애굽에서 가나안 땅은 보이지 않는 하늘나라를 상징하고 있습니다. 하나님은 가나안 땅에서 아브라함과 언약을 맺으셨습니다. 이것은 하늘나라에서 맺은 창세전 언약과 같은 것입니다. 창세전에 아버지와 아들 간에 언약을 맺습니다. 죄 아래 있는 자들을 그 아들이 가서 구원해서 하나님 나라로 데리고 온다는 약속입니다. 그래서 예수님이 이 세상으로 오신 것입니다.

이와 같이 아브라함의 후손들도 이방 나라로 내려가서 400년 동안 종살이하다가 언약의 땅으로 돌아오게 되어있는 것입니다. 이 언약에 따라 아브라함의 후손들이 애굽으로 내려가게 되었습니다. 그리고 종살이를 하게 됩니다. 때가 차매 하나님께서 아브라함과 이삭과 야곱에게 하신 언약을 기억하사 모세를 보내어서 언약의 후손들을 어린양의 피를 바르고 출애굽을 시키십니다.

하나님은 출애굽 하는 자들에게 언약의 표징으로 어린양의 피를 바릅니다. 그 피로 말미암아 죽음으로부터 살아났습니다. 어린양의 피로 죽음에서 살아나 출애굽 하는 자들은 아브라함의 후손입니다. 아브라함의 후손들은 아브라함 언약에 따라서 구원을 받게 되었던 것입니다.

중요한 것은 하나님은 그들에게 어린양의 피를 바름으로써 인간의 혈통을 끊어버리시고 어린양 안에서 새롭게 태어나는 방식으로 구원을 단행하셨다는 것입니다. 그리고 그들이 죽었다가 살아난 민족이라는 의미로 죽음을 상징하는 홍해를 건너게 합니다. 홍해를 건너면서 아브라함의 혈통의 의미는 사라지게 되었습니다. 모두가 어린양 안에서 태어난 새로운 사람으로 출애굽을 하였기 때문입니다. 이들을 '언약의 후손'이라고 합니다.

출애굽 때 아브라함의 후손을 살리기 위하여 희생당한 그 어린양이 신약으로 오면 예수 그리스도로 나타납니다. 이렇게 되면 아브라함 언약 안에 있던 자들도 창세전 언약인 예수 그리스도의 피로 구원을 받게 되는 것입니다. 이것을 히브리서에서는 예수님께서 이 세상에 오신 것은 일평생 죽음에 종노릇하던 자들을 놓아주시기 위함이라고 합니다.

히브리서 2장을 봅시다.

히 2:14-16 "자녀들은 혈육에 함께 속하였으매 그도 또한 한 모양으로 혈육에 함께 속하심은 사망으로 말미암아 사망의 세력을 잡은 자 곧 마귀를 없이 하시며 [15]또 죽기를 무서워하므로 일생에 매여 종노릇하는 모든 자들을 놓아주려 하심이니 [16]이는 실로 천사들을 붙들어 주려 하심이 아니요 오직 아브라함의 자손을 붙들어 주려 하심이라"

모두를 놓아주는 것이 아니고 오직 아브라함의 후손만 놓아주신다고 하셨습니다. 결국 창세전 언약대로 예수 그리스도의 언약 안에 있는 자들만 죄와 사망으로부터 해방되는 것입니다. 창세전 언약 속에는 두 언약이 있습니다. 죄 아래 가두어지는 언약과 죄에서 건져지는 언약이 있습니다.

　이것이 에덴동산에서 두 과실로 나타났습니다. 먹으면 죽는 과실과 먹으면 영생하는 과실입니다. 두 과실은 두 언약을 상징하고 있습니다. 옛 언약과 새 언약입니다. 옛 언약은 율법으로서 죄 아래 가두는 언약이고, 새 언약은 은혜로서 죄에서 건짐을 받는 언약입니다. 옛 언약은 짐승의 피로 죄 사함을 받는 것이지만, 새 언약은 예수 그리스도의 피로 죄 사함을 받는 것입니다.

　창세전 언약은 예수 그리스도의 피로 죄 사함을 받는 것으로 되어 있습니다. 옛 언약 아래서 드려지는 짐승의 피는 장차 예수 그리스도께서 흘리실 피를 예표하는 것입니다. 그래서 히브리서에서는 짐승의 제사로는 온전케 하지 못하고 다만 죄를 기억나게 하는 것이라고 말해주고 있는 것입니다.

　히브리서 10장을 봅시다.

히 10:1-7 "율법은 장차 오는 좋은 일의 그림자요 참 형상이 아니므로 해마다 늘 드리는바 같은 제사로는 나아오는 자들을 언제든지 온전케 할 수 없느니라 ²그렇지 아니하면 섬기는 자들이 단번에 정결케 되어 다시 죄를 깨닫는 일이 없으리니 어찌 드리는 일을 그치지 아니하였으리요 ³그러나 이 제사들은 해마다 죄를 생각하게 하는 것이 있나니 ⁴이는 황소와 염소의 피가 능히 죄를 없이 하지 못함이라 ⁵그러므로 세상에 임하실 때에 가라사대 하나님이 제사와 예물을 원치 아니하시고 오직 나를 위하여 한 몸을 예비하셨도다 ⁶전체로 번제함과 속죄제는 기뻐하지 아니하시나니 ⁷이에 내가 말하기를 하나님이여 보시옵소서 두루마리 책에 나를 가리켜 기록한 것과 같이 하나님의 뜻을 행하러 왔나이다 하시니라"

　율법은 장차 오는 좋은 일의 그림자입니다. 참 형상이 아닙니다. 율법 아래서 드려지는 제사는 참 제사가 아니고 참을 보여 주는 그림자입니다. 그래서 율법 아래서 드려지는 짐승의 제사로는 온전케 되지 않는다고 하는 것입니다.

온전케 되는 제사는 '한 몸'으로 드려지는 제사입니다. 그래서 예수님이 오셔서 아버지에게 두루마리 책에 기록된 '한 몸'이 왔다고 합니다. 이는 예수님이 창세전에 약속하신 그 몸이라는 것입니다. 그래서 하나님은 그 아들의 피를 힘입고 나아오는 자들을 구원하시는 것입니다.

두 언약 속에는 두 의(義)가 있습니다.

옛 언약 속에는 율법으로 난 의가 있고, 새 언약 속에는 예수 그리스도를 믿는 믿음으로 난 의가 있습니다. 율법으로 난 의를 붙잡으면 죽고, 예수 그리스도를 믿음으로 난 의를 붙잡으면 삽니다. 율법으로 난 의는 짐승의 제사로 난 의이고, 믿음으로 난 의는 예수 그리스도의 피 흘리심으로 난 의입니다.

바울은 다메섹 회심 이전에는 율법으로 난 의를 붙잡고 살았습니다. 율법으로 난 의로 죽이는 일을 하였습니다. 그런데 다메섹에서 예수님을 만나고 난 후에는 율법으로 난 의를 버리고 예수 그리스도를 믿는 믿음의 의로 살았습니다. 예수 그리스도의 의로 살리는 일을 하였습니다. 바울은 율법 외에 한 의가 나타났다고 가는 곳마다 외칩니다. 자기 동족들에게 하나님께서 율법 외에 한 의를 주셨는데 예수 그리스도로 난 의라고 합니다. 예수 그리스도로 난 의만이 살길이라고 합니다.

다메섹에서 예수님을 만나고 난 후 바울의 눈에서 비늘이 떨어졌습니다. 그동안 바울의 눈에는 율법의 비늘이 씌워져 있었던 것입니다. 그래서 율법의 의로 남을 판단하고 죽이는 일을 하면서 그것이 하나님이 기뻐하는 일이라고 생각하였습니다. 그런데 예수님을 만나고 난 후 눈의 비늘이 떨어지고 나니까, 율법 아래 있는 것은 하나님과 원수 된다는 것을 알았습니다. 그래서 자기가 율법 아래 있을 때는 그리스도의 원수로 행하였다고 합니다. 죄인 중에 괴수라고 합니다.

눈에서 비늘이 떨어지고 나니까 비로소 창세전 언약이 보이는 것입니다. 그동안 짐승의 피로 가려졌던 눈에서 비늘이 떨어지니까, 짐승의 피 뒤에 예수 그리스도의 피가 있는 것을 보게 된 것입니다. 짐승의 피는 가짜이고 예수 그리스도의 피가 진짜임을 알게 되었습니다.

율법의 의는 그림자이지 실상이 아니라고 합니다. 실상은 예수 그리스도의 의라고 합니다. 하나님은 창세전에 이미 예수 그리스도의 의로 구원하시기로 약속하셨다고 합니다. 그러니 창세전 언약인 예수 그리스도의 피로 맺은 새 언약 안으로 돌아오라고 합니다. 애끓는 심정으로 돌아오라고 외칩니다. 회개하라고 합니다.

회개란 돌이키는 것입니다. 율법의 의를 버리고 예수 그리스도의 의를 붙잡는 것입니다. 그럼 율법이 죄인가요? 그렇지 않습니다. 율법은 예수 그리스도에게 인도하는 길잡이입니다. 하나님은 율법으로 죄를 깨닫게 하여 예수 그리스도를 붙잡게 하십니다.

하나님은 창세전에 예수 그리스도를 믿음으로 구원하기로 작정하셨습니다. 누가 예수 그리스도를 믿습니까? 자기가 죄인임을 아는 자가 믿습니다. 그래서 하나님은 언약의 후손들에게 율법을 주어서 자신이 죄인임을 알게 하는 일을 하셨습니다. 그것이 율법입니다. 하나님은 자기 백성들을 먼저 율법 아래 가두십니다.

갈라디아서 4장을 봅시다.

갈 4:1-7 "내가 또 말하노니 유업을 이을 자가 모든 것의 주인이나 어렸을 동안에는 종과 다름이 없어서 ²그 아버지의 정한 때까지 후견인과 청지기 아래 있나니 ³이와 같이 우리도 어렸을 때에 이 세상 초등학문 아래 있어서 종노릇하였더니 ⁴때가 차매 하나님이 그 아들을 보내사 여자에게서 나게 하시고 율법 아래 나게 하신 것은 ⁵율법 아래 있는 자들을 속량하시고 우리로 아들의 명분을 얻게 하려 하심이라 ⁶너희가 아들인 고로 하나님이 그 아들의 영을 우리 마음 가운데 보내사 아바 아버지라 부르게 하셨느니라 ⁷그러므로 네가 이 후로는 종이 아니요 아들이니 아들이면 하나님으로 말미암아 유업을 이을 자니라"

유업을 이을 아들이 있습니다. 그런데 하나님께서 정한 때까지 종으로 두셨다고 합니다. 가둔 것은 빼내기 위함입니다. 그래서 우리가 정한 때까지 율법 아래서 종노릇

하였던 것입니다. 율법의 의로 구원을 이루고자 하였습니다. 그러나 율법으로는 구원을 이룰 수 없다는 것을 절감하는 일을 당하게 됩니다. 이를 정한 때까지 겪게 됩니다. 그러다가 하나님께서 그 아들을 보내서 율법 아래서 속량케 해주십니다. 이것이 바울의 다메섹 사건입니다.

모든 성도에게는 이 다메섹 사건이 일어나게 되어 있습니다. 이것을 성령으로 거듭난다고 합니다. 하나님께서 창세전에 어린양의 생명책에 녹명된 아들들에게 그 아들의 영을 보내서 종에서 아들의 자리로 옮겨 주십니다. 이를 율법에서 은혜로 옮겨짐을 당하였다고 합니다. 율법은 죽이는 것이고, 은혜는 살리는 것입니다. 율법 아래 있는 자는 종이고, 은혜 아래 있는 자는 아들입니다. 종은 유업이 없습니다. 유업은 오직 아들에게만 주어집니다.

하나님은 율법 아래 있는 자들은 법으로 대하시고, 은혜 아래 있는 자에게는 은혜로 대하십니다. 율법에서 은혜 아래로 옮겨진 자는 더는 율법 아래서 종노릇하지 않습니다. 예수 그리스도의 의로 율법의 요구로부터 자유하게 살아갑니다. 결코 정죄함이 없이 살아갑니다. 하나님은 이렇게 율법으로부터 자유한 자들에게 하나님 나라를 유업으로 주십니다. 그럼 이들은 그 나라에서 그 은혜의 영광을 세세토록 찬미하는 일을 하게 되는 것입니다.

이 일을 역사 속에서 교회에게 미리 맛보기로 주셨습니다. 교회는 천국의 모형입니다. 엿새 동안 세상에서 살다가 일곱째 날 교회로 모이는 것은 장차 이 세상을 떠나 천국에서 모이는 것을 미리 맛보기로 주신 것입니다. 교회는 미래 천국을 미리 맛보기로 주신 현재 천국입니다. 교회는 어린양의 피로 구원받은 자들이 모여서 그 은혜의 영광을 찬미하는 곳입니다. 연습하는 것은 실전이 있기 때문입니다. 국가대표가 아닌 자는 국가대표가 훈련하는 태릉선수촌에 입소를 시키지 않습니다. 선수촌에 입소가 된 것은 국가대표로 뽑혔기 때문입니다.

우리가 교회로 부르심을 입은 것은 국가대표로 선발된 것과도 같습니다. 선수촌은 빈둥거리고 놀라고 입소시킨 것이 아닙니다. 실전을 훈련하는 곳입니다. 교회는 아무나 오는 곳이 아닙니다. 하나님의 부르심으로 선택을 입은 자들만이 올 수 있는 곳입니다. 교회에서 미래의 천국을 현재로 누리셔야 합니다. 그 은혜의 영광을 찬미하는 일을 하셔야 합니다. 기쁨과 감사함으로 하셔야 합니다.

연습은 실전처럼 실전은 연습처럼….

이제 창세전 언약의 끝 날이 다가오고 있습니다. 예수 그리스도께서 재림하여서 예수 그리스도 안에서 살아가는 성도들을 천국으로 인도할 날이 머지않았습니다. 창세전 언약의 마지막 수순인 하나님 나라에서 그의 은혜의 영광을 찬미하는 날이 눈앞으로 한 발자국씩 성큼성큼 다가오고 있습니다. 그러므로 그 나라를 소망하면서 잘 이겨내십시오. 이기는 자들은 그 나라를 유업으로 받게 됩니다. 아무나 이기지 못합니다. 오직 창세전에 영생 주시기로 작정되어 어린양의 생명책에 녹명된 자들에게만 이김이 주어집니다. 우린 이미 이긴 자들입니다. 이미 이긴 자로 살아가시기를 주의 이름으로 축원드립니다.

미리 아신 자를 부르시고,
부르신 자를 의롭다 하시고,
의롭다 하신 자를 영화롭게 하셨느니라! 아멘.

2강 　　　　　　　　　창세전 언약으로 본 창조와 구원 이야기

태초에

창 1:1 "태초에 하나님이 천지를 창조하시니라"

요 1:1 "태초에 말씀이 계시니라 이 말씀이 하나님과 함께 계셨으니 이 말씀은 곧 하나님이시니라"

성경을 보면 두 태초 이야기가 나옵니다. 창세기 1장 1절의 태초와 요한복음 1장 1절의 태초가 있습니다. '태초'라는 말은 같은데, 그 의미는 하늘과 땅만큼이나 다릅니다. 오늘은 두 태초에 관해서 상고하고자 합니다.

성경은 하나님의 일하심을 기록하고 있습니다. 성경의 중심 주제는 역사 속에서 창세전에 언약하신 일을 펼쳐가는 이야기입니다. 언약을 이루어 가시는 주체는 예수 그리스도입니다. 그래서 성경을 정의할 때 '예수 그리스도의 구속사'라고 합니다. 구속사란 '하나님께서 자기 백성들을 구원하는 이야기'라는 뜻입니다.

모든 성경이 이를 증거해 주고 있습니다. 성경에 인간들이 살아가는 이야기가 기록되어 있다 하더라도 그것은 모두가 예수 그리스도를 통한 구속사를 보여 주는 이야기들입니다. 예를 들어서 병을 고치거나, 귀신을 쫓아내거나, 죽은 자가 살아나는 것이나, 갖가지 기적과 천재지변이나, 죽고 죽이는 전쟁이나 그 외 모든 것이 예수 그리스도께서 자기 백성들을 구원하는 이야기를 바탕으로 하고 있습니다.

이러한 것들은 모두 그 자체에 목적이 있는 것이 아닙니다. 그러므로 어떤 사건 하나만 달랑 떼어서 그것에 의미를 두면 안 됩니다. 예를 들어 성경에 병 고치는 사건이 있으니까 병을 고치는 것이 마치 성경이 말하는 것의 전부인 양 말하거나, 귀신을 쫓아내는 것이 있으니까 귀신을 쫓아내는 것이 신앙의 본질인 양 호도해서는 안 되는 것입니다.

그 여타의 사건들도 마찬가지입니다. 주객을 전도시키면 안 됩니다. 이 시대 교회의 타락은 기독교가 마치 병을 고치거나 귀신을 쫓아내는 것과 같은 일들을 행하고 정의 사회 구현을 위하여 세상에 빛과 소금이 되어야 한다는 것으로 신앙의 본질을 왜곡하여 가르쳤기 때문입니다. 예수 믿고 복 받고 잘살아야 한다는 것도 마찬가지입니다. 기독교 신앙은 이 세상의 부귀영화를 목적으로 하는 것이 아닙니다.

예수라는 이름을 간과치 마십시오. 하나님께서 그 아들을 이 세상에 보내실 때 예수라는 이름으로 보내신 것은 예수라는 이름이 담고 있는 일을 하도록 하기 위함입니다. 예수라는 이름은 '자기 백성들을 저희 죄에서 구원하는 자'라는 뜻입니다. 예수님은 이 일을 하려고 하늘나라에서 이 세상으로 오신 것입니다.

예수라는 이름 속에는 두 가지 의미가 담겨 있습니다.

첫째는 자기 백성입니다. 이 말은 자기 백성만 예수님과 관련이 있다는 뜻입니다. 예수님은 자기 백성들에게만 구원주가 되십니다. 그래서 '천국의 비밀은 너희에게는 허락되었으나 저희에게는 비밀'이라고 하신 것입니다. 예수님은 사람들을 '너희'와 '저희'로 구분하여서 대하셨습니다. 자기 백성들인 너희에게는 구원하시는 메시아이지만, 자기 백성이 아닌 저희에게는 본받을 선생에 불과하였습니다.

둘째는 저희 죄에서 구원하는 것입니다. 이 말은 자기 백성들이 지금 죄 아래 가두어져 있다는 뜻입니다. 독자적으로 죄에서 나올 수가 없으니까 하나님이 그 아들을 예수라는 이름으로 보내서 구원하게 하신 것입니다. 그러니까 예수님의 십자가 사건은 자기 백성들에게만 능력이 되는 것입니다.

성경은 하나님께서 자기 백성들을 구원하고 하나님의 아들답게 다스려 가는 이야기입니다. 마치 부모와 자식 간에 싸우는 것과도 같습니다. 부모는 자식을 낳았기 때문에 간섭하는 것이고, 자식은 부모의 그늘을 벗어나서 살고자 반항합니다. 여기서 필연적으로 싸움이 일어납니다.

자식은 부모에게 왜 간섭하느냐고, 자기를 좀 내버려두라고 합니다. 그러나 부모는 '내가 너를 어떻게 낳았는데 그냥 둘 수 있느냐'고 하면서 간섭합니다. 자식은 틈만 나면 부모 그늘을 벗어나려고 하고, 부모는 시작부터 끝까지 자식을 부모의 그늘 아래서 살아가게 하려고 합니다. 그래서 둘은 악악대면서 선한 싸움을 하게 되는 것입니다. 하나님과 자기 백성들의 관계를 부모와 자식 관계로 보여 주고 있는 것입니다. 그래서 부모 자식 관계를 천륜이라고 하는 것입니다.

성경은 하나님의 백성들에게 주신 것입니다. 성경을 받았다는 것은 하나님 백성이라는 뜻입니다. 그러니까 성경은 아무나 깨달아지는 것이 아니고 오직 하나님의 백성들만 알게 되어 있습니다. 알다시피 성경은 성령의 감동으로 기록되었습니다. 성경이 성령의 감동으로 된 것은 하나님 백성들에게만 들려지도록 하기 위함입니다. 비록 인간의 언어로 기록하였지만, 그 속에 하나님의 뜻을 숨겨 두셨습니다. 땅의 이야기 속에 하늘의 이야기를 담아 놓은 것입니다. 그 뜻은 오직 성령께서만 깨닫게 해주십니다.

하나님의 백성들은 땅의 이야기 속에서 하늘 이야기로 듣지만, 하나님의 백성이 아닌 자들은 땅의 이야기로만 듣게 됩니다. 그래서 동일한 성경을 가지고서도 서로 상반된 다른 신앙을 낳게 되는 것입니다. 성경에서 땅에 속한 자와 하늘에 속한 자로 구분하는 것도 모두 이러한 이유 때문입니다. 땅에 속한 자를 '육에 속한 자'라고 하고, 하늘에 속한 자를 '영에 속한 자'라고 합니다. 그래서 성경의 이야기도 육에 속한 자는 육적으로 해석하고, 영에 속한 자는 영적으로 해석하게 되는 것입니다.

고린도전서 2장을 봅시다.

고전 2:14 "육에 속한 사람은 하나님의 성령의 일을 받지 아니하나니 저희에게는 미련하게 보임이요 또 깨닫지도 못하나니 이런 일은 영적으로라야 분변함이니라"

육에 속한 사람은 성령의 일을 받지 못한다고 합니다. 왜냐하면 육으로 보면 성령의 일은 미련하고 어리석어 보이기 때문입니다. 성경을 문자적으로 보게 되면 하나님의 뜻과 상관없는 신앙생활을 하게 되는 것입니다. 그래서 하나님은 자기 백성들에게는 성령이라는 안경을 주어서 성경을 보게 하신 것입니다.

성령의 눈으로 보아야만 하나님의 뜻을 온전하게 알게 됩니다. 하나님의 백성은 성령으로 거듭난 자들입니다. 성령께서 하나님의 백성들에게 하나님의 말씀을 깨닫게 하시는 일을 합니다. 그런 의미에서 성경 속의 이야기가 나의 이야기로 들려진다는 것은 곧 나는 하나님 백성이라는 뜻입니다.

성경은 구원을 받은 자들에게 주어진 것입니다. 애굽에서는 하나님이 말씀을 주시지 않았습니다. 광야로 빼내시고 난 후에 말씀을 주셨습니다. 성경을 배워서 구원을 얻으라고 주신 것이 아닙니다. 구원을 받았기 때문에 주신 것입니다. 성경은 구원의 방법론을 제시하는 것이 아닙니다. '너희가 이렇게 하면 구원을 받을 수 있다'는 방법론을 말하는 것이 아니고, '너희가 이렇게 구원을 받았다'는 것을 알려 주고 있습니다.

하나님의 백성들은 성경을 통해서 '아, 우리가 이렇게 구원을 받았구나! 나를 구원하기 위하여 하나님께서 창세전부터 이런 계획을 세우시고, 때를 따라서 내 삶에 이렇게 간섭해 오셨구나!'를 알게 되는 것입니다. 그리하여 그 은혜에 감사하고 찬양하게 되는 것입니다. 하지만 하나님의 백성 아닌 자들은 성경을 가지고 방법론으로 접근하게 됩니다. 마치 예수님을 찾아온 청년처럼 "우리가 어떻게 하면 영생을 얻을 수 있습니까?"라고 방법론을 알려달라고 합니다. 방법론을 찾는 것은 자기 가능성으로 나오는 것입니다.

성경은 이러한 것을 불의라고 합니다. 성경은 죄인을 중풍병자와 같다고 합니다. 중풍병자는 몸과 마음이 따로따로입니다. 마음은 원이로되 몸이 말을 듣지 않습니다. 그래서 인간들에게는 구원 얻는 방법을 알려주어도 안 된다고 하는 것입니다. 다시 말해서 죄인들은 정답을 알려주어도 정답대로 살 수 없는 자들인 것입니다.

하나님의 백성은 우리 쪽에서 무슨 일을 해서 되는 것이 아닙니다. 하나님의 백성은 하나님께서 낳아 주셔야만 합니다. 이것을 성령으로 거듭난다고 합니다. 구원은 거저 주어지는 것이지 우리의 힘으로 얻어내는 것이 아닙니다. 마귀는 인간의 힘으로 구원을 따내라고 합니다. 이것이 세상 종교로 나타나고 있습니다. 그러므로 세상 종교들의 신앙 바탕에는 '지성이면 감천이다'가 있는 것입니다. 인간의 열심을 근본으로 하는 것입니다.

기독교는 신이 인간을 찾아오는 것이지만, 세상 종교는 인간이 신을 찾아가는 것입니다. 신이 인간을 찾아오는 것을 '은혜'라고 하고, 인간이 신을 찾아가는 것을 '법'이라고 합니다. 성경은 하나님께서 자기 백성들을 찾아가서 구원하는 이야기입니다. 구원의 바탕에 하나님의 은혜가 흐르고 있습니다. 그래서 성도들의 신앙이 그의 은혜의 영광을 찬미하고 감사하는 것으로 나타나고 있는 것입니다.

성령은 성경을 가지고 하나님의 백성들에게 하나님의 일하심을 알려주십니다. 하나님이 우리에게 어떤 일을 하셨는지 성경을 가지고 알려주십니다. 이를 구약에서는 이스라엘이라는 민족을 가지고 설명해 주었습니다.

구약의 이스라엘은 우리의 자화상입니다. 우리의 거울과 같은 것입니다. 하나님께서 구약의 이스라엘에게 하신 일들을 신약의 성도들에게 하시는 것입니다. 신약의 성도들은 구약 이스라엘을 통해서 하나님께서 자기 백성들을 어떻게 간섭하고 다루어 가는지를 깨닫게 되는 것입니다.

우리는 성경을 통해서 하나님의 일하심을 알아야 합니다. 하나님께서 왜 나를 구원해 주셨는지를 알아야 합니다. 어떻게 구원하셨는지 알아야 합니다. 이것을 알아야 신앙이 감사와 찬송으로 나타나게 되는 것입니다.

우리의 구원은 창세전 언약의 결과로 주어진 것입니다. 그렇다면 구원받은 성도들은 도대체 하나님께서 창세전에 무슨 언약을 하셨기에 자신이 구원을 받게 되었는지 알아야 합니다. 성경은 언약의 책입니다. 만물은 언약에 의하여, 언약을 위하여 지은 바가 되었습니다. 언약이 먼저이고 만물의 창조가 나중입니다. 이러면 만물을 존재케 하는 근원은 언약이 되는 것입니다.

이스라엘은 애굽에 살면서 그들을 존재케 하는 근원인 언약을 모르고 살았습니다. 그래서 하나님은 이스라엘을 출애굽 시키신 후에 그들의 정체성을 알려주는 일을 하셨습니다. 그것이 모든 백성이 보는 앞에서 모세를 시내산 위로 올라오게 하여서 언약의 말씀인 율법을 주는 것으로 나타났습니다. 이것은 하나의 시청각 교재입니다.

시내산 위는 하늘나라를 상징합니다. 하나님께서 모세를 시내산 위로 부르신 것은 이스라엘 백성들의 소속을 알려주고자 하심입니다. 그들이 하늘나라 백성이라는 것을 알려주신 것입니다. 그래서 모든 백성이 보는 가운데서 모세를 시내산으로 올라오게 하여서 하나님의 언약의 말씀인 십계명을 주신 것입니다.

십계명은 언약입니다. '너희들은 언약 백성이다'라는 것입니다. '언약이 너희를 존재케 하였다'는 것을 알려주고 있는 것입니다. 그들이 잘나서 구원을 받은 것이 아니고 그들이 언약의 후손이기 때문에 구원이 주어진 것이라고 알려주신 것입니다.

시내산 위에서 언약이 주어졌다는 것은 언약의 출처가 '하늘나라'라는 것입니다. 천국에서 언약이 나왔다는 뜻입니다. 백성들은 언약을 앞세우고 약속의 땅으로 들어갔습니다. 이는 언약에 이끌려서 천국에 들어간 것입니다.
이것을 순서적으로 말하면 다음과 같습니다.

1) 하늘나라에서 창세전 언약이 세워졌고,
2) 창세전 언약에 의하여 만물이 창조가 되었고,
3) 하나님은 만물 속에 있는 언약의 백성들을 구원하려고 그 아들을 보내시고,
4) 그 아들은 창세전 언약 안에서 영생 주시기로 작정된 자들에게 언약의 말씀을 주시고,
5) 언약의 말씀을 받은 자들은 그 언약을 앞세우고 하나님 나라로 들어가게 되는 것입니다.

하나님은 언약으로 일을 하십니다. 하나님께서 자기 백성들을 이 세상으로 보내실 때 그 속에 언약을 심어 놓으셨습니다. 언약은 마치 프로그램처럼 자기 백성들 속에

내장되어 있습니다. 이 언약의 프로그램에 의해서 언약의 후손들이 자신들을 구원하러 오신 하나님의 아들인 메시아를 알아보게 되는 것입니다.

그러면 이 세상에 있는 하나님의 백성들은 메시아인 그 아들을 따라서 하늘나라로 나아가게 되는 것입니다. 이를 의인화하여서 만물이 주께로 나와서 주로 인하다가 주께로 돌아간다고 하는 것입니다. 우리의 고향은 주님 품인 것입니다. 그래서 구원받은 성도들을 그리스도 안에서 산다고 하는 것입니다.

구원이란 본래의 자리로 돌아가는 것입니다. 다른 말로 자신의 근원을 찾아가는 것입니다. 나로 존재케 하신 그곳으로 돌아가는 것입니다. 오늘 우리가 살펴볼 태초 이야기도 근원을 찾아가는 이야기입니다. 우리의 근원을 찾아가는 이야기입니다. 그럼 출발해 봅시다.

성경을 열면 첫 마디가 '태초에'라고 합니다.

창 1:1 "태초에 하나님이 천지를 창조하시니라"

'태초'라는 말은 하나님께서 이 세상에 던진 첫 마디입니다. 이것은 마치 잔잔한 연못에 돌 하나를 던진 것과도 같습니다. 잔잔한 연못에 돌을 던지면 그 파장이 온 연못에 여울이 되어서 퍼져나가듯이, 하나님께서 이 세상이라는 연못에 '태초에'라는 돌을 하나 던지신 것입니다.

그럼 세상이라는 연못을 출렁이게 한 그 태초라는 말씀을 추적해 가야 합니다. 추적하여서 "왜 잔잔한 연못에 태초라는 돌을 던졌습니까?"라고 물어야 합니다. 하나님이 세상이라는 연못에 태초라는 돌을 던지신 것은 추적해서 찾아오라는 것입니다.

"태초에 하나님이 천지를 창조하시니라"라는 말씀은 천지를 창조하였다는 의미보다 하나님이 천지에게 묻고 있다는 의미가 더 강합니다. "애들아! 너희들 태초를 아니?"라고 묻고 있는 것입니다. 그래서 천지창조 기사가 무엇을 만들었다는 데 초점이 맞추어져 있지 않고 이미 만들어진 세상을 갈라내고 채우는 것으로 되어 있는 것입니다.

    빛과 어둠을 갈라내고,
    궁창 윗물과 궁창 아랫물을 갈라내고,
    바다에서 뭍을 갈라내고,
    그리고 만물을 채우는 것으로 말해주고 있는 것입니다.

지금 이 말을 누구에게 하고 있나요? 애굽에서 빼내심을 입은 자들에게 하십니다. 어린양의 피로 출애굽 한 언약의 후손인 이스라엘 백성에게 하고 있는 것입니다. 하나님의 자기 백성인 것입니다. 모세 오경은 출애굽 한 이스라엘 백성들에게 주신 말씀입니다. 모세 오경은 인류의 시작과 언약의 후손들이 약속의 땅으로 들어가는 이야기를 하고 있습니다. 모세 오경에는 언약의 후손들이 살아가는 이 세상에서의 삶의 시작부터 끝까지가 다 들어가 있습니다.

창세기는 기원의 시작을 말하면서 이를 아브라함 언약으로 설명해 주고 있습니다. 아브라함 언약에서 나온 자들이 애굽으로 내려가는 것을 말해주고 있습니다. 이것은 창세 전 언약 안에 있던 백성들이 이 세상에 오게 된 것을 이야기해 주고 있는 것입니다.

출애굽기는 언약의 후손들이 애굽이라는 이방 나라에서 고난을 당하고 있는데 하나님께서 구원자를 보내서 구출해 내는 것을 말해주고 있습니다. 이것은 예수님이 이 세상에 오셔서 자기 백성들을 구원하는 이야기를 하고 있습니다. 출애굽 과정에서 하나님께서 자기 백성들을 어떻게 보호하시고 건져내는지를 말해주고 있습니다.

레위기는 구원받은 백성들이 광야에서 어떻게 교회를 세워가고 하나님을 섬겼는지 말해주고 있습니다. 이것은 세상에서 교회로 빼내심을 입은 성도들이 교회에서 하나님을 어떻게 섬겨야 하는지를 말해주고 있는 것입니다. 스데반은 광야를 교회라고 하였습니다.

민수기는 출애굽 한 백성들이 광야 40년을 지나면서 옛사람이 죽고 새사람으로 태어나게 되는 것과 이들이 광야 길을 걸으면서 어떻게 하나님을 거역하는지를 보여주고, 또한 하나님이 이 거역하는 백성들을 어떻게 인도하시는지를 말해주고 있습니다. 이것은 성도들이 교회 생활을 통해서 옛사람이 죽고 새사람으로 자라가는 것을 말해주고 있습니다.

신명기는 광야에서 태어난 2세들에게 약속의 땅에 들어가서 어떻게 살아야 하는지를 말해주고 있습니다. 하나님께서 왜 그들을 애굽에서 빼내서 가나안 땅에 들여보냈는지 그 이유를 설명해 주고 있습니다. '너희들이 가나안에 들어가는 것은 언약에 의한 것이므로 그 땅에 들어가서도 언약을 잊지 말라'고 합니다. 이것은 장차 우리가 천국에서 어떻게 살아가는지를 말해주고 있습니다.

구속사적으로 보면 모세 오경은 구원사 전체를 축약하고 있습니다. 이는 내가 누구이며 하나님은 나를 왜 구원하셨는지를 알게 하는 것입니다. 이처럼 모세 오경은 언약 후손들의 근원을 말해주고 그들이 원래의 자리로 돌아가는 이야기입니다. 이스라엘은 아브라함 언약에 의하여 생겨난 민족입니다. 언약이 그들을 이끌어 가고 있는 것입니다. 그럼 아브라함 언약을 봅시다.

창세기 15장입니다.

창 15:13-21 "여호와께서 아브람에게 이르시되 너는 정녕히 알라 네 자손이 이방에서 객이 되어 그들을 섬기겠고 그들은 사백 년 동안 네 자손을 괴롭게 하리니 [14]그 섬기는 나라를 내가 징치할찌며 그 후에 네 자손이 큰 재물을 이끌고 나오리라 [15]너는 장수하다가 평안히 조상에게로 돌아가 장사될 것이요 [16]네 자손은 사 대 만에 이 땅으로 돌아오리니 이는 아모리 족속의 죄악이 아직 관영치 아니함이니라 하시더니 [17]해가 져서 어둘 때에 연기 나는 풀무가 보이며 타는 횃불이 쪼갠 고기 사이로 지나더라 [18]그날에 여호와께서 아브람으로 더불어 언약을 세워 가라사대 내가 이 땅을 애굽 강에서부터 그 큰 강 유브라데까지 네 자손에게 주노니 [19]곧 겐 족속과 그니스 족속과 갓몬 족속과 [20]헷 족속과 브리스 족속과 르바 족속과 [21]아모리 족속과 가나안 족속과 기르가스 족속과 여부스 족속의 땅이니라 하셨더라"

언약을 맺는 장소가 가나안입니다. 언약의 내용을 보면 언약의 후손들이 가나안에서 애굽으로 내려갔다가 다시 돌아오는 것으로 되어 있습니다. 언약에 의해서 애굽으로 내려갔다가 언약에 의해서 다시 가나안으로 돌아오는 것입니다. 이 모습을 모세 오경이 말해주고 있는 것입니다.

하나님은 모세에게 어린양의 피로 출애굽 하여서 광야를 지나 가나안으로 들어가는 백성에게 모세 오경을 주어서 그들의 근원을 찾아가도록 하신 것입니다. 우리가 성경을 배우는 것도 동일한 의미입니다. 세상에서 교회에 오니까 성경을 가지고 내가 어디서 와서 무엇을 하다가 어디로 가는지를 알려주고 있는 것입니다. 우리의 근원을 찾아가게 하시는 것입니다.

이스라엘 백성들은 애굽에서 태어나고 살았습니다. 그러다가 어린양의 피로 출애굽을 하고 광야로 나왔습니다. 애굽은 이 세상을 말하고, 광야는 교회를 상징합니다. 하나님이 광야 교회에 나온 자들에게 말씀을 주시는 것입니다. 말씀으로 하나님을 알게 하시는 것입니다.

우리는 세상이 전부인 줄만 알고 살았습니다. 나만 알고 나를 위해 살았습니다. 그런데 교회에 오니까 하나님의 첫 물음이 "너희들 태초를 아니?", "네가 누구인지 아니?"라고 묻고 계신 것입니다. 마치 광야에 나온 자들에게 창세기를 주시면서 "너희들 태초에 대하여 들어보았니?"라고 묻고 있는 것과 같은 것입니다.

태초에 대하여 묻는 것은 태초에 대하여 알려주시겠다는 것입니다. '너희'가 어떤 자인지를 알려주시겠다는 것입니다. 우리는 태초에 관심이 없습니다. 태초를 모르고 살았습니다. 우리의 관심사는 오로지 이 세상뿐이었습니다. 어떻게 하면 이 세상에서 잘 살까에만 관심을 두고 살았습니다. 그런데 교회에 오니까 태초에 대하여 이야기하는 것입니다. 너희들은 세상에 속한 자가 아니고 태초에 속한 자라고 이야기하는 것입니다. 태초에 관한 소식을 말씀하시는 것입니다.

이것은 광야에 나온 자들이 애굽의 음식을 달라고 하자 하늘의 만나를 주시는 것과도 같습니다. 하나님은 광야에서 만나를 가지고 이스라엘 백성들의 관심사를 땅에서 하늘로 환기시키는 일을 하셨습니다. 그들이 떡을 양식으로 먹는 애굽의 사람이 아니고 하나님의 말씀을 양식으로 살아가는 하나님의 백성이라고 알려주신 것입니다.

교회는 광야와 같습니다. 성도들의 정체성을 알려주어야 하는 곳입니다. 우리는 떡의 가치로 사는 세상 사람이 아니고 하나님의 말씀의 가치로 살아가는 하늘나라 백성이라는 것을 알려주어야 합니다. 교회는 하나님의 비밀을 맡은 곳입니다. 하나님은 교회를 통해서 만대로부터 감추인 하나님의 비밀을 드러나게 하셨습니다. 만대로 감추인 비밀이 바로 창세전 언약입니다.

에베소서와 골로새서를 봅시다.

엡 3:9-11 "영원부터 만물을 창조하신 하나님 속에 감취었던 비밀의 경륜이 어떠한 것을 드러내게 하려 하심이라 ¹⁰이는 이제 교회로 말미암아 하늘에서 정사와 권세들에게 하나님의 각종 지혜를 알게 하려 하심이니 ¹¹곧 영원부터 우리 주 그리스도 예수 안에서 예정하신 뜻대로 하신 것이라"

골 1:25-27 "내가 교회의 일꾼 된 것은 하나님이 너희를 위하여 내게 주신 직분을 따라 하나님의 말씀을 이루려 함이니라 ²⁶이 비밀은 만세와 만대로부터 감추어졌던 것인데 이제는 그의 성도들에게 나타났고 ²⁷하나님이 그들로 하여금 이 비밀의 영광이 이방인 가운데 얼마나 풍성한지를 알게 하려 하심이라 이 비밀은 너희 안에 계신 그리스도시니 곧 영광의 소망이니라"(개역개정)

교회는 하늘의 비밀을 전해주는 곳입니다. 그래서 교회를 일컬어 '만세로부터 감추인 하나님의 비밀을 맡은 곳'이라고 하는 것입니다. 교회는 세상에 관심을 두고 살아가는 자들에게 하늘의 이야기를 들려줌으로 그들의 관심사를 하늘로 돌리는 일을 하여야 합니다.

광야에 나온 백성들 앞에서 하나님은 모세를 시내산 위로 부르십니다. 백성이 보는 앞에서 하나님이 시내산 위에 강림하십니다. 그리곤 모세에게 말씀하십니다. 산 아래에서는 시내산 중간에 구름에 가려져서 산 위를 볼 수가 없었습니다. 그러나 음성은 들립니다. 눈으로 볼 수는 없지만 소리로는 들립니다. 이것은 우리가 하나님을 볼 수는 없지만 말씀으로 들을 수는 있는 것과 같은 것입니다.

천국은 볼 수는 없지만 말씀을 통해서 천국의 소식은 들을 수 있는 것입니다. 광야의 백성들이 모세가 들고 온 하나님의 말씀으로 하늘나라 소식을 들었듯이, 교회에 온 성도들은 성경을 통해서 하늘나라 소식을 들어야 합니다.

모세가 전하는 말씀의 출처가 산 위입니다. 이것은 하나님의 말씀으로 산 위에 있는 하나님 나라를 보라는 것입니다. 하나님을 눈으로 보려고 하지 말고 모세가 준 말씀을 통해서 하나님을 만나라는 것입니다. 말씀은 하나님을 만나게 하는 통로입니다. 하나님은 말씀이라는 통로를 통해서 만나 주십니다. 창조가 말씀으로 이루어진 것은 하나님은 말씀으로 만나 주신다는 뜻입니다. 그러므로 말씀을 제쳐놓고 하나님을 만나고자 하는 것은 전부가 불법이고 반칙인 것입니다.

시내산 위는 하나님 나라를 상징합니다. 이렇게 되면 광야는 세상이 되는 것입니다. 하나님께서 모세를 시내산 위로 부르신 것은 세상에 사는 사람들에게 하늘나라 소식을 알려주기 위함입니다. 애굽에서 살던 백성들은 시내산 위에 하나님이 사는 동네가 있는 줄을 몰랐습니다. 세상이 전부인 줄 알았습니다. 그런데 광야에 나와서 보니까 하늘에 동네가 있다는 것을 알게 되었습니다. 하나님께서 하늘에 있는 동네를 알려준 것은 장차 이스라엘이 살아가야 하는 곳이 하늘나라이기 때문입니다.

우리는 교회에 와서 성경을 받았습니다. 성경을 여니까 첫 마디가 태초에 하나님이 천지를 창조하셨다고 합니다. 이것은 애굽에서 광야로 나온 자들에게 시내산 위에 있는 하늘나라를 알려주시는 것과 같은 의미입니다. 그럼 하나님의 백성은 편지를 읽으면서 하나님께 물어야 합니다.

하나님!
이 내용이 무슨 뜻입니까?
우리에게 왜 이런 이야기를 하는데요?
그럼 하나님께서 친절하게 알려주십니다.

우리는 하나님을 모릅니다. 그런데 하나님으로부터 선택을 당하고 부르심을 입었습니다. 출애굽 한 백성들은 하나님을 만난 적이 없습니다. 만난 적이 없으니까 하나님이 어떤 분인지를 알지 못하는 것입니다. 안다고 해도 조상으로부터 구전으로 전해 들은 정도입니다. 그런데 출애굽 한 이스라엘은 400년 동안 애굽에서 종살이한 사람들입니다. 아브라함 언약이 있은 후 400년이 지나서 모세가 나타나 하나님 이야기를 하고 있는 것입니다.

모세로부터 하나님 이야기를 듣는 백성들은 조상들로부터 들은 하나님을 알고 있었습니다. 이들에게 알려준 조상들 역시도 애굽에서 태어나서 그 아버지에게서 들은 하나님밖에 모릅니다. 그 아버지 역시 애굽에서 태어난 아버지로부터 들은 하나님입니다.

1대를 100년이라고 합시다. 그럼 400년은 4대를 지나온 것입니다. 이렇게 되면 출애굽 한 사람들은 400년 전에 할아버지가 만난 그 하나님을 구전에서 구전으로 전해 들은 것입니다. 나는 아버지로부터 듣고, 아버지는 할아버지로부터 듣고, 할아버지는 증조할아버지로부터 듣고, 증조할아버지는 고조할아버지로부터 들은 것입니다.

아브라함은 이삭에게 말하고, 이삭은 야곱에게 말하고, 야곱은 요셉에게 말하고, 요셉의 그 자식들에게 말하고, 그 자식들은 자기 자식들에게 말하고…. 그렇게 그렇게 400년을 흘러왔습니다. 흘러 흘러오면서 하나님도 왜곡되어 전해져 왔습니다. 400년 후 이스라엘이 출애굽 할 때는 완전히 다른 애굽의 하나님으로 전락되어 있었습니다. 이것이 광야에 나와서 금송아지를 섬기는 것으로 나타난 것입니다. 아브라함의 하나님이 금송아지로 왜곡되어 있었던 것입니다. 애굽에서 종살이하면서 애굽식으로 섬겼던 것입니다.

애굽에서는 올바른 하나님을 알 수가 없었습니다. 구전으로 전해 내려져 오는 이야기들은 갈수록 본질에서 벗어난 이야기들입니다. 끝에 가면 전혀 다른 이야기로 전해지게 되어 있습니다. 그러니 출애굽 한 백성들이 올바른 하나님을 안다는 것은 불가능한 것이었습니다. 그들이 아는 하나님은 왜곡된 하나님이었습니다.

그런데 모세가 시내산에서 하나님을 만나고 내려와서 "하나님은 이런 분이다"라고 알려줍니다. 모세의 첫 마디가 "태초에 하나님이 천지를 창조하셨다"라고 합니다. 하루하루 먹고살아가기 바쁜 사람들에게 먹고사는 것과는 전혀 동떨어진 이야기를 하는 것입니다. 지금 당장 목구멍에 풀칠해야 하는 사람들에게 태초 이야기를 하는 것입니다.

그럼 백성들은 물어야 합니다. "왜 우리에게 태초에 하나님이 천지를 창조한 이야기를 하는 것입니까? 우리가 태초에 하나님이 천지를 창조한 것과 무슨 상관이 있습니까?"라고 물어야 합니다. 모세가 상관이 있다고 합니다. '너희들과 상관이 있으니까 성경을 주었다'는 것입니다. 모세는 '하나님이 나에게 이 편지를 주시면서 너희들에게 알려주라고 하셔서 알려주는 것'이라고 합니다. 모세가 시내산에서 받아온 편지의 첫 마디가 "태초에 하나님이 천지를 창조하시니라"입니다.

태초라는 말은 두 가지 의미가 있습니다.

태초는 '근원과 시작'이라는 뜻입니다. 근원은 장소적인 의미이고, 시작은 시간적인 의미입니다. 그러니까 근원의 태초와 시작의 태초가 있는 것입니다. 근원이 먼저이고 시작은 나중입니다. 시작의 태초가 있기 전에 근원의 태초가 있었습니다. 근원의 태초에서 시작의 태초가 나온 것입니다.

창세기 1장 1절의 태초는 시간의 시작을 알리는 태초입니다. 역사를 시작하는 태초입니다. 그렇다고 한다면 역사의 시작을 말하는 태초를 알기 전에 먼저 역사의 시작 있게 하는 근원인 태초를 알아야 합니다. 역사의 문을 여는 시작의 태초가 근원의 태초로부터 나왔으니까, 근원의 태초는 이 세상 바깥에 있는 태초인 것입니다. 성경은 이를 '하나님 나라'라고 합니다. 이 세상 바깥에 있는 근원인 하나님 나라인 태초를 살펴봅시다.

요한복음 1장을 봅니다.

요 1:1-3 "태초에 말씀이 계시니라 이 말씀이 하나님과 함께 계셨으니 이 말씀은 곧 하나님이시니라 ²그가 태초에 하나님과 함께 계셨고 ³만물이 그로 말미암아 지은 바 되었으니 지은 것이 하나도 그가 없이는 된 것이 없느니라"

태초에 말씀이 계십니다. '계신다'는 말은 인격에게 사용하는 말입니다. 그러니까 말씀이 인격이라는 뜻입니다. 이 말씀이 하나님과 함께 계셨습니다. 그런데 그 말씀도 하나님이십니다. 태초에 인격을 가지신 말씀이신 하나님과 하나님이신 하나님이 계십니다. 이 모습은 하나님 나라의 모습입니다.

근원인 태초라는 하나님 나라에 말씀이신 하나님과 하나님이신 하나님이 계셨습니다. 말씀이신 하나님은 말씀이 육신이 되어 이 세상에 오신 성자 예수님을 말합니다. 그럼 하나님이신 하나님은 예수님을 이 세상에 보내신 아버지 하나님이신 것입니다. 이러한 태초에 관한 사실들을 증거하시는 분은 성령 하나님이십니다. 그러니까 근원인 태초에 성부 하나님과 성자 하나님과 성령 하나님이 함께 계셨습니다. 우리는 이를 삼위일체 하나님이라고 합니다.

그런데 만물이 그로 말미암아 지은 바 되었다고 합니다. 여기서 그는 말씀이신 하나님을 말합니다. 예수님을 말합니다. 그로 말미암아 지은 바 되었다는 말은 예수님을 위해서 만들어졌다는 뜻입니다. 창조는 삼위 하나님이 하십니다. 그런데 그 창조를 말씀이신 하나님을 위하여 하셨다는 것입니다. 다시 말해서 만물의 창조 목적은 예수님을 위한 것이라는 뜻입니다.

골로새서 1장을 봅시다.

골 1:15-17 "그는 보이지 아니하시는 하나님의 형상이요 모든 창조물보다 먼저 나신 자니 [16]만물이 그에게 창조되되 하늘과 땅에서 보이는 것들과 보이지 않는 것들과 혹은 보좌들이나 주관들이나 정사들이나 권세들이나 만물이 다 그로 말미암고 그를 위하여 창조되었고 [17]또한 그가 만물보다 먼저 계시고 만물이 그 안에 함께 섰느니라"

이 세상 밖에 하나님 나라가 있습니다. 우리는 그곳을 창세전의 하나님 나라인 천국이라고 합니다. 천국은 하나님이 계신 곳입니다. 그곳에 하나님이신 하나님과 말씀이신 하나님이 계셨습니다. 이를 성부 하나님과 성자 하나님이라고 하였습니다. 이를 증거하시는 분도 하나님이신데 이를 성령 하나님이라고 합니다. 그래서 성부 성자 성령 하나님이십니다.

하나님이신 성부 하나님께서 말씀이신 하나님인 성자 하나님을 이 세상에 보내셨습니다. 그분이 바로 말씀이 육신이 되어서 오신 예수님입니다. 아버지 하나님은 그의 뜻을 그 아들을 통해서 이 세상에서 이루고자 하신 것입니다. 그래서 예수님은 '내가 온 것은 아버지의 뜻을 행하기 위함이다'라고 하셨습니다.

요한복음 5-6장을 봅시다.

요 6:38-40 "내가 하늘로서 내려온 것은 내 뜻을 행하려 함이 아니요 [39]나를 보내신 이의 뜻을 행하려 함이니라 나를 보내신 이의 뜻은 내게 주신 자 중에 내가 하나도 잃어버리지 아니하고 마지막 날에 다시 살리는 이것이니라 [40]내 아버지의 뜻은 아들을 보고 믿는 자마다 영생을 얻는 이것이니 마지막 날에 내가 이를 다시 살리리라 하시니라"

요 5:17-25 "예수께서 저희에게 이르시되 내 아버지께서 이제까지 일하시니 나도 일한다 하시매 [18]유대인들이 이를 인하여 더욱 예수를 죽이고자 하니 이는 안식일만 범할 뿐 아니라 하나님을 자기의 친아버지라 하여 자기를 하나님과 동등으로 삼으심이러라 [19]그러므로 예수께서 저희에게 이르시되 내가 진실로 진실로 너희에게 이르노니 아들이 아버지의 하시는 일을 보지 않고는 아무것도 스스로 할 수 없나니 아버지께서 행하시는 그것을 아들도 그와 같이 행하느니라 [20]아버지께서 아들을 사랑하사 자기의 행하시는 것을 다 아들에게 보이시고 또 그보다 더 큰 일을 보이사 너희로 기이히 여기게 하시리라 [21]아버지께서 죽은 자들을 일으켜 살리심 같이 아들도 자기의 원하는 자들을 살리느니라 [22]아버지께서 아무도 심판하지 아니하시고 심판을 다 아들에게 맡기셨으니 [23]이는 모든 사람으로 아버지를 공경하는 것같이 아들을 공경하게 하려 하심이라 아들을 공경치 아니하는 자는 그를 보내신 아버지를 공경치 아니하느니라 [24]내가 진실로 진실로 너희에게 이르노니 내 말을 듣고 또 나 보내신 이를 믿는 자는 영생을 얻었고 심판에 이르지 아니하나니 사망에서 생명으로 옮겼느니라 [25]진실로 진실로 너희에게 이르노니 죽은 자들이 하나님의 아들의 음성을 들을 때가 오나니 곧 이때라 듣는 자는 살아나리라"

예수님께서 이 세상에 오신 것은 아버지의 뜻을 행하고자 함입니다. 아버지의 뜻은 자기 백성들을 저희 죄에서 구원하는 것입니다. 아들은 아버지가 하는 일을 보고 한다고 합니다. 아버지가 무슨 일을 하는가 하면 죽은 자를 살리는 일을 하십니다. 이 일을 아버지께서 아들에게 위임한 것입니다. 아버지는 그 아들을 통해서 일하시는 것입니다. 그래서 예수님은 아버지를 대신하여서 일한다고 하시는 것입니다.

역사 세계에서는 아버지 하나님을 볼 수가 없습니다. 왜냐하면 하늘에 계신 아버지 하나님은 역사 세계에 그 아들을 보내서 아버지의 일을 대신 하게 하셨기 때문입니다. 그래서 예수님을 일컬어 "그는 보이지 않는 하나님의 형상이라"라고 하는 것입니다. 아버지가 아들을 이 세상에 파견하여서 아버지의 일을 하도록 하신 것입니다. 그래서 만물이 그를 위하여 창조되었다고 말해주고 있는 것입니다.

그럼 창세기 1장 1절의 시간의 시작을 알리는 "태초에 하나님이 천지를 창조하시니라"라는 이야기는 예수님께서 역사 세계에 오셔서 이루어 가는 창세전 언약 이야기가 되는 것입니다. 창세기 1장 1절의 태초 이야기는 만물 밖에 계시는 하나님이 만물 안으로, 만물의 주인으로 오신 것입니다.

창 1:1절 "태초에 하나님이 천지를 창조하시니라"

창세기 1장 1절의 태초는 시간의 시작을 알리는 태초입니다. 즉, 역사의 시작을 알리는 태초인 것입니다. 이를 시간적 태초라고 합니다. 쉬운 말로 "옛날 옛날에 하나님이 천지를 창조하셨다"라는 말입니다.

창세기 1장 1절의 "태초에 하나님이 천지를 창조하셨다"라는 말씀은 하늘나라에 계시던 하나님이 천지라는 이 세상에 방문하셨다는 뜻입니다. 그러니까 창세기 1장 1절의 창조라는 말은 무엇을 만들었다는 의미보다 하나님이 천지 속에 오신 것에 강세가 있는 것입니다. 왜 하늘나라에 계시던 하나님이 이 세상을 방문하셨을까요? 그것은 하늘나라에서 계획한 어떤 일을 하시기 위함입니다. 우리는 이에 대해 지난 시간에 창세전 언약이라는 것으로 살펴보았습니다.

"태초에 하나님이 천지를 창조하시니라"는 천국에서 말씀으로 계시던 하나님이 육신을 입고 이 세상에 오신 것을 말합니다. 신약적으로 말하면 예수님이 이 세상에 오신 것입니다. 그래서 세례 요한은 예수님의 오심을 일컬어 천국이 왔다고 증거하였던 것입니다.

창세기의 천지창조 이야기는 예수님이 이 세상에 오셔서 하시는 일을 말해주고 있는 것입니다. 예수님께서 자기 백성을 구원하는 이야기가 되는 것입니다. 그러니까 창조와 구원은 같은 이야기입니다.

두 나라가 있습니다. 신들이 사는 나라와 신으로부터 창조된 피조물이 살아가는 나라가 있습니다. 신의 나라에는 신적 존재인 천사들이 살아가고, 피조 세계에는 육적 존재인 인간들이 살아갑니다. 피조 세계에서는 신의 나라가 보이지 않습니다. 이를 보이지 않는 나라라고 합니다. 보이는 나라를 역사라고 하고, 보이지 않는 나라를 묵시라고 합니다.

창세전 하나님 나라를 묵시라고 하고, 창세전에서 나온 이 세상 나라를 역사라고 합니다. 창세기 1장 1절의 태초는 묵시에 계시던 하나님이 시간 속에 들어오심으로써 역사의 시작이 된 것입니다. 이것을 창조라고 합니다. 하나님 나라는 이 세상에서는 감추어진 세계입니다. 인간들의 눈으로는 볼 수가 없습니다. 이를 묵시적 태초라고 합니다. 요한복음 1장 1절의 태초가 바로 묵시 속에 있는 하나님 나라를 말합니다.

창세기의 시간적 태초는 묵시적 태초에서 나왔습니다. 하나님은 묵시적 태초에서 계획한 창세전 언약을 시간적 태초에서 그려내는 것입니다. 시간적 창조는 창세전 언약을 그려내는 도화지와 같은 것입니다. 말씀이신 하나님이 육신을 입고 시간적 태초 안으로 들어오신 것은 묵시적 태초인 하나님 나라에서 계획하셨던 창세전 언약을 그려내시기 위함입니다.

시간적 태초는 묵시적 태초에 종속되어 있습니다. 왜냐하면 시간적 태초를 있게 한 것이 묵시적 태초이기 때문입니다. 이렇게 되면 시간적 태초인 이 세상은 묵시적 태초인 하나님 나라에 의하여 다스려지고 있음이 됩니다. 이 세상은 스스로 존재하는 것이 아닙니다. 묵시라는 하나님 나라에 의하여 존재하고 있는 것입니다. 이 세상의 창조가 하나님의 말씀으로 이루어진 것은 곧 이 세상은 하나님의 말씀에 다스림을 받고 있다는 뜻입니다.

피조 세계는 창조 세계에 종속되어 있습니다. 피조 세계를 움직이는 것은 창조 세계입니다. 창세전이라는 태초의 하나님 나라에서 언약하신 것을 역사 속에서 풀어가는 것입니다. 창조 세계가 원본이고 피조 세계는 복사본입니다. 그래서 보이는 이 세계는 보이지 않는 세계로부터 말미암았다고 하는 것입니다.

히브리서 11장을 봅시다.

히 11:1-3 "믿음은 바라는 것들의 실상이요 보지 못하는 것들의 증거니 ²선진들이 이로써 증거를 얻었느니라 ³믿음으로 모든 세계가 하나님의 말씀으로 지어진 줄을 우리가 아나니 보이는 것은 나타난 것으로 말미암아 된 것이 아니니라"

보이지 않는 세계는 묵시적 태초이고, 보이는 세계는 시간적 태초입니다. 묵시적 태초가 원본이고, 시간적 태초가 복사본인 것입니다. 원본이 복사본을 잉태케 한 것입니다. 피조 세상에서는 창조의 세계가 보이지 않습니다. 그래서 하나님이 자기 백성들에게 믿음을 주신 것입니다. 믿음으로 보이지 않는 세계를 보게 하신 것입니다.

예수님을 일컬어 보이지 않는 하나님의 형상이라고 합니다. 보이지 않는 하나님은 성부 하나님을 말합니다. 쉬운 말로 창세전이라는 태초에 계신 성부 하나님은 실상으로 원본이고, 역사 속에 오신 성자 예수님은 복사본과 같은 것입니다.

그래서 예수님을 일컬어 '그는 보이지 않는 하나님의 형상'이라고 하는 것입니다. 이에 예수님은 제자들에게 '나를 본 자는 아버지를 보았다'고 말씀하신 것입니다. 보이지 않는 성부 하나님은 창조 세계에 거하시고, 성자 하나님이신 말씀이신 하나님이 육신을 입고서 피조 세계인 이 세상에 오신 것입니다.

예수님이 이 세상의 존재 양식인 육신을 입고서 이 세상에 오신 것은 이 세상에서 자기 백성들을 구원하는 일을 하셔야 했기 때문입니다. 그래서 예수님은 '내가 온 것은 아버지의 뜻을 행기 위함이다'라고 말씀하신 것입니다. 그 아버지의 뜻은, 아버지께서 주신 자들을 마지막 날에 다시 살리는 것이라고 하셨습니다.

이것은 창세전에 어린양의 생명책에 녹명된 자들에게 영생을 주시기로 작정한 창세전 언약을 말하는 것입니다. 그러니까 창세전에 하신 언약을 이 세상에서 펼치시려고 묵시적 태초에 계시던 하나님이 시간적 태초 안으로 들어오신 것입니다.

시간적 태초 안에서 묵시적 태초에서 예정하신 창세전 언약을 다 이루시고 나면 다시 묵시적 태초로 돌아가게 됩니다. 그래서 예수님께서 십자가를 앞두고 아버지께 기도하실 때 창세전에 아버지와 함께 가졌던 그 영화를 가지게 해달라고 기도하신 것입니다.

요한복음 17장을 봅시다.

요 17:5 "아버지여 창세전에 내가 아버지와 함께 가졌던 영화로써 지금도 아버지와 함께 나를 영화롭게 하옵소서"

예수님은 십자가 사건이 이루어지면 아버지께로 돌아가게 되어 있습니다. 원래 말씀이신 하나님으로 계시던 그 자리로 돌아가게 되는 것입니다. 그래서 예수님은 십자가 사건을 창세전에 아버지와 함께 가졌던 그 영화로움을 회복하는 것이라고 기뻐하신 것입니다. 예수님의 십자가 사건은 창세전에 이미 계획된 것입니다. 그것이 지금 이루어지고 있는 시점입니다. 그러니 기쁜 것입니다.

베드로전서 1장을 봅시다.

벧전 1:18-20 "너희가 알거니와 너희 조상이 물려준 헛된 행실에서 대속함을 받은 것은 은이나 금같이 없어질 것으로 된 것이 아니요 [19]오직 흠 없고 점 없는 어린양 같은 그리스도의 보배로운 피로 된 것이니라 [20]그는 창세전부터 미리 알린 바 되신 이나 이 말세에 너희를 위하여 나타내신 바 되었으니"(개역개정)

베드로는 예수님의 십자가 사건이 말세에 나타나기로 한 사건이라고 합니다. 그런데 그 말세에 일어날 십자가 사건은 이미 창세전부터 알리신 바 되었다고 합니다. 이는 언약으로 이미 주어진 것이라는 뜻입니다. 그러니까 예수님의 십자가 사건은 창세전 언약에 의하여 발생된 말세에 일어난 사건인 것입니다.

십자가 사건이 일어나야 창세전 언약이 완성되는 것입니다. 예수님이 육체로 오신 것은 십자가를 지시기 위함입니다. 육체로 오신 예수님이 십자가를 지심으로써 자기 백성들의 죄가 속량을 받는 구속사가 다 이루어지게 된 것입니다. 그래서 예수님이 십자가에서 "다 이루었다"고 말씀하신 것입니다.

부활하신 예수님이 승천을 하시고 성령을 예수님의 이름으로 보내주셨습니다. 성령이 예수님이 하신 일이 우리를 위한 일이라는 것을 믿어지게 하십니다. 성령은 이 사실을 자기 백성 속에서 적용하시는 것입니다. 예수님의 죽음이 내 죄를 위한 것이라는 것을 믿어지게 하십니다. 그럼 성령을 받은 성도는 예수님의 십자가 사건으로 죄와 사망의 권세를 이기고 살아가게 되는 것입니다.

이 세상은 창세전 언약이 다 이루어지면 철거될 것입니다. 왜냐하면 이 세상은 창세전 언약을 위하여 만들어진 한시적인 것이기 때문입니다. 한시적인 것은 용도가 다하면 폐기 처분되는 것입니다.

히브리서 1장을 봅시다.

히 1:10-12 "또 주여 태초에 주께서 땅의 기초를 두셨으며 하늘도 주의 손으로 지으신 바라 ¹¹그것들은 멸망할 것이나 오직 주는 영존할 것이요 그것들은 다 옷과 같이 낡아지리니 ¹²의복처럼 갈아입을 것이요 그것들이 옷과 같이 변할 것이나 주는 여전하여 연대가 다함이 없으리라 하였으나"

태초에 하나님이 멸망할 것을 지으셨다고 합니다. 이것이 창세기 1장 1절의 태초의 창조 사건입니다. 그러니까 창세기 1장의 창조 사건은 용도가 다하면 폐기 처분될 것들입니다. 그래서 태초에 주께서 땅의 기초를 두신 이 세상은 옷과 같이 다 낡아지고 의복처럼 갈아입을 것이라고 하는 것입니다.

시간적 태초 안에 있는 모든 것들은 다 사라질 것들입니다. 만물도 사라지고 인간도 사라집니다. 그래서 흙에서 난 우리 몸도 무너지면 하늘로부터 오는 장막을 덧입게 된다고 하는 것입니다. 그러니 죽음을 슬퍼하지 말라고 합니다. 왜냐하면 성도에게 죽음은 하늘의 신령한 몸으로 갈아입는 것이기 때문입니다.

고린도후서 5장을 봅시다.

고후 5:1-8 "만일 땅에 있는 우리의 장막 집이 무너지면 하나님께서 지으신 집 곧 손으로 지은 것이 아니요 하늘에 있는 영원한 집이 우리에게 있는 줄 아나니 ²과연 우리가 여기 있어 탄식하며 하늘로부터 오는 우리 처소로 덧입기를 간절히 사모하노니

³이렇게 입음은 벗은 자들로 발견되지 않으려 함이라 ⁴이 장막에 있는 우리가 짐 진 것같이 탄식하는 것은 벗고자 함이 아니요 오직 덧입고자 함이니 죽을 것이 생명에게 삼킨 바 되게 하려 함이라 ⁵곧 이것을 우리에게 이루게 하시고 보증으로 성령을 우리에게 주신 이는 하나님이시니라 ⁶이러므로 우리가 항상 담대하여 몸에 거할 때에는 주와 따로 거하는 줄을 아노니 ⁷이는 우리가 믿음으로 행하고 보는 것으로 하지 아니함이로라 ⁸우리가 담대하여 원하는 바는 차라리 몸을 떠나 주와 함께 거하는 그것이라"

바울은 삼층천에 다녀왔습니다. 삼층천에서 보니까 이 땅에 있는 몸은 실상이 아니고 허상이라는 것을 알게 되었습니다. 그래서 육신은 옷과 같이 낡아지고 갈아입을 것이라고 합니다. 땅의 장막은 장차 예수님이 재림하시면 하늘의 장막으로 덧입혀지게 된다는 것을 알았습니다.

이 땅에 있는 몸은 씨와 같다고 하였습니다. 씨가 죽으면 나무를 내듯이 성도들 또한 이 땅에 속한 몸이 죽으면 하늘의 몸으로 살아나게 되는 것입니다. 그러니 죽음을 슬퍼할 일이 아니라는 것입니다. 그래서 자기의 원함은 차라리 몸을 떠나 주와 함께 거하는 것이라고 합니다.

예수님께서 재림하시면 우리의 몸은 홀연히 변화될 것입니다. 그 이유는 복사본의 몸으로는 원본 세상에서 살 수가 없기 때문입니다. 원본 세상은 하나님 나라입니다. 하나님 나라는 흙에서 난 유한한 생명으로는 살아갈 수 없습니다. 영원한 하나님 나라는 하늘로서 난 영생하는 몸이라야 살아갈 수 있습니다. 흙에서 난 몸은 유한한 몸입니다. 그래서 예수님이 재림하시면 하늘에서 살 수 있는 영생하는 몸으로 바꿔주는 것입니다. 영생하는 몸으로서 영생하는 하나님 나라에서 영원히 살아가게 되는 것입니다.

바울은 삼층천에서 이 사실을 보았기 때문에 자기의 소원은 육신을 떠나 주와 함께 거하는 것이라고 하였던 것입니다. 그래서 히브리서 11장에서 "믿음은 바라는 것들이 실상이요 보지 못하는 것들의 증거"라고 한 것입니다. 바라는 것의 실상이란 구원의 완성입니다. 천국에서 영원토록 하나님과 살아가는 것입니다. 믿음이 이 사실을 보게 하십니다. 그래서 믿음은 보지 못하는 것들을 증거한다고 하는 것입니다.

믿음이 우리로 하여금 육신의 장막을 벗어나면 하늘의 장막을 덧입고 영원히 하나님 나라에서 살아가게 된다는 것을 믿어지게 하여서 그 나라를 소망하고 살아가게 하는 것입니다. 그 증거로 성령을 보증으로 주셨습니다. 성령이 우리 안에서 이 사실들을 믿어지게 해 주십니다. 이것이 믿어지는 사람은 그 믿음으로 살아가게 되는 것입니다.

우린 모두가 예수님처럼 창세전 하나님 나라에서 이 세상으로 출장 온 것입니다. 그래서 예수님이 가셨던 그 길을 따라서 본래의 자리로 돌아가게 되는 것입니다. 예수님도 이 땅의 몸은 죽음이라는 과정을 거쳐서 하늘나라로 가시게 됩니다. 그럼 우리도 이 땅에서 난 몸은 죽음을 통해서 흙의 몸은 반납하고 하늘의 몸으로 덧입고 천국으로 나아가게 되는 것입니다.

그래서 성도들의 이 세상 삶이 겉사람은 후패해지고 점점 낡아지는 삶을 살아가게 되는 것입니다. 겉사람이 후패해지는 삶은 실패가 아니라 성공인 것입니다. 그러니 세상에서의 실패를 두려워하지 말고 낙망치 말아야 합니다.

인간적으로 따지면 예수님처럼 망한 인생이 어디에 있겠습니까? 그러나 하나님은 예수님을 오른손으로 높이셔서 승리자로 인정해 주셨습니다. 그럼 예수님의 길을 따라가는 성도들도 비록 이 세상 가치로 보면 실패한 인생처럼 보인다고 할지라도 그것은 실패가 아니라 하늘나라에서의 성공임을 알아야 합니다. 그러니 세상의 실패를 낙망치 말아야 합니다.

고린도전서 15장을 봅시다.

고전 15:16-20 "만일 죽은 자가 다시 사는 것이 없으면 그리스도도 다시 사신 것이 없었을 터이요 [17]그리스도께서 다시 사신 것이 없으면 너희의 믿음도 헛되고 너희가 여전히 죄 가운데 있을 것이요 [18]또한 그리스도 안에서 잠자는 자도 망하였으리니

¹⁹만일 그리스도 안에서 우리의 바라는 것이 다만 이생뿐이면 모든 사람 가운데 우리가 더욱 불쌍한 자리라 ²⁰그러나 이제 그리스도께서 죽은 자 가운데서 다시 살아 잠자는 자들의 첫 열매가 되셨도다"

하나님께서 자기 백성들을 구원하는 방식이 죽었다가 살려내는 방식입니다. 이것이 창세전에 언약하신 내용입니다. 그래서 구원이 죄 아래서 죽었다가 건져지는 것으로 되어 있는 것입니다. 바울은 만일 죽었다가 다시 살아나는 프로그램이 없었다면 예수님도 다시 살아날 수 없었을 것이라고 합니다.

예수님이 죽었다가 다시 살아나신 것은 하나님의 부활 프로그램에 의한 것이라고 말합니다. 만약에 부활 프로그램이 없다고 한다면 예수를 믿는 우리는 완전히 망한 인생이 될 것이라고 합니다. 그러나 하나님의 부활 프로그램은 분명히 있기 때문에 안심할 수 있다는 것입니다. 예수님이 그 증인이라고 합니다. 그래서 예수님을 부활의 첫 열매라고 합니다. 첫 열매라고 하는 것은 계속해서 일어난다는 뜻입니다.

고린도전서 15장을 봅시다.

고전 15:35-44 "누가 묻기를 죽은 자들이 어떻게 다시 살며 어떠한 몸으로 오느냐 하리니 ³⁶어리석은 자여 너의 뿌리는 씨가 죽지 않으면 살아나지 못하겠고 ³⁷또 너의 뿌리는 것은 장래 형체를 뿌리는 것이 아니요 다만 밀이나 다른 것의 알갱이뿐이로되 ³⁸하나님이 그 뜻대로 저에게 형체를 주시되 각 종자에게 그 형체를 주시느니라… ⁴²죽은 자의 부활도 이와 같으니 썩을 것으로 심고 썩지 아니할 것으로 다시 살며 ⁴³욕된 것으로 심고 영광스러운 것으로 다시 살며 약한 것으로 심고 강한 것으로 다시 살며 ⁴⁴육의 몸으로 심고 신령한 몸으로 다시 사나니 육의 몸이 있은즉 또 신령한 몸이 있느니라"

누가 성도의 실패를 조롱하거든 이렇게 말하라고 합니다. "이 어리석은 사람아! 씨가 죽는 것은 그 속에 있는 나무를 끄집어내기 위함이 아니더냐? 죽은 자의 부활도 이와 같이 육의 몸으로 심고 영으로 몸으로 살아나고자 하는 것이라."

하나님은 성도 안에 예수의 생명을 주셨습니다. 예수의 생명은 우리의 육신이 깨어질 때 나타납니다. 마치 기드온의 300 용사의 항아리가 깨어져야 그 속의 횃불이 밝혀지듯이 우리의 몸도 깨어지면 예수 그리스도의 생명이 드러나게 되는 것입니다. 하나님은 우리 안에 있는 예수 그리스도의 생명을 끄집어내려고 죽음의 자리로 밀어 넣으시는 것입니다. 그러니 죽음을 슬퍼하지 말라고 하는 것입니다.

예수님이 죽어서 하늘의 몸을 입고 하늘나라로 가셨듯이 우리도 육신의 장막이 무너지면 하늘의 장막을 입고서 하늘나라로 가게 될 것입니다. 그래서 바울은 이러한 소망을 가지고 서로 위로하라고 하였던 것입니다.

데살로니가전서 4장을 봅시다.

살전 4:13-18 "형제들아 자는 자들에 관하여는 너희가 알지 못함을 우리가 원치 아니하노니 이는 소망 없는 다른 이와 같이 슬퍼하지 않게 하려 함이라 [14]우리가 예수의 죽었다가 다시 사심을 믿을찐대 이와 같이 예수 안에서 자는 자들도 하나님이 저와 함께 데리고 오시리라 [15]우리가 주의 말씀으로 너희에게 이것을 말하노니 주 강림하실 때까지 우리 살아 남아 있는 자도 자는 자보다 결단코 앞서지 못하리라 [16]주께서 호령과 천사장의 소리와 하나님의 나팔로 친히 하늘로 좇아 강림하시리니 그리스도 안에서 죽은 자들이 먼저 일어나고 [17]그 후에 우리 살아 남은 자도 저희와 함께 구름 속으로 끌어 올려 공중에서 주를 영접하게 하시리니 그리하여 우리가 항상 주와 함께 있으리라 [18]그러므로 이 여러 말로 서로 위로하라"

예수가 죽었다가 다시 살아나심을 믿을진대, 너희가 예수를 믿다가 죽임을 당한다고 하여서 어찌 슬퍼할 수가 있겠느냐, 예수 안에 있는 자는 죽어도 다시 살아남이 있으니까 슬퍼하지 말라고 합니다. 예수님이 강림하시면 죽은 자들이 먼저 일어나고 살아남은 자들은 홀연히 변화되어서 공중에서 주를 영접할 것이기 때문입니다.

죽음을 잔다고 표현하는 것은 깨어남이 있기 때문입니다. 예수님이 재림하실 때 천사들이 기상나팔을 불 것입니다. 이것은 자는 자들을 깨우는 소리입니다. 그러면 자는 자들은 하늘의 몸을 입고 부활하여서 예수님을 맞이하게 되는 것입니다.

나팔 소리가 나면 부활하신 예수님의 몸처럼 부활하게 되는 것입니다. 그러니 죽음을 슬퍼하지 말라고 합니다. 이러한 말로 서로 위로하라고 합니다. 만약에 세상 사람들처럼 이생의 삶이 끝이라고 한다면 망한 인생이 되겠지만, 우리에게는 내생이 약속되어 있기에 세상에서 실패해도 망한 것이 아니므로 낙심치 말라는 것입니다.

이생이 전반전이라고 한다면 내생은 후반전입니다. 이생의 전반전 인생은 흙에서 난 몸으로 죽음에 종노릇하였지만, 내생의 후반전 인생은 하늘로서 난 몸으로 천국에서 영생하며 살아가게 됩니다. 그래서 바울은 현재의 고난은 장차 올 영광과 족히 비교할 수 없다고 한 것입니다. 우리는 모두가 요한복음의 태초에서 창세기의 태초로 파견을 나왔습니다. 파견 근무에는 반드시 정한 기간이 있습니다. 그 기간이 다하면 귀국하게 됩니다. 이제 곧 그때가 옵니다.

우리의 고향은 하늘나라입니다. 우리는 하늘나라에서 이 세상으로 소풍 온 것입니다. 돌아가서 아름다웠다고 말할 수 있어야 합니다. 천상병 시인은 이 땅에서의 삶을 소풍이라고 하였습니다. 소풍이 끝나고 이제 돌아갈 때가 되면, 돌아가서 "하나님이 지으신 세상에서 잘 놀다가 왔습니다"라고 해야 하겠지요.

그러자면 소풍 놀이를 잘하여야 합니다. 우리가 누리는 소풍 놀이는 예수 그리스도 안에서 살아가는 것입니다. 예수님께서 십자가에서 다 이루신 것을 마음껏 누리고 살아가야 합니다. 그것은 죄와 사망의 권세로부터 결코 정죄함 없이 살아가는 것이고, 이 세상을 나그네와 행인처럼 살아가는 것입니다.

부디 시간 속 태초에 매여 살지 말고 묵시 속의 태초에서 소풍 나온 사람답게 예수 안에서 죄와 사망의 권세를 이기고 잘 살아가다가 소풍을 마치면 우리의 본래의 고향으로 잘 돌아가는 인생들이 되시기를 주님의 이름으로 축원드립니다.

천상병 시인의 '귀천'이라는 시가 이러할 때 딱 어울립니다.

귀천(歸天)

나 하늘로 돌아가리라.
새벽빛 와 닿으면 스러지는
이슬 더불어 손에 손을 잡고

나 하늘로 돌아가리라.
노을빛 함께 단둘이서
기슭에서 놀다가 구름 손짓하면은

나 하늘로 돌아가리라.
아름다운 이 세상 소풍 끝내는 날
가서, 아름다웠더라고 말하리라.

3강

창세전 언약으로 본 창조와 구원 이야기

실상과 모형

창 1:1-2 "태초에 하나님이 천지를 창조하시니라 ²땅이 혼돈하고 공허하며 흑암이 깊음 위에 있고 하나님의 신은 수면에 운행하시니라"

성경을 열면 첫 마디가 태초에 하나님이 천지를 창조하였다고 합니다. 천지 속에 우리도 포함되어 있습니다. 그럼 하나님이 나를 창조하셨다는 말씀이 됩니다. 하나님이 천지를 창조하였다는 말은 하나님이 천지의 주인이라는 뜻입니다.

이 말씀은 우리의 정체성을 알려주는 말씀이기도 합니다. 하나님이 나를 왜 창조하셨을까요? 어떤 목적이 있어서 창조한 것입니다. 아무런 의미 없이 창조하시진 않았을 것이 아닙니까? 하나님이 하시는 모든 일은 어떤 원인에 의한 것이고, 분명한 목적이 있습니다. 그럼 우리는 물어야 합니다.

"하나님 나를 왜 이 세상에 보내셨습니까?" 성경은 여기에 대한 답변을 주고 있습니다. 오늘은 그 답을 알아가도록 하겠습니다. '나는 누굴까? 나는 어디에서 와서, 무엇을 하다가, 어디로 가는가?' 우리는 이러한 질문 앞에 답을 해야 합니다. 그래야 내 인생이 옳은 길을 가고 있는지, 아니면 그릇된 길로 가고 있는지를 알 수 있습니다.

내 인생이 내 것이라고 하면 내 맘대로 살아도 되지만 내 인생의 주인은 하나님이시기에 내 맘대로 살 수 없는 것입니다. 하나님의 뜻에 맞도록 살아야 하는 것입니다. 그리고 중요한 것은 이 세상이 전부가 아니라는 것입니다. 이생이 전부라고 한다면야 이 세상의 가치관으로서의 성공된 인생을 살아가면 됩니다. 그러나 이생이 전부가 아니고 내생이 있다고 한다면 달라집니다. 성경은 어떻게 말하고 있을까요?

히브리서 9장을 봅니다.

히 9:27 "한 번 죽는 것은 사람에게 정하신 것이요 그 후에는 심판이 있으리니"

세상은 하나님의 필요에 의하여 창조되었습니다. 그러므로 정한 기한이 있는 것입니다. 용도가 다하면 폐기될 것입니다. 세상이 유한한 것이므로 세상에 속한 모든 인간은 다 죽게 되어있는 것입니다. 그러나 죽음 후에 심판이 있습니다. 이러면 죽음이 끝이 아니라 또 다른 세상으로의 시작이 되는 것입니다. 죽음 후에 영생과 영벌로 갈라지게 되는 것입니다.

요한계시록 20장을 봅시다.

계 20:12-15 "또 내가 보니 죽은 자들이 무론대소하고 그 보좌 앞에 섰는데 책들이 펴 있고 또 다른 책이 펴졌으니 곧 생명책이라 죽은 자들이 자기 행위를 따라 책들에 기록된 대로 심판을 받으니 ¹³바다가 그 가운데서 죽은 자들을 내어주고 또 사망과 음부도 그 가운데서 죽은 자들을 내어주매 각 사람이 자기의 행위대로 심판을 받고 ¹⁴사망과 음부도 불못에 던지우니 이것은 둘째 사망 곧 불못이라 ¹⁵누구든지 생명책에 기록되지 못한 자는 불못에 던지우더라"

심판이란 갈라짐입니다. 그런데 그 갈라짐의 심판을 이생에서의 삶을 가지고 결정한다고 하십니다. 심판의 기준은 생명책과 다른 책들입니다. 즉, 생명책에 녹명된 자들과 생명책에 녹명되지 않은 자들로 갈라지게 되는 것입니다. 생명책에 녹명된 자는 영생으로 나아가고, 생명책에 녹명되지 않고 다른 책들에 기록된 자들은 영벌로 나아가게 되는 것입니다.

생명책에 녹명된 자들은 이생에서 어린양의 운명에 동참된 삶을 살아가게 되고, 생명책에 녹명되지 않고 다른 책들에 기록된 자들은 사단의 운명에 동참되어 살아가게 됩니다. 이렇게 되면 '어떻게 살아가느냐'라는 것이 그 사람의 속성을 드러내는 것입니다. 그러므로 이생에서의 삶이 중요한 것입니다. 예를 들어서 이생을 전반전이라고 한다면, 내생은 후반전이 되는 것입니다. 이렇게 되면 후반전인 내생의 인생은 전반전인 이생의 인생에 의하여 결정되는 것입니다.

이생의 삶은 내생을 준비하는 인생살이가 되는 것입니다. 이러면 이생의 삶을 대충 대충 살 수가 없습니다. 이생의 삶이 끝이 난 후에는 하나님 앞에서 심판을 받아야 하기 때문입니다. 그러므로 이생에서의 삶을 우리 마음대로 살아서는 안 되는 것입니다. 하나님의 뜻대로 살아야 하는 것입니다. 그래야 죽음 후에 일어날 심판에서 이기는 자가 되기 때문입니다.

중요한 것은 인간들이 이러한 사실을 모르거나 중요치 않게 여긴다는 것입니다. 중요성을 모르니까 내생에 대하여 큰 의미를 두지 않고 살아가고 있는 것입니다. 교인들도 죽음 후에 일어날 심판을 관념으로 여기니까 입술로는 천국을 말하지만 실제 삶은 이 세상의 가치에 두고 있는 것입니다. 이는 내생이 믿어지지 않기 때문입니다.

오늘은 실상과 모형에 대하여 살펴볼까 합니다.

보이는 것은 보이지 않는 것으로 말미암았습니다. 무슨 말이냐 하면, 보이는 이 세상은 보이지 않는 하나님 나라에서 나왔다는 뜻입니다. 하나님 나라는 이 세상에서는 보이지 않는 나라입니다. 세상에서 감지할 수 없을 뿐이지 실재하는 나라입니다. 하나님이 눈에 안 보인다고 해서 없는 분이 아니고 실재하듯이, 하나님 나라도 실제로 존재하는 나라입니다. 보이지 않는 하나님 나라가 실상으로서 원본이고, 보이는 이 세상은 모형으로서 복사본인 것입니다.

실상은 진짜이고 모형은 가짜입니다. 실상이 원본이고 모형은 복사본입니다. 우리의 인생도 원본의 인생이 있고 복사본의 인생이 있습니다. 원본의 인생은 하늘나라 인생이고 복사본의 인생은 이 세상에서의 인생입니다. 하늘나라는 영원하고 이 세상은 유한합니다. 우리는 유한에서 영원을 준비하는 인생을 살아가고 있는 것입니다.

우린 모두가 보이지 않는 하나님 나라에 대하여서는 소경이었습니다. 감지할 수 없을뿐더러 생각지도 않았습니다. 그러니 하나님에 대하여 죽은 자로 살았던 것입니다. 그런데 구원을 받고 난 후 보이는 이 세상이 전부가 아니고 보이지 않는 하나님 나라가 실상이라는 것을 알게 된 것입니다. 하나님으로부터 믿음을 선물로 받고 난 후에 보이지 않는 하나님 나라에 대하여 눈이 떠진 것입니다. 믿어지는 것입니다. 그래서 이 세상을 나그네처럼 천국을 소망하고 살아가게 되는 것입니다. 성경은 이를 '지혜로움'이라고 합니다.

사람들은 누가 죽으면 "좋은 데 갔겠지…"라고 합니다. 이것은 상투적으로 하는 말입니다. 산 자들 중에 그러한 말에 위로받을 사람은 없습니다. 그냥 그러려니 합니다. 그렇게 말하는 자신도 타자(他者)의 죽음 앞에서 산 사람들을 위로한답시고 립서비스로 그렇게 말하는 것입니다. 믿지도 않으면서 말입니다. 서로가 내생에 대하여 믿지 않고 있기는 마찬가지입니다. 그래서 "개똥밭에 굴러도 이생이 낫다", "잘 먹고 죽은 귀신 때깔도 곱다"고 하는 것입니다. 이는 이생이 전부라는 뜻입니다. 그래서 사람들에게 이생이 전부가 아니고 천국과 지옥이 있다고 하면 "그건 죽어 봐야 알지"라고 하는 것입니다.

지혜로움이란 이생에서 내생을 준비하며 살아가는 것입니다. 중요한 것은 이생이라는 이 세상에서 살아가는 전반전의 삶은 길어야 100년이지만, 내생이라는 하늘나라에서 살아가는 후반전의 삶은 영원하다는 것입니다. 이러면 100년이라는 유한한 이생의 성공된 삶보다 영원이라는 내생의 성공된 삶이 더욱더 중요하게 되는 것입니다.

유한한 이 세상에서 잘 살다가 영원한 내생에서 망하면 무슨 소용이 있겠습니까? 그건 망한 인생인 것입니다. 반대로 100년이라는 이생에서 망한 인생을 산다고 하여도 영원한 내생에서 복된 삶을 살아가는 인생이라고 한다면 그것은 성공한 인생입니다. 예수님은 이러한 이야기를 비유로 말씀하셨습니다.

누가복음 16장을 봅시다.

눅 16:19-31 "한 부자가 있어 자색 옷과 고운 베옷을 입고 날마다 호화로이 연락하는데 [20]나사로라 이름한 한 거지가 헌데를 앓으며 그 부자의 대문에 누워 [21]부자의 상에서 떨어지는 것으로 배불리려 하매 심지어 개들이 와서 그 헌데를 핥더라 [22]이에 그 거지가 죽어 천사들에게 받들려 아브라함의 품에 들어가고 부자도 죽어 장사

되매 ²³저가 음부에서 고통 중에 눈을 들어 멀리 아브라함과 그의 품에 있는 나사로를 보고 ²⁴불러 가로되 아버지 아브라함이여 나를 긍휼히 여기사 나사로를 보내어 그 손가락 끝에 물을 찍어 내 혀를 서늘하게 하소서 내가 이 불꽃 가운데서 고민하나이다 ²⁵아브라함이 가로되 얘 너는 살았을 때에 네 좋은 것을 받았고 나사로는 고난을 받았으니 이것을 기억하라 이제 저는 여기서 위로를 받고 너는 고민을 받느니라 ²⁶이뿐 아니라 너희와 우리 사이에 큰 구렁이 끼어 있어 여기서 너희에게 건너가고자 하되 할 수 없고 거기서 우리에게 건너올 수도 없게 하였느니라 ²⁷가로되 그러면 구하노니 아버지여 나사로를 내 아버지의 집에 보내소서 ²⁸내 형제 다섯이 있으니 저희에게 증거하게 하여 저희로 이 고통받는 곳에 오지 않게 하소서 ²⁹아브라함이 가로되 저희에게 모세와 선지자들이 있으니 그들에게 들을찌니라 ³⁰가로되 그렇지 아니하니이다 아버지 아브라함이여 만일 죽은 자에게서 저희에게 가는 자가 있으면 회개하리이다 ³¹가로되 모세와 선지자들에게 듣지 아니하면 비록 죽은 자 가운데서 살아나는 자가 있을찌라도 권함을 받지 아니하리라 하였다 하시니라"

어떤 부자가 있었습니다. 그는 자색 옷을 입고 날마다 호화로이 연락하면서 살았습니다. 자색 옷이란 왕들이 입는 옷입니다. 이는 왕처럼 살았다는 뜻입니다. 반면에 부자의 집 문 앞에는 헌데를 앓는 나사로라는 거지가 살고 있었습니다.

나사로는 부자의 상에서 떨어지는 것으로 배를 불리려고 하였으나 그도 넉넉지 않았습니다. 피골이 상접한 인생을 사는 것도 억울한데 설상가상으로 온몸이 병들어 피부가 짓물러서 개들이 와서 헌데를 핥고 있었습니다. 이것은 개만도 못한 인생을 살았다는 뜻입니다. 부자와 거지는 극과 극의 인생을 살았습니다.

둘 다 각자의 삶을 살다가 죽었습니다. 그런데 죽음 이후에는 정반대의 삶이 나타납니다. 거지로 살았던 나사로는 천국에서 안식하였고, 부자는 지옥에서 고통당하고 있습니다. 부자는 이생이라는 전반전의 인생은 성공한 인생을 살았습니다. 그러나 내생이라는 후반전의 인생은 완전히 망한 인생인 것입니다.

거지 나사로는 전반전 인생은 망한 인생이었는데 후반전의 인생은 성공한 인생인 것입니다. 누가 더 지혜로운 인생을 살았나요? 거지 나사로입니다. 부자는 죽음 이후 지옥에 가서야 자기 인생이 실패한 인생임을 알았습니다. 이를 때늦은 후회라고 합니다.

지옥에 있는 부자가 하나님에게 청을 합니다. 저 아래 세상에 자기 형제들이 살고 있는데 그들도 자기처럼 죽음 이후라는 내생을 모르며 살고 있으니까 그들에게 내생이 있다는 것을 좀 알려주고 싶다고 합니다. 그래서 죽었던 나사로를 살려 보내서 자기 형제들에게 죽음 후에는 반드시 심판이 있다는 사실을 좀 알려주어서 그들을 이곳에 오지 않게 해달라고 합니다.

그러자 하나님이 그럴 필요가 없다고 하십니다. 나사로가 살아서 가지 않아도 죽음 이후에 심판이 있다는 소식을 전하는 하나님의 종들이 많이 있으니까 그 형제들이 그들의 말을 듣지 않으면 죽었던 나사로가 살아서 간다고 하여도 듣지 않을 것이라고 하십니다. 이는 믿을 사람은 따로 정해져 있다는 뜻입니다. 죽음 이후의 세상을 믿는 자가 따로 있다는 것입니다.

그들이 누구인가 하면 창세전에 어린양의 생명책에 녹명된 성도들입니다. 창세전에 어린양의 생명책에 녹명된 자들은 이생에서 내생을 준비하고 살아가고 있는 것입니다. 그것이 예수 그리스도를 믿음으로 살아가는 것입니다. 예수 그리스도를 믿음으로 살아가는 것이 내생을 준비하는 삶입니다. 예수 그리스도를 믿지 않고 세상 것을 의지하고 사는 자를 일컬어 어리석은 자라고 합니다. 예수님께서 어리석은 부자 이야기를 해주셨습니다.

누가복음 12장을 봅시다.

눅 12:13-21 "무리 중에 한 사람이 이르되 선생님 내 형을 명하여 유업을 나와 나누게 하소서 하니 14이르시되 이 사람아 누가 나를 너희의 재판장이나 물건 나누는 자로 세웠느냐 하시고 15저희에게 이르시되 삼가 모든 탐심을 물리치라 사람의 생명이 그 소유의 넉넉한 데 있지 아니하니라 하시고 16또 비유로 저희에게 일러 가라사대 한 부자가 그 밭에 소출이 풍성하매 17심중에 생각하여 가로되 내가 곡식 쌓아 둘

곳이 없으니 어찌할꼬 하고 ¹⁸또 가로되 내가 이렇게 하리라 내 곡간을 헐고 더 크게 짓고 내 모든 곡식과 물건을 거기 쌓아 두리라 ¹⁹또 내가 내 영혼에게 이르되 영혼아 여러 해 쓸 물건을 많이 쌓아 두었으니 평안히 쉬고 먹고 마시고 즐거워하자 하리라 하되 ²⁰하나님은 이르시되 어리석은 자여 오늘 밤에 네 영혼을 도로 찾으리니 그러면 네 예비한 것이 뉘 것이 되겠느냐 하셨으니 ²¹자기를 위하여 재물을 쌓아 두고 하나님께 대하여 부요치 못한 자가 이와 같으니라"

어떤 청년이 예수님을 찾아와서 탄원합니다. 아버지가 돌아가셨는데 형이 아버지 재산을 몽땅 차지하였다는 것입니다. 형이 아버지의 유업을 혼자 다 차지하고는 자기에게는 한푼도 주지 않으니까 예수님이 자기 형에게 가서 율법에 근거한 대로 동생에게 유업을 좀 나누어 주라는 말을 해달라고 하는 것입니다.

그러자 예수님이 "내가 너희들 재산을 분배해 주는 재판관으로 온 줄 아느냐? 내가 온 것은 하나님 나라를 선포하기 위해서 왔다"라고 하십니다. 그러면서 사람의 생명은 소유의 넉넉함에 있지 않고 하나님과의 관계에 있다고 알려주십니다. 그러면서 어리석은 부자 이야기를 비유로 말씀하신 것입니다.

어떤 부자가 있었습니다. 이 부자는 착실하게 부를 축적하면서 살았습니다. 밭에 소출이 많아 창고를 늘리고 살았습니다. 요즘 말로 돈을 많이 벌어서 통장에 잔고 쌓이는 재미로 산 것입니다. 이 부자에게 있어 삶의 의미는 재산이 쌓여가는 것이었습니다. 그런데 어느 날 밤에 하나님이 찾아와서 "이 어리석은 사람아, 오늘 밤 네 영혼을 데려가면 이 재물이 누구 것이 되겠느냐?"라고 하시는 것입니다. 재물을 내생에 가지고 갈 수도 없을뿐더러 재물로는 내생을 살 수도 없는데, 그럼 어떻게 해야 하겠느냐고 책망하시는 것입니다.

그러면서 이생에서 하나님과 화목하지 않고 재물을 모으는 자를 어리석은 자라고 합니다. 이는 이생에서 내생을 준비하지 못하는 자는 어리석은 부자와 같다는 뜻입니다. 비록 세상에서는 성공한 인생을 살았다 할지라도 하나님과 화목되지 않은 자들은 죽음 이후 내생에서의 인생은 실패한 인생이 되기 때문입니다. 이 말을 역으로 이해하면 비록 이 땅에서 가진 것 없이 가난하게 살아도 하나님과 화목한 관계로 살았다고 한다면 그 인생은 성공한 인생이라는 뜻이 됩니다.

이 비유의 교훈은 사람의 생명이 하나님과의 올바른 관계에 있지, 소유의 넉넉함에 있지 않다는 것을 말해주고 있는 것입니다. 이러면 이 세상에서 내생을 준비하며 살아가는 성도들의 인생이야말로 가장 지혜로운 인생이 되는 것입니다. 죽음이 끝이 아니라 죽음 후에 심판이 있기 때문입니다. 이 세상에서의 이생은 1라운드이고 천국에서의 내생은 2라운드인 것입니다. 그러므로 이생을 내 맘대로 살 수 없는 것입니다. 2라운드 인생을 생각하고 살아야 합니다. 죽음 이후에 일어날 심판을 생각하고 살아야 하는 것입니다.

그럼 묻지 않을 수가 없습니다. 하나님이 바라는 인생이 무엇인지를 알아야 합니다. 복된 인생이 어떤 인생인지, 그 정답을 알아야 합니다. 감사하게도 성경은 그 해답을 주고 있습니다. 우리가 성경을 상고하는 이유는 성경을 통해서 하나님의 뜻을 알 수 있기 때문입니다. 성경 속에는 이생에서 내생을 준비한 사람들의 이야기가 많이 있습니다. 이들을 일컬어 '구름같이 둘러싼 허다한 증인들'이라고 합니다.

우리는 지난 시간 창세전 언약과 두 태초에 대하여 살펴보았습니다. 창세전 언약은 시나리오와 같고 천지창조는 그 내용과 같다고 하였습니다. 창세전이라는 하나님 나라인 태초가 먼저이고, 하나님 나라에 계시던 하나님이 역사의 문을 여는 태초가 나중이라는 것을 살펴보았습니다.

원본과 복사본이 있습니다.

하나님 나라가 원본이고, 이 세상이라는 역사는 복사본입니다. 그래서 히브리서 11장 3절에서는 보이는 이 세상은 보이지 않는 하나님 나라에서 나왔다고 증거해 주고 있습니다. 보이지 않는 나라가 원본이고, 보이는 나라는 복사본입니다.

하나님 나라에서 일어난 일이 원본이고, 이 세상에서 일어나는 일은 복사본입니다.

보이지 않는 하나님 나라를 영이라고 하고, 보이는 이 세상 나라를 육이라고 합니다. 영에서 육이 나온 것입니다. 영이 원본이고 육은 복사본인 것입니다.

예수님은 영은 살리는 것이고, 육은 죽이는 것이라고 하였습니다. 영은 생명이고 육은 사망이라는 뜻입니다. 영은 생명이라는 말은 영은 하늘나라의 생명이라는 뜻이고, 육은 사망이라는 말은 육은 이 세상의 생명이라는 뜻입니다. 영에 속한 사람은 영생의 나라에서 살아가고, 육에 속한 사람은 영벌의 나라에서 살아가게 되는 것입니다.

이러면 육보다 영이 훨씬 중요한 것이 되는 것입니다. 육에 속한 일들은 중요치 않고 영에 속한 일들이 더 중요한 것입니다. 예수님은 영에 속한 일과 육에 속한 일을 알려주었습니다. 무엇을 먹을까, 무엇을 마실까, 무엇을 입을까는 육에 속한 일이고, 그의 나라와 그의 의를 구하는 것은 영에 속한 일이라고 하였습니다. 그래서 제자들에게 이방인들처럼 육에 속한 일을 좇아가지 말고 하나님의 백성답게 영에 속한 일을 좇아가라고 하신 것입니다.

무엇을 먹을까, 무엇을 마실까, 무엇을 입을까를 좇아가는 인생은 어리석고 헛된 인생이고, 그의 나라와 그의 의를 구하는 인생은 성공한 인생이고 지혜로운 인생인 것입니다. 무엇을 먹을까, 무엇을 마실까, 무엇을 입을까를 좇아가는 인생은 허상의 인생을 사는 것이고, 그의 나라와 그의 의를 구하는 인생은 실상의 인생을 사는 것이 됩니다. 하나님께서 역사 속에서 펼쳐가는 창세전 언약은 태초의 하나님 나라에서 일어난 일들을 통해서 그 비밀을 알 수 있습니다.

오늘은 조금 놀라운 말씀을 드려야 할 텐데, 잘 이해하셔야 합니다. 그동안 잘 다루어지지 않은 이야기를 해야 하기 때문입니다. 아마도 처음 듣는 말씀일 수도 있을 것입니다. 우리는 하나님께서 창조하신 일은 이 역사 세계에 국한된 일이라고 믿어 왔습니다. 왜냐하면 창세전이라는 태초의 하나님 나라에 대하여 몰랐기 때문입니다.

우리는 막연하게 하나님 나라가 있었다고만 알고 있었습니다. 태초에 하나님 나라에서 일어난 일들은 다루지 않았습니다. 몰라도 되는 것으로 여겨왔습니다. 그런데 하나님은 그동안 감추어 두셨던 것을 이 시대에 계시해 주고 있습니다. 예수님이 재림하실 때가 되면 모든 비밀이 그 종들을 통하여서 다 증거될 것입니다. 이를 계시의 점진성이라고 합니다.

창세전 언약은 영원한 언약입니다. 그런데 시작과 끝이 있는 역사 속에서 펼쳐집니다. 그러므로 창세전 언약이 역사의 시간에 따라서 점진적으로 펼쳐지고 내용이 더욱더 구체적이면서도 심층적으로 전개되는 것입니다.

마치 씨앗을 심으면 처음에는 싹이 나고, 그다음에는 잎사귀와 줄기로 자라고, 그다음에는 작은 열매가 맺히고, 그리고 그 열매가 자라서 큰 열매가 되면 추수하게 되는 것과 같습니다. 씨에서 충실한 과실이 되기까지 점진적인 과정을 지나게 됩니다.

하나님의 일하심도 그러합니다. 하나님의 비밀도 역사의 시간표에 따라서 점진적이고 심층적으로 계시되는 것입니다. 그러므로 예수님의 재림이 임박한 지금은 예전에 알지 못하던 것들이 밝히 드러나고 있는 것입니다. 과거에는 표피적으로 알아서 교훈적으로 이해하던 것들이 이제는 그 속살을 다 드러내고 영적 생명의 이야기로 들려지게 되는 것입니다.

그런 의미에서 이 시대에 증거되는 하나님 나라에 관한 비밀들은 과거에 증거되던 것과는 다를 수 있습니다. 내용이 더 깊기 때문입니다. 그 본질은 같지만 의미와 깊이는 다르기 때문입니다. 그래서 동일한 말씀일지라도 이 시대는 과거보다 더 깊은 영적 의미를 깨닫게 되는 것입니다.

태초에 하나님 나라가 있었습니다. 그 나라는 요한복음 1장 1절에서 말하는 하나님 나라입니다. 이 나라는 하나님이 계신 곳입니다. 하나님 나라를 다른 말로 천국이라고 합니다. 천국이란 하늘에 있는 나라라는 뜻입니다. 하늘이란 피조 바깥 세계를 말합니다. 사도 바울이 성령의 감동으로 다녀온 셋째 하늘입니다. 일명 삼층천이라고도 합니다.

여기서 잠깐 세 가지 하늘에 대하여 살펴보고 갑시다. 바울이 셋째 하늘에 다녀왔다고 하는 것은 첫째 하늘과 둘째 하늘이 있다는 것을 전제로 하는 말입니다. 여기서 하늘을 공중이라는 개념으로 보지 마시고 나라로 보세요. 바울이 다녀온 셋째 하늘이 바로 하나님 나라이기 때문입니다. 그럼 첫째 나라도 있고, 둘째 나라도 있을 것이 아닙니까?

첫째 나라는 이 세상 나라를 말합니다. 둘째 나라는 장차 예수님이 재림하실 때 몰고 오는 천년왕국을 말합니다. 셋째 나라는 천년왕국이 끝나면 피조 바깥에 있는, 태초의 보이지 않는 원본인 이건 마치 에덴과 동산 그리고 동산 밖과 같습니다. 에덴은 셋째 나라와 같고, 동산은 둘째 나라와 같고, 동산 밖은 첫째 나라와 같은 것입니다.

그리고 삼층천은 신이 사는 나라입니다. 이 세상 바깥에 있는 셋째 나라인 하나님 나라는 어떤 곳이고, 또한 이 세상을 만들기 전에 하나님 나라에서는 어떤 일이 있었을까요? 다행히도 하나님은 구약의 선지자들을 통해서 그 나라에 대하여 계시해 주셨습니다.

이 세상 바깥에 있는 하나님 나라에서 어떤 일이 있었는지를 살펴봅시다. 이것을 알아야 천지창조의 영적 의미를 알 수 있습니다. 왜냐하면 하나님께서 천지를 창조하신 것은 창세전이라는 태초의 하나님 나라에서 계획된 일들을 이루시기 위해서이기 때문입니다.

지난 시간에 두 태초에 대하여 말씀을 드렸습니다. 두 태초가 있다면 창조도 두 창조가 있음이 됩니다. 왜냐하면 창조주이신 하나님이 두 태초를 창조하셨기 때문입니다. 하나님 나라라는 태초와 세상 나라라는 태초가 있습니다. 하나님 나라도 하나님이 창조하신 나라이고, 세상 나라도 하나님이 창조하신 나라입니다.

골로새서 1장을 봅시다.

골 1:16 "만물이 그에게 창조되되 하늘과 땅에서 보이는 것들과 보이지 않는 것들과 혹은 보좌들이나 주관들이나 정사들이나 권세들이나 만물이 다 그로 말미암고 그를 위하여 창조되었고"

하나님은 하늘 위 세계도 창조하셨고, 아래 세계도 창조하셨습니다. 보좌나 주관이나 정사나 권세는 영적인 것도 있고, 육적인 것도 있습니다. 보이는 것도 있고, 보이지 않는 것도 있습니다. 보이는 것은 이 세상 나라이고, 보이지 않는 것은 하늘나라입니다. 보이는 이 세상 나라는 보이지 않는 하나님 나라에서 나왔습니다.

그러므로 보이는 이 세상은 보이지 않는 하나님 나라에 종속되어 있는 것입니다. 쉬운 말로 보이지 않는 하나님 나라는 하늘에 떠가는 비행기라고 하면, 보이는 이 세상 나라는 비행기의 그림자와 같은 것입니다. 그림자는 실물이 있기 때문에 나타난 현상인 것입니다. 이러면 그림자는 실물에 종속되어 있는 것이 됩니다.

이처럼 그림자와 같은 보이는 이 세상 나라를 움직이는 것은 보이지 않는 실물인 하나님 나라가 되는 것입니다. 보이지 않는 하나님 나라가 보이는 이 세상 나라를 다스리고 있는 것입니다. 그래서 성경은 만물은 만물 밖에 계시는 하나님이 주관하고 있다고 하는 것입니다. 그래서 창세기 1장의 창조 이야기를 보면 하나님이 천지와 만물을 다 이루었다고 하는 것입니다.

천지와 만물 속에 우리가 있습니다. 하나님이 우리를 다스리고 있는 것입니다. 우리는 우리 인생이 우리 것이라고 생각하였습니다. 그러나 성경은 우리 인생은 우리 것이 아니고 하나님의 것이라고 합니다. 하나님이 우리 인생을 다스리고 계신 것입니다. 하나님이 우리의 생사화복을 주관하고 계신 것입니다. 그 하나님이 역사 속에 오신 예수 그리스도이십니다.

예수님이 우리의 주인입니다. 그래서 우리는 예수님을 주님이라고 하는 것입니다. 베드로가 "주는 그리스도시요 살아 계신 하나님의 아들"이라고 고백한 것은 위에 계신 하나님께서 알려주셨기 때문입니다. 하나님이 베드로에게 "이 예수가 바로 너의 주인이다"라고 알려주신 것입니다.

하나님은 하나님 나라도 창조하셨습니다. 하나님 나라를 보이지 않는 나라라고 합니다. 우리 눈에 보이지 않을 뿐이지 실제로 존재하는 나라입니다. 하나님 나라는 마치 시내산 위와 같은 곳입니다. 산 아래에서는 중간이 구름으로 가려져 있기 때문에 산 위가 보이지 않을 뿐입니다. 보이지 않지만 분명히 있습니다. 모세는 시내산 위를 보았습니다. 시내산 위에서 하나님 말씀을 받아 왔습니다. 그 말씀으로 백성에게 하늘에 있는 하나님 나라에 대하여 증거해 주었습니다.

산 위는 하나님 나라를 상징하고, 산 아래는 세상 나라를 상징합니다. 산 아래 세상 나라는 산 위 하나님 나라의 지시에 따라서 움직입니다. 그것이 하늘을 상징하는 구름 기둥이 이스라엘을 인도하는 것으로 나타난 것입니다.

하나님은 창조주이십니다. 산 위 나라도 창조하시고, 산 아래 나라도 창조하셨습니다. 산 위 나라는 신적 존재들이 살아가는 나라이고, 산 아래는 육적 존재들이 살아가는 나라입니다. 사도 요한은 우리 눈에 보이지 않는 신의 나라에서 오신 분을 직접 만났다고 합니다.

요한1서 1장을 봅시다.

요일 1:1-4 "태초부터 있는 생명의 말씀에 관하여는 우리가 들은 바요 눈으로 본 바요 주목하고 우리 손으로 만진 바라 ^{2}이 생명이 나타내신 바 된지라 이 영원한 생명을 우리가 보았고 증거하여 너희에게 전하노니 이는 아버지와 함께 계시다가 우리에게 나타내신 바 된 자니라 ^{3}우리가 보고 들은 바를 너희에게도 전함은 너희로 우리와 사귐이 있게 하려 함이니 우리의 사귐은 아버지와 그 아들 예수 그리스도와 함께함이라 ^{4}우리가 이것을 씀은 우리의 기쁨이 충만케 하려 함이로라"

사도 요한은 태초부터 있는 생명의 말씀에 관하여 이야기합니다. 이것은 요한복음 1장 1절에서 말하는 그 태초이고 그 말씀이신 하나님을 말합니다. 말씀이신 하나님이 육신을 입고 이 세상에 오셨는데 자기는 그 하나님을 직접 눈으로 보고 만나서 말씀을 듣기도 하고 손으로 만지기도 하였다고 합니다.

이 엄청난 사실을 사도 요한이 자기 제자들에게 말하는 것은 그들도 자기처럼 태초에 말씀으로 계시던 그 하나님을 경험케 하여 자기와 같은 교제를 나누게 하고자 함이라고 합니다. 비록 예수 그리스도는 우리 눈에 보이지는 않지만 성령 안에서 경험케 된다고 합니다. 믿음으로 교제가 된다는 것입니다.

하나님을 영이라고 합니다. 하나님 나라는 영의 나라로서 영적 존재들이 살아가는 곳입니다. 천사들은 영적 피조물로서 신적 존재들인 것입니다. 신적 존재이지 신은 아닙니다. 우리와 같은 피조물인 것입니다.

'영'(靈)이라는 말은 비물질이라는 말이 아닙니다. 신적 존재를 영이라고 하는 것입니다. 신적 존재는 신(창조주 하나님)을 수종드는 자들이라는 뜻입니다. 영의 반대말이 육입니다. 육은 이 세상을 말합니다. 하늘에 속한 자는 영적 존재라고 하고, 이 세상에 속한 자는 육적 존재라고 합니다.

우리가 장차 하나님 나라에 가면 영적 존재가 됩니다. 이것을 사도 바울은 성도의 죽음은 육신의 장막을 벗고 하늘의 장막을 덧입는 것이라고 하였습니다. 이는 육신의 몸은 땅에 반납하고 하늘의 몸을 입게 된다는 말입니다. 하늘의 몸이 바로 영적 존재인 것입니다. 성도를 일컬어 성령으로 거듭났다고 합니다. 이 땅의 몸은 흙으로 났지만, 하늘의 몸은 성령으로 납니다.

그래서 성령으로 거듭난 것을 하늘로부터 났다고 하는 것입니다. 이는 하늘의 몸으로 났다는 뜻입니다. 구원이 무엇입니까? 육에 속한 자가 하늘에 속한 자가 되는 것입니다. 그래서 성도들을 일컬어 하늘의 천사들보다 더 나은 존재라고 하는 것입니다. 장차 우리가 천국에 가면 천사들을 부리고 천사들로부터 수종을 받게 되는 것입니다.

히브리서 1장을 봅시다.

히 1:14 "모든 천사들은 부리는 영으로서 구원 얻을 후사들을 위하여 섬기라고 보내심이 아니뇨"

요한계시록을 보면 사도 요한이 천국에서 천사들로부터 수종을 받았습니다. 이 모습이 바로 장차 우리 성도들이 받아야 하는 영광인 것입니다. 그래서 성경이 우리 성도들을 천사보다 귀한 존재라고 하는 것입니다. 지금은 잠시 천사보다 못한 모습으로 있지만 장차는 천사들이 우리를 부러워하게 되는 것입니다. 천사는 하나님의 아들들을 섬기라고 창조된 피조물인 것입니다.

하나님의 아들은 예수님입니다. 성도는 예수님을 통해서 하나님의 아들로 구원을 받습니다. 그러므로 예수 안에서 구원받은 성도들은 하나님 아들의 자격으로 천사들을 종으로 부리게 되는 것입니다. 성도를 일컬어서 하나님의 아들이라고도 하고, 또한 어린양의 신부라고 하지요. 이것은 예수님과 동등한 신분이 된다는 것입니다. 그렇기 때문에 천사들로부터 수종을 받게 되는 것입니다. 성도가 그렇게 귀한 존재들인 것입니다.

존재가 이러함에도 우리는 이러한 정체성을 모르고 있었습니다. 안다고 하여도 추상적이었습니다. 그러니까 땅강아지마냥 땅에 코를 박고 땅의 기운으로 살아가고 있는 것입니다. 하늘도 잊은 채 말입니다. 그래서 하나님은 성령을 보내서 우리의 신분이 어떤 자인지 알게 하시고 하늘의 기운으로 살아가도록 간섭하시는 것입니다. 그러므로 오늘 우리가 살펴본 두 창조 이야기는 경천동지(驚天動地)할 이야기이면서도 우리를 설레게 하는 말씀인 것입니다. 이해가 되면 엄청난 은혜가 될 것입니다.

그럼 원본인 하나님 나라를 살펴봅시다.

하나님은 태초에 하나님 나라를 창조하셨습니다. 하나님 나라는 이 세상 바깥에 있는 나라입니다. 우리는 그 나라를 영의 나라라고 합니다. 하나님은 영의 나라인 하나님 나라에서 살아가는 영적 존재인 천사들을 창조하였습니다.

보이는 세상의 피조물을 육이라고 하고, 보이지 않는 하나님 나라의 피조물은 영이라고 합니다. 그래서 천사들을 영물이라고 하는 것입니다. 영물이란 신을 말하는 것이 아니고 신에게 수종드는 영적 존재를 말합니다. 이렇게 영적 존재들인 천사들이 살아가는 곳을 일컬어 하나님의 동산 에덴이라고 합니다.

에스겔 28장을 봅시다.

겔 28:1-19 "여호와의 말씀이 또 내게 임하여 가라사대 ²인자야 너는 두로 왕에게 이르기를 주 여호와의 말씀에 네 마음이 교만하여 말하기를 나는 신이라 내가 하나님의 자리 곧 바다 중심에 앉았다 하도다 네 마음이 하나님의 마음 같은 체할찌라도 너는 사람이요 신이 아니어늘 ³네가 다니엘보다 지혜로와서 은밀한 것을 깨닫지 못할 것이 없다 하고 ⁴네 지혜와 총명으로 재물을 얻었으며 금, 은을 곳간에 저축하였으며 ⁵네 큰 지혜와 장사함으로 재물을 더하고 그 재물로 인하여 네 마음이 교만하였도다 ⁶그러므로 나 주 여호와가 말하노라 네 마음이 하나님의 마음 같은 체하였으니 ⁷그런즉 내가 외인 곧 열국의 강포한 자를 거느리고 와서 너를 치리니 그들이 칼을 빼어 네 지혜의 아름다운 것을 치며 네 영화를 더럽히며 ⁸또 너를 구덩이에 빠뜨려서 너로 바다 가운데서 살륙을 당한 자의 죽음같이 바다 중심에서 죽게 할찌라 ⁹너를 살륙하는 자 앞에서 네가 그래도 말하기를 내가 하나님이라 하겠느냐 너를 치는 자의 수중에서 사람뿐이요 신이 아니라 ¹⁰네가 외인의 손에서 죽기를 할례받지 않은 자의 죽음같이 하리니 내가 말하였음이니라 나 주 여호와의 말이니라 하셨다 하라 ¹¹여호와의 말씀이 또 내게 임하여 가라사대 ¹²인자야 두로 왕을 위하여 애가를 지어 그에게 이르기를 주 여호와의 말씀에 너는 완전한 인이었고 지혜가 충족하며 온전히 아름다왔도다 ¹³네가 옛적에 하나님의 동산 에덴에 있어서 각종 보석 곧 홍보석과 황보석과 금강석과 황옥과 홍마노와 창옥과 청보석과 남보석과 홍옥과 황금으로 단장하였었음이여 네가 지음을 받던 날에 너를 위하여 소고와 비파가 예비되었었도다 ¹⁴너는 기름 부음을 받은 덮는 그룹임이여 내가 너를 세우매 네가 하나님의 성산에 있어서 화광석 사이에 왕래하였었도다 ¹⁵네가 지음을 받던 날로부터 네 모든 길에 완전하더니 마침내 불의가 드러났도다 ¹⁶네 무역이 풍성하므로 네 가운데 강포가 가득하여 네가 범죄하였도다 너 덮는 그룹아 그러므로 내가 너를 더럽게 여겨 하나님의 산에서 쫓아내었고 화광석 사이에서 멸하였도다 ¹⁷네가 아름다우므로 마음이 교만하였으며 네가 영화로우므로 네 지혜를 더럽혔음이여 내가 너를 땅에 던져 열왕 앞에 두어 그들의 구경거리가 되게 하였도다 ¹⁸네가 죄악이 많고 무역이 불의하므로 네 모든 성소를 더럽혔음이여 내가 네 가운데서 불을 내어 너를 사르게 하고 너를 목도하는 모든 자 앞에서 너로 땅 위에 재가 되게 하였도다 ¹⁹만민 중에 너를 아는 자가 너로 인하여 다 놀랄 것임이여 네가 경계거리가 되고 네가 영원히 다시 있지 못하리로다 하셨다 하라"

에스겔 28장은 하늘나라에서 일어난 일을 말해주고 있습니다. 천사들이 하나님께 반역한 사건을 두로 왕으로 빗대어서 말하고 있는 것입니다. 그래서 하나님의 동산 에덴에서 일어난 사건이라고 말해주고 있는 것입니다. 타락한 천사를 두로 왕으로 빗대어서 말하는 것입니다. 두로 왕은 마귀를 상징하고 있습니다. 두로 왕이 하는 짓이 마귀가 하는 짓인 것입니다.

2절을 보면, 두로 왕이 무슨 짓을 하였는가 하면, 마음이 교만하여서 신처럼 행세하면서 하나님 자리를 탐하였다고 합니다. 그래서 하나님이 두로 왕에게 "너는 신이 아니고 사람이요"라고 하십니다. 사람이라는 말은 피조물이라는 뜻입니다.

6절에도 보면 '네 마음이 하나님의 마음 같은 체하였다'라고 합니다. 하나님의 마음 같은 체하였다는 것은 마음속으로 하나님 행세를 하였다는 뜻입니다. 피조물 주제에 하나님 행세를 하고 있는 것입니다. 이것이 죄이고 마귀가 하는 짓입니다. 이 모습이 이 시대 이단의 교주들이 하는 짓거리들입니다.

마귀가 누구입니까? 하나님인 척 행세하는 타락한 천사입니다. 마귀도 피조물입니다. 15절을 보면 "네가 지음을 받던 날로부터"라고 합니다. 지음을 받았다는 말은 피조물이라는 뜻입니다. 피조물이 창조주 행세를 한 것입니다. 마귀는 자기를 따르는 자들에게는 신 노릇을 하고 있는 것입니다. 추종하는 자들은 신처럼 따른 것입니다. 쉬운 예로 이단 집단을 보세요. 교주는 신처럼 행세하고 그를 따르는 자들은 교주를 신처럼 받들고 있습니다.

마귀는 신이 아니고 신적 존재입니다. 신과 신적 존재는 다릅니다. 신은 창조주 하나님을 말하고, 신적 존재는 창조주 하나님을 수종 들기 위하여 지음을 받은 자를 말합니다. 천사(마귀)나 인간은 다 같은 피조물입니다. 천사와 인간이 다른 것은 마귀(천사)는 영물로서 하늘나라 피조물이고, 인간은 육으로서 세상 나라 피조물인 것입니다. 마귀는 영적 존재로서의 피조물이고, 인간은 육적 존재로서의 피조물인 것입니다.

죄가 피조물이 창조주 행세를 하고자 하는 것으로 나타난 것입니다. 마귀나 아담이나 둘 다 피조물인 주제에 하나님 자리를 탐하다가 쫓겨났습니다. 하늘나라에서는 천사가 하나님 행세를 하였고, 세상 나라에서는 아담이 하나님 행세를 하고자 한 것입니다. 뱀이 하와에게 선악과를 먹으면 하나님같이 된다고 하였습니다. 이것은 하나님인 체한다는 뜻입니다. 마귀가 하나님 나라에서 하나님인 체하다가 쫓겨났듯이, 인간도 선악과를 먹고 하나님인 체하다가 쫓겨난 것입니다.

죄가 무엇입니까? 하나님 자리를 넘보는 것입니다. 천사의 타락은 죄가 무엇인지를 말해주고 있는 것입니다. 지금도 죄가 하나님 자리를 탐하고 하나님 영광을 가로채라고 역사하고 있는 것입니다. 이 죄가 역사 세계에서 뱀이 인간에게 선악과를 먹으면 하나님같이 된다고 미혹하는 것으로 나타난 것입니다.

에스겔 28장의 하나님 나라에서 일어난 천사의 타락이 이 세상 나라에서는 창세기 3장에서 인간의 타락으로 나타난 것입니다. 하늘의 천사 타락이 원형이고, 세상의 인간들 타락은 복사본인 것입니다. 13절을 보세요. 하늘나라에서 천사가 살던 동네를 하나님의 동산 에덴이라고 합니다. 그리고 이 세상 나라에서 아담과 하와가 살던 동네도 에덴동산이라고 합니다.

하늘나라에서 하나님은 타락한 천사의 우두머리인 마귀와 그를 따르던 자들을 하나님의 동산인 에덴에서 쫓아내셨습니다. 세상 나라에서 하나님은 아담과 하와를 에덴동산에서 쫓아내셨습니다. 17절을 보면 하나님이 땅에 던져 버리셨다고 합니다. 하늘나라의 타락한 천사들이 쫓겨난 곳을 땅이라고 합니다. 이 부분은 이사야를 보면 조금 더 구체적으로 나타나 있습니다.

이사야 14장을 봅시다.

사 14:12-15 "너 아침의 아들 계명성이여 어찌 그리 하늘에서 떨어졌으며 너 열국을 엎은 자여 어찌 그리 땅에 찍혔는고 ¹³네가 네 마음에 이르기를 내가 하늘에 올라 하나님의 뭇별 위에 나의 보좌를 높이리라 내가 북극 집회의 산 위에 좌정하리라 ¹⁴가장 높은 구름에 올라 지극히 높은 자와 비기리라 하도다 ¹⁵그러나 이제 네가 음부 곧 구덩이의 맨 밑에 빠치우리로다"

하나님은 천사들을 하나님 나라에서 수종을 드는 종으로 창조하셨습니다. 그런데 천사들 중 일부가 반역하였는데 이를 마귀와 그 세력이라고 합니다. 이들을 악한 천사라고 합니다. 이렇게 되면 천사도 두 부류가 있는 셈입니다. 천사들 중에서도 선한 천사가 있고 악한 천사가 있는 것입니다. 타락한 악한 천사의 우두머리를 계명성이라고 합니다. 이놈이 하늘에 올라 하나님의 뭇별 위에 자기 보좌를 베풀고자 하다가 쫓겨났습니다. 하늘에서 땅으로 쫓겨난 것입니다.

이 그림을 아담이 쫓겨난 에덴동산으로 그려보세요. 아담이 동산에 거하였고 하나님은 에덴에 거하셨습니다. '에덴에서 물이 발원하여 동산을 적시고'라는 말은 위치적으로 에덴이 동산 위에 있음이 됩니다. 이 모습을 에스겔의 하나님 나라로 올라가서 보면 계명성이 하늘에 올라 하나님의 뭇별 위에 자기 보좌를 베풀고자 하였다고 합니다. 이러면 계명성인 타락한 천사인 마귀는 동산에 거하였고 하나님은 에덴에 거하심으로 그려지게 되는 것입니다.

하나님이 타락한 천사를 땅으로 쫓아내십니다. 이것은 아담이 에덴동산에서 범죄하고 난 후 에덴동산 밖으로 쫓겨난 것과 같은 것입니다. 하늘나라에서 마귀가 하나님 동산인 에덴에서 땅으로 쫓겨난 것이나, 세상 나라에서 아담이 에덴동산에서 땅으로 쫓겨난 것이나 그 의미는 같은 것입니다. 마귀가 쫓겨난 땅을 일컬어 음부라고 합니다. 음부란 지옥이라는 뜻입니다. 에덴동산에서 쫓겨난 죄인인 아담이 살아가는 이 땅이 지옥인 것입니다.

베드로후서와 유다서를 봅시다.

벧후 2:4 "하나님이 범죄 한 천사들을 용서치 아니하시고 지옥에 던져 어두운 구덩이에 두어 심판 때까지 지키게 하셨으며"

유 1:6 "또 자기 지위를 지키지 아니하고 자기 처소를 떠난 천사들을 큰 날의 심판까지 영원한 결박으로 흑암에 가두셨으며"

하나님께서 자기 지위를 떠난 천사(마귀)들을 영원한 흑암에 가두셨다고 합니다. 자기 지위를 떠났다는 것은 창조의 목적을 상실하였다는 뜻입니다. 이를 죄라고 합니다. 죄란 창조의 목적에서 이탈한 것입니다. 하나님께서 천사를 창조하신 것은 찬송을 받고자 함이었습니다. 그래서 하나님은 천사들을 창조하고 그들을 위하여 악기들을 준비해 두신 것입니다.

겔 28:13 "네가 지음을 받던 날에 너를 위하여 소고와 비파가 예비되었었도다"

천사를 위하여 악기가 준비되었다는 것은 천사의 사명을 말해주고 있는 것입니다. 악기는 찬양을 위한 것입니다. 천사의 사명은 하나님께 찬송하는 것임을 알 수 있습니다. 하나님은 천사를 통하여 찬양받고자 하셨습니다. 그런데 마귀가 하나님처럼 영광 받고자 하나님의 자리를 넘보았던 것입니다. 자기가 찬송 받고자 한 것입니다.

하나님을 찬송하라고 지음 받은 자가 하나님을 찬송하지 않고 자기가 찬송 받고자 한 것입니다. 이것은 반역입니다. 창조의 목적에서 벗어난 것입니다. 이것이 죄입니다. 이러한 죄의 모습은 이 세상 속에서도 그대로 교회 안에서 나타나고 있습니다. 하나님의 동산인 에덴에서 마귀가 자기를 따르는 자들로부터 찬송을 받았듯이, 지금도 교회 안에서 목사들이 자기를 따르는 추종자들로부터 찬송 받고 있는 것입니다. 이단의 교주들이 바로 이들입니다. 이단의 교주들은 마귀의 종들인 것입니다. 거짓 목사들도 마귀의 종인 것입니다.

누가 이단의 교주입니까? 하나님께 돌아갈 영광을 가로채는 자들입니다. 이들을 구약에서는 거짓 선지자들이라고 하였습니다. 지금도 교회 안에는 하나님의 자리에 앉아서 자기 배를 채우는 자들이 있습니다. 목사라는 지위를 이용하여서 교인들 위에서 왕 노릇 하고 있습니다.

이들은 부자와 거지 나사로의 비유에서의 부자처럼 날마다 호화로이 연락하면서 부와 사치로 왕 노릇 하는 것입니다. 그래서 예수님께서 재림하시면 제일 먼저 하시는 일이 이들을 잡아서 유황 불못에 던져 넣는 것입니다.

하나님의 동산인 에덴에 마귀를 따르는 악한 천사들도 있었고, 마귀를 따르지 않고 하나님을 섬기는 선한 천사들도 있었습니다. 지금도 교회 안에는 목사를 추종하는 교인들과 하나님의 영광만 드러내는 성도들이 있는 것입니다. 하나님 나라 모습이 창세기에서는 에덴동산에서 나타났고, 지금은 교회에서 나타나고 있는 것입니다.

창세기 2장의 에덴동산은 에스겔 20장의 에덴동산을 복사하고 있는 것입니다. 그래서 하늘의 에덴동산에서 일어난 일들이 지상의 에덴동산에서도 일어나고 있는 것입니다. 하나님은 하나님의 영광을 가로챈 마귀를 하늘의 에덴동산에서 땅의 에덴동산으로 쫓아내 버린 것입니다.

이 모습이 그대로 세상 나라에서도 나타납니다. 하나님은 아담이 범죄하자 땅을 저주해 버리십니다. 그리고 뱀(마귀)과 함께 아담을 저주받은 땅으로 쫓아내 버리셨습니다. 세상 나라의 에덴동산에서 일어난 일을 역으로 추적해서 올라가면 하나님 나라 에덴동산에서 일어났던 일을 이해할 수 있습니다. 마귀가 하늘나라 에덴동산에서 일어난 일을 세상 나라 에덴동산에서도 그대로 일으키고 있는 것입니다. 하늘나라에서는 천사들을 타락하게 하였지만, 세상 나라에서는 인간을 타락하게 하는 것입니다.

보이는 것은 보이지 않는 것으로 말미암았다고 하였습니다. 보이지 않는 하나님 나라가 원본이고 보이는 이 세상 나라는 복사본이라고 하였습니다. 원본에 하나님의 동산 에덴과 동산 밖 땅이라는 음부가 있습니다. 하나님의 동산 에덴에는 선한 천사들이 살고 있고, 동산 바깥 땅(음부, 지옥)에는 죄로 인하여 쫓겨난 악한 천사들이 살고 있습니다.

이 구조가 그대로 이 세상 나라에서도 펼쳐집니다. 그것이 하나님이 거하시는 에덴동산과 범죄 한 아담과 뱀이 쫓겨난 저주받은 땅으로 나타난 것입니다. 하나님은 하나님 나라에서의 일을 이 세상에서 펼쳐 보이고 계신 것입니다. 태초에 계시던 하나님이 역사 속으로 들어오신 것입니다. 이것이 천지창조로 나타났습니다.

하나님은 천지를 가지고 하늘에서의 일을 펼쳐 가십니다. 하나님은 이 세상을 창조하시고 하나님의 동산 에덴에서 쫓겨난 마귀와 그를 따르는 악한 천사들을 이 세상 나라로 쫓아내셨습니다. 이 세상이 바로 마귀가 쫓겨난 음부이고 흑암이고 지옥인 것입니다. 그래서 창세기 1장 2절의 창조된 땅의 모습이 하나님 나라의 음부와 같이 흑암의 모습으로 나타난 것입니다.

하나님께서 죽은 세상에서 새로운 창조의 일을 하십니다. 그것이 창세기의 창조로 나타난 것입니다. 하나님은 하늘의 에덴동산에서 일어난 일을 이 세상 에덴동산에서 재현하신 것입니다. 그래서 에덴동산에서 뱀이 사람을 타락하게 하여서 둘 다 에덴동산 밖으로 쫓겨나고 만 것입니다.

하나님은 에덴동산에서 쫓겨난 아담이 살아가는 땅을 저주하였는데, 그 땅이 바로 창세기 1장 2절의 흑암과 혼돈과 공허한 땅의 모습과 같은 것입니다. 저주받은 이 세상에서 예수 그리스도에 의하여 자기 백성들이 구원받는 것이 창세기의 창조 사건처럼 일어나게 되는 것입니다.

구원이란 죄인이 예수 그리스도 안에서 거룩함을 입고 하나님의 아들이 되는 것입니다. 하나님께서 천지를 창조하신 것은 하나님 나라에서 일어난 타락 사건을 회복시키기 위함입니다. 그 회복의 시나리오가 바로 창세전 언약인 것입니다.

창세전 언약은 죄인이 예수 그리스도의 피로 구속을 받고 하나님의 아들이 되는 것입니다. 이들이 하나님 나라에서 그의 은혜의 영광을 세세토록 찬미하는 일을 하게 됩니다. 이럴 때 창세전 언약이 완성되는 것입니다.

이사야 43장을 봅시다.

사 43:21 "이 백성은 내가 나를 위하여 지었나니 나의 찬송을 부르게 하려 함이니라"

하나님께서 자기 백성을 구원한 것은 찬송을 받고자 하심이라고 합니다. 그래서 구원을 받은 성도들이 하나님 나라에서 하나님을 찬송하게 되는 것입니다. 이는 천사들이 하는 일입니다. 그런데 그 일을 이제는 성도들에게 시키는 것입니다. 구원받은 성도들이 하나님의 아들이 되어서 행하게 되는 것입니다.

신의 아들들이 된 성도들은 마귀의 반역으로 빈자리가 된 찬양의 자리를 맡게 되는 것입니다. 이렇게 될 때 비로소 창세전 언약이 완성되는 것입니다. 하나님께서 우리를 구원하신 것은 그의 은혜의 영광을 세세토록 찬미케 하려는 것입니다.

하나님은 창조주로서 영광을 받아야 하고 찬송을 받아야 하는 분입니다. 그러려고 천사를 창조하셨고 악기들도 준비하신 것입니다. 그런데 마귀가 반역하여 쫓겨났습니다. 쉬운 말로 찬양대가 공석이 된 것입니다. 하나님이 찬양을 받으셔야 하는데 찬양할 천사들이 반역하여 쫓겨나서 찬양받으실 수 없게 된 것입니다.

이에 이 세상 속에서 자기 백성들을 죄에서 구원하여서 하나님 나라에서 찬송케 하려는 일을 벌이신 것입니다. 그래서 창세전 언약은 예수의 피로 죄 사함 받은 자들이 하나님의 아들이 되어서 그 나라에서, 그의 은혜의 영광을 세세토록 찬미하는 것으로 되어 있는 것입니다. 요한계시록을 보면 구원받은 성도들이 하나님을 찬양하고 있는 것을 볼 수 있습니다.

요한계시록 4-5장을 봅시다.

**계 4:1-11 "이 일 후에 내가 보니 하늘에 열린 문이 있는데 내가 들은바 처음에 내게 말하던 나팔 소리 같은 그 음성이 가로되 이리로 올라오라 이후에 마땅히 될 일을 내가 네게 보이리라 하시더라 ²내가 곧 성령에 감동하였더니 보라 하늘에 보좌를 베풀었고 그 보좌 위에 앉으신 이가 있는데 ³앉으신 이의 모양이 벽옥과 홍보석 같고 또 무지개가 있어 보좌에 둘렸는데 그 모양이 녹보석 같더라 ⁴또 보좌에 둘려 이십사 보좌들이 있고 그 보좌들 위에 이십사 장로들이 흰옷을 입고 머리에 금 면류관을 쓰고 앉았더라… ¹⁰이십 사 장로들이 보좌에 앉으신 이 앞에 엎드려 세세토록 사시는 이에게 경배하고 자기의 면류관을 보좌 앞에 던지며 가로되 ¹¹우리 주 하나님이여 영광과 존귀와 능력을 받으시는 것이 합당하오니 주께서 만물을 지으신지라 만물이 주의 뜻대로 있었고 또 지으심을 받았나이다 하더라"

계 5:11-14 "내가 또 보고 들으매 보좌와 생물들과 장로들을 둘러선 많은 천사의 음성이 있으니 그 수가 만만이요 천천이라 ¹²큰 음성으로 가로되 죽임을 당하신 어린양이 능력과 부와 지혜와 힘과 존귀와 영광과 찬송을 받으시기에 합당하도다 하더라 ¹³내가 또 들으니 하늘 위에와 땅 위에와 땅 아래와 바다 위에와 또 그 가운데 모든 만물이 가로되 보좌에 앉으신 이와 어린양에게 찬송과 존귀와 영광과 능력을 세세토록 돌릴찌어다 하니 ¹⁴네 생물이 가로되 아멘 하고 장로들은 엎드려 경배하더라"

사도 요한이 하나님 나라의 모습을 보았는데 24장로들이 면류관을 벗어서 하나님 보좌에 던지고는 세세토록 찬송을 하면서 어린양에게 영광을 돌리고 있는 것입니다. 이 모습은 출애굽 한 백성들이 홍해를 건너고 난 후 춤을 추면서 하나님께 찬송과 영광을 돌려드리는 것과 같은 것입니다.

하나님이 찬송을 받고자 출애굽을 시키신 것입니다. 이스라엘이 애굽에서 광야로 나온 것은 성도가 세상에서 교회로 부르심을 입은 것과 같은 것입니다. 교회는 부르심을 입은 자들이 모여서 하나님을 찬양하는 곳입니다. 그 은혜의 영광을 찬미하는 것입니다.

출애굽의 목적이 무엇인가요? 하나님께 예배하는 것입니다. 예배가 바로 하나님으로부터 받은 그 은혜에 대한 보답으로 하나님께 찬송하는 것입니다. 예배는 출애굽한 자들만이 드릴 수 있습니다.

다시 말해서 어린양의 피로 죄와 사망의 권세로부터 벗어난 자들만이 드릴 수 있는 것입니다. 어린양의 피로 구원받은 성도는 기쁨으로 감사로 예배하게 되어 있습니다. 그 은혜의 영광을 찬송하게 되는 것입니다. 24장로는 신구약 모든 성도를 대표합니다. 우리 모두가 24장로들인 것입니다.

요한계시록의 천상의 모습을 이 땅에 복사본으로 만들어 놓은 곳이 교회입니다. 교회는 어린양의 피로 구원받은 성도들이 모여서 하나님께 예배하는 곳입니다. 모든 성도가 구원해 주신 그 은혜에 감사하는 곳이 교회입니다. 교회는 출애굽 한 백성들이 홍해 바닷가에서 춤추며 찬송하였듯이 찬송해야 합니다. 장차 하늘나라에서 해야 하는 일들을 교회에서 미리 맛보게 하신 것입니다.

흔히 말하듯 연습은 실전처럼, 실전은 연습처럼 하는 것입니다. 교회란 장차 하늘나라에서 해야 하는 일을 역사 속에서 미리 경험케 하는 곳입니다. 그래서 예수님이 이 세상에 오신 것을 '천국이 왔다'고 하는 것입니다. '너희 안에 하나님 나라가 임했다'고 하는 것입니다. 예수님께서 제자들에게 말씀하시기를 하나님 나라가 너희 안에 임하였다고 하셨습니다.

이것은 구원받은 성도는 하나님 나라에 속한 자라는 뜻입니다. 그래서 성도를 성전이라고 하는 것입니다. 성전이라 함은 '하나님이 거하는 집'이라는 뜻입니다. 그래서 '너희 안에 하나님 나라가 임했다'고 하는 것입니다. 하나님 나라에서 하는 일이 성도 안에서 일어나는 것입니다. 그것이 그 은혜에 감사하고 찬송하고 영광 돌리는 것입니다. 이것을 신앙생활이라고 합니다.

신앙생활이란 하나님께 받은 것으로 삶을 살아가는 것입니다. 그래서 성도의 삶을 영적 예배라고 하는 것입니다. 우리가 받은 것이 무엇인가요? 예수 그리스도를 믿음으로 하늘나라 백성이 된 것입니다. 하늘나라 백성은 그의 은혜의 영광을 찬미하는 자들입니다.

오순절에 성령이 임하고 나자 성도들의 구원의 역사가 불일듯 일어납니다. 그러자 날마다 모여서 하나님을 찬송합니다. 이것이 교회입니다. 성도를 일컬어 교회라고 하는 것은 범사에 하나님께 감사하고 찬송하는 자이기 때문입니다. 구원받은 자의 특징이 감사와 찬송이 나타나는 것입니다. 감사와 찬송은 출애굽 한 자들만이 할 수 있는 것입니다. 즉, 예수 그리스도 안에서 살아난 자들만이 할 수 있는 것입니다. 그래서 시편에서는 죽은 자는 찬송하지 못한다고 하였습니다.

스스로의 신앙을 점검해 보세요.

'나는 산 자인가, 아니면 죽은 자인가?' 그건 간단합니다. 교회 오는 것이 즐겁고 예배드리는 것이 기쁘고 봉사와 헌신이 감사와 찬송으로 나타나면 산 자이고, 이러한 일들이 즐겁지 않으면 병들었거나 죽은 자입니다.

신앙생활은 구원받은 것에 대한 기쁨의 반응이지 억지로 하는 것이 아닙니다. 법 아래서는 억지로 하지만 은혜 아래서는 억지가 없습니다. 자발적으로, 감사함으로 하는 것입니다. 기쁨으로, 감사함으로 하지 않는 것은 스스로를 속이고 있는 것입니다. 믿는 척하는 것과 믿는 것은 하늘과 땅만큼이나 다릅니다. 믿는 척하는 것은 사람의 눈을 의식하여서 연기하는 것이지만, 믿는 것은 하나님으로부터 받은 그 은혜에 감사하여서 하는 것입니다.

바나바가 교회에 재산을 바친 것은 받은 은혜에 감사한 것이었지만, 아나니아와 삽비라는 사람들로부터 영광을 받고자 연기를 한 것입니다. 바나바는 믿음으로 하였고, 아나니아와 삽비라는 믿는 척하였습니다. 그러나 그 결과는 천국과 지옥으로 나타난 것입니다.

창조가 어떤 원인에 의한 결과로 나타난 것처럼, 성도의 신앙도 어떤 원인에 의한 결과로 나타나게 되는 것입니다. 하나님은 속지 않으십니다. 창조의 원인이 무엇인가요? 창세전 언약입니다. 창세전 언약의 결과로 나타난 것이 천지창조입니다. 언약이 먼저이고 창조가 나중입니다. 그러므로 이 세상은 창세전 언약을 풀어가는 경기장(field)이 되는 것입니다.

천지창조는 하늘의 이야기를 땅에서 풀어가는 이야기입니다.

성경의 시작인 창세기 1장 1절에서 태초에 하나님이 천지를 창조하셨다고 증거해 주고 있습니다. 천지란 하늘과 땅입니다. 이는 하늘의 일을 땅에서 이루어 가시는 것입니다. 그래서 창세기 1장 1절에서 천지를 창조하였다고 하고서는 2절에서 하늘은 사라지고 땅만 나타나는 것입니다. 이것은 하늘의 일이 땅에서 이루어질 것을 말해주고 있는 것입니다.

하늘에서 무슨 일이 있었나요? 찬양을 맡은 천사들이 반란을 일으켜 땅으로 쫓겨났습니다. 천사들이 쫓겨난 땅을 음부라고도 하고 지옥이라고도 합니다. 하나님은 타락한 천사들을 이 세상으로 쫓아내신 것입니다. 하늘나라의 지옥이 이 땅으로 나타난 것입니다. 하늘나라 지옥은 원본이고, 이 세상 지옥은 복사본입니다. 그래서 천지창조에서 나타난 땅의 모습이 지옥의 모습으로 나타난 것입니다.

창 1:2 "땅이 혼돈하고 공허하며 흑암이 깊음 위에 있고 하나님의 신은 수면에 운행하시니라"

창조된 땅의 모습이 어떤가요? 혼돈하고 공허하고 흑암이 깊음 위에 있습니다. 이것은 지옥입니다. 하나님이 능력이 부족해서 이런 땅을 만드신 것이 아닙니다. 창세전 언약을 이루어 가는 데 지옥이 필요하기 때문입니다. 쉬운 말로 천국과 지옥은 짝인 것입니다. 천국에서 지옥이 보이고, 지옥에서 천국이 보이는 것입니다.

창세전 언약이 무엇인가요? 자기 백성들을 죄에서 건지는 것입니다. 죄에서 건져내려면 먼저 자기 백성들이 죄 아래 가두어져 있어야 할 것이 아닙니까? 그래서 창조된 땅의 모습이 흑암인 지옥의 모습으로 나타난 것입니다.

이 모습이 곧 죄 아래 가두어진 인간들의 모습인 것입니다. 지옥 속에서 자기 백성을 구원하는 모습이 첫째 날부터 일곱째 날까지 이루어지는 것입니다. 다 이루어지면 모형의 나라에서 실상의 나라로 옮겨가게 되는 것입니다.

예레미야 4장을 봅시다.

렘 4:22-23 "내 백성은 나를 알지 못하는 어리석은 자요 지각이 없는 미련한 자식이라 악을 행하기에는 지각이 있으나 선을 행하기에는 무지하도다 ²³보라 내가 땅을 본즉 혼돈하고 공허하며 하늘에는 빛이 없으며"(개역개정)

하나님께서 이스라엘을 일컬어 어리석고 지각이 없고 무지하다고 합니다. 이것을 혼돈하고 공허하고 흑암이 깊음 중에 있는 땅의 모습으로 말해주고 있습니다. 이스라엘의 영적 상태가 창세기 1장 2절의 모습입니다.

성경의 구속사를 이스라엘의 출애굽으로 말하는 것도 다 이러한 이유 때문입니다. 애굽에서 종살이하는 이스라엘의 모습이 바로 창세기 1장 2절의 땅의 모습과 같은 것입니다. 애굽에서 종살이하는 모습이 바로 흑암 중에 있는 땅의 모습인 것입니다.

하나님의 창조가 흑암 속에서 빛을 불러내는 것으로 시작됩니다. 이것은 애굽에서 이스라엘을 끄집어내는 것과 같은 것입니다. 신약적으로 말하면 죄와 사망의 권세에서 끄집어내는 것과 같은 것입니다. 그래서 예수님께서는 자기 백성들을 죄에서 구원하는 모습을 무덤 속에 있는 자들을 불러내는 것으로 말씀하셨던 것입니다.

요한복음 5장을 봅시다.

요 5:25-29 "진실로 진실로 너희에게 이르노니 죽은 자들이 하나님의 아들의 음성을 들을 때가 오나니 곧 이때라 듣는 자는 살아나리라 ²⁶아버지께서 자기 속에 생명이 있음같이 아들에게도 생명을 주어 그 속에 있게 하셨고 ²⁷또 인자 됨을 인하여 심판하는 권세를 주셨느니라 ²⁸이를 기이히 여기지 말라 무덤 속에 있는 자가 다 그의 음성을 들을 때가 오나니 ²⁹선한 일을 행한 자는 생명의 부활로, 악한 일을 행한 자는 심판의 부활로 나오리라"

죽은 자들이 하나님의 아들의 음성을 들을 때가 온다고 합니다. 그리고는 무덤 속에 있는 자가 그의 음성을 듣고 나온다고 합니다. 이 세상이 죽은 자들이 살아가는 무덤입니다. 예수님이 무덤에 오신 것입니다.

무덤은 죄와 사망의 권세를 상징하는데 죄와 사망의 권세를 흑암이라고 합니다. 흑암이 지옥인 것입니다. 이 땅이 지옥인 것입니다. 그래서 구원은 땅에서 하늘로 빼내심을 입는 것으로 주어지는 것입니다. 이것을 천지창조 속에서는 흑암 속에서 빛을 불러내는 것으로 말해주고 있는 것입니다. 흑암 속에서 불러낸 빛을 의인화하면 빛의 아들들인 성도들입니다.

창세기 1장 2절은 이 세상의 모습입니다. 이 세상은 혼돈과 공허와 흑암이 깊음 위에 있는 죽음의 세상입니다. 죄로 죽은 세상 속에 하나님의 아들들이 있는 것입니다. 이들을 구원하고자 하나님의 신이 운행하고 있는 것입니다.

이것은 예수님이 성령으로 잉태되어 이 땅에 오셔서 죄와 사망의 나라에서 자기 백성들을 찾아내는 일을 하시는 것을 말해주고 있습니다. 3절부터 예수님이 이 세상에 오셔서 자기 백성들을 구원하는 이야기입니다. 그래서 창조의 모습이 세 가지로 나타나고 있는 것입니다.

첫째는 갈라내는 것이고,
둘째는 채움을 입는 것입니다.
첫째 날부터 셋째 날까지는 갈라내고,
넷째부터 여섯째 날까지는 채움을 입습니다.
이렇게 하여서 천지와 만물이 다 이루어집니다.
천지와 만물이 다 이루어지면 일곱째 날에 안식하게 되는 것입니다.

창세기 1장의 창조 사역은 예수님의 세 가지 사역을 말해주고 있습니다. 첫째 날부터 셋째 날까지 갈라내는 창조는 예수님께서 육체로 오셔서 십자가에서 죄와 사망의 권세를 깨트리고 자기 백성들을 건져내는 것을 말해주고 있습니다.

넷째 날부터 여섯째 날까지 채우는 창조는 예수님께서 성령으로 성도들 안에 오셔서 예수님의 것으로 채우는 일을 하시는 것을 말해주고 있습니다. 일곱째 날 안식은 예수님이 재림하여 자기 백성들을 하늘로 빼내어 천년왕국에서 안식하게 하실 것을 말해주고 있습니다. 그래서 성도의 구원을 삼 시제로 말해주고 있는 것입니다.

성도는 예수님의 십자가를 통해서 죄와 사망으로부터 건져진 구원을 받았습니다. 이것은 과거 시제로서 단번에 이미 끝난 구원입니다. 그리고 성령의 오심으로 인하여 현재 구원을 이루어 가고 있는 것입니다. 이것은 현재 시제로서 그리스도의 장성한 분량으로 자라가는 구원을 말합니다. 그 은혜를 더 깊이 알아가는 구원입니다.

장차 예수님이 재림하시면 구원의 완성지점인 하늘나라로 옮겨가게 됩니다. 구원이 완성된 성도는 그의 나라에서 그의 은혜의 영광을 찬미하게 되는 것입니다. 이것은 미래 시제로서 장차 이루어질 구원을 말하고 있습니다. 이것이 구약의 이스라엘의 세 가지 구속사로 나타납니다.

첫째는 애굽에서 건져내는 구원이 있고,
둘째는 광야에서 살아가는 구원이 있으며,
셋째는 가나안에 들어가는 구원이 있는 것과 같은 것입니다.

어린양의 피로 출애굽 한 것은 예수님의 십자가로 단번에 이루어진 과거적 구원을 말하고, 광야 사십 년은 예수님이 성령으로 우리 가운데 오셔서 그리스도의 형상으로 닮아가는 구원을 말하며, 가나안에 들어가서 왕국을 건설하고 집을 짓고 사는 것은 장차 예수님이 재림하시면 하늘나라(천년왕국)에서 살아가는 것을 말합니다.

이 구원이 다 이루어지면 에스겔 28장에서 보았던 하나님 나라가 완성되는 것입니다. 천사들이 타락하여서 비워진 찬양대가 예수 그리스도 안에서 태어난 성도들로 채워져서 영원토록 하나님께 찬양이 드려지게 되는 것입니다. 그러면 모형이 실상 안에서 완성되는 것입니다. 이것이 하나님께서 창세전에 계획하신 실상과 모형의 시나리오입니다. 우리의 구원도 모형에서 실상으로 옮겨지게 되는 과정을 겪게 되는 것입니다.

구원이란 모형에서 실상으로 나아가는 것입니다.

흙에서 난 몸은 허상이고, 성령(하늘)으로 난 몸이 실상입니다. 사도 바울은 이를 알고 몸의 구속을 바랐습니다. 바울은 육신의 몸을 벗고 하늘의 몸을 덧입는 것을 사모하고 살았습니다. 삼층천에 있는 바울이 실상이고, 세상에 있는 바울은 모형인 것입니다. 이를 알았기에 바울은 이 땅에 속한 모형인 육신의 몸을 벗고 하늘에 있는 실상의 신령한 몸을 입고자 소망하였던 것입니다.

사도 요한도 이 모습을 보고 왔습니다. 요한계시록은 장차 우리가 천국에서 해야 하는 일들을 중간중간 보여주고 있습니다. 우리는 성경을 통해서 실상과 모형을 알아야 합니다. 모형에서 실상으로 나아가는 삶을 살아야 합니다. 그러니 땅의 것이 무너진다고 하여서 너무 낙망하지 마시기 바랍니다. 땅의 것이 무너질 때 하늘의 실상을 소망하게 됩니다. 그래서 하나님이 우리의 겉사람은 날로 후패하게 하고 우리의 속사람은 날로 새롭게 하는 일들을 벌이시는 것입니다.

실상의 그날이 가까이 오고 있습니다. 그러니 낙망하지 말고 그 나라를 소망하면서 허상이라는 현실을 잘 이겨내시길 바랍니다. 세상을 이기는 것은 오직 하나 믿음뿐입니다. 그 믿음으로 허상 속에서 실상을 소망하면서 살아가시길 주의 이름으로 축원드립니다.

4강

첫째 날, 빛이 있으라 (창 1:3-5)

창 1:3-5 "하나님이 가라사대 빛이 있으라 하시매 빛이 있었고 ⁴그 빛이 하나님의 보시기에 좋았더라 하나님이 빛과 어두움을 나누사 ⁵빛을 낮이라 칭하시고 어두움을 밤이라 칭하시니라 저녁이 되며 아침이 되니 이는 첫째 날이니라"

성경은 예수 그리스도의 구속사를 말해주고 있습니다. 예수 그리스도의 구속사는 창세기를 열면서부터 시작됩니다. 예수 그리스도의 구속사라 함은 예수님께서 창세전에 영생 주시기로 작정하시고 어린양의 생명책에 녹명된 하나님의 아들들을 죄와 사망의 권세로부터 구원하는 것입니다. 죄와 사망의 권세를 어둠이라고 합니다. 그래서 창조의 시작이 빛으로부터 출발하게 되는 것입니다.

창세기 1장 1절은 "태초에 하나님이 천지를 창조하시니라"라고 합니다. 그리고 2절에서는 땅이 혼돈하고 공허하며 흑암이 깊음 위에 있다고 합니다. 천지(天地)는 하늘과 땅을 말합니다. 그런데 2절에서는 하늘은 사라지고 땅만 나타납니다. 그런데 그 땅이 흑암이 깊음 위에 있는 어둠입니다. 하늘은 빛인데 땅이 어둠인 것입니다. 빛의 나라와 어둠의 나라인 것입니다. 하늘은 보이지 않는 하나님 나라를 상징하고, 땅은 보이는 이 세상을 상징하고 있는 것입니다.

앞에서 하나님 나라에서 타락한 천사들이 땅으로 쫓겨난 것을 살펴보았습니다. 이렇게 되면 이 세상에서 일어나는 일들은 하나님 나라에서 일어났던 천사들의 타락 사건을 예수님께서 회복하는 일이라는 것을 보여주는 사건임을 알 수 있습니다.

타락한 천사의 자리에 자기 백성들이 있는 것입니다. 자기 백성들이 죄와 사망 가운데 가두어져 있는 것입니다. 예수님께서 자기 백성들을 구원해 내는 일을 하십니다. 이를 흑암에 거하는 자들에게 빛이 비추었다고 하는 것입니다.

죄 아래 있는 세상이 흑암입니다. 흑암의 땅에 말씀이신 하나님이 빛으로 오신 것입니다. 예수님은 자기 백성들의 구원 이야기를 무덤 속에 있는 자들을 불러내는 것으로 말씀하셨습니다. 무덤이 곧 흑암이고, 이 세상이 흑암인 것입니다. 흑암이 깊음 위에 있는 세상에 "빛이 있으라"라는 하나님의 말씀이 떨어집니다.

흑암의 동네에 "빛이 있으라" 하신 말씀은 하나님이 빛이신 예수님에게 자기 백성들을 흑암에서 건져내는 일을 하라고 명령하신 것과 같은 것입니다. 그 빛이 바로 참빛이신 예수 그리스도이십니다. 예수 그리스도께서 세상에 오심으로 자기 백성들을 흑암에서 건져내는 구속사가 시작된 것입니다. 그래서 빛이 오신 날을 첫째 날이라고 하는 것입니다. 예수님이 오셔서 빛에 속한 자와 어둠에 속한 자를 갈라내는 구원(창조)의 일을 하신 것입니다.

창세기의 창조 이야기는 예수 그리스도의 구원 이야기와 같은 것입니다. 육적으로는 만물의 창조로 말을 하고 있지만 실상은 자기 백성들을 구원하는 영적인 일들입니다. 흑암은 죽음 곧 무덤을 상징한다고 했습니다. 예수님께서 죽음으로 뒤덮여 있는 세상에서 창세전에 어린양의 생명책에 녹명된 빛의 아들들을 찾아내는 일을 하시는 것입니다. 그것이 첫째 날입니다.

하나님의 창조는 무에서 유로 이루어집니다. 이는 죽음 아래 있는 자들에게 생명을 주신다는 뜻입니다. 이를 어둠 속에서 빛의 아들들을 불러내는 것으로 말해주고 있는 것입니다. 이것은 하나님의 구원이 죽음에서 생명으로 나아오는 것임을 예표하고 있는 것입니다. 그래서 흑암 속에 빛이 오심으로 창조의 시작이 일어나고 있는 것입니다.

"빛이 있으라"라는 말은 빛을 세상에 존재케 하셨다는 뜻입니다. 다른 말로 하나님께서 빛을 세상에 보내셨다는 뜻입니다. 빛이 흑암이 깊음 위에 있는 세상에 존재하게 됨으로써 역사의 첫째 날이 시작되었습니다.

오늘은 "빛이 있으라" 하신 말씀에 대하여 살펴봅니다. 미리 결론적으로 말하면 하나님이 그 아들을 세상에 참 빛으로 보내셨다는 것입니다. 예수 그리스도가 참 빛으로 세상에 오심으로 첫째 날이 시작된 것입니다. 우리의 인생에도 예수님이 오심으로 새로운 피조물의 인생이 시작되었습니다. 예수님이 찾아오시면 첫째 날이 됩니다.

이것은 마치 애굽에서 나올 때 유월절 어린양의 피로 살아난 날을 해의 첫째 날로 삼으신 것과 같습니다. 애굽은 흑암의 나라입니다. 흑암은 죽음을 상징하는 것입니다. 죽음 속에 있던 언약의 후손들이 유월절 어린양의 피로 죽음에서 나와서 첫째 날의 시작이 열린 것입니다.

창세기 1장 2절의 땅의 모습은 죄 아래 있는 이 세상의 모습인 것입니다. 이 땅의 모습이 어떠했나요? 혼돈과 공허와 흑암입니다. 어둠이었습니다. 어둠의 동네에 빛이 온 것입니다. 어둠에게 빛은 아주 낯선 것입니다. 한 번도 만난 적도 없고, 경험해 보지 못하였습니다. 빛의 출현으로 어둠의 세상에 엄청난 혼란이 일어나게 되었습니다. 어떻게 이해하고 받아들여야 하는지를 모르기 때문입니다.

이것은 마치 출애굽 한 이스라엘 백성들이 광야에서 아주 낯선 하나님을 만난 것과도 같은 것입니다. 광야에서 만난 하나님은 애굽에서 알던 하나님과 전혀 다른 하나님이었습니다. 그래서 충돌이 일어나게 되었던 것입니다. 광야에 나와서 참 하나님을 만나고 보니 애굽에서 알던 하나님이 다른 신인 것으로 드러난 것입니다.

이제 참 하나님을 만난 것입니다. 죄 아래서 살던 백성들에게 참 하나님은 아주 낯설고 생경한 하나님인 것입니다. 그래서 사사건건 충돌하였던 것입니다. 구원의 시작은 빼내심이지만 구원의 과정은 하나님과의 충돌로 시작된 것입니다. 하나님은 이스라엘 속에 있는 다른 하나님을 빼내는 일을 하신 것입니다. 그것이 창세기 1장의 창조 사건으로 보면 첫째 날이 되는 것입니다.

성경은 하나님이 역사 속에서 하신 일을 증거하고 있는 것입니다. 하나님이 자기 백성들에게 성경을 주신 것은 하나님의 일하심을 알려주고자 하심입니다. 하나님의 백성들은 성경을 통해서 하나님이 누구시며, 어떤 일을 하셨는지를 알게 되는 것입니다.

그리고 하나님의 백성들은 하나님으로부터 어떤 은혜를 입고 살아가고 있는지를 깨닫게 되는 것입니다.

구약 시대 성경의 수신자는 이스라엘이고, 신약 시대에는 교회입니다. 요한계시록 2-3장을 보면 아시아의 일곱 교회에 편지를 보냅니다. 그리고는 성령이 교회들에게 하시는 말씀을 귀 있는 자는 들으라고 합니다. 하나님이 보낸 편지를 받을 수신자는 '귀 있는 자'들입니다.

어떤 귀인가요? 영적 귀입니다. 성경이라는 하나님의 편지의 내용은 아무나 듣는 것이 아닙니다. 편지의 내용을 들을 사람은 따로 정해져 있습니다. 그들이 누구인가 하면 성령으로 거듭난 성도들입니다. 성령이 영이시기 때문에 영적 귀를 받아야지만 성령의 말씀을 들을 수 있는 것입니다.

성경은 성령의 감동으로 기록하였습니다. 왜 성경을 성령의 감동으로 기록하였을까요? 이는 성령으로 난 자들만이 성경을 알게 하시기 위함입니다. 왜 그런가요? 성령으로 난 자들만이 하나님의 백성이기 때문입니다. 편지는 수신자가 분명하게 정해져 있습니다. 하나님의 말씀도 마찬가지입니다. 그 말씀을 들을 자들이 미리 정해져 있는 것입니다. 그들이 성령으로 거듭난 자들입니다.

출애굽 한 백성들은 애굽에서 태어나 애굽의 교육을 받고 자랐습니다. 말로만 언약의 후손이지 실제로는 애굽 사람입니다. 말로만 하나님의 백성이지 하나님을 한 번도 만난 적이 없습니다. 당연히 하나님을 알지도 못합니다. 애굽은 죄와 사망의 나라를 상징합니다. 하나님에 대하여 죽은 세상입니다. 애굽은 하나님을 모릅니다.

애굽에서 태어난 이스라엘 백성들도 애굽 사람들처럼 하나님을 모르긴 마찬가지입니다. 애굽에서는 참 하나님을 알 수 없습니다. 설령 안다고 하여도 애굽의 정보로 알게 된 하나님입니다. 애굽의 정보로 알게 된 하나님은 가짜 하나님입니다. 이것이 출애굽 한 후에 금송아지를 섬기는 것으로 나타난 것입니다.

하나님을 섬기려면 하나님을 먼저 알아야 합니다. 그래서 하나님은 출애굽 한 이스라엘 백성들에게 제일 먼저 하나님이 어떤 분이신지 알리는 일을 행하신 것입니다. 그것이 백성들이 보는 앞에서 모세를 시내산 위로 올라오게 하여서 십계명을 주시는 것으로 나타났습니다. 십계명의 제 일 계명이 "나 이외에는 다른 신을 두지 말라"는 것입니다. '하나님을 형상화하지 말라'는 것입니다.

이것은 다른 신을 섬기지 말라는 것이 아니고, 너희가 지금 섬기고 있는 형상화된 하나님은 다른 신이라는 것입니다. 그건 애굽의 신이라는 것입니다. 애굽에서 알게 된 하나님은 참 하나님이 아니고 다른 하나님입니다. 이제부터 참 하나님이 어떤 분인지를 알려 주시겠다고 합니다. 그것이 광야의 삶입니다. 광야는 참 하나님을 알아가는 곳입니다.

얼마나 아이러니합니까? 하나님이 하나님의 백성들에게 나타났습니다. 그런데 하나님의 백성들이 하나님이 어떤 분인지를 모릅니다. 왜냐하면 참 하나님을 만나본 적이 없기 때문입니다. 하나님을 만나본 적이 없는 자들이 하나님을 섬기면 어떻게 섬길까요? 자기들 방식으로 섬기는 것입니다.

자기들이 알고 있는 방식은 애굽의 방식입니다. 애굽의 방식으로는 하나님을 섬길 수가 없습니다. 왜냐하면 애굽의 하나님은 참 하나님이 아니고 가짜 하나님이기 때문입니다. 애굽 방식으로 섬기는 것은 하나님을 섬기는 것이 아닙니다. 하나님은 하나님 방식으로 섬겨야 합니다.

하나님 방식으로 섬기려면 먼저 하나님을 알아야 합니다. 하나님을 만나야 합니다. 그래서 하나님이 이스라엘을 애굽에서 광야로 빼내시고 나타나셔서 제일 먼저 백성들에게 참 하나님을 알려주는 일을 하신 것입니다. 그것이 시내산 강림 사건입니다. 시내산에서 비로소 참 하나님을 알게 된 것입니다. 참 하나님을 만나고 보니까 애굽에서 알던 하나님과는 완전히 다른 하나님인 것입니다. 이스라엘의 광야 40년은 참 하나님을 알아가는 기간이었습니다. 신관이 바뀌는 기간이었습니다.

이것은 마치 우리가 세상에서 교회로 부르심을 입고 성경을 통해서 참 하나님을 알아가는 것과도 같은 것입니다. 우리도 참 하나님을 몰랐습니다. 세상에서 알게 된 하나님이었습니다. 이름은 하나님이라고 하여도 다른 하나님이었던 것입니다.

교회에 와서 비로소 참 하나님을 알게 된 것입니다. 교회에서 알게 된 하나님은 세상에서 알던 하나님과는 너무도 다른 하나님입니다. 여기서 전쟁이 일어나는 것입니다. 우리 안에 다른 하나님을 제거하고 참 하나님을 심는 전쟁입니다. 이것이 창세기 1장에서 빛이 어둠에 비취는 창조의 모습으로 나타난 것입니다.

창세기 1장 2절의 땅의 모습이 우리의 모습입니다. 영적으로 우리의 모습이 바로 흑암이고 어둠인 것입니다. 흑암이고 어둠인 세상에 하나님이 빛으로 찾아오신 것입니다. 참 빛이 비춰니까 비로소 참과 거짓이 구분되기 시작한 것입니다.

예수 그리스도를 만나고 나서야 비로소 하나님을 알게 되었고 내가 누구인지도 알게 된 것입니다. 이 세상이 어떤 것인지도 알게 된 것입니다. 어둠 속에 있을 때는 아무 것도 몰랐습니다. 그런데 빛이 비취고 나니까 참과 거짓을 알게 된 것입니다.

창세기 1장의 창조는 출애굽과 같은 것입니다. 영적인 의미에서 같은 것입니다. 그래서 성경은 창조와 구원을 동의어로 말하고 있는 것입니다. 빛이 어둠에 온 것은 스스로를 계시해 주신 것입니다. 빛은 하나님입니다. 하나님은 위에 계시고 인간은 땅에 있습니다. 하늘에서 땅은 볼 수 있어도 땅에서는 하늘을 볼 수 없습니다. 땅이 하늘을 알 수 있는 것은 하늘이 스스로 땅에게 계시해 주어야 합니다. 이것을 은혜라고 합니다.

출애굽 한 백성들에게 하나님은 스스로 하나님 자신을 드러내는(계시하는) 일을 하셨습니다. 하나님이 모세를 시내산 위로 부르신 것은 이스라엘 백성들에게 하나님이 어떤 분인지를 알리고자 함입니다. 비로소 참 하나님을 알 수 있게 된 것입니다.

하나님은 모세에게 하나님의 뜻을 알려주십니다. 그것이 십계명이라는 율법입니다. 모세는 백성들에게 율법을 낭독하면서 하나님의 뜻을 알려줍니다. 이것은 마치 우리가 교회에 와서 성경을 통해 하나님을 배워가는 것과도 같은 것입니다.

선(先) 구원, 후(後) 가르침입니다. 먼저 구원해 놓고 나중에 가르쳐 주시는 것입니다. 이는 가르침을 통해서 하나님의 은혜를 깨닫게 하고자 하심입니다. 깨달음이 하나님의 일하심에 감사하게 하고 그 은혜를 찬송하게 되는 것입니다.

앎이 먼저이고 삶은 나중입니다. 감사와 찬송은 깨달음에서 나오는 것입니다. 그래서 하나님은 하나님의 백성들 속에서 하나님을 알게 하는 일들을 열심히 벌이시는 것입니다. 그것이 간섭하심으로 나타나고, 부대낌으로 나타나는 것입니다. 하나님과 부대끼면서 하나님을 알아가게 되는 것입니다.

마치 부모와 자식이 싸워가면서 자식이 철들게 되고, 철이 들고 나면 부모의 은혜에 감사하고 효도하게 되는 것과도 같습니다. 자식이 철들게 되는 것과 성도가 하나님을 알아가는 것은 같은 의미입니다. 하나님은 부모와 자식의 관계로 하나님과 성도와의 관계를 설명해 주시는 것입니다. 그런 의미에서 가정은 교회와 같은 것입니다.

신앙생활이란 하나님을 알아가는 것입니다. 하나님이 도대체 어떤 분이고 무슨 일을 하시는지 알아가는 것입니다. 이스라엘의 하나님이 나의 하나님이 될 때 그 은혜의 영광을 찬미하게 되는 것입니다. 너무도 중요한 것이라서 다시 말합니다.

항상 중요한 것은 반복하게 되어있으니까요. 반복한다고 짜증 내지 마시고 그만큼 중요한 것이므로 다시 알려주는 것이라고 생각하고 따라오시길 바랍니다. 맛난 것은 다시 먹고 싶어 하듯이 중요한 이야기는 다시 듣고 또 들으시길 바랍니다.

성경을 열면 첫 마디가 '태초에 하나님이 천지를 창조하셨다'고 합니다.

창 1:1 "태초에 하나님이 천지를 창조하시니라"

이것은 하나님이 이런 일을 했다는 통고입니다. 이를 구속사로 말하면 하나님이 우리를 구원했다는 말입니다. "내가 널 구원했어" 그 말입니다. 창조와 구원은 동의어입니다. 하나님이 천지를 창조하셨습니다. 천지는 하늘과 땅입니다. 이는 두 나라를 말합니다. '천'(天)은 하늘나라이고, '지'(地)는 땅의 나라입니다. 태초에 하나님이 하늘나라와 땅의 나라 두 나라를 창조하신 것입니다. 하늘나라는 보이지 않는 나라이고, 땅의 나라는 보이는 나라입니다.

이것을 지난 시간에 실상과 그림자라고 했습니다. 이를 원본과 복사본으로 살펴보았습니다. 보이는 나라는 보이지 않는 나라로부터 나왔습니다. 하늘나라는 보이지 않는 나라이고, 이 땅의 나라는 보이는 나라입니다. 위에는 하늘나라가 있고, 아래는 땅의 나라가 있습니다.

하늘나라가 원본이고, 땅의 나라가 복사본입니다. 하늘나라가 실상이고, 땅의 나라는 그림자입니다. 그림자로서는 실상을 올바로 알 수 없습니다. 그래서 하나님은 계시로 땅의 나라에 하늘나라의 비밀들을 알려주는 일을 하시는 것입니다. 이것이 창조의 모습으로 나타난 것입니다.

창세기 1장 1절을 보면 태초에 하나님이 천지를 창조하셨다고 합니다. 분명히 '천'(天)이라는 하늘나라와 '지'(地)라는 땅의 나라를 창조하셨습니다. 그런데 2절에는 땅이 혼돈하고 공허하고 흑암이 깊음 위에 있다고 합니다.

창 1:2 "땅이 혼돈하고 공허하며 흑암이 깊음 위에 있고 하나님의 신(聖靈)은 수면에 운행하시니라"

2절부터는 하늘나라는 사라지고 땅의 나라만 나타납니다. 1절에는 분명히 하늘나라와 땅의 나라를 창조하셨다고 하였습니다. 그런데 2절에는 하늘나라는 간곳없고 땅의 나라만 나타납니다. 그런데 그 땅의 나라가 이상합니다. 땅이 혼돈하고 공허하고 흑암이 깊음 위에 있습니다.

이것은 죽음을 말합니다. 타락을 말합니다. 죄 아래 있는 세상을 말합니다. 그런데 하나님의 신이 수면에 운행하십니다. 수면이란 물 위라는 뜻입니다. 땅이 물속에 잠겨 있는 것입니다. 성경은 물을 죽음으로 말합니다. 그러니까 땅은 죄로 인하여 죽은 세상인 것입니다. 죽은 세상에 하나님의 신이 운행합니다.

하나님의 신은 성령을 말합니다. 성령도 하나님이십니다. 성령 하나님이 죽은 세상을 운행하고 계신 것입니다. 마치 땅에 바람이 불듯이 말입니다. 2절의 모습은 에스겔 37장과 같습니다. 죽은 해골들이 가득한 골짜기에 생기가 불어 닥치는 것과 같습니다. 생기가 죽은 해골들을 살려냈습니다. 이를 역순으로 보면 수면에 하나님의 신이 운행하는 것과도 같은 것입니다.

운행이란 닭이 알을 부화시키기 위하여 품고 있는 것과 같은 말입니다. 닭이 알을 품고 있는 것은 새로운 생명을 낳고자 함입니다. 성령 하나님도 죽은 세상에서 새 생명을 낳는 일을 하신다는 뜻입니다.

그 일이 3절부터 일어납니다. 3절부터는 죽은 세상인 땅의 나라에서 하나님께서 새로운 창조의 일을 하시는 것입니다. 그것이 첫째 날부터 일곱째 날까지입니다. 첫째 날부터 일곱째 날까지가 땅의 나라에서 일어나는 일들입니다.

첫째 날은 시작이고, 일곱째 날은 안식입니다. 첫째 날부터 여섯째 날까지 일을 하시고, 일곱째 날에는 안식하시는 것입니다. 가만히 보면 창조가 세 텀(term)으로 일어나고 있음을 보게 됩니다. 첫째 날부터 셋째 날까지는 갈라내는 일을 하시고, 넷째 날부터 여섯째 날까지는 채우는 일을 하시고, 일곱째 날은 안식을 하십니다.

"태초에 하나님이 천지를 창조하시니라"는 하나님이 피조물들이 살아가는 이 세상 나라에 방문하셨다는 뜻입니다. 역사 바깥에 계시던 하나님이 왜 역사 세계에 방문하셨을까요? 이는 뭔가 하실 일이 있기 때문입니다.

창조주 하나님이 무슨 일을 하실까요? 창조의 일입니다. 하나님이 세상을 방문하면 세상의 창조가 일어나고, 하나님이 사람을 방문하면 새로운 사람의 창조가 일어나게 되는 것입니다. 하나님이 천지에 방문하여 창조의 일을 하시듯이, 우리에게 찾아오셔서 구원의 일을 하시는 것입니다.

구원의 일 속에는 천지를 갈라내고 만물을 채우는 것과 같이 갈라내고 채우는 것도 있습니다. 구원은 건져내는 것만 있지 않고 채우는 것도 있습니다. 이미 이루어진 구원도 있지만, 현재 이루어 가는 구원도 있습니다.

이미 이루어진 구원은 죄와 사망에서 건져냄을 받은 것이고, 현재 이루어 가는 구원은 그리스도의 충만한 분량으로의 자라감입니다. 이미 이루어진 구원은 엄마 뱃속에서 나온 것이고, 현재 이루어 가는 구원은 부모의 도움으로 장성한 자로 자라가는 것과도 같습니다. 이미 이루어진 구원은 단회적이지만, 현재 이루어 가는 구원은 점진적이고 심층적입니다.

두 창조 이야기

창조 속에는 성도의 구원이 담겨 있습니다. 하나님은 육적인 것을 가지고 영적인 것을 말해주고 있는 것입니다. 그러므로 육적인 천지창조 속에 영적인 구원 이야기가 담겨 있는 것입니다. 태초에 하나님이 천지를 창조하셨다는 말 속에는 두 창조가 담겨 있는 것입니다.

하나님은 태초에 하늘나라와 땅 나라를 창조하셨습니다. 하늘은 보이지 않는 나라이고, 땅은 보이는 나라입니다. 그러니까 하나님은 태초에 보이는 나라와 보이지 않는 나라를 창조하신 것입니다. 보이지 않는 나라는 영적 존재들이 살아가고, 보이는 나라는 육적 존재들이 살아갑니다.

하나님은 보이지 않는 하늘나라에서의 일을 보이는 땅의 나라에서 이루어 가십니다. 그래서 1절에서는 태초에 하나님이 하늘과 땅을 창조하셨다는 것을 말씀해 주시고, 2절에서 하늘은 사라지고 땅에 관한 이야기를 하고 있는 것입니다. 2절 이후로는 모두가 땅이라는 이 세상에서 일어나는 이야기입니다. 성경은 인간들이 살아가는 이 세상 나라 이야기입니다.

하나님은 하늘나라에서 일어난 일을 이 세상 나라에서 회복하는 일을 하십니다. 이것을 지난 시간에 성도의 구원은 찬양을 맡은 천사들의 타락으로 공석이 된 하나님 나라의 찬양대 자리를 채우기 위함이라고 하였습니다. 예수님께서 제자들에게 이 사실을 기도로 알려주셨습니다. 이름하여 주기도문입니다. 예수님이 가르쳐 주신 기도 속에 하나님의 뜻이 담겨 있는 것입니다.

마태복음 6장을 봅시다.

마 6:9-13 "그러므로 너희는 이렇게 기도하라 하늘에 계신 우리 아버지여 이름이 거룩히 여김을 받으시오며 ^{10}나라이 임하옵시며 뜻이 하늘에서 이룬 것같이 땅에서도 이루어지이다 ^{11}오늘날 우리에게 일용할 양식을 주옵시고 ^{12}우리가 우리에게 죄지은 자를 사하여 준 것같이 우리 죄를 사하여 주옵시고 ^{13}우리를 시험에 들게 하지 마옵시고 다만 악에서 구하옵소서(나라와 권세와 영광이 아버지께 영원히 있사옵나이다 (아멘)"

주기도문의 핵심은 아버지의 뜻이 하늘에서 이룬 것같이 땅에서도 이루어지는 것입니다. 이것은 하늘에서의 일이 이 땅에서 회복되는 것을 말합니다. 하늘에서 천사들의 타락이 있었습니다. 이에 하나님은 그 아들을 보내서 자기 백성들을 구원하여 천사들이 타락하여 궐석이 된 찬양대 자리를 채우는 일을 하시는 것입니다.

천사의 타락은 하나님의 뜻에 불순종하는 것으로 나타났습니다. 불순종이 회복되려면 순종이 되어야 합니다. 그래서 하나님은 아버지의 말에 절대복종하는 그 아들을 이 세상에 보내서 아버지의 뜻에 절대복종하는 그 아들의 형상을 닮은 하나님의 아들들을 창조케 하신 것입니다. 예수 그리스도로 새롭게 창조된 자들은 타락으로 쫓겨난 천사들의 빈자리를 채우게 됩니다.

이것이 아버지의 뜻이 하늘에서 이룬 것같이 땅에서 이루어지는 것입니다. 예수님이 아버지의 뜻을 이루는 일을 이 역사 속에서 하시는 것입니다. 그래서 예수님이 죄로 죽은 세상에 오신 것입니다. 흑암의 땅에 빛으로 오신 것입니다. 그래서 창조의 첫째 날에 하나님이 빛을 땅에 있게 하는 것으로 나타난 것입니다.

"하나님이 가라사대"라는 말은 "하나님이 말씀하시되"라는 뜻입니다. 이것은 두 가지 의미가 있습니다. 첫째는 성부 하나님이 말씀하신 것으로 해석할 수 있습니다. 둘째는 성부 하나님이 말씀이신 성자 하나님을 이 세상에 보내신 것으로도 해석할 수 있습니다.

역사 속에서 자기 백성을 누가 구원하시나요? 성자 예수님입니다. 그러자면 하늘나라에 말씀으로 계시던 성자 하나님이신 참 빛이 육신을 입고 이 세상으로 오셔야만 합니다. 그것이 창조의 첫째 날 "빛이 있으라"로 나타난 것입니다. "빛이 있으라"라는 말은 빛의 존재성을 말하는 것입니다. 의역하면 "빛이라는 분이 이 세상에 오셨다"라는 뜻입니다.

빛이 이 세상에 오심으로부터 흑암과 혼돈과 공허의 죽음 속에서 새로운 생명의 창조가 시작된 것입니다. 어둠 속에 빛이 옴으로써 빛과 어둠의 갈라짐의 구원이 일어나게 되었습니다. 그것이 첫째 날, 둘째 날, 셋째 날과 같은 날로 나타나는 것입니다. 여기서 '날'이라는 것을 하루, 이틀, 사흘 등 이러한 순서상의 개념으로 보지 마시고 하나님의 일하심으로 보아야 합니다.

창조의 하루를 어떻게 보느냐에 대한 여러 가지 학설들이 있습니다. 창조의 순서를 첫째 날, 둘째 날, 셋째 날…, 이러한 식으로 말하고 있으니까, 이것이 지금 우리가 사용하고 있는 시간을 말하는 것인지 궁금해하는 것입니다.

우리가 알고 있는 날의 개념은 시간 개념입니다. 알다시피 시간은 낮과 밤으로 이루어지는 것입니다. 낮과 밤이 있으려면 해와 달이 있어야 합니다. 그런데 해와 달은 넷째 날에 창조되었습니다. 그럼에도 첫째 날부터 "저녁이 되매 아침이 되니"라고 합니다.

해와 달이 창조가 되기도 전에 이미 저녁과 아침이 나옵니다. 그럼 첫째 날부터 셋째 날까지의 저녁과 아침은 무엇일까요? 첫째 날, 둘째 날, 셋째 날이라는 말은 지금 우리가 사용하고 있는 시간일까요? 아니면 다른 의미일까요? 해와 달이 만들어지기 전인 첫째 날, 둘째 날, 셋째 날의 시간을 세상적인 시간으로 보아야 하는지, 아니면 영적으로 보아야 하는지 의견이 분분합니다.

각자 나름대로 자기주장을 정당화하기 위하여 원어를 분석하고 이론을 만들어서 주장하는데 이것은 그리 중요한 것이 아닙니다. 왜냐하면 성경이 말하고자 하는 창조는 우주 만물을 만들었다는 것을 말하는 데 초점이 있는 것이 아니고, 하나님께서 그 아들을 통해서 자기 백성들을 구원하는 이야기를 창조 이야기로 말해주고 있기 때문입니다.

창조의 하루가 24시간을 말하는 것이냐 아니냐 하는 것은 그리 중요한 것이 아닙니다. 왜냐하면 성경 자체가 물질적 창조에 초점이 맞추어져 있는 것이 아니고 예수 그리스도에 의해 자기 백성을 구원하는 영적 이야기이기 때문입니다.

창조 사건을 물질적인 사건으로 보지 마시고 영적 사건으로 이해하시길 바랍니다. 성경의 이야기는 영적으로 이해하셔야 합니다. 그 이유는 모든 성경은 인간의 언어를 가지고 영적 이야기를 말해주고 있는 것이기 때문입니다.

모든 성경은 성령의 감동으로 되었다고 합니다. 성령께서 성경 속에 영적 의미를 담아 놓은 것입니다. 성경을 육적으로 보면 나타난 사건만 보게 됩니다. 그러나 성령의 감동으로 영적 사건으로 보게 되면 하나님께서 자기 백성들을 구원하는 이야기로 보이게 되는 것입니다. 베드로는 성령의 감동으로 주께는 하루가 천 년 같고 천 년이 하루 같다고 하였습니다.

베드로후서 3장을 봅시다.

벧후 3:8 "사랑하는 자들아 주께는 하루가 천 년 같고 천 년이 하루 같은 이 한 가지를 잊지 말라"

하루는 역사적 개념이고, 천 년은 묵시의 개념입니다. 이것은 하나님은 시간 속에서 시간 바깥의 일을 하신다는 뜻입니다. 하나님이 하시는 영적인 일에는 시간 개념이 없다는 뜻입니다. 성도는 영생을 받은 자로서 하루라는 시간 속에 살고 있습니다. 그러니 창조의 하루가 24시간이냐 아니냐로 논쟁할 필요가 없는 것입니다. 우리는 지금 하루 속에서 영생으로 살아가고 있는 것이기 때문입니다. 구원받은 성도는 역사의 하루라는 시간 속에서 묵시의 생명으로 천 년을 살아가고 있는 것입니다.

베드로가 "사랑하는 자들아"라고 말한 의미는 "구원받은 성도들아, 하나님께서 역사 속에서 펼쳐 가시는 일은 모두가 하늘나라 이야기이니까 역사 속에서 묵시로 살아가라!"라고 하는 것입니다. 하나님 나라는 하루가 천 년 같고 천 년이 하루 같다고 하는 것입니다. 이는 역사 속에서의 날과 같은 의미가 아니라는 뜻입니다. 성령으로 거듭나게 되면 역사적 의미는 사라지게 됩니다. 영적인 묵시적 존재로 살아가기 때문입니다. 하늘에 속한 자로 살아가기 때문입니다.

창조란 어떤 원인에 의한 결과로 나타난 것입니다. 원인이 먼저이고 창조가 나중입니다. 천지를 창조케 한 원인은 창세전 언약입니다. 창세전 언약이 먼저이고 천지창조가 나중입니다. 이러면 피조물은 창세전 언약을 위하여 존재하는 것이 됩니다. 우리 역시 피조물이므로 언약이 먼저이고 우리의 존재가 나중인 것입니다.

창세전 언약은 자기 백성을 구원하는 이야기입니다. 그럼 창조 이야기도 자기 백성을 구원하는 이야기가 되는 것입니다. 하나님은 창조 이야기를 통해 자기 백성을 죄에서 구원하는 이야기를 말해주고 있는 것입니다. 언약을 의인화하면 예수 그리스도입니다. 예수 그리스도가 먼저이고 우리가 나중입니다.

골로새서 1장을 봅시다.

골 1:15-17 "그는 보이지 아니하시는 하나님의 형상이요 모든 창조물보다 먼저 나신 자니 ¹⁶만물이 그에게 창조되되 하늘과 땅에서 보이는 것들과 보이지 않는 것들과 혹은 보좌들이나 주관들이나 정사들이나 권세들이나 만물이 다 그로 말미암고 그를 위하여 창조되었고 ¹⁷또한 그가 만물보다 먼저 계시고 만물이 그 안에 함께 섰느니라"

그는 보이지 아니하시는 하나님의 형상이라고 합니다. 여기서 '그'란 예수님을 말합니다. 그런데 그가 창조물보다 먼저 나셨다고 합니다. 이것은 예수님이 피조물을 창조하신 창조주라는 말입니다. 그를 위해서 하늘과 땅에서 보이는 것과 보이지 않는 것들이 창조되었다고 합니다.

이를 창세기 1장 1절에서 천지창조로 말해주고 있습니다. 보이지 않는 것은 하늘(천, 天)이고, 보이는 것은 땅(지, 地)입니다. 보이지 않는 피조물은 영적 존재들이고, 보이는 피조물은 육적 존재들입니다.

영적 존재들도 예수를 위해서 창조되었고, 육적 존재들도 예수를 위해서 창조되었습니다. 예수가 피조물들을 존재케 하는 근원인 것입니다. 예수가 없으면 피조물도 없습니다. 그래서 만물이 그 안에 섰다고 합니다. 섰다는 말은 존재한다는 뜻입니다. 이 말은 그 속에 예수가 없는 자는 무가치하다는 뜻입니다. 이를 흙이라고 합니다. 예수가 없는 자는 죽은 자로서 흙입니다. 그 속에 예수를 품고 있어야 살아 있는 사람인 것입니다.

식당 앞을 보면 춤추는 인형들이 있습니다. 인형을 춤추게 하는 것은 그 속의 바람입니다. 인형 속에 바람을 불어넣으니까 인형이 살아서 춤을 추는 것입니다. 바람은 인형을 살아 움직이게 하는 생명인 것입니다. 바람을 빼면 인형은 푹 쓰러져 죽고 맙니다.

우리 인생이 인형과 같습니다. 예수님의 생명이 공급되면 살아 있는 자이고, 예수님의 생명이 공급되지 않으면 죽은 자입니다. 나로 살게 하는 것이 예수님의 생명입니다. 처음 흙으로 창조된 사람에게는 그 속에 생명이 없었습니다. 생명과를 먹어야 생명이 있습니다. 그래서 하나님은 생명과를 먹고 영생하는 자가 되라고 하신 것입니다.

아담은 생명과를 먹기 전까지는 그냥 흙입니다. 그 속에 생명과를 담을 때 진정한 사람이 되는 것입니다. 생명과는 예수 그리스도입니다. 예수 그리스도로 생명을 가진 사람이 되면 하나님 나라에서 그의 은혜의 영광을 세세토록 찬미하는 찬양대원이 되는 것입니다.

쉽게 말하면 두 세계의 창조가 있었습니다. 영적 존재인 천사들이 살아가는 하늘 나라와 육적 존재인 인간들이 살아가는 세상 나라의 창조가 있었습니다. 천사들이 살아가는 하늘나라 창조가 먼저이고, 인간들이 살아가는 땅의 나라 창조가 나중입니다. 천사들이 살아가는 곳을 하나님의 동산 에덴이라고 합니다. 그런데 하나님의 동산인 에덴에서 천사들이 창조의 뜻을 위배하는 사건을 일으켰습니다.

다시 말해서 하나님께 대한 찬양을 맡은 천사 중에서 우두머리 천사장인 마귀가 자기를 따르는 천사들을 앞세워 하나님 자리를 탐하고자 반란을 일으킨 것입니다. 이에 하나님은 마귀와 그 세력들을 하나님의 동산인 에덴에서 밖으로 쫓아내셨습니다. 천사들이 쫓겨난 에덴 밖을 '땅'이라고 합니다. 땅을 다른 말로 '음부 또는 지옥'이라고 하면서 '흑암의 어두운 곳'이라고 합니다.

이를 마태복음 25장에서는 '창세로부터 예비된 영벌의 곳'이라고 합니다. 요한계시록 20장을 보면 백 보좌 심판이 끝나고 나면 사단과 그를 따르던 천사들과 생명책에 녹명되지 않은 악인들이 가는 곳을 말합니다. 이 지옥은 처음 창조된 하늘나라에서 타락한 천사들이 들어간 곳을 말합니다.

하나님은 이 세상 나라를 창조하시고 하늘나라 지옥에 가두어져 있던 타락한 천사들을 이 세상 나라로 쫓아내셨습니다. 그래서 창세기 1장 2절의 땅의 모습이 혼돈과 공허와 흑암의 모습으로 나타난 것입니다. 마귀가 쫓겨난 땅이 지옥으로 나타났습니다. 그래서 창세기 1장 2절의 땅 앞에 '그런데'라는 뜻의 접속사 '웨'(ו, and)와 '그'라는 뜻의 정관사 '하'(ה the)가 붙어 있는 것입니다.

직역하면 '그런데 그 땅'(And the earth)이라는 뜻입니다. 이는 천사들이 타락하여서 쫓겨난 그 땅이라는 뜻입니다. 그래서 창세기 1장 1절에서는 태초에 하나님이 천지를 창조하셨다고 하면서 2절에서는 하늘은 사라지고 땅이 혼돈하고 공허하고 흑암이 깊음 중에 있다고 합니다. 흑암이라는 말은 죽음의 도시를 상징합니다. 이를 지옥이라고 합니다.

창세기 1장 2절의 땅이 지옥인 것입니다. 지옥이란 하나님께 범죄한 자들이 살아가는 곳을 말합니다. 마귀의 권세 아래 있는 곳을 말합니다. 마귀가 하늘에서 땅으로 쫓겨났기 때문에 이 땅이 지옥입니다. 땅이 '혼돈하고 공허하다'라는 말은 '저주를 받아서 황폐하다'라는 뜻입니다. 이것은 마치 아담이 범죄하자 하나님이 아담이 살아갈 땅을 저주하여서 가시와 엉겅퀴가 나게 한 모습과도 같습니다.

다시 설명합니다. 하늘나라가 있습니다. 거기에 천사들이 살고 있었습니다. 그곳을 하나님의 동산 에덴이라고 합니다. 그런데 에덴에서 살던 천사 중에서 일부가 하나님의 뜻에 반하는 일을 하였습니다. 하나님은 범죄한 자들과는 함께 살 수가 없으므로 그들을 에덴 밖으로 쫓아내셨습니다. 그곳을 땅이라고 합니다. 그 땅을 음부라고 하고, 흑암이라고 하고, 지옥이라고 합니다.

사 14:15 "그러나 이제 네가 음부 곧 구덩이의 맨 밑에 빠치우리로다"

벧후 2:4 "하나님이 범죄 한 천사들을 용서치 아니하시고 지옥에 던져 어두운 구덩이에 두어 심판 때까지 지키게 하셨으며"

유 1:6 "또 자기 지위를 지키지 아니하고 자기 처소를 떠난 천사들을 큰 날의 심판까지 영원한 결박으로 흑암에 가두셨으며"

타락한 천사들이 쫓겨난 곳을 음부, 지옥, 흑암이라고 합니다. 이사야는 음부라고 하고, 베드로후서는 지옥이라고 하고, 유다서에서는 흑암이라고 합니다. 하나님은 이 모습을 이 세상에 마련해 놓으신 것입니다. 그것이 타락한 천사인 마귀(뱀)가 거하는 에덴동산으로 나타난 것입니다.

창세기 2장을 봅시다.

창 2:7-10 "여호와 하나님이 흙으로 사람을 지으시고 생기를 그 코에 불어 넣으시니 사람이 생령이 된지라 [8]여호와 하나님이 동방의 에덴에 동산을 창설하시고 그 지으신 사람을 거기 두시고 [9]여호와 하나님이 그 땅에서 보기에 아름답고 먹기에 좋은 나무가 나게 하시니 동산 가운데에는 생명나무와 선악을 알게 하는 나무도 있더라 [10]강이 에덴에서 발원하여 동산을 적시고 거기서부터 갈라져 네 근원이 되었으니"

하나님이 흙으로 사람을 만드십니다. 그리고 그 사람이 살아갈 땅을 만드십니다. 그 땅을 '동방의 에덴의 동산'이라고 합니다. 에덴과 동산은 다른 동네입니다. 그래서 강이 에덴에서 발원하여 동산으로 흐른다고 알려주고 있는 것입니다. 에덴에서 흐르는 강을 생명수 강이라고 합니다. 이는 에덴이 하나님이 계신 생명의 세계라는 뜻입니다.

동산은 에덴에서 흐르는 강물로 살아가는 곳입니다. 이것을 구조적으로 보면 에덴은 하나님 나라를 상징하고, 동산은 이 세상 나라를 상징하게 되는 것입니다. 이것을 창세기 1장 1절로 말하면 천지(天地)가 되는 것입니다. 천(天)은 하늘나라로서 에덴이고, 지(地)는 땅의 나라로서 동산인 것입니다.

하나님께서 자기 백성들을 구원하는 일은 땅의 나라에서 이루어집니다. 그래서 하나님은 땅의 나라를 상징하는 동산에서 사람을 구원하는 일을 하신 것입니다. 하나님이 사람을 동산에 두셨습니다. 동산은 광의적으로 보면 이 세상을 상징하고 있습니다. 구속사적으로 보면 교회를 상징하기도 합니다. 하나님은 동산에 선악과와 생명나무를 두셨습니다. 사람에게 생명과를 먹고 영생하는 자가 되라고 명하셨습니다.

그런데 그 동산에는 뱀도 있는 것입니다. 이 뱀은 하나님 나라에서 쫓겨난 타락한 천사로서 마귀입니다. 뱀과 사람이 동산에 함께 살고 있는 것입니다. 이사야나 베드로후서나 유다서에서는 타락한 천사가 쫓겨난 곳을 땅이라고도 하고, 음부라고도 하고, 흑암이라고도 하고, 지옥이라고도 하였습니다.

그러면 뱀이 살고 있는 동산이 땅이 되고, 하나님이 사는 에덴은 하늘나라가 되는 것입니다. 하나님은 사람이 동산(땅, 이 세상)에서 생명과를 먹고 영생하는 자가 되어서 에덴(하늘나라)으로 나아오기를 바라신 것입니다. 이것이 하나님께서 계획하신 창세전 언약이고 자기 백성들을 구원하는 방법입니다. 창세기 1장 1절의 천지가 창세기 2장에서는 에덴과 동산으로 나타난 것입니다.

구원이 어디에서 이루어집니까? 땅이라는 동산에서 이루어집니다. 우리의 구원도 죄 아래 있는 세상에서 이루어지는 것입니다. 하나님은 땅이라는 동산에 살고 있는 사람을 구원하고자 동산에 생명나무를 두신 것입니다. 이는 생명나무를 가지고 사람을 구원하고자 하심입니다. 이것이 이 역사 세계에서 펼쳐지는 하나님의 자기 백성 구원 사역의 시작입니다. 이것이 첫째 날인 것입니다.

땅의 나라 창조는 빛이 세상에 오심으로 시작되었습니다. 이 세상은 죄와 사망의 권세 아래 있는 죽은 세상입니다. 이러한 곳에 예수님이 빛으로서 하나님의 생명으로 오셨습니다. 이는 자기 백성들에게 하늘의 생명을 주기 위함입니다. 그것을 어둠 속에서 빛을 불러내는 것으로 말해주고 있습니다.

요한복음 5장을 봅시다.

요 5:24-29 "내가 진실로 진실로 너희에게 이르노니 내 말을 듣고 또 나 보내신 이를 믿는 자는 영생을 얻었고 심판에 이르지 아니하나니 사망에서 생명으로 옮겼느니라 25진실로 진실로 너희에게 이르노니 죽은 자들이 하나님의 아들의 음성을 들을 때가 오나니 곧 이때라 듣는 자는 살아나리라 26아버지께서 자기 속에 생명이 있음같이 아들에게도 생명을 주어 그 속에 있게 하셨고 27또 인자 됨을 인하여 심판하는 권세를 주셨느니라 28이를 기이히 여기지 말라 무덤 속에 있는 자가 다 그의 음성을 들을 때가 오나니 29선한 일을 행한 자는 생명의 부활로, 악한 일을 행한 자는 심판의 부활로 나오리라"

죽은 자들이 하나님의 아들의 음성을 들을 때가 옵니다. 그 음성을 듣는 자는 살아닙니다. 이들에게 하나님의 생명이 주어지는 것입니다. 하나님의 생명을 받는 자는 사망에서 생명으로 옮겨지게 됩니다.

이 모습이 창세기 1장의 창조 사건에서 첫째 날 흑암 속에서 빛을 불러내어서 낮에 두신 것으로 나타난 것입니다. 이것은 요한복음식으로 말하면 무덤 속에 있는 자들이 하나님의 아들의 음성을 듣고 생명의 부활로 나아온 것과 같습니다.

구원은 죄와 사망 아래 있는 하나님의 백성들을 예수 그리스도께서 건져내시는 것입니다. 이것이 창조입니다. 하나님은 죽은 세상에 그 아들을 보내서 죽은 자를 살려내는 창조의 일을 하십니다. 이것이 창조 첫째 날 "빛이 있으라"로 나타났습니다. 예수님이 참 빛으로 오셨습니다.

요 1:9 "참 빛 곧 세상에 와서 각 사람에게 비취는 빛이 있었나니"

마 4:16 "흑암에 앉은 백성이 큰 빛을 보았고 사망의 땅과 그늘에 앉은 자들에게 빛이 비취었도다"

빛의 나라에 계시던 예수님이 흑암의 나라에 참 빛으로 오셨습니다. 이를 사망의 땅과 그늘에 앉은 자들에게 빛이 비추었다고 합니다. 참 빛이 각 사람에게 비취었다고 합니다. 사망의 땅과 그늘에 앉은 자에게 빛이 비춘 것은 생명을 주신 것과도 같습니다. 참 빛이 비추어진 자들은 그 빛으로 살아나게 됩니다.

이를 요한복음 5장에서는 무덤 속에 있는 자들이 하나님 아들의 음성을 듣고 살아난다고 하였습니다. 음성을 들은 자들이 어둠에서 빛으로 나아오게 된 것입니다. 이러한 상태를 예수님이 자기 백성들을 흑암에서 불러내서 빛의 나라로 옮겨주셨다고 말해주고 있습니다.

골로새서 1장을 봅시다.

골 1:13-14 "그가 우리를 흑암의 권세에서 건져내사 그의 사랑의 아들의 나라로 옮기셨으니 ¹⁴그 아들 안에서 우리가 구속 곧 죄 사함을 얻었도다"

예수님이 참 빛으로 오신 것은 죽음에 가두어진 하나님의 백성들을 불러내기 위함입니다. 이것은 마치 죽은 지 나흘이나 되는 나사로를 무덤 속에서 불러내는 것과도 같은 것입니다. 사망의 세력이 나사로를 꽁꽁 묶고 있었습니다. 이를 예수님이 불러내어 무덤으로부터 나오게 하여 걸어 다니게 하신 것입니다. 이것이 죄인의 구원 모습입니다.

세상 속에는 두 부류의 사람이 있습니다. 어린양의 생명책에 녹명된 자와 녹명되지 않은 자가 있습니다. 예수님은 이를 '너희'와 '저희'라고 하셨습니다. 어린양의 생명책에 녹명된 신자를 '너희'라고 하였고, 어린양의 생명책에 녹명되지 않은 불신자는 '저희'라고 하셨습니다. 이것은 창세전 이미 결정되었습니다. 야곱과 에서처럼 태어나기 전에 정해졌습니다.

야곱은 빛의 아들로, 에서는 어둠의 아들로 정해졌습니다. 야곱과 에서는 이 결정에 의해서 이 세상으로 보냄을 받았습니다. 예수님에 의해서 갈라지게 됩니다. 이를 심판이라고 합니다. '너희'에게는 천국의 비밀이 허락되었고, '저희'에게는 천국의 비밀이 허락되지 않았습니다. '너희'에게는 천국의 문이 열려 있고, '저희'에게는 천국의 문이 닫혀 있는 것입니다.

마태복음 13장을 봅시다.

마 13:10-17 "제자들이 예수께 나아와 가로되 어찌하여 저희에게 비유로 말씀하시나이까 ¹¹대답하여 가라사대 천국의 비밀을 아는 것이 너희에게는 허락되었으나 저희에게는 아니 되었나니 ¹²무릇 있는 자는 받아 넉넉하게 되되 무릇 없는 자는 그 있는 것도 빼앗기리라 ¹³그러므로 내가 저희에게 비유로 말하기는 저희가 보아도 보지 못하며 들어도 듣지 못하며 깨닫지 못함이라 ¹⁴이사야의 예언이 저희에게 이루었으니 일렀으되 너희가 듣기는 들어도 깨닫지 못할 것이요 보기는 보아도 알지 못하리라 ¹⁵이 백성들의 마음이 완악하여져서 그 귀는 듣기에 둔하고 눈은 감았으니 이는 눈으로 보고 귀로 듣고 마음으로 깨달아 돌이켜 내게 고침을 받을까 두려워함이라 하였느니라 ¹⁶그러나 너희 눈은 봄으로, 너희 귀는 들음으로 복이 있도다 ¹⁷내가 진실로 너희에게 이르노니 많은 선지자와 의인이 너희 보는 것들을 보고자 하여도 보지 못하였고 너희 듣는 것들을 듣고자 하여도 듣지 못하였느니라"

예수님께서 천국을 여러 가지 비유로 말씀하십니다. 그러자 제자들이 "왜 이렇게 비유로 말씀하십니까?"라고 묻습니다. 이에 예수님이 천국의 비밀은 모두에게 허락된 것이 아니라고 하십니다. 오로지 자기 백성들에게만 허락된 것이라고 하십니다. 천국은 '너희'처럼 택함을 입은 자들에게만 허락된다고 하십니다.

'너희'는 복을 받았기 때문에 천국 복음이 들려진다고 알려주십니다. '너희'는 복을 받았기 때문에 천국 복음을 전하는 자신이 하나님의 아들이라는 것을 알아보고 믿어지게 되는 것이라고 하십니다. 예수님은 자기 백성을 찾으러 오셨습니다. 그래서 창세 전에 어린양의 생명책에 녹명된 자들을 찾아가서 부르십니다. 이들을 자기 양이라고 하십니다.

요한복음 10장을 봅시다.

요 10:1-5 "내가 진실로 진실로 너희에게 이르노니 양의 우리에 문으로 들어가지 아니하고 다른 데로 넘어가는 자는 절도며 강도요 ²문으로 들어가는 이가 양의 목자라 ³문지기는 그를 위하여 문을 열고 양은 그의 음성을 듣나니 그가 자기 양의 이름을 각각 불러 인도하여 내느니라 ⁴자기 양을 다 내어놓은 후에 앞서가면 양들이 그의 음성을 아는 고로 따라오되 ⁵타인의 음성은 알지 못하는 고로 타인을 따르지 아니하고 도리어 도망하느니라"

예수님은 양의 목자입니다. 예수님은 흑암(무덤) 속에서 자기 양의 이름들을 각각 불러서 인도해 내십니다. 흑암에서 나온 자기 양들은 예수님의 음성을 알고 따르게 됩니다. 예수라는 이름이 무엇인가요? "자기 백성을 저희 죄에서 구원하실 자"입니다. 자기 백성들만이 예수님이 자기를 죄에서 구원해 주실 분이라는 것을 압니다. 예수님이 구원자라는 것을 예수님의 양들만 알고 믿게 되는 것입니다.

예수님이 빛으로 오신 것은 어둠을 악(죽음)으로 드러내고자 하심입니다. 빛에 속한 자는 참 빛으로 자신의 죄가 고발당하여서 긍휼의 자리로 나아오게 되는 것입니다. 그러나 어둠에 속한 자들은 두려워서 도망을 치게 됩니다. 빛에 속한 자는 예수 그리스도를 영접하고, 어둠에 속한 자는 참 빛으로 오신 예수 그리스도를 배척하게 되는 것입니다.

'유유상종'(類類相從)이라는 말이 있습니다. 빛은 빛을 알아봅니다. 이것을 '내 양은 내 음성을 듣는다'고 합니다. 예수님이 빛으로 오신 것은 빛에 속한 자를 찾고자 하심입니다. 그래서 참 빛이신 예수님이 어둠 속에 있는 빛의 아들들을 찾아가서 불러내시는 것입니다.

사도행전 22장을 봅시다.

행 22:6 "다메섹에 가까왔을 때에 오정쯤 되어 홀연히 하늘로서 큰 빛이 나를 둘러 비취매"

사울(바울)이 많은 사람과 함께 예수 믿는 자들을 잡고자 다메섹으로 갑니다. 도중에 예수님을 만납니다. 예수님이 사울을 찾아가신 것입니다. 하늘에서 음성이 들립니다. "사울아! 사울아! 네가 왜 나를 핍박하느냐?"라고 하십니다. 이 소리를 사울만 듣습니다. 다른 사람들은 우렛소리로 들었습니다.

사울은 예수님의 음성으로 들었습니다. 이는 사울이 빛의 아들이기 때문입니다. 그래서 예수님이 사울의 이름을 부르신 것입니다. 예수님은 자기 백성들의 이름을 부르십니다. 이것은 마치 여러분이 학교에 가서 여러분의 자녀 이름을 부르면 여러분의 자녀만 부모의 음성을 듣고 나오는 것과 같습니다.

예수님이 이 세상에 오심으로 창조의 첫날이 시작되었습니다. 그것이 흑암 속에서 빛을 불러내는 것으로 나타났습니다. 흑암 속에서 부르심을 입은 빛의 아들들이 사는 곳을 낮이라 칭하고, 흑암 속에 그대로 있는 자들이 살아가는 어둠을 밤이라 칭하였습니다. 예수 안에 있는 자는 낮에 속하였고, 예수 밖에 있는 자는 밤에 속하였습니다. 흑암에서 나온 낮에 속한 자는 더는 어둠에 다니지 않습니다.

요한복음 12장을 봅니다.

요 12:46 "나는 빛으로 세상에 왔나니 무릇 나를 믿는 자로 어두움에 거하지 않게 하려 함이로라"

예수님이 오시기 전에는 모두가 어둠에서 함께 살았습니다. '너희'와 '저희'의 구분이 없었습니다. 예수님이 오시자 너희와 저희로 갈라지기 시작한 것입니다. 이것은 예수님이 역사에 오셔서 하신 첫 번째 일입니다. 창조의 첫째 날인 것입니다.

골로새서 1장을 봅니다.

골 1:13-14 "그가 우리를 흑암의 권세에서 건져내사 그의 사랑의 아들의 나라로 옮기셨으니 ¹⁴그 아들 안에서 우리가 구속 곧 죄 사함을 얻었도다"

구원의 시작은 '옮겨짐'입니다. 출애굽과 같습니다. 이를 첫째 날이라고 합니다. 첫째 날, 둘째 날, 셋째 날은 구원이 이러한 식으로 진행이 된다는 것을 말해주고 있는 것입니다. 첫째 날부터 여섯째 날까지 일어나는 창조 사건은 성도의 구원이 어떤 식으로 이루어지는지를 말해주고 있습니다.

예수님께서 자기 백성들을 구원하는 일을 첫째 날에 시작하여서 여섯째 날까지 이루어지면 일곱째 날에 안식하게 됩니다. 구원은 생명의 자람과 같습니다. 첫째로 엄마의 뱃속에서 잉태하는 단계입니다. 둘째로 엄마 뱃속에서 나와서 살아가는 단계입니다. 셋째로 죽음 후에 영생과 영벌로 갈라져서 살아가는 단계입니다.

〔씨 - 생명 - 안식〕

생명은 세 과정을 겪게 됩니다. 씨에서 열매로, 열매에서 추수되어 곳간으로 들어가게 되는 것입니다. 우리의 구원의 과정도 마찬가지입니다. 생명은 먼저 엄마 뱃속에 있는 과정이 있습니다. 이것은 창세전 언약 속에서 어린양의 생명책에 녹명된 자들이 예수 그리스도가 부르실 때까지 세상 속에 있는 것과도 같은 것입니다.

아이가 엄마 뱃속에서 정한 기간 있다가 때가 차면 세상으로 나오게 됩니다. 이때 엄마는 해산의 고통을 당하게 됩니다. 해산의 고통은 엄마의 죽음과 같습니다. 아이는 어미의 죽음으로 새로운 생명으로 세상에 태어나는 것입니다. 우리도 마찬가지입니다. 우리도 언약을 품고서 일정 기간 엄마의 뱃속과도 같은 율법이라는 죄와 사망의 권세 아래서 살다가 부르심을 입게 되는 것입니다.

갈라디아서 4장을 봅시다.

갈 4:1-7 "내가 또 말하노니 유업을 이을 자가 모든 것의 주인이나 어렸을 동안에는 종과 다름이 없어서 ²그 아버지의 정한 때까지 후견인과 청지기 아래 있나니 ³이와 같이 우리도 어렸을 때에 이 세상 초등 학문 아래 있어서 종노릇하였더니 ⁴때가 차매 하나님이 그 아들을 보내사 여자에게서 나게 하시고 율법 아래 나게 하신 것은 ⁵율법 아래 있는 자들을 속량하시고 우리로 아들의 명분을 얻게 하려 하심이라 ⁶너희가 아들인 고로 하나님이 그 아들의 영을 우리 마음 가운데 보내사 아바 아버지라 부르게 하셨느니라 ⁷그러므로 네가 이 후로는 종이 아니요 아들이니 아들이면 하나님으로 말미암아 유업을 이을 자니라"

하나님께서 유업을 이을 아들을 잠시 동안 후견인과 청지기 아래 종으로 두셨다고 합니다. 후견인과 청지기는 율법을 말합니다. 아들이 하나님이 정한 때까지 율법 아래서 종노릇하고 살았습니다. 그러다가 때가 차매 하나님이 그 아들을 보내서 율법 아래서 종노릇하고 있는 자들을 불러내셨습니다.

예수님의 죽으심으로 율법이라는 죄와 사망의 권세 아래서 빼내심을 입게 되었습니다. 이것은 어미가 물과 피를 쏟고 아이를 낳듯이, 예수님이 십자가에서 물과 피를 쏟고 자기 백성들을 율법이라는 죄와 사망의 권세로부터 빼내신 것입니다. 이것은 출애굽과 같습니다.

구원의 첫 단계인 첫째 날이 시작된 것입니다. 엄마 뱃속에서 나온 아이가 부모의 도움으로 자라가게 됩니다. 이것은 예수 그리스도의 십자가로 죄와 사망에서 의와 거룩으로 옮겨진 자들이 성령의 도우심으로 그리스도의 충만한 분량으로 자라가는 것과 같은 것입니다. 이것은 광야 40년 생활과 같습니다.

부모의 도움으로 자라간 아이는 때가 되면 죽게 됩니다. 죽고 나면 그리스도 안에 있는 자는 영생의 나라로 들어가게 됩니다. 이것을 추수라고 합니다. 이는 약속의 땅에 들어가는 것과 같습니다. 잉태에서 출생 그리고 자라감과 죽음 그후까지 모두가 하나님께서 하십니다. 하나님이 창세전에 계획하시고, 역사 속에서 진행하시고, 죽음 후에 완성하십니다.

일을 시작하신 이가 끝날까지 다 이루십니다. 그래서 구원이 은혜입니다. 우리가 구원을 받은 것은 창세전 언약의 결과로 주어진 것입니다. 구원은 언약에 의한 것이므로 우리의 행위로 취소될 수 없습니다. 우리의 형편과 상관없이 지켜지는 것입니다.

언약이 변하지 않는 한 우리의 구원도 변하지 않습니다. 하나님이 하신 언약은 변하지 않습니다. 불변의 언약입니다. 하나님은 식언치 않는 분이고 거짓말을 하실 수 없는 분입니다. 그러므로 우리의 구원도 불변하는 것입니다. 이것이 믿어져야 쉼을 누릴 수 있습니다. 예수님이 오심으로 첫째 날이 시작되었습니다.

고린도후서 5장을 봅시다.

고후 5:17 "그런즉 누구든지 그리스도 안에 있으면 새로운 피조물이라 이전 것은 지나갔으니 보라 새것이 되었도다"

겨울이 지나고 봄이 온 것입니다. 그동안 어둠으로 살았습니다. 그러나 이제는 빛으로 부르심을 입었습니다. 첫째 날이 온 것입니다. 이제는 새로운 피조물이 되었습니다. 낮에 속한 자가 되었습니다. 새로운 인생으로서의 삶인 둘째 날이 기다리고 있습니다. 첫째 날이 있기에 둘째 날도 있는 것입니다. 그러므로 첫째 날을 주신 그 은혜에 감사하며 살아가시기를 축원드립니다.

5강 둘째 날, 궁창 위 물과 궁창 아래 물 (창 1:6-8)

창 1:6-8 "하나님이 가라사대 물 가운데 궁창이 있어 물과 물로 나뉘게 하리라 하시고 ⁷하나님이 궁창을 만드사 궁창 아래의 물과 궁창 위의 물로 나뉘게 하시매 그대로 되니라 ⁸하나님이 궁창을 하늘이라 칭하시니라 저녁이 되며 아침이 되니 이는 둘째 날이니라"

만물이 주에게서 나오고, 주로 말미암고, 주에게로 돌아가게 되어 있습니다. 이는 만물이 주의 뜻에 의하여 창조되었고, 주를 위하여 존재하다가, 주께로 돌아가게 되어 있다는 뜻입니다. 주가 왜 만물을 창조하셨나요? 이는 창세전에 하신 언약을 이루기 위함입니다. 성경이 이를 증거해 주고 있습니다. 그래서 성경을 일컬어 '언약의 책'이라고 하는 것입니다.

두 언약이 있습니다. 옛 언약과 새 언약입니다. 이를 성경은 구약과 신약이라고 합니다. 구약은 신약을 전제로 기록하고 있고, 신약은 구약을 배경으로 하고 있습니다. 그래서 구약을 그림자라 하고, 신약을 실체라고 합니다. 두 언약은 짝입니다. 옛 언약이 그릇(몸)이라고 한다면, 새 언약은 내용(생명)과 같습니다.

예수님께서 십일조를 이렇게 말씀하셨습니다. "너희가 십일조를 드리는데 의와 인과 신이 빠졌다"고 하십니다. 십일조라는 물질(형식)을 드리는데 그 속에 하나님께 대한 은혜와 감사와 사랑이 빠져 있다는 것입니다. 십일조라는 형식(물질)은 구약이고, 하나님께 대한 은혜와 사랑과 감사는 내용으로서 신약인 것입니다. 예수님은 이것도 행하고 저것도 버리지 말아야 한다고 하셨습니다. 즉, 십일조라는 형식과 내용이 함께 있어야 한다는 것입니다.

형식과 내용은 몸과 영혼과 같습니다. 둘 다 소중한 것입니다. 몸은 영혼을 담는 그릇과 같습니다. 그릇은 내용을 담기 위한 것입니다. 그러므로 식사를 한 후에 그릇을 깨끗이 닦아서 보관하는 것입니다. 이는 다시 밥을 담아야 하기 때문입니다.

두 언약이 그러합니다. 율법은 그릇이고, 은혜는 내용입니다. 둘 중에 어느 것이 귀합니까? 둘 다 귀합니다. 이것은 경중을 따질 것이 아닙니다. 율법과 은혜는 수레의 두 바퀴와도 같습니다. 둘 중에 하나라도 없으면 수레는 굴러가질 않습니다. 그래서 예수님은 천지가 없어지기 전에는 율법의 일점일획도 사라지지 않는다고 말씀하신 것입니다.

율법과 은혜는 짝입니다. 쌍둥이 언약입니다. 하지만 먼저와 나중이 있습니다. 율법이 먼저이고 은혜가 나중입니다. 먼저 그릇을 만드시고 내용을 담는 일을 하셨습니다. 하나님은 토기장이이십니다. 내용을 먼저 생각하고 거기에 합당한 그릇을 나중에 만드십니다. 그러나 일의 순서상 그릇을 먼저 만들고 내용을 나중에 담는 일을 하십니다.

만물은 그릇이고 주(예수님)가 내용입니다. 만물을 만드신 것은 주를 담고자 하심입니다. 만물을 의인화하면 우리가 됩니다. 내가 만물입니다. 하나님께서 나를 이 세상에 보내신 것은 주를 담고자 하심입니다. 나는 주를 담는 그릇으로 창조된 것입니다. 우리는 주님이 거하는 집입니다. 그래서 성도를 일컬어 하나님이 거하는 집인 성전이라고 하는 것입니다.

이러한 계획을 창세전 언약이라고 합니다. 하나님은 만물을 만들기 전에 앞으로 이렇게 일을 하겠다는 계획을 먼저 세우셨습니다. 이것을 창세전 예정이라고 합니다. 예정은 '난 이렇게 일을 할 것이다'라는 하나님의 의지입니다. 예정을 다른 말로 '언약'이라고 합니다. 태초에 하나님이 그 기쁘신 뜻대로 예정하십니다. 그리고 그 뜻을 이루고자 만물을 창조하신 것입니다.

창세전 언약이 먼저이고, 만물의 창조가 나중입니다. 하나님은 창세전 언약을 위하여 천지를 창조하셨습니다. 언약은 하나님이 하나님에게 하신 것입니다. 성부 하나님이 예정을 하시고, 성자 하나님이 아버지의 뜻을 이루고자 만물을 창조하십니다. 그리고 만물 속에서 아버지가 예정하신 일들을 펼쳐 가십니다. 이 일을 성령 하나님의 능력으로 행하십니다.

성부 성자 성령 하나님이 창세전 언약을 만물 속에서 펼쳐 가시는 것입니다. 그래서 성부 하나님이 성령의 능력으로 여자의 몸에 성자를 잉태케 하신 것입니다. 태초에 말씀으로 계시던 하나님이 창세전 언약을 이루시려고 성령의 능력으로 여자의 몸에 잉태되어 이 세상에 오셨습니다. 만물의 주인으로 오신 것입니다.

예수님이 역사 속에서 자기 백성들을 찾아가서 창세전에 언약하신 내용들을 이루어 가시는 것입니다. 이를 미리 아신 자를 부르시고, 부르신 그들을 의롭다 하시고, 의롭다 하신 그들을 영화롭게 하신다고 합니다. 미리 아심은 창세전에 하신 것이고, 부르심은 역사 속에서 이루어지는 것이고, 영화로움은 천국에서 이루어지게 됩니다.

창세기 12장을 보면 하나님이 아브람을 갈대아 우르에서 빼내십니다. 이때 하나님이 아브람에게 하신 약속이 '너를 복의 조상으로 만들어 주겠다'고 하십니다. 아브람이 복의 조상 될 만한 자격이 있어서가 아니라, 하나님이 아브람의 조건과 상관없이 만들어 주신다는 뜻입니다. 이것이 언약입니다. 이 언약이 창세기 15장을 보면 구체적으로 확대되어서 나타납니다. 창세기 15장을 보면 하나님께서 아브람을 찾아와서 언약하시는 장면이 나옵니다.

창 15:13-14 "여호와께서 아브람에게 이르시되 너는 정녕히 알라 네 자손이 이방에서 객이 되어 그들을 섬기겠고 그들은 사백 년 동안 네 자손을 괴롭게 하리니 ¹⁴그 섬기는 나라를 내가 징치할찌며 그 후에 네 자손이 큰 재물을 이끌고 나오리라"

하나님이 아브람과 언약을 맺으십니다. 언약의 내용은 땅과 후손에 관한 것입니다. 하나님께서 아브람의 후손을 하늘의 별과 같이 많게 해준다는 것과 그 후손들이 이방에서 객으로 살다가 사 대 만에 언약의 땅으로 돌아온다는 것입니다. 한마디로 버려지게 하셨다가 되찾으시겠다는 것입니다. 구원의 서정이 버려짐과 되찾음으로 진행이 되는 것입니다.

하나님은 아브람을 찾아가서 언약을 체결하십니다. 그런데 그 방식이 독특합니다. 언약을 체결하는 의식으로 쪼갠 고기 사이로 지나가게 됩니다. 그런데 그 쪼갠 고기 사이로 하나님만 지나가십니다. 이는 언약을 하나님이 지키신다는 뜻입니다. 하나님이 그의 희생으로 언약을 지켜내시겠다는 뜻입니다. 그래서 430년 후에 하나님이 애굽에 있던 아브라함의 후손들을 어린양의 피로 죽음의 재앙으로부터 구원해 내신 것입니다.

출애굽기 2장을 봅시다.

출 2:23-25 "여러 해 후에 애굽 왕은 죽었고 이스라엘 자손은 고역으로 인하여 탄식하며 부르짖으니 그 고역으로 인하여 부르짖는 소리가 하나님께 상달한지라 24하나님이 그 고통 소리를 들으시고 아브라함과 이삭과 야곱에게 세운 그 언약을 기억하사 25이스라엘 자손을 권념하셨더라"

하나님께서 아브라함과 이삭과 야곱에게 하신 그 언약을 기억하사 그들을 권념하셨다고 합니다. '권념'이란 '지켜보다가 때가 되어서 간섭을 하다'라는 뜻입니다. 우리의 구원도 마찬가지입니다. 창세전에 하나님께서 우리의 이름을 어린양의 생명책에 녹명해 놓으셨습니다.

이때에 우리는 존재하지 않았습니다. 마치 아브람과 언약할 때 이스라엘이 존재하지 않았던 것과도 같습니다. 선(先) 언약, 후(後) 존재가 되는 것입니다. 존재보다 언약이 앞섭니다. 그러므로 언약에 의한 구원이 이루어지게 되는 것입니다.

창세전 언약이 무엇입니까? 언약의 후손들이 예수 그리스도의 피로 죄 사함을 받아서 거룩함을 입는 것입니다. 하나님은 예수 그리스도의 피로 죄 사함을 받은 자들을 하나님의 아들로 삼으십니다. 예수 그리스도의 피로 거룩함을 입어 하나님의 아들이 된 자들은 그의 나라에서 그의 은혜의 영광을 세세토록 찬미하게 되는 것입니다.

이 일을 누가 합니까? 하나님이 하십니다. 하나님이 주체가 되어서 일을 하십니다. 그러므로 언약은 하나님이 '나는 이렇게 일을 하겠다'는 하나님의 '의지'입니다. 쉬운 말로 하나님이 하나님에게 약속하신 것입니다.

이것이 요한복음 1장 1절에 말씀이신 하나님과 하나님이신 하나님, 두 하나님으로 나타납니다. 말씀이신 하나님은 육신의 모양으로 오신 예수님이고, 하나님이신 하나님은 아버지 하나님이신 것입니다. 창세전 언약을 이루시기 위하여 아버지 하나님이 그 아들을 육신의 모양으로 이 세상에 보내서 자기 백성들의 죗값을 위하여 대신 십자가에 죽임을 당하게 하시고 자기 백성들을 구원하신 것입니다.

이렇게 될 때 하나님이 하나님에게 약속하신 것을 다 이루심이 됩니다. 결국 하나님이 언약하시고 하나님이 그 언약을 이루신 것입니다. 이처럼 모든 언약은 하나님이 이루시는 것입니다. 피조물은 여기에 동원된 도구들입니다. 그래서 만물이 그를 위하여 창조되었고 그를 위하여 존재한다고 하는 것입니다.

하나님은 만물 속에서 언약을 이루고자 그 아들을 보내셨습니다. 그 아들이 육신을 입고 이 세상에 오셨습니다. 그것이 창조의 첫째 날 빛의 오심으로 나타났습니다. 빛은 생명을 말합니다. 빛이 오자 이 세상의 본질이 죽음으로 드러나게 되었습니다. 죽음을 어둠으로 말해주고 있는 것입니다.

창세기 1장 2절의 땅이 어둠입니다. 세상이 죽음에 가두어져 있는 것입니다. 이러한 곳에 예수님이 참 빛으로 오셨습니다. 이것이 첫째 날 "빛이 있으라"로 나타난 것입니다. 빛이 어둠에 비추었다고 합니다. 예수님을 참 빛이라고 하는 것은 예수님 앞에 모든 것이 어둠으로 드러나게 되기 때문입니다.

예수님 앞에 서 보면 세상이 말하는 생명은 생명이 아니고 죽음으로 드러납니다. 예수님 앞에 서면 세상이 말하는 진리는 진리가 아니고 비진리로 드러나게 됩니다. 예수님 앞에 서 보면 인간의 의는 의가 아니고 불의로 드러나게 됩니다.

예수님 앞에 서면 인간은 죽은 자로 드러나게 됩니다. 예수님만이 생명이고, 예수님만이 진리이고, 예수님만이 의이고, 예수님만이 산 자입니다. 예수님만이 빛이고, 인간은 어둠인 것입니다. 어둠이란 생명을 알아보지 못하는 소경이라는 뜻입니다.

요한복음 1장을 봅시다.

요 1:3-5 "만물이 그로 말미암아 지은 바 되었으니 지은 것이 하나도 그가 없이는 된 것이 없느니라 ⁴그 안에 생명이 있었으니 이 생명은 사람들의 빛이라 ⁵빛이 어두움에 비취되 어두움이 깨닫지 못하더라"

만물이 그로 말미암아 지은 바 되었습니다. 그런데 만물이 그를 알아보지 못합니다. 이것을 빛이 어둠에 비춰도 어둠이 깨닫지 못하더라고 합니다. 이는 어둠이 빛을 알아보지 못한다는 뜻입니다. 왜 그런가요? 빛에 대하여 죽어 있기 때문입니다. 예수님이 오신 것은 죽은 자에게 생명을 주시기 위함입니다.

그래서 빛이신 예수님 속에 하나님의 생명이 있다고 증거해 주고 있는 것입니다. 예수님이 하나님의 생명으로 오신 것은 창세전에 어린양의 생명책에 녹명된 자기 백성들에게 하나님의 생명을 주시기 위함입니다. 예수님으로부터 부르심을 입은 자들이 살아가는 곳을 낮이라 하고, 부르심을 입지 못한 자들이 살아가는 곳을 밤이라고 합니다.

이 세상은 죄 아래 가두어져 있습니다. 어둠입니다. 예수님이 오시기 전에는 우리 모두가 어둠에 속하였습니다. 우리는 모두가 죄 아래서 태어난 본질상 진노의 자식이었습니다. 그런데 애굽에 있는 자들이 다 애굽 사람이 아니고 그 속에 아브라함의 후손들이 있었듯이, 어둠 속에 빛의 아들들이 있는 것입니다. 우린 모르고 살았습니다. 그런데 예수님이 오시자 빛에 속한 자와 어둠에 속한 자로 분리가 되는 것입니다. 이를 심판이라고 합니다.

빛에 속한 자들이 살아가는 곳을 낮이라 하고, 어둠에 속한 자들이 살아가는 곳을 밤이라고 합니다. 빛의 아들들이 살아가는 낮을 하늘이라고 하고, 어둠의 아들들이 살아가는 밤을 땅이라고 합니다. 이 모두가 예수님이 오심으로 일어나게 되었습니다. 창세기의 창조 기사는 예수님이 자기 백성들을 구원하는 이야기입니다. 그 과정을 창조 7일로 말해주고 있는 것입니다. 창조 7일은 구원의 서정과도 같습니다. 구원의 첫 단계가 예수님이 이 세상에 오심으로부터 시작됩니다.

요한복음 1장을 봅시다.

요 1:9-10 "참 빛 곧 세상에 와서 각 사람에게 비취는 빛이 있었나니 ¹⁰그가 세상에 계셨으며 세상은 그로 말미암아 지은 바 되었으되 세상이 그를 알지 못하였고"

첫째 날 예수님이 빛으로 오셨습니다. 그러나 세상은 그를 알아보지 못합니다. 이는 죽어 있기 때문입니다. 예수님이 죽은 세상에서 일하십니다. 그것은 자기 백성들을 죽음에서 불러내서 생명을 주는 것입니다. 이것이 예수님이 구약 교회 속에서 열두 제자를 불러내는 것으로 나타났습니다. 예수님이 열두 제자를 부르심으로 세상은 둘로 분리되었습니다. 부르심을 입은 자와 부르심을 입지 못한 자로 구분이 됩니다. 부르심을 입은 자들을 자기 백성이라고 합니다.

이러면 자기 백성과 자기 백성 아닌 자로 갈라지게 됩니다. 이를 '너희'와 '저희'라고 하셨습니다. '너희'에게는 천국의 비밀이 허락되었고, '저희'에게는 천국의 비밀이 허락되지 않았다고 합니다. 천국의 비밀이 허락된 '너희'는 빛의 아들들로 낮에 속한 자들이고, 천국의 비밀이 허락되지 않은 '저희'는 어둠에 속한 자들입니다.

빛과 어둠을 언약으로 말하면 은혜와 율법입니다. 율법은 죄와 사망의 법이고, 은혜는 의와 생명의 법입니다. 율법 아래 있는 자는 어둠에 있는 것입니다. 이들을 흑암의 고통 속에 있다고 합니다. 예수님이 오시자 흑암의 고통 속에 있는 자들에게 빛이 비친 것입니다.

예수님이 창세전에 어린양의 생명책에 녹명이 된 자들을 죄와 사망의 법인 율법에서 빼내는 일을 하셨습니다. 그것이 십자가 사건입니다. 예수님이 자기 백성들의 죗값을 자신의 죽음으로 대신 처러 주신 것입니다. 이를 대속이라고 합니다.

예수님이 십자가를 지심으로 두 민족이 갈라지게 되었습니다. 이를 예수님의 십자가를 중심으로 두 강도가 나누어지는 것으로 보여주신 것입니다. 둘 다 강도입니다. 그런데 한 강도는 낙원으로 갔고, 한 강도는 지옥으로 갔습니다. 예수님이 오심으로 하늘 백성과 땅 백성으로 갈라지게 되었습니다.

구원은 부르심을 입고, 빼내심을 얻고, 갈라짐을 당하는 것입니다. 어떻게 부르심을 입습니까? 창세전에 어린양의 생명책에 녹명된 예정에 의해서입니다. 예정된 자들을 예수님이 찾아오셔서 부르십니다. 어떻게 빼내심을 얻습니까? 예수 그리스도의 십자가를 통해서입니다.

예수님이 십자가에서 율법의 요구를 완성하심으로 율법과 죄와 사망으로부터 빼내어 주셨습니다. 어디로 갈라짐을 당합니까? 땅에서 하늘로 갈라짐을 당합니다. 어둠에서 빛으로 갈라짐을 당한 것입니다. 이것이 장차 예수님이 재림하시면 영생과 영벌로 영원한 갈라짐으로 나타납니다.

부르심을 입는 것은 창세전이고,
빼내심을 얻는 것은 현재이고,
갈라짐을 당하는 것은 장차입니다.

태초에 하나님이 천지(天地)를 창조하셨습니다. '천'(天)은 하늘나라이고, '지'(地)는 땅의 나라입니다. 하나님은 먼저 하늘나라를 창조하셨습니다. 이를 영의 세계라고 합니다. 영의 세계는 영물들이 살아가는 곳입니다. 영물들을 천사라고 합니다. 이들이 살아가던 동네를 에스겔 28장에서는 하나님의 동산 에덴이라고 합니다. 하나님은 천사들로부터 찬송을 받고자 하셨습니다. 그런데 천사들 중 일부가 하나님께 돌아갈 찬송을 가로채는 반역을 일으켰습니다.

이에 하나님은 그들을 하나님의 동산인 에덴에서 쫓아내서 땅이라는 흑암에 가두셨습니다. 이를 이사야 14장 12절에서 "너 아침의 아들 계명성이여 어찌 그리 하늘에서 떨어졌으며 너 열국을 엎은 자여 어찌 그리 땅에 찍혔는고"라고 합니다. 땅에 찍혔다고 합니다.

타락한 천사들이 하늘에서 땅으로 쫓겨났습니다. 타락한 천사들이 쫓겨난 땅을 일컬어 음부라고도 하고, 흑암이라고도 하고, 땅이라고도 하고, 지옥이라고도 합니다. 음부나 흑암이나 지옥이나 땅이나 다 같은 말입니다.

그 땅이 창세기 1장 2절의 혼돈과 공허와 흑암이 깊음 중에 있는 땅으로 나타납니다. 하나님은 혼돈과 공허와 흑암의 땅에 그 아들을 빛으로 보내셨습니다. 흑암의 동네에 빛이 옴으로써 빛과 어둠으로 나누어지게 되었습니다. 하나님의 아들이 참 빛으로 흑암의 땅에 오신 것은 빛의 아들들을 불러내서 하늘에 있는 빛의 나라인 하나님 나라로 데려가고자 하심입니다.

창세전 언약을 보면 하나님의 아들의 죽음으로 자기 백성들이 죄 사함을 받아 하나님의 아들들이 되는 것으로 되어 있습니다. 그럼 하나님의 아들이 죽어야 합니다. 그래야 하늘나라로 나아갈 자들과 땅 아래 있을 자들로 구분이 되는 것입니다. 이를 하나님은 창조 둘째 날에 궁창을 만드셔서 궁창 윗물과 궁창 아랫물로 갈라내는 것으로 보여주셨습니다. 물이란 열국 또는 백성을 말합니다.

요한계시록 17장을 봅니다.

계 17:1 "많은 물 위에 앉은 큰 음녀의 받을 심판을 네게 보이리라"

계 17:15 "네가 본바 음녀의 앉은 물은 백성과 무리와 열국과 방언들이니라"

궁창이 만들어지기 전까지는 온 천하의 물이 하나로 있었습니다. 이는 온 세상 사람들이 하나로 섞여 있었다는 것입니다. 그런데 그 사람들 중에 창세전에 어린양의 생명책에 녹명된 자들이 있습니다. 이들을 창세전에 영생 주시기로 작정된 자들이라고 합니다. 이들은 하늘나라 백성들입니다. 그런데 땅 사람들과 함께 섞여 있는 것입니다.

이것은 마치 아브라함의 후손들이 애굽에서 430년 동안 애굽 사람들과 함께 섞여서 살고 있었던 것과 마찬가지입니다. 또한 성도들이 예수를 믿기 전에는 세상 사람들과 함께 섞여서 살고 있었던 것과도 같습니다. 이 모습을 깊음이라는 물속에 있는 것으로 말해주고 있습니다. 그래서 창세기 1장 2절에서 하나님의 신이 수면에 운행하셨다고 합니다.

수면이란 물 위라는 뜻입니다. 물속에 두 민족이 함께 섞여서 살고 있는 것입니다. 이러한 세상에 예수님이 빛으로 오셨습니다. 오셔서 빛의 아들들을 불러내십니다. 빛의 아들들을 불러내자면 그들을 붙잡고 있는 죄와 사망의 권세 잡은 자인 마귀에게 값을 지불해야 합니다. 왜냐하면 흑암의 나라 왕이 그들을 죄로 사로잡고 있기 때문입니다. 그들의 죗값을 지불해야만 빼내 올 수가 있는 것입니다. 그래서 하나님은 그 아들 예수 그리스도를 빛의 아들들의 속전으로 대신 주신 것입니다.

죗값을 대신 치르도록 하신 것입니다. 그것이 십자가의 죽으심으로 나타난 것입니다. 예수님의 십자가로 두 민족이 갈라지게 되었습니다. 하나님은 예수님의 십자가를 중심으로 두 나라를 갈라버린 것입니다. 이것이 궁창을 중심으로 해서 궁창 윗물과 궁창 아랫물로 갈라진 것으로 나타난 것입니다.

궁창이라는 말을 히브리어로 '라키아'(רקיע)라고 합니다. 이 말은 '두들겨서 넓게 펼친 판'이라는 뜻입니다. 이것은 마치 세공업자가 두꺼운 판을 두들겨 패서 얇은 판을 만들어서 물속에 집어넣고서 이쪽과 저쪽으로 분리시키는 것과 같습니다. 물 가운데를 판으로 벽을 쳐서 이쪽과 저쪽으로 분리시킨 것입니다. 이것이 궁창입니다.

하나님이 두 민족을 갈라내기 위해서 십자가라는 궁창을 만드신 것입니다. 예수님의 십자가로 하늘과 땅을 분리한 것입니다. 하나님은 궁창을 하늘이라고 칭하십니다. 이 말은 히브리어로 '라키아 솨마임'(רקיע שמים)이라고 하는데, 이는 이 궁창이 바로 '하늘'이라는 뜻입니다. 의인화하여서 의역하면 이 궁창이 바로 '하늘에서 오신 사람'이라는 뜻입니다. 하늘을 의인화하면 예수님이 되는 것입니다.

이렇게 되면 하나님이 하늘이신 예수님을 십자가에서 두들겨 패서 하늘 백성과 땅 백성을 분리시키는 일을 하신 것입니다. 이것이 예수님의 십자가를 중심으로 두 강도가 하나는 구원받아 하늘나라로 가고, 다른 하나는 지옥으로 간 것으로 나타난 것입니다.

예수님은 십자가에서 자기 백성들을 대신하여서 하나님으로부터 두들겨 맞으신 것입니다. 하나님께서 자기 백성들의 죗값을 예수님에게 물으신 것입니다. 이를 그가 대신 맞아 주어서 우리가 속함을 입게 되었다고 합니다.

이사야 53장을 봅시다.

사 53:4-6 "그는 실로 우리의 질고를 지고 우리의 슬픔을 당하였거늘 우리는 생각하기를 그는 징벌을 받아서 하나님에게 맞으며 고난을 당한다 하였노라 ^{5}그가 찔림은 우리의 허물을 인함이요 그가 상함은 우리의 죄악을 인함이라 그가 징계를 받음으로 우리가 평화를 누리고 그가 채찍에 맞음으로 우리가 나음을 입었도다 ^{6}우리는 다 양 같아서 그릇 행하여 각기 제 길로 갔거늘 여호와께서는 우리 무리의 죄악을 그에게 담당시키셨도다"

여기서 '그'는 하나님의 종을 말합니다. 하나님이 보내신 자를 말합니다. 하나님이 자기 백성들을 위하여 대신 죽어줄 자를 보내신 것입니다. 이를 여호와의 종이라고 합니다. 그가 바로 예수님입니다. 4절을 보면 그가 징벌을 받아서 하나님에게 맞으며 고난을 당하였다고 합니다. 하나님이 예수님을 두들겨 팬 것입니다. 이것은 궁창이라는 '라키아'(רקיע)라는 말과 같습니다.

하나님이 우리의 죄악을 그에게 담당시키셨습니다. 그가 징계를 받음으로 우리가 평화를 얻게 되었고, 그가 채찍에 맞음으로 우리가 나음을 입은 것입니다. 이 모습은 예수님이 십자가를 지시고 당하신 고난을 말합니다. 예수님은 채찍에 맞으셨습니다. 가시관을 쓰셨습니다. 십자가에 못 박히셨습니다.

우리가 받아야 할 징벌을 예수님이 대신 받으신 것입니다. 하나님이 그렇게 하신 것입니다. 세례 요한은 이 사실을 알았습니다. 그래서 세례 요한은 예수님을 일컬어 "보라 세상 죄를 지고 가는 하나님의 어린양"이라고 자기 백성들에게 알린 것입니다. 예수님은 자기 백성들의 죄를 지고 하나님에게 두들겨 맞기 위하여 오신 것입니다.

히브리서 10장을 봅시다.

히 10:1-10 "율법은 장차 오는 좋은 일의 그림자요 참 형상이 아니므로 해마다 늘 드리는바 같은 제사로는 나아오는 자들을 언제든지 온전케 할 수 없느니라 ²그렇지 아니하면 섬기는 자들이 단번에 정결케 되어 다시 죄를 깨닫는 일이 없으리니 어찌 드리는 일을 그치지 아니하였으리요 ³그러나 이 제사들은 해마다 죄를 생각하게 하는 것이 있나니 ⁴이는 황소와 염소의 피가 능히 죄를 없이 하지 못함이라 ⁵그러므로 세상에 임하실 때에 가라사대 하나님이 제사와 예물을 원치 아니하시고 오직 나를 위하여 한 몸을 예비하셨도다 ⁶전체로 번제함과 속죄제는 기뻐하지 아니하시나니 ⁷이에 내가 말하기를 하나님이여 보시옵소서 두루마리 책에 나를 가리켜 기록한 것과 같이 하나님의 뜻을 행하러 왔나이다 하시니라 ⁸위에 말씀하시기를 제사와 예물과 전체로 번제함과 속죄제는 원치도 아니하고 기뻐하지도 아니하신다 하셨고 (이는 다 율법을 따라 드리는 것이라) ⁹그 후에 말씀하시기를 보시옵소서 내가 하나님의 뜻을 행하러 왔나이다 하셨으니 그 첫 것을 폐하심은 둘째 것을 세우려 하심이니라 ¹⁰이 뜻을 좇아 예수 그리스도의 몸을 단번에 드리심으로 말미암아 우리가 거룩함을 얻었노라"

예수님이 세상에 오신 것은 짐승의 제사를 완성하고자 하심입니다. 예수님이 오시기 전까지는 짐승의 제사를 지냈습니다. 짐승의 제사는 죄를 없이 하는 제사가 아니고 죄를 깨닫게 해주는 제사입니다. 하나님께서 창세전에 언약하실 때 예수 그리스도의 피로 자기 백성들의 죄를 사해 주신다고 하셨습니다. 이 사실을 구약에서는 짐승의 제사를 통해서 예표적으로 알려주신 것입니다.

구약의 백성들은 짐승의 제사를 드리면서 "이 제사는 실제가 아니고 예표적인 것이야, 장차 이 짐승의 실체로 하나님이 보내시는 한 사람이 오실 것이야" 하며 기다려야 했습니다. 그것이 짐승으로 드려지는 제사의 의미였습니다. 때가 차매 예수님이 오셨습니다.

히 10:7 "이에 내가 말하기를 하나님이여 보시옵소서 두루마리 책에 나를 가리켜 기록한 것과 같이 하나님의 뜻을 행하러 왔나이다"

예수님이 아버지 앞에 고합니다. "아버지여, 창세전에 아버지와 약속하신 것을 이루고자 이렇게 몸을 입고 왔습니다. 이제는 짐승의 제사를 끝내고 창세전에 약속하신 대로 영생 주시기로 작정 되어 어린양의 생명책에 녹명된 아버지의 백성들의 죄를 위하여 내 한 몸을 제물로 드리겠습니다"라고 합니다. 비로소 자기 백성들의 죄가 사해지고 거룩함을 입게 된 것입니다.

여기서 눈여겨보아야 할 대목이 하나님은 애초부터 한 몸을 예비하셨다는 것입니다. 자기 백성들의 죗값을 대신 짊어지고 죽어야 할 제물은 하나님이 준비한 한 몸인 것입니다. 이를 '여호와 이레의 제물'이라고 합니다.

여호와 이레의 제물이란 하나님이 친히 제물을 준비하신다는 뜻입니다. 하나님은 창세전에 하나님께서 친히 준비한 제물에게 자기 백성들의 죗값을 대신 묻겠다고 작정하신 것입니다. 그 제물이 바로 예수라는 한 몸인 것입니다.

하나님이 예수님을 십자가에 매다신 것입니다. 예수님은 자기 백성들의 죗값을 짊어지고 십자가에서 온몸으로 하나님께서 퍼부은 진노를 고스란히 다 받아내신 것입니다. 이것이 바로 '라키아'(רָקִיעַ), 즉 두 물을 나누기 위하여 두들겨 패서 만든 판이라는 궁창입니다.

예수님의 죽음은 자기 백성들의 죄를 대신 담당하신 죽음입니다. 이로 인하여 두 민족이 갈라지게 되었습니다. 예수님의 죽음으로 죄를 속량 받는 백성과 속량 받지 못한 백성으로 나누어집니다. 예수를 믿는 자와 믿지 않는 자로 나누어지게 됩니다. 예수님의 죽음을 자기 죄를 위한 죽음으로 받아들이는 자와 받아들이지 않는 자로 나누이게 된 것입니다.

예수님의 죽음이 자기 죄를 위한 죽음이라고 믿는 자를 하늘 백성이라고 하고, 예수님의 죽음이 자기와 상관이 없다고 하는 자를 땅 백성이라고 합니다. 예수님의 죽음으로 하늘에 속한 백성과 땅에 속한 백성들이 나누어지게 된 것입니다. 이것이 십자가가 상에서 이루어진 것입니다.

갈보리 산에 세 개의 십자가가 서 있습니다.

예수님을 중심으로 좌우에 강도가 있습니다. 한 강도는 구원을 받았고 한 강도는 저주를 받았습니다. † † † 세 개의 십자가를 수직으로 세우면 예수님을 중심으로 분리가 됩니다.

윗 강도
예수님
아랫 강도

예수님을 중심으로 한 강도는 하늘 위로 올라갔고 한 강도는 땅 아래로 내려간 것이 됩니다. 예수님의 십자가를 중심으로 하나는 하늘에 있고 다른 하나는 땅에 있는 것입니다.

하늘, 궁창 윗물
궁창, 예수님
땅, 궁창 아랫물

예수님이 하늘과 땅을 가르는 궁창이 된 것입니다. 궁창 윗물과 아랫물을 의인화하여서 보면 예수님 위에 있는 강도를 궁창 윗물이라고 하고, 예수님 아래 있는 강도를 궁창 아랫물이라고 합니다. 요한계시록에서는 물을 열국과 백성과 방백이라고 하였습니다. 그럼 궁창 윗물과 궁창 아랫물은 두 민족과 같은 것입니다. 위에 있는 물은 하늘 나라 백성이고, 아래 있는 물은 땅의 나라 백성이 되는 것입니다.

구원이란 예수님의 십자가를 통하여 분리되는 것입니다. 예수님은 십자가에서 '너희'와 '저희'로 구분하셨습니다. '너희'는 하늘 백성이고, '저희'는 땅의 백성입니다. 그래서 예수님은 '너희'에게는 천국의 비밀을 허락하셨고, '저희'에게는 감추어버리신 것입니다. 천국의 비밀은 바로 예수님의 죽음으로 자기 백성들의 죄가 속량을 받고 하나님의 아들들이 되는 것입니다. 이것이 창세전에 하신 언약이고 영원한 복음입니다.

구원은 궁창으로 물이 분리되듯이 예수님의 십자가로 분리되는 것입니다. 이 모습이 아브라함을 갈대아 우르에서 가나안으로 불러내는 것으로 나타난 것입니다. 이스라엘 백성들을 애굽에서 광야로 빼내신 것입니다. 성도들을 세상으로부터 교회로 불러내는 것으로 나타난 것입니다.

빼내심을 입을 때는 모두가 물을 건너오는 경험을 갖게 됩니다. 아브라함은 유브라데강을 건너왔고, 이스라엘은 홍해를 건너왔고, 성도들은 물세례를 건너왔습니다. 강을 건넌 것은 모두 죽음을 상징합니다. 이는 죽음을 지나서 하나님 나라로 나아가게 된다는 뜻입니다.

아래 도식을 보세요.

낙원으로 간 강도
예수님
강도

강도가 예수님의 십자가를 거쳐서 위로 올라가게 됩니다. 우린 모두가 아랫 강도였습니다. 그런데 예수님의 죽으심으로 윗 강도가 되었습니다. 위로 올라간 강도에게는 예수님의 피가 묻어 있습니다. 위로 올라갈 때 십자가라는 피의 터널을 지나가기 때문입니다.

이것은 마치 어린 아기가 깜깜한 엄마 뱃속에서 바깥 밝은 세상으로 나올 때 엄마의 피를 묻히고 나오는 것과도 같은 것입니다. 뱃속에서 나온 아기의 몸에는 엄마의 피가 묻어 있습니다. 그 피는 엄마의 죽음과 같습니다. 아이가 어두운 뱃속에서 바깥 밝은 세상으로 나올 수 있었던 것은 엄마의 죽음을 통해서입니다.

마태복음 27장과 히브리서 10장을 봅시다.

마 27:50-51 "예수께서 다시 크게 소리 지르시고 영혼이 떠나시다 [51]이에 성소 휘장이 위로부터 아래까지 찢어져 둘이 되고 땅이 진동하며 바위가 터지고"

히 10:19-20 "그러므로 형제들아 우리가 예수의 피를 힘입어 성소에 들어갈 담력을 얻었나니 [20]그 길은 우리를 위하여 휘장 가운데로 열어 놓으신 새롭고 산 길이요 휘장은 곧 저의 육체니라"

마태복음 27장을 보면, 예수님이 십자가에서 죽으실 때 성소와 지성소를 가로막고 있던 휘장이 위로부터 아래까지 찢어졌습니다. 히브리서 10장에서는 예수님의 몸을 성소의 휘장으로 표현하고 있습니다. 휘장이 찢어진 것은 예수님의 몸이 찢어진 것과 같습니다.

성막은 세 구조로 되어 있습니다.
그것은 뜰과 성소와 지성소입니다.
이것을 수직으로 세우면 지성소, 성소, 뜰이 됩니다.

지성소
성소(휘장)
뜰

지성소는 하늘을 상징하고,
성소는 궁창을 상징하고,
뜰은 세상을 상징합니다.

이것을 세 개의 십자가로 말하면, 뜰은 아랫 강도가 있는 땅을 말하고, 성소는 예수님의 십자가이고, 지성소는 윗 강도가 있는 하늘을 말합니다. 뜰에 있는 아랫 강도가 지성소라는 위 하늘나라로 가려면 중간에 가로막힌 성소라는 예수님의 십자가를 거쳐야만 합니다. 예수님이 길을 내주시지 않으면 하늘로 갈 수가 없습니다. 이에 예수님께서 십자가에서 자기 몸을 찢어서 길을 내주신 것입니다.

궁창 위로 가려면 궁창이 찢어져야 합니다. 궁창이 바로 성소의 휘장입니다. 예수님의 십자가 죽음은 궁창이 찢어지는 것과 같은 것입니다. 궁창이 찢어짐으로 하늘로 가는 길이 생기고 땅의 사람이 하늘로 나아갈 수 있게 된 것입니다.

지성소에는 오직 한 사람 대제사장만이 들어갈 수 있었습니다. 그것도 일 년에 한 번 대속죄일에 한해서입니다. 이때 대제사장은 어린양의 피를 앞세우고 들어갑니다. 피를 앞세운다는 것은 죽음을 상징합니다. 그 피는 바로 대제사장 자신의 피를 상징합니다. 곧 예수님의 피입니다.

히브리서 9장을 봅시다.

히 9:11-12 "그리스도께서 장래 좋은 일의 대제사장으로 오사 손으로 짓지 아니한 곧 이 창조에 속하지 아니한 더 크고 온전한 장막으로 말미암아 ¹²염소와 송아지의 피로 아니하고 오직 자기 피로 영원한 속죄를 이루사 단번에 성소에 들어가셨느니라"

예수 그리스도께서 손으로 짓지 아니한 장막으로 들어가셨다고 합니다. 그 장막은 창조에 속하지 아니한 하나님 나라입니다. 예수님이 이 세상에서 창조에 속하지 않은 하나님 나라로 어떻게 가셨습니까? 자기 피로 가셨습니다. 예수님도 자기의 죽음으로 하늘나라로 가셨습니다.

예수님의 죽음은 곧 예수님 자신의 구원과도 같은 것입니다. 왜냐하면 예수님이 아버지께로 가려면 이 땅에서 아버지로부터 받은 사명을 완수하셔야 하기 때문입니다. 예수님이 세상에 오실 때 아버지께 받은 사명은 자기 백성들을 위하여 죽는 것입니다. 그러므로 예수님이 십자가에 죽으신 것은 자기 백성들의 구원도 되지만 예수님 자신의 구원도 되는 것입니다.

창세전 언약에 의하면 피조 세계에 속한 이 세상에 있는 자들이 창조 세계에 속한 저 세상인 하늘나라로 갈 때는 예수 그리스도의 피로 가도록 되어 있습니다. 그래서 예수님도 이 세상에서 하늘나라로 가실 때에 자기 피를 앞세우고 가셨던 것입니다. 예수님의 이러한 모습은 이 세상에 있는 자기 백성들이 하나님 나라로 갈 때 예수 그리스도의 피를 앞세우고 가야 하는 것을 보여주고 있는 것입니다.

예수님은 자기 백성들을 대표하는 대제사장이 되어서 첫 열매로 가신 것입니다. 그럼 그다음에 예수 그리스도에게 붙은 자들 또한 예수님이 가신 그 발자취를 따라서 가게 됩니다. 이것은 구약의 이스라엘의 출애굽 때 이미 보여주신 그림입니다.

구약의 이스라엘의 출애굽은 장차 하나님의 백성들이 이 세상을 영원히 떠나는 그림입니다. 구약의 이스라엘이 애굽을 떠나올 때 어린양의 피로 나왔습니다. 신약의 이스라엘인 성도들도 이 세상을 떠날 때 예수 그리스도의 피로 떠나게 됩니다. 어린양의 피로 출애굽 한 백성들이 광야에서 무엇을 하고 살았나요? 하나님의 말씀을 받고 제사 지내는 삶을 살았습니다. 하나님은 어린양의 피를 바르고 출애굽 한 백성들에게 십계명을 주셨습니다.

십계명을 확대하면 율법이고, 율법을 확대하면 모든 성경입니다. 이를 역순으로 말하면 모든 성경이 율법이고, 율법이 십계명인 것입니다. 하나님께서 십계명을 주신 것은 그들의 죄를 고발하고자 함입니다. 죄를 고발하는 이유는 그들의 죄 때문에 죽은 흠 없는 제물의 희생을 알려주고자 하심입니다. 백성들은 십계명으로 죄를 고발당하고, 흠 없는 제물의 죽음으로 용서함을 받게 되는 것입니다.

이 사실을 아침저녁으로 드려지는 상번제를 통해서 알려주고 있는 것입니다. 거룩하신 하나님 앞에서 죄인은 반드시 죽어야 합니다. 이는 자기 백성이라 할지라도 동일합니다. 왜냐하면 죄를 두면 하나님의 거룩성에 손상이 가기 때문입니다. 그럼 죄 아래서 태어난 자기 백성들을 어떻게 거룩하게 할까요? 그것은 바로 죄인을 대신하여서 흠 없는 제물이 죽는 것입니다.

제물도 하나님이 정하신 제물이어야 합니다. 제물은 자기 백성들을 대신하여서 죽임을 당하는 것입니다. 이는 하나님께서 자기 백성들의 죄를 흠 없는 제물에게 전가하셨기 때문입니다. 백성들은 제사를 지내면서 자신의 죽음을 인지하여야 합니다. 내가 사는 것은 흠 없는 제물의 희생 때문이라는 것을 알아야 합니다. 그것이 광야에서의 신앙생활입니다. 광야 길을 걷게 하신 것은 어린양의 정신을 그들 몸에 새기고자 하심입니다.

신앙생활이란 하나님께서 내가 죽어야 하는 자리에서 흠 없는 제물을 대신 죽이셨다는 것을 깨닫고, 내가 사는 것은 흠 없는 제물의 희생 때문임을 알고 범사에 감사하면서 그 은혜의 영광을 찬미하면서 살아가는 것입니다. 이것을 예배라고 합니다.

광야에서 할 일이란 아무것도 없습니다. 오로지 말씀을 듣고 제사 지내는 것뿐입니다. 하나님께서 광야에서 이스라엘의 몸에 흠 없는 제물의 흔적을 새기는 일을 하신 것입니다. 마치 수를 놓듯이 약속의 땅으로 들어갈 백성들 몸에 어린양을 새겨 넣으신 것입니다. 이것은 신약이라도 다르지 않습니다. 천국은 예수 그리스도의 피 묻은 옷을 입고 갑니다.

성령이 임하면 예수의 증인이 된다고 하였습니다. 증인이란 보고 들은 것을 증거하는 것입니다. 경험한 것을 증거하는 것입니다. 증인은 반드시 본인이 경험한 것이 있어야 합니다. 보고 들은 것이 있어야 합니다. 그것도 직접 보고 들어야 합니다. 직접 보고 들으려면 예수님으로부터 부르심을 입어야 합니다.

예수님은 자신이 부르신 자들에게 자신이 십자가에서 죽는 이유를 알려주셨습니다. 이를 최후의 만찬 때 떡과 포도주를 주시면서 경험토록 하셨습니다. 예수님은 떡과 포도주를 먹은 제자들에게 성령을 보내주셨습니다. 성령이 임하자 제자들은 예수님의 십자가의 도를 증거하기 시작합니다. 예수님의 증인으로 살아가게 된 것입니다. 지금도 마찬가지입니다.

예수님의 십자가는 이론으로 알게 되는 것이 아닙니다. 경험하는 것입니다. 율법 아래서 종노릇하다가 빼내심을 입는 경험을 가져야 합니다. 하나님의 말씀 앞에서 자신의 죄를 깨달아야 합니다. 인간에게는 하나님의 의가 나올 수 없다는 것을 철저하게 깨달아야 합니다. 그리하여 예수 그리스도의 의가 아니면 안 된다는 것을 알아야 합니다.

우리는 죽음 앞에 서면 베드로처럼 예수님을 부인하고 저주하는 자들입니다. 예수님을 사랑할 수 없는 자라는 것을 깨달아야 합니다. 그리하여 하나님의 용서하시는 은혜가 아니면 하나님 앞에 설 수 없음을 알아야 합니다. 예수 그리스도의 피 흘리심으로 의롭게 되었다는 것을 알아야 합니다. 관념이 아니고 실제여야 합니다. 그리하여 내가 자랑하는 것은 오직 예수 그리스도의 십자가뿐이어야 하는 것입니다.

예수님께서도 이 사실을 알려주셨습니다. "너희는 먼저 그의 나라와 그의 구하라"고 하셨습니다. 그의 나라는 하늘나라이고, 그의 의는 예수 그리스도의 의를 말합니다. 그 나라와 그 의가 왜 그리 중요합니까? 이는 구원이 이 세상을 떠나 하나님 나라로 가는 것이기 때문입니다. 하나님 나라는 하나님의 의가 있어야 들어갈 수 있습니다. 하나님이 옳다고 하는 자라야 들어갈 수가 있습니다. 하나님은 예수 그리스도를 믿는 자만을 옳은 자로 인정하십니다.

알다시피 모든 인간은 죄 아래서 난 죄인입니다. 하나님 나라는 거룩한 나라로서 죄인은 들어갈 수가 없습니다. 하나님 나라에 들어가려면 하나님이 인정하는 의가 있어야 합니다. 그런데 그 의는 인간들 쪽에서 만들어낼 수가 없습니다.

하나님 나라의 의는 하늘로부터 주어져야 합니다. 그래서 하나님이 그 아들을 이 세상에 보내신 것입니다. 자기 백성들에게 하나님 나라에 들어갈 수 있는 의를 주시고자 함입니다. 그것이 예수님이 십자가에서 자기 백성들의 죄를 대신 담당해서 죽어주신 것입니다.

예수님이 죄를 대신 담당해 준 사람만이 그 나라에 들어갈 의를 얻게 됩니다. 하나님은 이 사실이 믿어지게 하려고 자기 백성들에게 성령을 보내주신 것입니다. 성령이 오셔서 자기 백성들 속에서 예수 그리스도의 의를 힘입고 하나님께 나아가라고 합니다. 이를 신령과 진정으로 드리는 예배라고 합니다. 하나님은 이러한 자를 찾으십니다.

구약의 이스라엘이 광야에서 한 일이라고는 제사뿐입니다. 이는 그의 나라와 그의 의를 입는 것입니다. 성막을 앞세우고 가나안으로 들어간 것은 흠 없는 제물의 의를 힘입고 나아간 것입니다. 가나안을 일컬어 '약속의 땅'이라고 합니다. 이는 천국을 모형하고 있습니다. 구약의 이스라엘이 성막을 앞세우고 약속의 땅으로 들어갔듯이, 신약의 영적 이스라엘인 성도들도 예수 그리스도의 의를 앞세우고 하나님 나라로 들어가게 되는 것입니다.

신앙생활이란 이 사실을 믿음으로 살아가는 것입니다. 내가 사는 것은 예수 그리스도의 의로 산다는 것을 고백하는 것입니다. 구원의 목적은 하나님께 영광을 돌리고 그의 은혜를 찬미하는 것입니다. 하나님의 은혜와 영광이 예수 그리스도의 의에 있습니다. 하나님이 받으시는 찬송은 그 아들을 영화롭게 하는 것입니다. 이 일을 하게 하시려고 자기 백성들에게 성령을 보내주신 것입니다.

성령이 임하자 초대교회가 생겨납니다. 날마다 모여서 하나님의 은혜를 찬양하고 예수 그리스도를 자랑합니다. 교회란 예수 그리스도의 의로 나온 자들의 모임입니다. 그래서 교회를 일컬어 '예수 그리스도의 몸'이라고 합니다. 모두가 예수 그리스도의 의로 나온 자들의 모임이기 때문입니다. 예수 그리스도의 의로 나온 자들은 그의 은혜의 영광을 찬미하게 됩니다. 우리가 의롭게 된 것은 예수 그리스도의 죽으심 때문임을 고백하게 되는 것입니다.

성도란 몸에 예수 그리스도의 흔적을 지닌 자들입니다. 그 흔적이란 죄인이 예수 그리스도의 피 흘리심으로 살고 있음에 감사하고 찬송하는 것입니다. 이 정신으로서 살아가는 것이 새로운 피조물로 살아가는 새 생명의 삶입니다. 이러한 삶을 영적 예배라고 하고, 예수 그리스도의 흔적을 새기는 것이라고 합니다. 바울은 자기 몸에 예수 그리스도의 흔적을 가졌다고 자랑하였습니다. 흔적이란 다름 아닌 바울이 경험한 것입니다.

바울이 자랑하는 예수 그리스도의 흔적에는 두 가지가 있습니다.

첫째로, 예수 그리스도의 의로 거룩함을 입었다는 것입니다. 자기가 가진 의는 율법으로 난 의가 아니라, 예수 그리스도를 믿음으로 난 의라고 하였습니다. 자신이 의롭다 여김을 받는 것은 율법을 지켜서 주어진 것이 아니라, 예수를 주와 그리스도로 믿는 믿음에서 주어진 것이라고 합니다. 그래서 바울은 오직 예수님의 십자가만 자랑하였던 것입니다.

둘째로, 바울이 자랑하는 십자가의 흔적은 복음을 전하다가 고난당한 것입니다. 바울은 자신이 예수 그리스도의 의를 증거하다가 고난당한 것을 자기 몸에 새겨진 예수의 흔적이라고 하였습니다. 바울이 당한 고난은 모두가 예수 그리스도의 의를 증거하다가 얻은 것들입니다.

바울은 가는 곳마다 예수 그리스도의 십자가를 전했습니다. 그러다가 수많은 고난을 당하였습니다. 때로는 매를 맞기도 하고, 때로는 동족들로부터 엄청난 욕을 먹기도 하고, 때로는 감옥에 갇히기도 하였고, 때로는 원수들로 우겨쌈을 당하기도 하고, 때로는 빼앗기고 버려짐을 당하기도 하였습니다.

매를 맞아도 예수를 품었기 때문에 당하는 매라 감사하였고, 욕을 먹어도 예수 그리스도의 의를 가졌기 때문에 감사하였으며, 감옥에 갇혀도 예수 그리스도의 복음을 전하다가 갇혔기 때문에 감사하였고, 우겨쌈을 당하여도 자기 안의 예수 때문임을 알았기에 감사하였던 것입니다.

이 모두가 예수님의 십자가를 증거하다가 당한 아픔들입니다. 그래서 바울은 "나의 나 된 것은 모든 것이 하나님의 은혜"라고 하였습니다. 바울은 그리스도 예수 안에서 모든 것을 할 수 있었다고 합니다.

세상은 왜 예수 그리스도의 십자가 도를 싫어할까요? 이는 예수 그리스도의 십자가 도에는 인간의 의가 없기 때문입니다. 인간의 자랑거리가 없기 때문입니다. 예수님의 십자가가 인간을 죄인으로 고발하기 때문입니다. 나를 부정하기 때문입니다. 인간의 자존감을 완전히 뭉개버리기 때문입니다. 인간은 자존감으로 살아가는 자들입니다. 자기 잘남을 자랑거리로 살아가는 것이 인간입니다. 인간의 자랑거리는 인간들이 정한 규범에서 나옵니다. 이를 인간의 의라고 합니다.

인간의 의는 행함에서 나옵니다. 이러한 행함을 윤리 도덕이라고 합니다. 이 세상은 윤리 도덕을 잘 지킨 자를 의인이라고 합니다. 윤리 도덕은 인간들에게 힘을 주고 자랑거리를 줍니다. 그런데 예수님의 십자가 도는 인간의 윤리 도덕을 의로 인정하지 않습니다. 배설물로 여깁니다.

십자가 도는 윤리 도덕을 지킨 자나 안 지킨 자나 동등하게 봅니다. 이는 둘 다 죄 아래서 난 죄인이기 때문입니다. 그래서 예수님은 율법을 지킨 바리새인이나 율법을 지키지 않은 세리와 창기들을 동등하게 죄인이라고 하셨던 것입니다. 여기서 율법 지킴을 의라고 여기던 바리새인들이 화를 낸 것입니다. 왜 자기들과 세리와 창기들을 동등하게 취급하느냐고 하면서 예수를 죽여 버린 것입니다.

바리새인들은 예수님이 오시기 전에는 율법 지킴을 의로 삼았습니다. 그 의가 힘이 되어서 백성들로부터 선생 대접을 받았습니다. 백성들 위에서 군림하였습니다. 그런데 예수님의 십자가가 율법의 의로 선생 노릇을 하고 대접받고 산 것을 강도짓한 것이라고 고발하고 있는 것입니다. 그러니 화가 나는 것입니다. 화가 나면 죽여야지요.

지금도 십자가는 인간들을 화나게 합니다. 인간의 가치를 뭉개버리기 때문입니다. 하나님의 말씀을 몇 자락 지킨 것을 가지고 성화하였다고 자랑하는 자들에게는 인간의 의를 부정하는 예수 그리스도의 십자가 도는 치워버리고 싶은 걸림돌인 것입니다.

　인간의 행함을 근본으로 하는 율법의 의는 서열을 짓고 우열을 만듭니다. 많이 지킨 자와 적게 지킨 자 간에는 서열이 정해집니다. 많이 지킨 자는 상석에 앉고, 적게 지킨 자는 말석에 앉습니다. 인간은 두 사람만 모여도 서열을 짓습니다. 이는 선악의 법이 그 안에서 작동을 하기 때문입니다. 선악의 법은 인간의 행함을 기초로 작동하기 때문에 인간들은 본능적으로 자기 행함으로 의와 불의를 구분하게 되는 것입니다.

　바리새인들이 그렇게 살았습니다. 그런데 예수님이 오셔서 이러한 법질서를 완전히 깨트려버리신 것입니다. 그러자 그동안 율법 지킴을 힘으로 사용하던 자들이 화가 나는 것입니다. 자기들의 영광이 사라지게 되었기 때문입니다. 이는 용납할 수가 없습니다. 그래서 예수 그리스도의 십자가 도를 전하는 자들을 핍박하게 된 것입니다.

　바울은 다메섹 이전까지만 해도 율법에 열심이 있고 특심이 있던 자였습니다. 그 열심과 특심으로 힘을 얻었습니다. 대제사장의 공무를 수행했을 정도면 바리새인 중에서도 상위 계층에 속하였습니다. 자기 행함으로 상석에 앉아서 영광을 받았습니다. 그러다가 예수님을 만나게 되었습니다. 예수님을 만나고 보니까 그동안 전가의 보도처럼 휘둘렀던 율법의 의는 하나님 앞에 의가 아니라 도리어 배설물과 같은 것이란 것을 알게 되었습니다.

　그래서 자기 동족들에게 율법의 의로는 하나님께 나아갈 수 없고 예수 그리스도의 의로 나아가야 한다고 증거하였던 것입니다. 그러자 돌아오는 것은 핍박이고 고난이었습니다. 하지만 바울은 예수 그리스도의 십자가 도를 증거하다가 당한 아픔들을 자랑하였습니다. 그것이 성도의 영광이라고 하였습니다.

　예수님의 십자가는 새로운 법을 주었습니다. 모든 인간을 동일한 울타리 안으로 몰아넣은 것입니다. 예수 그리스도라는 울타리 안에 있는 자는 차별이 없습니다. 모두가 예수 그리스도의 피로 살아났기 때문입니다. 자랑거리는 오직 예수 그리스도뿐입니다.

예수 그리스도의 십자가로 하늘 위로 올라가 궁창 위에 거하는 자들은 차별 없는 은혜의 법으로 살아갑니다. 그러나 예수 그리스도의 십자가 아래인 궁창 아래에 거하는 자들은 율법 아래서 인간의 행함으로 차별하면서 살아가는 것입니다.

스스로 확인해 보세요. 나는 은혜로 삽니까, 법으로 삽니까? 나는 어디에 있나요? 궁창 위에 있나요, 궁창 아래에 있나요? 궁창 위는 은혜의 세계이고, 궁창 아래는 법의 세계입니다. 예수 그리스도의 의로 차별 없이 은혜로 살면 궁창 위에 있는 자이고, 인간의 행위로 사람을 차별하고 법으로 살면 궁창 아래 있는 자입니다.

좋은 나무가 좋은 열매를 맺고, 나쁜 나무가 나쁜 열매를 맺습니다. 은혜에 속한 자는 은혜를 토하고 살고, 법에 속한 자는 법을 토하며 살아가게 되어 있습니다. 그러나 섣불리 판단하지 마십시오. 지금 법을 토하고 있다고 해서 정죄하거나 판단하진 마세요. 우리 모두 법 아래 있다가 때가 차매 은혜로 옮겨진 자들이기 때문입니다. 비록 지금은 법을 토하고 살지만 때가 되면 은혜 아래로 옮겨질 수 있기 때문입니다.

누구라도 부정적으로 보지 마시고 긍정적으로 보세요. 우리도 과거에는 바울처럼 법으로 살다가 은혜 아래로 옮겨짐을 당하였기 때문입니다. 앞서 옮겨진 자로서 늦게 옮겨지는 자들에게는 먼저 사랑을 받은 자로서 사랑에 빚진 자로 살아야 합니다. 그 누구라도 판단할 수 없습니다. 우리는 판단 받을 자들이지 누구를 판단할 자가 아닙니다.

우리 힘으로 궁창 아래서 궁창 위로 옮겨진 것이 아닙니다. 예수 그리스도에 의하여 옮겨진 자들입니다. 그러므로 사랑에 빚진 자로서 그 은혜에 감사하며 살아가십시오. 그것이 궁창 위에 있는 성도들이 토하여 내는 열매들입니다. 돌 감람나무인 우리를 참 감람나무인 예수님에게 접붙여주신 분이 하나님이십니다. 그러니 범사에 은혜에 감사하여야 합니다. 우리가 자랑할 것은 오직 예수 그리스도의 십자가입니다.

골로새서 3장을 봅시다.

골 3:1-17 "그러므로 너희가 그리스도와 함께 다시 살리심을 받았으면 위엣 것을 찾으라 거기는 그리스도께서 하나님 우편에 앉아 계시느니라 ²위엣 것을 생각하고 땅엣 것을 생각지 말라 ³이는 너희가 죽었고 너희 생명이 그리스도와 함께 하나님 안에 감취었음이니라 ⁴우리 생명이신 그리스도께서 나타나실 그때에 너희도 그와 함께 영광 중에 나타나리라 ⁵그러므로 땅에 있는 지체를 죽이라 곧 음란과 부정과 사욕과 악한 정욕과 탐심이니 탐심은 우상숭배니라 ⁶이것들을 인하여 하나님의 진노가 임하느니라 ⁷너희도 전에 그 가운데 살 때에는 그 가운데서 행하였으나 ⁸이제는 너희가 이 모든 것을 벗어버리라 곧 분과 악의와 훼방과 너희 입의 부끄러운 말이라 ⁹너희가 서로 거짓말을 말라 옛사람과 그 행위를 벗어버리고 ¹⁰새사람을 입었으니 이는 자기를 창조하신 자의 형상을 좇아 지식에까지 새롭게 하심을 받는 자니라 ¹¹거기는 헬라인과 유대인이나 할례당과 무할례당이나 야인이나 스구디아인이나 종이나 자유인이 분별이 있을 수 없나니 오직 그리스도는 만유시요 만유 안에 계시니라 ¹²그러므로 너희는 하나님의 택하신 거룩하고 사랑하신 자처럼 긍휼과 자비와 겸손과 온유와 오래 참음을 옷 입고 ¹³누가 뉘게 혐의가 있거든 서로 용납하여 피차 용서하되 주께서 너희를 용서하신 것과 같이 너희도 그리하고 ¹⁴이 모든 것 위에 사랑을 더하라 이는 온전하게 매는 띠니라 ¹⁵그리스도의 평강이 너희 마음을 주장하게 하라 평강을 위하여 너희가 한 몸으로 부르심을 받았나니 또한 너희는 감사하는 자가 되라 ¹⁶그리스도의 말씀이 너희 속에 풍성히 거하여 모든 지혜로 피차 가르치며 권면하고 시와 찬미와 신령한 노래를 부르며 마음에 감사함으로 하나님을 찬양하고 ¹⁷또 무엇을 하든지 말에나 일에나 다 주 예수의 이름으로 하고 그를 힘입어 하나님 아버지께 감사하라"

그리스도와 함께 다시 살리심을 받았으면 위의 것을 찾으라고 합니다. 왜냐하면 거기는 그리스도께서 하나님 우편에 앉아 계시기 때문입니다. 그러므로 위의 것을 생각하고 땅의 것을 생각지 말라고 합니다.

궁창 위에서 세상을 바라보십시오. 그럼 모든 것을 가진 자라는 것을 알 수 있을 것입니다. 그럼 아무것도 없는 자 같으나 모든 것을 가진 자라는 바울의 고백이 나의 고백이 될 것입니다. 하나님의 사랑을 입은 자처럼 살라고 합니다.

긍휼과 자비와 겸손과 온유와 오래 참음을 옷 입었으니, 누가 뉘게 혐의가 있거든 서로 용납하라고 합니다. 용서받았으니 용서하라고 합니다. 이긴 자로서 넉넉함으로 사세요. 조급해하지 마시고, 여유 있게 사세요. 머물러 있는 것은 없습니다. 다 지나가는 것입니다.

고린도전서 7장을 봅시다.

고전 7:29-31 "형제들아 내가 이 말을 하노니 때가 단축하여진 고로 이후부터 아내 있는 자들은 없는 자같이 하며 ³⁰우는 자들은 울지 않는 자같이 하며 기쁜 자들은 기쁘지 않은 자같이 하며 매매하는 자들은 없는 자같이 하며 ³¹세상 물건을 쓰는 자들은 다 쓰지 못하는 자같이 하라 이 세상의 형적은 지나감이니라"

부함도 지나가고 가난도 지나가는 것들입니다. 흥함도 지나가고 패함도 지나가는 것들입니다. 지금 있다고 자랑치도 말고, 지금 없다고 낙심치도 마세요. 가진 자는 없는 자처럼 살고, 없는 자는 가진 자처럼 사십시오.

궁창 위에서 궁창 아래를 바라보면 가진 자나 못 가진 자나 별반 다르지 않습니다. 큰 자나 작은 자나 차이가 없습니다. 그러니 궁창 위의 가치관으로 세상을 이겨내시길 바랍니다. 주님이 곧 오십니다. 그 소망으로 살아가시길 주의 이름으로 축원드립니다.

6강

창세전 언약으로 본 창조와 구원 이야기

셋째 날, 바다에서 뭍을 불러내심(창 1:9-13)

창 1:9-13 "하나님이 가라사대 천하의 물이 한 곳으로 모이고 뭍이 드러나라 하시매 그대로 되니라 ¹⁰하나님이 뭍을 땅이라 칭하시고 모인 물을 바다라 칭하시니라 하나님의 보시기에 좋았더라 ¹¹하나님이 가라사대 땅은 풀과 씨 맺는 채소와 각기 종류대로 씨 가진 열매 맺는 과목을 내라 하시매 그대로 되어 ¹²땅이 풀과 각기 종류대로 씨 맺는 채소와 각기 종류대로 씨 가진 열매 맺는 나무를 내니 하나님의 보시기에 좋았더라 ¹³저녁이 되며 아침이 되니 이는 세째 날이니라"

성경은 하나의 이야기입니다. 성경의 중심 주제는 예수님께서 자기 백성들을 구원하시는 이야기입니다. 구원이 무엇입니까? 죄인이 용서받는 것입니다. 그냥 용서받는 것이 아니고 누군가가 대신 죗값을 치르고서 용서받는 것입니다. 이를 대속이라고 합니다. 대속이란? 나를 위하여 누군가가 대신 죄값을 치러 주신 것을 말합니다. 그냥 매를 몇 대 맞는 것이라고 한다면 의리로 대신 담당할 수도 있습니다. 그러나 목숨을 버리는 일입니다.

이것은 죽음에 쫓기는 인간들에게는 불가능한 것입니다. 내 목숨을 버리고 남을 살려내고자 하는 사람이 있을까요? 그것도 마땅히 저주받아서 죽어야 하는 사람을 위해서 대신 죽어주는 사람은 없을 것입니다. 이것은 인간들 세계에서는 불가능한 일입니다. 인간들 세계에서 불가능한 일이라고 한다면 어디에서 가능한 일일까요? 하나님 나라에서나 가능한 일입니다.

성경은 인간 세상에서 불가능한 일을 말해주고 있습니다. 인간들 세계에서 불가능한 일을 성경은 기적이라고 합니다. 그렇다고 한다면 성경의 이야기는 인간들 이야기가 아니라는 뜻입니다. 맞습니다. 성경은 하나님이 역사 속에 오셔서 일하신 하나님 나라 이야기입니다. 그래서 창세기를 시작하면서 태초에 하나님이 천지를 창조하셨다고 말해주고 있는 것입니다.

하나님이 천지를 창조하신 것은 천지를 방문하신 것과 같습니다. 태초에 하나님이 천지를 창조하셨다는 것은 천지 밖 하나님 나라에 계시던 하나님이 피조 세계에 오셨다는 말입니다. 방문하신 이유는 천지 속에서 창세전에 예정하시고 작정하신 일들을 이루시기 위함입니다.

창세전에 예정하신 일이 무엇인가요? 예수 그리스도 안에서 자기 백성들을 죄에서 구원하는 일입니다. 이를 창조 이야기로 말해주고 있는 것입니다. 창조 이야기는 구원 이야기의 그림 언어와 같은 것입니다. 그러므로 창조 사건은 죄인을 구원하는 이야기가 되는 것입니다. 창조주이신 하나님이 하시는 일은 모두가 창조에 속한 일입니다.

하나님이 역사 속에서 하시는 일이 무엇인가요? 성경을 열면 첫 마디가 태초에 하나님이 천지를 창조하셨다고 합니다. 하나님이 역사 속에서 펼치는 일이 자기 백성을 구원하는 일입니다. 이 말은 창조와 구원은 같다는 말입니다. 영적인 의미에서 창조와 구원은 동의어입니다. 그러므로 창세기의 창조 이야기 속에는 성도의 구원 이야기가 담겨 있는 것입니다.

예수님은 모든 성경은 자신에 대하여 기록하고 있다고 하셨습니다. 그럼 창조 이야기도 예수님 이야기가 되는 것입니다. 성경 자체가 예수 그리스도께서 자기 백성들을 구원하는 이야기를 말해주고 있으므로 창조 이야기도 예수님께서 자기 백성들을 구원하는 구속사 이야기가 되는 것입니다.

예수님을 일컬어 '이제도 계시고, 전에도 계시고, 장차 오실 자'라고 합니다. '이제'는 현재이고, '전에'는 과거이며, '장차'는 미래입니다. 이는 예수님은 항상 계시는 분이라는 뜻입니다. 항상 계시는 분은 영생하시는 하나님이십니다.

영생하시는 하나님을 왜 과거, 현재, 미래라는 역사의 시간 속에 계시는 분으로 말하고 있을까요? 이는 하늘에 계시던 하나님이 시작과 끝이 있는 역사 속에서 창세전에 하셨던 언약을 이루어 가시기 때문입니다. 그래서 성도들의 구원의 과정도 과거와 현재, 그리고 미래의 세 가지 시제로 말해주고 있는 것입니다.

"구원을 받았다"(과거)
"구원을 이루라"(현재)
"구원을 이룰 것이다"(미래)

성경을 몇 군데 찾아봅시다.

요 5:24 "내가 진실로 진실로 너희에게 이르노니 내 말을 듣고 또 나 보내신 이를 믿는 자는 영생을 얻었고 심판에 이르지 아니하나니 사망에서 생명으로 옮겼느니라"

엡 2:8 "너희가 그 은혜를 인하여 믿음으로 말미암아 구원을 얻었나니 이것이 너희에게서 난 것이 아니요 하나님의 선물이라"

골 1:13 "그가 우리를 흑암의 권세에서 건져내사 그의 사랑의 아들의 나라로 옮기셨으니"

영생을 얻었고,
사망에서 생명으로 옮겼느니라,
구원을 얻었나니,
아들의 나라로 옮기셨으니,
이러한 것은 모두 과거 시제로서 이미 끝난 이야기입니다.

과거 시제로는 "구원을 받았다"라고 합니다. 이는 어린양의 피로 출애굽 하는 것과 같습니다. 이것은 흑암의 나라에서 빛의 나라로 옮겨진 것입니다. 이는 단회적인 사건으로 출생과 같은 것입니다. 엄마 뱃속은 어둠의 나라이고, 출생한 세상은 빛의 나라인 것입니다. 엄마가 아이를 뱃속에 임신한 것은 언약을 품고 있는 것과도 같습니다.

이스라엘이 비록 애굽에서 종살이를 했지만 그 속에 아브라함 언약을 품고 있었습니다. 언약은 정한 때가 있습니다. 정한 때가 되어서 출애굽을 하게 된 것입니다. 이것은 마치 엄마 뱃속의 아이가 정한 기간에 되면 밖으로 나오는 것과도 같습니다.

구약의 이스라엘이 출애굽을 할 때 어린양의 피로 죽음에서 살아난 것은 엄마 뱃속에서 나올 때 물과 피를 바르고 나오는 것과도 같은 것입니다. 아이가 엄마 뱃속에서 태어난 것이나 이스라엘이 어린양의 피로 출애굽 한 것이나 동일합니다. 이는 단회적 사건입니다. 이를 구원의 서정 중에서 과거 시제로 "구원을 받았다"라고 하는 것입니다.

출애굽 사건은 과거 시제이지만 광야의 삶은 현재 시제입니다. 광야 생활은 출생한 아이가 자라가는 것과도 같습니다. 태어난 것은 자람을 전제하고 있습니다. 엄마 뱃속에서 출생한 아이는 열심히 엄마의 젖을 먹고 자라가야 합니다. 이것은 출애굽 한 백성들이 광야에서 날마다 만나를 먹고 새사람으로 자라가야 하는 것과 같은 것입니다.

광야는 지금 우리가 하는 교회 생활과 같습니다. 교회 생활은 현재 시제이기 때문에 "구원을 이루어 가라"라고 하는 것입니다. 현재 이루어 가는 구원은 광야에서 성막 중심으로 살아가는 것을 말합니다. 신약적인 의미에서는 새로운 피조물로 살아가는 것을 말합니다.

빌립보서 2장입니다.

빌 2:12 "그러므로 나의 사랑하는 자들아 너희가 나 있을 때뿐 아니라 더욱 지금 나 없을 때에도 항상 복종하여 두렵고 떨림으로 너희 구원을 이루라"

"구원을 이루라" 이것은 현재 시제로서 현재 구원을 이루어 가야 하는 것입니다. 하늘의 생명으로 건강한 그리스도인으로 자라가야 합니다. 이를 그리스도의 장성한 분량으로 자라간다고 합니다. 성령으로 거듭난 성도는 세상과 다른 교회라는 광야 생활을 통해서 하나님을 더 깊이 알아가야 하는 것입니다.

에베소서 3장을 봅시다.

엡 3:14-19 "이러하므로 내가 하늘과 땅에 있는 각 족속에게 [15]이름을 주신 아버지 앞에 무릎을 꿇고 비노니 [16]그 영광의 풍성을 따라 그의 성령으로 말미암아 너희 속 사람을 능력으로 강건하게 하옵시며 [17]믿음으로 말미암아 그리스도께서 너희 마음에 계시게 하옵시고 너희가 사랑 가운데서 뿌리가 박히고 터가 굳어져서 [18]능히 모든 성도와 함께 지식에 넘치는 그리스도의 사랑을 알아 [19]그 넓이와 길이와 높이와 깊이가 어떠함을 깨달아 하나님의 모든 충만하신 것으로 너희에게 충만하게 하시기를 구하노라"

사도 바울은 간절한 마음으로 온 세계에 흩어져 있는 하나님의 백성들을 위하여 기도합니다. 속사람이 강건해져서 하나님의 사랑을 더 많이 알아가기를 소원하였습니다. 그 은혜와 사랑의 넓이와 길이와 높이와 깊이가 어떠한지 알아가기를 바랐습니다.

한마디로 성도가 받은 구원이 얼마나 대단한 것인지를 알기 원했습니다. 아는 것만큼 구원의 즐거움을 누리게 되어 있습니다. 이를 현재 구원을 이루어 간다고 하는 것입니다. 구원을 이루어 가는 것은 현재 진행형으로서 예수님의 재림 때까지 이루어지게 됩니다.

예수님이 재림하시면 모든 구원은 완성이 됩니다. 이제 미래 시제로는 "구원을 이룰 것이다"라고 하는 것입니다. 이는 광야를 거쳐 요단강을 건너서 약속의 땅으로 들어가는 것을 말합니다. 신약적인 의미에서는 장차 예수님의 재림으로 이 세상을 떠나 천국으로 가는 구원을 의미하고 있는 것입니다.

성경 몇 곳을 찾아봅시다.

마 24:13 "그러나 끝까지 견디는 자는 구원을 얻으리라"

막 13:13 "또 너희가 내 이름을 인하여 모든 사람에게 미움을 받을 것이나 나중까지 견디는 자는 구원을 얻으리라"

롬 5:9-10 "그러면 이제 우리가 그 피를 인하여 의롭다 하심을 얻었은즉 더욱 그로 말미암아 진노하심에서 구원을 얻을 것이니 ¹⁰곧 우리가 원수 되었을 때에 그 아들의 죽으심으로 말미암아 하나님으로 더불어 화목 되었은즉 화목 된 자로서는 더욱 그의 살으심을 인하여 구원을 얻을 것이니라"

"끝까지 견디는 자는 구원을 얻으리라,
구원을 얻을 것이니,
구원을 얻을 것이니라."

이것은 장차 이루어지는 미래 시제로서의 예수님의 재림으로 이루어지는 구원을 말합니다. 구원은 창세전에 이미 예정된 것으로서 확정적인 것입니다. 그런 의미에서 구원은 끝이 난 것입니다. 하지만 시작과 끝이 있는 역사 속에서는 '이미와 아직' 중간에 있습니다. 이미 주어졌지만 아직 남아 있다는 뜻입니다. 그래서 "구원을 얻었다, 구원을 이루라, 구원을 이룰 것이다"라고 말하는 것입니다.

로마서 8장을 봅시다.

롬 8:29-30 "하나님이 미리 아신 자들로 또한 그 아들의 형상을 본받게 하기 위하여 미리 정하셨으니 이는 그로 많은 형제 중에서 맏아들이 되게 하려 하심이니라 ³⁰또 미리 정하신 그들을 또한 부르시고 부르신 그들을 또한 의롭다 하시고 의롭다 하신 그들을 또한 영화롭게 하셨느니라"

미리 정하신 자를 부르시고
부르신 자를 의롭다 하시고
의롭다 하신 자를 영화롭게 하십니다.

미리 정하심은 과거이고,

부르시고 의롭다 하심은 현재이며,
영화롭게 하심은 미래입니다.

미리 정하신 자를 부르시는 것은 단회적인 사건으로 과거 구원이고,
부르신 자를 의롭다 하시는 것은 현재 구원이고,
의롭다 하신 자를 영화롭게 하심은 장차 예수님의 재림으로 주어지는 미래 구원입니다.

이것은 구원이 토막으로 단절된 것이 아니고 하나로 연결된 것임을 말해줍니다. 구원이 시간이라는 역사 속에서 이러한 식으로 이루어진다는 것을 말해주고 있는 것입니다. 구원을 이루시는 분이 하나님이기 때문에 하나님이 정하시면 끝까지 이루어집니다. 창세전에 미리 정하셨으면 중간에 취소나 실패 없이 부르시고 의롭다 하시고 영화롭게 하는 자리로 나아가게 되는 것입니다. 이 모습을 창조 사건 속에 담아 놓았습니다.

창조의 모습을 보면 세 부분으로 구분되어 있음을 볼 수 있습니다.

첫 번째 부분은 첫째 날부터 셋째 날까지 갈라짐을 당하는 것이고,
두 번째 부분은 넷째 날부터 여섯째 날까지 채워지는 것이고,
세 번째 부분은 모든 것을 다 이루신 후에 일곱째 날에 안식하는 것입니다.

갈라짐과 채우심 그리고 안식이 주어지는 것입니다. 인간의 인생도 세 가지 시제로 되어 있습니다. 마치 엄마 뱃속에 있는 아이가 태어나서 자라가며 살다가 죽어서 천국에 가는 것과도 같습니다.

엄마 뱃속이라는 과거 세계가 있고,
태어나서 살아가는 현재 세계가 있고,
죽음 후에 살아가는 미래 세계가 있습니다.

엄마 뱃속에서 태어나는 것은 단회적인 것으로 과거이고,
부모의 도움으로 자라서 장성해 가는 것은 현재이고,
죽고 난 후 천국에 가는 것은 미래입니다.

이것을 구약의 이스라엘을 통해서 보여주셨습니다. 구약의 이스라엘의 구원을 보면 세 부분으로 나누어져 있습니다. 출애굽에서 광야를 거쳐 가나안으로 들어가는 것으로 보여주었습니다. 애굽에서 시작하여 광야를 거쳐 가나안으로 들어갔습니다.

첫째 단계가 유월절 어린양의 피로 홍해를 건너 출애굽 하는 것입니다.
둘째 단계는 광야 40년 동안 성막을 앞세우고 약속의 땅으로 나아가는 것입니다.
셋째 단계는 요단강을 건너 약속의 땅으로 들어가는 것입니다.

구원은 예수님이 과거에 이루셨고, 현재 이루어 가시고, 장차 이루실 것입니다. 그러므로 구원의 세 가지 시제 속에는 예수님의 세 가지 사역이 담겨 있는 것입니다. 예수님께서 세 가지 사역을 하신 것입니다. 선지자와 제사장과 왕의 사역입니다.

선지자 사역은, 육체로 오셔서 십자가의 죽음으로 감당하셨습니다.
이것은 과거 사역으로 단회적인 것입니다.

제사장 사역은, 성령으로 우리 안에 오셔서 감당하십니다.
이것은 현재 점진적으로 이루어 가는 사역입니다.

왕의 사역은, 천년왕국에서 만왕의 왕으로서 다스릴 것을 말해주고 있습니다.
이것은 장차 이루어질 사역입니다.

이 모든 것을 창조 7일 속에 담아 놓았습니다. 첫째 날부터 셋째 날까지는 선지자 사역을 말하고, 넷째 날부터 여섯째 날까지는 제사장 사역을 말하고, 일곱째 날은 왕의 사역을 말해주고 있습니다. 창조 7일은 예수님께서 역사 속에서 하시는 일을 보여주고 있는 것입니다.

예수님은 창조의 일을 하십니다. 죽은 세상에서 생명을 살리는 일을 하시는 것입니다. 창조는 죽은 자에게 생명을 주는 것을 말합니다. 그래서 처음 창조된 세상이 죽은 모습으로 있는 것입니다. 이 세상은 죄와 사망의 권세 아래 있습니다. 이를 땅이 혼돈하고 공허하며 흑암이 깊음 중에 있는 것으로 말해주고 있습니다.

하나님의 백성들이 죄와 사망 가운데 가두어져 있는 것입니다. 그래서 하나님은 그 아들을 예수라는 이름으로 이 세상에 보내셨습니다. 자기 백성들을 저희 죄에서 구원해 내시기 위함입니다. 이는 첫째 날 '빛이 있으라' 하시는 말씀으로 나타났습니다. 빛이 오심으로 창조의 역사는 시작됩니다. 태초에 하나님이 천지에 오심으로 역사가 시작되었듯이, 예수님이 세상에 오심으로써 자기 백성들을 구원하는 구속의 역사가 시작된 것입니다.

예수님이 오신 것을 일컬어 흑암 속에 있는 자들에게 빛이 비추었다고 합니다. 이는 빛이 흑암 속에 있는 자기 백성들을 찾아가신 것입니다. 이것이 예수님이 오셔서 열두 제자를 부르시는 것으로 나타났습니다. 이것은 흑암 속에서 빛의 아들들을 불러내심과 같은 것입니다.

예수님은 3년 반 동안 구약의 이스라엘의 율법 교회에서 자기 백성들을 불러내는 일을 하셨습니다. 그것을 열두 제자들을 부르시는 것으로 보여주신 것입니다. 예수님은 부르신 자들의 죄 사함을 위하여 십자가에 죽으셨습니다. 예수님이 십자가에서 죽으심으로 천국 백성과 지옥 백성으로 갈라지게 된 것입니다.

이를 십자가 상의 두 강도를 통해서 보여주었습니다. 한 강도는 구원받았고, 한 강도는 멸망을 당하였습니다. 예수님을 가운데 두고 영생과 영벌이라는 심판이 일어난 것입니다. 하나는 하늘로 데려감을 당하고, 다른 하나는 땅에 버려둠을 당하였습니다. 이것을 둘째 날 궁창으로 아랫물과 윗물을 구분하는 것으로 말해주었습니다.

첫째 날이 예수님의 오심의 날이라고 한다면,
둘째 날은 예수님께서 십자가에서 죽으신 날입니다.

셋째 날은 예수님이 십자가에서 죽으시고 무덤에 들어가신 날입니다.

예수님은 무덤에 들어가서 무슨 일을 하셨나요?
성도들을 무덤에서 끄집어내는 일을 하셨습니다.
그 모습이 셋째 날의 모습입니다.

본문을 봅시다.

창 1:9-13 "하나님이 가라사대 천하의 물이 한 곳으로 모이고 뭍이 드러나라 하시매 그대로 되니라 10하나님이 뭍을 땅이라 칭하시고 모인 물을 바다라 칭하시니라 하나님의 보시기에 좋았더라 11하나님이 가라사대 땅은 풀과 씨 맺는 채소와 각기 종류대로 씨 가진 열매 맺는 과목을 내라 하시매 그대로 되어 12땅이 풀과 각기 종류대로 씨 맺는 채소와 각기 종류대로 씨 가진 열매 맺는 나무를 내니 하나님의 보시기에 좋았더라 13저녁이 되며 아침이 되니 이는 셋째 날이니라"

온 천하가 물에 잠겨 있습니다. 하나님이 물속에서 뭍을 끄집어내십니다. 물속에서 끄집어낸 뭍을 땅이라고 합니다. 물은 죄와 사망으로 죽은 세상을 상징하고 있습니다. 물에서 뭍을 끄집어내신 것은 무덤에서 자기 백성들을 끄집어내신 것과도 같은 것입니다.

이렇게 되면 셋째 날은 예수님이 무덤에서 하신 일을 말해주고 있음이 되는 것입니다. 예수님이 무덤에서 무슨 일을 하셨는지를 보면 셋째 날 물속에서 땅을 끄집어낸 일의 영적 의미를 알 수 있습니다. 물은 온 세상을 말하고, 뭍은 자기 백성을 상징하고 있는 것입니다.

마태복음 27장을 봅시다.

마 27:50-53 "예수께서 다시 크게 소리 지르시고 영혼이 떠나시다 51이에 성소 휘장이 위로부터 아래까지 찢어져 둘이 되고 땅이 진동하며 바위가 터지고 52무덤들이 열리며 자던 성도의 몸이 많이 일어나되 ⁵³예수의 부활 후에 저희가 무덤에서 나와서 거룩한 성에 들어가 많은 사람에게 보이니라"

예수님께서 십자가에서 죽으십니다. 그러자 성소의 휘장이 위로부터 아래로 찢어집니다. 그리고 땅이 진동하고 바위가 터지고 무덤들이 열리며 자던 성도들의 몸이 깨어납니다. 예수님이 부활하신 후에 저희가 무덤에서 나와서 거룩한 성으로 들어갑니다.

성소의 휘장이란 성막의 성소와 지성소를 가로막고 있는 커튼을 말합니다. 성소는 땅을 말하고, 지성소는 하늘을 상징합니다. 휘장이 찢어짐으로써 하늘로 가는 길이 열린 것입니다. 히브리서 기자는 예수님의 몸을 휘장이라고 하였습니다.

히브리서 10장을 봅시다.

히 10:19-20 "그러므로 형제들아 우리가 예수의 피를 힘입어 성소에 들어갈 담력을 얻었나니 ²⁰그 길은 우리를 위하여 휘장 가운데로 열어 놓으신 새롭고 산 길이요 휘장은 곧 저의 육체니라"

예수님이 십자가에서 하늘로 가는 길을 여신 것입니다. 그래서 예수님이 십자가에서 죽으신 것을 새롭고 산 길을 만드신 것이라고 합니다. 예수님은 친히 "나는 길이요 진리요 생명이니 누구든지 나로 말미암지 않고서는 아버지께로 갈 수 없다"고 하셨습니다. 예수님이 아버지께로 나아가는 유일한 길입니다. 예수 그리스도로 말미암지 않고서는 아버지께로 갈 수 없습니다.

예수님이 십자가에서 죽으시자 땅이 진동하고 바위가 터지고 무덤이 열린 것은 사망 권세가 깨어진 것을 의미합니다. 이것은 뱀의 머리를 깨트리신 것입니다. 그리고 자던 성도들이 깨어난 것은 구약의 성도들의 부활을 의미합니다. 예수님이 무덤에 들어가신 것은 구약의 성도들을 무덤에서 빼내기 위함입니다.

예수님이 오시기 전까지 사람이 죽으면 스올에 갑니다. 스올이란 지옥이라는 개념보다 그냥 죽은 자들이 머무는 개념의 옥을 말합니다. 구약에서는 신자나 불신자나 죽으면 다 함께 스올(무덤)에 들어갑니다. 예수님이 올 때까지 기다리는 것입니다. 왜냐하면 무덤 문은 예수님만 열 수 있기 때문입니다. 참고로 말하면 언약의 후손들은 죽으면 열조로 돌아가게 됩니다. 열조란 아브라함의 품을 말합니다. 이를 예수님께서 부자와 거지 나사로 이야기를 통해 나사로가 죽은 후에 아브라함 품에 있는 것으로 말해주었습니다.

예수님은 구원주이면서 심판주이십니다. 자기 백성들에게는 구원주이고, 자기 백성이 아닌 자들에게는 심판주가 됩니다. 그래서 예수님이 오시자 하늘 백성과 땅의 백성으로 갈라지게 되는 것입니다. 이를 심판이라고 합니다. 예수님의 초림은 구약의 심판인 것입니다.

구약의 성도들은 예수님이 오실 때까지 무덤에서 대기하고 있었습니다. 예수님이 오실 때를 기다리고 있었습니다. 왜냐하면 천국의 문은 예수님에 의해서 열려지기 때문입니다. 구약의 성도들도 예수님의 피 흘리심으로 구원을 받아야 하기 때문입니다. 그러므로 예수님이 십자가에서 죽기 전에는 무덤에 가두어져 있어야 하는 것입니다. 무덤 문은 예수님이 죽어야 열리게 됩니다.

히브리서 10장을 봅시다.

히 10:1-10 "율법은 장차 오는 좋은 일의 그림자요 참 형상이 아니므로 해마다 늘 드리는바 같은 제사로는 나아오는 자들을 언제든지 온전케 할 수 없느니라 ^{2}그렇지 아니하면 섬기는 자들이 단번에 정결케 되어 다시 죄를 깨닫는 일이 없으리니 어찌 드리는 일을 그치지 아니하였으리요 ^{3}그러나 이 제사들은 해마다 죄를 생각하게 하는 것이 있나니 ^{4}이는 황소와 염소의 피가 능히 죄를 없이 하지 못함이라 ^{5}그러므로 세상에 임하실 때에 가라사대 하나님이 제사와 예물을 원치 아니하시고 오직 나를 위하여 한 몸을 예비하셨도다 ^{6}전체로 번제함과 속죄제는 기뻐하지 아니하시나니 ^{7}이에 내가 말하기를 하나님이여 보시옵소서 두루마리 책에 나를 가리켜 기록한 것과 같이 하나님의 뜻을 행하러 왔나이다 하시니라 ^{8}위에 말씀하시기를 제사와 예물과 전체로 번제함과 속죄제는 원치도 아니하고 기뻐하지도 아니하신다 하셨고 (이는 다 율법을 따라 드리는 것이라) ⁹그 후에 말씀하시기를 보시옵소서 내가 하나님의 뜻을 행하러 왔나이다 하셨으니 그 첫 것을 폐하심은 둘째 것을 세우려 하심이니라 ¹⁰이 뜻을 좇아 예수 그리스도의 몸을 단번에 드리심으로 말미암아 우리가 거룩함을 얻었노라"

구약의 율법은 장차 오는 좋은 것의 그림자라고 합니다. 율법으로는 온전케 할 수 없다고 합니다. 이는 율법으로 드려지는 짐승의 제사는 참 제사를 보여주는 그림자이기 때문입니다. 참 제사는 예수 그리스도의 몸으로 드려지는 제사입니다. 이것은 창세 전부터 예정된 것입니다. 그래서 예수님이 오셔서 두루마리 책에 기록된 대로 한 몸이 왔다고 하신 것입니다.

두루마리 책이란 창세전 언약이라는 뜻입니다. 하나님은 창세전에 짐승의 제사가 아닌 예수 그리스도의 몸으로 드려지는 제사로 자기 백성들의 죄가 사해지는 것으로 예정하신 것입니다. 그래서 구약의 짐승으로 드려지는 제사는 죄 사함을 주는 것이 아니고 죄를 깨닫게 해주는 것이라고 하는 것입니다. 이렇게 되면 구약의 성도들은 온전한 죄 사함을 받은 것이 아닙니다. 짐승의 제사를 드리면서 예수님의 몸으로 드려지는 참 제사를 기다려야 했습니다.

그것이 예수님의 십자가로 나타난 것입니다. 그래서 예수님이 십자가에서 죽으시자 무덤이 열리고 구약의 성도들이 죽음이라는 잠에서 깨어나게 된 것입니다. 예수님이 무덤에 들어가신 것은 무덤 속에 있는 자기 백성들을 끄집어내시기 위함입니다. 이것을 셋째 날 물속에서 땅을 끄집어내는 것으로 말해주고 있습니다. 이것은 구약의 이스라엘이 어린양의 피로 애굽에서 나와서 홍해에서 올라오는 모습입니다.

바울은 홍해를 건넌 것을 '세례'라고 하였습니다. 세례는 죽음을 의미합니다. 그렇다고 한다면 홍해에서 올라온 것은 죽음으로부터 나온 것이 됩니다. 무덤에서 나온 것이나 동일한 것입니다. 이렇게 되면 구약의 이스라엘의 출애굽 과정에서 나타난 사건들은 모두가 장차 예수님께서 하실 일을 예표하고 있는 것이 됩니다.

모세가 하나님의 산인 호렙산에서 사명을 받고 애굽에 내려간 것은 예수님이 아버지로부터 사명을 받고 이 세상에 오신 것을 의미합니다. 이는 창조의 첫째 날과 같습니다. 그리고 유월절 어린양의 피로 죽음의 권세로부터 구원을 받습니다. 이것은 예수님의 십자가 피로서 죄 사함 받은 것을 의미합니다. 이는 창조의 둘째 날 궁창을 중심으로 궁창 위의 하늘과 궁창 아래의 땅으로 갈라지는 것과도 같습니다.

유월절 어린양의 피로 죄 사함을 받은 자들이 홍해 속에서 올라옵니다. 이것은 예수님이 무덤 속에 있던 자기 백성들을 끄집어내신 것과도 같은 것입니다. 이는 창조의 셋째 날 물속에서 땅을 끄집어내는 것과도 같습니다.

영적으로 바다는 죽음의 세계를 말합니다. 창세기 1장 2절을 보면 혼돈과 공허와 흑암의 깊음에 있는 땅의 모습이 나옵니다. 그런데 하나님의 신이 수면에 운행한다고 합니다. 수면이란 물 위를 말합니다. 그렇다고 한다면 흑암의 땅은 죽음의 바다라는 뜻입니다. 성경은 이러한 곳을 세상이라고 합니다.

다니엘 7장을 봅시다.

단 7:1-8 "바벨론 왕 벨사살 원년에 다니엘이 그 침상에서 꿈을 꾸며 뇌 속으로 이상을 받고 그 꿈을 기록하며 그 일의 대략을 진술하니라 ²다니엘이 진술하여 가로되 내가 밤에 이상을 보았는데 하늘의 네 바람이 큰 바다로 몰려 불더니 ³큰 짐승 넷이 바다에서 나왔는데 그 모양이 각각 다르니 ⁴첫째는 사자와 같은데 독수리의 날개가 있더니 내가 볼 사이에 그 날개가 뽑혔고 또 땅에서 들려서 사람처럼 두 발로 서게 함을 입었으며 또 사람의 마음을 받았으며 ⁵다른 짐승 곧 둘째는 곰과 같은데 그것이 몸 한편을 들었고 그 입의 잇사이에는 세 갈빗대가 물렸는데 그에게 말하는 자가 있어 이르기를 일어나서 많은 고기를 먹으라 하였으며 ⁶그 후에 내가 또 본즉 다른 짐승 곧 표범과 같은 것이 있는데 그 등에는 새의 날개 넷이 있고 그 짐승에게 또 머리 넷이 있으며 또 권세를 받았으며 ⁷내가 밤 이상 가운데 그다음에 본 네째 짐승은 무섭고 놀라우며 또 극히 강하며 또 큰 철 이가 있어서 먹고 부숴뜨리고 그 나머지를 발로 밟았으며 이 짐승은 전의 모든 짐승과 다르고 또 열 뿔이 있으므로 ⁸내가 그 뿔을 유심히 보는 중 다른 작은 뿔이 그 사이에서 나더니 먼저 뿔 중에 셋이 그 앞에 뿌리까지 뽑혔으며 이 작은 뿔에는 사람의 눈 같은 눈이 있고 또 입이 있어 큰 말을 하였느니라"

다니엘이 이상 중에 하늘의 큰 바람이 바다로 부는 것을 보았습니다. 그러자 바다에서 네 짐승이 나오는 것입니다. 첫째 짐승은 사자 같고, 둘째 짐승은 곰 같고, 셋째 짐승은 표범 같고, 넷째 짐승은 열 뿔이 있습니다. 이것은 세상에 나타날 네 제국을 말합니다.

첫째 짐승은 바벨론을 뜻하고,
둘째 짐승은 메데 바사를 말하고,
셋째 짐승은 헬라를 뜻하고,
넷째 짐승은 로마를 상징합니다.

네 짐승은 모두가 적그리스도 국가들입니다. 적그리스도 국가들이 출현하는 곳은 이 세상입니다. 적그리스도 국가들이 바다에서 나온다는 것은 이 세상 자체가 죽음의 바다라는 뜻입니다. 하나님께서 아담이 선악과를 먹고 죽은 자가 되자 에덴동산 밖으로 추방합니다. 그리고 아담이 살아갈 땅을 저주하셨습니다.

이 땅은 죽은 자들이 살아가는 하나님으로부터 저주받은 곳입니다. 그래서 죄인들이 살아가는 이 세상을 흑암이 깊음 위에 있는 죽음의 바다라고 하는 것입니다. 온 세상이 죽음이라는 물속에 잠겨 있는 것입니다. 예수님은 죽음이라는 세상 속에서 자기 백성들을 건져내는 일을 하십니다. 이를 창조의 셋째 날에 물속에서 뭍(생명을 싹틔울 밭, 자기 백성)을 불러내신 것으로 보여주고 있는 것입니다.

하나님은 천하의 물을 모으고 그것을 바다라고 합니다. 그리고 물속에서 끄집어낸 뭍을 땅이라고 합니다. 이렇게 되면 바다와 땅으로 분리된 것입니다. 바다는 죽음의 나라이고, 땅은 생명의 나라인 것입니다. 이를 시편 24편에서는 여호와께서 바다 위에 자기 집을 지으셨다고 합니다.

시 24:2 "여호와께서 그 터를 바다 위에 세우심이여 강들 위에 건설하셨도다"

바다는 세상을 상징한다고 했습니다. 그럼 세상에서 빼내심을 입은 자들을 두신 곳이 어디인가요? 바로 교회입니다. 터를 바다 위에 세우셨다는 것은 곧 이 세상 속에 교회를 세우신 것을 말합니다. 하나님은 물에서 나온 땅에게 각종 씨 맺는 채소와 씨 가진 열매를 맺는 과목을 내라고 하십니다. 물은 세상이라고 하였으니 물에서 나온 땅은 성도와 교회를 말합니다.

'땅은 씨 맺는 채소와 씨 가진 열매를 맺는 과목을 내라' 하신 것은 예수님께서 자기 백성들 속에서 생명의 역사를 일으키신다는 뜻입니다. 씨란 생명을 말합니다. 이는 생명을 번성케 하는 것을 말합니다. 물속에서 올라온 땅은 각종 생명을 낳는 일을 하여야 합니다. 세상에서 빼내심을 입은 자들은 예수라는 생명의 열매를 맺어야 하는 것입니다.

본문을 봅시다.

창 1:11-12 "하나님이 가라사대 땅은 풀과 씨 맺는 채소와 각기 종류대로 씨 가진 열매 맺는 과목을 내라 하시매 그대로 되어 ¹²땅이 풀과 각기 종류대로 씨 맺는 채소와 각기 종류대로 씨 가진 열매 맺는 나무를 내니 하나님의 보시기에 좋았더라"

죽음의 바다에서 생명의 세계로 나아온 자들이 살아가는 곳을 일컬어 교회라고 합니다. 세상에서 교회로 부르심을 받은 성도는 물속에서 빼내심을 입은 땅인 것입니다. 교회를 헬라어로 '에클레시아(ἐκκλησία)'라고 합니다. 이는 '빼내심을 입은 자들의 모임'이라는 뜻입니다.

구원이란 '빠져나오는 것'입니다.

첫째는 세상에서 교회로 불러냄을 입었습니다.
둘째는 율법에서 은혜로 옮겨졌습니다.

이제 새사람이 되었습니다. 물속의 사람이 아니고 땅의 사람이 되었습니다. 물속은 옛사람이고, 땅은 새사람입니다. 땅은 새 생명을 낳는 일을 하여야 합니다. 새로운 피조물로서 새로운 생명을 낳는 일을 하여야 합니다. 그것을 씨 맺는 채소와 씨 가진 열매 맺는 과목을 내는 것으로 말해주고 있는 것입니다.

하나님은 물속에서 끄집어낸 땅에게 각종 씨 맺는 채소와 씨 가진 열매를 맺는 과목을 내라고 명령하십니다. 하나님의 명령은 하나님의 의지입니다. 이는 하나님께서 성도들 안에서 생명을 낳는 일을 하시겠다는 뜻입니다. 그래서 성령이 성도들 안에 오신 것입니다.

성령은 성도들 속에서 예수님의 생명으로 살아가게 하십니다. 이를 성령의 열매를 맺는 삶이라고 합니다. 성령은 성도 안에서 각종 열매 맺는 삶을 살게 하십니다. 육신의 소욕은 제하고 성령의 소욕은 새기는 일을 하시는 것입니다. 그것이 세상 속에서 그리스도의 마음으로, 하늘의 가치로 살아가는 것으로 나타나는 것입니다.

뭍이란 마른 땅을 의미합니다. 이는 물에 잠기지 않은 땅을 말합니다. 마치 기름처럼 물 위에 떠 있는 것을 말합니다. 물과 기름은 하나로 섞일 수가 없듯이 물속에서 빼내심을 입은 자들은 세상과 구별된 삶을 살아가야 합니다. 물속은 죽음의 세계이고, 땅은 생명의 세계입니다. 물속은 지옥을 상징하고, 땅은 천국을 상징합니다. 물속에서는 사망을 낳았지만, 땅에서는 생명을 낳아야 합니다.

우리는 물속에 있을 때는 사망의 일을 하였습니다. 세상에 속하여서 세상의 가치로 살았습니다. 그러나 이제는 그리스도와 함께 살리심을 입었기 때문에 세상 가치로 살아갈 수가 없는 것입니다. 하늘의 가치로 살아가야 합니다. 그것을 씨 맺는 채소와 씨 가진 열매 맺는 나무들을 내는 것으로 말해주고 있는 것입니다.

예수님은 무덤 속에 있던 나사로를 불러내서 걸어 다니게 하셨습니다. 나사로는 무덤 속에서 꽁꽁 묶여 있었습니다. 예수님께서 꽁꽁 묶여 있는 것들을 풀어주셨습니다. 죄와 사망에서 해방시켜 자유를 주신 것입니다. 우리가 바로 무덤에서 나온 나사로입니다. 죄와 사망의 권세로부터 해방되었습니다. 율법의 요구로부터 자유케 된 것입니다.

물에서 나온 백성들은 예전처럼 물(죄와 사망)속에서의 법칙으로 살아서는 안 됩니다. 마른 땅(생명의 세계)의 법으로 살아야 합니다. 물속의 법은 죽은 자들의 법으로서 선악의 법입니다. 이를 '율법'이라고 합니다. 마른 땅의 법은 생명의 법입니다. 이를 '은혜'라고 합니다. 예수님은 율법 아래 있는 자들을 십자가로 끄집어내셨습니다. 예수님은 십자가로 율법의 요구를 완성하신 것입니다.

물속에서 나온 자들은 새로운 피조물입니다. 새로운 피조물로서 살아가는 삶이 있습니다. 새로운 피조물의 삶은 예수 그리스도를 믿음으로 살아가는 것입니다. 이를 율법의 의가 아닌 예수 그리스도의 의로 살아가는 것이라고 합니다. 바울은 예수를 만나기 전에는 율법 아래서 하나님의 말씀대로 살아서 자기 의를 쌓는 일에 분주하였습니다. 율법 아래서는 그것이 참 신앙이라고 믿었기 때문입니다.

그것은 율법 아래 있는 자들의 착각이었습니다. 하나님은 율법을 지켜서 의로워지라고 이 율법을 주신 것이 아닙니다. 하나님께서 율법을 주신 것은 하나님 앞에 죄인임을 드러내고자 주신 것입니다. 그럼에도 유대인들은 율법을 오해하여서 하나님의 명령대로 사는 것을 율법을 지키는 것으로 착각했던 것입니다.

예수님께서 초림하셨을 때 유대인들의 신앙이 전부 이러하였습니다. 율법을 자기들 식으로 이해하여서 지키고 있는 것입니다. 결국 유대인들의 율법 지킴이 예수를 죽이는 데로 발전하고 만 것입니다. 바울이 이러한 일에 앞장을 선 사람이었습니다. 율법을 근거로 예수 믿는 자들은 이단이라고 판단하고 죽이려고 가던 길이었습니다. 그런데 예수님이 다메섹에서 바울을 부르십니다.

바울은 다메섹에서 예수님을 만나고 난 후에 율법을 지켜서 쌓은 의가 배설물이라는 것을 알게 되었습니다. 그것이 하나님을 대적하는 원수 짓이라는 것을 알았습니다. 그리하여 그때부터는 자기 의를 버리고 예수 그리스도의 의로 살아가게 된 것입니다.

새로운 피조물로서의 삶은 자기 몸에 예수의 흔적을 새기는 것이라는 것을 알았기 때문입니다.

교회 안에는 땅의 가치로 살아가는 자와 하늘의 가치로 살아가는 두 부류의 신자가 있습니다. 땅의 가치는 인간의 의이고, 하늘의 가치는 예수 그리스도의 의입니다. 이것이 예수를 본받는 것과 예수를 믿는 것으로 나타납니다.

교회 안에는 예수 그리스도를 주로 믿는 자와 예수 그리스도를 선생으로 본받는 자가 있습니다. 땅에 속한 자와 하늘에 속한 자는 동일한 성경을 가지고서도 다르게 해석합니다. 하늘에 속한 성도는 율법을 구원의 이야기로 이해합니다. 그러나 땅에 속한 자들은 하나님의 말씀을 윤리 도덕적 차원으로 이해하는 것입니다.

하늘에 속한 자들은 율법으로 죄를 깨닫고 예수 그리스도를 구주로 믿게 되지만, 땅에 속한 자들은 율법을 지켜서 예수님처럼 온전한 사람이 되고자 합니다. 이들은 예수님을 선생으로 따르게 됩니다. 하지만 예수님은 믿어야 할 구주이지 본받아야 할 선생이 아닙니다. 육에 속한 자들은 예수를 본받아야 할 선생으로 알지만 영에 속한 성도들은 예수를 구원주이신 그리스도로 믿게 됩니다. 예수는 그리스도이십니다.

다메섹 이전의 바울은 땅(육)의 눈으로 성경을 해석하였습니다. 그래서 율법 지킴으로 자기 의를 쌓고 그 의를 힘으로 사용하였던 것입니다. 율법 지킴의 힘이 곧 예수를 죽이는 데 사용되었던 것입니다. 그러나 다메섹 이후의 바울은 하늘(영)의 눈으로 성경을 해석하였습니다. 하늘의 눈으로 성경을 보니까 율법 지킴으로 의를 삼고 힘으로 행사하던 것이 하나님 앞에 죄라는 것을 알게 된 것입니다. 그리하여 율법으로 난 인간의 의를 배설물이라고 한 것입니다.

이러한 것은 지금도 마찬가지입니다. 율법적 사고로 성경을 보면 다메섹 이전의 바울처럼 자기 의를 세우려고 예수를 죽이는 일을 하게 되고, 은혜의 눈으로 성경을 보면 다메섹 이후의 바울처럼 자기 의를 버리고 예수 그리스도의 의를 믿음으로 살아가게 됩니다.

중요한 것은 율법적 사관으로 성경을 보는 것이 인간들에게는 선악과처럼 보암직하고 먹음직하고 탐스러울 정도로 매력적이라는 것입니다. 왜냐하면 인간의 이름을 높여주고 인간의 가치를 상승시켜 주기 때문입니다. 그래서 육에 속한 자들이 선호하는 것입니다. 육에 속한 자들은 신앙을 하나님 말씀대로 살아서 하나님 자녀다움을 보여주는 것이라고 생각하는 것입니다. 겉으로 들으면 그럴싸하여도 이것은 마귀의 말입니다.

마귀는 인간의 의로 예수 그리스도의 의를 가리는 일을 하고 있습니다. 믿음을 행위로 대체하여서 미혹하고 있는 것입니다. 이것이 이 시대 알미니안주의로 나타나고 있습니다. 알미니안주의는 신인협동론으로 하나님 말씀대로 살아서 의로운 사람이 되라고 합니다. 이는 바울이 다른 복음이라고 천명한 갈라디안 신앙인 것입니다.

이들은 하나님의 은혜도 인간이 반응하여야 한다는 것입니다. 그래서 마음을 열어서 예수를 영접하라고 요구하는 것입니다. 하나님의 은혜보다 인간의 의지나 각오로 하나님의 뜻을 이루어 가야 한다고 하는 것입니다. 이것이 선악과와 같이 인간들에게 매력적으로 다가오는 것입니다. 그래서 사람들이 선호하는 것입니다.

갈라디안 신앙은 인간의 행위로 예수 그리스도의 십자가를 가리는 일을 하고 있는 마귀의 술수인 것입니다. 성령은 하나님의 말씀으로 우리의 죄를 고발하여서 예수 그리스도를 바라보게 하시지, 하나님 말씀대로 살아서 의로워지라고 하지 않습니다.

성령은 인간에게는 의가 없고 오직 예수 그리스도에게만 의가 있다고 알려주는 일을 하는 것입니다. 성령은 하나님 말씀으로 예수 그리스도를 바라보게 하십니다. 구원을 받은 성도들에게 있어 하나님 말씀은 인간의 죄를 고발하는 율법적 기능을 하고 있는 것입니다.

히브리서 4장을 봅시다.

히 4:12-16 "하나님의 말씀은 살았고 운동력이 있어 좌우에 날 선 어떤 검보다도 예리하여 혼과 영과 및 관절과 골수를 찔러 쪼개기까지 하며 또 마음의 생각과 뜻을 감찰하나니 [13]지으신 것이 하나라도 그 앞에 나타나지 않음이 없고 오직 만물이 우리를 상관하시는 자의 눈앞에 벌거벗은 것같이 드러나느니라 [14]그러므로 우리에게 큰 대제사장이 있으니 승천하신 자 곧 하나님 아들 예수시라 우리가 믿는 도리를 굳게 잡을찌어다 [15]우리에게 있는 대제사장은 우리 연약함을 체휼하지 아니하는 자가 아니요 모든 일에 우리와 한결같이 시험을 받은 자로되 죄는 없으시니라 [16]그러므로 우리가 긍휼하심을 받고 때를 따라 돕는 은혜를 얻기 위하여 은혜의 보좌 앞에 담대히 나아갈 것이니라"

하나님의 말씀이 무슨 일을 합니까? 우리의 죄를 드러내는 일을 하는 것입니다. 말씀이 좌우에 날 선 검이 되어서 해부하는 일을 하는 것입니다. 말씀이 살아 움직이면서 수술하는 칼처럼 우리의 모든 것을 찔러 쪼개는 일을 합니다. 혼과 영과 관절과 골수를 찔러 쪼개고 마음의 생각과 뜻을 감찰하는 것입니다.

이는 하나님 앞에 우리의 몸과 마음과 영혼을 발가벗기는 일을 하는 것입니다. 이것은 우리의 모든 것을 죄로 고발한다는 뜻입니다. 고발하는 이유는 십자가를 지신 예수 그리스도를 바라보게 하기 위함입니다. 십자가의 도를 굳게 붙잡게 하기 위함입니다.

'믿는 도리'란 예수님의 피로 맺은 새 언약을 말합니다. 옛 언약은 행위 언약이지만 새 언약은 은혜 언약입니다. 그러니까 하나님의 말씀이 우리로 하여금 새 언약인 은혜 언약 안으로 인도하는 것입니다. 하나님의 말씀이 우리로 하여금 예수 그리스도를 바라보게 하시고 담대히 은혜의 보좌 앞으로 나아가게 하는 것입니다.

하나님의 말씀이 뭐라고 하나요? 우리더러 하나님 말씀을 지켜서 거룩하라고 합니까? 아닙니다. 그 반대로 우리로 하여금 하나님 말씀을 지킬 수 없다는 것을 깨닫게 하여서 우리를 예수 그리스도의 십자가 앞으로 인도하고 있는 것입니다. 하나님의 말씀은 내가 하나님 말씀대로 온전하게 살아갈 수 없는 죄인이므로 그 죗값을 예수님께서 대신 담당하신 것이라고 알려주는 일을 하는 것입니다.

성령은 예수님이 십자가에서 죽어주심으로 내가 살고 있음을 깨닫게 하십니다. 예수 그리스도가 십자가에서 죽으신 것은 나를 위한 대속의 죽음이라는 것을 알려주는 것입니다. 하나님의 말씀은 예수 그리스도의 의를 붙잡게 하는 일을 하는 것입니다. 그래서 바울은 율법은 죄를 깨닫게 하여서 하나님의 심판 아래 가두는 일을 하고 예수 그리스도에게 인도하는 몽학선생 역할을 한다고 하였던 것입니다. 율법의 끝에 예수가 보여야 합니다.

그런데 알미니안주의자들은 하나님 말씀을 지키는 것으로 예수를 가리는 일을 하고 있는 것입니다. 땅에 속한 인본주의자들은 하나님의 말씀을 지켜서 의로워지라고 합니다. 이것은 마귀의 달콤한 미혹입니다.

신앙생활이란 예수를 주와 그리스도로 믿는 것입니다. 우리가 개과천선하여서 천사가 되는 것이 아닙니다. 하나님은 우리 몸에 예수 그리스도의 피 흘리심의 흔적들을 남기는 일을 하십니다. 그것이 말씀으로 우리의 허물을 고발하여서 예수님의 피로 맺은 새 언약 안에 머물게 하는 것입니다.

하나님께서 우리 몸을 예수 그리스도의 피로 값을 주고 산 것은 우리 몸에서 예수 그리스도의 의를 드러내고자 하심입니다. 하나님은 예수님의 의를 드러내는 데 우리의 몸이 필요한 것입니다. 그래서 자신의 피 값으로 우리 몸을 사신 것입니다. 이제 예수님의 피 값으로 산 자들의 몸은 예수 그리스도의 의를 드러내는 일을 해야 합니다. 이를 '의의 병기'라고 합니다.

우리가 하나님 말씀대로 살아서 착하게 되는 것은 옛 언약식 신앙입니다. 바리새인들은 율법 지킨 것을 의로 삼아서 하나님 앞에 나아갔습니다. 그런데 하나님은 이것을 불의라고 하셨습니다. 성경은 사람들이 자기들이 행한 것을 의지하고 나아오는 것을 불의라고 합니다.

의는 예수를 믿는 것이고, 불의는 하나님 말씀대로 산 것을 자랑하는 것입니다. 신앙의 본질은 예수를 주와 그리스도로 믿는 것이지, 하나님 말씀대로 사는 것

아닙니다. 어느 시대이고 마귀는 거짓으로 하나님의 뜻을 왜곡하여 인간들을 미혹합니다. 지금도 마귀는 우리로 하나님 말씀대로 살게 하여서 예수를 가리는 일을 하고 있는 것입니다.

하나님의 말씀을 통해서 자기가 죄인임을 아는 자는 상하고 통회하는 심정으로 나아와서 "주여! 불쌍히 여기시고 긍휼을 베풀어 주세요"라고 합니다. 그러나 하나님 말씀대로 살았다고 하는 자들은 "하나님, 나 이렇게 살았으니 착하지요? 나 칭찬해 주세요"라고 합니다.

마귀는 항상 신앙의 본질을 가리는 일을 하였습니다. 믿음을 행위로 바꾸고, 은혜를 법으로 바꾸고, 선악과로 생명과를 가리듯이 인간의 의로 예수 그리스도의 의를 가리는 일을 하고 있는 것입니다.

우리는 말씀 앞에서 우리에게는 선이 없다는 것을 알아야 합니다. 우리에게서는 하나님의 의가 나올 수 없다는 것을 알아야 합니다. 말씀이라는 빛 앞에서 우리의 모든 것들이 어둠이라는 것이 드러나야 합니다. 그리하여 예수 그리스도의 의가 아니면 하나님 앞에 설 수 없음을 알아야 합니다. 이것이 물속에서 나온 땅이 맺어야 하는 과실들입니다. 예수 그리스도와 함께 죽었다가 살아난 자들이 맺어야 하는 열매입니다.

마귀는 항상 우리의 행위를 가지고 참소합니다. 여기에 걸려들면 구원의 즐거움을 상실하게 됩니다. 그래서 성령은 우리 안에서 우리로 우리의 행위를 보지 않고 예수 그리스도의 피로 맺은 새 언약이 믿어지게 하는 일을 하는 것입니다.

믿음이라는 말 자체가 우리 행위를 넘어서서 있는 것입니다. 우리가 의롭지 못하기 때문에 예수 그리스도 안에서 의롭다 여겨 주심을 입는 것입니다. 인간의 의로는 구원에 이를 수 없기 때문에 예수 그리스도의 의를 믿음으로써 구원이 주어지는 것입니다.

예수님 속에 하나님의 생명이 있습니다. 그 생명을 자기 백성들에게 주셨습니다. 예수로부터 생명을 받은 자들은 하나님 생명으로 살아가게 됩니다. 그래서 성경이 예수 그리스도 안에 있는 자는 산 자이고, 예수 그리스도 밖에 있는 자는 죽은 자라고 정의하는 것입니다. 예수 그리스도 안에서는 모든 것이 의가 되지만, 예수 그리스도 밖에서는 모든 것이 불의가 되는 것입니다.

신앙생활이란 예수 그리스도 안에서 예수의 의로 살아가는 것입니다. 마귀는 양심의 법으로 살게 하고, 성령은 믿음의 법으로 살아가게 하십니다. 양심은 내 행위를 보게 하지만, 믿음은 예수 그리스도의 십자가를 바라보게 합니다. 양심의 법이 나를 지배하면 마귀로부터 참소를 당하지만, 믿음의 법으로 살아가면 마귀의 참소로부터 자유합니다. 양심의 법은 죄와 사망의 법이고, 믿음의 법은 '생명의 성령의 법'입니다.

성도는 믿음의 법인 '생명의 성령의 법'으로 살아가는 자들입니다. 그래서 그리스도 예수 안에 있는 자는 결코 정죄함이 없다고 하는 것입니다. 예수 그리스도의 피가 우리의 죄를 도말해 주시기 때문입니다.

그리스도 안에 있는 성도에게는 그 어떤 것도 하나님 앞에 나아가는 데 방해가 될 수 없습니다. 왜냐하면 하나님은 우리를 독자적으로 만나주는 것이 아니고 예수 그리스도 안에서 만나주시기 때문입니다. 마치 야곱이 에서의 옷을 입고 별미를 앞세우고 "아버지의 맏아들 에서로소이다"라고 하며 나아간 것처럼, 성령은 예수 그리스도를 앞세우고 나아가게 하십니다.

우리가 하나님 앞에 나아갈 때는 예수 그리스도의 의의 옷을 입고 나아가야 합니다. 이는 하나님께서 우리를 상대하지 않고 예수 그리스도와 상대하시기 때문입니다. 그래서 누구든지 그리스도 예수 안에 있는 자에게는 결코 정죄함이 없다고 하는 것입니다. 이 믿음으로 살아가는 것을 일컬어 생명의 성령의 법으로 살아간다고 하는 것입니다.

로마서 8장을 봅시다.

롬 8:1-17 "그러므로 이제 그리스도 예수 안에 있는 자에게는 결코 정죄함이 없나니 [2]이는 그리스도 예수 안에 있는 생명의 성령의 법이 죄와 사망의 법에서 너를 해방하였음이라 [3]율법이 육신으로 말미암아 연약하여 할 수 없는 그것을 하나님은 하시나니 곧 죄를 인하여 자기 아들을 죄 있는 육신의 모양으로 보내어 육신에 죄를 정하사 [4]육신을 좇지 않고 그 영을 좇아 행하는 우리에게 율법의 요구를 이루어지게 하려 하심이니라 [5]육신을 좇는 자는 육신의 일을, 영을 좇는 자는 영의 일을 생각하나니 [6]육신의 생각은 사망이요 영의 생각은 생명과 평안이니라 [7]육신의 생각은 하나님과 원수가 되나니 이는 하나님의 법에 굴복치 아니할 뿐 아니라 할 수도 없음이라 [8]육신에 있는 자들은 하나님을 기쁘시게 할 수 없느니라 [9]만일 너희 속에 하나님의 영이 거하시면 너희가 육신에 있지 아니하고 영에 있나니 누구든지 그리스도의 영이 없으면 그리스도의 사람이 아니라 [10]또 그리스도께서 너희 안에 계시면 몸은 죄로 인하여 죽은 것이나 영은 의를 인하여 산 것이니라 [11]예수를 죽은 자 가운데서 살리신 이의 영이 너희 안에 거하시면 그리스도 예수를 죽은 자 가운데서 살리신 이가 너희 안에 거하시는 그의 영으로 말미암아 너희 죽을 몸도 살리시리라 [12]그러므로 형제들아 우리가 빚진 자로되 육신에게 져서 육신대로 살 것이 아니니라 [13]너희가 육신대로 살면 반드시 죽을 것이로되 영으로써 몸의 행실을 죽이면 살리니 [14]무릇 하나님의 영으로 인도함을 받는 그들은 곧 하나님의 아들이라 [15]너희는 다시 무서워하는 종의 영을 받지 아니하였고 양자의 영을 받았으므로 아바 아버지라 부르짖느니라 [16]성령이 친히 우리 영으로 더불어 우리가 하나님의 자녀인 것을 증거하시나니 [17]자녀이면 또한 후사 곧 하나님의 후사요 그리스도와 함께한 후사니 우리가 그와 함께 영광을 받기 위하여 고난도 함께 받아야 될 것이니라"

두 법이 있습니다. 죄와 사망의 법이 있고, 생명의 성령의 법이 있습니다. 죄와 사망의 법은 인간의 행위로 살아가는 것이고, 생명의 성령의 법은 예수 그리스도를 믿음으로 살아가는 것입니다. 죄와 사망의 법은 옛 언약인 율법이고, 생명의 성령의 법은 새 언약인 은혜입니다. 우리는 원래 죄와 사망의 법 아래 있었습니다. 그런데 예수님께서 십자가에서 죄와 사망의 법에서 해방시켜 주셨습니다. 해방시켜 주셨다는 것은 그 법으로부터 자유케 되었다는 것입니다.

율법은 죄와 사망의 법이고, 은혜는 의와 생명의 법입니다. 율법은 물속이고, 은혜는 물속에서 나온 뭍입니다. 물속에 있는 자는 죄와 사망의 법 아래 있고, 물속에서 끄집어냄을 입은 땅(뭍)에 속한 자는 생명의 성령의 법 아래 있습니다. 생명의 성령의 법으로 살아가는 땅 위에 사는 자에게는 죄와 사망의 법이 힘을 쓰지 못합니다. 이는 사는 동네가 다르고 적용하는 법이 다르기 때문입니다.

하나님께서 죄와 사망의 법을 폐기 처분하지 않고 그대로 두신 것은 물속에 있는 자와 땅 위에 있는 자를 구분하시기 위함입니다. 물속에 있는 자는 죄와 사망의 법에 굴복하고 살아가지만, 물속에서 건짐을 받은 땅 위에 있는 성도들은 죄와 사망의 법으로부터 자유하면서 살아가게 되기 때문입니다.

율법을 던져보면 누가 물속에 있는 자인지, 누가 땅 위에 있는 자인지 구분이 됩니다. 율법을 던져보면 물속에 있는 자와 땅 위에 있는 자는 반응이 다르게 나타납니다. 물속에 있는 자는 율법을 산 것으로 받고, 땅 위에 있는 자는 율법을 죽은 것으로 받습니다. 결국 율법이 법 아래 있는 자와 은혜 아래 있는 자를 구분하는 일을 하는 것입니다.

그런 의미에서 죄와 사망의 법인 율법은 살아 있어야 하는 것입니다. 누가 산 자이고, 누가 죽은 자인지를 드러내야 하기 때문입니다. 그래서 예수님은 천지가 없어지기 전에는 율법의 일점일획도 떨어지지 않는다고 말씀하신 것입니다. 이는 율법은 죄 아래 있는 천지와 운명을 같이한다는 뜻입니다. 율법이 죄 아래 있는 자들을 계속해서 '너희는 죄인'이라는 것을 고발해 주어야 하기 때문입니다.

죄와 사망의 법은 죽은 것이 아니고 버젓이 살아 있습니다. 다만 그리스도 예수 안에 있는 자에게는 힘을 쓰지 못할 뿐입니다. 죄와 사망의 법 아래 있는 자들에게는 살아서 힘을 쓰지만, 생명의 성령의 법 아래 있는 자들에게는 죽은 것으로 힘을 쓰지 못합니다.

이것은 마치 우리나라가 일본의 식민지로 있다가 해방을 맞이한 것과 같은 것입니다. 우리나라가 해방을 맞이하였다고 해서 일본이 사라진 것이 아닙니다. 일본은 여전히 존재하고 있습니다. 그러나 해방을 맞은 우리는 더는 일본의 눈치를 볼 필요가 없습니다. 왜냐하면 일본이 패전하여서 항복하였기 때문입니다.

진 자는 이긴 자를 다스릴 수 없습니다. 그러므로 일본은 더는 우리나라에 이래라저래라할 수 없는 것입니다. 일본의 다스림을 받을 필요가 없는 것입니다. 우리나라가 일본으로부터 해방을 맞이한 것을 알고 실제로 믿는 사람은 더는 일본을 의식하거나 두려워하지 않습니다. 만약 일본을 의식하고 두려워한다면 그 사람은 일본으로부터 해방을 맞이한 사람이 아닙니다. 일본의 눈치를 보는 사람은 여전히 일본의 식민지에 있는 것입니다.

우리는 죄와 사망의 법으로부터 해방을 맞이하였습니다. 우리의 행위로 인하여 심판당하는 것으로부터 벗어났습니다. 예수 그리스도 안에서 결코 정죄함이 없이 살아가게 되었습니다. 이 사실을 믿음으로 사는 사람을 일컬어 영을 좇아서 산다고 합니다. 영을 좇아서 사는 사람에게는 더는 죄와 사망이 그를 주장하지 못하기 때문에 안식을 누릴 수 있게 되는 것입니다.

성도는 비록 육신적으로 죄를 지었다 할지라도 구원에서 잘려나가는 정죄는 당하지 않습니다. 왜냐하면 죄와 사망의 법 아래 있지 않고 의와 생명의 법 아래 있기 때문입니다. 법 아래 있지 않고 은혜 아래 있기 때문입니다. 그러므로 우리의 행실로 인하여 결코 정죄당함 없이 안식할 수 있는 것입니다. 예수님이 죄와 사망의 법으로 사는 곳에서 생명의 성령의 법으로 사는 곳으로 옮겨 주셨기 때문입니다.

육신의 생각은 사망이고, 영의 생각은 생명과 평안입니다. 육신의 생각이란 예수 그리스도의 십자가를 믿지 않는 것입니다. 육신의 생각은 자기를 보고 살아가는 것입니다. 법으로 살아가는 것입니다. 법 아래서 자기 행위를 보면 쉼을 누릴 수가 없습니다. 구원의 즐거움을 잃어버립니다. 왜냐하면 우리 몸뚱이는 죄 아래서 태어나서 밤낮으로 죄를 생산하는 공장이기 때문입니다. 그러니 육신의 생각으로 사는 자는 죄와 사망의 권세 아래서 신음하게 되는 것입니다.

영의 생각이란 예수 그리스도의 피로 맺은 새 언약을 믿는 것입니다. 예수님께서 십자가에서 우리의 모든 죗값을 다 치러주셨다는 것을 믿는 것입니다. 예수님께서 우리를 율법 아래서 은혜 아래로 옮겨 주셨다는 것을 믿는 것입니다. 영의 생각은 내 모습을 보지 않고 예수 그리스도의 십자가 도를 믿음으로 살아가는 것입니다. 생명의 성령의 법으로 살면 어떤 환경에서도 안식할 수 있는 것입니다.

성령이 그 안에 있는 성도는 법 아래 있지 않고, 은혜 아래 있습니다. 육신에 있지 않고 영에 있습니다. 육신의 생각은 죽음이고, 영의 생각은 생명입니다. 그리스도의 영이 없는 사람은 성도가 아닙니다. 그리스도의 영이 그 안에 거하는 사람이 성도입니다. 그리스도의 영이 그 안에 거하는 사람은 영의 법으로 살아가는 것입니다.

로마서 8장을 봅시다.

롬 8:9-10 "만일 너희 속에 하나님의 영이 거하시면 너희가 육신에 있지 아니하고 영에 있나니 누구든지 그리스도의 영이 없으면 그리스도의 사람이 아니라 ¹⁰또 그리스도께서 너희 안에 계시면 몸은 죄로 인하여 죽은 것이나 영은 의를 인하여 산 것이니라"

그리스도의 영이 그 안에 거하는 사람은 비록 몸이 죄를 짓더라도 율법이 그 사람을 참소할 수 없습니다. 그러므로 죄에 대하여 죽은 것이 되는 것입니다. 죄가 아니라는 말이 아니고 정죄당하는 일은 없다는 것입니다. 왜냐하면 법 아래 있지 않고 은혜 아래 있기 때문입니다. 이것을 '영으로 산다'라고 합니다. 다른 말로 '은혜로 산다', '믿음으로 산다'라고 합니다. 믿음으로 산다는 말은 내 형편을 보지 않고 예수 그리스도의 피로 맺은 새 언약을 믿음으로 산다는 뜻입니다.

죄를 짓는 것과 정죄당하지 않는 것은 다릅니다. 정죄를 당하지 않는다는 말은 죄는 분명히 죄인데 그 죗값을 예수님이 대신 담당을 해주었기 때문에 추궁을 당하지 않는다는 뜻입니다. 그러니까 복음을 안다고 맘대로 살아도 된다고 하면 안 됩니다. 그건 복음을 악용하는 것입니다. 예수 그리스도의 죽으심을 모욕하는 것입니다. 진정으로 예수 그리스도의 십자가 죽으심의 의미를 안다고 한다면 죄를 멀리하려고 싸우는 모습으로 나타나야 하는 것입니다.

예를 들어서 부모가 고생 고생해서 학자금을 보내준다는 사실을 아는 자식이라면 더 공부를 열심히 해야 합니다. 부모가 학자금을 보내주니까 흥청망청 논다고 하면 그건 부모의 마음을 모르는 것입니다. 부모의 마음을 모르는 것은 자식이라 할 수 없습니다.

예수님께서 십자가에서 죽으신 의미를 모르는 자는 성도라 할 수 없습니다. 복음을 알았으니 맘대로 살아도 된다고 하는 자들은 성도라 할 수 없습니다. 죄는 멀리하되 정죄당하지 않고 살아야 합니다. 이 의미를 잘 새기십시오.

예수님이 십자가에서 왜 죽었나요? 자기 백성들이 지불해야 할 죗값을 치르기 위함입니다. 하나님이 우리에게서 받아야 할 죗값을 예수님에게서 대신 받으신 것입니다. 예수님에게서 받았으니 예수 안에 있는 성도에게는 죗값을 청구할 수가 없는 것입니다. 예수 안에 있는 성도는 죄에 대하여 죽은 것이 되는 것입니다. 그래서 육신대로 살지 말라고 하는 것입니다. 육신대로 살지 말라는 것은 육신의 법으로 살지 말라는 것입니다.

롬 8:12-14 "그러므로 형제들아 우리가 빚진 자로되 육신에게 져서 육신대로 살 것이 아니니라 ¹³너희가 육신대로 살면 반드시 죽을 것이로되 영으로써 몸의 행실을 죽이면 살리니 ¹⁴무릇 하나님의 영으로 인도함을 받는 그들은 곧 하나님의 아들이라"

육신의 법은 죄와 사망의 법입니다. 그런데 생명의 성령의 법이 죄와 사망의 법으로부터 우리를 해방시켜 주었습니다. 그러니까 육신의 법대로 살지 말라고 하는 것입니다. 육신의 법대로 살면 반드시 죽게 됩니다. 왜냐하면 율법은 육신의 법으로 사는 자에게는 살아서 추궁하기 때문입니다. 그러나 영의 법으로 사는 자에게는 추궁할 수 없습니다. 그래서 생명의 성령의 법으로 살면 정죄당하지 않고 산다고 하는 것입니다.

영으로서 몸의 행실을 죽이면 산다는 것은 생명의 성령의 법으로 살라는 뜻입니다. 생명의 성령의 법은 우리의 행실을 가지고 참소하지 않습니다. 생명의 성령의 법은 예수 그리스도의 의로 우리를 감싸주십니다. 생명의 성령의 법으로 사는 성도는 자신의 잘잘못으로 인하여 죽네 사네 낙심하지 않습니다. 왜냐하면 예수 안에 있는 사람에게는 율법이 더는 참소할 수 없기 때문입니다. 이렇게 율법으로부터 참소당하지 않는 자들이 하나님의 영으로 인도함받는 하나님의 아들들인 것입니다.

사망의 물속에서 올라온 뭍(땅)인 산 자들은 예수 그리스도의 것으로 살아가는 자들입니다. 예수 그리스도의 것을 믿음으로 살아가는 것이 씨 맺는 채소로 사는 것이고 각종 열매를 맺는 것입니다. 물속에서는 율법의 열매를 맺고 살았지만, 물속에서 올라온 자들은 은혜의 열매를 맺고 살아야 합니다. 율법의 열매는 사망이지만, 은혜의 열매는 생명입니다. 성도는 법 아래 있지 않고, 은혜 아래 있습니다.

은혜 아래서 법은 죽은 것입니다. 법이 더는 힘을 쓰지 못합니다. 하나님조차도 은혜 아래 있는 성도에게는 법으로 처리할 수가 없습니다. 왜냐하면 예수 그리스도의 피로 우리의 모든 죄를 도말한다는 새 언약을 맺었기 때문입니다. 새 언약은 예수 안에 있는 자는 더는 율법으로 죄를 추궁할 수 없다는 법인 것입니다.

이것은 마치 출애굽 때에 장자가 죽어가는 재앙 속에서 유월절 어린양의 피를 문에 바른 집은 죽음의 사자가 들어갈 수 없는 것과 같은 것입니다. 하나님은 어린양의 피가 발라진 집에는 들어가지 않겠다고 약속하셨기 때문입니다. 비록 그 집 안에 살인자가 살고 있다고 하여도 죽음의 사자는 그 집에 들어가서 살인자를 처벌할 수 없습니다. 왜냐하면 하나님이 어린양의 피가 발라진 집은 모든 죄를 용서하고 죽음의 재앙이 넘어가게 하겠다고 약속하셨기 때문입니다.

이것을 신약식으로 말하면 "누구든지 그리스도 예수 안에 있는 자에게는 결코 정죄함이 없다"라는 것과 같은 말씀입니다. 성도는 그 어떤 것으로도 정죄당하지 않습니다. 구원에서 잘려나가는 정죄를 당하지 않는다는 말입니다.

이렇게 말하면 "그럼 막살아도 되겠네"라고 하는 사람들이 있습니다. 원리적으로는 막살아도 정죄당하지 않습니다. 그러나 그 안에 성령이 거하는 성도는 막살 수가 없습니다. 설령 막산다고 하여도 하나님의 징계의 몽둥이가 춤을 추게 될 것입니다. 이것을 참 아들에게 행하는 징계라고 합니다.

성도 안에는 성령(예수님)이 와 계십니다. 그렇기 때문에 막살고 싶어도 막살아지지 않는 것입니다. 그런 의미에서 성도에게는 "막살아도 되겠네"라는 말은 성립이 될 수 없습니다. "막살아도 되겠네"라는 말은 간섭하는 주인이 없고 자기가 주인이라는 말입니다. 자기가 주인이기 때문에 "막살아도 되겠네"라는 말을 하는 것입니다. 자기 안에 성령이 주인으로 와 계신 성도는 "막살아도 되겠네"라는 말을 할 수 없습니다. 왜냐하면 자기 몸의 주인은 자기가 아니고 성령(예수님)이기 때문입니다.

구원이란 주인이 바뀐 것입니다. 성령이 우리 안에 주인으로 오신 것입니다. 성령이 오시기 전에는 우리가 주인으로 살았습니다. 그런데 성령이 오셔서 우리 몸은 우리 것이 아니고 예수님의 것이 되었습니다. 왜냐하면 예수님의 핏값으로 샀기 때문입니다. 왜 우리 몸을 사셨습니까? 우리 몸으로 창세전 언약을 이루기 위함입니다.

창세전 언약이 뭐라고 했나요? 그의 은혜의 영광을 찬미하는 것이라고 하였습니다. 생명의 성령의 법 아래 있는 성도는 그 은혜의 영광을 찬미하게 되어 있습니다. 성령께서 장차 천국에서 해야 하는 일을 이 세상 속에서 맛보기로 하게 하십니다. 그것이 기쁨으로, 감사함으로 그리스도의 몸 된 교회를 섬기는 것으로 나타나는 것입니다.

생명의 성령의 법으로 사는 성도는 심령에 천국을 누리고 살아가게 되는 것입니다. 하나님 나라는 먹고 마시는 물질적 가치로 사는 곳이 아닙니다. 하나님 나라는 의와 평강과 희락이라는 영적 가치로 살아가는 곳입니다. 그래서 성령이 그 안에 거하는 성도는 성령 안에서 의와 평강과 희락을 누리면서 살아가게 되는 것입니다. 장차 하나님 나라에 가서 그 은혜의 영광을 세세토록 찬미하는 일들을 이 세상의 교회 안에서 미리 맛보기로 행하는 것입니다.

신앙은 성령 안에서 의와 평강과 희락을 누리면서 하나님 나라로 살아가는 것입니다. 그래서 성도에게는 천국이 침노해 왔다고 하는 것입니다. 예수님이 하나님 나라를 자기 백성들 속으로 몰고 오신 것입니다. 성도 안에서 하나님 나라를 이루어 가시는 것입니다. 이것이 물속에서 끄집어냄을 입은 땅입니다.

물속에서 끄집어냄을 입었습니까? 그럼 예수 그리스도의 생명의 열매들을 맺으면서 살아가십시오. 그것이 땅이 맺어야 하는 하늘나라 생명의 산물들입니다. 하늘나라 생명의 산물들을 풍성하게 맺으면서 살아가는 자들이 셋째 날을 맞이한 자들입니다. 부디 셋째 날이 주는 그 영광으로 살아가시기를 주의 이름으로 축원드립니다.

7강

창세전 언약으로 본 창조와 구원 이야기

넷째 날, 해와 달과 별(창 1:14-19)

창 1:14-19 "하나님이 가라사대 하늘의 궁창에 광명이 있어 주야를 나뉘게 하라 또 그 광명으로 하여 징조와 사시와 일자와 연한이 이루라 ¹⁵또 그 광명이 하늘의 궁창에 있어 땅에 비취라 하시니 (그대로 되니라) ¹⁶하나님이 두 큰 광명을 만드사 큰 광명으로 낮을 주관하게 하시고 작은 광명으로 밤을 주관하게 하시며 또 별들을 만드시고 ¹⁷하나님이 그것들을 하늘의 궁창에 두어 땅에 비취게 하시며 ¹⁸주야를 주관하게 하시며 빛과 어두움을 나뉘게 하시니라 하나님의 보시기에 좋았더라 ¹⁹저녁이 되며 아침이 되니 이는 네째 날이니라"

만물이 예수로 말미암아 지은 바 되었습니다. 이는 만물을 가지고 예수님의 일하심을 드러내고자 함입니다. 예수님이 이 세상에 오신 것은 자기 백성들을 죄에서 구원하기 위함입니다. 모든 성경은 이 사실을 이야기해 주고 있습니다. 창세기 1장의 창조 이야기도 예수님께서 역사 속에서 자기 백성들을 죄에서 구원하는 일들을 창조라는 사건으로 말해주고 있는 것입니다.

창조란 원인에 의한 결과로 나타난 것입니다. 창조와 구원은 같은 것이므로 구원 역시 원인에 의한 결과로 주어지는 것입니다. 그 원인을 첫째 시간에 창세전 언약이라는 것으로 살펴보았습니다. 언약이 먼저이고 창조(구원)가 나중입니다. 창조는 창세전 언약에 의한 결과물입니다. 그렇다고 한다면 창조를 논하기 전에 창세전 언약을 먼저 알아야 합니다. 창세전 언약이 어떻게 되어있는지를 보면 창조가 어떻게 이루어지는지 알 수 있게 됩니다.

창조는 구원과 같다고 하였으니 우리의 구원도 언약을 알면 그 결과를 알 수 있습니다. 어떻게 구원이 주어지고, 또한 어떻게 구원이 이루어지는지 그 진행 과정도 알 수 있습니다. 구원이 시작과 끝이 있는 역사 속에서 이루어지는 것이므로 '과거-현재-

미래'라는 순서로 점진적으로 진행되며, 또한 심층적으로 이루어지게 되는 것입니다. 마치 아이가 출생하여 자라가는 것과도 같습니다.

역사 속에 생명은 모두가 씨로부터 출발합니다. 씨가 자라서 열매를 맺는 성장 과정이 있는 것입니다. 씨가 싹을 내고, 싹이 잎사귀를 내고, 잎사귀가 줄기를 내고, 줄기가 가지를 내서 열매를 맺습니다. 이 과정을 통틀어서 '생명의 자람'이라고 합니다. 우리의 구원도 이와 같습니다. 예수님도 그렇게 비유하셨습니다.

마가복음 4장을 봅시다.

막 4:26-29 "또 가라사대 하나님의 나라는 사람이 씨를 땅에 뿌림과 같으니 27저가 밤낮 자고 깨고 하는 중에 씨가 나서 자라되 그 어떻게 된 것을 알지 못하느니라 28땅이 스스로 열매를 맺되 처음에는 싹이요 다음에는 이삭이요 그다음에는 이삭에 충실한 곡식이라 29열매가 익으면 곧 낫을 대나니 이는 추수 때가 이르렀음이니라"

하나님은 농부이십니다. 하나님이 우리 안에 예수라는 씨를 심으셨습니다. 예수님이 우리 안에 씨처럼 오셨습니다. 처음에는 씨처럼 미미하지만 예수님은 시간이 흐를수록 점점 우리를 장악해 가십니다. 씨가 자라가면서 우리 몸은 씨가 품고 있는 내용의 실체를 하나둘씩 드러내는 일들을 하게 되는 것입니다.

씨는 언약과 같습니다. 언약은 씨처럼 주어집니다. 그리고 정한 기간을 따라서 성취되어 갑니다. 이를 구약 마당에서는 아브라함 언약으로 보여주었습니다. 언약이 먼저이고 후손이 나중입니다. 이스라엘은 아브라함 언약에서 나온 자들입니다. 그러므로 이스라엘은 아브라함 언약을 이루는 버려짐과 되찾음이라는 과정을 지나게 되었던 것입니다.

신약의 성도들도 마찬가지입니다. 구원이 씨로부터 출발하여 열매에 이르게 됩니다. 이를 그리스도의 충만한 분량으로 자라간다고 합니다. 이러한 모습이 창세기 1장에서는 첫째 날부터 시작에서 일곱째 날로 나아가는 창조의 모습으로 나타났습니다.

그래서 창조의 모습도 세 과정으로 진행되는 것으로 나타납니다.

첫째 과정은 갈라짐이고,
둘째 과정은 채워짐이고,
셋째 과정은 안식하심입니다.

첫째 날에서 셋째 날은 갈라내는 것으로 되어 있고,
넷째 날부터 여섯째 날까지는 채우는 것으로 되어 있으며,
일곱째 날은 안식하는 것으로 창조가 완성되는 것입니다.

이것은 우리의 구원의 여정과도 같습니다. 우리의 구원도 빼내심과 자라감과 안식으로 진행이 됩니다. 이를 '과거-현재-미래'라는 시간의 구분으로 "구원을 받았다, 구원을 이루라, 구원을 이룰 것이다"라고 말해주고 있는 것입니다.

구원은 세 단계로 진행이 됩니다.

롬 8:29-30 "하나님이 미리 아신 자들로 또한 그 아들의 형상을 본받게 하기 위하여 미리 정하셨으니 이는 그로 많은 형제 중에서 맏아들이 되게 하려 하심이니라 30도 미리 정하신 그들을 또한 부르시고 부르신 그들을 또한 의롭다 하시고 의롭다 하신 그들을 또한 영화롭게 하셨느니라"

미리 아신 자를 부르시고,
부르신 자를 의롭다 하시고,
의롭다 하신 자를 영화롭게 하십니다.

미리 아심은 과거이고,
부르시고 의롭다 하심은 현재이며,
영화롭게 하심은 미래입니다.
그러니까 구원이 세 단계를 거쳐서 이루어지게 되는 것입니다.

첫째는 죄와 사망으로부터 빼내심을 입는 것입니다.

언약적인 관점에 보면 예수님의 피로 옛 언약인 율법으로부터 해방되는 것입니다. 이는 어린양의 피로 출애굽 하는 것과 같습니다. 이것은 출생과 같이 단회적으로 주어지는 것으로 과거적인 것입니다. 출생은 시작에 불과합니다. 자람이 기다리고 있는 것입니다. 출생한 자는 건강하게 자라가야 합니다.

둘째는 의와 거룩으로의 부르심을 입는 것입니다.

언약적인 관점에서 보면 새 언약인 은혜 아래서 살아가는 것입니다. 구원은 새로운 피조물로 창조된 것입니다. 이것은 어린 양의 피로 죽음의 재앙에서 살아나서 광야로 출애굽한 것과도 같습니다. 출애굽한 자들은 광야에서 약속의 땅인 가나안으로 진행하는 과정을 지나게 됩니다. 이것은 현재 진행형으로 받은 구원을 날마다 이루어 가야 합니다. 이는 구원의 즐거움을 누려가는 것입니다.

셋째는 영화로움을 입는 것입니다.

이것은 천국에서 영원토록 살아가는 것입니다. 이는 예수님의 재림으로 주어지는 것으로서 미래적인 것입니다. 이 일을 모두 예수님이 역사 속에서 이루어 가십니다. 그래서 영생하시는 하나님이신 예수님을 일컬어 '이제도 계시고, 전에도 계셨으며 장차 오실 자'라는 역사적 인물로 말해주고 있는 것입니다. 이는 예수님은 전에도 일하셨고, 지금도 일하시고 계시며, 장차도 일을 하신다는 뜻입니다.

예수님께서 이미 시작을 하셨고, 현재 이루어 가고 계시며, 장차 이루실 것입니다. 예수님이 무슨 일을 하시나요? 자기 백성들 구원하는 일을 하십니다. 그 구원이 시작과 끝이 있는 역사 속에서 이루어집니다. 그래서 구원을 '과거-현재-미래'라는 시간의 시제로 말하고 있는 것입니다. 이것을 창조 사역에서는 '갈라냄과 채우심과 안식함'으로 보여주고 있습니다.

구원과 창조는 동의어입니다. 창조 속에 구원이 담겨 있는 것입니다. 그래서 창세기의 첫째 날부터 일곱째 날까지 이루어지는 창조의 일 속에는 예수 그리스도께서 자기 백성들을 구원하는 이야기가 담겨 있는 것입니다.

첫째 날부터 셋째 날까지는 갈라내는 창조의 일을 하셨습니다. 그리고 넷째 날부터 여섯째 날까지는 채우는 일을 하게 됩니다. 다 채워지면 일곱째 날에 모든 일을 마치고 쉬게 되는 것입니다. 이를 '천지와 만물을 다 이루니라'라고 합니다.

오늘은 넷째 날에 대하여 살펴봅니다.

첫째 날부터 셋째 날까지가 한 팀입니다. 이제 넷째 날부터 시작해서 여섯째 날까지 두 번째 팀이 이루어집니다. 첫 번째 팀은 공간을 갈라냄이었고, 두 번째 팀은 공간 속에 채우는 것입니다. 넷째 날은 채움을 입는 날입니다. 첫째 날부터 셋째 날까지 갈라냄을 입었으니, 넷째 날부터 여섯째 날까지 채움을 입는 일들이 일어나게 되는 것입니다. 이를 아이로 보면 성장하는 것입니다.

구원의 시작은 빼내심으로부터 출발합니다. 이를 사망에서 생명으로 옮겨졌다고 합니다. 율법에서 은혜로 옮겨진 것입니다. 채우기 위하여 옮긴 것입니다. 사망에서 생명으로 옮긴 것은 생명을 채우기 위함입니다. 율법에서 은혜로 옮긴 것은 법은 제하고 은혜는 채우기 위함입니다.

그래서 예수님께서 우리 안에 오셔서 하늘의 것으로 채우는 일을 하시는 것입니다. 신앙생활은 옛것은 제하고 새것으로 채움을 입는 것입니다. 법은 제하고 은혜를 채우고, 땅의 것을 제하고 하늘의 것으로 채우고, 인간의 의는 제하고 예수 그리스도의 의를 심는 일을 하십니다.

성경은 짝으로 되어 있습니다.

빛과 어둠은 짝입니다. 사망과 생명은 짝입니다. 천국과 지옥은 짝입니다. 하늘과 땅은 짝입니다. 율법과 은혜는 짝입니다. 옛 언약과 새 언약은 짝입니다. 구약과 신약은 짝입니다. 육과 영은 짝입니다. 옛사람과 새사람은 짝입니다. 신자와 불신자는 짝입니다. 빼내심과 채우심은 짝입니다. 하나님은 짝을 가지고 일을 해가십니다. 그래서 창조의 사건도 짝으로 나타난 것입니다.

창조 6일도 서로 짝으로 되어 있습니다.

첫째 날과 넷째 날이 짝이고,
둘째 날과 다섯째 날이 짝이며,
셋째 날과 여섯째 날이 짝이 됩니다.

첫째 날은 "빛이 있으라"입니다. 이는 빛이 세상에 오심을 말합니다. 빛이 오심으로 하나의 세상이었던 것이 빛과 어둠이라는 두 세상으로 갈라짐이 일어나게 된 것입니다. 빛을 낮이라 하고 어둠을 밤이라 칭하였습니다. 참 빛이 오셔서 흑암 속에서 빛의 아들들을 불러내었습니다. 참 빛이 옴으로 어둠의 세계에 있던 빛의 아들들이 출현하게 된 것입니다. 이것이 넷째 날 해와 달과 별의 창조로 나타났습니다.

둘째 날은 궁창을 중심으로 궁창 윗물과 궁창 아래 물의 갈라짐입니다. 이것이 다섯째 날 바다에는 각종 고기로 채우시고, 하늘에는 각종 새로 채우는 것으로 나타났습니다. 궁창 아래에는 각종 고기로 채우시고, 궁창 위에는 각종 새들로 채우신 것입니다.

셋째 날은 물속에서 뭍(마른 땅)을 끄집어내서 바다와 땅을 분리합니다. 이것은 여섯째 날 짐승과 사람의 창조로 나타났습니다. 바다는 땅을 상징하고, 물속에서 나온 뭍(마른 땅)은 하늘을 상징합니다. 땅을 육이라고 하고, 하늘을 영이라고 합니다. 땅의 기운으로 살아가는 자를 육에 속하였다고 하는데 이를 짐승이라고 하고, 하늘의 기운으로 살아가는 자를 영에 속하였다고 하는데 이를 사람이라고 합니다.

첫째 날과 넷째 날이 짝이고,

둘째 날과 다섯째 날이 짝이며,
셋째 날과 여섯째 날이 서로 짝이 되어서 나타난 것입니다.

첫째 날, 둘째 날, 셋째 날은 천지라는 공간을 만든 날이고,
넷째 날, 다섯째 날, 여섯째 날은 천지 속에 만물을 채운 날입니다.
공간 속에 채움이 다 이루어진 것이 '천지와 만물을 다 이루니라'가 됩니다.
그리하여 일곱째 날에 모든 것을 다 마치시고 안식하게 되는 것입니다.

그럼 넷째 날을 살펴봅니다.

창 1:14-19 "하나님이 가라사대 하늘의 궁창에 광명이 있어 주야를 나뉘게 하라 또 그 광명으로 하여 징조와 사시와 일자와 연한이 이루라 [15]또 그 광명이 하늘의 궁창에 있어 땅에 비취라 하시니 (그대로 되니라) [16]하나님이 두 큰 광명을 만드사 큰 광명으로 낮을 주관하게 하시고 작은 광명으로 밤을 주관하게 하시며 또 별들을 만드시고 [17]하나님이 그것들을 하늘의 궁창에 두어 땅에 비취게 하시며 [18]주야를 주관하게 하시며 빛과 어두움을 나뉘게 하시니라 하나님의 보시기에 좋았더라 [19]저녁이 되며 아침이 되니 이는 넷째 날이니라"

첫째 날 '빛이 있으라'는 예수님이 이 세상에 오심을 의미한다고 하였습니다. 둘째 날 궁창으로 위 세상과 아래 세상을 나누심은 예수님의 십자가로 하늘 백성과 땅의 백성으로 나누어짐을 의미한다고 하였습니다. 셋째 날 물속에서 뭍(마른 땅)을 끄집어내신 것은 예수님이 무덤 속에 있는 자기 백성들을 끄집어내심을 의미한다고 하였습니다.

이러한 순서로 예수님의 일하심을 본다면, 넷째 날은 예수님께서 부활하신 후의 일하심의 모습이 되는 것입니다. 예수님이 부활하시고 무슨 일을 하셨나요? 성령으로 새로운 창조의 일을 하십니다. 자기 백성들을 성령으로 거듭나게 하여서 새로운 피조물로 창조하는 일입니다. 성령으로 거듭난 성도들을 일컬어 '하늘 백성'이라고 합니다. 이것을 넷째 날 궁창의 해와 달과 별을 창조하는 것으로 보여주었습니다.

넷째 날에 궁창의 해와 달과 별을 창조하신 것은 예수님께서 성령으로 오셔서 일하신 사건을 말해주고 있음이 됩니다. 성령의 오심으로 새로운 시대가 열리게 되었습니다. 성령으로 새로운 백성들이 생겨난 것입니다. 이를 '영적 이스라엘'이라고 합니다. 성령으로 거듭난 자들을 '빛의 아들들'이라고 합니다.

빛의 아들들이 모인 곳을 일컬어 '교회'라고 합니다. 교회는 천국을 예표합니다. 위의 궁창인 것입니다. 어둠 속에 빛의 나라가 생기게 된 것입니다. 마치 깜깜한 밤에 해와 달과 별이 생긴 것과 같습니다. 성령의 오심으로 새로운 사람과 새로운 나라가 생긴 것입니다.

이렇게 되면 기존의 혈통적 이스라엘 백성들은 가짜가 되는 것입니다. 물론 육적 이스라엘이라는 나라도 가짜가 되는 것입니다. 혈통으로 난 자는 구약의 이스라엘이고, 성령으로 거듭난 사람은 신약의 이스라엘입니다. 구약 시대에는 아브라함의 혈통에서 난 자들이 하나님의 백성이었습니다. 신약 시대에는 예수 그리스도로 난 자들이 하나님의 백성인 것입니다.

예수님이 아브라함의 실상으로 오신 것입니다. 예수님으로부터 난 자들은 영적 이스라엘이 되는 것입니다. 영적 이스라엘은 하나님의 창조의 방식인 성령으로 낳는 것으로 나타나는 것입니다. 그래서 오순절 성령 강림으로 새로운 이스라엘이 생겨났습니다. 이들을 영적 이스라엘이라고 합니다.

구약에서는 육적 이스라엘이었지만 신약에서는 영적 이스라엘입니다. 육적 이스라엘은 아브라함이 조상이지만, 영적 이스라엘은 예수님이 조상입니다. 구약은 육의 시대라고 하고, 신약은 영의 시대라고 합니다. 육은 땅이고, 영은 하늘입니다. 그래서 성령으로 거듭나는 것을 위로부터 난다고 합니다.

위로부터 난다는 말은 하늘로부터 난다는 뜻입니다. 그래서 성도들을 하늘로부터 난 자들이라고 합니다. 하늘로부터 난 자들의 모임을 교회라고 합니다. 성령 강림으로 어둠의 나라에 하늘의 빛의 나라가 세워진 것입니다. 이것이 넷째 날 궁창에 빛인 해와 달과 별의 창조로 나타난 것입니다.

하나님은 넷째 날에 궁창에 해와 달이라는 두 광명을 창조하였습니다. 광명을 히브리어를 '마오르'(מאור)라고 하는데, 이를 직역하면 '참 빛으로부터 온 것'이라는 뜻입니다. 즉, '참 빛을 받은 자들', '참 빛을 소유한 자들'이라는 뜻입니다. 직역하면 '참 빛으로부터 난 자들'이라는 말입니다.

참 빛이란 첫째 날의 원초적인 빛을 말합니다. 첫째 날 참 빛으로 낳은 자들이 넷째 날 궁창의 해와 달과 별이라는 빛으로 나타난 것입니다. 넷째 날 창조된 궁창의 빛은 성령 강림으로 생겨난 교회와 성도들을 말합니다. 예수 그리스도를 통해서 새로운 피조물로 창조된 영적 이스라엘이 궁창의 빛입니다.

예수님이 성령으로 오심으로 영적 이스라엘이 출현하게 되었습니다. 이제부터 영적 이스라엘을 중심으로 새로운 세계가 나누어지게 됩니다. 영적 이스라엘은 하늘에 속한 자이고, 육적 이스라엘은 땅에 속한 자가 되는 것입니다. 영적 이스라엘이 바로 하늘에 있는 빛인 해와 달과 별인 것입니다. 다니엘은 이들을 궁창의 해같이 빛나는 자들이라고 하였습니다.

잘 보시면 첫째 날에 빛이 나타납니다. 넷째 날에도 빛이 나타납니다. 첫째 날 빛은 빛 그 자체입니다. 원 빛입니다. 이를 참 빛이라고 합니다. 넷째 날 빛은 참 빛으로부터 나온 복사 빛입니다. 그러니까 첫째 날 빛은 원본이고, 넷째 날 빛은 복사본 빛이 되는 것입니다.

요한복음 1장에서 예수님의 오심을 참 빛이 세상에 왔다고 하였습니다. 참 빛이라는 말은 거짓 빛을 전제로 하는 말입니다. 거짓 빛은 무엇인가요? 예수님이 참 빛이니까 빛을 의인화하면 사람이 됩니다. 참 빛이신 사람은 예수님입니다. 그래서 예수님을 인자라고 합니다.

인자란 사람의 아들이라는 뜻입니다. 이는 예수님만이 참 사람이라는 뜻입니다. 사람은 하나님의 형상을 입은 자입니다. 죄인인 아담으로부터 난 자들에게는 하나님의 형상이 없습니다. 그러므로 이 땅에서 난 자들은 참 사람이 아닌 것입니다. 가짜 사람입니다. 이를 짐승이라고 합니다.

하나님은 가짜 사람들 중에서 이스라엘을 하나님의 백성이라고 칭하였습니다. 칭하였다는 말은 실상은 아닌데 간주해 주셨다는 뜻입니다. 예수님이 오시기 전에는 구약의 이스라엘이 하나님의 백성으로 간주되었습니다. 이는 장차 참 하나님 백성이 오기까지 그림자로서 하나님 백성 노릇을 한 것입니다. 이를 기능적 이스라엘이라고 합니다.

때가 차매 하나님이 참 아들을 보냈습니다. 그분이 바로 예수님입니다. 그래서 예수님을 인자라고 하는 것입니다. 예수님이 하나님의 참 아들로 나타나자 그동안 하나님의 아들 행세를 한 육적 유대인들은 가짜로 드러나게 된 것입니다. 하나님은 거룩한 분입니다. 거룩한 하나님의 아들은 의인이라야 합니다. 의인이란 죄가 없는 사람을 말합니다.

모든 인간은 죄인인 아담의 후손입니다. 아담의 후손은 모두가 다 죄인입니다. 하나님께 아담의 후손 중에서 아브라함을 선택하십니다. 그리고 그의 후손들을 어린양의 피 안에서 의롭다 여겨 주십니다. 이들이 유월절 어린양의 피로 출애굽 한 구약의 이스라엘인 것입니다. 실제로는 의롭지 않은데 어린양의 피 안에서 의롭다고 여겨 주신 것입니다.

이 사실을 알게 하려고 죄를 지으면 흠 없는 제물로 제사를 지내라고 하신 것입니다. 이스라엘은 제사를 지내면서 자신들은 실제로 의롭지 않은데 흠 없는 제물이 자신들의 죄를 대신 담당해 줌으로써 의롭다 여김을 받는다는 것을 알아야 했습니다. 그러라고 하나님이 제사 제도를 주신 것입니다.

그런데 이스라엘이 오해한 것입니다. 자기들이 의로운 자라고 착각한 것입니다. 그래서 예수님이 초림으로 오셨을 때 유대인들은 율법을 지킨 것으로 자칭 의로운 자라고 하였던 것입니다. 유대인들은 율법 지킴을 가지고 의로운 자 행세를 하였습니다. 자기들만 의인이고 다른 사람들은 전부 불의한 자라고 하였습니다.

스스로 빛으로 행세한 것입니다. 이에 예수님이 오셔서 '내가 의인이고 너희는 죄인'이라고 알려주십니다. '내가 참 빛이고 너희는 가짜 빛'이라고 하십니다. '내가 참 사람이고, 너희는 가짜 사람'이라고 하는 것입니다. '내가 참 하나님의 아들이고, 너희는 가짜 하나님 아들'이라고 하십니다.

예수님의 출현으로 졸지에 유대인들은 가짜로 드러나고 만 것입니다. 예수님이 참 빛으로 나타나자 유대인들은 가짜 빛으로 드러나고 만 것입니다. 예수님이 참 하나님의 아들로 나타나자 유대인들은 가짜 하나님의 아들이라는 것으로 드러나게 된 것입니다.

예수님은 참 하나님의 아들을 낳는 일을 하십니다. 예수 안에서 하나님의 아들들이 생겨나게 되었습니다. 새로운 빛의 아들들이 출현하게 된 것입니다. 이들을 영적 이스라엘이라고 합니다. 영적 이스라엘은 하늘에 속한 빛의 아들들입니다.

참 빛으로 난 자들이 빛의 아들들입니다. 이들이 넷째 날 궁창의 빛인 해와 달과 별들입니다. 창조의 첫째 날 빛은 세상에 생명(빛)을 공급해 주는 참 빛이신 예수님을 상징하고, 창조의 넷째 날 하늘의 빛은 예수님으로부터 생명(빛)을 받은 성도들을 상징합니다.

두 가지 빛이 있습니다.

스스로 빛을 발하는 빛과 빛을 받아서 발하는 복사 빛이 있습니다. 스스로 발하는 빛을 '발광체'라고 하고, 빛을 받아서 발하는 빛을 발암체라고 합니다. 참 빛이신 예수님은 스스로 빛을 발하는 분이십니다. 참 빛이신 예수님으로부터 난 성도들은 예수님의 빛을 받아서 밝히는 복사 빛입니다. 이들이 넷째 날 하늘에 있게 된 빛인 해와 달과 별들입니다.

여기서 잠깐 해와 달과 별을 통해서 첫째 날 빛과 넷째 날 빛을 살펴봅시다. 넷째 날 빛은 첫째 날 빛으로부터 나온 자들입니다. 이 모습을 넷째 날 속에 해와 달과 별로 두셨습니다. 첫째 날 빛은 스스로 발하는 발광체라고 하였습니다. 그럼 넷째 날 속에도 첫째 날 빛과 같은 역할을 하는 스스로 빛을 발하는 빛이 있어야 합니다. 그것이 해(태양)로 나타난 것입니다. 해는 스스로 빛을 발하는 발광체입니다. 이것은 첫째 날 빛을 상징하고 있습니다.

넷째 날의 해는 첫째 날 빛을 상징한다고 하였으니까 넷째 날에도 첫째 날의 빛을 상징하는 해로부터 빛을 받아서 발하는 빛이 있어야 합니다. 그것이 달과 별인 복사 빛들입니다. 달과 별은 해로부터 빛을 받아서 발하는 복사 빛입니다.

이것을 예수님과 성도의 관계로 해석해 보세요. 그럼 넷째 날의 해는 예수님을 상징하고, 달과 별은 교회와 성도들을 상징하게 되는 것입니다. 예수님은 해와 같이 참 빛이고, 교회와 성도는 달과 별처럼 복사 빛인 것입니다. 그러니까 넷째 날의 해와 달과 별은 예수님과 교회와 성도들을 보여주는 그림인 것입니다. 해는 예수님을 상징하고, 달은 교회를 상징하고, 별은 성도들을 상징하고 있는 것입니다.

예수님이 이 세상에 참 빛으로 오셨습니다. 예수님은 그 빛을 자기 백성들에게 비추셨습니다. 그러자 빛의 아들들이 생겨나기 시작한 것입니다. 빛의 아들들이 모인 곳을 교회라고 합니다. 이 모습을 넷째 날에 해와 달과 별로 보여주고 있습니다. 이 세상은 죄 아래 있는 흑암과 혼돈의 공허한 세상, 죽은 어둠의 세상입니다.

하나님은 어두운 세상에 예수라는 참 빛을 보내셨습니다. 이는 빛의 아들들을 낳고자 함입니다. 빛의 아들들을 일컬어 하나님의 아들들이라고 합니다. 하나님은 빛이십니다. 그럼 하나님의 아들도 빛입니다. 하나님의 아들이 예수 그리스도입니다. 그래서 예수 그리스도를 참 빛이라고 합니다. 참 빛이신 예수 그리스도를 통해서 난 자들도 빛의 아들들인 것입니다. 참 하나님의 아들로 난 자들이 참 하나님의 아들들입니다.

구약의 아브라함은 참 하나님의 아들이 아니고 가짜 하나님의 아들입니다. 그러니까 아브라함에게서 난 자들은 가짜 하나님의 아들들인 것입니다. 신약의 예수님이 참 하나님의 아들입니다. 그래서 예수님으로 부터 난 자들이 참 하나님의 아들들이 되는 것입니다. 참 빛이신 예수님께서 성도들에게 그 빛을 비추기 시작하였습니다. 그러자 빛의 아들들이 생겨나기 시작하였습니다.

고린도후서 4장을 봅시다.

고후 4:6 "어두운 데서 빛이 비취리라 하시던 그 하나님께서 예수 그리스도의 얼굴에 있는 하나님의 영광을 아는 빛을 우리 마음에 비춰셨느니라"

성령이 임하자 빛의 아들들이 생겨나기 시작하였습니다. 하나님은 빛의 아들들을 세상이라는 어둠으로부터 격리시키셨습니다. 이를 교회라고 합니다. 교회를 일컬어 '그리스도의 몸'이라고 하는 것은 예수 그리스도로부터 나온 자들이 모인 곳이기 때문입니다.

교회는 빛의 아들들이 모인 곳입니다. 교회는 어둠이라는 죄와 사망으로부터 빠져나온 빛의 아들들이 모인 빛의 동네인 것입니다. 이를 낮이라고 합니다. 예수님은 교회와 성도들을 이 세상에 빛의 아들로 두셨습니다. 교회와 성도들은 참 빛이신 예수 그리스도를 증거하여야 합니다. 이를 '증인'이라고 합니다.

시편 기자는 달을 증인이라고 하였습니다.

시 89:37 "또 궁창의 확실한 증인 달같이 영원히 견고케 되리라 하셨도다 (셀라)"

달은 해를 증거하는 증인인 것입니다. 자기가 비추는 빛은 자기 것이 아니고 해로부터 받은 것이라는 것을 알려주어야 하는 증인입니다. 성경에서는 달을 교회로 비유하고 있습니다. 교회는 세상에 하나님 나라가 있음을 알려주는 증인인 것입니다. 히브리서에서는 성도들을 일컬어 '하늘의 허다한 증인'이라고 하였습니다. 그 증인의 첫째가 바로 예수 그리스도이십니다.

히브리서 12장을 봅시다.

히 12:1-2 "이러므로 우리에게 구름같이 둘러싼 허다한 증인들이 있으니 모든 무거운 것과 얽매이기 쉬운 죄를 벗어 버리고 인내로써 우리 앞에 당한 경주를 경주하며 ²믿음의 주요 또 온전케 하시는 이인 예수를 바라보자 저는 그 앞에 있는 즐거움을 위하여 십자가를 참으사 부끄러움을 개의치 아니하시더니 하나님 보좌 우편에 앉으셨느니라"

예수님이 증인이고 그에게서 나온 자들도 증인입니다. 무엇을 증거하는 증인입니까? 하나님 나라와 예수 그리스도를 증거하는 증인입니다. 성령이 임하면 예수 그리스도의 증인이 된다고 하였습니다. 성령으로 거듭난 성도들은 하나님 나라를 증거할 증인으로 서 있는 것입니다.

사도행전 1장과 요한복음 14장을 봅시다.

행 1:8 "오직 성령이 너희에게 임하시면 너희가 권능을 받고 예루살렘과 온 유대와 사마리아와 땅끝까지 이르러 내 증인이 되리라 하시니라"

요 14:26 "보혜사 곧 아버지께서 내 이름으로 보내실 성령 그가 너희에게 모든 것을 가르치시고 내가 너희에게 말한 모든 것을 생각나게 하시리라"

성령은 예수 그리스도의 이름으로 오십니다. 성령이 예수 그리스도의 이름으로 오신다는 것은 성령이 임하면 예수 그리스도를 증거하는 증인으로 살아가게 된다는 뜻입니다. 예수 그리스도가 참 빛입니다. 그러면 성령을 받은 성도도 빛이 되는 것입니다. 그래서 사도들을 온 세상으로 보내서 이방에 비취는 빛을 삼았다고 하는 것입니다.

행 13:47 "주께서 이같이 우리를 명하시되 내가 너를 이방의 빛을 삼아 너로 땅끝까지 구원하게 하리라 하셨느니라"

엡 5:8 "너희가 전에는 어두움이더니 이제는 주 안에서 빛이라 빛의 자녀들처럼 행하라"

벧전 2:9 "너희를 어두운 데서 불러내어 그의 기이한 빛에 들어가게 하신 자의 아름다운 덕을 선전하게 하려 하심이라"

증인은 보고 들은 것을 증거해야 합니다. 예수 그리스도는 자신의 증거를 교회와 성도들에게 주셨습니다. 성령이 오셔서 예수 그리스도부터 보고 듣고 배운 것을 세상에 알리라고 합니다. 이것이 어두운 세상을 비추는 해와 달과 별이 해야 하는 일들입니다.

요한1서 1장을 봅니다.

요일 1:1-3 "태초부터 있는 생명의 말씀에 관하여는 우리가 들은 바요 눈으로 본 바요 주목하고 우리 손으로 만진 바라 ²이 생명이 나타내신 바 된지라 이 영원한 생명을 우리가 보았고 증거하여 너희에게 전하노니 이는 아버지와 함께 계시다가 우리에게 나타내신 바 된 자니라 ³우리가 보고 들은 바를 너희에게도 전함은 너희로 우리와 사귐이 있게 하려 함이니 우리의 사귐은 아버지와 그 아들 예수 그리스도와 함께함이라"

사도 요한은 태초부터 있는 생명의 말씀에 관하여 말합니다. 태초부터 있는 생명의 말씀이 육신을 입고 이 세상에 오셨습니다. 그분이 바로 예수 그리스도입니다. 예수 그리스도는 제자들에게 나타내신 바 되었습니다. 그래서 사도 요한은 태초부터 있던 생명의 말씀을 눈으로 보았고 손으로 만졌고 귀로 들었다고 하는 것입니다.

이 편지를 쓰는 것은 자신이 보고 듣고 만진 바를 증거하여서 이 증거를 받는 자들로 하여금 사귐을 갖게 하고자 함이라고 합니다. 이 말은 세상 속에 자기처럼 태초부터 있던 생명의 말씀을 눈으로 보고 귀로 듣고 손으로 만진 바 된 자들이 있다는 뜻입니다. 그들에게 이 편지를 쓰고 있는 것입니다. 지금 우리가 그들인 것입니다. 사도 요한이 말한 태초부터 있던 생명의 말씀을 우리가 경험하고 있는 것입니다.

해와 달과 별은 빛을 세상에 비추는 일을 해야 합니다. 즉, 태초부터 있던 생명의 말씀을 증거해야 하는 것입니다. 성령이 임하면 땅끝까지 이르러 예수의 증인이 된다고 하셨습니다. 성령이 임하면 성경 속의 예수님을 실제로 경험하게 됩니다. 이는 성경 속의 구원 이야기를 나의 이야기로 듣고 믿게 된다는 뜻입니다. 그래서 예수님은 "너희 빛을 등경 위에 두어서 사람들에게 비추라"고 하신 것입니다.

마태복음 5장을 봅시다.

마 5:14-16 "너희는 세상의 빛이라 산 위에 있는 동네가 숨기우지 못할 것이요 [15]사람이 등불을 켜서 말 아래 두지 아니하고 등경 위에 두나니 이러므로 집 안 모든 사람에게 비취느니라 [16]이같이 너희 빛을 사람 앞에 비취게 하여 저희로 너희 착한 행실을 보고 하늘에 계신 너희 아버지께 영광을 돌리게 하라"

빛은 어둠을 밝히기 위함입니다. 어둠은 빛에 대하여 소경입니다. 빛의 아들들인 성도들도 예수 그리스도를 만나기 전에는 소경이었습니다. 예수를 만나서 눈을 뜨게 되었습니다. 예수를 만나서 하나님 나라를 보게 되었습니다. 예수 그리스도가 구원자라는 것을 알게 된 것입니다. 이제 예수 그리스도 안에 생명이 있음을 세상에 증거해야 하는 것입니다.

하나님은 두 광명으로 땅을 비추게 하고 낮과 밤을 주관케 하셨습니다.

해는 낮을 주관케 하셨고, 달은 밤을 주관케 하셨습니다. '주관하게 하셨다'라는 의미의 히브리어 '마샬'(משׁל)이라는 말은 '지배하다, 다스리다'라는 뜻입니다. 주관한다는 말은 다스린다는 뜻입니다. 해는 예수 그리스도를 상징합니다. 그럼 예수 그리스도가 주관하는 낮은 누구인가요? 빛의 아들들이 모인 교회입니다. 해는 낮을 주관한다고 하였습니다. 그러므로 낮인 빛의 아들들은 해이신 예수 그리스도의 다스림을 받아야 하는 것입니다.

예수님이 빛의 아들들을 다스리는 것입니다. 빛의 아들들이 모인 곳이 교회입니다.

그래서 빛의 아들들이 모인 교회를 예수 그리스도의 몸이라고 하면서 예수 그리스도는 교회의 머리라고 하는 것입니다. 몸은 머리의 지시로 살아갑니다. 이렇게 머리의 지시로 살아가는 것을 순종이라고 합니다. 빛의 아들들이 모인 교회는 예수 그리스도에게 순종하고 살아가게 되는 것입니다.

달은 밤을 주관케 하셨습니다. 달에게 밤을 주관케 하셨다는 것은 예수 그리스도로 구원받은 빛의 아들들은 어둠인 이 세상에서 빛의 아들로 살아가야 한다는 말입니다. 빛의 아들로 살아가는 것이 달이 밤을 주관하는 것입니다.

골로새서 3장을 봅시다.

골 3:1-2 "그러므로 너희가 그리스도와 함께 다시 살리심을 받았으면 위엣 것을 찾으라 거기는 그리스도께서 하나님 우편에 앉아 계시느니라 ²위엣 것을 생각하고 땅엣 것을 생각지 말라"

그리스도와 함께 살리심을 받았기 때문에 위의 것을 찾으라고 합니다. 이는 너희는 하늘의 사람이니까 하늘의 것을 구하라는 것입니다. 육적인 가치로 살지 말고 영적인 가치관으로 살아가라고 합니다. 빛의 아들들은 하늘에 속하였으므로 하늘의 가치관으로 살아가야 하는 것입니다.

예수님은 땅의 것을 구하지 말고 하늘의 것을 구하라고 하였습니다. "무엇을 먹을까, 무엇을 마실까, 무엇을 입을까 구하지 말라. 이러한 것들은 이방인들이 구하는 것이다"라고 하십니다. "너희는 오직 그의 나라와 그의 의를 구하라"고 하셨습니다.

교회는 하늘에 속하였습니다. 교회는 세상 위에 있기 때문에 음부의 권세가 이기지 못합니다. 음부의 권세란 땅의 권세입니다. 그러므로 교회는 세상 가치가 자리 잡지 못하게 하여야 합니다. 이것이 세상을 주관하는 것입니다.

하나님은 해와 달을 통해서 징조와 사시와 일자와 연한을 이루게 하셨습니다.

'징조'를 히브리어로 '오트'(אות)라고 하는데, 이는 시대를 알리는 표징을 말합니다. '사시'(四時)는 히브리어로 '모에드'(מועד)인데, 이는 '지정하다', '고정하다'라는 뜻으로서 하나님이 정한 때를 말합니다. '일자'(日子)와 '연한'(年限)이란 징조와 사시를 연과 날로 순환케 하신 것을 말합니다. 쉬운 말로 교회는 하나님의 시간표와 같다는 뜻입니다.

하나님은 교회를 통해서 역사의 경점을 알려주고 계십니다. 역사는 유한한 것으로 시작과 끝이 있습니다. 시작한 날이 있으면 끝나는 날이 있는 것입니다. 역사 속의 시간은 정해진 때를 향하여서 시간을 삭제시키면서 나아가고 있습니다. 그 정한 때는 하나님이 주관하고 하나님이 정한 때를 교회에 알려주셨습니다. 그래서 교회를 일컬어 '만대로부터 감추인 하나님의 비밀을 맡은 곳'이라고 하는 것입니다.

교회도 역사 속에 존재합니다. 역사 속에 존재한다는 것은 교회도 시작과 끝이 있다는 뜻입니다. 예수님이 오심으로 교회가 시작되었고, 예수님이 재림을 하시면 교회의 끝이 이르게 됩니다. 시작할 때는 시작의 모습이 있고, 끝날 때는 끝의 모습이 있는 것입니다.

하나님께서 역사를 운행하시는 것은 마치 농부가 농사를 짓는 것과도 같습니다. 씨를 뿌릴 때가 있고 추수할 때가 있습니다. 계절이 씨를 뿌릴 때인지 추수할 때인지 알려줍니다. 농부는 계절을 통해서 뿌리고 거두는 일을 합니다.

역사의 시작을 씨를 뿌리는 시기라고 한다면, 역사의 종말은 추수하는 때입니다. 씨를 뿌릴 때와 추수 할 때의 계절이 다르듯이, 역사 시작의 때와 역사의 종말의 모습도 다른 것입니다. 시작할 때는 시작할 때의 모습이 있고, 끝이 날 때는 종말의 모습이 있는 것입니다. 이러한 것을 하나님은 교회를 통해서 알려주십니다. 세상 속의 교회는 세상의 때를 알려주는 시간표와 같은 것입니다.

하나님은 교회의 모습 속에 역사가 어느 경점에 와 있는지, 때를 담아 놓았습니다.

교회의 모습 속에 세상 모습을 담아 놓은 것입니다. 그래서 세상 역사는 교회의 시간표에 따라서 그 모습을 달리하면서 흘러가게 되는 것입니다. 이것을 요한계시록에서 아시아의 일곱 교회를 통해서 알려주셨습니다.

아시아의 일곱 교회의 모습은 역사의 시대상을 보여주는 시간표와 같습니다. 마치 계절이 봄에는 씨를 뿌리고, 여름에는 농사를 짓고, 가을에는 추수하라고 알려주듯이 교회의 모습을 통해서 시대의 때를 알려주는 것입니다.

교회를 보면 세상을 알게 되고, 세상을 알면 교회를 알게 됩니다. 교회는 세상의 거울이고, 세상은 교회의 거울입니다. 이것을 사회현상론이라고 하는데, 다른 말로 '징조'라고 합니다. 마치 단풍이 물들면 가을이라는 것을 알듯이, 교회와 세상의 모습을 보면 역사의 때를 알 수 있습니다.

아시아의 일곱 교회는 역사적인 의미에서 신약 교회의 전 역사를 말해주고 있습니다. 일곱 교회를 가지고 초대교회에서부터 종말교회의 모습을 말해주고 있습니다. 일곱 교회는 각 시대를 알려주고 있습니다. 하나님은 그 시대의 모습을 일곱 교회에 담아 놓으셨습니다. 그러므로 그 시대 교회의 모습을 보면 그 시대가 어느 때인지를 알 수 있는 것입니다.

아시아의 일곱 교회에 보낸 편지는 교회마다 편지의 내용이 다릅니다. 이는 각 교회에 보낸 편지마다 그 시대상을 담고 있기 때문입니다. 그러므로 일곱 교회는 이 세상이 어떤 시대인지를 알려주는 시간표와 같은 것입니다. 아시아의 일곱 교회 속에는 신약의 때를 알려주는 모습이 담겨 있습니다. 세상은 에베소 교회로부터 시작하여서 서머나, 버가모, 두아디라, 사데, 빌라델비아, 라오디게아 교회 모습으로 진행됩니다.

1. 에베소 교회
에베소 교회는 교회가 세워지는 초대교회 시대를 상징하는 내용이 담겨 있습니다.

2. 서머나 교회

서머나 교회는 로마의 박해로 인하여 일어나는 순교 시대를 상징하는 내용이 담겨 있습니다.

3. 버가모 교회

버가모 교회 속에는 교회가 로마의 국교가 되는 시대를 상징하는 내용이 담겨 있습니다.

4. 두아디라 교회

두아디라 교회 속에는 교회가 로마 국교가 되면서 극심하게 타락하는 중세 암흑시대를 상징하는 내용이 담겨 있습니다.

5. 사데 교회

사데 교회 속에는 로마 가톨릭에서 종교개혁이 일어나는 개혁교회 시대를 상징하는 내용이 담겨 있습니다.

6. 빌라델비아 교회

빌라델비아 교회 속에는 개혁교회의 복음이 온 세상에 퍼져나가는 선교 시대를 상징하는 내용이 담겨 있습니다.

7. 라오디게아 교회

라오디게아 교회 속에는 예수님이 재림하시기 전 종말의 교회 시대를 상징하는 내용이 담겨 있습니다.

구약 교회는 예수님의 초림으로 끝이 났습니다. 신약 교회는 예수님의 재림으로 끝이 나게 됩니다. 이것을 에베소 교회로부터 시작해서 라오디게아 교회로 끝나는 것으로 담아 놓았습니다. 에베소 교회는 초대교회를 상징하고 있으며, 라오디게아 교회는 예수님의 재림하기 직전의 종말 교회를 상징하고 있습니다. 그러므로 라오디게아 교회의 모습 속에는 종말의 시대상도 들어 있는 것입니다. 예수님은 이것을 징조라고 하셨습니다.

마태복음 24장을 봅시다.

마 24:1-14 "예수께서 성전에서 나와서 가실 때에 제자들이 성전 건물들을 가리켜 보이려고 나아오니 ²대답하여 가라사대 너희가 이 모든 것을 보지 못하느냐 내가 진실로 너희에게 이르노니 돌 하나도 돌 위에 남지 않고 다 무너뜨리우리라 ³예수께서 감람산 위에 앉으셨을 때에 제자들이 종용히 와서 가로되 우리에게 이르소서 어느 때에 이런 일이 있겠사오며 또 주의 임하심과 세상 끝에는 무슨 징조가 있사오리이까 ⁴예수께서 대답하여 가라사대 너희가 사람의 미혹을 받지 않도록 주의하라 ⁵많은 사람이 내 이름으로 와서 이르되 나는 그리스도라 하여 많은 사람을 미혹케 하리라 ⁶난리와 난리 소문을 듣겠으나 너희는 삼가 두려워 말라 이런 일이 있어야 하되 끝은 아직 아니니라 ⁷민족이 민족을, 나라가 나라를 대적하여 일어나겠고 처처에 기근과 지진이 있으리니 ⁸이 모든 것이 재난의 시작이니라 ⁹그때에 사람들이 너희를 환난에 넘겨주겠으며 너희를 죽이리니 너희가 내 이름을 위하여 모든 민족에게 미움을 받으리라 ¹⁰그때에 많은 사람이 시험에 빠져 서로 잡아 주고 서로 미워하겠으며 ¹¹거짓 선지자가 많이 일어나 많은 사람을 미혹하게 하겠으며 ¹²불법이 성하므로 많은 사람의 사랑이 식어지리라 ¹³그러나 끝까지 견디는 자는 구원을 얻으리라 ¹⁴이 천국 복음이 모든 민족에게 증거되기 위하여 온 세상에 전파되리니 그제야 끝이 오리라"

예수님께서 타락한 예루살렘 성전을 척결하시고 나와서 감람산에 이릅니다. 그리고는 때가 이르면 예루살렘 성전이 완전히 멸망 당할 것을 말씀하십니다. 그러자 제자들이 "성전이 멸망 당할 때와 더 나아가서 이 세상 끝에는 어떤 징조들이 일어나겠습니까?"라고 묻습니다.

징조란 현상을 말합니다. 제자들이 "종말에는 어떤 현상들이 일어납니까?"라고 물은 것입니다. 이에 예수님께서 세상의 모습들을 가지고 알려주십니다. 세상 끝이 되면 이러이러한 일들이 사회적으로 만연하게 일어나게 될 것이라고 하십니다.

그 첫 번째 징조로 거짓 그리스도들이 많이 일어난다고 합니다. 이것은 이단들이 창궐한다는 뜻입니다. 어느 시대이고 이단들은 항상 있었습니다. 그러나 종말이 되면 우후죽순처럼 많이 일어나게 된다고 합니다.

이단이 무엇입니까? 하나님의 말씀을 왜곡하는 자들입니다. 이단들이 창궐한다는 것은 하나님의 말씀이 도적질당한다는 뜻입니다. 인간들이 자기 마음대로 성경을 해석하여서 하나님의 뜻을 왜곡시켜서 성도들로 하여금 타락하게 한다는 뜻입니다.

마치 예수님 초림 때 예루살렘 성전이 장사하는 곳과 강도의 소굴이 되었듯이, 종말에도 거짓 종들이 교회를 비즈니스 모임 장소로 전락시켜 놓을 것을 말해주고 있습니다. 교리적으로는 인본주의가 교회 안에서 진리로 둔갑을 하여서 성도들을 미혹하게 된다는 뜻입니다.

요한계시록 6장에서도 이 사실을 말해주고 있습니다.

계 6:1-8 "내가 보매 어린양이 일곱 인 중에 하나를 떼시는 그때에 내가 들으니 네 생물 중에 하나가 우뢰 소리같이 말하되 오라 하기로 ²내가 이에 보니 흰 말이 있는데 그 탄 자가 활을 가졌고 면류관을 받고 나가서 이기고 또 이기려고 하더라 ³둘째 인을 떼실 때에 내가 들으니 둘째 생물이 말하되 오라 하더니 ⁴이에 붉은 다른 말이 나오더라 그 탄 자가 허락을 받아 땅에서 화평을 제하여 버리며 서로 죽이게 하고 또 큰 칼을 받았더라 ⁵세째 인을 떼실 때에 내가 들으니 세째 생물이 말하되 오라 하기로 내가 보니 검은 말이 나오는데 그 탄 자가 손에 저울을 가졌더라 ⁶내가 네 생물 사이로서 나는 듯하는 음성을 들으니 가로되 한 데나리온에 밀 한 되요 한 데나리온에 보리 석 되로다 또 감람유와 포도주는 해치 말라 하더라 ⁷네째 인을 떼실 때에 내가 네째 생물의 음성을 들으니 가로되 오라 하기로 ⁸내가 보매 청황색 말이 나오는데 그 탄 자의 이름은 사망이니 음부가 그 뒤를 따르더라 저희가 땅 사분 일의 권세를 얻어 검과 흉년과 사망과 땅의 짐승으로써 죽이더라"

어린양이 하나님의 손에 있는 일곱 인으로 봉한 책을 취합니다. 그리고 그 인을 하나씩 뗍니다. 그러자 말들이 뛰기 시작합니다. 말들이 뛸 때마다 이 세상에서 다양한 사건들이 일어납니다. 이것은 하나님께서 역사의 운행을 어린양에게 맡기셨다는 뜻입니다. 어린양이신 예수님은 아버지로부터 받은 책에 기록된 대로 역사를 운행하십니다.

책은 역사의 시나리오입니다. 역사의 시간표는 이미 정해져 있습니다. 마치 드라마의 시나리오와 같습니다. 시나리오는 첫 회에서부터 마지막 회까지 진행되는 과정이 있습니다. 이 세상 역사도 그러합니다. 하나님이 정한 때에 따라서 그 시대상이 드러나게 되는 것입니다.

요한계시록은 광의적인 의미에서는 모든 시대에 적용되는 말씀입니다. 그러나 예언적인 의미에서는 종말에 일어날 일을 담고 있습니다. 예수님이 승천하시고 성령 강림으로 교회가 세워지면서부터 종말은 시작되었습니다. 하지만 점진적이면서도 심층적으로 전개가 되어갑니다.

이 세상의 역사는 마치 꽃이 몽우리로부터 시작하여서 서서히 피어서 만개되다가 지는 것처럼 진행되어 가는 것입니다. 사람의 몸이 서서히 늙어가듯이 교회의 타락도 하루아침에 타락하는 것이 아니고 서서히 타락하여 가는 것입니다. 어느 시대이고 징후들은 있어 왔습니다.

마태복음 24장의 세상의 징조들은 늘 있어 왔습니다. 그러다가 예수님의 재림이 가까워지면서 그 모습이 만개되어 나타나게 되는 것입니다. 모든 징조가 동시다발적으로 복합적으로 일어나게 될 것입니다. 마태복음 24장은 요한계시록의 축소판과도 같습니다. 종말의 징조들을 말해주고 있는 것입니다. 그 첫째가 거짓 그리스도의 출현입니다.

요한계시록 6장에서도 그 첫째가 적그리스도의 출현입니다. 흰 말은 적그리스도를 상징하고 있습니다. 적그리스도가 출현하면 진리가 변질됩니다. 진리가 변질되면 성도들의 신앙은 자연히 타락의 길로 나아가게 되어 있습니다. 그래서 흰 말 다음에 붉은 말이 나타나는 것입니다.

붉은 말은 전쟁을 상징합니다. 적그리스도 세력이 나타나면 반드시 진리와 비진리의 전쟁이 일어나게 되어 있습니다. 영적 전쟁이 일어나는 것입니다. 이것을 마태복음 24장에서는 민족이 민족을, 나라가 나라를 대적하는 전쟁이 일어나는 것으로 말씀해 주고 있습니다.

이단이 나타나면 반드시 교인과 교인끼리 싸우고, 교회와 교회끼리 싸우는 전쟁이 일어나게 됩니다. 작게는 성도들끼리 다툼이 일어나고, 크게는 교회끼리 싸우게 되는 것입니다. 마귀는 항상 하나님의 말씀을 변개시키는 것으로 하나님을 대적하여 왔습니다.

이 시대는 교회마다 뱀의 말이 홍수를 이루고 있습니다. 인본주의 신앙이 창궐하고 있습니다. 예수 그리스도의 의는 사라지고 인간의 의가 난무하고 있습니다. 마치 예수님의 초림 때 유대인들이 율법의 의로 교회를 강도의 굴혈로 만들었듯이, 이 시대도 거짓 종들이 인간의 의로 예수 그리스도의 의를 가려서 세상 종교로 전락시키고 있는 것입니다.

전쟁이 일어나면 그다음에 따라오는 것이 기근입니다. 그래서 붉은 말 다음에 검은 말이 나타나는 것입니다. 검은 말은 기근을 말합니다. 마태복음 24장에서도 민족이 민족을, 나라가 나라를 대적하면 처처에 기근과 지진이 일어난다고 하였습니다.

적그리스도 세력이 창궐하면 하나님의 말씀이 사라지게 되어 있습니다. 말씀의 기근이 닥치게 되는 것입니다. 거짓 종들이 참 하나님의 말씀을 전하는 종들을 이단으로 매도하기 때문입니다. 악화가 양화를 구축하는 일들이 일어나게 되는 것입니다.

전쟁이 나면 기근이 오고, 기근이 오면 온갖 질병들이 창궐하게 됩니다. 그래서 검은색 말 뒤에 청황색 말이 나타나는 것입니다. 청황색 말은 각종 질병과 사망을 일으킵니다. 이것을 마태복음 24장에서는 사람들이 서로 미워하고 죽이는 일들이 일어난다고 하였습니다. 하나님의 말씀의 기근이 오면 영적 질병들이 나타나게 됩니다. 교인들은 귀가 가려워서 자기 사욕을 좇아 스승들을 찾아갑니다. 이는 교인들이 자기가 듣고 싶어 하는 말만 듣고자 한다는 것입니다.

이 시대는 수많은 말씀이 인터넷으로 유튜브에서는 홍수를 이루고 있습니다. 말씀들이 마치 백화점에 진열된 상품처럼 있습니다. 자기가 듣고 싶은 것을 찾아서 들으면 됩니다. 각자의 취향에 따라 골라잡으면 됩니다. 교인들은 자기가 듣고 싶어 하는 말을 하는 목사를 찾아다닙니다. 그러다 보니 성경적 신앙에서 이탈하여 거짓 종들의 철학과 헛된 속임수로 공교하게 지은 말에 미혹 당하여서 병든 신앙을 갖게 되는 것입니다. 거짓 종들은 귀에 달콤한 말로 미혹하는 것입니다.

요한계시록 18장을 봅시다.

계 18:2-5 "힘센 음성으로 외쳐 가로되 무너졌도다 무너졌도다 큰 성 바벨론이여 귀신의 처소와 각종 더러운 영의 모이는 곳과 각종 더럽고 가증한 새의 모이는 곳이 되었도다 ³그 음행의 진노의 포도주를 인하여 만국이 무너졌으며 또 땅의 왕들이 그로 더불어 음행하였으며 땅의 상고들도 그 사치의 세력을 인하여 치부하였도다 하더라 ⁴또 내가 들으니 하늘로서 다른 음성이 나서 가로되 내 백성아, 거기서 나와 그의 죄에 참예하지 말고 그의 받을 재앙들을 받지 말라 ⁵그 죄는 하늘에 사무쳤으며 하나님은 그의 불의한 일을 기억하신지라"

종말의 타락한 교회를 '음녀'라고 합니다. 음녀란 여러 남자와 상간하는 여자를 말합니다. 교회의 남편은 예수 그리스도입니다. 교회는 오직 예수 그리스도의 의만 있어야 합니다. 그런데 종말의 교회들은 예수 그리스도를 믿음으로 주어진 의가 아닌 인간의 행함으로 난 다른 의를 가지고 있는 것입니다. 이것을 '음행의 포도주'라고 합니다. 포도주는 포도주인데 음행의 포도주인 것입니다.

음행이란 예수 그리스도의 의를 버리고 인간의 의를 붙잡는 것을 말합니다. 이름하여 뱀 사상인 인본주의 신앙을 말합니다. 그래서 종말의 교회를 각종 더러운 영들이 모이는 귀신의 처소가 되었다고 하는 것입니다.

이 시대 교회를 보세요. 별 희한한 신학과 신앙들이 난무하고 있습니다. 교회마다 각종 프로그램이라는 인본주의 사상이 판을 치고 있습니다. 기복주의와 신비주의가 난무하고 있습니다. 그러다 보니 교인들의 신앙생활이 무당 푸닥거리하듯이 하는 것입니다.

그래서 하나님께서 "내 백성아 거기서 나오라"고 하십니다. 그들의 죄에 참예하지 말라고 하십니다. 이 모습이 요한계시록 11장에서 두 증인들이 굵은 베옷을 입고 타락한 교회에 들어가서 다시 예언하는 일들로 나타나는 것입니다.

계 10:7-11, 11:1-3 "일곱째 천사가 소리 내는 날 그 나팔을 불게 될 때에 하나님의 비밀이 그 종 선지자들에게 전하신 복음과 같이 이루리라 ⁸하늘에서 나서 내게 들리던 음성이 또 내게 말하여 가로되 네가 가서 바다와 땅을 밟고 섰는 천사의 손에 펴 놓인 책을 가지라 하기로 ⁹내가 천사에게 나아가 작은 책을 달라 한즉 천사가 가로되 갖다 먹어버리라 네 배에는 쓰나 네 입에는 꿀같이 달리라 하거늘 ¹⁰내가 천사의 손에서 작은 책을 갖다 먹어버리니 내 입에는 꿀같이 다나 먹은 후에 내 배에서는 쓰게 되더라 ¹¹저가 내게 말하기를 네가 많은 백성과 나라와 방언과 임금에게 다시 예언하여야 하리라 하더라 ¹¹:¹또 내게 지팡이 같은 갈대를 주며 말하기를 일어나서 하나님의 성전과 제단과 그 안에서 경배하는 자들을 척량하되 ²성전 밖 마당은 척량하지 말고 그냥 두라 이것을 이방인에게 주었은즉 저희가 거룩한 성을 마흔두 달 동안 짓밟으리라 ³내가 나의 두 증인에게 권세를 주리니 저희가 굵은 베옷을 입고 일천이백육십 일을 예언하리라"

하나님께서 두 증인들에게 작은 책을 먹이십니다. 에스겔 2장을 보면 그 책의 내용은 애가와 애곡과 재앙의 말입니다. 심판의 내용인 것입니다.

겔 2:8-10 "인자야 내가 네게 이르는 말을 듣고 그 패역한 족속같이 패역하지 말고 네 입을 벌리고 내가 네게 주는 것을 먹으라 하시기로 ⁹내가 보니 한 손이 나를 향하여 펴지고 그 손에 두루마리 책이 있더라 ¹⁰그가 그것을 내 앞에 펴시니 그 안팎에 글이 있는데 애가와 애곡과 재앙의 말이 기록되었더라"

두 증인들이 굵은 베옷을 입은 것은 회개를 촉구하는 일을 한다는 것입니다. 회개란 인간의 의를 버리고 예수 그리스도의 의를 붙잡는 것입니다. 그래서 다시 예언하라고 합니다. '다시 예언하라'란 말은 과거에 하던 그 예언을 하라는 것입니다. 사도들이 무슨 예언을 하였나요? 예수 그리스도의 십자가 도입니다.

오순절에 성령이 임하고 초대교회가 세워집니다. 날마다 교회에 모여서 하나님의 은혜에 감사하고 예수 그리스도의 피 흘리심으로 주신 구원의 즐거움을 찬양하였습니다. 예수 그리스도의 의만 자랑하였습니다. 그런데 시간이 흐르면서 마귀가 교회에 인본주의 신앙을 심기 시작하였습니다. 이것을 갈라디안식 신앙이라고 합니다. 이 시대로 말하면 인본주의 성화주의자들입니다.

갈라디안식 신앙이란 '예수 믿기+율법 지킴=온전한 신앙'이라는 등식의 신앙입니다. 지금 식으로 말하면 예수를 믿어서 구원받고 하나님 말씀을 지켜서 온전해지고 의로워지자고 하는 것입니다. 이것은 예수 그리스도의 의에 인간의 의를 섞는 것입니다.

이를 '혼합주의'라고 하고, '음행'이라고 합니다. 그래서 종말의 교회를 음행의 포도주를 마시고 취한 타락한 음녀라고 하는 것입니다. 이 시대의 인본주의 사고로 세워지는 교회는 음행의 포도주로 취한 음녀들입니다.

이러한 때에 두 증인들이 외칩니다. 엘리야와 세례 요한처럼 회개를 촉구하게 됩니다. 강력한 하나님의 말씀을 가지고 타락한 신앙에서 돌이키게 하는 일을 하는 것입니다. 마치 손에 낫을 들고 곡식을 추수하듯이 교회 안에서 참과 거짓을 갈라내는 일을 하게 됩니다.

이 모습은 구약에서부터 줄곧 있어 왔던 것입니다. 아합 왕 시절에 거짓 선지자들이 바알과 아세라로 미혹하여서 백성들의 신앙을 여호와를 떠나도록 하였습니다. 이때 엘리야가 이스라엘 백성들에게 둘 사이에서 머뭇거리지 말고 돌이키라고 외칩니다. 이것이 구약의 끝인 말라기 선지자가 활동하는 때까지 이르게 됩니다.

구약의 마지막 선지자인 말라기는 하나님께서 엘리야를 보내신다고 하였습니다. 엘리야가 와서 백성들의 마음을 하나님께로 돌이키게 한다고 하였습니다. 예수님의 초림 때 세례 요한이 엘리야의 심령과 능력으로 와서 강력하게 회개를 촉구합니다.

예수님의 재림 때에도 두 증인들이 엘리야의 능력과 심정으로 와서 강력하게 회개하라고 촉구하게 됩니다. 종말의 두 증인들이 엘리야의 능력과 심정으로 일을 한다는 것은 종말 때 교회의 영적 상태가 구약의 아합 왕 때와 같다는 뜻입니다. 또한 예수님의 초림 때 강도의 굴혈이 된 성전과도 같은 것입니다.

모두가 거짓 하나님을 믿고 있는 것입니다. 아합 왕 시절에 백성들은 거짓 하나님을 믿었습니다. 거짓 선지자들이 바알과 아세라를 하나님이라고 가르쳤기 때문입니다. 백성들이 쉽게 넘어간 것은 바알과 아세라가 이 땅에 복을 준다고 했기 때문입니다.

이 시대 교회들이 예수 잘 믿으면 땅의 복을 받는다고 가르치고 있습니다. 교인들이 복 주는 예수를 믿고 있는 것입니다. 예수님은 이 땅에서 빼내려고 오셨는데, 거짓 종들은 이 땅에 정착하라고 합니다. 그래서 두 증인들이 땅에 거하는 자들과 한 판 싸움을 하게 되는 것입니다.

교회사라는 시간표로 이 시대 교회의 모습을 보면 바로 종말의 타락한 교회의 모습을 보여주고 있습니다. 라오디게아 교회는 마지막 시대 교회의 모습을 보여주고 있는 것입니다. 예수님이 재림하시기 전의 교회 모습을 말해주고 있습니다. 라오디게아 교회의 모습이 어떤가요?

요한계시록 3장을 봅시다.

계 3:14-22 "라오디게아 교회의 사자에게 편지하기를 아멘이시요 충성되고 참된 증인이시요 하나님의 창조의 근본이신 이가 가라사대 ¹⁵내가 네 행위를 아노니 네가 차지도 아니하고 더웁지도 아니하도다 네가 차든지 더웁든지 하기를 원하노라 ¹⁶네가 이같이 미지근하여 더웁지도 아니하고 차지도 아니하니 내 입에서 너를 토하여 내치리라 ¹⁷네가 말하기를 나는 부자라 부요하여 부족한 것이 없다 하나 네 곤고한 것과 가련한 것과 가난한 것과 눈먼 것과 벌거벗은 것을 알지 못하도다 [18]내가 너를 권하노니 내게서 불로 연단한 금을 사서 부요하게 하고 흰옷을 사서 입어 벌거벗은 수치를 보이지 않게 하고 안약을 사서 눈에 발라 보게 하라 [19]무릇 내가 사랑하는 자를 책망하여 징계하노니 그러므로 네가 열심을 내라 회개하라 [20]볼찌어다 내가 문 밖에 서서 두드리노니 누구든지 내 음성을 듣고 문을 열면 내가 그에게로 들어가 그로 더불어 먹고 그는 나로 더불어 먹으리라 [21]이기는 그에게는 내가 내 보좌에 함께 앉게 하여 주기를 내가 이기고 아버지 보좌에 함께 앉은 것과 같이 하리라 [22]귀 있는 자는 성령이 교회들에게 하시는 말씀을 들을찌어다"

　예수님이 진단한 모습은 차지도 않고 덥지도 않다고 합니다. 이것은 믿는 것도 아니고, 안 믿는 것도 아니라는 것입니다. 신자도 아니고 불신자도 아니라는 것입니다. 이 모습이 바로 노아 시대 하나님의 아들과 사람의 딸이 하나가 되어서 낳은 네피림의 모습입니다.

　네피림이란 거인족을 말하는데 이는 자기 힘을 의지하고 살아가는 자들을 말합니다. 이 모습이 바로 라오디게아 교회처럼 스스로 '나는 부자라 부요하여 부족한 것이 없다'고 하는 것으로 나타난 것입니다.

　자아도취에 빠져 있는 것입니다. 자기 것으로 만족하고 있는 것입니다. 자기 의에 사로잡혀서 자긍하고 자족하고 자만하고 자랑하고 자위하고 자고하고 있는 것입니다. 이것은 마치 인간의 힘으로 하늘에 닿자고 하던 바벨탑과 같은 것입니다. 그런데 하나님이 너무나 역겨워서 입에서 토하여 낸다고 하십니다.

　이것은 이사야 1장의 모습과 같습니다. 하나님이 꼴도 보기 싫다고 하면서 다시는 내게 제사하지 말라고 하십니다. 성전 마당만 밟을 뿐이라고 하십니다. 말라기는 이러한 것을 절기의 똥을 얼굴에 처바른다고 하였습니다. 이는 그들의 신앙이 똥과 같다는 뜻입니다.

　똥이란 양분이 없는 껍데기를 말합니다. 이것을 외식이라고 합니다. 예수님이 초림 때 구약 교회를 보고 외식하는 자들이라고 하였습니다. 바리새인들은 외식 신앙으로 가득했습니다. 자기 의에 사로잡혀서 영광을 받고 있었습니다. 스스로 '나는 부자라 부요하여 부족한 것이 없다'고 하였습니다. 예수님은 이들을 보고 '독사의 자식들'이라고 하였습니다.

왜 자기 의로 치장한 자들을 '독사 새끼'라고 할까요? 이는 마귀적 신앙으로 치장하고 있었기 때문입니다. 마귀는 인간의 의로 예수 그리스도의 의를 가리는 일을 합니다. 이를 인본주의 신앙이라고 합니다. 인본주의 신앙이 왜 무서운가 하면, 예수님의 십자가를 가리기 때문입니다. 예수님의 죽음을 헛것으로 만들기 때문입니다.

인간의 의로 예수 그리스도의 의를 가리게 되면 인간들은 자기가 죄인인 줄 모르게 됩니다. 자기가 죄인인 줄 모르면 예수님의 죽음을 헛되게 하는 것입니다. 그러면 신앙생활은 취미생활로 전락하게 됩니다.

결국 교회가 인간의 의를 인정하는 세상 종교의 놀이터가 되고 마는 것입니다. 예수님의 눈에 비친 라오디게아 교회는 차마 눈으로 볼 수 없을 정도입니다. 곤고하고 가련하고 가난하고 눈멀고 벌거벗고 있습니다. 이것은 이사야 선지자가 바라본 외식으로 가득한 유다와 예루살렘의 모습과 같은 것입니다.

이사야 1장을 봅시다.

사 1:1-15 "유다 왕 웃시야와 요담과 아하스와 히스기야 시대에 아모스의 아들 이사야가 유다와 예루살렘에 대하여 본 이상이라 ²하늘이여 들으라 땅이여 귀를 기울이라 여호와께서 말씀하시기를 내가 자식을 양육하였거늘 그들이 나를 거역하였도다 ³소는 그 임자를 알고 나귀는 주인의 구유를 알건마는 이스라엘은 알지 못하고 나의 백성은 깨닫지 못하는도다 하셨도다 ⁴슬프다 범죄 한 나라요 허물진 백성이요 행악의 종자요 행위가 부패한 자식이로다 그들이 여호와를 버리며 이스라엘의 거룩한 자를 만홀히 여겨 멀리하고 물러갔도다 ⁵너희가 어찌하여 매를 더 맞으려고 더욱더욱 패역하느냐 온 머리는 병들었고 온 마음은 피곤하였으며 ⁶발바닥에서 머리까지 성한 곳이 없이 상한 것과 터진 것과 새로 맞은 흔적뿐이어늘 그것을 짜며 싸매며 기름으로 유하게 함을 받지 못하였도다… ¹⁰너희 소돔의 관원들아 여호와의 말씀을 들을찌어다 너희 고모라의 백성아 우리 하나님의 법에 귀를 기울일찌어다 ¹¹여호와께서 말씀하시되 너희의 무수한 제물이 내게 무엇이 유익하뇨 나는 수양의 번제와 살진 짐승의 기름에 배불렀고 나는 수송아지나 어린양이나 숫염소의 피를 기뻐하지 아니하노라 ¹²너희가 내 앞에 보이러 오니 그것을 누가 너희에게 요구하였느뇨 내 마당만 밟을 뿐이니라 ¹³헛된 제물을 다시 가져오지 말라 분향은 나의 가증히 여기는 바요 월삭과 안식일과 대회로 모이는 것도 그러하니 성회와 아울러 악을 행하는 것을 내가 견디지 못하겠노라 ¹⁴내 마음이 너희의 월삭과 정한 절기를 싫어하나니 그것이 내게 무거운 짐이라 내가 지기에 곤비하였느니라 ¹⁵너희가 손을 펼 때에 내가 눈을 가리우고 너희가 많이 기도할찌라도 내가 듣지 아니하리니 이는 너희의 손에 피가 가득함이니라"

하나님은 이사야를 통해서 이스라엘의 외식 신앙을 신랄하게 책망합니다. 책망의 내용은 이스라엘은 한마디로 주인을 몰라보는 자로서 짐승만도 못하다는 것입니다. 그리하여 머리부터 발끝까지 성한 데가 없다고 합니다. 얼마나 타락을 하였으면 소돔과 고모라 백성이라고 할까요.

이스라엘은 절기 때마다 열심히 모였습니다. 정성껏 제사도 드렸습니다. 그런데 그 모임과 제사가 자기 의를 치장하는 것으로 나타난 것입니다. 모이면 모일수록 자기 자랑이 쌓이고, 제물을 바치면 바칠수록 자기 의가 쌓인 것입니다.

이것은 예수님이 바라본 바리새인들의 신앙과 같은 것입니다. 바리새인들의 신앙을 한마디로 하면 외식입니다. 마음에도 없는 신앙생활을 한 것입니다. 예수님은 이를 "이 백성은 입술로는 나를 존경하나 마음은 내게서 멀도다"라고 하였습니다.

외식이란 사람의 눈을 의식하여서 드리는 것입니다. 외식하는 이유는 그것으로 인하여 자기가 영광을 받기 때문입니다. 바리새인들은 열심과 충성이 많으면 많을수록 자기 의로 충만해졌습니다. 바리새인들은 율법 지킴을 힘으로 삼았습니다. 이 모습은 예수님께서 재림하실 때 나타날 종말의 교회를 상징하는 라오디게아 교회의 모습과 동일한 것입니다.

구약의 이스라엘은 이사야를 통해서 강하게 책망하였고, 예수님 초림 때 바리새인들은 세례 요한을 통해서 강하게 책망하였고, 예수님의 재림 때 귀신의 처소가 된 음녀 교회는 두 증인들이 강하게 책망하는 것입니다.

어느 시대이고 항상 시대 말에는 극심한 타락이 나타났습니다. 라오디게아 교회가 바로 외식으로 가득하였습니다. 스스로 '나는 부자라 부요하여 부족한 것이 없다'고 하면서 자만하였습니다. 그래서 예수님께서 강력하게 주문을 하십니다. 불로 연단한 금을 사서 부요하게 하고, 안약을 사서 눈에 발라 보라고 하십니다. 그리고 흰옷을 사서 입고 수치를 가리라고 하십니다. '너희들이 나를 전부 문밖으로 쫓아냈다'고 하십니다.

참 종들이 외치는 말씀을 듣고 돌이키라고 하십니다. '내 음성을 들으라'고 하십니다. 성령이 교회들에게 하시는 말씀을 들으라고 하십니다. 성령이 무슨 말을 할까요? 인간의 의를 버리고 예수 그리스도의 의를 붙잡으라고 합니다.

이를 회개라고 합니다. 회개하면 함께 먹고 마시게 된다고 합니다. 예수 그리스도의 피와 살을 먹게 된다고 합니다. 예수 그리스도의 피와 살을 먹어야 하나님 보좌에 앉게 됩니다. 예수님이 재림하시면 이들을 데리고 천년왕국에서 왕 노릇 하게 해주시는 것입니다.

교회와 세상의 경계가 무너지고 나니까, 시대의 타락이 교회의 타락을 몰고 온 것입니다. 교회의 타락상은 시대의 때를 알려주는 시간표입니다. 그래서 교회와 성도를 상징하는 해와 달과 별을 징조와 사시와 연한을 이루는 역사의 시간을 알리는 좌표로 두신 것입니다.

지금은 예수님이 오실 때가 가까운 때입니다. 모든 만물이 신음하고 있습니다. 들리는 것마다 상한 탄식의 소리뿐입니다. 인간이기를 거부하는 일들이 지구 도처에서 일어나고 있습니다. 만물이 종말의 징후들을 쏟아내고 있습니다. 종교도 썩었고, 인간도 썩었고, 사회도 썩었습니다.

정치, 경제, 사회, 문화 등 모든 것들이 썩은 냄새를 풍기고 있습니다. 몸이 늙으면 죽음의 그림자들을 토해내듯이 이 세상도 그 끝이 다다랐음을 각양의 사건과 사고들로 종말의 징조들을 쏟아내고 있는 것입니다. 이를 사회 현상론이라고 합니다. 사회가 썩으면 교회도 썩고, 교회가 썩으면 사회도 썩게 되어 있습니다.

지금은 영적으로 흑암이 깊은 때입니다. 흑암이 깊다는 것은 예수님이 오실 때가 가까이 왔다는 뜻입니다. 예수님의 초림은 구약 교회가 가장 타락하였을 때입니다. 그래서 흑암에 앉은 백성들이 빛을 보게 되었다고 하였습니다.

예수님의 재림도 마찬가지입니다. 예수님의 초림 때와 같은, 교회가 가장 타락한 영적 흑암일 때입니다. 예수님의 초림 때 하늘의 별이 동방 박사들을 예수 그리스도에게로 인도하였듯이, 예수님의 재림 때도 하늘에 속한 종들이 하늘의 별이 되어서 하나님의 백성들을 다시 오실 예수님에게로 인도하여야 합니다.

살전 5:5 "너희는 다 빛의 아들이요 낮의 아들이라 우리가 밤이나 어두움에 속하지 아니하나니"

롬 13:12 "밤이 깊고 낮이 가까왔으니 그러므로 우리가 어두움의 일을 벗고 빛의 갑옷을 입자"

시대의 말은 항상 타락이었습니다. 어둠이었습니다. 우리 모두 하늘에 떠 있는 별이 되어서 어두운 땅을 비추어야 하는 것입니다. 지금이 어떤 때인지 시대를 알려주어야 합니다. 영적 깊은 잠에 빠진 자들을 깨우는 광야의 외치는 자의 소리로 살아가야 합니다.

이것이 하늘에 떠 있는 해와 달과 별이 해야 할 일들입니다. 내가 어디서 와서, 무엇을 하다가, 어디로 가는지 자기 정체성을 회복하시길 바랍니다. 그리하여 세상을 이기고 살아가시기를 주의 이름으로 축원드립니다.

8강

창세전 언약으로 본 창조와 구원 이야기

다섯째 날, 바다의 고기와 궁창의 새 (창 1:20-23)

창 1:20-23 "하나님이 가라사대 물들은 생물로 번성케 하라 땅 위 하늘의 궁창에는 새가 날으라 하시고 ^{21}하나님이 큰 물고기와 물에서 번성하여 움직이는 모든 생물을 그 종류대로, 날개 있는 모든 새를 그 종류대로 창조하시니 하나님의 보시기에 좋았더라 ^{22}하나님이 그들에게 복을 주어 가라사대 생육하고 번성하여 여러 바다물에 충만하라 새들도 땅에 번성하라 하시니라 ^{23}저녁이 되며 아침이 되니 이는 다섯째 날이니라"

예수님께서 친히 모든 성경은 자신에 대한 이야기라고 말씀하셨습니다. 예수님이 이 세상에 예수라는 이름으로 오신 것은 자기 백성들을 저희 죄에서 건져주시기 위함입니다. 그러므로 성경의 모든 내용이 예수 그리스도께서 자기 백성들을 죄에서 구원하는 구속사인 것입니다. 이 사실을 창조 사역 속에 담아 놓았습니다. 그래서 창조 기사가 구원의 서정과 같이 갈라내고 채우고 안식하는 것으로 기술하고 있는 것입니다.

창세기 1장의 창조 사역을 보면 "천지와 만물을 다 이루니라"라고 합니다. 이 말은 천지 속에 만물을 가득 채웠다는 의미입니다. 이를 "천지와 만물을 다 이루니라"고 합니다. 그리고 일곱째 날에 안식하십니다. 이것은 집을 짓고 그 안에 살림살이들을 가득 채우고 집들이를 하는 것과도 같습니다. 그리고 난 후에 온 가족이 모여서 평화롭게 살아갑니다.

이것을 창조의 세 텀으로 보여주고 있는 것입니다.

첫째 텀은 갈라내는 것이고,
둘째 텀은 채우는 것이고,
셋째 텀은 안식하는 것입니다.

첫째 텀은 첫째 날부터 셋째 날까지입니다.

첫째 날은 빛과 어둠을 갈라내고, 둘째 날은 궁창 위와 궁창 아래로 갈라내고, 셋째 날은 바다와 땅을 갈라내셨습니다. 이 일을 예수님이 육체로 오셔서 하셨습니다. 예수님이 참 빛으로 오셔서 빛의 아들들과 어둠의 아들들을 분리하셨습니다.

이를 십자가에 달리셨을 때 좌우의 두 강도를 통해서 보여주셨습니다. 한 강도는 구원을 받았고, 한 강도는 심판을 받았습니다. 둘 다 강도입니다. 그런데 예수님에 의해서 천국과 지옥으로 갈라지는 심판을 당하였습니다. 이것은 예수님의 과거적 사역입니다.

둘째 텀은 넷째 날부터 여섯째 날까지입니다.

넷째 날은 하늘에 해와 달과 별로 채우시고, 다섯째 날은 궁창 위는 각종 새들로 채우시고 바다는 각종 물고기들로 채우십니다. 여섯째 날은 땅에서 살아갈 짐승과 하늘에서 살아갈 사람을 만드십니다. 이것은 예수님이 부활하신 후 성령으로 성도들 안에 오셔서 이루시는 현재적 사역을 말합니다.

예수님이 부활 후 승천하시고 오순절 날이 이르자 성령이 강림합니다. 성령이 임하자 새로운 시대가 열리게 되었습니다. 성령이 예수님의 십자가 사건을 세상에 알리기 시작합니다. 그러자 성령으로 거듭난 하늘에 속한 빛의 아들들이 출현하게 됩니다.

이들이 모인 곳을 교회라고 하고, 교회를 일컬어 예수 그리스도의 몸이라고 합니다. 그래서 예수님을 교회의 머리라고 하는 것입니다. 교회는 어둠의 나라인 이 세상에서 빛의 아들들이 모여서 살아가는 하나님 나라입니다.

예수님은 어둠의 세상 속에서 빛의 아들들인 자기 백성들을 찾아내십니다. 찾아냄을 당한 자들을 교회로 부르시고, 부르신 그들에게 하늘의 것으로 채우시는 일을 하십니다. 이를 예수 그리스도의 충만한 분량으로 자라간다고 합니다. 이것은 예수님이 성령으로 성도들 안에 오셔서 행하시는 일입니다.

셋째 텀은 일곱째 날로서 천지와 만물을 다 이루시고 안식하는 것입니다.

이것은 장차 예수님이 재림하시면 천년왕국에서 안식할 것을 말해주고 있습니다. 미래적 사역입니다. 이렇게 되면 창조의 첫째 날부터 마지막 일곱째 날까지는 모두가 예수님께서 역사 속에서 이루어 가는 구속사가 되는 것입니다.

첫째 날부터 일곱째 날까지를 모두 예수님이 하십니다. 이를 예수님의 삼중직으로 말해주었습니다. 예수님에게는 세 가지 직임이 있습니다. 그것은 선지자와 제사장과 왕입니다. 선지자직은 육체적 사역으로서 십자가에서 자기 백성들을 죄와 사망에서 건져내신 것입니다. 제사장직은 성령으로 오셔서 성도들 안에서 하늘의 신령한 것으로 채우시고 하나님의 아들로 자라가게 하는 사역을 말합니다. 그리고 왕직은 장차 재림하여서 만왕의 왕으로서 다스리는 사역을 말합니다.

선지자직은 과거적 사역이고,
제사장직은 현재적 사역이며,
왕직은 미래적 사역입니다.

신앙은 현재적인 것입니다. 오늘을 살아가는 것입니다. 과거를 바탕으로 하여서 미래에 주어지는 것을 현재로 살아가는 것입니다. 신앙생활은 미래의 천국을 현재로 살아가는 것입니다. 이를 하나님 나라를 예표하는 교회를 통해서 행하는 것입니다.

예수님이 십자가에서 죽으시고 사흘 만에 부활하시고 승천하신 후 성령이 오심으로 이 땅에 교회가 세워집니다. 예수님은 교회를 통해서 하늘나라에서 행하여지는 일들을 계시해 주셨습니다. 하늘나라에서 살아갈 백성들은 교회를 통해서 미리 맛보기로 양육을 받게 되는 것입니다.

이것은 마치 출애굽 한 백성들을 광야 40년 동안 약속의 땅에서 살아갈 수 있는 백성으로 양육하신 것과도 같습니다. 양육의 때가 차면 이 세상에서 이동식 텐트 생활하던 것을 다 마치고 약속의 땅인 가나안에 들어가서 집을 짓고 장차 들어갈 영원한 하나님 나라를 미리 맛보기로 살아가게 되는 것입니다. 비록 미리 맛보기 형식이지만 창세전에 언약하신 모든 일들을 마치게 되는 것입니다. 이 모든 일을 예수님께서 이 세상이라는 역사 속에서 행하십니다.

예수님은 이제도 계시고, 전에도 계셨고, 장차 오실 분이십니다. 예수님은 어느 시대나 항상 계셨습니다. 이는 항상 자기 백성들을 구원하는 일을 하신다는 뜻입니다. 전에는 죄와 사망으로부터 구원하는 일을 하셨습니다. 이제는 죄와 사망으로부터 지켜주는 일을 하시고 계십니다. 장차는 죄와 사망의 나라로부터 빼내서 하늘나라로 데리고 가실 것입니다.

첫째 날부터 셋째 날까지가 예수님이 육체로 오셔서 하신 '전에는' 사역입니다.
넷째 날부터 여섯째 날까지는 부활 후 성령으로 오셔서 하는 '이제는' 사역입니다.
일곱째 날은 재림하여서 하시는 예수님의 '장차의' 사역입니다.

첫째 날 빛이 있으라고 명하신 것은 예수님이 이 세상에 오심으로써 흑암에 앉은 자들에게 빛이 비취었음을 말해주고 있습니다.

둘째 날 궁창을 만들어서 궁창 윗물과 궁창 아랫물을 가르신 것은 예수님의 십자가로 하늘 백성과 땅 백성으로 갈라내신 것을 뜻합니다.

셋째 날 바다에서 뭍을 끄집어낸 것은 예수님이 무덤에 들어가서 무덤 속에 있던 자기 백성들을 끄집어내신 것을 의미합니다.

넷째 날 해와 달을 만들어서 땅을 비취게 하고 주관케 하신 것은 오순절 성령의 강림으로 이 세상에 교회와 성도가 생겨나서 세상에 빛으로 존재케 된 것을 말합니다.

앞선 시간 첫째 팀과 둘째 팀은 서로 짝이라고 하였습니다. 첫째 날은 넷째 날과 짝이고, 둘째 날은 다섯째 날과 짝이고, 셋째 날은 여섯째 날과 짝이라고 하였습니다. 첫째 날 '빛이 있으라'는 넷째 날에는 해와 달과 별로 나타났고, 둘째 날 궁창 위와 궁창 아래로 갈라짐은 다섯째 날 궁창 위의 새들과 궁창 아래 바다에 물고기들을 만드심으로 나타났습니다.

이제 다섯째 날을 살펴봅니다.

다섯째 날은 궁창에는 새들로 채우시고, 바다에는 물고기로 채우시는 일을 하셨습니다. 궁창의 새와 바다의 물고기를 번성케 하고 충만케 하는 일 속에도 영적 의미가 담겨 있습니다. 궁창 위와 바다는 서로 대조적으로 나타납니다.

궁창은 하늘에 속하였고, 바다는 땅에 속하였습니다. 하나님은 궁창에 살아갈 생명과 땅(바다)에 살아갈 생명을 만드십니다. 날개가 달린 새들은 하늘의 궁창을 날게 하셨고, 날개가 없는 고기들은 바다(땅)에 살게 하였습니다.

날개가 있고 없고에 따라서 살아가는 곳이 달라집니다. 영적인 의미로 보면 궁창 위 하늘을 천국이라고 하고, 바다(땅)를 지옥이라고 합니다. 그럼 날개가 있어 하늘을 나는 새들은 천국 백성이 되고, 날개 없이 물속에서 살아가는 물고기들은 지옥 백성이 되는 것입니다.

우리가 성경을 볼 때 항상 두 가지 해석을 하여야 한다고 배워 왔습니다. 첫째는 교훈적인 의미에서의 문자적 해석이고, 둘째는 예수 그리스도의 구속사로 이해하는 영적 해석입니다. 예수님은 "살리는 것은 영이요, 육은 무익하니라"라고 하셨습니다. 예수님께서 이런 말씀을 언제 왜 하셨습니까? 이는 예수님이 자신을 "나는 하늘로서 내려온 산 떡이라"라고 하자, 많은 사람이 "이 말은 어렵도다"라고 하면서 예수님을 떠나갈 때 하셨습니다.

예수님이 "나는 하늘로서 온 산 떡이고, 누구든지 내 살과 피를 먹고 마시면 영생을 얻게 된다"고 하시자 예수님을 떠나간 사람들은 "말 같지 않은 소리 하지 마라! 네가 요셉의 아들이라는 것을 우리가 다 아는데, 무슨 망발을 하느냐?"라고 했습니다.

이 모습을 보고 예수님께서 제자들에게 "너희도 가겠느냐?"라고 물으십니다. 그러자 베드로가 제자들을 대표하여서 "영생의 말씀이 여기 계시온데 우리가 뉘게로 가오리까?"라고 하면서 예수님을 떠나지 않겠다고 합니다. 이에 예수님이 "살리는 것은 영이요, 육은 무익하니라"라고 하십니다.

예수님께서 말씀하신 육은 무엇이고, 영은 무엇인가요? 예수님을 요셉의 아들로 본 것은 육이고, 예수님이 하늘로서 온 생명의 떡이라는 것을 아는 것은 영입니다. 예수님을 요셉의 아들로 보고서 떠나간 사람들은 육적으로 예수님을 보았습니다. 그래서 예수님께서 나는 하늘로서 온 생명의 떡이라는 영의 말씀을 하시자 알아듣지 못하고 걸림돌이 되어서 다 떠나간 것입니다.

이렇게 예수님의 말씀을 육적으로 이해하는 것을 문자적 해석이라고 합니다. 반면에 예수님께서 "나는 하늘로서 온 생명의 떡이니 누구든지 내 살을 먹고 내 피를 마시면 영생한다"고 하신 말씀을 알아들은 제자들은 예수님을 끝까지 좇아다녔습니다. 이렇게 제자들처럼 예수님을 생명의 떡으로 믿는 것을 영적 해석이라고 합니다.

육에 속한 사람들은 성경을 문자적으로 해석합니다. 그러나 영에 속한 자들은 성경을 영적으로 해석합니다. 영적이라고 함은 예수 그리스도의 구속사로 보는 것입니다. 성경은 문자적이면서 영적인 이야기입니다. 알다시피 성경은 성령의 감동으로 기록을 하였습니다. 비록 인간들이 사용하는 문자로 기록을 하였지만 그 속에 하나님의 뜻을 담아 놓았습니다.

이를 성령의 감동으로 되었다는 뜻의 축자영감설이라고 합니다. 축자영감설이란 말씀 하나하나 속에 하나님의 뜻이 담겨 있다는 뜻입니다. 그 뜻은 성령께서 깨닫게 해 주셔야만 알 수 있습니다. 그래서 예수님께서 "내가 가면 다른 보혜사가 오실 터인데,

그가 나를 증거할 것"이라고 말씀하신 것입니다. 즉, 성령이 모든 성경을 가지고 예수 이야기로 풀어주신다는 뜻입니다.

사도 바울이 율법 아래서 성경을 보았을 때 예수는 이단이었습니다. 그래서 예수 죽이는 일에 앞장을 섰던 것입니다. 그런데 다메섹에서 예수님을 만나고 난 후에는 예수님이 바로 영생을 주시는 하나님이라는 것을 알았습니다.

사도 바울은 예수님을 만나고 난 후 눈에서 비늘이 떨어졌습니다. 눈에서 비늘이 떨어지고 나니까 문자 속에 담긴 영적인 비밀들이 깨달아진 것입니다. 눈에서 비늘이 떨어지기 전에는 하나님의 말씀을 가지고 죽이는 일을 했습니다. 그러나 눈에서 비늘이 떨어지고 난 후에는 하나님의 말씀을 가지고 살리는 일을 하였습니다.

고린도후서 3장을 봅시다.

고후 3:13-18 "우리는 모세가 이스라엘 자손들로 장차 없어질 것의 결국을 주목치 못하게 하려고 수건을 그 얼굴에 쓴 것같이 아니하노라 ¹⁴그러나 저희 마음이 완고하여 오늘까지라도 구약을 읽을 때에 그 수건이 오히려 벗어지지 아니하고 있으니 그 수건은 그리스도 안에서 없어질 것이라 ¹⁵오늘까지 모세의 글을 읽을 때에 수건이 오히려 그 마음을 덮었도다 ¹⁶그러나 언제든지 주께로 돌아가면 그 수건이 벗어지리라 ¹⁷주는 영이시니 주의 영이 계신 곳에는 자유함이 있느니라 ¹⁸우리가 다 수건을 벗은 얼굴로 거울을 보는 것같이 주의 영광을 보매 저와 같은 형상으로 화하여 영광으로 영광에 이르니 곧 주의 영으로 말미암음이니라"

바울은 구약의 모세의 율법은 수건과 같은 것이라고 합니다. 바울 자신이 예수님을 만나기 전까지 수건을 쓰고 성경을 보았습니다. 예수님을 만나고 난 후 그 수건이 벗겨진 것입니다. 그런데 아직도 수건을 쓰고 구약을 읽는 자들이 많다고 합니다. 그러나 지금이라도 예수 그리스도에게 돌아가면 수건이 벗겨진다고 합니다. 수건이 벗겨지면 비로소 자유를 누리게 된다고 하였습니다.

무슨 말인가요? 이는 모든 말씀을 예수 그리스도로 해석하여야 한다는 것입니다. 다시 말해서 구약의 모든 일이나 사건들은 예수 그리스도께서 하시는 일로 해석해야 한다는 것입니다. 그럴 때 성경의 진의를 올바로 깨닫게 되고 영적으로 자유함을 누리게 된다는 것입니다.

성경은 이중 계시를 담고 있습니다. 땅의 이야기이지만 하늘의 이야기가 담겨 있는 것입니다. 문자 속에 영감을 불어넣은 것입니다. 문자적 해석은 역사적 사실로 이해하지만, 영적 해석은 역사적 사실 속에 담아 놓은 하나님의 뜻을 깨닫게 되는 것입니다. 그래서 일차적으로는 문자적 해석을 하되 거기서 머물지 말고 영적 해석까지 하여야 한다고 강조하는 것입니다.

지금까지 창조 이야기를 영적 해석에 초점을 맞추어서 하였습니다. 그래서 창조의 첫째 날부터 넷째 날까지 모든 일을 예수 그리스도의 구속사로 해석한 것입니다. 그럼 다섯째 날도 영적으로 해석을 하여야겠지요. 그냥 새를 창조하고 물고기를 창조한 것으로 보아서는 안 되는 것입니다. 하나님께서는 궁창의 새와 바다의 물고기를 가지고 예수 그리스도의 구속사라는 영적인 이야기를 해주고 계시기 때문입니다.

그럼 궁창의 새와 바다의 물고기를 예수 그리스도의 구속사로 살펴봅시다.

궁창을 하늘이라고 합니다. 성경에서 하늘은 하나님 나라를 상징하고, 땅은 세상 나라를 상징합니다. 이러면 궁창 위를 나는 새는 언약의 후손들인 하나님의 백성들을 상징하고, 바다 물속에서 사는 물고기들은 이방인을 상징하게 되는 것입니다. 새와 물고기는 날개가 있느냐 없느냐로 구별이 됩니다. 날개가 있으면 새이고, 날개가 없으면 물고기입니다. 날개가 있는 새는 하늘을 날아다니고, 날개가 없는 고기는 물속에서 살아가게 됩니다.

날개의 의미가 무엇인지 살펴봅시다.

날개를 히브리어로 '카나프'(כָּנָף)라고 합니다. 이는 성경 속에서는 다양한 용례로 사용되었습니다. 이사야 24장 16절에서는 '땅끝'으로도 사용하였고, 에스겔 16장 8절에서는 더러운 죄를 '덮어주는 옷자락'으로도 사용하였으며, 말라기 4장 2절에서는 의로운 해가 떠올라서 '치료하는 광선'으로도 사용하였습니다. 특히 에스겔 1장에서는 하늘의 네 생물들이 이리저리 옮겨 다니는 '권능'으로 이야기해 주고 있습니다.

하나님은 구약의 이스라엘을 애굽에서 빼내 오실 때 독수리 날개로 업고 왔다고 하였습니다. 독수리 날개가 '카나프'입니다. 또한 성막을 보면, 지성소를 지키는 두 그룹이 날개를 펴서 법궤를 지키고 있음을 볼 수 있습니다. 두 그룹의 날개가 '카나프'입니다.

예수님께서 "내가 세상에 온 것은 암탉이 자기 새끼들을 날개 아래로 보호하듯이 백성들을 보호하고자 왔다"고 하심으로 날개는 하나님으로부터 은혜를 입고 보호를 받는 것으로 말씀해 주셨습니다. 예수님이 보호하심이 '카나프' 즉 날개입니다.

성경에서 날개는 하나님의 은혜를 상징하고 성령의 능력으로도 상징합니다. 이러면 새와 물고기의 영적 의미를 알 수 있습니다. 하나님께서 고기를 만드셨습니다. 하나에게는 날개를 주어서 하늘을 날라고 하셨고, 다른 하나에게는 날개를 주지 않고 물속에서 살도록 하였습니다.

새와 고기를 두 부류의 사람으로 이해할 수 있습니다. 날개 없이 바다에서 살아가는 고기들은 땅(육)에 속한 자들을 말하고, 날개를 달고 궁창에서 살아가는 새들은 하늘(영)에 속한 자들을 말하고 있는 것입니다.

땅에 속한 자들은 땅의 기운으로 살아가고, 하늘에 속한 자들은 하늘의 기운으로 살아갑니다. 땅의 기운으로 사는 자는 죽어서 땅으로 가고, 하늘의 기운으로 살아가는 사람은 죽어서 땅으로부터 떠나 하늘로 올라가게 되는 것입니다.

넷째 날 하늘의 해와 달과 별은 오순절 성령의 강림으로 이 땅에 교회와 성도들이 나타난 것이라고 하였습니다. 성도를 일컬어 하늘로부터 거듭났다고 하였습니다. 성령으로 거듭난 성도를 일컬어 '하늘에 속한 자'라고 합니다.

하나님은 성령으로 거듭난 성도들에게 성령의 은사들을 주셨습니다. 하늘의 신령한 은혜들을 주셨습니다. 이렇게 하늘의 신령한 은혜를 받고 성령의 은사를 받은 성도들은 영적인 가치로 하늘나라를 소망하면서 살아가게 되는 것입니다.

이 모습이 바로 새들이 날개를 활짝 펴서 궁창 위를 날아다니는 것과 같습니다. 궁창 위를 날아다니는 새들은 하나님의 보호하심 아래 있는 하나님의 백성들을 상징합니다. 그러니까 날갯짓으로 땅을 벗어나서 궁창 위를 날아다니는 새는 땅에 있는 지체를 죽이고 하늘의 가치로 살아가는 성도들을 상징합니다.

골로새서 3장을 봅시다.

골 3:1-17 "그러므로 너희가 그리스도와 함께 다시 살리심을 받았으면 위엣 것을 찾으라 거기는 그리스도께서 하나님 우편에 앉아 계시느니라 ²위엣 것을 생각하고 땅엣 것을 생각지 말라 ³이는 너희가 죽었고 너희 생명이 그리스도와 함께 하나님 안에 감취었음이니라 ⁴우리 생명이신 그리스도께서 나타나실 그때에 너희도 그와 함께 영광 중에 나타나리라 ⁵그러므로 땅에 있는 지체를 죽이라 곧 음란과 부정과 사욕과 악한 정욕과 탐심이니 탐심은 우상숭배니라 ⁶이것들을 인하여 하나님의 진노가 임하느니라 ⁷너희도 전에 그 가운데 살 때에는 그 가운데서 행하였으나 ⁸이제는 너희가 이 모든 것을 벗어버리라 곧 분과 악의와 훼방과 너희 입의 부끄러운 말이라 ⁹너희가 서로 거짓말을 말라 옛사람과 그 행위를 벗어버리고 ¹⁰새사람을 입었으니 이는 자기를 창조하신 자의 형상을 좇아 지식에까지 새롭게 하심을 받는 자니라 ¹¹거기는 헬라인과 유대인이나 할례당과 무할례당이나 야인이나 스구디아인이나 종이나 자유인이 분별이 있을 수 없나니 오직 그리스도는 만유시요 만유 안에 계시니라 ¹²그러므로 너희는 하나님의 택하신 거룩하고 사랑하신 자처럼 긍휼과 자비와 겸손과 온유와 오래 참음을 옷 입고 ¹³누가 뉘게 혐의가 있거든 서로 용납하여 피차 용서하되 주께서 너희를 용서하신 것과 같이 너희도 그리하고 ¹⁴이 모든 것 위에 사랑을 더하라 이는 온전하게 매는 띠니라 ¹⁵그리스도의 평강이 너희 마음을 주장하게 하라 평강을 위하여 너희가 한 몸으로 부르심을 받았나니 또한 너희는 감사하는 자가 되라 ¹⁶그리스도의 말씀이 너희 속에 풍성히 거하여 모든 지혜로 피차 가르치며 권면하고 시와 찬미와 신령한 노래를 부르며 마음에 감사함으로 하나님을 찬양하고 ¹⁷또 무엇을 하든지 말에나 일에나 다 주 예수의 이름으로 하고 그를 힘입어 하나님 아버지께 감사하라"

그리스도와 함께 살리심을 받았다면 땅의 것을 버리고 위를 생각하라고 합니다. 왜냐하면 위에 예수 그리스도가 계시기 때문입니다. 성도는 소속이 하늘에 속한 자로서 장차 하늘로 나아가야 합니다. 비록 이 땅에 살지만 하늘의 것으로 살아가는 자들입니다. 그러므로 땅의 것을 버리라고 하는 것입니다.

땅의 것이란 세상에 대한 정과 욕심을 말합니다. 육신의 정욕과 안목의 정욕과 이생의 자랑을 말합니다. 이를 한마디로 탐심이라고 합니다. 이 모든 것들은 이 세상으로부터 온 것으로 그 속에 하나님의 사랑이 없다고 하였습니다. 그래서 탐심을 우상숭배라고 하는 것입니다. 우린 모두가 예수 그리스도에게 부르심을 입기 전에는 세상에 대한 정과 욕심을 좇아서 땅의 가치로 살아갔습니다. 땅강아지처럼 땅의 기운으로 살았습니다.

그런데 예수 그리스도로부터 부르심을 입었습니다. 하늘의 사람으로 부르심을 입은 것입니다. 그러므로 이제는 옛날처럼 땅의 기운으로 살지 말라고 합니다. 하나님의 은혜의 날개로 땅에서 비상하여 하늘의 기운으로 살아가라고 합니다.

이전에는 육체가 이끄는 대로 육신의 소욕으로 살았지만, 이제는 성령의 소욕으로 육신의 소욕을 죽이고 살아야 한다는 것입니다. 그것이 날개를 얻은 새들이 살아가는 방식입니다. 하늘의 날개를 받았으니 땅의 것을 먹고자 하지 말고 하늘의 것을 먹으라고 합니다.

먹거리가 달라진 것입니다. 삶의 의미가 달라진 것입니다. 출애굽을 하였으니 애굽의 가치관으로 살지 말라고 하는 것입니다. 땅의 것은 음란과 부정과 사욕과 악한 생각들로 가득 차서 땅의 것을 붙잡으면 붙잡을수록 쉼을 얻는 것이 아니라 더욱더 쫓기게 된다고 합니다. 쫓기니까 불평과 원망과 악한 말들을 쏟아내게 되는 것입니다.

옛날에는 그렇게 살았지만, 이제는 그리스도와 함께 하늘의 사람으로 살아났으니 예전처럼 살아서 되겠습니까? 하늘의 사람답게 하나님의 은혜로 감사하고 찬송하면서 살아야 하지 않겠습니까? 그러므로 누가 뭐라고 하더라도 옛날처럼 싸우려 하지 말고, 누가 욕을 하더라도 옛날처럼 맞받아서 같이 욕하지 말고 이제는 용서하고 불쌍히 여기고 살아가라는 것입니다.

속된 말로 하늘을 날아다니는 두루미처럼 우물 안 개구리가 흉을 본다고 해서 우물 안으로 내려와서 따따부따 변증하려고 하지 말라는 것입니다. 우리는 소속이 다르고 종자가 다르니까 우물 안 개구리처럼 살지 말라는 것입니다. 흔한 말로 멍멍이가 짖어도 경부선은 달린다고 하듯이 멍멍이가 짖는다고 해서 달리던 경부선 열차를 멈추고 너 왜 짖느냐고 따지지 말고 그냥 달리는 것입니다.

상대할 것을 상대해야지, 하늘을 날아다니는 사람이 땅에서 뭐라고 한다고 해서 시시콜콜 따지지 말라는 것입니다. 어른이 어린아이하고 싸우지 않듯이 하늘에 소속된 성도는 땅에 속한 사람들과 싸우지 않는 것입니다. 이것이 날개를 단 새가 하늘을 날아다니는 모습입니다. 바다(땅)의 고기는 시간과 공간 속에 매여서 살지만, 하늘을 날아다니는 새는 시간과 공간을 넘어서 살아가게 됩니다.

성경은 하늘과 땅을 대조적으로 말해주고 있습니다. 하늘은 신령한 세계를 말하고, 바다는 죽음의 세계를 상징하고 있습니다. 사도 요한이 성령의 감동으로 하늘로 올라갑니다. 하늘에 올라가 보니까 하나님 나라가 있는 것입니다. 그런데 가만히 보니까 바다에서 짐승이 올라오는 것입니다. 바다는 짐승이 살아가는 곳입니다. 사람은 하늘의 가치로 살아가고, 짐승은 땅의 가치로 살아가게 되는 것입니다.

창세기 1장 2절을 보면 땅이 혼돈과 공허와 흑암의 깊음 위에 있습니다. 그런데 성령이 그 위를 운행하십니다. 중요한 것은 성령이 운행하시는 곳을 수면이라고 합니다.

수면이라는 말은 '바다 위'라는 뜻입니다. 혼돈하고 공허하고 흑암이 깊음 위에 있는 땅을 바다라고 하는 것입니다. 죄악 된 세상이 바로 바다인 것입니다.

그래서 이 세상에서 나오는 적그리스도를 '바다에서 올라온 짐승'이라고 하는 것입니다. 바다에서 짐승이 올라온다는 것은 바다는 짐승이 사는 곳이라는 뜻입니다. 전도서를 보면 짐승의 혼은 아래로 내려가고, 사람의 혼은 위로 올라간다고 합니다. 이는 신자와 불신자를 사람과 짐승으로 말하고 있는 것입니다. 성경은 성도를 사람이라고 하고, 불신자를 짐승이라고 합니다. 그러므로 바다에서 짐승이 올라온다고 하는 것입니다.

오늘 본문을 보면 하나님이 바다에 큰 물고기를 두셨습니다. 바다의 큰 물고기를 히브리어로 '탄닌'(תנין)이라고 하는데, 이는 이사야 51장 9절에서는 '용'이라고 하고, 27장 1절에서는 '뱀'이라고도 합니다. 큰 물고기는 문자적으로 보면 고래나 상어나 악어와 같은 몸집이 큰 동물들을 말합니다. 영적으로는 사단과 그 세력들을 말합니다.

요한계시록 13장을 봅시다.

계 13:1-18 "내가 보니 바다에서 한 짐승이 나오는데 뿔이 열이요 머리가 일곱이라 그 뿔에는 열 면류관이 있고 그 머리들에는 참람 된 이름들이 있더라 ²내가 본 짐승은 표범과 비슷하고 그 발은 곰의 발 같고 그 입은 사자의 입 같은데 용이 자기의 능력과 보좌와 큰 권세를 그에게 주었더라 ³그의 머리 하나가 상하여 죽게 된 것 같더니 그 죽게 되었던 상처가 나으매 온 땅이 이상히 여겨 짐승을 따르고 ⁴용이 짐승에게 권세를 주므로 용에게 경배하며 짐승에게 경배하여 가로되 누가 이 짐승과 같으뇨 누가 능히 이로 더불어 싸우리요 하더라 ⁵또 짐승이 큰 말과 참람 된 말 하는 입을 받고 또 마흔두 달 일할 권세를 받으니라 ⁶짐승이 입을 벌려 하나님을 향하여 훼방하되 그의 이름과 그의 장막 곧 하늘에 거하는 자들을 훼방하더라 ⁷또 권세를 받아 성도들과 싸워 이기게 되고 각 족속과 백성과 방언과 나라를 다스리는 권세를 받으니 ⁸죽임을 당한 어린양의 생명책에 창세 이후로 녹명되지 못하고 이 땅에 사는 자들은 다 짐승에게 경배하리라 ⁹누구든지 귀가 있거든 들을찌어다 ¹⁰사로잡는 자는 사로잡힐 것이요 칼로 죽이는 자는 자기도 마땅히 칼에 죽으리니 성도들의 인내와 믿음이 여기 있느니라 [11]내가 보매 또 다른 짐승이 땅에서 올라오니 새끼 양같이 두 뿔이 있고 용처럼 말하더라 [12]저가 먼저 나온 짐승의 모든 권세를 그 앞에서 행하고 땅과 땅에 거하는 자들로 처음 짐승에게 경배하게 하니 곧 죽게 되었던 상처가 나은 자니라 [13]큰 이적을 행하되 심지어 사람들 앞에서 불이 하늘로부터 땅에 내려오게 하고 [14]짐승 앞에서 받은바 이적을 행함으로 땅에 거하는 자들을 미혹하며 땅에 거하는 자들에게 이르기를 칼에 상하였다가 살아난 짐승을 위하여 우상을 만들라 하더라 [15]저가 권세를 받아 그 짐승의 우상에게 생기를 주어 그 짐승의 우상으로 말하게 하고 또 짐승의 우상에게 경배하지 아니하는 자는 몇이든지 다 죽이게 하더라 [16]저가 모든 자 곧 작은 자나 큰 자나 부자나 빈궁한 자나 자유한 자나 종들로 그 오른손에나 이마에 표를 받게 하고 [17]누구든지 이 표를 가진 자 외에는 매매를 못하게 하니 이 표는 곧 짐승의 이름이나 그 이름의 수라 [18]지혜가 여기 있으니 **총명 있는 자는 그 짐승의 수를 세어 보라 그 수는 사람의 수니 육백육십륙이니라**"

사도 요한이 가만히 보니까 바다에서 한 짐승이 올라오는 것입니다. 그런데 용이 이 짐승에게 권세를 줍니다. 용으로부터 권세를 받아서 무슨 일을 하는가 하면 참람 된 말을 하고 하나님을 훼방하고 그에게 속한 성도들을 핍박하는 일을 하는 것입니다.

용을 옛 뱀, 마귀, 사단이라고 합니다. 그러니까 바다에서 올라온 짐승은 사단으로부터 권세를 받은 적그리스도를 말하는 것입니다. 이는 장차 일어날 적그리스도를 말합니다. 그런데 가만히 보니까 땅에서 또 다른 짐승이 올라오는 것입니다.

땅에서 올라온 짐승은 앞서 바다에서 올라온 짐승인 적그리스도를 위하여 우상을 만들고 사람들로 하여금 경배하게 합니다. 만약에 경배하지 않으면 몇이든 다 죽입니다. 이 짐승은 적그리스도와 같은 소속으로 동일한 성격을 가진 거짓 선지자들을 말합니다.

잘 보시면 용과 바다에서 올라온 짐승과 땅에서 올라온 짐승이 있습니다. 용과 바다에서 올라온 짐승과 땅에서 올라온 짐승은 사단의 삼위일체를 뜻합니다. 이것은 하나님의 일하심을 모방하고 있는 것입니다. 용은 성부 하나님을 모방하고 있고, 바다에서 올라온 짐승은 예수 그리스도를 모방하고 있고, 땅에서 올라온 짐승은 주의 종들을 모방하고 있는 것입니다.

이것을 오늘 본문에서는 하늘을 나는 새와 바다의 물고기들로 말해주고 있는 것입니다. 하늘은 신령한 세계를 상징하고, 바다는 타락한 세계를 상징합니다. 이러면 바다의 큰 고기와 생물들은 마귀와 그의 세력들을 뜻하게 되는 것입니다.

이러면 두 그림이 그려집니다. 하늘에는 하나님께 속한 성도들을 상징하는 새들이 번성해서 날아다니고, 바다에서는 사단에게 속한 백성들을 상징하는 물고기들이 번성하는 것입니다. 여기서 눈여겨보아야 할 대목은 하나님께서는 하늘의 새와 바다의 물고기들을 모두 번성케 하신다는 것입니다. 마치 영적 후손도 번성케 하고, 육적 후손도 번성케 하는 것과도 같습니다.

창세기 1장을 봅시다.

창 1:20-23 "하나님이 가라사대 물들은 생물로 번성케 하라 땅 위 하늘의 궁창에는 새가 날으라 하시고 ²¹하나님이 큰 물고기와 물에서 번성하여 움직이는 모든 생물을 그 종류대로, 날개 있는 모든 새를 그 종류대로 창조하시니 하나님의 보시기에 좋았더라 ²²하나님이 그들에게 복을 주어 가라사대 생육하고 번성하여 여러 바다물에 충만하라 새들도 땅에 번성하라 하시니라 ²³저녁이 되며 아침이 되니 이는 다섯째 날이니라"

하나님은 왜 마귀의 백성과 하나님의 백성들을 동시에 번성케 하셨을까요? 이는 창세전 언약을 이루어 가는 데 마귀의 세력들이 반드시 필요하기 때문입니다. 창세전 언약은 역사 속에서 이루어집니다. 그래서 세상에는 두 민족이 함께 있는 것입니다.

언약의 후손과 비언약의 후손이 공존하면서 창세전 언약을 이루어 가게 되는 것입니다. 이것은 마치 아브라함의 후손 중에서 육을 상징하는 이스마엘의 후손도 12방백을 주었고, 영을 상징하는 이삭(야곱)의 후손도 12방백을 주신 것과 같은 것입니다.

목자가 양을 치는데 양의 무리 속에 염소를 둡니다. 왜 그럴까요? 양을 치는 데 있어서 염소는 반드시 필요하기 때문입니다. 들에서 방목할 때는 양과 염소를 함께 있게 하였다가 저녁이 되면 양과 염소를 갈라내서 각자의 우리에 두게 되는 것입니다.

목동들의 이야기를 빌리면 양들은 게을러서 배불리 먹고 나면 존다는 것입니다. 그럼 병든다고 합니다. 이를 방지하기 위해서 염소를 풀어서 양들을 들이받게 하여서 도망 다니게 한다는 것입니다. 양들은 염소를 피해 도망 다니면서 소화를 시키고 체력도 키워가고 튼튼해지는 것입니다. 염소가 많이 괴롭힐수록 양은 강건해진다고 합니다.

이것은 마치 이스라엘이 애굽에서 종살이하면서 학대가 심할수록 더욱더 번성해지는 것과도 같습니다. 좋은 신앙은 고난 속에서 생겨나게 되어 있습니다. 그래서 하나님은 사단을 풀어서 경건한 욥을 시험하듯이 성도들을 시험케 하는 것입니다. 구약의 이스라엘 역사를 보면 배부르고 편하면 하나님을 떠났고 힘들고 고난을 당할 때 하나님을 가까이 찾았습니다. 그래서 하나님은 사단의 세력을 가지고 이스라엘을 훈련케 하신 것입니다.

하나님은 세상 속에 하나님께 속한 자와 사단에게 속한 자들을 두셨습니다. 이 둘은 모두가 정한 때까지 번성하고 충만케 하십니다. 예수님이 재림하시면 갈라지게 됩니다. 하지만 예수님이 재림하기 전까지는 서로가 대적하면서 하나님의 언약을 이루어 가게 되는 것입니다. 드라마를 보면 주인공과 악당이 있습니다. 감독은 이 둘을 가지고 드라마를 만들어 가는 것입니다.

그래서 인류의 시작부터 한 집안에 성질이 다른 두 민족이 있었던 것입니다. 아담의 집안 속에 가인과 아벨을 두셨고, 노아의 집안 속에 셈과 함을 두셨고, 아브라함 집안 속에 이스마엘과 이삭을 두셨고, 이삭의 집안 속에 에서와 야곱을 두셨고, 야곱의 집안 속에 요셉과 그 형제들을 두셨습니다.

    사라와 하갈,
    라헬과 레아,
    한나와 브닌나,
    다윗과 사울,
    남쪽 유다와 북쪽 이스라엘,
    표면적 이스라엘과 이면적 이스라엘,
    육적 이스라엘과 영적 이스라엘,
    육으로 난 자와 성령으로 난 자,
    율법 아래 있는 자와 은혜 아래 있는 자,
    예수 그리스도에게 속한 종과 적그리스도에게 속한 종들이 있습니다.

그래서 예수님은 집안 식구가 원수라고 하였습니다. 항상 형제라고 하는 자들이 싸웠습니다. 말이 싸움이지 실상은 영에 속한 자들이 육에 속한 자들에게 일방적으로 당합니다. 유대교가 기독교를 핍박하고, 천주교가 개신교를 핍박하고, 인본주의가 신본주의를 핍박합니다. 신학적인 이념에서도 인간의 전적 타락을 주장하는 칼빈주의와 인간의 가능성을 주장하는 알미니안주의가 싸우는 것입니다.

하나님께서 아브라함에게 언약하실 때 "네 후손이 하늘의 별과 같고 바다의 모래 같을 것"이라고 하였습니다. 하늘의 별과 같은 후손은 약속으로 난 이삭의 계열이고, 바다의 모래 같은 후손은 육으로 난 이스마엘의 계열을 말합니다. 이 둘이 서로 적대적인 원수의 관계로서 아브라함 언약을 이루어 가는 것입니다. 그래서 하나님은 이삭의 후손과 이스마엘의 후손으로 동일하게 12방백을 주신 것입니다.

아브라함 집안에 약속으로 난 이삭과 육으로 난 이스마엘이 있었듯이, 지금도 교회 안에는 육(세상)에 속한 자와 영(하늘)에 속한 자가 있습니다. 곡식과 가라지가 있고, 양과 염소가 있는 것입니다. 이스마엘이 이삭을 핍박했듯이, 육에 속한 자들이 영에 속한 자들을 핍박하고 있는 것입니다. 양과 염소는 기질 자체가 다릅니다. 양은 싸움을 싫어하고, 염소를 싸우길 좋아합니다. 영적 성도는 양의 기질로 살아가고, 육적 신자는 염소의 기질로 살아가는 것입니다.

창조 시부터 육에 속한 자와 영에 속한 자 간에는 항상 전쟁이 있어 왔습니다. 에덴동산에서는 뱀과 아담으로 나타났고, 인류 역사 속에서는 가인과 아벨로 나타났습니다. 이것이 요한계시록에서는 적그리스도 세력들이 어린양에게 속한 자들을 핍박하는 것으로 나타나고 있습니다. 아브라함 집안의 형제 싸움으로 보여주었습니다.

창세기 21장을 봅시다.

창 21:8-13 "아이가 자라매 젖을 떼고 이삭의 젖을 떼는 날에 아브라함이 대연을 배설하였더라 9사라가 본즉 아브라함의 아들 애굽 여인 하갈의 소생이 이삭을 희롱하는지라 10그가 아브라함에게 이르되 이 여종과 그 아들을 내어 쫓으라 이 종의 아들은 내 아들 이삭과 함께 기업을 얻지 못하리라 하매 11아브라함이 그 아들을 위하여 그 일이 깊이 근심이 되었더니 12하나님이 아브라함에게 이르시되 네 아이나 네 여종을 위하여 근심치 말고 사라가 네게 이른 말을 다 들으라 이삭에게서 나는 자라야 네 씨라 칭할 것임이니라 13그러나 여종의 아들도 네 씨니 내가 그로 한 민족을 이루게 하리라 하신지라"

이삭이 젖을 떼는 날 이스마엘이 이삭을 희롱하는 것입니다. 이 모습을 아브라함이 보고 장차 일어날 일로 큰 근심을 하게 됩니다. 이것은 장차(미래) 서로 큰 민족이 되어서 싸우게 될 것을 보고서 근심한 것입니다. 하나님은 이스마엘 후손도 번성케 하셨고, 이삭의 후손도 번성케 하십니다. 이것이 이 시대 이스라엘과 이슬람권의 전쟁으로 나타나고 있는 것입니다.

이것은 언약의 후손과 비언약의 후손 간에 일어날 전쟁을 보여주는 하나의 예표입니다. 이것이 이 시대 교회 안에서는 믿음과 행위의 싸움으로 나타나고 있습니다. 마치 초대교회 시대 율법의 의와 예수 그리스도를 믿는 믿음의 의와 같은 것입니다.

이 시대의 율법을 지켜야 구원받는다고 말하는 자들은 없습니다. 그러나 하나님 말씀대로 살아야 한다고 합니다. 이것이 신인협동론입니다. 신인협동론이 무엇입니까? 구원은 인간의 반응의 결과로 주어진다고 하는 것입니다. 하나님이 아무리 구원의 은혜를 베풀어도 인간이 받아들이지 않으면 안 된다는 것입니다. 인간이 자유의지를 발동해서 받아들여야 한다는 것입니다. 이들을 알미니안주의라고 합니다.

알미니안주의의 사고는 모든 신앙의 주체를 인간이 행사하는 것으로 보고 있습니다. 그래서 인간의 의를 동원해서 순종의 결단을 촉구합니다. 창세전 언약의 예정론을 전하다 보면 알미니안주의자들이 짜증내는 것을 봅니다. 알미니안주의자들은 하나님은 모든 인간을 구원하기로 작정하셨다고 합니다. 나름대로의 성경적 근거로 반박을 하는데 모두가 인간적인 입장에서 주장하는 것입니다. 그들이 주장하는 성경 구절입니다.

디모데전서 2장을 봅시다.

딤전 2:4-6 "하나님은 모든 사람이 구원을 받으며 진리를 아는 데 이르기를 원하시느니라 5하나님은 한 분이시요 또 하나님과 사람 사이에 중보도 한 분이시니 곧 사람이신 그리스도 예수라 6그가 모든 사람을 위하여 자기를 속전으로 주셨으니 기약이 이르면 증거할 것이라"

하나님은 모든 사람이 예수를 믿어서 구원받길 바라신다고 합니다. 알미니안주의자들은 이 구절을 인용하여 온 세상 사람들이 다 구원받을 수 있다고 주장하는 것입니다. 문자적으로 보면 그럴듯합니다. 그러나 예수는 모두가 믿는 것이 아니라는 것이 문제인 것입니다. 예수라는 이름 자체가 이를 거부하고 있는 것입니다.

예수라는 이름의 의미가 무엇인가요? 자기 백성을 저희 죄에서 구원하는 것입니다. 구원의 대상이 온 세상 모두가 아니고 자기 백성입니다. 자기 백성만 예수를 믿을 수가 있는 것입니다. 예수는 창세전에 영생 주시기로 작정하고서 어린양의 생명책에 녹명된 자들만 믿을 수 있는 것입니다.

이를 예수님께서는 '너희'와 '저희'로 구분하신 것입니다. '너희'에게는 천국의 비밀이 허락되고 '저희'에게는 허락되지 않았다고 하신 것입니다. 예수님은 천국의 비밀이 허락된 '너희'를 찾으러 오신 것입니다. 이들이 창세전에 영생 주시기로 예정을 하고 어린양의 생명책에 녹명된 자들입니다.

요한복음 10장을 봅시다.

요 10:3-15 "문지기는 그를 위하여 문을 열고 양은 그의 음성을 듣나니 그가 자기 양의 이름을 각각 불러 인도하여 내느니라 ⁴자기 양을 다 내어놓은 후에 앞서가면 양들이 그의 음성을 아는 고로 따라오되 ⁵타인의 음성은 알지 못하는 고로 타인을 따르지 아니하고 도리어 도망하느니라… ¹⁵아버지께서 나를 아시고 내가 아버지를 아는 것 같으니 나는 양을 위하여 목숨을 버리노라"

예수님이 '자기 양'의 이름을 부른다고 하십니다. '자기 양'이라는 말은 '정한 자들'이라는 뜻입니다. '자기 양'들은 예수님의 음성을 아는 고로 따라온다고 합니다. 그래서 예수님은 '내 양은 내 음성을 안다'고 하는 것입니다. 모든 양이 아니고 예수님의 양입니다. 그래서 예수님은 '자기 양'의 이름을 각각 부른다고 하셨습니다.

왜 이름을 부른다고 합니까? 어린양의 생명책에 녹명되어 있기 때문입니다. 이름을 생명책에 녹명하였다는 것은 소유를 말하고 소속을 말하는 것입니다. 예수님은 창세전에 어린양의 생명책에 녹명된 자들을 위하여 죽으셨습니다. 어린양의 생명책에 녹명하였다는 것은 어린양의 것이라는 뜻입니다. 그래서 예수님은 자기 양들을 위하여 목숨을 버린다고 하시는 것입니다.

요한복음 6장을 봅시다.

요 6:38-44 "내가 하늘로서 내려온 것은 내 뜻을 행하려 함이 아니요 ³⁹나를 보내신 이의 뜻을 행하려 함이니라 나를 보내신 이의 뜻은 내게 주신 자 중에 내가 하나도 잃어버리지 아니하고 마지막 날에 다시 살리는 이것이니라 ⁴⁰내 아버지의 뜻은 아들을 보고 믿는 자마다 영생을 얻는 이것이니 마지막 날에 내가 이를 다시 살리리라 하시니라 [41]자기가 하늘로서 내려온 떡이라 하시므로 유대인들이 예수께 대하여 수군거려 [42]가로되 이는 요셉의 아들 예수가 아니냐 그 부모를 우리가 아는데 제가 지금 어찌하여 하늘로서 내려왔다 하느냐 [43]예수께서 대답하여 가라사대 너희는 서로 수군거리지 말라 [44]나를 보내신 아버지께서 이끌지 아니하면 아무라도 내게 올 수 없으니 오는 그를 내가 마지막 날에 다시 살리리라"

예수님께서 "내가 온 것은 아버지의 뜻을 행하려 함이다"라고 하십니다. 아버지의 뜻은 아버지께서 주신 자들을 다시 살리는 것이라고 합니다. 어떻게 살리느냐 하면 예수가 그리스도이심을 믿게 해서 살려낸다고 하십니다. 이를 예수님께서 "나는 하늘로서 내려온 산 떡이니 누구든지 내 살과 피를 마시면 영생을 얻게 된다"고 하신 것입니다. 그러자 많은 사람이 수군거리면서 떠나갑니다.

사람들이 예수님을 보고 "네가 요셉의 아들이라는 것을 우리가 다 아는데, 어떻게 하늘로서 내려온 산 떡이라고 하느냐? 그리고 어떻게 너를 믿으면 영생을 얻는다고 말할 수가 있느냐?"라는 것입니다. 맞습니다. 떠나가는 이들의 말이 틀리지 않습니다. 그런데 이들은 예수의 껍데기만 본 것입니다. 인간의 눈으로 보니까 예수가 요셉의 아들인 것입니다. 그래서 다 떠나간 것입니다.

다시 요한복음 6장 후반부를 봅시다.

요 6:63-71 "살리는 것은 영이니 육은 무익하니라 내가 너희에게 이른 말이 영이요 생명이라 [64]그러나 너희 중에 믿지 아니하는 자들이 있느니라 하시니 이는 예수께서 믿지 아니하는 자들이 누구며 자기를 팔 자가 누군지 처음부터 아심이러라 [65]또 가라사대 이러하므로 전에 너희에게 말하기를 내 아버지께서 오게 하여 주지 아니하시면 누구든지 내게 올 수 없다 하였노라 하시니라 [66]이러므로 제자 중에 많이 물러가고 다시 그와 함께 다니지 아니하더라 [67]예수께서 열두 제자에게 이르시되 너희도 가려느냐 [68]시몬 베드로가 대답하되 주여 영생의 말씀이 계시매 우리가 뉘게로 가오리이까 [69]우리가 주는 하나님의 거룩하신 자신 줄 믿고 알았삽나이다 [70]예수께서 대답하시되 내가 너희 열둘을 택하지 아니하였느냐 그러나 너희 중에 한 사람은 마귀니라 하시니 ⁷¹이 말씀은 가룟 시몬의 아들 유다를 가리키심이라 저는 열둘 중의 하나로 예수를 팔 자러라"

많은 제자들이 예수님의 말씀에 걸려 넘어져서 떠나갑니다. 이때 예수님이 제자들에게 "너희도 떠나가려느냐"고 묻습니다. 그러자 제자들은 "영생의 말씀이 여기 계시오매 우리가 뉘게로 가오리까"라고 합니다.

이에 예수님이 "이것은 너희가 잘나서가 아니라 내가 너희를 택하였기 때문"이라고 알려주십니다. 그러면서 예수님은 "아버지께서 오게 해주시지 않으면 아무라도 올 수가 없다"고 하면서 "너희 모두가 다 나를 믿는 것이 아니다"라고 하시는 것입니다.

"너희 중에 믿지 않는 자가 있다"고 하시는 것입니다. 가룟 유다는 아니라는 것입니다. 왜 그런가요? 가룟 유다는 어린양의 생명책에 녹명되지 않았기 때문입니다. 하나님은 창세전에 어린양의 생명책에 녹명된 자들을 예수님에게로 이끌어 주십니다. 어린양의 생명책에 녹명된 자들은 죽음을 불사하고 예수님을 따르게 되는 것입니다.

요한계시록 13장을 봅시다.

계 13:6-9 "짐승이 입을 벌려 하나님을 향하여 훼방하되 그의 이름과 그의 장막 곧 하늘에 거하는 자들을 훼방하더라 ⁷또 권세를 받아 성도들과 싸워 이기게 되고 각 족속과 백성과 방언과 나라를 다스리는 권세를 받으니 ⁸죽임을 당한 어린양의 생명책에 창세 이후로 녹명되지 못하고 이 땅에 사는 자들은 다 짐승에게 경배하리라 ⁹누구든지 귀가 있거든 들을찌어다"

장차 적그리스도가 엄청난 박해를 가할 것입니다. 그러면 모두가 적그리스도에게 무릎을 꿇고 경배하게 될 것입니다. 하지만 어린양의 생명책에 녹명된 자들은 경배하지 않습니다. 왜냐하면 적그리스도가 그들에게 주가 아니기 때문입니다. 그래서 수많은 사람이 적그리스도를 경배하고 따르지만 어린양의 생명책에 녹명된 성도들은 적그리스도에게 경배하지도 않을뿐더러 그를 따르지도 않는다고 하는 것입니다.

잘 보세요. 어린양의 생명책에 녹명된 자들은 짐승에게 경배하지 않고, 어린양의 생명책에 녹명되지 않은 자들은 다 짐승에게 경배한다고 합니다. 그러니까 예수는 창세 전에 어린양의 생명책에 녹명된 자들만이 믿을 수가 있는 것입니다.

어린양의 생명책에 녹명되었다는 것은 어린양의 것이 따로 정해져 있다는 뜻입니다. 그래서 예수라는 이름으로 오신 것입니다. 예수라는 이름으로 자기 백성들을 구원할 것은 이미 창세전에 예정된 것입니다.

에베소서 1장을 봅시다.

엡 1:4-7 "곧 창세 전에 그리스도 안에서 우리를 택하사 우리로 사랑 안에서 그 앞에 거룩하고 흠이 없게 하시려고 ^{5}그 기쁘신 뜻대로 우리를 예정하사 예수 그리스도로 말미암아 자기의 아들들이 되게 하셨으니 ^{6}이는 그의 사랑하시는 자 안에서 우리에게 거저 주시는바 그의 은혜의 영광을 찬미하게 하려는 것이라 ^{7}우리가 그리스도 안에서 그의 은혜의 풍성함을 따라 그의 피로 말미암아 구속 곧 죄 사함을 받았으니"

창세전에 우리를 선택하셨습니다. 누구 안에서 선택했다고 합니까? 하나님이 그 기쁘신 뜻대로 예수 그리스도 안에서 우리를 선택하셨다고 합니다. 예수 그리스도 안에서 선택을 입은 자들을 위하여 예수님이 십자가에서 죽으셨습니다. 그래서 창세전에 예정된 자들은 그 은혜의 영광을 찬미하게 되는 것입니다.

그런데 알미니안주의자들은 창세전에 예정된 것을 믿지 않습니다. 선택과 유기를 믿지 않습니다. 창세전에 어린양의 생명책에 녹명된 자들을 구원한다는 것이 왜 그렇게 기분이 나쁘고 화가 날 일입니까?

창세전에 예정된 자들을 구원하신다는데, 그것이 그리 자존심 상하는 일입니까? 그게 왜 싫은 것입니까? 이는 자기 주체가 부정당하기 때문에 기분이 나쁜 것입니다.

알미니안주의자들은 자기가 결정해서 예수를 믿어야 한다는 것입니다. 아무리 하나님이 구원하고 싶어도 우리가 동의하지 않으면 안 된다는 것입니다.

알미니안주의는 예수를 믿고 안 믿고의 주체를 자기에게 두고 있는 것입니다. 이를 자유의지라고 합니다. 그래서 신앙에서 의지적 결단을 요구하는 것입니다. 아무리 하나님이 은혜를 비같이 부어주셔도 내가 마음을 열어 받아들이지 않으면 받을 수 없으므로 우리가 의지적으로 결단하여서 마음을 열어서 받아들이라고 하는 것입니다. 이것이 법 아래 있는 자들의 모습인 것입니다.

분명히 말합니다. 하나님은 아무나 구원하시지 않습니다. 어린양의 생명책에 녹명된 자들만 구원하십니다. 그래서 그 아들을 예수라는 이름으로 보내신 것입니다. 예수라는 이름 속에는 자기 백성만 구원하는 것으로 되어있는 것입니다.

예수님은 자기 양을 찾으러 오셨습니다. 염소를 양으로 만들고자 오지 않았습니다. 창조 시에 양은 양으로 창조되었고, 염소는 염소로 창조되었습니다. 염소가 양이 되고, 양이 염소가 되는 것은 없습니다. 예수님이 오시기 전에는 양과 염소가 모두 섞여서 살고 있었습니다. 그런데 예수님이 오셔서 양과 염소를 분리하시는 것입니다.

구원이란 분리되는 것입니다. 유유상종이라 같은 종끼리 모이게 되어 있습니다. 예정론이 좋은 사람은 예정론을 말하는 사람끼리 모이고, 신인협동론이 좋은 사람은 신인협동론을 말하는 사람들끼리 모이게 되는 것입니다. 결국 자기 안에 어떤 증거를 가지고 있느냐, 하나님의 부르심으로 얻은 구원을 가지고 있는 사람인지, 아니면 자신의 자유의지로 선택해서 얻은 구원을 가지고 있는 사람인지 각자의 신앙으로 살아가게 되는 것입니다.

신앙이란?
하나님의 일하심에 '아멘' 하는 것입니다.

불신앙이란?

하나님의 일하심에 동의하지 않는 것입니다.

죄란?
자기 주체로부터 출발하는 것입니다.

인본주의자들은 인간적 입장에서 하나님의 일하심을 이해하는 것입니다. 그러니까 창세전에 양과 염소처럼 신자와 불신자를 예정하셨다고 하면 싫어하는 것입니다. 알미니안주의자들은 창세전에 천국 갈 자와 지옥에 갈 자가 정해져 있다고 한다면 누가 예수를 믿겠느냐고 주장합니다. 예정된 사람이라면 가만히 있어도 구원이 될 것이고, 예정되지 않은 사람이라고 한다면 아무리 교회를 다녀도 소용이 없는 것이 아니냐고 합니다.

예수님은 구원을 목자가 잃은 양을 찾는 것으로 말씀해 주셨습니다. 누가 잃어버린 자들입니까? 예수님의 자기 백성들입니다. 그들이 우리입니다. 그럼에도 우리는 잃어버린 바 된 줄을 모르고 살아가고 있는 것입니다. 그런데 어느 날 목자가 찾아왔습니다. 목자가 어깨에 둘러메고 천국으로 데리고 갑니다. 이것을 은혜라고 합니다.

양이 무슨 일을 했나요? 양이 목자를 찾아갔나요, 아니면 목자에게 전화해서 오라고 했나요? 양은 가만히 있었습니다. 목자가 다 했습니다. 찾아가는 것도 목자가 하였고, 어깨에 둘러메고 천국으로 데리고 간 것도 목자가 하였습니다. 이를 은혜라고 합니다. 목자가 왜 양을 찾아갑니까? 자기 양이기 때문입니다. 그래서 잃어버린 양이라고 하는 것입니다.

잃어버렸다는 말은 원래 자기 소유였는데 잠깐 버려져 있었다는 뜻입니다. 주인은 자기 양이기 때문에 산을 넘고 물을 건너 찾으러 간 것입니다. 가시덤불을 헤치면서 몸에 상처를 입어 가면서 찾아간 것입니다. 찾고 나서 얼마나 기쁘면 잔치를 벌이겠습니까? 왜 구원하는 줄 아십니까? 하나님의 기쁨을 위해서입니다. 그래서 구원을 일컬어 '주인의 즐거움에 참예하는 것'이라고 하는 것입니다.

알미니안주의자들은 목자가 찾아와도 내가 안 가면 안 된다는 것입니다. 내가 승낙해야 한다는 것입니다. 목자는 양이 오케이 할 때까지 기다려야 합니다. 양이 자유의지를 발동해서 목자를 받아들여야 한다고 합니다. 이렇게 되면 구원의 주체가 누가 됩니까? 목자인가요, 양인가요? 양입니다.

이것을 인본주의라고 합니다. 알미니안주의자들은 인간이 자기 의지와 상관없이 구원이 결정된다고 하면 "구원받지 못한 자들은 너무 불쌍하지 않은가? 그건 하나님의 사랑에 맞지 않는 것이다"라고 합니다. 이 모두가 자기 입장에서 보니까 그런 것입니다.

하나님은 토기장이입니다. 토기장이가 쓸 그릇을 만드십니다. 하나는 긍휼을 담을 그릇으로 만들고 하나는 진노를 담을 그릇으로 만드셨습니다. 각각의 그릇에 내용을 담습니다. 긍휼의 그릇에게는 순종의 영을 담고 진노의 그릇 속에는 불순종의 영을 담습니다.

순종의 영이 담긴 그릇들은 하나님이 창세전에 그 기쁘신 뜻대로 예정하셨다고 하면 '아멘'으로 화답을 하는데, 불순종의 영이 담긴 진노의 그릇들은 하나님이 창세전에 영생 주시기로 예정을 하고 어린양의 생명책에 녹명을 하였다고 하면 동의할 수 없다고 하는 것입니다.

토기는 토기장이에게 난 왜 이렇게 만들었느냐고 항의할 수 없습니다. 창조는 인간의 구원을 목적으로 하지 않고 하나님의 영광을 위하여 있는 것입니다. 하나님의 영광을 위해서 만물을 창조하신 것입니다. 그래서 창조하시고 난 후에 보시기에 좋았더라고 말씀하신 것입니다.

하나님의 일하심에는 두 부류의 사람이 필요한 것입니다. 빛과 어둠으로 갈라내기 위해서 빛에 속한 자와 어둠에 속한 자가 필요한 것입니다. 그래서 하나는 빛에 속한 자로 예정을 했고, 다른 하나는 어둠에 속한 자로 예정한 것입니다. 하늘을 나는 새도 필요하고, 바다를 헤엄치는 물고기도 필요한 것입니다.

하나님이 이렇게 일을 하시겠다고 그 기쁘신 뜻대로 창세전에 예정하신 것입니다. 그 예정에 따라서 어린양의 생명책에 녹명된 자와 녹명되지 않는 자가 있는 것입니다. 이것은 마치 감독이 영화를 찍기 위해서 배우를 선택하는 것과도 같은 것입니다. 어떤 배우는 선한 역할로 캐스팅하고, 어떤 배우는 악당으로 캐스팅을 합니다.

각자 맡은 배역으로 연기를 하게 되는 것입니다. 그럴 때 감독이 원하는 영화가 완성되는 것입니다. 감독은 배우의 입장을 고려치 않습니다. 오로지 시나리오 속의 내용을 어떻게 하면 화면에 잘 담아낼까를 고민을 합니다. 악당의 역할을 맡은 사람이 자기는 왜 악당이냐고 따지면 안 됩니다. 그건 영화에 필요해서 그런 배역을 맡긴 것입니다.

하나님은 야곱은 사랑했고, 에서는 미워했다고 합니다. 이들이 태어나기도 전에 결정되었습니다. 그런데 알미니안주의자들은 에서가 불쌍해서 어쩌나, 에서가 무슨 잘못을 해서 지옥을 가나, 이것은 불공평하다고 따지는 것입니다.

어떻게 피조물이 창조주가 하는 일을 시시비비한단 말입니까? 시시비비한다는 말은 자기 생각을 가지고 있다는 것입니다. 그러니까 창세전에 예정된 자들만 구원한다는 하나님의 일하심에 동의하지 못하겠다고 하는 것입니다.

이것은 따질 문제가 아닙니다. 하나님이 드라마를 찍는데 에서와 야곱이 필요해서 만드신 것입니다. 하나님이 지옥도 만들고, 천국도 만드셨습니다. 그래서 지옥에 갈 사람과 천국에 갈 사람으로 나누어서 세상에 보내신 것입니다. 예수님을 보내서 분리수거를 하듯이 각각 갈라내라고 하신 것입니다. 그래서 태초에 말씀으로 계시던 하나님을 예수라는 이름으로 세상에 보내서 자기 백성과 자기 백성 아닌 자들을 갈라내는 일을 하라고 하신 것입니다. 이것을 심판이라고 합니다.

그래서 예수님은 아버지 뜻대로 자기 양들의 이름을 각각 불러내는 것입니다. 토기가 토기장이에게 왜 자기는 천한 그릇으로 만들었느냐고 따질 수가 없는 것입니다. 따지는 것이 바로 죄입니다. 하나님의 사랑을 가장 잘 보여주는 것이 예정론입니다. 얼마나 감사합니까? 우리의 행위와 상관없이 그 은혜로 구원을 해주시니까 얼마나 감사합니까? 이것은 자다가도 춤을 출 일입니다. 그래서 구원받은 성도들이 천국에서 세세토록 그 은혜의 영광을 찬미하게 되는 것입니다.

인간의 가치를 주장하는 알미니안주의자들은 절대로 이것을 이해하지 못합니다. 이렇게 일하는 하나님이 틀렸다는 것입니다. 인간은 로봇이 아니라고 합니다. 로봇이 아니라고 하니까 악한 것입니다. 로봇이었으면 좋았을 터인데, 로봇이 아니라고 하니까 죄가 되는 것입니다.

로봇은 따지지 않습니다. 로봇은 주인이 입력해 놓은 대로 순종합니다. 여러분이 로봇의 주인이라고 생각해 보세요. 내가 입력한 대로 움직이는 것을 원하십니까, 아니면 자기 마음대로 움직이는 것을 원하십니까? 주인이 입력한 대로 움직이지 않고 자기 맘대로 움직이면 어떻게 하겠습니까? 버리겠지요.

지금 죄인들이 그러합니다. 처음 창조된 인간들이 아니고 죄라는 바이러스에 전염된 것입니다. 그러니까 하나님의 뜻에 순종하지 않고 자기 맘대로 살아가는 것입니다. 주인이 찾아왔는데도 자기가 맞아들일지 거절할지를 결정하겠다고 하는 것입니다. 하나님이 아무리 은혜를 주어도 내가 반응하지 않으면 하나님의 은혜를 받을 수 없다고 하는 것입니다. 그러니 반응해서 받아들이라고 합니다.

우리더러 결정하라고 하니까 인간들 쪽에서 들으면 엄청 좋은 것 같지만 하나님 앞에서는 불순종이 되는 것입니다. 이것이 죄입니다. 죄가 자기 생각으로 판단하게 하니까 하나님께서 창세전에 어린양의 생명책에 녹명된 자들만 구원한다고 예정하신 일에 동의할 수 없다고 이의를 제기하는 것입니다. 인간은 로봇이 아니라고 하면서 말이에요. 차라리 로봇이었으면 좋았을 것입니다. 로봇은 자기 생각이 없어요. 주인이 입력해 놓은 것으로 움직여요. 이것을 '순종'이라고 합니다.

제가 과거에는 지독한 율법주의자로 살았습니다. 율법주의가 바로 알미니안 사상입니다. 알미니안 사상은 신앙의 주체가 자기가 되는 것입니다. 그래서 알미니안주의자들이 하는 말이, 하나님의 은혜를 주어도 내가 반응하지 않으면 은혜를 받을 수 없다고 하는 것입니다.

구원도 내가 결정해서 얻게 된다고 합니다. 인간은 자유의지가 있으므로 그 자유의지로 하나님의 뜻에 반응해야 한다는 것입니다. 그래서 알미니안주의자들은 항상 내가 마음을 열어서 구원을 받으라고 하는 것입니다.

이러니까 창세전에 구원받을 자와 유기된 자들이 있다는 것을 인정할 수 없는 것입니다. 제가 과거 율법주의로 살 때 이렇게 생각했습니다. 내가 하나님 말씀에 순종하고 사는 것으로 생각했습니다. 그래서 신앙의 주체가 내가 되어서 열심히 행하였던 것입니다. 나중에 보니까 내가 나를 믿고 있다는 것을 알게 된 것입니다. 하나님의 일하심이 기쁨이 아니라 내가 행한 것을 기쁨으로 여기고 있었던 것입니다. 말씀대로 살면 기분이 좋고, 말씀대로 살지 못하면 기분이 엉망이었던 것입니다. 이것이 다메섹 이전의 바울 신앙인 것입니다.

율법의 열심은 특심하고 흠이 없는데 마음이 곤고한 것입니다. 늘 말씀대로 살아야 한다는 강박감에 짓눌리는 것입니다. 물론 남들 앞에서는 그런 내색을 하지 않습니다. 하지만 내가 나를 속이고 있다는 것을 깨닫게 된 것입니다. 그런데 은혜를 입고 보니까 성경은 우리더러 무얼 하라는 데 초점이 있지 않고, 하나님께서 이렇게 일을 하셨다는 데 초점이 있다는 것을 깨닫게 된 것입니다. 눈에서 비늘이 떨어지고 나니까 모든 성경은 하나님의 일하심을 말해주고 있다는 것이 보이는 것입니다.

내가 본 것이 아니고 하나님이 보이게 해주신 것입니다. 내가 믿은 것이 아니고, 하나님이 믿어지게 해 주신 것입니다. 내가 예수를 영접한 것이 아니고, 하나님이 영접하게 해주신 것입니다. 모두가 하나님의 일하심의 결과로 주어진 것임을 알게 된 것입니다. 그 깨달음이 기분 나쁜 게 아니고 진정 감사한 것입니다. 왜 나의 동의도 없이 일하느냐고 따질 문제가 아니고, 우리의 어떠함과 상관없이 그 은혜로 구원해 주심에 덩실덩실 춤을 추어야 할 일입니다.

은혜를 받고 보니까 하나님께서는 창세전에 언약하신 대로 일하신다는 것을 알게 된 것입니다. 우리의 구원은 하나님이 창세전에 언약하신 것을 역사 속에서 펼치신 결과로 주어진 것이지 우리가 따낸 것이 아닙니다. 하나님은 우리 안에 먼저 언약을 심어 놓고 이루어 가시는 것입니다.

은혜를 입고 보니까 하나님 앞에 내가 너무도 초라한 것입니다. 내 속에 선이라곤 털끝만치도 없고 나에게서는 의가 나올 수 없다는 것이 보입니다. 비로소 상하고 애통하는 마음이 일어나는 것입니다. "주여, 내가 죄인입니다! 나를 불쌍히 여겨 주시고 긍휼을 베풀어 주세요!"라고 기도하게 되는 것입니다.

과거 율법 아래 있을 때는 내가 이러저러한 일을 할 수 있게 도와달라고 기도하였는데, 이제는 주의 은혜가 아니면 살 수 없으니 불쌍히 여겨 달라고 기도하게 되는 것입니다. 과거에는 힘을 달라고 기도했는데, 이제는 긍휼을 달라고 기도하는 것입니다. 내가 무슨 일을 하였다고 하여도 그것은 내가 한 것이 아니고 주께서 하신 것이라는 것을 깨닫고 감사하게 되는 것입니다.

율법 아래 있을 때는 무슨 일을 해도 내 자랑거리였고 내가 영광을 받았습니다. 내가 대견하다고 생각했습니다. 그러나 이제는 난 참으로 보잘것없고 주님의 은혜만 커 보이는 것입니다. 예수 그리스도께서 내 안에서 일을 행하고 계심이 믿어지는 것입니다. 이렇게 깨달아지니까 나로부터 자유하게 되는 것입니다.

여러분은 자신이 둘이라는 것을 아시나요? 우리 안에 두 사람이 있는 것입니다. 우리는 예수를 믿어도 나를 포기할 수가 없습니다. 여전히 내가 살아서 뭔가를 해야 한다는 것이 꿈틀거리는 것입니다. 그런데 내 안의 또 다른 나는 어떤 일을 앞에 두고서 나의 연약함을 깨닫게 하는 것입니다.

분명히 뭔가 해야 하는데, 그 일을 주의 뜻대로 행하기에는 내가 너무도 부족한 것을 발견하게 되는 것입니다. 예전 같으면 "I can do it. 난 할 수 있어, 해보자"라고 하였는데, 이제는 "주여, 도와주세요! 주께서 도와주지 않으면 아무것도 할 수가 없습니다!"라고 도움을 구하게 되는 것입니다.

일을 해도 이제는 그 일이 내가 했다고 여겨지지 않고 모두 예수님이 도와주셔서 한 것으로 믿어지는 것입니다. 동일한 일을 했는데도 과거에는 내 자랑이었는데, 이제는 주님의 은혜에 감사하게 되는 것입니다. 과거에는 행함의 주체가 나였지만, 이제는 행함의 주체가 예수님이라는 것을 아는 것입니다.

알미니안주의자들은 예정론을 말하는 성도들은 아무렇게나 막사는 줄 알고 비아냥거립니다. 혹여 주변에 예정론을 잘못 이해하여서 자기 맘대로 사는 사람들이 있을 수 있습니다. 경건을 자기 사욕을 위하여 악용하는 자들이 있을 수 있습니다. 그러나 그들이 그렇게 산다고 해서 예정론이 틀린 것이 아닙니다. 진짜 예정론을 아는 성도는 알미니안주의자들보다 더 경건하고 더 열심을 내면서 감사하면서 살아가게 되는 것입니다.

제 주변에도 복음을 잘못 이해하여서 막살아도 된다고 하는 영지주의자들이 있습니다. 이런 자들은 복음을 자기 사욕을 좇는 데 악용하는 자들입니다. 신자라고 할 수 없습니다. 저는 이런 자들을 거듭난 신자라고 보지 않습니다. 예정되었으니 막살아도 된다고 하는 것은 거듭난 신자가 맺는 열매가 아니기 때문입니다. 이들은 예수를 이용하는 자들이지, 예수님께 붙잡힌 자들이 아닙니다. 그렇기에 예수님이 내 죄를 다 용서해 주었으니 막살아도 된다고 하는 것입니다.

이러한 자들 때문에 예정론이 틀린 것으로 오해받게 되는 것입니다. 그래서 제가 그런 자들과 그건 복음을 가리는 것이라고 싸우는 것입니다. 이것은 가장 귀하고 좋은 복음인, 창세전에 어린양의 생명책에 녹명된 자들은 다 예수를 믿더라는 예정론을 무너뜨리려는 마귀의 술책인 것입니다.

마귀가 자기의 일꾼들을 가지고 마치 예정론이 틀린 것처럼 만들어 버리는 것입니다. 그러니까 창세전에 예정된 것에 감사하지 않고 막살아도 된다고 하면서 육체의 소욕을 좇아가는 것입니다. 창세전 언약이 너무 귀한 복음이다 보니까 마귀가 가짜들을 심어 놓은 것입니다.

열매로 나무를 압니다. 열매와 나무는 하나입니다. 이것은 속일 수가 없습니다. 복음이 마음에 새겨진 성도들은 어떻게 하든지 하나님의 뜻대로 살아가고자 합니다. 그러나 복음이 마음에 새겨지지 않고 복음적 내용을 지식적으로 알고 있는 자들은 입술로는 복음을 말하나 그 삶은 정반대로 반복음적으로 나타나게 되는 것입니다. 이런 자들을 일컬어 영지주의자라고 합니다.

이 시대 교회 안에 영지주의자들이 너무도 많습니다. 영지주의자들은 스스로가 '나는 복음에 합당치 않은 가짜'라고 반 복음적인 방탕과 방종의 삶으로 커밍아웃하고 있는 것입니다. 본인은 몰라요. 스스로 속고 있는 것입니다. 그리스도께서 내 안에 거한다는 것을 안다고 하면 어찌 막살 수가 있나요? 절대로 그럴 수 없습니다.

거듭난 성도는 온전하게 살 수는 없지만 그래도 하나님의 말씀에 순종하면서 살아가고자 하는 것으로 나타납니다. 그 안에 하나님의 선한 열심이 일을 하는 것입니다. 때론 엉터리 짓을 해도 금세 '이건 아니지!'라고 돌이키게 됩니다.

신앙은 날마다 죄와 싸우는 것입니다. 자기 안에서 발호하는 육신의 소욕을 죽이는 싸움을 하게 되는 것입니다. 이것은 예수 그리스도의 생명을 가진 자들에게는 반드시 나타나는 본능적인 것입니다. 성령은 죄를 거부하고자 반응하는 것입니다.

우리 안에 두 사람이 있습니다. 옛사람과 새사람이 싸우는 것입니다. 옛사람이 거인족처럼 강한 겁니다. 이놈 때문에 때로는 넘어지게 되는 것입니다. 그럼 구원의 즐거움은 상실되고 성령의 탄식함이 일어나서 '주여, 불쌍히 여겨 주소서' 하고 긍휼을 구하게 되는 것입니다. 그리하여 우린 한시라도 하나님의 은혜 없이는 살 수 없다는 것을 깨닫고 긍휼을 구하게 되는 것입니다.

우리가 거할 자리는 은혜의 자리뿐입니다. 은혜의 자리를 떠나서는 살 수 없습니다. 수많은 실패를 겪어가면서 왜 우리의 행위로는 구원을 받을 수 없고, 구원이 예수 그리스도의 피 흘리심으로만 주어지는 것인지를 알게 됩니다. 하나님은 우리의 넘어짐을 통해서 하나님의 은혜 없이는 살 수 없다는 것을 깨닫게 하십니다. 예수 그리스도의 십자가가 아니면 안 된다는 것을 알게 하시는 것입니다.

역설적이게도 우리는 잘될 때는 하나님의 은혜를 잊게 되고, 실패하고 잘 안될 때 하나님의 은혜를 깨닫게 되는 것입니다. 그래서 잘되면 하나님을 떠나고, 잘못되면 하나님을 찾게 되는 것입니다. 우리는 우리 안의 마귀를 제거해 달라고 합니다. 그럼 사단이 "그래, 알았어!" 하고 물러 가던가요? 아니지요. 더욱더 교묘한 방법으로 우리를 넘어지게 하는 것입니다.

하나님은 우리 안의 사단을 제거해 주시지 않습니다. 반대로 사단을 가지고 하나님의 은혜 안으로 도망가도록 일하시는 것입니다. 이 말을 잘 이해하세요. 마귀가 없으면 신앙생활을 잘할 것 같은가요? 아닙니다. 그건 착각입니다. 역설적으로 신앙생활은 사단의 참소가 있을 때 잘하게 되어 있습니다. 우리는 고난 속에서 주님을 바라보게 되어 있습니다. 신앙생활을 잘하면 상대적으로 마귀의 역사도 강하게 일어나는 것입니다. 우리는 이러한 일을 통해서 우리의 연약함을 깨닫게 되는 것입니다.

욥이 가장 경건하게 살 때 사단으로부터 시험을 당하였다는 것을 잊지 마세요. 하나님도 욥의 신앙을 칭찬하셨습니다. 그런데 가장 심한 시험을 당하였습니다. 그래서 경건하게 살고자 하는 자들은 많은 핍박을 받는다고 하는 것입니다. 베드로가 불 같은 시험이 오거든 두려워하지 말라고 합니다. 그것은 하나님께서 우리의 신앙을 제련하기 위함이라는 것입니다. 내가 약할 때가 가장 하나님의 능력이 머물게 되는 때입니다.

고린도후서 12장을 봅시다.

고후 12:7-10 "여러 계시를 받은 것이 지극히 크므로 너무 자고하지 않게 하시려고 내 육체에 가시 곧 사단의 사자를 주셨으니 이는 나를 쳐서 너무 자고하지 않게 하려 하심이라 ^{8}이것이 내게서 떠나기 위하여 내가 세 번 주께 간구하였더니 ^{9}내게 이르시기를 내 은혜가 네게 족하도다 이는 내 능력이 약한 데서 온전하여짐이라 하신지라 이러므로 도리어 크게 기뻐함으로 나의 여러 약한 것들에 대하여 자랑하리니 이는 그리스도의 능력으로 내게 머물게 하려 함이라 10그러므로 내가 그리스도를 위하여 약한 것들과 능욕과 궁핍과 핍박과 곤란을 기뻐하노니 이는 내가 약할 그때에 곧 강함이니라"

바울은 엄청난 은혜를 입었습니다. 삼층천에도 다녀왔습니다. 그럼에도 바울은 몸에 아픔이 있었습니다. 이를 '사단의 가시'라고 합니다. 바울이 세 번씩이나 자기 몸의 사단의 가시를 좀 빼달라고 기도합니다. 그러자 하나님은 일언지하에 거절하십니다. 그 이유는 하나님께서 바울에게 필요해서 두신 것이라고 합니다.

바울의 아픔이 무엇인지는 확실히 모르겠지만 얼마나 고통스럽고 아픈 것이었으면 세 번씩이나 기도했다고 할까요? 바울이 세 번 기도했다는 것은 그만큼 바울에게는 심각한 것이었습니다. 그럼에도 하나님은 바울의 몸에 둔 사단의 가시를 제거해 주시지 않았습니다. 도리어 그것이 하나님의 은혜라고 알려주십니다. '그것은 내 은혜가 네게 머물게 하려 함'이라고 하십니다.

그래서 바울은 약한 것들과 능욕과 궁핍과 핍박과 곤란을 기뻐한다고 고백한 것입니다. 자신이 약할 그때가 하나님을 찾고 의지하게 되는 믿음이 강한 때라고 한 것입니다. 왜 사단의 가시라고 할까요? 가시는 아픔을 주는 것입니다. 우리는 살아가면서 수많은 아픔을 당합니다. 그럴 때마다 머리카락 하나도 검게나 희게 할 수 없는 연약한 자임을 깨닫고 하나님을 찾게 되는 것입니다.

이 모든 일은 성령으로 거듭나야 벌어지는 것들입니다. 성령으로 거듭나게 되면 두 법이 충돌하게 됩니다. 영적 가나안 전쟁이 시작되는 것입니다. 바울의 고백처럼 하나님의 뜻대로 살고자 하는 법과 살기 싫어하는 법이 충돌하는 것입니다. 그런데 하나님의 뜻을 거부하는 법이 더 강하다는 것입니다. 그래서 "오호라 나는 곤고한 자라"라고 탄식하였던 것입니다.

오순절 날에 성령이 임하고 나자 초대교회가 세워집니다. 이는 넷째 날의 모습입니다. 이제부터 온 세상으로 하늘의 복음이 전해지기 시작합니다. 바울이 가는 곳마다 교회가 세워지고 복음이 증거됩니다. 그러자 사단도 거짓 종들을 세워서 바울이 전한 복음을 변질시키기 시작합니다. 이것이 오늘 우리가 살펴보는 다섯째 날의 모습인 것입니다. 궁창에는 새가 날아다니고, 물속에서는 물고기들이 다니는 것입니다.

바울이 복음을 전하는 자리에 꼭 거짓 선생들이 따라다니면서 복음을 훼손하는 일을 행하는 것입니다. 믿음에다 행위를 섞게 하는 것입니다. 이를 다른 복음, 다른 영, 다른 예수라고 하였습니다. 다른 복음이란 예수 그리스도 의에 인간의 의를 첨가하는 것입니다.

이를 갈라디안식 신앙이라고 합니다. 예수도 믿고 율법도 지켜야 구원이 보존된다는 것입니다. 이를 포도주에 물이 섞였다고 합니다. 그런데 이러한 것이 당시 유대교에서 들어온 자들에게 거리낌 없이 받아들여졌습니다. 이는 그 속에 인간의 가치가 담겨 있기 때문입니다.

뱀이 하와를 어떻게 미혹했는지를 보세요. 선악과를 먹으면 하나님같이 된다고 미혹하였습니다. 마귀는 늘 인간의 가치를 상승시켜주겠다고 하면서 미혹합니다. 알미니안주의가 인간의 구미에 딱 맞는 것입니다. 이러한 사상이 이 시대 교회 안에서 성령운동이라는 이름으로 성행되고 있는 것입니다. 이 시대에 행하여지고 있는 성령 운동은 대부분 비성경적인 것입니다. 이들은 성도들로 하여금 하나님의 말씀을 떠나게 하고 있는 것입니다.

예수님 당시에 많은 사람들이 표적을 구하였듯이 지금도 수많은 교인들이 표적 신앙을 좇아가고 있습니다. 그래서 요한계시록 17-18장에서는 종말의 타락한 교회를 일컬어 각종 더러운 영들이 모이는 귀신의 처소라고 하는 것입니다.

이 시대에 성령의 이름으로 다양한 신비스러운 일들이 행하여지고 있는 것입니다. 무슨 프로그램이 그리도 많은지 수많은 방법론들이 난무합니다. 이 모두가 인간들의 의지적 결단으로 자기가 바라는 바를 이루고자 하는 인본주의 사고들입니다.

어느 시대이고 복음과 함께 비복음도 함께 전파되었습니다. 그리고 종말이 가까워질수록 그 정체성들이 확연히 드러나게 됩니다. 말씀을 좇아가는 자와 표적을 좇아가는 자들로 나누이게 됩니다. 가을이 되면 잎사귀는 떨어지고 열매만 남게 됩니다. 내가 맺고 있는 열매는 어떤 것인지 살펴보시길 바랍니다.

지금은 궁창의 새도 번성하여서 충만하게 되었고, 바다의 물고기도 번성하여서 충만하게 되었습니다. 궁창의 새가 번성하는 것만큼 바다의 물고기도 번성합니다. 하나님은 육에 속한 자도 번성케 하고, 영에 속한 자도 번성케 하십니다. 모두 각각의 열매를 드러내고 있습니다.

창조 시부터 육에 속한 자와 영에 속한 자 간에는 항상 전쟁이 있어 왔습니다. 에덴동산에서는 뱀과 아담으로 나타났고, 인류 역사 속에서는 가인과 아벨로 나타났습니다. 이것이 요한계시록에서는 적그리스도 세력들이 어린양에게 속한 자들을 핍박하는 것으로 나타나고 있습니다.

창조 이야기는 인류의 시작과 끝을 이야기하고 있습니다.

첫째 날 예수님이 빛으로 오심으로 갈라짐이 일어납니다.
둘째 날 예수님의 십자가로 하늘의 사람과 땅의 사람으로 갈라짐이 일어납니다.
셋째 날 예수님의 죽으심을 근거로 죄와 사망 가운데 있는 자기 백성들을 불러내십니다.
넷째 날 죄와 사망으로부터 부르심을 입은 자들을 세상의 빛으로 두셨습니다.
다섯째 날 궁창 위 하늘을 나는 새들처럼 하늘에 속한 자들도 번성하고 바닷속 물고기처럼 땅에 속한 자들도 번성합니다. 날개를 받은 자들은 하늘을 날면서 하늘의 기운으로 살아가고, 날개를 받지 못한 자들은 땅의 기운으로 살아가게 되는 것입니다.

이제 창조의 끝이 가까워지고 있습니다. 곧 영원히 갈라지게 됩니다. 나는 지금 어디에 서 있나요? 궁창 위를 날아다니는 새처럼 하늘의 기운으로 살아가고 있나요, 아니면 바닷속의 물고기들처럼 땅의 기운으로 살아가고 있나요? 하늘이 좋은 사람은 하늘의 가치로 살아가고, 땅이 좋은 사람은 땅의 가치로 살아가게 될 것입니다. 그 사람의 삶이 곧 그 사람의 본질이고 그의 정체성을 말해주고 있는 것입니다.

하늘이 좋으면 날개가 달린 새이고,
땅이 좋으면 날개가 없는 물고기입니다.

나는 누구인가요?
하늘을 나는 새인가요?
바닷속의 물고기인가요?

9강

창세전 언약으로 본 창조와 구원 이야기

여섯째 날, 짐승과 사람(창 1:24-31)

창 1:24-31 "하나님이 가라사대 땅은 생물을 그 종류대로 내되 육축과 기는 것과 땅의 짐승을 종류대로 내라 하시고 (그대로 되니라) ²⁵하나님이 땅의 짐승을 그 종류대로, 육축을 그 종류대로, 땅에 기는 모든 것을 그 종류대로 만드시니 하나님의 보시기에 좋았더라 ²⁶하나님이 가라사대 우리의 형상을 따라 우리의 모양대로 우리가 사람을 만들고 그로 바다의 고기와 공중의 새와 육축과 온 땅과 땅에 기는 모든 것을 다스리게 하자 하시고 ²⁷하나님이 자기 형상 곧 하나님의 형상대로 사람을 창조하시되 남자와 여자를 창조하시고 ²⁸하나님이 그들에게 복을 주시며 그들에게 이르시되 생육하고 번성하여 땅에 충만하라, 땅을 정복하라, 바다의 고기와 공중의 새와 땅에 움직이는 모든 생물을 다스리라 하시니라 ²⁹하나님이 가라사대 내가 온 지면의 씨 맺는 모든 채소와 씨 가진 열매 맺는 모든 나무를 너희에게 주노니 너희 식물이 되리라 ³⁰또 땅의 모든 짐승과 공중의 모든 새와 생명이 있어 땅에 기는 모든 것에게는 내가 모든 푸른 풀을 식물로 주노라 하시니 그대로 되니라 ³¹하나님이 그 지으신 모든 것을 보시니 보시기에 심히 좋았더라 저녁이 되며 아침이 되니 이는 여섯째 날이니라"

오늘은 여섯째 날에 대하여 살펴봅니다. 첫째 날부터 시작된 창조가 이제 마지막 날에 도달하였습니다. 창조가 7일 동안 이루어졌지만 일곱째 날은 모든 일을 마치고 안식하는 날이므로 창조의 일은 여섯째 날로 끝이 나는 것입니다.

지금 우리가 살고 있는 이 세상은 여섯째 날로 끝이 나고 이 세상에 속하였으니 이 세상과 다른 일곱째 날로 넘어가게 되는 것입니다. 그러므로 여섯째 날은 죄악으로 물든 이 세상의 마지막 날이 되는 것입니다.

하나님이 여섯째 날에 무슨 일을 하셨나요? 땅의 짐승과 사람을 만드셨습니다. 다섯째 날은 바다의 짐승을 만드셨고, 여섯째 날은 땅의 짐승을 만드셨습니다. 땅의 짐승과 사람의 정체가 무엇인지 그 영적 의미를 알아봅시다. 앞서 말했듯이 여섯째 날은 죄악 된 이 세상의 마지막 날이라고 하였습니다.

성경이 증거하는 끝은 항상 타락으로 나타난다는 것입니다. 타락할 때 하나님이 개입하셔서 새로운 세상을 여셨습니다. 종말은 곧 새로운 창조를 몰고 왔습니다. 창세기 1장 1절에 태초에 하나님이 천지를 창조하셨습니다. 그런데 2절을 보면 땅이 혼돈과 흑암의 깊음 속에 있습니다. 즉 첫째 날 참 빛의 출현으로 타락한 세상을 새로운 세상으로 창조하셨습니다.

노아 시대도 마찬가지입니다. 죄악으로 관영하였습니다. 죄악으로 관영하다는 말은 죄악으로 가득하다는 말입니다. 이런 때에 세상을 홍수로 쓸어버리고 노아를 통해서 새로운 세상을 창조하셨습니다.

예수님의 초림도 마찬가지입니다. 타락한 구약 교회를 끝내고 새로운 신약 교회 시대를 열었습니다. 예수님의 재림도 마찬가지입니다. 타락한 교회인 음녀를 심판하고 새로운 세상을 열게 됩니다. 이름하여 천년왕국 시대입니다. 간단하게 살펴보았지만, 이 세상의 종말은 항상 타락하였습니다.

성경은 교회에 주신 말씀입니다. 그럼 역사의 종말을 이야기하고 있는 여섯째 날도 좋게 끝이 날 것 같지가 않습니다. 맞습니다. 교회의 타락 이야기입니다. 그런데 말이죠. 타락 속에 구원이 있다는 사실을 잊지 마세요. 우린 타락 속에서 구원받는 자들이므로 소망이 되는 것입니다. 겉으로는 실패한 자로 보이지만 실상은 이긴 자들입니다.

재미있는 것은 타락이 일어나야 종말을 맞이하게 된다는 것입니다. 즉 교회가 타락해야 예수님이 재림하신다는 이야기입니다. 그런 의미에서 보면 타락은 새로운 희망이 되는 것이기도 합니다. 참으로 아이러니합니다. 이렇게 생각해 보세요. 하나님이 만드신 세상입니다. 하나님 뜻대로 잘 돌아갈 것 같으면 왜 멸망을 시키겠습니까? 안 돌아가니까 멸망을 시키고 새로운 세상을 만드는 것입니다.

그럼 역사의 시작과 끝을 살펴봅시다.

창세기 1장의 창조는 시간의 시작을 말합니다. 창세전이라는 영원 속에 계시던 하나님이 태초라는 시간 속으로 오신 것은 창세전에 계획하신 일을 역사 속에서 펼쳐 보이고자 하심입니다. 하나님께서 역사 속에서 펼쳐 보이고자 하시는 일은 창세전 언약입니다.

창세전 언약은 예수 그리스도 안에서 자기 백성들을 구원하는 것입니다. 이 일을 창세기 1장에서 창조 사역으로 말해주고 있습니다. 그래서 창조의 모습이 성도의 구원 모습과 같이 갈라내고 채우고 안식하는 것으로 나타나고 있는 것입니다.

예수님께서 역사 속에 오신 것은 자기 백성들을 구원하기 위해서입니다. 죄와 사망으로부터 건져내고, 의와 생명으로 충만케 하시고, 하나님 나라에서 안식을 주시는 것입니다. 이것이 예수님의 삼중직으로 나타나고 있습니다. 예수님의 삼중직은 선지자와 제사장과 왕입니다.

선지자직은 육체로 오셔서 자기 백성들의 죄를 대신하여 십자가에서 죽으심으로 이루셨습니다.
제사장직은 성령으로 성도들 안에 오셔서 의와 생명으로 자라가게 하십니다.
왕직은 장차 재림하여서 성도들을 천년왕국에서 안식하게 하시는 것입니다.

이 세상 역사는 시작과 끝이 있는 것으로 진행이 됩니다. 시작과 끝이 있다 함은 구원이 진행되어 가는 과정이 있다는 뜻입니다. 창세전 언약의 내용이 단번에 이루어지는 것이 아니고, 역사 속의 시간이라는 흐름과 함께 점진적으로, 심층적으로 이루어지게 된다는 뜻입니다.

첫째 날로 시작된 창조의 일은 날이 진행될수록 그 모습이 구체적으로 이루어져서 여섯째 날이 되면 완성되고, 일곱째 날에 안식하심으로 다 이루심이 되는 것입니다. 이를 '천지와 만물을 다 이루니라'라고 합니다. 그러면 일곱째 날에 모든 수고를 그치고 안식하게 되는 것입니다.

영적으로 '창조'와 '구원'은 동의어입니다. 창조 속에 성도들의 구원 모습이 담겨 있습니다. 구원이 첫째 날부터 일곱째 날까지의 모습으로 전개가 되는 것입니다. 창조의 모습이 세 텀으로 일어나듯이 구원이 삼 시제(時制)로 이루어지게 되는 것입니다. 삼 시제는 세 텀과도 같습니다.

첫째 텀은 갈라내는 것이고,
둘째 텀은 채우는 것이고,
셋째 텀은 안식하는 것입니다.

첫째 텀인 첫째 날부터 셋째 날까지는 갈라내는 일을 하셨고,
둘째 텀인 넷째 날부터 여섯째 날까지는 채우는 일을 하셨으며,
셋째 텀인 일곱째 날은 모든 일을 다 마치시고 안식하는 것으로 나타납니다.

첫째 텀과 둘째 텀은 서로 짝입니다.
첫째 날은 넷째 날과 짝이고,
둘째 날은 다섯째 날과 짝이며,
셋째 날은 여섯째 날과 짝입니다.

첫째 날 '빛이 있으라'로 빛을 낮이라 하고 어둠을 밤이라고 나누신 것이,
넷째 날에는 낮을 주관하는 해와 밤을 주관하는 달과 별을 만드시는 것으로 나타났습니다.

둘째 날 궁창 위와 궁창 아래로 갈라지게 하신 것은,
다섯째 날 궁창 위의 새들과 궁창 아래 바다의 물고기들을 만드심으로 나타났습니다.

셋째 날 물속에서 뭍을 끄집어내시고 그 땅에 씨 맺는 채소와 과목들을 내게 하신 것은, 여섯째 날에는 땅의 짐승과 하나님의 형상으로 지음을 받은 사람으로 나타납니다.

잘 보면 창조가 서로가 다른 짝으로 되어 있습니다. 첫째 날 빛과 어둠, 둘째 날 궁창 위와 궁창 아래, 셋째 날 물(바다)과 뭍(땅), 넷째 날 낮의 해와 밤의 달과 별, 다섯째 날 궁창을 나는 날개 달린 새와 바다에 사는 고기들, 여섯째 날은 짐승과 사람으로 나타납니다.

중요한 것은 둘을 같은 날 창조를 하였어도 서로 본질이 다르다는 것입니다. 하나님은 본질이 다른 둘을 가지고 창세전 언약을 이루어 가시는 것입니다. 본질이 다르다는 것은 서로 하나 될 수 없다는 뜻입니다. 그럼 자연히 이 둘 사이에는 갈등이 생길 수밖에 없습니다. 이것이 전쟁으로 나타나는 것입니다.

이 모습이 그대로 인류의 역사 속에 나타났습니다. 그것을 아담 속에서 가인과 아벨이 나온 것으로 보여주었습니다. 가인과 아벨은 성질이 다른 형제입니다. 가인은 마귀에게 속하였고, 아벨은 하나님에게 속하였습니다. 가인이 아벨을 죽이고 맙니다. 이것이 전쟁입니다. 이것이 역사 속에서 확대되어서 나타납니다.

이스마엘과 이삭, 에서와 야곱, 요셉과 형제들, 사울과 다윗, 북이스라엘과 남유다, 표면적 유대인과 이면적 유대인, 육적 교회와 영적 교회, 적그리스도에 속한 음녀와 예수 그리스도에 속한 해를 입은 여자로 나타납니다. 이 둘은 항상 전쟁하였습니다.

말이 좋아 전쟁이지, 영이 육에게 일방적으로 공격을 당하였습니다. 하나님에게 속한 자들이 마귀에게 속한 자들로부터 핍박을 받아 왔습니다. 이름하여 불공정 게임입니다. 세상 끝날을 향하여 가면 갈수록 불공정 게임은 극으로 치닫게 됩니다. 이러한 상태를 죄악이 관영하다고 하고, 흑암의 깊은 때라고 합니다.

불의가 의를 삼키고자 할 때 하나님이 역사를 방문하십니다. 악한 자는 멸하고, 선한 자는 구원하시게 됩니다. 여섯 날로 말하면 짐승이 사람을 해치는 시대입니다. 성경은 하나님을 모르는 자를 짐승이라고 하고 하나님의 백성을 사람이라고 합니다. 마귀에게 속한 자는 짐승이고, 예수님에게 속한 자는 사람입니다.

종말은 마귀가 득세하는 때입니다. 마귀가 다 이긴 것 같을 때 예수님이 재림하셔서 짐승을 멸하고 사람을 구원해 내십니다. 예수님이 재림하시면 짐승과 사람이 갈라지는 심판이 일어나게 됩니다. 사람인 하나님의 백성들은 천국으로 데리고 가고, 짐승인 마귀의 백성들은 지옥으로 들여보내게 됩니다. 그리하여 불공정한 게임이 지배하는 죄악 된 세상 역사는 심판을 당하고 종말을 맞이하게 되는 것입니다.

역사는 성도들의 구원과 함께 시작하고, 성도들의 구원과 함께 끝이 나게 되는 것입니다. 그래서 성도들의 구원이 시작과 끝이 있는 시간이라는 역사 속에서 이루어지게 되는 것입니다. 역사 속에서 이루어지는 구원을 세 가지 시제로 '구원을 받았다', '구원을 이루라', '구원을 이룰 것이다'라고 말해주는 것입니다. 시간과 함께 구체적으로 드러나게 되는 것입니다. 점진적으로, 심층적으로 이루어지게 되는 것입니다.

과거 시제로 "구원을 받았다"라고 하고,
현재 시제로 "구원을 이루어가라"라고 하며,
미래 시제로 "구원을 이룰 것이다"라고 합니다.

예수님이 육체로 과거의 구원을 이루셨습니다. 이것이 첫째 날부터 셋째 날까지로 나타났습니다. 부활 후 성령으로 우리 안에 오셔서 현재 구원을 이루어 가십니다. 이것은 넷째 날부터 여섯째 날까지로 나타났습니다. 장차 재림하셔서 미래 구원을 완성하실 것입니다. 이것은 일곱째 날로 나타납니다.

구원은 생명의 자람과 같습니다. 씨가 죽는 과정이 있고, 싹을 내고 잎을 피우고 줄기를 내어 열매를 맺는 과정이 있습니다. 열매가 다 익으면 추수하여서 곳간에 들어가게 됩니다. 구원의 시작이 옛사람의 죽음으로부터 시작됩니다. 이것은 씨가 죽는 것과 같습니다. 씨가 죽는 것은 새로운 생명을 내기 위함입니다. 그러므로 죽은 것이 아니고 새로운 피조물로 태어나는 것입니다.

모든 생명은 처음에는 미미하게 시작합니다. 처음에는 희미하던 것들이 과정을 통하여서 그 모습을 완전히 드러내게 됩니다. 이 모습이 첫째 날부터 여섯째 날까지 점진적으로 나타나는 것으로 말해주고 있는 것입니다. 첫째 날부터 시작된 것이 여섯째 날이 되면 그 모습이 완연하게 드러나게 되는 것입니다.

양과 염소가 새끼 시절에는 함께 목동의 보호로 살아갑니다. 그러다가 자라가면서 점차적으로 그 본성을 드러내게 됩니다. 그럼 목동은 서로의 우리에 분리하여서 따로 두게 되는 것입니다. 목자가 양을 칠 때 낮에 풀을 뜯어 먹을 때는 양과 염소를 함께 풀어 놓습니다.

그러나 저녁이 되면 양과 염소를 갈라내어서 각자의 우리로 집어넣습니다. 이는 양과 염소를 한 우리에 함께 두면 양이 잠을 자지 못하고 다치기 때문입니다. 그래서 목자는 들에 방목할 때는 양과 염소를 함께 두었지만, 저녁이 되면 각자의 우리로 분리를 시켜서 쉼을 누리게 하는 것입니다.

양과 염소는 이 세상에 있는 두 종류의 사람을 말합니다. 양은 하나님의 자녀이고, 염소는 마귀의 자녀입니다. 하나님은 이 둘을 정한 때까지 함께 자라게 하십니다. 세상의 끝에 다다르게 되면 하나님의 자녀와 마귀의 자녀는 그 본성들을 드러내게 됩니다. 그 모습을 여섯째 날 짐승과 사람으로 말해주고 있는 것입니다.

마태복음 13장을 보면 예수님께서 천국을 일곱 가지로 비유하셨습니다. 씨를 뿌리는 비유로 시작을 하여서 마지막은 그물 속의 고기를 갈라내는 것으로 말씀하셨습니다. 일곱 가지 비유는 이 세상 속에서 복음이 어떻게 확산이 되고, 어떻게 끝이 나는지를 말해주고 있습니다.

마태복음 13장의 일곱 가지 비유를 살펴봅시다.

첫째 비유는 씨 뿌리는 비유입니다.

마 13:3-8 "예수께서 비유로 여러 가지를 저희에게 말씀하여 가라사대 씨를 뿌리는 자가 뿌리러 나가서 ⁴뿌릴새 더러는 길가에 떨어지매 새들이 와서 먹어 버렸고 ⁵더러는 흙이 얇은 돌밭에 떨어지매 흙이 깊지 아니하므로 곧 싹이 나오나 ⁶해가 돋은 후에 타져서 뿌리가 없으므로 말랐고 ⁷더러는 가시떨기 위에 떨어지매 가시가 자라서 기운을 막았고 ⁸더러는 좋은 땅에 떨어지매 혹 백 배, 혹 육십 배, 혹 삼십 배의 결실을 하였느니라"

이것은 예수님께서 이 세상에 오신 후에 온 세상에 복음이 전해지는 것을 말해주고 있습니다. 복음이 전해지다 보면 이 사람 저 사람 다 받아들이지만 그렇다고 다 결실을 맺는 것은 아니라고 합니다. 복음은 온 세상에 뿌려지지만, 그 결실은 오직 좋은 땅만이 합니다.

좋은 땅이란 농부가 관리하는 땅을 말합니다. 이는 창세전에 어린양의 생명책에 녹명된 자들을 말합니다. 이들만이 끝까지 결실하게 됩니다. 누가 참이고 누가 거짓인지는 각양의 시험과 환난을 통과해 보아야 합니다.

천부께서 심지 않은 자들은 처음에는 예수를 따르는 척하다가도 여러 가지 시험을 만나게 되면 믿음을 저버리게 되는 것입니다. 예수를 믿고 따르는 것은 인간의 의지나 각오로 되는 것이 아닙니다. 예수는 하나님께서 믿어지게 해주어야만 믿을 수 있는 것입니다.

요한복음 6장을 봅니다.

요 6:44 "나를 보내신 아버지께서 이끌지 아니하면 아무라도 내게 올 수 없으니 오는 그를 내가 마지막 날에 다시 살리리라"

예수님께서 "나는 하늘로서 온 산 떡"이라고 하십니다. "누구든지 나를 먹으면 영생한다"고 하십니다. 그러자 수많은 무리들이 떠나갑니다. 이에 예수님이 제자들에게 "너희도 떠나가려느냐?"라고 물으십니다. 그러자 베드로가 제자들을 대표하여서 "영생의 말씀이 여기 계신데 우리가 뉘게로 가오리까?"라고 하면서 떠나지 않겠다고 합니다.

예수님께서는 "아무나 내게 올 수 없고 오직 아버지께서 내게 이끌어 주는 자들만이 오게 된다"고 하셨습니다. 예수님은 아버지께서 이끌어 준 자들만 구원하신다고 합니다. 제자들이 바로 아버지께서 이끌어 준 자들입니다. 이들이 바로 좋은 땅인 것입니다.

천부께서 심지 않은 것은 다 뽑히게 됩니다. 천부께서 심은 자들이 바로 결실하는 좋은 땅입니다. 천부께서 심지 않은 자들은 처음에는 믿는 척하다가도 예수 때문에 어려운 일을 당하면 다 떠나갑니다. 이들이 바로 표적의 떡만 먹고 다 떠나간 자들입니다.

둘째 비유는 밭의 곡식과 가라지 비유입니다.

마 13:24-30 "예수께서 그들 앞에 또 비유를 베풀어 가라사대 천국은 좋은 씨를 제 밭에 뿌린 사람과 같으니 25사람들이 잘 때에 그 원수가 와서 곡식 가운데 가라지를 덧뿌리고 갔더니 26싹이 나고 결실할 때에 가라지도 보이거늘 27집주인의 종들이 와서 말하되 주여 밭에 좋은 씨를 심지 아니하였나이까 그러면 가라지가 어디서 생겼나이까 28주인이 가로되 원수가 이렇게 하였구나 종들이 말하되 그러면 우리가 가서 이것을 뽑기를 원하시나이까 29주인이 가로되 가만 두어라 가라지를 뽑다가 곡식까지 뽑을까 염려하노라 30둘 다 추수 때까지 함께 자라게 두어라 추수 때에 내가 추숫군들에게 말하기를 가라지는 먼저 거두어 불사르게 단으로 묶고 곡식은 모아 내 곳간에 넣으라 하리라"

예수님이 이 세상에 오신 것은 자기 백성들을 죄와 사망으로부터 빼내시고자 하심입니다. 예수님은 십자가로 율법에서 은혜 아래로 옮겨 놓으셨습니다. 이것이 오순절 강림으로 교회가 세워지는 것으로 나타났습니다. 그런데 마귀가 교회 안에 가짜들을 심어 놓아서 예수님의 일하심을 방해합니다. 이들이 바로 곡식이 뿌려진 밭에 심겨진 가라지들입니다.

어느 시대든 교회 안에는 항상 곡식과 가라지 즉 양과 염소가 있었습니다. 하나님은 추수 때까지 함께 두십니다. 이는 염소를 가지고 양들을 훈련시키기 위함입니다. 염소들이 양들을 예수 안으로 몰아넣는 일을 하는 것입니다.

오순절 성령 강림으로 초대교회가 세워집니다. 그러나 금세 분란에 휩싸이고 맙니다. 구제로 인하여 헬라파 유대인과 히브리파 유대인들 간에 분쟁이 일어나고 맙니다. 그래서 일곱 집사를 세웁니다. 그러나 그들 중에 사단의 종이 있었습니다. 니골라였습니다. 니골라는 영지주의자였습니다. 교회 안에 인본주의 사상을 심어 놓은 자입니다.

요한계시록 2장의 아시아의 일곱 교회 중에서 버가모 교회를 보면 니골라당의 교훈을 따르는 자들이 있다고 하였습니다. 니골라 사상은 가라지처럼 그 뿌리를 교회 안에 깊숙이 내려서 곡식들을 시험 들게 합니다.

주인은 다 알고 있지만 그럼에도 뽑지 않는 것은 행여 가라지를 뽑다가 곡식이 다칠까 봐입니다. 하나님께서 가라지를 통해서 곡식들을 단련케 하시는 일을 하십니다. 곡식은 비록 가라지로부터 아픔을 당할지라도 농부가 지키기 때문에 뽑히지 않습니다. 농부가 끝까지 지켜냅니다.

셋째와 넷째는 겨자씨와 누룩 비유입니다.

마 13:31-33 "또 비유를 베풀어 가라사대 천국은 마치 사람이 자기 밭에 갖다 심은 겨자씨 한 알 같으니 ³²이는 모든 씨보다 작은 것이로되 자란 후에는 나물보다 커서 나무가 되매 공중의 새들이 와서 그 가지에 깃들이느니라 ³³또 비유로 말씀하시되 천국은 마치 여자가 가루 서 말 속에 갖다 넣어 전부 부풀게 한 누룩과 같으니라"

이것은 복음이 온 세상으로 어떻게 확산이 되는지를 말해주고 있습니다. 겨자씨는 모든 씨 중에서 가장 작은 씨입니다. 이는 세상 속에서의 복음의 모습을 상징하고 있습니다. 그것이 가루 서 말 속의 누룩처럼 미미하지만 결국에는 온 세상에 확산된다는 것입니다.

천국 운동은 큰 운동이 아니고 작은 운동입니다. 복음은 화려하게 전해지지 않습니다. 아주 미미하게 퍼져 나갑니다. 예수님은 큰 배를 타지 않았습니다. 작은 배를 타고 바다를 건너갔습니다. 비록 풍랑이 일어서 배에 물이 들어오긴 하였지만 침몰하지는 않았습니다. 예수님이 함께 타고 가시기 때문입니다.

복음은 피 흘림으로 전해져 왔습니다. 복음을 받으면 삶 속에 풍랑이 일어서 배에 물도 들어오고, 많은 환난도 겪게 되어 있습니다. 그러나 침몰당하지는 않습니다. 마귀는 그토록 복음을 막고자 하였지만, 복음은 끝까지 온 세상으로 전해져 왔습니다. 피 흘림 속에서 말입니다. 예수님의 피 흘리심이 열두 제자를 낳았고, 열두 제자들의 피 흘림이 속사도들을 낳았으며, 속사도들의 피 흘림으로 가는 곳마다 교회가 세워지게 되었습니다.

우리나라도 대동강변에서 일어난 토마스 선교사의 피 뿌림으로 복음이 전해졌습니다. 복음은 피를 먹고 살아갑니다. 그래서 복음을 받으면 피 흘림의 구조 속으로 밀려 들게 되는 것입니다. 복음을 받으면 하나님께서 그 사람을 한 알의 밀알로 씨를 뿌리시는 것입니다.

다섯째와 여섯째는 밭에 감추인 보화와 진주 장사 비유입니다.

마 13:44-46 "천국은 마치 밭에 감추인 보화와 같으니 사람이 이를 발견한 후 숨겨 두고 기뻐하여 돌아가서 자기의 소유를 다 팔아 그 밭을 샀느니라 [45]또 천국은 마치 좋은 진주를 구하는 장사와 같으니 [46]극히 값진 진주 하나를 만나매 가서 자기의 소유를 다 팔아 그 진주를 샀느니라"

그 안에 성령이 임한 성도는 하늘에 소망을 두고 살아가게 됩니다. 그것이 이 세상에서 나그네와 행인으로 살아가는 모습으로 나타납니다. 세상에 미련을 두지 않고 하늘나라를 소망하면서 자신의 삶을 투자하게 되는 것입니다.

복음을 맛본 사람은 복음을 최고의 가치로 두고 살아가게 되어 있습니다. 더 깊은 진리를 알아가고자 합니다. 복음의 가치를 아는 사람은 복음을 위하여 자기 삶을 투자하게 됩니다. 하늘의 것을 얻기 위하여 땅의 것을 버리게 되는 것입니다.

복음이 그 사람을 장악하게 되는 것입니다. 그래서 복음을 받은 성도는 복음에 이끌림을 당하면서 살아가게 되는 것입니다. 겉사람은 후패하지만 속사람은 날로 새로워지는 것입니다. 점점 하늘의 사람으로서 그 정체성을 확연하게 드러내게 되는 것입니다.

맨 마지막 일곱째 비유는 그물 속에 들어온 고기를 갈라내는 것으로 마감합니다.

마 13:47-50 "또 천국은 마치 바다에 치고 각종 물고기를 모는 그물과 같으니 48그물에 가득하매 물가로 끌어내고 앉아서 좋은 것은 그릇에 담고 못된 것은 내어 버리느니라 49세상 끝에도 이러하리라 천사들이 와서 의인 중에서 악인을 갈라내어 50풀무불에 던져 넣으리니 거기서 울며 이를 갊이 있으리라"

종말이 되면 어부가 바다에 친 그물을 끌어 올립니다. 그물 속에 각양의 고기들이 들어 있습니다. 그럼 주인은 고기 속에서 자신이 잡고자 하는 어종만 골라내게 됩니다. 좋은 고기는 그릇에 담고, 나쁜 고기는 버려짐을 당하게 되는 것입니다. 중요한 것은 의인 중에서 악인을 갈라낸다고 하는 것입니다. 의인이 있는 곳이 교회입니다. 이는 교회 안에서 일어나는 심판을 말합니다.

예수님은 자기의 타작마당에서 추수를 합니다. 예수님의 타작마당은 교회입니다. 교회 안에 곡식과 가라지가 있습니다. 양과 염소가 있는 것입니다. 종말이 되면 모두가 번성하고 충만하게 됩니다. 하나님의 백성은 하나님의 모습으로 드러나고, 마귀의 백성은 마귀적으로 드러나게 됩니다. 각자의 모습을 확연하게 드러내게 되는 것입니다.

요한계시록 22장을 봅니다.

계 22:11 "불의를 하는 자는 그대로 불의를 하고 더러운 자는 그대로 더럽고 의로운 자는 그대로 의를 행하고 거룩한 자는 그대로 거룩되게 하라"

양은 양의 본성을 드러내고, 염소는 염소의 본성을 드러내게 되어 있습니다. 본성이 삶을 살게 하고, 삶이 본성을 드러내게 되는 것입니다. 불의가 좋은 사람은 불의로 살고, 의가 좋은 사람은 의로 살아갑니다. 더러운 것을 좋아하는 사람은 더러운 대로 살고, 거룩한 것을 좋아하는 사람은 거룩한 것으로 살게 되어 있습니다.

천국이 좋은 사람은 천국을 소망하면서 살아가고, 세상이 좋은 사람은 세상을 향하여 살아가게 되는 것입니다. 교회가 좋은 사람은 교회로 모이고, 세상이 좋은 사람은 세상으로 나가게 됩니다. 복음이 좋은 사람은 진주 장사처럼 자기 인생을 팔아서 복음을 좇아가게 되어 있습니다. 그래서 예수님은 열매로 그 나무를 안다고 하신 것입니다. 삶이 곧 열매입니다.

교회에 와서 하늘을 소망하는 사람이 있고, 교회에 와서 땅을 소망하며 살아가는 사람이 있습니다. 어떤 사람은 하늘의 가치로 살아가고, 어떤 사람은 땅의 가치로 살아갑니다. 이것이 교회 안에서 일어나고 있는 것입니다. 그래서 의인 중에서 악인을 골라낸다고 하는 것입니다.

일곱 가지 비유는 창조 7일과 같은 것입니다. 씨 뿌리는 것이 첫째 날이라고 한다면, 그물 속에 들어온 고기를 갈라내어 그릇에 담는 것은 일곱째 날이 되는 것입니다. 하나님 나라에 대한 일곱 가지 비유를 하시면서 맨 마지막을 그물 속의 고기를 갈라내는 것으로 말씀하신 것은 장차 예수님이 오셔서 갈라낸다는 뜻입니다. 지금은 그물을 온 바다에 치고 고기를 잡는 때입니다. 그 끝이 다다랐습니다. 잠시 후면 그물을 끌어 올립니다. 예수님이 재림하면 영원히 갈라지게 됩니다.

그러면 예수님이 재림하시기 직전인 여섯째 날에는 사단의 자녀와 하나님의 자녀가 각자의 본성을 드러내게 되어있는 것입니다. 이것을 사람과 짐승으로 말해주고 있는 것입니다. 짐승은 마귀의 자녀이고, 사람은 하나님의 자녀입니다. 짐승과 사람은 그 본성 자체가 다릅니다. 살아가는 방식도 다릅니다. 짐승은 땅에 속하였고, 사람은 하늘에 속하였습니다. 짐승은 흙의 기운으로 살아가고, 사람은 하늘의 기운으로 살아갑니다.

구원이 무엇입니까? 흙의 사람이 하늘의 사람으로 거듭나는 것입니다. 성경은 흙에서 난 자를 짐승이라고 하고, 하늘로 난 사람을 사람이라고 합니다. 그래서 짐승의 혼은 아래로 내려가고, 사람의 혼은 위로 올라간다고 하는 것입니다.

종말이 되면 흙에 속한 자와 하늘에 속한 자는 확연하게 구분됩니다. 그 속성들을 드러내게 됩니다. 살아가는 모습이 다름으로 나타나게 되는 것입니다. 땅에 속한 사람은 짐승의 모습을 드러내고, 하늘에 속한 사람은 사람의 모습을 드러내게 되어 있습니다.

짐승은 땅의 것을 좇아가고, 사람은 하늘의 것을 좇아가게 됩니다. 악인은 악인의 모습을 드러내고, 선인은 선인의 모습을 드러내게 되어 있습니다. 하나님 나라는 이 세상에서 창조 7일과 같이 전개됩니다.

마가복음 4장을 봅시다.

막 4:26-29 "또 이르시되 하나님의 나라는 사람이 씨를 땅에 뿌림과 같으니 ²⁷그가 밤낮 자고 깨고 하는 중에 씨가 나서 자라되 어떻게 그리 되는지를 알지 못하느니라 ²⁸땅이 스스로 열매를 맺되 처음에는 싹이요 다음에는 이삭이요 그다음에는 이삭에 충실한 곡식이라 ²⁹열매가 익으면 곧 낫을 대나니 이는 추수 때가 이르렀음이라"(개역개정)

하나님 나라가 이 땅에 임할 때는 씨를 땅에 뿌림과 같이 임하였습니다. 씨가 죽어서 싹을 내고 잎을 내고 줄기를 내고 열매를 맺어갑니다. 열매가 다 익으면 추수하여서 곳간에 들이게 됩니다. 이것은 예수님의 모습입니다. 하나님은 이 세상이라는 밭에 예수라는 씨를 뿌렸습니다. 예수님이 한 알의 밀알이 되어서 뿌림을 당하였습니다. 예수님의 십자가 죽으심으로 하나님 나라가 세워지게 되었습니다.

오순절 성령 강림으로 하나님의 농사가 시작된 것입니다. 넉 달 농사가 시작되었습니다. 씨가 싹을 내고 잎을 내고 줄기를 내면서 2천 년 동안 열매를 맺어가게 되었습니다. 이제 그 끝이 이르렀습니다. 추수 때가 가까웠습니다. 곡식과 가라지로 갈라지고, 알곡과 쭉정이로 갈라지는 때가 되었습니다.

예수님이 재림하시면 갈라짐이 일어납니다. 사람은 사람이 사는 나라로 옮겨지게 되고, 짐승은 짐승의 나라로 옮겨지게 됩니다. 이를 예수님은 마태복음 25장에서 양과 염소의 심판으로 비유하셨습니다. 창세로부터 예비 된 각자의 나라로 옮겨져서 살아가게 되는 것입니다.

지금이 여섯째 날입니다. 예수님의 재림이 임박한 때입니다. 열매가 다 익어서 각각의 맛을 내는 때입니다. 산 자는 산 자로서의 맛을 내고, 죽은 자는 죽은 자의 맛을 내고 있습니다. 산 자는 생명의 향기를 토하고, 죽은 자는 사망의 향기를 토하게 됩니다. 하늘에 속한 자는 하나님의 말씀을 양식으로 삼고 살아가고, 땅에 속한 자는 떡을 양식으로 삼고 살아가게 되어 있습니다.

창조 7일은 우리의 신앙의 여정과도 같습니다. 신앙은 생명의 자람과 같은 과정을 지나게 되어 있습니다. 사람으로 비유하면 뱃속에 있다가 엄마의 해산의 수고로 바깥 세상으로 나오게 되는 것과 같습니다. 어둠에서 빛으로 나온 것입니다. 이것은 마치 예수님의 피 흘리심으로 죄와 사망에서 의와 거룩으로 나온 것과 같습니다. 뱃속의 아이는 엄마의 피 흘림으로 흑암의 세계에서 빛의 세계로 나온 것입니다.

이것은 어린양의 피로 홍해를 건너서 출애굽 하는 것과도 같은 것입니다. 출애굽을 통해 애굽에서의 인생은 종말을 맞이하는 것입니다. 그리고 광야로 나와서는 새로운 인생이 시작되는 것입니다. 출애굽 한 백성은 마치 엄마 뱃속에서 나온 자들과 같습니다. 어린아이는 부모의 도움으로 자라가야 합니다. 홍해를 건너온 것이 첫째 날이라고 한다면, 가나안에 들어가는 것은 일곱째 날이 됩니다.

광야에서 여섯째 날까지의 과정을 겪게 됩니다. 출애굽과 동시에 광야 40년 동안 엿새가 차기까지 하나님의 백성으로 자라가게 되는 것입니다. 이는 약속의 땅에서 살아갈 수 있는 사람으로 자라가는 것입니다. 가나안에 들어가는 것이 중요한 것이 아니고, 가나안에서 살 수 있는 사람이 되어야 합니다. 왜냐하면 가나안은 애굽과 다르기 때문입니다. 가나안에서 애굽식으로 살면 쫓겨나게 됩니다.

신명기 11장을 봅시다.

신 11:8-15 "그러므로 너희는 내가 오늘날 너희에게 명하는 모든 명령을 지키라 그리하면 너희가 강성할 것이요 너희가 건너가서 얻을 땅에 들어가서 그것을 얻을 것이며 9또 여호와께서 너희의 열조에게 맹세하사 그와 그 후손에게 주리라 하신 땅 곧 젖과 꿀이 흐르는 땅에서 너희의 날이 장구하리라 10네가 들어가 얻으려 하는 땅은 네가 나온 애굽 땅과 같지 아니하니 거기서는 너희가 파종한 후에 발로 물 대기를 채소밭에 댐과 같이 하였거니와 11너희가 건너가서 얻을 땅은 산과 골짜기가 있어서 하늘에서 내리는 비를 흡수하는 땅이요 12네 하나님 여호와께서 권고하시는 땅이라 세초부터 세말까지 네 하나님 여호와의 눈이 항상 그 위에 있느니라 13내가 오늘날 너희에게 명하는 나의 명령을 너희가 만일 청종하고 너희의 하나님 여호와를 사랑하여 마음을 다하고 성품을 다하여 섬기면 14여호와께서 너희 땅에 이른 비, 늦은 비를 적당한 때에 내리시리니 너희가 곡식과 포도주와 기름을 얻을 것이요 15또 육축을 위하여 들에 풀이 나게 하시리니 네가 먹고 배부를 것이라"

모세는 가나안은 애굽과 다른 땅이라고 합니다. 농사법이 다르다고 합니다. 농사법이 다르다는 것은 살아가는 방식이 다르다는 것입니다. 애굽에서는 스스로 농사를 짓고 살았지만, 가나안은 하나님이 농사를 지어주신다고 합니다. 애굽은 물이 저축되어 있어서 스스로의 힘으로 농사를 짓고 살았습니다. 그러나 가나안은 산악 지대라서 물을 저축하여서 사용할 수가 없습니다. 파종하고 나서는 하나님만 바라보고 살아야 하는 것입니다.

그럼 하나님께서 때를 따라서 이른 비와 늦은 비를 주어서 자라게 해주십니다. 가나안에서 살려면 믿음이 필요합니다. 씨를 뿌리고 난 후에 하나님께서 때를 따라서 비를 주어서 자라게 해주신다는 절대적인 믿음이 필요한 것입니다.

가나안에서 자기 실력은 아무런 소용이 없습니다. 이 사실을 광야 40년 동안 배워온 것입니다. 이스라엘은 광야 40년 동안 단 한 번도 농사를 지어본 적이 없습니다. 하나님께서 먹여 주셨습니다. 아침마다 하늘에서 만나를 내려서 먹게 하였습니다. 이 사실을 안다고 하면 가나안 땅에서도 그리 믿고 살아야 하는 것입니다. 믿으면 평안이고, 믿지 않으면 불안입니다. 결국 믿음의 문제인 것입니다.

광야 40년은 믿음을 자라게 하는 과정입니다. 그 과정을 잘 지나온 사람들은 가나안에 들어가서도 생사화복을 하나님께 맡기고 평안하게 살아갈 수가 있습니다. 그러나 믿지 못하면 매일 매일 불안하고 두려운 삶을 살아가게 될 것입니다.

이 세상 역사는 광야 40년과 같습니다. 천국에서 살아갈 수 있는 믿음의 사람으로 자라가는 역사입니다. 교회에서 약속의 땅인 천국에서 살아갈 수 있는 사람으로 자라가야 합니다. 하나님의 말씀으로 믿음의 사람으로 자라가야 하는 것입니다.

여섯째 날은 각자의 본성이 드러나게 되어 있습니다. 떡으로 사는 자와 말씀으로 사는 자가 드러납니다. 짐승은 떡으로 살고, 사람은 말씀으로 살아갑니다. 양식을 보면 그 사람의 정체성을 알 수 있습니다. 짐승이 먹을 양식이 있고, 사람이 먹을 양식이 있습니다.

어떤 가치로 살아가는지를 보면 그 사람의 정체성을 알 수가 있습니다. 땅에 속한 짐승은 무엇을 먹을까, 무엇을 입을까, 무엇을 마실까를 구하고, 하늘에 속한 사람은 그의 나라와 그의 의를 구하고 살아가게 되어있는 것입니다.

어디를 지향하는지를 보면 알 수 있습니다.

짐승은 땅에 소망을 두고 살아가고,
사람은 하늘에 소망을 두고 살아가게 됩니다.

어떤 의(義)로 살아가는지를 보면 알 수 있습니다.

짐승은 인간의 의로 살아가고,
사람은 예수 그리스도의 의로 살아갑니다.

어떤 원리로 살아가는지를 보면 알 수 있습니다.

짐승은 법으로 살아가고, 사람은 은혜로 살아갑니다.
법은 죽이는 것이고, 은혜는 살리는 것입니다.
마귀에게 속한 자들은 살리는 복음을 가지고도 죽이는 일을 하고,
예수 그리스도께 속한 자는 죽이는 법을 가지고도 살리는 일을 합니다.

법과 은혜는 빵틀과 같습니다.
붕어빵 틀에서는 붕어빵이 나오고,
국화빵 틀에서는 국화빵이 나오듯이,
법에 속한 사람은 법을 토해내고,
은혜에 속한 사람은 은혜를 토해냅니다.

예수님은 이를 '열매로 나무를 안다'고 하셨습니다. 정죄와 심판의 열매를 맺는 사람은 법이라는 나무이고, 용서와 긍휼의 열매를 맺는 사람은 은혜의 나무입니다. 법이라는 나무이기 때문에 정죄와 비판과 사망의 냄새를 토해내게 되고, 은혜라는 나무이기 때문에 용서와 긍휼과 사랑이라는 생명의 냄새를 풍기게 되는 것입니다.

어떤 사람은 살리는 복음을 가지고도 정죄하고 죽이는 일을 하고, 어떤 사람은 죽

이는 율법을 가지고도 살리는 일을 합니다. 예수에게 속한 산 자들은 살리는 일을 하고, 마귀에게 속한 죽은 자들은 죽이는 일을 하게 되는 것입니다. 각각의 사람들이 각자의 냄새들을 풍기게 됩니다. 어떤 사람들은 생명의 냄새를 풍기면서 살아가고, 어떤 사람들은 사망의 냄새를 풍기고 살아갑니다.

그럼 여섯째 날에 하나님의 형상으로 창조된 사람에 대하여 알아봅시다.

구원이 무엇입니까? 죄인이 예수 안에서 하나님의 아들이 되는 것입니다. 이를 '양자'라고 합니다. 양자이지만 하나님의 나라를 유업으로 받을 아들입니다. 아들은 아버지의 형상을 가진 자입니다. 구원이 바로 하나님의 형상으로 살아나고 하나님의 형상으로 자라가는 것입니다. 이 일이 하나님의 형상으로 오신 예수 그리스도에 의하여 하나님의 형상을 회복하여서 하나님의 아들들이 되는 것입니다.

로마서 8장을 봅시다.

롬 8:29-30 "하나님이 미리 아신 자들로 또한 그 아들의 형상을 본받게 하기 위하여 미리 정하셨으니 이는 그로 많은 형제 중에서 맏아들이 되게 하려 하심이니라 ³⁰또 미리 정하신 그들을 또한 부르시고 부르신 그들을 또한 의롭다 하시고 의롭다 하신 그들을 또한 영화롭게 하셨느니라"

고전 15:49 "우리가 흙에 속한 자의 형상을 입은 것같이 또한 하늘에 속한 자의 형상을 입으리라"

하나님께서 미리 아신 자들로 아들의 형상을 본받게 하신다고 합니다. 미리 아신 자들은 창세전에 어린양의 생명책에 녹명된 자들입니다. 하나님께서 그 아들을 보내신 것은 죄 아래 있는 자기 백성들을 구원하기 위함입니다. 자기 백성들이 흙에 속하여 있습니다. 그래서 하늘에 계시던 하나님의 아들이 이 세상에 오셔서 흙에 속한 자기 백성들을 하나님의 형상으로 구원하는 일을 하시는 것입니다.

사도 바울은 이를 알고 우리의 구원은 흙에 속한 자의 형상을 입고 있다가 예수 그리스도를 통해서 하늘에 속한 형상을 입게 되는 것이라고 하였습니다. 하늘에 속한 형상을 입으려면 하나님의 아들이 와야 합니다. 하나님의 아들이 와서 자기 백성들에게 하나님의 형상을 입혀 주어야 하는 것입니다. 그렇다면 여섯째 날에 하나님의 형상을 따른 사람으로 창조되는 일은 예수님께서 오셔서 흙에 속한 몸을 하늘에 속한 몸으로 바꿔 주셔야 합니다.

고린도전서 15장을 봅시다.

고전 15:47-54 "첫 사람은 땅에서 났으니 흙에 속한 자이거니와 둘째 사람은 하늘에서 나셨느니라 48무릇 흙에 속한 자는 저 흙에 속한 자들과 같고 무릇 하늘에 속한 자는 저 하늘에 속한 자들과 같으니 49우리가 흙에 속한 자의 형상을 입은 것같이 또한 하늘에 속한 자의 형상을 입으리라 50형제들아 내가 이것을 말하노니 혈과 육은 하나님 나라를 유업으로 받을 수 없고 또한 썩은 것은 썩지 아니한 것을 유업으로 받지 못하느니라 51보라 내가 너희에게 비밀을 말하노니 우리가 다 잠잘 것이 아니요 마지막 나팔에 순식간에 홀연히 다 변화하리니 52나팔 소리가 나매 죽은 자들이 썩지 아니할 것으로 다시 살고 우리도 변화하리라 53이 썩을 것이 불가불 썩지 아니할 것을 입겠고 이 죽을 것이 죽지 아니함을 입으리로다 54이 썩을 것이 썩지 아니함을 입고 이 죽을 것이 죽지 아니함을 입을 때에는 사망이 이김의 삼킨 바 되리라고 기록된 말씀이 응하리라"

예수님의 초림은 흙에 속한 몸을 영적으로 바꿔 주셨고, 예수님의 재림은 하늘에서 살아갈 수 있는 실제 몸으로 바꿔 주는 일을 하십니다. 그래서 사도 바울이 예수님이 재림하시면 우리가 홀연히 변화되어서 하늘의 몸으로 바꿔 입게 되는 것이라고 한 것입니다.

아담 안에서 난 첫째 사람은 땅에서 났고, 예수 그리스도 안에서 난 둘째 사람은 하늘로서 났습니다. 그래서 예수님이 재림하시면 흙의 몸을 벗고 하늘의 몸을 입게 해주신다고 하는 것입니다. 예수님이 오시면 육신의 장막에서 하늘의 장막으로 변화를 입게 됩니다. 그래서 사도 바울은 구원의 완성지점을 몸의 구속이라고 하였습니다.

로마서 8장을 봅시다.

롬 8:19-23 "피조물의 고대하는 바는 하나님의 아들들의 나타나는 것이니 20피조물이 허무한 데 굴복하는 것은 자기 뜻이 아니요 오직 굴복케 하시는 이로 말미암음이라 21그 바라는 것은 피조물도 썩어짐의 종노릇한 데서 해방되어 하나님의 자녀들의 영광의 자유에 이르는 것이니라 22피조물이 다 이제까지 함께 탄식하며 함께 고통하는 것을 우리가 아나니 23이뿐 아니라 또한 우리 곧 성령의 처음 익은 열매를 받은 우리까지도 속으로 탄식하여 양자 될 것 곧 우리 몸의 구속을 기다리느니라"

피조물이 고대하는 것이 뭐라고 합니까?
하나님의 아들들이 나타나는 것입니다.
하나님의 아들들이 언제 나타나요?
하나님의 아들이 와야 나타나는 것입니다.

하나님의 아들이 있고,
하나님의 아들들이 있습니다.
하나님의 아들은 하나이고,
하나님의 아들들은 수없이 많습니다.
하나님의 아들은 예수 그리스도이고,
하나님의 아들들은 예수 그리스도를 통하여 구원을 받는 모든 성도들입니다.

왜 피조물이 하나님의 아들들이 나타나는 것을 고대할까요? 이는 아담이 범죄 함으로써 이 땅이 함께 저주를 받았기 때문입니다. 피조물이 인간의 타락으로 저주에 갇히게 된 것입니다. 그래서 피조물들이 하나님의 아들들이 나타나기를 소망하는 것입니다.

하나님의 아들들이 나타나려면 참 하나님의 아들인 예수님이 오셔야 합니다. 참 아들이 와야 양자들이 생겨나기 때문입니다. 예수님의 재림을 우리보다 피조물들이 더 간절하게 기다리고 있는 것입니다. 그래서 만물이 예수님이 빨리 오시기를 바라며 몸살을 앓고 있는 것입니다.

처처에 천재지변이 일어나는 것은 지구가 시위하는 것입니다. 예수님에게 빨리 오라고 소리치고 있는 것입니다. 왜냐하면 예수님이 와야 자기 백성들은 죄의 형벌이 끝이 나고, 땅은 아담의 범죄로 인하여 받은 하나님의 저주로부터 자유케 되기 때문입니다.

레위기를 보면, 이스라엘 백성들이 가나안 땅에서 하나님의 뜻대로 살아가지 않으면 땅이 그들을 토해낸다고 합니다. 하나님의 뜻은 6년 동안 농사를 짓고, 7년째 되는 해에는 땅에 안식을 주는 것입니다. 이것이 안식년 제도입니다.

그런데 이스라엘은 탐욕으로 7년째도 농사를 지었습니다. 그러자 땅이 더는 못 견디겠다고 하면서 토해냈습니다. 이것이 이스라엘에 70년 동안 바벨론에서 포로 생활 하는 것으로 나타났습니다. 이스라엘이 70년 동안 이방에서 포로 생활할 때 땅은 그 동안 누리지 못한 안식을 누리게 되었던 것입니다.

이 세상도 인간들이 범죄 하여서 고통을 당하고 있는 것입니다. 그래서 피조물들이 하나님께 탄식하고 있는 것입니다. 언제 저주가 풀리느냐 하면 하나님의 아들들이 나타나면 풀립니다. 예수님이 재림하시면 땅도 안식하게 되는 것입니다. 그곳이 새 하늘과 새 땅인 천년왕국입니다.

예수님이 재림하시는 날이 역사의 마지막 날이 됩니다. 이를 '엿새'라고 합니다. 그래서 예수님이 엿새가 차기까지 일을 하셨다고 말해주고 있습니다. 예수님이 재림하시면 창조의 6일이 끝나고 일곱째 날로 넘어가서 천년왕국에서 안식하게 되는 것입니다.

땅이 아담의 범죄로 저주를 받았습니다. 땅은 아담의 범죄로 저주가 시작되었으니 아담의 형기가 끝이 나면 저주가 풀리게 되는 것입니다. 이것을 땅이 알고 있습니다. 그래서 예수님이 재림하기 직전에는 온 세상이 아우성을 친다고 하는 것입니다. 이것을 '징조'라고 합니다.

예수님이 초림으로 오셨을 때 귀신들이 난리를 칩니다. 왜 그런가요? 이제 자기들이 이 세상을 지배하는 때가 끝이 나기 때문입니다. 그래서 귀신들이 왜 때가 아직 남았는데 왔느냐고 난리를 치는 것입니다. 그때가 언제인가 하면 예수님의 재림 때입니다. 예수님의 초림 때는 영적으로 일어났지만, 재림 때는 실제적으로 유황불못으로 들어가게 되는 것입니다.

예수님의 초림 때는 귀신들이 아직 때가 남았으니까 돼지의 몸에라도 들어가게 해 달라고 하였던 것입니다. 그러자 예수님이 그러라고 하십니다. 하지만 예수님이 재림하시면 그것도 끝이 납니다. 영원한 불못에 들어가게 되는 것입니다.

귀신들은 이 세상이 영원히 지속되기를 바랍니다. 왜냐하면 아담이 범죄 하자 하나님이 뱀을 아담과 함께 이 땅으로 쫓아내셨기 때문입니다. 마귀는 이 땅의 주인으로 다스리고 있는 것입니다. 그래서 마귀를 이 세상 신이라고 하는 것입니다.

세상 사람들에게 마귀는 하나님입니다. 세상 사람들은 마귀를 신으로 섬기고 있는 것입니다. 마귀는 이것을 영원히 누리고 싶어 합니다. 그러자면 이 땅이 영원해야 합니다. 그런데 하나님은 이 땅을 때가 되면 철거되도록 만드셨습니다. 그래서 세상은 점점 망가져 가고 있는 것입니다. 그러자 마귀가 이 세상을 살기 좋은 곳으로 만들어서 인간들이 이 세상을 떠나지 못하게 하려는 작전을 펴고 있는 것입니다.

그것이 인간들에게 지혜를 주어서 이 세상을 살기 좋은 곳으로 만들고자 하는 것입니다. 과학으로 인간이 늙어가는 것을 막고 무병장수할 수 있도록 만들어 가는 것입니다. 지금은 하나님처럼 생명을 창조하는 일도 하고 있는 것입니다. 마귀는 이 땅을 천국으로 만들고자 합니다.

이 땅이 천국이 되어야 인간들이 땅을 떠나지 않기 때문입니다. 인간들이 땅에 있어야 마귀가 신으로 대접을 받게 되기 때문입니다. 그래서 마귀는 인간들의 소원을 들어주는 식으로 일을 하는 것입니다. 이 땅을 짐승의 나라로 만들고자 하는 것입니다.

적그리스도는 세상 사람들에게는 환영을 받는 메시아입니다. 하지만 예수 그리스도는 세상 사람들에게 배척당합니다. 예수님은 이 땅에서 자기 백성들을 하늘로 빼내고자 오셨습니다. 그래서 성도들은 이 땅에서 나그네와 행인처럼 살아가게 되는 것입니다. 예수님께서 세상 것을 주지 않고 하늘의 것을 주시기 때문입니다.

흙에서 난 몸은 세상 것으로 살게 되어 있습니다. 그런데 예수님은 세상 것을 주시지 않습니다. 그러니 육신이라는 겉사람은 후패해져 가는 것입니다. 그러나 그것이 하늘의 사람으로서 구원의 길인 것입니다. 육신이 끝나는 날이 곧 몸의 구속이 이루어지는 날입니다.

예수님이 재림하시면 몸이 구원을 받게 되는 것입니다. 예수님은 우리의 몸을 구원하셨습니다. 왜냐하면 장차 천국에서 몸으로 살아가야 하기 때문입니다. 그래서 예수님이 재림하시면 하늘의 몸으로 바꿔 주시는 것입니다. 그 증거로 우리 몸에 성령을 보증으로 주신 것입니다. 성령이 육신의 소욕을 죽이고 성령의 소욕으로 살아가게 하십니다. 이를 '그리스도의 형상으로 자라간다'고 합니다.

에베소서 4장을 봅시다.

엡 4:13-19 "우리가 다 하나님의 아들을 믿는 것과 아는 일에 하나가 되어 온전한 사람을 이루어 그리스도의 장성한 분량이 충만한 데까지 이르리니 ¹⁴이는 우리가 이제부터 어린아이가 되지 아니하여 사람의 궤술과 간사한 유혹에 빠져 모든 교훈의 풍조에 밀려 요동치 않게 하려 함이라 ¹⁵오직 사랑 안에서 참된 것을 하여 범사에 그에게까지 자랄찌라 그는 머리니 곧 그리스도라 ¹⁶그에게서 온 몸이 각 마디를 통하여 도움을 입음으로 연락하고 상합하여 각 지체의 분량대로 역사하여 그 몸을 자라게 하며 사랑 안에서 스스로 세우느니라 ¹⁷그러므로 내가 이것을 말하며 주 안에서 증거하노니 이제부터는 이방인이 그 마음의 허망한 것으로 행함 같이 너희는 행하지 말라 ¹⁸저희 총명이 어두워지고 저희 가운데 있는 무지함과 저희 마음이 굳어짐으로 말미암아 하나님의 생명에서 떠나 있도다 ¹⁹저희가 감각 없는 자 되어 자신을 방탕에 방임하여 모든 더러운 것을 욕심으로 행하되"

성령은 지금도 몸을 구원하는 일을 하십니다. 어떻게 구원하는가 하면 세상에 대한 정과 욕심을 십자가에 못 박는 일을 하십니다. 그래서 몸으로 하나님께 산 제사를 드리라고 하는 것입니다. 몸으로 예수를 믿어야 합니다. 그래서 신앙생활이라고 하는 것입니다. 삶이 없는 신앙은 가짜입니다. 신앙생활이란 삶입니다. 예수의 생명으로 살아가는 것입니다. 그래서 구원을 '그 아들의 형상으로 자라가는 것'이라고 하는 것입니다.

골로새서 3장을 봅시다.

골 3:1-10 "그러므로 너희가 그리스도와 함께 다시 살리심을 받았으면 위엣 것을 찾으라 거기는 그리스도께서 하나님 우편에 앉아 계시느니라 ²위엣 것을 생각하고 땅엣 것을 생각지 말라… ¹⁰새사람을 입었으니 이는 자기를 창조하신 자의 형상을 좇아 지식에까지 새롭게 하심을 받는 자니라"

'너희는 하늘의 사람'이라고 합니다. 그러니 땅의 것을 생각하지 말고 하늘의 것을 찾으라고 합니다. '너희는 새사람'이라고 합니다. 그러니 우리를 창조하신 예수 그리스도의 형상을 좇아서 새롭게 하심을 받으라고 합니다. 아들의 형상을 입고 새사람으로 살아가는 것은 육신의 소욕을 죽이고 성령의 소욕으로 살아가는 것입니다. 성령의 열매를 맺는 삶으로 살아가는 것입니다.

지금은 영적으로 새사람을 입었지만, 예수님이 재림하시면 실제적인 새사람의 몸을 입게 됩니다. 영적으로 새사람이 된 사람들은 실제적인 새사람의 몸을 입고자 고대하는 것입니다. 그래서 그 안에 예수 그리스도의 생명을 가진 성도들은 이 땅에서 하늘의 것을 소망하면서 살아가게 되는 것입니다.

마귀는 속이는 자입니다. 스스로 속게 만듭니다. 그리하여 말씀을 아는 것이 마치 신앙의 본질인 양 삶을 결여시켜 버리는 것입니다. 이를 영지주의라고 합니다. 삶이 없는 신앙은 가짜입니다. 예를 들어서 새 아파트를 당첨 받고 기다리는 사람들은 현재 사는 집에 투자하지 않습니다. 모든 것을 절제하면서 살아갑니다. 왜냐하면 지금 사는 집은 사라질 것이고 잠시 후에 떠나야 하기 때문입니다. 그러니 불편하면 불편한 대로 살아가게 되는 것입니다. 장차 들어갈 새 아파트에 필요한 물건들을 사고자 모든 것을 아끼고 살아가게 되는 것입니다.

그러나 새 아파트를 분양받지 않은 사람은 지금 사는 집을 고쳐서 사용하게 됩니다. 돈을 들여서 리모델링도 하고, 새로운 가구도 사들이고, 물건들도 사들이고 하면서 현재의 집에 투자하게 되는 것입니다. 낡은 집은 고치고 또 고치면서 살아가게 되는 것입니다.

흙에서 난 몸은 헌 집이고, 하늘로부터 덧입을 몸은 새집입니다. 우리는 하늘에 새 집을 분양받은 자들입니다. 성도는 하늘나라를 유업으로 받을 자들입니다. 그러므로 '너희가 그리스도와 살리심을 받았으면 땅에 지체를 죽이라'고 하는 것입니다.

새집을 분양받은 사람과 분양받지 못한 사람은 살아가는 자세가 다릅니다. 성도는 하늘나라를 분양받았습니다. 그렇기에서 하늘로 거듭난 성도들은 이 땅에서의 삶에 올인하지 않습니다. 이 땅을 떠나고자 하는 것입니다. 모든 일에 절제하면서 살아가게 되는 것입니다.

고린도전서 7장을 봅시다.

고전 7:29-31 "형제들아 내가 이 말을 하노니 때가 단축하여진 고로 이후부터 아내 있는 자들은 없는 자같이 하며 ³⁰우는 자들은 울지 않는 자같이 하며 기쁜 자들은 기쁘지 않은 자같이 하며 매매하는 자들은 없는 자같이 하며 ³¹세상 물건을 쓰는 자들은 다 쓰지 못하는 자같이 하라 이 세상의 형적은 지나감이니라"

아내 있는 자는 아내 없는 자같이 살고,
남편 있는 자는 남편 없는 자같이 살고,
물건을 가진 자는 없는 자같이 살고,
없는 자는 없는 대로 살라고 합니다.

왜냐하면 이 세상의 모든 흔적은 지나가는 것이고 주님의 재림의 때가 가까이 이르렀기 때문입니다. 영원한 것은 하늘에 있기에 땅의 것에 미련을 두지 말고 하늘의 것에 소망을 두고 살아가라는 것입니다. 잠시 잠깐 후면 육신의 장막을 벗고 하늘의 장막을 덧입게 되기 때문입니다.

고린도후서 5장을 봅시다.

고후 5:1-5 "만일 땅에 있는 우리의 장막 집이 무너지면 하나님께서 지으신 집 곧 손으로 지은 것이 아니요 하늘에 있는 영원한 집이 우리에게 있는 줄 아나니 ²과연 우리가 여기 있어 탄식하며 하늘로부터 오는 우리 처소로 덧입기를 간절히 사모하노니 ³이렇게 입음은 벗은 자들로 발견되지 않으려 함이라 ⁴이 장막에 있는 우리가 짐 진 것같이 탄식하는 것은 벗고자 함이 아니요 오직 덧입고자 함이니 죽을 것이 생명에게 삼킨 바 되게 하려 함이라 ⁵곧 이것을 우리에게 이루게 하시고 보증으로 성령을 우리에게 주신 이는 하나님이시니라"

구원은 땅의 장막이 하늘의 장막으로 덧입는 것입니다. 이를 약속하기 위하여 성령을 보증으로 보내주셨다고 합니다. 그래서 성령이 우리 안에서 하늘의 것을 소망 삼고 살아가도록 간섭하는 것입니다. 이 땅에 있는 장막은 참 형상이 아닙니다. 진짜는 하늘에 있습니다. 땅의 장막은 하늘의 장막이 올 때까지 필요한 것입니다.

우린 모두가 흙에서 난 짐승이었습니다. 흙의 기운으로 살아갔습니다. 그런데 하나님께서 참 아들을 짐승의 밥으로 보내주셨습니다. 예수님이 우리에게 먹힘을 당해 주셨습니다. 우리는 예수를 먹고 하나님의 아들들이 된 자들입니다.

우리는 예수를 먹기 전에는 율법 아래서 짐승으로 살았습니다. 짐승으로 살았기 때문에 짐승의 제사를 드린 것입니다. 그런데 짐승의 제사는 참 형상이 아니라고 합니다. 참 형상은 하나님의 아들이 와야 된다고 합니다. 율법 아래서는 참 형상이 일어날 수가 없습니다. 왜냐하면 참 형상이 되려면 하나님의 아들이 와야 하기 때문입니다. 그래서 율법 아래서는 구원이 없다고 하는 것입니다.

히브리서 10장을 봅시다.

히 10:1-5 "율법은 장차 오는 좋은 일의 그림자요 참 형상이 아니므로 해마다 늘 드리는바 같은 제사로는 나아오는 자들을 언제든지 온전케 할 수 없느니라 ²그렇지 아니하면 섬기는 자들이 단번에 정결케 되어 다시 죄를 깨닫는 일이 없으리니 어찌 드리는 일을 그치지 아니하였으리요 ³그러나 이 제사들은 해마다 죄를 생각하게 하는 것이 있나니 ⁴이는 황소와 염소의 피가 능히 죄를 없이 하지 못함이라 ⁵그러므로 세상에 임하실 때에 가라사대 하나님이 제사와 예물을 원치 아니하시고 오직 나를 위하여 한 몸을 예비하셨도다"

사도 바울은 율법은 참 형상이 아니고 장차 오는 좋은 일의 그림자라고 합니다. 짐승의 제사로는 온전케 할 수 없다고 합니다. 온전한 제사는 한 몸으로 드려지는 것이라고 합니다. 짐승의 제사는 한 몸의 제사를 겨냥하고 있는 것입니다.

세례 요한은 예수님을 보고 "보라 세상 죄를 지고 가는 하나님의 어린양"이라고 하였습니다. 예수님이 창세전에 한 몸으로 예비된 제물인 것입니다. 예수님이 오기 전까지는 짐승의 제사를 드렸지만 예수님이 오시고 난 후에는 짐승의 제사를 드리면 안 됩니다. 이제는 예수님을 앞세우고 나아가야 합니다. 짐승의 제사는 땅의 제사이고, 예수님의 제사는 하늘의 제사입니다. 짐승의 제사는 육적 제사이고, 예수님의 제사는 영적 제사입니다.

예수님이 오심으로 땅의 사람이 하늘의 사람으로 바뀌게 된 것입니다. 우리는 예수를 만나기 전에는 땅이 전부라고 믿고 살아갔습니다. 그런데 성령이 우리 안에 하늘을 몰고 왔습니다. 그래서 이제는 하늘을 보고 살아가는 자가 되었습니다. 땅강아지가 하늘 사람이 된 것입니다.

우리는 예수를 만나기 전에는 율법 아래서 짐승으로 살았습니다. 그래서 율법 지킴이라는 짐승의 제사를 드리고 살았던 것입니다. 그런데 성령께서 율법은 참 형상이 아니라는 것을 알려주셨습니다. 참 형상은 예수 그리스도라고 하십니다. 이제는 짐승의 제사로 나아가지 않고 예수 그리스도로 나아가게 된 것입니다.

지금은 역사의 종말입니다. 여섯째 날이 다 끝나가는 때입니다. 하루의 아구가 다 차가는 때입니다. 여섯째 날이 저물어 가는 저녁때입니다. 그래서 교회 안에 하나님의 형상을 입은 사람과 짐승이 그 형체들을 드러내고 있는 것입니다. 마귀는 교회를 짐승으로 가득 채우고 있습니다. 교회가 세상과 간음하고 있습니다. 땅의 기운으로 살아가는 음녀가 되고 말았습니다.

구약 교회도 종말에는 외식으로 가득하고 불법이 성하여서 참 하나님께 속한 남은 자들이 고통을 당하였습니다. 제사장들은 제물에 눈이 멀어서 성전을 강도의 굴혈로 만들었습니다. 그래서 예수님은 성전을 허물어 버리셨습니다. 신약 교회도 마찬가지입니다. 오순절 성령 강림으로 시작된 교회가 지금은 각종 더러운 영들이 모이는 귀신의 처소가 되고 말았습니다.

요한계시록 18장을 봅시다.

계 18:2-5 "힘센 음성으로 외쳐 가로되 무너졌도다 무너졌도다 큰 성 바벨론이여 귀신의 처소와 각종 더러운 영의 모이는 곳과 각종 더럽고 가증한 새의 모이는 곳이 되었도다 ³그 음행의 진노의 포도주를 인하여 만국이 무너졌으며 또 땅의 왕들이 그로 더불어 음행하였으며 땅의 상고들도 그 사치의 세력을 인하여 치부하였도다 하더라 ⁴또 내가 들으니 하늘로서 다른 음성이 나서 가로되 내 백성아, 거기서 나와 그의 죄에 참예하지 말고 그의 받을 재앙들을 받지 말라 ⁵그 죄는 하늘에 사무쳤으며 하나님은 그의 불의한 일을 기억하신지라"

이 시대 교회는 각종 더러운 영들이 모이는 귀신의 처소가 되고 말았습니다. 종말의 타락한 교회를 음녀라고 합니다. 음녀는 몸을 파는 여자입니다. 음녀는 돈만 되면 사람을 가리지 않고 다 받습니다. 이 시대 교회가 바로 각종 더러운 영들을 다 받아들이고 있는 음녀입니다. 꿩 잡는 것이 매라고 하듯이, 마귀에게 속한 목사들이 교회가 부흥된다고 하는 것이면 무엇이든지 다 받아들이고 있는 것입니다. 목사들이 교회 부흥에 올인하는 것은 교회 부흥은 곧 물질의 부요를 몰고 오기 때문입니다.

거짓 목사들이 돈에 눈이 멀어서 예수님께서 십자가에서 헐었던 것들을 다시 세우고 있습니다. 예수님이 허문 성전을 다시 짓겠다고 합니다. 예수님이 십자가에서 다 이루신 율법의 의를 인간들이 선행으로 다시 세우고 있는 것입니다. 마치 여리고성을 허물었는데 다시 세우는 것과도 같습니다. 이름하여 인본주의 신앙입니다.

인본주의 신앙은 인간이 주체가 되어서 행하는 것을 말합니다. 알미니안 성화주의자들이 인간의 선행도 의가 된다고 하면서 교인들의 주머니를 도둑질하고 있는 것입니다. 소경이 소경을 안내하고 있는 것입니다. 본인이 소경이기 때문에 소경인 목사를 지도자로 두고 따르고 있는 것입니다. 본인이 율법 아래 있기 때문에 율법을 말하는 목사를 따르게 되는 것입니다.

하나님은 "내 백성아 거기서 나오라"고 하십니다. 그들의 죄에 참예하지 말라고 하십니다. 그들의 죄가 하늘에 사무쳤다고 하십니다. 길이 아니면 가지 말고, 말씀이 아니면 듣지 말아야 합니다. 하늘에 떠 있는 별인지, 땅에 떨어진 별인지 분별하여야 합니다.

하늘에 떠 있는 별은 하늘의 소식을 전하고, 땅에 떨어진 별들은 땅의 이야기를 합니다. 천국으로 인도하는 목사가 아니면 따르지 말아야 합니다. 눈을 뜬 사람은 목사가 지옥으로 가는 데 따라가지 않습니다. 소경이니까 따라가는 것입니다. 중요한 것은 내가 눈을 떴느냐 하는 것입니다. 내가 소경이 아니라야 합니다.

이 시대 교회는 돈의 가치로 세워지고 있습니다. 교인들의 신앙도 돈이 척도가 되고 있습니다. 교회 안의 직분도 매관매직 당하고 있습니다. 돈만 내면 장로도 권사도 살 수 있습니다. 육적 신자들은 장로와 권사가 무슨 벼슬이라도 되는 줄 압니다. 목사는 장로와 권사직을 팔고, 돈 있는 사람은 그걸 삽니다. 매매가 형성되는 것입니다.

2천 년 전에 예수님이 강도의 굴혈이라고 저주를 퍼부은 성전이 지금 이 시대 우리 주변에 우후죽순처럼 일어나고 있고, 그 안에서 매매가 성행되고 있습니다. 역사는 흐르고 흘러서 그 자리입니다. 돌고 돌아 그 모습을 드러내고 있습니다.

왜 그럴까요? 2천 년 전에 살던 그 인간이 지금 그 인간이기 때문입니다. 2천 년 전의 마귀가 지금도 그 마귀이기 때문입니다. 2천 년 전에 인간들이 돈을 좋아했듯이 지금도 인간들이 돈을 좋아하기 때문입니다. 2천 년 전에 돈으로 예수님을 시험하던 마귀가 지금은 교회 안에서 돈으로 교인들을 미혹하고 있는 것입니다.

마귀는 늘 땅의 것으로 미혹하였습니다. 지금도 땅에 속한 사람은 땅의 것에 미혹 당하게 되는 것입니다. 짐승과 사람은 종자가 다릅니다. 짐승이 사람 되고, 사람이 짐승 되는 일은 없습니다. 하나님은 짐승은 짐승으로 창조하였고, 사람은 사람으로 창조하였습니다.

다른 말로 하나님은 창세전에 땅에 속한 자와 하늘에 속한 자로 창조하셨습니다. 그러나 이 세상 속에서는 함께 섞여서 살아가고 있는 것입니다. 예수님이 오셔서 짐승과 사람을 갈라내십니다. 이것은 마치 아브라함의 후손들이 애굽 사람들 속에 섞여서 살고 있다가 정한 때가 되어서 모세를 통해서 빼내심을 입는 것과 같습니다.

애굽에서 태어나고 애굽 사람들과 섞여서 살았지만 언약의 후손들입니다. 언약의 후손들만 출애굽을 하였습니다. 이제 언약의 후손들이 세상을 출애굽 하는 그 정한 때가 오고 있습니다. 창세전에 언약하신 그때가 가까이 곧 문 앞에 이르렀습니다.

2천 년 전에 승천하신 예수님께서 "너희가 본 대로 내가 다시 오리라"고 하신 그때가 가까이 이르렀습니다. 교회가 쿨쿨 잠을 자고 있습니다. 세상에 푹 빠져서 살고 있습니다. '신랑이다'라는 소리로 깨워야 합니다. 추수하는 종들에게 나팔을 주어서 불게 해야 합니다. 이름하여 추수의 복음입니다. 예수님의 재림 소식인 것입니다.

하나님은 이른 비와 늦은 비로 농사를 짓습니다. 이른 비는 씨를 뿌릴 때 내리는 부드러운 비입니다. 늦은 비는 추수할 때 열매가 다 익어서 맛을 내게 할 때 뿌려지는 강한 비입니다. 이른 비를 통해서 농사를 짓고, 늦은 비를 통해서 추수하십니다.

이른 비는 오순절 성령 강림으로 일어났습니다. 오순절 성령 강림으로 온 세상으로 복음이 퍼져나갔습니다. 하나님은 오순절 성령 강림으로 온 세상에 예수의 씨를 뿌리고 자라가게 하셨습니다. 이제 뿌려진 씨들이 열매를 맺어서 추수할 때가 되었습니다. 하나님은 예수님이 재림하시기 전에 늦은 비 같은 성령을 보내주시기로 약속을 하셨습니다.

스가랴 12장을 봅시다.

슥 12:10-13:2 "내가 다윗의 집과 예루살렘 거민에게 은총과 간구하는 심령을 부어주리니 그들이 그 찌른바 그를 바라보고 그를 위하여 애통하기를 독자를 위하여 애통하듯 하며 그를 위하여 통곡하기를 장자를 위하여 통곡하듯 하리로다 ¹¹그날에 예루살렘에 큰 애통이 있으리니 므깃도 골짜기 하다드림몬에 있던 애통과 같을 것이라 ¹²온 땅 각 족속이 따로 애통하되 다윗의 족속이 따로 하고 그 아내들이 따로 하며 나단의 족속이 따로 하고 그 아내들이 따로 하며 ¹³레위의 족속이 따로 하고 그 아내들이 따로 하며 시므이의 족속이 따로 하고 그 아내들이 따로 하며 ¹⁴모든 남은 족속도 각기 따로 하고 그 아내들이 따로 하리라 ¹³:¹그날에 죄와 더러움을 씻는 샘이 다윗의 족속과 예루살렘 거민을 위하여 열리리라 ²만군의 여호와가 말하노라 그 날에 내가 우상의 이름을 이 땅에서 끊어서 기억도 되지 못하게 할 것이며 거짓 선지자와 더러운 사귀를 이 땅에서 떠나게 할 것이라"

예수님이 재림하시기 전에 늦은 비 성령을 부어주십니다. 이름하여 은총과 간구의 영입니다. 하나님의 은총이 임하면 자신들이 엄청난 잘못을 하고 있다는 것을 깨닫게 됩니다. 그럼 독자를 잃은 것과 같은 큰 아픔들이 일어나게 됩니다.

늦은 비가 부어지면 '내가 예수를 죽였구나' 하고 알게 됩니다. 하늘의 것을 소망 삼고 살아야 할 자가 땅의 것을 소망 삼고 살았다는 것이 엄청난 수치임을 알게 됩니다. 그래서 하나님께 애통해하면서 회개하게 되는 것입니다.

마치 오순절 성령 강림이 일어났을 때 베드로와 요한이 천하 각국으로부터 올라온 경건한 유대인들에게 '너희가 예수를 죽였다'고 하자 가슴을 치면서 "어찌할꼬!" 하는 큰 애통이 일어난 것처럼 종말에도 두 증인들이 교회 안에서 십자가 복음을 전하면 큰 애통이 일어나게 될 것입니다.

예수님은 종말의 징조를 말씀하실 때 그 첫째가 많은 사람들이 그리스도의 이름으로 와서 많은 사람들을 미혹한다고 하였습니다. 이들이 여섯째 날에 창조된 짐승들입니다. 예수님이 재림하시기 전에 바다에서 올라온 짐승인 적그리스도와 땅에서 올라온 짐승인 거짓 선지자들이 먼저 일어납니다. 적그리스도와 거짓 선지자들이 일어나면 땅에 속한 자들은 그를 따르게 됩니다. 적그리스도는 이 땅에 천국을 주겠다고 합니다. 그럼 땅에 속한 자들은 그를 메시아로 믿고 따르게 되는 것입니다.

이때 하나님은 하나님의 형상으로 지음받은 사람들을 추수하는 종들로 일으키십니다. 이들이 두 증인들입니다. 하나님은 두 증인들에게 모세와 엘리야의 능력과 심령을 주십니다. 이들은 교회에 들어가서 외칩니다. 강력한 말씀으로 땅에 거하는 자들에게 회개를 촉구합니다. 그리고 두 증인들은 적그리스도는 가짜라고 알려줍니다.

그럼 두 가지 반응들이 나타납니다. 마치 초림 때 베드로와 요한의 외침에 반응한 사람들처럼 "어찌할꼬!" 회개하는 부류와 분개하여서 이빨을 뿌드득 가는 부류로, 두 가지 반응이 일어나게 되는 것입니다. 회개하는 자들은 하나님의 형상으로 지음을 받은 사람들이고, 분노하여서 화를 내는 자들은 적그리스도에게 속한 짐승들입니다. 복음이 전해지는 곳에는 반드시 두 가지 반응들이 나타나게 되어 있습니다. 이는 복음이 참과 거짓을 갈라내는 능력이 되기 때문입니다.

하나님의 시간표는 하루가 천 년 같고, 천 년이 하루 같다고 하였습니다. 창조 6일은 역사 6천 년과 같은 것입니다. 지금은 6천 년에 속한 기간입니다. 예수님이 재림하시면 7일 안식일이 됩니다. 천년왕국이 이루어지게 되는 것입니다.

지금은 영적으로 보면 여섯째 날입니다. 그것도 해가 저물어 가는 끝물입니다. 그러므로 각자의 모습이 확연하게 드러나고 있는 것입니다. 짐승과 사람이 드러나고 있습니다. 짐승들은 바다에서 올라온 짐승인 적그리스도를 따르게 됩니다. 이것이 이 시대 타락한 교회들이 예수 외에도 구원이 있다고 하면서 종교 통합을 외치는 WCC 운동을 추종하고 있는 것으로 나타나고 있는 것입니다.

요한계시록 17장을 봅시다.

계 17:3-6 "곧 성령으로 나를 데리고 광야로 가니라 내가 보니 여자가 붉은빛 짐승을 탔는데 그 짐승의 몸에 참람 된 이름들이 가득하고 일곱 머리와 열 뿔이 있으며 ⁴그 여자는 자주 빛과 붉은빛 옷을 입고 금과 보석과 진주로 꾸미고 손에 금잔을 가졌는데 가증한 물건과 그의 음행의 더러운 것들이 가득하더라 ⁵그 이마에 이름이 기록되었으니 비밀이라, 큰 바벨론이라, 땅의 음녀들과 가증한 것들의 어미라 하였더라 ⁶또 내가 보매 이 여자가 성도들의 피와 예수의 증인들의 피에 취한지라 내가 그 여자를 보고 기이히 여기고 크게 기이히 여기니"

큰 음녀가 있고 땅의 음녀들이 있습니다. 큰 음녀는 적그리스도를 배출한 본부이고, 땅의 음녀들은 적그리스도를 따르는 온 세상에 흩어져 있는 타락한 교회들을 말합니다. 큰 음녀는 하나님을 배도케 하는 주체적인 집단을 말합니다.

이 시대에 나타나는 현상으로 보면 로마 카톨릭으로 볼 수가 있습니다. 여기에 동조하는 종교 단체가 세계교회 협의회라는 이름으로 활동하고 있는 WCC입니다. WCC는 교회를 허물기 위한 단체입니다. 이들의 강령은 세상의 모든 종교를 하나로 통합하는 것입니다. 그 바탕에 교회를 배도케 하는 것입니다. 그런데 이 사상이 지금 쓰나미처럼 온 세계를 뒤덮고 있습니다.

여기에 동참하는 자들이 바로 땅의 음녀들입니다. 땅의 음녀들은 배도하는 세력인 WCC 운동을 하는 교회들입니다. 이 시대 한국교회 교단들은 대부분 WCC에 가입하고 있습니다. 아이러니하게도 교인들은 WCC는 이단이라고 반대하는데, 목사들은 앞장서고 있습니다. 참으로 이상한 일이 아닐 수가 없습니다. 교인들은 보수 신앙을 가지고 있는데, 목사들이 배도하는 신앙을 가지고 있는 것입니다.

한국교회가 목사들은 배도하는데 감사하게도 교인들은 참 믿음을 지키고자 싸우고 있는 것입니다. 이 시대 깨어 있는 성도들은 마치 아합 왕 시절에 거짓 선지자들이 다 바알을 따를 때 바알에게 무릎을 꿇지 않고 믿음을 지켜 숨겨 둔 7000명의 남은 자들처럼 신앙을 지키고 있는 것입니다.

목사는 예수 이외도 구원의 길이 있다고 하는데, 성도들은 오직 예수 외에 구원의 길이 없다고 하고 있는 것입니다. 참 아이러니한 일입니다. 상식적으로라면 교인들이 바알을 좇아가고 목사는 그게 아니라고 돌이키게 하여야 합니다. 그런데 한국교회는 거꾸로 되어 있습니다.

교인들이 WCC는 이단이라고 하고 있는데 목사들이 아니라고 하고 있는 것입니다. 목사들이 바알 선지자 노릇을 하고 있는 것입니다. 왜 이러한 일들이 일어나고 있는가 하면 여섯째 날이기 때문입니다. 짐승들이 일어나고 있는 것입니다. 하나님께서 그들의 정체성을 드러나게 하고 있는 것입니다.

그동안 양의 탈을 쓰고 광명의 천사로 위장을 하여서 교인들 피를 빨아 먹고 있었는데, 예수님이 재림하실 때가 가까우니까 하나님께서 자기 백성들에게 속지 말라고, 그들은 하나님의 종이 아니고 사단의 종이라는 것을 명확히 드러내고 있는 것입니다.

이것은 하나님께서 사울왕에게 악신으로 역사케 하여서 다윗을 죽이고자 하는 것과 같은 것입니다. 하나님께서는 거짓 목사들에게는 악신을 보내서 역사하게 합니다. 그러니까 목사로서 할 수 없는 일을 하고 있는 것입니다. 예수 이외도 구원이 있다고 하는 것입니다. 모든 종교는 다 같다고 하는 것입니다.

종말에는 큰 배도의 물결이 쓰나미처럼 교회를 뒤덮을 것입니다. 배도의 역사는 이미 시작되었습니다. 그래서 종교 통합을 외치는 교회에서는 종교간 교류라는 이름으로 중들을 강단에 세우고 있는 것입니다. 왜 이러한 일들이 일어나는가 하면 하나님께서 사울에게 악신을 보내서 다윗을 죽이게 하였듯이, 거짓 종들에게 거짓 영을 보내서 배도하는 일을 하게 하는 것입니다. 악신이 역사하면 자기 의지와 상관없이 하게 되는 것입니다.

거짓 영이 역사를 하기 때문에 교인들이 싫어하는 WCC를 옳다고 외치는 거짓 목사 노릇을 하고 있는 것입니다. 이 시대에 성령 운동 한다고 하는 목사들을 보세요. 가관입니다. 전부 무당 노릇을 하고 있는 것입니다. 무당 노릇을 하고 있는데도 본인은 모르고 있는 것입니다. 그러니 부끄러운 줄을 모르고 담대함으로 하는 것입니다.

하나님께서 자기 백성들을 지키고자 저들은 양이 아니고 양의 탈을 쓴 이리라는 것을 명확히 드러내고 있는 것입니다. 스스로 나는 하나님의 종이 아니고 사단의 종이라고 '커밍아웃'하게 만든 것입니다. 그러니까 상식적으로 도저히 납득할 수 없는 짓거리들을 하고 있는 것입니다. 양 잡아먹는 이리 노릇을 하고 있는 것입니다.

사도 요한이 종말에 적그리스도를 따르는 타락한 교회인 음녀를 보니까 예수 증인들의 피에 취하여 있는 것을 보았습니다. 사도 요한은 너무도 큰 충격을 받았습니다. '어떻게 교회가 예수를 믿는 자들을 죽일 수 있단 말인가?' 어떻게 교회가 배도하는 무리들과 함께할 수 있는지 의아한 것입니다. 그래서 놀란 것입니다.

앞으로 놀랄 일들이 더 많이 일어날 것입니다. 앞으로 교회는 점점 더 타락할 것입니다. 목사들은 노골적으로 불의를 드러내게 될 것입니다. 하나님이 교회의 치부가 만천하에 드러나게 하실 것입니다.

하나님께서 적그리스도가 세상을 잠시 장악하도록 허락하십니다. 그럼 온 세상이 적그리스도를 따르게 됩니다. 그때 하늘에서 예수님이 뜨인 돌로 나타나서 세상을 심판하실 것입니다. 예수님이 재림하시면 믿음을 지킨 성도는 천국으로 데리고 가고, 배도한 자들은 지옥 불구덩이 속에 집어넣을 것입니다.

이 시대는 소돔과 고모라 같은 때입니다. 노아의 때와 같습니다. 죄악이 관영해지고 있습니다. 이는 이 시대가 여섯째 날이기 때문입니다. 그래서 진짜와 가짜들이 드러나게 되는 것입니다. 사람과 짐승으로 확연하게 드러나고 있는 것입니다.

예수님은 재림의 때를 노아의 때와 같다고 하셨습니다. 노아의 때는 두 부류의 사람으로 나누어졌습니다. 하나님의 은혜를 입고 장차 오는 심판을 이기기 위하여 방주를 만든 사람과, 종말을 생각지 않고 현실에 안주하면서 먹고 마시고 시집가고 장가가고 사고팔고 하는 땅의 일에 몰두하고 살아가는 사람으로 나누어졌습니다.

지금도 교회 안에는 하나님의 은혜를 입고 종말을 준비하고 살아가는 성도가 있는가 하면, 짐승처럼 땅의 일에만 관심을 두고 살아가는 사람들이 있습니다. 교회에 와서도 땅의 기운으로 사는 자들이 있습니다.

스스로를 돌아보세요.
'나는 지금 어느 기운으로 살고 있는가?'
'하늘의 기운으로 살고 있는가,
아니면 땅의 기운으로 살고 있는가?'

'나는 사람인가,
짐승인가?'

짐승의 혼은 아래로 내려가고
사람의 혼은 위로 올라갑니다.
짐승은 아래를 보고 살고
사람은 위를 보고 삽니다.
흙의 기운으로 산 짐승들은 지옥에 보내고,
하늘 기운으로 산 사람들은 천국에 보냅니다.
각자 행한 대로 갚아 주실 것입니다.

여섯째 날은 결론의 날입니다. 좋고 나쁨은 결론을 보아야 알 수 있습니다. 결론이 좋으면 모든 것이 좋은 것이고, 결론이 나쁘면 모든 것이 나쁜 것입니다. 결론이 해피엔딩이라야 합니다. 최후에 웃는 자가 진정 웃는 자입니다.

성도를 이긴 자라고 하는 것은 최후에 웃는 자라는 뜻입니다. 50년 믿다가 지금 배도하면 아닌 것이고, 50년 안 믿다가 지금 믿으면 옳은 것입니다. 지금 신앙이 내 신앙입니다. 옛날에 한 일을 자랑하지 마십시오. "노루 때린 막대기 삼 년 우려먹는다"는 속담이 있듯이 옛날 신앙을 자랑하지 마십시오. 다 지나간 것들입니다.

죽은 고기는 물에 떠내려가고, 살아 있는 고기는 물을 거슬러 올라갑니다. 죽은 신앙은 배도하는 물결에 휩쓸려서 떠내려갈 것이고, 살아 있는 신앙은 거기서 나와 믿음의 정절을 지키게 될 것입니다.

하나님은 산 자의 하나님입니다.
지금 잘하십시오.
지금 잘하는 것이 신앙입니다.
영적 매너리즘에서 벗어나십시오.
영적 나르시시즘에서 벗어나십시오.

신앙은 전쟁입니다.
죽느냐 사느냐 하는 피 흘리는 전쟁입니다.
신앙을 감상주의로 생각하지 마십시오.

천국 가는 것은 동화 속 이야기가 아닙니다. 실재입니다. 실재이기 때문에 실제로 그 나라를 위하여 살아야 하는 것입니다. 천국은 실제로 산 사람들이 들어가는 것입니다. 현재의 고난은 장차 올 영광과 족히 비교할 수 없다고 하였습니다. 그냥 비교가 아니고 '족히' 비교할 수가 없습니다. 이것은 상상도 하지 못하는 반전이 기다리고 있다는 뜻입니다. 그러니 인내하시고 잘 견뎌내시길 바랍니다.

이미 이긴 자로서 여섯째 날을 보시면 희열이 일어날 것입니다. 만물의 마지막이 가까이 왔으니 정신을 차리고 근신하며 기도하라고 하였습니다. 지금은 자다가 깰 때가 벌써 지났습니다. 신랑을 맞이할 준비를 해야 할 때입니다.

엿새가 차가고 있습니다.
예수님이 곧 오십니다.
정신을 차리십시오.

일어나 머리를 들라.
너희 구속이 가까이 왔느니라.

10강 저녁에서 아침으로 (창 1:5, 8, 13, 19, 23, 31)

창세전 언약으로 본 창조와 구원 이야기

창 1:5, 8, 13, 19, 23, 31 ⁵빛을 낮이라 칭하시고 어두움을 밤이라 칭하시니라 저녁이 되며 아침이 되니 이는 첫째 날이니라 ⁸하나님이 궁창을 하늘이라 칭하시니라 저녁이 되며 아침이 되니 이는 둘째 날이니라 ¹³저녁이 되며 아침이 되니 이는 세째 날이니라 ¹⁹저녁이 되며 아침이 되니 이는 네째 날이니라 ²³저녁이 되며 아침이 되니 이는 다섯째 날이니라 ³¹하나님이 그 지으신 모든 것을 보시니 보시기에 심히 좋았더라 저녁이 되며 아침이 되니 이는 여섯째 날이니라

창조의 사역이 저녁에서 아침으로 나아가는 것으로 전개됩니다. 이것은 우리가 알고 있는 상식과는 다릅니다. 우리는 아침에서 저녁으로 나아가는 것으로 알고 있습니다. 그런데 성경은 왜 하루의 순서가 저녁에서 아침으로, 즉 어둠에서 빛으로 나아가는 것으로 말하고 있을까요? 이제 하나님께서 역사 속에서 펼치는 창조 사역이 왜 저녁에서 아침으로 나아가는지 그 이유를 살펴볼까 합니다.

성경은 언약의 책입니다. 창세전 언약을 보면 죄 아래서 구원받는 것으로 되어 있습니다. 이는 죄 아래 가두어짐이 먼저이고, 죄에서 건짐받는 것이 나중이라는 것입니다. 죄 아래 가두어짐은 어둠이고, 죄에서 건짐받는 것은 빛입니다.

이러면 언약도 죄 아래 가두어지는 언약이 있고, 죄에서 건짐받는 언약이 있게 됩니다. 그래서 성경은 구약에서 신약으로 진행되는 것입니다. 구약을 옛 언약이라고 하고, 신약을 새 언약이라고 합니다. 옛 언약은 율법으로서 죄 아래 가두는 언약이고, 새 언약은 은혜로서 죄에서 건져내는 언약입니다. 순서상으로 보면 옛 언약이 먼저이고, 새 언약이 나중입니다.

그럼 죄 아래 가두는 언약이 먼저이고, 죄에서 건지는 언약이 나중인 것입니다. 하

나님은 이 순서로 역사 속에서 언약을 이루어 가십니다. 하나님은 죄 아래 있는 자는 그 아들을 통해서 의롭게 된다는 언약을 근거로 천지를 창조하셨습니다. 그래서 창조된 세상의 모습이 혼돈과 공허와 흑암의 깊음 중에 있는 모습으로 나타난 것입니다. 창세기 1장 2절의 모습은 죄와 사망 가운데 놓여 있는 세상의 모습입니다. 타락의 모습입니다. 그래서 창조가 저녁에서 아침으로 진행되는 것입니다.

성경은 구원 이야기입니다. 죄에서 구원이 되려면 죄에서 구원받아야 하는 구조 속에 놓여 있어야 하는 것입니다. 구원이 영생을 얻는 것이라고 한다면 사망 가운데 있어야 하고, 구원이 빛의 나라로 옮겨지는 것이라고 한다면 어둠의 나라에 갇혀 있어야 하고, 구원을 죄인이 의롭게 되는 것이라고 한다면 죄 아래 놓여 있어야 합니다.

창세전 언약은 영화의 시나리오와 같습니다. 영화는 시나리오에 의하여 나타난 결과물입니다. 이 세상 창조도 창조케 하는 시나리오가 있습니다. 그것이 창세전 언약입니다. 만물을 왜 창조하여야 하는지 그 원인이 있는 것입니다. 이 세상은 창세전 언약이라는 시나리오에 의하여 만들어졌습니다. 창세전 언약이라 함은 만물이 만들어지기 전에 세워진 언약입니다. 언약이 먼저이고 창조가 나중입니다. 언약이 만물을 창조케 한 원인이고 시나리오인 것입니다.

구약을 보면 이스라엘 민족이 어떻게 만들어지는지 그 생성 과정이 나타납니다. 이 이스라엘의 조상이 아브라함입니다. 하나님은 아브라함에게 '네 후손이 하늘의 별과 같이 많아질 것'이라고 하십니다. 이때는 아브라함에게 자식이라고는 한 명도 없는 때였습니다. 하나님은 아브라함에게 '내가 이 일을 이루어 갈 테니 너는 편안히 열조에게 돌아가서 쉬어라'라고 하십니다.

하나님은 아브라함 언약을 하나님이 이루신다는 의미로, 아들을 낳을 수 없는 여자의 몸에서 하나님의 약속이라는 방법으로 아들이 태어나게 하십니다. 그 아들이 바로 사라의 몸에서 난 이삭입니다. 이삭은 아브라함의 할례 후에 사라의 경수가 끊어지고 난 후에 낳은 아들입니다. 경수가 끊어진 여자의 몸에서 낳은 아들이라는 것은 인간의 방식이 아닌 하나님의 방식으로 낳은 아들이라는 뜻입니다. 그래서 사도 바울은

'이삭은 성령으로 낳은 아들'이라고 하였습니다.

할례는 남자의 생식기 표피를 잘라내는 것인데 이는 남자로서의 죽음을 의미합니다. 그래서 이름도 '아브람'에서 '아브라함'으로 개명시킨 것입니다. 남자의 생식기가 잘린 것은 남자 구실을 못 한다는 것입니다. 여자 또한 경수(월경)가 끊어졌다는 것은 아이를 낳을 수 없는 몸이 되었다는 뜻입니다. 남자나 여자나 죽은 몸인 것입니다. 하나님은 죽은 자 속에서 산 자를 끄집어내는 일을 하셨습니다. 이것이 창조입니다.

엄밀히 말하면 이삭은 아브라함 자식이 아닙니다. 아브라함과 사라의 능력으로 낳은 자가 아니기 때문입니다. 이삭은 하나님의 자식입니다. 하나님의 말씀으로 낳은 자식이기 때문입니다. 최초의 언약의 아들인 것입니다. 이삭에게서 야곱이 나왔습니다. 야곱도 기도로 얻은 아들입니다. 리브가가 자식을 낳지 못하자 이삭이 하나님께 간구해서 야곱을 낳게 되었습니다. 야곱도 하나님이 낳게 하신 것입니다.

야곱이 요셉을 낳습니다. 라헬은 자식을 낳지 못하였습니다. 그런데 라헬이 맥추 때에 합환채를 먹고서 요셉을 낳게 되었습니다. 요셉은 합환채를 먹고서 낳은 자입니다. 이스라엘의 12지파의 근원이 되는 야곱의 아들들도 기근 속에서 합환채로 난 요셉의 양식을 먹고서 살아난 자들입니다.

아브라함의 후손인 이삭이나 야곱이나 요셉 모두가 인간의 방법이 아닌 하나님의 방법으로 난 자들입니다. 그래서 구약의 이스라엘을 언약의 후손이라고 하는 것입니다. 모두가 하나님의 언약에 의하여 존재케 되었기 때문입니다.

이스라엘이란 언약의 후손을 뜻합니다. 언약이 이스라엘을 이끌고 있는 것입니다. 이스라엘 민족이 출애굽 하여서 약속의 땅으로 돌아온 것은 하나님이 아브라함과 언약하고 430년이 지난 후입니다. 430년 전 언약이 430년 후 이스라엘 민족을 존재케 한 것입니다. 아브라함 언약이 이스라엘을 출애굽 하게 한 것입니다.

우리가 존재하는 것도 마찬가지입니다. 우리가 존재하는 것도 창세전 언약에 의해서입니다. 만물의 창조도 언약에 의한 것입니다. 언약이 만물을 존재케 한 것입니다. 그럼 이 세상이라는 만물을 존재케 하는 원인인 창세전 언약이 어떤 것인지 살펴봅시다.

에베소서 1장을 봅시다.

엡 1:3-7 "찬송하리로다 하나님 곧 우리 주 예수 그리스도의 아버지께서 그리스도 안에서 하늘에 속한 모든 신령한 복으로 우리에게 복 주시되 ^{4}곧 창세전에 그리스도 안에서 우리를 택하사 우리로 사랑 안에서 그 앞에 거룩하고 흠이 없게 하시려고 ^{5}그 기쁘신 뜻대로 우리를 예정하사 예수 그리스도로 말미암아 자기의 아들들이 되게 하셨으니 ^{6}이는 그의 사랑하시는 자 안에서 우리에게 거저 주시는바 그의 은혜의 영광을 찬미하게 하려는 것이라 ^{7}우리가 그리스도 안에서 그의 은혜의 풍성함을 따라 그의 피로 말미암아 구속 곧 죄 사함을 받았으니"

4절을 보면, '창세전'이 나옵니다. 창세전이란 요한복음 1장 1절의 '태초'와 같은 말입니다. 태초의 하나님 나라는 이 세상 바깥에 있는 하나님 나라를 말합니다. 이는 만물이 만들어지기 전 이 세상 바깥에 있던 하나님 나라를 말합니다.

만물이 만들어지기 전 태초라는 하나님 나라에서 성부와 성자와 성령 하나님이 만물을 창조하시기로 작정하신 것입니다. 그 이유는 자기 백성들을 죄와 사망의 권세에서 건져내어 거룩하고 흠이 없게 하려는 것입니다.

이 일을 누가 하느냐 하면 성자이신 예수 그리스도가 하십니다. 그래서 태초에 말씀으로 계시던 하나님의 아들이 예수라는 이름으로 이 세상에 육신을 입고 오신 것입니다. 이는 육신으로 자기 백성들을 거룩하고 흠이 없게 하는 일을 하여야 하기 때문입니다.

어떻게 자기 백성들을 거룩하고 흠이 없게 하느냐 하면 자기 몸을 대속 제물로 드림으로써 하십니다. 자신의 죽음으로 하신다는 뜻입니다. 이를 위하여 하나님이 인간의 몸을 입고 이 세상에 오신 것입니다. 하나님이 예수라는 이름으로 육신을 입고 이 세상에 와서 십자가에서 그 피를 쏟음으로 자기 백성들이 거룩하고 흠이 없게 된다는 것이 이미 창세전에 예정되어 있었던 것입니다.

골로새서 1장을 봅시다.

골 1:13-17 "그가 우리를 흑암의 권세에서 건져내사 그의 사랑의 아들의 나라로 옮기셨으니 ¹⁴그 아들 안에서 우리가 구속 곧 죄 사함을 얻었도다 ¹⁵그는 보이지 아니하시는 하나님의 형상이요 모든 창조물보다 먼저 나신 자니 ¹⁶만물이 그에게 창조되되 하늘과 땅에서 보이는 것들과 보이지 않는 것들과 혹은 보좌들이나 주관들이나 정사들이나 권세들이나 만물이 다 그로 말미암고 그를 위하여 창조되었고 ¹⁷또한 그가 만물보다 먼저 계시고 만물이 그 안에 함께 섰느니라"

16절을 보면 만물이 그에게 창조되었다고 합니다. 창조된 세상으로 하늘과 땅, 그리고 보이는 것과 보이지 않는 것이 있습니다. 이것이 창세기 1장 1절에서 천지(天地) 창조로 나타난 것입니다. '천'(天)은 하늘이고, '지'(地)는 땅입니다. 하늘은 보이지 않는 세계이고, 땅은 보이는 세계입니다. 보이지 않는 세계가 실상이고, 보이는 세계는 허상입니다. 보이지 않는 세계가 원본이고, 보이는 세계는 복사본입니다.

만물을 왜 만드셨다고 합니까? '그를 위하여' 창조되었다고 합니다. 그가 누구인가요? 15절에 "그는 보이지 아니하시는 하나님의 형상이요 모든 창조물보다 먼저 나신 자"라고 합니다. 이는 하나님이 사람의 모습으로 오셨다는 것입니다. 비록 사람의 모습을 입었지만 그는 창조주 하나님입니다.

창조주이신 하나님이 왜 자신이 창조한 피조 세계에 피조물의 몸을 입고 오셨나요? 그 이유를 13절에서 우리를 흑암의 나라에서 빛의 나라로 옮겨주시기 위함이라고 합니다. 다른 말로 죄에서 구원하기 위함이라고 합니다. 그래서 창조된 세상이 죄와 사망을 상징하는 혼돈과 공허와 흑암의 깊음 중에 있는 것으로 나타난 것입니다.

성경은 이 세상을 정의하기를 죄 아래 있다고 합니다. 다른 말로 죽음에 가두어졌다고 합니다. 이를 창조 기사에서는 혼돈과 공허와 흑암의 깊음 위에 있다고 합니다.

하나님은 창조주이십니다. 창조주는 창조의 일을 하십니다. 창조주이신 하나님이 이미 창조된 피조 세상에 오셔서 하시는 창조의 일이란 무엇일까요? 이는 죽은 자를 살리는 일입니다. 즉 죄인을 구원하는 일입니다.

그래서 하나님의 형상을 입고 이 세상에 오신 하나님이신 예수님은 죄와 사망 가운데 가두어진 자기 백성들을 구원하는 일을 하시는 것입니다. 이를 창세기 1장에서는 창조 기사로 말해주고 있습니다. 창세기 1장의 창조를 가지고 구원 이야기를 해주고 있는 것입니다. 창조와 구원은 동의어입니다. 영적으로 같은 말입니다.

이 세상은 하나님의 일터입니다. 어떤 일터인가 하면 자기 백성을 저희 죄에서 구원하는 일터입니다. 구원 속에는 세상으로부터 갈라내고, 하늘의 신령한 것으로 채우는 것이 있습니다. 예수님이 이 일을 하셨습니다. 어둠은 어둠으로 모으고, 빛은 빛으로 모으십니다. 이를 심판이라고 합니다. 그래서 예수님은 이 세상에 오셔서 산 자와 죽은 자를 갈라내는 일을 하신 것입니다.

이것이 상징적으로 십자가상에서 두 강도로 나타난 것입니다. 예수님을 중심으로 두 강도가 갈라지게 됩니다. 한 강도는 천국으로 갔고, 한 강도는 지옥으로 갔습니다. 예수님이 중심에서 '너희'와 '저희'로 갈라내신 것입니다. 이를 심판이라고 합니다.

심판이란 산 자와 죽은 자를 갈라내는 것입니다. 천국 백성과 지옥 백성으로 갈라내는 것입니다. 하늘에 속한 자와 땅에 속한 자를 갈라내는 것입니다. 창세전에 어린 양의 생명책에 녹명된 자와 아닌 자를 갈라내는 것입니다.

로마서 8장을 봅시다.

롬 8:29-30 "하나님이 미리 아신 자들로 또한 그 아들의 형상을 본받게 하기 위하여 미리 정하셨으니 이는 그로 많은 형제 중에서 맏아들이 되게 하려 하심이니라 ³⁰또 미리 정하신 그들을 또한 부르시고 부르신 그들을 또한 의롭다 하시고 의롭다 하신 그들을 또한 영화롭게 하셨느니라"

하나님이 미리 아신 자들이 있습니다. 미리 아신 자들에게 그 아들의 형상을 본받게 하십니다. 즉, 아들 만드는 일을 하신다는 것입니다. 미리 아신 자들을 정하시고, 정하신 그들을 부르시고, 부르신 그들을 의롭다 하시고, 의롭다 하신 그들을 영화롭게 하십니다.

이를 창세전에 어린양의 생명책에 녹명된 자들을 구원한다고 합니다. "영생 주시기로 작정된 자들은 다 예수를 믿더라"라고 합니다. 창세전에 구원받기로 예정을 입고 이 세상으로 보내진 자들을 '땅에서 기뻐하심을 입은 자들'이라고 합니다. 이들에게 예수님의 탄생은 기쁜 소식이 되는 것입니다.

세상에는 두 부류의 사람이 있습니다. 어린양의 생명책에 녹명이 된 자와 녹명되지 않은 자가 있습니다. 예수님에게 속한 자와 예수님에게 속하지 않은 자가 있습니다. 이름하여 하나님의 자녀와 마귀의 자녀입니다. 이 둘이 이 세상에 섞여서 살고 있습니다. 예수님이 오실 때까지는 누가 하나님의 자녀이고, 누가 마귀의 자녀인지를 몰랐습니다.

예수님이 오시자 홍해가 갈라지듯이 이쪽과 저쪽으로 쫙 갈라지는 일들이 벌어지고 있는 것입니다. 예수를 영접하는 자와 예수를 배척하는 자로 갈라지는 것입니다. 다 같은 인간인 줄 알았는데 예수님이 오시고 나니까 다른 인간임이 드러나게 된 것입니다. 자기 실존을 알게 된 것입니다. 자신의 근원을 알게 된 것입니다. 어떤 이는 하늘에 속한 사람으로 드러나고, 어떤 이는 땅에 속한 사람으로 드러나는 것입니다. 이를 심판이라고 합니다.

요한복음 5장을 봅시다.

요 5:19-29 "그러므로 예수께서 저희에게 이르시되 내가 진실로 진실로 너희에게 이르노니 아들이 아버지의 하시는 일을 보지 않고는 아무것도 스스로 할 수 없나니 아버지께서 행하시는 그것을 아들도 그와 같이 행하느니라 [20]아버지께서 아들을 사랑하사 자기의 행하시는 것을 다 아들에게 보이시고 또 그보다 더 큰 일을 보이사 너희로 기이히 여기게 하시리라 [21]아버지께서 죽은 자들을 일으켜 살리심같이 아들도 자기의 원하는 자들을 살리느니라 ^{22}아버지께서 아무도 심판하지 아니하시고 심판을 다 아들에게 맡기셨으니 ^{23}이는 모든 사람으로 아버지를 공경하는 것같이 아들을 공경하게 하심이라 아들을 공경치 아니하는 자는 그를 보내신 아버지를 공경치 아니하느니라 ^{24}내가 진실로 진실로 너희에게 이르노니 내 말을 듣고 또 나 보내신 이를 믿는 자는 영생을 얻었고 심판에 이르지 아니하나니 사망에서 생명으로 옮겼느니라 ^{25}진실로 진실로 너희에게 이르노니 죽은 자들이 하나님의 아들의 음성을 들을 때가 오나니 곧 이때라 듣는 자는 살아나리라 ^{26}아버지께서 자기 속에 생명이 있음같이 아들에게도 생명을 주어 그 속에 있게 하셨고 ^{27}또 인자 됨을 인하여 심판하는 권세를 주셨느니라 ^{28}이를 기이히 여기지 말라 무덤 속에 있는 자가 다 그의 음성을 들을 때가 오나니 ^{29}선한 일을 행한 자는 생명의 부활로, 악한 일을 행한 자는 심판의 부활로 나오리라"

예수님께서 아들은 아버지가 하시는 일을 보고 그대로 한다고 합니다. 아버지가 무슨 일을 하는가 하면 죽은 자를 살리는 일을 하십니다. 그래서 자신도 아버지께서 주시는 자를 마지막 날에 모두 살려내는 일을 한다고 합니다. 이 일을 아버지로부터 보고 배웠다고 합니다.

아담과 하와가 선악과를 먹고 죽은 자가 되었습니다. 그래서 하나님은 뱀과 함께 에덴동산 밖으로 쫓아내셨습니다. 에덴동산은 산 자들이 살아가는 곳입니다. 죽은 자들은 살 수가 없습니다. 그래서 죄인을 동산 밖으로 내어 보내서 분리를 시키신 것입니다. 세상은 죄로 죽은 자들이 살아가는 곳입니다. 하나님은 죽은 자인 아담과 뱀이 살아가는 땅을 저주하셨습니다. 이 세상은 죄로 죽은 자들이 살아가는 곳입니다. 그래서 무덤이라고 하는 것입니다.

하나님이 그 아들을 예수라는 이름으로 죽은 자들이 살아가는 이 세상에 보내셨습니다. 세상 속의 창세전에 어린양의 생명책에 녹명된 자들에게 하나님의 생명을 주어서 살려내는 창조의 일을 하라고 하신 것입니다. 그래서 예수님이 이 세상에 오셔서 죽은 자들을 살려내는 일을 하십니다. 이를 무덤 속에 있는 자들이 다 아들의 음성을 들을 때가 오는데 곧 이때라고 합니다.

하나님의 아들이 무덤 속에 있는 자들에게 소리를 칩니다. 그러면 무덤 속에 있던 자들에게서 두 가지 반응들이 나타납니다. 어떤 사람은 생명(구원)의 부활로 나아오고, 어떤 사람은 심판(저주)의 부활로 나아오게 됩니다. 생명의 부활이라 함은 예수 그리스도를 구주로 영접하는 것을 말하고, 심판의 부활이라 함은 예수 그리스도를 배척하는 것을 말합니다.

이렇게 예수님을 통해서 심판이 일어나게 됩니다. 이것이 지금은 영적인 모습으로 나타났지만 장차는 실제적으로 나타나게 될 것입니다. 그래서 구원이 영적인 것과 실제적인 것 두 모습으로 주어지는 것입니다.

먼저는 영적인 것으로 주어지고, 나중에 실제적인 것으로 주어집니다. 육체로 오신 예수님이 십자가에서 죄 문제를 해결함으로써 죄로 인하여 영이 죽은 자들을 죄와 사망의 권세로부터 빼내시는 영적 구원을 해내셨습니다. 그리고 장차 재림하시면 죄악된 세상에서 빼내심을 입게 되는 실제적인 구원이 이루어지게 되는 것입니다.

하나님은 태초에 천지를 창조하셨습니다. 천지는 장소적으로 말하면 하늘에 있는 나라와 땅에 있는 나라입니다. 하늘에 있는 나라를 천국이라 하고, 땅에 있는 나라를 지옥이라고 합니다. 하나님께서 에덴동산의 하와를 범죄하게 한 뱀을 저주하실 때 종신토록 흙을 먹도록 하셨습니다. 이것은 흙에 가두어 버린 것입니다. 그래서 죄인이 살아가는 땅을 지옥(무덤)이라고 하는 것입니다.

지옥이란 땅의 감옥이라는 뜻입니다. 이를 무덤이라고 합니다. 하나님께서 뱀과 죄인을 땅의 감옥에 가두신 것입니다. 그래서 뱀을 상징하는 마귀를 이 세상 임금이라고 하고, 이 세상 신이라고 하는 것입니다. 천지를 의인화하면 천국 백성과 지옥 백성입니다. 하나님의 백성들은 하늘에 속한 자라고 하고, 마귀의 자녀들은 땅에 속한 자라고 합니다. 하나님의 백성들은 천국으로 가고, 마귀의 자녀들은 지옥으로 가게 됩니다.

이것이 신자와 불신자로 나타납니다. 자기 백성과 자기 백성 아닌 자로 나타납니다. 창세전에 어린양의 생명책에 녹명된 자는 자기 백성이라 하고, 녹명되지 않은 자는 이방인이라고 합니다. 이를 토기장이 비유에서는 귀히 쓸 그릇과 천히 쓸 그릇이라고 합니다. 긍휼의 그릇과 진노의 그릇이라고 합니다. 이 둘은 이 세상에서 함께 섞여서 살고 있습니다. 그러다가 예수님에 의하여 갈라지게 되는 것입니다.

이 모습을 구약의 이스라엘을 통해서 보여주었습니다. 죄악 된 세상을 상징하는 애굽에 언약의 후손과 애굽인들이 함께 살고 있었습니다. 하나님께서 아브라함과 약속하신 때가 차매 모세를 구원자로 보내서 언약의 후손들을 어린양의 피를 바르고 죽음의 재앙으로부터 건져내서 광야로 인도해 내게 하셨습니다. 이 모습이 죄와 사망의 권세로부터 구원받는 모습입니다.

이것이 신약에서 예수 그리스도에 의하여 죄에서 구원받는 것으로 나타났습니다. 예수님께서 죄와 사망의 권세로부터 출애굽을 시키신 것입니다. 언약적으로는 옛 언약에서 새 언약으로 옮겨주셨습니다. 율법에서 은혜로 옮겨주셨습니다. 이러한 일은 이미 창세전에 예정된 일입니다.

하나님은 창세전에 예정된 일을 역사 속에서 펼쳐 가시는 것입니다. 그래서 하나님께서 태초에 말씀으로 계시던 하나님을 이 세상에 보내실 때 그 아들을 예수라는 이름을 주어서 보내신 것입니다. 예수라는 이름이 '자기 백성을 저희 죄에서 구원할 자'라는 뜻입니다.

예수님이 오심으로 갈라짐이 일어나게 되었습니다. 이것이 창세기 1장의 창조 사역에서 첫째 날 참 빛의 출현으로 빛과 어둠이 나누어지고, 빛을 낮이라 칭하고 어둠을 밤이라 칭하는 일들이 일어나는 것으로 보여주신 것입니다.

빛에 속한 자들을 일컬어 천국 백성이라고 하고, 어둠에 속한 자들을 일컬어 지옥 백성이라고 합니다. 예수님이 육신을 입고 이 세상에 오심으로써 빛에 속한 자들과 어둠에 속한 자들로 나누어지게 되었습니다.

예수님의 초림 때는 영적으로 나누어졌지만, 예수님이 재림하시면 실제적으로 빛의 나라와 어둠의 나라로 갈라집니다. 하늘에 속한 자들은 빛의 나라인 천국으로 나아가고, 땅에 속한 자는 어둠의 나라인 지옥으로 들어가게 됩니다.

이를 예수님은 양과 염소 비유로 말씀해 주셨습니다. 예수님께서 양과 염소를 심판하실 때 양에게는 창세로부터 예비 된 영생의 나라로 나아가라고 하셨고, 염소에게는 영벌의 나라로 나아가라고 하셨습니다. 예수님에 의하여 양은 영생의 나라로, 염소는 영벌의 나라로 갈라지게 된 것입니다. 이를 심판이라고 합니다.

양이 염소가 되고, 염소가 양이 되는 것은 없습니다. 하나님은 창조 시에 양은 양으로 창조하시고, 염소는 염소로 창조하셨습니다. 이 둘이 이 세상 속에 공존하고 있는 것입니다. 이를 종말에는 양은 양의 우리로 들여보내고, 염소는 염소의 우리로 들여보내는 것입니다. 역사의 종말이 되면 각자의 우리로 영원히 갈라지게 되는 것입니다.

이제 역사의 종말이 다가오고 있습니다. 빛의 아들들에게는 저녁에서 아침으로 나아가는 구원이 이루어집니다. 두 가지 심판이 있습니다. 영적인 심판과 실제적인 심판이 있습니다. 영적인 심판은 영적으로 갈라지는 심판이고, 실제적인 심판은 실제로 갈라지는 심판입니다. 역사 속에서는 예수를 믿느냐 안 믿느냐로 영적인 심판이 이루어지는 것입니다.

예수를 믿는 자는 천국을 상징하는 교회로 부르시고, 예수를 믿지 않는 자는 지옥을 상징하는 세상에 그대로 두십니다. 이 모습을 7일 창조의 모습 속에 담아 두셨습니다. 먼저 알 것은 창조 7일 속에는 이중 계시가 있습니다. 7일은 이 세상 역사 전체를 축약하고 있지만 6일과 7일은 다른 세계입니다.

큰 틀에서 보면 6일과 7일은 연속적인 것이지만, 구속사적으로 보면 6일과 7일은 단절입니다. 6일은 이 세상을 상징하지만, 7일은 이 세상 바깥에 있는 하나님 나라를 상징합니다. 이를 천년왕국이라고 합니다. 천년왕국은 역사이면서 묵시를 상징하고 있습니다. 이중적 의미가 있는 것입니다.

천년왕국은 역사에 속하였지만 역사 바깥에 있는 하나님 나라를 상징합니다. 7일을 통해서 영원한 하나님 나라를 보여주신 것입니다. 우리가 안식일을 말할 때 엿새 동안 일하고 일곱째 날에 안식하는 것은 6일 동안 천지와 만물을 다 이루고 난 후 일곱째 날에 안식하는 것을 예표하고 있는 것입니다.

6일과 7일은 동일한 역사에 속하였지만 다른 날입니다. 6일은 죄악 된 세상의 날이지만, 7일은 예수님이 재림을 하신 후 천년 동안 왕 노릇 하는 세상입니다. 천년왕국도 역사에 속합니다. 하지만 하나님 나라를 보여주는 역사 속의 세상인 것입니다.

천년왕국이 끝나면 이 세상 바깥에 있는 영원한 하나님 나라로 나아가게 됩니다. 이때 7일에 속한 천년왕국도 사라지게 됩니다. 하나님께서 역사 속에서 모든 일을 다 이루시고 난 후에 철거하시는 것입니다.

6일은 죄 아래 있는 이 세상 역사 전체를 축약하고 있습니다. 6일 동안은 함께 섞여서 살아가고 있습니다. 그러다가 7일째가 되면 갈라집니다. 7일은 하나님 나라를 상징하기 때문에 죄인은 살아갈 수 없는 곳입니다. 6일은 세상을 상징하고, 7일인 일곱째 날은 안식의 세계인 하나님 나라를 상징하고 있기 때문입니다.

이 일을 세상에 그대로 정해 놓았습니다. 엿새 동안 일하고 일곱째 날에 안식하는 것으로 보여주고 있는 것입니다. 그래서 하나님의 백성들은 엿새 동안 일하고 일곱째 날이 되면 교회로 나아와서 하나님께 예배하게 되지만, 지옥 백성들은 세상에 그대로 있으면서 자기 삶을 살아가게 되는 것입니다. 하나님의 백성에게는 주의 날이지만 세상 사람들에게는 일요일인 것입니다.

세상에 속한 사람들은 1, 2, 3, 4, 5, 6, 7 그냥 연속적인 날입니다. 그러나 성도들에게는 1, 2, 3, 4, 5, 6일과 7일은 단절이 된 불연속적인 날입니다. 성도들에게는 1, 2, 3, 4, 5, 6일은 세상에 속한 날이지만, 7일은 일곱째 날로서 세상 바깥에 있는 여호와께서 안식하는 날입니다. 그래서 성도들은 7일을 일요일이라 하지 않고 하나님의 날이라는 뜻으로 주일이라고 하는 것입니다.

성도들은 일곱째 날을 예수님이 부활하신 날로, 역사 바깥의 묵시 속의 날을 예표하는 날로 지키는 것입니다. 우리가 일곱째 날에 교회에 오는 것은 단순한 일이 아닙니다. 장차 일어날 일을 미리 맛보기를 하는 것입니다. 그래서 창세전에 어린양의 생명책에 녹명된 자들은 6일 동안 세상에서 살다가 7일 곧 여호와의 안식일인 일곱째 날이 되면 교회로 오게 되는 것입니다.

천국 백성들은 6일을 일곱째 날을 위하여 살아가는 것입니다. 그래서 6일 동안 세상에 있다가 일곱째 날은 교회로 오는 것입니다. 하지만 세상에 속한 사람들은 7일을 6일의 연장으로 여겨서 일요일로, 세상에서 쉬는 날로 살아가는 것입니다. 왜냐하면 세상에 속한 사람들에게는 6일이나 7일은 연속된 날이기 때문입니다.

세상에 속한 사람들이 있어야 하는 곳이 세상입니다. 그래서 성도들은 7일에는 교회로 나와 하나님께 예배를 드리는데 세상 사람들은 7일이 되어도 세상에 그대로 있는 것입니다. 왜냐하면 그들이 있어야 하는 곳이 세상이라는 지옥이기 때문입니다. 세상은 지옥을 상징합니다. 이것은 표상입니다. 표상 속에 실상이 담겨 있는 것입니다.

하늘 백성들이 일곱째 날에 교회로 모이는 것은 장차 이 세상을 떠나 하늘나라로 갈 것을 미리 맛보는 것입니다. 예표적인 의미에서도 7일이 되면 하늘 백성과 땅의 백성들은 각자 날의 의미를 달리하면서 갈라지게 되는 것입니다. 하늘 백성은 7일은 일곱째 날로 하나님 나라를 상징하는 교회로 나아오지만, 땅의 백성은 7일에 세상에 그대로 있는 것입니다. 이것이 장차 역사의 종말이 오면 하늘에 속한 백성은 천국으로 데려감을 당하고, 땅에 속한 백성들은 땅에 버려둠을 당하는 것으로 나타나게 되는 것입니다.

예수님이 재림하시면 분리가 일어납니다. 두 사람이 매를 갈고 있다가 하나는 데려감을 당하고, 하나는 버려둠을 당합니다. 두 사람이 밭에 있다가 하나는 데려감을 당하고, 하나는 버려둠을 당하게 됩니다. 그러니까 지금 7일에 신자와 불신자들이 교회와 세상으로 갈라지는 것은 장차 일어날 영원한 갈라짐을 예표적으로 보여주고 있음이 되는 것입니다. 지금은 그림자이지만 장차는 실상으로 나타나게 됩니다.

성도들은 그림자 속의 일곱째 날에 장차 이루어지는 일곱째 날의 실제인 것처럼 교회로 모여서 하나님께 예배하고 천국에서의 삶을 미리 예행연습하는 것입니다. 연습한다는 것은 실제가 있기 때문입니다. 연습과 실제는 같은 선상에 있습니다. 실제가 없는 사람은 연습하지 않습니다. 올림픽에 출전하는 선수는 눈만 뜨면 연습을 합니다. 그것은 장차 일어날 일이기 때문입니다. 그러나 올림픽에 출전하지 않는 사람들은 연습하지 않습니다. 그것은 실제로 일어날 일이 아니기 때문입니다.

천국에 가는 사람은 연습하고, 천국에 가지 않는 사람은 연습하지 않습니다. 교회는 천국의 모형으로 주어진 곳입니다. 그래서 7일을 세상의 날로 쉬는 사람과 7일을 하나님께 예배하는 사람으로 나누어지게 되는 것입니다. 성도에게 7일은 여호와께서 모든 일을 다 하시고 안식하는 일곱째 날로 하늘나라를 상징하는 교회로 모여서 하나님께 예배하게 되는 것입니다.

성도는 7일을 일곱째 날로 장차 천국에서 안식하는 날을 미리 연습하고 있는 것입니다. 이는 성도에게는 장차 실제로 일어나는 일이기 때문입니다. 각자 믿어지는 것으로 살게 되어 있습니다. 천국을 믿는 성도는 7일을 일곱째 날로 교회에 와서 하나님께 예배하는 삶을 살고, 천국이 믿어지지 않는 사람은 세상에서 그대로 자기의 즐거움으로 살아가게 되는 것입니다.

교회 오라고 강요할 이유가 없습니다. 교회가 좋은 사람은 교회로 오고, 세상이 좋은 사람은 세상에서 살아가게 되는 것입니다. 사람이 행동하는 그것이 그 사람의 주소지이고, 그 사람의 정체성을 보여주는 것이기 때문입니다. 각자 믿음대로 살아가게 되는 것입니다. 각자의 삶으로서 장차 일어날 심판이 이미 이루어지고 있는 것입니다. 각자의 삶이 곧 신앙인 것입니다.

그럼 저녁에서 아침으로 나아가는 일 속에 담긴 영적 의미를 살펴봅시다.

예수님은 이 세상에 일하러 오셨습니다. 예수님은 창조주 하나님입니다. 창조주 하나님이신 예수님이 무슨 일을 하실까요? 창조의 일을 하십니다. 이미 창조된 피조물

속에서 행하는 창조의 일은 어떤 일일까요? 죽은 자를 살리는 것입니다. 자기 백성들을 죄에서 구원하는 일입니다. 죄인을 구원하는 일입니다. 죄와 사망에서 건짐 받는 구원을 새로운 피조물로 창조되었다고 합니다. 그래서 성경은 창조와 구원을 동의어로 말하고 있는 것입니다.

죄와 사망은 죽음입니다. 죽음은 어둠입니다. 어둠은 저녁입니다. 예수님께서 죄와 사망에 가두어진 자를 의와 생명으로 옮겨주십니다. 어둠에 속해 있던 자들을 빛의 나라로 옮겨주셨습니다. 밤으로 살아가는 자들을 아침으로 살아가게 하신 것입니다. 이것을 창조 사역에서 저녁에서 아침으로 나아가는 것으로 말해주고 있습니다.

하나님은 죽은 자들이 살아가는 세상에 예수님을 죽은 자를 살리는 의원으로 보내셨습니다. 예수님께서는 병든 자에게는 의원이 필요하다고 하셨습니다. 예수님은 의원입니다. 그것도 죽은 자를 살리는 명의(名醫)입니다. 예수님은 죽은 자를 찾아가서 살리는 일을 하십니다. 죽은 자는 어둠에 속하였습니다. 저녁으로 살고 있습니다. 그런데 예수님이 어둠에서 빛으로, 저녁에서 아침으로 옮겨주십니다.

예수님이 참 빛으로 오셨습니다. 예수님은 참 빛으로서 아침에 속하신 분입니다. 어둠 속에서 자기 백성들을 불러내십니다. 흑암의 나라에서 빛의 나라로 옮겨주십니다. 이 모습을 구약에서는 애굽에 있던 언약의 후손들을 애굽에서 건져내서 광야로 인도하신 것으로 보여주었습니다. 애굽은 밤이고, 광야는 낮입니다. 출애굽은 흑암의 나라에서 빛의 나라로 옮겨짐을 당한 것입니다. 저녁에서 아침으로 나아온 것입니다.

광야에서 낮에는 구름기둥으로 밤에는 불기둥으로 인도하신 것은 광야는 애굽과 다른 곳이라는 것을 말해주고 있습니다. 밤에 불기둥으로 이스라엘의 진을 지켜주신 것은 이스라엘이 살아가는 곳이 어둠이 없는 낮의 나라임을 말해주고 있는 것입니다.

이것이 신약으로 오면 죄와 사망에서 건져냄을 받는 것으로 나타났습니다. 그래서 성도의 구원을 흑암의 나라에서 빛의 나라로 옮겨졌다고 말해주고 있는 것입니다. 어둠에 속하지 않고 빛에 속하였다고 합니다. 저녁에서 아침으로 나아온 것입니다.

하나님은 죄와 사망에 가두어져 있는 자들에게 그 아들을 보내서 십자가에서 피를 흘리게 하여서 건져내신 것입니다. 죄인들의 죗값을 그 아들에게 대신 담당케 하심으로 구원해 내신 것입니다. 우리 대신 예수님이 죽은 것입니다. 이렇게 예수님의 죽음으로 자기 백성들이 죄에서 구원받는 일은 이미 창세전에 예정된 것입니다.

베드로전서 1장을 봅시다.

벧전 1:18-21 "너희가 알거니와 너희 조상의 유전한 망령된 행실에서 구속된 것은 은이나 금같이 없어질 것으로 한 것이 아니요 [19]오직 흠 없고 점 없는 어린양 같은 그리스도의 보배로운 피로 한 것이니라 [20]그는 창세전부터 미리 알리신 바 된 자나 이 말세에 너희를 위하여 나타내신 바 되었으니 [21]너희는 저를 죽은 자 가운데서 살리시고 영광을 주신 하나님을 그리스도로 말미암아 믿는 자니 너희 믿음과 소망이 하나님께 있게 하셨느니라"

우리가 구원받은 것은 오직 흠 없고 점 없는 어린양의 보배로운 피로 된 것이라고 합니다. 그런데 이것이 창세전에 미리 알리신 바 된 것이라고 합니다. 창세전에 예정된 것인데 말세에 나타났다고 합니다. 그러니까 예수님이 이 세상에 오신 것은 말세가 되었다는 것입니다. 예수님이 오심으로 이 세상은 말세가 된 것입니다.

말세란 종말이라는 뜻입니다. 끝이란 뜻입니다. 끝이 나면 새로운 시대가 열리게 됩니다. 새로운 시대가 끝이 나는 것은 저녁이고, 새로운 시대가 시작되는 것은 아침입니다. 말세는 저녁이 되고, 새로운 시대는 아침이 되는 것입니다.

예수님께서 십자가를 앞두고 제자들과 만찬을 하십니다. 떡과 포도주를 주시면서 받아먹으라고 하십니다. 이것은 새 언약의 피라고 하십니다. 새 언약이라 함은 옛 언약은 끝이 난다는 뜻입니다. 옛 언약이 끝이 난다는 의미에서 최후의 만찬은 저녁이 되는 것입니다. 예수님은 십자가에서 죽으심으로 율법 시대를 끝내셨습니다. 예수님의 십자가로 율법 아래 있던 자들도 끝이 난 것입니다.

요한복음 21장을 봅시다.

요 21:12-14 "예수께서 가라사대 와서 조반을 먹으라 하시니 제자들이 주신 줄 아는 고로 당신이 누구냐 감히 묻는 자가 없더라 ¹³예수께서 가셔서 떡을 가져다가 저희에게 주시고 생선도 그와 같이 하시니라 ¹⁴이것은 예수께서 죽은 자 가운데서 살아나신 후에 세 번째로 제자들에게 나타나신 것이라"

예수님은 부활하신 후에 제자들을 찾아가서 조반을 먹이십니다. 조반(朝飯)은 아침입니다. 예수님이 부활하심으로 새로운 시대가 열린 것입니다. 그래서 아침을 먹이신 것입니다. 십자가를 지시기 전에는 저녁을 먹이셨고, 십자가를 지시고 난 후에는 아침을 먹이셨습니다. 이것은 십자가 이전은 저녁이고, 십자가 이후는 아침이라는 뜻입니다. 십자가 이후는 새로운 날이라는 것입니다.

오순절 성령 강림으로 새로운 시대가 열리게 되었습니다. 아침이 밝은 것입니다. 아침을 먹은 자는 일을 해야 합니다. 예수님께서 제자들에게 일을 시키기 위하여 아침을 먹이신 것입니다. 예수님이 오신 것은 저녁에 속한 자들을 아침으로 인도하기 위한 것입니다. 저녁에서 아침으로 나아가자면 반드시 저녁의 삶을 청산해야 합니다. 이를 종말이라고 합니다.

종말은 새로운 창조의 시작이 됩니다. 그래서 예수님의 오심을 세상 마지막 때라고 하는 것입니다. 종말은 새로운 피조물로서의 시작입니다. 옛것은 지나갔고 새롭게 되었다고 합니다. 창세전 언약은 종말의 언약이면서 새 시대의 언약입니다. 옛 세상을 끝내고 새로운 세상으로 나아가는 언약이기 때문입니다. 창세전 언약은 밤이 먼저 주어지고 아침이 나중에 주어지는 것입니다. 종말이 먼저이고 창조가 나중입니다.

언약적인 의미에서는 종말이 창조를 앞선다고 합니다. 그래서 처음 창조된 세상이 죄와 사망 가운데 가두어진 상태로 나타난 것입니다. 이것이 창세기 1장 2절의 혼돈과 공허와 흑암의 깊음 위에 있는 모습으로 나타난 것입니다. 1장 2절의 모습이 바로 저녁이고 어둠입니다. 3절에서 어둠인 세상에 빛이 온 것입니다. 빛이 오자 어둠은 종말을 맞이하게 되었습니다. 그래서 저녁에서 아침으로 나아가게 된 것입니다.

저녁이 먼저이고 아침이 나중이고,
죽음이 먼저이고 생명이 나중이고,
지옥이 먼저이고 천국이 나중이고,
구약이 먼저이고 신약이 나중이고,
율법이 먼저이고 은혜가 나중이고,
육적 이스라엘이 먼저이고 영적 이스라엘이 나중이고,
흙에서 난 자가 먼저이고 하늘로서 난 자가 나중입니다.

이 모두가 세상 속에서 언약이 펼쳐지는 과정이고 순서입니다. 죄 아래 가둔 것은 빼내기 위함입니다. 어둠에 가두어 둔 것은 빛으로 불러내기 위함입니다. 그래서 먼저 타락의 모습으로 두신 것입니다. 이를 언약으로 보면 옛 언약에서 새 언약으로 나오는 것으로 되어 있습니다. 옛 언약은 죄 아래 가두는 언약입니다. 이를 율법은 우리를 하나님의 진노 아래 가두는 것이라고 합니다.

로마서 11장을 봅시다.

롬 11:32 "하나님이 모든 사람을 순종치 아니하는 가운데 가두어 두심은 모든 사람에게 긍휼을 베풀려 하심이로다"

하나님께서 불순종 가운데 가두신 것은 긍휼을 베풀기 위함이라고 합니다. 역설입니다. 구원이 무엇입니까? 긍휼을 입는 것입니다. 긍휼은 죄 아래 가두어진 자들에게만 주어집니다. 그래서 하나님은 '너희는 죄 아래 가두어진 자'라는 것을 알리는 일을 먼저 하십니다. 그것이 율법을 주어서 인간의 실존을 고발케 하신 것입니다.

로마서 3장을 봅시다.

롬 3:19-20 "우리가 알거니와 무릇 율법이 말하는 바는 율법 아래 있는 자들에게 말하는 것이니 이는 모든 입을 막고 온 세상으로 하나님의 심판 아래 있게 하려 함이니라 [20]그러므로 율법의 행위로 그의 앞에 의롭다 하심을 얻을 육체가 없나니 율법으로는 죄를 깨달음이니라"

율법을 왜 주셨나요? 죄를 깨닫게 하시고자 함입니다. 죄를 깨닫게 하신 것은 구원 받아야 할 자라는 것을 알려주고자 하심입니다. 그래서 율법도 복음이 되는 것입니다. 어떤 의미에서 복음입니까? 죄를 깨닫게 하여서 구원을 찾게 되기 때문입니다. 마치 아프니까 병원을 찾게 되는 것과도 같습니다.

예수님은 의원이십니다. 의원은 병자를 위해서 존재합니다. 그럼 먼저 '너희는 병자'라는 것을 알려주어야 합니다. 그것이 율법입니다. 이것이 예수님이 오시기 전에 세례 요한을 먼저 보내신 것으로 나타났습니다. 세례 요한을 일컬어 율법과 선지자라고 합니다. 율법이 곧 선지자의 일을 한다는 것입니다.

선지자는 죄를 고발하여서 하나님께 돌아가게 하는 일을 합니다. 율법이 그 일을 하는 것입니다. 그래서 세례 요한이 죄를 고발하여서 예수 그리스도에게로 나아가게 하는 일을 한 것입니다. 세례 요한을 일컬어 '주의 길을 예비하는 자'라고 하는 것도 다 이러한 이유에서입니다.

율법이 없으면 예수 그리스도를 만날 수가 없습니다. 율법이 예수 그리스도를 만나게 하는 인도자가 되는 것입니다. 그래서 사도 바울은 율법을 우리로 하여금 그리스도에게로 인도하는 몽학선생이라고 하였습니다. 율법이 세례 요한처럼 주의 길을 예비하는 일을 하는 것입니다.

갈라디아서 3장을 봅시다.

갈 3:23-25 "믿음이 오기 전에 우리가 율법 아래 매인 바 되고 계시 될 믿음의 때까지 갇혔느니라 [24]이같이 율법이 우리를 그리스도에게로 인도하는 몽학선생이 되어 우리로 하여금 믿음으로 말미암아 의롭다 함을 얻게 하려 함이니라 [25]믿음이 온 후로는 우리가 몽학선생 아래 있지 아니하도다"

믿음이 오기 전까지는 우리가 율법 아래 매인 바 되었다고 합니다. 율법 아래 매인 바 되었다 함은 죄와 사망 가운데 가두어져 있다는 뜻입니다. 율법이 우리에게 '너희는 지금 죄와 사망에 가두어져 있다'고 고발해 주고 있는 것입니다. 적극적으로 율법이 죄와 사망에서 건져주실 분을 찾아가게 하는 일을 하는 것입니다. 그래서 율법을 죄인으로 하여금 예수 그리스도에게로 인도하는 몽학선생이라고 하는 것입니다.

몽학선생이란 어린아이들을 돌보는 자를 말합니다. 학교에 데려다주기도 하고 데려오기도 하는 일을 합니다. 율법이 우리를 예수 그리스도에게로 인도하는 것입니다. 그래서 율법을 천사들의 손을 빌려서 우리에게 주신 복음이라고 하는 것입니다.

구원이 무엇입니까?
예수 그리스도를 믿는 것입니다.
누가 예수 그리스도를 믿습니까?
자기가 죄인임을 아는 자입니다.
우리가 죄인이라는 사실을 어떻게 압니까?
율법을 통해서입니다.

그래서 하나님은 자기 백성들에게만 율법을 주신 것입니다. 율법이 없으면 죄를 모르고, 죄를 모르면 예수 그리스도를 믿을 수가 없습니다. 율법이 우리로 하여금 예수 그리스도 앞으로 인도해 준 것입니다. 율법에 의하여 죽임을 당한 자를 예수 그리스도가 살리시는 것입니다.

율법은 우리 옛사람을 죽이고, 예수 그리스도는 새사람으로 살려내시는 것입니다. 이러면 율법과 예수 그리스도는 짝이 되어서 창세전 언약을 이루어 가는 것이 되는 것입니다. 성경에서 항상 먼저 나온 것이 타락하는 것으로 나타나는 것도 다 창세전 언약에 의한 것입니다.

가인이 먼저이고 아벨이 나중이고,
이스마엘이 먼저이고 이삭이 나중이고,
에서가 먼저이고 야곱이 나중이고,
사울 왕이 먼저이고 다윗 왕이 나중이고,
육적 이스라엘이 먼저이고 영적 이스라엘이 나중입니다.

항상 먼저 나온 것이 타락하고, 나중에 나온 것이 온전한 것으로 나타납니다. 그리고 나중에 나온 것이 먼저 나온 타락을 회복하는 것으로 역사가 전개되는 것입니다. 그래서 구속사가 첫 아담이 뱀에게 미혹 당하여서 실패한 것을 마지막 아담인 예수님께서 뱀의 머리를 깨트림으로써 회복하는 것으로 나타나고 있는 것입니다.

옛 언약이 먼저이고 새 언약이 나중이고,
옛사람이 먼저이고 새사람이 나중이고,
지옥을 먼저 주고 천국을 나중에 주는 것입니다.

죄에서 의로,
사망에서 생명으로,
지옥에서 천국으로,
버려짐에서 되찾음으로,
고난에서 영광으로,
법에서 은혜로,
육에서 영으로,
흙에 속한 형상에서 하늘에 속한 형상으로,
구약에서 신약으로,
복사본에서 원본으로 나아가는 것입니다.

창조 역시 철거될 것을 먼저 주시고, 영원한 나라는 나중에 주시는 것입니다. 이 세상이 철거되고 나면 새 하늘과 새 땅이 나중에 주어지게 되는 것입니다. 만물을 의인화하면 우리 인생이 됩니다. 우리 인생도 죄 아래서 태어나 죽어야 할 인생이 먼저 주어지고, 예수 그리스도를 통해서 영생을 얻는 인생이 나중에 주어지는 것입니다.

히브리서 1장을 봅시다.

히 1:10-12 "또 주여 태초에 주께서 땅의 기초를 두셨으며 하늘도 주의 손으로 지으신 바라 ¹¹그것들은 멸망할 것이나 오직 주는 영존할 것이요 그것들은 다 옷과 같이 낡아지리니 ¹²의복처럼 갈아입을 것이요 그것들이 옷과 같이 변할 것이나 주는 여전하여 연대가 다함이 없으리라 하였으나"

하나님께서 태초에 철거될 세상을 만들었다고 하십니다. 이 세상은 철거될 것이라고 합니다. 그러니까 창세기 1장에 나타난 세상은 철거될 세상입니다. 용도가 다하면 폐기될 것입니다. 철거된다는 것은 실상이 아니란 말입니다. 마치 아파트 모델하우스처럼 용도가 다하면 철거되는 것입니다. 이 세상은 허상이고 복사본입니다. 원본은 하늘에 있습니다.

히브리서 11장을 보면 보이는 것은 보이지 않는 것으로 말미암았다고 합니다. 보이는 이 세상은 보이지 않는 하나님 나라로부터 나왔다는 뜻입니다. 그러므로 보이는 이 세상은 복사본이 되는 것입니다. 원본은 보이지 않는 하늘나라입니다. 보이는 세상을 역사라고 하고, 보이지 않는 세계를 묵시라고 합니다. 묵시와 역사는 짝입니다.

이 땅은 복사본으로 허상입니다. 그러므로 이 세상 속한 것은 영원한 것이 없습니다. 영원한 것은 하늘에 있습니다. 하늘의 것은 이 세상에 속한 것이 철거되고 난 후 나중에 주어지게 되는 것입니다. 흙에서 난 우리도 허상입니다. 실상은 하늘로부터 난 새사람인 것입니다. 옛사람은 흙에서 난 죽을 몸이고, 새사람은 하늘로서 난 영생하는 몸입니다. 땅의 장막이 무너지면 하늘로 오는 장막을 덧입게 됩니다.

이 세상의 삶은 장차 오는 세상을 준비하는 삶입니다. 그러므로 이 세상에서의 삶에 올인할 필요가 없습니다. 장차 오는 세상을 준비하고 살아야 하는 것입니다. 허상에서 실상을 준비하고 살아야 합니다. 그래서 '너희가 그리스도와 함께 살리심을 받았으면 땅의 것을 벗어버리고 위의 것을 생각하고 살아가라'고 하는 것입니다.

골로새서 3장을 봅시다.

골 3:1-3 "그러므로 너희가 그리스도와 함께 다시 살리심을 받았으면 위엣 것을 찾으라 거기는 그리스도께서 하나님 우편에 앉아 계시느니라 ^{2}위엣 것을 생각하고 땅엣 것을 생각지 말라 ^{3}이는 너희가 죽었고 너희 생명이 그리스도와 함께 하나님 안에 감취었음이니라"

'너희가 그리스도와 함께 살리심을 받았다면 땅에 있는 지체를 죽이라'고 합니다. 왜냐하면 흙에서 난 몸은 가짜이기 때문입니다. 예수 그리스도 안에서 성령으로 거듭난 새사람이 진짜입니다. 그러므로 먹고 마시는 흙에서 난 사람의 육적 가치관으로 살지 말고, 성령 안에서 의와 평강과 희락이라는 하늘나라 영적 가치관으로 살아가라고 하는 것입니다. 땅의 일을 생각하지 말고, 위의 것을 생각하고 살아가라고 합니다. 세상 것은 땅의 일로서 모두가 그림자처럼 사라질 것들이기 때문입니다.

구약은 저녁이고,
신약은 아침입니다.

저녁은 비우는 삶이고,
아침은 채우는 삶입니다.

옛사람은 저녁이고,
새사람은 아침입니다.

옛사람은 후패하여지고,
새사람은 강건해져 갑니다.

흙에서 난 사람은 구약 사람이고,

하늘로부터 난 사람은 신약의 사람입니다.

구약은 마이너스(-)로 진행이 되고,
신약은 플러스(+)로 진행이 됩니다.

왜 그런가요?
구약은 죽음으로 나아가고,
신약은 영생으로 나아가기 때문입니다.

옛사람은 저녁에 속하였기 때문에 후패해져 가고, 새사람은 아침에 속하였기 때문에 날로 새로워지는 것입니다. 그래서 하나님은 먼저는 흙에 속한 몸을 주시고 나중에 하늘에 속한 신령한 몸을 주시는 것입니다. 흙에 속한 몸은 씨앗과 같이 깨어져야 합니다.

고린도전서 15장을 봅시다.

고전 15:42-54 "죽은 자의 부활도 이와 같으니 썩을 것으로 심고 썩지 아니할 것으로 다시 살며 ⁴³욕된 것으로 심고 영광스러운 것으로 다시 살며 약한 것으로 심고 강한 것으로 다시 살며 ⁴⁴육의 몸으로 심고 신령한 몸으로 다시 사나니 육의 몸이 있은즉 또 신령한 몸이 있느니라 ⁴⁵기록된바 첫 사람 아담은 산 영이 되었다 함과 같이 마지막 아담은 살려 주는 영이 되었나니 ⁴⁶그러나 먼저는 신령한 자가 아니요 육 있는 자요 그다음에 신령한 자니라 ⁴⁷첫 사람은 땅에서 났으니 흙에 속한 자이거니와 둘째 사람은 하늘에서 나셨느니라 ⁴⁸무릇 흙에 속한 자는 저 흙에 속한 자들과 같고 무릇 하늘에 속한 자는 저 하늘에 속한 자들과 같으니 ⁴⁹우리가 흙에 속한 자의 형상을 입은 것같이 또한 하늘에 속한 자의 형상을 입으리라 ⁵⁰형제들아 내가 이것을 말하노니 혈과 육은 하나님 나라를 유업으로 받을 수 없고 또한 썩은 것은 썩지 아니한 것을 유업으로 받지 못하느니라 ⁵¹보라 내가 너희에게 비밀을 말하노니 우리가 다 잠잘 것이 아니요 마지막 나팔에 순식간에 홀연히 다 변화하리니 ⁵²나팔 소리가 나매 죽은 자들이 썩지 아니할 것으로 다시 살고 우리도 변화하리라 ⁵³이 썩을 것이 불가불 썩지 아니할 것을 입겠고 이 죽을 것이 죽지 아니함을 입으리로다 ⁵⁴이 썩을 것이 썩지 아니함을 입고 이 죽을 것이 죽지 아니함을 입을 때에는 사망이 이김의 삼킨 바 되리라고 기록된 말씀이 응하리라"

두 사람이 있습니다. 흙에서 난 사람과 하늘로서 난 사람이 있습니다. 흙에서 난 몸을 육이라고 하고, 하늘로서 난 몸을 영이라고 합니다. 그런데 먼저 흙에서 난 육의 몸이 먼저입니다. 흙에서 난 몸이 죽으면 하늘로서 난 몸을 입게 되는 것입니다.

흙에서 난 몸은 썩을 것이라고 하고, 하늘로서 난 몸은 신령한 것이라고 합니다. 흙에서 난 몸으로 심고, 신령한 몸으로 살아난다고 합니다. 흙에서 난 몸은 씨와 같고, 하늘로서 난 신령한 몸은 씨 속에 담긴 나무와 같고 열매와 같습니다.

씨가 나무와 열매를 품고 있는 것입니다. 농부는 씨 속에 있는 나무와 열매를 끄집어내고자 씨를 흙 속에 심어서 죽이는 것입니다. 씨는 죽어서 나무와 열매를 내게 됩니다. 겉모양으로는 씨가 죽는 것처럼 보이지만 실상은 씨의 삶을 버림으로써 자기 안에 있는 새로운 몸을 토해내고 있는 것입니다.

하나님께서 먼저 흙에 속한 몸을 주셨습니다. 나중에 하늘에 속한 몸을 주십니다. 흙의 몸속에 하늘의 몸을 담아 놓으신 것입니다. 그 속에 하늘의 몸이 담겨 있는 사람은 자기 안에 있는 하늘의 몸을 위해서 죽음의 길로 나아가게 되는 것입니다.

저녁에서 아침으로 나아가는 것입니다. 죽음에서 부활로 나아가는 것입니다. 십자가를 지나서 하늘로 나아가는 것입니다. 자기 안에 하늘의 몸을 품고 살아가는 사람은 십자가를 피하고자 하지 않습니다. 성령이 그 길로 나아가게 하십니다.

우리의 신앙도 마찬가지입니다. 우리의 신앙생활이 율법에서 은혜로 나아가는 것으로 진행이 됩니다. 우리의 신앙은 모두가 율법 아래서 시작합니다. 교회에 처음 오면 율법부터 가르침을 받게 됩니다. 율법은 그림자로 그릇과 같은 것입니다. 그릇은 내용을 담기 위해서 반드시 필요한 것입니다. 내용과 그릇은 짝입니다. 둘 중 하나가 없으면 불완전합니다. 둘이 짝이 되어서 온전함을 이루어내는 것입니다.

율법은 그릇이고, 은혜는 내용입니다. 율법은 겉사람이고, 은혜는 속사람입니다. 율법은 흙으로 난 사람에게 주신 법이고, 은혜는 하늘로서 난 사람에게 주신 법입니다. 먼저는 육이고, 나중이 영입니다. 먼저는 흙에서 난 사람이고, 나중은 말씀으로 난 사람입니다. 먼저 사람은 흙에 속하였고, 나중 사람은 하늘에 속하였습니다.

갈라디아서 4장을 봅시다.

갈 4:1-7 "내가 또 말하노니 유업을 이을 자가 모든 것의 주인이나 어렸을 동안에는 종과 다름이 없어서 ²그 아버지의 정한 때까지 후견인과 청지기 아래 있나니 ³이와 같이 우리도 어렸을 때에 이 세상 초등학문 아래 있어서 종노릇하였더니 ⁴때가 차매 하나님이 그 아들을 보내사 여자에게서 나게 하시고 율법 아래 나게 하신 것은 ⁵율법 아래 있는 자들을 속량하시고 우리로 아들의 명분을 얻게 하려 하심이라 ⁶너희가 아들인 고로 하나님이 그 아들의 영을 우리 마음 가운데 보내사 아바 아버지라 부르게 하셨느니라 ⁷그러므로 네가 이후로는 종이 아니요 아들이니 아들이면 하나님으로 말미암아 유업을 이을 자니라"

성도들은 원래 하나님 나라를 유업을 이을 아들입니다. 그런데 하나님께서 어렸을 때는 잠시 초등학문 아래 종으로 두셨습니다. 율법을 초등학문이라고 합니다. 왜 율법을 초등학문이라고 할까요? 이는 강제성을 담고 있기 때문입니다. 어렸을 때는 틀이 만들어지는 시기입니다. 그래서 자유보다는 법으로써 형식을 만들어 가는 것입니다. 이를 종이라고 합니다.

종이란 법으로 다스림을 받는 자입니다. 율법 아래서 형식을 배워가는 것입니다. 하나님의 아들로서 순종의 교육을 받는 것입니다. 그러다가 정한 때가 되면 성령이 오셔서 율법 아래서 은혜로 옮겨주시는 것입니다.

성령이 오시면 종이 아니라 아들로 살아가게 하십니다. 율법 아래서는 종노릇하였지만, 은혜 아래서는 아들로 살아가게 됩니다. 종에서 해방을 받고 보니 그 은혜에 감사하게 되는 것입니다. 그래서 율법 아래서는 억지로 하였지만, 은혜 아래서는 자원함으로 하게 되는 것입니다.

　율법은 저녁이고, 은혜는 아침입니다. 종은 저녁의 인생이고, 아들은 아침의 인생인 것입니다. 구원이 종에서 아들로 나아가는 것으로 주어지는 것입니다. 예수님도 저녁에서 아침으로 나아가는 삶을 사셨습니다. 육체로 오신 예수님은 종으로 사셨습니다. 죽음에서 부활하신 후로는 만유의 주가 되셨습니다. 아브라함 언약도 저녁에서 아침으로 진행되었습니다. 죄와 사망의 나라에서 빼내심을 입는 것으로 되어 있습니다.

　창세기 15장을 봅시다.

창 15:13-16 "여호와께서 아브람에게 이르시되 너는 정녕히 알라 네 자손이 이방에서 객이 되어 그들을 섬기겠고 그들은 사백 년 동안 네 자손을 괴롭게 하리니 ¹⁴그 섬기는 나라를 내가 징치할찌며 그 후에 네 자손이 큰 재물을 이끌고 나오리라 ¹⁵너는 장수하다가 평안히 조상에게로 돌아가 장사될 것이요 ¹⁶네 자손은 사 대 만에 이 땅으로 돌아오리니 이는 아모리 족속의 죄악이 아직 관영치 아니함이니라 하시더니"

　이스라엘은 언약의 후손입니다. 아브라함이 언약을 맺을 때 이스라엘은 아브라함의 허리에 있었습니다. 하나님은 아브라함에게 네 후손이 이방에서 객이 되어 종으로 살다가 사 대 만에 이 땅으로 돌아오게 될 것이라고 언약하셨습니다.

　아브라함의 후손인 이스라엘은 언약대로 400년 동안 애굽에서 종노릇하면서 저녁으로 살았습니다. 죄와 사망의 그늘에서 살았습니다. 그러다가 언약하신 때가 차매 하나님이 모세를 보내서 빼내 오게 하셨습니다.

　어린양의 피 흘리심으로 종에서 아들의 지위를 얻게 된 것입니다. 그래서 어린양의 피로 출애굽 한 자들을 하나님의 장자라고 하는 것입니다. 천국은 아들의 나라입니다. 하나님의 장자들이 살아가는 곳입니다. 아들은 종의 과정을 지나온 자들입니다. 천국은 지옥을 지나온 자들에게 주어지는 곳입니다. 그래서 천국을 상급으로 주시는 것입니다.

하나님은 자기 백성들을 지옥에 두고서 천국을 소망하게 하셨습니다. 세상에서는 종으로 살아가게 하셨고, 천국에서는 아들로 살아가게 하시는 것입니다. 천국은 반드시 십자가를 지나가야 들어갈 수 있습니다.

십자가 너머에 천국이 있습니다. 십자가는 겉으로는 죽음이지만 그 너머에는 영생입니다. 그래서 구원이 저녁을 지나 아침으로 나아가는 것으로 주어지는 것입니다. 신앙생활은 눈물 골짜기를 통행하게 되는 것입니다. 눈물로 씨를 뿌리고 기쁨으로 단을 거두게 됩니다.

시 126:5 "눈물을 흘리며 씨를 뿌리는 자는 기쁨으로 거두리로다"

시 80:5 "주께서 저희를 눈물 양식으로 먹이시며 다량의 눈물을 마시게 하셨나이다"

시 42:3 "사람들이 종일 나더러 하는 말이 네 하나님이 어디 있느뇨 하니 내 눈물이 주야로 내 음식이 되었도다"

시 56:8 "나의 유리함을 주께서 계수하셨으니 나의 눈물을 주의 병에 담으소서 이것이 주의 책에 기록되지 아니하였나이까"

시편 기자는 눈물을 양식으로 삼았다고 합니다. 주께서 눈물 골짜기로 통행케 하셨다고 합니다. 이것은 필수 코스입니다. 눈물로 씨를 뿌림이 없이는 기쁨으로 단을 거두는 일은 없습니다. 먼저는 눈물로 씨를 뿌림이고, 나중에 기쁨으로 단을 거두는 것입니다.

나의 신앙은 어디에 있습니까?
어디를 지나고 있습니까?

저녁입니까,
아침입니까?

밤이 깊으면 아침이 곧 밝아옵니다. 슬퍼하거나 낙심하지 마십시오. 신자는 슬퍼하는 자가 아닙니다. 땅의 일을 생각하니까 슬퍼지는 것입니다. 마귀는 현실을 가지고 우리에게 두려움을 줍니다. 언약을 놓치면 어둠에 빠지게 됩니다.

성도는 세상적으로는 아무것도 가진 것이 없지만 모든 것을 가진 자들입니다. 마귀가 환경을 어렵게 할 수는 있어도 우리의 생명은 빼앗을 수는 없습니다. 욥처럼 고난에 빠질 수는 있어도 구원은 빼앗지 못합니다.

일을 시작하신 이가 끝날까지 반드시 이루어 가시기 때문입니다. 우리의 구원에는 하나님의 자존심이 담겨 있습니다. 그러므로 하나님이 자신의 명예를 걸고서 지켜내시는 것입니다. 성도는 이미 이긴 자입니다. 사망을 지나면 영생이 기다립니다. 이 세상을 떠나면 천국이 기다립니다. 그러니 안심하세요. 사랑 안에 두려움이 없고 온전한 사랑이 두려움을 내어쫓습니다.

현실이 저녁이십니까? 머물러 있는 저녁은 없습니다. 이 또한 지나갑니다. 약속을 믿음으로 이겨내십시오. 신앙 속에는 오래 참음도 있습니다. 인내함도 있답니다. 잘 견뎌내는 것도 신앙입니다.

칠흑 같은 어둠도 아침이 오면 다 물러갑니다. 아침이 곧 옵니다. 아침이 오고 있는 중입니다. 잠시 잠깐 후면 저녁이 없는 일곱째 날이 곧 옵니다. 날마다 아침인 일곱째 날, 안식하는 날이 곧 옵니다. 육적으로는 저녁이지만 영적으로는 이미 아침입니다. 역사 속에서는 비록 여섯째 날이지만 예수 안에서는 일곱째 날 안에 있습니다.

하나님은 시험당할 즈음에 이미 피할 길도 준비해 두셨습니다. 피할 길 없이 시험당하게 하시지 않습니다. 시험이 엄청난 것 같아도 믿음으로 보면 다 이겨낼 수 있는 것들이니 낙심하지 마시길 바랍니다. 하나님은 체급에 맞도록 시험하십니다. 그러니 믿음 안에서 소망을 가지고 잘 이겨내시길 주의 이름으로 축원드립니다.

천지와 만물이 다 이루니라 (창 2:1-2)

창 2:1-2 "천지와 만물이 다 이루니라 ²하나님의 지으시던 일이 일곱째 날이 이를 때에 마치니 그 지으시던 일이 다하므로 일곱째 날에 안식하시니라"

성경은 창세기로 시작해서 요한계시록으로 끝이 납니다. 창세기는 시작을 알리고 요한계시록은 끝을 말해주고 있습니다. 창세기에서 요한계시록을 창조 7일로 본다면 창세기는 첫째 날이 되고, 요한계시록은 일곱째 날이 됩니다. 알다시피 요한계시록은 예수님의 재림으로 끝이 납니다. 이러면 예수님의 재림이 가까운 이 시대는 요한계시록의 시대가 되는 것입니다.

첫째 날이 역사의 시작이라고 하고, 일곱째 날이 역사의 끝이라고 생각해 봅시다. 일곱째 날은 안식하는 날이니까 실제 역사는 여섯째 날이 마지막 날이 되는 것입니다. 일곱째 안식하는 날은 예수님이 재림하시면 주어지는 날입니다. 그럼 지금은 예수님이 재림하시기 직전의 시기이므로 여섯째 날이 되는 것입니다. 그래서 지금 이 시대는 사회 전반에서 여섯째 날의 현상들이 나타나고 있는 것입니다.

여섯째 날에 무슨 일이 있었나요? 짐승과 사람의 창조가 일어납니다. 짐승은 땅에 속한 자를 상징하고, 사람은 하늘에 속한 자를 상징합니다. 이는 예수님이 재림하시기 직전에는 땅에 속한 자들과 하늘에 속한 자들의 그 정체성이 확연하게 드러나게 된다는 말입니다.

종말은 모든 일의 본질이 확연하게 드러나는 때입니다. 신앙에 있어서도 참과 거짓이 드러나게 됩니다. 육에 속한 자와 영에 속한 자가 분명하게 드러나는 시대입니다. 땅에 속한 자와 하늘에 속한 자가 스스로 그 정체성을 확연하게 드러내게 된다는 뜻입니다.

창세기와 요한계시록을 성도의 구원으로 본다면, 창세기는 구원의 시작이고 요한계시록은 구원의 마지막이 됩니다. 그럼 지금 이 시대 성도들의 신앙은 요한계시록적인 신앙관으로 살아가야 하는 때입니다.

요한계시록적인 신앙이란 종말론적 신앙을 말합니다. 왜냐하면 요한계시록은 이 세상 끝에 관한 이야기들을 말해주고 있기 때문입니다. 요한계시록의 주제는 예수님이 재림하시면 이 세상은 멸망하고 성도들은 새 하늘과 새 땅에서 천 년 동안 왕 노릇 한다는 것을 말해주고 있습니다.

이 시대는 베드로식으로 말하면 만물의 마지막이 가까이 왔으니 정신을 차리고 근신하면서 기도해야 하는 때입니다. 의에 거하는바 새 하늘과 새 땅을 소망하면서 살아가야 하는 때입니다. 세상에서 먹고 마시는 것에 정신을 빼앗길 것이 아니라 그 나라와 그 의를 구하고 찾아야 할 때입니다.

종말은 심판의 때입니다. 그러므로 심판을 이기는 삶을 살아야 합니다. 그것이 바로 하나님의 약속을 믿음으로 살아가는 것입니다. 세상을 이기는 이김은 이것이니 곧 믿음이라고 하였습니다. 믿음 속에는 이 세상 것이 없습니다. 믿음 속에는 하늘의 것만 담겨 있습니다. 믿음으로 산다는 것은 세상 가치로 살지 않고 하늘의 가치로 살아간다는 것입니다. 하늘의 가치가 바로 예수 그리스도의 재림을 사모하면서 살아가는 것입니다.

이제 '천지와 만물이 다 이루니라'에 대하여 살펴봅니다. '천지와 만물이 다 이루니라'는 계획된 일을 모두 마치셨다는 뜻입니다. 우리의 신앙에 적용하면 우리의 구원이 완성의 수준에 와 있어야 한다는 뜻입니다.

신앙의 열매가 다 익어가야 하는 것입니다. 어린아이 신앙이 아니라 어른의 신앙이 되어있어야 합니다. 종말은 추수하는 시기입니다. 농부는 곡식과 가라지를 갈라내고 알곡과 쭉정이를 갈라내는 것입니다. 그럼 우리의 신앙도 확인하여야 합니다. 잎사귀만 무성한지 아니면 열매를 맺고 있는지 확인해야 하는 것입니다.

7일 동안 일어나는 창조 속에는 예수님께서 이 역사 속에서 이루어 가는 자기 백성들의 구원 이야기가 담겨 있습니다. 예수님이 역사에 오심으로 구원이 시작되었습니다. 그럼 첫째 날은 예수님의 오심이 되고, 일곱째 날은 예수님의 다시 오심이 됩니다. 이를 '천지와 만물을 다 이루심'이라고 합니다.

'천지와 만물을 다 이루심'은 구원의 완성을 말합니다. 언약적으로 말하면 창세전 언약이 완성되는 것입니다. 창세전 언약이 완성되면 이 세상은 철거되고 하나님 나라로 나아가게 됩니다. 그리하면 모든 성경 이야기가 완성되는 것입니다.

역사는 유한한 것으로 시작과 끝이 있습니다. 시간의 흐름 속에 있는 것입니다. 과거와 현재와 미래로 진행이 되면서 그 끝을 다하게 됩니다. 시간의 끝을 종말이라고 합니다. 종말은 모든 일을 결정짓게 되므로 영생과 영벌의 심판이 일어나게 되는 것입니다.

그러므로 종말은 또 다른 시작이 되는 것입니다. 옛것은 종말이고 새것이 시작되는 것입니다. 예수님의 재림으로 세상은 종말을 맞이하게 되고 천년왕국이 시작되는 것이므로 종말과 창조는 동시적으로 일어나게 되는 것입니다.

예수님이 오심으로 기원이 바뀌고 새로운 시대의 시작이 일어납니다. 초림 때에는 십자가로 영적인 종말과 창조를 이루셨습니다. 육적 이스라엘의 시대를 끝내고 영적 이스라엘의 시대를 여셨습니다. 십자가는 죽음이면서 새로운 시작이기도 합니다. 왜냐하면 십자가는 옛사람을 죽이는 종말이기도 하지만 새로운 피조물로 살아가는 시작이기도 하기 때문입니다. 예수님의 십자가는 씨앗을 죽이고 새로운 싹을 내는 것과도 같습니다. 옛사람은 씨와 같고, 새사람은 싹과 같은 것입니다.

우리의 육체가 죽는 것은 흙에서 난 사람의 종말입니다. 그러나 죽음 후에는 영원히 갈라지는 심판이 있습니다. 예수 그리스도를 믿는 자는 천국으로 가고, 예수 그리스도를 믿지 않는 자는 지옥으로 갑니다. 천국과 지옥은 영원한 곳입니다. 그러므로 육신의 죽음은 종말이면서 영원으로 나아가는 시작이 되는 것입니다.

예수님의 재림은 저녁에서 아침으로 나아가는 세상이 끝나고, 저녁에서 아침으로의 흐름이 없는 새로운 세상의 시작을 몰고 오는 것입니다. 첫째 날부터 여섯째 날까지는 저녁에서 아침으로 진행되지만, 일곱째 날은 저녁에서 아침으로의 진행이 없습니다. 이는 일곱째 날은 역사에 속하지만 역사와 다른 세상이기 때문입니다.

일곱째 날은 영원한 천국을 예표하는 날입니다. 이를 천년왕국으로 보여주고 있습니다. 천 년이란 묵시적 개념으로 충만의 수로서 영원을 상징합니다. 영원을 상징하는 날을 역사 속에서는 천 년으로 살게 되는 것입니다. 그래서 일곱째 날은 창조 세계의 날에 속하지만 창조 세계와 다른 영원한 세계를 의미하는 이중 계시가 담겨 있는 것입니다.

우리 인생은 무한이라는 영원에서 나왔다가 잠시 유한이라는 시간 속에서 존재하고 다시 영원으로 돌아가게 됩니다. 영원과 영원 사이에 역사가 점처럼 있는 것입니다. 그래서 성경은 이 세상 역사는 한 경점과 같다고 합니다.

하나님은 시간 바깥에 계시는 분입니다. 시간 바깥 영원에 계시던 하나님이 왜 시작과 끝이 있는 시간의 세상을 만드셨을까요? 이는 시간 속에서 창세전에 계획하시고 예정하신 일을 이루고자 하심입니다. 이름하여 창세전 언약입니다.

세상 역사는 때를 따라서 변해 갑니다. 마치 씨앗을 뿌리면 처음에는 싹을 내고 자라가면서 모양을 달리하듯이, 이 세상 역사도 끝을 다하여 가면서 종말의 모습들을 드러내게 되어 있는 것입니다. 피조물의 종말은 항상 타락으로 나타납니다. 그 이유는 종말은 생명을 다하는 것이기 때문입니다. 역사 속에 존재하는 모든 생명은 그 시작은 아름답지만 끝은 추해집니다. 화무십일홍(花無十日紅)이라고 하듯이 역사 속에 존재하는 모든 생명이 그러합니다.

시작과 끝이 있는 역사에 속한 모든 피조물들은 생로병사(生老病死)의 과정을 겪게 되어 있습니다. 태어나면 늙고, 늙으면 병들고, 병들면 죽게 됩니다. 역사는 유한합니다. 그러므로 역사 속에 존재하는 모든 생명은 유한한 것이므로 정한 시간만 존재하게 되는 것입니다. 그러므로 역사에 속한 모든 생명은 태어나면서부터 소멸되어 가는 과정으로 나아가게 되는 것입니다.

꽃도 봉오리에서 만개하여 피었다가 시들어서 떨어집니다. 아름다움에서 추함으로 사라지게 되는 것입니다. 짐승도 새끼 때는 귀엽다가 장성하면 포악해지고, 늙으면 힘없이 죽어가게 됩니다. 사람도 갓난아이의 귀여움으로 시작하여서 점점 자라면서 인간의 추악한 본성들을 뿜어내다가, 늙어서는 기력이 쇠잔하여서 추한 모습으로 죽음을 맞이하게 됩니다. 그래서 세월 앞에 장사가 없다고 하는 것입니다. 젊음이 영원한 것 같지만 바람처럼 금방 지나가게 되는 것입니다. 꽃만 화무십일홍이 아니라 인간도 화무십일홍과 같습니다.

성경은 잔칫집에 가지 말고 초상집에 가라고 합니다. 이는 인간이 어떤 존재인지를 배우라는 것입니다. 망자(亡者)의 주검 앞에서 과연 인생을 어떻게 살아야 하는지를 고찰하라는 것입니다. 나도 이렇게 죽을 터인데, 오늘이라는 날을 어떻게 살아야 하는지 성찰해 보아야 합니다. 하나님 앞에 서야 한다는 것을 늘 생각하고 살아가야 합니다. 죽음이 끝이 아니라 죽음 후에 심판이 있으므로 인생은 하나님을 의식하고 살아가야 하는 것입니다.

성경은 한 번 죽는 것은 정하신 이치이고 죽음 이후에는 반드시 심판이 있다고 합니다. 죽음은 필연적으로 맞이하게 됩니다. 중요한 것은 죽음이 끝이 아니라 또 다른 시작이 된다는 것입니다. 성경은 이것을 잊지 말라고 합니다. 지금의 인생이 전부가 아니고 내생이 있다는 것을 기억하라는 것입니다. 죽음 이후의 내생은 이생에서의 삶으로 결정됩니다. 그러므로 지금의 인생이 중요한 것입니다.

이생은 내생을 준비하는 삶입니다. 이를 알고 살아가는 자들이 성도입니다. 예수님을 몰랐을 때는 죽으면 끝이라 생각하고 살았습니다. 그런데 예수님이 찾아오심으로 죽음 이후 내생이 있다는 것을 알게 되었습니다. 죽음 이후 심판이 있다는 것을 안다면 이생을 허투루 살 수가 없는 것입니다. 내생을 준비하는 삶을 살아야 합니다. 내생을 준비하는 삶이 어떤 것인지를 성경은 알려줍니다.

성령이 임하면 늙은이는 꿈을 꾼다고 합니다. 꿈은 소망을 말합니다. 늙은이에게 소망이란 무엇인가요? 죽을 몸이 죽지 아니하는 몸으로 다시 살아나는 것입니다. 어떻게 죽을 몸이 죽지 아니할 몸으로 다시 살아납니까? 예수 그리스도 안에서입니다.

예수 그리스도 안에 있는 자는 죽어도 다시 살아납니다. 예수 그리스도가 그 첫 열매로 보여주셨습니다. 다시 살아나기 위해서 죽는 것입니다. 다시 살아나기 위해서 후패해져 가는 것입니다. 그래서 사도 바울은 성도의 죽음을 '썩을 것으로 심고 신령한 것으로 다시 살아나는 것이니 소망을 가지라'고 하였던 것입니다.

하나님은 '너희 인생들은 돌아가라'고 하셨습니다. 돌아가라는 말은 죽으라는 말입니다. 죽으려면 점점 쇠잔해 가야 하는 겁니다. 망가져 가야 합니다. 망가져 감이 아름다움입니다. 망가져 간다는 것은 새로운 세상이 가까워진다는 뜻입니다. 그러므로 성도에게는 늙고 병듦이 저주가 아니라 새로운 소망이 되는 것입니다.

이 세상도 마찬가지입니다. 세상 역사는 사계절과 같이 흘러갑니다. 처음 시작된 세상은 봄처럼 살기 좋은 세상으로 출발하였습니다. 그런데 세월이 봄에서 여름으로, 여름에서 가을로, 가을에서 겨울로 진행됩니다. 점점 살기 나쁜 환경으로 바뀌어 가고 있는 것입니다. 봄, 여름, 가을, 겨울은 우리 인생과 같습니다. 봄은 출생과 같고, 여름은 청소년기와 같고, 가을은 장년과 같고, 겨울은 노년과 같습니다.

인류의 역사도 과거에는 순수함도 있었고 선함도 있었습니다. 그러나 문명이 발달하면 발달할수록 세상은 점점 더 흉악해지고 인간들은 패역해지고 인간성을 상실하고 악해져 갑니다. 인간이 짐승이 되어가고 있는 것입니다. 그래서 사회 곳곳에서 인면수심(人面獸心)의 일들이 일어나고 있습니다. 인간이기를 포기하는 일들이 서슴지 않고 일어나고 이것이 사람 사는 세상이 맞는가 싶을 정도로 악해져 가고 있는 것입니다. 사람이 무서운 시대가 되고 말았습니다.

창조 7일 중에서 여섯째 날에 짐승과 사람이 창조됩니다. 이는 사람과 짐승으로 나누어진다는 것입니다. 지옥에서 살아가는 사람과 천국에서 살아가는 사람이 짐승과 사람의 창조로 나타난 것입니다. 어떤 사람은 예수 그리스도를 통하여서 하나님의 형상을 입은 자로 나타나고, 어떤 사람은 마귀에게 속하여서 마귀의 형상으로 드러내게 됩니다. 삶의 모습이 사람의 모습과 짐승의 모습으로 드러나게 되는 것입니다.

요한계시록 22장을 봅시다.

계 22:10-12 "또 내게 말하되 이 책의 예언의 말씀을 인봉하지 말라 때가 가까우니라 ¹¹불의를 하는 자는 그대로 불의를 하고 더러운 자는 그대로 더럽고 의로운 자는 그대로 의를 행하고 거룩한 자는 그대로 거룩되게 하라 ¹²보라 내가 속히 오리니 내가 줄 상이 내게 있어 각 사람에게 그의 일한 대로 갚아 주리라"

예언의 말씀을 인봉하지 말라고 합니다. 인봉하지 말라는 것은 숨기지 말라는 것입니다. 실상을 드러내라고 하십니다. 불의한 자는 그대로 불의를 하고 더러운 자는 그대로 더럽고, 의로운 자는 그대로 의를 행하고 거룩한 자는 그대로 거룩 되게 하라고 합니다. 이는 각자의 정체성을 그대로 드러내게 하신다는 말입니다. 양과 염소는 새끼일 때는 모릅니다. 다 순한 것 같습니다. 그런데 자라가면서 각자의 속성들을 드러내게 되는 것입니다.

인간 사회도 마찬가지입니다. 시작할 때는 모릅니다. 역사가 진행되면서 인간들 속의 악함이 서서히 드러나게 되는 것입니다. 이를 죄악이 관영하다고 합니다. 종말이 되면 인간들의 본모습들을 드러내게 하신다는 말입니다. 불의에 속한 자는 불의가 더욱더 드러나게 될 것이고, 의에 속한 사람은 더욱더 의로움이 드러나게 될 것이라는 뜻입니다. 각자의 속성을 가을철 열매처럼 각자의 모습으로 확연하게 드러내게 된다는 말입니다.

예수 그리스도에게 속한 자는 예수 그리스도의 형상으로 드러나고, 마귀에게 속한 자는 마귀의 형상으로 드러나게 됩니다. 그래서 열매로 나무를 안다고 하는 것입니다. 마귀에게 속한 자는 마귀 짓을 하고, 예수 그리스도에게 속한 자는 예수 그리스도의 삶을 살아가게 됩니다. 예수님이 오시면 각자 일한 대로 갚아 주십니다. 목자가 양과 염소를 분리하듯이 양은 영생의 세계로, 염소는 영벌의 세계로 영원한 분리가 일어나게 되는 것입니다.

지금은 역사의 종말입니다. 여섯째 날입니다. 하나님의 형상을 입은 자와 짐승이 드러나고 있습니다. 중요한 것은 종말에는 항상 악이 선을 이기는 모습으로 나타난다는 것입니다. 거짓이 참을 이긴다는 것입니다.

이것이 교회 안에서 그대로 나타납니다. 가짜가 진짜를 이단이라고 하고 이단들이 정통들을 이기고 있는 것입니다. 참 복음을 전하는 교회는 찾는 이가 적어 미미하고, 가짜 복음을 전하는 교회들은 찾는 이가 많아 문전성시를 이루고 있습니다.

이 시대 교회 안에는 하나님의 말씀은 사라지고 뱀의 말이 홍수를 이루고 있습니다. 인간들의 말이 하나님의 말씀을 밀어내고 있습니다. 이 세상은 역리로 다스려집니다. 그러므로 역사 속에서는 항상 진짜는 가짜들로부터 핍박당하게 되는 것입니다. 이러한 현상들이 종말이 되면 더욱더 드러나게 됩니다. 진짜는 적고 가짜가 많습니다.

여섯째 날은 짐승들이 창궐하는 때입니다. 죄악이 관영해지는 때입니다. 세상이 왜 이리 광포해지고, 인간들이 왜 이리 악독해집니까? 모두 그 끝이 다다랐기 때문입니다. 그래서 인간 세상이 지옥이 되어가고 있는 것입니다.

예수님은 종말의 징조를 말씀하시면서 때가 이르면 사랑이 식어서 사람들이 서로 죽이고 죽는 세상이 된다고 하였습니다. 악의 모습으로 인간이 악마가 된다는 것입니다. 인면수심으로 겉은 인간인데 속은 짐승입니다. 지금은 짐승의 시대입니다.

천지와 만물이 다 이루었다는 말은 열매가 다 익었다는 것입니다. 좋은 나무에는 좋은 열매가 익어가고, 나쁜 나무에는 나쁜 열매가 익어가고 있습니다. 하나님은 농부가 되어서 사람 농사를 짓습니다. 하나님은 이 세상에 그 아들을 한 알의 밀알처럼 씨로 뿌렸습니다. 그런데 원수가 하나님의 농사를 방해하려고 가라지를 뿌린 것입니다.

세상 속에 두 개의 씨가 자라고 있는 것입니다. 교회 안에 예수의 씨와 마귀의 씨가 함께 자라가고 있습니다. 처음에는 같은 줄 알고 친구처럼 지냈는데 시간이 갈수록 각자의 속성들을 드러내게 됩니다. 예수에게 속한 자는 예수의 생명으로 드러내고, 마귀에게 속한 자는 마귀의 속성을 드러내게 되는 것입니다.

하나님은 농사를 지을 때는 곡식과 가라지를 함께 두었지만, 종말에는 추수하여 분리를 시킵니다. 곡식과 알곡은 천국이라는 곳간에 넣고, 쭉정이와 가라지는 지옥이라는 불못에 집어넣습니다. 세상 속에서는 함께 있었지만, 추수 때가 되면 영원히 갈라지게 되는 것입니다. 각자 새로운 세상에서 살아가도록 분리가 됩니다.

그래서 종말은 창조를 몰고 온다고 하는 것입니다. 종말 속에서 새로운 창조가 일어나는 것입니다. 종말은 새로운 세계로 이동하는 것입니다. 곡식들은 천국으로 옮겨져서 영원으로 살아가게 되고, 가라지는 지옥으로 옮겨져서 영원으로 살아가게 됩니다.

곡식인 성도에게는 종말이 기쁨의 날이고, 가라지들에게는 종말이 저주의 날이고 슬픔의 날입니다. 그래서 마귀에게 속한 가라지들은 이 세상에 속하였으므로 어떻게 해서든 하루라도 더 오래 살고 싶어 하고 이 세상이 영속하기를 꿈꾸고 있습니다. 좋은 세상을 만들어서 천국처럼 살고 싶어 하는 것입니다. 가라지들은 어떻게 해서든 이 세상의 삶을 연장하고자 합니다. 왜냐하면 가라지들은 본능적으로 이 세상이 다하면 지옥으로 간다는 것을 알기 때문입니다.

그래서 귀신들이 예수님이 오시니까 왜 왔느냐고 아우성을 치는 것입니다. 자기들의 때가 얼마 남지 않은 것을 알기 때문입니다. 마귀의 자녀도 마찬가지입니다. 귀신들처럼 예수님의 오심을 싫어합니다. 자기들의 때가 얼마 남지 않았기 때문입니다. 마귀의 자녀들은 죽음을 싫어합니다. 어떻게 해서든 하루라도 더 연명하고자 합니다. 개똥밭에 굴러도 이생이 좋다고 합니다. 왜냐하면 죽으면 영벌의 세계로 나아가기 때문입니다.

마귀의 자녀들은 과학을 동원해서 인간의 수명을 연장하고자 분주합니다. 생명을 연장하려는 노력을 경주하고 있습니다. 생명이 끝나면 영원한 형벌이 기다리고 있다는 것을 본능적으로 인지하기 때문입니다. 하지만 그 속에 예수의 생명이 있는 사람들은 종말이 다가오는 것을 기쁨으로 여깁니다. 세상의 수고가 그치고 눈물 없고 고통 없고 애통하는 것이나 아픈 것이나 곡하는 것이나 사망이 없는 안식하는 나라로 이사 간다는 것을 알기 때문입니다.

어떤 이에게는 종말이 복된 날이고, 어떤 이에게 종말은 저주의 날입니다. '천지와 만물이 다 이루니라'라는 말씀은 곡식들에게는 기쁜 소식이지만, 가라지들에게는 슬픈 소식입니다. 복음은 구원과 심판이라는 양면성이 있습니다. '천지와 만물이 다 이루니라'는 성도들에게는 모든 수고를 그치게 하는 날입니다. 그러므로 성도에게는 '천지와 만물이 다 이루니라'라는 말씀은 복음입니다.

씨를 뿌릴 때가 있으면 거둘 때가 있고, 시작한 때가 있으면 끝이 날 때가 있습니다. 구원의 시작이 있으면 구원의 끝도 있습니다. 성경을 열면 맨 처음 하는 말씀이 "태초에 하나님이 천지를 창조하시니라"라고 운을 뗍니다. 그리고 성경의 맨 마지막에는 "아멘 주 예수여 오시옵소서"라며 막을 내립니다. 이를 창세기에서는 '천지와 만물이 다 이루니라'로 말해주고 있습니다.

태초에 하나님이 계셨습니다. 하나님 나라는 이 세상 바깥의 나라입니다. 이를 하늘나라라고 합니다. 하나님은 영이십니다. 영이란 육의 반대를 말합니다. 육의 나라는 피조 세상을 말하고, 영의 나라는 창조 세계를 말합니다.

영의 나라인 창조 세계는 하나님이 사는 세계입니다. 피조 세상은 하나님의 창조로 생겨난 세상입니다. 피조 세상이 만들어지기 전에 이미 하나님의 나라가 있습니다. 하나님 나라는 영의 나라로서 영물들이 살아가는 곳입니다. 피조물인데 영물입니다.

영물이란 신적 존재를 말합니다. 이를 천사라고 합니다. 천사는 피조물입니다. 천사는 영물로서 신적 존재입니다. 피조물은 피조물인데 신적 존재로서의 피조물입니다. 천사들은 신의 나라에서 수종을 드는 신적 존재들입니다. 하나님은 천사들을 창조하여 하나님의 동산 에덴에 두셨습니다. 그 모습이 에스겔 28장에 잘 나타나 있습니다. 에스겔 28장은 하나님 나라에 관하여 말해주고 있습니다.

에스겔 28장을 봅시다.

겔 28:11-19 "여호와의 말씀이 또 내게 임하여 가라사대 ¹²인자야 두로 왕을 위하여 애가를 지어 그에게 이르기를 주 여호와의 말씀에 너는 완전한 인이었고 지혜가 충족하며 온전히 아름다왔도다 ¹³네가 옛적에 하나님의 동산 에덴에 있어서 각종 보석 곧 홍보석과 황보석과 금강석과 황옥과 홍마노와 창옥과 청보석과 남보석과 홍옥과 황금으로 단장하였었음이여 네가 지음을 받던 날에 너를 위하여 소고와 비파가 예비 되었었도다 ¹⁴너는 기름 부음을 받은 덮는 그룹임이여 내가 너를 세우매 네가 하나님의 성산에 있어서 화광석 사이에 왕래하였었도다 ¹⁵네가 지음을 받던 날로부터 네 모든 길에 완전하더니 마침내 불의가 드러났도다 ¹⁶네 무역이 풍성하므로 네 가운데 강포가 가득하여 네가 범죄하였도다 너 덮는 그룹아 그러므로 내가 너를 더럽게 여겨 하나님의 산에서 쫓아내었고 화광석 사이에서 멸하였도다 ¹⁷네가 아름다우므로 마음이 교만하였으며 네가 영화로우므로 네 지혜를 더럽혔음이여 내가 너를 땅에 던져 열왕 앞에 두어 그들의 구경거리가 되게 하였도다 ¹⁸네가 죄악이 많고 무역이 불의하므로 네 모든 성소를 더럽혔음이여 내가 네 가운데서 불을 내어 너를 사르게 하고 너를 목도하는 모든 자 앞에서 너로 땅 위에 재가 되게 하였도다 ¹⁹만민 중에 너를 아는 자가 너로 인하여 다 놀랄 것임이여 네가 경계거리가 되고 네가 영원히 다시 있지 못하리로다 하셨다 하라"

하나님의 동산 에덴에는 수많은 천사가 있었습니다. 천사들 중에서 찬양을 맡은 천사가 있었습니다. 그를 일컬어 '기름 부음을 받은 덮는 그룹'이라고 합니다. '덮는 그룹'은 성막 지성소의 법궤를 지키는 수호천사를 말합니다. '덮는 그룹'은 마치 대통령의 비서실장과 경호실장을 합한 위치와 같습니다. 천사들 중에서 으뜸의 천사입니다. 수많은 천사들의 부러움의 대상입니다. 이를 천사장이라고 합니다.

그런데 이 천사장이 교만하였습니다. 자기를 따르는 천사들이 많으므로 교만하여 하나님 행세를 한 것입니다. 마침내 하나님 자리까지 넘보게 된 것입니다. 피조물이 신이 되고자 한 것입니다. 이것이 죄입니다. 최초로 죄의 모습이 드러난 것입니다. 죄가 하나님 자리를 탐하는 것으로 나타난 것입니다.

하나님께 영광을 돌려야 하는 자들이 하나님의 영광을 가로채고 자기가 영광을 받고자 하는 것입니다. 이것은 창조 목적에서 이탈한 것입니다. 그래서 하나님은 하나님 자리를 탐하는 천사들을 땅으로 쫓아내 버렸습니다. 그 땅을 음부라고도 하고 다른 말로 지옥이라고도 합니다. 지옥이란 '땅의 감옥'이라는 뜻입니다. 이 사실을 이사야 14장에서 구체적으로 표현해 주고 있습니다.

이사야 14장을 봅시다.

사 14:12-15 "너 아침의 아들 계명성이여 어찌 그리 하늘에서 떨어졌으며 너 열국을 엎은 자여 어찌 그리 땅에 찍혔는고 13네가 네 마음에 이르기를 내가 하늘에 올라 하나님의 뭇별 위에 나의 보좌를 높이리라 내가 북극 집회의 산 위에 좌정하리라 14가장 높은 구름에 올라 지극히 높은 자와 비기리라 하도다 15그러나 이제 네가 음부 곧 구덩이의 맨 밑에 빠치우리로다"

에스겔에서는 '기름 부음을 받은 덮는 그룹'이라고 했습니다. '덮는 그룹'을 이사야에서는 '아침의 아들 계명성'이라고 합니다. 이를 '루시퍼'라고 합니다. 루시퍼는 타락한 천사의 우두머리인 사단을 말합니다. 루시퍼가 무슨 일을 하다가 하나님의 동산 에덴에서 쫓겨났습니까? 하늘에 올라서 하나님의 뭇별 위에서 보좌를 틀고자 하였습니다. 하나님처럼 되고자 한 것입니다.

이를 죄라고 합니다. 죄는 하나님의 그늘을 벗어나고자 하는 것입니다. 유다서에서는 이것을 '자기 지위를 떠난 것'이라고 하였습니다. 피조물이 피조물의 위치를 벗어나 신이 되고자 하는 것을 말합니다. 이에 하나님이 루시퍼와 그를 따르는 무리들을 에덴동산에서 쫓아내 버리셨습니다. 음부로 던져 버리셨습니다. 에스겔서에서는 땅으로 던졌다고 합니다. 타락한 천사들이 쫓겨난 땅을 신약의 유다서와 베드로후서에서는 흑암과 지옥이라고 합니다.

유 1:6 "또 자기 지위를 지키지 아니하고 자기 처소를 떠난 천사들을 큰 날의 심판까지 영원한 결박으로 흑암에 가두셨으며"

벧후 2:4 "하나님이 범죄한 천사들을 용서치 아니하시고 지옥에 던져 어두운 구덩이에 두어 심판 때까지 지키게 하셨으며"

정리해 봅시다. 하나님 나라에 천사들이 살고 있었습니다. 천사들은 영적 피조물입니다. 그래서 영이신 하나님이 계시는 하나님의 동산인 에덴에 두신 것입니다. 그런데 하나님께서 천사들이 범죄하자 땅으로 쫓아내셨습니다. 천사들이 쫓겨난 땅을 지옥이라고도 하고, 음부라고도 하고, 흑암이라고도 합니다. 영적 의미에서는 흑암이나 음부나 지옥이나 땅은 같은 뜻입니다. 모두가 하나님 나라와 반대되는 곳입니다.

이러면 하나님이 살아가는 나라가 있고, 타락한 천사들이 살아가는 나라가 있게 되는 것입니다. 하나님이 살아가는 나라를 천국이라고 하고, 타락한 천사들이 살아가는 곳을 지옥이라고 합니다. 지옥을 땅이라고 합니다. 이것이 창세기 1장의 천지창조에서 땅으로 나타난 것입니다.

천지란 하늘과 땅이라는 두 세계, 즉 두 나라입니다. 하나님이 하늘나라도 창조하셨고, 땅 나라도 창조하셨습니다. 하늘나라에는 영적 존재인 천사들이 살아가고, 땅 나라는 육적 존재인 사람들이 살아갑니다.

하나님께서 타락한 천사들을 땅으로 쫓아낸 것은 육적 존재들과 살아가게 하신 것입니다. 그래서 타락한 천사들인 귀신들이 육적 피조물 속에서 기생하게 된 것입니다. 타락한 천사들인 귀신은 육적 피조물과 운명을 같이하게 된 것입니다. 이것을 창세기 3장에서 보여주고 있습니다.

에덴동산에서 뱀이 아담(사람)에게 선악과를 먹고 하나님같이 되라고 미혹하였다가 아담과 함께 에덴동산 바깥으로 쫓겨나고 말았습니다. 이것은 마귀가 하늘나라에서 하던 짓입니다. 마귀가 영적 세계에서 하던 짓을 육적 세계에서도 하는 것입니다. 다만 그 대상이 육적 피조물인 인간입니다. 하늘나라에서는 자신이 하나님 자리를 탐하였고, 세상 나라에서는 인간들을 하나님같이 되라고 미혹했던 것입니다.

인간이 뱀(마귀)의 미혹에 넘어가서 하나님같이 되고자 먹지 말라고 한 선악과를 먹고서 에덴동산에서 쫓겨나고 말았습니다. 하나님은 범죄 한 인간들이 살아가는 땅을 저주해 버립니다. 하나님은 뱀과 함께 범죄 한 인간을 에덴동산 밖 저주받은 땅으로 쫓아내셨습니다. 하나님으로부터 저주받은 땅을 지옥이라고 합니다.

　이것을 에스겔 28장과 이사야 14장의 모습으로 보여주고 있는 것입니다. 천상에서는 영적 피조물인 천사들이 하나님같이 되고자 하다가 땅으로 쫓겨났고, 지상에서는 육적 피조물인 인간들이 하나님같이 되고자 하다가 땅으로 쫓겨났습니다. 천사들이 쫓겨난 땅이 지옥이듯이, 인간들이 쫓겨난 땅도 지옥입니다. 이 모습이 창세기 1장 2절에서 타락한 땅의 모습으로 나타난 것입니다.

창 1:2 "땅이 혼돈하고 공허하며 흑암이 깊음 위에 있고 하나님의 신은 수면에 운행하시니라"

창 3:17 "아담에게 이르시되 네가 네 아내의 말을 듣고 내가 너더러 먹지 말라 한 나무 실과를 먹었은즉 땅은 너로 인하여 저주를 받고 너는 종신토록 수고하여야 그 소산을 먹으리라"

　창세기 1장 2절의 타락한 땅의 모습이 바로 하나님으로부터 저주를 받은 땅의 모습입니다. 이것은 창세기 3장에서 하나님께서 저주하신 범죄 한 아담이 살아갈 땅과도 같습니다. 창세기 1장 2절의 땅은 3장의 땅과 같은 이중적 의미가 담겨 있습니다. 천상에서 마귀가 쫓겨난 땅이기도 하고, 아담이 쫓겨난 땅의 모습이기도 합니다.

　책을 쓸 때 제일 앞에 책의 전체 내용을 이야기하는 목차가 있습니다. 목차의 내용에는 책 전체가 담겨 있습니다. 그 내용은 순차적으로 서론, 본론, 결론이라는 것으로 진행되어 마감됩니다. 성경이 그러합니다. 창세기 1장은 성경 전체의 목차와 같습니다. 1장 속에 성경 전체 이야기가 담겨 있습니다. 그것이 첫째 날부터 일곱째 날까지로 전개되는 것입니다.

창세기 1장 이야기를 2-3장에서 아담과 하와를 가지고 축약해서 보여주셨습니다. 창세기 4장 이후 온 인류 역사에 걸쳐서 확대되어서 나타납니다. 4장 이후의 인류 역사를 거꾸로 되돌리기를 하면 창세기 1장이 되는 것입니다. 그래서 창세기 1장 1절과 2절의 모습이 다르게 나타나는 것입니다.

창세기 1장 1절은 천지를 창조하셨다고 합니다. 천지란 하늘과 땅입니다. 그런데 2절에서는 하늘은 사라지고 땅만 나타납니다. 2절에 나타난 땅의 모습이 바로 천사들이 쫓겨난 땅인 음부와 흑암과 지옥의 모습입니다. 천사들이 쫓겨난 땅이 창세기 1장 2절에 나타난 것입니다.

이렇게 되면 창세기 1장 1절의 "태초에 하나님이 천지를 창조하시니라"라는 말씀은 두 세계의 창조가 일어났음이 됩니다. '천'(天)이라는 하늘나라와 '지'(地)라는 땅 나라를 창조하신 것이 됩니다. 과연 그러할까요? 처음 창조된 세상을 보면 알 수 있습니다. 그런데 창조된 세상이 하늘과 땅으로 나타납니다.

골로새서 1장을 봅시다.

골 1:15-17 "그는 보이지 아니하시는 하나님의 형상이요 모든 창조물보다 먼저 나신 자니 16만물이 그에게 창조되되 하늘과 땅에서 보이는 것들과 보이지 않는 것들과 혹은 보좌들이나 주관들이나 정사들이나 권세들이나 만물이 다 그로 말미암고 그를 위하여 창조되었고 17또한 그가 만물보다 먼저 계시고 만물이 그 안에 함께 섰느니라"

하나님께서 만물을 창조하셨습니다. 그런데 하늘과 땅에서 보이는 것과 보이지 않는 것들이 창조되었다고 합니다. 보이는 곳은 땅이고, 보이지 않는 곳은 하늘입니다. 이것이 창세기 1장 1절의 천지창조인 것입니다.

창세기 1장 2절의 땅은 하늘에서 살던 천사들이 쫓겨난 땅입니다. 천사들이 쫓겨난 땅을 음부라고 하고 흑암이라고 하고 지옥이라고 하였는데, 그것이 2절에서 혼돈과 공허와 흑암의 깊음 중에 있는 땅으로 나타난 것입니다. 이것은 죄와 사망 가운데 놓여 있는 이 세상의 모습입니다. 영적 의미에서 창세기 1장 2절의 땅의 모습은 창세기 3장에서 범죄 한 아담이 쫓겨나서 살아가는, 하나님으로부터 저주받은 땅과 같다고 할 수 있습니다.

창세기 1장 1절의 "태초에 하나님이 천지를 창조하시니라"는 영적인 의미에서 천사들이 살아가는 '천'(天)이라는 하늘나라와 인간들이 살아가는 '지'(地)라는 이 땅을 창조하셨다는 뜻입니다. 그런데 2절부터는 하늘은 사라지고 땅만 나타납니다. 땅에서 창조가 일어납니다. 이는 땅에서 새로운 창조가 일어나고 있음을 말해주고 있습니다.

어떤 창조인가 하면 예수님이 자기 백성들을 구원하는 일입니다. 그래서 창조의 첫날에 참 빛이 빛과 어두움, 낮과 밤을 갈라내는 일로 시작한 것입니다. 이것은 참 빛이신 예수님이 이 세상에 오셔서 빛의 아들들과 어둠에 속한 자들을 갈라내는 일을 하신 것을 말해주고 있습니다.

성경은 예수님께서 자기 백성을 구원하는 이야기를 말해주고 있습니다. 창세기부터 요한계시록까지 전부 예수님의 일하심을 증거해 주고 있습니다. 그러므로 창세기 1장의 창조는 예수님의 구속사 이야기입니다.

요한복음 1장을 봅시다.

요 1:1-13 "태초에 말씀이 계시니라 이 말씀이 하나님과 함께 계셨으니 이 말씀은 곧 하나님이시니라 ²그가 태초에 하나님과 함께 계셨고 ³만물이 그로 말미암아 지은 바 되었으니 지은 것이 하나도 그가 없이는 된 것이 없느니라 ⁴그 안에 생명이 있었으니 이 생명은 사람들의 빛이라 ⁵빛이 어두움에 비취되 어두움이 깨닫지 못하더라 ⁶하나님께로서 보내심을 받은 사람이 났으니 이름은 요한이라 ⁷저가 증거하러 왔으니 곧 빛에 대하여 증거하고 모든 사람으로 자기를 인하여 믿게 하려 함이라 ⁸그는 이 빛이 아니요 이 빛에 대하여 증거하러 온 자라 ⁹참 빛 곧 세상에 와서 각 사람에게 비취는 빛이 있었나니 ¹⁰그가 세상에 계셨으며 세상은 그로 말미암아 지은 바 되었으되 세상이 그를 알지 못하였고 ¹¹자기 땅에 오매 자기 백성이 영접지 아니하였으나 ¹²영접하는 자 곧 그 이름을 믿는 자들에게는 하나님의 자녀가 되는 권세를 주셨으니 ¹³이는 혈통으로나 육정으로나 사람의 뜻으로 나지 아니하고 오직 하나님께로서 난 자들이니라"

태초에 말씀이 계셨습니다. 그 말씀은 하나님이십니다. 만물이 그로 말미암아 창조되었습니다. 그런데 그 안에 생명이 있습니다. 그 생명은 사람들의 빛입니다. 빛이 어둠에 비취되 어두움이 깨닫지 못합니다. 어둠에 비췬 빛을 일컬어 참 빛이라고 합니다. 예수님은 참 빛이십니다. 참 빛이신 예수님이 죄악 된 세상에 오셨습니다. 그것이 창세기 1장에서 첫째 날 빛으로 나타났습니다.

흑암 속에 빛이 비췬 것은 죄악 된 세상에 예수님이 오신 것을 말해주고 있습니다. 예수님이 오심으로 구원이라는 창조가 시작된 것입니다. 참 빛이 흑암에 비취자 빛에 속한 자와 어둠에 속한 자가 갈라집니다. 흑암 속에서는 하나였는데 빛이 비취자 둘로 갈라집니다. 예수라는 참 빛을 통해서 빛에 속한 자와 어둠에 속한 자의 분리가 일어나게 된 것입니다.

첫째 날 참 빛이신 예수님이 흑암의 세상에 오심으로 구원이라는 새로운 창조가 시작되었습니다. 이것이 둘째, 셋째, 넷째, 다섯째를 거쳐서 여섯째 날에 이르러서 하나님의 형상을 입은 사람이 창조됨으로써 창조의 일이 완성되는 것입니다.

첫째 날부터 여섯째 날까지의 창조는 예수님께서 죄 아래 있던 자기 백성들을 구원해 내시고 그 속에 하나님의 형상을 채워 가시는 것을 말해주고 있습니다. 이를 아들의 형상을 본받게 한다고 합니다. 그리스도의 충만한 분량으로 자라간다고 합니다.

이를 "천지와 만물이 다 이루니라"라고 합니다. "천지와 만물이 다 이루니라"는 창조가 완성되었다는 것입니다. 그러면 일곱째 날 안식하게 됩니다. 일곱째 날이 다하면 창세전에 하신 언약을 이 역사 속에서 다 이루심이 되는 것입니다.

창세전 언약이 무엇인가요? 죄와 사망 가운데 가두어진 자기 백성들을 예수 그리스도의 피 흘리심으로 구원하는 것입니다. 이를 창조 이야기로 말해주고 있는 것입니다. 그래서 창세기 1장의 천지 만물의 창조 이야기를 예수님께서 죄인을 구원하는 구속사 이야기라고 하는 것입니다. 그럼 천지와 만물의 다 이루심은 예수님께서 자기 백성들 안에서 이루시는 새로운 피조물로서의 창조 이야기가 되는 것입니다. 우리 안에서 천지와 만물을 이루어 가시는 것입니다.

창조의 첫 순서는 '갈라냄'으로부터 시작됩니다. 그리고 갈라낸 곳에 '채워짐'이 일어납니다. 천지는 갈라짐이고 만물은 채워짐입니다. 이것은 성도의 구원에서 그대로 나타납니다. 먼저 갈라지는 구원이 주어지고, 나중에 채워짐의 구원이 일어나는 것입니다.

갈라내는 구원은 죄와 사망에서 건져내는 것입니다. 이것은 단회적인 것으로서 예수님의 십자가로 이루어졌습니다. 갈라짐이 일어나면 그 다음에는 채워짐의 구원이 있습니다. 이것은 점진적인 것으로 예수 그리스도의 충만한 분량으로 자라가는 것입니다. 하나님 아들의 형상을 회복하는 것입니다. 새로운 사람으로서 하늘의 신령한 사람으로 자라가는 것입니다.

갈라짐의 구원은 구체적으로 어떤 것인가요? 장소적으로는 세상에서 교회로 부르심을 입는 것입니다. 내용적으로는 세상의 가치를 몰아내고 하늘의 가치로 채워가는 것입니다. 의로는 인간의 의를 몰아내고 예수 그리스도의 의로 채우심을 입는 것입니다. 언약적으로는 율법이라는 옛 언약으로부터 빼내심을 입고 은혜라는 새 언약 안으로 옮겨짐을 당하는 것입니다.

우리는 본질상 진노의 자식입니다. 죄 아래서 태어난 죽은 자였습니다. 우리는 사망이라는 어둠 속에 있었습니다. 그런데 예수 그리스도께서 찾아오심으로 어둠에서 빛으로 나왔습니다. 사망에서 생명으로 옮겨짐을 당하였습니다. 죽은 자가 살아난 것입니다.

이제 구원의 시작이 주어진 것입니다. 예전에는 세상에서 죽은 자로 살았지만, 이제는 산 자가 되어서 빛의 나라를 상징하는 교회로 빼내심을 입은 것입니다. 이것은 천지의 갈라짐과 같습니다. 이제 산 자로서의 삶이 시작이 되었습니다. 자라감이 있는 것입니다. 새사람으로 자라가야 합니다. 엿새가 차기까지….

성령은 새사람 속에는 하늘의 것으로 채우십니다. 그리스도의 충만한 분량으로 자라가게 하십니다. 이를 '그 아들의 형상을 본받는다'고 합니다. 이것은 천지 속에 만물을 채우는 것과 같습니다. 이 일을 예수님이 하십니다. 예수님의 죽으심으로 우리는 죄와 사망이라는 어둠에서 나왔습니다. 갈라짐을 당하였습니다.

이것은 집을 짓는 것과도 같습니다. 예수님은 부활하신 후 성령으로 우리 가운데 오셨습니다. 오실 때 하늘의 신령한 것들을 가득 가지고 오셨습니다. 이름하여 하늘의 신령한 복입니다. 이를 성령의 각종 은사들이라고 합니다. 성령의 은사들은 집 안의 살림살이들과도 같습니다. 새로운 피조물인 새집에 하늘의 것으로 채우시는 것입니다. 다 채우고 나면 집들이를 합니다. 그것이 일곱째 날 안식하는 것으로 나타납니다.

새로운 피조물은 새사람과 같습니다. 새사람에게는 생명의 향기가 납니다. 우리는 옛사람으로 있을 때는 죽음의 향기만 토하고 살았습니다. 옛사람은 법으로 살았습니다. 내 의로 살았습니다. 떡의 가치로 살았습니다. 옛사람은 움켜잡고 살았습니다. 상좌에 앉고자 하였습니다. 섬김을 받고 살았습니다. 옛사람은 나를 위하여 살았습니다. 내 영광을 구하고 살았습니다. 내 세계를 확장하고자 살았습니다. 옛사람의 삶을 땅의 삶이라고 합니다. 땅은 받는 것입니다. 움켜잡는 삶입니다.

그러나 새사람은 하늘의 삶을 삽니다. 하늘은 주는 삶입니다. 손을 펴는 삶입니다. 새사람은 예수 그리스도의 것입니다. 그래서 예수 그리스도가 우리 안에 오셔서 우리의 역사를 지우고 예수 그리스도의 역사를 새기는 일을 하는 것입니다. 이것은 요셉이 야곱의 약전으로 사는 것과 같습니다. 야곱의 약전에 요셉의 인생사를 기록한 것은 요셉은 야곱의 역사를 산 것이기 때문입니다. 야곱과 요셉의 이야기는 예수님과 성도의 이야기입니다.

우리도 요셉처럼 예수 그리스도의 약전으로 살아가는 자들입니다. 그러므로 성도는 예수 그리스도의 생명을 그려내는 삶을 살아가게 되는 것입니다. 성령이 우리 안에 오심으로 우리 인생은 예수님의 것으로 차압된 것입니다.

이를 예수 그리스도의 피 값으로 우리를 샀다고 하는 것입니다. 성도는 자기 인생이 없습니다. 예수 그리스도의 인생으로 사는 자들입니다. 그래서 성령께서 예수 그리스도의 것을 가지고 성도 안에 오신 것입니다. 성령은 마귀의 속성인 법으로 살지 말고 예수님의 속성인 은혜로 살아가게 하는 것입니다. 그래서 성도는 자기 생명이 아니라 예수 그리스도의 생명으로 살아가도록 이끌림을 당하게 되는 것입니다.

성령은 우리의 의로 살지 않고 예수 그리스도의 의로 살아가게 하십니다. 떡의 가치로 살지 않고 하나님의 말씀의 가치로 살아가게 하십니다. 성령은 움켜잡고 모으고 살지 말고 손을 펴고 나누고 살라고 하십니다. 상좌에 앉지 말고 말석에 앉으라고 하십니다. 섬김받고자 하지 말고 섬기라고 하십니다.

성령은 나를 위하여 살지 말고 예수 그리스도를 위하여 살라고 하십니다. 내 영광을 구하지 말고 예수 그리스도의 영광을 구하고 살라고 하십니다. 내 세계를 확장하고자 하지 말고 예수 그리스도의 세계를 확장하라고 하십니다. 성령이 우리 안에서 나의 자리에 예수 그리스도를 두게 하십니다. 나는 없고 예수 그리스도만 남기게 하십니다. 옛사람은 제하시고 새사람은 새기십니다.

이것이 아픔이고 전쟁입니다. 성령이 우리 안에서 주도권 전쟁을 하는 것입니다. 이를 육신의 소욕과 성령의 싸움이라고 합니다. 우리 몸을 누가 차지하느냐의 전쟁입니다. 우리 몸(아담)은 원래 예수님의 것이었습니다.

그런데 아담이 범죄 하고 난 후 마귀가 우리 몸을 장악하고 있는 것입니다. 마귀가 우리 안에서 왕 노릇 하고 있는 것입니다. 그런데 원래의 주인이 오신 것입니다. 예수님이 주인으로 우리를 찾아오신 것입니다.

이를 목자가 잃은 양을 찾는 것으로 말해주고 있습니다. 예수님이 목자가 되어서 세상 속에 있는 잃어버려진 자기 양들을 찾아서 하늘나라 집으로 데리고 가는 것입니다. 왜 예수님의 잃은 양이라고 할까요? 원래 예수님의 것이었기 때문입니다. 구원이란 예수님께서 자기 것을 찾아내시는 것입니다.

갈라디아서 4장을 봅시다.

갈 4:1-7 "내가 또 말하노니 유업을 이을 자가 모든 것의 주인이나 어렸을 동안에는 종과 다름이 없어서 ²그 아버지의 정한 때까지 후견인과 청지기 아래 있나니 ³이와 같이 우리도 어렸을 때에 이 세상 초등학문 아래 있어서 종노릇하였더니 ⁴때가 차매 하나님이 그 아들을 보내사 여자에게서 나게 하시고 율법 아래 나게 하신 것은 ⁵율법 아래 있는 자들을 속량하시고 우리로 아들의 명분을 얻게 하려 하심이라 ⁶너희가 아들인 고로 하나님이 그 아들의 영을 우리 마음 가운데 보내사 아바 아버지라 부르게 하셨느니라 ⁷그러므로 네가 이후로는 종이 아니요 아들이니 아들이면 하나님으로 말미암아 유업을 이을 자니라"

우리는 원래 유업을 이을 아들입니다. 그런데 잠시 종노릇하도록 두셨습니다. 마치 회장님이 아들을 말단 직원으로 둔 것과 같습니다. 장차 기업을 이어받을 아들이지만 잠깐 기업을 어떻게 경영을 할 것인지를 배우게 하신 것입니다.

우리는 하나님 나라를 유업으로 받을 자들입니다. 하나님 나라는 은혜의 나라입니다. 은혜를 아는 자가 살아가는 곳입니다. 은혜를 알게 하시려고 법 아래 두신 것입니다. 법 아래서 은혜가 얼마나 소중한 것인지를 배워가게 되는 것입니다. 종으로 살면서 아들이 얼마나 귀한 존재인지를 알아가게 되는 것입니다. 이를 잃어버려진 상태로 두었다고 합니다. 정한 때가 되면 찾으십니다. 정한 때까지 잠시 청지기 아래 종으로 두었다가 정한 때가 되면 찾아가서 유업을 얻을 아들의 지위를 회복시켜 주십니다.

구원의 여정이 먼저 버려짐을 당하는 것이고, 나중에 찾아짐을 당하는 것으로 전개되는 것입니다. 찾아짐을 당하는 것을 '은혜'라고 합니다. 이것을 구약 이스라엘의 출애굽을 통해서 보여주었습니다. 언약의 후손임에도 정한 때까지 애굽에서 종살이하게 하신 것입니다. 그러다가 정한 때가 되어서 모세를 보내서 찾아짐을 당하고 종노릇 하던 곳으로부터 출애굽 하게 된 것입니다.

우리는 창세전에 어린양의 생명책에 녹명된 자들입니다. 어린양의 생명책에 녹명된 자들은 어린양이 주인입니다. 요한계시록 14장을 보면, 하늘의 시온산에 그 이마에 어린양의 이름이 적힌 144,000명이 있는 것입니다. 왜 이마에 어린양의 이름이 적혀 있는가 하면 마귀에게 값을 지불하고 찾아왔기 때문입니다. 값을 주고 사 온 것이기 때문입니다. 이것이 예수님의 십자가로 죄와 사망의 권세로부터 해방되는 것으로 나타난 것입니다.

이것은 법정적 선언입니다. "너는 이제부터 종이 아니고 자유인이다"라고 선포한 것입니다. 예수 그리스도가 우리가 갚아야 할 값을 대신 갚아 주신 것입니다. 이제는 예수 그리스도의 것으로 살아가는 자가 되었습니다. 예수 그리스도가 종으로 살던 자들을 아들로 회복시켜 주신 것입니다. 비록 죄의 몸이지만 아들로 살아가는 것입니다. 이것을 누리는 것이 신앙생활입니다.

믿음이란 실제로는 그렇지 않지만, 약속을 믿고 그대로 살아가는 것입니다. 여전히 우리 몸은 죄 아래서 난 그 몸이지만 법적으로는 죄에서 해방을 맞은 것입니다. 그 어떤 것으로도 우리를 정죄할 수가 없습니다. 하나님이 법정적으로 "너희는 의롭다"고 선포하셨기 때문입니다.

이것을 실제로 적용하고 살아가야 합니다. 그것을 위해서 성령을 보내주신 것입니다. 성령이 우리 안에서 믿음으로 살아가게 하십니다. 예수 그리스도의 의로 살아가게 하십니다. 비록 몸은 죄를 짓지만, 예수 그리스도의 피로 용서받고 있는 것입니다. 이 사실을 믿음으로 살아갈 때 우리 안에서 '천지와 만물이 다 이루니라'가 됩니다. '천지와 만물이 다 이루니라'가 되어야 안식이 주어집니다. 믿음으로 예수 그리스도의 의로 살면 일곱째 날로 살아가고 있는 것입니다.

창세기 1장 2절의 땅의 모습은 마귀에게 장악당한 죄인의 모습입니다. 창세기의 창조 사건은 성도 안에서 일어납니다. 새로운 피조물로 창조되는 것입니다. 창조가 두 구조로 나타나는 것은 성도의 구원이 두 가지 모습으로 주어지기 때문입니다. 갈라내는 창조가 있고 채우는 창조가 있듯이, 구원도 갈라내는 구원이 있고 채워지는 구원이 있습니다. 죄와 사망에서 갈라내는 구원은 육체로 오신 예수님이 하시고, 의와 거룩으로 채우는 구원은 성령으로 오신 예수님이 하십니다. 이럴 때 천지와 만물을 다 이루심이 되는 것입니다.

천지(天地)는 그릇과 같고,
만물(萬物)은 내용물과 같습니다.
천지를 집이라고 한다면
만물은 세간살이들입니다.

예수님은 엿새 동안 성도의 몸을 가지고 천지와 만물을 이루는 일을 하십니다. 마치 조각가가 작품을 만들어 가듯이 제할 것은 제하고, 새길 것은 새겨 가십니다. 성령이 육신의 것은 제하고, 신령한 것은 새겨 넣으십니다. 세상 것은 제하시고, 하늘의 것을 채우십니다. 이를 그리스도의 충만한 분량으로 자라간다고 합니다.

구원이란 죄에서 빼내는 것만 있는 것이 아니고 의와 거룩으로 채우는 것도 있습니다. 그래서 구원이 과거에서 미래로 나아가는 것으로 주어지는 것입니다. 점진적으로 나아가고 심층적으로 채워지는 것입니다. 그래서 구원을 과거와 현재와 미래 시제로 이야기하고 있는 것입니다.

미리 아신 자를 부르시고,
부르신 자를 의롭다 하시고,
의롭다 하신 자를 영화롭게 하십니다.

미리 아심은 창세전이고,
부르심은 과거이고,
의롭다 하심은 현재이고,

영화롭게 하심은 미래입니다.

과거의 구원은 예수님이 육체로 오셔서 십자가에서 단번에 이루어 주셨고, 현재 구원은 부활하신 예수님이 성령으로 우리 안에 오셔서 날마다 이루어 가고 계시며, 미래 구원은 예수님이 장차 재림하여서 천국으로 인도하십니다.

지금 우리는 현재의 구원을 이루어 가고 있습니다. 이것을 창조 이야기에서 엿새 동안 천지와 만물을 다 이루는 것으로 말해주고 있습니다. 예수님은 우리 안에서 하늘의 신령한 것으로 생육하고 번성하고 충만케 하는 일을 하십니다.

시간이라는 역사 속에서 현재라는 시제로 우리 몸을 정복하는 일을 하고 계십니다. 성령이 오시면 옛사람은 죽이고 새사람으로 살리십니다. 세상 것은 빼내시고 하늘의 것은 채우는 일을 하십니다. 육신의 정욕과 안목의 정욕과 이생의 자랑거리들을 제하시고 그의 나라와 그의 의를 구하게 하십니다.

육체의 일인 음행과 더러운 그것과 호색과 우상숭배와 술수와 원수 맺는 것과 분쟁과 시기와 분냄과 당 짓는 것과 분리함과 이단과 투기와 술 취함과 방탕함과 같은 것들은 제하시고, 사랑과 희락과 화평과 오래 참음과 자비와 양성과 충성과 온유와 절제와 같은 성령의 열매들을 맺게 하십니다.

엿새가 차기까지 마귀의 형상은 찍어내고 그리스도의 형상으로 새겨 가십니다. 이 일을 우리 몸에 그리스도의 흔적을 새기는 것이라고 합니다. 이 일을 다 이루시면 안식을 하십니다. 복음 속에는 제하는 것과 채우는 것이 있습니다. 이러한 복음 운동은 예표적인 것에서 실제적인 것으로 나타납니다. 구약에서는 육적 이스라엘을 통해서 육적인 표상으로 보여주었습니다.

예레미야 1장을 봅시다.

렘 1:4-10 "여호와의 말씀이 내게 임하니라 이르시되 ⁵내가 너를 복중에 짓기 전에 너를 알았고 네가 태에서 나오기 전에 너를 구별하였고 너를 열방의 선지자로 세웠노라 하시기로 ⁶내가 가로되 슬프도소이다 주 여호와여 보소서 나는 아이라 말할 줄을 알지 못하나이다 ⁷여호와께서 내게 이르시되 너는 아이라 하지 말고 내가 너를 누구에게 보내든지 너는 가며 내가 네게 무엇을 명하든지 너는 말할찌니라 ⁸너는 그들을 인하여 두려워 말라 내가 너와 함께하여 너를 구원하리라 나 여호와의 말이니라 하시고 ⁹여호와께서 그 손을 내밀어 내 입에 대시며 내게 이르시되 보라 내가 내 말을 네 입에 두었노라 ¹⁰보라 내가 오늘날 너를 열방 만국 위에 세우고 너로 뽑으며 파괴하며 파멸하며 넘어뜨리며 건설하며 심게 하였느니라"

여호와의 말씀이 예레미야에게 임합니다. 어떤 말씀인가 하면, 자기 백성들을 넘어뜨리라는 말씀입니다. 먼저 뽑으며 파괴하며 넘어뜨리라고 하십니다. 그리고 건설하고 심게 하신다고 합니다. 이 사실을 이스라엘에게 알리라고 합니다.

먼저 뽑고 파괴하고 넘어뜨리는 것은 바벨론에 포로로 잡혀가는 것입니다. 예루살렘 성전이 파괴당하고 무너질 것을 말해주고 있습니다. 그리고 나중에 다시 세워진다고 합니다. 예레미야의 말대로 바벨론으로 포로로 가서 70년을 종살이하다가 70년 후에 다시 돌아와서 무너진 성전을 다시 짓게 됩니다.

이 모습이 예수님 초림 때 다시 반복적으로 나타납니다. 바벨론에서 해방되어 다시 지은 성전에서 또다시 죄를 짓습니다. 400년 후에 예수님이 초림으로 오셔서 다시 성전을 허물어 버립니다. 그리고 온 사방으로 포로로 팔려가게 하십니다. 그것이 신약의 전 기간입니다.

예수님 초림 후 약 2,000년이 지났습니다. 예수님이 재림하실 때가 가까워지자 바벨론에서 해방시켜 고토로 돌아가게 하셨듯이 다시 세계에서 유리 방황하던 자들을 고토로 돌아가게 하였습니다. 육적으로 보면 1948년에 온 세상에 흩어져 있던 백성들을 고토로 불러들여서 이스라엘이라는 이름으로 그 땅에 심어주는 것으로 나타났습니다. 이것은 하나님은 자기 백성들을 반드시 구원해 주신다는 것을 보여주는 육적인 표상입니다.

표면적 유대인과 이면적 유대인이 있습니다. 표면적 유대인은 혈통적인 유대인이고, 이면적 유대인은 예수 그리스도로 난 영적 유대인입니다. 표면적 유대인은 고토인 이스라엘 땅에 심어 놓았지만, 영적 유대인인 성도들은 교회에 심어 놓았습니다. 육적 유대인은 육적 이스라엘 땅에서 살고, 영적 유대인인 성도는 영적 하나님의 집인 교회에서 살아갑니다.

영적 유대인들의 삶은 신약 교회를 통해서 나타납니다. 오순절 성령 강림으로 세워진 신약의 영적 교회도 핍박으로 인하여 온 세상으로 흩어지게 됩니다. 신약의 2,000년 동안 온 세계에 교회 시대가 전개됩니다. 정한 때가 되면 한 곳으로 모으실 것입니다. 그때가 바로 예수님이 재림하시는 때입니다.

예수님이 재림하시면 온 세계에 흩어진 자기 백성들을 한 곳으로 모으십니다. 그것이 예수님의 재림으로 이루어지는 천년왕국입니다. 천년 왕국이 이루어지면 역사 속에서 천지와 만물의 다 이루심이 이루어집니다. 천 년 동안 일곱째 날의 안식을 누리게 됩니다.

천 년이 끝나면 역사 속에서 창조 7일이 완성됩니다. 역사 속에서 창조 7일이 끝이 나면 피조 바깥의 하나님 나라인 묵시로 나아가게 됩니다. 이날을 여덟째 날 대성회의 안식일이라고 합니다. 이때가 되면 역사 속에서의 천지와 만물의 다 이루심이 되고 영원한 안식의 세계로 나아가게 되는 것입니다.

영적인 천지와 만물의 다 이루심은 성령 강림으로 우리 안에서 이루어지고 있으며, 실제적인 천지와 만물의 다 이루심은 예수님이 재림하시면 이루어집니다. 그래서 믿음과 소망과 사랑을 주신 것입니다. 그날이 곧 가까워지고 있습니다. 믿음으로 그날을 소망하면서 살아가시길 주의 이름으로 축원드립니다.

엿새가 차기까지….
천지와 만물이 다 이루니라.

12강   창세전 언약으로 본 창조와 구원 이야기

일곱째 날, 안식하시니라 (창 2:1-3)

창 2:1-3 "천지와 만물이 다 이루니라 ²하나님의 지으시던 일이 일곱째 날이 이를 때에 마치니 그 지으시던 일이 다하므로 일곱째 날에 안식하시니라 ³하나님이 일곱째 날을 복 주사 거룩하게 하셨으니 이는 하나님이 그 창조하시며 만드시던 모든 일을 마치시고 이날에 안식하셨음이더라"

성경은 "태초에 하나님이 천지를 창조하시니라"로 시작합니다. 역사는 창세전 언약을 위하여 창조된 것이므로 시작하신 날이 있고 마치는 날이 있습니다. 그래서 일곱째 날이 되어서 "천지와 만물이 다 이루니라"라고 하면서 끝을 맺게 됩니다. 일곱째 날이 이를 때에 창조의 일이 마감됩니다. 이를 모든 일을 다 마치시고 이날에 안식하셨다고 합니다. 역사는 일곱째 날로 용도가 다하고 철거되는 것입니다.

알다시피 하나님은 영원하신 분입니다. 영원하신 하나님이 세상에서의 일하심은 시작과 끝이 있게 하셨습니다. 이것은 창세전에 계획하신 일들을 시작과 끝이 있는 역사 속에서 이루신 것입니다. 역사를 시작과 끝이 있는 시간의 구조로 두신 것은 역사 자체가 본질이 아니기 때문입니다.

보이는 이 세상은 보이지 않는 곳으로 말미암았습니다. 보이는 이 세상은 보이지 않는 세상으로부터 유래되었다는 뜻입니다. 이렇게 되면 보이는 이 세상은 보이지 않는 세상의 복사본인 것입니다. 원본은 보이지 않는 세상입니다. 보이지 않는 세상이란 역사에서 볼 수 없다는 뜻이지 없다는 것이 아닙니다.

보이는 이 세상 바깥에도 세상이 있습니다. 성경은 그 나라를 일컬어 태초부터 존재하는 하나님 나라라고 합니다. 그 하나님 나라는 영원한 나라입니다. 영원한 나라에서 시작과 끝이 있는 유한한 나라가 나온 것입니다. 영원한 나라가 원본이라고 하면 유한한 역사는 복사본이 되는 것입니다. 복사본이 필요한 것은 하나님께서 창세전이라는 영원 속에서 계획한 일을 역사 속에서 펼쳐 보이시기 위함입니다. 역사는 하나님께서 창세전 언약을 이루어 가는 장소입니다.

이 세상은 목적에 의하여 창조된 것입니다. 그 목적이 다하면 모든 일을 마치고 안식하게 되는 것입니다. 그래서 '천지와 만물을 다 이루시고 일곱째 날에 안식하시니라'고 합니다. 일곱째 날 안식일은 봄, 여름, 가을, 겨울로 비유를 하면 겨울에 해당이 됩니다. 봄에 씨를 뿌리고 여름에 농사를 짓고 가을에 추수하고 겨울에 쉬고 다음 해로 넘어가게 됩니다. 봄, 여름, 가을, 겨울이 이 세상 역사라고 한다면 다음 해는 다른 세상입니다.

겨울을 안식이라고 한다면 역사 속에서 할 일을 다 하고 더는 할 일이 없다는 뜻입니다. 그래서 창조 일곱째 날 안식하는 것으로 끝이 나는 것입니다. 일곱째 날 이후에는 여덟째 날이 있습니다. 이 세상 역사는 일곱째 날로 마감하지만, 하나님은 여덟째 날로 존재하십니다.

여덟째 날은 시간이 없는 영원한 날입니다. 하나님 나라는 영원한 날로 존재하는 나라입니다. 이를 역사 속에서는 오늘날이라고 합니다. 구속사적인 의미에서 오늘날은 역사 바깥 묵시의 날을 의미합니다. 성도는 역사 속에서 묵시의 날인 오늘날로 살아가는 자들입니다.

오늘은 일곱째 날인 안식일에 대하여 살펴봅니다.

아침이 되면 출근을 하고, 저녁이 되면 퇴근을 합니다. 출근하는 것은 회사에서 일하기 위함이고, 퇴근하는 것은 집에서 쉬고자 함입니다. 쉼은 안식을 누리는 것입니다. 안식은 수고한 후에 주어지는 것입니다. 안식을 누리자면 먼저 수고함이 있어야 합니다. 수고함이 없으면 안식도 없습니다.

안식은 수고한 자들에게 상으로 주어지는 것입니다. 상이 있기에 수고함이 기쁨이고 감사인 것입니다. 수고할 수 있다는 것은 국가 대표로 발탁된 것과 같습니다. 국가 대표로 발탁되지 않으면 수고할 필요가 없습니다. 그러나 수고가 없으면 안식도 없는 것입니다. 그러므로 국가 대표로 발탁된 것은 영광인 것입니다.

우리는 매일매일 쉬면 좋을 것으로 생각합니다. 그러나 그렇지 않습니다. 쉬운 예로 말합니다. 요즈음은 실업자 대란 시대입니다. 일하고 싶은데 일할 자리가 없어서 노는 사람들이 많습니다. 세상은 이들을 백수라고 합니다. 백수는 일하지 않고 매일 쉬는 사람입니다. 그런데 그들에게 쉬는 것이 좋으냐고 물어보세요. 그럼 그들은 쉬는 게 아니라 지옥이라고 합니다. 일하고 싶다고 합니다.

쉼이란 일을 한 사람들만 누릴 수 있는 것입니다. 일하는 사람에게 하루의 쉼은 안식이 되지만, 일하지 않는 사람에게는 쉬는 것이 고통스러운 것입니다. 일하지 않는 사람에게는 역설적으로 일하는 것이 안식이 되는 것입니다. 엿새를 일한 사람에게 일곱째 날은 안식하는 날이 되지만, 엿새를 아무 일도 하지 않고 노는 사람에게 일곱째 날은 동일하게 노는 날입니다.

백수에게 노는 날은 하루라도 빨리 벗어나고 싶은 고통스러운 날입니다. 안식은 엿새 동안 일한 사람만이 누릴 수가 있습니다. 하나님의 일을 한 사람만이 여호와의 안식에 동참할 수 있습니다. 하나님께서 성도에게 하라고 하신 하나님의 일이 무엇인가요? 그것은 예수를 믿는 것입니다.

요한복음 6장을 봅시다.

요 6:27-29 "썩는 양식을 위하여 일하지 말고 영생하도록 있는 양식을 위하여 하라 이 양식은 인자가 너희에게 주리니 인자는 아버지 하나님의 인치신 자니라 ²⁸저희가 묻되 우리가 어떻게 하여야 하나님의 일을 하오리이까 ²⁹예수께서 대답하여 가라사대 하나님의 보내신 자를 믿는 것이 하나님의 일이니라 하시니라"

예수님께서 표적을 보고 따라다니는 사람들을 보시고는 제자들에게 "너희는 저들처럼 썩을 양식을 위하여 일하지 말고 영생하는 양식을 위하여 일하라"고 하십니다. 그러자 제자들이 영생하는 양식을 위하여 하는 일이 무엇이냐고 묻습니다. 이에 예수님이 하나님이 보내신 자를 믿는 것이라고 하십니다. 다시 말해서 예수 그리스도를 믿는 것이 하나님의 일이라고 합니다. 이러면 예수를 믿는 사람은 일곱째 날이 천국에서 쉼을 누리는 안식일이 되는 것입니다.

안식(安息)이란 사전적 의미로는 쉬는 것이지만 영적인 의미로는 새로운 세상에서 살아가는 것입니다. 우리가 회사에서 퇴근하면 회사에서의 업무는 끝이 납니다. 그러나 집에서의 일이 있습니다.

회사와 집은 다른 세계입니다. 회사에서의 업무는 회사의 일이지만, 집에서의 일은 나의 일입니다. 회사에서의 일은 일이지만, 집에서의 일은 일이 아니고 쉼입니다. 회사에서의 일은 수고이지만, 집에서 하는 일은 기쁨입니다. 우리는 집에서 내가 하고 싶은 일을 할 때 기쁨을 느끼고 행복해합니다.

몸이 쉰다고 쉬는 것이 아닙니다. 마음이 쉼을 누려야 합니다. 마음의 쉼은 자기만족에서 주어집니다. 자기가 원하는 것을 다 이루었을 때 기쁨과 행복을 누리게 되는 것입니다. 조금이라도 미흡하면 마음의 쉼을 누릴 수 없습니다. 완벽하게 이루어졌을 때 다 이룸에 대한 성취감에 기뻐하면서 행복해하고 쉼을 누리게 되는 것입니다.

흔히들 자원봉사 활동을 하는 사람들이 일을 하고 난 후에 보람을 느낀다고 합니다. 보람이란 자기만족이고 자기 기쁨입니다. 자기 성취감에서 오는 행복함입니다. 이처럼 자기에게 보람을 주고 행복을 주는 일은 수고하는 것이 아니고 기쁨인 것입니다. 쉰다는 것은 아무것도 안 한다는 것이 아닙니다. 사람은 자기가 하고 싶은 일을 하면서 쉼을 누리는 것입니다. 그래서 일요일에 회사에 출근은 하지 않아도 자기가 좋아하는 일을 하는 것입니다.

어떤 사람은 등산하고, 어떤 사람은 낚시하러 가고, 어떤 사람은 스포츠를 즐기면서 쉼을 누리는 것입니다. 등산이나 낚시나 스포츠는 격렬한 육체의 노동입니다. 그러나 이들은 이러한 것을 일로 여기지 않습니다. 그 일을 행함으로 기쁨을 느낍니다. 등산하면서 쉼을 누리고, 낚시를 하면서 쉼을 누리고, 스포츠를 하면서 쉼을 누리는 것입니다. 그래서 일요일이 되면 각자 좋아하는 것을 하면서 마음의 쉼을 누리는 것입니다.

회사에 다니는 분들이 일요일을 기다리는 이유가 무엇인가요? 자기가 하고 싶은 일을 하기 위함입니다. 마음의 쉼은 자기가 좋아하는 일을 하는 것입니다. 그것이 비록 땀 흘리는 것이라 할지라도 그것이 자기만족을 주기 때문입니다. 자기가 좋아하는 일을 함으로써 기쁨을 누리는 것입니다.

안식일은 쉬는 날이 아니고 기쁨을 누리는 날입니다. 이 시대 많은 사람이 안식일에 대하여 오해를 하고 있습니다. 안식일을 아무것도 하지 않고 쉬는 날이라고 생각합니다. 그러나 안식일은 아무것도 안 하고 쉬는 날이 아닙니다. 자기가 기뻐하는 일을 하는 날입니다.

어떤 이들은 천국을 오해하여서 천국에서는 아무것도 안 하고 노는 것으로 생각합니다. 아닙니다. 천국은 세세토록 그 은혜의 영광을 찬미하는 곳입니다. 그 은혜의 영광을 찬미하는 것이 안식하는 것입니다. 쉼을 누리는 것입니다. 왜냐하면 그 은혜의 영광을 세세토록 찬미하는 것이야말로 최고의 기쁨이기 때문입니다.

역사 속에서 성도에게 기쁜 일이란 무엇일까요? 교회에 와서 하나님께 예배하고 그동안 흩어져 있던 성도들과 만나 교제하면서 기쁨을 누리는 것입니다. 성도들이 일요일에 교회로 와서 하나님께 예배하는 주의 날로 지키는 것은 그것이 기쁨이고 즐거운 일이기 때문입니다.

우리가 천국에 가면 세세토록 하나님을 찬양하는 일을 합니다. 하나님을 찬양하는 일이 기쁨이 아니고 억지가 되면 남의 일처럼 수고하는 일이 됩니다. 그러나 하나님을 찬양하는 일이 나의 일처럼 행복한 것이라고 한다면 그것은 수고가 아니고 기쁨인 것입니다.

우리가 주일에 교회로 모여서 갖가지 일을 합니다. 교회에서의 일이 남의 일이라고 여기는 사람은 수고하는 것이고, 교회에서의 일이 나의 일이라고 여기는 사람은 기쁨을 누리는 것입니다. 동일한 것도 어떤 사람에게는 기쁨이고, 어떤 사람에게는 수고가 됩니다.

교회는 천국을 예표합니다. 교회에서 하는 일에 기쁨을 누리는 사람은 아들로서 쉼을 누리는 것이고, 교회에서 하는 일에 기쁨을 누리지 못하는 사람은 종으로서 수고하는 것입니다. 안식인지 수고인지는 일에 있는 것이 아니라 마음에 있는 것입니다. 마음의 쉼을 누리면 안식하는 것이고, 마음의 쉼을 누리지 못하면 일하는 것입니다.

하나님이 창조하시고 만드시던 모든 일을 다 마치셨다고 합니다. 하나님께서 하시는 일에는 창조하시고 만드시는 두 가지 성격의 일이 있습니다. 두 가지 창조가 있습니다. '없음에서 있음으로' 만드는 창조가 있고, '있음에서 있음으로' 만드는 창조가 있습니다. '없음에서 있음으로' 하는 창조를 히브리어로 '바라'(ברא)라고 하고 '있음에서 있음으로' 만드는 창조를 '아싸'(עשה)라고 합니다.

'바라'는 무(無)에서 유(有)를 불러내는 일을 말합니다. '없음'에서 '있음'으로 나아가는 것을 말합니다. 구속사적으로 말하면 죽은 자를 살리는 것과 같습니다. 이것은 첫째 날부터 셋째 날까지 갈라내는 것으로 나타났습니다. 이것은 어떤 물건들을 채우기 위하여 집을 짓는 것처럼 공간적 창조를 한 것입니다. 이는 집을 짓는 것과 같습니다. 집을 짓는 것은 채우기 위함입니다.

집을 짓는 일과 채우는 일은 성격이 다릅니다. 공간 속에 채우는 창조를 '아싸'라고 합니다. '아싸'는 유(有)에서 유(有)를 만들어내는 것을 말합니다. '아싸'는 이미 존재하는 것을 가지고 목적에 맞게 하는 것을 말합니다.

구속사적으로 말하면 죄에서 건져진 사람이 새사람으로서 그리스도의 충만한 분량으로 자라가는 것입니다. 이것은 넷째 날부터 여섯째 날까지의 채우는 것을 말합니다. 이것은 새로운 피조물로서 새사람으로 살아가는 것을 말합니다. 다른 말로 재창조라고 합니다.

'아싸'는 집을 다 짓고 집 안에 필요한 세간살이들을 채우는 것과 같습니다. 집을 짓고 집 안에 필요한 물건들을 다 채우고 나면 집들이를 하고 쉼을 누리게 됩니다. 이를 천지와 만물을 다 이루고 일곱째 날에 안식하셨다고 합니다. 첫째 날부터 여섯째 날은 일곱째 날을 위하여 있는 것입니다. 일곱째 날 안식을 위하여 첫째 날부터 여섯째 날까지 일을 한 것입니다.

창조는 세 구조로 되어 있습니다.

첫째는 집을 짓는 것이고,
둘째는 집 안에 세간들을 채우는 것이고,
셋째는 완성된 집에서 살아가는 것입니다.

집을 짓고 집 안에 세간들을 채우는 것은 그 집에서 살아가고자 함입니다. 성도를 역사 속에서 구원한 것은 천국에서 살아가게 하고자 함입니다. 성도는 천국의 세간살이와 같습니다. 하나님이 역사 속에서 천국에 필요한 세간살이들을 죄와 사망으로부터 갈라내고 하늘의 신령한 것으로 채우시고 천국으로 데리고 가서 안식하게 하신 것입니다. 이를 천지와 만물을 다 이루고 일곱째 날에 안식하셨다고 합니다. 창조의 완성은 안식하는 것까지입니다.

'바라'는 천지를 갈라내는 것이고,
'아싸'는 만물을 다 이루는 것입니다.
'바라'는 집을 짓는 것이고,
'아싸'는 세간살이를 채우는 것입니다.

천지는 하늘과 땅을 말합니다.
이는 공간을 말합니다.
천지를 공간으로 말하면 천국과 지옥을 뜻합니다.

공간은 채움을 위하여 존재하는 곳입니다. 하나님은 천국과 지옥이라는 공간에 채우는 일을 하십니다. 그것을 천지 속에 만물을 채우는 것으로 말해주고 있습니다. 천지라는 공간을 채우는 것은 물건이 아니라 사람입니다. 천국과 지옥이라는 공간 속에 채움을 입는 사람들이 있습니다. 성경은 이들을 천국 백성과 지옥 백성이라고 합니다.

마태복음 25장을 보면, 양과 염소를 심판하는 장면이 나옵니다. 그때 하나님께서 양과 염소에게 각각 창세로부터 예비 된 나라를 상속받으라고 하십니다. 양은 영생의 나라를 상속받고, 염소는 영벌의 나라를 상속받습니다. 영생의 나라는 천국이고, 영벌의 나라는 지옥입니다. 각자 상속받은 나라로 갈라져 채워지면서 천지와 만물이 다 이루어짐이 됩니다.

창조는 천지라는 공간 속에 만물을 채우는 것입니다. 천지라는 공간 속에 채워지는 만물을 히브리어로 '차바(צָבָא)'라고 합니다. '차바'는 '무리' 또는 '군대'라는 말입니다. '차바'라는 만물을 의인화하면 천국 백성과 지옥 백성이 됩니다. 그래서 성경은 성도들을 일컬어 그리스도의 군사라고 합니다. 이를 만군이라고 합니다.

만군(萬軍)이란 '수많은 군대'라는 뜻입니다. 예수님을 일컬어 '만군의 여호와'라고 합니다. 왜 예수님을 만군의 여호와라고 할까요? 이는 예수님이 수많은 천국 백성을 다 찾아내서 채우는 일을 하시기 때문입니다. 여호와께서 "천지와 만물을 다 이루니라"라는 말을 의인화하면, 예수님께서 이 세상에서 천국 백성과 지옥 백성들을 갈라내서 채우는 일을 하셨다는 뜻입니다. 이를 심판이라고 합니다.

예수님은 이 세상에 오셔서 자기 백성을 구원하는 일을 하셨습니다. 구원은 영적으로는 죄와 사망으로부터 건져냄을 받는 것이고, 언약적으로는 율법이라는 옛 언약에서 은혜라는 새 언약으로 옮겨지는 것이고, 종말론적으로는 죄악 된 이 세상에서 하늘나라로 빼내심을 입는 것입니다. 이를 구약에서는 이스라엘의 출애굽을 통해서 보여주었습니다.

구약 이스라엘의 구원의 서정을 보면, 첫째로 애굽에서 광야로 빼내심을 입고, 둘째로 광야에서 가나안으로 들어가는 것으로 되어 있습니다. 그리고 가나안에서 성전을 짓고 집을 지어서 살아갑니다. 광야에서는 이동식 텐트 생활을 하였는데 가나안에서는 고정된 집을 짓고 살았습니다. 그러므로 광야는 역사를 상징하고, 가나안은 천국을 상징하고 있는 것입니다.

출애굽 한 백성들은 유월절 어린양의 피로 죽음에서 살아난 자들입니다. 이는 죄와 사망의 권세로부터 빼내심을 입은 것입니다. 하나님은 어린양의 피로 죄와 사망의 권세로 빼내심을 입은 자들을 광야 40년을 거쳐서 가나안이라는 장소적인 곳으로 인도하십니다. 이럴 때 아브라함과 한 언약이 완성되는 것입니다.

가나안을 젖과 꿀이 흐르는 약속의 땅이라고 하는 것도 천국을 상징하기 때문입니다. 광야 40년 동안에는 이동하는 성막에서 하나님께 예배하였지만, 가나안에 들어가서는 고정된 성전을 짓고서 하나님께 예배를 드립니다. 광야는 이 세상을 상징하고, 가나안은 천국을 상징하고 있는 것입니다.

구원은 두 과정을 거쳐서 완성되는 것입니다. 빼내심을 입고 들어가는 것입니다. 애굽에서 빼내심을 입고 가나안으로 들어가는 것입니다. 죄와 사망의 권세로부터 빼내심을 입고 의와 거룩으로 들어가는 것입니다. 세상에서 빼내심을 입고 교회로 들어가는 것입니다. 이 세상에서 빼내심을 입고 하늘나라로 들어가는 것입니다.

교회는 광야와 같고, 천국은 가나안과 같습니다. 교회로 부르신 것은 천국으로 데리고 가시기 위함입니다. 모든 사람을 다 교회로 부르시고 천국으로 데리고 가는 것이 아니라 자기 백성들만 부르시고 데리고 가십니다. 예수님이 이 세상에 오신 것은 자기 백성들을 구원하시기 위함입니다. 자기 백성이라 함은 자기 백성 아닌 자들도 있다는 것을 전제로 하는 말입니다. 그래서 예수님은 오셔서 '너희'와 '저희'로 구분하셨습니다.

유대인 속에서 '너희'와 '저희'를 갈라내신 것입니다. 유대인은 전 민족이 하나의 공동체입니다. 이는 교회와 같습니다. 예수님이 유대인 속에서 두 부류로 갈라내셨듯이,

종말에도 교회 안에서 '너희'와 '저희'로 갈라내는 일을 하십니다. 그래서 성경은 예수님께서 자기의 타작마당을 정하게 하신다고 합니다.

예수님은 제자들에게 천국의 비밀을 말씀하시면서 '너희에게는 허락하였으나 바리새인과 같은 저희에게는 허락되지 않았다'고 하셨습니다. 유대인 속에서 천국 백성과 지옥 백성을 갈라내는 일을 하신 것입니다. 천국의 비밀을 아는 것이 허락된 '너희'는 창세전에 어린양의 생명책에 녹명된 자를 말하고, 천국의 비밀이 감추어진 '저희'는 어린양의 생명책에 녹명되지 않은 자를 말합니다.

구원은 선택을 입은 자들만이 받게 되는 것입니다. 선택을 입은 자들만 구원받게 된다는 것은 천국 복음은 모두가 듣는 것이 아니라는 말입니다. 오직 선택을 입은 자들에게만 들려지는 것입니다. 그래서 예수님이 탄생하셨을 때 천사들이 들의 목자들을 찾아가서 '땅에서 기뻐하심을 입은 자들에게 평화'라고 하였던 것입니다.

이 땅에는 하나님으로부터 기뻐하심을 입은 자들이 있습니다. 그들이 바로 창세전에 어린양의 생명책에 녹명된 성도들입니다. 하나님은 이들을 구원하고자 그 아들을 예수라는 이름으로 이 땅으로 보내신 것입니다. 이 땅에 하나님으로부터 기뻐하심을 입은 자들이 있기 때문입니다.

예수라는 이름의 뜻은 '자기 백성을 저희 죄에서 구원하실 자'입니다. 이는 예수님은 자기 백성만 죄에서 구원해 내신다는 것입니다. 그래서 예수님이 오셔서 자기 백성들을 찾아가서 부르신 것입니다. 이들이 열두 제자들로 나타난 것입니다.

예수님은 천국 복음을 열두 제자들에게 알려주셨습니다. 열두 제자들이 바로 '너희'입니다. 그래서 천국 복음을 비밀이라고 하는 것입니다. 세상 모든 사람이 구원받는 것이 아니고 창세전에 어린양의 생명책에 녹명되어 택한 자들만 구원받게 되는 것입니다. 비밀은 자기편에게만 알려져 있습니다. 천국 복음은 들을 귀를 받은 자에게만 들리게 되어 있습니다.

그래서 요한계시록에서 아시아의 일곱 교회에 편지하시면서 성령이 교회들에게 하시는 말씀을 귀 있는 자는 들으라고 하신 것입니다. 성령이 하시는 말씀은 아무나 들을 수 없습니다. 오로지 성령으로 거듭난 성도들만 들을 수 있습니다. 성령으로 거듭난 성도들은 성령이 하시는 말씀을 들을 수 있는 귀를 받았습니다. 그래서 '창세전에 어린양의 생명책에 녹명된 자들은 다 예수를 믿더라'고 하는 것입니다. '예수 믿으면 구원을 받는다'라는 말을 모든 사람이 다 듣는 것이 아니란 뜻입니다.

어떤 이들은 창세전에 어린양의 생명책에 녹명된 자들만 구원받는다고 하면 받아들일 수 없다고 합니다. 이는 인간의 이성으로는 믿어지지 않기 때문입니다. 인간의 생각으로는 불합리하기 때문입니다. 창세로부터 예정이 되었으면 지옥에 가는 사람들은 너무도 억울하고 불쌍하다는 것입니다. 그렇기에 구원의 길은 모든 사람에게 다 열려 있어야 한다는 것입니다. 결정은 인간 스스로 해야 한다는 것입니다. 그래야 공평하다는 것입니다. 그래서 하는 말이 인간의 자유의지를 말합니다.

이것은 구원을 언약으로 일하시는 하나님의 일하심으로 이해하지 않고 인간 입장에서 이해하기 때문입니다. 인간은 구원의 주체가 아닙니다. 구원의 주체는 하나님이십니다. 하나님이 하시는 일에 '아멘'으로 화답하는 것이 피조물이 해야 하는 일입니다. 그런데 죄가 하나님이 하는 일에 반기를 드는 것으로 나타나게 하였습니다.

인간의 입장에서 하나님이 하시는 일이 불합리하다고 여기게 만든 것입니다. 그러니까 창세전에 천국에 갈 자와 지옥에 갈 자를 구분해 놓으신 것은 불공평하다는 것입니다. 그래서 창세전에 어린양의 생명책에 녹명된 자들을 구원하신다고 예정을 하신 것을 믿지 못하겠다고 하는 것입니다.

하나님은 창세전에 '너희'와 '저희'로 구분해 놓으셨습니다. '너희'와 '저희'를 가지고 그 아들을 만유의 주가 되게 하는 일을 하시는 것입니다. 그래서 창세전에 어떤 이는 어린양의 생명책에 녹명을 하고, 어떤 이는 녹명하지 않은 것입니다. 이것을 신학적인 용어로 선택과 유기라고 합니다. 그런데 이러한 것을 부정하는 자들이 있습니다. 이름하여 알미니안주의자들입니다.

왜 하나님이 하시는 일이 안 믿어질까요?
믿음을 선물로 받지 않았기 때문입니다.

왜 창세전에 예정되었다는 말이 기쁨으로 들리지 않을까요?
이는 성령이 하시는 말씀을 들을 귀를 받지 못하였기 때문입니다.

왜 모든 사람들이 예수를 믿지 않을까요?
이는 예수를 믿을 사람들이 따로 정해져 있기 때문입니다.

왜 모든 사람이 복음을 듣지 않을까요?
이는 복음을 들을 수 있는 귀를 받은 사람들이 따로 있기 때문입니다.

왜 모든 사람이 교회로 오지 않을까요?
이는 예수로부터 부르심을 입은 자들만이 올 수 있기 때문입니다.

세상에는 예수 믿을 자와 믿지 않을 자로 구분되어 있습니다. 하나님이 그렇게 정해 놓으신 것입니다. 창세전에 어린양의 생명책에 녹명된 자와 녹명되지 않은 자로 구분해 두신 것입니다. 예수를 구주로 믿고 예수의 피로 맺은 새 언약의 복음을 듣고 믿어서 교회에 오는 것은 우리 스스로 결정하고 받아들이는 것이 아닙니다.

구원은 인간들이 선택해서 주어지는 것이 아닙니다. 구원은 하나님의 일방적인 은혜로 주어지는 것입니다. 예수는 우리가 결정해서 믿는 것이 아닙니다. 내가 예수를 믿고 싶다고 해서 믿고, 내가 예수 믿기 싫다고 해서 안 믿어지는 것이 아닙니다. 예수를 믿는 것은 인간의 자유의지로 결정하는 것이 아닙니다.

예수를 믿는 것은 철저히 하나님의 선택에 의한 것입니다. 그래서 은혜인 것입니다. 우리가 예수를 믿는 것은 우리가 결정해서 믿어지는 것이 아닙니다. 언제 우리가 결정했나요? 하나님이 믿어지게 해주셔서 믿고 있는 것입니다. 이를 '불가항력적 은혜'라고 합니다.

영적인 일에서 인간의 의지적 결단은 무용지물입니다. 인간은 영의 지배를 받는 자이지 영을 지배하는 자가 아닙니다. 그러므로 알미니안주의자들처럼 예수를 믿고 안 믿고 하는 것을 인간의 자유의지로 결정하는 것이라고 하는 것은 비성경적인 사단의 말이 되는 것입니다. 사단은 항상 하나님의 은혜를 손상케 하는 일을 합니다. 하나님의 은혜에 인간의 행위를 섞어서 부패케 합니다. 하나님께 온전히 돌아갈 영광을 인간이 가로채게 합니다. 이를 인본주의라고 합니다.

예수님은 구원을 강한 자가 약한 자를 결박하고 세간을 강탈하는 것이라 하셨습니다. 강하신 분이 사단을 결박한 후에 사단에게 붙잡혀 있던 자들을 빼내 오는 것입니다. 사단에게 붙잡혀 있던 자들이 한 것은 아무것도 없습니다. 그냥 공짜로 구원을 받은 것입니다.

마태복음 12장을 봅시다.

마 12:28-29 "그러나 내가 하나님의 성령을 힘입어 귀신을 쫓아내는 것이면 하나님의 나라가 이미 너희에게 임하였느니라 29사람이 먼저 강한 자를 결박하지 않고야 어떻게 그 강한 자의 집에 들어가 그 세간을 늑탈하겠느냐 결박한 후에야 그 집을 늑탈하리라"

예수님이 병자들을 고치고 귀신을 쫓아내니까 예수를 비방하는 자들이 예수님을 귀신들린 자라고 합니다. 귀신의 왕 바알세불을 힘입어서 하는 일이라고 합니다. 그러자 예수님이 "나라가 분쟁하면 어찌 설 수 있겠느냐? 귀신끼리 싸우면 어떻게 사단의 나라가 서겠느냐?"고 하십니다.

예수님은 "내가 귀신을 쫓아내는 것은 내가 귀신보다 강하기 때문이다"라고 하십니다. 그러면서 누군가의 것을 빼앗아 오려면 먼저 그 주인을 결박하고 난 후에야 빼앗아 오게 된다고 하십니다. "내가 귀신을 쫓아낸 것은 내가 귀신의 왕을 결박했기 때문이다"라는 것입니다.

우리는 원래 귀신의 왕인 사단에게 붙잡혀 있던 자들입니다. 우리 스스로의 힘으로는 사단으로부터 나올 수가 없습니다. 이 말은 우리 스스로 예수를 믿어서 구원받을 수 있는 것이 아니란 말입니다. 예수님이 먼저 사단을 결박하고 난 후에 우리를 꺼내 주셔야 가능한 것입니다. 이것이 구원입니다.

그래서 극단적인 언어로 구원은 하나님의 폭력이라고 하는 것입니다. 폭력이란 강한 자가 약한 자를 힘으로 이기는 것을 말합니다. 하나님의 강하심이 우리를 구원해 내신 것이지, 우리 스스로 구원받은 것이 아닙니다. 그래서 하나님의 은혜(폭력)라고 하는 것입니다.

사단은 인간보다 강합니다. 강한 사단에게 사로잡혀 있는 약한 인간이 어떻게 인간의 자유의지를 발동해서 예수를 믿어 구원받을 수 있습니까? 어불성설입니다. 이것은 교만입니다. 우리는 구원받고 싶어도 사단을 이기고 나갈 수 없습니다. 예수님이 사단을 결박하고 우리를 꺼내 주셔야만 합니다. 그럴 때만이 예수를 믿을 수 있는 것입니다.

나사로는 스스로 무덤에서 나오지 않았습니다. 나사로는 사망에 결박을 당하고 무덤에 갇혀 있었습니다. 사망에 결박당한 자는 아무것도 할 수 없습니다. 예수님이 "나사로야 나오너라"라고 해야지 나올 수 있는 것입니다. 예수님이 사단의 결박을 풀어 주셔야만 무덤에서 나와서 다닐 수 있습니다. 나사로가 무덤에서 나온 것이 구원입니다. 나사로가 자유의지를 발동해서 나온 것이 아닙니다.

인간의 자유의지를 말하는 자들은 인간은 죄로 죽은 자라는 것을 모르고 있는 것입니다. 그러니까 인간이 스스로 결정해서 예수를 믿어야 한다고 하는 것입니다. 인간 스스로 예수 믿을 수 있다고 하는 자들은 인간의 힘으로 바벨탑을 쌓아서 하늘로 올라가고자 하는 인본주의자들입니다.

인간의 자유의지는 인간들이 땅에서 살아가는 삶에서 일어나는 일들을 결정하는 것에 사용하는 말이지, 하늘에 속한 영적이고 신령한 일을 결정하는 데 사용하는 말이 아닙니다. 인간은 하나님의 결정을 따르는 것이지, 인간이 하나님의 일을 이래라저래라 결정하는 것이 아닙니다.

구원받기 전에는 인간의 자유의지는 죽은 것입니다. 그때는 죄가 이끄는 대로 따라갔습니다. 이를 죄의 종이라고 합니다. 종은 결정 권한이 없습니다. 주인이 시키는 대로 행할 뿐입니다. 그래서 우리가 구원을 받기 전에는 죄의 종이라고 하는 것입니다. 종에게는 자유의지 자체가 죽은 것입니다.

죄인은 죄의 종이기 때문에 죄에 항거할 수가 없습니다. 누군가가 죄의 종에서 해방시켜 주어야 합니다. 인간은 스스로 구원받을 수 없습니다. 이는 스스로 결정할 수 없다는 뜻입니다. 스스로 예수를 믿어서 구원받는다고 하면 자력 구원이 됩니다. 그러나 구원이라는 말 자체가 타자에 의하여 건져냄을 당하는 것입니다. 그래서 성경은 구원을 행위가 아니고 은혜라고 하는 것입니다.

성도의 자유의지는 구원받은 후에 신앙생활을 하면서 사용하는 것입니다. 구원받은 자들이 성령의 도우심으로 악을 멀리하고 선을 좇아가는 것에 자유의지를 사용하는 것입니다. 구원을 받은 후에 자유의지가 통용되는 것입니다.

구원받은 성도는 자유의지로 선을 행할 수도 있고, 악을 행할 수도 있습니다. 이것은 온전이나 완전을 말하는 것이 아닙니다. 지향성(志向性)을 말하는 것입니다. 예수를 믿는 데 있어서 자유의지는 죽은 것이지만, 예수를 믿고 구원을 받은 후에는 육신의 소욕과 성령의 소욕을 따르는 데는 자유의지를 발동하여 선택할 수 있습니다.

그러므로 인간의 자유의지로 예수를 믿을 수도 있고 안 믿을 수도 있다고 하는 것은 비성경적인 이야기가 되는 것입니다. 그럼에도 굳이 자유의지를 고집한다고 하면, 미리 정하신 자를 부르시고 부르신 자를 의롭다 하시고 의롭다 하신 이를 영화롭게 하신다는 말씀이 틀린 말씀이 되는 것입니다.

창세전에 어린양의 생명책에 녹명된 자들은 하나님의 예정을 믿습니다. 창세전에 어린양의 생명책에 녹명된 자들은 예정을 받아들이고, 생명책에 녹명되지 않은 자들은 거부하게 됩니다. 하나님의 예정을 믿으면 선택을 받은 자이고, 예정을 믿지 않으면 유기된 자입니다. 유기되었기 때문에 하나님이 창세전에 그 기쁘신 뜻대로 예정하신 것을 믿지 못하겠다고 하는 것입니다.

로마서 8장을 봅니다.

롬 8:29-30 "하나님이 미리 아신 자들로 또한 그 아들의 형상을 본받게 하기 위하여 미리 정하셨으니 이는 그로 많은 형제 중에서 맏아들이 되게 하려 하심이니라 ³⁰또 미리 정하신 그들을 또한 부르시고 부르신 그들을 또한 의롭다 하시고 의롭다 하신 그들을 또한 영화롭게 하셨느니라"

하나님은 그 아들의 형상을 본받을 자들을 미리 정해 놓으셨습니다. 이를 예정이라고 합니다. 쉬운 말로 구원받을 자는 미리 정해 놓으신 것입니다. 이것은 하나님의 일하심을 말해주고 있는 것입니다. 하나님은 이렇게 일하신다는 것입니다. 우리에게 결정하라는 말이 아닙니다. 이것은 하나님께서 스스로 정하신 법칙이고, 스스로에게 하신 언약이고, 확정적인 것입니다.

예정은 마치 영화의 시나리오와 같습니다. 영화를 찍기 전에 먼저 시나리오가 있습니다. 감독은 영화를 시나리오대로 찍습니다. 시나리오는 창세전에 어린양의 생명책에 녹명된 자들에게는 영생을 주시기로 예정하신 언약과 같은 것입니다. 인간들이 찍는 영화의 시나리오는 경우에 따라서 수정되고 바뀔 수도 있지만, 하나님의 언약은 상황에 따라서 바뀌지 않습니다. 하나님은 일구이언(一口二言)하고 거짓말을 하고 실수하시는 분이 아닙니다.

그러므로 창세전 언약은 불변하는 것이고 확정적인 것입니다. 사도 바울은 로마서를 통해서 이 사실을 말해주고 있습니다. 예수님은 이 세상에 오셔서 아버지께서 정하신 그들을 부르십니다. 그래서 예수님은 아무나 자신에게 오는 것이 아니고 아버지께서 자신에게로 이끄시는 사람만이 올 수 있다고 하신 것입니다.

요한복음 6장을 봅시다.

요 6:35-44 "예수께서 가라사대 내가 곧 생명의 떡이니 내게 오는 자는 결코 주리지 아니할 터이요 나를 믿는 자는 영원히 목마르지 아니하리라 ³⁶그러나 내가 너희더러 이르기를 너희는 나를 보고도 믿지 아니하는도다 하였느니라 ³⁷아버지께서 내게 주시는 자는 다 내게로 올 것이요 내게 오는 자는 내가 결코 내어 쫓지 아니하리라 ³⁸내가 하늘로서 내려온 것은 내 뜻을 행하려 함이 아니요 ³⁹나를 보내신 이의 뜻을 행하려 함이니라 나를 보내신 이의 뜻은 내게 주신 자 중에 내가 하나도 잃어버리지 아니하고 마지막 날에 다시 살리는 이것이니라 ⁴⁰내 아버지의 뜻은 아들을 보고 믿는 자마다 영생을 얻는 이것이니 마지막 날에 내가 이를 다시 살리리라 하시니라 ⁴¹자기가 하늘로서 내려온 떡이라 하시므로 유대인들이 예수께 대하여 수군거려 ⁴²가로되 이는 요셉의 아들 예수가 아니냐 그 부모를 우리가 아는데 제가 지금 어찌하여 하늘로서 내려왔다 하느냐 ⁴³예수께서 대답하여 가라사대 너희는 서로 수군거리지 말라 ⁴⁴나를 보내신 아버지께서 이끌지 아니하면 아무라도 내게 올 수 없으니 오는 그를 내가 마지막 날에 다시 살리리라"

예수님께서 '나는 하늘로서 내려온 생명의 떡이다'라고 하십니다. 누구든지 이 떡을 먹으면 영생을 얻게 된다고 하십니다. 그러자 사람들이 수군거립니다. 그리고는 떠나갑니다. 이에 예수님께서 '내 말을 듣고 나를 믿는 것은 아무나 되는 것이 아니고 하나님께로 난 자들만이 된다'고 하십니다. 아버지께서 예수를 믿게 해주시는 자들만이 예수가 하늘로서 내려온 생명의 떡이라는 것을 믿을 수 있다는 것입니다. 예수님의 말씀을 알아듣지 못하고 떠나는 것은 하나님께로 난 자들이 아니기 때문입니다.

예수님의 말씀은 영에 속한 하늘의 말씀이기 때문에 인간들이 자유의지를 발동해서 믿을까 말까 결정할 사항이 아닙니다. 육은 영을 모릅니다. 모르는 사람은 쥐여줘도 모르는 것처럼 창세전에 선택을 입지 않은 사람은 아무리 알려주어도 알아들을 수가 없습니다. 오직 하나님께로서 난 자들만이 알아들을 수 있습니다.

이들을 일컬어 '천부께서 심은 자들'이라고 합니다. 반대로 천부께서 심지 않은 자들은 다 뽑힌다고 하였습니다. 즉 하나님께서 정하신 자가 아닌 자는 예수를 믿을 수가 없다는 뜻입니다. 하나님은 미리 정하신 자를 부르십니다. 부르신 그들을 의롭다 하십니다. 의롭다 하신 그들을 영화롭게 해주십니다.

이 모든 것이 하나님의 뜻에 의해서 일어나는 일들입니다. 계획도 하나님이 세우셨고, 그것을 역사 속에서 이루시는 분도 하나님이고, 그 일을 완성하시는 분도 하나님이십니다. 이를 만물이 주로 말미암고, 주로 인하고, 주께로 돌아간다고 합니다. 인간의 자유의지를 주장하는 자들은 인본주의자들입니다. 인본주의란 인간이 주체가 되어서 모든 것을 결정하는 것을 말합니다. 결정권을 인간이 행사한다는 것입니다. 알미니안 계통의 성화주의자들이 이들입니다.

이들은 인간 쪽에서 예수 믿을 것인지 안 믿을 것인지를 결정할 수 있다고 합니다. 그래서 천국에 가고 지옥에 가는 것은 인간의 결정에 의한 것이라고 합니다. 심지어 하나님의 은혜도 내가 마음을 열어서 받아들여야 임한다고 합니다.

이들은 비유로 하늘에서 비가 아무리 많이 내려도 그릇이 닫혀 있으면 받을 수가 없으니 그 그릇은 우리가 의지적으로 열어야 한다고 합니다. 그러나 하나님은 인간의 의지와 상관없이 불가항력적으로 일을 하십니다. 우리 의지와 상관없이, 부활하신 예수님이 문이 닫힌 곳에 벽을 뚫고 들어오신 것처럼 우리 마음을 뚫고 들어오시는 것입니다. 그래서 은혜라고 합니다.

하지만 인본주의 알미니안 성화주의자들은 하나님의 은혜도 인간들이 의지적으로 판단하고 결정하여 수용해야 한다고 합니다. 그래서 예배 후에 결단하는 시간을 가지면서 마음을 열어서 받아들이라고 하는 것입니다. 내가 예수를 믿을 수도 있고, 믿지 않을 수도 있다고 합니다. 복음을 받아들일 수도 있고, 거부할 수도 있다고 합니다. 은혜를 받을 수도 있고, 거부할 수도 있다고 합니다.

이렇게 되면 하나님은 우리의 처분을 기다려야 하는 형국이 되는 것입니다. 우리가 마음을 열지 않으면 하나님은 밖에서 우두커니 기다려야만 하는 것입니다. 이들의 주장대로라면 인간의 결정에 따라서 천국에 가기도 하고, 지옥에 가기도 하는 것입니다. 실제로 이들은 천국과 지옥은 인간이 결정하여 가는 것이라고 합니다.

이러면 구원도 내 의지에 따라서 결정되는 것입니다. 하나님이 아무리 결정을 해놓으셔도 인간이 거기에 동의하지 않으면 소용이 없습니다. 결국 인간이 하나님의 뜻을 결정하는 것입니다. 하나님은 그저 구경꾼에 불과합니다. 인간들의 처분에 따라서 일을 해야만 하는 꼴이 되고 마는 것입니다. 결국 인간이 하나님의 일하심을 'yes'냐 'no'냐 결정하는 것이 되고 맙니다. 이것을 인본주의라고 합니다.

예수는 내가 믿고 싶다고 해서 믿어지는 것이 아닙니다. 창세전에 어린양의 생명책에 녹명되어 영생 주시기로 작정된 자들만 예수가 믿어지는 것입니다. 그래서 예수에 대한 믿음을 하나님의 선물이라고 하는 것입니다. 천국은 인간들이 가고 싶다고 해서 가는 곳이 아닙니다. 천국의 주인이 오라고 해야 갈 수 있습니다. 천국의 주인은 아무나 부르지 않습니다. 오로지 자기 백성들만 부르십니다.

예수님은 천국의 열쇠를 가지고 오셨습니다. 천국의 열쇠를 교회에만 주었습니다. 교회는 예수가 주와 그리스도라는 것을 아버지께로부터 계시받은 자들이 모인 곳입니다. 교회는 하나님으로부터 계시가 임하는 곳입니다. 그래서 교회를 만세로부터 감추인 하나님의 비밀을 맡은 곳이라고 합니다. 예수 그리스도가 하나님의 비밀인 것입니다. 십자가 도가 하나님의 비밀입니다.

교회는 예수 그리스도로부터 부르심을 입은 자들로 세워지는 곳입니다. 그것이 열두 제자로 나타났습니다. 교회는 열두 제자들의 신앙고백 위에 세워졌습니다. 그래서 교회를 사도들과 선지자들의 터 위에 세워졌다고 하는 것입니다.

주는 그리스도시요 살아계신 하나님의 아들이라는 신앙고백의 터 위에 하나님은 창세전에 어린양의 생명책에 녹명된 자들을 부르셔서 서로와 서로를 건물과 건물을 연결하는 벽돌처럼 사용하여서 그리스도의 몸 된 교회를 세워가십니다. 예수님께서는 이 세상에서 자기 백성들을 구원하는 일을 집 짓는 것으로 말씀해 주십니다.

천지창조는 창세전 계획에 의한 결과물입니다. 하나님은 태초에 천지를 창조하셨습니다. 창조라는 말의 의미는 어떤 원인에 의한 결과로 나타난 사건이라는 뜻입니다. 원인이 먼저이고 사건은 나중입니다. 사건은 원인을 풀어내는 것입니다. 원인이 다하면 사건은 종결이 됩니다. 그래서 태초에 하나님은 멸망할 것을 창조하셨다고 합니다.

히브리서 1장을 봅니다.

히 1:10-12 **"또 주여 태초에 주께서 땅의 기초를 두셨으며 하늘도 주의 손으로 지으신 바라 ¹¹그것들은 멸망할 것이나 오직 주는 영존할 것이요 그것들은 다 옷과 같이 낡아지리니 ¹²의복처럼 갈아입을 것이요 그것들이 옷과 같이 변할 것이나 주는 여전하여 연대가 다함이 없으리라"**

태초에 하나님이 땅의 기초를 두셨고 하늘도 만드셨습니다. 그런데 그것들은 멸망할 것들이라고 합니다. 이는 이 세상은 영원한 것이 아니라 정한 기간 동안 존재하다가 철거된다는 뜻입니다. 그래서 이 세상은 시간이 지나면서 옷처럼 점점 낡아진다고 하는 것입니다. 낡아진다는 것은 기능을 점점 상실해 간다는 뜻입니다. 수명을 다해 간다는 뜻입니다. 수명을 다한다는 말은 기한이 정해져 있다는 뜻입니다. 그 기한에 따라서 점점 후패해져 가는 것입니다.

만물은 우리 몸과 같습니다. 우리 몸은 태어나면 늙고, 늙으면 병들고, 병들면 죽게 되는 과정을 겪게 됩니다. 생로병사(生老病死)의 길을 걷게 되어 있습니다. 그래서 우리 몸은 시간이 갈수록 망가져 가는 것입니다. 망가져 가는 것을 늙는다고 합니다. 그러다가 끝에는 죽음으로 이생의 삶을 마감하게 됩니다. 죽음 후에 다른 세상에서 살아가게 됩니다. 어떤 이는 영생으로 살아가고, 어떤 이는 영벌로 영원히 살아가게 되는 것입니다.

창조된 세상이 그러합니다. 만물도 우리 몸과 같이 후패해져 가는 과정을 겪고 있는 것입니다. 역사 세계에 속한 모든 피조물들은 이 과정을 겪게 되어 있습니다. 지구는 사용 기한이 정해져 있습니다. 점점 그 기한이 다해 가고 있습니다. 그래서 지구가 한 해 한 해 지나면서 각종 천재지변을 쏟아내고 있는 것입니다. 천재지변은 지구가 기능을 점점 상실해 가고 있다는 증거입니다. 우리 몸처럼 늙어가고 있다는 뜻입니다.

하나님께서 천지를 창조하신 것은 창세전 언약을 위해서입니다. 천지는 하나님의 필요에 의하여 창조되었습니다. 창세전 언약은 죄 아래 있는 자기 백성들이 예수 그리스도의 피로 거룩함을 입고, 하나님의 아들들이 되어서 그의 나라에서 세세토록 그 은혜의 영광을 찬미하면서 살아가는 것으로 되어 있습니다. 이렇게 언약이 완성된 상태를 천지와 만물을 다 이루셨다고 합니다.

첫째 날부터 시작된 천지를 만들고 만물을 채우는 일을 여섯째 날까지 다 이루십니다. 그리고 일곱째 날에 안식합니다. 첫째 날부터 일곱째 날까지가 창조입니다. 그래서 하나님이 지으시던 일을 일곱째 날에 다 하심으로 안식하셨다고 합니다. 일곱째 날 안식하는 것까지가 역사 속에서 이루어지는 것입니다. 일곱째 날까지 다 이루어지면 여덟째 날로 넘어가게 됩니다.

일곱째 날 안식이 있고 여덟째 날 안식이 있습니다.

일곱째 날 안식은 피조 세계에 속하였고, 여덟째 날 안식은 역사 바깥에 있습니다. 일곱째 날 안식의 세계는 천년왕국을 말하고, 여덟째 날 대성회 안식은 천년왕국 후에 들어가는 영원한 하나님 나라를 말합니다. 영원한 하나님 나라는 역사 바깥의 묵시의 세계입니다. 묵시는 다른 말로 하나님 나라라고 합니다.

창세전 언약의 완성지점은 하나님 나라에서 안식하는 것입니다. 엄밀히 말하면 두 하나님 나라가 있는 것입니다. 천년왕국이라는 역사 속의 하나님 나라와 천국이라는 역사 바깥 하나님 나라가 있습니다. 천년왕국은 역사 바깥에 있는 영원한 천국을 예표하는 곳입니다. 그래서 천년왕국에는 사망이나 애통하는 것이나 아픔이 없는 것입니다. 죄가 없기 때문입니다.

천년왕국에서의 안식은 역사 속에서 하나님의 일을 한 자들에게 주어지는 것입니다. 즉 하나님의 말씀과 예수의 증거로 인하여 목 베임(세상으로부터 버려짐)을 당한 자들이 안식을 누리는 곳입니다. 천년왕국은 이 세상에서 지옥을 경험한 성도들에게 주어지는 것입니다.

역사 속에서 자기 백성을 구원하는 일을 누가 하셨나요? 예수님이 하셨습니다. 그러므로 여호와의 안식일이라고 합니다. 구원은 여호와의 안식에 동참하는 것입니다. 그래서 예수님이 천국을 일컬어 왕의 아들의 혼인 잔치로 이야기하고, 구원을 그 잔치에 초대받는 것으로 말씀하신 것입니다. 모든 성경은 여호와 하나님이 역사 속에서 자기 백성들을 구속하는 일을 말해주고 있습니다. 이것을 7일 동안의 창조로 말해주고 있습니다. 창조는 구원과 동의어입니다.

예수님이 세상에 오심으로 구원이 시작되었습니다. 이것이 첫째 날입니다. 첫째 날 '빛이 있으라'는 예수님이 오셨다는 말입니다. 첫째 날 참 빛이신 예수님이 흑암과 혼돈과 공허한 어둠의 세상에 오셨습니다. 어둠 속에서 빛의 아들들을 불러내고 그들 속에 하나님의 생명으로 채우십니다. 다 채워지면 추수하여 곳간에 들이십니다. 이것이 일곱째 날 안식일로 완성되는 것입니다.

천지창조 이야기는 우리의 구원 이야기입니다. 우리의 구원의 시작은 예수 그리스도께서 찾아오심으로 시작됩니다. 예수님이 찾아오심으로 사망에서 생명으로 옮겨지게 된 것입니다. 어둠의 나라에서 빛의 나라로 옮겨진 것입니다. 이것은 시작에 불과합니다. 첫째 날이 된 것입니다. 이제부터 일곱째 날까지가 이루어져야 합니다. 그래서 구원을 세 개의 시제로 말하고 있는 것입니다.

'구원을 받았다'라는 과거 시제와 '구원을 이루라'는 현재 시제와 '구원을 이룰 것이다'라는 미래 시제로 말해주고 있는 것입니다.

이미 받은 구원은 죄와 사망에서 빼내심을 입는 것입니다. 이는 어린양의 피로 출애굽 하는 것과 같습니다. 이는 단회성으로 이미 이루어진 구원입니다. 이를 구원을 받았다고 과거 시제로 말합니다. 과거 구원은 예수님이 육체로 십자가에서 죽으심으로 이루어 주신 것입니다. 이것은 예수님의 삼중직 중에서 선지자직에 해당됩니다.

그리고 현재 이루어 가는 구원은 의와 거룩으로 채움을 입고 살아가는 것입니다. 생명의 사람으로 충만하게 자라가는 것입니다. 이는 광야 40년과 같습니다. 현재 구원은 점진적으로, 심층적으로 이루어져 가는 것입니다. 그래서 현재 시제로 구원을 이루어 간다고 합니다.

현재 구원은 예수님이 부활하신 후 성령으로 성도들 가운데 오셔서 이루어 가는 것입니다. 이것은 예수님의 삼중직 중 제사장직에 해당됩니다. 예수님이 성도들 안에서 제사장이 되셔서 현재 구원을 이루어 가고 있는 것입니다.

현재 이루어 가는 구원이 끝날 때가 옵니다. 그때는 예수님이 재림하시는 날입니다. 이것은 아직 남아 있는 것이므로 미래 시제로 '구원을 이룰 것이다'라고 합니다. 미래에 이루어야 하는 구원은 예수님이 재림하시면 주어지는 것입니다. 구원의 완성을 말합니다. 이를 영화롭게 된다고 합니다. 미래 구원은 예수님의 삼중직 중에서 왕직에 해당됩니다. 예수님이 재림하시면 만왕의 왕이 되셔서 다스리게 됩니다.

예수님이 재림하시면 천년왕국이 이루어집니다. 천년왕국을 어린양의 혼인 잔치로 말해주고 있습니다. 신부에게 결혼은 가장 영화로운 날입니다. 어린양의 신부가 되어서 천국에서 살아가게 되기 때문입니다. 역사 속에서 이루어지는 구원은 생명의 자람과 같습니다. 그러므로 신앙의 깊이가 점진적이고 심층적으로 넓어지고 깊어지게 되는 것입니다. 이것을 구원을 이루어 간다고 합니다.

구원을 이루어 가는 것이 창조의 일인 것입니다. 창조의 일이 있으므로 안식도 있는 것입니다. 예수님께서 제자들에게 썩을 양식을 위하여 일하지 말고 영생하는 양식을 위하여 일하라고 하셨습니다. 그러자 제자들이 "우리가 어떤 일을 해야 합니까?"라고 묻습니다. 이에 예수님은 "하나님이 보내신 자를 믿는 것이 하나님의 일이다"라고 하십니다.

썩을 양식을 위해서 일하지 말고 영생하는 양식을 위하여 일하라는 것은, 이 세상을 위하여 살지 말고 하늘나라를 위하여 살아가라는 것입니다. 왜냐하면 이 세상은 사라질 것이고 하늘나라는 영원한 것이기 때문입니다. 어떻게 하는 것이 하늘나라를 위하여 일하는 것인가요? 이는 예수 그리스도를 믿음으로 살아가는 것입니다. 이를 떡으로 살지 않고 하나님의 말씀으로 살아간다고 합니다. 이 세상을 위하여 살지 않고 천국을 소망하면서 살아간다고 합니다.

이 세상은 영원한 나라를 준비하는 곳입니다. 그래서 하나님이 보내신 자를 믿으라고 하는 것입니다. 하나님이 보내신 자가 누구입니까? 예수 그리스도입니다. 그래서 예수 그리스도를 믿는 것을 일컬어 영생하는 양식을 위하여 일하는 하나님의 일이라고 하는 것입니다. 예수를 주와 그리스도로 믿는 자들은 하나님 나라로 가게 됩니다. 하나님 나라는 영원한 영생의 나라입니다. 안식의 세계입니다.

성도에게 일이란 하나님이 보내신 자이신 예수 그리스도를 믿는 것입니다. 예수 그리스도를 믿는 자들이 일곱째 날 여호와의 안식과 여덟째 날 안식에 동참하게 되는 것입니다. 왜냐하면 역사 속에서 살면서 세상을 위하여 살지 않고 영원한 하나님 나라를 위하여 예수 그리스도를 믿는 일을 하였기 때문입니다.

세상 사람들은 세상에서 살아가는 일을 하였습니다. 세상 사람들은 하늘나라에서 살아갈 수 있는 예수 그리스도를 믿는 일을 하지 않았습니다. 일하지 않았으니까 안식이 없는 것입니다. 그러나 성도들은 세상 나라에 살면서 예수 그리스도를 믿는 하늘나라 일을 하였습니다. 그러다 보니까 세상에서는 자연히 외국인과 나그네와 행인처럼 살게 되는 것입니다.

나그네는 삶이 불편할 수밖에 없습니다. 예수 믿는 일을 하느라고 세상에서 누릴 것을 누리지 못하고 살아가는 것입니다. 눈물로 씨를 뿌린 것입니다. 이것은 엿새 동안 땀 흘려 일하는 것과 같습니다. 눈물로 씨를 뿌렸으니 기쁨으로 단을 거둘 때가 오는 것입니다. 그때가 예수님이 재림하시는 날입니다. 예수님이 재림하시면 일곱째 날 안식하게 되는 것입니다. 예수님이 재림하시면 그동안 누리지 못한 것들을 천년왕국에서 누리게 됩니다.

그래서 바울은 장차 올 영광은 현재의 영광과는 족히 비교할 수가 없다고 한 것입니다. 성도는 장차 올 영광을 위해서 현재의 고난을 받게 되는 것입니다. 그러니 고난을 슬퍼하지 말라고 합니다. 고난은 감추인 영광이기 때문입니다. 창조 7일은 역사 속에서 이루어지는 날입니다. 그러나 일곱째 날은 여섯째 날과 다릅니다. 둘 다 역사에 속하였지만 그 성격은 다릅니다.

여섯에 속한 날은 일하는 날이지만, 일곱째 날은 안식하는 날입니다. 여섯에 속한 세상과 일곱째에 속한 세상은 살아가는 원리가 다릅니다. 여섯에 속한 날은 예수를 믿는 일을 하는 날이지만, 일곱째에 속한 날은 예수를 믿는 일을 한 자들이 쉼을 누리는 날입니다. 예수와 함께 살아가는 날입니다.

이렇게 되면 모든 일을 다 마치고 쉬는 일곱째 날은 역사 속에서 모든 일을 다 마치고 영원한 안식으로 나아가는 여덟째 날을 예표하고 있는 날이 되기도 하는 것입니다. 하나님은 일곱째 날 안식일 속에 여덟째 날 안식의 세계를 담아 놓으신 것입니다. 우리는 일곱째 날 안식을 여덟째 날 안식의 예표로 지키게 되는 것입니다. 이를 이중 계시라고 합니다.

성경에서 '여덟'은 새로운 세계를 의미합니다.

팔일에 할례를 받습니다. 할례는 죽고 살아나는 것입니다. 여덟째 날에 새로운 피조물로 살아난 것입니다. 여덟째 날은 예수님이 부활하신 날입니다. 여덟째 날은 역사에 속한 일곱째 안식 후 첫날입니다. 이는 '역사 바깥에 있는 날'이라는 뜻입니다. 예수님이 부활하신 여덟째 날은 성령 안에서 평강을 누리는 날입니다.

여섯에 속한 날은 우리가 태어난 이 세상에 속하였습니다. 이 세상에서는 일곱째 날에 안식합니다. 그러나 일곱째 날은 이 세상 바깥 여덟째 날을 예표하는 날이라고 하였습니다. 우리는 일곱째 날 안식을 통해서 여덟째 날 안식을 미리 맛보기로 지키는 것입니다.

일곱째 날 안식을 이 세상에서는 주일로 담아 놓았습니다. 주일은 일곱째 날 안식을 예표하고 있고, 일곱째 날 안식은 여덟째 날 안식을 예표하고 있습니다. 우리가 주일에 교회로 모이는 것은 일곱째 날 안식과 여덟째 날 안식을 동시적으로 누리고 있는 것입니다. 이 사실을 알고 모여야 합니다. 주일에 모여서 일곱째 날 안식을 미리 맛본 자들에게 예수님이 재림하시면 일곱째 날 안식이 주어지는 것입니다. 이를 천년왕국이라고 합니다.

일곱째 날 안식은 천년왕국에서 주어지는 것입니다. 천년왕국은 역사에 속한 곳입니다. 하지만 역사 바깥에 있는 하나님 나라를 예표하기도 합니다. 그래서 예수님이 재림하시면 처음 하늘과 처음 땅은 간 곳이 없고 새 하늘과 새 땅이 하늘로부터 내려온다고 하는 것입니다.

이렇게 생각하세요. 창조 7일로 보면 여섯과 일곱은 같은 날입니다. 같은 역사에 속하였다는 뜻에서 같다고 합니다. 그러나 의미적으로는 여섯은 일하는 날이고 일곱은 안식하는 날입니다. 일하는 것과 안식하는 것에서는 다른 날인 것입니다. 이럴 때는 여섯은 이 세상이 되고, 일곱은 예수님이 재림하실 때 나타나는 새 하늘과 새 땅이 되는 것입니다.

일곱째 날에 속한 새 하늘과 새 땅은 역사라는 곳에 속한 것이지만 영적 의미로는 여섯에 속한 이 세상과 다른 곳입니다. 이는 일곱째 날은 이 세상 바깥의 날인 여덟째 날을 예표하고 있기 때문입니다. 그러므로 천년왕국은 역사 속에서 일어나는 나라이지만 역사 바깥에 있는 하나님 나라를 예표하고 있습니다.

예수님이 재림 때 몰고 오는 새 하늘과 새 땅은 아담이 살았던 에덴동산인 것입니다. 에덴동산도 역사 속에 있는 땅입니다. 첫 아담은 역사 속에 실존한 인물입니다. 그럼 첫 아담이 살던 에덴동산도 역사 속에 실존하는 땅이어야 하는 것입니다. 그런데 하나님은 아담이 범죄 하자 아담을 에덴동산 바깥에 있는 땅으로 쫓아내셨습니다. 에덴동산에서 쫓겨난 아담에게 에덴동산은 감추어진 세계입니다.

아담이 쫓겨나서 살아가는 땅이 지금 우리가 살고 있는 이 세상입니다. 이 세상은 에덴동산 바깥 동편에 있는 놋 땅인 것입니다. 놋 땅이란 심판 받은 죄인들이 살아가는 땅이란 말입니다. 하나님은 범죄 한 아담이 살아가는 땅을 저주하셨습니다. 저주받은 그 땅이 바로 이 세상인 것입니다.

아담이 범죄 하자 하나님이 에덴동산과 땅을 격리시키고 에덴동산을 감추어버리셨습니다. 아담의 범죄로 감추어진 에덴동산을 예수님이 재림하시면서 몰고 오는 것입니다. 그것이 바로 새 하늘과 새 땅입니다. 새 하늘과 새 땅도 역사에 속한 피조 세계입니다.

에덴동산은 죄 없는 자들이 살아가는 곳입니다. 죄 있는 자는 살아갈 수 없습니다. 예수님이 이 세상에 오신 것은 자기 백성들에게 에덴동산에서 살아갈 수 있는 몸을 주시기 위함입니다. 그래서 예수님이 재림하시면 우리의 몸이 홀연히 변화된다고 하는 것입니다. 죄의 몸이 죄 없는 몸으로 바뀌게 되는 것입니다.

예수님이 재림하시면 우리의 몸은 변화를 입게 됩니다. 썩을 것이 썩지 아니할 몸을 입게 됩니다. 에덴동산에서 살 수 있는 몸으로 변화를 입게 되는 것입니다. 죄와 상관이 없는 새로운 몸으로 천년왕국에서 살아가게 됩니다.

이렇게 되면 아담에게 명령하신 에덴동산을 다스리라는 말씀이 완성되는 것입니다. 첫 사람 아담이 실패한 것을 마지막 아담인 예수 그리스도께서 완성하게 되는 것입니다. 천년왕국에서는 예수 그리스도가 아담이 이루지 못한 일을 이루게 되는 것입니다. 아담과 하와가 이루지 못한 일을 예수 그리스도와 성도들이 하게 되는 것입니다. 그래서 천년왕국에서의 삶을 어린양의 혼인 잔치로 말하는 것입니다.

일곱째 날은 새로운 몸을 입고 살아가는 곳입니다. 그래서 새 하늘과 새 땅인 천년왕국에서는 아픈 것이나 곡하는 것이나 애통하는 것이나 사망이 다시는 없다고 하는 것입니다. 왜냐하면 새 하늘과 새 땅은 죄와 상관없는 몸으로 살아가는 곳이기 때문입니다. 이때 우리 몸은 온전하게 구속을 입게 되는 것입니다. 이를 알고 사도 바울은 구원의 완성을 우리의 몸이 구속받는 것이라고 하였던 것입니다. 몸이 구속받는다는 것은 온전한 몸으로 변화를 입게 된다는 뜻입니다.

우리의 구원은 두 단계를 거쳐서 완성됩니다. 정혼(定婚)의 단계와 결혼(結婚)의 단계가 있습니다. 정혼의 단계는 약속의 단계입니다. 신랑이 신부에게 값을 치르고 몸을 사는 단계입니다. 신랑은 아내를 위하여 결혼 지참금을 주고서 계약을 맺습니다. 이렇게 되면 혼인 언약이 성사된 것입니다. 비록 함께 살지는 않지만 실제 부부로서의 언약이 맺어진 것입니다. 언약을 맺고 난 후에 신랑은 대략 약 1-2년 후에 데리러 오겠다고 하고선 자기 집으로 떠나갑니다.

이스라엘은 정혼 단계부터 실제 결혼으로 여깁니다. 비록 몸으로 함께하지는 않지만 마음은 이미 하나가 된 것입니다. 그러므로 정혼한 여자는 비록 친정집에서 살아가지만 남편 있는 몸으로서 몸의 행실을 바르게 하고 정절을 지키면서 살아가게 되는 것입니다. 남편이 준 빙폐물로 몸을 단장하고 신랑을 기다리게 됩니다.

정한 때가 되면 신랑이 와서 자기 집으로 데리고 갑니다. 신랑의 집에서 성대하게 결혼식을 치르고 살아가게 됩니다. 신랑은 신부에게 그동안 정절을 잘 지켜준 것에 대하여 고맙다고 하면서 곳간 열쇠를 주고서 집안의 주인으로 살아가게 합니다. 신부는 완전히 새로운 세상에서 새로운 신분으로서의 삶을 살아가게 되는 것입니다. 시집의 가풍에 따라서 살아가게 되는 것입니다. 친정에서의 법도는 잊어버리고 시집의 법도로 살아가게 되는 것입니다.

이스라엘의 결혼 풍습은 성도의 구원과도 같습니다. 성도들의 구원도 두 단계를 거쳐서 주어지게 됩니다. 먼저 정혼의 단계입니다. 이것은 성령의 인침으로 보증을 받는 단계입니다. 예수님이 자기 피 값으로 우리를 사셨습니다. 이 사실을 성령이 와서 알려 주십니다. 그래서 성령을 보증으로 주셨다고 하는 것입니다. 성도들은 성령으로 거듭남과 동시에 예수님과 정혼하게 된 것입니다. 이제 예수 그리스도의 것이 되었습니다. 임자 있는 몸이 된 것입니다.

성령으로 거듭난 성도는 이 세상에서 예수 그리스도의 신부로서 예수님의 재림 때까지 믿음의 정절을 지키면서 살아야 하는 것입니다. 이것이 새로운 피조물로 살아가는 신앙생활입니다. 성령이 임하면 새로운 가치관으로 살아가게 되는 것입니다.

성령이 땅의 지체를 죽이고 하늘에 신령한 것을 좇아가는 삶을 살아가게 하시는 것입니다. 육신의 소욕을 죽이고 성령의 소욕을 좇아서 살아가게 하십니다. 이것이 거룩한 전쟁입니다. 거룩한 전쟁은 역사 속에서는 현재 진행형으로 이루어집니다. 점진적으로, 심층적으로 이루어져 가는 것입니다.

로마서 8장을 봅시다.

롬 8:29-30 "하나님이 미리 아신 자들로 또한 그 아들의 형상을 본받게 하기 위하여 미리 정하셨으니 이는 그로 많은 형제 중에서 맏아들이 되게 하려 하심이니라 ³⁰또 미리 정하신 그들을 또한 부르시고 부르신 그들을 또한 의롭다 하시고 의롭다 하신 그들을 또한 영화롭게 하셨느니라"

예수님은 이 세상에 오셔서 미리 아신 자들을 부르셨습니다. 이들을 일컬어 창세전에 어린양의 생명책에 녹명된 자들이라고 합니다. 이들을 자기 백성이라고 합니다. 이렇게 부르심을 입은 자들을 하나님은 의롭다 여겨 주십니다. 의롭다 여겨 주신다는 것은 '너는 하나님 나라 백성'이라는 것을 인(印)쳐 준 것입니다. 이것이 정혼의 단계입니다. 정혼한 자에게는 성령의 은사들을 주어서 예수 그리스도의 신부로서 살아가게 하십니다.

정혼한 성도들은 이 땅에서 엿새가 차기까지 믿음으로 살아가는 일을 하게 됩니다. 믿음으로 살아가는 것을 일컬어 엿새 동안 일을 하였다고 합니다. 예수님은 정한 때가 되면 자기 신부들을 데리러 오십니다. 자기 피 값을 주고 산 신부들을 데리고 가려고 이 세상에 다시 오시는 것입니다. 정혼한 신부들은 신랑의 재림을 손꼽아가면서 기다리게 되는 것입니다.

이것은 엿새 동안 열심히 일하는 것과 같습니다. 엿새 동안 열심히 일한 자들을 위하여 하나님은 안식을 준비해 두신 것입니다. 그것이 일곱째 날 안식일입니다. 여섯에 속한 세상은 우리가 태어나서 자란 친정집과도 같습니다. 여자가 어려서는 친정집에서 살다가 장성하면 남편을 따라서 시집으로 옮겨가게 됩니다. 시집으로 가면 친정에서의 모든 삶을 청산합니다. 시집에서는 친정의 것은 필요가 없어집니다. 시집에는 시집의 것들이 있습니다.

시집의 문화가 있고 시집의 가풍이 있습니다. 이제는 친정집에서의 삶은 다 잊고 시집의 사람으로 살아가야 합니다. 시집에는 남편의 가족들이 있습니다. 남편의 가족이 내 가족이 되는 것입니다. 이제 새로운 가족 관계가 형성된 것입니다. 그래서 예수님께서도 누군가가 예수님의 어머니 마리아와 그 형제들이 오는 것을 보고서 가족들이 온다고 하니까 "땅에 있는 자가 내 가족이 아니고 하늘에 있는 자가 내 가족"이라고 하셨던 것입니다.

성도의 구원은 여자가 남편을 따라서 시집가는 것과도 같습니다. 예수님이 재림하시면 우리는 이 세상이라는 친정집을 떠나게 됩니다. 신랑의 집으로 영원히 이사 가게 되는 것입니다. 이것을 '어린양의 혼인 잔치'라고 합니다.

일곱째 날은 신부가 신랑 집에서 결혼하는 날입니다. 가장 기쁜 날입니다. 그래서 일곱째 날을 복된 날이라고 하는 것입니다. 하나님은 일곱째 날에 복을 주셨습니다. 이는 일곱째 날에 참석하는 자들에게 축복하신 것입니다. 그동안 수고했으니 이제 평안히 쉬라고 하십니다. 우리에게는 이날이 약속되어 있기에 견디어내는 것입니다.

정혼한 여자가 친정에서 정절을 지키고 사는 일은 고난이고 아픈 일입니다. 주변의 늑대들이 호시탐탐 노리고 있기 때문입니다. 그러므로 바깥나들이도 조심하고 모든 일에 절제하면서 살아가게 되는 것입니다.

여자가 정조를 지키는 일이 아픔이듯이, 성도가 믿음의 정절을 지키는 일은 고난입니다. 마귀는 호시탐탐 우리로 하여금 넘어지게 합니다. 세상의 것으로 미혹합니다. 베드로는 이러한 것을 불같은 시험이라고 하였습니다.

베드로전서 1장을 봅시다.

벧전 1:5-7 "너희가 말세에 나타내기로 예비하신 구원을 얻기 위하여 믿음으로 말미암아 하나님의 능력으로 보호하심을 입었나니 [6]그러므로 너희가 이제 여러 가지 시험을 인하여 잠간 근심하게 되지 않을 수 없었으나 오히려 크게 기뻐하도다 [7]너희 믿음의 시련이 불로 연단하여도 없어질 금보다 더 귀하여 예수 그리스도의 나타나실 때에 칭찬과 영광과 존귀를 얻게 하려 함이라"

말세에 나타내기로 예비하신 구원을 얻기 위하여 믿음으로 말미암아 하나님의 능력으로 보호하심을 입었다고 합니다. 말세에 나타내기로 한 구원은 예수님이 재림하시면 주어지는 구원을 말합니다. 즉 우리가 신랑의 집으로 이사 가는 것입니다. 신랑 집으로 이사하기 전까지는 모든 것이 불편합니다. 그래서 세상에서의 삶이 잠깐 근심하는 일이 일어날 수 있다고 하는 것입니다.

그러나 이러한 것들은 모두가 우리가 예수 그리스도와 정혼하였기 때문에 당하는 아픔들인 것입니다. 영광의 아픔입니다. 하지만 걱정하지 말라고 합니다. 하나님이 능력으로 보호하고 계시기 때문입니다. 사단의 역사가 심하면 심할수록 하나님의 보호하심도 강하게 작동하십니다. 우리가 이만큼이라도 믿음을 지키고 있는 것도 모두가 하나님이 능력으로 보호하고 계시기 때문입니다.

디모데후서 4장을 봅시다.

딤후 4:17-18 "주께서 내 곁에 서서 나를 강건케 하심은 나로 말미암아 전도의 말씀이 온전히 전파되어 이방인으로 듣게 하려 하심이니 내가 사자의 입에서 건지웠느니라 [18]주께서 나를 모든 악한 일에서 건져내시고 또 그의 천국에 들어가도록 구원하시리니 그에게 영광이 세세 무궁토록 있을찌어다 아멘"

바울은 수많은 고난을 받았습니다. 죽을 고비도 많이 넘겼습니다. 핍박도 많이 받았습니다. 그런데 그러한 모든 것을 능히 이길 수 있었던 것은 주께서 바울의 곁에 서서 지켜주셨기 때문이라고 합니다. 주께서 악한 일에서 건져주실 뿐만 아니라 천국에도 넉넉히 들어가도록 구원해 주실 것이라고 합니다.

그래서 바울이 '나의 나 된 것은 모든 것이 하나님의 은혜'라고 고백한 것입니다. 바울은 자신이 복음을 전하게 된 것도 하나님의 은혜로 된 것이고, 핍박과 고난을 이겨낸 것도 하나님의 은혜로 된 것이고, 욕을 먹고 조롱을 당하고 수치를 견뎌낸 것도 하나님의 은혜로 된 것이라고 합니다.

고난과 안식은 동전의 양면과 같습니다. 모습은 다르지만 하나입니다. 안식이 약속되어 있기 때문에 고난당하는 것입니다. 약속이 없다면 아무렇게나 살면 됩니다. 그러나 천국에서의 안식이 약속되어 있기에 이 세상에서 아무렇게나 살아갈 수 없는 것입니다. 육체의 소욕이 이끄는 대로 살아갈 수 없는 것입니다.

이 모두가 성령이 우리 안에서 '너는 예수 그리스도와 정혼한 자'라고 알려주시기 때문입니다. 그렇기에 이전에 예수 그리스도 밖에 있을 때처럼 육체의 소욕이 이끄는 대로 살아갈 수 없는 것입니다. 모든 일에 절제하면서 살아가게 되는 것입니다. 이것이 고난입니다. 장차 주어질 안식을 위한 고난입니다.

데살로니가후서 1장을 봅시다.

살후 1:5-12 "이는 하나님의 공의로운 심판의 표요 너희로 하여금 하나님의 나라에 합당한 자로 여기심을 얻게 하려 함이니 그 나라를 위하여 너희가 또한 고난을 받으리니 ⁶너희로 환난 받게 하는 자들에게는 환난으로 갚으시고 ⁷환난 받는 너희에게는 우리와 함께 안식으로 갚으시는 것이 하나님의 공의시니 주 예수께서 저의 능력의 천사들과 함께 하늘로부터 불꽃 중에 나타나실 때에 ⁸하나님을 모르는 자들과 우리 주 예수의 복음을 복종치 않는 자들에게 형벌을 주시리니 ⁹이런 자들이 주의 얼굴과 그의 힘의 영광을 떠나 영원한 멸망의 형벌을 받으리로다 ¹⁰그날에 강림하사 그의 성도들에게서 영광을 얻으시고 모든 믿는 자에게서 기이히 여김을 얻으시리라 (우리의 증거가 너희에게 믿어졌음이라) ¹¹이러므로 우리도 항상 너희를 위하여 기도함은 우리 하나님이 너희를 그 부르심에 합당한 자로 여기시고 모든 선을 기뻐함과 믿음의 역사를 능력으로 이루게 하시고 ¹²우리 하나님과 주 예수 그리스도의 은혜대로 우리 주 예수의 이름이 너희 가운데서 영광을 얻으시고 너희도 그 안에서 영광을 얻게 하려 함이니라"

데살로니가 교회는 재림 신앙으로 무장된 교회였습니다. 재림에 대한 소망이 가장 강한 교회였습니다. 그 이유는 상대적으로 환난이 심하였기 때문입니다. 고난당할 때는 원망스럽기도 합니다. 그러나 하나님은 장차 안식을 위하여 고난당하는 것이라고 합니다.

데살로니가 교회는 이것을 알았기 때문에 견뎌낸 것입니다. 하나님은 분명히 말씀하십니다. '너희에게 고난을 가하는 자에게는 그날에 내가 반드시 환난으로 갚아 줄 것'이라고 합니다. 반면에 '고난당한 너희들에게는 안식으로 갚아 주겠다'고 합니다.

No cross, no crown
'노 크로스 노 크라운'입니다.

고난이 없는 영광은 없습니다. 영광은 고난 뒤에 숨어 있습니다. 십자가 뒤에 영광이 있는 것입니다. 천국은 십자가 너머에 있습니다. 십자가를 지나야 천국에 갈 수 있습니다. 여자가 평생 자라온 친정집을 떠나는 것은 아프고 고통스러운 일입니다. 그러나 그 아프고 고통스러운 길을 지나고 나면 기쁘고 영광된 삶이 기다리고 있습니다.

그래서 여자들은 결혼을 세상에서 가장 축복된 것으로 맞이하게 되는 것입니다. 안식의 반대는 수고와 슬픔입니다. 우리의 신앙도 율법을 지나서 은혜로 나아가게 되어 있습니다. 하나님은 먼저 율법 아래서 종노릇하게 하셨습니다. 때가 되면 은혜 아래로 옮겨주십니다.

마태복음 11장을 봅시다.

마 11:28-30 "수고하고 무거운 짐 진 자들아 다 내게로 오라 내가 너희를 쉬게 하리라 ²⁹나는 마음이 온유하고 겸손하니 나의 멍에를 메고 내게 배우라 그러면 너희 마음이 쉼을 얻으리니 ³⁰이는 내 멍에는 쉽고 내 짐은 가벼움이라 하시니라"

예수님은 "수고하고 무거운 짐 진 자들아 다 내게로 오라 내가 너희를 쉬게 하리라"라고 하셨습니다. 예수님은 십자가에서 의문에 쓴 증서를 도말하심으로써 언약의 후손들을 율법의 요구로부터 자유케 하시고 쉼을 주셨습니다. 율법 아래에서는 종으로서 안식을 누리지 못합니다. 율법의 요구는 예수님의 십자가로만 이길 수 있습니다.

예수님의 십자가 안이 안식의 세계입니다. 그래서 안식일을 영원한 언약의 표징으로 주신 것입니다. 왜 안식일을 영원한 언약의 표징이라고 합니까? 이는 예수님의 십자가로 주어지는 안식이 곧 창세전 언약의 완성지점이기 때문입니다. 우리가 주일에 모여서 하나님께 예배하는 것은 영원한 언약의 표징으로서 행하는 것입니다. 영원한 안식을 미리 맛보게 하시고 장차 들어갈 하나님 나라에서의 일을 연습하게 하는 것입니다.

연습은 실제가 있기 때문에 하는 것입니다. 실제가 없는 사람은 연습하지 않습니다. 올림픽에 출전하는 선수는 모든 삶을 올림픽을 위하여 살아갑니다. 매일 연습합니다. 실제가 있기 때문에 죽도록 연습하는 것입니다. 그러나 올림픽에 출전하지 않는 사람은 연습하지 않습니다. 실제가 아니기 때문입니다. 실제가 없으니 연습할 필요가 없는 것입니다.

우리가 주일에 교회로 모이는 것은 실제가 있기 때문입니다. 실제가 없는 사람은 모이지 않습니다. 실제가 믿어지지 않는 사람은 모이지 않습니다. 실제를 약속으로 받은 사람은 모이고, 실제를 약속으로 받지 않은 자는 모이지 않습니다. 이를 각각 뿌린 대로 거둔다고 합니다. 마귀는 실제를 가려서 구원의 즐거움을 빼앗을 일을 합니다. 마귀는 율법을 가지고 인간을 참소하는 일을 합니다. 여기에 걸려들면 구원의 즐거움을 상실하게 됩니다.

마귀가 우리의 구원을 빼앗아 갈 수는 없습니다. 그러나 구원의 즐거움을 상실케 하는 일을 할 수는 있습니다. 그것이 우리로 하여금 자꾸만 법 아래 두고자 하는 것으로 나타납니다. 우리의 시선을 예수 그리스도의 십자가로부터 벗어나게 합니다. 그것이 선악과로 생명과를 가리는 것입니다. 선악과는 율법이고 생명과는 은혜입니다. 선악과 속에는 우리 자랑거리가 있고, 생명과 속에는 예수 그리스도의 자랑거리가 있습니다.

우리가 마귀의 미혹에 자주 넘어지는 것은 마귀가 제시하는 선악과 신앙이 보암직하고 먹음직하고 탐스럽기 때문입니다. 우리의 자존감을 채워주고 마음을 뿌듯하게 해 주기 때문입니다. 선악과를 상징하는 율법 신앙 속에는 우리 의가 있고 우리의 자랑거리들이 있습니다. 그래서 우리는 선악과 신앙을 쉽게 벗어날 수 없는 것입니다. 선악과 주변을 맴돌게 되는 것입니다. 그럴 때마다 우리 안의 성령은 예수 그리스도를 바라보게 하십니다. 우리의 시선을 십자가로 향하게 하십니다. 그리하여 마귀의 미혹을 이겨내게 하십니다.

내 형편을 보면 법에 걸려들어 두려워지지만, 예수 그리스도의 십자가를 바라보면 쉼을 누립니다. 에덴동산에서 뱀이 선악과로 안식을 잃어버리게 하였듯이, 지금도 마귀는 율법으로 우리의 안식을 빼앗아 가는 일을 합니다. 그래서 다시는 율법 아래서 종노릇하지 말라고 합니다.

성령은 예수 그리스도께서 십자가에서 율법의 요구를 다 이루셨으니 그리스도 예수 안에 있는 자는 결코 정죄함이 없다고 알려주시고 믿어지게 하십니다. 이 믿음으로 살아가는 것이 현재 안식을 누리고 지키는 것입니다. 현재 안식은 예수 안에서 율법으로부터 자유하는 것입니다.

구원이란 하나님의 아들이 되어서 여호와의 안식에 동참하는 것입니다. 예수님의 초림은 율법으로부터 자유케 하는 영적인 안식을 주셨고, 예수님의 재림은 이 세상을 떠나 천국에서 누림을 갖는 실제적인 안식을 주십니다. 안식은 예수 그리스도가 지은 은혜의 집에 거하는 것입니다. 예수님은 그의 신부들에게 은혜의 장막을 지어 주셨습니다. 이름하여 심령의 성전입니다. 현재의 안식은 심령에 성전이 이루어진 자만이 누릴 수 있습니다.

마음속에 율법의 참소를 받으면 안식하지 못합니다. 마음속에 법이 작동하면 지옥이 되고 구원의 즐거움을 상실하게 됩니다. 율법의 요구는 예수 그리스도의 십자가로만 이길 수 있습니다. 생명의 성령의 법인 새 언약으로만 죄와 사망의 법인 옛 언약을 이길 수 있습니다. 현재의 안식은 예수 그리스도의 십자가 안에서만 누릴 수 있는 것입니다. 그러므로 우리의 마음은 은혜로 굳게 하여 예수님의 피로 맺은 새 언약을 믿음으로 안식을 빼앗기지 말고 누려야 합니다.

예수 그리스도께서 십자가에서 율법의 요구를 도말하신 것을 믿음으로 살아갈 때 안식을 누릴 수 있습니다. 현재의 안식은 영적으로 누리고, 장래의 안식은 천국에서 실제로 누리게 됩니다. 현재 안식을 누리는 성도에게 미래 안식이 주어집니다.

현재의 안식은 장차 주어지는 안식의 보증금과 같은 것입니다. 그러므로 미래의 안식을 예표하는 현재의 안식을 주일을 통해서 미리 맛보시길 바랍니다. 현재의 안식을 통해서 미래의 안식을 미리 맛본 자들이 장차의 안식도 소망하고 기다리게 되는 것입니다.

신앙생활이란 미래의 약속을 현재 속에서 누리는 것입니다. 그래서 현재에서 누리는 하나님 나라의 안식을 일컬어 성령 안에서 의와 평강과 희락을 맛보는 것이라고 하는 것입니다. 장차 주어지는 안식을 예표하는 현재 주일의 모임 속에서 장차 주어지는 일곱째 날 안식일을 맛보면서 살아가시기를 주의 이름으로 축원드립니다.

13강 두 사람

창세전 언약으로 본 창조와 구원 이야기

창 1:27 "하나님이 자기 형상 곧 하나님의 형상대로 사람을 창조하시되 남자와 여자를 창조하시고"

창 2:7 "여호와 하나님이 흙으로 사람을 지으시고 생기를 그 코에 불어 넣으시니 사람이 생령이 된지라"

이제 창세기 1장의 사람과 창세기 2장의 사람에 대하여 살펴봅니다. 창세기 1장의 사람과 창세기 2장의 사람은 같은 사람일까요, 아니면 다른 사람일까요? 우리는 지금까지 같은 사람이라고 배워왔습니다. 그런데 창조의 모습과 시점을 보면 창세기 1장의 사람과 2장의 사람이 서로 다르게 나타납니다. 같다고 하기에는 여러 가지 모순을 발견하게 됩니다.

성경은 성령의 감동으로 기록한 하나님의 말씀입니다. 성령께서 모순적으로 기록하였을 리가 만무합니다. 성경 무오설을 믿는 성도로서는 성경이 틀렸으리라고는 상상할 수가 없습니다. 그런 생각 자체가 불경입니다. 그래서 우리는 괜히 따지다가는 불경죄에 걸리니까 그냥 덮어두자는 식으로 넘겨 왔습니다. 사실이 이렇다 보니 목사님들도 이러한 부분은 다루지 않았던 것입니다.

그럼 우리는 묻지 않을 수가 없습니다. 과연 성령께서 성경을 모순적으로 기록하였을까요? 혹 우리가 제대로 깨닫지 못하고 있는 것은 아닐까요? 하나님의 뜻을 우리식으로 곡해하여 이해하는 건 아닌지 생각해 보아야 합니다.

드라마를 보면 결론을 먼저 말하고 난 후에 과거에서 현재로 거슬러 올라오는 기법이 있습니다. 주로 사극에서 많이 활용하는 기법입니다. 현재가 과거에 이러한 과정들을 겪어서 온 것이라는 것을 풀어가는 방식입니다. 오늘 말씀도 이러한 식으로 전개하려고 합니다. 먼저 간단하게 결론부터 말씀을 드리고 그 배경을 설명하고자 합니다. 오늘의 말씀은 그렇게 하는 것이 이해하는 데 훨씬 유익할 것 같아서입니다.

창세기 1장의 사람과 2장의 사람이 어떻게 다른지 살펴봅시다.

창세기 1장을 보면 하나님께서 남자와 여자를 동시에 창조하셨습니다. 그러나 2장에서는 아담을 먼저 창조하시고 난 후에 여자는 나중에 창조하십니다. 그리고 창세기 1장에서는 남자와 여자는 독자적으로 창조되었는데, 창세기 2장에서는 여자가 아담으로부터 나온 것으로 되어 있습니다.

창세기 1장은 하나님에게서 사람이 나왔는데, 창세기 2장에서는 사람에게서 사람이 나온 것입니다. 사람이 사람을 낳은 것입니다. 알다시피 창세기 2장은 인류의 시작을 알리고 있습니다. 인류가 어떻게 시작되었는가 하면, 사람이 사람을 낳는 방식으로 시작되었습니다. 그렇게 인류 역사가 전개됩니다. 여기에 복음적인 큰 비밀이 있습니다.

사람이 사람을 낳고, 짐승이 짐승을 낳습니다. 사람에게서 사람이 나오고, 짐승에게서 짐승이 나옵니다. 당연한 것을 무슨 큰 비밀이라도 깨달은 것처럼 이야기하느냐고 말할 수 있습니다. 맞습니다. 당연한 것이지만 여기에는 큰 비밀이 담겨 있습니다. 여기에 하나님께서 역사 속에서 자기 백성들을 구원하는 비밀이 담겨 있는 것입니다. 그 비밀은 성경이 말하는 사람과 짐승을 알면 풀립니다.

성경이 말하는 사람은 '하나님의 형상을 입은 자'를 말합니다. 그러나 아담이 에덴동산에서 추방당한 후에 태어난 사람들은 하나님의 형상을 입지 않았습니다. 세상에 존재하는 모든 사람들은 죄인인 아담의 형상을 입은 자들입니다. 하나님의 형상을 입지 않았다는 것은 사람이 아니라는 뜻입니다.

성경은 하나님의 형상을 입지 않은 사람을 짐승이라고 합니다. 죄인을 일컬어 짐승이라고 하는 것은 죄인은 하나님의 형상을 잃어버린 자들이기 때문입니다. 이 세상에는 사람이 없습니다. 모두가 짐승입니다. 인간들은 동의하지 않겠지만 하나님이 그렇게 정의하십니다.

아담은 죄인입니다. 그럼 아담이 낳은 자도 죄인이 되는 것입니다. 죄인이 죄인을 낳은 것입니다. 성경은 죄인을 짐승이라고 합니다. 그래서 사람의 혼은 위로 올라가고, 짐승의 혼은 아래로 내려간다고 하신 것입니다. 위는 천국을 말하고, 아래는 지옥을 말합니다.

누가 천국에 가고, 누가 지옥에 갑니까? 예수 그리스도 안에서 난 자들이 천국에 가고, 아담 안에서 난 자들은 지옥에 갑니다. 한마디로 예수 그리스도를 믿는 성도는 천국에 가고, 예수 그리스도를 믿지 않는 불신자는 지옥으로 가는 것입니다.

하나님은 예수 그리스도 안에서 난 자들을 사람으로 보십니다. 그래서 예수 그리스도 안에서 난 자들은 하나님이 살아가는 하나님 나라로 올라오게 하십니다. 그러나 아담 안에서 난 자들은 짐승으로 보시고 짐승이 살아가는 나라인 지옥으로 내려보내는 것입니다.

아담이 범죄 한 후에 에덴동산에서 쫓겨났습니다. 죄인은 하나님과 함께 살아갈 수가 없기 때문입니다. 그래서 짐승이 사는 에덴동산 바깥의 땅으로 쫓아낸 것입니다. 범죄한 인간이 살아가는 에덴동산 바깥이 바로 짐승들이 살아가는 곳입니다. 이 세상은 죽은 자들이 살아가는 곳입니다. 죽은 자들이 있는 곳을 무덤이라고 합니다. 그래서 성경은 이 세상을 무덤이라고 하는 것입니다.

예수님이 오셔서 무덤 속에 있는 자들을 부르십니다. 예수님의 음성이 울려 퍼지자 무덤 속에 있던 자들에게서 두 가지 반응들이 나타납니다. 어떤 자들은 예수님을 영접하는 것으로 나타나고, 어떤 자들은 예수님을 배척하는 것으로 나타납니다.

예수 그리스도에게로 나아오는 자들을 '하나님의 아들들'이라고 합니다. 예수 그리스도 안에서 죽은 자가 살아나고, 짐승이 사람이 되는 일이 일어난 것입니다. 이를 새로운 창조라고 합니다. 예수 그리스도가 죽은 자들을 하나님의 형상으로 회복시켜 주는 새로운 창조를 하신 것입니다.

알다시피 예수 그리스도는 하나님이고 창조주이십니다. 예수 그리스도가 하시는 모든 일은 창조에 속한 일입니다. 그래서 예수 그리스도로부터 살아난 자들을 새로운 피조물이라고 하는 것입니다. 예수 그리스도께서 새로운 창조를 하신 것입니다. 창조주이신 하나님이 이 세상에 왜 오셨을까요? 자기 백성들에게 하나님의 형상을 찾아 주려고 오셨습니다.

예수 그리스도를 일컬어 보이지 아니하시는 근본 하나님 형상의 본체시라고 합니다. 하나님의 형상의 본체이신 예수 그리스도가 자식을 낳았습니다. 어떤 자식일까요? 하나님의 형상을 가진 자들입니다. 그래서 예수 그리스도로 난 자들이 하나님의 형상을 입은 하나님의 아들들이 되는 것입니다.

하나님은 예수님을 '인자'라고 하셨습니다. 인자란 '사람의 아들'이라는 뜻입니다. 이는 예수님이 하나님이 인정하신 참사람이라는 뜻입니다. 그래서 예수 그리스도로 난 자들을 사람이라고 하는 것입니다. 하나님께서 태초에 말씀으로 계시던 하나님을 이 세상에 육신을 입은 아들로 보내셨습니다. 말씀이신 하나님이 하나님으로부터 예수라는 이름을 받고 이 세상에 사람의 모습으로 보내심을 입었기 때문에 인자라고 하는 것입니다.

예수님은 하나님의 아들이면서 사람입니다. 그래서 인자라고 합니다. 예수님이 참사람으로 오신 것입니다. 하나님이 인정하는 참사람은 이런 사람이라고 보내신 것입니다. 예수님이 오시자 인간들은 가짜로 드러나게 되었습니다. 참사람이신 예수님 앞에 서서 보니까 사람이 아니고 짐승으로 드러난 것입니다. 사람의 탈을 쓴 짐승으로 드러난 것입니다. 그동안 짐승이 사람 행세를 한 것입니다.

짐승이 어떤 자입니까? 부모를 모르는 자입니다. 우리가 흔히 부모의 은혜를 모르면 짐승만도 못한 놈이라고 합니다. 맞습니다. 부모의 은혜를 모르는 자는 자기 밥그릇을 빼앗으면 어미 아비도 죽이는 자들입니다. 예수님이 오시자 하나님의 은혜를 자기 밥그릇 채우는 것으로 이용하던 자들이 반발하는 것입니다. 급기야 창조주이신 예수님을 죽이는 일을 하고 말았습니다. 자신들은 짐승이라고 스스로 커밍아웃하고 만 것입니다.

예수님이 참 사람으로 오시자 사람의 탈을 쓴 짐승들이 반발합니다. 급기야 짐승이 사람을 죽이는 일이 벌어지고 만 것입니다. 이것을 '빛이 어둠에 비춰자 어둠이 자기 정체가 드러나니까 빛을 미워하더라'라고 합니다. 가짜들이 예수님에 의하여 자기 정체가 발각되자 짐승 짓을 한 것입니다. 자기 정체를 인정하는 것이 아니라 숨기는 것으로 나타난 것입니다. 그것이 예수님을 죽이는 것으로 나타난 것입니다.

사람이 짐승에게 죽임을 당한 것입니다. 그런데 반전이 일어납니다. 짐승이 사람을 잡아먹은 줄 알았는데 도리어 죽은 줄 알았던 사람이 짐승을 사람으로 만드는 창조의 일을 하시는 것입니다. 예수님을 먹은 짐승들이 사람이 되는 놀라운 일들이 일어나게 된 것입니다. 사망이 생명을 삼켰는데 나중에 보니까 삼킴을 당한 생명이 도리어 사망을 삼키고 생명을 창조하는 것으로 나타난 것입니다.

하나님은 하나님의 형상으로 오신 참사람인 예수님을 통해서 사람을 낳게 하는 일을 하십니다. 하나님은 참사람인 예수님을 짐승에게 잡아먹힘을 당하게 함으로써 예수님을 먹은 짐승을 사람으로 만들어내는 새로운 창조의 일을 하신 것입니다. 하나님께서 죽은 자를 살리는 창조의 일을 하신 것입니다. 이것이 짐승을 사람으로 만드는 새 창조의 일입니다. 하나님께서 예수님을 짐승의 밥통에 태어나게 하신 것은 그 아들을 짐승들의 밥으로 주신 것입니다.

예수님도 이를 고백하셨습니다. "나는 하늘로서 내려온 산 떡"이라고 하셨습니다. "누구든지 나를 먹으면 영생을 얻는다"고 하셨습니다. 어떤 사람은 예수님을 먹고 살아났고, 어떤 사람은 예수님을 거부하고 욕을 하면서 돌아갔습니다. 하나님은 그 아들을 가지고 참사람을 창조하는 일을 하십니다. 어떻게 하십니까? 그 아들을 짐승의 밥으로 주어서 하십니다. 그 아들을 먹은 자는 사람으로 살아나게 되는 것입니다.

짐승이던 죄인이 참사람인 예수 그리스도를 먹음으로 새로운 피조물로 창조된 것입니다. 참사람이 죽어서 짐승을 사람으로 만들어낸 것입니다. 이것은 마치 하나님이 아담을 깊이 잠들게 하신 후에 아담 속에서 하와를 빼낸 것과 같습니다. 그래서 하와를 사람이라고 하는 것입니다.

범죄 하기 전에 아담과 하와는 사람이었습니다. 그러나 범죄 한 후에는 사람의 지위를 상실하였습니다. 하나님의 형상을 잃어버렸기 때문입니다. 짐승이 되고 만 것입니다. 그래서 짐승들이 살아가는 이 땅으로 쫓겨난 것입니다. 짐승이 된 아담과 하와가 짐승을 낳기 시작하였습니다. 하나님의 형상을 잃어버린 아담과 하와에게서 나오는 자들은 모두가 사람이 아니고 짐승으로 태어나게 되는 것입니다.

사람이 사람 짓을 해야 사람인데, 사람이 짐승 짓을 하기 때문에 짐승이라고 하는 것입니다. 사람은 하나님 말씀에 순종하고 살아가는 자입니다. 하나님 말씀에 불순종하는 자를 짐승이라고 합니다. 그런데 아담과 하와가 뱀이라는 짐승의 미혹에 넘어가서 하나님의 말씀에 불순종하여서 짐승이 되고 만 것입니다. 짐승의 조상이 되고 만 것입니다. 그래서 이 세상 역사는 짐승이 짐승을 낳는 역사를 쓰고 있는 것입니다.

성경이 이 세상을 짐승의 나라라고 하는 것은 모두가 하나님의 말씀(생명)에서 떨어져서 살아가고 있기 때문입니다. 하나님은 하나님의 말씀에서 떨어진 자들에게 말씀이신 하나님을 보내어 연결시켜 주는 일을 하십니다. 그분이 바로 태초에 말씀으로 계시던 하나님이 육신을 입고 오신 예수 그리스도입니다.

예수 그리스도로부터 난 자들은 이제부터 하나님의 말씀과 연결되어 살아가는 사람이 된 것입니다. 이렇게 하나님의 말씀에 연결되어 살아가는 자들을 하나님의 아들들이라고 합니다. 하나님의 아들이 누구입니까? 하나님의 말씀에 연결되어 살아가는 사람들입니다.

사람에게서 사람이 태어나고, 짐승에게서 짐승이 나옵니다. 그래서 예수 그리스도를 믿으면 사람이 되는 것입니다. 예수 그리스도로 말미암아 사람이 된 자들은 하나님의 아들로서 하나님의 말씀에 순종하는 삶을 살아가게 됩니다.

이것을 만대로부터 감추인 하나님의 비밀이라고 합니다. 하나님은 이 비밀을 예수 그리스도로 말미암아 사람이 된 자들이 모인 교회에 맡겨 주셨습니다. 교회는 세상의 짐승들에게 예수 그리스도를 먹으면 사람이 된다는 것을 알려주어야 합니다.

그럼 그 말을 듣는 짐승들이 있습니다. 그 짐승들이 바로 영생 얻기로 작정되어 창세전에 어린양의 생명책에 녹명된 자들입니다. 이들이 예수를 먹고 사람이 되는 것입니다. 성경이 예수 그리스도를 믿는 자는 영생을 얻는다고 하는 것도 예수 그리스도의 생명을 가진 자라야 하나님의 형상을 회복한 사람이기 때문입니다. 하나님의 형상을 입은 자만이 영생하시는 하나님과 영원한 하나님 나라에서 살아갈 수 있습니다.

그럼 묻습니다. 언제부터 하나님의 형상을 입은 사람이 창조됩니까? 이는 하나님의 형상의 본체이신 예수 그리스도가 오심으로부터 됩니다. 하나님의 참 형상이신 예수 그리스도가 오셔서 하나님의 아들들을 낳아 주면서부터 이 세상에 하나님의 형상을 입은 사람이 생기기 시작한 것입니다.

그럼 예수 그리스도가 이 세상에 오심으로써 하나님의 형상을 입은 사람들의 창조가 일어나는 날은 창세기 1장에서 몇째 날에 일어났습니까? 여섯째 날입니다. 그럼 예수 그리스도가 오시기 전에는 아직까지 여섯째 날이 이르지 않았음이 됩니다.

예수 그리스도가 오셔야만 짐승으로 남아 있을 자와 하나님의 형상으로 창조되는 사람이 될 자로 구분되는 것입니다. 그래서 여섯째 날에 짐승과 사람이 같이 창조되는 것으로 나타난 것입니다. 여섯째 날 마지막 때 예수 그리스도 안에서 새로운 피조물로 창조된 자들이 일곱째 날 안식에 들어가게 되는 것입니다.

예수님께서 이 세상에 오신 때를 마지막 때라고 합니다. 여섯째 날이라는 뜻입니다. 여섯째 날에 하나님의 형상의 본체이신 예수 그리스도 안에서 난 자들을 일컬어 새로운 피조물이라고 합니다. 이들이 하나님의 형상으로 지음을 받은 사람입니다. 새로운 피조물은 하나님 나라에 소속된 자들입니다. 하나님은 예수를 통해서 하나님의 형상을 입은 사람들을 세상에서 하나님 나라를 예표하는 교회로 불러 주신 것입니다.

예수 그리스도로 말미암아 하나님의 형상을 입은 자들이 모인 곳을 교회라고 합니다. 그래서 교회를 예수 그리스도의 몸이라고 하는 것입니다. 왜냐하면 예수 그리스도 안에서 나온 자들이 모인 곳이기 때문입니다. 교회는 하늘나라를 예표하는 곳입니다. 그래서 예수 그리스도 안에서 난 자들이 일곱째 날에 교회로 모여서 천국에서 행하는 일들을 미리 이 세상에서 맛보고 예행 연습하는 것입니다. 일곱째 날 안식일을 영원한 언약이라고 하는 것도 일곱째 날 안식일이 하나님 나라를 상징하고 있기 때문입니다.

우리가 주일에 교회로 모이는 것은 장차 일어날 일을 미리 맛보는 것입니다. 이것을 약속의 보증을 받은 것이라고 합니다. 주일에 교회로 모이는 것이 그렇게 중요한 것입니다. 이 사실을 알고 주일에 교회로 모여야 합니다. 우리는 일요일로 모이는 것이 아니고 일곱째 날로 모이는 것입니다. 지금이 여섯째 날입니다. 그것도 여섯째 날이 다 끝나가는 저녁때입니다. 이를 말세지말(末世之末)이라고 합니다. 일곱째 날이 점점 다가오고 있습니다. 예수 그리스도가 재림하시면 일곱째 날이 됩니다.

지금까지 창세기 1장의 사람과 창세기 2장의 사람이 다르다는 것을 살펴보았습니다. 엄밀히 말하면 창세기 2장이 먼저이고 창세기 1장이 나중인 것입니다. 창세기 1장은 책의 목차와 같습니다. 목차 속에는 그 책의 내용이 다 들어가 있습니다. 성경은 창세기 1장의 목차 속에 담긴 내용을 역사 속에서 하나둘씩 풀어가는 것으로 전개되는 것입니다.

목차 속에 책의 내용이 다 들어가 있습니다. 시작과 끝을 다 말해주고 있습니다. 그럼 창세기 1장의 목차가 담고 있는 내용이 끝이 나기까지는 2장부터는 시차를 두고서 이루어지게 됩니다. 과거와 현재와 미래라는 시제로 전개되는 것입니다. 어떤 것은 이미 이루어졌고, 어떤 것은 현재 이루어져 가고 있으며, 어떤 것은 장차 이루어지는 것으로 존재하게 되는 것입니다. 그래서 우리의 구원이 과거, 현재, 미래 시제로 이루어져 가고 있는 것입니다.

과거에 받은 구원이 있고, 현재 이루어 가는 구원이 있으며, 장차 이루어질 구원이 있는 것입니다. 과거 구원은 죄와 사망에서 건짐받는 것이고, 현재 구원은 그리스도의 장성한 분량으로 자라가는 것이고, 미래 구원은 예수 그리스도의 신부가 되어 천국에서 살아가는 것입니다.

이 모든 구원을 예수 그리스도께서 이루십니다. 과거 구원은 예수 그리스도가 십자가에서 죽음으로써 죄와 사망에서 건져 주셨습니다. 현재 구원은 성령으로 우리 가운데 오셔서 예수 그리스도의 장성한 분량으로 자라가게 하십니다. 미래 구원은 장차 예수 그리스도가 재림하여서 이루어 주실 것입니다.

이것은 예수님의 삼중직에도 담겨 있습니다. 예수님은 선지자이고 제사장이고 왕이십니다. 육체로 오셔서 선지자직을 행하셨고, 성령으로 오셔서 제사장직을 행하고 계시며, 재림하시면 만왕의 왕으로서 다스리실 것입니다. 이러면 모든 일을 다 마치시고 일곱째 날 안식하게 됩니다. 예수님은 안식하시기 위하여 모든 일을 하고 계신 것입니다. 하나님의 형상을 입은 아들들을 낳고 기르는 일을 하시고 있는 것입니다. 엿새가 차기까지….

지금까지 예고편으로 전체를 잠깐 보여드렸습니다. 이제부터 예고편 전체를 확대하여서 대하 드라마로 풀어가겠습니다. 그럼 창세전부터 계획된 자기 백성들을 구원하는 언약이 이 역사 속에서 어떻게 이루어지고 영원한 하나님 나라로 나아가게 되는지 알 수 있을 것입니다.

창조는 원인에 의한 결과로 나타난 것입니다.

사 43:21 "이 백성은 내가 나를 위하여 지었나니 나의 찬송을 부르게 하려 함이니라"

사람을 창조한 원인이 있습니다. 그것은 창조의 목적을 알면 알 수 있습니다. 하나님께서 사람을 창조하신 목적을 '하나님의 찬송을 부르게 하려 하심'이라고 합니다. 찬송은 일의 결과로 나타나는 것입니다.

찬송을 다른 말로 감사라고 합니다. 감사는 모든 일의 끝에 하는 것입니다. 찬송은 수혜를 받은 사람이 은혜를 베푼 분에게 하는 감사의 표현입니다. 감사와 찬송은 구원을 받은 자가 구원해 주신 분에게 하는 최종의 행위인 것입니다.

찬송을 하기 위해서는 먼저 구원의 과정이 일어나야 합니다. 하나님의 일하심이 있어야 합니다. 찬송은 일곱째 날에 하는 것이므로 하나님은 여섯째 날의 일을 하여야 합니다. 그것이 예수 그리스도가 여섯째 날에 오셔서 자기 백성들을 구원하는 일을 하시는 것입니다.

하나님께서 우리를 구원한 것은 찬송을 받으시고자 함입니다. 하나님만이 홀로 찬송을 받으셔야 합니다. 그래서 구원은 전적으로 하나님이 다 하시는 것입니다. 계획에서부터 이루시는 것과 완성하는 것 모두를 하나님이 홀로 다 하십니다. 우리는 혜택을 입게 된 것입니다. 이것이 하나님께서 천지와 만물을 다 이루시고 안식하는 것으로 나타난 것입니다. 하나님께서 홀로 다 이루셨기 때문에 여호와의 안식일이라고 하는 것입니다.

하나님께서 천지와 만물을 창조하셨습니다. 천지 속에 만물을 채우는 일을 창조로 말씀하시고 있습니다. 그런데 천지와 만물을 다 이루어 가시는 것이 역사 속에서는 시작과 끝이 있는 흐름으로 이루어져 갑니다.

첫째 날부터 일곱째 날까지는 마치 집을 짓는 것과 같습니다. 집을 짓기 전에 먼저 설계를 합니다. 설계도에는 이미 완성된 집으로 있습니다. 하지만 설계도대로 만들어 가는 것은 과정이 있습니다. 처음에는 터를 닦고 그다음에는 기둥을 세우고 벽을 만들고, 그것을 다 하고 나면 지붕을 덮어서 완성합니다. 다 완성되면 그 집에서 가족들과 살아가게 됩니다.

천지와 만물이 완성되는 수순이 그러합니다. 첫째 날부터 여섯째 날까지 순차적으로 시간 속에서 진행되어 갑니다. 첫째 날이 시작이라고 하면 여섯째 날은 마지막입니다. 일곱째 날은 모든 일을 마치고 안식하는 날이므로 실제로 일하는 것은 여섯째 날이 마지막 날이 되는 것입니다.

이러면 이 세상 역사가 끝이 나는 날은 여섯째 날이 됩니다. 그렇다고 한다면 첫째 날부터 일곱째 날까지의 창조 사역을 기록하고 있는 창세기 1장은 천지와 만물을 다 이루어 가는 일의 순서를 말해주고 있는 것이 됩니다.

그럼 창세기 1장 역사의 끝인 여섯째 날에 창조된 사람과 창세기 2장에서 역사의 시작에 창조된 사람은 같을 수가 없습니다. 맨 마지막에 창조된 사람하고 처음 시작하면서 창조된 사람은 다를 수밖에 없습니다. 그럼 우리는 그동안 배워왔던 창세기 1장의 사람과 창세기 2장의 사람은 같은 사람이라는 해석을 고집해서는 안 됩니다.

창세기 2장의 사람은 역사의 시작을 여는 사람입니다. 그러나 창세기 1장의 사람은 역사의 문을 닫는 사람입니다. 그럼 이 두 사람은 같을 수가 없습니다. 다른 사람인 것입니다. 그럼 어떻게 다른지를 살펴보아야 하겠지요. 그리하여 합당한 답을 내어놓아야 합니다. 그것도 성경의 증거가 있는 답이라야 합니다.

창세기 1장의 사람과 2장의 사람이 어떻게 다른지 추적해 봅시다.

창세기 1장에는 천지 만물이 창조되는 과정이 그려져 있습니다. 태초에 역사 바깥에 계시던 하나님이 역사 세계에 들어오셨습니다. 그리고 첫째 날부터 여섯째 날까지 일을 하십니다. 창조의 여섯째 날에 하나님의 형상으로 사람을 창조하십니다. 그리고 일곱째 날에 안식하십니다.

창세기 1장에서는 하나님의 형상으로 사람이 창조되면 역사 속에서 일어나는 모든 창조는 끝이 나게 됩니다. 이렇게 되면 창조의 맨 마지막에 나타나는 하나님의 형상으로 지음을 받은 사람은 역사의 끝에 나타나야 하는 것입니다.

과연 그러한지 살펴봅시다. 자세히 살펴보면 하나님께서 인간을 창조하실 때의 모습이 창세기 1장의 모습과 창세기 2장의 모습이 전혀 다름을 보게 됩니다. 천지 만물과 짐승의 창조와 인간의 창조 시점이 다르다는 것을 알 수 있습니다.

창세기 1장에서는 모든 짐승들을 다 만드시고 난 후 맨 마지막으로 사람을 창조하셨다고 말해주고 있습니다. 그러나 창세기 2장에서는 인간을 먼저 만드시고 난 후에 각종 짐승들을 만들었다고 증거해 주고 있습니다. 창세기 1장은 짐승의 창조가 먼저이고 사람의 창조는 나중입니다. 그러나 창세기 2장에서는 사람의 창조가 먼저이고 짐승의 창조는 나중입니다.

이렇게 되면 창세기 1장과 2장은 서로 다른 이야기가 되는 것입니다. 우리는 별생각 없이 창세기 1장과 2장을 수평적으로, 연속적으로 보았습니다. 다르다는 것을 인지하였어도 창세기 1장은 개괄적인 것을 말하고, 창세기 2장은 구체적으로 말하고 있다는 정도로만 이해해 왔습니다. 그 이유는 성경을 전문적으로 연구하는 모든 주석가들이 그렇게 설명하였고 그 주석을 토대로 목사님들이 설교해 왔기 때문입니다.

하나님의 말씀은 계시입니다. 계시는 점진성이 있습니다. 하나님의 말씀이 역사 속에서 이루어져 가는 것은 점진적이고 심층적으로 이루어져 갑니다. 이를 계시의 점진성이라고 합니다. 계시의 점진성이라 함은 처음에는 희미하던 것들이 시간이 흐를수록 그 형체가 점점 더 명료하게 드러나고 또한 확대되어 열리게 된다는 것입니다.

이는 논문이 서론, 본론, 결론으로 진행되는 것과 같습니다. 서론에서는 결론을 온전하게 알 수가 없습니다. 안다고 해도 희미하게 알 수밖에 없습니다. 그러나 시간이 흐를수록 희미하던 것들이 밝히 드러나게 됩니다.

교리적인 것은 어느 시대나 동일해야 합니다. 그러나 예언적인 것은 과거에 머물러 있으면 안 됩니다. 예언은 역사 속에서 시간의 흐름과 함께 점진적·심층적으로 확대가 되어서 나타나기 때문입니다. 그러므로 과거에는 희미하게 해석하여도 흠이 되지 않지만, 그 정체성이 확연하게 드러나는 시대에는 희미하게 해석해서는 안 됩니다. 명료하게 해석해야 합니다.

지금 이 시대는 모든 성경이 응해가는 시대입니다. 그러므로 희미하던 과거적 해석에 매여서는 안 되는 것입니다. 특히나 예언적인 면에서는 말입니다. 과거에는 희미해서 상징으로 볼 수밖에 없었던 것들이지만 이제는 실제 속에서 확연하게 드러나고 있는 때이므로 밝히 보아야 합니다.

지금은 상징으로 보아서는 안 되고 실제적으로 보아야 합니다. 이것은 계시의 점진성을 믿는 성도로서 마땅히 가져야 하는 성경 해석의 원리입니다. 곡식을 추수할 때 곡식과 가라지를 함께 탈곡하여서 가마니에 담습니다. 가마니에 담을 때는 곡식과 가라지를 세세하게 구분하지 않고 담습니다. 그러나 양식으로 먹기 위해서 정미(精米)할 때는 곡식과 가라지를 선별해야 합니다.

우리가 지금까지 창세기 1장과 2장을 구체적으로 따지지 않고 순서적으로 연결하여서 이해하여 온 것은 가마니에 쓸어 담을 때와 같은 것입니다. 그러나 이제는 가마니에 담긴 것을 쏟아서 옥석을 구분하여야 합니다. 이때는 눈을 부릅뜨고 곡식과 가라지를 구분해 내야 합니다.

역사는 시작과 끝이 있습니다. 하나님께서 창세전 언약을 역사 속에서 펼쳐가는 것에도 시작과 끝이 있습니다. 시대의 변천과 흐름 속에서 언약의 내용이 명료히게 더 깊이 펼쳐지게 됩니다. 그래서 과거에는 희미하여서 교훈적으로만 보이던 것들이 이제는 그 영적 의미가 다 드러나고 있는 것입니다. 지금은 과거의 해석보다 더 깊은 해석들이 쏟아지고 있는 때입니다. 그러므로 과거적 해석에 머물러 있으면 안 됩니다.

예수님은 천국을 비유하기를 바다에 그물을 치고 고기를 잡는 것으로 말씀하셨습니다. 종말에는 그물을 끌어 올려서 좋은 고기와 나쁜 고기를 선별한다고 하셨습니다. 그물이 올라오기 전에는 그 속에 좋은 고기와 나쁜 고기가 섞여서 살았습니다. 어부는 바다에 내린 그물 속에 비록 나쁜 고기가 있다고 하여도 굳이 선별해 내지 않습니다. 그냥 그물을 끌어 올릴 때까지 둡니다.

예수님은 초림으로 오셔서 씨를 뿌리셨습니다. 성령 강림으로 본격적으로 농사가 지어집니다. 농사가 지어질 때는 밭에 곡식과 가라지가 함께 자라갑니다. 이때는 하나님의 말씀도 큰 틀에서만 이해하였습니다. 예전에는 성경을 구체적으로 몰라도 예수 천당만 외쳐도 구원받는 사람들이 일어났습니다.

그때는 창세기 1장과 2장의 순서가 조금 다르더라도 크게 따지지 않았습니다. 왜냐하면 그것을 몰라도 복음 전하는 데 전혀 문제가 없었기 때문입니다. 그러나 지금은 추수가 가까운 때입니다. 추수 때는 완전하게 다 드러나는 때입니다. 하나님의 말씀이 다 응해져 가는 때입니다. 그러므로 두루뭉술 넘어갈 수가 없는 것입니다.

하나님은 때를 따라서 계시의 폭도 넓혀주시고 깊어지게 해주시므로 종말에는 모든 말씀이 그 의미가 다 드러나게 되는 것입니다. 그러므로 예전처럼 창세기 1장과 2장의 모순을 그대로 안고 갈 수는 없는 것입니다. 그렇다고 억지로 끼워 맞추기식으로 해석하여서는 안 됩니다. 자연스럽게 해석되어야 합니다.

사람의 창조 시점은 창세기 1장과 2장에서 분명히 다릅니다. 그러므로 1장과 2장을 연속적으로 보면 안 되는 것입니다. 연속으로 보게 되면 모순에 빠지게 됩니다. 창세기 저자의 다수설을 주장하는 분들은 이러한 모순을 피하기 위하여 창세기 1장과 2장에 등장하는 하나님의 이름이 다르기 때문에 저자가 다르다고 설명해 왔습니다.

창세기 1장에 등장하는 하나님은 엘로힘 하나님이고, 창세기 2장에 등장하는 하나님은 여호와 하나님입니다. 그래서 1장과 2장은 저자가 다르니까 다르게 기록하고 있는 것이라고 이해해 왔습니다. 창세기 1장은 엘로힘 하나님이 창조를 하셨기 때문에 엘로히스트에 의하여 쓰여진 'E 문서' 계열이라고 하고, 창세기 2장은 여호와 하나님이 창조를 하셨기 때문에 야휘스트에 의해 쓰여진 'J 문서 계열'이라고 하였습니다.

다소 억지스럽기는 하지만 성경 무오설을 지키기 위하여 내어놓은 것이라 생각하고 문제 삼지 않았습니다. 그러나 마음이 가상하다고 해서 틀린 것을 옳다고 할 수는 없습니다. 그것이 정설일 수는 없습니다. 지금까지는 가설을 묵인하에 정설처럼 받아들였지만 정설이 나타나면 지금까지의 가설은 버려야 합니다. 정설이 있음에도 가설을 정설이라 믿는 것은 미련하고 어리석은 것입니다. 그것은 고집입니다.

우리는 모든 성경은 하나님의 감동하심으로 기록되었음을 믿습니다. 그리고 성경 무오설도 믿습니다. 그럼 창세기 1장의 사람의 창조 시점과 창세기 2장의 사람의 창조 시점이 다른 이 모순을 어떻게 해결할 수 있을까요? 과연 모순을 해결할 수 있는 길은 있을까요? 결론적으로 말해서 있습니다. 창조 이야기를 예수 그리스도의 구속사로 보면 모순이 아니라 정설이므로 풀립니다. 그것도 아주 자연스럽게 말입니다.

창세기 1장의 사람과 2장의 사람이 어떻게 다른지에 대하여 살펴봅시다.

그러자면 먼저 성경의 기록 목적부터 알아야 합니다. 기록 목적을 알아야 창세기 1장과 2장의 사람의 창조가 왜 다른지를 알 수 있습니다. 예수님은 모든 성경은 자신에 대하여 증거하고 있다고 말씀하셨습니다. 그럼 성경 해석을 예수 그리스도로 해석해야 합니다.

요한복음 5장과 누가복음 24장을 봅시다.

요 5:39 "너희가 성경에서 영생을 얻는 줄 생각하고 성경을 상고하거니와 이 성경이 곧 내게 대하여 증거하는 것이로다"

눅 24:25-27 "가라사대 미련하고 선지자들의 말한 모든 것을 마음에 더디 믿는 자들이여 26그리스도가 이런 고난을 받고 자기의 영광에 들어가야 할 것이 아니냐 하시고 27이에 모세와 및 모든 선지자의 글로 시작하여 모든 성경에 쓴바 자기에 관한 것을 자세히 설명하시니라"

예수님은 성경을 정의하기를 자신에 대한 이야기라고 말씀하셨습니다. 예수님의 이야기라 함은 자기 백성들을 구원하는 이야기입니다. 요한복음 1장 1절을 보면 태초에 말씀이 계셨습니다. 그런데 그 말씀이 하나님이라고 합니다. 그 말씀이신 하나님이 육신을 입고 이 세상에 오셨습니다. 그 이름을 예수라고 합니다.

예수라는 이름은 '자기 백성을 저희 죄에서 구원할 자'라는 뜻입니다. 예수라는 이름이 예수님이 이 세상에서 하실 일들을 잘 증거해 주고 있습니다. 말씀이신 하나님이 예수라는 이름으로 육신을 입고 이 세상에 오신 것은 자기 백성들을 구원하시기 위함입니다. 이러면 모든 성경은 예수님께서 자기 백성들을 저희 죄에서 구원하시는 구속사를 말해주고 있음이 됩니다.

창세기부터 요한계시록까지 자기 백성들을 구원하는 이야기를 중심주제로 하는 것입니다. 모든 성경은 하나의 주제를 말하고 있습니다. 그럼 성경 어디를 펴도 예수님께서 자기 백성들을 구원하는 이야기로 해석이 되어야 합니다. 그래야 성경의 기록 목적에서 이탈하지 않게 되는 것입니다.

그러므로 창조 이야기도 에덴동산에서 일어나는 아담에게서 하와가 나온 이야기도,
여자가 뱀의 미혹에 넘어가서 선악과를 먹고 타락하는 이야기도,
타락한 사람에게 하나님이 가죽옷을 입혀 주시는 이야기도,
가인이 아벨을 죽이는 이야기도,
노아의 홍수 이야기도,
요셉이 기근에서 형제들을 살리는 이야기도,
아브라함과 그 후손들이 어린양의 피로 죽음에서 살아난 출애굽 이야기도,
광야를 거쳐 가나안에 들어가서 전쟁하는 이야기도,
또한 가나안에서 타락하는 사사시대의 이야기도,
남쪽 유다와 북쪽 이스라엘이 분열되는 이야기도,
바벨론의 포로가 되었다 해방되는 이야기도,
선지자들이 나타나서 이스라엘의 죄를 고발하는 이야기도 예수 그리스도께서 자기 백성들을 구속하는 이야기가 담겨 있는 것입니다.

그런데 중요한 것은 예수 그리스도께서 자기 백성들을 구원하는 일이 시작과 끝이 있는 시간이라는 역사 속에서 이루어진다는 것입니다. 인류 전 역사를 통해서 이루어

지는 것입니다. 그럼 단번에 이루어지는 것이 아니고 시간의 흐름에 따라서 이루어지게 되어 있습니다. 마치 씨가 자라서 열매를 맺어 가듯이 점진적으로, 심층적으로 구체화되면서 이루어지게 되는 것입니다. 시간은 시작과 끝이 있습니다. 이는 이 세상 역사는 점진적으로 흐르고 있다는 뜻입니다.

예수 그리스도께서 역사 속에서 자기 백성들을 구원하는 구속사도 점진적으로 전개되고 또한 시간의 흐름에 따라서 점점 더 심층적으로 이루어진다는 뜻입니다. 그래서 성경은 구원을 과거와 현재와 미래라는 세 시제로 말해주고 있는 것입니다. '구원을 받았다', '구원을 이루라', '구원을 이룰 것이다'라고 합니다. 왜 그런가 하면 구원이 역사라는 시간 속에서 주어지고 이루어져 가는 것이기 때문입니다.

시간은 '과거-현재-미래'로 흐릅니다. 그래서 예수 그리스도의 구속사도 과거에서 현재로, 현재에서 미래로 나아갑니다. 과거와 현재와 미래는 다른 시간이지만 그 본질은 같습니다. 과거와 현재와 미래는 한 지평에 수평적으로 늘어서 있습니다. 시간 바깥의 영원한 하나님의 세계에서 내려다보면 역사 속의 시간은 한 경점(선)에 불과합니다. 그래서 주께는 하루가 천 년 같고, 천 년이 하루 같다고 하는 것입니다.

구속사적 관점에서 보면 인류 역사는 6,000년입니다. 이것이 창조 6일로 나타난 것입니다. 예수 그리스도가 재림하시면 일곱째 날이 됩니다. 그럼 예수 그리스도가 재림하시기 직전인 지금은 여섯째 날인 것입니다. 예수 그리스도가 재림하시면 일곱째 날이 됩니다. 그럼 일곱째 날도 1,000년이 되겠지요. 일곱째 날 1,000년이 천년왕국으로 나타나는 것입니다.

이렇게 되면 창조 7일이 역사 속에서 7,000년이라는 시간으로 완성되는 것입니다. 이 그림을 머리에 그리시고 말씀을 따라오시길 바랍니다. 그래야 창세기 1장의 사람과 창세기 2장의 사람이 왜 다른지를 알 수 있게 됩니다. '아! 이래서 다른 거구나'라고 이해되실 것입니다.

역사 속에서 이루어지는 구원은 생명의 자람과 같습니다.

구원은 역사 속에서 마치 어린아이에서 어른으로 자라가는 과정처럼 이루어집니다. 사람의 일생을 보면 어린아이가 자라서 어른이 되고, 어른이 늙어서 노인이 되어갑니다. 어른의 입장에서 자기 인생을 나누어서 보면 삼 시제로 나타납니다. 어린아이의 시절은 지난 과거가 되고, 어른의 시절은 지금 현재가 되고, 노인의 시절은 장차 미래가 됩니다. 하나의 인생이 세 모습으로 구분이 되어서 나타나는 것입니다.

어린아이 때의 모습이 있고, 어른의 때 모습이 있고, 노인 때의 모습이 있습니다. 시작은 어린아이부터 합니다. 어린아이와 어른과 노인은 하나로 연결되어 있습니다. 하지만 인생의 깊이를 알아가고 누리는 것은 각각의 시절마다 다릅니다. 어린아이 때는 어린아이만큼만 알고, 어른은 어른만큼만 알고, 노인이 되어서야 자기 인생을 해석할 수 있습니다. 인생 자체는 하나로 연결되어 진행되어온 것이지만 그 맛은 다 다릅니다. 우리의 구원이 그러합니다. 하나님의 창조 이야기가 그러합니다. 인류 역사의 흐름이 그러합니다.

창세기 1장과 2장은 같은 지평에서 일어나는 것이지만 별개의 사건입니다. 순서적으로 보면 창세기 1장은 창조의 마지막 때 일어난 이야기이지만, 창세기 2장은 창조의 시작 때 일어난 이야기입니다. 하나의 주제를 다루고 있지만 다른 이야기인 것입니다.

창세기 1장과 2장의 사람의 창조 시점이 어떻게 다른지부터 살펴보기로 합시다.

첫째, 창세기 1장의 사람의 창조 시점을 봅시다.

창 1:24-28 "하나님이 가라사대 땅은 생물을 그 종류대로 내되 육축과 기는 것과 땅의 짐승을 종류대로 내라 하시고 (그대로 되니라) ²⁵하나님이 땅의 짐승을 그 종류대로, 육축을 그 종류대로, 땅에 기는 모든 것을 그 종류대로 만드시니 하나님의 보시기에 좋았더라 ²⁶하나님이 가라사대 우리의 형상을 따라 우리의 모양대로 우리가 사람을 만들고 그로 바다의 고기와 공중의 새와 육축과 온 땅과 땅에 기는 모든 것을 다스리게 하자 하시고 ²⁷하나님이 자기 형상 곧 하나님의 형상대로 사람을 창조하시되 남자와 여자를 창조하시고 ²⁸하나님이 그들에게 복을 주시며 그들에게 이르시되 생육하고 번성하여 땅에 충만하라, 땅을 정복하라, 바다의 고기와 공중의 새와 땅에 움직이는 모든 생물을 다스리라 하시니라"

첫째 날부터 시작된 창조가 여섯째 날에 이르러서 완성됩니다. 산천초목도 만들고 짐승도 만들고 물고기와 새도 만들고 맨 마지막에 사람을 만드십니다. 그리고 사람에게 만드신 세계를 다스리라고 하십니다.

마치 하나님이 집을 다 지어 놓고 사람에게 들어가서 행복하게 살아가라고 하는 것과 같습니다. 사람은 하나님이 만든 곳에서 편히 쉬면 됩니다. 창세기 1장의 사람의 창조 시점은 모든 만물의 창조를 다 마친 후로, 이후 완벽한 세상에서 살아가도록 하셨습니다.

둘째, 창세기 2장의 인간의 창조 시점을 봅시다.

창 2:4-8 "여호와 하나님이 천지를 창조하신 때에 천지의 창조된 대략이 이러하니라 ⁵여호와 하나님이 땅에 비를 내리지 아니하셨고 경작할 사람도 없었으므로 들에는 초목이 아직 없었고 밭에는 채소가 나지 아니하였으며 ⁶안개만 땅에서 올라와 온 지면을 적셨더라 ⁷여호와 하나님이 흙으로 사람을 지으시고 생기를 그 코에 불어 넣으시니 사람이 생령이 된지라 ⁸여호와 하나님이 동방의 에덴에 동산을 창설하시고 그 지으신 사람을 거기 두시고 ⁹여호와 하나님이 그 땅에서 보기에 아름답고 먹기에 좋은 나무가 나게 하시니 동산 가운데에는 생명나무와 선악을 알게 하는 나무도 있더라"

창 2:18-23 "여호와 하나님이 가라사대 사람의 독처하는 것이 좋지 못하니 내가 그를 위하여 돕는 배필을 지으리라 하시니라 ¹⁹여호와 하나님이 흙으로 각종 들짐승과 공중의 각종 새를 지으시고 아담이 어떻게 이름을 짓나 보시려고 그것들을 그에게로 이끌어 이르시니 아담이 각 생물을 일컫는 바가 곧 그 이름이라 ²⁰아담이 모든 육축과 공중의 새와 들의 모든 짐승에게 이름을 주니라 아담이 돕는 배필이 없으므로

²¹여호와 하나님이 아담을 깊이 잠들게 하시니 잠들매 그가 그 갈빗대 하나를 취하고 살로 대신 채우시고 ²²여호와 하나님이 아담에게서 취하신 그 갈빗대로 여자를 만드시고 그를 아담에게로 이끌어 오시니 ²³아담이 가로되 이는 내 뼈 중의 뼈요 살 중의 살이라 이것을 남자에게서 취하였은즉 여자라 칭하리라 하니라"

창세기 2장의 사람의 창조 시점은 다릅니다. 흙으로 아담을 먼저 창조하십니다. 그리고 나중에 짐승을 만드십니다. 짐승을 만든 후에 여자를 만드십니다. 순서적으로 보면 '사람-짐승-사람'으로 진행됩니다. 아담을 창조하고, 그다음에 짐승을 창조하십니다. 그리고 아담 안에서 여자를 빼내십니다.

창세기 1장의 사람은 남자와 여자가 동시에 만들어졌지만, 창세기 2장의 사람은 아담이 먼저 창조되고 난 후에 그 기간이 얼마인지는 알 수 없지만 짐승을 만들고, 그다음에 또 일정한 기간이 지난 후에 여자를 만드십니다. 그러니까 아담에게서 여자가 나오기까지는 일정한 기간이 소요된 것을 알 수 있습니다. 뭔가 이상하지 않나요? 창세기 1장의 사람과 2장의 사람은 많이 다릅니다. 그럼 무엇이 어떻게 다른지 하나하나 살펴보도록 합시다.

첫째로, 사람이 창조되는 시점입니다.

창세기 1장에서 사람의 창조 시점은 모든 것이 창조된 이후입니다. 사람이 창조될 때는 이미 모든 짐승과 공중의 새와 들의 채소와 씨 맺는 초목 등이 모두 완성되어 있습니다. 사람이 맨 마지막에 창조되었습니다. 이것은 다 완성된 집에 들어가서 살면 되는 것입니다. 그러나 창세기 2장에서의 사람의 창조 시점은 그렇지 않습니다. 황량한 들판에 아담 혼자 덩그러니 있는 것입니다. 그리고 난 후에 초목과 짐승들이 만들어집니다.

창세기 1장에서는 하나님이 만물을 모두 만들어 놓고 사람을 맨 마지막에 창조하여서 그것들을 다스리도록 하셨습니다. 그러나 창세기 2장에서는 사람을 먼저 창조하고 난 후에 그가 살아가는 환경을 하나하나 만들어 가십니다. 창세기 1장은 완성된 상태이고, 창세기 2장은 미완성된 상태입니다. 그러므로 창세기 1장과 2장을 연결해서 순서적으로, 연속적으로 보면 모순이 되는 것입니다.

창세기 1장에서 완성된 것으로 나타나는 데 반하여 창세기 2장에서는 미완성으로 나타난다는 것은 본문 스스로가 1장과 2장은 연속적인 것이 아니라는 것을 말해주고 있는 것입니다. 즉, 1장과 2장이 다르다는 뜻입니다. 성령께서 성경을 왜 이렇게 기록하고 있을까요? 창세기 1장은 완성으로 나타나고 2장은 미완성으로 나타나는 것은, 1장은 전체의 결론을 말하고 있고 2장은 부분을 말하고 있기 때문입니다.

창세기 1장의 첫째 날부터 일곱째 날까지는 서론, 본론, 결론 전부를 말해주고 있는 것이고, 창세기 2장에서는 1장의 첫째 날부터 일곱째 날까지의 내용들을 서론으로 시작하여서 본론을 지나 결론에 이르는 과정으로 말해주고 있는 것입니다.

둘째로 다른 점은 인간을 창조한 재료(material)입니다.

창세기 1장에서는 엘로힘 하나님께서 사람을 창조하셨는데, 말씀으로 하나님의 형상대로 창조하셨습니다. 그러나 창세기 2장에서는 여호와 하나님께서 흙에 하나님의 생기를 집어넣어서 생령으로 만드셨습니다. 창세기 1장의 사람은 하나님 말씀이 재료이고, 창세기 2장의 사람은 남자는 흙이고 여자는 남자의 갈비뼈입니다.

신약적인 의미에서 보면, 하나님 말씀으로 난 자를 영이라 하고 흙으로 난 자를 육이라고 합니다. 영은 하늘에 속하였고 육은 땅에 속하였습니다. 그럼 창세기 1장의 하나님의 말씀으로 창조된 사람은 하늘에 속한 영적 존재이지만, 창세기 2장의 흙으로 만들어진 사람은 땅에 속한 육적 존재가 되는 것입니다.

창세기 1장의 사람은 하늘로서 난 자이고, 창세기 2장의 사람은 흙에서 난 자인 것입니다. 그리고 이름의 의미도 차이가 있습니다. 사람의 이름을 아담이라고 부르는 것은 인간의 재료가 '흙(아다마 אֲדָמָה)'이라는 것에서 유래하였기 때문입니다. 아담이라는 말은 흙이라는 뜻입니다.

사람에 해당하는 히브리어 아담은 이중적인 뜻을 가지고 있습니다.

첫째는, 최초의 사람(조상)이라는 의미에서는 고유명사적인 의미가 있고,
둘째는, 최초의 사람(조상)에게서 낳아진(나온) 사람이라는 의미에서는 보통명사적 의미가 있습니다.

창세기 1장에서 남자(자칼)와 여자(네케바)를 사람(아담)이라는 의미에서는 보통명사이지만, 예수 그리스도의 구속사적인 의미로 보면 남자는 예수 그리스도를 예표하므로 고유명사가 되고, 여자는 예수 그리스도의 신부로서의 성도들을 상징하므로 보통명사가 되는 것입니다.

창세기 2장의 아담과 하와도 사람이라는 의미에서는 보통명사이지만, 예수 그리스도의 구속사적인 의미에서 보면 아담은 오실 자의 표상으로서 예수님을 예표하므로 고유명사가 되고, 하와는 예수님에게서 나온 신부인 성도를 상징하므로 보통명사가 되는 것입니다.

창세기 1장의 사람과 2장의 사람은, 사람이라는 의미에서는 같지만 구속사적인 의미에서는 다릅니다. 창세기 1장의 사람은 창조 여섯째 날에 말씀으로 창조된 구원받은 완전한 사람이지만, 2장의 사람은 인류 역사의 시작 때 흙으로 만들어진 구원을 받아야 하는 자로서 불완전한 사람인 것입니다.

그런 영적인 의미에서는 1장의 사람(남자와 여자)은 구원받은 온전한 사람으로서 고유명사이지만, 2장의 사람(아담과 하와)은 구원을 받아야 하는 불완전한 사람으로서 보통명사인 것입니다.

셋째로, 1장과 2장에서 남자와 여자가 만들어진 것이 다릅니다.

창세기 1장은 남자와 여자가 동시적으로 만들어졌습니다. 남자와 여자 둘 다 하나님의 말씀으로 만들어졌습니다. 그러나 창세기 2장의 사람은 아담이 흙으로 먼저 만

들어지고 난 후에 짐승을 만들고 그 후에 하와가 만들어집니다. 그리고 여자는 아담 속에서 빼낸 갈비뼈로 만드셨습니다.

창세기 1장의 사람은 순간적으로 동시에 만들어졌지만, 창세기 2장의 사람은 첫 사람이 만들어지고 난 후에 시간의 순차를 두고서 만들어졌습니다. 아담을 깊이 잠들게 하고 난 후에 여자를 만드신 것은 아담의 죽음으로 여자가 태어났다는 뜻입니다. 이렇게 되면 아담과 여자가 만들어진 것에는 시간적인 차이가 있다는 뜻입니다. 그리고 아담의 몸이 어떤 변화를 거치고 난 후에 여자가 생겨나게 된 것입니다.

이렇게 되면 창세기 1장의 사람과 창세기 2장의 사람은 다른 사람이라는 것으로 드러납니다. 그럼에도 창세기 1장과 2장을 연속적으로 보고자 하는 사람들이 이러한 모순을 없애려고 만든 논리가 창세기 1장은 개략적인 것을 말하고 있고, 창세기 2장은 1장의 내용을 구체적으로 설명해 주고 있다고 합니다. 과연 그러한가요?

우리가 성경을 읽을 때 유념하여야 하는 것은 성경이 말하고자 하는 중심 사상을 잊지 말아야 한다는 것입니다. 모든 것을 성경이 일관성 있게 증거하는 그 중심 사상에 맞도록 해석하여야 합니다. 논리적으로 모순이 된다고 하여서 인간의 이성으로 이해되게 하려고 억지로 끼워 맞추기 식의 해석은 하지 말아야 합니다. 그건 성경을 억지로 푸는 것입니다. 이해가 되지 않고 모순으로 보이면 모순 그대로 남겨 두어야 합니다.

마치 젊은이들이 어른들의 행동을 보고서 왜 저렇게 할까 의아해할 때가 있습니다. 자신들의 입장에서는 도무지 납득가지 않을 때가 있습니다. 그런데 어른이 되어서 시집가고 장가가서 자식을 낳고 키워가다가 보면 젊었을 때 모순덩어리로 이해되던 어른들의 행동이 맞다는 것을 깨닫게 됩니다. 어렸을 때는 모순덩어리로 이해되던 어른들의 행동들이 어른이 되고 보니까 자연히 이해되는 것입니다.

우리가 성경을 알아가는 것도 그러합니다. 지금은 모순처럼 보이던 것이 하나님의 일하심을 깊이 이해하다 보면 그 모순이 순리였으므로 풀릴 때가 있습니다. 성경을 기록하신 분이 성령이시니까 성령께서 왜 모순적인 모습으로 기록을 해놓았는지를 알려 주실 것입니다.

예수님은 성령이 오시면 죄에 대하여, 의에 대하여, 심판에 대하여 책망하신다고 하셨습니다. 책망한다는 것은 기존에 알고 있던 것이 틀렸다는 것입니다. 성령께서 기존에 알고 있던 죄에 대하여, 의에 대하여, 심판에 대한 것을 틀렸다고 책망하시면서 죄에 대하여, 의에 대하여, 심판에 대하여 새롭게 깨닫게 해주시듯이, 창세기 1장과 2장의 내용도 왜 다른지를 깨닫게 해주실 것입니다.

그런 의미에서 설령 지금까지는 모순을 피하려고 억지로 해석하였다 할지라도 정확한 해석이 나오면 지금까지의 해석을 철회하는 것도 지혜로움이고 겸손한 것입니다. 아마도 이 글을 다 읽고 나시면 1장과 2장은 달라야 한다는 것이 이해되실 것입니다.

넷째로, 1장과 2장의 사람이 살아가는 환경과 내용이 다릅니다.

무엇이 다른지를 살펴봅니다. 먼저 에덴동산의 존재 여부입니다. 창세기 2장에서 나타난 에덴동산은 인류 역사 속에서 일어나는 예수 그리스도의 구속사를 보여주는 아주 중요한 내용이 담겨 있습니다. 그럼에도 창세기 1장에는 에덴동산이 없습니다.

창세기 2장의 에덴동산에 나타난 선악과와 생명과, 아담 속에서 나온 하와, 그리고 여자가 뱀의 미혹에 넘어간 이야기와 여호와 하나님께서 범죄 한 인간에게 흠 없는 제물을 죽여서 가죽옷을 입혀 주는 이야기 속에는 창세전 언약이 씨눈처럼 담겨 있습니다.

왜 여자가 뱀의 미혹에 넘어가서 타락하게 되었는지, 하나님은 왜 타락한 자들을 에덴동산에서 추방을 하는지, 하나님은 왜 타락한 자에게 가죽옷을 입혀 주시고 여자의 후손을 기다리게 하셨는지, 아담은 선악과를 먹지 않아도 되는데 왜 먹고서 여자와 한 운명 속으로 들어가게 되었는지, 이 모든 것 속에는 복음의 비밀이 담겨 있습니다.

에덴동산에서 일어난 모든 일은 창세전 언약의 축소판입니다. 그런데 창세기 1장에서는 에덴동산이 전혀 언급되지 않고 있습니다. 왜 창세기 1장에는 인간이 뱀에게 미혹당하여 타락하고 에덴에서 추방당하는 실낙원의 이야기가 없고 2장에만 나타나고 있을까요? 창세기 2장의 아담(사람)은 에덴동산을 지켜야 하는 모습으로 나타나지만, 창세기 1장의 사람(아담)은 하나님이 다 만들어 놓으신 곳에서 평안히 누리면 됩니다.

흔히 문서설을 주장하는 분들은 창세기 1장에서는 에덴동산 이야기를 할 기회가 없어서 못 한 것을 창세기 2장에서 구체적으로 표현한 것이라고 하는데, 이는 너무도 궁색한 변명에 불과한 것입니다. 만약에 창세기 1장과 2장은 연속적인 것이라고 주장한다면 인간이 죽고 사는 문제가 달려 있는 선악과와 생명과를 창세기 1장에서 전혀 언급하고 있지 않다는 것은 그냥 흘려보낼 문제가 아닌 것입니다.

다섯째로, 창세기 1장의 인간에게 주는 명령과 2장의 인간에게 주는 명령의 내용입니다.

하나님은 창세기 1장의 인간에게는 복을 주시며 말씀하시기를 생육하고 번성하여 땅에 충만하여서 땅을 정복하고 바다의 고기와 공중의 새와 땅에 움직이는 모든 생물을 다스리라고 명령하셨습니다. 이것은 잘 누리고 살아가라는 뜻입니다.

그러나 창세기 2장의 아담에게 내리신 명령은 에덴동산을 경작하고 지키라는 것과 선악과를 먹지 말라는 것이었습니다. 아담에게 선악과를 먹는 날에는 정녕 죽으리라고 하신 말씀은 만약에 지키지 못하면 모든 것을 잃어버리고 죽게 된다는 뜻입니다. 실제로 아담은 뱀의 미혹에 넘어가서 에덴동산에서 추방당하고 맙니다.

창세기 1장의 사람은 뱀과 아무런 상관이 없지만, 창세기 2장의 사람은 뱀과 직접적인 연관이 있습니다. 창세기 1장의 사람이 살아가는 곳은 뱀이 없는 곳이지만, 창세기 2장의 사람이 살아가는 에덴의 동산은 뱀이 있는 곳입니다.

이것은 아주 중요한 것입니다. 뱀은 사단을 상징합니다. 사단은 이 세상 역사 속에서 사람들을 미혹하는 일을 합니다. 천국에서는 사단의 활동이 없습니다. 사단은 천국에서 살 수 없습니다. 그럼 창세기 1장에서 뱀이 없는 세상에서 살아가는 사람은 사단의 미혹에서 벗어난 세계에서 살아가는 사람을 상징하고, 창세기 2장에서 뱀의 미혹에 시달리는 사람은 역사에 속한 사람이라는 것을 알 수 있습니다.

또 한 가지 다른 점은 창세기 1장과 2장의 하나님의 이름입니다.

창세기 1장에서는 하나님의 이름이 '엘로힘'으로서 창조의 주체로 등장하는데, 창세기 2장에서는 하나님의 이름이 '여호와'로서 창조의 주체로 등장한다는 점입니다. 그래서 신학자들은 창세기 1장을 '엘로히스트' 문헌이라 하고, 창세기 2장은 '야휘스트' 문헌이라고 하면서 1장과 2장은 저자가 다를 뿐 같은 이야기라고 합니다.

신학자들은 성경을 인간들의 이성을 바탕으로 하는 아래(세상) 학문으로 연구하는 사람들입니다. 알다시피 성경은 성령의 감동으로 기록이 된 책입니다. 이는 위로부터 주어지는 하늘의 계시로만 알 수가 있다는 뜻입니다. 계시가 없으면 신학자들처럼 이성으로 해석할 수밖에 없습니다. 그러다 보니까 창세기 1장의 하나님과 2장의 하나님이 다르니까 1장과 2장의 저자가 다르다고 주장하는 것입니다. 그래서 만들어낸 이론이 창세기 1장은 '엘로히스트'에 의하여 쓰여진 소위 'E 문서' 계열이고, 창세기 2장은 '야휘스트'에 의해 쓰여진 'J 문서' 계열이라고 하는 것입니다. 저자가 다르기에 내용이 다를 수 있다고 하면서 모순을 피해 왔던 것입니다.

우리는 여기서 왜 창세기 1장의 하나님과 창세기 2장의 하나님의 성호가 다르게 나타나는지를 알아야 합니다. 성령께서 성경을 기록하실 때는 모두가 그 의미가 있습니다. 성령은 실수하시는 분이 아닙니다. 그럼 성령님께서 창세기 1장의 하나님과 창세기 2장의 하나님의 성호를 다르게 기록하셨다는 것은 무언가 뜻이 있었기 때문입니다. 반드시 그렇게 하여야 하는 이유가 있었기 때문입니다.

'엘로힘' 하나님과 '여호와' 하나님이 어떻게 다른지를 살펴봅시다.

창세기 1장에서는 하나님이 엘로힘으로 나타납니다. 창세기 2장에서는 하나님이 여호와로 나타납니다. 주석가들은 엘로힘은 창조주 하나님이라고 하고, 여호와는 구속주 하나님이라고 합니다. 엘로힘 하나님은 만물을 창조하시고 다스리시는 하나님입니다. 반면에 여호와 하나님은 잘못된 것을 회복하는 하나님입니다. 창조주는 창조하시는 분이고, 구속주는 잘못된 것을 회복시키는 분입니다. 구속주를 다른 말로 구원하는 하나님이라고 합니다.

그렇다면 창세기 1장과 2장은 엄청난 차이가 있다는 것을 알 수 있습니다. 창세기 1장은 완전한 것인 데 반하여, 창세기 2장은 불완전한 것임을 알 수 있습니다. 창세기 1장의 엘로힘 하나님은 모든 것을 다 마치시고 안식을 하시는 분인데, 창세기 2장의 여호와 하나님께서는 아담을 가지고 에덴동산에서 뭔가를 회복하는 일을 하시는 것임을 알 수 있습니다.

잠시 에덴동산의 정황을 살펴보고 갑시다.

하나님께서 아담을 창조하시고 선악과와 생명과에 대하여 알려주십니다. 선악과 속에는 사망이 담겨 있고, 생명과 속에는 영생이 담겨 있습니다. 그래서 선악과를 먹으면 죽게 되고 생명과를 먹으면 영생한다는 것을 알려주셨습니다. 하나님은 아담에게 선악과는 절대로 먹어서는 안 되고, 생명과는 반드시 먹어야 한다고 명령을 하셨습니다.

이때는 아직 여자가 창조되기 전입니다. 하나님께서 아담에게 생명과를 먹고 영생하는 자가 되라고 하신 말씀 속에는 아담은 아직까지 영생하는 자가 아니라는 뜻이 있습니다. 그렇기에 생명과를 먹고 영생하는 사람이 되라고 명령하신 것입니다. 아담은 빈 그릇과 같은 존재입니다. 그 속에 무엇을 담는지에 따라서 아담의 성질이 달라집니다. 선악과를 담으면 죽은 자로 살아가게 하고, 생명과를 담으면 영생하는 자로 살아가게 됩니다.

이로 보건대 아담은 아직까지 미완성의 사람인 것입니다. 생명과를 먹고서 영생하는 사람으로 한 번은 거듭나야 하는 존재로 창조된 것입니다. 아담을 영생하는 사람으로 거듭나게 하는 일을 여호와 하나님께서 하시는 것입니다. 그래서 창세기 2장에서는 새로운 창조를 하시는 여호와 하나님으로 나타나신 것입니다.

창세기 1장의 사람은 미완성의 사람이 아닙니다. 완성된 사람입니다. 그렇기에 일곱째 날 안식에 들어갈 수가 있는 것입니다. 일곱째 날 안식의 세계는 미완성된 자는 들어갈 수가 없습니다. 그러므로 창세기 1장에서 사람을 창조하신 하나님은 모든 것을 완전하게 창조하신 엘로힘 하나님으로 나타나신 것이고, 창세기 2장의 하나님은 아담에게 뭔가 회복해 주어야 하는 하나님이기 때문에 여호와 하나님으로 나타나신 것입니다.

성경 전체의 중심 사상이 예수 그리스도께서 자기 백성들을 구속하는 이야기라고 한다면, 창세기 1장에서 일하시던 엘로힘 하나님이 왜 창세기 2장 이후부터는 슬쩍 자리를 피하시고 여호와 하나님께서 활동하도록 하셨는지를 잘 이해할 수 있을 것입니다.

여호와 하나님은 언약을 성취하는 하나님입니다. 언약은 이 역사 속에서 이루어집니다. 역사 속에서 언약을 이루시려면 하나님이 인간의 몸을 입고 이 세상에 오셔야 합니다. 창세전 언약에 의하면 자기 백성들이 예수 그리스도의 피로 구속 곧 죄 사함을 받고 하나님의 아들들이 되어서 그의 나라에서 그의 은혜의 영광을 세세토록 찬미하는 것으로 되어 있습니다.

그러자면 하나님이 인간의 몸을 입고 이 세상에 오셔서 자기 백성들을 위하여 십자가에서 피를 흘려 주셔야만 됩니다. 그래서 창세기 2장 이후부터 일하시던 여호와 하나님이 신약에서 예수 그리스도라는 이름으로 이 세상에 오셔서 십자가에서 피를 흘려서 자기 백성들이 죗값을 치러주는 일을 하신 것입니다. 구약의 여호와 하나님은 신약의 예수 그리스도이십니다. 지금까지 창세기 1장의 사람과 창세기 2장의 사람은 다르다는 것을 살펴보았습니다.

우리는 성경을 기록하신 저자이신 성령님께 어찌하여서 창세기 1장의 사람과 2장의 사람은 다른지를 물어야 합니다. 그리하여 해답을 얻어야 합니다. 그렇게 할 때 성경의 모순이 풀리게 됩니다. 이제는 좋은 것이 좋다는 식으로 성경을 보아서는 안 됩니다. 우리는 그동안 교회에서 유전적으로나 혹은 전통적으로 창세기 1장과 2장은 상호 보완적인 관계에서 서로가 서로의 이야기를 보충 설명하고 있다고 배워왔습니다.

우리는 유전적으로 창세기 1장에서 복수의 하나님들이 자신의 형상대로 남자와 여자를 창조하신 것은 인간 창조 전체를 한마디로 요약한 것이고, 창세기 2장의 기록은 1장의 내용을 구체적으로 설명하는 것으로서 모순이 아니라고 배워왔습니다.

또한 사람의 창조에 있어서도 창세기 2장에서 남자를 먼저 만들고 나중에 여자를 만든 것도 창세기 1장의 보완 설명이지 모순은 아니라고 배워왔습니다. 하나님의 명령도 창세기 1장의 명령 속에 2장의 명령이 추가되었다고 배웠습니다.

창세기 1장에서 에덴동산이 나오지 않는 점도 창세기 2장과 모순이라기보다는 1장에서는 땅이라는 말 가운데 포괄적으로 표현한 것을 2장에서 에덴동산이라는 구체적인 지명을 거론하고 있는 것이라고 배웠습니다.

하지만 짐승과 사람이 만들어진 창조 시점을 둘러싼 문제에 있어서는 아무리 이해를 한다고 하여도 1장과 2장은 상호 보완적인 것이라는 설명에는 동의할 수 없습니다. 또한 사람의 창조 목적에도 현격한 차이가 있으므로 동의할 수가 없는 것입니다.

창세기 1장에서의 인간 창조는 천지창조의 대미를 장식하는 사건이지만, 창세기 2장에서의 인간 창조는 천지창조를 시작하는 사건이기 때문입니다. 그러면 어떻게 보아야 할까요? 지금까지 유전으로 배워온 것은 다시 포맷하시고 새로운 시각으로 보아야 합니다.

창세기 1장의 사람과 창세기 2장의 사람의 창조 사건은 서로를 보충하는 설명이 아니라, 두 사건은 서로 다른 사람의 창조로 보아야 합니다. 창세기 1장에서 창조된 사람과 2장에서 만들어진 사람은 동일한 사람이 아니라 서로 다른 종류의 사람이라는 것입니다.

창세기 1장은 성경 전체를 축약하고 있으며 일종의 설계도라고 할 수 있습니다.

인간의 이성은 성경을 직선적이고 단선적인 사고로 보는 경향이 있습니다. 수평적인 구조에서 쭉 연결해서 보는 경향이 있습니다. 하지만 무슨 글이든지 서론이나 총론에서 언급된 내용이 반드시 먼저 일어난 사건일 수는 없습니다. 즉, 앞에서 언급된 이야기가 나중에 나올 수도 있다는 것입니다.

책으로 비유를 듭니다. 제가 《아가서》와 《천년왕국》과 《창세전 언약으로 본 그 믿음》과 《창세전 언약으로 본 고엘 이야기》와 《아담아 네가 어디로 가느냐?》라는 간증집을 포함해서 총 5권을 출간했습니다. 각 책마다 첫 장에는 '이 책의 내용은 대충 이러한 것입니다'라는 머리말을 씁니다. 그리고는 '이 책의 구성은 이런 내용으로 전개됩니다'라고 하면서 각각의 내용이 담긴 곳을 각각의 페이지로 정한 목차로서 설명해 줍니다.

1페이지에서 20페이지까지는 무슨 내용이고, 21페이지부터 50페이지까지는 무슨 내용이고, 51페이지부터 100페이지까지는 이러한 내용이라는 식으로 안내해 줍니다. 목차 속에는 1페이지부터 100페이지까지의 내용이 다 담겨 있습니다.

나중에 나타날 이야기이지만 목차 속에는 이미 그 내용이 다 담겨 있습니다. 나중에 나타나는 이야기가 목차 속에 이미 다 나와 있는 것입니다. 그 내용이 책의 끝에 펼쳐지는 것이지만 목차라는 1페이지 속에 다 들어가 있는 것입니다.

창세기 1장이 그러합니다. 창세기 1장의 내용은 머리말과 같고, 첫째 날부터 일곱째 날은 목차와 같습니다. 하나님은 창세기 1장의 첫째 날부터 일곱째 날까지의 속에 인류 역사 속에서 펼쳐질 창세전 언약을 미리 다 말씀해 두신 것입니다. 인류 역사를 이렇게 경영해 갈 것이라고 알려주신 것입니다.

쉬운 말로 창세기 1장은 드라마의 시나리오와 같습니다. 드라마의 시나리오는 전체 분량이 다 담겨 있습니다. 그러나 그 내용은 회차에 따라서 전개됩니다. 시나리오 속에는 이미 등장할 인물에서부터 그 인물이 어떤 일을 하고 히스토리가 어떻게 전개되는지가 다 들어가 있습니다. 감독은 그 시나리오의 회차에 따라서 배우를 캐스팅하고 시대적인 환경의 세트를 만들어서 드라마를 완성해 나가는 것입니다. 회차가 거듭할수록 드라마의 내용은 서론에서 본론으로, 본론에서 결론으로 점점 더 구체적으로 드러나게 됩니다.

창세기 1장이 그러합니다. 천지를 창조하시고 천지 속에서 일을 경영해 가시는 창조주 하나님께서 창세기 1장을 통해서 나는 앞으로 이 세상을 이렇게 운행해 갈 것이라고 말씀하시고 있는 것입니다. 그래서 창세기 1장에서는 첫째 날부터 일곱째 날까지 천지와 만물을 다 이루시고 안식하시는 엘로힘 하나님으로 나타나신 것입니다.

창세기 1장의 창조를 역사 속에서 이루시려면 하나님이 역사 속으로 오셔야 합니다. 모든 것을 총괄하시는 창조주이신 엘로힘 하나님께서 역사 속에서 하고자 하시는 창세전 언약은 이 세상에 육신을 입고 오시는 여호와 하나님이 하게 됩니다. 그래서 창세기 2장부터는 역사 속에 육신을 입고 오셔서 일하는 여호와 하나님으로 나타나고 있는 것입니다.

예수 그리스도께서 오셔서 '아버지께서 일하시니 나도 일을 한다'고 하십니다. 그러면서 아들은 아버지가 하는 일을 보고 그대로 한다고 하십니다. 이것은 창세기 1장에서 보여주신 아버지의 계획을 예수 그리스도께서 역사 속에서 이루어 가시는 것을 말해주고 있습니다. 그러므로 창세기 1장에서 엘로힘 하나님께서 보여주신 7일 창조의 일을 여호와 하나님께서 역사 속에서 이루어 가시는 것입니다.

창세기 1장의 창조 7일은 역사 전체에서 일어나는 일들입니다. 그럼 7일 속의 일들이 이미 역사 속에서 일어난 과거적인 것도 있고, 현재 속에서 이루어져 가고 있는 것도 있고, 장차 이루어질 것도 있습니다.

비록 창세기 1장에서는 7일 창조로 다 보여주셨지만 7일 창조가 역사 전체에서 사건으로 일어나는 일들이므로 이미 일어난 사건도 있고, 장차 이루어질 사건도 있는 것입니다. 창세기 1장을 보면 하나님께서 천지와 만물을 다 이루시고 일곱째 날에 안식하는 것으로 나타나고 있습니다.

창 2:1-2 "천지와 만물이 다 이루니라 ²하나님의 지으시던 일이 일곱째 날이 이를 때에 마치니 그 지으시던 일이 다하므로 일곱째 날에 안식하시니라"

그러나 천지창조가 다 이루어지고 수많은 세월이 흐른 다음에 오신 예수님은 창세기의 내용과는 전혀 다른 이야기를 하고 계십니다. 예수님은 아버지께서 안식하시지 않고 지금도 일을 하시고 있다고 하십니다.

요 5:17 "예수께서 저희에게 이르시되 내 아버지께서 이제까지 일하시니 나도 일한다"

아버지는 창조주이십니다. 창조주는 창조의 일을 하십니다. 그럼 창조의 일은 지금도 계속되고 있다는 뜻입니다. 창세기에서 일을 마치시고 안식하실 때의 일은 천지를 창조하는 일이지만, 요한복음에서 쉬지 않고 일하는 아버지의 일은 인간을 구속하시는 일입니다.

아버지는 하늘에서 지시하시고, 아들은 땅에서 아버지의 지시를 받들어서 수행하십니다. 그래서 예수님은 '내가 온 것은 아버지의 뜻을 온전히 이루기 위한 것'이라고 하셨습니다. 아버지의 뜻은 아버지께서 예수님에게로 이끌어 주시는 자들을 마지막 날에 다시 살려내는 것이라고 하셨습니다.

이 모습을 보면 삼위 하나님께서 창세전 언약을 이루어 가는 데 합력하고 있음을 볼 수 있습니다. 아버지께서는 창세전에 어린양의 생명책에 녹명된 자들을 예수 그리스도에게로 이끌어 주는 일을 하시고, 예수 그리스도는 아버지가 이끌고 온 자들을 위하여 대속하는 일을 하시고, 성령님은 예수 그리스도께서 십자가에서 이루신 대속의 일을 성도들 안에서 적용하는 일을 하시고 계십니다.

이러할 때 창세기 1장에서 여섯째 날에 하나님이 '우리가 우리의 형상을 따라 사람을 만들자'고 하신 그 말씀이 응해지는 것입니다. 삼위 하나님께서 '우리'가 되어서 창세전에 어린양의 생명책에 녹명된 자들이 새로운 피조물로 창조되는 일을 하고 계신 것입니다. 새로운 피조물들은 하나님의 형상을 입은 하나님의 아들들입니다. 이 모습이 바로 창세기 1장의 여섯째 날에 '우리가 우리의 형상을 따라서 사람을 만들자'고 하신 창조가 역사 속에서 이루어지게 되는 것입니다.

예수 그리스도가 이 세상에 오심으로 여섯째 날이 시작되었습니다.

예수 그리스도에 의하여 두 부류의 인간들로 나누어지게 됩니다. 예수 그리스도를 영접하는 자들과 배척하는 자들로 나누어집니다. 예수 그리스도를 영접하는 자들은 하나님의 형상으로 지음을 받은 하늘의 새로운 피조물이 되고, 예수 그리스도를 배척한 자들은 땅의 짐승들이 되는 것입니다.

이렇게 되면 예수님께서 아버지가 일하신다고 하신 말씀이 맞습니다. 만약에 창세기 1장의 내용대로 창조가 완성된 것이라고 한다면 하나님은 모든 일을 다 마치시고 일곱째 날에 안식하셔야 합니다. 그러나 예수님은 분명하게 아버지는 지금도 일을 하고 계신다고 하셨습니다. 그럼 아직까지 일곱째 날 안식일이 되지 않았다는 것입니다. 엿새 속에 속하여 있다는 뜻입니다.

예수님은 아버지께서 안식하실 수 있도록 여섯째 날로 일을 하고 계신 것입니다. 그것이 창세전에 아버지께서 어린양의 생명책에 녹명한 자들을 하나라도 잃어버린 바 되지 않고 다 찾아서 살려내는 것입니다.

예수님은 잃어버린 드라크마를 찾는 여인처럼 자기 백성들을 찾는 일을 하셨습니다. 다 찾음이 되면 모든 일을 다 마치고 일곱째 날 안식으로 나아가게 될 것입니다. 그래서 히브리서에서 아직까지 안식할 때가 남아 있다고 하면서 그 안식에 들어가도록 힘쓰라고 하는 것입니다.

이러면 창세기 2장의 흙에서 난 사람이 예수 그리스도를 통해서 하늘의 사람으로 거듭나서 새로운 피조물로서 하나님의 형상을 회복하는, 사람의 창조는 지금도 역사 속에서 일어나고 있는 것입니다. 그래서 지금이 여섯째 날이라고 하는 것입니다. 예수 그리스도가 재림하기까지는 여섯째 날입니다.

구원이 무엇입니까? 창세기 2장의 흙으로 난 사람이 예수 그리스도를 통해서 창세기 1장의 사람처럼 하나님의 형상으로, 새로운 피조물로 창조되는 것으로 나아가는 것입니다. 이를 사도 바울은 정확하게 말해주었습니다.

바울은 하늘에서 난 자와 흙에서 난 자 두 종류의 사람이 있다고 말해주었습니다.

고전 15:44-49 "육의 몸으로 심고 신령한 몸으로 다시 사나니 육의 몸이 있은즉 또 신령한 몸이 있느니라 45기록된바 첫 사람 아담은 산 영이 되었다 함과 같이 마지막 아담은 살려주는 영이 되었나니 46그러나 먼저는 신령한 자가 아니요 육 있는 자요 그다음에 신령한 자니라 47첫 사람은 땅에서 났으니 흙에 속한 자이거니와 둘째 사람은 하늘에서 나셨느니라 48무릇 흙에 속한 자는 저 흙에 속한 자들과 같고 무릇 하늘에 속한 자는 저 하늘에 속한 자들과 같으니 49우리가 흙에 속한 자의 형상을 입은 것같이 또한 하늘에 속한 자의 형상을 입으리라"

사도 바울은 아담(사람)을 두 종류로 분류하고 있습니다. 첫 사람 아담과 마지막 아담이 있다고 합니다. 첫 아담은 창세기 2장의 아담을 말하고, 마지막 아담은 예수 그리스도를 말합니다. 첫 아담은 흙에서 났고, 마지막 아담은 하늘로서 났다고 합니다. 흙에 속한 자는 흙의 형상을 입고, 하늘에 속한 자는 하늘의 형상을 입었다고 합니다. 흙에서 난 첫 아담은 육이라고 하고, 성령으로 오신 마지막 아담인 예수 그리스도는 영이라고 합니다.

첫 아담은 '산 영'이라고 하고, 마지막 아담은 '살려주는 영'이라고 합니다. 첫 아담은 죽이는 조상이었지만, 마지막 아담인 예수 그리스도는 살리는 조상이라는 뜻입니다. 산 영은 육에 속한 자이고, 살려주는 영은 신령한 자입니다.

산 영을 '육 있는 자'라고 하는데 이는 헬라어로 '푸쉬키코스'(ψυχικός)로서 혼적인 사람을 말하고, 살려주는 영은 '신령한 자'라고 하는데 이는 헬라어로 '프뉴마티코스' (πνευματικός)로서 영적인 사람을 말합니다. 성경은 두 종류의 사람이 있다고 증거해 주고 있습니다. 예수 그리스도께서도 두 사람이 있다고 말씀해 주셨습니다.

요한복음 8장을 봅시다.

요 8:23 "예수께서 가라사대 너희는 아래서 났고 나는 위에서 났으며 너희는 이 세상에 속하였고 나는 이 세상에 속하지 아니하였느니라"

요 3:6-7 "육으로 난 것은 육이요 성령으로 난 것은 영이니 ⁷내가 네게 거듭(위로부터)나야 하겠다 하는 말을 기이히 여기지 말라"

육으로 난 자가 있고, 영으로 난 자가 있다고 합니다. 아래서 난 자가 있고, 위에서 난 자가 있다고 말씀하였습니다. 세상에는 육에 속한 자와 영에 속한 자가 있습니다. 이 둘은 역사 속에 항상 존재해 왔습니다. 구약에서는 예표적으로 보여주었습니다.

가인과 아벨, 이스마엘과 이삭, 에서와 야곱, 사울 왕과 다윗 왕, 북이스라엘과 남유다, 육적 이스라엘과 영적 이스라엘, 표면적 유대인과 이면적 유대인, 첫 사람은 모두가 타락하고 나중 사람이 회복합니다.

그런데 바울은 이 두 사람을 우리에게 적용하여서 말하고 있습니다. 우리 첫 사람은 땅에서 나서 흙에 속한 자이고, 우리 둘째 사람은 하늘로서 나서 영에 속한 자라고 하였습니다. 우리는 땅에 속한 사람의 형상을 입은 것처럼 하늘에 속한 사람의 형상을 입게 된다고 하였습니다.

우리는 창세기 2장의 흙에서 난 아담으로 이 땅에 태어나서 예수 그리스도를 통해서 창세기 1장의 하나님의 말씀으로 하나님의 형상을 입은 아담으로 거듭나게 되는 것입니다. 이 일이 첫째 날부터 시작해서 여섯째 날까지 이루어지고 있는 것입니다.

창세기 1장의 창조 7일은 역사적으로는 7,000년 동안 점진적으로 이루어지고, 성도들의 구원 속에서도 평생을 두고서 점진적으로 일어나게 되는 것입니다. 이것을 그리스도의 충만한 분량으로 자라간다고 합니다.

구원이란 하나님의 형상을 입는 것입니다.

로마서 8장을 봅시다.

롬 8:29-30 "하나님이 미리 아신 자들로 또한 그 아들의 형상을 본받게 하기 위하여 미리 정하셨으니 이는 그로 많은 형제 중에서 맏아들이 되게 하려 하심이니라 30또 미리 정하신 그들을 또한 부르시고 부르신 그들을 또한 의롭다 하시고 의롭다 하신 그들을 또한 영화롭게 하셨느니라"

하나님께서 미리 아신 자들이 있습니다. 이들이 누구입니까? 창세전에 어린양의 생명책에 녹명되어 영생 받기로 작정된 자들입니다. 하나님께서 미리 아신 자들을 그 아들의 형상을 본받게 하시려고 미리 예정하셨습니다. 그 아들의 형상을 본받는다는 말은 아들의 형상을 입혀 주신다는 뜻입니다.

알다시피 예수 그리스도는 보이지 않는 하나님의 형상의 본체이십니다. 그럼 그 아들의 형상을 본받는다는 말은 하나님의 형상을 입게 된다는 뜻입니다. 성경의 모든 이야기는 흙에서 난 사람이 예수 그리스도에 의하여 하나님의 형상을 입는 것임을 말해 주고 있습니다. 이들이 바로 이스라엘입니다.

이스라엘의 영적 의미를 아셔야 합니다.

이스라엘이라는 말은 야곱에게서 유래되었습니다. 야곱은 어머니 태에서 나오기 전에 이미 사랑받기로 작정된 자로서 출생하였습니다. 이는 창세전에 어린양의 생명책에 녹명된 것을 말합니다. 그런데 야곱은 얍복강에서 하나님에 의하여 죽임을 당하고 살아나는 경험을 합니다. 야곱은 죽고 이스라엘로 태어납니다. 하나님께서 이름을 주셨다는 것은 하나님으로부터 새로 태어났다는 뜻입니다.

이스라엘이라는 이름은 '신과 싸우는 자'라는 뜻입니다. 이는 죄인들 속에 있는 우상과 싸우는 자라는 뜻입니다. 흙에서 난 자들은 모두가 우상을 숭배하는 자들입니다. 자기 안에 탐욕을 이루고자 하나님을 이용하는 자들입니다. 이것이 야곱입니다.

야곱을 그대로 두면 계속하여서 하나님을 이용하고자 합니다. 하나님을 이용해서 자기 세계를 확장하고자 합니다. 이런 자는 천국에 데리고 갈 수 없습니다. 하나님을 찬송하는 자로 만들어서 데리고 가야 합니다. 그래서 하나님은 야곱을 죽이고 이스라엘로 만드는 일을 하시는 것입니다. 하나님은 흙에서 난 야곱은 죽여 버리고 하늘로서 난 이스라엘로 만들어 주신 것입니다. 그러므로 모든 성도가 야곱이고 이스라엘입니다.

구원이 무엇입니까? 야곱이 죽고 이스라엘이 되는 것입니다. 그 작업이 역사 속에서 엿새가 차기까지 이루어지고 있는 것입니다. 여호와 하나님께서 자기 백성들 속에 있는 우상을 죽이는 일을 하고 계십니다. 이것을 신약적으로 말하면 성령이 오셔서 우리 안의 육신의 소욕을 죽이는 일을 하시는 것입니다. 세상에 대한 정과 욕심을 십자가에 못 박는 일을 하십니다. 이러한 상태를 '나는 날마다 죽노라'고 합니다.

이것이 영적 전쟁입니다. 성령으로 거듭나는 것을 위로부터 난다고 하는 것도 예수 그리스도와 함께 십자가에서 옛사람이 죽고 성령으로 새로운 피조물로 창조되는 것이기 때문입니다. 그래서 '너희가 그리스도와 함께 살리심을 받았으면 위의 것을 찾으라'고 하는 것입니다. 우리의 시민권은 하늘에 있다고 알려주시는 것입니다. 성령이 우리 안에서 우리의 정체성을 알려주십니다. '너희는 땅의 기운으로 살아가는 짐승이 아니고 하늘의 기운으로 살아가는 사람이야'라고 알려주시는 것입니다.

우리는 모두가 야곱으로 태어났습니다. 야곱이라는 이름은 '탐욕자'라는 뜻입니다. 우리는 비록 언약의 후손으로 태어났지만 우리 안에는 세상에 대한 탐욕으로 가득합니다. 우리는 우리 안에 있는 탐욕을 이루기 위하여 하나님을 우상으로 섬기는 자들입니다. 그래서 하나님은 우리 안에 있는 우상을 죽이는 일을 하십니다.

그것이 흙에서 난 사람(야곱)을 예수 그리스도와 함께 십자가에서 죽이시고 성령으로 새로운 사람(이스라엘)으로 살려내시는 것입니다. 성령 안에서 거듭난 사람이 바로 이스라엘입니다. 그래서 성도를 영적 이스라엘이라고 하는 것입니다. 성령으로 거듭난 자들이 바로 창세기 1장의 하나님의 형상을 입은 사람인 것입니다.

사도 바울도 야곱과 같은 과정을 겪었습니다. 율법 아래 있던 바울은 육적 이스라엘이었습니다. 그런데 다메섹에서 흙에서 난 사울이 죽고 하늘로서 난 바울로 거듭난 것입니다. 예수 그리스도를 만나고 난 후 영적 이스라엘이 되었습니다.

그래서 바울은 표면적 유대인이 유대인이 아니요, 이면적 유대인이 진정한 유대인이라고 하였던 것입니다. 육신의 할례가 할례가 아니고 마음의 할례가 진정한 할례라고 하였습니다. 바울 자신이 그 경험을 하였습니다. 흙에서 난 사울은 죽고 하늘로서 난 바울로 구원을 받게 된 것입니다. 예수 그리스도 안에서 창세기 2장의 흙에서 난 사울은 죽고, 창세기 1장의 하나님의 말씀으로 난 바울로 구원받게 된 것입니다.

인류의 모든 역사는 하늘에서 난 사람과 땅에서 난 사람의 이야기입니다.

두 부류의 사람이 있습니다. 흙에서 나서 하늘의 사람으로 거듭나서 하늘의 기운으로 살다가 하늘로 가는 사람이 있고, 흙에서 나서 흙의 기운으로 살다가 땅 아래로 가는 사람이 있습니다. 사도 바울은 창세기 2장의 흙에 속한 인간이 예수 그리스도 안에서 죽고 성령으로 다시 살아나서 하늘에 속한 사람이 되는 것을 구원이라고 하였습니다.

흙에 속한 자를 죽이고 하늘에 속한 자로 살려내는 일을 바로 살려주는 영으로 오신 예수 그리스도가 하시는 것입니다. 이렇게 예수 그리스도 안에서 하늘의 형상을 입은 자들이 예수 그리스도께서 재림하시면 일곱째 날 안식의 나라인 천년왕국에 들어가서 안식하게 되는 것입니다. 이렇게 되면 창세전에 언약하셨던 그 언약이 완성됩니다.

아담의 타락이란 생명과를 먹고 영생하는 자가 되어야 함에도 선악과를 먹고 죽음의 길로 걸어간 것입니다. 아담은 영생하는 길을 잃어버렸습니다. 누군가가 와서 영생을 주어야만 합니다. 그래서 하나님은 에덴동산에서 쫓겨나는 아담에게 여자의 후손으로 오실 메시아를 기다리라고 하신 것입니다. 그가 와서 죄와 사망에서 건져내어 하늘로 데리고 온다고 하셨습니다. 아담에게 소망은 오직 하나뿐입니다. 메시아가 와서 흙에 속한 자신을 하늘에 속한 자로 거듭나게 해주어야 하는 것입니다.

그럼 흙에 속한 아담이 어떻게 하늘에 속한 아담으로 살아나는지 알아봅시다.

요한복음 5장을 봅니다.

요 5:25-29 "진실로 진실로 너희에게 이르노니 죽은 자들이 하나님의 아들의 음성을 들을 때가 오나니 곧 이때라 듣는 자는 살아나리라 ^{26}아버지께서 자기 속에 생명이 있음같이 아들에게도 생명을 주어 그 속에 있게 하셨고 ^{27}또 인자 됨을 인하여 심판하는 권세를 주셨느니라 ^{28}이를 기이히 여기지 말라 무덤 속에 있는 자가 다 그의 음성을 들을 때가 오나니 ^{29}선한 일을 행한 자는 생명의 부활로, 악한 일을 행한 자는 심판의 부활로 나오리라"

죽은 자들이 하나님의 아들의 음성을 들을 때가 온다고 합니다. 그때가 언제인가 하면 예수 그리스도가 오신 때입니다. 그래서 예수 그리스도께서 탄생하자 천사들이 들에 있는 목자들에게 큰 기쁨의 소식을 알려줍니다. 그 내용이 '땅에서 기뻐하심을 입은 자들에게 평화'라고 하였습니다.

이는 땅에 기뻐하심을 입은 자들이 있다는 뜻입니다. 이들이 누구인가 하면 창세전에 영생 주시기로 작정되어 어린양의 생명책에 녹명된 자들입니다. 이들이 아들의 음성을 듣고 무덤에서 나오게 되는 것입니다. 이 사건을 실제적으로 죽은 나사로를 살리는 것으로 보여주셨습니다. 예수 그리스도께서 무덤에 있는 나사로를 찾아가서 '나사로야 나오라'고 하여 흙으로 난 아담을 하늘로 난 아담으로 살려내셨던 것입니다.

예수님은 지금도 흙으로 난 아담을 찾아가서 하늘의 아담으로 살려내는 일을 하고 계십니다. 아버지가 안식하실 수 있도록 자기 백성들을 살려내는 일을 하고 계십니다. 엿새가 차기까지 새로운 피조물을 창조하는 일을 하고 계십니다. 예수 그리스도께서 완전하게 창조를 마치면 하나님께서 안식하게 됩니다. 성경은 예수 그리스도를 통하여 땅에 속한 사람이 하늘의 사람으로 거듭난다는 이야기가 중심 주제입니다.

어떻게 흙에서 난 사람이 하늘의 사람으로 거듭납니까? 예수 그리스도의 십자가로 됩니다. 그렇다면 세상의 중심에는 오직 예수 그리스도의 십자가만 서 있어야 합니다. 흙에서 난 아담을 하늘의 아담으로 거듭나게 하는 것은 오직 예수 그리스도의 십자가를 통해서만 일어납니다.

흙에서 난 아담에게는 예수 그리스도의 십자가가 생명이고 소망입니다. 그리고 하늘의 아담으로 살아난 자에게는 예수 그리스도가 삶의 의미이고 전부이어야 합니다. 예수 그리스도를 얻은 자는 모든 것을 얻은 자이고, 예수 그리스도를 놓친 자는 모든 것을 잃은 자가 됩니다.

성경은 두 부류의 인생 유전을 기록하고 있습니다. 어떤 아담은 흙에서 나서 예수 그리스도를 통해서 하늘의 형상을 입고 하늘로 가고, 어떤 아담은 흙에서 나서 흙에 매여 살다가 영원히 흙에 가두어집니다. 어떤 아담은 가인처럼 영원히 땅에서 유리 방황하고, 또 어떤 아담은 아벨처럼 육신은 죽었으나 영원한 하늘의 사람이 되는 영혼들도 있습니다. 히브리서 11장이 증거하는 아담들은 모두가 이 땅에서 하늘을 향하여 살아간 자들의 삶을 말해주고 있습니다.

히브리서 11장을 봅시다.

히 11:8-16 "**믿음으로 아브라함은 부르심을 받았을 때에 순종하여 장래 기업으로 받을 땅에 나갈째 갈 바를 알지 못하고 나갔으며** ⁹**믿음으로 저가 외방에 있는 것같이 약속하신 땅에 우거하여 동일한 약속을 유업으로 함께 받은 이삭과 야곱으로 더불어 장막에 거하였으니** ¹⁰**이는 하나님의 경영하시고 지으실 터가 있는 성을 바랐음이**

니라 ¹¹믿음으로 사라 자신도 나이 늙어 단산하였으나 잉태하는 힘을 얻었으니 이는 약속하신 이를 미쁘신 줄 앎이라 ¹²이러므로 죽은 자와 방불한 한 사람으로 말미암아 하늘에 허다한 별과 또 해변의 무수한 모래와 같이 많이 생육하였느니라 ¹³이 사람들은 다 믿음을 따라 죽었으며 약속을 받지 못하였으되 그것들을 멀리서 보고 환영하며 또 땅에서는 외국인과 나그네로라 증거하였으니 ¹⁴이같이 말하는 자들은 본향 찾는 것을 나타냄이라 ¹⁵저희가 나온바 본향을 생각하였더면 돌아갈 기회가 있었으려니와 ¹⁶저희가 이제는 더 나은 본향을 사모하니 곧 하늘에 있는 것이라 그러므로 하나님이 저희 하나님이라 일컬음 받으심을 부끄러워 아니하시고 저희를 위하여 한 성을 예비하셨느니라"

우리는 모두 이 땅에서는 외국인이고 나그네이고 행인입니다. 하늘에 속한 자의 형상을 입고 더 나은 본향을 바라보고 살아가는 하늘의 아담들입니다. 신앙생활이란 더는 흙의 기운을 필요로 하지 않고 하늘의 기운으로 살아가는 것입니다. 먹고 마시는 가치로 살지 않고 성령 안에서 의와 평강과 희락을 누리면서 살아가는 것입니다. 세상에서 살되 세상 사람 아닌 것으로 살아가는 것입니다.

이 세상은 전부가 아니라 잠시 거쳐 가는 곳입니다. 그러므로 하늘로부터 거듭난 성도들은 이 세상에서 나그네이고 행인이고 외국인입니다. 하지만 돌아갈 곳이 있기 때문에 소망으로 살아가게 되는 것입니다. 예수님이 재림하시면 나그네 생활도 끝이 납니다. 그러면 일곱째 날 안식에 동참하게 됩니다. 그날이 곧 문 앞에 다다랐습니다. 그날을 소망하면서 살아가시길 축원드립니다.

엿새가 차기까지!

14강 아담, 흙과 생기 그리고 생령

창세전 언약으로 본 창조와 구원 이야기

창 2:4-7 "여호와 하나님이 천지를 창조하신 때에 천지의 창조된 대략이 이러하니라 ⁵여호와 하나님이 땅에 비를 내리지 아니하셨고 경작할 사람도 없었으므로 들에는 초목이 아직 없었고 밭에는 채소가 나지 아니하였으며 ⁶안개만 땅에서 올라와 온 지면을 적셨더라 ⁷여호와 하나님이 흙으로 사람을 지으시고 생기를 그 코에 불어 넣으시니 사람이 생령이 된지라"

앞에서 창세기 1장의 사람과 창세기 2장의 사람은 다른 사람이라는 것을 살펴보았습니다. 창세기 1장의 사람은 하나님의 말씀으로 지어진 하늘에 속한 사람이고, 창세기 2장의 사람은 흙과 생기로 지어진 땅에 속한 사람이라는 것을 알았습니다.

성경의 순서로는 창세기 1장의 사람이 앞서서 등장합니다. 하지만 역사 속에서 실제로 나타나는 것은 창세기 2장의 사람이 먼저이고 1장의 사람은 나중입니다. 창세기 2장의 흙에서 난 사람이 창세기 1장의 말씀으로 난 사람이 되는 것으로 나타납니다.

성경은 예수 그리스도의 구속사입니다. 예수 그리스도의 구속사라는 말은 예수님에 의하여 자기 백성들이 죄와 사망으로부터 건짐을 받아서 하나님의 아들들이 되는 것입니다. 성경은 예수 그리스도 밖에 있는 자를 짐승이라고 합니다. 성경은 짐승이 예수 그리스도를 통해서 사람이 되는 것을 말해주고 있는 것입니다.

영적인 의미에서 예수님이 오시기 전에는 사람이 없었습니다. 모두가 짐승이었습니다. 여기서 말하는 사람과 짐승의 정의는 그 속에 하나님의 생명이 있느냐 없느냐로 판단합니다. 하나님의 생명이 있으면 사람이고, 하나님의 생명이 없으면 짐승입니다.

첫 아담이 하나님의 생명을 상징하는 생명과를 먹지 못하고 에덴동산에서 쫓겨났습니다. 이러면 아담도 참사람이 아니고 짐승인 것입니다. 그러므로 아담에게서 난 자들은 모두가 하나님의 생명이 없는 짐승들입니다. 짐승이 어떻게 사람이 될까요? 예수 그리스도를 먹음으로써 됩니다. 그래서 예수님이 짐승의 밥통에 태어나신 것입니다.

이것은 상징적 의미로서 자기 백성들의 밥으로 오신 것입니다. "짐승들아, 날 먹고 사람이 되라"라는 뜻입니다. 그래서 예수님이 "난 하늘로서 온 산 떡이다. 누구든지 나를 먹으면 영생하게 된다"라고 말씀하신 것입니다.

앞서 살펴보았듯이 창세기 1장의 창조 7일은 역사 전체를 아우르고 있습니다. 여섯째 날에 사람이 창조됩니다. 사람이 되려면 생명과의 실상이신 예수 그리스도를 먹어야 하는데 알다시피 예수님은 구약의 마지막 때에 오셨습니다.

예수님이 오심으로 하나님의 형상을 입은 사람이 창조되기 시작한 것입니다. 그럼 예수님이 초림으로 오신 구약의 마지막 때가 바로 여섯째 날이 되는 것입니다. 아담의 후손인 모든 인간들은 예수님이 오시기 전까지 짐승이었습니다. 이러면 창세기 2장의 아담은 창세기 1장의 여섯째 날이 되어서야 비로소 사람이 되는 것입니다. 왜냐하면 예수님이 구약의 마지막 때인 여섯째 날에 오셨기 때문입니다.

예수님은 부활하신 후 하나님 나라를 성도들 안에 몰고 오셨습니다. 영적인 의미로 보면 성령 강림 후 예수님에 의하여 하나님의 아들들이 된 자들은 일곱째 날로 살아가고 있는 셈입니다. 성령으로 거듭난 하나님의 아들들은 영생하는 자로 여호와의 안식에 동참하고 있는 것입니다. 영적으로 보면 성령 강림은 예수님의 재림과 같고 성도의 심령 속에 천년왕국이 이루어진 것입니다.

엄밀히 따지면 예수님은 세 번 오십니다. 첫 번째는 자기 백성들의 죄를 대속하기 위한 제물이 되기 위하여 육체로 오셨습니다. 두 번째는 십자가에서 이루신 대속의 사건을 자기 백성들 속에서 믿어지게 하시기 위하여 성령으로 오신 것입니다. 성령이 그리스도의 이름으로 오신 것은 곧 그리스도께서 오신 것과 같기 때문입니다. 세 번째는 자기 신부들을 천년왕국에 데리고 가시려고 재림하시는 것입니다.

영적 의미에서 성령으로 거듭난 성도는 흑암의 나라에서 빛의 나라로 옮겨졌습니다. 세상에서 천국으로 옮겨진 것입니다. 빛의 나라로 옮겨진 자들을 예수 안에 거한다고 합니다. 그래서 예수 안에 거하는 자는 죽어도 죽었다 하지 않고 잠을 잔다고 하는 것입니다. 왜냐하면 예수 안에 거하는 자는 죄와 사망의 권세가 주장하지 못하기 때문입니다.

성경은 어떻게 창세기 2장의 흙에서 난 사람이 예수 그리스도를 통해서 창세기 1장의 하나님의 형상으로 지음을 받은 사람이 되는지를 말해주고 있습니다. 오늘은 창세기 2장의 사람에 대하여 살펴봅니다. 창세기 2장의 아담을 어떤 존재로 보느냐입니다. 아담을 어떻게 보느냐에 따라서 성경 해석이 달라지므로 굉장히 중요한 시간입니다.

아담을 어떤 존재로 보느냐에 두 해석이 있습니다.

아담을 완전한 사람으로 보는지, 불완전한 사람으로 보는지에 따라 두 가지 해석이 있습니다. 여기서 완전하다, 불완전하다는 말은 영적인 존재인지, 육적인 존재인지를 말합니다. 대부분의 해석이 아담을 영적인 존재로서 완전한 자로 보고 있습니다.

과연 그러한가요? 결론적으로 말해서 아담은 영적 존재도 아니고, 완전한 자도 아닙니다. 아담은 영적 존재가 되기 위하여 창조된 자이지, 영적 존재는 아닙니다. 이것은 지금까지 우리가 보아왔던 해석과는 완전히 다릅니다.

지금까지는 아담을 영적 존재로 보아왔습니다. 그렇다면 서로 해석의 차이가 발생합니다. 이것을 어떻게 해소할 수 있을까요? 어느 것이 맞느냐는 정답을 찾는 것으로 따진다면 어느 한쪽은 틀림이 됩니다. 저는 과거의 해석이 틀렸다고 보지 않습니다. 다만 과거에는 희미하던 것이 지금은 선명하게 드러나는 것뿐입니다. 이는 계시의 점진성과 심층성 그리고 복합성 때문이라고 하였습니다.

계시의 점진성이란 시간이 흐르면서 계시가 점점 더 확대되면서 심층적으로 구체화되어서 나타난다는 뜻입니다. 계시의 복합성이란 동일한 내용 속에 계시가 이중, 삼중으로 중첩되어 있다는 뜻입니다. 아담과 하와 이야기 속에는 인류의 이야기도 담겨 있지만, 또한 예수 그리스도와 성도의 이야기도 담겨 있는 것입니다. 그래서 예수님은 모든 성경의 이야기는 자신에 대한 이야기라고 말씀하신 것입니다.

구약 이스라엘의 출애굽 사건도 마찬가지입니다. 출애굽 사건은 이스라엘 백성들의 육적인 출애굽을 말하고 있지만, 그 속에는 예수님의 초림 때 일어나는 죄와 사망의 권세로부터 빠져나오는 영적인 출애굽 이야기도 담겨 있고, 또한 예수님의 재림 때 이 세상을 떠나는 완전한 출애굽이 동시적으로 담겨 있는 것입니다. 이를 '계시의 복합성'이라고 합니다. 생소한 말이지만 제가 성경을 통해서 깨달은 것을 표현하는 말이니 오해하지 마시길 바랍니다.

구약 시대에는 실제적으로 유월절 어린양의 피로 죽음에서 살아나서 출애굽을 하였습니다. 이것이 예수님의 초림 때는 예수님의 십자가로 율법이라는 죄와 사망의 권세로부터 나오는 것으로 나타납니다. 그러나 여기에서 그치는 것이 아니라 예수님의 재림 때는 이 세상에서 공중으로 빼내심을 입는 것으로 나타납니다.

그러니까 구약의 출애굽 속에는 예수님의 초림 때 일어나는 영적 출애굽과 예수님의 재림 때 일어나는 실제적 출애굽이 삼중 계시로 담겨 있는 것입니다. 그러므로 구약 이스라엘의 출애굽 사건을 단순하게 이스라엘의 출애굽으로만 보아서는 안 됩니다.

모든 성경은 예수 그리스도에 의한 자기 백성들의 구원 이야기입니다. 이것이 구약에서는 아브라함 언약으로 생겨난 이스라엘 백성들을 애굽의 종살이하던 곳에서 가나안이라는 약속의 땅으로 인도하는 것으로 나타났습니다. 이것은 장차 예수 그리스도에 의하여 자기 백성들이 어떻게 구원받는지를 미리 그림자적으로 보여주는 예표적인 사건입니다.

우리가 구약을 그림자라 하고 신약을 실상이라고 하는 것은, 하나님은 구약의 예표적 사건 속에 장차 예수님이 오셔서 실제적으로 하시는 일의 내용들을 담아 놓았기 때문입니다. 그러므로 우리가 성경을 볼 때 이중 계시 또는 삼중 계시를 볼 수 있어야 합니다. 과거에는 단순하게 그 사건만 보았지만, 이제는 그 사건 속에 담겨 있는 실제적 의미를 보아야 합니다. 그럴 때 성경의 진의를 온전하게 해석할 수 있는 것입니다.

창세전 언약은 역사의 시간 속에서 점진적 심층적으로 완성되는 것으로 나아가게 됩니다. 처음에는 씨눈처럼 희미하게 보이던 것들이 역사의 종말을 다해가면서 그 정체가 온전한 모습으로 드러나게 됩니다.

역사 속에서 펼쳐지는 창세전 언약은 마치 어린아이가 시간의 흐름 속에서 어른으로 점점 자라가는 것과도 같습니다. 이를 계시의 점진성과 심층성이라고 합니다. 그러므로 성경을 보는 안목도 과거에는 희미하게 보던 것들이 이제는 심층적으로 더 깊어지고 더욱 선명하게 나타나게 됩니다.

그렇다고 해서 과거의 해석이 틀렸다는 것이 아닙니다. 그땐 그렇게 볼 수밖에 없었다는 뜻입니다. 어린아이 때는 어린아이같이 생각하고 말을 할 수밖에 없습니다. 어른이 되었다고 해서 어린아이 때가 틀렸다고 말하지 않습니다. 그땐 그것이 맞았습니다. 그러나 장성한 사람이 되어서는 어린아이 같은 생각을 하고 어린아이같이 행동을 해서는 안 되는 것입니다. 어른은 어른으로서의 언행심사가 있기 때문입니다.

우리가 성경을 이해하는 것도 마찬가지입니다. 신앙의 경륜에 따라서 성경을 이해하는 것이 처음보다는 계시의 폭이 점점 더 깊어지고 넓어지고 높아져야 합니다. 우리는 성경을 너무 단편적이면서 단선적으로 보는 경향이 있습니다. 역사성에만 너무 치우쳐서 보고 있습니다. 그러다 보니까 영적 의미를 놓치게 되는 것입니다. 우리가 어린아이 때는 어린아이같이 생각하다가 장성한 자가 되어서는 어린아이 일을 버렸다고 하듯이, 성경을 이해하는 것도 표피적인 것에서 심층적인 것으로 나아가야 하는 것입니다.

하나님은 시작과 끝이 있는 역사 속에서 하늘나라 이야기를 풀어가십니다.

하늘나라 이야기를 영적이라고 합니다. 그러므로 육적 이야기 속에서 영적 이야기도 볼 수 있어야 합니다. 그럴 때 성경의 더 깊은 맛을 느끼게 됩니다. 성경의 해석을 '옳다, 그르다'라는 이분법적으로 보는 것은 어린아이 수준의 발상입니다. 어린아이와 어른은 생명이라는 본질적 면에서는 동일합니다. 어린아이는 뇌가 하나이고 어른은 뇌가 두 개가 아닙니다. 어린아이는 심장이 하나이고 어른의 심장은 둘이 아닙니다. 모두 다 동일합니다.

어린아이나 어른은 사람이라는 가치에서는 차별이 없습니다. 생명의 가치는 동일하고 차이가 없습니다. 그러나 세상의 이치를 이해하고 삶을 살아가는 삶의 깊이를 이해하는 것에는 차이가 있습니다. 인생을 이해하는 것에는 현격한 차이가 있습니다.

생명은 자람이 있습니다. 그래서 사람은 어린아이에서 어른으로 자라가는 과정이 있는 것입니다. 성경이 우리의 신앙을 어린아이에 머물지 말고 장성한 자로 자라가라고 하는 것도 하나님의 일하심을 이해하고 보는 눈이 더 깊어지고 넓어지라는 뜻입니다. 왜냐하면 하나님의 일하심은 한없이 넓고도 깊기 때문입니다.

사도 바울은 하나님의 지혜는 너무도 깊고 넓어서 우리 인간의 지혜로는 도무지 측량할 수 없다고 하였습니다. 그러므로 하나님의 일하심을 알아가는 일에 있어서 어린아이로 머물지 말고 어른으로 자라가라고 합니다.

편의상 어린아이와 어른의 차이를 성경을 이해하고 해석하는 차이라고 봅시다. 그럼 어린아이 신앙일 때는 어린아이 수준의 해석이 필요하고, 어른의 신앙은 어른의 수준에 맞는 해석이 필요한 것입니다. 지금 안다고 하던 것이 시간이 지나고 나면 온전하지 않음으로 드러날 때가 옵니다.

저의 솔직한 고백입니다. 과거의 설교를 보면 '왜 이렇게밖에 이해를 못 하였지?'라고 부끄러울 때가 많습니다. 물론 그때는 엄청난 깨달음으로 하였습니다. 그러나 지금

와서 보니까 너무도 얕은 것입니다. 과거의 설교가 틀렸나요? 아닙니다. 그땐 그렇게 보였고 지금은 더 깊이 보이는 것뿐입니다. 하나님께서 생명의 자람과 함께 계시의 폭을 넓혀주신 것입니다.

신앙의 자람에 따라서 성경을 이해하는 것이 달라지듯이, 하나님의 계시가 역사 속에서 펼쳐지는 것도 시간의 흐름에 따라서 더 선명하게 드러나게 되는 것입니다. 이렇게 되면 성경을 해석하는 깊이는 역사의 시간표에 따라서 달라질 수밖에 없습니다. 그러므로 성경의 계시가 과거보다 이 시대에 더 많고 넓고 깊고 높게 열리고 있는 것입니다.

신약의 역사를 사계절로 본다면, 오순절 성령 강림으로 신약의 교회 시대가 시작된 것은 봄이라 할 수 있고, 중세와 종교 개혁 시대는 여름이라 할 수 있으며, 예수님의 재림이 가까운 이 시대는 가을이라 할 수 있습니다. 예수님이 재림하여서 천년왕국이 이루어지면 그곳은 안식하는 곳이므로 가을 추수를 다 끝내고 푹 쉬는 겨울이 되는 것입니다.

지금은 역사가 그 끝을 다해가는 종말의 때입니다. 그럼 봄과 여름에 성경을 이해하던 것과는 다르게 됩니다. 과거에는 희미하던 것들이 이제는 분명하게 드러나는 때입니다. 그럼 이 시대는 과거에 우리 믿음의 선배들이 성경을 이해하던 것보다는 더 깊은 해석들을 해야 합니다.

그래서 제가 과거에 우리 선배들이 보아왔던 성경의 해석이 지금 우리가 보는 것과 다른 것이 있다고 하더라도 그것을 틀렸다고 해서는 안 된다고 하는 것입니다. 그때는 그게 맞았고, 지금은 이것이 맞는 것입니다.

어떤 사람들은 지금의 해석이 과거보다 조금 더 깊기 때문에 앞선 신앙의 선배들의 해석이 다 틀렸다고 합니다. 이것은 지식의 교만입니다. 현재는 과거의 바탕에서 이루어지는 것입니다. 과거가 없는 현재는 없습니다. 그럼 과거의 해석이 조금 부족하다고 해서 틀렸다고 부정해서는 안 되는 것입니다.

성경 해석도 그러합니다. 지금의 해석은 과거에 믿음의 선배들이 해석한 것을 바탕으로 해서 더 깊은 것으로 나아가게 되는 것입니다. 그래서 모방 속에서 창조가 나온다고 하는 것입니다. 그러니 과거의 해석이 미흡하다고 해서 다 틀렸다고 해서는 안 되는 것입니다. 그것은 어른이 되었다고 하여서 어린아이의 시절이 다 틀렸다고 말하는 것과 같습니다. 성경을 정답 문제 풀이하는 식으로 접근하니까 과거는 다 틀렸다고 부인하는 것입니다.

성경의 이야기는 하나님이 역사 속에서 자기 백성들과 부대낀 삶의 흔적들입니다. 성경 속에는 하나님의 백성들의 희로애락이 담겨 있습니다. 그걸 얼마나 우리 이야기로 웅숭깊게 누리느냐가 중요합니다.

인생에는 정형화된 정답이 없습니다. 각자 어떤 인생을 살아가느냐만 있을 뿐입니다. 모든 인생은 다름의 문제이지, 정답의 문제가 아닙니다. 그러므로 나와 다르다고 해서 틀렸다고 해서는 안 되는 것입니다.

마리아가 옥합을 깨트려 향유를 예수님 발에 부어서 자신의 머리카락으로 발을 씻는 모습을 보고서 제자들이 마리아에게 그 귀한 것을 허비한다고 나무랄 때 예수님께서는 많이 탕감받은 자는 많이 사랑하고 적게 탕감받은 자는 적게 사랑한다고 하셨습니다. 이것은 많고 적음이라는 양(量)의 문제가 아닙니다.

하나님은 누구는 많이 탕감해 주고, 누구는 적게 탕감해 주시는 분이 아닙니다. 모두에게 골고루 동일하게 해주십니다. 그러나 그것을 깨닫는 것은 사람에 따라 다릅니다. 어떤 사람은 많이 깨닫고, 어떤 사람은 적게 깨닫습니다. 깨닫는 만큼 하나님을 향한 사랑의 농도도 달라지게 되어 있습니다. 많이 깨닫는 사람은 마리아처럼 향유가 든 옥합을 깨트려서 자기의 머리털로 예수님의 발을 씻길 것이고, 적게 깨닫는 사람은 제자들처럼 마리아의 행위가 허비로 보이게 될 것입니다.

우리가 성경을 이해하는 것도 마찬가지입니다. 하나님께서 역사 속에서 펼쳐가는 창세전 언약은 계시의 특성상 과거에는 감추어진 것들이 지금은 점진적으로, 심층적으로 열리고 있는 것입니다. 특히 요한계시록과 같은 예언서는 과거에는 상징으로 보았지만 지금은 실상으로 드러나고 있기에 과거처럼 상징으로만 볼 수 없습니다.

그래서 제가 이 시대 목사님들은 과거의 목사님들보다 더 깊은 영적 비밀들을 알 수 있다고 하는 것입니다. 과거에는 상상도 하지 못하던 것들을 이 시대 목사님들은 밝히 풀어가게 되는 것입니다. 그러한 측면에서 아담을 이해하고 풀어보면 과거에 맛보지 못하던 아담 속에 담긴 엄청난 비밀들을 깨닫게 될 것입니다.

아담 속에는 어떤 비밀이 담겨 있을까요?

우스갯소리 한번 하고 갑시다. 언중유골(言中有骨)이니 참고로 이해하시길 바랍니다. 하나님께서 처음 아담을 어떤 수준의 사람으로 만드셨나요? 어린아이일까요, 어른일까요? 하나님께서 아담에게 명령하시는 것을 보아서는 어린아이는 아니라는 생각이 듭니다.

아담이 각종 짐승에게 이름을 지어주는 것을 보아서는 어른임에는 분명한 것 같습니다. 모든 사물을 정확하게 분석하고 판단한다는 것은 지혜에 있어서 장성했다는 증거가 되므로 어른이라고 해도 틀린 것은 아니라고 봅니다.

알다시피 모든 생명은 자람이라는 메커니즘(시절)을 가지고 있습니다. 즉, 어린아이로 태어나서 어른으로 자라가는 과정을 겪게 됩니다. 그런데 처음 창조된 아담은 어린아이에서 어른으로 자라가는 과정이 없이 곧바로 어른으로 창조되었습니다. 어른이므로 하와와 한 몸을 이루는 결혼을 할 수 있었던 것입니다.

영적으로 말하면 아담은 오실 자의 표상이므로 예수님을 예표하고 있습니다. 그럼 예수님께서 공생애를 시작하실 때의 모습이 아담의 창조 모습이라 할 수 있습니다. 예수님이 30세에 공생애를 시작하셨으니 아담도 30세로 창조되었다고 해도 틀린 말이 아니라는 생각이 듭니다.

아담뿐 아니라 모든 만물의 창조가 그러합니다. 처음 창조된 만물들은 다 장성한 것으로 창조되었습니다. 모두가 생명을 낳을 수 있는 모습으로 창조되었다고 보아야 합니다. 아담이 아내와 한 몸을 이루어 가정을 만든 것처럼, 만물들도 각각 자기의 생명들을 낼 수 있는 존재로 지음을 받았습니다. 짐승들도 새끼를 낳을 수 있는 어른으로 창조된 것입니다. 이 사실을 놓치지 마시길 바랍니다.

왜 아담의 모습을 어른이라고 합니까? 그 속에 복음의 비밀이 담겨 있기 때문입니다.

신앙이란 하나님과의 사귐입니다. 사귐은 어른이 되어야 할 수 있습니다. 어른이 되어야 예수님과 한 몸이 될 수 있습니다. 아담과 하와가 한 몸이 된 것은 어른의 일입니다. 한 몸이 되면 서로의 비밀을 공유하게 됩니다. 아담과 하와 이야기는 예수님과 성도 이야기입니다.

그러면 우리가 언제 예수님과 한 몸이 됩니까? 성령으로 거듭나야 합니다. 성령으로 거듭나 예수님과 한 몸이 되어야 하나님의 비밀들을 알 수 있게 됩니다. 그러므로 우리의 신앙은 아담처럼 어른이 되어야 비로소 시작되는 것입니다.

요한복음 15장을 보면 예수님께서 제자들에게 포도나무 비유를 하시고 난 후에 "내가 이제 너희를 종이라 하지 않고 친구라 하겠다"고 하십니다. 그러면서 아버지께 들은 모든 비밀을 알려주신다고 합니다.

요 15:15 "이제부터는 너희를 종이라 하지 아니하리니 종은 주인의 하는 것을 알지 못함이라 너희를 친구라 하였노니 내가 내 아버지께 들은 것을 다 너희에게 알게 하였음이니라"

이 일이 언제 일어납니까? 예수님께서 십자가를 지신 후에 부활하시고 승천을 하시고 난 후에 성령이 오시면서 일어납니다. 이 말을 잘 음미하여 보면, 예수님이 십자가를 지시기 전에는 제자들은 종이라는 뜻입니다. 종에게는 주인이 하는 일이 감추어져 있습니다.

종은 주인이 하는 일을 알 수 없습니다. 그렇기에 성령을 받기 전에 베드로는 "주는 그리스도시요 살아계신 하나님의 아들"이라는 멋진 신앙고백을 하였음에도, 죽음에 맞닥뜨리자 예수님을 세 번씩이나 부인하고 저주했던 것입니다.

그러나 오순절 성령 강림 후에는 전혀 다른 모습을 보입니다. 도리어 예수 그리스도로 인하여 핍박받는 것을 당연한 것으로 받아들입니다. 이는 예수님과 한 몸이 되었다는 것입니다. 어른이 되었다는 뜻입니다.

성령을 받기 전에는 어린아이였지만 성령이 임하자 어른이 된 것입니다. 어린아이는 자기를 지키기 위하여 예수를 죽이지만, 어른은 예수를 지키기 위하여 자신을 죽입니다. 사도 바울은 성도의 신앙을 두 과정으로 이야기해 주었습니다.

갈라디아서 4장을 봅시다.

갈 4:1-11 "내가 또 말하노니 유업을 이을 자가 모든 것의 주인이나 어렸을 동안에는 종과 다름이 없어서 ²그 아버지의 정한 때까지 후견인과 청지기 아래 있나니 ³이와 같이 우리도 어렸을 때에 이 세상 초등학문 아래 있어서 종노릇하였더니 ⁴때가 차매 하나님이 그 아들을 보내사 여자에게서 나게 하시고 율법 아래 나게 하신 것은 ⁵율법 아래 있는 자들을 속량하시고 우리로 아들의 명분을 얻게 하심이라 ⁶너희가 아들인 고로 하나님이 그 아들의 영을 우리 마음 가운데 보내사 아바 아버지라 부르게 하셨느니라 ⁷그러므로 네가 이후로는 종이 아니요 아들이니 아들이면 하나님으로 말미암아 유업을 이을 자니라 ⁸그러나 너희가 그때에는 하나님을 알지 못하여 본질상 하나님이 아닌 자들에게 종노릇하였더니 ⁹이제는 너희가 하나님을 알 뿐더러 하나님의 아신 바 되었거늘 어찌하여 다시 약하고 천한 초등학문으로 돌아가서 다시 저희에게 종노릇하려 하느냐 ¹⁰너희가 날과 달과 절기와 해를 삼가 지키니 ¹¹내가 너희를 위하여 수고한 것이 헛될까 두려워하노라"

바울은 하나님께서 하나님의 아들들에게 두 과정을 겪게 하신다고 합니다. 분명히 유업을 이을 아들임에도 어렸을 동안에는 종과 같이 후견인과 청지기 아래 두었다고 합니다. 후견인과 청지기를 율법이라고 합니다. 율법을 이 세상 초등학문이라고 합니다. 율법 아래 있는 사람을 어린아이라고 합니다.

어린아이에게는 집안의 일을 상의하지도 않을뿐더러 알려주지도 않습니다. 어린아이는 상의할 대상이 안 되기 때문입니다. 우리가 율법 아래 있을 때는 하나님에 대하여 알 수가 없습니다. 예수 그리스도에 대한 것을 알 수가 없었습니다. 그것을 성령이 임하기 전의 제자들의 모습으로 보여주었습니다.

예수님이 십자가에서 죽으실 것을 제자들에게 이야기하자 베드로가 앞장서서 하는 말이 자기가 죽더라도 예수님은 막아 주겠다고 합니다. 그러자 예수님은 도리어 "네가 오늘 밤 닭 울기 전에 나를 세 번 부인하리라"고 하셨습니다. 베드로는 예수님의 말씀대로 세 번을 부인하고 난 후 닭 울음소리를 듣고 통곡하였습니다. 통곡하였다는 것은 자기 의지와 상관없이 이루어진 일이기 때문입니다.

베드로는 진심으로 예수님을 위하여 대신 죽고자 하였습니다. 그러나 자신의 각오와 의지에 반하는 행동을 하였습니다. 이는 아직까지 성령이 오시기 전이므로 베드로의 각오는 어린아이 같았던 것입니다. 그래서 예수님은 베드로의 장담을 믿지 않았던 것입니다. 일이 닥치기 전에는 호언장담하였지만, 막상 사건이 닥치자 예수님을 부인하고 저주한 베드로의 모습이 바로 어린아이들과 같은 모습입니다.

이 모습이 바로 우리가 율법 아래 있을 때의 모습입니다. 율법 아래서는 각오한 것을 지킬 만한 능력이 없습니다. 결국 그림의 떡인 것입니다. 예수를 믿는다는 것은 인간의 각오로 되는 것이 아닙니다. 인간의 능력으로는 안 된다는 것입니다. 즉 인간은 예수를 믿을 수 없다는 뜻입니다. 예수는 예수님이 성령으로 우리 안에 오셔서 믿어지게 해주셔야 하는 것입니다.

예수님이 우리 안에 오신 상태를 한 몸이라고 합니다. 한 몸은 부부가 하나 된 것을 말합니다. 한 몸이 되면 모든 것을 함께 공유하게 됩니다. 그래서 율법 아래 있을 때는 종이라고 하고, 성령이 오시고 난 후에는 아들이라고 하는 것입니다.

왜 아들이라고 하나요? 아들이신 예수님이 우리 안에 오셨기 때문입니다. 하나님의 아들이신 예수님이 우리 안에 오시자 우리가 하나님의 아들들이 된 것입니다. 예수님이 성령으로 우리 안에 오셔서 예수 그리스도가 믿어지게 하는 일을 하시는 것입니다.

성령은 하나님의 깊은 것까지 다 알려주시는 것입니다. 성령은 하나님의 깊으신 것을 다 통달하십니다. 성령이 임하면 어른이 되는 것입니다. 어른이 되어야 아담이 짐승들에게 각각의 이름을 지어준 것처럼 모든 것을 판단할 수 있는 사람이 되는 것입니다. 지금까지 아담이 왜 장성한 자로 창조되었는지에 대하여 살펴보았습니다.

이제부터 창세기 2장의 아담이 어떤 존재인지 살펴보도록 합시다.

창세기 1장은 성경 전체의 내용을 담아 놓은 목차와 같습니다. 첫째 날부터 일곱째 날까지의 창조가 역사 전반에 걸쳐서 일어나게 됩니다. 이미 일어난 것도 있고, 현재 이루어지고 있는 것도 있고, 장차 이루어질 것도 있습니다.

영적인 의미에서 창조의 첫째 날이 예수님께서 이 세상에 오신 것이라고 한다면, 일곱째 날은 예수님의 재림으로 이루어지는 것입니다. 그렇다고 하면 지금은 예수님이 재림하시기 직전에 있으니 여섯째 날이 되는 것입니다. 그럼 역사 속에서 여섯째 날의 일들이 일어나고 있어야 합니다.

그것이 짐승의 창조와 사람의 창조입니다. 짐승이 사람이 되는 일들이 일어나고 있는 것입니다. 짐승 같은 죄인들이 예수 그리스도를 통해서 하나님의 형상을 입은 사람이 되는 것입니다. 이 모습이 아담 속에 담겨 있습니다. 그럼 인류 역사의 시작을 봅시다. 창세기 1장의 실제 내용은 창세기 2장부터 시작됩니다. 그래서 성경은 창세기 2장에서부터 인간의 역사가 시작되었다고 말해주고 있는 것입니다.

창 2:4 "여호와 하나님이 천지를 창조하신 때에 천지의 창조된 대략이 이러하니라"

'대략'이라는 말은 히브리어로 '톨도트'(תולדות)라고 하는데, 이는 후예, 자손, 계보, 역사 등 다양한 뜻을 담고 있습니다. 이것이 신약성경 마태복음 1장 1절에서는 예수 그리스도의 족보로 나타납니다. '예수 그리스도의 세계'에서 '세계'를 헬라어로 '비블로스 게네세오스(Βίβλος γενέσεως)'라고 합니다. 즉, '예수 그리스도의 세계'라는 말은 '예수 그리스도의 족보'라는 뜻입니다. 그러니 창세기 2장의 '천지의 창조된 대략'이라는 말은 '인류의 족보'라는 말과 같은 것입니다. 창세기 2장 이후로는 아담의 후예들이 어떻게 역사 속에서 인간의 대(代, generation)를 이어가는지를 말해주고 있습니다. 그럼 인류의 시작을 여는 사람의 창조 모습을 살펴봅시다.

창 2:7 "여호와 하나님이 흙으로 사람을 지으시고 생기를 그 코에 불어 넣으시니 사람이 생령이 된지라"

하나님께서 흙으로 사람을 지으십니다. 그리고 그 코에 생기를 불어 넣으십니다. 그러자 사람이 생령이 되었습니다.

흙(사람)+생기=생령

잘 보시면 사람과 생령을 다르게 표현하고 있습니다. 흙으로 지어진 자는 사람이라고 하고, 흙 속에 생기가 들어간 사람은 생령이라고 하고 있습니다. 광의적으로는 생령도 사람입니다. 그러나 영적인 의미에서는 사람과 생령은 완전히 다릅니다. 사람은 흙이지만, 생령은 흙 속에 생기가 담겨진 사람입니다. 그냥 흙인 사람과 흙 속에 생기가 담긴 생령은 완전히 다른 존재입니다.

생기가 무엇인지를 알게 되면 사람과 생령은 완전히 다른 존재라는 것을 알게 될 것입니다. 생령인 아담은 과연 어떤 존재입니까? 생령인 아담을 어떤 존재로 보느냐에 따라서 성경의 해석이 달라집니다. 그럼 창세기 2장 7절의 생령인 아담을 어떻게 보는지, 각각의 성경 번역본으로 살펴봅시다.

(한글개역) "여호와 하나님이 흙으로 사람을 지으시고 그 코에 생기를 불어 넣으시니 사람이 생령이 된지라"

(표준새번역) "주 하나님이 땅의 흙으로 사람을 지으시고, 그의 코에 생명의 기운을 불어 넣으시니, 사람이 생명체가 되었다."

(원어번역성경) "여호와 하나님이 땅에서 취한 흙으로 사람을 빚으시고, 그의 코에 생기를 불어 넣으시니 사람이 생명체가 된지라"

(공동번역) "야훼 하느님께서 진흙으로 사람을 빚어 만드시고 코에 입김을 불어 넣으시니, 사람이 되어 숨을 쉬었다."

(현대인의성경) "그때 여호와 하나님이 땅의 티끌로 사람을 만들어 그 코에 생기를 불어 넣으시자 산 존재가 되었다."

(킹제임스성경) "주 하나님께서 땅의 흙으로 사람을 지으시고, 생명의 숨을 그의 콧구멍에다 불어 넣으시니 사람이 살아 있는 혼이 되니라"

각 번역본들을 보면 조금씩 다름을 알 수 있습니다. 이는 성경을 보는 안목이 저마다 다르기 때문입니다. 왜 동일한 내용을 서로 다르게 볼까요? 이는 깨닫는 차이 때문입니다. 한글개역 성경은 아담을 '생령'(生靈)이라고 합니다.

여기서 말하는 생령은 영적인 존재로 보고 있는 것입니다. 한국교회는 한글개역본을 텍스트로 사용하고 있기 때문에 한국교회 대부분은 한글개역본의 영향을 받아서 생령인 아담을 영적 존재로 보고 있는 것입니다. 이것은 애석하게도 오역한 것입니다.

다른 번역들은 어떠한가요? 공동번역은 그냥 '사람'으로 보고 있고, 현대인의성경은 '산 존재'로 보고 있으며, 표준새번역과 원어번역은 '생명체'로 묘사하고 있습니다. 또한 개정개역에서는 각주를 통해서 생령을 그냥 '생물'로 말해주고 있습니다. 킹제임스성경은 '살아 있는 혼'이라고 합니다.

종합하여서 보면 한글개역 성경은 아담을 영적인 존재로 보고 있는 반면에, 여타 다른 번역본들은 그냥 살아 있는 존재 정도로 보고 있음을 알 수 있습니다. 감사하게도 다른 번역본들은 생령을 살아 있는 존재, 육적인 존재로 보고 있는 것입니다. 이것은 참으로 다행스러운 일입니다.

영적인 존재와 육적인 존재는 완전히 다릅니다.

영적인 존재는 구원을 필요로 하지 않지만, 육적인 존재는 구원을 필요로 합니다. 이것은 아주 중요한 문제입니다. 영적인 존재와 육적인 존재는 하늘과 땅만큼이나 차이가 납니다. 그러므로 흙과 생기로 지어진 생령인 아담의 존재가 어떠한지를 아는 것은 앞으로 성경을 해석해 가는 데 엄청난 차이를 가져오게 됩니다. 아담이 처음부터 영적인 존재였는가, 아니면 육적인 존재였는가 하는 차이는 성경의 중심 주제인 예수 그리스도의 구속사와 바로 직결되기 때문입니다.

아담이 영적인 존재라고 한다면 예수 그리스도의 구속사와는 상관이 없는 자가 됩니다. 영적인 존재에게는 더는 영적 존재로서의 구원이 필요가 없기 때문입니다. 하지만 만약에 아담이 육적인 존재라고 한다면 예수 그리스도의 구속사와 직접적인 상관이 있게 됩니다. 아담이 육적 존재라고 한다면 아담도 구원을 받아야 하는 존재가 됩니다.

그럼 우리는 아담이 어떤 존재인지를 잘 살펴보아야 합니다. 그것도 성경을 통해서 알아야 합니다. 인간들 상식으로 유추해서는 안 되고 성경 속에서 답을 찾아야 합니다. 감사하게도 성경 속에 답이 있습니다. 그럼 바울은 아담을 어떻게 보았는지를 살펴봅시다.

고린도전서 15장을 봅시다.

고전 15:45 "기록된바 첫 사람 아담은 산 영이 되었다 함과 같이 마지막 아담은 살려 주는 영이 되었나니"

(New KJV) And so it is written, "the first man Adam became a living being." The last Adam became a life-giving spirit.

(헬라어 원문) οὕτως καὶ γέγραπται· Ἐγένετο ὁ πρῶτος ἄνθρωπος Ἀδὰμ εἰς ψυχὴν ζῶσαν· ὁ ἔσχατος Ἀδὰμ εἰς πνεῦμα ζῳοποιοῦν.

바울은 생령인 첫 아담은 '산 영'이라 하고, 마지막 아담은 '살려주는 영'이라고 합니다. 첫 아담은 창세기 2장의 흙 속에 생기가 담긴 생령인 아담을 말하고, 마지막 아담은 하나님의 아들로 이 땅에 육신을 입고 오신 예수 그리스도를 말합니다.

산 영은 어떤 것이고,
살려주는 영은 어떤 것인가요?
산 영은 그냥 살아 있는 존재이고,
살려주는 영은 생명을 주시는 창조주입니다.

이를 킹제임스성경에서 잘 번역하고 있습니다. 첫 아담은 'a living being'이라고 하였는데 이는 '살아 있는 존재'라는 뜻이고, 마지막 아담은 'a life-giving spirit'이라고 하였는데 이는 '생명을 주는 영'이라는 뜻입니다. 사도 바울은 첫 아담을 그냥 살아 있는 육적인 존재로 해석하고 있고, 마지막 아담인 예수 그리스도는 영적 존재로 말해주고 있는 것입니다.

생령을 히브리어로 '네페쉬 하야'(נֶפֶשׁ חַיָּה)라고 합니다. '네페쉬 하야'는 '네페쉬'와 '하야'라는 두 단어가 합해져서 만들어진 말입니다. 이것은 '숨', '호흡'이라는 '네페쉬'와 '생존', '존재'를 의미하는 '하야'가 합해져서 된 말로, 그대로 합성하면 '숨을 쉬면서 살아 있는 존재'라는 뜻입니다. 이것을 킹제임스성경은 'a living being'이라고 하였습니다. 이는 살아 있는 존재를 말합니다. 이것을 바울은 '산 영'이라고 하였습니다.

산 영이란 영적 존재를 말하는 것이 아니고 그냥 살아 있는 존재라는 뜻입니다. 최초로 히브리어 성경을 헬라어로 번역을 한 70인역에서는 히브리어 '네페쉬 하야'

를 헬라어 '푸쉬켄 조산'(ψυχὴν ζῶσαν)으로 번역하였습니다. 히브리어 네페쉬 하야를 헬라어로 번역한 푸쉬켄 조산은 영을 말하는 '프뉴마'(πνεῦμα)와는 다른 의미입니다.

사도 바울이 70인역의 번역을 그대로 인용한 것은 자신이 보기에 첫 아담은 영적인 존재가 아니고 그냥 살아 있는 존재라는 것입니다. '리빙 빙'(living being)의 상태였다는 것입니다. 생령 즉 네페쉬 하야라는 히브리어의 뜻도 영적인 개념과는 전혀 상관이 없습니다. 이 단어는 창세기 1장 20절과 창세기 2장 19절에서 말하는 하늘과 땅과 바다에 있는 각종 짐승들을 뜻하는 생물을 말할 때도 동일하게 사용되었습니다.

모든 생물을 네페쉬 하야라고 하였습니다. 창세기 2장의 흙으로 만든 각종 들짐승과 공중의 새들도 네페쉬 하야, 즉 생령인 것입니다. 네페쉬 하야는 사람에게만 사용된 것이 아니고 모든 땅의 들짐승과 공중의 새와 바다의 물고기에 이르기까지 두루 사용되었습니다.

만약 네페쉬 하야인 생령의 사람을 영적인 존재로 본다면 동일한 네페쉬 하야인 각종 들짐승과 공중의 새들도 영적인 존재로 보아야 합니다. 그러나 성경 어디를 보아도 짐승을 영적인 존재로 보지 않습니다.

아담과 짐승이 다른 점은 아담에게는 생기가 주어졌지만, 짐승들에게는 생기가 주어지지 않았다는 점입니다. 그런데 생기가 담긴 아담도 생령이라고 하고, 생기가 담기지 않은 생물들로 생령이라고 합니다. 그렇다고 하면 아담 속에 담긴 생기 역시 영적인 개념이 아니라는 뜻입니다. 이것은 성경이 자증하고 있습니다.

하나님께서 아담에게 생명과를 먹고 영생하는 자가 되라고 한 것을 보아서도 알 수가 있습니다. 생명과를 먹고 영생하는 자가 되라는 말은 '너는 아직 영생하는 자가 아니다'라는 뜻입니다. 이로 보건대 창세기 2장의 흙으로 지음을 받은 아담은 영적 존재가 아니라는 것을 자증해 주고 있는 것입니다.

그런 뜻에서 '네페쉬 하야'인 아담은 영생하는 자가 아니라는 것이 분명하게 입증되었습니다. 아담이 영생하는 자가 되려면 생명과를 먹어야 합니다. 그래서 하나님은 아담에게 반드시 생명과를 먹고 영생하는 자가 되라고 명령하신 것입니다.

사람과 짐승은 살아 있는 존재라는 뜻으로는 동등하지만 그 속에 담긴 생명의 내용으로 보면 다른 존재입니다. 사람 속에는 생기가 담겨 있고, 짐승에게는 생기가 담겨 있지 않습니다. 그럼에도 동일하게 생령이라고 하는 것은 앞으로 인류 역사 속에서 풀어가는 창세전 언약 때문입니다.

창세전 언약은 동일한 사람인데 두 부류로 정의하고 있습니다. 사람 속에 하나님의 생명이 담긴 사람은 하나님의 아들이라고 하고, 하나님의 생명이 담기지 않은 사람은 마귀의 자녀로서 짐승이라고 합니다. 이것은 마치 아브라함에게 두 아들이 있었지만 둘은 다른 아들이었던 것과 같습니다. 이스마엘은 가문을 이어가는 약속이 주어지지 않았고, 이삭에게는 가문을 이어가는 약속이 주어졌기 때문입니다.

이를 사도 바울은 갈라디아서에서 새 언약적인 관점으로 해석해 주었는데, 이삭은 '성령으로 난 약속의 아들'이라고 하고, 이스마엘은 '육으로 난 종'이라고 하였습니다. 이것을 창세기식으로 표현하면 이삭은 생기를 담은 생령이라는 사람이고, 이스마엘은 생기가 담기지 않은 생물(짐승)이라는 생령이 되는 것입니다. 이러면 생기가 무엇인지 어렴풋이 이해가 될 것입니다.

그럼 생기가 무엇인지 구체적으로 살펴봅시다.

하나님께서 아담에게 불어넣어 주신 생기(生氣)는 히브리어로 '니스마트 하임'(נשמת חיים)이라고 합니다. 니스마트 하임이란 말은 두 단어가 합해진 것입니다. 생명을 뜻하는 '생'(生)을 '하임'(חיים)이라고 하고, 기운을 뜻하는 '기'(氣)를 '니스마트'(נשמת)라고 합니다. 그러니까 생기는 생명을 의미하는 '하임'이라는 말과 바람, 호흡, 입김, 숨, 기운을 의미하는 '네쉬마'(נשמה)를 연결해 놓은 합성어입니다.

니스마트는 네솨마의 구성형(연계형)으로서 하나의 명사가 구성형이 되면 그 뒤에 오는 단어에 소유격 개념이 붙는다고 생각하시면 됩니다. 이런 경우에는 생명의 바람이나 생명의 기운이라는 개념이 됩니다. 그러므로 생기인 니스마트 하임은 생명을 감지하는 어떤 능력은 되지만 생명 그 자체는 아닌 것입니다.

아담에게 불어 넣어진 생기 즉 니스마트 하임은 에스겔 37장 5-9절의 해골 골짜기에 나오는 생기(루아흐 רוח)와도 다른 것입니다. 에스겔 37장의 무덤 속에 있는 해골들을 살리는 생기는 '루아흐'로서 이는 성령을 말합니다. 이것은 창세기 1장 2절의 수면에 운행하는 신(루아흐)과 같은 것입니다. 이러면 에스겔 37장의 모습과 창세기 1장 2절의 모습이 영적인 의미에서는 동일한 것입니다. 에스겔 37장과 창세기 1장 2절의 루아흐는 창조의 영이신 성령을 말하고 있습니다.

그러나 아담에게 주어진 생기는 창조의 영인 루아흐가 아닙니다. 그냥 생명을 감지하는 어떤 능력입니다. 만약에 아담에게 주신 생기가 루아흐라고 한다면 아담은 성령으로 거듭난 영적인 존재가 되는 것입니다. 그러나 창세기 2장에서 아담에게 주어진 생기는 성령(루아흐)이 아닌 니스마트 하임으로 영적 존재가 아니라는 것을 분명하게 말해주고 있습니다.

참고로, 한글개역에서는 안타깝게도 창세기 2장의 아담에게 넣어준 생기(니스마트 하임)와 에스겔 37장의 생기(루아흐)를 동일한 의미로 본 것입니다. 그러다 보니까 한글개역에서는 생령인 아담을 영적인 존재로 오역하고 있는 것입니다.

아담은 하나님과 같은 생명을 가진 자도 아닙니다. 영적 존재란 하나님의 생명을 가진 자를 말합니다. 아담이 영적 존재가 되려면 하나님의 생명이 담겨 있는 생명과를 먹어야 합니다. 생명과 속에 하나님의 생명인 영생이 담겨 있기 때문입니다. 하나님께서 아담에게 생명과를 먹으라고 하신 것은 너는 영적 존재가 아니므로 생명과를 먹고 영적 존재가 되라고 하신 것입니다.

하나님은 아담 속에 생명을 담고자 하신 것입니다. 아담도 창세전 언약을 위하여 창조되었습니다. 창세전 언약은 예수 그리스도 안에서 구원받는 것입니다. 그럼 아담도 예수 그리스도 안에서 구원받아야 하는 자인 것입니다. 그것이 생명과를 먹고 영생하는 자가 되는 것입니다.

아담은 빈 그릇과 같은 존재입니다. 그 속에 선악과를 담으면 죽은 자가 되고, 생명과를 담으면 산 자가 됩니다. 그래서 아담을 지으시고 난 후 제일 먼저 선악과를 먹으면 정녕 죽을 것이고, 생명과를 먹으면 영생할 것이라고 알려주신 것입니다. 죽은 자가 되면 에덴동산에서 쫓겨남을 당하고, 산 자가 되면 에덴동산에서 하나님과 더불어 살아갈 수가 있습니다. 애석하게도 아담은 하나님께서 먹으라고 한 생명과는 먹지 않고 먹지 말라고 한 선악과를 먹고서 죽은 자가 되어서 에덴동산에서 쫓겨나고 말았습니다.

왜 아담이 생명과를 먹고 영적인 존재로 거듭나야 할까요? 이는 하나님이 영이시기 때문입니다. 영이신 하나님과 같이 살아가려면 아담이 영이 되어야 합니다. 하나님은 아담이 생명과를 먹고 영적 존재가 되어서 하나님과 함께 살아가기를 바라셨습니다. 그것이 아담을 창조하신 목적입니다. 그래서 아담을 에덴에 두지 않고 동산에 두신 것입니다. 동산에 있는 생명과를 먹고 영생하는 자가 되어서 에덴으로 올라오라고 하신 것입니다. 이 그림이 바로 창세전 언약 속에 담겨 있는 예수 그리스도의 구속사라는 그림입니다.

창세전 언약은 흙(죄인)에 속한 사람 속에 예수 그리스도의 생명을 담아서 하나님의 아들들이 되게 하여서 하나님 나라에서 그 은혜의 영광을 세세토록 찬미하게 하는 것입니다. 에덴과 동산은 다른 곳입니다. 동산은 에덴에서 공급되는 생명수로 살아가는 곳입니다. 그래서 에덴에서 강이 발원하여 동산을 적시는 것으로 나타난 것입니다.

에덴은 동산 윗동네인 것입니다. 쉬운 말로 에덴이 3층이고, 동산이 2층이고, 동산 밖 세상이 1층입니다. 구원이 무엇입니까? 세상이라는 1층에 있는 자들이 2층인 동산에 있는 생명과를 먹고 영생하는 자가 되어서 3층인 에덴으로 올라가는 것입니다. 하나님이 동산 밖에서 지음을 받은 아담을 동산으로 이끌어 두시고 생기를 주어서 생명과를 먹고 영생하는 자가 되어서 에덴으로 올라오도록 하신 것입니다. 이를 이 시대 교회 이야기로 보면 세상에 있던 자들이 교회에 와서 예수라는 생명과를 먹고 천국으로 가는 것입니다.

하나님이 아담에게 생기를 주신 것은 그 생기로 무언가 하실 일이 있기 때문입니다. 아담이 받은 생기가 에스겔서 37장에 쓰인 '루아흐'(רוּחַ)였다고 한다면 아담의 본질이 영적인 존재가 되어야 합니다. 그러나 아담은 아직 영적 존재가 아닙니다. 영적 존재가 되려면 루아흐가 들어와야 합니다. 히브리어 루아흐를 헬라어로는 '프뉴마'($\pi\nu\varepsilon\hat{u}\mu\alpha$)라고 하고, 영어로는 스피릿(spirit)이라고 하고, 우리 말로는 영(靈)이라고 합니다.

창세기 1장 2절에 나오는 하나님의 신이라는 단어가 바로 루아흐입니다. 그러나 아담에게 넣어진 생기는 창세기 1장 2절의 하나님의 신인 루아흐와는 전혀 다른 네솨마 즉 니스마트 하임인 것입니다. 생명의 기운인 생기(니스마트 하임)는 생명 그 자체는 아니고 생명으로부터 나온 어떤 기운을 말합니다. 이는 생명을 감지하고 알아볼 수 있는 어떤 능력을 의미합니다.

잠언 20장을 봅시다.

잠 20:27 "사람의 영혼(니스마트)은 여호와의 등불이라 사람의 깊은 속을 살피느니라"

잠언은 사람 속에 있는 니스마트는 여호와의 등불로서 사람의 깊은 속을 살피는 역할을 한다고 합니다. 니스마트가 생명을 알아보는 역할을 한다는 뜻입니다. 하나님께서 아담 속에 생명을 알아보는 능력을 주신 것입니다. 사람과 짐승은 동일한 생령이지만, 사람에게는 생명을 알아보는 능력이 주어진 반면, 짐승에게는 생명을 알아보는 능력이 주어지지 않았습니다.

세상에서는 생물학적으로 사람과 짐승을 판단하지만 성경은 예수 그리스도 안에 있는 생명을 아느냐 모르느냐로 판단을 합니다. 이것이 비밀입니다. 짐승과 사람이 다른 점은 짐승은 생기가 없으므로 생명을 감지할 능력이 없고, 사람은 생기가 있어서 생명을 감지할 능력이 있다는 것입니다. 다시 말해서 영생을 알아보는 능력을 가진 자는 사람이라는 생령이고, 영생을 알아보는 능력이 없는 자는 짐승인 것입니다.

이것을 신약적으로 말합니다. 하나님이 이 세상에 하나님의 생명을 주시는 분을 보냈습니다. 그분이 바로 예수 그리스도입니다. 요한복음 1장 4절을 보면 그 안에 생명이 있다고 합니다. 예수 그리스도 속에 하나님의 생명이 있는 것입니다. 예수 그리스도는 자기 백성들에게 하나님의 생명을 주시고자 오신 것입니다. 예수 그리스도 안에 있는 하나님의 생명을 알아보는 사람은 생기를 가진 사람이고, 이를 알아보지 못하는 사람은 생기가 없는 짐승입니다.

요한복음 6장입니다.

요 6:53-69 "예수께서 이르시되 내가 진실로 진실로 너희에게 이르노니 인자의 살을 먹지 아니하고 인자의 피를 마시지 아니하면 너희 속에 생명이 없느니라 [54]내 살을 먹고 내 피를 마시는 자는 영생을 가졌고 마지막 날에 내가 그를 다시 살리리니 [55]내 살은 참된 양식이요 내 피는 참된 음료로다 [56]내 살을 먹고 내 피를 마시는 자는 내 안에 거하고 나도 그 안에 거하나니 [57]살아계신 아버지께서 나를 보내시매 내가 아버지로 인하여 사는 것같이 나를 먹는 그 사람도 나로 인하여 살리라 [58]이것은 하늘로서 내려온 떡이니 조상들이 먹고도 죽은 그것과 같지 아니하여 이 떡을 먹는 자는 영원히 살리라 [59]이 말씀은 예수께서 가버나움 회당에서 가르치실 때에 하셨느니라 [60]제자 중 여럿이 듣고 말하되 이 말씀은 어렵도다 누가 들을 수 있느냐 한대 [61]예수께서 스스로 제자들이 이 말씀에 대하여 수군거리는 줄 아시고 가라사대 이 말이 너희에게 걸림이 되느냐 [62]그러면 너희가 인자의 이전 있던 곳으로 올라가는 것을 볼 것 같으면 어찌 하려느냐 [63]살리는 것은 영이니 육은 무익하니라 내가 너희에게 이른 말이 영이요 생명이라 [64]그러나 너희 중에 믿지 아니하는 자들이 있느니라 하시니 이는 예수께서 믿지 아니하는 자들이 누구며 자기를 팔 자가 누군지 처음부터 아심이러라

⁶⁵또 가라사대 이러하므로 전에 너희에게 말하기를 내 아버지께서 오게 하여 주지 아니하시면 누구든지 내게 올 수 없다 하였노라 하시니라 ⁶⁶이러므로 제자 중에 많이 물러가고 다시 그와 함께 다니지 아니하더라 ⁶⁷예수께서 열두 제자에게 이르시되 너희도 가려느냐 ⁶⁸시몬 베드로가 대답하되 주여 영생의 말씀이 계시매 우리가 뉘게로 가오리이까 ⁶⁹우리가 주는 하나님의 거룩하신 자신 줄 믿고 알았삽나이다"

예수님께서 오병이어의 기적을 베풀자 수많은 사람이 따릅니다. 자신들의 왕이 되어서 맨날 기적의 떡을 먹여 달라고 합니다. 그러자 예수님께서 '나는 하늘로서 내려온 산 떡'이라고 하십니다. "누구든지 내 살과 피를 마시면 그 속에 생명이 있고 영생을 얻게 된다"고 말씀하십니다. 그러자 두 반응들이 나타납니다. 많은 사람이 '어렵도다. 무슨 말 같지 않은 말을 하느냐?'고 하면서 떠나갑니다. 군중들은 기적의 떡을 먹었으면서도 그 기적을 일으키신 분이 바로 생명을 주시기 위하여 오신 생명의 떡이라는 것을 몰라본 것입니다.

그러자 예수님이 제자들에게 "너희도 가려느냐?"고 물으십니다. 이에 제자들이 "영생의 말씀이 여기 계신데, 우리가 뉘게로 간단 말입니까? 우리는 예수님을 떠나지 않겠습니다"라고 합니다. 떠나간 사람은 왜 떠나갔고, 남아 있는 사람은 왜 남아 있습니까? 떠나간 사람은 예수님이 생명의 떡이라는 것을 알아보는 능력이 없었고, 남아 있는 사람은 예수님이 생명의 떡이라는 것을 알아보는 능력이 있었던 것입니다.

어느 날 예수님께서 길을 가다가 제자들에게 묻습니다. "사람들이 나를 누구라고 하더냐?" 이에 제자들이, 사람들이 예수님을 '선생님'이라고도 하고 '선지자'라고도 하더라고 합니다. 그러자 예수님께서 "너희는 나를 누구라 하느냐?"라고 물으십니다.

베드로가 "주는 그리스도시요, 살아계신 하나님의 아들입니다"라고 합니다. 이에 예수님께서 "바요나 시몬아 네가 복이 있도다"라고 하시면서 "네가 나를 그리스도요 하나님의 아들로 알게 된 것은 하늘에 계신 내 아버지께서 알려주신 것이다"라고 하십니다. 많은 사람은 예수님을 선생님으로 보았지만, 제자들은 예수님을 자신들을 구원하실 메시아로 보았습니다. 예수님은 베드로에게 '네가 나를 주와 그리스도로 알게 된 것은 하늘에 계신 내 아버지께서 알려주었기 때문'이라고 말씀해 주십니다.

이것은 하나님께서 제자들에게 예수님이 주와 그리스도라는 것을 알아볼 수 있는 능력을 주셨다는 것입니다. 그 능력이 바로 믿음이고, 그 믿음이 아담에게 주신 생기와 같은 것입니다. 성도에게는 예수 그리스도를 알아보는 믿음이 주어졌지만, 불신자들에게는 예수 그리스도를 알아보는 믿음이 주어지지 않은 것입니다. 그래서 성도는 예수 그리스도를 구주로 믿게 되지만, 불신자들은 예수 그리스도를 구주로 믿지 않는 것입니다.

세상에는 두 부류의 사람이 있습니다.

생기를 받은 사람과 생기를 받지 못한 사람이 있습니다. 예수님이 생명의 떡임을 알아보는 사람들은 생기를 받은 사람이고, 예수님이 생명의 떡이라는 것을 알아보지 못한 사람들은 생기를 받지 못한 짐승입니다. 그 속에 생기가 없는 사람(짐승)들은 떡 주는 예수로 보고 따르지만, 그 속에 생기가 있는 사람(생령)들은 예수님을 생명을 주는 메시아로 보고 따르게 됩니다.

예수를 알아본다는 것은 그 속에 생기를 받았다는 것입니다. 그래서 예수님은 '너희 눈은 봄으로 복이 있다'고 하신 것입니다. '너희가 나를 하나님의 아들로 보고 생명의 떡이라는 것을 알았다는 것은 모두가 하나님께로부터 복을 받았기 때문'이라고 합니다. 하나님께서는 아담에게 생명과를 먹어서 영생하는 자가 되라고 하셨습니다. 이 말은 아담은 영생하는 자가 아니라 생명과를 통해서 영생하는 자가 되도록 지음 받은 자라는 뜻입니다.

창세기 2장의 흙에서 난 아담이 생명과를 먹게 되면 창세기 1장의 말씀으로 난 아담이 되는 것입니다. 그래서 성경은 흙에 속한 사람이 생명과이신 예수 그리스도를 먹고 영생하는 하늘에 속한 사람으로 거듭나는 것을 중심 이야기로 말해주고 있는 것입니다. 구원이란 흙에 속한 아담이 예수 그리스도를 통하여 하늘에 속한 아담으로 거듭나는 것입니다.

성경은 두 아담들의 이야기를 하고 있습니다.

흙에서 나서 흙으로 돌아가는 땅에 속한 아담들의 이야기와 흙에서 났지만 예수라는 생명과를 먹고 하늘로 돌아가는 아담들의 이야기가 있습니다. 그래서 성경이 두 족보를 말해주고 있는 것입니다. 흙의 기운으로 살다가 죽은 자들의 족보가 있고, 예수 그리스도 때문에 땅에서는 죽었지만 하늘에서 살아난 자들의 족보가 있는 것입니다.

나는 두 족보 가운데 어느 곳에 이름이 올라 있는지 확인해 보아야 합니다. 흙에서 나서 흙의 기운으로 살다가 흙으로 돌아가는 아담인지, 비록 흙에서 났지만 생기의 도움으로 하늘로서 내려온 산 떡을 먹고 하늘의 기운으로 살다가 하늘로 돌아가는 아담인지를 보아야 합니다.

교회 안에는 생령과 짐승이 있습니다. 예수를 눈앞에 두고도 그 속의 생명을 보지 못하고 표적의 떡만 얻어먹고 돌아가는 자들이 있는가 하면, 예수 안에 있는 영생을 보고 모든 것을 버리고 예수를 좇아간 제자들이 있습니다.

제자들은 생기 즉 니스마트 하임(נשמת חיים)의 도움으로 예수님이 영생을 주는 분이라는 것을 정확하게 인지하였던 것입니다. 예수를 따라다닌 것은 생령인 제자들이나 짐승인 군중들이나 동일하지만, 그들이 가야 할 길은 천국과 지옥으로 나누어지게 되는 것입니다. 그래서 성경은 "사람의 혼은 위로 올라가고, 짐승의 혼은 아래로 내려간다"라고 말해주고 있습니다.

생기로 영생을 알아보는 능력을 가진 생령인 아담은 당연히 생명과를 먹고 영생의 세계로 나아가는 쪽으로 삶의 방향을 잡았어야 했습니다. 그런데 아담은 자기 몸에서 나온 여자의 말을 듣고 죽음의 나락으로 떨어지고 맙니다.

아담은 여자의 말을 들어서는 안 되었습니다. 여자에게 넋을 빼앗길 것이 아니라 니스마트 하임인 생기를 통하여서 인지한 생명과를 먹고 자신이 먼저 영적인 존재가 되는 일에 삶의 우선순위를 두었어야 했습니다. 생명과를 먹고 영생하는 사람이 먼저 되었어야 했습니다. 그러면 자기 몸에서 나온 여자를 영생의 세계로 이끌어 줄 수 있었을 것입니다.

그런데 아담은 생명과를 먹기도 전에 여자의 말을 듣고 말았습니다. 아담이 여자에게 마음을 빼앗긴 것은 그것 자체로 이미 타락인 것입니다. 생명과를 먹지 않은 아담에게는 여자가 주는 선악과를 받아먹은 것은 필연적인 수순일 뿐입니다.

결국 둘 다 죽고 맙니다. 아담은 흙의 세계에 머물러 앉고 만 것입니다. 결국 아담은 흙의 기운으로 살아가는 조상이 되고 만 것입니다. 하나님은 흙의 기운으로 살아가는 자와는 함께 살아갈 수가 없습니다. 그래서 하나님은 아담을 그 근본인 흙의 기운으로 살아가는 에덴동산 밖으로 쫓아내신 것입니다.

하나님은 에덴동산을 떠나가는 아담에게 약속하십니다. 뱀의 머리를 깨트릴 여자의 후손을 보내주겠다고 약속하셨습니다. 여자의 후손으로 오실 이가 뱀의 권세를 깨트릴 뿐 아니라 아담으로 하여금 에덴동산으로 돌아오게 하는 일을 하실 것입니다.

아담은 여자의 후손에 대한 약속을 받고 정든 고향인 에덴동산을 떠나옵니다. 하나님은 아담이 에덴동산을 떠나자 천사들로 하여금 에덴동산의 문을 굳게 걸어 잠그라고 하시고는 생명나무의 길을 지키게 하십니다.

혹시라도 아담이 월담을 하여서 생명나무 과실을 따 먹으면 큰일이 나기 때문입니다. 죄인인 아담이 만약에 생명과를 먹고 영생하게 되면 죄인으로서 영생하게 되는데 이것은 재앙 중에서도 아주 큰 재앙이 되기 때문입니다. 그래서 하나님은 생명나무가 있는 에덴동산을 아담의 눈에서 보이지 않도록 감추어 버리신 것입니다.

에덴동산에서 쫓겨난 아담은 고아가 되어서 죽음이라는 두려움 속에서 살아가게 되었습니다. 에덴동산에서 쫓겨난 아담의 목숨은 한 번 죽으면 끝나는 목숨입니다. 죽으면 끝나는 목숨으로 살아가는 아담은 이제부터 죽음에게 일평생 쫓기는 신세가 된 것입니다. 죽음이야말로 아담에게 가장 무서운 공포의 대상이 되고 만 것입니다.

죽음에 쫓기는 아담들은 역설적으로 죽지 않고자 죽음으로부터 멀리 도망치는 인생을 살아가게 된 것입니다. 그것이 죽음을 안고 살아가는 아담들이 불로장생하는 불로초를 구하는 삶을 추구하는 것으로 나타나고 있는 것입니다.

지금도 인간들은 생명공학이라는 것으로 불로장생하는 불로초를 구하고자 연구하고 있습니다. 하지만 죽음은 그림자처럼 항상 아담의 꽁무니를 따라다니면서 괴롭히고 있습니다. 죽음의 그림자를 끊어낼 수 있는 길을 오직 하나, 죽음으로부터 해방되는 것입니다. 아담을 죽음에서 해방시켜 주실 분은 여자의 후손밖에 없습니다.

아담의 소망은 죽음으로부터 해방시켜 주실 여자의 후손뿐입니다.

하나님은 에덴동산 밖으로 쫓겨나 살고 있는 아담 속에서 두 민족을 끄집어내십니다. 가인과 아벨입니다. 가인과 아벨은 인류의 두 조상으로 나타납니다. 가인은 땅의 기운으로 살아가는 조상이고, 아벨은 자신을 죄에서 구해줄 희생 제물인 양을 치는 조상으로 나타납니다.

가인과 아벨은 각자의 방식으로 하나님께 제사를 드립니다. 가인은 땅의 소산으로 제사하였고, 아벨은 양으로 제사를 드렸습니다. 하나님께서 가인의 제사는 거부하시고 아벨의 제사만 받으십니다. 그러자 가인은 하나님의 처사가 틀렸다고 하면서 하나님으로부터 인정받은 아벨을 죽임으로써 하나님께 대한 분풀이를 합니다.

하나님은 아벨 대신 셋을 주십니다. 셋은 아벨의 죽음으로 난 자입니다. 이는 예수 그리스도의 죽음으로 난 성도들을 예표합니다. 이렇게 되면서 이 세상에는 두 부류의 인간이 존재하게 된 것입니다. 하나님께 속한 자와 하나님께 속하지 않은 자로 구분이 됩니다. 엄밀히 말하면 가인처럼 하나님께 사랑받는 아벨들을 죽이는 자와, 아벨처럼 하나님의 사랑을 받은 것 때문에 가인에게 죽임당하는 자로 구분되는 것입니다.

하나님은 아벨처럼 하나님께 속한 자들에게 여자의 후손이 와서 구원해 준다는 약속을 심어 주셨습니다. 여자의 후손이 와서 뱀의 머리를 깨트리고 죄와 사망에서 구해 주실 것이라고 약속하셨습니다. 하나님은 하나님께 속한 아벨과 같은 아담들 속에 여자의 후손을 알아보는 믿음을 생기처럼 담아 놓으신 것입니다.

하나님의 약속을 믿는 믿음이라는 생기를 주어서 여자의 후손을 기다리도록 하셨습니다. 그 속에 약속과 믿음이라는 생기를 받은 자들은 여자의 후손으로 오신 예수 그리스도를 알아보고 구주로 영접하게 되고, 생기가 없는 사람들은 배척하게 되는 것입니다.

로마서 1장을 봅시다.

롬 1:17 "복음에는 하나님의 의가 나타나서 믿음으로 믿음에 이르게 하나니 기록된 바 오직 의인은 믿음으로 말미암아 살리라 함과 같으니라"

복음 속에는 하나님의 의가 담겨 있습니다. 복음이 뭔가요? 예수님의 십자가 도입니다. 예수님의 십자가 도를 믿는 것입니다.

그럼 누가 예수님의 십자가 사건을 자신의 구원 이야기로 받아들이나요? 이는 그 속에 하나님으로부터 믿음을 선물로 받은 사람이라야 합니다. 예수님의 십자가라는 복음 속에 담긴 하나님의 의는 하나님이 선물로 주신 믿음이 이를 알아보고 "믿습니다"라고 고백하게 되는 것입니다. 하나님이 선물로 심어 주신 믿음이 생기가 되어서 예수 그리스도를 구주로 믿게 하신 것입니다. 이를 '믿음으로 믿음에 이르게 된다'고 합니다.

하나님이 그 아들을 이 세상에 구원자로 보내셨습니다. 예수님이 오셨습니다. 그러자 두 부류의 반응이 나타납니다. 어떤 사람들은 예수를 영접하고, 어떤 사람들은 예수를 배척합니다. 영접하는 사람들은 어떻게 영접하고, 배척하는 사람들은 왜 배척할까요? 이는 그 속에 하나님으로부터 믿음을 선물로 받은 사람들은 예수를 구주로 영접하게 되고, 그 속에 하나님으로부터 믿음을 선물로 받지 못한 사람은 예수를 그냥 사람으로 보고 배척하게 되는 것입니다.

그러니까 믿음이 "믿습니다"라는 믿음을 낳게 한 것입니다. 이를 믿음으로 믿음에 이른다고 합니다. 예수가 주와 그리스도라는 것을 알고 영접하게 하는 것이 바로 믿음이라는 생기입니다. 믿음이라는 생기를 받은 성도들은 흙에 생기를 담은 생령인 아담이고, 믿음을 받지 못한 자들은 짐승이라는 생물로서의 생령들입니다.

예수님이 이 세상에 오신 것은 그 속에 생기를 담고 있는 자들에게 생명을 주어서 에덴동산으로 데리고 가고자 함입니다. 에덴동산에 데리고 가서 아담과 하와에게 주신 하나님의 명령을 수행하게 되는 것입니다. 이를 천년왕국이라고 합니다. 천년왕국에 들어가려면 두 가지 수순을 밟아야 합니다. 첫 번째 흙에서 난 사람은 죽고, 두 번째 하늘로서 새롭게 태어나야 합니다. 옛사람은 죽고 새로운 피조물로 거듭나는 것입니다.

선악과를 먹고 죽은 아담이 어떻게 에덴동산으로 돌아올 수 있는지 살펴봅시다.

새사람은 옛사람의 죽음으로 주어집니다. 아담은 선악과를 먹고 죽은 자가 되었습니다. 그래서 하나님은 죽은 아담을 산 자들만이 살아갈 수가 있는 에덴동산에서 내보내신 것입니다. 선악과의 죽음을 담고 있는 아담은 에덴동산으로 돌아갈 수 없습니다.

아담이 에덴동산에 들어가려면 먼저 선악과를 담고 있는 아담이 죽고 선악과가 없는 아담이 되어야 합니다. 선악과를 담은 죽은 자로서는 산 자들이 살아가는 에덴동산으로 들어갈 수 없는 것입니다. 산 자가 되어야만 들어갈 수 있는 것입니다.

죽은 자가 어떻게 산 자가 됩니까? 살려주는 영으로 오신 분에 의하여서만 됩니다. 그래서 예수 그리스도는 자기 백성들을 먼저 죽이고 나중에 살리는 일을 하시는 것입니다. 하나님은 죄인인 아담을 죄로부터 해방시켜 주고자 여자의 후손을 보내주셨습니다. 하나님은 여자의 후손을 아담을 죽이는 분으로 보내주신 것입니다. 그분이 바로 육체로 오신 예수님입니다.

히브리서 2장을 봅시다.

히 2:14-16 "자녀들은 혈육에 함께 속하였으매 그도 또한 한 모양으로 혈육에 함께 속하심은 사망으로 말미암아 사망의 세력을 잡은 자 곧 마귀를 없이 하시며 ¹⁵또 죽기를 무서워하므로 일생에 매여 종노릇하는 모든 자들을 놓아주려 하심이니 ¹⁶이는 실로 천사들을 붙들어 주려 하심이 아니요 오직 아브라함의 자손을 붙들어 주려 하심이라"

육체로 오신 예수님은 죄인인 아담을 죽이고자 오셨습니다. 아담을 죽이는 것은 아담을 죄로부터 해방시키기 위함입니다. 죽음에 쫓기는 아담을 살리는 길은 역설적으로 죽음에 쫓기는 아담을 죽이고 죽음에 쫓기지 않는 아담으로 살려내는 것입니다. 그것이 예수님의 십자가에서 이루어졌습니다.

예수님은 십자가에 죽으실 때 자기 백성들을 몽땅 안고 죽으신 것입니다. 이것을 그리스도 안에서 한 몸으로 세례받았다고 합니다. 예수님은 부활하시고 하늘나라로 승천하신 후에 자기 백성들에게 성령을 보내주십니다.

성령이 오셔서 예수님이 십자가에 죽으실 때 우리도 함께 죽었고, 예수님이 부활하실 때 우리도 함께 부활했다는 사실을 알려주고 믿어지게 해주십니다. 영적인 의미에서 성령은 예수 그리스도의 이름으로 오셨기 때문에 살려주는 영으로 오신 예수 그리스도가 오신 것과도 같은 것입니다.

네페쉬 하야인 인간에게 있어 소망은 살려주실 영으로 오시는 분을 기다리는 것입니다. 하나님은 예수 그리스도를 살려주는 영으로 보내주셨습니다. 예수 그리스도 속의 영생을 발견한 사람은 구주로 영접할 것이고, 발견하지 못한 사람은 영접하지 않을 것입니다.

소경 거지 바디매오는 예수님이 자신을 살려주실 분임을 알았습니다. 그래서 주변의 만류에도 "나사렛 예수여, 나를 불쌍히 여기소서"라고 소리친 것입니다. 이에 예수님은

"네 믿음이 너를 구원하였다"고 하십니다. 바디매오 속의 믿음이 생기의 역할을 하여서 살려주는 영으로 오신 예수 그리스도를 알아보게 하였고 영접하게 한 것입니다.

그 속에 믿음이라는 생기를 받은 자는 자신의 모든 삶을 예수 그리스도를 좇아 살아가게 됩니다. 그러나 그 속에 믿음이라는 생기가 없는 자들은 짐승처럼 땅의 기운으로 살아가게 됩니다. 결국은 그 속에 생기가 담겼는가, 안 담겼는가는 그 사람이 살아가는 삶의 지향성을 보면 알 수 있게 됩니다.

바울은 성도들에게 "너희가 그리스도와 함께 살리심을 받았으면 땅의 것을 생각지 말고 하늘의 것을 생각하라"고 하였습니다. 땅의 지체를 죽이라고 하였습니다. 이는 육신의 소욕대로 살지 말라는 것입니다.

바울은 육신의 소욕을 좇아가는 자들을 땅의 일을 생각하는 자라고 하면서, 이들은 십자가의 원수들이라고 하였습니다. 왜 땅의 것을 좇아가는 것을 십자가의 원수라고 할까요? 이는 예수 그리스도의 죽음을 헛된 것으로 돌리기 때문입니다. 예수님께서 십자가에서 죽으신 것은 땅의 기운으로 살아가는 아담을 죽이고 하늘의 기운으로 살아가는 아담으로 살려내기 위한 것입니다.

세상 것을 좇아가는 것은 예수님의 죽음을 욕되게 하는 것입니다. 그래서 신앙생활을 성령의 소욕과 육신의 소욕의 전쟁이라고 하는 것입니다. 육신의 소욕은 육신의 정욕과 안목의 정욕과 이생의 자랑입니다. 이러한 것은 모두가 흙의 기운입니다. 흙의 기운으로 살아가는 자들을 짐승이라고 합니다. 육신의 정욕과 안목의 정욕과 이생의 자랑은 짐승들 세계에서의 가치입니다.

예수님은 종말의 모습을 노아의 때와 같다고 하셨습니다.

생기를 품고 사는 사람은 생명과를 먹고 영생의 세계로 나아가야 하는 자들입니다. 생기를 품은 사람은 짐승들처럼 먹고 마시고 시집가고 장가가는 일에만 매여서 살아갈 수 없는 것입니다. 노아처럼 방주를 짓는 삶을 살아가게 됩니다.

노아는 하나님의 은혜를 입었습니다. 그 은혜가 세상 사람들과 다르게 살게 한 것입니다. 노아는 다름의 삶을 방주 짓는 것으로 보여주었습니다. 하나님의 은혜가 노아 안에서 생기가 되어서 장차 일어날 홍수 심판 속에서 구원해 줄 방주 짓는 삶을 살게 한 것입니다.

예수님께서 노아의 때를 악한 때라고 하신 것은 그들이 땅에만 정신을 팔고 살았기 때문입니다. 노아 시대 사람들이 무슨 큰 잘못을 저질러서 천벌을 받은 것이 아닙니다. 즉 도적질하고, 살인하고, 나쁜 짓만 일삼고 산 것이 아닙니다. 지극히 윤리적으로, 지극히 도덕적으로 살았습니다. 성실하게 열심히 살았습니다. 그러나 그것이 땅의 일이라는 것입니다.

사람들은 몹쓸 짓을 하면 나쁜 것이라고 생각합니다. 그러나 하나님은 땅의 기운으로 살아가는 것을 악한 것으로 간주하십니다. 하늘의 기운으로 살지 않은 것을 악한 것으로 간주하십니다. 하나님 앞에서 땅의 일은 죄가 됩니다. 그래서 세상과 짝하고 사는 것을 간음이라고 하고, 이는 하나님과 원수 되는 것이라고 하는 것입니다.

사람마다 존재 양식이 다릅니다.

하늘의 사람이 살아가는 존재 양식이 있고, 땅의 짐승이 살아가는 존재 양식이 있습니다. 사람은 하늘의 기운으로 살아가고, 짐승은 땅의 기운으로 살아갑니다. 하늘의 기운은 그의 나라와 그의 의를 구하는 것이고, 땅의 기운은 무엇을 먹을까, 무엇을 마실까, 무엇을 입을까를 구하는 것입니다.

그렇기에 예수 그리스도를 알아보지 못하고 사람의 영광을 구하고 살아갔던 바리새인들을 향하여 독사의 자식이라고 하신 것입니다. 겉으로는 한없이 깨끗하고 거룩한 척하지만, 그 속에는 죽은 자들이 먹고 살아가는 땅의 것들로 가득 채워진 평토장한 무덤이라고 하였던 것입니다. 예수님은 바리새인을 정의하기를 그들은 돈을 좋아하는 자라고 하였습니다. 돈은 육신의 정욕과 안목의 정욕과 이생의 자랑을 줍니다. 이러한 것들은 땅의 기운입니다.

요한1서 2장을 봅시다.

요일 2:15-17 "이 세상이나 세상에 있는 것들을 사랑치 말라 누구든지 세상을 사랑하면 아버지의 사랑이 그 속에 있지 아니하니 ¹⁶이는 세상에 있는 모든 것이 육신의 정욕과 안목의 정욕과 이생의 자랑이니 다 아버지께로 좇아 온 것이 아니요 세상으로 좇아 온 것이라 ¹⁷이 세상도, 그 정욕도 지나가되 오직 하나님의 뜻을 행하는 이는 영원히 거하느니라"

이 세상 것에는 하나님의 사랑이 없습니다. 육신의 정욕과 안목의 정욕과 이생의 자랑은 아버지께로 온 것이 아니라고 합니다. 이러한 것은 전부 이 세상으로부터 온 것이라고 합니다. 이는 흙의 기운이라는 것입니다.

짐승은 흙의 기운으로 살아갑니다. 짐승들은 오직 흙의 세계만 알고 있습니다. 물론 생기를 담고 있는 사람도 흙으로 지어졌기 때문에 짐승처럼 먹고 마시고 시집가고 장가가는 일들을 하면서 살아갑니다. 그러나 한 가지 다른 점은 밥을 먹어도 하늘을 위하여 먹고, 일을 해도 하늘을 위하여 하고, 살아도 하늘을 위하여 살아갑니다.

생기를 담고 있는 사람이나 생기가 없는 짐승이나 먹고 살아가는 것은 동일합니다. 그러나 '무엇을 위하여서 살아가는가?'라는 의미는 다릅니다. 사람이나 짐승이나 다 밥을 먹습니다. 누구나 먹었고, 누구나 마셨습니다. 지극히 인간다운 삶을 살았습니다.

노아도 장가갔고, 노아의 아들들도 결혼했습니다. 그럼에도 노아는 살았고, 다른 사람들은 물에 빠져 죽었습니다. 왜 그런가요? 문제는 그들은 흙에 속한 생활밖에 몰랐다는 것입니다. 그들은 먹고 마시는 삶만 살았지만, 노아는 먹고 마시면서도 방주 짓는 삶을 살았기 때문에 홍수 속에서도 자기가 지은 방주로 살아난 것입니다.

예수님도 먹고 마셨고, 바리새인들도 먹고 마셨습니다. 그러나 예수님은 "이 세상은 내 나라가 아니요"라고 하시며 살았고, 바리새인들은 "이 세상은 내 나라요"라고 믿으며 살았던 것입니다. 신앙은 흙에 속한 삶을 성공적으로 살아가는 문제가 아닙니다.

신앙은 예수 그리스도를 양식으로 먹고 흙에서 영으로, 땅에서 하늘로 나아가는 것입니다. 땅의 기운을 벗어버리고 하늘의 기운으로 살아가는 것입니다. 하나님은 짐승들에게 생명을 주려고 예수님을 짐승들의 밥통인 구유에 태어나게 하신 것입니다. 짐승들에게 예수를 먹여서 사람이 되게 하여서 천국에 데리고 가시기 위한 것입니다.

아담의 구원은 생령의 위치에서 니스마트 하임의 도움으로 생명으로 옮겨가는 것입니다. 흙으로 난 사람이 생기의 도움으로 살려주는 영으로 오신 예수 그리스도를 먹어서 하늘의 사람으로 거듭나는 것입니다. 니스마트 하임의 도움으로 살려주는 영으로 오신 짐승의 밥인 예수 그리스도를 먹은 사람은 더는 흙에 매여 살아갈 수가 없습니다. 차라리 죽을지언정….

까마귀처럼 썩은 시체를 뜯어먹고 살아갈 수 없습니다. 비둘기처럼 공중을 날면서 새로운 신천신지를 향해서 나아가는 삶을 살아가게 되는 것입니다. 이러한 자들을 히브리서 기자는 하늘에 있는 본향을 향해 이 땅에서 외국인과 나그네와 행인으로 살았다고 합니다.

예수님의 책망은 먹지도 말고 마시지도 말라는 얘기가 아닙니다. 시집가고 장가가지 말라는 뜻도 아닙니다. '너희는 땅의 기운으로 살아가는 짐승과는 다른 사람'이라는 것입니다. 하늘의 사람이 왜 짐승처럼 흙의 세계에만 머물러 있고자 하느냐고 책망하시는 것입니다.

하나님의 백성들에게 '너희는 하늘의 기운으로 살아야 하는 자들이 왜 땅의 기운을 좇아가느냐?' 하는 책망입니다. 영적인 세계 즉 하늘의 삶에는 무지했다는 책망입니다. 어디를 지향하고 살아가고 있느냐에 대한 책망입니다.

하나님은 '너는 지금 어디를 지향하고 살아가느냐?' 묻고 계십니다. '마음속에 무슨 그림을 그리고 사느냐? 가이사의 화상을 그리고 살아가느냐, 아니면 하나님의 화상을 그리고 살아가느냐?' 가이사의 화상이 그려져 있으면 흙의 기운으로 살아가는 생령인 짐승이고, 하나님의 화상이 그려져 있으면 하늘 기운으로 살아가는 생령인 사람입니다.

가이사의 화상이 그려져 있으면 마귀를 섬기는 것이고, 하나님의 화상이 그려져 있으면 하나님을 섬기는 것입니다. 가이사가 왕이면 가이사의 종으로 살 것이고, 하나님이 왕이면 하나님의 종으로 살 것입니다. 가이사의 화상이 그려져 있는 자들은 짐승이 주는 666표를 필연적으로 받게 되어 있습니다. 이들에게는 흙의 기운으로 살아가는 것이 그들의 삶의 의미이고 전부이기 때문입니다. 흙이 전부인 사람은 절대로 흙을 벗어날 수 없습니다.

하나님께서는 뱀에게 "너는 종신토록 흙을 먹을지니라"고 저주하셨습니다. 땅을 떠날 수 없도록 배로 기어 다니도록 하셨습니다. 뱀은 저주의 기운을 먹고 살다가 흙으로 돌아가게 되어 있습니다. 뱀의 후손은 종신토록 흙을 떠날 수 없습니다. 사람마다 먹거리가 다릅니다. 흙에 속한 짐승은 떡이 양식이지만, 하늘에 속한 사람은 하나님 말씀이 양식입니다.

우리는 스스로에게 물어야 합니다. '나의 먹거리는 무엇인가? 떡인가, 하나님 말씀인가?' 떡이 좋은 사람은 떡이 있는 곳을 기웃거릴 것이고, 하나님 말씀이 좋은 사람은 하나님의 말씀 있는 곳을 기웃거릴 것입니다.

내가 거니는 동네는 어디인가요?
떡으로 살아가는 동네인가요?
하나님 말씀으로 살아가는 동네인가요?

예수님이 '너희는 나를 누구라 하느냐?' 하고 물으십니다.
나에게 예수는 어떤 존재인가?
세상의 떡을 주는 분인가,
아니면 하늘의 생명을 주는 분인가?

나는 사람인가, 짐승인가?

나는 지금 짐승으로 살고 있는가,
사람으로 살고 있는가?

답은 살아가는 삶으로 쓰시길 바랍니다.
신앙은 말로 증명하는 것이 아닙니다.
살아가는 삶으로 증명하는 것입니다.
그대의 삶이 곧 그대의 신앙입니다.

엿새가 저물어 가고 있습니다.
일곱째 날을 준비하고 살아가시기를 주의 이름으로 축원드립니다.

15강 창세전 언약으로 본 창조와 구원 이야기

에덴동산의 두 과실 그리고 독과 약

창 2:8-17 "여호와 하나님이 동방의 에덴에 동산을 창설하시고 그 지으신 사람을 거기 두시고 ⁹여호와 하나님이 그 땅에서 보기에 아름답고 먹기에 좋은 나무가 나게 하시니 동산 가운데에는 생명나무와 선악을 알게 하는 나무도 있더라… ¹⁵여호와 하나님이 그 사람을 이끌어 에덴동산에 두사 그것을 다스리며 지키게 하시고 ¹⁶여호와 하나님이 그 사람에게 명하여 가라사대 동산 각종 나무의 실과는 네가 임의로 먹되 ¹⁷선악을 알게 하는 나무의 실과는 먹지 말라 네가 먹는 날에는 정녕 죽으리라 하시니라"

만물은 하나님의 필요에 의하여 창조되었습니다. 언약을 위하여 만물을 창조하신 것입니다. 하나님은 만물을 가지고 창세전에 예정하신 창세전 언약을 펼쳐 가십니다. 언약의 내용은 예수 그리스도 안에서 어린양의 생명책에 녹명된 자들이 죄와 사망으로부터 구원을 받는 것입니다. 언약을 이루어 가는 주체는 하나님이십니다. 하나님이 언약을 하셨고 하나님이 그 언약을 이루어 가십니다.

우리가 창세기의 구조를 살펴볼 때 1장은 역사의 시작부터 끝까지를 7일 창조 속에 담아 놓았다는 것으로 살펴보았습니다. 그래서 창세기 1장은 성경 전체 이야기를 담고 있는 책의 목차와 같다고 하였습니다. 그리고 창세기 2-3장은 역사 속에서 펼쳐지는 예수 그리스도를 통한 자기 백성들을 구원하는 구속사를 에덴동산에서 아담과 하와와 뱀을 가지고 보여주고 있습니다.

아담 속에서 하와가 나와서 뱀의 미혹으로 죄 아래 가두어지게 되고, 이에 하나님께서 죄로 인한 수치를 가려 주기 위하여 흠 없는 짐승을 잡아서 가죽옷을 입혀 주신 이야기는 예수 그리스도의 피 흘리심으로 자기 백성들을 구원하는 것을 모티브로 하고 있음을 볼 수 있습니다.

에덴동산도 창세전 언약을 위하여 창조되었습니다. 에덴동산에서 일어나는 모든 일들은 창세전 언약과 연관되어 있는 것입니다. 당연히 에덴동산에 있는 네 강이나 선악을 알게 하는 나무와 생명나무도 창세전 언약을 이루어 가는 데 필요한 것들입니다.

오늘은 에덴동산의 두 과실에 대하여 살펴볼까 합니다.

에덴동산에는 두 과실이 있습니다. 선악을 알게 하는 과실을 맺는 나무와 영생을 주는 과실을 맺는 생명나무가 있습니다. 두 과실은 성질이 전혀 다릅니다. 선악과는 죽음을 담고 있고, 생명과는 영생을 담고 있습니다. 선악과는 먹으면 죽고, 생명과는 먹으면 영생합니다. 죽음과 영생은 극과 극입니다. 하나님은 왜 성질이 전혀 다른 두 나무의 과실을 아담 앞에 두었을까요?

하나님은 갓 창조된 아담에게 두 나무의 과실에 대한 정보를 상세하게 알려주십니다. 선악과는 절대로 먹어서는 안 되고, 생명과는 반드시 먹으라고 하십니다. 그리고 난 후에 하나님은 아담을 깊이 잠들게 하시고 아담 속에 있던 갈비뼈 하나를 빼내서 사람을 만드시고 그를 여자라 하고 그 이름을 '하와'라고 부르십니다.

아담은 남자가 되고 하와는 여자가 된 것입니다. 그리곤 이 둘을 한 몸이 되게 하십니다. 둘이 한 몸이 되는 것을 혼인이라고 합니다. 혼인이란 원래 하나였는데, 잠시 떨어져 있다가 다시 한 몸이 되는 것을 말합니다.

사도 바울은 아담과 하와 이야기를 그리스도와 교회의 비밀이라고 하였습니다. 이렇게 되면 아담과 하와가 에덴동산에서 벌이는 일은 장차 예수님께서 이 세상에 오셔서 하실 일들을 내포하고 있음이 됩니다.

우리는 흔히 창세기를 실낙원이라고 하고, 요한계시록을 복낙원이라고 합니다. 창세기에서는 아담과 하와가 에덴동산에서 쫓겨남을 당합니다. 그런데 요한계시록에서는 예수님과 그의 신부인 성도들이 에덴동산으로 다시 돌아갑니다. 아담과 하와가 죄로 인하여 잃어버린 것을 예수 그리스도와 성도들이 회복하는 것을 구원이라고 합니다.

그럼 아담과 하와가 어떻게 에덴동산을 잃어버리게 되는지를 살펴봅시다. 하나님은 아담에게 선악과와 생명과에 대한 정보를 소상하게 알려주셨습니다. 그리고 생명과는 반드시 먹고, 선악과는 절대로 먹어서는 안 된다고 하셨습니다.

그런데 아담 안에서 나온 여자가 그만 뱀의 미혹에 넘어가서 절대로 먹어서는 안 되는 선악을 알게 하는 나무의 실과를 따 먹고 맙니다. 그리고 여자는 선악과를 아담에게도 줍니다. 이에 아담은 여자가 준 선악과를 거부하지 않고 받아먹습니다. 그리하여 둘 다 죽은 자가 되고 맙니다.

이에 하나님은 흠 없는 짐승을 잡아서 가죽으로 옷을 해 입히시고 죽은 자는 에덴동산에서 살 수 없다고 하시면서 두 사람을 에덴동산 밖으로 추방하십니다. 추방하시면서 장차 여자의 후손을 보내주신다고 약속하십니다. '여자의 후손이 와서 너희로 미혹하게 한 뱀의 권세를 깨트리고 너희를 이곳으로 다시 데리고 올 것'이라고 알려주십니다. 그러므로 에덴동산 바깥 동네에 살면서 하나님이 보내주실 여자의 후손을 기다리라고 하십니다.

하나님은 아담과 하와를 에덴동산 밖으로 내보내시고 에덴동산의 문을 걸어 잠그고 맙니다. 이 모습이 에덴동산에서 일어난 이야기입니다. 이 이야기 속에는 인류 전체의 역사가 응축되어 있습니다. 하나님께서 이 세상 속에서 하실 일을 담아 놓은 것입니다. 이 세상에서 일어나는 일은 에덴동산에서의 일어난 일을 확대해 놓은 것입니다. 반대로 말하면 이 세상 역사를 축소하면 에덴동산 이야기가 됩니다.

에덴동산의 선악과와 생명과 이야기 속에는 인류 전체가 죄로 인하여 죽었다가 예수 그리스도를 통하여 살아나는 이야기가 담겨 있습니다. 죄로 인하여 죽었다가 예수 그리스도를 통하여 살아나는 이야기는 곧 창세전 언약의 내용이기도 합니다. 창세전 언약 속에 담긴 구원은 죽었다가 살아나는 수순으로 되어 있습니다. 이것이 두 과실 속에 담겨 있습니다. 하나님은 두 과실을 가지고 창세전 언약을 펼쳐 가십니다.

하나님께서 역사 속에서 펼쳐 가실 창세전 언약을 에덴동산에서 씨눈처럼 담아 놓은 것입니다. 에덴동산에서 일어나는 일들은 마치 드라마의 예고편과 같습니다. 창세전 언약을 모티브로 보여주는 그림입니다. 에덴동산에서 일어나는 일은 우연히 일어난 것이 아닙니다. 창세전부터 철저하게 계획된 이야기입니다. 하나님께서 이 세상을 창조하기 전인 창세전에 이 세상 속에서 그 아들을 통해서 자기 백성들을 구원하실 일을 에덴동산에서 예고편으로 보여주신 것입니다.

잠시 하나님의 일하심에 대하여 살펴봅니다.

사도 바울은 하나님이 하시는 일은 측량할 수 없다고 하였습니다. 인간들의 지혜로는 도무지 이해할 수 없다고 했습니다. "깊도다. 하나님의 지혜와 지식의 부요함이여, 그의 판단은 측량치 못할 것이며 그의 길은 찾지 못할 것이로다"라고 탄복하였던 것입니다. 이 말은 인간들의 지혜로는 하나님이 하시는 일을 알 수 없다는 뜻입니다. 그러니 섣불리 판단하지 말라는 것입니다.

하나님은 하나님이 하시는 일을 깨닫게 하시려고 자기 백성들에게는 하나님의 깊은 것을 통달하시는 성령을 주신 것입니다. 요한계시록을 보면 성령을 온 세상으로 보내심을 입은 일곱 눈이라고 합니다. 성령을 일곱 눈이라고 하는 것은 성령께서 성도들로 하여금 하나님의 안목으로 이 세상 역사를 바라보게 하시기 때문입니다.

성경은 하나님이 이 세상 속에서 하신 일을 기록하고 있습니다. 성경을 어떤 눈으로 보느냐에 따라 하늘과 땅처럼 달라집니다. 그래서 성경을 사사로이 풀지 말라고 하였습니다. 사사로이 풀지 말라는 것은 인간들 입장에서 해석하지 말라는 것입니다. 성경은 하나님의 일하심을 증거하는 것입니다. 그러므로 성경을 볼 때 항상 기억해야 하는 것은 우리 입장에서 성경을 이해하려고 하지 말고 하나님 입장에서 이해하여야 한다는 것입니다. 선악과 이야기도 마찬가지입니다.

하나님의 일은 그 아들을 통하여서 자기 백성들을 구원하는 것입니다. 여기에 동원된 민족이 구약의 이스라엘입니다. 구약의 이스라엘은 신약으로 말하면 교회입니다.

하나님은 구약의 이스라엘을 가지고 자기 백성들을 구원하는 이야기를 하고 있는 것입니다.

이스라엘이란 언약의 후손을 상징합니다. 하나님에게 선택을 입은 자들을 말합니다. 선택을 입었다는 말은 하나님의 필요에 의한 것이라는 뜻입니다. 하나님께서 일방적으로 선택하셨습니다. 그러므로 하나님이 일방적으로 우리의 구원을 이루어 가시는 것입니다. 그런데 구원은 시간이라는 역사 속에서 이루어집니다. 우리의 구원은 하나님이 정하신 시간표에 따라서 이루어지게 되는 것입니다. 때와 기한은 하나님이 정하십니다.

이것을 예수님은 포도원 품꾼 비유로 말씀하셨습니다. 어떤 이는 아침 일찍 부르심을 입고, 어떤 이는 한낮에 부르심을 입고, 어떤 이는 저녁에 부르심을 입습니다. 중요한 것은 모두가 주인의 부르심으로 들어간다는 것입니다. 품꾼들의 원함이 아니라 주인의 원하심입니다. 주인이 한 사람 한 사람 불러서 들어간 것입니다. 이것을 은혜라고 합니다. 하나님은 은혜라는 방식으로 일을 하십니다. 그런데 이 은혜가 우리 인간들에게는 낯선 것입니다. 왜냐하면 인간의 의지와 상관없이 일방적으로 주어지기 때문입니다.

우리는 내 몸이 내 것이라고 생각합니다. 내 인생은 나의 것이라고 합니다. 그러나 실상 몸뚱이는 분명히 내 몸인데 내 마음대로 살아갈 수가 없는 것입니다. 내 인생은 분명히 내 것 같은데 내 뜻대로 살아지지 않는 것입니다. 왜냐하면 하나님으로부터 간섭을 당하고 있기 때문입니다. 그래서 우리 인생이 자꾸만 삐걱거리는 것입니다.

마치 바이러스에 감염이 된 컴퓨터와 같이 이상 징후들을 일으키는 것입니다. 하나님은 자기 백성들에게 성령을 보내주셨습니다. 성령은 컴퓨터의 바이러스처럼 우리 안에서 육신의 소욕들을 제어하는 일을 하십니다. 우리 인생이 자꾸만 꼬여가는 것입니다. 우리 마음대로 살아지지 않는 것입니다. 그런데 성경은 이를 복된 인생이라고 합니다. 동의하기 어렵지만 사실입니다.

하나님은 인간의 생각을 비껴가는 식으로 일하십니다. 그러다 보니 우리와 충돌을 일으키게 됩니다. 하나님은 우리의 동의를 구하시지 않습니다. 하나님이 하시는 일에는 인간의 동의를 필요로 하지 않습니다. 그래서 격한 어조로 구원을 하나님의 폭력이라고 하는 것입니다. 폭력이란 강한 자가 힘으로 약자를 굴복시키는 것입니다. 우리 구원이 그러합니다. 하나님이 일방적으로 '야곱아, 너는 내 것이라, 내가 너를 지명하여 불렀다'라고 하시면서 우리 인생을 간섭하는 것입니다. 이것을 '불가항력적 은혜'라고 합니다.

이것이 얼마나 감사한지 모릅니다. 하지만 우리는 우리의 동의 없이 하나님께서 일방적으로 일하시는 것이 얼마나 큰 복인지를 모르는 것입니다. 도리어 왜 날 이렇게 간섭을 하느냐고 짜증을 내고 불평합니다. 만약 하나님이 우리에게 동의를 받아서 우리의 구원을 이루어 가신다고 하면 이 세상에는 단 한 사람도 구원받을 자가 없을 것입니다. 왜냐하면 구원은 우리의 인생을 차압하는 방식으로 이루어지기 때문입니다.

예수님께서 말씀하시기를 구원으로 가는 길은 좁고 협착하여 찾는 이가 적고, 멸망으로 가는 길은 넓어서 찾는 이가 많다고 하였습니다. 우리의 본성은 넓은 길을 가고 싶어 하지, 좁은 길을 가고 싶어 하지 않습니다. 우리는 편한 길을 좋아하지, 불편한 길을 좋아하지 않습니다. 그러므로 하나님의 폭력적인 방법이 아니고서는 우리의 구원을 이룰 수가 없습니다. 이것을 "주께서 나를 이기었사오니"라고 합니다.

이렇게 하나님의 강함이 우리의 약함을 이기는 것을 은혜라고 합니다. 우리는 은혜라고 하면 '아, 좋다' 감상적으로 생각하는데, 아닙니다. 그 반대입니다. 하나님의 은혜가 덮쳐오면 우리 인생은 끝장이 납니다. 최초로 하나님에게 은혜를 입은 사람이 나타납니다. 그 이름을 노아라고 합니다. 노아는 남들이 하지 않는 방주 짓는 삶을 살았습니다. 하나님의 은혜가 노아의 인생을 차압한 것입니다.

하나님의 은혜가 노아를 남들과 다른 삶을 살게 한 것입니다. 하나님께서 노아의 인생을 차압하여 방주 짓는 삶을 살게 하신 것입니다. 모든 사람은 자기 마음대로 살아가는데 노아는 자기 마음대로 살아갈 수가 없었습니다. 하나님의 은혜가 노아의 인생을 간섭했기 때문입니다.

하나님의 은혜에 간섭당하는 인생은 인간들 입장에서는 아픔이고 고난입니다. 왜냐하면 하나님의 은혜 속에는 육신의 소욕과 이 세상에서의 일락이 없기 때문입니다. 하나님의 은혜는 세상에 대한 정과 욕심을 죽이게 하십니다. 세상의 정과 욕심을 이루고자 살아가는 것이 인간의 본성인데, 하나님께서는 자기 백성들을 인간의 본성과 정반대로 살아가게 하십니다.

인간의 본성과 다른 가치관으로 산다는 것은 한숨이고 아픔입니다. 그런데 이 아픔이 잠시 후에는 홍수 속에서 살아나게 하는 기쁨으로 변하게 됩니다. 홍수가 오기 전까지는 노아의 삶은 어리석어 보였습니다. 그러나 홍수가 임하자 지혜로움으로 드러납니다. 노아가 한 일이 복된 일이라는 것이 드러났습니다. 이를 두고서 눈물로 씨를 뿌리고 기쁨으로 단을 거둔다고 합니다.

노아도 다른 사람들처럼 살고 싶어 했습니다. 그런데 하나님의 은혜가 세상 사람들과 다른 삶을 살도록 간섭하신 것입니다. 하나님의 은혜가 노아에게는 폭력적일 수밖에 없는 것입니다. 그런데 그 폭력적인 은혜가 홍수 속에서 살아나게 하는 구원을 이루어낸 것입니다.

만약에 노아에게 하나님의 은혜가 임하지 않았다면 노아도 홍수 속에서 멸망 당했을 것입니다. 하나님이 강권적으로 노아의 인생을 차압하시지 않았다면 노아 역시 일반 백성들과 똑같이 육체가 이끄는 대로 먹고 마시면서 살았을 것입니다. 천만다행으로 하나님께서 노아의 인생을 강제로 차압해 주셨기 때문에 죽음에서 살아날 수 있었던 것입니다.

우리 역시 마찬가지입니다. 하나님의 은혜가 우리로 하여금 예수 그리스도를 믿게 하신 것입니다. 하나님의 은혜가 세상 사람들처럼 살지 못하게 간섭하시는 것입니다. 세상 사람들처럼 살려고 하면 자꾸만 태클을 거시는 것입니다. 우리가 아무리 멋진 계획을 세워 놓아도 우리 뜻대로 이루어지지 않도록 하시는 것입니다.

우리가 세상 사람들처럼 살면 하나님께서 '너는 세상 사람이 아니고 하늘의 사람'이라고 하시면서 마음을 불편하게 하고 왠지 찜찜하게 하신다는 말입니다. 그래서 '차라리 손해 보고 말자'라는 식으로 세상을 멀리하게 만드는 것입니다. 많은 시행착오 끝에 자기 뜻대로 하고서 마음이 불편한 것보다는 차라리 안 하고서 마음이 편한 쪽을 택하게 되는 것입니다.

육신적으로는 손해가 되지만 마음으로는 쉼을 누리게 되는 것입니다. 마음의 쉼이 훨씬 유익 된 것이라는 것을 알고 나니까 육신이 원하는 대로 살지 않고 절제하게 되는 것입니다. 하나님의 은혜가 우리를 이긴 것입니다. 지금 우리가 이렇게 예수를 믿는 것은 우리 실력이 아닙니다. 하나님의 은혜가 아니면 우린 예수를 믿을 수가 없습니다. 하나님의 은혜가 우리를 이 자리에 있도록 만드신 것입니다.

그것이 우리의 원함에 의한 것이든지 아니면 우리의 원함과 상관없이 된 것이든 상관없습니다. 지금 우리가 예수를 믿고 있다는 것이 중요합니다. 이러한 것을 일컬어 모든 것이 합력하여 선을 이루어 간다고 합니다. 선을 이루어 가는 것은 옳음이라는 뜻입니다. 하나님의 옳음은 사람들 눈에는 그름으로 보입니다. 그래서 사람들이 하나님의 옳음으로 사는 우리를 틀렸다고 수군거리는 것입니다.

"저 사람, 예수 믿더니 인생을 망쳤다"고 합니다. 바울이 이런 인생을 살았습니다. 수많은 사람들이 바울을 미쳤다고 했습니다. 예수를 만나기 전에는 바울은 전도가 유망한 사람이었습니다. 대제사장으로부터 두터운 신임을 받던 사람이었습니다. 그런데 다메섹에서 예수님을 만나게 됩니다.

다른 사람들은 천둥소리로 들었는데 바울만 예수님 음성으로 들었던 것입니다. 다른 사람들은 변화가 없습니다. 그런데 바울만 변화가 일어납니다. 이는 각자 들은 음성으로 행동을 하였기 때문입니다. 모두가 천둥소리로 들었는데 바울 혼자만 하나님의 음성을 들었다고 하니 함께한 동무들이 동의할 리가 없습니다.

동무들이 바울에게 '네가 환청을 들었다'고 합니다. 그러나 바울은 분명히 예수님의 음성을 들었습니다. 예수님을 보았습니다. 보고 들었기 때문에 말하지 않을 수 없는 것입니다. 그래서 즉시로 예수가 그리스도라고 증거하였던 것입니다. 이때부터 바울의 인생은 꼬이기 시작합니다. 남들이 보지 못하고 듣지 못한 것을 말해야 했기 때문입니다.

예수님을 만나고 난 후 바울의 인생이 완전히 바뀌어 버립니다. 유대인들은 예수를 이단이라고 하여서 예수쟁이들을 잡아서 옥에 가두려고 동분서주하고 있었습니다. 조금 전까지만 해도 바울도 예수는 이단이라고 하면서 예수쟁이들을 잡으러 가던 길이었습니다. 그런데 노중(路中)에 하늘에서 나는 천둥소리 같은 것을 듣더니만 돌변해 버립니다. 갑자기 돌변하고서 예수는 이단이 아니고 유대인을 구원하는 메시아라고 합니다.

사람이 갑자기 돌변하면 무섭습니다. 사람들은 이러한 현상을 귀신들렸다고 합니다. 아니나 다를까 함께하던 동무들이 "너 미쳤구나!"라고 합니다. "너 돌아도 단단히 돌았구나!"라고 하면서 배척하는 것입니다. 배척 정도가 아니라 원수처럼 여기는 것입니다. 그럼에도 바울은 자기 뜻을 굽히지 않습니다.

바울은 사람의 판단을 두려워하지 않았습니다. 사람들로부터 인정받고자 하지 않았습니다. 사람들이 뭐라고 하든지 자신이 만난 예수를 증거하였습니다. 이것이 예수를 만난 사람들의 특징입니다. 예수를 만난 사람들은 사람의 동의를 구하지 않습니다. 왜냐하면 사람들의 동의가 옳음은 아니기 때문입니다. 옳음은 하나님이 하십니다. 하나님이 옳다고 하시면 옳음이 됩니다. 하나님이 심판자이기 때문입니다. 이것을 예수님이 친히 본으로 보여주셨습니다.

예수님께서는 사람의 영광을 구하지 않는다고 하셨습니다. 왜 그런가요? 예수님은 사람들이 인정하든 인정하지 않든 인간들의 동의와 상관없이 하나님의 아들이기 때문입니다. 사람들이 예수님을 하나님 아들로 인정하면 하나님 아들이 되고, 사람들이 인정하지 않으면 하나님 아들이 안 되는 것이 아니기 때문입니다. 그러므로 예수님은 사람들의 판단에 일희일비하지 않았던 것입니다.

성도의 신앙도 그래야 합니다. 하나님으로부터의 인정이 중요합니다. 성경 속에는 하나님으로부터 인정받은 믿음의 선진들이 많이 있습니다. 믿음의 선진들은 모두가 하나님의 간섭으로 살아갔습니다. 그래서 이들을 일컬어 '구름같이 둘러싼 허다한 증인들'이라고 합니다. 이들은 모두가 예수 그리스도의 삶을 살았습니다. 그래서 증인이라고 합니다.

우리의 구원도 마찬가지입니다. 하나님의 은혜로 살아가는 성도는 앞서간 성도들의 길을 걸어가게 되어 있습니다. 이것은 필수 코스입니다. 우리 의지와 상관없이 끌려가게 되어 있습니다. 구원에 관하여는 남에게 인정받을 필요가 없습니다. 스스로의 믿음이 증거가 되어야 합니다.

자기 안에 증거를 가지고 있으면 남의 판단에 신경 쓸 이유가 없습니다. 바울이 그러했습니다. 예수를 만난 증거를 가지고 있었습니다. 그러니까 그 어떤 협박과 핍박에도 예수의 증거를 끝까지 붙잡고 살았던 것입니다. 베드로와 요한도 유대인들이 겁박해도 "우리는 보고 들은 것을 말하지 아니할 수가 없노라"라고 하면서 자신들이 보고 들은 것을 증거하였습니다.

신앙이 풍조에 따라서 흔들리는 것은 예수를 만난 증거가 없기 때문입니다. 신앙은 사건입니다. 하나님께서 우리의 인생에 사건을 일으키십니다. 아담과 하와에게 일어난 사건이 우리에게도 일어나게 되어 있습니다. 그러므로 에덴동산에서 일어난 이야기가 남의 이야기가 아니라 바로 우리 이야기인 것입니다.

그럼 에덴동산에 있는 두 과실에 담긴 이야기를 살펴봅시다.

하나님께서 흙으로 사람을 지으시고 그 속에 생기를 불어 넣어서 생령이 되게 하셨습니다. 하나님은 생령인 아담을 동산에 두십니다. 동산 안에는 두 과실나무가 있습니다. 하나는 선악을 알게 하는 나무이고, 다른 하나는 생명나무입니다. 하나님께서 '네페쉬 하야(נֶפֶשׁ חַיָּה)'라는 생령인 아담을 생명과와 선악과 앞으로 인도하시고 생명과는 반드시 먹고 선악과는 절대로 먹지 말라고 하십니다.

먹어야 할 것과 먹지 말아야 할 것을 알려주셨습니다. 하나님께서 먹으라고 하신 생명과를 먹으면 영생을 하고, 하나님께서 먹지 말라고 하신 선악과를 먹으면 죽습니다. 이것은 극과 극입니다. 우리는 후천적 지식에 의하여 아담이 선악과를 먹고 죽은 것을 압니다. 그래서 하는 말이 하나님은 왜 선악과를 만들어 놓았느냐고 따집니다. 따진다는 것은 책임을 전가시키고 싶은 것입니다. 그러나 하나님은 먹으라는 것은 먹지 않고, 먹지 말라는 것은 왜 먹었느냐고 합니다.

선악과를 두신 하나님이 잘못인가요, 하나님이 먹지 말라고 했는데도 따 먹은 인간이 잘못인가요? 인간이 잘못한 것입니다. 그럼에도 우리는 인간의 잘못을 하나님에게 전가시킵니다. 왜 그런 것을 거기 두셨느냐고 합니다. 두시려면 인간들 눈에 안 보이도록 감추어 두시던가 하지, 왜 눈에 잘 보이는 곳에 두어서 이런 사단을 일으키냐고 따집니다.

우리는 우리의 죄를 하나님에게 전가시켜야 속이 시원합니다. 이 버릇이 우리의 모든 삶 속에서 나타나고 있습니다. 우리가 어떤 잘못을 하면 우린 본능적으로 자기방어를 위하여 핑계를 먼저 댑니다. 핑계를 대는 것은 난 잘못이 없다는 것입니다. 잘못을 꼭 남에게 전가시켜야 마음이 편하기 때문입니다. 이 모두가 죄성이 우리 몸속에 배어 있기 때문입니다.

선악과를 따 먹은 인간이 잘못이지 에덴동산에 선악과를 두신 하나님의 잘못이 아닙니다. 선악과는 하나님이 필요해서 두신 것입니다. 하나님께서 창세전 언약을 이루어 가시는 데에는 선악과와 생명과가 반드시 필요한 것이기 때문에 두신 것입니다. 어째서 그런가요. 이는 창세전 언약 속에는 죄 아래 가두는 언약과 죄에서 구원하는 언약이 있기 때문입니다. 그래서 먹으면 죽는 과실과 먹으면 영생하는 과실을 두신 것입니다.

두 과실은 두 언약을 상징하고 있습니다.

선악과는 먹으면 죽고, 생명과는 먹으면 영생을 얻습니다. 두 과실을 언약으로 말하면 선악과는 죽이는 언약이고, 생명과는 살리는 언약입니다. 선악과는 율법을 상징하고, 생명과는 은혜를 상징합니다. 율법은 죽이는 것이고, 은혜는 살리는 것입니다. 선악과는 율법을 의미하고, 생명과는 은혜를 의미합니다. 율법을 옛 언약이라고 하고, 은혜를 새 언약이라고 합니다. 순서상 옛것이 먼저이고 새것이 나중입니다.

창세전 언약은 율법이 먼저 주어지고 은혜가 나중에 주어지는 것으로 되어 있습니다. 죄 아래 있는 자기 백성들이 예수 그리스도의 피 흘리심으로 구속받아서 하나님의 아들들이 되는 것으로 되어 있습니다. 아담도 이 원리에 따라서 다스려집니다. 아담도 예수 그리스도를 통해서 구원을 받아야 하는 자로 창조되었습니다. 이를 지난 시간에 생령인 아담은 영적 존재가 아니고 생명과를 먹고 영적 존재가 되도록 창조된 자라는 것으로 살펴보았습니다.

구원은 죄에서 건져냄을 입는 것입니다. 구원되려면 먼저 죄 아래 가두어짐이 있어야 합니다. 그래야 예수 그리스도의 피 흘리심으로 구속받게 됩니다. 아담도 창세전 언약을 위하여 창조되었기 때문에 죄 아래 가두어짐이 먼저 일어나야 합니다.

죄란 하나님의 말씀에 불순종하는 것입니다. 죄가 형성되려면 아담이 하나님의 말씀에 불순종하는 일이 일어나야 합니다. 그래서 하나님은 갓 창조된 아담에게 생명과는 먹고 선악과는 먹지 말라고 하나님의 뜻을 전달하신 것입니다.

그럼에도 아담은 하나님의 뜻을 거역하고 먹어서는 안 될 선악과를 먹고 말았습니다. 아담이 죄를 짓고 만 것입니다. 죄가 인간을 장악하게 된 것입니다. 죄의 삯은 사망입니다. 아담은 죄의 결과로 죽음으로 떨어지고 만 것입니다.

혹자들은 하나님이 죄를 조성하셨다고 하는데 그렇지 않습니다. 하나님이 죄를 유발하신 것이 아닙니다. 하나님은 분명히 아담에게 선악과를 먹지 말라고 하셨습니다. 그걸 먹으면 반드시 죽게 된다고 하셨습니다. 그럼에도 아담은 선악과를 먹었습니다. 아담이 죄를 지은 것이지, 하나님이 아담으로 하여금 죄를 짓도록 조장하신 것이 아닙니다.

만약에 하나님이 죄를 조장하신 것이라고 한다면 우리의 구원은 은혜일 수가 없습니다. 죄를 짓게 하였으니 당연히 죄에서 건져주어야 합니다. 당연한 것을 가지고는 은혜라고 하지 않습니다. 하나님의 명령을 어기고 인간들이 잘못한 것을 하나님이 그 아들을 육신의 모양으로 보내서 십자가에 대속 제물로 죽이시는 엄청난 손해를 감수하고 수습을 하셨기 때문에 은혜입니다.

하나님은 죽은 자인 아담을 에덴동산에서 내어 보내십니다. 그리고 여자의 후손을 보내서 살려내는 일을 하십니다. 그것이 예수 그리스도를 통한 구속사로 나타납니다. 예수 그리스도를 통하여 죄인이 구원을 받게 되는 이 일을 창세전 언약이라고 합니다. 잠시 창세전 언약의 내용이 어떤 것인지를 살펴보고 갑시다.

에베소서 1장을 봅시다.

엡 1:3-7 "찬송하리로다 하나님 곧 우리 주 예수 그리스도의 아버지께서 그리스도 안에서 하늘에 속한 모든 신령한 복으로 우리에게 복 주시되 ⁴곧 창세전에 그리스도 안에서 우리를 택하사 우리로 사랑 안에서 그 앞에 거룩하고 흠이 없게 하시려고 ⁵그 기쁘신 뜻대로 우리를 예정하사 예수 그리스도로 말미암아 자기의 아들들이 되게 하셨으니 ⁶이는 그의 사랑하시는 자 안에서 우리에게 거저 주시는바 그의 은혜의 영광을 찬미하게 하려는 것이라 ⁷우리가 그리스도 안에서 그의 은혜의 풍성함을 따라 그의 피로 말미암아 구속 곧 죄 사함을 받았으니"

사도 바울은 성령의 감동으로 창세전에 하나님께서 계획하신 일을 보았습니다. 하나님이 창세전에 그리스도 안에서 우리를 택하셨습니다. 택하신 우리를 그리스도의 사랑 안에서 거룩하고 흠이 없게 하십니다. 이것을 죄 아래 있는 자기 백성들을 그 아들 예수 그리스도의 피 흘리심으로 구속 곧 죄 사함을 받는 것으로 말씀하셨습니다.

이렇게 예수 그리스도의 피로 구속받은 자들을 하나님의 아들이라고 합니다. 예수 그리스도 안에서 구속받은 하나님의 아들들은 그 은혜의 영광을 찬미하게 됩니다. 이러한 일을 창세전에 미리 예정하신 것입니다.

잘 보시면 창세전에 예수 그리스도라는 말이 나옵니다. 예수 그리스도는 '예수가 그리스도'라는 말입니다. 알다시피 예수라는 이름은 하나님의 아들이 육신을 입고 이 세상에 오심으로 주어진 이름입니다. 그런데 그 예수라는 이름이 이미 이 세상이 창조되기 전에 선재하고 있었던 것입니다. 예수라는 이름으로 오신 성자 하나님은 태초에 말씀으로 계시던 하나님입니다.

요한복음 1장입니다.

요 1:1-3, 14 "태초에 말씀이 계시니라 이 말씀이 하나님과 함께 계셨으니 이 말씀은 곧 하나님이시니라 ²그가 태초에 하나님과 함께 계셨고 ³만물이 그로 말미암아 지은 바 되었으니 지은 것이 하나도 그가 없이는 된 것이 없느니라… ¹⁴말씀이 육신이 되어 우리 가운데 거하시매 우리가 그 영광을 보니 아버지의 독생자의 영광이요 은혜와 진리가 충만하더라"

태초에 말씀이 계셨습니다. 이 말씀이 하나님과 함께 계셨습니다. 그런데 이 말씀도 곧 하나님이십니다. 말씀으로 계시는 하나님은 누구일까요? 육신을 입고 오신 예수님입니다.

요한1서 1장을 봅시다.

요일 1:1-2 "태초부터 있는 생명의 말씀에 관하여는 우리가 들은 바요 눈으로 본 바요 주목하고 우리 손으로 만진 바라 ²이 생명이 나타내신 바 된지라 이 영원한 생명을 우리가 보았고 증거하여 너희에게 전하노니 이는 아버지와 함께 계시다가 우리에게 나타내신 바 된 자니라"

요한복음을 쓴 사도 요한이 요한1서에서 태초부터 있던 생명의 말씀에 관하여 이야기를 하면서 "우리가 들은 바요 눈으로 본 바요 우리 손으로 만진 바라"고 합니다. 눈으로 보고 귀로 듣고 손으로 만졌다는 것은 태초에 생명의 말씀으로 계시던 하나님이 육신으로 이 세상에 오셨다는 뜻입니다. 태초에 말씀이신 하나님이 육신을 입고 이 세상에 오신 것입니다.

　사도 요한이 눈으로 보고 귀로 듣고 손으로 만진 말씀이신 하나님이 아버지와 함께 계시다가 우리에게 나타나신 바 되었다고 합니다. 말씀이신 하나님과 함께 계신 하나님을 아버지라고 합니다. 아버지와 함께 계셨다고 하는 것은 말씀이신 하나님이 하나님의 아들이라는 말입니다.

　사도 요한이 증거하는 태초에 말씀으로 계시던 하나님이 바로 성자 하나님이십니다. 말씀이신 아들 하나님이 육신을 입고 이 세상에 오신 것입니다. 태초라는 하나님 나라에 말씀으로 계시던 성자 하나님을 아버지 하나님께서 만물을 창조하신 후에 예수라는 이름으로 이 세상으로 보내신 것입니다. 이 말은 하나님께서는 창세전에 이미 그 아들을 육신의 모양으로 이 세상에 보내서 자기 백성들의 죄 사함을 위하여 십자가에서 희생케 하시기로 작정하셨다는 것입니다.

　베드로전서 1장을 봅시다.

벧전 1:18-21 "너희가 알거니와 너희 조상의 유전한 망령된 행실에서 구속된 것은 은이나 금같이 없어질 것으로 한 것이 아니요 ¹⁹오직 흠 없고 점 없는 어린양 같은 그리스도의 보배로운 피로 한 것이니라 ²⁰그는 창세전부터 미리 알리신 바 된 자나 이 말세에 너희를 위하여 나타내신 바 되었으니 ²¹너희는 저를 죽은 자 가운데서 살리시고 영광을 주신 하나님을 그리스도로 말미암아 믿는 자니 너희 믿음과 소망이 하나님께 있게 하셨느니라"

　사도 베드로는 우리가 구속된 것은 은과 금으로 된 것이 아니고 오직 흠 없고 점 없는 어린양 같은 그리스도의 보배로운 피로 된 것이라고 합니다. 그런데 이러한 일을 창세전부터 미리 알리신 바 되었다고 합니다. 창세전부터 미리 알리신 바 된 것이 이 말세에 나타났다고 합니다. 이러면 예수님께서 이 세상에 오심으로 말세에 돌입한 것입니다. 지금은 말세 중에서도 끝인 말세지말이라고 합니다. 이를 종말이라고 합니다.

말세는 추수하는 시기입니다. 그래서 세례 요한은 예수님을 일컬어 자기의 타작마당을 정하게 하사 알곡과 쭉정이를 갈라내는 일을 하신다고 증거하였던 것입니다. 예수님의 타작마당은 광의적인 면에서는 온 세상이지만, 언약적인 관점에서는 율법 아래 있는 자들을 은혜 아래로 불러내는 것입니다. 이를 죄와 사망의 권세로부터 건져냈다고 합니다.

죄와 사망에서 건져내려면 먼저 죄와 사망 안에 가두어짐이 되어야 합니다. 그러자면 죄 아래 가두는 율법이 먼저 주어져야 하겠지요. 그래서 하나님은 옛 언약인 율법을 먼저 주신 것입니다. 율법은 선악과와 같이 인간들을 죄 아래 가두는 일을 합니다. 율법을 범법함으로 더한 것이라고 합니다.

갈라디아서 3장을 봅시다.

갈 3:19 "그런즉 율법은 무엇이냐 범법함을 인하여 더한 것이라 천사들로 말미암아 중보의 손을 빌어 베푸신 것인데 약속하신 자손이 오시기까지 있을 것이라"

율법은 범법함을 인하여 더한 것이라는 말은 죄를 지었기 때문에 추가로 주어진 것이라는 뜻입니다. 율법은 죄를 안 지었으면 필요없는 것이라는 뜻입니다. 인간이 죄를 지어서 율법이 주어진 것입니다. 율법이 주어졌다는 말은 '넌 죄인이다'라는 뜻입니다.

죄를 안 지었으면 율법이 필요 없었는데, 죄를 지었기 때문에 주어진 것이라는 말에는 율법이 하는 일이 담겨 있습니다. 죄를 지었기 때문에 주어진 것은 죄를 고발하고자 함입니다. 왜 죄를 고발할까요? 이는 인간들이 죄를 인정하지 않기 때문입니다.

죄 아래서 태어난 인간들은 죄가 무엇인지를 모릅니다. 죄를 모르니까 자기가 죄인이라는 사실을 인정할 리가 없습니다. 죄를 모르면 죄를 용서해 준다는 말을 알 리가 없습니다. 잘못을 모르는데 어찌 용서를 알 수 있겠습니까? 그래서 하나님이 '죄가 이런 것이다'라고 알려주기 위하여 율법을 주신 것입니다.

(참고로 천국은 죄가 없는 곳이므로 율법이 없습니다. 그래서 장차 예수님이 재림으로 몰고 오시는 새 하늘과 새 땅인 천년왕국에서는 율법을 상징하는 선악과는 없고 생명나무만 있는 것입니다. 천년왕국은 죄가 없기 때문에 사망도 없는 것입니다.)

아담의 후손인 모든 인간은 다 죄인입니다. 하지만 자신들이 죄인인 줄 모르고 있습니다. 그래서 하나님께서 창세전에 어린양의 생명책에 녹명된 자기 백성들에게만 '너희는 죄인이다'라는 사실을 알려주고자 율법을 주신 것입니다. 구원을 베풀고자 죄인이라는 사실을 알려주신 것입니다. 이것은 엄청난 복입니다.

율법이 주어졌다는 말은 구원하겠다는 뜻입니다. 그래서 하나님은 자기 백성들에게만 율법을 주신 것입니다. 하나님의 백성들은 율법을 통해서 자신들이 죄인이라는 사실을 깨닫게 됩니다. 율법을 받고 보니 우린 죽은 자라는 것을 알게 되는 것입니다. 그래서 율법이 모든 입을 막고 죄인을 하나님의 심판 아래 가두는 일을 하는 것입니다.

로마서 3장을 봅시다.

롬 3:19-20 "우리가 알거니와 무릇 율법이 말하는 바는 율법 아래 있는 자들에게 말하는 것이니 이는 모든 입을 막고 온 세상으로 하나님의 심판 아래 있게 하려 함이니라 ²⁰그러므로 율법의 행위로 그의 앞에 의롭다 하심을 얻을 육체가 없나니 율법으로는 죄를 깨달음이니라"

하나님은 자기 백성들에게 '너는 구원을 받아야 하는 죄인이다'라는 사실을 알려주시기 위하여 율법을 주신 것입니다. 그래서 율법을 복음이라고 하는 것입니다. 선악과는 율법을 상징합니다. 율법을 복음이라고 하였습니다. 그럼 선악과도 복음이 되는 것입니다. 선악과의 의미를 알면 왜 하나님께서 선악과를 에덴동산에 두신 것인지를 알 수 있습니다.

율법을 상징하는 선악과를 어떤 관점으로 보느냐에 따라서 독(毒)이 되기도 하고 약(藥)이 되기도 합니다. 우리는 선악과를 나쁜 것으로 생각합니다. 그러나 그렇지 않습니다. 하나님께서 창조하신 것은 하나님의 마음으로 보면 모든 것이 아름답습니다. 하나님의 눈에는 선악과도 아름답고 생명과도 아름답습니다.

이것은 어디까지나 하나님의 마음을 소유하였을 때의 일입니다. 그러나 창조주이신 하나님의 마음으로 보지 않고 피조물의 마음으로 본다면 문제는 달라집니다. 피조물 입장에서 보게 되면 피조물 입장으로만 이해합니다. 내게 유익이 되면 좋은 것이라고 하고, 내게 유익 되지 않으면 나쁜 것이라고 여깁니다.

'네페쉬 하야'라는 생령인 아담이 선악과를 먹은 것은 자기들 입장에서 그것을 보았기 때문입니다. 자기들 눈으로 보니까 먹으면 죽을 것 같지 않고 도리어 영생할 것처럼 보암직하고 먹음직하고 탐스러웠기 때문입니다. 먹기 좋았기 때문에 따 먹은 것입니다. 이것이 죄입니다.

죄는 하나님과 다른 눈을 가지고 살아가는 것입니다. 하나님과 다른 눈을 가지고 하나님이 창조하신 세상에서 살아가게 되면 늘 하나님과 충돌하게 되어 있습니다. 왜냐하면 모든 만물을 창조주로서 다스리시는 하나님의 일하심이 피조물 입장에서는 좋아 보이지 않기 때문입니다.

선악과를 먹은 인간은 자기 기준의 선과 악을 판단하는 법을 가지고서 하나님처럼 살아가는 자가 되고 말았습니다. 피조물이 하나님처럼 심판자가 되고 만 것입니다. 선악과를 먹고 자기 법을 가지고 살아가는 인간들 세상에서는 모든 것을 자기 입장에서 좋고 나쁨으로 이해하기 때문에 모두에게 옳고 그름은 없는 것입니다. 사람마다 선악관이 다르고 호불호(好不好)가 다르기 때문입니다.

선악과를 먹은 인간들은 모두가 자기만의 법을 가지고 살아갑니다. 어떤 사람에게는 선이 될 수 있는 것도 어떤 사람에게는 악이 될 수 있습니다. 또한 하나님의 입장에서는 선이, 인간 입장에서는 악이 될 수 있는 것입니다.

15강 에덴동산의 두 과실 그리고 독과 약 483

선악과는 아담의 생명이 어떤 것이냐에 따라서 선이 되기도 하고 악이 되기도 합니다.

선악과나 생명과는 하나님이 보시기에는 모두가 선한 것입니다. 하지만 네페쉬 하야인 아담에게 있어서는 먹으면 영생하는 생명과는 선이 되지만, 먹으면 죽게 되는 선악과는 악이 되는 것입니다. 네페쉬 하야인 아담이 선악과를 먹으면 치명적인 독이 됩니다. 하지만 만약에 아담이 생명과를 먹고 영생하는 자가 되었으면 선악과는 독이 아니라 약이 될 수 있었습니다.

하나님의 생명을 가진 자는 선악과도 생명과도 보기에 좋은 것이기 때문입니다. 그러나 아직까지 하나님의 생명을 가지지 못한 아담은 그렇지가 못합니다. 그래서 하나님은 네페쉬 하야라는 생령인 아담에게는 선악과는 치명적인 독이 될 수 있기 때문에 절대로 먹어서는 안 된다고 금하신 것입니다.

혹자들은 하나님께서 아담에게 선악을 알게 하는 나무의 실과를 먹지 말라고 명하신 것은 아담이 하나님의 말씀에 순종하는지 안 하는지 그 여부를 알아보려 하신 것이라고 합니다. 하지만 그건 아닙니다. 하나님은 일부러 우리를 시험하시는 분이 아닙니다. 그리고 생령인 아담은 하나님으로부터 시험받을 상대가 아닙니다. 하나님은 구원받은 자들을 참 아들로서 연단케 하시려고 시험하시지, 구원받지 못한 자들을 넘어지게 하려고 시험하시진 않습니다.

아담은 구원받아야 할 자이지 구원받은 자가 아닙니다. 생명과를 먹기 전에는 아직까지 구원받아야 하는 자 입장에 서있는 것입니다. 아담은 생명과를 먹고서 영생하는 구원을 받아야 하는 자이지 영생하는 자가 아닙니다. 영생은 생명과 속에 담겨 있습니다. 아담은 생명과를 먹기 전까지는 짐승들과 별반 다르지 않은 네페쉬 하야인 생령에 불과합니다.

하나님께서 아담에게 선악과를 먹지 못하게 하신 것은 생령인 아담이 선악과를 먹게 되면 하나님 차원의 선에 이르기 전에 네페쉬 하야인 아담 수준에서 선악을 판단하게 되기 때문입니다. 이러면 자신의 기준으로 하나님의 일하심을 판단하게 됩니다.

네페쉬 하야의 눈으로 바라본 선악으로 하나님의 선악을 판단하게 되기 때문에 선악과를 먹어서는 안 된다고 하신 것입니다.

생명과 속에는 하나님의 생명이 담겨 있습니다. 아담이 만약에 생명과를 먹었다면 하나님의 생명을 가진 자가 됩니다. 그럼 하나님의 생명으로 오신 예수 그리스도와 같은 생명을 소유하게 되므로 모든 일에 예수 그리스도의 안목으로 선악을 판단하였을 것입니다.

아담이 생명과를 먹고 예수 그리스도처럼 강건한 남자가 되었다고 한다면 그때는 선악과를 먹더라도 별문제가 되지 않습니다. 이것은 예수님이 율법에 영향을 받지 않으신 것과 같은 것입니다. 실제로 예수님은 율법에 영향을 받지 않으셨습니다. 예수님은 율법을 자유자재로 사용하셨습니다.

예수님은 아버지의 생명을 가졌기 때문에 아버지의 마음으로 율법을 행사하신 것입니다. 예수님은 하나님이 보시기에 좋은 것은 자기도 좋게 보았고, 하나님이 보시기에 좋지 않은 것은 자신도 좋지 않게 보셨습니다. 예수님은 아버지의 눈으로 모든 것을 판단하셨습니다.

예수님은 안식일에 병자를 고치셨습니다. 바리새인들에게는 병자를 병든 채로 두고 안식일이라는 날을 지키는 것이 율법을 지키는 것이었지만, 예수님에게 있어 안식일은 병든 자를 병으로부터 자유케 하는 것이었습니다.

병든 자를 안식일에 고친 것이 예수님은 율법을 지킨 것이 됩니다. 그러나 바리새인들의 눈에는 안식일에 병자를 고치는 예수님의 행동은 율법을 어긴 것으로 보였습니다. 율법적 안식일은 선악과처럼 어기면 죽게 되지만, 예수님의 안식일은 생명과처럼 살아나게 됩니다. 예수님은 율법이라는 선악과를 생명을 살리는 데 사용하신 것입니다.

예수님과 바리새인들은 그 속의 생명이 다릅니다. 그러므로 바리새인은 율법으로 죽이는 일을 하였지만, 예수님은 율법으로 살리는 일을 하신 것입니다. 붕어빵 틀에서는 붕어빵이 나오고, 국화빵 틀에서는 국화빵이 나옵니다. 결국 어떤 틀이냐의 문제입니다.

생명과의 생명에서는 생명이 나오고, 선악과의 생명에서는 죽음이 나오는 것입니다. 그래서 생명과의 생명을 가진 예수님은 하나님의 말씀을 가지고 생명을 살리는 일을 하셨고, 선악과의 생명을 가진 바리새인들은 하나님의 말씀으로 죽이는 일을 하였던 것입니다.

바울은 예수님과 같이 생명과를 먹은 생명의 사람으로 살았습니다. 바울은 유대인에게는 유대인처럼, 헬라인에겐 헬라인처럼, 이방인에겐 이방인처럼 대하였습니다. 바울이 율법 아래 있었을 때는 선악과의 생명으로 살았기 때문에 유대인과 이방인은 상종할 수가 없습니다. 그러나 바울이 예수님을 만나고 난 후 생명과의 생명을 소유한 후에는 사람들을 인종과 민족의 벽을 넘어서 대하였습니다. 이는 예수라는 생명과를 먹고 강건한 남자가 되었기 때문입니다.

선악과는 율법을 상징한다고 하였습니다. 바울이 예수님을 만나기 전에는 율법이 독이었습니다. 그래서 율법으로 사람들을 정죄하고 죽이는 일을 하였던 것입니다. 그러나 바울은 다메섹에서 예수님을 만나고 난 후에는 율법을 약으로 사용하였습니다. 율법으로 사람을 살리는 일을 하였습니다.

예수님은 천국의 서기관은 옛것과 새것을 적절하게 사용한다고 하였습니다. 옛것은 율법을 말하고, 새것은 믿음을 말합니다. 바울은 천국의 서기관이 되어서 옛것과 새것을 자유자재로 사용하였습니다.

바울에게는 옛 언약도 복음이고 새 언약도 복음이었습니다. 누가 어떻게 사용하느냐에 따라서 율법은 독이 되기도 하고, 약이 되기도 하는 것입니다. 결국 어떤 생명이냐의 문제입니다. 율법을 탓할 것이 아니라 내가 어떤 생명을 가지고 있느냐의 문제입니다. '나는 천국의 서기관처럼 옛것과 새것을 자유자재로 사용하는 사람인가?'입니다.

한국교회에서 처음 예수를 믿으면 겪게 되는 두 가지 딜레마가 있습니다.

첫째는 제사 문제입니다. "제사를 지내야 합니까, 안 지내야 합니까? 제사 음식은 먹어도 됩니까, 안 됩니까?"라는 것입니다.

둘째는 술과 담배 문제입니다. "술을 먹어도 됩니까, 안 됩니까? 담배를 피워도 됩니까, 안 됩니까?"라는 것으로 고민을 합니다.

고민의 내용이 '해도 되느냐, 하지 말아야 하느냐?'입니다. 이것은 마치 '선악과를 먹어도 되느냐, 안 먹어야 하느냐?'와 같은 것입니다. 먹느냐 안 먹느냐는 중요치 않습니다. 다만 이것을 담아낼 수 있는 그릇이 되느냐, 안 되느냐가 중요한 문제입니다. 이러한 것들은 믿음이 강건한 남자가 되면 아무런 문제가 되지 않습니다. 해야 하느냐, 하지 말아야 하느냐의 문제는 각자 생명의 분량에 따라서 어떤 이는 받을 만하고, 어떤 이는 받지 못하는 것입니다.

이러한 문제가 고린도 교회 안에도 있었습니다. 고린도 교회 안에는 우상의 제물을 '먹어도 되는가, 먹으면 안 되는가?'라는 것으로 성도들 간에 다툼이 있었습니다. 이에 바울은 어떤 이는 받을 만하고, 어떤 이는 받지 못한다고 하였습니다. 어떤 이는 먹을 만한 믿음이 있고, 어떤 이는 아직 연약하여 먹지 못한다고 하였습니다. 먹는다고 해서 강한 것도 아니고, 못 먹는다고 해서 약한 것도 아닙니다. 다만 어떻게 받아들이느냐의 문제입니다. 그래서 모든 것이 가하나 모든 것이 유익한 것은 아니라고 하였습니다.

무슨 말인가요? 할 수도 있고, 안 할 수도 있다는 뜻입니다. 우상의 제물을 먹을 수도 있고, 먹지 않을 수도 있다는 것입니다. 안 먹는 것도 자랑할 것이 아니고, 먹는다고 해서 기죽을 일도 아니라는 뜻입니다. 그래서 먹고 마시는 것으로 하나님의 사업을 무너뜨리지 말라고 하였습니다.

이는 먹고 마시는 것으로 신앙의 본질을 삼지 말라는 것입니다. 신앙의 본질은 먹고 마시는 것보다 예수 그리스도의 마음으로 세상을 살아가는 것입니다. 먹든지 마시든지 무엇을 하든지 다 하나님의 영광을 위하여 살아가는 것입니다.

하나님의 안목으로 보면 모든 것이 아름답습니다. 그래서 믿음으로 받으면 버릴 것이 없다고 한 것입니다. 하나님 앞에서는 지옥도 아름다운 것입니다. 지옥도 하나님의 권세 아래 있는 곳이기 때문입니다. 지옥도 하나님의 필요에 의하여 만들어진 곳입니다. 심판하시는 하나님 입장에서는 지옥도 필요한 것입니다. 하나님은 마귀를 위하여 지옥을 만드셨습니다. 그러므로 하나님은 마귀와 그 세력들이 지옥에 들어가는 것을 기뻐하십니다. 이것은 마치 쓰레기를 쓰레기통에 집어넣는 것과 같습니다.

부자와 나사로 비유를 보세요. 천국에 간 나사로나 지옥에 간 부자나 하나님은 동일하게 아버지입니다. 창조주로서의 아버지입니다. 이스마엘도 아브라함의 아들이고, 이삭도 아브라함의 아들인 것과 같습니다. 다만 서로가 누려야 하는 유업이 다를 뿐입니다. 이스마엘은 악한 자들이 받을 유업을 받았고, 이삭은 선한 자들이 받을 유업을 받은 것입니다.

하나님은 마귀와 그를 따른 자들에게는 부자처럼 지옥에서 영벌 받는 것을 유업으로 주셨고, 예수님과 그를 따르는 성도들에게는 나사로처럼 천국에서 영생하는 유업을 주신 것입니다. 마귀도 하나님께서 사용하는 도구일 뿐입니다. 하나님은 마귀를 가지고 하나님의 백성들을 훈련하는 데 사용하십니다. 욥기를 보세요. 하나님께서는 마귀를 가지고 욥을 훈련시키셨습니다. 욥은 마귀로부터 시험을 당하면서 '그가 나를 단련하시는데, 이는 나로 하여금 정금같이 되게 하려는 것'이라고 하였습니다.

하나님 앞에는 선악과도 선이고 생명과도 선입니다. 다만 누가 어떻게 사용하느냐에 따라서 달라집니다. 각 사람의 생명과 분량에 따라서 선이 되기도 하고 악이 되기도 하는 것입니다. 예수님처럼 장성한 사람에게는 선악과도 선이 되지만, 네페쉬 하야의 생령인 아담에게는 선악과가 악이 되는 것입니다.

제가 어렸을 때 자란 고향에 가면 집 옆에 한 뼘밖에 안 되는 도랑이 흐르고 있습니다. 지금도 흐르고 있습니다. 그런데 제가 어렸을 때는 그 도랑을 건너는 데 엄청 어려움을 겪었습니다. 그 도랑을 건널 때면 뒤로 멀리 가서 종종걸음으로 달려와서 뛰어서 건너곤 하였습니다. 어떤 때는 뛰어오면서 디딤발을 너무 멀리 짚어서 도랑에 빠져서 허우적거릴 때도 있었습니다.

도랑에 빠지면 엉엉 울곤 했습니다. 그때는 왜 도랑이 여기에 있어서 날 괴롭히느냐며 원망도 많이 했습니다. 그런데 지금 가서 그 도랑을 건너는데 전혀 힘들지 않습니다. 도랑은 변하지 않고 그대로 있는데 내가 장성한 것입니다. 내가 장성하고 나니까 과거에는 그렇게 문제가 되었던 도랑이 지금은 전혀 문제가 되지 않는 것입니다. 결국 문제는 내가 그것을 수용하느냐, 못 하느냐의 능력의 차이인 것입니다.

에덴동산의 선악과 역시 마찬가지입니다. 하나님이 보시기에 좋은 선악과가 아담에게는 죽고 사는 문제를 담고 있는 치명적인 것으로 있는 것입니다. 예를 들어서 에덴동산에 예수님하고 아담이 있었다고 합시다. 예수님에게는 선악과나 생명과는 전혀 문제가 되지 않는데 아담에게는 큰 문제인 것입니다. 왜 그런가요? 서로가 가지고 있는 생명의 차이 때문입니다. 예수님은 하나님의 생명을 가지고 계셨고, 아담은 네페쉬 하야인 생령의 생명을 가지고 있었기 때문입니다.

이런 모습이 예수님과 바리새인들에게 나타났습니다. 예수님께서 세리와 창기들과 어울리는 모습을 본 바리새인들은 펄쩍 뛰었습니다. 바리새인들은 세리와 창기들과 어울리는 예수님을 보고서 어떻게 저런 죄인들과 함께 어울릴 수가 있느냐고 탄핵을 하였습니다. 그러나 예수님께는 전혀 문제가 되지 않았습니다. 이는 바리새인들의 생명과 예수님의 생명이 달랐기 때문입니다. 서로의 생명이 다르다 보니까 서로가 바라보는 선악의 기준도 달랐던 것입니다.

왜 예수님은 세리와 창기들과 어울려도 되는데 바리새인들은 안 되나요? 바리새인들이 세리와 창기들과 어울리지 못하는 것은 그들이 율법으로 정해 놓은 선악의 규정이 세리와 창기들과 어울리는 것을 악에 속한 것으로 보았기 때문입니다.

유대인들이 세리 및 창기들과 상종하지 못한 것은 그들이 정해 놓은 법이 그들과 어울리는 것을 악이라고 규정을 해놓았기 때문입니다. 그러나 예수님에게는 세리나 창기나 바리새인이나 모든 유대인들이 구원을 받아야 할 대상이었던 것입니다. 예수님에게는 세리와 창기들과 어울리는 것은 선도 아니고 악도 아닙니다. 예수님의 눈에는 세리나 창기나 바리새인이나 모두가 하나님의 사랑을 받고 긍휼히 여김을 받아야 할 죄인들이었습니다.

하나님은 갓 창조된 아담이 생명의 사람으로 자라가기를 바라셨습니다. 그리하여 에덴동산을 하나님의 생명으로 잘 다스려 가기를 바라셨습니다. 하나님은 아담에게 에덴동산을 위임한 것입니다. 그럼 아담은 하나님의 마음으로 동산을 다스려야 했습니다. 하나님이 먹으라고 하신 것은 먹고, 먹지 말라고 하신 것은 먹지 말았어야 했습니다. 그럼에도 아담은 반대로 했습니다. 먹으라고 하신 것은 먹지 않고, 먹지 말라고 하신 것은 먹고 말았습니다. 하나님의 명을 어기고 만 것입니다.

에덴동산의 아담에게 있어 죄란 무엇인가요?

선악과를 따 먹은 것인가요, 생명과를 먹지 않은 것인가요? 정답은 생명과를 먹지 않은 것입니다. 생명과를 먹지 않은 상태에서 선악과를 따 먹는 것은 정해진 수순에 불과한 것입니다. 아담은 먼저 생명과를 먹었어야 했습니다. 생명과를 먹지 않으면 그냥 흙에 속한 네페쉬 하야라는 생령으로 살아가게 되는 것이었습니다. 네페쉬 하야라는 생령의 생명으로는 선악과를 수용할 수가 없습니다.

아담이 생령으로 머무는 것은 창조 목적에서 이탈한 죄가 됩니다. 왜냐하면 아담은 생명과를 먹고 영생하는 자가 되도록 지음을 받았기 때문입니다. 그러므로 생명과를 먹지 않으면 아담이 아무리 선악과를 안 먹고 착하게 산다고 할지라도 그것은 하나님 앞에서는 창조의 목적에서 이탈한 죄가 되는 것입니다.

하나님이 아담에게 바라는 것은 생명과를 먹고 하나님처럼 영생하는 사람이 되는 것이었습니다. 그리할 때 에덴동산의 모든 것을 마음껏 다스릴 수 있게 되는 것입니다. 뱀조차도 다스릴 수 있는 것입니다. 그러나 생명과를 먹지 않은 상태에서는 백약이 무효입니다.

에덴동산의 생명과는 예수님을 상징합니다. 예수님은 오셔서 "나는 하늘로서 내려온 산 떡"이라고 하십니다. '누구든지 나를 먹으면 그 속에 생명이 있고, 영생하게 된다'고 하셨습니다. 에덴동산에서 먹으면 영생하는 생명과가 예수님으로 나타난 것입니다. 하나님은 사람들 앞에 예수라는 생명과를 두셨습니다. 누구든지 예수를 믿으면 영생을 받는다고 합니다. 그런데 사람들은 예수를 거부합니다.

예수를 거부하는 것은 에덴동산에서 아담이 생명과를 먹지 않은 것과 같습니다. 아담이 생명과를 먹지 않아 사망으로 나아가게 되었듯이, 예수를 믿지 않으면 멸망으로 나아갑니다. 신약에서는 예수 안 믿는 것이 죄가 되는 것입니다. 예수라는 생명과를 먹지 않은 상태에서는 아무리 고상한 인격을 가지고 착하게 살아도 생령에 불과한 것입니다. 하나님 앞에서 예수의 생명이 담기지 않은 사람은 죄인입니다.

죄가 무엇입니까? 예수 안 믿는 것입니다. 하나님은 그 속에 하나님의 생명이 없는 자들은 짐승으로 보십니다. 짐승은 사람이 아닙니다. 예수의 생명을 담고 있는 자가 사람입니다. 그러므로 예수의 생명을 담은 사람의 혼은 위로 올라가고, 예수의 생명이 없는 짐승의 혼은 아래로 내려가게 되는 것입니다. 천국은 사람이 가는 곳입니다. 짐승이 가는 곳은 지옥입니다. 천국은 위에 있고, 지옥은 아래에 있습니다.

죄란 바리새인들과 같이 선악의 관점으로 하나님의 일을 판단하는 것입니다. 선악의 관점에서 아무리 좋은 선을 내어놓아도 생명의 하나님 앞에서는 악인 것입니다. 영생하시는 하나님 앞에서는 생명만이 선입니다. 그 생명이 예수 안에 있습니다. 그래서 예수 믿는 자를 생명의 나라인 천국으로 데리고 가시는 것입니다.

하나님은 산 자의 하나님입니다. 하나님 앞에 죄인들의 선을 들고나오는 것은 마치 강아지가 뼈다귀 하나를 물고 와서 "주인님, 이것 잡수세요!"라고 하는 것과 같습니다. 강아지가 주는 것을 가지고 "그래 고맙다!"라고 받아먹을 사람은 없습니다. 강아지는 자기 딴에는 최고로 주인에게 대접한다고 한 것이지만 사람에겐 쓰레기일 뿐입니다. 이는 서로의 생명이 다르기 때문입니다.

바리새인들과 예수님의 차이가 그러합니다. 바리새인들은 율법대로 이방인과 교제하지 않는 것이 가장 거룩한 신앙이라고 여겼습니다. 그러나 예수님은 바리새인들이 '거룩'이라고 하는 것을 '비거룩'으로 치부해 버리십니다. 바리새인들이 '의'라고 하는 것이 예수님 앞에서는 '불의'였습니다. 예수님이 바리새인들이 부정하고 속되다고 하는 세리와 창기들과 어울릴 수 있었던 것은 하나님의 생명을 가지셨기 때문입니다.

바리새인 중에서도 골수 바리새인이었던 바울이 나중에 예수님을 만나고 예수님의 생명을 얻고 나서 보니 이것은 죄도 아니고 의도 아니란 것을 알았습니다. 그래서 바울은 이방인이든 유대인이든 따지지 않고 대할 수 있었던 것입니다. 바울은 예수를 만나기 전에는 율법이라는 선악의 생명으로 살았습니다. 그때는 율법으로 선과 악을 판단하였습니다. 그러나 다메섹에서 예수님을 만나고 난 후에는 하나님의 생명으로 살았습니다.

예수를 만나기 전 선악과가 주는 생명으로 이방인을 바라보았을 때는 저주받은 죄인이라고 생각해서 상종하지 않았습니다. 그러나 예수를 만나고 난 후 하나님의 생명을 가지고 이방인을 보니까 그들도 예수를 통해서 구원받아야 하는 대상이라는 것을 안 것입니다. 배척할 것이 아니라 가까이하여 복음을 전해야 하는 대상이었던 것입니다.

영화를 보면 '19세 이상 관람가'라는 것이 있습니다. 이는 19세 미만의 사람은 이 영화를 소화하기엔 부족하니 보지 말라는 뜻입니다. 사회적인 통념으로 19세 미만은 허구와 사실을 분별할 수 없는 연령으로 보고 있는 것입니다. 그러니까 사실과 허구를 분별할 수 없는 아이들이 과도한 폭력물이나 음란물들을 보게 되면 정신 건강에 치명적인 독이 될 수 있기에 금지하는 것입니다.

영화 자체는 선도 아니고 악도 아닙니다. 그냥 허구를 재미로 만든 오락일 뿐입니다. 하지만 현실과 이상을 분별하지 못하는 어린아이들이 그 영화를 보았을 때는 정신적으로 치명적인 오류를 범할 수 있습니다. 그래서 영화나 드라마를 등급제로 나누어서 허가해 주는 것입니다.

아담과 하와에게 선악과는 보아서는 안 되는 19금 영화와 같은 것이었습니다. 아담과 하와는 아직까지 선악과를 소화할 능력이 없었습니다. 선악과를 소화하려면 생명과를 먹고 어른이 되어야 했습니다. 그럼에도 아담과 하와는 뱀의 미혹에 넘어가서 선악과를 따 먹고 맙니다. 아담과 하와가 선악과를 따 먹고 나자 하나님은 이들을 에덴동산 밖으로 추방시키십니다. 이들이 미워서가 아니라 산 자와 죽은 자는 함께 살아갈 수 없기 때문입니다.

왜 아담과 하와가 선악과를 따 먹었을까요? 그것은 선악과가 아담과 하와의 마음을 단박에 사로잡을 만큼 매우 유혹적이었기 때문입니다. 보암직하고 먹음직하고 탐스러워 보였기 때문입니다. 죄가 그러합니다. 인간의 눈에 비친 선악과의 모습을 봅시다.

창 3:6-7 "여자가 그 나무를 본즉 먹음직도 하고 보암직도 하고 지혜롭게 할 만큼 탐스럽기도 한 나무인지라 여자가 그 실과를 따 먹고 자기와 함께한 남편에게도 주매 그도 먹은지라 ⁷이에 그들의 눈이 밝아 자기들의 몸이 벗은 줄을 알고 무화과나무 잎을 엮어 치마를 하였더라"

여자가 그 나무를 본즉 먹음직하고 보암직하고 지혜롭게 할 만큼 탐스러워 보였습니다. 이것은 어디까지나 여자의 관점에서 바라본 것입니다. 왜 여자에게 선악과가 보암직하고 먹음직하고 탐스럽게 보였을까요? 이는 선악과 속에는 하나님과 같이 되는 것이 들어있기 때문입니다. 뱀은 선악과를 먹으면 하나님같이 된다고 하였습니다. 이것은 마치 어린아이들이 빨리 어른이 되고 싶어 하는 것과 같습니다.

어린아이들이 왜 빨리 어른이 되고자 하나요? 이는 어른이 되면 모든 것을 자기 마음대로 할 수 있다고 생각하기 때문입니다. 어린아이들 속에도 죄성이 있습니다. 죄성은 하나님같이 되고자 하는 것입니다. 하와는 하나님같이 된다는 것을 자기 마음대로 하는 것이라고 생각한 것입니다.

마치 어린아이들이 어른은 자기 마음대로 하는 사람이라고 생각하는 것과 같은 것입니다. 어른이 되면 부모의 간섭으로부터 자유하게 된다고 생각합니다. 그래서 빨리 어른이 되었으면 합니다. 아담과 하와도 빨리 어른이 되고 싶었던 것입니다. 자기 마음대로 하고 싶었던 것입니다. 그래서 선악과를 먹으면 하나님같이 된다고 하는 뱀의 꼬임에 넘어가서 선악과를 따 먹고 만 것입니다. 그 결과는 엄청난 재앙을 몰고 왔습니다. 집에서 쫓겨나는 신세가 되고 만 것입니다.

하나님께서 아담을 에덴동산에서 추방한 것은 그들이 미워서가 아니라 산 자와 죽은 자는 함께할 수 없는 성질 때문입니다. 아무리 사랑의 하나님이라 할지라도 죽은 자와는 함께 살 수가 없습니다. 그래서 죽은 자들이 살아가는 에덴동산 바깥으로 쫓아내신 것입니다.

교회 안에는 두 과실이 있습니다.

두 과실이 두 의(義)로 나타나 있습니다. 붙잡으면 죽을 의와 붙잡으면 살 의가 있습니다. 율법의 의를 붙잡으면 죽고, 예수 그리스도의 의를 붙잡으면 삽니다. 율법의 의는 선악과이고, 예수 그리스도의 의는 생명과입니다.

선악과는 율법 신앙을 상징합니다. 율법 신앙이 인간들 눈에는 선악과처럼 매력적인 것입니다. 왜냐하면 율법 신앙은 인간의 가치를 상승시켜주기 때문입니다. 율법 신앙에는 인간의 영광이 담겨 있습니다. 예수님이 오셨을 때 바리새인들이 이 영광에 사로잡혀 있었습니다. 예수님은 이들이 장터에서 사람들에게 문안을 받는 것을 좋아한다고 하였습니다. 상좌에 앉아서 사람들에게 영광을 받는다고 하였습니다. 성경은 이러한 것을 왕 노릇 한다고 합니다.

사람들이 율법 신앙을 선호하는 것은 그 자체가 심판성을 담고 있기 때문입니다.

율법 신앙은 지킨 자에게는 영광이 있고, 지키지 못한 자에게는 정죄가 따르기 때문입니다. 율법을 지킨 자는 하나님같이 되어서 사람들을 판단하는 권세를 부여받게 됩니다. 법은 지킨 사람은 발언권이 생기고, 지키지 못한 사람은 발언권이 사라집니다. 율법 신앙이 그러합니다. 율법을 지키면 "난 지켰는데, 당신은 왜 안 지켰습니까?"라고 비판하고 정죄할 수 있게 되는 것입니다.

인간들은 남들과 다른 대접을 받고자 합니다. 그 근거로 자기 행위를 앞세우고 있습니다. 이러한 일들이 교회 안에 그대로 나타나고 있습니다. 교회를 위하여 한 일이 많은 사람은 그 행한 일을 근거로 높은 자리에 앉고자 합니다. 교회 안에서 왜 장로가 되고 싶어 하고, 권사가 되고 싶어 하나요? 장로와 권사가 높다고 생각하기 때문입니다. 장로가 되고 권사가 되면 높다고 생각하기 때문에 남을 다스리려고 하는 것입니다.

교회 안의 직분은 높고 낮음이 아닌데도 인간들이 그렇게 정해 놓은 것입니다. 예수님이 초림 때 오셔서 보니 유대인들이 이러한 모습으로 살고 있었습니다. 율법을 지킨 자들은 백성들 위에 군림하여서 선생 노릇을 하면서 영광을 받고 있었고, 율법을 지키지 못한 사람들은 죄인이 되어서 다스림을 받고 있었습니다.

선악과를 먹은(율법을 지킨) 인간들 속에는 스스로 왕이 되고자 하는 본성이 들어 있습니다. 누가 이런 왕 노릇 할 수 있는 행함(율법 신앙)을 포기할 수 있겠습니까? 한 바리새인이 하나님 앞에 나와서 당당하게 기도하는 것을 들어보십시오.

이레에 두 번씩 금식하고, 전도하고, 헌금하고, 새벽기도와 밤샘 기도를 하고, 봉사하고 착하게 살았다고 자랑하고 있습니다. 이 바리새인은 "나는 저기 있는 세리와 같지 않음을 감사하나이다!"라고 하였습니다.

이 바리새인은 세리와 자신을 행위로 차별하고 있는 것입니다. 자신의 행위는 옳고 세리와 창기들의 행위는 그르다는 것입니다. 그렇기에 자기는 저들을 판단할 수 있다는 것입니다. 자기는 저들과 다르기에 하나님께서도 거기에 알맞은 대접을 해달라는 것입니다. 결국은 자신의 행위가 무기가 되어있는 것입니다.

바리새인의 기도 속에는 '나는 저들과 다르기에 세리와 창기 같은 자들을 마땅히 판단하고 심판할 수 있는 권세가 있다'는 생각이 있는 것입니다. 이처럼 율법 아래 있는 자들에게는 힘이 자기 행위에서 나오는 것입니다.

이 시대의 일부 복음을 지식으로 알고 있는 자들이 잘난 척하는 것도 복음을 아는 것이 무기가 되었기 때문입니다. 그래서 복음을 안다는 것을 남을 판단하는 힘으로 행사하게 되는 것입니다. 복음은 우리로 하여금 상석에 앉지 않고 도리어 말석에 앉게 하는 것인데도, 이들은 복음 아는 것을 힘으로 삼고 상석을 차지하고자 합니다.

이단들의 특징을 보세요. 하나님 말씀을 안다는 것을 가지고 권세 놀음을 하고 있습니다. 자기들만 복음의 비밀을 안다고 생각하니까 '우리는 너희와는 다르다'며 특권의식에 사로잡혀서 모른다고 하는 교인들을 깔보는 것입니다. 이러한 행위는 복음을 모르고 있다는 반증입니다. 물론 이들이 안다고 하는 복음도 복음이 아닙니다. 이단들은 자신들이 하는 짓이 이단들의 짓인데도 그것을 모르는 것입니다.

예수님은 이러한 것을 열매로 나무를 안다고 하셨습니다. 이단들이 사람의 숫자를 힘으로 삼고 실력 행사를 하는 것은 스스로가 하나님을 믿지 않고 있다는 것을 드러내고 있는 것입니다. 복음은 사람의 힘을 필요로 하지 않습니다. 복음이 어디 권세 놀음 하는 것인가요? 복음을 제대로 안다면 잘난 척할 것이 아니라 하나님의 사랑에 빚진 자로서 복음을 모르는 자들에게 더욱더 낮은 자세로 긍휼히 여기는 마음으로 다가가야 합니다. 그것이 복음의 능력입니다.

그런데도 육에 속한 자들은 복음을 가지고도 생명과(복음)가 담고 있는 것과는 정반대의 정죄하고 심판하는 선악과의 짓들을 하는 것입니다. 그러면서 "우리는 너희와 달라!"라고 잘난 척을 하는 것입니다. 스스로 속고 있는 것입니다.

하나님의 말씀을 많이 아는 것은 좋은 일입니다. 성경을 많이 안다는 것은 결코 나쁜 것이 아니고 좋은 것입니다. 그러나 그것이 남을 판단하는 무기가 되면 차라리 모르는 것만 못합니다. 하나님의 나라는 항상 안다고 하는 자들 때문에 훼방을 받았습니다.

하나님의 말씀은 양날 가진 칼과 같습니다. 잘 사용하면 서로를 살리는 도구가 되지만, 잘못 사용하면 둘 다 죽이는 기계가 됩니다. 어린아이처럼 칼을 제대로 사용할 줄 모르는 사람이 사용하게 되면 그 칼에 자기도 다치고 남도 다치게 됩니다.

칼 자체는 좋은 것이로되 사용하는 사람에 따라서 사람을 살리는 도구가 되기도 하고 때로는 사람의 생명을 해치는 무기가 되기도 합니다. 율법이 그러합니다. 어떤 사람은 율법을 약으로 사용하고 어떤 사람은 독으로 사용합니다. 예수님은 율법을 생명을 살리는 데 사용하였지만, 바리새인들은 율법을 생명을 죽이는 것으로 사용하였습니다.

에덴동산은 온 세상의 축소판입니다. 에덴동산에서 일어나는 일들은 하나님께서 예수 그리스도를 통해서 역사 속에서 펼쳐 가시는 자기 백성들 구원하는 이야기입니다. 에덴동산에서 일어난 일이 교회에서 일어나고 있습니다.

교회 안에 두 행함이 있습니다. 인간이 주체가 되어서 일으킨 행함과 믿음이 주체가 되어서 일으킨 행함이 있습니다. 인간이 주체가 되어서 일으킨 행함 속에는 인간의 자랑이 있지만, 믿음이 주체가 되어서 일으킨 행함 속에는 예수 그리스도에 대한 자랑이 있습니다.

성경의 시작과 끝은 옷 입는 것으로 되어 있습니다.

성경은 율법의 의와 하나님의 의가 있다고 합니다. 율법의 의는 인간의 의이고, 하나님의 의는 예수 그리스도의 의입니다. 의를 옷이라고 합니다. 두 가지 옷이 있습니다. 하나님이 입혀 주시는 흠 없는 제물의 피 흘림으로 만든 가죽옷이 있고, 인간들이 피와 땀으로 만든 무화과나무 잎사귀로 만든 옷이 있습니다. 가죽옷은 하나님의 의이고, 무화과나무 잎사귀로 만든 치마는 인간의 의입니다. 하나님 나라는 하나님의 의의 옷을 입고 들어가야 합니다.

예수님이 재림하기 직전의 교회를 요한계시록에서는 라오디게아 교회로 말해주고 있습니다. 라오디게아 교회는 인간들이 만든 의의 옷을 입고 있었습니다. 스스로 "나는 부자라 부요하여 부족한 것이 없다"고 합니다. 그런데 하나님의 판단은 발가벗고 있다고 합니다. 흰옷을 사서 입으라고 합니다.

요한계시록 19장을 봅시다.

계 19:7-8 "우리가 즐거워하고 크게 기뻐하여 그에게 영광을 돌리세 어린양의 혼인 기약이 이르렀고 그 아내가 예비하였으니 ⁸그에게 허락하사 빛나고 깨끗한 세마포를 입게 하셨은즉 이 세마포는 성도들의 옳은 행실이로다 하더라"

예수님이 재림하시기 전에 하나님께서 어린양의 혼인 잔치에 참예할 어린양의 신부들에게 빛나고 흰 세마포 옷을 입혀 주십니다. 이는 에덴동산에서 가죽옷을 입혀 주신 것과 같습니다. 흰 세마포 옷은 천년왕국에 입고 들어갈 옷입니다. 옷은 수치를 가리는 것입니다. 예수님의 재림 직전에 하나님께서 어린양의 혼인 잔치에 참석할 어린양의 신부들의 수치를 가려주시는 일을 하시는 것입니다.

수치는 내가 가리는 것이 아니고 하나님이 가려주시는 것입니다. 자기가 치마를 만들려고 하지 말고 하나님께서 준비한 치마를 달라고 해야 합니다. 옛사람은 자기가 만든 옷을 입고 살아가고, 새사람은 예수 그리스도의 옷을 입고 살아갑니다.

왜 성경의 결론을 하나님께서 옷을 입혀 주는 것으로 말할까요? 이는 구원이 예수 그리스도의 의로 옷을 입는 것이기 때문입니다. 이것은 창세기의 에덴동산에서 선악과를 먹고 죽은 자가 된 아담과 하와에게 하나님께서 흠 없는 짐승의 죽음으로 얻은 가죽옷을 입혀 주신 것입니다. 신앙은 의로 옷 입는 것입니다. 두 부류의 사람이 있습니다. 자기가 만든 옷을 입고 사는 사람과 하나님이 입혀주신 옷을 입고 사는 사람이 있습니다. 나는 지금 어떤 의의 옷을 입고 있습니까?

율법은 우리의 실존을 바라보게 하는 거울과 같습니다. 율법이라는 거울 앞에서 자신의 벌거벗음을 보는 자는 복 받은 자이고, 율법이라는 거울 앞에서 아름답다고 여기는 자는 저주받은 자입니다.

나는 율법을 독으로 사용하고 있나요, 아니면 약으로 사용하고 있나요? 율법을 가지고 그리스도 앞에 나아가서 "주여, 도와주십시오"라고 한 사람은 율법을 보약으로 사용하고 있는 것입니다. 그러나 "주님, 내가 열심히 율법을 지켜서 영광 돌리겠습니다!"라고 하는 사람은 독약으로 사용하는 것입니다.

율법으로 죄가 고발당하여서 예수 그리스도를 바라보게 되면 약으로 사용하고 있는 것이고, 율법으로 자기 영광을 추구하면 독으로 사용하고 있는 것입니다. 나에게 율법은 무엇인가요? 독입니까, 약입니까? 부디 천국의 서기관처럼 옛것과 새것을 자유자재로 생명으로 사용하시기를 주의 이름으로 축원드립니다.

16강

창세전 언약으로 본 창조와 구원 이야기

에덴동산의 네 강(창 2:8-14)

창 2:8-14 "여호와 하나님이 동방의 에덴에 동산을 창설하시고 그 지으신 사람을 거기 두시고 ⁹여호와 하나님이 그 땅에서 보기에 아름답고 먹기에 좋은 나무가 나게 하시니 동산 가운데에는 생명나무와 선악을 알게 하는 나무도 있더라 ¹⁰강이 에덴에서 발원하여 동산을 적시고 거기서부터 갈라져 네 근원이 되었으니 ¹¹첫째의 이름은 비손이라 금이 있는 하윌라 온 땅에 둘렸으며 ¹²그 땅의 금은 정금이요 그곳에는 베델리엄과 호마노도 있으며 ¹³둘째 강의 이름은 기혼이라 구스 온 땅에 둘렸고 ¹⁴세째 강의 이름은 힛데겔이라 앗수르 동편으로 흐르며 네째 강은 유브라데더라"

두 세계가 있습니다.

보이는 것은 보이지 않는 것으로 말미암았습니다. 이는 보이는 이 세상은 보이지 않는 하나님 나라에서 나온 것이라는 뜻입니다. 하나님은 하나님 나라에서 일어나는 일들을 이 세상에 두신 것입니다.

우리는 보이는 이 세상을 통해서 보이지 않는 하나님 나라를 보게 됩니다. 그것이 에덴동산으로 나타났습니다. 에덴동산은 하나님 나라의 모형입니다. 하나님은 에덴동산의 구조 속에 보이지 않는 하나님 나라를 미니어처처럼 세팅해 두셨습니다.

오늘 본문을 보면 강이 에덴에서 발원하여 동산을 적시고 네 근원이 되었다고 합니다. 이는 에덴과 동산은 구조적으로 다른 세계임을 알 수 있습니다. 에덴은 생명수의 발원지가 되고, 동산은 그 아랫동네가 되는 것입니다.

물은 위에서 아래로 흐르도록 되어 있습니다. 그럼 강이 에덴에서 발원하여 동산으로 흐른다는 것은 에덴은 동산 위에 있는 세계가 되는 것입니다. 알다시피 에덴에서 흐르는 물이 생명수입니다. 이러면 에덴 아래 동산에 거하고 있는 아담은 에덴에서 공급해 주는 생명수로 살아가는 자가 됩니다. 에덴은 생명을 수여하는 창조주 입장에 있고, 동산은 생명을 수여 받는 피조물 입장에 있는 것이 됩니다.

구조적으로 보면 에덴은 3층이고, 동산은 2층이고, 에덴동산 밖은 1층이 되는 것입니다. 동산에 거하는 아담에게는 에덴은 하늘 위에 있는 곳으로서 감추어진 세계가 됩니다. 아담 입장에서는 동산은 보이는 세계이고, 에덴은 보이지 않는 세계가 되는 것입니다.

보이는 세계는 보이지 않는 세계로 말미암았다고 하였으니, 아담이 살아가는 보이는 동산은 보이지 않는 에덴으로부터 말미암음이 되는 것입니다. 이러면 에덴동산은 이중적인 계시로서 보이는 세계와 보이지 않는 세계의 축소판이 되는 것입니다.

하나님은 아담을 흙으로 만드시고 난 후에 깊이 잠들게 하시고 아담 속에서 갈비뼈 하나를 취하여서 여자를 만드십니다. 이것은 예수님께서 십자가에서 옆구리에서 물과 피를 쏟으시고 하나님의 아들들을 낳는 것을 예표하고 있습니다.

사도 바울은 아담과 하와 이야기는 예수 그리스도와 교회의 비밀 이야기라고 하였습니다. 이렇게 되면 에덴동산에서 일어나는 이야기들은 예수 그리스도와 교회에서 일어나는 이야기들을 말해주고 있음을 알 수 있습니다.

에덴동산에서 일어난 일들을 들여다보면 하나님께서 역사 속에서 하시고자 하는 일들을 알 수 있습니다. 비록 희미하지만, 그 내용을 어렴풋이 알 수 있습니다. 에덴동산에서 일어난 일이 실상으로 나타난 것이 예수 그리스도와 교회 이야기입니다.

오늘은 에덴과 동산 그리고 에덴에서 발원하여 동산을 적시고 사방으로 흘러가는 네 강에 대하여 살펴봅니다. 이 그림이 잘 이해되면 우리의 구원이 어떠한 식으로 이루어지게 되는지를 알 수 있습니다.

동산에서는 에덴이 보이지 않습니다. 이는 이 세상에서 하나님 나라를 보는 것과 같습니다. 알다시피 세상은 땅이고 하나님 나라는 하늘입니다. 땅에서 하늘에 있는 하나님 나라는 보이지 않습니다. 이는 믿음으로만 볼 수 있습니다. 인간의 이성은 자기가 경험한 것을 믿음으로 가지고 있습니다. 이는 성경이 말하는 믿음과 다른 것입니다.

성경이 말하는 믿음은 보지 않고 믿는 것을 말합니다. 그러나 인간들은 보아야 믿는다고 합니다. 보지 않고 어떻게 믿느냐고 합니다. 이러한 사고가 신(神)을 판단하는 것에도 적용이 됩니다. 그리스 신화를 보면 인간들의 신관이 잘 투영되어 있습니다. 그리스 신화에 나오는 신들은 모두가 인간들입니다. 인간을 영웅화한 것이 신입니다. 이는 보이지 않는 신을 형상화한 것들입니다.

하나님께서 하나님을 형상화하지 말라는 것은 하나님은 인간들에게 감지되는 분이 아니기 때문입니다. 에덴동산에서는 아담이 하나님과 함께 살았습니다. 에덴동산에서는 하나님을 형상화할 필요가 없었습니다. 왜냐하면 하나님과 함께 살았기 때문입니다. 하나님을 형상화한 것은 에덴동산에서 쫓겨나면서부터입니다.

하나님을 볼 수가 없으니까 하나님을 자기 나름대로의 상상으로 형상화하기 시작한 것입니다. 사람마다 자기 생각에 '신은 이럴 것이다'라는 이미지를 형상화시킨 것입니다. 이를 신의 개념화라고 합니다.

아담의 후손들은 하나님을 한 번도 본 적이 없습니다. 그러다 보니 자기들 생각으로 하나님을 이미지화하기 시작한 것입니다. 인간들의 생각으로 만든 형상화된 하나님이 나타나기 시작한 것입니다. '하나님은 이렇게 생겼을 거야! 하나님은 이런 분이실 거야! 하나님은 이런 걸 좋아하시고, 저런 건 싫어하실 거야!'

각자 자기 생각의 신들을 만들기 시작한 것입니다. 그리고 자기들 생각으로 하나님을 섬기기 시작하였습니다. 끝내 하나님이 우상화되기 시작한 것입니다. 인간들은 저마다의 생각으로 갖가지 형상의 하나님을 만들어서 섬기고 있습니다.

그래서 인간의 수(數)만큼이나 신도 많다고 하는 것입니다. 바울이 아덴에 가니까 사람들이 수많은 신전을 만들어 놓고 섬기고 있었습니다. 심지어 '알지 못하는 신에게'라는 제단도 만들어서 제사를 드리고 있는 것입니다.

이 세상이 우상으로 가득하다고 말하는 것도 사람마다 각자의 생각으로 신을 이미 지화하여서 섬기기 때문입니다. 이 모두가 자기가 보아야지만 믿는다고 하는 인간들의 믿음 체계 때문입니다. 인간들에게는 보이지 않는 신은 신이 아닌 것입니다. 그래서 인간들이 보이지 않는 하나님은 섬김의 대상에서 제외시켜 버린 것입니다. 보이지 않는 신은 인간들의 신관에서 벗어나 있기 때문입니다.

보이는 것을 믿음으로 가지고 있는 인간에게는 보이지 않는 하나님을 믿는다는 것은 불가능한 것입니다. 인간들에게는 하나님을 형상화하여서 섬기는 우상숭배 신앙은 필연적일 수밖에 없는 것입니다. 허공에다가 엎드려 절을 할 수가 없으니까 뭔가 형상이라도 만들어 놓고서 섬기게 되는 것입니다. 자기가 만든 조각물을 신이라고 섬기는 것이 인간입니다. 이것이 죄인의 어리석음입니다.

이러한 사고가 교회 안에 그대로 자리 잡고 있습니다. 성전을 신전화하는 신앙으로 발전한 것입니다. 이 시대 교인들이 구원받은 성도들의 모임인 교회를, 인간들이 만든 건축물을 성전이라는 이름으로 대체하여 섬기는 것은 우상숭배 신앙인 것입니다.

불자들이 절간을 신성시하여서 섬기는 것처럼 이 시대 교인들은 교회를 성전이라는 이름으로 신성시하고 있는 것입니다. 이러한 신앙이 교회 자랑으로 나타나고 있는 것입니다. 마치 유대인들이 예루살렘 성전을 자랑하였듯이 지금도 교인들이 예배당을 성전이라고 자랑하고 있는 것입니다.

유대인들에게 성전은 하나님과 같은 것이었습니다. 누구라도 성전을 더럽히면 죽임을 당하였습니다. 그런데 예수님이 이것은 성전이 아니라고 하면서 뒤집어엎어 버리십니다. 그러자 유대인들이 예수님을 신성 모독죄로 십자가에 달아서 죽인 것입니다.

스데반도 성전을 모욕하였다가 죽임을 당하였습니다. 사도 바울도 성전에 이방인들을 데리고 들어갔다는 죄목으로 참소당하여 로마로 압송당한 것입니다. 이러한 신앙이 지금 이 시대에도 그대로 드러나고 있습니다.

수십억, 수백억, 수천억을 들여서 교회를 성전이라고 하면서 미석으로 꾸미고 화려하게 짓는 것은 믿음 없는 교인들의 우상성을 채워주기 위한 것입니다. 거짓 목사들이 예배당을 성전으로 둔갑시켜 육에 속한 교인들로 하여금 우상숭배 신앙을 조장하고 있는 것입니다. 예수님께서 십자가에서 헐어 버리신 것을 다시 세우고 있는 것입니다.

인간들의 역사는 늘 순환을 합니다.

전도서 1장을 봅시다.

전 1:8-11 "만물의 피곤함을 사람이 말로 다 할 수 없나니 눈은 보아도 족함이 없고 귀는 들어도 차지 아니하는도다 ⁹이미 있던 것이 후에 다시 있겠고 이미 한 일을 후에 다시 할찌라 해 아래는 새것이 없나니 ¹⁰무엇을 가리켜 이르기를 보라 이것이 새 것이라 할 것이 있으랴 우리 오래전 세대에도 이미 있었느니라 ¹¹이전 세대를 기억함이 없으니 장래 세대도 그 후 세대가 기억함이 없으리라"

해 아래는 새것이란 없습니다. 돌고 돌아서 늘 그 자리입니다. 특히 영적인 일은 항상 동일합니다. 그러니 과거에 하던 것들이 무늬만 바뀌어서 나타나고 자행되고 있는 것입니다. 돌고 돌아서 옛적 사람들이 하던 짓을 지금도 그대로 답습하는 것입니다. 그 조상에 그 후손들이기 때문입니다. 그러므로 2천 년 전에 일어난 예수님의 십자가 사건이 지금도 교회 안에서 그대로 재현되어서 일어나고 있습니다.

성경은 하늘의 이야기를 하고 있습니다.

태초에 하나님은 두 세계를 창조하셨습니다. 천지(天地)입니다. '천'은 하늘이고 '지'는 땅입니다. 하늘은 보이지 않는 세계이고, 땅은 보이는 세계입니다. 보이는 세계를

'육'(肉)이라고 하고, 보이지 않는 세계를 '영'(靈)이라고, 합니다. 하늘과 땅 그리고 영과 육은 빛과 어둠처럼 전혀 다른 세계입니다.

보이는 세계에서 보이지 않는 세계의 이야기는 비밀에 속하였습니다. 성경은 보이지 않는 세계의 이야기를 보이는 세계의 언어로 기록하고 있습니다. 비록 보이는 세계의 언어로 기록하였다 할지라도 그 의미는 보이지 않는 하늘나라 이야기입니다.

성경을 성령의 감동으로 기록한 것은 육의 언어 속에 영의 이야기를 담아 놓았기 때문입니다. 마치 에덴동산에서 일어난 일 속에 하늘나라 이야기가 담겨 있는 것과 같습니다. 성령께서 육적인 사건 속에서 영적인 의미들을 말씀해 주고 있습니다.

예수님께서 "너희가 땅의 말도 제대로 이해하지 못하는데 하늘의 이야기를 어떻게 이해하겠느냐"고 하셨습니다. "내가 하는 말이 하늘의 이야기"라고 하셨습니다. 그러면서 "천국의 비밀은 은혜로 선택을 입은 영에 속한 너희에게는 허락이 되었으나 율법 아래 있는 육에 속한 저희에게는 비밀"이라고 하셨습니다. 그래서 예수님의 말씀을 알아듣는 사람도 있고, 알아듣지 못하는 사람도 있는 것입니다.

예수님은 보이지 않는 세계인 하늘나라에서 오셨습니다. 그러므로 예수님께서 하시는 말씀은 모두가 하늘나라 이야기입니다. 예수님의 말씀을 하늘나라 이야기로 들어야 합니다. 하늘나라 이야기로 들으려면 하늘의 말을 듣는 귀를 받아야 합니다. 그래서 예수님은 자기 백성들에게는 성령을 보내주신 것입니다.

성령이 예수님의 말씀을 하늘나라 이야기로 깨닫게 해주시는 것입니다. 모든 성경이 하늘나라 이야기이니까 성령께서는 모든 성경을 하늘나라 이야기로 풀어주시는 것입니다. 하나님은 에덴동산에서 일어난 일을 가지고 역사 속에서 펼쳐 가시는 자기 백성들의 구원 이야기를 설명해 주고 있습니다.

오늘 살펴볼 에덴동산의 네 강 이야기도 성령께서는 하늘나라 이야기로 풀어주십니다.

본문을 봅시다.

창 2:10-14 "강이 에덴에서 발원하여 동산을 적시고 거기서부터 갈라져 네 근원이 되었으니 ¹¹첫째의 이름은 비손이라 금이 있는 하윌라 온 땅에 둘렸으며 ¹²그 땅의 금은 정금이요 그곳에는 베델리엄과 호마노도 있으며 ¹³둘째 강의 이름은 기혼이라 구스 온 땅에 둘렸고 ¹⁴세째 강의 이름은 힛데겔이라 앗수르 동편으로 흐르며 네째 강은 유브라데더라"

강이 에덴에서 발원하여 동산을 적시고 거기서부터 갈라져 네 근원이 되었다고 합니다. 먼저 에덴동산의 구조부터 봅니다. 강의 발원지인 에덴이 있고, 그 강물을 받아서 생명을 피우는 동산이 있습니다. 그리고 동산에서 네 동네로 갈라져 갑니다.

네 동네는 동산과는 또 다른 동네입니다. 하윌라와 구스와 앗수르와 유브라데는 동산 바깥에 있는 동네들입니다. 이렇게 되면 제일 위에 에덴이 있고, 중간에 동산이 있고, 맨 아래에 각각의 이름을 가진 네 동네가 있는 것입니다.

3층 에덴
2층 동산
1층 네 동네

이 모습은 성막과 같습니다. 성막은 밖에서 보면 두 구조이지만 실상은 세 구조로 되어 있습니다. 뜰과 성소로 보면 두 구조이고 뜰과 성소와 지성소로 보면 세 구조입니다. 지성소와 성소는 에덴동산과 같고 뜰은 네 동네와 같습니다. 뜰은 1층이고 성소는 2층이고 지성소는 3층이 되는 것입니다.

이것은 마치 창세기 1장의 세 하늘과 같습니다. 창세기 1장을 보면 궁창 위 동네와 궁창 아래 동네가 있습니다. 궁창 윗동네와 궁창 아랫동네를 구분하는 것도 궁창이라는 동네입니다. 윗동네와 아랫동네를 구분 짓는 궁창을 하늘이라고 합니다.

궁창이라는 말은 하늘이라는 뜻입니다. 가운데 궁창도 하늘이고, 위에 있는 궁창도 하늘이고, 아래 있는 궁창도 하늘입니다. 맨 아래 하늘을 첫째 하늘이라고 하고, 중간에 있는 하늘을 둘째 하늘이라고 하고, 맨 위에 있는 하늘을 셋째 하늘이라고 합니다.

구원은 아랫동네에 있던 사람이 윗동네로 올라가는 것입니다. 그런데 아래에서 위로 올라가려면 그 중간에 있는 동네를 지나가야 합니다. 중간에 있는 동네에서 길을 열어주지 않으면 올라갈 수가 없습니다. 그런데 하나님이 중간에 있는 궁창의 길을 열어주셨습니다. 그것이 예수님의 십자가 사건입니다. 예수님이 십자가에서 위에 있는 하늘로 가는 길을 열어주신 것입니다. 이를 하늘이 열렸다고 합니다.

예수님이 십자가에서 죽으실 때 성소의 휘장이 위로부터 아래로 찢어진 것은 하나님 나라로 갈 수 있는 하늘의 길을 여신 것입니다. 이를 '새롭고 산 길'이라고 합니다. 예수님께서 자기 육체로 새롭고 산 길을 내신 것입니다. 누구라도 예수를 통하지 않고서는 하늘로 나아갈 수 없는 것입니다. 예수님께서 자기 백성들을 위하여 가운데 궁창의 하늘길을 열어주시려고 십자가에 죽으신 것입니다.

위에 있는 하늘은 예수 그리스도를 통하지 않고서는 갈 수 없습니다. 그래서 천하에 예수 외에는 구원 얻을 길이 없다고 하신 것입니다. 이를 예수님이 "나는 길이요 진리요 생명"이라고 하시면서 "누구든지 나로 말미암지 않고서는 아버지께로 갈 수 없다"고 하신 것입니다.

무명(無名)의 세계와 유명(有名)의 세계를 살펴봅시다.

무명이란 이름이 없는 세계를 말하고,
유명이란 이름이 있는 세계를 말합니다.

무명의 세계는 보이지 않는 세계이고,
유명의 세계는 보이는 세상입니다.

창조주이신 신은 이름이 없고, 피조물은 이름이 있습니다. 잘 보시면 강이 에덴동산에서 흐를 때는 이름이 없었는데, 에덴동산 밖으로 나와서는 각각의 이름을 갖고 흐르게 됩니다. 이는 보이지 않는 하나님 나라와 보이는 이 세상을 말해주고 있는 것입니다.

하나님의 나라는 신의 세계입니다. 만물을 창조하신 신이 살아가는 창조의 세계에는 이름이 없습니다. 알다시피 이름은 창조주가 피조물에게 지어주는 것입니다. 그렇다면 강의 발원지인 에덴은 하나님 나라를 상징하고, 이름을 가지고 흐르는 동산 밖은 이 세상을 상징하고 있음이 됩니다.

이름이 있는 것과 이름이 없는 것의 차이는 무엇인가요? 이름 속에는 뜻이 담겨 있습니다. 창조주가 피조물에게 이름을 지어줄 때는 피조물의 특성을 이름 속에 담아 놓았습니다. 이름은 고유명사입니다. 이는 그 이름만이 가진 뜻이 있기 때문입니다. 이름을 가졌다는 것은 이름이 담고 있는 속성을 품고 있다는 뜻입니다. 즉, 각자의 삶이 있다는 뜻입니다.

부모가 자녀를 낳게 되면 제일 먼저 이름을 지어줍니다. 아무런 의미 없이 '개똥이'니 '소똥이'니 하고 짓지 않습니다. 이름 속에 부모의 마음이 담겨 있습니다. 부모가 자녀의 이름을 지어줄 때 '너는 장차 이러한 사람이 되었으면 좋겠다'는 뜻으로 지어주게 됩니다. 이처럼 이름 속에는 부모가 바라는 것이 들어 있는 것입니다.

예수님도 아버지로부터 이름을 받아서 이 세상에 오셨습니다.

요한복음 1장을 봅시다.

요 1:1-3 **"태초에 말씀이 계시니라 이 말씀이 하나님과 함께 계셨으니 이 말씀은 곧**

하나님이시니라 ²그가 태초에 하나님과 함께 계셨고 ³만물이 그로 말미암아 지은 바 되었으니 지은 것이 하나도 그가 없이는 된 것이 없느니라"

사도 요한은 태초의 하나님 나라를 보았습니다. 태초라는 말은 피조 세계 밖을 말합니다. 흔히들 말하는 신들(삼위 하나님)이 사는 나라입니다. 이를 영적 세계라고 합니다. 태초에 말씀이 계셨습니다. 그 말씀이 하나님과 함께 계셨습니다. 그런데 그 말씀도 하나님이십니다.

잘 보시면 복수(複數)의 하나님들이 계시는 것입니다. 하나님이라고 하는 하나님과 말씀이라고 하는 하나님이 함께 계신다는 말입니다. 이 사실을 증거하시는 하나님도 계시는데 이를 성령 하나님이라고 합니다. 사도 요한은 자신의 다른 성경인 요한1서에서는 이 부분을 명확하게 말해주고 있습니다.

요한1서 1장을 봅시다.

요일 1:1-3 "태초부터 있는 생명의 말씀에 관하여는 우리가 들은 바요 눈으로 본 바요 주목하고 우리 손으로 만진 바라 ²이 생명이 나타내신 바 된지라 이 영원한 생명을 우리가 보았고 증거하여 너희에게 전하노니 이는 아버지와 함께 계시다가 우리에게 나타내신 바 된 자니라 ³우리가 보고 들은 바를 너희에게도 전함은 너희로 우리와 사귐이 있게 하려 함이니 우리의 사귐은 아버지와 그 아들 예수 그리스도와 함께함이라"

사도 요한은 태초부터 있는 생명의 말씀을 보았다고 합니다. 요한복음에서는 그냥 말씀이라고 하였는데 요한1서에서는 생명의 말씀이라고 합니다. 그런데 그 생명의 말씀을 눈으로 보고 귀로 듣고 손으로 만졌다고 합니다. 이 말은 생명의 말씀이신 하나님이 인간들의 모습으로 오셨다는 것입니다. 그래서 손으로도 만지고 그의 말을 귀로도 듣고 눈으로도 보았다고 하는 것입니다.

그런데 자신들이 눈으로 보고 귀로 듣고 손으로 만진 그 생명의 말씀이신 하나님이 바로 하나님의 아들이라고 합니다. 그 이름을 예수 그리스도라고 합니다. 예수는 이름이고, 그리스도는 그가 이 세상에서 하시는 일의 직임입니다. 태초에 말씀으로 계시던 하나님이 예수라는 이름을 아버지로부터 받아서 이 세상에 오신 것입니다.

하나님이신 하나님을 성부 하나님이라 하고, 생명의 말씀이신 하나님을 성자 하나님이라고 하며, 이러한 사실을 증거하는 하나님을 성령 하나님이라고 합니다. 태초라는 하나님 나라에는 성부, 성자, 성령, 삼위 하나님이 계신 것입니다.

이를 창세기 1장에서 '우리'라고 합니다. 성부, 성자, 성령 하나님이 "우리가 우리의 형상을 따라 사람을 만들자"라고 하시면서 피조물인 사람을 창조하신 것입니다. 사람 속에는 성부, 성자, 성령의 형상이 담겨 있는 것입니다.

사도 요한은 요한복음과 요한1·2·3서와 요한계시록을 썼습니다. 그런데 모두가 태초에 관한 것을 말해주고 있습니다. 요한복음은 태초에 말씀으로 계시던 하나님이 육신을 입고 이 세상에 오신 것을 말해주고 있습니다. 요한서신서는 그 말씀이신 하나님의 생명의 속성을 이야기하는데 그것이 '사랑'이라고 합니다.

생명의 말씀이신 하나님이 이 세상에 오셔서 자기 백성들과 사랑의 사귐을 가졌다고 합니다. 그러므로 생명의 말씀이신 하나님과 사귐을 가진 사람들은 그 속에 하나님의 사랑을 품고서 형제를 사랑하게 된다고 합니다. 이렇게 생명의 말씀이신 하나님과 사랑의 사귐을 가진 자들이 장차 천국에서 그의 신부로 살아가게 되는 것을 요한계시록에서 말해주고 있습니다.

요한계시록은 하나님 나라 모습을 말해주고 있습니다. 왜 열두 제자 중에서 유일하게 사도 요한에게만 태초의 하나님 나라에 관한 것을 알려주셨을까요? 이는 사도 요한이 유일하게 예수님의 품에 안긴 사도였기 때문입니다. 그리고 사도 요한만이 유일하게 예수님의 십자가 아래까지 따라간 제자이기 때문입니다.

예수님께서는 사도 요한에게 어머니를 맡기셨습니다. 예수님의 어머니 마리아는 예수를 잉태한 성도들의 모임인 교회를 상징하고 있습니다. 예수로 난, 그 속에 예수를 품고 살아가는 성도들이 바로 태초라는 하나님 나라에 가서 예수 그리스도의 신부로서 살아가게 되는 것입니다.

그래서 예수님의 재림을 '어린양의 혼인잔치'라고 하는 것입니다. 사도 요한이 예수님의 품에 안겼다는 것은 신부라는 뜻입니다. 그래서 하나님은 예수님의 신부인 사도 요한에게 태초라는 하나님 나라의 비밀들을 알려주신 것입니다.

예수님의 제자들을 보면 두 부류가 있습니다.

순교를 당한 제자와 살아서 천국으로 올라간 제자가 있습니다. 열한 제자는 모두가 일찍 순교를 당하였습니다. 그런데 사도 요한은 순교 당하지 않고 천국에 올라갔습니다. 사도 요한이 안 죽었다는 말이 아니고 살아서 성령의 감동으로 천국에 올라가서 그 모습들을 보았기 때문에 살아서 천국에 갔다고 하는 것입니다.

사도 요한이 살아서 천국에 올라가서 본 것을 기록한 성경이 요한계시록입니다. 하나님은 사도 요한에게 천국으로 올라오게 하여서 천국의 모습들을 보여주시고는 이 세상에 있는 교회들에게 이 사실을 알려주라고 하셨습니다.

사도 요한은 태초라는 하나님 나라를 이 세상의 교회들에게 알려주는 메신저입니다. 메신저는 자기가 경험한 것을 증거하는 자입니다. 이를 증인이라고 합니다. 진짜 천국의 증인은 사도 요한입니다. 바울도 삼층천을 다녀왔지만 증거하지 않았습니다. 그러나 사도 요한은 자기가 보고 들은 것을 다 증거하였습니다.

그럼 사도 요한이 본 하나님 나라의 모습을 보십시다.

요한계시록 5장을 봅시다.

계 5:1-7 "내가 보매 보좌에 앉으신 이의 오른손에 책이 있으니 안팎으로 썼고 일곱

인으로 봉하였더라 ²또 보매 힘 있는 천사가 큰 음성으로 외치기를 누가 책을 펴며 그 인을 떼기에 합당하냐 하니 ³하늘 위에나 땅 위에나 땅 아래에 능히 책을 펴거나 보거나 할 이가 없더라 ⁴이 책을 펴거나 보거나 하기에 합당한 자가 보이지 않기로 내가 크게 울었더니 ⁵장로 중에 하나가 내게 말하되 울지 말라 유대 지파의 사자 다윗의 뿌리가 이기었으니 이 책과 그 일곱 인을 떼시리라 하더라 ⁶내가 또 보니 보좌와 네 생물과 장로들 사이에 어린양이 섰는데 일찍 죽임을 당한 것 같더라 일곱 뿔과 일곱 눈이 있으니 이 눈은 온 땅에 보내심을 입은 하나님의 일곱 영이더라 ⁷어린양이 나아와서 보좌에 앉으신 이의 오른손에서 책을 취하시니라"

사도 요한이 천국에 가서 보니까 하나님 보좌가 있는 것입니다. 하나님이 보좌에 앉아 계시는데 그 오른손에 안팎으로 가득히 적힌 책이 있고, 그 책이 일곱 인으로 봉하여져 있는 것입니다. 즉, 아무나 볼 수 없는 것입니다. 그래서 사도 요한이 엉엉 웁니다. 그러자 장로 중 하나가 그 봉인은 어린양이 뗄 것이라고 알려줍니다.

어린양 곁에 일곱 눈이 있는데 이는 온 세상으로 보내심을 입은 일곱 영이라고 합니다. 일곱 영은 어린양이 보좌에 앉으신 하나님으로부터 받은 일곱 인으로 봉한 책들을 하나씩 뜯어서 그 안에 있는 내용을 온 세상에 알려주는 전령의 일을 하는 것입니다.

그림을 잘 보시면 성부, 성자, 성령 하나님을 보게 됩니다. 보좌에 앉으신 분은 성부 하나님이시고, 성부 하나님 손에 있는 책을 취하여서 하나씩 여는 어린양은 성자 하나님이시고, 성자 하나님이 연 책의 내용을 온 세상에 있는 하나님의 백성들이 있는 일곱 교회에 전하시는 분은 성령 하나님이십니다.

이 모습은 이 역사 속에서 일어나는 하나님의 일하심을 보여주고 있습니다. 성부 하나님께서는 창세전에 자기 백성들에게 영생 주시기로 작정하시고 어린양의 생명책에 녹명하셨습니다. 그리고 어린양의 생명책에 녹명한 자들을 어떻게 구원을 하실지를 기록한 언약의 책이 있는 것입니다. 그 책이 하나님의 오른손에 놓여 있는 것입니다.

성부 하나님께서 계획한 일을 이 역사 속에서 펼쳐 가시기 위하여 오신 분이 바로 성자 하나님이십니다. 성자 하나님이 예수라는 이름으로 이 세상에 오셔서 예수라는 이름이 담고 있는 자기 백성들을 죄에서 구원하는 일을 하십니다.

예수님은 아버지의 뜻을 이루고자 십자가에서 죽으셨습니다. 예수라는 이름은 이미 창세전에 계획된 이름입니다. 그런데 2,000년 전에 이 세상에 오셔서 창세전에 예정하신 일을 십자가를 통해서 이루신 것입니다.

에베소서 1장을 봅시다.

엡 1:3-7 "찬송하리로다 하나님 곧 우리 주 예수 그리스도의 아버지께서 그리스도 안에서 하늘에 속한 모든 신령한 복으로 우리에게 복 주시되 ^{4}곧 창세전에 그리스도 안에서 우리를 택하사 우리로 사랑 안에서 그 앞에 거룩하고 흠이 없게 하시려고 ^{5}그 기쁘신 뜻대로 우리를 예정하사 예수 그리스도로 말미암아 자기의 아들들이 되게 하셨으니 ^{6}이는 그의 사랑하시는 자 안에서 우리에게 거저 주시는바 그의 은혜의 영광을 찬미하게 하려는 것이라 ^{7}우리가 그리스도 안에서 그의 은혜의 풍성함을 따라 그의 피로 말미암아 구속 곧 죄 사함을 받았으니"

4절을 보면, 창세전에 그리스도 안에서 우리를 택하기로 하였습니다. 창세전에 선택을 입은 우리가 바로 어린양의 생명책에 녹명된 하나님의 아들들입니다. 죄 아래 있는 자들을 어떻게 하나님의 아들들이 되게 하느냐 하면, 그 아들을 예수라는 이름으로 보내서 그리스도의 일을 하게 함으로써 하시는 것입니다. 그래서 예수 그리스도라고 합니다.

예수는 이름이고, 그리스도는 예수님이 육체로서 이 땅에서 하시는 일을 말합니다. 그리스도라는 말은 '기름 부음을 입은 자'라는 뜻인데, 이는 하나님으로부터 자기 백성들을 죄로부터 구원하기 위하여 죽임을 당하기로 위임을 받아서 일하시는 분이라는 뜻입니다. 이를 '메시아'라고 합니다.

그래서 사도 요한이 요한복음에서 태초에 말씀으로 계시던 성자 하나님이 육신을 입고 예수라는 이름으로 이 세상에 오셨다는 것을 증거해 주고 있는 것입니다. 우리가 지금 예수 그리스도를 통해서 죄와 사망에서 구원을 받는 일은 우연히 일어난 것이 아니고 우리가 창조되기 이전에 이미 창세전에 예정되고 계획된 것입니다.

창세전에 예정된 것들을 하나님의 백성들 속에서 이루어 가시는 분이 바로 성령님입니다. 성령은 예수님이 하신 일들을 자기 백성들에게 믿어지게 하시는 일을 하십니다. 예수님께서는 십자가에서 자기 백성들을 위한 구속 사역을 다 이루시고 난 후에 부활하시고 승천하십니다.

승천하여서 아버지 하나님께 보고를 드립니다. 그리고 난 후에 예수님께서 아버지에게 자신이 역사 속에서 이룬 일들을 자기 백성들에게 알려주고 믿어지게 하는 일을 하기 위해서 성령을 보내야겠다는 계획서에 결재받고 자신의 이름으로 성령을 보내주신 것입니다. 그래서 성령을 일컬어 '그리스도의 영'이라고 합니다.

여기서 잠깐 성령에 대하여 알고 갑시다.

태초에 하나님과 말씀이신 하나님과 일곱 영이신 성령 하나님이 계셨습니다. 하나님이신 하나님을 성부 하나님이라고 하시고, 말씀이신 하나님을 성자 하나님이라고 하시며, 일곱 영으로 계시는 성령님을 성령 하나님이라고 하십니다. 성령님은 하늘나라에서 일곱 영으로 계십니다. 그런데 성령 하나님은 성부 하나님이 계획하시고 성자 예수님께서 이 세상에 오셔서 성취하신 일들을 하나님의 백성들 안에서 적용케 하시는 분입니다.

성부 하나님의 일을 하실 때는 하나님의 영이라고 하고, 성자 하나님의 일을 하실 때는 그리스도의 영이라고 합니다. 성령 하나님은 누구의 이름으로 보내심을 입느냐에 따라서 그 이름이 달라지는 것입니다. 여기서 중요한 것은 보내심을 입는 분은 보내시는 분에게 종속된다는 것입니다. 보내심을 입는 분은 특사와 같습니다. 특사는 보낸 일 이외에는 할 수 없습니다.

성자 하나님이나 성령 하나님이나 모두가 창조주 하나님입니다. 무슨 일이라도 하실 수 있습니다. 그럼에도 역사 속에 보내심을 입을 때는 보내신 분이 주신 임무만 수행하시는 것입니다. 성자 예수님은 아버지로부터 보내심을 입었기 때문에 철저하게 아버지의 말씀에 순종하는 삶을 사신 것입니다. 십자가에 죽기까지 복종을 하시면서 아버지의 영광을 드러내셨습니다.

성령 하나님도 마찬가지입니다. 무슨 일이든지 하실 수 있는 하나님입니다. 그럼에도 예수 그리스도에게 종속된 일을 하셨습니다. 예수 그리스도의 것으로 성도들 안에서 예수 그리스도를 증거하고 예수 그리스도의 영광을 드러내는 일을 하셨습니다. 성령으로 거듭난 성도들이 예수 그리스도의 인생을 살아가게 되는 것도 예수 그리스도에게 종속된 자들이기 때문입니다. 이것이 보내심을 입은 자들의 모습입니다.

예수님이 승천하여서 보내심을 입은 성령님을 그리스도의 영이라고 하는 것은 예수님께서 역사 속에서 이루신 구속 사역을 하나님의 백성들 속에서 이루시는 일을 하시기 때문입니다. 그래서 예수님이 "내가 가면 다른 보혜사를 보낸다"고 하셨던 것입니다.

요한복음 14, 15, 16장을 봅시다.

요 14:26 "보혜사 곧 아버지께서 내 이름으로 보내실 성령 그가 너희에게 모든 것을 가르치시고 내가 너희에게 말한 모든 것을 생각나게 하시리라"

요 15:26 "내가 아버지께로서 너희에게 보낼 보혜사 곧 아버지께로서 나오시는 진리의 성령이 오실 때에 그가 나를 증거하실 것이요"

요 16:13-14 "그러하나 진리의 성령이 오시면 그가 너희를 모든 진리 가운데로 인도하시리니 그가 자의로 말하지 않고 오직 듣는 것을 말하시며 장래 일을 너희에게 알리시리라 [14]그가 내 영광을 나타내리니 내 것을 가지고 너희에게 알리겠음이니라"

성령님이 오시면 예수님의 것을 가지고 가르쳐 주신다고 하십니다. 성령은 자의로 말하지 않고 예수님에게서 들은 것만 말씀하고 예수님의 영광을 드러내신다고 합니다. 성령은 철저히 예수님에게 종속된 일을 하시는 것입니다.

예수님은 아버지께서 주신 자들을 위하여 십자가에 죽으셨습니다. 예수님께서는 "내가 온 것은 아버지의 뜻을 온전히 이루는 것"이라고 하셨습니다. 아버지의 뜻은 "아버지께서 내게 주신 자들을 마지막 날에 다시 살리는 것"이라고 하셨습니다. 즉, 죄와 사망의 권세로부터 구원하시는 것입니다. 그래서 그 이름이 예수입니다.

예수라는 이름은 '자기 백성을 저희 죄에서 구원할 자'라는 뜻입니다. 예수님은 자기 백성을 위하여 죽으신 것입니다. 예수님은 온 인류의 구원자가 아니고 오직 자기 백성들만의 구원자이신 것입니다. 예수님은 아버지가 주신 자들을 위하여 죽으셨습니다.

이에 예수님은 부활 후 승천하셔서 아버지로부터 성령님을 받아서 자기 백성들에게 보내주셨습니다. 성령님은 창세전에 어린양의 생명책에 녹명된 자기 백성들에게 오셔서 예수님이 그들을 위하여 십자가에 죽었다는 사실을 알려주고 믿어지도록 하신 것입니다.

그래서 오순절 성령이 임하자 제자들이 성령의 감동으로 예수가 주와 그리스도라는 말을 증거하자 그 증거를 받는 자들과 받지 않는 자들로 나누어지게 된 것입니다. 증거를 받은 자들은 성령께서 그들 속에서 믿어지게 하신 것이고, 증거를 받지 않은 자들은 성령이 그들 속에 임하지 않았기 때문에 믿어지지 않은 것입니다.

그리스도의 영으로 보내심을 입은 성령은 창세전에 어린양의 생명책에 녹명된 자들에게만 들어가서 예수가 그리스도이심을 믿어지게 하는 일을 하십니다. 이를 성령의 보증이라고 합니다. 성도에게는 성령의 보증이 있습니다. 자기 안에 믿어지는 것이 있습니다. 그 믿음이 바로 성령의 보증입니다.

정리하면, 성부 하나님은 계획을 세우시고, 성자 하나님은 그 계획을 이루시고, 성령 하나님은 성자 하나님이 이루신 것을 자기 백성들 속에서 집행하시는 것입니다. 성부,

성자, 성령 하나님께서 합력하여서 일하신 것입니다. 그래서 창세기 1장에서 사람을 창조하실 때 하나님께서 "우리가 우리의 형상을 따라 사람을 만들자"고 하신 것입니다.

사도 요한은 천국에서 세 분의 하나님을 보았습니다.

보좌에 앉으신 하나님은 성부 하나님이고, 일곱 인으로 봉한 책을 취하신 어린양은 성자 하나님이고, 어린양이 이루신 일들을 자기 백성들에게 믿어지게 하는 일을 하시기 위하여 온 세상으로 보내심을 입은 일곱 영은 성령 하나님입니다. 이를 우리는 삼위일체라고 합니다.

삼위일체라는 말은 성경적 용어가 아닙니다. 헬라철학에서 유래된 말입니다. 성경에는 삼위일체라는 말이 없습니다. 인간들이 세 분 하나님을 도무지 이해할 수 없기 때문에 철학적인 언어로 세 분 하나님은 모두가 동일한 하나님으로서 각자 인격을 가지고 계시기 때문에 삼위일체라고 하는 것입니다. 세 분 하나님 모두가 인격을 가지고 계시기 때문에 삼위라고 하는 것입니다.

성부, 성자, 성령 하나님이 하나의 뜻을 이루어 간다는 의미에서 일체라고 하는 것입니다. 한 하나님 속에 세 하나님이 있는 것이 아니고, 그냥 세 하나님이 하나의 목적을 가지고 한뜻으로 계시는 것입니다. 그냥 사도 요한이 보고 증거한 것처럼 '천국에는 성부 하나님과 성자 하나님과 성령 하나님이 계시는구나!' 하고 이해하시면 됩니다.

삼위일체를 설명하려고 하면 더 복잡해집니다. 그러므로 가급적이면 삼위일체라는 말을 사용하지 않는 것이 좋습니다. 분석하려고 하지 말고 사도 요한이 본 것처럼 '하늘나라에는 성부 하나님과 성자 하나님과 성령 하나님이 계시는구나!'라고 성경대로 믿으시면 됩니다.

예수님은 기도하실 때 위에 계신 아버지 하나님에게 하셨습니다. 이 일을 성령 하나님이 곁에서 도우셨습니다. 성자는 기도하고, 성부는 들으시고, 성령은 도우셨습니다. 세 하나님은 각자 할 일을 하셨습니다. 우리의 구원도 성부, 성자, 성령 하나님이 하신 일입니다. 그래서 예수님이 "보혜사가 오면 그때 내가 너희 안에 너희가 내 안에, 내가 아버지 안에, 아버지가 내 안에 있는 것을 알게 되리라"고 하신 것입니다.

이는 성부, 성자, 성령께서 우리 안에서 일을 하고 계심을 알게 된다는 것입니다. 성도는 이 믿음으로 살아가는 것입니다. 과거 '파리의 연인'이라는 드라마에서 이동건이 김정은에게 "이 안에 너 있다"라는 닭살 멘트를 한 것처럼 우리 안에 예수님이 계십니다. 이것이 믿어져야 성령으로 거듭난 성도입니다.

이것이 안 믿어지면 신앙생활이 미친 여자 널뛰듯이 조석(朝夕)으로 변하게 됩니다. 아침에는 구원받은 것 같은데 저녁이 되면 '난 아무리 생각해도 가짜인가 봐' 하며 우울증에 걸려서 소금에 절인 배추처럼 축 처져서 살아가게 되는 것입니다. 안 믿어지니까 이 사람 저 사람에게 자신의 구원의 확신을 묻게 되는 것입니다. 다른 사람들에게 구원의 확신을 받아도 소용이 없습니다. 그것은 내 안에서 일어나야 하는 것이기 때문입니다.

구원의 확신은 이론적으로 설명할 수는 있어도 그 증거는 본인만 알 수 있습니다. 구원의 확신은 성령이 임하면 자연적으로 믿어지게 되는 것입니다. 이것은 예전에 TV에서 '게맛살'을 광고할 때 "니들이 게 맛을 알아?"라고 하는 것과 같습니다. 게 맛은 먹어본 사람만이 알 수가 있는 것처럼 구원도 성령이 임하여 믿어지는 것입니다. 구원을 받은 사람은 설명 필요 없이 그냥 믿어지게 되는 것입니다.

이름 속에는 각각의 의미가 담겨 있다고 하였습니다.

에덴에서 발원하여 동산을 적시고 사방으로 흘러가는 네 강의 이름 속에도 하나님의 뜻이 담겨 있는 것입니다. 에덴에서 발원하여 동산을 적시고 네 근원으로 갈라져 각각의 이름으로 흐르는 강도 각각의 이름이 담고 있는 일을 해야 합니다. 생명수 강이니까 각자의 이름이 품고 있는 생명을 낳는 일을 해야 합니다.

음식이 사람의 성격을 만든다고 합니다. 이는 역설적으로 말하면 사람은 성격에 맞는 음식을 먹게 된다는 뜻이기도 합니다. 그래서 초식 동물들은 온순하고, 육식 동물은 사나운 것입니다. 강물도 음식과 같은 것입니다. 어떤 물을 마시느냐에 따라서 그 사람의 성품이 형성되는 것입니다. 이를 반대로 말하면 성품이 물을 찾게 된다는 뜻입니다. 이러한 의미로 에덴동산의 네 강물을 살펴보면 영적인 의미를 읽어낼 수 있습니다.

먼저 각각의 이름이 담고 있는 의미를 간단하게 문자적으로 살펴봅니다.

첫째 강의 이름은 '비손'입니다.

이는 '풍성하다'라는 뜻을 담고 있습니다.
비손이라는 강물을 마시고 살아가는 사람들은 풍성하게 살아가게 되는 것입니다.
무슨 일을 해도 넉넉한 마음으로 살아가게 됩니다.

둘째 강의 이름은 '기혼'입니다.

이는 '터져 나간다'라는 뜻을 담고 있습니다.
기혼 강물을 마시고 살아가는 사람들은 활발합니다.
무슨 일을 해도 추진력이 강해서 진취적으로 일하게 됩니다.

셋째 강의 이름은 '힛데겔'입니다.

이는 '화살처럼 빠르다'라는 의미를 담고 있습니다.
힛데겔 강물을 마시는 사람들은 빠릅니다.
무슨 일을 하면 굼뜨지 않고 즉각적으로 추진하고 실행을 합니다.

넷째 강의 이름은 '유브라데'입니다.

이는 '달콤하다'라는 뜻을 담고 있습니다.

유브라데 강물을 마시는 사람들은 달콤합니다.
무슨 일을 해도 긍정적으로 생각하고 사람들의 마음을 편안하게 해줍니다.

이것은 교훈적인 것입니다. 영적인 의미는 신약에서 강물이 의미하는 것이 무엇인지를 알면 알 수 있습니다. 구약은 표상이고 신약은 실상입니다. 에덴동산의 강물은 표상입니다. 실상은 신약에 따로 있는 것입니다.

모든 성경은 예수 그리스도를 증거하기 위하여 기록된 말씀입니다.

예수님께서 친히 "너희가 성경에서 영생 얻을 줄 상고하거니와 이 성경은 모두 나에 대하여 기록한 것이다"라고 말씀하셨습니다. 그렇다면 에덴동산의 강 이야기도 당연히 예수님과 관련된 이야기로 풀어가야 합니다.

감사하게도 후대에 성도들이 이런 의문을 품게 될 것들을 하나님께서 미리 아시고 앞선 선지자들을 통하여서 미리 말씀해 주셨습니다. 그럼 성경에서 강물을 어떻게 말해주고 있는지 구약에서부터 시작해서 신약으로 살펴봅시다. 하나님께서 구약의 에스겔 선지자에게 에덴동산의 강을 보여주셨습니다.

에스겔은 성령의 감동으로 에덴동산에 흐르던 그 강물을 보았습니다.

에스겔 47장을 봅시다.

겔 47:1-12 "그가 나를 데리고 전 문에 이르시니 전의 전면이 동을 향하였는데 그 문 지방 밑에서 물이 나와서 동으로 흐르다가 전 우편 제단 남편으로 흘러내리더라 ²그가 또 나를 데리고 북문으로 나가서 바깥 길로 말미암아 꺾여 동향한 바깥문에 이르시기로 본즉 물이 그 우편에서 스미어 나오더라 ³그 사람이 손에 줄을 잡고 동으로 나아가며 일천 척을 척량한 후에 나로 그 물을 건너게 하시니 물이 발목에 오르더니 ⁴다시 일천 척을 척량하고 나로 물을 건너게 하시니 물이 무릎에 오르고 다시 일천 척을 척량하고 나로 물을 건너게 하시니 물이 허리에 오르고 ⁵다시 일천 척을 척량하시니 물이 내가 건너지 못할 강이 된지라 그 물이 창일하여 헤엄할 물이요 사람이 능히 건너지 못할 강이더라 ⁶그가 내게 이르시되 인자야 네가 이것을 보았느냐 하시고 나를 인도하여 강가로 돌아가게 하시기로 ⁷내가 돌아간즉 강 좌우편에 나무가 심히 많더라 ⁸그가 내게 이르시되 이 물이 동방으로 향하여 흘러 아라바로 내려가서 바다에 이르리니 이 흘러내리는 물로 그 바다의 물이 소성함을 얻을지라 ⁹이 강물이 이르는 곳마다 번성하는 모든 생물이 살고 또 고기가 심히 많으리니 이 물이 흘러 들어가므로 바닷물이 소성함을 얻겠고 이 강이 이르는 각처에 모든 것이 살 것이며 ¹⁰또 이 강가에 어부가 설 것이니 엔게디에서부터 에네글라임까지 그물 치는 곳이 될 것이라 그 고기가 각기 종류를 따라 큰 바다의 고기같이 심히 많으려니와 ¹¹그 진펄과 개펄은 소성되지 못하고 소금땅이 될 것이며 ¹²강 좌우 가에는 각종 먹을 실과나무가 자라서 그 잎이 시들지 아니하며 실과가 끊치지 아니하고 달마다 새 실과를 맺으리니 그 물이 성소로 말미암아 나옴이라 그 실과는 먹을 만하고 그 잎사귀는 약재료가 되리라"

에스겔은 성령으로 세워진 성전을 보았습니다. 그 성전을 '여호와 삼마'라고 합니다. 그런데 그 성전 문지방에서 강물이 흘러나오는 것입니다. 그 물이 처음에는 발목이 잠길 정도로 흐릅니다. 그러다가 차츰 무릎에서 허리로, 허리에서 가슴으로, 가슴에서 온몸을 잠그는 것입니다. 온 세상을 창일하게 덮는 것입니다. 그런데 이 강물이 가는 곳마다 생명을 살리는 일을 합니다. 또한 강가에 각종 실과나무들을 자라게 하면서 달마다 새로운 실과들이 맺히게 합니다.

에스겔이 본 물의 발원지가 성전이라고 하였습니다. 그 성전 이름을 '여호와 삼마'라고 하였습니다. 여호와 삼마라는 말은 '여호와께서 그 가운데 계심'이라는 말입니다. 에스겔이 본 강물이 에덴에서 흐르는 그 강물입니다. 이러면 여호와 삼마라고 하는 성전이 곧 에덴이 되는 것입니다. 에덴에서 흐르는 강물이 가는 곳마다 생명을 살리고 치료하는 일을 하는 것입니다. 하나님께서 에스겔에게 에덴에서 발원하여 흐르는 그 강물이 이 세상에서 생명을 살리는 일을 한다는 것을 설명해 주고 있습니다.

에스겔이 본 그 강물을 신약 시대에 밧모섬에서 사도 요한이 보았습니다.

요한계시록 22장을 봅시다.

계 22:1-2 "또 저가 수정같이 맑은 생명수의 강을 내게 보이니 하나님과 및 어린양의 보좌로부터 나서 ²길 가운데로 흐르더라 강 좌우에 생명나무가 있어 열두 가지 실과를 맺히되 달마다 그 실과를 맺히고 그 나무 잎사귀들은 만국을 소성하기 위하여 있더라"

사도 요한이 천국에서 한 강물을 봅니다. 그 강물은 하나님과 어린양의 보좌로부터 흘러내리는 생명수 강입니다. 생명수 강의 발원지가 하나님과 및 어린양의 보좌입니다. 이는 하나님의 보좌이기도 하고 어린양의 보좌이기도 하다는 뜻입니다. 하나님의 보좌와 어린양의 보좌는 같다는 뜻입니다. 하나님이 계신 곳이 성전이고 어린양이 계신 곳이 성전입니다.

창세기에서는 에덴이었고,
에스겔에서는 성전이었고,
요한계시록에서는 하나님과 어린양의 보좌입니다.

에덴동산의 강물이나,
에스겔이 본 강물이나,
사도 요한이 본 강물은 같은 것입니다.
다르게 말을 할 뿐 영적 의미는 다 동일한 것입니다.

에덴이 성전이고,
성전이 에덴이고,
에덴이 어린양의 보좌이고,
성전이 어린양의 보좌입니다.

예수님께서도 생명수 강 이야기를 하셨습니다.

요한복음 4장을 봅시다.

요 4:3-14 "예수께서… ³유대를 떠나사 다시 갈릴리로 가실째 ⁴사마리아를 통과하여야 하겠는지라 ⁵사마리아에 있는 수가라 하는 동네에 이르시니 야곱이 그 아들 요셉에게 준 땅이 가깝고 ⁶거기 또 야곱의 우물이 있더라 예수께서 행로에 곤하여 우물 곁에 그대로 앉으시니 때가 제 육 시쯤 되었더라 ⁷사마리아 여자 하나가 물을 길러 왔으매 예수께서 물을 좀 달라 하시니 ⁸이는 제자들이 먹을 것을 사러 동네에 들어갔음이러라 ⁹사마리아 여자가 가로되 당신은 유대인으로서 어찌하여 사마리아 여자 나에게 물을 달라 하나이까 하니 이는 유대인이 사마리아인과 상종치 아니함이러라 ¹⁰예수께서 대답하여 가라사대 네가 만일 하나님의 선물과 또 네게 물 좀 달라 하는 이가 누구인 줄 알았더면 네가 그에게 구하였을 것이요 그가 생수를 네게 주었으리라 ¹¹여자가 가로되 주여 물 길을 그릇도 없고 이 우물은 깊은데 어디서 이 생수를 얻겠삽나이까 ¹²우리 조상 야곱이 이 우물을 우리에게 주었고 또 여기서 자기와 자기 아들들과 짐승이 다 먹었으니 당신이 야곱보다 더 크니이까 ¹³예수께서 대답하여 가라사대 이 물을 먹는 자마다 다시 목마르려니와 ¹⁴내가 주는 물을 먹는 자는 영원히 목마르지 아니하리니 나의 주는 물은 그 속에서 영생하도록 솟아나는 샘물이 되리라"

예수님께서 갈릴리로 가시는 도중에 사마리아를 가십니다. 사마리아에 있는 수가라는 동네의 한 우물에 물을 길으러 온 한 여자를 찾아가십니다. 그리고 그 여자에게 생수에 관한 이야기를 해주십니다. 예수님이 주는 물을 마시면 영원히 목마르지 않는다고 하십니다. 그러자 여인이 그런 물이 있으면 자기에게 좀 달라고 합니다. 이에 예수님은 "내가 주는 물은 사람들 속에서 영생하도록 솟아나는 물"이라고 하십니다. 영생하도록 솟아나는 물을 생수의 강이라고 합니다.

요한복음 7장을 봅시다.

요 7:37-39 "명절 끝날 곧 큰 날에 예수께서 서서 외쳐 이르시되 누구든지 목마르거든 내게로 와서 마시라 ³⁸나를 믿는 자는 성경에 이름과 같이 그 배에서 생수의 강이 흘러나오리라 하시니 ³⁹이는 그를 믿는 자들이 받을 성령을 가리켜 말씀하신 것이라 (예수께서 아직 영광을 받지 않으셨으므로 성령이 아직 그들에게 계시지 아니하시더라)" (개역개정)

초막절이 되면 성전에 물을 붓는 행사를 합니다. 그럼 성전 아래로 물이 흘러가게 됩니다. 이는 에덴에서 물이 흘러 동산을 적시는 것을 시연하는 것입니다. 예수님께서 초막절에 행해지는 물 행사를 보시고 그 물은 사람 속에서 영생하도록 솟아나는 생수의 강이라고 하셨습니다. 그리고 그 생수의 강을 성령이라고 하십니다.

창세기에서는 에덴에서 흐르는 강이고,
에스겔에서는 성전에서 흐르는 물이고,
요한계시록에서는 하나님과 어린양의 보좌에서 흘러나오는 강이고,
요한복음에서는 성도들 속에서 솟아나는 강입니다.

예수님은 생수의 강을 믿는 자들이 받을 성령이라고 하였습니다. 수가성 여인에게 주신다고 하신 샘물은 성령을 말하고 있는 것입니다. 에덴에서 발원하여 동산을 적시고 사방으로 흐르는 강물의 실체가 밝혀졌습니다. 강물의 근원지로 본다면 에덴이나, 성전이나, 어린양의 보좌나, 성도의 심령이나 동일한 것임을 알 수 있습니다.

창조 시대에 에덴에서 흐르는 물이나,
구약의 에스겔 시대에 성전에서 흐르는 물이나,
예수님의 초림 때 성도들 속에서 흐르는 물이나,
예수님의 재림 후 새 하늘과 새 땅에서 흐르는 물이나 다 동일한 물입니다.

하나님의 보좌로부터 흐르는 강물은 영원토록 변하지 않는 물입니다. 다만 시대에 따라서 다르게 표현하고 있을 뿐입니다. 이것은 곧 에덴에서 발원하여 흐르는 강물이 동산을 적시고 사방으로 흐르면서 지역에 따라 각각의 이름으로 흐르는 것과 같은 것입니다.

에덴에서 발원하여 동산을 적시고 네 근원으로 흐르는 물은 그 근원이 같습니다. 다만 흐르는 동네에 따라서 이름만 다를 뿐입니다. 각 동네마다 '힛데겔'이나 '유브라데'나 '기혼'이나 '비손'이라는 이름으로 흐른다고 할지라도 그 본질은 다 같은 물입니다.

장소도 마찬가지입니다. 창세기식으로 말하면 에덴이고, 에스겔식으로 말하면 성전이고, 요한계시록식으로 말하면 하나님과 어린양의 보좌이고, 요한복음식으로 말하면 성도들의 심령입니다. 성령이 임한 성도의 심령이 바로 에덴이고, 성전이고, 하나님과 어린양의 보좌입니다. 에덴동산에서는 강물로 흘렀는데, 지금은 성도의 심령 속에서 성령으로 흘러넘칩니다.

이렇게 되면 에덴동산의 강 이야기는 먼 나라 이웃 나라 이야기가 아니고 우리 안에서 일어나는 이야기가 되는 것입니다. 우리 안에 네 강이 흐르고 있습니다. 네 강의 이름이 각각 다르듯이 우리 안에서 일어나는 성령의 역사하심도 이름만큼이나 다르게 역사를 하십니다.

성경 이야기들이 성도들 속에서 일어나게 되는 것입니다. 에덴동산의 아담과 하와 이야기가 우리 안에서 예수 그리스도와 우리의 이야기로 들려지게 되는 것입니다. 에스겔의 성신으로 지어진 여호와 삼마의 이야기가 우리 안에서 일어나고 있는 것입니다.

요한계시록의 하나님과 어린양의 보좌에서 흘러나와서 달마다 열두 가지 과실을 맺고 만국을 소성케 하는 일들이 우리 안에서 일어나고 있는 것입니다. 창세기에서부터 요한계시록까지의 성경의 이야기가 우리 안에서 이루어지고 있습니다. 창세전에 예정된 예수 그리스도의 피 흘리심으로 구원받아서 하나님의 아들들이 되는 이야기가 지금 현재 우리 안에서 일어나고 있는 것입니다.

성경은 우리의 구원 이야기를 하고 있는 것입니다. 이 사실이 믿어질 때 우리의 구원이 우연히 일어난 것이 아니고 창세전부터 예정된 것임을 알 수 있게 됩니다. 이것이 믿어져야 이 세상을 이길 수 있는 것입니다. 성령이 그 안에 임한 성도는 이 사실이 믿어지게 되어 있습니다.

그럴 때 '아! 우리의 구원이 엄청난 사건이구나! 죽었다가 부활하신 예수님의 이야기가 나의 이야기구나!'가 되는 것입니다. 동화 속 이야기만 같던 에덴동산의 아담과 하와 이야기가 바로 우리의 이야기였던 것입니다. 그 이야기가 지금 우리 안에서 일어나고 있는 것입니다. 놀라운 사건입니다.

예수님이 재림하시고 새 하늘과 새 땅이 임한다는 이야기가 소설이 아니라 실제입니다. 과거에는 막연하게 느껴지던 것들이 이제는 사실로 믿어지는 것입니다. 천국과 지옥이 동화 속 이야기인 줄만 알았는데 이제는 사실로 믿어지는 것입니다. 죽어도 다시 산다는 것이 실제로 믿어지는 것입니다. 이 모두가 성령께서 성도들의 심령 속에서 생수의 강처럼 흘러넘치기 때문입니다.

그럼 에덴에서 발원하여 동산을 적시고 사방으로 흐르는 강물들이 어떤 일을 하는지를 통해서 지금 우리 안에 오신 성령께서 무슨 일을 하시고 있는지 살펴봅시다. 강물이 네 곳으로 갈라져 흐른다는 말은 동서남북 온 세상으로 흐른다는 말입니다.

장소로 말하면 오대양 육대주로 흐른다는 뜻입니다. 인종과 민족으로 말하면 온 세계 모든 나라와 민족에게 흐른다는 말입니다. 즉 예수 그리스도는 온 세상의 모든 나라와 모든 민족 속에서 자기 백성들을 구원하는 일을 하신다는 뜻입니다.

성경은 온 세상에 증거되는 하나님 말씀입니다. 하나의 복음입니다. 그래서 오순절 성령이 임하고 난 후 베드로가 하나의 언어로 설교를 하였는데 온 세상 사람들이 각국의 언어로 들을 수 있었던 것입니다.

아프리카에 증거되는 예수나, 유럽에서 증거되는 예수나, 아시아에서 증거되는 예수나, 오세아니아에서 증거되는 예수나, 아메리카에서 증거되는 예수나 동일하다는 뜻입니다. 예수 그리스도는 온 세상의 구원자이십니다. 흑인도 예수로 구원을 받고,

백인도 예수로 구원을 받고, 황인종도 예수로 구원을 받습니다.

성령은 국가와 민족과 인종을 따지지 않고 예수가 믿어지게 하는 일을 하십니다. 강물이 각각의 이름으로 흐른다는 것은 성령의 다양한 사역을 말하고 있습니다. 그래서 성령의 특징을 여러 가지로 말해주고 있는 것입니다. 불 같다느니, 바람 같다느니, 기름 같다느니, 비둘기 같다느니, 인 같다느니 등 여러 가지로 표현하고 있습니다.

이는 성령이 각 사람에게 일하시는 특성을 말해주고 있습니다. 어떤 이는 불같이 일하고, 어떤 이는 바람처럼 일하고, 어떤 이는 기름처럼 일하고, 어떤 이는 비둘기처럼 일하는 것입니다. 성령의 역사하심에 따라서 각 사람에게 나타나는 현상들이 다를 수 있습니다. 이를 성령의 은사라고 합니다. 바울은 성령의 역사하심을 은사로 말해주고 있습니다. 은사에도 직임적인 것과 직분적인 것, 사역적인 것과 성품적인 것들이 있습니다.

에베소서 4장을 봅시다.

엡 4:8-12 "그러므로 이르기를 그가 위로 올라가실 때에 사로잡혔던 자들을 사로잡으시고 사람들에게 선물을 주셨다 하였도다… ¹¹그가 어떤 사람은 사도로, 어떤 사람은 선지자로, 어떤 사람은 복음 전하는 자로, 어떤 사람은 목사와 교사로 삼으셨으니 ¹²이는 성도를 온전하게 하여 봉사의 일을 하게 하며 그리스도의 몸을 세우려 하심이라"(개역개정)

예수님이 승천을 하신 후에 사람들에게 선물을 주셨습니다. 선물은 은사입니다. 선물의 내용이 교회 안의 각양의 사역자들입니다. 이는 직분적인 은사입니다. 목사나 교사나 장로나 집사나 권사나 모두가 직분의 은사입니다.

모두가 예수님께서 각 사람에게 선물로 주신 은사이므로 높고 낮음이 없습니다. 교회 안에 가르치는 은사를 주신 것은 성도들로 하여금 온전하게 하고 교회를 돌아보아서 그리스도의 몸을 세우고자 함입니다.

로마서 12장을 봅시다.

롬 12:3-9 "내게 주신 은혜로 말미암아 너희 각 사람에게 말하노니 마땅히 생각할 그 이상의 생각을 품지 말고 오직 하나님께서 각 사람에게 나누어주신 믿음의 분량대로 지혜롭게 생각하라 ⁴우리가 한 몸에 많은 지체를 가졌으나 모든 지체가 같은 기능을 가진 것이 아니니 ⁵이와 같이 우리 많은 사람이 그리스도 안에서 한 몸이 되어 서로 지체가 되었느니라 ⁶우리에게 주신 은혜대로 받은 은사가 각각 다르니 혹 예언이면 믿음의 분수대로, ⁷혹 섬기는 일이면 섬기는 일로, 혹 가르치는 자면 가르치는 일로, ⁸혹 위로하는 자면 위로하는 일로, 구제하는 자는 성실함으로, 다스리는 자는 부지런함으로, 긍휼을 베푸는 자는 즐거움으로 할 것이니라 ⁹사랑에는 거짓이 없나니 악을 미워하고 선에 속하라"(개역개정)

교회는 예수 그리스도의 몸입니다. 몸에 많은 지체가 있듯이 교회 안에도 교회를 섬기기 위하여 다양한 은사들을 주셨습니다. 각각 받은 은사들이 다릅니다.

어떤 이에게는 예언의 은사를, 어떤 이에게는 섬기는 은사를, 어떤 이에게는 가르치는 은사를, 어떤 이에게는 위로하는 은사를, 어떤 이에게는 구제하는 은사를, 어떤 이에게는 다스리는 은사를, 어떤 이에게는 긍휼을 베푸는 은사를 주셨습니다.

고린도전서 12장을 봅시다.

고전 12:3-11 "그러므로 내가 너희에게 알게 하노니 하나님의 영으로 말하는 자는 누구든지 예수를 저주할 자라 하지 않고 또 성령으로 아니하고는 누구든지 예수를 주시라 할 수 없느니라 ⁴은사는 여러 가지나 성령은 같고 ⁵직임은 여러 가지나 주는 같으며 ⁶또 역사는 여러 가지나 모든 것을 모든 사람 가운데서 역사하시는 하나님은 같으니 ⁷각 사람에게 성령의 나타남을 주심은 유익하게 하려 하심이라 ⁸어떤 이에게는 성령으로 말미암아 지혜의 말씀을, 어떤 이에게는 같은 성령을 따라 지식의 말씀을, ⁹다른 이에게는 같은 성령으로 믿음을, 어떤 이에게는 한 성령으로 병 고치는 은사를, ¹⁰어떤 이에게는 능력 행함을, 어떤 이에게는 예언함을, 어떤 이에게는 영들 분

별함을, 다른 이에게는 각종 방언 말함을, 어떤 이에게는 방언들 통역함을 주시나니 ¹¹이 모든 일은 같은 한 성령이 행하사 그 뜻대로 각 사람에게 나눠주시느니라"

어떤 이에게는 지혜의 말씀의 은사를 주셨고, 어떤 이에게는 지식의 말씀의 은사를 주셨고, 다른 이에게는 믿음의 은사를 주셨고, 어떤 이에게는 병 고치는 은사를 주셨고, 어떤 이에게는 능력 행함의 은사를 주셨고, 어떤 이에게는 예언의 은사를 주셨고, 어떤 이에게는 영들 분별함의 은사를 주셨고, 다른 이에게는 각종 방언 말함의 은사를 주셨고, 어떤 이에게는 각종 방언들 통역함의 은사를 주셨습니다.

에베소서에서 말하는 은사는 교회 안의 직분적인 은사들이라고 한다면, 로마서의 은사들은 교회 안의 성도를 돌아보는 사역적인 은사들이고, 고린도전서의 은사들은 각 성도들의 신앙의 유익을 위한 은사들입니다.

한 성령이지만 그 역사는 다양함을 말해주고 있습니다. 중요한 것은 각자 사역은 다르지만, 모두가 한 성령으로 봉사하는 것이고 그리스도의 몸을 위하여 주셨다는 것입니다. 나타나는 현상은 다양하지만 그 근원은 같은 것입니다. 근원이 같기에 차별이 없는 것입니다. 차별이 없으므로 다툴 일이 없는 것입니다. 각자 받은 은사로 감사함으로 섬기면 됩니다.

에덴에서 흐르는 물을 마시는 사람들이 그러합니다. 각자 사는 동네는 다르지만, 그 강물의 발원지는 같습니다. 어느 물을 마셨듯이 그 근원은 하나입니다. 그러므로 이름을 가지고 다툴 필요가 없는 것입니다. 이름이라는 명분에 매이게 되면 자기하고 다름을 인정하지 못하고 다투게 됩니다.

'비손'이라는 강가에 사는 사람들은 그 강물을 비손이라고 부르고, '기혼'이라는 강가에 사는 사람들은 그 강물을 기혼이라고 부르고, '힛데겔'이라는 강가에 사는 사람들은 그 강물을 힛데겔이라고 부르고, '유브라데'라는 강가에 사는 사람들은 그 강물을 유브라데라고 부를 것입니다.

예를 들어서 비손이라는 강가에 살던 사람이 기혼이라는 동네에 방문하였다가 강을 보고서 자기 동네에 흐르는 물과 같아서 "아, 여기도 비손 강물이 흐르네"라고 하였다고 합시다. 그러면 기혼이라는 동네 사람들이 무슨 소리를 합니까? "이 물은 기혼이야"라고 말할 것입니다.

또한 그 옆에 힛데겔이라는 동네에 살던 사람이 지나가다가 "무슨 말을 그렇게 해! 이 물은 힛데겔 물인데…"라고 할 것이고, 유브라데 사람은 "이 무슨 소리야, 이 물은 유브라데 물이고만"이라고 할 것입니다. 각자 자기 동네 이름으로 싸우게 될 것입니다.

이처럼 이름이라는 명분에 매이게 되면 동일한 물을 가지고 분쟁이 일어날 수 있습니다. 이름에 집착하면 자기와 이름이 다르다는 이유로 상대를 배척하게 됩니다. 같은 근원의 물을 가지고 이름 때문에 서로가 서로를 향하여 이단이라고 할 것은 너무도 자명한 일입니다.

그럼 이런 분쟁을 무마할 수 있는 길은 없을까요? 해결책은 간단합니다. 이름(명분)에 매일 것이 아니라 물의 근원을 찾아가면 됩니다. 그 물의 근원을 찾아가면 서로 같은 발원지임을 알게 될 것입니다. 발원지가 같다고 하면 이름 때문에 다툴 이유가 사라지는 것입니다.

발원지가 같은 것은 본질이 같다는 뜻입니다. 요즘 말로 DNA가 같다는 뜻입니다. 에덴에서 흐르는 생명수를 마신 사람들은 그 속에 하나님의 생명이 흐릅니다. 사도 바울은 성도들은 한 성령을 마셨다고 하였습니다.

고린도전서 12장을 봅시다.

고전 12:12-13 "몸은 하나인데 많은 지체가 있고 몸의 지체가 많으나 한 몸임과 같이 그리스도도 그러하니라 [13]우리가 유대인이나 헬라인이나 종이나 자유자나 다 한 성령으로 세례를 받아 한 몸이 되었고 또 다 한 성령을 마시게 하셨느니라"

왜 한 성령을 마셨다고 할까요? 마신다는 것은 물을 마셨다는 뜻입니다. 성령을 물로 표현하고 있는 것입니다. 이는 하나님의 생명이 생수처럼 부어지기 때문입니다. 하나님의 생명이 흐르는 사람들은 서로가 알아보게 되어 있습니다. 이것은 마치 피는 서로 끌어당기듯이 한 성령을 마신 성도들은 성령이 성령을 서로 알아보고 끌어당기게 되어 있습니다. 이러한 것을 영이 같다고 하는 것입니다.

영이 같은 사람들은 이상하게 끌림이 일어나게 되어 있습니다. 그러므로 에덴에서 발원하는 생명수를 마신 사람들은 한 성령을 마신 자들이므로 서로 다투지 않는 것입니다. 성령이 임하기 전에는 유대인과 이방인은 상종할 수가 없었습니다. 그런데 오순절 성령이 임하고 난 후 한 성령을 마신 사람들은 유대인이나 이방인이나, 종이나 자유자나 차별이 사라졌습니다.

성령을 마시고 나니까 동일한 성령을 마신 사람들은 한 형제라는 것을 알게 된 것입니다. 그래서 이방인 교회인 마게도냐 교회가 일면식도 없는 유대인이 모인 예루살렘 교회가 기근으로 어려움을 당하자 자신들도 가난한데 그 가난 속에서도 풍성한 연보를 할 수 있었던 것입니다.

한 성령을 마셨다는 것은 조상이 같다는 뜻입니다. 한 성령을 마셨다는 말은 한 생명을 가졌다는 말입니다. 한 성령을 마셨다는 것은 한 사상을 가졌다는 뜻입니다. 각 지체마다 사랑하는 방법이 조금씩은 다를 수 있어도 그 본질은 같습니다. 모두가 그 속에 예수 그리스도의 생명이 있기 때문입니다. 예수 그리스도를 구주로 믿고 살아가는 것에는 차별이 없습니다. 그러므로 예수를 믿는 신앙에는 차별이 없는 것입니다.

지금 식으로 말하면 교단으로 다툴 이유가 없는 것입니다. 근본 사상이 같다고 한다면 교단 가지고 싸울 일이 없습니다. 교단은 마치 네 강과 같습니다. 강의 이름이 다르듯이 교단마다 신앙의 모습이 서로 다를 수 있습니다.

열두 제자의 성격을 보면 다 다릅니다. 베드로는 급하고 요한은 온순합니다. 교회 안에는 급한 사람도 필요하고, 온순한 사람도 필요합니다. 교회는 그리스도의 몸입니다. 몸에는 여러 지체들이 있습니다. 지체마다 기능이 다릅니다.

어떤 이는 성령이 기름같이 부드러운 모습으로 나타나고, 어떤 이는 성령이 바람같이 사람들의 마음을 시원케 하는 모습으로 나타나고, 어떤 이는 성령이 불같이 열정적으로 일을 추진하는 모습으로 나타나고, 어떤 이는 성령이 비둘기같이 온유하고 평화로운 모습으로 나타나는 것입니다.

열두 제자의 성격이 다 다르듯이 성도 개개인이 받은 은사 또한 다 다를 수 있습니다. 어떤 이는 급하고, 어떤 이는 느리고, 어떤 이는 조용하고, 어떤 이는 열정적일 수 있습니다. 성격을 가지고 탓하면 안 됩니다. 또한 내 성격과 다르다고 배척해서도 안 됩니다.

나를 기준으로 해서 판단하면 안 됩니다. 바울은 교회 안에 어떤 형제라고 하는 자들이 자신이 전해준 교훈을 받지 않으면 사귀지 말라고 하였습니다. 하지만 원수같이는 대하지 말라고 하였습니다. 이는 연약하여서 그럴 수 있으니 지켜보라는 것입니다.

바울은 로마서에서 교회 안의 다양한 사람들은 마치 어린아이에서부터 어른처럼 신앙의 능력이 다르다고 하였습니다. 어떤 사람은 고기를 먹을 만하고, 어떤 사람은 아직까지 채소만 먹는다고 합니다. 고기 먹는다고 채소 먹는 사람을 가볍게 보지 말라고 합니다. 어떤 사람은 채소를 먹고 어떤 사람은 고기를 먹을 수 있습니다. 그러므로 나와 다르다고 하여서 '넌 틀렸다'고 말해서는 안 됩니다. 지체는 몸을 위해 존재하는 것입니다. 지체마다 다른 일을 하지만 궁극적인 목적은 몸을 위하여 일하는 것입니다.

로마서 12장을 봅시다.

롬 12:3-13 "내게 주신 은혜로 말미암아 너희 중 각 사람에게 말하노니 마땅히 생각할 그 이상의 생각을 품지 말고 오직 하나님께서 각 사람에게 나눠주신 믿음의 분량대로 지혜롭게 생각하라 ⁴우리가 한 몸에 많은 지체를 가졌으나 모든 지체가 같은 직분을 가진 것이 아니니 ⁵이와 같이 우리 많은 사람이 그리스도 안에서 한 몸이 되어 서로 지체가 되었느니라 ⁶우리에게 주신 은혜대로 받은 은사가 각각 다르니 혹 예언이면 믿음의 분수대로, ⁷혹 섬기는 일이면 섬기는 일로, 혹 가르치는 자면 가르치는 일로, ⁸혹 권위 하는 자면 권위 하는 일로, 구제하는 자는 성실함으로, 다스리는 자는 부지런함으로, 긍휼을 베푸는 자는 즐거움으로 할 것이니라 ⁹사랑엔 거짓이 없나니 악을 미워하고 선에 속하라 ¹⁰형제를 사랑하여 서로 우애하고 존경하기를 서로 먼저 하며 ¹¹부지런하여 게으르지 말고 열심을 품고 주를 섬기라 ¹²소망 중에 즐거워하며 환난 중에 참으며 기도에 항상 힘쓰며 ¹³성도들의 쓸 것을 공급하며 손 대접하기를 힘쓰라"

사도 바울은 각 사람에게 마땅히 생각할 그 이상의 생각을 품지 말라고 합니다. 즉, 남을 판단하지 말라는 것입니다. 하나님께서 각 사람에게 나눠주시는 믿음의 분량대로 생각하라고 합니다. 이는 각 사람마다 믿음의 분량이 다르다는 것입니다. 하나님께서 주신 은혜에 따라서 은사가 각각 다르다고 합니다. 그러나 궁극적으로 지향하는 바는 같습니다. 본질적인 면이 같으면 비본질적인 것으로 다투어서는 안 됩니다.

교회는 합창단과 같습니다. 합창단은 소프라노도 필요하고, 알토도 필요하고, 테너도 필요하고, 베이스도 필요합니다. 모두가 연합하여서 하모니를 이루어내는 것입니다. 합창단원은 스스로를 뽐내려고 해서는 안 됩니다. 팀을 위하여 스스로를 헌신해야 합니다. 그러라고 은사를 주신 것입니다.

모든 성도는 은사를 받았습니다. 자신이 못하는 것을 남이 잘한다고 해서 시기해서는 안 됩니다. 내가 못하는 것을 다른 사람이 잘한다면 박수쳐 주어야 합니다. 그것이 한 팀으로 가지는 팀워크입니다. 교회 안에서 성도를 섬기는 것은 모두가 하나님이 주신 은혜대로 섬기는 것입니다. 그래서 성도가 섬기는 것을 은사라고 합니다.

베드로는 이 은사를 하나님이 공급하는 힘이라고 하였습니다. 내 것이 아니고 하나님께 받은 것으로 하기 때문에 자랑할 것이 없습니다. 감사해야 합니다. 그리스도의 몸을 세워간다는 것에는 모두가 동일한 목적을 가지고 있기에 서로 이해하고 참아주고 안아줘야 합니다.

하지만 만약에 그리스도의 몸을 해치는 것이라고 한다면 그는 한 성령을 마신 자가 아니므로 용납해서는 안 됩니다. 작은 누룩이 가루 전체를 부풀게 하므로 악은 모양이라도 버리라고 하였습니다. 그래서 사도 바울은 고린도 교회 안의 이방인의 사고로 살아가는 자들을 쫓아내라고 강력하게 경고하였던 것입니다.

하나님께서 가나안에 들어가는 이스라엘 백성들에게 그 땅은 거룩한 땅이므로 땅이 비거룩한 자들은 토하여 낸다고 하였습니다. 그러므로 '너희들이 가나안 땅에 들어가서 만약에 가나안 사람들처럼 애굽의 풍속을 좇아가면 그 땅에서 토하여 냄을 당하게 될 것'이라고 가르쳐 준 것입니다.

가나안 땅은 예수 그리스도의 몸 된 교회와 같습니다. 교회는 예수 그리스도의 생명을 가진 자들의 모임입니다. 그러므로 교회는 가나안 땅처럼 예수 그리스도의 생명이 아닌 다른 생명을 가진 자들은 거부하게 되어있는 것입니다.

사도 바울은 믿지 않는 자와 멍에를 함께하지 말라고 하였습니다. 고린도 교회 안에 예수 그리스도의 생명과 다른 생명으로 사는 자들이 있었습니다. 이들은 그리스도의 몸을 해치는 자들이므로 사귀지 말고 쫓아내라고 하였습니다.

바울은 교회 안에 다른 예수, 다른 복음, 다른 영을 가진 자들이 있다고 하였습니다. 그래서 그 사람이 그리스도에게 속하였는지 영 분별을 하라고 한 것입니다. 영 분별을 하라는 말은 에덴동산의 네 강으로 말하면 그 근원이 같은지 알아보라는 것입니다. 예수 그리스도의 이름으로 오신 그리스도의 영인지, 아니면 마귀의 거짓말하는 영인지 분별하라는 뜻입니다.

구약의 아합 왕 시절에 천상의 하나님의 어전회의에서 아합을 죽이고자 하는 회의가 있었습니다. 하나님이 어떻게 아합을 죽일까 말씀하시니까 이때 하나님 앞에 서 있던 한 영이 나아와서 자신이 거짓말하는 영이 되어서 거짓 선지자들의 입에 들어가서 아합 왕을 미혹하겠다고 합니다.

이에 거짓말하는 영이 거짓 선지자들의 입에 거짓말을 넣어 주었습니다. 거짓말하는 영을 받은 거짓 선지자들은 이구동성으로 이번 전쟁은 대승한다고 왕에게 아룁니다. 이때 참 선지자인 미가야는 이번 전쟁에서 아합 왕이 죽을 것이라고 하였습니다.

그러자 거짓 선지자들은 이구동성으로 자기들도 계시를 받았는데 이번 전쟁에서 대승할 것이라고 하면서 참 선지자인 미가야를 향하여 "네가 바로 거짓 선지자다!"라고 핍박하는 것입니다. 아합 왕은 거짓 선지자들의 말을 듣고 미가야를 옥에 가두고 전쟁에 나갔다가 미가야 선지자의 말대로 죽고 맙니다.

이 일은 지금도 교회 안에서 횡행하고 있습니다. 거짓 목사들이 하늘의 복음을 땅의 것으로 전락시켜서 교인들을 미혹하고 있습니다. 기복신앙으로 세상 것을 좇아가게 하고 있습니다. 마치 세상 것으로 부자 되는 것이 하나님께 복을 받은 증거라도 되는 것처럼 교인들로 하여금 육신의 정욕과 안목의 정욕과 이생의 자랑거리들을 좇아가게 하는 것입니다.

사도 바울은 이러한 것을 '다른 복음'이라고 하였습니다. 그래서 고린도 교회와 갈라디아 교회에 다른 예수, 다른 복음, 다른 영이 있다고 하면서 잘 분별하라고 하였던 것입니다. 사람을 기쁘게 하는 것이 다른 복음이고, 사람의 소원을 들어주는 예수가 다른 예수이고, 인간들의 길흉화복을 점쳐주는 영이 다른 영인 것입니다.

예수 그리스도가 보낸 영은 예수 그리스도의 십자가를 증거합니다. 성령은 이 세상에 있는 것들을 사랑하지 말라고 합니다. 성령은 하늘의 신령한 복을 말합니다. 그러나 거짓 영은 인간을 자랑합니다. 이 세상의 것을 주겠다고 합니다. 땅의 물질의 복을 말합니다.

무슨 말을 하는지를 보면 그 영의 출처를 알 수 있습니다.

천사의 말을 할지라도 예수 그리스도의 사랑이 나오지 않으면 아무것도 아니고, 크고 비밀한 것을 말할지라도 예수 그리스도의 사랑이 나오지 않으면 아무것도 아니고, 자기 몸을 불사르는 데 내어줄지라도 예수 그리스도의 사랑이 나오지 않으면 아무것도 아니고, 산을 옮길 만한 큰일을 하고 자신에게 있는 것으로 구제를 하였다 할지라도 예수 그리스도의 사랑이 나오지 않으면 아무것도 아닙니다.

성령은 예수 그리스도의 영입니다. 그러므로 예수 그리스도만 증거합니다. 예수 그리스도만 자랑합니다. 성령은 예수 그리스도의 것으로 살아가게 하십니다. 그러므로 성령으로 살아가는 성도는 예수 그리스도의 것으로 사랑하고, 예수 그리스도만 자랑하게 되어 있습니다.

에덴에서 흐르는 생명수 강은 예수 그리스도의 영입니다. 에덴에서 흘러오는 강물을 마신 자들은 예수 그리스도만 자랑하게 되어 있습니다. 예수 그리스도의 의만 자랑하고, 예수 그리스도의 피로 맺은 새 언약만을 증거하게 됩니다.

사람은 자기 안에 있는 것을 말할 수밖에 없습니다. 쌓은 선에서 선을 내어놓고, 쌓은 악에서 악을 내어놓습니다. 선은 하늘의 말이고, 악은 땅의 말입니다. 하늘에 속한 자는 하늘의 신령한 것을 말하고, 땅에 속한 자는 땅에 속한 육신적인 것들을 말하게 되어 있습니다.

그러므로 교회 안에서도 하늘에 소망을 두고 예수 그리스도의 의를 증거하고 예수 그리스도를 자랑한다고 하면 에덴에서 흐르는 한 성령을 마신 형제로서 사귐을 가져야 하지만, 인간의 의를 자랑하거나 이 땅에 소망을 두고서 세상 것을 좇아가는 자들은 근원이 다른 물을 마신 자들이므로 멀리해야 합니다.

유유상종입니다. 예수님은 건축자들이 버린 돌이 되었습니다. 바리새인들이 율법으로 짓는 집에는 은혜라는 예수는 합당치가 않습니다. 그래서 율법주의자들은 예수를 이단이라고 버렸습니다. 그런데 하나님은 율법주의자들로부터 버림당한 그 예수를 가지고 새로운 집을 짓습니다.

예수님을 모퉁잇돌로 삼아서 은혜와 사랑과 긍휼이라는 집을 짓습니다. 자비의 집을 짓는 것입니다. 그것이 예수 그리스도의 피로 맺은 새 언약으로 세워진 신약의 교회입니다. 하나님은 예수 그리스도의 피로 세워진 교회를 하늘 예루살렘이라고 합니다.

이제 에덴동산의 강물이 흐르면서 어떤 일들을 일으키는지 살펴봅시다.

창 2:10-14 "강이 에덴에서 발원하여 동산을 적시고 거기서부터 갈라져 네 근원이 되었으니 ¹¹첫째의 이름은 비손이라 금이 있는 하윌라 온 땅에 둘렸으며 ¹²그 땅의 금은 정금이요 그곳에는 베델리엄과 호마노도 있으며 ¹³둘째 강의 이름은 기혼이라 구스 온 땅에 둘렸고 ¹⁴세째 강의 이름은 힛데겔이라 앗수르 동편으로 흐르며 네째 강은 유브라데더라"

에덴에서 발원하여 흐르고 동산을 적시고 네 근원으로 갈라져서 흐릅니다. '근원'이라는 말은 히브리어로 '야짜'(יָצָא)라고 하는데, 이는 '시작한다'는 의미도 있지만 '양육한다'는 뜻도 있습니다. 이를 직역하면 시작도 하고 양육도 한다는 뜻입니다.

알다시피 에덴에서 발원하여서 흐르는 강은 성령을 상징합니다. 그럼 성령도 새로운 피조물로 거듭나게도 하시지만 거듭난 자들을 양육하신다는 뜻이기도 합니다. 예수님은 성령을 다른 보혜사라고 하셨습니다.

보혜사란 돕는 분이라는 뜻입니다. 예수님께서 성령을 다른 보혜사로 보내시는 이유는 예수님께서 십자가에서 이루신 일을 자기 백성들 속에서 이루기 위함입니다. 예수님은 죄 아래서 난 자들을 죽이는 일을 하시고, 성령은 살리는 일을 하십니다.

성령은 죄인을 예수 안에서 새로운 피조물로 거듭나게 하십니다. 새로운 피조물로서의 삶이 시작된 것입니다. 이제부터 그리스도의 장성한 분량으로 자라가야 합니다. 이 일을 성령님께서 하시는 것입니다. 천국에서 살려면 천국 백성으로 자라감이 있어야 합니다. 그 일을 성령께서 성도 안에서 하시는 것입니다. 그래서 사도 바울은 성도 안에서 착한 일을 행하시는 분이 있다고 하였습니다.

빌립보서 1장을 봅시다.

빌 1:6-11 "너희 속에 착한 일을 시작하신 이가 그리스도 예수의 날까지 이루실 줄을 우리가 확신하노라… ⁹내가 기도하노라 너희 사랑을 지식과 모든 총명으로 점점 더 풍성하게 하사 ¹⁰너희로 지극히 선한 것을 분별하며 또 진실하여 허물없이 그리스도의 날까지 이르고 ¹¹예수 그리스도로 말미암아 의의 열매가 가득하여 하나님의 영광과 찬송이 되게 하시기를 구하노라"

"너희 속에 착한 일을 시작하신 이가 그리스도 예수의 날까지 이루실 줄을 우리가 확신하노라"라고 합니다. 착한 일이란 예수 그리스도로 말미암아 의의 열매가 가득하여서 하나님의 영광과 찬송이 되게 하는 것이라고 합니다. 한마디로 그 은혜의 영광을 찬송하는 것입니다. 이 일은 언제까지 이룬다고 합니까? 그리스도 예수의 날까지라고 합니다. 이는 예수님의 재림 때까지를 말합니다.

성령께서 예수님이 재림하실 때까지 성도들을 예수 그리스도의 의 안에서 그 은혜의 영광을 찬미하는 사람으로 만들어 간다는 것입니다. 이를 그리스도의 장성한 분량으로 충만해진다고 합니다. 하나님께서 우리를 구원한 것은 그 아들의 형상을 본받게 하기 위함입니다.

로마서 8장을 봅시다.

롬 8:29-30 "하나님이 미리 아신 자들로 또한 그 아들의 형상을 본받게 하기 위하여 미리 정하셨으니 이는 그로 많은 형제 중에서 맏아들이 되게 하려 하심이니라 ³⁰또 미리 정하신 그들을 또한 부르시고 부르신 그들을 또한 의롭다 하시고 의롭다 하신 그들을 또한 영화롭게 하셨느니라"

하나님이 미리 아신 자들을 그 아들의 형상을 본받게 하려고 미리 정하셨다고 합니다. 하나님께서 창세전에 그 아들이신 예수 그리스도의 형상을 본받는 백성들을 만들고자 작정하셨다는 것입니다. 그래서 예수 그리스도 안에서 자기 백성들을 구원하신 것입니다. 자기 백성들을 그리스도의 형상으로 만들기 위함입니다. 이를 성령께서 하시는 것입니다. 그것이 우리 안에서 이루는 착한 일입니다. 이 일을 성령께서 성도 안에서 그리스도 예수의 날까지 이루십니다.

우리가 천국에 가는 것은 어린양의 신부로 갑니다. 신부라는 말은 신랑과 동질이라는 뜻입니다. 신랑과 살려면 신부도 신랑과 같아야 합니다. 신랑이 사람이면 신부도 사람이어야 합니다. 신랑이 신이면 신부도 신이어야 합니다. 신랑이 사람이 몸으로 오신 것은 신부가 사람이기 때문입니다. 신부가 하늘로부터 성령으로 거듭나서 영적 존재가 되는 것은 신랑이 하늘에 속한 분이기 때문입니다. 사도 요한이 천국의 모습을 보았습니다.

요한계시록 4장을 봅니다.

계 4:2-3 "내가 곧 성령에 감동하였더니 보라 하늘에 보좌를 베풀었고 그 보좌 위에 앉으신 이가 있는데 ³앉으신 이의 모양이 벽옥과 홍보석 같고 또 무지개가 있어 보좌에 둘렸는데 그 모양이 녹보석 같더라"

하늘에 보좌가 있습니다. 그 보좌에 앉으신 분의 모습이 벽옥과 홍보석 같고 녹보석과 같은 것입니다. 하나님을 보석으로 말해주고 있는 것입니다. 아버지가 보석이면 아들도 보석입니다. 신랑이 보석이면 신부도 보석이어야 합니다. 그래서 하나님은 흙에 속한 자들을 보석으로 만드는 일을 하시는 것입니다. 성령이 그 아들의 형상으로 만들어 가십니다. 이를 에덴에서 흐르는 강이 가는 곳마다 보석을 생산해 내는 것으로 나타난 것입니다.

첫째 강이 금이 있는 하윌라 땅으로 흐릅니다. 그 땅의 금은 정금입니다. 그리고 그 땅에는 베델리엄과 호마노도 있습니다. 이것들은 모두가 보석들입니다. '정금'이라는 말은 히브리어로 '토브'(טוב)라고 하는데, 이는 '좋은, 선하다, 선한 것, 기쁘게, 친절, 사랑하는, 값진, 준비된'이라는 형용사입니다. 이것은 '선하다, 잘되다, 선을 행하다, 선하게 하다, 더 낫다, 기쁘게 하다'라는 동사에서 유래된 말입니다.

이것은 창세기 1장에서 천지와 만물을 창조하시고 난 후에 하나님이 보시기에 좋았더라는 말과 같은 뜻입니다. 하나님이 보기 좋게 창조를 하시고 난 후에 '보시기에 좋았더라'라고 말씀하신 것입니다.

'베델리엄'은 히브리어로 '베돌라흐'(בדלח)라고 하는데, '조각들, 베델리엄(향기로운), 수지, 호박, 진주'라는 뜻입니다. '호마노'는 히브리어로 '쇼함'(שהם)이라고 하는데, 이는 '희게 하다'라는 어의(語義)를 가진 '얼룩마노, 호마노, 녹주석'이라는 뜻입니다.

이것은 에덴에서 흐르는 강이 사방으로 흘러가면서 하나님이 보시기에 좋은 보석들을 만들어낸다는 뜻입니다. 쉽게 말해서 에덴동산에서 발원된 물을 마시는 자는 보석이 된다는 것입니다. 즉 성령을 받은 성도는 보석이란 말입니다.

구약 성경을 보면 보석의 실체가 무엇인지 알 수 있습니다.

출애굽기 28장을 봅시다.

출 28:1-14 "너는 이스라엘 자손 중 네 형 아론과 그 아들들 곧 나답과 아비후와 엘르아살과 이다말을 그와 함께 네게로 나아오게 하여 나를 섬기는 제사장 직분을 행하게 하되 ²네 형 아론을 위하여 거룩한 옷을 지어서 영화롭고 아름답게 할찌니 ³너는 무릇 마음에 지혜 있는 자 곧 내가 지혜로운 영으로 채운 자들에게 말하여 아론의 옷을 지어 그를 거룩하게 하여 내게 제사장 직분을 행하게 하라 ⁴그들의 지을 옷은 이러하니 곧 흉패와 에봇과 겉옷과 반포 속옷과 관과 띠라 그들이 네 형 아론과 그 아들들을 위하여 거룩한 옷을 지어 아론으로 내게 제사장 직분을 행하게 할찌며

⁵그들의 쓸 것은 금실과 청색 자색 홍색실과 가늘게 꼰 베실이니라 ⁶그들이 금실과 청색 자색 홍색실과 가늘게 꼰 베실로 공교히 짜서 에봇을 짓되 ⁷그것에 견대 둘을 달아 그 두 끝을 연하게 하고 ⁸에봇 위에 매는 띠는 에봇 짜는 법으로 금실과 청색 자색 홍색실과 가늘게 꼰 베실로 에봇에 공교히 붙여 짤찌며 ⁹호마노 두 개를 취하여 그 위에 이스라엘 아들들의 이름을 새기되 ¹⁰그들의 연치대로 여섯 이름을 한 보석에, 나머지 여섯 이름은 다른 보석에 ¹¹보석을 새기는 자가 인에 새김같이 너는 이스라엘 아들들의 이름을 그 두 보석에 새겨 금테에 물리고 ¹²그 두 보석을 에봇 두 견대에 붙여 이스라엘 아들들의 기념 보석을 삼되 아론이 여호와 앞에서 그들의 이름을 그 두 어깨에 메어서 기념이 되게 할찌며 ¹³너는 금으로 테를 만들고 ¹⁴정금으로 노끈처럼 두 사슬을 땋고 그 땋은 사슬을 그 테에 달찌니라"

하나님께서 출애굽 한 백성들에게 율법을 주시고 성막을 짓게 하십니다. 그리고 아론의 가문을 제사장 가문으로 선택하십니다. 아론은 대제사장으로 삼고 그의 아들들은 일반 제사장으로 삼습니다. 제사장은 매일 성소에서 제사를 드립니다. 그러나 대제사장은 일 년에 단 한 번 지성소에 들어가서 제사를 드립니다. 이때 대제사장이 입는 옷 위에 열두 가지 보석으로 만든 흉패를 입고 들어갑니다. 열두 가지 보석은 열두 지파를 상징하는 것이라고 하였습니다.

이것은 대제사장이 이스라엘을 하나님께 바치는 것을 뜻합니다. 대제사장은 예수님을 예표합니다. 예수님께서 열두 사도를 선택하십니다. 열두 사도는 열두 지파를 예표하고 있습니다. 그럼 대제사장이 열두 지파를 안고 지성소로 들어가는 것은 신약식으로 말하면 예수님이 대제사장이 되어서 자기 백성들을 하나님께 바치는 것입니다. 예수님이 이 세상에 오신 것은 하나님의 백성들을 찾아내서 하늘나라로 데려가기 위함입니다. 바울은 이것을 나라를 아버지께 바친다고 하였습니다.

고린도전서 15장을 봅시다.

고전 15:22-24 "아담 안에서 모든 사람이 죽은 것같이 그리스도 안에서 모든 사람이 삶을 얻으리라 ²³그러나 각각 자기 차례대로 되리니 먼저는 첫 열매인 그리스도요 다음에는 그리스도 강림하실 때에 그에게 붙은 자요 ^{24}그 후에는 나중이니 저가 모든 정사와 모든 권세와 능력을 멸하시고 나라를 아버지 하나님께 바칠 때라"

예수님이 재림하시면 모든 성도들을 하늘나라로 데리고 가십니다. 이것을 바울은 예수께서 나라를 아버지께 바치는 것이라고 하였습니다. 베드로는 성도를 일컬어 '하나님 나라'라고 하였습니다.

벧전 2:9 "오직 너희는 택하신 족속이요 왕 같은 제사장들이요 거룩한 나라요 그의 소유 된 백성이니 이는 너희를 어두운 데서 불러내어 그의 기이한 빛에 들어가게 하신 자의 아름다운 덕을 선전하게 하려 하심이라"

대제사장이 열두 가지 보석 달린 옷을 입고 지성소에 들어가는 것은, 예수님이 열두 사도들의 신앙 고백을 가진 성도들을 아버지에게로 데리고 가는 것을 예표하고 있습니다. 그렇다면 신약에선 예수님에 의하여 하나님께 나아가는 성도가 곧 보석인 것입니다.

보석은 흙이나 돌이 큰 열에 의하여 만들어집니다. 이것은 흙에서 난 자가 불같은 성령의 말씀으로 거듭나는 것을 말합니다. 오순절 성령 강림 때 성령의 모습을 불의 혀 같다고 하였습니다. 이는 성령의 말씀이 불처럼 우리를 하늘의 사람으로 거듭나게 해주시기 때문입니다. 베드로는 이 사실을 증거해 주고 있습니다.

베드로전서 1장을 봅시다.

벧전 1:23-25 "너희가 거듭난 것이 썩어질 씨로 된 것이 아니요 썩지 아니할 씨로 된 것이니 하나님의 살아 있고 항상 있는 말씀으로 되었느니라 ^{24}그러므로 모든 육체는 풀과 같고 그 모든 영광이 풀의 꽃과 같으니 풀은 마르고 꽃은 떨어지되 ^{25}오직 주의 말씀은 세세토록 있도다 하였으니 너희에게 전한 복음이 곧 이 말씀이니라"

우리가 거듭난 것은 하나님의 살아 있고 항상 있는 말씀으로 되었다고 합니다. 하나님의 말씀이 흙이었던 우리를 하늘의 보석으로 만들어 주신 것입니다. 하나님의 말씀이 바로 예수님입니다. 예수님은 태초에 말씀으로 계시던 하나님입니다. 그런데 그 말씀이신 하나님이 육신을 입고 이 세상에 오신 것입니다. 이는 이 세상의 흙에 속한 자기 백성들을 하늘에 속한 보석으로 만들고자 함입니다.

또한 이는 하늘 예루살렘의 성을 짓고자 함입니다. 하늘 예루살렘성의 모습을 모형으로 주신 것이 성막입니다. 그래서 성막을 일컬어 '하늘에 있는 것의 모형'이라고 합니다. 그럼 성막을 어떻게 만드는지를 보면 하늘 예루살렘을 어떻게 만드시는지를 알 수 있을 것입니다.

그럼 성막을 만드는 일을 봅시다.

성막은 세 구조로 되어 있습니다. 뜰과 성소와 지성소입니다. 뜰에는 60개의 기둥을 세우고 포장을 칩니다. 이것은 성막의 울타리입니다. 그리고 울타리 안에 집을 짓습니다. 이를 성소라고 합니다. 성소를 짓는 데 48개의 널판을 세워서 짓습니다.

성소의 널판은 조각목(아카시아) 나무에 정금을 입혀서 만듭니다. 조각목은 죄인을 상징하고 정금은 예수님을 상징합니다. 죄인을 예수님이 감싸고 있는 것입니다. 그러니까 예수님이 감싸고 있는 죄인으로 하나님이 거하는 집을 지은 것입니다.

조각목에 정금을 입힌 것은 죄인이 예수 그리스도의 의로 옷 입는 것과 같습니다. 예수 그리스도의 의로 옷을 입게 되면 죄인이 의로움을 입게 됩니다. 이것은 흙이 보석이 되는 것입니다. 죄인이 보석이 될 수 있는 길은 예수님이 감싸주실 때입니다. 예수님이 감싸주시면 세라나 창기도 보석이 됩니다. 이 일을 성령께서 하십니다.

성령이 임하게 되면 무가치한 흙에 속한 죄인이 하늘나라의 존귀한 보석이 되는 것입니다. 예수님께서 성도를 보석으로 만들어서 하늘나라로 데려가시는 것은 하늘 예루살렘성을 만들기 위함입니다. 예수님을 건축자들이 버린 돌이라고 하였습니다.

베드로전서 2장을 봅시다.

벧전 2:4-10 "사람에게는 버린 바가 되었으나 하나님께는 택하심을 입은 보배로운 산 돌이신 예수에게 나아와 ⁵너희도 산 돌같이 신령한 집으로 세워지고 예수 그리스도로 말미암아 하나님이 기쁘게 받으실 신령한 제사를 드릴 거룩한 제사장이 될찌니라 ⁶경에 기록하였으되 보라 내가 택한 보배롭고 요긴한 모퉁이 돌을 시온에 두노니 저를 믿는 자는 부끄러움을 당치 아니하리라 하였으니 ⁷그러므로 믿는 너희에게는 보배이나 믿지 아니하는 자에게는 건축자들의 버린 그 돌이 모퉁이의 머릿돌이 되고 ⁸또한 부딪히는 돌과 거치는 반석이 되었다 하니라 저희가 말씀을 순종치 아니하므로 넘어지나니 이는 저희를 이렇게 정하신 것이라 ⁹오직 너희는 택하신 족속이요 왕 같은 제사장들이요 거룩한 나라요 그의 소유 된 백성이니 이는 너희를 어두운 데서 불러내어 그의 기이한 빛에 들어가게 하신 자의 아름다운 덕을 선전하게 하려 하심이라 ¹⁰너희가 전에는 백성이 아니더니 이제는 하나님의 백성이요 전에는 긍휼을 얻지 못하였더니 이제는 긍휼을 얻은 자니라"

하나님은 예수님을 '보배로운 돌'이라고 합니다. 이는 보석이라는 뜻입니다. 보석도 돌입니다. 그러니까 보배로운 돌이신 예수님도 보석입니다. 그런데 하늘나라의 보석인 예수라는 돌이 이 세상에 건축자들에게 버림을 당하였습니다.

바리새인들은 인간의 의인 이 세상의 의로 하나님의 집을 짓는 자들입니다. 인간의 의로 집을 짓는 자들에게는 예수 그리스도의 의로 집은 짓는 자들이 이단입니다. 그래서 예수 그리스도의 의로 집을 짓는 자들도 예수님처럼 버림받는 돌이 되는 것입니다. 하나님은 이렇게 버려진 돌들을 주어서 예수라는 모퉁잇돌 옆의 벽돌들을 삼아서 하나님이 거할 신령한 집을 짓는 것입니다. 하나님이 거하는 신령한 집이 바로 하늘 예루살렘성입니다.

요한계시록 21장을 봅시다.

계 21:10-23 "성령으로 나를 데리고 크고 높은 산으로 올라가 하나님께로부터 하늘에서 내려오는 거룩한 성 예루살렘을 보이니 ¹¹하나님의 영광이 있으매 그 성의 빛이 지극히 귀한 보석 같고 벽옥과 수정같이 맑더라 ¹²크고 높은 성곽이 있고 열두 문이 있는데 문에 열두 천사가 있고 그 문들 위에 이름을 썼으니 이스라엘 자손 열두 지파의 이름들이라 ¹³동편에 세 문, 북편에 세 문, 남편에 세 문, 서편에 세 문이니 ¹⁴그 성에 성곽은 열두 기초석이 있고 그 위에 어린양의 십이 사도의 열두 이름이 있더라 ¹⁵내게 말하는 자가 그 성과 그 문들과 성곽을 척량하려고 금 갈대를 가졌더라 ¹⁶그 성은 네모가 반듯하여 장광이 같은지라 그 갈대로 그 성을 척량하니 일만 이천 스다디온이요 장과 광과 고가 같더라 ¹⁷그 성곽을 척량하매 일백사십사 규빗이니 사람의 척량 곧 천사의 척량이라 ¹⁸그 성곽은 벽옥으로 쌓였고 그 성은 정금인데 맑은 유리 같더라 ¹⁹그 성의 성곽의 기초석은 각색 보석으로 꾸몄는데 첫째 기초석은 벽옥이요, 둘째는 남보석이요, 세째는 옥수요 네째는 녹보석이요 ²⁰다섯째는 홍마노요 여섯째는 홍보석이요 일곱째는 황옥이요 여덟째는 녹옥이요 아홉째는 담황옥이요 열째는 비취옥이요 열한째는 청옥이요 열두째는 자정이라 ²¹그 열두 문은 열두 진주니 문마다 한 진주요 성의 길은 맑은 유리 같은 정금이더라 ²²성안에 성전을 내가 보지 못하였으니 이는 주 하나님 곧 전능하신 이와 및 어린양이 그 성전이심이라 ²³그 성은 해나 달의 비침이 쓸데없으니 이는 하나님의 영광이 비취고 어린양이 그 등이 되심이라"

성령이 사도 요한을 데리고 크고 높은 산으로 데리고 가서 하늘로부터 내려오는 거룩한 성 예루살렘을 보여주시는 것입니다. 그 성은 열두 가지 각종 보석으로 만들어진 것입니다. 열두 가지 보석으로 지어진 성이 바로 어린양의 신부들입니다. 구원받은 성도가 예수님의 신부들입니다. 성령이 죄인을 예수의 의로 감싸서 하늘나라 성전에 사용될 보석으로 만든 것입니다.

천국에 지어지는 성전의 보석의 종류는 한 가지가 아니고 열두 가지로 다양합니다.

하나님은 여러 가지 보석으로 성전을 지으십니다. 성도를 일컬어 한 성령을 마신 자들이라고 합니다. 그런데 성령의 은사는 다양한 모습으로 나타난다고 하였습니다. 이를 보석으로 말하면 서로가 다른 빛깔을 띠고 있다는 말입니다. 구약의 열두 지파는 아브라함에게서 나왔습니다. 신약의 열두 사도는 예수 그리스도 안에서 나왔습니다.

그러나 그 근원은 하나입니다. 근원은 하나이지만 열두 가지 색깔로 나타납니다. 이 땅의 교회는 하늘나라의 모형입니다. 교회 안 성도들의 신앙 색깔은 열두 가지 보석들의 빛깔처럼 조금씩은 다를 수 있습니다. 나와 색깔이 조금 다르다고 해서 배척하지 말아야 합니다. 저 사람도 주께서 부르셨다는 것을 알아야 합니다.

가을에 단풍이 물든 산에 가보세요. 각각의 나무들이 자기의 색깔들로 형형색색으로 어우러져 한 폭의 그림을 만들어내고 있습니다. 우리는 그런 풍경을 볼 때 탄성을 지릅니다. 만약 단풍이 모두 하나의 색깔로만 되어있다면 무미건조해서 볼 수가 없을 것입니다. 하나님께서 다양한 것들을 하나로 조화롭게 만들어서 멋진 작품을 만들어 내시는 것입니다.

교회란 이와 같습니다. 각양의 인간들이 모여 예수 그리스도의 사랑이라는 하나의 작품을 만들어내는 것입니다. 마치 합창단과 같이 모든 성도가 각각의 파트로 노래를 하여 웅장한 하모니를 만들어내야 합니다. 천국을 보면 만물이 하나님을 찬양하는 모습이 나옵니다. 천국에서는 천하 만물이 각자의 방법으로 다 주를 찬양하게 되는 것입니다. 주의 성령이 다양함 속에서 일치를 만들어내고 계십니다.

근원이 같은 에덴에서 흐른 강물을 마신 자들은 서로 차별해서는 안 되는 것입니다. 비손이라는 물을 마신 사람이든, 힛데겔이라는 물을 마신 사람이든, 기혼이라는 물을 마신 사람이든, 유브라데라는 물을 마신 사람이든 그 이름 때문에 싸울 이유가 없는 것입니다.

모두가 한 근원으로부터 나온 형제들이기 때문입니다. 성도는 예수님의 피 안에서 화목된 자들입니다. 교회는 예수님의 피로써 하나님과 화목된 자들이 모인 곳입니다. 모두가 예수 그리스도의 피로 화목된 자들이기 때문에 차별이 없습니다.

예수님의 피 흘리심으로 화목된 자들은 예수 그리스도만 자랑하게 되어 있습니다.

성령은 예수님만 증거하도록 보내심을 받은 분입니다. 성령은 예수님의 십자가 사건만을 자랑하도록 하십니다. 그러므로 성령으로 난 자는 예수 그리스도만 자랑하게 되는 것입니다. 천국에 간 24장로들이 면류관을 벗어서 어린양에게 던집니다. 이것은 자신들이 쓴 면류관은 어린양으로부터 주어진 것임을 고백하는 것입니다. 이것을 그 은혜의 영광을 찬미한다고 합니다.

예수님께서 십자가에서 홀로 다 이루신 것을 찬양하고 감사하며 사는 자가 에덴에서 발원한 영원히 목마르지 아니하는 생명수 강물을 마신 자들입니다. 이들이 하늘나라 보석들입니다. 오직 예수 그리스도만 자랑하는 자들이 보석입니다. 이러한 보석들이 모인 곳이 하늘 예루살렘입니다. 그래서 하나님은 성도를 일컬어 질그릇 속에 보화를 담고 있다고 하셨습니다.

예수님이 보화입니다. 신랑이 보석입니다. 그럼 신부도 보석이어야 합니다. 그래서 성령이 오셔서 예수의 신부가 될 자들을 보석으로 만드시는 것입니다. 이렇게 성령에 의하여 보석으로 만들어진 자들로 지어진 하늘 예루살렘성에 예수 그리스도는 신랑으로 거하게 됩니다. 우리 모두가 그 강가에서 생산되는 보석이고, 하늘 예루살렘 성의 보석이고, 어린양의 신부입니다.

보석은 빛을 받고 빛을 발하여야 합니다. 참 빛이신 예수 그리스도의 빛을 받아서 각자 아름다운 빛으로 비추어야 합니다. 그리할 때 주변에 생명의 역사가 일어나게 되는 것입니다. 우린 모두가 넷째 날에 지어진 빛을 받아서 발하는 자들입니다. 첫째 날의 참 빛을 받아서 어두운 세상을 비추어 주어야 합니다.

예수님은 참 빛이 되셔서 해와 달과 별에게 비추어 주십니다. 그럼 우리는 참 빛이신 하나님의 생명의 빛을, 죽은 세상에 생명을 보여주어야 합니다. 생명은 하나님을 아는 것이라고, 생명은 하나님을 찬송하는 것이라고, 생명은 예수 그리스도를 구주로 모시고 살아가는 것이라고, 생명은 영원한 하나님 나라를 소망하면서 살아가는 것이라고 알려주어야 합니다. 밤하늘의 별들처럼 어두운 세상에서 하늘나라 빛으로 살아가시기를 주의 이름으로 축원드립니다.

돕는 배필(창 2:18-25)

창 2:18-25 "여호와 하나님이 가라사대 사람의 독처하는 것이 좋지 못하니 내가 그를 위하여 돕는 배필을 지으리라 하시니라 ¹⁹여호와 하나님이 흙으로 각종 들짐승과 공중의 각종 새를 지으시고 아담이 어떻게 이름을 짓나 보시려고 그것들을 그에게로 이끌어 이르시니 아담이 각 생물을 일컫는 바가 곧 그 이름이라 ²⁰아담이 모든 육축과 공중의 새와 들의 모든 짐승에게 이름을 주니라 아담이 돕는 배필이 없으므로 ²¹여호와 하나님이 아담을 깊이 잠들게 하시니 잠들매 그가 그 갈빗대 하나를 취하고 살로 대신 채우시고 ²²여호와 하나님이 아담에게서 취하신 그 갈빗대로 여자를 만드시고 그를 아담에게로 이끌어 오시니 ²³아담이 가로되 이는 내 뼈 중의 뼈요 살 중의 살이라 이것을 남자에게서 취하였은즉 여자라 칭하리라 하니라 ²⁴이러므로 남자가 부모를 떠나 그 아내와 연합하여 둘이 한 몸을 이룰찌로다 ²⁵아담과 그 아내 두 사람이 벌거벗었으나 부끄러워 아니하니라"

오늘은 돕는 배필에 대하여 살펴볼까 합니다. 하나님께서 아담에게 주시고자 한 돕는 배필은 누구였을까요? 배필이란 짝입니다. 하나님께서 창조하신 세계는 모두가 짝이 있습니다. 엄밀히 말하면 피조물은 창조주의 짝입니다. 창조주는 피조물을 통해서 드러나기 때문입니다. 피조물이 없는 세상에서는 창조주를 드러낼 길이 없기 때문입니다.

하나님은 하나님의 영광을 위하여 피조물을 창조하셨습니다. 영광이란 상대방의 일하심을 드러내는 것입니다. 그래서 피조물은 창조주의 영광이라고 하는 것입니다. 남자와 여자도 마찬가지입니다. 여자는 남자 속에서 나왔습니다. 이러면 여자는 남자의 영광이 되는 것입니다.

요한복음 1장과 골로새서 1장을 보면 만물이 그로 말미암아 지은 바 되었다고 합니다. 여기서 '그'란 예수 그리스도를 말합니다. 이러면 만물이 예수님과 짝이 되는 것입니다. 만물을 의인화하면 성도들을 말합니다. 성도는 예수 그리스도의 영광이 되는 것입니다.

만물의 창조 목적은 예수 그리스도를 위해서입니다. 하나님은 창세전에 예수 그리스도를 통하여 구원받는 것으로 예정하셨습니다. 예수 그리스도를 통해서 구원받은 자들을 하나님의 아들이라고 합니다. 하나님의 나라는 하나님의 아들들만이 살아갈 수 있습니다.

하나님의 아들은 하나님에게 난 자를 말합니다. 그래서 태초에 말씀으로 계시던 하나님이 예수라는 이름으로 이 세상에 오신 것입니다. 예수님이 이 세상에 오신 것은 하나님의 아들들을 낳고자 하심입니다. 이를 구원이라고 합니다.

구원은 하나님으로부터 주어지는 것입니다. 주어진다는 말은 인간 쪽에서는 구원 얻을 방법이 없다는 뜻입니다. 그래서 구원을 하나님의 선물이라고도 하고, 하나님의 은혜라고도 하는 것입니다. 인간은 예수 그리스도 안에서 구원을 받아야 하는 자로 창조되었습니다. 아담도 구원을 받아야 하는 자로 창조된 것입니다.

아담도 스스로 구원을 이룰 수 없고 누군가가 도와주어야 합니다. 그래서 하나님은 아담에게 돕는 배필을 주시고자 하였습니다. 아담을 도울 수 있으려면 아담보다 우월한 위치에 있어야 합니다. 아담과 같거나 아담보다 못하거나 하면 도울 수가 없습니다. 그럼 하나님이 아담에게 주시고자 하신 돕는 배필은 어떤 존재인가에 대하여 살펴보도록 합시다.

창세기 1장의 사람과 창세기 2장의 사람의 창조 모습을 보면 조금 다름을 알 수 있습니다. 창세기 1장의 사람은 남자와 여자가 동시적으로 창조되었지만, 창세기 2장의 사람은 남자가 먼저 창조된 후에 여자가 나중에 남자의 몸에서 나오는 것으로 창조되었습니다.

창세기 1장의 사람은 남자와 여자가 차별이 없지만, 창세기 2장의 사람은 여자가 남자에게 종속되어 있음을 볼 수 있습니다. 창세기 1장의 사람은 말씀으로 창조되었지만, 창세기 2장의 사람은 흙과 생기로 창조되었습니다. 창세기 1장의 사람은 변화를 필요로 하지 않는 온전한 사람인데 반하여, 창세기 2장의 사람은 생명과를 먹어서 영생의 사람으로 한 번의 변화를 거쳐야 하는 사람으로 창조된 것입니다.

성경의 순서는 창세기 1장이 먼저이고 창세기 2장이 나중이지만, 실제 역사 속에서 나타나는 것은 창세기 2장의 사람이 먼저이고 창세기 1장의 사람이 나중입니다. 그러니까 창세기 2장의 흙으로 창조된 사람은 창세기 1장의 하나님의 말씀으로 난 사람을 겨냥하여서 창조된 사람인 것입니다.

이를 순서적으로 말하면 창세기 2장의 흙으로 난 사람이 먼저 창조되어서 생명과를 먹고 영생하는 사람이 될 때 비로소 창세기 1장의 사람이 되는 것입니다. 이것은 창세기 1장의 사람과 창세기 2장의 사람은 다른 사람이라는 뜻입니다.

흙으로 난 사람이 영생하는 사람이 되려면 생명과를 먹고 한 번은 거듭나야 합니다. 이를 구원이라고 합니다. 구원은 흙에 속한 사람이 예수 그리스도를 통하여 하늘의 사람으로 거듭나는 것입니다. 이렇게 되면 흙으로 난 사람이 먼저이고 예수 그리스도를 통하여 거듭난 사람은 나중이 되는 것입니다.

아담은 인류의 조상입니다. 아담을 존재케 한 것은 창세전 언약입니다. 창세전 언약이 먼저이고 아담의 창조가 나중입니다. 창조라는 말은 어떤 원인에 의하여 나타난 결과라는 뜻입니다. 원인이 먼저 있고 결과가 나중에 있는 것입니다. 창조가 있기 전의 원인이 창세전 언약이고 결과가 천지창조입니다.

언약이 먼저이고 창조가 나중인 것입니다. 창조는 언약을 위한 것입니다. 만물의 존재 목적은 창세전 언약을 위한 것입니다. 아담의 창조 목적도 창세전 언약을 위해서입니다. 하나님은 아담을 창세전 언약에 의하여 다스려 가십니다. 창세전 언약을 알면 아담이 왜 버려짐을 당하였다가 다시 찾아짐을 당하게 되는지를 알 수 있습니다.

모든 인간들은 아담의 길을 걷게 되어 있습니다. 그래서 아담은 모든 사람의 대표가 되는 것입니다. 아담의 길을 민족적으로 보여준 것이 구약의 이스라엘입니다. 이스라엘을 일컬어 언약의 후손이라고 합니다. 후손이라는 말은 나중에 태어난 자손이라는 뜻입니다. 후손을 존재케 한 것은 조상입니다. 이스라엘의 조상은 아브라함입니다.

　창세기 15장을 봅시다.

창 15:1-21 "이후에 여호와의 말씀이 이상 중에 아브람에게 임하여 가라사대 아브람아 두려워 말라 나는 너의 방패요 너의 지극히 큰 상급이니라 ²아브람이 가로되 주 여호와여 무엇을 내게 주시려나이까 나는 무자하오니 나의 상속자는 이 다메섹 엘리에셀이니이다 ³아브람이 또 가로되 주께서 내게 씨를 아니주셨으니 내 집에서 길리운 자가 나의 후사가 될 것이니이다 ⁴여호와의 말씀이 그에게 임하여 가라사대 그 사람은 너의 후사가 아니라 네 몸에서 날 자가 네 후사가 되리라 하시고 ⁵그를 이끌고 밖으로 나가 가라사대 하늘을 우러러 뭇별을 셀 수 있나 보라 또 그에게 이르시되 네 자손이 이와 같으리라 ⁶아브람이 여호와를 믿으니 여호와께서 이를 그의 의로 여기시고 ⁷또 그에게 이르시되 나는 이 땅을 네게 주어 업을 삼게 하려고 너를 갈대아 우르에서 이끌어낸 여호와로라 ⁸그가 가로되 주 여호와여 내가 이 땅으로 업을 삼을 줄을 무엇으로 알리이까 ⁹여호와께서 그에게 이르시되 나를 위하여 삼 년 된 암소와 삼 년 된 암염소와 삼 년 된 수양과 산비둘기와 집비둘기 새끼를 취할찌니라 ¹⁰아브람이 그 모든 것을 취하여 그 중간을 쪼개고 그 쪼갠 것을 마주 대하여 놓고 그 새는 쪼개지 아니하였으며 ¹¹솔개가 그 사체 위에 내릴 때에는 아브람이 쫓았더라 ¹²해질 때에 아브람이 깊이 잠든 중에 캄캄함이 임하므로 심히 두려워하더니 ¹³여호와께서 아브람에게 이르시되 너는 정녕히 알라 네 자손이 이방에서 객이 되어 그들을 섬기겠고 그들은 사백 년 동안 네 자손을 괴롭게 하리니 ¹⁴그 섬기는 나라를 내가 징치할찌며 그 후에 네 자손이 큰 재물을 이끌고 나오리라 ¹⁵너는 장수하다가 평안히 조상에게로 돌아가 장사될 것이요 ¹⁶네 자손은 사 대 만에 이 땅으로 돌아오리니 이는 아모리 족속의 죄악이 아직 관영치 아니함이니라 하시더니 ¹⁷해가 져서 어둘 때에 연기 나는 풀무가 보이며 타는 횃불이 쪼갠 고기 사이로 지나더라 ¹⁸그날에 여호와께서 아브람으로 더불어 언약을 세워 가라사대 내가 이 땅을 애굽강에서부터 그 큰 강 유브라데까지 네 자손에게 주노니 [19]곧 겐 족속과 그니스 족속과 갓몬 족속과 [20]헷 족속과 브리스 족속과 르바 족속과 [21]아모리 족속과 가나안 족속과 기르가스 족속과 여부스 족속의 땅이니라 하셨더라"

하나님께서 갈대아 우르에 있던 아브람을 가나안으로 인도하십니다. 어느 날 하나님이 아브람을 찾아옵니다. 그리고 언약을 맺으십니다. 언약의 내용은 그 후손과 땅에 관한 것입니다. 아브람이 언약을 맺을 때는 자식이 하나도 없을 때입니다. 그런데 그의 후손을 하늘의 별과 같이 많게 하겠다고 약속하십니다. 그런데 그 후손들이 이방의 객이 되었다가 4대 만에 이곳으로 돌아올 것이라고 하십니다.

400년 동안 이방 나라에서 고난을 당하다가 하나님에 의하여 돌아오게 될 것이라고 합니다. 이 일의 보증으로 하나님이 쪼갠 고기 사이로 지나가십니다. 하나님이 쪼갠 고기 사이로 지나간 것은 두 가지 의미가 있습니다.

첫째는 이 약속은 하나님 홀로 지켜내시겠다는 뜻입니다. 둘째는 이 약속은 하나님의 죽음을 통해서 이루어내시겠다는 뜻입니다. 실제로 아브라함의 후손들은 애굽에서 이스라엘이라는 큰 민족이 되어서 400년 후에 유월절 어린양의 죽음으로 죽음의 재앙으로부터 살아나서 출애굽 하게 됩니다.

언약이 먼저이고 구원이 나중입니다. 이스라엘은 아브라함 언약에 의하여 생겨난 민족입니다. 그래서 '언약의 후손'이라고 합니다. 이렇게 되면 이스라엘은 아브라함 언약에 종속된 것임을 알 수 있습니다. 이스라엘이 존재케 된 것은 아브라함 언약을 이루기 위해서입니다.

언약이 이스라엘을 이끌어 가는 것입니다. 아브라함 언약은 이방의 객이 되었다가 사 대 만에 돌아오는 것으로 되어 있습니다. 애굽에서 종살이하다가 되찾아짐을 당하는 수순으로 구원이 이루어지는 것입니다. 하나님이 그 수순대로 이스라엘을 다루어 가십니다.

성경은 하나님께서 그 아들을 통해서 자기 백성을 구원하는 이야기입니다. 이 이야기를 창세기 1장에 담아 놓았습니다. 창세기 1장은 성경 전체의 순서를 말해주는 목차(차례, 순서)와 같고 하나님의 백성들이 어떻게 구원이 이루어지는지를 말해주고 있습니다. 목차 속에는 책의 모든 내용이 담겨 있습니다. 책 속의 내용은 목차의 순서대로 진행되는 것입니다. 목차는 언약과 같은 것입니다.

창세기 1장은 언약과 같고, 창세기 2장은 후손과 같은 것입니다. 창세기 1장은 설계도와 같고, 창세기 2장은 설계도를 현실 속에 만들어 놓은 것입니다. 이것을 만물이 주로 말미암아 나왔고, 주로 인하여 살다가, 주께로 돌아간다고 하는 것입니다.

창세기 1장의 일곱째 날을 구조적으로 말하면, 첫째 날부터 여섯째 날까지 이 역사 속에서 일어나는 것입니다. 창세기 2장 이후부터 요한계시록 22장까지의 내용은 창조의 첫째 날부터 여섯째 날까지의 이야기입니다. 예수님의 재림까지의 이야기입니다. 예수님이 재림하시면 일곱째 날 안식이 되는 것입니다.

그런 의미에서 지금은 엿새 속에 속한 것이 되는 것입니다. 예수님께서 재림하시면 모든 창조가 완성되고 일곱째 날이 되어서 여호와의 안식에 동참하게 되는 것입니다. 세상의 역사도 첫째 날부터 일곱째 날로 진행되는 것으로 나아가지만, 성도들의 구원도 첫째 날부터 일곱째 날로 나아가는 것으로 주어지는 것입니다. 각각의 구원이 차이가 있습니다.

성도의 구원도 역사 속에서 점진적으로, 심층적으로 이루어집니다. 포도원의 품꾼의 부르심과 같이 어떤 이는 아침 일찍 부르심을 입고, 어떤 이는 점심때 부르심을 입고, 어떤 이는 끝물에 부르심을 입습니다.

이처럼 신앙 경륜도 어떤 사람은 첫째 날을 지나고 있고, 어떤 사람은 둘째 날을 지나고 있고, 어떤 사람은 셋째 날을 지나고 있으며, 어떤 사람은 넷째 날을 지나고 있고, 어떤 사람은 다섯째 날을 지나고 있으며, 어떤 사람은 여섯째 날을 지나고 있고, 어떤 사람은 일곱째 날로 살아가고 있습니다. 우리 모두 일곱째 날을 향하여 가고 있는 것입니다. 아담도 일곱째 날 안식을 향하여 나아가는 자로 창조된 것입니다. 안식하려면 모든 일을 다 마쳐야 합니다.

구원을 자동차가 완성되는 것으로 비유해 봅니다. 자동차가 완성품으로 나오기까지는 각각의 공정을 거치게 되어 있습니다. 맨 처음 컨베이어 벨트에 프레임(틀)이 올려집니다. 그리고 각각의 공정을 지나면서 하나둘씩 부속품들이 채워지게 됩니다. 공정을 지나면서 희미하던 것이 점점 그 모습을 드러내고 급기야 완성품으로 나오게 됩니다.

우리의 신앙도 이와 같습니다. 컨베이어 벨트에 올려지게 된 것은 과거 구원과 같이 구원을 받은 것이 됩니다. 그리고 공정에 따라 부속품들이 채워지고 완성품으로 진행되는 것은 현재 구원을 이루어 가는 것입니다. 예수님이 재림하시면 완성품이 될 것입니다.

아담은 동산에 있고 하나님은 에덴에 계십니다. 아담이 동산에서 해야 하는 일은 흙으로 난 사람이 동산에서 생명과를 먹고 영생하는 사람으로 거듭나서 하늘을 상징하는 에덴으로 올라가는 것입니다. 아담은 동산에 주소지를 두고 살고 있었습니다. 그럼 동산에 있는 아담은 생명과를 먹고 영생하는 자가 되어서 하나님이 계신 아버지 집으로 올라가야 하는 것입니다. 아버지 집에서 영원히 일곱째 날의 안식을 해야 하는 것입니다.

성경은 에덴과 동산은 구별된 다른 세계임을 증거해 주고 있습니다.

창세기 2장 8절을 보면 "여호와 하나님이 동방의 에덴에 동산을 창설하시고 그 지으신 사람을 거기 두시고…"라고 합니다. 그리고 10절에서는 강이 에덴에서 발원하여 동산을 적시고 거기서부터 갈라져 네 근원이 되었다고 합니다.

8절을 보면 동방의 에덴에 동산을 만드셨다고 합니다. 10절에서는 에덴에서 생명수 강을 동산으로 흘려보내 주고 있는 것입니다. 동산보다 에덴이 더 풍성한 세계임을 알 수 있습니다. 동산은 에덴에서 흘려보내 주는 생명수 강으로 각종 생명이 풍성하게 자라가고 있는 것입니다.

동산은 에덴에서 흘려보내 주는 물로 살아가는 곳입니다. 이는 동산은 에덴보다 낮은 위치에 있다는 것을 알 수 있습니다. 에덴에서 발원한 물이 동산을 적시고 거기서부터 네 근원으로 갈라져서 동산 바깥으로 흘러가고 있는 것입니다.

위치적으로 보면 에덴이 가장 높은 곳에 위치해 있고, 아담이 살아가는 동산이 중간에 있고, 세상은 맨 아래가 되는 것입니다. 이 구조를 하나님께서 이 세상에 그대로 세팅해 놓으셨습니다. 에덴은 보이지 않는 하나님 나라를 상징하고, 선악과와 생명과가 있는 동산은 교회를 상징하고, 동산 바깥은 교회 밖 세상을 상징하고 있는 것입니다.

구조적으로 보면 에덴이 3층이고, 동산은 2층이고, 세상은 1층인 것입니다. 3층에서 2층으로 생명수를 흘려주면, 2층은 1층으로 흘려보내 주어야 합니다. 이렇게 되면 2층이나 1층은 3층에서 흘러오는 생명수로 살아가는 것입니다. 1층은 2층에 종속되어 있고, 2층은 3층에 종속되어 있는 것입니다. 모든 생명의 근원은 3층인 것입니다.

하나님의 생명은 3층에서 2층으로, 2층에서 1층으로 주어지지만, 우리의 구원은 역순으로 1층에서 2층을 거쳐서 3층으로 올라가는 것입니다. 비유적으로 말하면 천국은 3층이고, 교회는 2층이고, 세상은 1층인 것입니다. 하나님 나라와 세상의 중간에 있는 교회는 하나님 나라에서 흘러나오는 생명을 세상에 흘려보내 주는 것입니다. 그래서 교회를 일컬어 '만대로부터 감추인 하나님의 비밀을 맡은 곳'이라고 합니다.

교회를 그리스도의 몸이라고 하는 것은 교회가 그리스도의 피 값으로 세워진 곳이기 때문입니다. 하나님은 하나님 나라의 비밀을 교회에 주셨고, 교회는 하나님께로부터 받은 비밀들을 세상에 알려주어야 하는 것입니다.

이것을 에덴에서 강이 발원하여 동산을 적시고 사방으로 흘러가는 것으로 말해주고 있는 것입니다. 그러니까 창세기 2장의 에덴과 동산과 동산 바깥 사방에서 일어나는 일들은 하나님께서 역사 세계 속에서 펼쳐 가는 예수 그리스도에 의하여 자기 백성들을 구원하는 창세전 언약을 보여주는 그림 언어인 것입니다.

예수님께서 제자들에게 썩는 양식을 위하여 일하지 말고 영생하는 양식을 위하여 일하라고 하셨습니다. 그러자 제자들이 우리가 무슨 일을 하여야 하는지 알려달라고 합니다. 이에 예수님께서 말씀하시기를 "아버지께서 보내신 자를 믿는 것이 영생하는 양식을 얻는 하나님의 일"이라고 하셨습니다. 하나님의 일은 예수 믿는 것입니다. 예수 믿는 자가 하나님 나라로 가게 됩니다.

아담도 예수 그리스도를 통해서 구원받아야 할 자로 창조된 것입니다. 아담은 동산에서 하나님이 보내신 자를 믿는 일을 해야 합니다. 그것이 바로 생명과를 먹는 것입니다. 아담이 동산에서 생명과를 먹고 영생하는 자가 되는 것은 신약적으로 말하면 예수 그리스도를 믿음으로 구원을 받는 것과 같습니다.

영적으로 보면 아담이 동산에서 생명과를 먹고 영생하는 자가 되어서 영생하시는 하나님이 계신 에덴으로 돌아가는 것이나, 제자들이 하늘로서 온 생명의 떡이신 예수 그리스도를 믿음으로써 영생하는 자가 되어서 영원한 하나님 나라로 올라가는 것이나 동일한 것입니다.

동산을 히브리어로 '간(ןג)'이라고 합니다. 이는 '울타리'라는 뜻입니다. 이것을 양궁의 동그란 점수판 그림으로 그리면, 맨 가운데 10점 자리가 에덴이고, 9-5점 자리가 동산이고, 원 바깥은 동산 바깥 세상이 되는 것입니다. 역순으로 말하면 세상 속에 동산이 있고, 동산 속에 에덴이 있는 것입니다. 에덴이 핵(核)으로 있는 것입니다. 에덴은 과일 속의 씨처럼 있는 것입니다.

이것을 우리의 구원의 서정으로 보면 하나님께서 세상에 있던 자들을 교회로 부르시고, 교회 안에서 예수 그리스도를 믿게 하여서 영원한 하나님 나라로 데리고 가는 것으로 나타나는 것입니다. 예수님께서 이 세상에 오신 것은 자기 백성들을 하늘나라로 데리고 가고자 함입니다.

우리는 독자적으로 하나님 나라로 갈 수 없습니다. 하나님 나라는 하나님 나라에서 오신 분의 인도에 의해서만 갈 수 있습니다. 그래서 하나님께서 태초에 하나님 나라에서 말씀으로 계시던 그 아들을 육신의 모양으로 이 세상에 보내신 것입니다. 이러한 그림으로 보면 동산에 있는 아담은 에덴으로 가려면 누군가의 도움을 필요로 합니다.

에덴에서 오신 분을 통해서만이 동산에서 에덴으로 올라갈 수 있는 것입니다. 이것은 마치 하나님이 하나님의 산인 호렙에서 양을 치던 모세를 애굽으로 보내서 언약의 후손들을 하나님의 산으로 데리고 오라고 하신 것과 같습니다. 구약의 이스라엘을 통해서 예행연습을 시키신 것입니다. 애굽에 있는 언약의 후손에게는 모세가 돕는 배필이 된 것입니다.

그래서 하나님은 동산에 거주하는 아담에게 돕는 배필을 주어서 에덴으로 올라오게 하신 것입니다. 이것이 하나님께서 에덴동산에 그려 놓은 구원의 비밀입니다. 하나님은 에덴동산에 그려 놓은 구원의 비밀들을 이 세상에 확대하여서 펼쳐 가십니다.

그것이 예수 그리스도를 통해 자기 백성들을 구원하는 것입니다. 이 일을 위하여 이 세상이 창조된 것입니다. 세상 역사는 예수 그리스도께서 자기 백성을 구원하는 구속사를 위하여 존재하는 것입니다. 그래서 성경은 만물이 예수 그리스도를 위하여 창조되었다고 증거해 주고 있는 것입니다.

골로새서 1장을 봅시다.

골 1:13-17 "그가 우리를 흑암의 권세에서 건져내사 그의 사랑의 아들의 나라로 옮기셨으니 ¹⁴그 아들 안에서 우리가 구속 곧 죄 사함을 얻었도다 ¹⁵그는 보이지 아니하시는 하나님의 형상이요 모든 창조물보다 먼저 나신 자니 ¹⁶만물이 그에게 창조되되 하늘과 땅에서 보이는 것들과 보이지 않는 것들과 혹은 보좌들이나 주관들이나 정사들이나 권세들이나 만물이 다 그로 말미암고 그를 위하여 창조되었고 ¹⁷또한 그가 만물보다 먼저 계시고 만물이 그 안에 함께 섰느니라"

그가 우리를 흑암의 권세에서 건져내어 아들의 나라로 옮기셨습니다. 그가 누구인가 하니 보이지 아니하시는 하나님의 형상이요 모든 창조물보다 먼저 나신 자라고 합니다. 그가 바로 우리를 죄에서 건져주신 하나님의 아들 예수 그리스도입니다. 우리가 그 아들 안에서 구속을 받았습니다.

바울은 짧은 구절 속에 '그'를 아홉 번이나 강조하고 있습니다. 그가 인간을 만드신 분이고, 그가 생명을 주신 분이고, 그 안에서 만물이 존재한다고 합니다. 이는 그가 만물의 중심이라는 것입니다. 그를 품은 사람은 산 사람이고, 그를 품지 않은 사람은 죽은 자입니다.

신앙이란 그를 품고 살아가는 것입니다. 그가 빠진 인생은 실패한 인생이고, 그를 소유한 인생은 성공한 인생입니다. 그 안은 생명이고, 그 밖은 죽음입니다. 하나님은 흙인 아담에게 그(생명과, 예수님)를 먹고 영생의 사람이 되도록 만드신 것입니다.

아담에게 있어 구원이란 동산에 있는 그(생명과)를 먹어 영생하는 사람이 되어 에덴으로 올라가서 영생하시는 하나님과 더불어 영원히 안식하는 것입니다. 아담은 모든 인간을 대표하고 있습니다. 모든 인간은 '그'이신 예수 그리스도를 통하여서만 하나님께 나아가도록 창조된 것입니다. '그'이신 예수님의 인도하심 없이는 그 누구도 하나님께 나아갈 수 없습니다.

예수는 길이요 진리요 생명입니다. 예수님은 하나님께로 나아갈 수 있는 유일한 길이요, 이 사실은 영원토록 변치 않을 진리이며, 이렇게 그 예수를 통하여 얻은 생명만이 하나님이 인정하는 참 생명입니다.

하나님께서 아담을 동산에 두신 목적은 그(생명과)를 먹게 하기 위함입니다. 그래서 하나님은 아담에게 제일 먼저 생명과를 먹을 것을 명령하셨던 것입니다. 아담은 제일 먼저 하나님의 명령에 따라 생명과를 먹고 영생하는 자가 되었어야 합니다.

창 2:16-17 "여호와 하나님이 그 사람에게 '**명하여**' 가라사대 동산 각종 나무의 실과는 네가 임의로 먹되 ¹⁷선악을 알게 하는 나무의 실과는 먹지 말라 네가 먹는 날에는 정녕 죽으리라 하시니라"

히브리어 동사(動詞)에는 세 가지가 있습니다. 일반적인 형태의 칼(Qal) 동사, 강조형의 피엘(Piel) 동사, 사역형의 히필(Hiphil) 동사가 있습니다. 하나님께서 아담에게 명령한 '명하여'라는 동사는 강세형인 피엘 명령법입니다. 이것은 반드시 지켜야 할 것을 강조하신 말씀입니다.

생명과는 먹어도 되고 안 먹어도 되는 것이 아니라 반드시 먹어야 하고, 반대로 선악과는 그 어떤 경우에도 절대로 먹어서는 안 되는 것입니다. '명하여'는 아담의 선택 사항이 아니라 의무사항입니다. 이것은 후대에 율법으로 '하라'와 '하지 말라'라는 명령법으로 나타납니다.

왜 반드시 지켜야만 하는 강세형으로 말씀하셨을까요? 이는 죽고 사는 문제로 직결되기 때문입니다. 하나님께서 생령인 아담에게 두 나무의 속성을 알려주신 것은 '너는 생령으로 있어서는 안 되고 한 단계 업그레이드된 사람으로 나아가야 한다'는 것을 알려주신 것입니다. 그것이 생명과를 먹고 영생하는 사람으로 거듭나는 것입니다. 그래서 하나님은 아담이 영생하는 사람이 되는 데 도움을 주기 위해서 돕는 배필을 주고자 하셨습니다.

창 2:18 "여호와 하나님이 가라사대 사람의 독처하는 것이 좋지 못하니 내가 그를 위하여 돕는 배필을 지으리라 하시니라"

하나님은 아담에게 생명과와 선악과에 대한 정보를 알려준 뒤에 돕는 배필을 주고자 하십니다. 돕는 배필이란 히브리어로 '에제르 네게드(עֵזֶר כְּנֶגְדּוֹ)'라고 하는데 이 말은 곁에서 도와주는 '조력자'를 뜻합니다.

신약식으로 말하면 보혜사(another helper)라고 합니다. 보혜사는 돕는 자(helper)라는 뜻입니다. 하나님께서 아담에게 돕는 배필을 주시겠다고 한 것은 아담이 스스로의 능력으로는 영생의 세계로 나아갈 만한 인간이 아니기 때문입니다.

아담은 아직까지 영생하는 자가 아닙니다. 영생하려면 생명과를 먹어야 합니다. 그런데 동산에는 뱀도 있습니다. 아담 속에서 나온 여자가 뱀의 미혹에 넘어간 것을 보면 아담 역시 뱀으로부터 자유로운 몸이 아닌 것입니다. 알다시피 하나님이 지으신 들짐승 중에 뱀이 가장 지혜롭다고 하였습니다.

이 말은 뱀이 피조물 중에서 가장 지혜롭다는 뜻입니다. 뱀은 아담보다도 더 지혜롭습니다. 아담은 뱀의 지혜를 이길 수 없습니다. 뱀을 이기려면 돕는 배필이 필요한 것입니다. 하나님께서 아담에게 돕는 배필을 주고자 하신 것은 뱀의 미혹으로부터 지켜주고자 하심입니다.

그렇다고 한다면 아담을 뱀으로부터 지켜줄 돕는 배필은 뱀보다 더 지혜로운 분이라야 합니다. 뱀의 지혜를 이길 수 있는 분이라야만 합니다. 그분은 동산보다 위층인 에덴으로부터 와야만 합니다. 그분이 바로 바울이 골로새서에서 그렇게 강조한 그분입니다.

알다시피 아담은 동산에서 생명과를 먹고 영생하는 자가 되어서 에덴으로 나아가야 할 자로 창조되었습니다. 생명과를 먹기 전의 아담은 아직까지 영생에 관하여는 미숙한 자입니다. 이는 아담이 여자가 들고 온 선악과를 먹는 것을 보아서도 알 수 있습니다. 그래서 누군가가 아담의 곁에서 도와주어야만 영생으로 나아갈 수 있는 것입니다.

아담은 아직까지 영생이 무엇인지, 죽음이 무엇인지를 모릅니다. 죽음의 심각성을 모릅니다. 그러므로 하나님의 선악과를 먹으면 정녕 죽으리라는 말씀은 아담에게 무미건조한 말씀일 수밖에 없습니다. 하나님의 말씀이 가벼울 수밖에 없는 것입니다. 아이들이 '부모가 공부해라, 그래야 나중에 고생하지 않는다'고 하면 아이들은 고생의 의미를 모르기 때문에 부모의 말을 경히 여기게 되는 것입니다.

인간이란 경험하지 않은 것은 가볍게 여깁니다. 그러나 경험할 때는 이미 늦은 때입니다. 아담이 그러합니다. 영생이 무엇인지, 죽음이 무엇인지를 경험한 지식이 없으므로 아담에게는 하나님의 말씀이 가벼울 수밖에 없는 것입니다. 그러니까 여자가 들고 온 선악과를 주저함 없이 먹은 것입니다.

진정으로 아담이 영생에 관하여 알고, 죽음에 관하여 아는 자라고 한다면 아무리 자기 갈비뼈로 만든 여자라고 해도 그 여자가 주는 선악과를 먹지 말았어야 합니다. 하지만 아담은 선악과를 먹으면 반드시 죽게 된다는 하나님의 경고를 듣고도 여자가 주는 선악과를 망설임 없이 먹고 말았습니다. 이는 아담의 어리석음입니다. 그래서 하나님은 아담에게 죽는 것과 영생하는 것이 무엇인지를 잘 아는 돕는 배필을 주시려고 한 것입니다.

불행하게도 아담은 스스로의 판단에 돕는 배필이라고 생각하였던 자기 몸에서 나온 여자 때문에, 반드시 먹어야 하는 생명과는 먹지 않고 절대로 먹어서는 안 되는 선악과를 먹고 죽은 자가 되고 만 것입니다. 결과론으로 따진다면 하나님께서 아담에게 준 여자는 아담에게 돕는 배필이 아니라 죽음으로 이끄는 저승사자였던 것입니다. 과연 하나님께서 아담에게 돕는 배필을 준 것이 아니라 저승사자를 주신 것일까요?

만약에 하나님이 여자를 아담의 돕는 배필로 주셨다면 하나님은 아담이 범죄하도록 도와준 장본인이 되고 맙니다. 아담이 선악과를 먹고 추궁당할 때 '하나님이 내게 주신 여자 때문에 먹었다'고 책임을 하나님께 전가하는 내용을 보면 아담의 말이 틀리진 않았다고 생각할 수 있습니다. 그러나 만약에 하나님께서 아담에게 주시고자 한 돕는 배필이 여자가 아니고, 따로 준비해 두셨는데 아담 스스로가 여자를 돕는 배필로 받아들였다면 이는 범죄의 원인이 아담에게 있는 것이지, 하나님에게 원인을 물을 수 없는 것입니다.

예를 들어서 하나님께서 만드신 피조물 가운데 인간이 먹어서는 안 될 독버섯도 있고 식용 버섯도 있습니다. 독버섯은 하나님께서 인간이 먹도록 창조한 것이 아닙니다. 그런데 인간들이 먹고 죽었다고 하여서 그 죽음의 책임을 하나님께 돌릴 수 없는 것과 같습니다.

하나님께서 창조한 피조물들은 하나님이 보시기에 좋은 것들입니다. 모든 피조물은 인간을 위하여 만든 것이 아니라 하나님의 필요에 의한 것입니다. 모든 피조물은 하나님께서 만드신 창조 세계에 필요하여서 만들어진 것입니다. 그래서 피조물 중에는 인간에게 해악을 주는 것들이 수없이 많이 있는 것입니다.

독버섯도 그중에 하나입니다. 인간이 먹어서는 안 될 독버섯을 먹고 죽으면서 하나님은 왜 이런 독버섯을 만들어 놓았느냐고 원망할 수는 없는 것입니다. 하나님께서 아담이 선악과를 먹고 나자 "내가 너더러 먹지 말라고 한 것을 왜 먹었느냐?"라고 책망하신 것을 보면 아담에게 선악과는 먹어서는 안 되는 독버섯과 같은 것입니다. 그런데 아담은 선악과라는 독버섯을 먹은 것입니다. 하나님은 아담에게 "왜 먹지 말라는 것을 먹어 가지고 속을 썩이느냐?"라고 말씀하는 것입니다.

창 3:11 "내가 너더러 먹지 말라 명한 그 나무 실과를 네가 먹었느냐"

선악과는 하나님의 창조 세계에 꼭 필요한 것입니다. 그러나 인간에게는 치명적인 독입니다. 그래서 절대로 먹어서는 안 된다고 당부하고 경고한 것입니다. 하지만 인간은 하나님의 말씀을 귀담아듣지 않았습니다. 하나님의 말씀을 귀담아듣지 않은 결과는 참혹했습니다. 죽음의 세계로 떨어지고 만 것입니다. 결국 에덴동산에서 쫓겨나는 저주를 받게 된 것입니다.

하나님의 말씀을 경홀히 여긴 아담이 선악과를 먹고 죽음에 떨어지고 에덴동산에서 쫓겨나게 된 것은 모두가 아담의 잘못에서 기인한 것입니다. 그러므로 인간이 저지른 죄를 하나님께 전가할 수는 없는 것입니다. 돕는 배필 역시도 마찬가지입니다.

아담이 누구를 돕는 배필로 삼느냐에 따라서 하늘로 올라가기도 하고, 땅으로 내려가기도 합니다. 아담이 하늘로 올라가고자 한다면 하늘로서 온 사람을 돕는 배필로 두어야 할 것이고, 아담이 땅에 머물고 살려면 땅에서 난 사람을 돕는 배필로 두어야 할 것입니다. 아담이 어디를 지향하느냐에 따라서 돕는 배필이 달라집니다.

그럼 하나님께서 아담에게 주시고자 한 돕는 배필을 살펴봅시다.

하나님은 아담에게 돕는 배필을 주시겠다고 합니다. 그리고 짐승을 만드시고 아담 앞으로 데리고 옵니다. 그러자 아담이 각 짐승들에게 이름을 지어줍니다. 그러나 그 속에서 돕는 배필을 정하지는 않습니다.

이에 하나님이 아담을 깊이 잠들게 하시고는 아담의 갈비뼈를 하나 취하여서 여자를 만드십니다. 그리고 그 여자를 아담 앞으로 이끌어 오십니다. 그러자 아담은 앞서 짐승을 대하는 것과는 다르게 대합니다. "이는 내 뼈 중의 뼈요 살 중의 살"이라고 하면서 끌어당깁니다.

아담은 자기 몸에서 나온 여자를 돕는 배필로 정하고 맙니다. 아담이 여자를 돕는 배필로 정하자 하나님은 더는 주시지 않았습니다. 그런데 아담에게서 나온 이 여자가 뱀의 미혹에 넘어가서 선악과를 먹고서 그것을 아담에게 주어서 죽음의 나락으로 떨어지게 하고 맙니다. 결과론적으로 보면 아담은 여자 때문에 에덴동산에서 쫓겨나는 일을 당하고 만 것입니다.

하나님이 아담에게 돕는 배필을 주고자 한 것은 하늘로 데리고 오고자 함이었습니다. 그러자면 아담은 하늘로서 오신 분을 돕는 배필로 맞이하여야 했습니다. 그럼에도 아담은 자기 몸에서 나온 여자를 돕는 배필로 맞이함으로써 죽은 자가 되어서 에덴동산에서 쫓겨나고 흙에 가둬지는 일을 당하게 되고 말았습니다.

하나님께서 동산에서 살아가는 아담에게 주고자 하신 돕는 배필은 에덴(하늘)에서 온 사람이었습니다. 하나님이 준비한 돕는 배필은 아담을 동산에서 에덴으로 데리고 올

사람이었습니다. 그럼에도 아담은 자기 몸에서 나온 여자를 돕는 배필로 맞이하고 말았습니다. 아담이 여자에게 빠져버리자 하나님은 멀찍이 서서 지켜볼 수밖에 없었습니다.

아담이 자기 몸에서 나온 여자를 돕는 배필로 맞이하여서 망한 것이라면 그것은 어디까지나 아담의 잘못이지 하나님의 잘못이 아닙니다. 하나님은 아담에게 여자를 돕는 배필로 주지 않았습니다. 그런데 아담이 스스로 여자를 돕는 배필로 맞아들인 것입니다. 하나님께서 아담에게 주시고자 한 돕는 배필이 과연 누구였는지는 아담과 여자가 만들어지기까지의 과정들을 탐사해 보면 알 수 있습니다. 과연 그러한가를 성경을 통하여서 살펴봅시다.

창 2:18-23 "여호와 하나님이 가라사대 사람의 독처하는 것이 좋지 못하니 내가 그를 위하여 돕는 배필을 지으리라 하시니라 [19]여호와 하나님이 흙으로 각종 들짐승과 공중의 각종 새를 지으시고 아담이 어떻게 이름을 짓나 보시려고 그것들을 그에게로 이끌어 이르시니 아담이 각 생물을 일컫는 바가 곧 그 이름이라 [20]아담이 모든 육축과 공중의 새와 들의 모든 짐승에게 이름을 주니라 아담이 돕는 배필이 없으므로 [21]여호와 하나님이 아담을 깊이 잠들게 하시니 잠들매 그가 그 갈빗대 하나를 취하고 살로 대신 채우시고 [22]여호와 하나님이 아담에게서 취하신 그 갈빗대로 여자를 만드시고 그를 아담에게로 이끌어 오시니 [23]아담이 가로되 이는 내 뼈 중의 뼈요 살 중의 살이라 이것을 남자에게서 취하였은즉 여자라 칭하리라 하니라"

하나님께서 아담에게 돕는 배필을 주신다고 하고선 흙으로 각종 짐승을 만들어서 아담에게 끌고 왔습니다. 그런데 아담은 짐승들을 돕는 배필로 맞이하지 않았습니다. 이는 나중에 하나님이 데리고 온 여자를 보고서 "이는 내 뼈 중의 뼈요 살 중의 살이라" 하며 반가워한 것과는 너무도 대조되는 모습입니다.

아담은 짐승들을 보고 대뜸 그들의 본질을 알아차리고 그들에게 이름을 지어주었습니다. 아담이 짐승들에게 이름을 지어주었다는 말은 아담이 짐승들보다 높은 차원에 있음을 말해주고 있습니다. 그래서 흙으로 만든 짐승들은 아담의 돕는 배필이 될 수 없었던 것입니다. 아담이 짐승을 바로 알아볼 수 있었던 것은 아담의 본질이 짐승과 다르기 때문입니다.

짐승들은 흙이라는 재료로만 지음을 받았지만, 아담은 흙과 생기라는 재료로 지음을 받았습니다. 흙이 재료의 전부인 짐승은 흙밖에 모르지만, 아담은 흙에 생기를 부여받았습니다. 아담은 생기라는 니스마트 하임(נשמת חיים)이 제공해 주는 정보로 생명의 기운을 알아보는 능력은 짐승보다 월등하게 나았습니다. 그래서 아담은 하나님이 데리고 온 짐승들을 돕는 배필로 인정하지 않은 것입니다.

창 2:20 "아담이 모든 육축과 공중의 새와 들의 모든 짐승에게 이름을 주니라 아담이 돕는 배필이 없으므로"

20절을 보면 "짐승에게 이름을 주니라"라고 하고는 "아담이 돕는 배필이 없으므로"라고 하고 있습니다. 이것은 아담이 짐승에게서 돕는 배필을 찾지 못하였다는 뜻입니다. 하나님께서 돕는 배필을 주시겠다고 하시곤 흙으로 짐승들을 만들어 아담에게 이끌어 왔지만 아담은 짐승들 속에서 돕는 배필을 찾지 못하였습니다.

아담의 눈에는 짐승들이 한 수 아래로 열등하게 보였기 때문에 거부한 것입니다. 아담이 짐승을 돕는 배필로 받아들이지 않자 하나님은 이번엔 아담을 깊이 잠들게 하시고 아담의 갈비뼈를 취하여 여자를 만드셨습니다. 그리고는 여자를 아담 앞으로 데리고 옵니다.

창 2:21-23 "여호와 하나님이 아담을 깊이 잠들게 하시니 잠들매 그가 그 갈빗대 하나를 취하고 살로 대신 채우시고 ²²여호와 하나님이 아담에게서 취하신 그 갈빗대로 여자를 만드시고 그를 아담에게로 이끌어 오시니 ²³아담이 가로되 이는 내 뼈 중의 뼈요 살 중의 살이라 이것을 남자에게서 취하였은즉 여자라 칭하리라 하니라"

아담이 하와를 보자 대뜸 "이는 내 뼈 중의 뼈요 살 중의 살이라" 하며 반색을 합니다. 앞서 짐승을 데리고 왔을 때와는 전혀 다른 반응을 나타냅니다. 아담은 짐승들을 볼 때는 소 닭 보듯이 하였습니다. 그러나 여자를 보고선 한눈에 빠지고 말았습니다.

아담은 주저함도 없이 대뜸 여자를 돕는 배필로 맞이하였습니다. 아담이 하와를 보고 기뻐한 것은 하와 자신이 곧 아담의 뼈와 살이기 때문입니다. 아담은 결국 자기 자신에게 빠지고 만 것입니다.

아담이 여자에게 마음을 빼앗긴 것은 결국 자기 수준에 만족한 것입니다. 아담이 여자가 주는 선악과를 먹을 수밖에 없었던 것은 자기 수준을 벗어나지 못하였기 때문입니다. 이를 두고 유유상종이라 합니다.

알다시피 하나님께서 아담에게 돕는 배필을 주시고자 한 것은 아담이 자기 수준을 벗어나 생명과를 먹고 영생하는 자가 되어 하나님이 계신 에덴으로 올라오기를 바람에서였습니다. 그런데 아담은 여자에게 넋을 잃고 말았습니다.

아담은 생명과를 먹고 더 완전한 데로 나아가야 할 자입니다. 그럼 아담의 몸에서 나온 여자는 아담의 수준이므로 아담에게 돕는 배필이 될 수 없습니다. 그런데도 아담은 자기가 가야 할 길은 망각하고 여자 속에 비친 자기 모습을 보고 나르시시즘에 빠져서 갈 바를 잊고 만 것입니다.

아담이 만약 하나님의 말씀을 귀담아 두어서 자신은 생명과를 먹고 영생하는 자가 되어 에덴으로 나아가야 한다는 것을 생각하였다면 자기 몸에서 나온 여자 역시 돕는 배필로서는 합당치 않은 자로 여겨야 했습니다. 아담이 만약 여자마저도 돕는 배필로 인정하지 않았다면 하나님께서 다른 돕는 배필을 보내주셨을 것입니다.

돕는 배필이란 글자 그대로 '돕는 자'입니다. 그렇다면 아담이 어느 길로 가느냐에 따라서 돕는 배필이 달라지게 됩니다. 여자가 창조될 때의 시점을 보면 여자는 하나님께서 아담에게 선악과와 생명과에 대하여 말씀하시고 난 후에 만들어졌습니다.

창조의 순서를 보면 하나님께서 아담을 먼저 만드십니다. 하나님께서 아담에게 선악과와 생명과에 대한 정보를 알려주십니다. 그리고 난 후 돕는 배필을 주시겠다고 하시고는 흙으로 짐승을 만드십니다. 하나님이 흙으로 만든 짐승을 아담에게 데리고 오자 아담이 거절합니다. 그러자 하나님은 아담을 깊이 잠들게 하시고 갈비뼈 하나를 취하여 여자를 만드십니다. 그리고 앞서 짐승을 아담 앞으로 데리고 왔듯이 여자를 아담 앞으로 데리고 옵니다. 여자를 본 아담은 짐승을 볼 때와는 전혀 다른 반응을 보입니다. 기뻐하면서 '너는 내 짝'이라고 하면서 끌어당깁니다.

아담이 여자를 보고 "이는 내 뼈 중의 뼈요 살 중의 살이라"라고 하면서 끌어당기니까 하나님은 물끄러미 바라만 보실 수밖에 없었습니다. 아담이 좋다고 하니 하나님도 어찌하지 않으신 것입니다. 아담은 여자를 만나고서는 하나님을 떠나버립니다. 하나님도 "그래, 그럼 너희들끼리 잘 살아보아라"라고 지켜볼 수밖에 없는 것입니다.

생명과를 먹고 영생해야 하는 아담에게 있어서 아담보다 늦게 창조된 여자는 선악과와 생명과에 대한 정보를 아담보다 더 알지를 못합니다. 하와가 선악과와 생명과에 대하여 알게 된 것은 기껏해야 아담으로부터 들어서 알게 된 정보일 뿐입니다. 그렇다면 선악과와 생명과에 대하여서는 아담이 하와에게 돕는 자이지, 하와가 아담에게 돕는 자가 될 수는 없는 것입니다.

여자가 돕는 자가 되려면 아담보다 더 많은 정보를 가지고 있어야 합니다. 그러나 아담 몸에서 나온 여자는 아담보다 더 많은 정보를 가질 수 없습니다. 도리어 아담에게 배워야 할 자입니다. 그럼에도 아담은 자기 몸에서 나온 여자를 돕는 배필로 맞이하고서는 하나님을 떠나고 만 것입니다.

인류의 비극은 여기서부터 시작되었습니다. 돕는 배필은 글자 그대로 돕는 자입니다. 중요한 것은 어디로 가는 것을 돕느냐입니다. 하늘로 가는 데 돕느냐, 아니면 땅으로 가는 데 돕느냐입니다. 아담이 어디를 지향하느냐에 따라서 하와가 돕는 배필이 될 수도 있고, 안 될 수도 있습니다. 아담이 만약 네페쉬 하야라는 생령으로 흙에 머물러서 살고자 한다면 하와는 아담과 동격이므로 얼마든지 말동무가 되며 돕는 배필이 될 수 있습니다.

그러나 아담이 생명과를 먹고 영생하는 자가 되어서 하나님이 계신 에덴(하늘)으로 나아가야 한다면 여자는 돕는 배필이 될 수 없습니다. 여자는 에덴으로 가는 길을 모르기 때문입니다. 아담이 에덴으로 가려면 에덴의 길을 아는 사람을 돕는 배필로 두어야 합니다.

이것은 지금도 성도들에게 유효하게 나타납니다. 성도는 이 세상에서 생명과를 먹고 하늘이라는 에덴으로 나아가야 하는 자들입니다. 그럼 하늘로서 온 사람이라야 돕는 배필이 될 수 있습니다. 땅에서 난 자들에게서는 돕는 배필이 없습니다. 만약에 성도가 세상을 지향한다면 세상 사람들이 돕는 자가 될 수 있습니다. 예수님은 이 세상 사람들이 빛의 아들들보다 더 지혜롭다고 하였습니다. 이것은 이 세상에 속한 자들이 이 세상에 대하여 더 잘 안다는 뜻입니다.

내가 만약 세상에서 성공하여서 잘살아야 한다는 것을 인생의 목적으로 둔다고 하면 세상 사람들이 돕는 자가 될 수 있습니다. 그러나 내가 세상을 떠나 하늘로 나아가야 한다는 것을 인생의 목적으로 두고 살아간다고 하면 하늘로서 오신 분을 돕는 자로 두어야 합니다.

영적으로 본다면 세상 사람들은 흙에서 난 짐승이고, 성도는 하늘로서 난 사람입니다. 친구를 보면 그 사람을 안다고 합니다. 어떤 친구들과 사귀는지를 보면 그 사람의 정체성과 가치관을 알 수 있습니다. 성도가 세상 사람들과 사귐을 가진다고 하면 그 마음에는 세상 왕인 가이사의 화상이 그려져 있는 것입니다.

그 마음에 하나님의 화상이 그려진 성도는 세상 사람들과 사귐을 갖지 않습니다. 세상 사람들은 세상으로 끌고 가지 하늘로 끌고 가지 못합니다. 그래서 바울은 믿지 않는 자와 멍에를 같이하지 말라고 하였던 것입니다. 구약 이스라엘의 망함도 열왕들이 이방 여인과 정략결혼을 하면서 여호와를 떠나 우상숭배 신앙에 빠져서 아담과 같이 망하고 만 것입니다.

하나님은 이스라엘 백성들을 가나안 땅에 들여보내면서 그 땅 사람들처럼 애굽의 풍속을 본받지 말라고 합니다. 애굽의 풍속으로 살면 그 땅에서 토하여짐을 당할 것이라고 알려주었습니다. 이것은 마치 아담에게 선악과를 먹으면 정녕 죽으리라고 말씀하신 것과 같습니다. 그럼에도 이스라엘은 가나안 땅에 들어가서 그 땅 거민들의 풍속을 좇아가고 맙니다.

그 땅 거민들의 풍속을 본받고서는 그 땅도 그들을 용납할 수 없는 것입니다. 아무리 하나님의 백성이라고 하여도 그 땅의 속성에 맞지 않으면 토해낼 수밖에 없는 것입니다. 결국 이스라엘은 아담이 선악과를 먹고 에덴동산에서 쫓겨남을 당하였듯이 가나안 땅에서 쫓겨남을 당하고 말았습니다.

히브리서 11장을 봅시다.

히 11:8-16 "믿음으로 아브라함은 부르심을 받았을 때에 순종하여 장래 기업으로 받을 땅에 나갈째 갈 바를 알지 못하고 나갔으며 ⁹믿음으로 저가 외방에 있는 것같이 약속하신 땅에 우거하여 동일한 약속을 유업으로 함께 받은 이삭과 야곱으로 더불어 장막에 거하였으니 ¹⁰이는 하나님의 경영하시고 지으실 터가 있는 성을 바랐음이니라… ¹³이 사람들은 다 믿음을 따라 죽었으며 약속을 받지 못하였으되 그것들을 멀리서 보고 환영하며 또 땅에서는 외국인과 나그네로라 증거하였으니 ¹⁴이같이 말하는 자들은 본향 찾는 것을 나타냄이라 ¹⁵저희가 나온바 본향을 생각하였더면 돌아갈 기회가 있었으려니와 ¹⁶저희가 이제는 더 나은 본향을 사모하니 곧 하늘에 있는 것이라 그러므로 하나님이 저희 하나님이라 일컬음 받으심을 부끄러워 아니하시고 저희를 위하여 한 성을 예비하셨느니라"

하나님은 갈대아 우르에 살던 아브라함을 가나안으로 빼내십니다. 그리곤 가나안에서 하늘에 있는 한 성을 보여주십니다. 하나님이 아브라함에게 주시고자 약속하신 땅이 바로 저 하늘에 있는 것이라고 알려주십니다. 이에 아브라함은 가나안 땅에서 나그네로 살아가게 됩니다.

이스라엘은 아브라함의 후손들입니다. 그럼 이스라엘 백성들도 그 조상 아브라함처럼 가나안 땅에서 하늘에 있는 본향을 바라보고 살아가야 합니다. 이것은 마치 아담이 동산에서 에덴을 바라보고 살아야 하는 것과도 같습니다. 그런데 이스라엘은 가나안 땅에서 가나안 원주민들과 어울리면서 살아갔습니다.

만약에 이스라엘이 가나안 땅만 바라보고 살아가고자 하였다면 가나안 원주민들은 얼마든지 돕는 자가 될 수 있었습니다. 그러나 이스라엘은 보이는 가나안 땅을 바라보고 살 자들이 아니고 하늘에 있는 본향을 바라보고 살아야 할 자들입니다. 그럼에도 그들은 하늘을 바라보지 않고 가나안이라는 땅만 바라보았기 때문에 가나안 원주민들을 돕는 자로 두었던 것입니다.

뱀의 후손들은 땅의 기운으로 살아가는 자들이므로 땅에 대하여는 전문가들입니다. 이스라엘은 땅에 대하여 전문가인 가나안 거민들을 돕는 자로 두었기 때문에 땅을 벗어나지 못하고 만 것입니다. 결국은 가나안 원주민들이 이스라엘을 땅에 붙잡아두는 데 돕는 배필이 되어서 땅을 벗어나지 못하게 하고 만 것입니다. 가나안 원주민은 우상을 섬기게 하는 데에는 돕는 자가 됩니다.

그러나 하나님을 섬기는 데에는 해로운 존재들이고 옆구리의 가시와 같은 발목을 잡는 자들인 것입니다. 그래서 하나님은 가나안으로 들어가는 이스라엘 백성들에게 '너희가 가나안에 들어가거든 가나안 백성들을 한 사람도 살려두지 말고 다 쫓아내라'고 하셨던 것입니다. 그럼에도 이스라엘은 가나안 거민들을 자기 집 머슴으로 삼아서 그들의 도움을 받고 살았습니다. 결국 그들의 도움으로 살다가 약속의 땅에서 토해냄을 당하고 만 것입니다.

이러한 일들은 지금도 우리에게 일어나고 있습니다. 사도 바울은 성도들에게 "너희가 그리스도와 함께 살리심을 받았으면 땅의 것은 버리고 위의 것을 바라보라"고 합니다. 땅의 지체를 죽이라고 합니다. 땅에 속한 자들과 멍에를 같이하지 말라고 하였습니다. 그럼에도 교회 안에서도 잘 보시면 교인들은 믿음이 좋은 사람들의 말을 듣기보다는 믿음이 없는 사람들의 말을 듣기를 좋아합니다.

믿음이 좋은 사람의 말을 듣기보다는 세상적인 매력을 가진 자들의 말을 듣습니다. 부부간에도 마찬가지입니다. 쉬운 예로 짝 가정이 있다고 합시다. 예수를 믿는 사람이 믿지 않는 남편이나 혹은 믿지 않는 아내와 산다고 합시다. 그러면 당연히 예수를 믿는 자는 믿지 않는 남편이나 아내 앞에서 천국으로 인도하는 돕는 자 노릇을 하여야 합니다.

신앙적인 면에서는 믿지 않는 자의 말을 들어서는 안 됩니다. 도리어 그들을 예수 앞으로 인도하는 돕는 자가 되어야 합니다. 그런데 실상에선 정반대로 믿음이 무엇인지도 모르는 남편이나 아내의 말을 듣고 세상에 푹 빠져서 믿음에서 떨어져 나가는 사례들을 수없이 볼 수 있습니다. 믿음에 퇴보하는 것입니다. 이는 아담이 여자의 말을 듣고 죽음의 나락으로 떨어진 것과 같습니다.

산 자와 죽은 자는 함께할 수 없습니다. 그러므로 생명에는 냉정함이 들어가 있는 것입니다. 죽고 사는 문제에 있어서는 인정이 끼어들어서는 안 됩니다. 믿지 않는 자들이 인정이라는 무기로 나오더라도 신자는 신앙적인 면에서는 냉정해야 합니다.

죄인은 생명의 길을 가기보다는 사망의 길을 좋아합니다. 생명의 길은 좁고 협착하기에 싫어하고 사망의 길은 크고 넓기에 좋아하는 것입니다. 신앙은 많은 사람이 간다고 하여서 따라가는 것이 아닙니다. 신자는 그리하면 안 됩니다. 인정은 선악과와 같아서 인정에 끌려가면 죽게 됩니다.

아담이 만약 하나님의 명령을 귀담아 두어 자신은 영생하는 자로 한 번의 거듭남이 필요한 존재라는 것을 알았다면 여자가 들고 온 선악과를 먹지 말았어야 합니다. 비록 자기 몸에서 나온 자라 할지라도 돕는 배필로 두어서는 안 되고, 앞서 짐승들을 대하듯이 대했어야 합니다. 그랬으면 하나님이 다른 돕는 배필을 주셨을 것입니다. 아담은 하나님께 영생을 아는 자를 돕는 배필로 달라고 구했어야 합니다. 하나님이 아담에게 주시고자 했던 돕는 배필은 아담 앞에서 돕는 존재였습니다.

짐승이나 여자는 아담보다 한 수 아래입니다. 아담이 만약에 동산에 머물러 살거나 흙의 기운으로 살고자 하였으면 짐승이나 여자가 돕는 자가 될 수 있습니다. 그러나 아담이 생명의 세계인 에덴으로 나아가는 데 도움이 되지 않는 자라고 한다면 이것은 돕는 배필이 아니라 해악을 주는 존재입니다. 짐승은 아담의 뒤에서 도울 수 있는 존재이고, 여자는 아담의 옆에서 도울 수 있는 존재입니다. 둘 다 아담이 에덴으로 나아가는 데에는 걸림돌인 자들입니다.

아담이 여자를 돕는 배필로 둔 이상 아담은 더는 앞으로 나아갈 수 없습니다. 기껏해야 생령인 네페쉬 하야 수준에 머물게 될 뿐입니다. 아담에게 필요한 돕는 배필은 흙으로 살기 위한 짐승도 아니고, 동산에서 생령으로 살기 위한 여자도 아닙니다. 아담에겐 오직 아담의 앞에서 영생의 세계로 이끌어 줄 돕는 배필이 필요한 것입니다.

하나님께서 아담을 위하여 준비해 둔 돕는 배필은 어떤 분일까요?

구약의 시편 기자는 여호와가 돕는 배필이라고 하였습니다.

시 115:9-11 "이스라엘아 여호와를 의지하라 그는 너희 도움이시요 너희 방패시로다 ¹⁰아론의 집이여 여호와를 의지하라 그는 너희 도움이시요 너희 방패시로다 ¹¹여호와를 경외하는 너희는 여호와를 의지하라 그는 너희 도움이시요 너희 방패시로다"

시편 기자는 이스라엘에게 들으라고 합니다. 여호와를 의지하라고 합니다. '그가 너희를 도우실 분'이라고 합니다. 시편은 여호와가 아담의 돕는 배필이라는 사실을 증거해 주고 있습니다. 여호와는 하나님께서 보내신 구원자를 말합니다. 네페쉬 하야인 아담을 생명의 세계로 이끌어 줄 돕는 자는 구원자라야만 합니다. 왜냐하면 생령인 아담은 한 번의 거듭남을 통하여 구원을 받아야 하는 자이기 때문입니다.

하지만 아담은 여자를 돕는 자로 둔 결과 여호와의 도움을 입지 못하고 에덴동산에서 쫓겨나고 말았습니다. 하나님은 범죄한 아담을 에덴동산에서 내보내면서 돕는 자를 보내주시기로 약속하십니다. 그가 바로 아담을 에덴동산으로 데리고 올 예수 그리스도입니다. 예수님은 십자가에서 아담이 에덴동산으로 돌아오는 길을 열어주셨습니다. 그리고 아담을 에덴동산으로 이끌고 갈 도울 분을 보내주신다고 하였습니다. 예수님께서 보내주실 보혜사는 누구인가요?

요한복음 15장을 봅시다.

요 15:26 "내가 아버지께로서 너희에게 보낼 보혜사 곧 아버지께로서 나오시는 진리의 성령이 오실 때에 그가 나를 증거하실 것이요"

요 14:16-17 "내가 아버지께 구하겠으니 그가 또 다른 보혜사를 너희에게 주사 영원토록 너희와 함께 있게 하시리니 17저는 진리의 영이라"

예수님께서 제자들에게 보혜사를 보내주신다고 합니다. 그분이 누구인가 하면 진리의 성령이십니다. 진리의 성령은 아버지에게서 나오시는 분인데, 예수님의 이름으로 제자들에게 보내주십니다. 그래서 성령을 그리스도의 영이라고 합니다.

신약에 와서 보니까 하나님이 아담을 위하여 준비하신 돕는 배필은 바로 진리의 성령이셨던 것입니다. 진리의 성령만이 아담을 영생의 세계로 인도할 돕는 배필이 될 수 있는 것입니다. 그림을 잘 그려보세요.

창 2:7-8 "야훼 하느님께서 진흙으로 사람을 빚어 만드시고 코에 입김을 불어 넣으시니, 사람이 되어 숨을 쉬었다. 8야훼 하느님께서는 동쪽에 있는 에덴이라는 곳에 동산을 마련하시고 당신께서 빚어 만드신 사람을 그리로 데려다가 살게 하셨다."(공동번역)

하나님이 진흙으로 사람을 빚어 만드십니다. 그리고 코에 입김을 불어 넣으니까 사람이 숨을 쉬기 시작하였습니다. 그리고는 하나님께서 동쪽에 있는 에덴이라는 곳에 동산을 마련하시고는 진흙으로 빚은 사람을 그리로 데려다가 살게 하셨습니다.

사람이 지음을 받은 곳은 에덴동산 밖입니다. 에덴동산 밖에서 사람을 지으시고 에덴이라는 곳의 동산으로 데리고 와서 살게 하신 것입니다. 이러면 구조적으로 보면 세 동네가 됩니다. 에덴동산 바깥 동네와 동산과 에덴이 있는 것입니다. 이것을 신약적으로 해석하면 에덴동산 바깥 동네는 이 세상을 말합니다. 그리고 선악과와 생명과가 있는 동산은 교회를 말합니다.

하나님은 세상에 있는 자기 백성들을 교회로 부르시고 예수라는 생명의 떡을 먹게 하여서 하늘나라로 데려가고자 하십니다. 그런데 동산에 뱀이 있었듯이 교회 안에도 마귀의 종들이 있습니다. 교회 안에는 두 과실이 있습니다. 신약에서 두 과실은 두 언약으로 나타납니다. 교회 안에는 붙잡으면 죽는 율법이라는 옛 언약과 붙잡으면 영생하는 은혜라는 새 언약이 있습니다.

우리는 은혜라는 새 언약을 붙잡으면 산다는 것을 압니다. 그러나 죄인에게는 새 언약을 붙잡을 만한 믿음이 없는 것입니다. 이를 잘 아시는 예수님께서 자기 백성들에게 성령을 돕는 배필인 보혜사로 보내서 예수님의 피로 맺은 새 언약을 믿음으로 살도록 돕게 하셨습니다.

성령이 보혜사가 되어서 창세로부터 어린양의 생명책에 녹명되어 영생 받기로 작정된 자들 안에서 예수님께서 십자가에서 흘리신 피로 맺은 새 언약을 믿어지게 하십니다. 성령의 도움으로 예수를 주와 그리스도로 믿는 자들은 하늘나라로 나아가게 되는 것입니다.

그 누구라도 성령이 아니고서는 예수를 주라 시인할 수 없습니다. 이는 성령께서 예수가 주와 그리스도라는 것을 믿어지게 해주지 않으면 인간은 예수를 믿을 수 없다는 뜻입니다. 그래서 예수님은 성령을 보혜사로 보내서 자기 백성들에게 예수를 주라고 시인하게 하는 일을 하도록 하신 것입니다. 이렇게 될 때 성령이 돕는 배필로서의 역할을 다하게 되는 것입니다.

구원은 흙의 사람이 예수 그리스도를 통해 하늘의 사람으로 거듭나서 이 세상을 떠나 하늘나라로 나아가는 것입니다. 이것은 아담이 동산에서 생명과를 먹고 에덴으로 나아가는 것과 같습니다. 아담이 에덴으로 나아가려면 에덴에서 오신 돕는 분에 의해서만이 갈 수 있습니다. 하늘로서 온 자 이외는 하늘로 가는 길을 아는 자가 없습니다. 예수님께서 하늘나라로 가셔서 성령을 자기 백성들에게 보혜사로 보내주신 것은 자기 백성들이 하나님 나라로 가는 데 길잡이(돕는 배필)가 되라고 하신 것입니다.

흙에서 지음을 받은 짐승이나 아담 안에서 나온 여자는 에덴으로 가는 길을 모릅니다. 에덴으로 가는 길을 알 수 없으므로 당연히 짐승과 여자는 아담의 길잡이가 될 수 없습니다. 에덴의 길은 오직 에덴에서 오신 분만이 알 수 있습니다. 그분이 누구입니까? 바로 진리의 성령입니다. 이제는 진리의 성령이 성도들을 영생의 세계로 인도할 돕는 배필로 계신 것입니다.

교회는 동산과 같습니다.
먹으면 죽는 과실이 있고,
먹으면 영생하는 과실이 있습니다.

영생하는 과실이 예수 그리스도의 의(義)로 나타났습니다.

붙잡으면 죽는 의가 있고,
붙잡으면 살아나는 의가 있습니다.
인간의 의를 붙잡으면 죽고,
예수 그리스도의 의를 붙잡으면 삽니다.

과실이 언약으로 나타났습니다.

붙잡으면 죽는 언약이 있고,
붙잡으면 살 언약이 있습니다.
붙잡으면 죽는 언약은 율법으로서 옛 언약이고,
붙잡으면 살 언약은 은혜로서 새 언약입니다.

인간의 의가 가득한 옛 언약을 붙잡으면 죽고, 예수 그리스도의 의가 가득한 새 언약을 붙잡으면 삽니다. 동산에서는 뱀이 선악과로 미혹하였지만, 지금은 마귀가 교회 안에서 율법으로 미혹합니다. 인간의 의로 미혹합니다.

율법 속에는 인간의 의가 있습니다. 인간의 의는 선악과처럼 보암직하고 먹음직하고 지혜롭게 할 만큼 탐스럽습니다. 율법 신앙은 인간의 가치를 존중해 주기 때문에 사람들이 선호하는 것입니다. 율법 신앙은 인간의 자랑거리로 가득합니다. 자기 영광으로 가득 채워져 있는 것입니다. 그래서 사람들이 율법 신앙을 쉽게 떨쳐 버리지 못하는 것입니다. 여자가 선악과 주변을 맴돌다가 결국 따 먹었듯이 교인들도 자기들이 행한 것에 미련을 버리지 못하는 것입니다.

인간 입장에서 인간의 자랑거리로 가득 찬 율법 신앙을 버리는 것은 불가능합니다. 인간은 본능적으로 율법 신앙을 선호하게 되어 있습니다. 율법 신앙에는 내 피와 땀과 노력과 영광이 담겨 있기 때문입니다.

예수님은 이 사실을 너무도 잘 알고 있습니다. 그래서 성령을 자기 백성들에게 돕는 배필로 보내주신 것입니다. 성령께서 성도들 안에서 예수 그리스도의 피로 맺은 새 언약을 믿어지게 하는 일을 하십니다. 그래서 성령으로 거듭난 성도들은 성령의 도우심으로 예수 그리스도의 피로 맺은 새 언약을 믿음으로 살아가게 되는 것입니다.

선악과를 먹은 인간은 신이 되고자 하는 속성을 가지고 있습니다. 인간의 힘으로 하늘나라로 올라가고자 합니다. 그것이 바벨탑 사건으로 나타났습니다. 인간의 의가 바벨탑을 쌓게 되는 것입니다. 인간 스스로는 바벨탑을 허물 수 없습니다. 하나님이 허물어 주셔야 합니다. 그래서 성령 하나님께서 성도들 안에서 인간의 의를 허무는 일을 하시는 것입니다. 성령이 우리 안에서 인간의 의를 기각시키고 예수 그리스도의 의를 붙잡도록 돕는 일을 하는 것입니다.

예수 그리스도의 의와 인간의 의는 빛과 어둠처럼 하나 될 수 없습니다. 서로 배척하고 밀어내게 되어 있습니다. 인간의 의와 예수 그리스도의 의는 본질이 다릅니다.

본질이 다르면 본능적으로 서로 배척하고 밀어내게 되어 있습니다. 인간의 의를 붙잡으면 예수 그리스도의 의는 사라지고, 예수 그리스도의 의를 붙잡으면 인간의 의는 사라지게 됩니다.

인간은 본능적으로 자기 의를 사랑하게 되어 있습니다. 아담이 자기 몸에서 나온 여자를 보고 한눈에 반해 버렸듯이 인간들도 자기가 만들어낸 행함이라는 의를 사랑하게 되어 있습니다. 자기 사랑으로 가득한 인간들은 자기가 한 일은 모두 선이라 생각하고 옳다고 정당성을 주장하게 되어 있습니다. 자기가 한 일에는 자기 영광이 가득하기 때문에 버릴 수가 없는 것입니다.

만약 성도들에게 성령을 돕는 배필로 주시지 않으면 성도 역시 자기 것에 빠지고 맙니다. 성령이 아니면 자기 의를 버릴 수가 없기 때문입니다. 그래서 하나님은 성도들에게 성령이라는 돕는 배필을 주신 것입니다. 성령께서 성도들의 돕는 배필이 되어서 인간의 의를 버리고 예수 그리스도의 의를 붙잡도록 인도하시는 것입니다.

성령은 영원토록 성도 안에서 함께하시면서 예수 그리스도의 의를 믿음으로 살아가도록 인도해 주십니다. 이 든든한 돕는 배필이 계시므로 성도는 그리스도에게서 끊어지지 않는 것입니다. 성령이 우리 안에 돕는 배필로 내주하시는 것은 인간은 죽을 때까지 하나님의 뜻을 거역하는 자들이기 때문입니다. 구약의 아담은 돕는 배필을 잘못 두어서 실패하였지만, 신약의 아담인 성도들은 진리의 성령이신 하나님을 돕는 배필로 두어서 실패하지 않는 것입니다.

로마서 8장을 봅시다.

롬 8:33-39 "누가 능히 하나님의 택하신 자들을 송사하리요 의롭다 하신 이는 하나님이시니 ³⁴누가 정죄하리요 죽으실 뿐 아니라 다시 살아나신 이는 그리스도 예수시니 그는 하나님 우편에 계신 자요 우리를 위하여 간구하시는 자시니라 ³⁵누가 우리를 그리스도의 사랑에서 끊으리요 환난이나 곤고나 핍박이나 기근이나 적신이나 위험이나 칼이랴 ³⁶기록된바 우리가 종일 주를 위하여 죽임을 당케 되며 도살할 양같이 여김을 받았나이다 함과 같으니라 ³⁷그러나 이 모든 일에 우리를 사랑하시는 이로 말미암아 우리가 넉넉히 이기느니라 ³⁸내가 확신하노니 사망이나 생명이나 천사들이나 권세자들이나 현재 일이나 장래 일이나 능력이나 ³⁹높음이나 깊음이나 다른 아무 피조물이라도 우리를 우리 주 그리스도 예수 안에 있는 하나님의 사랑에서 끊을 수 없으리라"

바울은 그리스도 예수 안에 있는 자는 그 어떤 것으로도 그리스도의 사랑에서 끊어지지 않는다고 증거해 주었습니다. 그 이유는 예수 그리스도께서 하나님 우편에서 간구하고 계시고 있기 때문입니다. 예수님이 보내신 성령이 성도들 안에서 예수 그리스도를 믿음으로 살아가게 하시기 때문입니다.

마귀는 선악의 법으로 늘 참소합니다. 인간의 행함을 가지고 참소합니다. 선악이라는 프레임에 걸려들면 구원의 즐거움을 상실하게 됩니다. 인간은 하나님의 뜻대로 살아낼 수가 없기 때문입니다. 마귀는 늘 하나님의 말씀을 가지고 지켰느냐, 안 지켰느냐로 정죄합니다. '지켰느냐, 안 지켰느냐?'라는 선악의 프레임에 걸려들면 하나님 말씀대로 살지 못하면 정죄함에 빠지게 되어 있습니다.

만약에 성도 안에 성령이 돕는 배필로 계시지 않으면 '하나님 말씀대로 살았느냐, 안 살았느냐?'라는 선악의 프레임에 걸려들어서 자기 행위로 인한 정죄함에 빠져서 구원의 즐거움을 잃어버리고 낙심하게 되는 것입니다. 그래서 성령께서 성도 안에서 '하나님 말씀대로 살았느냐, 안 살았느냐?'라는 선악의 프레임에 빠지지 않고 예수 그리스도의 피로 맺은 새 언약 안에 머물게 하는 일을 도우시는 것입니다.

인류의 저주는 돕는 배필을 잘못 두어서 일어났습니다. 또한 죄인의 구원은 하늘로부터 오신 돕는 배필을 통하여서 주어지고 지켜지게 되는 것입니다. 돕는 배필 때문에 망한 것이 돕는 배필로 인하여 살아나게 되는 것입니다.

성도의 구원이 끊어질 수 없는 것은 진리의 성령을 돕는 배필로 두었기 때문입니다. 그 안에 진리의 성령이 돕는 배필로 와 계신 성도는 자기 의로 살지 않고 예수 그리스도 의로 살아가게 되는 것입니다. 그러므로 그리스도 예수 안에 있는 자는 결코 정죄함을 당하지 않는 것입니다.

우리는 항상 자기 의를 붙잡고자 합니다. 육신의 정욕과 안목의 정욕과 이생의 자랑을 좇아가고자 합니다. 보이는 세상의 것을 좇아가고자 합니다. 그런데 성령께서 보혜사가 되어서 자기 의를 버리고 예수 그리스도의 의를 붙잡게 하시고, 세상에 대한 정과 욕심을 못 박게 하십니다. 하늘의 신령한 것을 좇아가도록 도우시는 것입니다.

아담은 실패하였지만 성도는 실패하지 않습니다. 왜냐하면 하나님이 보내주신 돕는 배필의 도우심을 받고 있기 때문입니다. 우리의 구원이 실패할 수 없는 것은 성령이 보혜사가 되어서 도우시기 때문입니다. 그러므로 우리의 어떠함을 보지 마시고 예수 그리스도께서 십자가에서 자기 피로 맺은 새 언약을 믿음으로 감사하면서 살아가시길 바랍니다.

창세전 언약으로 주시고자 하신 구원은 은혜로 주어지는 것입니다. 그러므로 구원은 은혜로 주어지고, 은혜로 지켜지고, 은혜로 완성되는 것입니다. 은혜로 부르심을 입은 성도에게는 더는 실패가 없습니다. 그러므로 그 어떤 환경에서도 낙망하지 마시고 예수님의 피로 맺은 새 언약을 믿음으로 범사에 감사하면서 살아가시기를 주의 이름으로 축원드립니다.

18강 창세전 언약으로 본 창조와 구원 이야기

남자와 여자(창 2:21-25)

창 2:21-25 "여호와 하나님이 아담을 깊이 잠들게 하시니 잠들매 그가 그 갈빗대 하나를 취하고 살로 대신 채우시고 ²²여호와 하나님이 아담에게서 취하신 그 갈빗대로 여자를 만드시고 그를 아담에게로 이끌어 오시니 ²³아담이 가로되 이는 내 뼈 중의 뼈요 살 중의 살이라 이것을 남자에게서 취하였은즉 여자라 칭하리라 하니라 ²⁴이러므로 남자가 부모를 떠나 그 아내와 연합하여 둘이 한 몸을 이룰찌로다 ²⁵아담과 그 아내 두 사람이 벌거벗었으나 부끄러워 아니하니라"

아담과 돕는 배필 이야기를 남자와 여자 이야기로 풀어 보고자 합니다. 앞에서 아담과 돕는 배필 이야기는 예수님과 자기 백성들 이야기라고 하였습니다. 너무 중요한 이야기라서 잠시 보충하고 가고자 합니다.

예수님과 자기 백성들 이야기는 또한 남자와 여자 이야기이기도 합니다. 모두가 구속사 이야기입니다. 하나님께서 왜 아담에게 돕는 배필을 주시고자 하셨나요? 이는 아담이 영생의 세계로 나아가는 길에 방해꾼이 있었기 때문입니다. 뱀이라는 악의 원흉이 도사리고 있었기 때문입니다.

창세전에 하나님은 어린양의 생명책에 녹명된 자들이 예수 그리스도를 통해서 구원받는 것으로 예정하셨습니다. 아담도 예정하심에 따라서 구원받기로 창조되었습니다. 그것이 동산에 있는 생명과를 먹고 영생하는 자가 되는 것으로 되어있었습니다. 그래서 하나님은 동방의 에덴에 동산을 창설하시고 아담을 동산에 두신 것입니다. 생명수 강의 근원을 보면 에덴과 동산은 다른 세계임을 알 수 있습니다. 에덴이 하늘이라고 한다면 동산은 땅이라 할 수 있습니다.

하나님은 흙으로 아담을 만드시고 동산에 두셨습니다. 하나님은 동산에 있는 아담이 생명과를 먹고 에덴으로 나아오기를 바라셨습니다. 아담은 땅을 상징하는 동산에서 생명과를 먹고서 영생하는 자가 되어서 하늘을 상징하는 에덴으로 나아가야 합니다. 그것이 아담이 이루어야 하는 구원입니다. 이를 신약적으로 말하면 흙에 속한 자가 예수 그리스도라는 생명의 떡을 먹고 하늘의 사람으로 거듭나서 하나님 나라로 나아가는 것입니다.

아담은 독자적으로 구원을 이룰 수가 없습니다. 동산에 사는 아담에게 동산 윗동네인 에덴은 낯선 곳입니다. 그래서 하나님은 아담에게 돕는 배필을 주시고자 한 것입니다. 아담이 독자적인 힘으로 영생의 세계로 나아갈 수 있었다고 한다면 굳이 돕는 배필을 주시지 않았을 것입니다.

아담이 동산에서 에덴으로 나아가려면 아담을 도울 수 있는 돕는 배필은 반드시 에덴으로 가는 길을 아는, 에덴에서 오신 분이라야 합니다. 그럼에도 아담은 자기 몸에서 나온 여자를 돕는 배필로 맞이함으로써 인류는 타락의 역사가 시작된 것입니다.

하나님께서 아담에게 돕는 배필을 주시고자 한 그림 속에는 예수 그리스도에 의하여 자기 백성들이 구원을 받는 구속사가 담겨 있습니다. 하나님은 역사 속에서 창세전 언약을 펼쳐 가십니다. 창세전 언약은 어린양의 생명책에 녹명된 자들이 예수 그리스도를 통해서 구원받는 것으로 되어 있습니다.

하나님은 어린양의 생명책에 녹명된 자기 백성들에게 예수 그리스도를 돕는 배필로 주어서 하늘나라로 데리고 오는 그림을 아담과 돕는 배필을 가지고 설명코자 하신 것입니다. 예수님은 오셔서 "누구든지 나로 말미암지 않고서는 아버지께로 갈 자가 없다"고 하였습니다. 하늘로서 내려온 인자를 통하지 않고서는 하늘로 갈 수 없다고 하셨습니다.

예수님은 '나는 하늘로서 내려온 산 떡'이라고 하였습니다. '산 떡'이란 생명과와 같은 뜻입니다. 생명과를 먹으면 영생을 하듯이 예수라는 산 떡을 먹어야 영생합니다.

그래서 예수님은 '누구든지 나를 먹으면 영생을 얻고 하나님께 나아갈 수 있다'고 말씀하신 것입니다.

아담의 이야기는 곧 우리의 이야기입니다. 아담에게 돕는 배필이 반드시 필요했던 것처럼 우리에게도 돕는 배필이 반드시 필요합니다. 돕는 배필을 '보혜사'라고 합니다. 예수님도 돕는 배필이고 성령님도 돕는 배필입니다. 예수님께서 육체적인 사역을 마치고 승천하시기 전에 제자들에게 "내가 가면 또 다른 보혜사(돕는 배필)를 보내주어서 너희들과 영원히 함께하리다" 하고 약속하셨습니다. 성령을 또 다른 보혜사라고 하는 것은 예수님도 보혜사라는 뜻입니다.

구약 이스라엘의 출애굽에서 가나안 입성까지의 여정을 보면 두 지도자가 있음을 볼 수 있습니다. 하나님은 모세를 통해서 애굽에 있던 언약의 후손들을 가나안 입구까지 인도케 하셨습니다. 그리고 가나안으로 인도할 새로운 지도자를 주십니다. 그가 바로 여호수아입니다.

여호수아는 모세가 출애굽 하여서 가나안 입구까지 인도한 백성들을 약속의 땅으로 인도하는 일을 하였습니다. 그래서 여호수아를 일컬어 모세에게 속하였다고 합니다. '모세에게 속하였다'는 말은 모세와 동일하다는 뜻입니다. 모세와 여호수아는 예수님과 성령님을 상징하고 있습니다.

성도가 구원을 받는 데 있어 두 돕는 배필이 있습니다.

첫째는, 죄에서 구원하는 돕는 배필이 있습니다. 이것은 예수님께서 십자가에서 죽으심으로 죄 사함을 주시는 돕는 배필입니다. 이는 유월절 어린양의 피로 출애굽 하는 것과 같습니다. 피 흘림이 없으면 죄 사함이 없습니다. 이는 죗값은 반드시 죄 없는 자의 피로써만 사함을 받을 수 있다는 뜻입니다. 그래서 죄 없는 예수님이 죄 아래 있는 자기 백성들의 죗값을 위하여 자신을 대속 제물로 드린 것입니다. 자신을 희생하심으로 돕는 일을 하신 것입니다.

둘째는, 죄 사함을 받은 자를 영생의 사람으로 거듭나게 하는 돕는 배필입니다. 이것은 성령님께서 성도 안에 오셔서 이루어내십니다. 이는 가나안 땅으로 입성하여 살아가게 하는 것과 같습니다. 애굽에서 건져낸 것은 가나안에 들어가서 살아가게 하고자 하심입니다. 예수님이 자기 백성을 죄와 사망에서 건져내 주신 것은 의와 생명으로 살아가게 하고자 하심입니다. 육체로 오신 예수님이 죄와 사망에서 건져내는 돕는 일을 하셨다고 한다면 성령님은 의와 생명으로 살아가게 하는 돕는 일을 하십니다.

죄에서 구원을 받는 것도 돕는 배필에 의하여 이루어졌듯이, 구원받은 자로서 살아가는 데에도 돕는 배필이 필요한 것입니다. 성령은 여호수아처럼 우리 안에서 옛사람이라는 가나안 족속들을 몰아내는 전쟁을 하십니다. 그리하여 우리 안에 하나님 나라를 만들어 가시는 것입니다.

에덴동산의 구조는 역사 속에서 그대로 배치되어 있습니다. 그러므로 지금도 에덴동산에서 일어난 일들이 온 세상에 확대되어 나타나고 있는 것입니다. 뱀이 선악과로 미혹하였듯이 마귀도 미혹하고 있습니다. 하나님께서 지으신 들짐승 중에서 뱀이 가장 간교하다고 하였습니다. '간교하다'라는 말은 히브리어로 '아룸'(מירע)이라고 하는데 이는 '지혜롭다'라는 뜻입니다. 하나님께서 지으신 피조물 중에 뱀이 가장 지혜롭다는 뜻입니다.

뱀이 가장 지혜롭다라는 말은 그 어떤 피조물도 뱀의 지혜를 능가할 수 없다는 뜻입니다. 죄 아래서 태어난 모든 인간은 뱀의 지배 아래 있습니다. 그래서 사단을 일컬어 세상 임금이라고 합니다. 세상 임금을 이 세상 신이라고 합니다. 뱀은 아담보다 더 지혜롭습니다. 그럼 아담을 도와줄 돕는 배필은 뱀보다 더 지혜로워야 합니다. 그렇다고 한다면 뱀은 모든 피조물 중에서 가장 지혜롭다고 하였으니까 피조물 중에서는 아담을 도울 수 있는 돕는 배필이 없다는 것입니다.

아담을 도울 수 있는 돕는 배필이 되려면 뱀의 지혜를 능가하는 분이어야 합니다. 뱀의 지혜를 능가하는 분은 피조물 중에는 없다고 하였으니 당연히 창조주라야 합니다. 그분이 누구입니까? 바로 여호와 하나님입니다. 여호와 하나님만이 아담을 도울 수 있습니다. 여호와 하나님만이 아담을 뱀으로부터 지켜주실 수 있습니다.

아담은 자기 수준인 여자를 돕는 배필로 두지 말고 뱀의 지혜보다 더 출중한 지혜를 가지신 분인 여호와 하나님을 돕는 배필로 달라고 해야 했습니다. 하지만 아담은 자기 몸에서 나온 여자에게 정신이 팔려서 여자를 돕는 배필로 두고 말았습니다. 아담의 몸에서 나온 여자는 아담과 동등한 수준이므로 돕는 배필이 될 수 없습니다. 아담이나 여자 모두 뱀의 지혜를 능가하는 분을 돕는 배필로 두어야 할 형편이었습니다. 그럼에도 아담은 자기 수준의 여자를 돕는 배필로 맞아들이고 만 것입니다.

인류의 비극은 그렇게 시작되었습니다. 아담의 타락은 선악과를 먹어서가 아니라 여호와를 돕는 배필로 두지 않은 것 때문에 나타난 결과일 뿐입니다. 돕는 배필이 없는 상태에서 아담이 뱀의 미혹에 넘어가는 것은 시간문제일 뿐입니다. 뱀의 미혹에 넘어가 선악과를 먹고 죽음으로 나아가는 것은 필연적일 수밖에 없습니다.

뱀은 선악과와 생명과의 정보를 너무도 잘 알고 있습니다. 뱀이 하는 일은 인간으로 하여금 하나님의 말씀에 불순종하게 하는 일입니다. 하나님은 인간에게 선악과는 절대로 먹지 말고 생명과는 반드시 먹으라고 하셨습니다. 뱀은 이 사실을 알고 있습니다. 그래서 반드시 먹어야 하는 생명과는 먹지 못하게 하고, 절대로 먹어서는 안 되는 선악과로 여자를 미혹하였던 것입니다.

뱀은 여자가 가장 좋아하는 것이 무엇인지를 너무도 잘 압니다. 뱀은 여자 앞에 가장 먹음직스러운 선악과를 보여줍니다. 이것은 마치 속물인 여자를 명품 가방으로 유혹하는 것과도 같습니다. 속물인 여자들이 명품 가방에 넋을 빼앗기듯이 하와는 선악과에 넋을 읽고 말았습니다. 여자는 뱀의 미혹을 이기지 못하고 선악과를 따 먹고 맙니다. 그리고 여자는 자기와 함께한 아담에게도 선악과를 주어 먹게 합니다. 둘 다 죽음의 나락으로 떨어지고 말았습니다. 결과적으로 보면 여자는 아담을 죽는 길로 인도한 돕는 배필이 되고 말았습니다.

하나님은 선악과를 먹고 죽은 자가 된 인간을 더는 에덴동산에 둘 수 없었습니다.

에덴동산은 생명의 세계로서 산 자들만이 살아갈 수 있는 곳이기 때문입니다. 산 자와 죽은 자는 함께 살 수 없으므로 하나님은 부득불 죽은 자가 된 인간과 인간을 선악과로 미혹한 뱀을 동시에 에덴동산 밖으로 추방해 버리셨습니다.

하나님은 에덴동산을 떠나는 아담에게 흠 없는 짐승을 잡아서 그 가죽으로 옷을 만들어서 입혀서 수치를 가리게 하시고는 동산 밖으로 내보내십니다. 하나님은 아담을 동산 밖으로 내보내면서 약속하십니다. "내가 너희들을 위하여 여자의 후손을 보내줄 터이니, 너희는 그의 말을 들으라"고 하십니다. "그가 너희를 미혹한 뱀의 머리를 깨트릴 것이다"라고 하십니다.

뱀의 머리를 깨트린다는 말은 죄와 사망의 권세를 깨트린다는 말입니다. 즉, '여자의 후손이 너희를 죄와 사망에서 건져주실 것'이라고 합니다. '그가 너희를 죄와 사망에서 건져내어 구원해서 다시 이곳으로 돌아오게 해줄 것이다'라는 것을 약속으로 주셨습니다. 하나님은 아담에게 구원의 소망을 주신 것입니다. 아담에게 있어 유일한 소망은 자신들을 뱀에게서 구원해서 에덴동산으로 데리고 갈 여자의 후손으로 오시는 돕는 배필을 기다리는 것입니다.

아담에게 소망은 이 땅에서 성공하여 부귀영화를 누리는 것이 아닙니다. 세상의 영웅호걸이 되는 것도 아닙니다. 오직 하나 자신들을 이 땅에서 에덴동산으로 데리고 가실 여자의 후손을 기다리는 것입니다. 에덴동산에서 쫓겨난 아담은 우리의 모습입니다. 우린 아담처럼 구원을 받아야 할 자들입니다. 우리 스스로 구원을 이룰 수가 없습니다. 그래서 돕는 배필이 필요한 것입니다.

우리가 이루어야 할 구원은 영적인 것과 육적인 것 두 가지가 있습니다.

영적인 구원은 예수 그리스도의 십자가로 죄와 사망의 권세로부터 벗어나는 것입니다. 이것은 주인이 바뀐 것입니다. 우리는 원래 진노의 자식이었습니다. 마귀 아래서 죄의 종으로 살았습니다. 그런데 예수님께서 오셔서 자기 피로 우리를 마귀로부터 구원해 주셨습니다. 주인이 바뀐 것입니다. 죄의 종에서 의의 종이 된 것입니다.

죄 아래서 의 아래로 옮겨진 자들에게 성령을 보내주셨습니다. 성령이 죄의 종으로 살지 말고 의의 종으로 살라고 하십니다. 이렇게 의의 종으로 사는 자들에게 육신의 장막을 벗고 하나님 나라로 나아가는 구원이 기다리고 있는 것입니다. 이를 '몸의 구속'이라고 합니다. 그러자면 우리를 구원하실 구원자는 죄와 사망의 권세를 잡은 뱀의 머리를 깨트릴 분이어야 하고, 또한 우리를 하늘나라로 데리고 가실 분이어야 합니다.

그럼 구원자는 죄와 사망의 권세 잡은 자보다 더 강하여야 하고, 반드시 하늘나라에서 오신 분이어야 합니다. 그 구원자가 바로 예수 그리스도입니다. 하나님은 예수님을 뱀의 머리를 깨트릴 여자의 후손으로 보내셨습니다. 예수님은 죄와 사망의 권세 아래 붙잡혀 있는 자기 백성들을 구원해 주셨습니다. 하나님은 예수 그리스도의 피 흘리심으로 죄와 사망에서 해방을 맞은 하나님의 백성들에게 성령을 돕는 배필로 보내주셨습니다.

성령을 돕는 배필로 주신 것은 사단이 여전히 성도들을 참소하기 때문입니다. 사단은 성도들을 법 아래 머물게 하고자 합니다. 사단의 참소에 걸려들면 예수님께서 십자가에서 이루신 구원의 즐거움을 상실하게 됩니다. 그래서 성령은 성도들 안에서 사단의 참소를 이기도록 돕는 일을 하시는 것입니다. 예수 그리스도의 피로 율법의 요구로부터 자유케 되었음을 믿음으로 살아가게 하십니다. 성령께서 너희는 이제 죄 아래 있지 않고 은혜 아래 있다고 합니다. 예수 그리스도를 믿음으로 죄와 사망의 권세를 두려워하지 말라고 하십니다.

성령은 성도를 도우러 오셨습니다. 그래서 성령을 아들의 영이라고 합니다. 왜 성령을 아들의 영이라고 할까요? 이는 성령이 성도를 아들로 만들어내시기 때문입니다. 아들은 남자입니다. 이는 성령이 오시기 전에는 남자가 아니고 여자라는 뜻입니다.

여자는 뱀을 이기지 못합니다. 남자라야 이깁니다. 그래서 성령이 아들의 영으로 오셔서 여자를 남자로 만들어 주시는 것입니다. 남자와 여자 이야기는 흙에서 난 사람과 하늘로서 난 사람의 이야기입니다.

아담과 돕는 배필 이야기를 남자와 여자 이야기로 살펴봅시다.

성경이 말하는 남자는 하늘의 생명을 주는 자이고, 여자는 생명을 받는 자입니다. 흙에서 난 아담에게는 하늘의 생명이 없습니다. 그런 아담은 남자가 아닌 것입니다. 여자입니다. 영적인 의미로 아담이나 여자는 그 속에 하나님의 생명이 없기 때문에 여자입니다. 이렇게 되면 아담과 하와는 여자의 자리에 있고, 성령이 남자의 자리에 서 있게 되는 그림이 그려지게 되는 것입니다.

이 그림이 하나님께서 에덴동산에서 그리고자 하신 남자와 여자입니다. 남자는 여자에게 생명을 줄 수 있는 자라야 합니다. 그리고 여자를 생명의 세계로 인도할 수 있어야 합니다. 그러자면 아담이 먼저 여자를 생명의 세계인 에덴으로 인도할 수 있는 자가 되어야 합니다. 그럴 때 남자 구실을 할 수 있는 것입니다. 생령인 아담은 영적 존재가 아닙니다. 아담이 영적 존재가 되려면 생명과를 먹고 영생하는 자가 되어야 합니다. 생명과를 먹기 전에는 아담은 생령으로서 그냥 산 존재입니다.

생령을 '네페쉬 하야(נֶפֶשׁ חַיָּה)'라고 하는데, 이는 그냥 살아 있는 존재를 말합니다. 생령인 아담은 여자를 생명의 세계를 인도할 수 있는 위치에 있지 않습니다. 아담 자신도 도움을 입어야 합니다. 네페쉬 하야는 그릇과 같습니다. 그 안에 무엇을 담느냐에 따라서 그 본질이 결정됩니다. 그 속에 선악과를 담으면 죽은 자가 되고, 그 속에 생명과를 담으면 영생하는 사람이 됩니다.

아담은 영생하는 자로 지음을 받았습니다. 그래서 하나님은 아담에게 선악과를 절대로 먹어선 안 되고 생명과는 반드시 먹으라고 명령하신 것입니다. 생명과를 먹기 전까지 아담은 남자가 아닙니다. 하나님의 생명을 받기 전까지 아담은 생물학적으로는 남자이지만 영적으로는 여자입니다.

그럼 아담은 여자 앞에서 남자 행세를 해서는 안 됩니다. 그런데 아담은 여자 앞에서 남자 노릇을 하고자 하다가 망하고 만 것입니다. 인류의 타락은 남자도 아닌 자가 남자 구실을 하다가 시작된 것입니다. 아담과 하와 이야기는 단순한 남자와 여자 이야기가 아닙니다.

성경은 예수님께서 자기 백성 구원하는 이야기를 남자와 여자 이야기로 말해주고 있습니다. 사도 바울은 아담과 하와 이야기를 '예수 그리스도와 교회의 비밀'이라고 하였습니다. 아담과 하와가 한 몸이 되는 것 속에는 예수님께서 자기 백성들을 구원하는 이야기가 담겨 있는 것입니다.

에베소서 5장을 봅시다.

엡 5:22-33 "아내들이여 자기 남편에게 복종하기를 주께 하듯 하라 ^{23}이는 남편이 아내의 머리 됨이 그리스도께서 교회의 머리 됨과 같음이니 그가 친히 몸의 구주시니라 ^{24}그러나 교회가 그리스도에게 하듯 아내들도 범사에 그 남편에게 복종할찌니라 ^{25}남편들아 아내 사랑하기를 그리스도께서 교회를 사랑하시고 위하여 자신을 주심같이 하라 ^{26}이는 곧 물로 씻어 말씀으로 깨끗하게 하사 거룩하게 하시고 ^{27}자기 앞에 영광스러운 교회로 세우사 티나 주름 잡힌 것이나 이런 것들이 없이 거룩하고 흠이 없게 하려 하심이니라 ^{28}이와 같이 남편들도 자기 아내 사랑하기를 제 몸같이 할찌니 자기 아내를 사랑하는 자는 자기를 사랑하는 것이라 ^{29}누구든지 언제든지 제 육체를 미워하지 않고 오직 양육하여 보호하기를 그리스도께서 교회를 보양함과 같이 하나니 ^{30}우리는 그 몸의 지체임이니라 ^{31}이러므로 사람이 부모를 떠나 그 아내와 합하여 그 둘이 한 육체가 될찌니 ^{32}이 비밀이 크도다 내가 그리스도와 교회에 대하여 말하노라 ^{33}그러나 너희도 각각 자기의 아내 사랑하기를 자기같이 하고 아내도 그 남편을 경외하라"

사도 바울은 아내들에게 남편에게 복종하라고 합니다. 아내는 남편에게 복종하는데 주께 하듯 하라고 합니다. 남편들은 아내 사랑하기를 주께서 자기 몸을 버리신 것처럼 사랑하라고 합니다. 그러면서 남편과 아내의 관계는 그리스도와 교회의 비밀이라고 합니다. 하나님께서 남편과 아내의 관계를 예수 그리스도와 교회의 관계로 설정해 놓으신 것입니다.

남편과 아내를 가지고 예수 그리스도를 통해서 자기 백성들을 구원하는 이야기를 하고 있는 것입니다. 이것이 아담과 여자가 창조되는 모습 속에 그대로 나타납니다. 아담과 하와의 창조 과정을 살펴보면 잘 나타나 있습니다. 남자와 여자의 창조 모습이 다릅니다.

먼저 아담의 창조 모습을 봅시다.

창 2:7 "여호와 하나님이 흙으로 사람을 지으시고 생기를 그 코에 불어 넣으시니 사람이 생령이 된지라"

하나님이 흙으로 사람을 지으십니다. 그리고 생기를 그 코에 불어 넣으십니다. 그러자 사람이 생령이 됩니다. 남자와 여자는 창조의 시점이 다릅니다. 하나님께서 아담을 먼저 창조하십니다. 그리고 난 후에 여자를 창조하셨습니다.

그럼 여자의 창조 모습을 봅시다.

창 2:21-23 "여호와 하나님이 아담을 깊이 잠들게 하시니 잠들매 그가 그 갈빗대 하나를 취하고 살로 대신 채우시고 ²²여호와 하나님이 아담에게서 취하신 그 갈빗대로 여자를 만드시고 그를 아담에게로 이끌어 오시니 ²³아담이 가로되 이는 내 **뼈 중의 뼈요 살 중의 살**이라 이것을 남자에게서 취하였은즉 여자라 칭하리라 하니라"

하나님께서 아담을 깊이 잠들게 하십니다. 그리고 갈빗대 하나를 취하여서 여자를 만드십니다. 아담이 깊이 잠든 것은 죽음과 같습니다. 그럼 여자는 아담의 죽음에서 나온 것이 되는 것입니다. 이 모습은 예수 그리스도께서 자기 백성들을 창조하는 방식과 동일합니다. 아담이 깊이 잠들고 아담의 몸에서 여자가 나온 모습은 예수님께서 십자가에서 옆구리를 찢으시고 물과 피를 쏟고 자기 백성들을 구원하는 것을 예표하고 있는 것입니다.

하나님께서 아담을 여섯째 날에 깊이 잠들게 하신 것은 예수님이 여섯째 날 금요일에 십자가에서 죽으신 것과 같습니다. 하나님은 구약에서는 아담의 죽음 속에서 여자를 창조하셨고, 신약에서는 예수 그리스도의 죽음 속에서 성도를 창조하신 것입니다. 쉬운 말로 하나님께서 아담의 생명을 여자에게 주었고, 예수 그리스도의 생명을 성도에게 주신 것입니다.

이렇게 되면 여자는 아담의 생명으로 살아가는 것이고, 성도는 예수 그리스도의 생명으로 살아가고 있는 것이 됩니다. 그래서 사도 바울은 남자와 여자는 그리스도와 교회의 비밀이라고 하였던 것입니다. 여자는 남자로부터 생명을 받은 자입니다. 남자는 생명을 주는 위치에 있고, 여자는 생명을 받는 위치에 있는 것입니다. 이를 천지창조로 보면 남자는 하늘이 되고 여자는 땅이 됩니다.

남자와 여자는 예수 그리스도와 교회를 말한다고 하였습니다. 그럼 예수님이 남자이고, 교회는 여자인 것입니다. 교회는 성도를 상징하므로 우리 모두가 여자입니다. 여자는 남자로부터 생명을 수여 받았듯이 교회는 예수 그리스도의 생명을 수여 받았습니다. 우리는 예수 그리스도에게서 나왔고, 예수 그리스도 말미암아 살아가다가, 예수 그리스도께로 돌아가게 되어 있습니다.

로마서 11장을 봅니다.

롬 11:36 "이는 만물이 주에게서 나오고 주로 말미암고 주에게로 돌아감이라 영광이 그에게 세세에 있으리로다 아멘"

성도의 생명의 근원은 예수 그리스도입니다. 또한 예수 그리스도의 생명을 공급받고 살아가고 있습니다. 그러다가 예수님이 재림하시면 천국에서는 어린양의 신부가 되어 예수 그리스도와 한 몸이 되어서 살아가게 되는 것입니다.

생명의 존재 양식은 물의 흐름과 같습니다. 물은 위에서 아래로 흐릅니다. 생명도 창조주가 피조물에게 주는 것입니다. 생명은 높은 자가 낮은 자에게 베푸는 것입니다. 생명의 자람도 강함이 약함을 위하여 희생하는 것으로 나타납니다.

창조주가 피조물을 돌보는 것이고, 부모가 자식을 돌보는 것입니다. 예수님이 제자들을 섬기는 것입니다. 생명이 하나님에게서 인간에게 주어지고, 사랑이 부모에게서 자식에게로 주어지고, 도움이 남자에게서 여자에게로 흐르는 것입니다. 강한 자가 약한 자를 섬기는 것이 창조 세계의 원리입니다. 그래서 구원이 창조주이신 예수님이 죄인을 위하여 대속제물이 되시는 것으로 나타난 것입니다.

예수님께서 이 세상에 오신 것은 자기 비움입니다. 창조주가 피조물의 몸을 입은 것은 창조주로서의 비움입니다. 이를 신의 죽음이라고 합니다. 구원은 신의 죽음으로 주어지는 것입니다. 그것이 예수 그리스도의 십자가로 나타났습니다.

예수님이 십자가에서 죽으시고 자기 백성을 낳으신 것입니다. 그래서 죄 사함이 피 흘리심으로 주어지는 것입니다. 피 흘림이 없으면 죄 사함이 없다고 하는 것입니다. 어머니가 물과 피를 쏟고 자식을 낳듯이, 예수 그리스도께서 십자가에서 물과 피를 쏟으시고 성도를 낳으신 것입니다.

교회와 가정은 이러한 원리로 세워지고 있습니다. 교회는 강한 자가 약한 자를 위하여 희생하는 것으로 세워지는 것입니다. 가정은 부모가 자식을 위하여 희생하는 것으로 세워지고 지켜지는 것입니다. 하지만 인간들이 살아가는 죄의 세계는 하나님의 세계와 반대입니다. 세상의 법칙은 강한 자는 섬김을 받고, 약한 자가 섬기는 것으로 나타납니다. 그래서 이 세상에서는 시절을 좇아서 선물이 낮은 사람들에게서 높은 사람들에게로 주어지는 것으로 나타나는 것입니다.

이 세상은 철저하게 약육강식의 법칙으로 다스려지고 있습니다. 약육강식의 법칙에서는 강함이 선이고, 약함은 악인 것입니다. 그래서 세상에서는 서로가 강자가 되고자 하는 것입니다. 서로 강자가 되려고 치열하게 경쟁하는 것입니다. 서로 높은 자리에 앉고자 전쟁하는 것입니다. 그래서 세상에서의 존재 양식은 모두가 전쟁입니다. 학교에서도 서로 더 높은 점수를 얻고자 경쟁이라는 전쟁을 하고, 직장에서는 남보다 더 높은 직급으로 올라가고자 전쟁하고, 스포츠에서도 상대를 이기려고 전쟁하는 것입니다.

서로가 상대방보다 더 높아지려는 전쟁을 하고 있는 것입니다. 죄인들이 살아가는 세상은 그 자체가 전쟁입니다. 누구든지 진 자는 이긴 자의 종이 되는 것입니다. 이긴 자는 왕으로 군림하는 것입니다. 전쟁에서 이긴 자에게는 부와 명예가 주어집니다. 이긴 자에게는 상좌가 기다리고 있습니다. 세상에서는 이긴 자가 강한 자가 되는 것입니다. 이 세상의 법칙은 승리한 자의 자리가 섬김을 받는 자리입니다.

종말에는 약육강식의 짐승의 법칙이 교회 안에서도 그대로 횡행합니다.

교회가 물질의 가치로 세워지면서부터 교회의 직분이 서열이 되고 말았습니다. 그러다 보니까 집사와 장로가 서열 경쟁이 되고 만 것입니다. 목사들이 행함에 대한 보상으로 장로와 권사의 직분을 주고 있는 것입니다. 장로와 권사가 벼슬이 되고 만 것입니다. 장로와 권사의 직분이 교회 안에서 벼슬이 되다 보니 급기야 돈을 주고 사고 파는 매관매직이 일어나고 있는 것입니다. 믿음과 상관없이 돈 많은 자들이 상석에 앉고, 돈 없는 자들은 한직으로 밀려나고 있는 것입니다.

속된 말로 교회 안에서 '유전무죄, 무전유죄'라는 말이 회자되고 있습니다. 돈 있는 자는 상좌에 앉아서 섬김을 받고 있으며, 돈 없는 자는 말석에서 섬기게 되는 것입니다. 이러한 사고가 교인들의 신앙 속에 그대로 녹아 있습니다. 교회를 오래 다닐수록 섬기는 자리에서 섬김받는 자리로 나아가는 것입니다. 신앙생활을 오래 한 것이 마일리지로 쌓여서 대접받는 것으로 나타나고 있는 것입니다.

왜 이러한 일들이 일어나고 있나요? 이는 모두가 하나님으로부터 받은 은혜가 없기 때문입니다. 하나님으로부터 받은 사랑이 없기 때문입니다. 하나님으로부터 섬김을 받은 경험들이 없기 때문입니다. 하나님으로부터 섬김을 받아야 이웃을 섬길 수가 있습니다. 성도는 하나님으로부터 받은 것으로 살아가는 자들입니다. 구원도 하나님의 섬김으로 이루어지는 것입니다.

히브리서 6장을 봅시다.

히 6:10 "하나님이 불의치 아니하사 너희 행위와 그의 이름을 위하여 나타낸 사랑으로 이미 성도를 섬긴 것과 이제도 섬기는 것을 잊어버리지 아니하시느니라"

하나님의 섬김이란 마치 부모가 자식을 돌아보는 것과 같은 것입니다. 자식이 부모로부터 나와서 부모의 도움으로 살아가는 것과 같이, 우리의 구원도 하나님께서 이미 해주셨고 지금도 해주시고 계시며 장차도 해주실 것입니다. 그래서 구원이 과거와 현재와 미래 시제로 주어지는 것으로 말해주고 있는 것입니다.

이 모두를 하나님이 하십니다. 이를 하나님의 섬김이라고 합니다. 그래서 히브리서 기자는 하나님은 불의치 아니하신 분으로서 그의 이름을 위하여 나타낸 사랑으로 성도를 섬긴 것과 이제도 섬기는 것을 잊어버리지 않는다고 하는 것입니다. 이러한 것은 모든 피조물 세계에 그대로 나타나고 있습니다.

어미가 새끼를 섬기는 것으로 새끼들은 자라가는 것입니다. 새들이 새끼에게 먹이를 물어다 주는 것을 보세요. 그 속에 하나님이 자기 백성들을 섬기는 것이 담겨 있는 것입니다. 신앙생활은 하나님으로부터 섬김받은 것으로 하는 것입니다. 신앙생활의 힘의 원천은 하나님으로부터 받는 것에 있습니다. 성도가 행하는 모든 것은 하나님으로부터 받은 것입니다.

사랑도 하나님의 것이고,
은혜도 하나님의 것이고,
감사도 하나님의 것이고,
섬김도 하나님의 것입니다.

하나님으로부터 사랑을 받은 자가 사랑하게 되어 있습니다. 하나님으로부터 은혜를 받은 자가 은혜를 토하여 내게 되어 있습니다. 하나님으로부터 섬김을 받은 자가 교회와 성도들을 섬기게 되어 있습니다. 이것이 신앙의 원리입니다. 그럼에도 이 시대 교회는 이러한 원리로 세워지지 않고 있습니다. 하나님의 것으로 섬기지 않고 자기 것으로 섬기고 있습니다.

하나님으로부터 섬김받은 것없이 자기 것으로 섬기니까 신앙생활을 오래 할수록 자기 의가 쌓여서 상좌에 앉게 되고 섬김을 받고자 하는 것입니다. 하나님은 죄인이 드리는 천천의 숫양과 만만의 강수 같은 기름을 기뻐하지 않으십니다. 하나님은 하나님의 것만 받으십니다. 그것이 여호와 이레입니다. 여호와 이레란 '여호와께서 친히 준비하시는 것'입니다. 하나님께서 친히 준비하신 것이 바로 예수 그리스도입니다.

하나님은 예수 그리스도의 것만 받으십니다. 예수님은 자기 백성들에게 예수님의 것을 주셨습니다. 이를 성령의 은사라고 합니다. 성령의 은사는 모두가 예수님의 것들입니다. 성령의 은사에는 성품적인 것과 사역적인 것이 있습니다. 그러므로 성도가 행하는 일도 예수님으로부터 받은 것이고, 성도가 토해내는 각양의 성품들도 예수님의 것입니다.

은혜 받음이 먼저이고 일은 나중입니다. 이것을 믿음이 일으킨 행함이라고 합니다. 행함은 믿음이 일으킨 현상입니다. 그래서 믿음과 행함이 함께 일을 한다고 하는 것입니다. 살아 있는 믿음은 반드시 행함을 토해내게 되어 있습니다. 행함은 살아 있다는 자기 증거입니다. 행함은 가르치는 것이 아닙니다. 살아 있으면 반드시 나타나게 되어 있습니다. 그래서 행함이 없는 믿음은 죽은 것이라고 합니다. 죽은 믿음을 일컬어 마귀의 믿음이라고 합니다.

창조 세계의 법칙은 창조주가 피조물을 섬기는 것입니다.

이것이 하늘이 땅에 비를 내려서 땅이 산물을 내게 하는 것으로 나타나고 있습니다. 땅은 하늘이 주는 비를 받아서 산물을 내야 하는 것입니다. 땅이 낸 산물은 땅의 것이 아니라 하늘의 것입니다. 하나님은 이러한 원칙으로 세상을 다스리십니다. 그런데 마귀가 이러한 원칙을 역리로 바꾸어 놓은 것입니다. 하나님으로부터 도움을 입고 감사의 산물을 내야 하는 피조물인 인간들이 도리어 신을 섬기는 것으로 바꿔놓은 것입니다.

이것을 죄라고 합니다. 그래서 죄 아래 있는 인간들의 신앙은 인간들이 신을 섬기는 것으로 나타나고 있는 것입니다. 이를 두고 지성이면 감천이라고 합니다. 사도 바울이 아덴에 갔을 때 모든 인간이 이러한 신앙을 가지고 있었습니다. 이에 바울은 만유를 창조하신 분이 무엇이 아쉬워서 피조물에게 도움을 받겠느냐고 하면서 창조주는 피조물에게 모든 것을 공급하는 분이라고 알려주었던 것입니다.

마귀가 순리를 역리로 만들어 놓은 것입니다. 순리는 창조주가 피조물을 섬기는 것이고, 역리는 피조물이 창조주를 섬기는 것입니다. 순리는 강한 자가 약한 자를 섬기는 것이고, 역리는 약한 자가 강한 자를 섬기고자 하는 것입니다.

순리에 속한 성도들은 자기가 살아가는 모든 것은 하나님으로부터 받은 것이라는 것을 알고 감사하고 찬송하게 되는 것입니다. 그러나 역리에 속한 사람들은 자신이 하나님을 섬겼기 때문에 하나님은 응당 자기의 소원을 들어주어야 한다고 하면서 섬긴 것에 대하여 청구서를 제출하는 것입니다. 이를 지성이면 감천이라고 합니다.

받아먹었으면 내어놓으라는 것입니다. 이것을 뇌물이라고 합니다. 그래서 하나님은 뇌물을 받지 않는다고 하시는 것입니다. 이 말은 하나님은 피조물의 섬김을 받지 않겠다는 뜻입니다. 피조물이 창조주를 섬기겠다고 하는 것은 교만이고 불의입니다. 이것은 마치 어린아이가 부모를 먹여 살리겠다고 하는 것과 같습니다. 어린아이가 부모의 도움을 거절하고 부모를 돕겠다고 하는 것은 악이고 죄입니다. 그것은 부모를 모욕하는 것이고 부모를 망신시키는 것입니다.

그런데 이러한 일들이 이 시대 교회 안에서 일어나고 있습니다. 하나님으로부터 받아야 할 자들이 하나님을 섬기겠다고 하는 것입니다. 교회 안에 예수님 발아래서 말씀을 듣는 마리아는 없고, 예수님을 대접하겠다고 분주하게 움직이는 마르다만 가득합니다. 탕자 비유에서 아버지의 명을 어김없이 행하였다고 하면서, 돌아온 탕자를 용서하고 받아준 아버지의 처사에 불평하고 원망하는 맏아들만 가득한 것입니다.

그러다 보니 교회에 하나님의 은혜는 사라지고 인간의 의가 난무하고 인간들의 자랑거리들로만 가득한 것입니다. 교회마다 바리새인들을 양산하고 있는 것입니다. 자기 행위로 큰소리치고 있는 것입니다. 교회가 세상의 법칙으로 세워져 가고 있는 것입니다. 은혜와 긍휼과 사랑이 강물처럼 흘러야 하는 자비의 집이 인간의 힘(행위)으로 우열과 서열이 정해진 강도의 소굴이 되고 만 것입니다.

피조물은 창조주로부터 받은 것으로 살아가게 되어 있습니다. 하나님으로부터 은혜를 받아야 은혜도 나오고, 하나님으로부터 사랑을 받아야 사랑도 나오고, 하나님으로부터 섬김을 받아야 섬김도 나오게 되는 것입니다. 이를 하나님이 공급하는 힘이라고 합니다.

베드로전서 4장을 봅시다.

벧전 4:7-11 "만물의 마지막이 가까왔으니 그러므로 너희는 정신을 차리고 근신하여 기도하라 ^{8}무엇보다도 열심으로 서로 사랑할찌니 사랑은 허다한 죄를 덮느니라 ^{9}서로 대접하기를 원망 없이 하고 ^{10}각각 은사를 받은 대로 하나님의 각양 은혜를 맡은 선한 청지기같이 서로 봉사하라 ^{11}만일 누가 말하려면 하나님의 말씀을 하는 것같이 하고 누가 봉사하려면 하나님의 공급하시는 힘으로 하는 것같이 하라 이는 범사에 예수 그리스도로 말미암아 하나님이 영광을 받으시게 하려 함이니 그에게 영광과 권능이 세세에 무궁토록 있느니라 아멘"

만물의 마지막이 가까이 왔으니 열심히 서로 사랑하라고 합니다. 사랑은 허다한 죄를 덮는다고 합니다. 사랑은 율법의 완성이라고 합니다. 그런데 그 사랑은 우리의 것으로 하는 것이 아니라 하나님의 것으로 하여야 한다고 합니다. 하나님의 것으로 하려면 먼저 하나님으로부터 받아야 합니다. 하나님은 성도들에게 하나님의 것을 먼저 주셨습니다.

이를 '은사'라고 합니다. 성도가 행하는 사랑도, 대접도, 섬김도, 봉사도, 가르치는 것도, 모두가 하나님의 은사입니다. 신앙생활은 하나님으로부터 받은 것으로 하는 것입니다. 하나님은 먼저 주시고 달라고 하십니다. 그럼 먼저 무엇을 하기 이전에 하나님으로부터 받아야 합니다. 하나님으로부터 받은 것으로 하면 쉽고 기쁘고 감사가 됩니다. 그러나 내 것으로 하면 수고하고 무거운 짐이 되어 힘들고 기쁨도 없습니다.

교회 안에서 일어나는 모든 문제는 자기 것으로 행하기 때문에 나타나는 것입니다. 하나님의 도움을 받아야 할 존재들이 하나님을 섬기겠다는 것으로부터 시작됩니다. 법이 은혜를 삼키고 있는 것입니다. 은혜로 하지 않고 법으로 하기 때문에 실력 행사를 하게 되는 것입니다.

법으로 행하게 되면 반드시 그 행한 것을 힘으로 삼게 되어 있습니다. 실력 행사를 하게 되어 있습니다. 자기 것으로 하였으니까 당연히 보상을 요구하는 것입니다. 자기가 한 헌금과 열심과 봉사와 헌신이라는 자기 지분이 있다고 여기기 때문에 이러쿵저러쿵 발언권을 행사하게 되는 것입니다.

일하지 말아야 할 자들이 일해서 망하는 것입니다. 이러한 현상을 역리(逆理)라고 합니다. 파리한 소가 살진 소를 잡아먹는다고 합니다. 인간의 의로 하나님의 의를 배척하는 것으로 나타난 것입니다. 바리새인들이 율법의 의로 예수를 죽이는 것으로 나타난 것입니다. 생명이 없는 파리한 소들인 바리새인들이 율법 지킴을 힘으로 삼아서, 생명이 풍성한 살진 소인 예수 그리스도를 잡아먹는 것으로 나타난 것입니다.

피조물이 창조주를 죽이는 것으로 나타난 것입니다. 그래서 예수님은 자기 의로 하나님의 의를 거부하는 자들을 향하여 '독사(살모사) 새끼들'이라고 하셨습니다. 살모사(殺母蛇)란 '어미를 잡아먹는 뱀'이라는 뜻입니다. 죄인이 바로 자기를 낳아준 부모를 잡아먹는 살모사들인 것입니다.

죄가 무엇입니까?
하나님의 것을 받지 않는 것입니다.

의가 무엇입니까?
하나님의 것을 받는 것입니다.

하나님의 것을 받지 않는 것을 불순종이라고 하고, 하나님의 것을 받는 것을 순종이라고 합니다. 불순종을 제사라고 하고, 순종을 긍휼이라고 합니다. 하나님은 제사를 원치 않고 긍휼을 원하십니다.

지혜로움이란 자기가 누구인지를 바로 아는 것입니다. 내가 하나님께 얻어먹어야 할 자인지, 아니면 하나님께 갖다 바쳐야 할 자인지 아는 것입니다. 얻어먹어야 할 자가 바치겠다고 하는 것은 불경이고 참람함입니다. 또한 섬김을 받아야 할 자가 섬기고자 하는 것도 불경이고 참람함이며, 반대로 섬겨야 할 자가 섬김을 받겠다고 하는 것도 불경이고 참람함인 것입니다.

쉬운 말로 어린아이가 부모를 돕겠다며 해야 할 공부는 하지 않고 껌 팔러 다니는 것도 불경이고 참람함이며, 반대로 부모가 어린 자식을 공부시키지 않고 껌 팔아서 돈 벌어 오라고 하는 것도 불경이고 참람함입니다. 어린아이와 어른은 각자의 자리가 있습니다. 어린아이 때는 부모로부터 섬김을 받고, 어른일 때는 자식들을 섬겨야 합니다. 각자 자기 위치에서 살아가는 것이 아름다운 것입니다. 어린아이가 부모의 도움을 입고 살아가는 것이 부모를 대접하는 것입니다.

어린아이는 부모의 도움을 입고 열심히 어른으로 자라가야 합니다. 어른으로 자라면 이제부터 부모로부터 받은 사랑을 자기 자식에게 쏟아내게 되는 것입니다. 그래서 사랑은 치사랑은 없고 내리사랑만 있다고 하는 것입니다. 섬김을 받아야 할 때가 있고, 받은 섬김으로 섬겨야 할 때가 있습니다. 어린아이 때는 섬김을 받아야 하고, 어른이 되어서는 섬겨야 합니다.

우리의 신앙도 동일합니다. 금방 교회에 온 자는 섬김을 받아야 하고, 오래된 성도들은 섬겨야 합니다. 초신자는 섬김을 받아서 장성한 어른으로 자라가야 합니다. 그리하여 어른이 되면 과거 초신자 때 섬김을 받은 것을 새로 들어온 신자들에게 그대로 토해내면서 섬겨야 하는 것입니다. 이것이 하나님이 정해 놓으신 생명의 질서입니다.

성도가 행하는 섬김은 내 것으로 섬기는 것이 아니고 하나님의 것으로 섬겨야 하기 때문입니다. 그러므로 교회 안에서 누굴 섬기려면 먼저 하나님으로부터 섬김을 받아야 합니다. 믿음이 오래될수록 은혜의 자리를 떠나서는 안 되는 것입니다. 더욱더 은혜를 사모해야 합니다.

아담이 타락한 것은 하나님으로부터 도움을 입어서 강한 자로 자라가야 할 자가 여자를 아내로 맞이하여서 생긴 일들입니다. 속된 말로 장가가지 말아야 할 자가 장가를 간 것이 화근이 된 것입니다. 자기 앞가림도 못 하는 자가 남을 돌본다고 하면서 인류가 저주에 빠지고 만 것입니다.

하나님은 피조물이 창조주에게 도움을 입어야만 살 수 있도록 해놓으셨습니다. 이를 천지창조를 통하여서 말해주고 있습니다. 하늘과 땅은 존재 양식이 다릅니다. 하늘은 주는 위치에 두셨고, 땅은 받는 위치에 두셨습니다. 하늘은 주는 양식으로 존재하게 하셨고, 땅은 하늘로부터 받아서 산물을 내는 존재 양식으로 만들어 놓으신 것입니다. 하늘은 하나님을 상징하고, 땅은 피조물을 상징합니다. 땅은 하늘의 것을 받지 않으면 고사되어 죽어 버립니다.

하늘과 땅은 예수님과 성도 이야기입니다.
하늘은 남자이고, 땅은 여자입니다.
예수님은 남자이고, 성도는 여자입니다.

남자란
하나님의 생명을 가진 자를 말합니다.
남자는 생명을 주는 자이고,
여자는 생명을 받는 자입니다.

남자와 여자의 의미는 돕는 자와 도움을 입는 자의 모습입니다. 그런 의미에서 피조물인 아담은 여전히 하나님으로부터 생명을 받아야 하는 여자입니다. 피조물 속에는 하나님의 생명을 가진 자가 없습니다. 하나님의 생명은 하늘에서 오신 분에게만 있습니다. 하늘에서 오신 분이 누구인가요? 그분이 바로 하나님의 아들 예수 그리스도입니다. 하나님은 예수님을 이 세상에 보내서 자기 백성들에게 하나님의 생명을 주도록 하셨습니다.

　예수님은 남자이고, 자기 백성은 여자입니다. 그래서 성경은 성도를 예수님의 신부라고 합니다. 예수님이 자기 신부들에게 생명을 주십니다. 예수님으로부터 생명을 받으면 하늘의 사람으로 거듭나게 됩니다. 땅의 사람이 하늘의 사람으로 새롭게 창조되는 것입니다. 받는 사람에서 주는 사람으로 바뀌게 되는 것입니다. 여자에서 남자가 되는 것입니다. 그래서 구원받은 성도를 하나님의 아들이라고 하는 것입니다.

　막 창조된 아담은 아직까지 하나님의 생명이 없는 상태입니다. 하나님의 생명이 없으면 여자입니다. 아담은 남자 구실을 해서는 안 되는 것입니다. 생물학적으로는 아담은 하와와 비교하면 남자가 맞지만, 영적으로 하나님의 생명을 갖지 못한 상태에서는 아담 역시 하와와 같은 네페쉬 하야로서의 생령인 것입니다.

　남자의 구실이 있고, 여자의 구실이 있습니다. 남자는 여자에게 생명을 줄 수 있을 때 남자 구실을 하는 것입니다. 아담은 하나님의 생명을 받을 때까지는 생령이므로 남자 구실을 해서는 안 됩니다. 아담에게 있어 중요한 것은 자신이 먼저 생명과를 먹고 영생을 소유한 남자가 되는 것입니다. 그래야 여자에게 생명을 주고 지킬 수가 있는 것입니다. 그럼에도 아담이 스스로 남자의 위치에 서서 여자를 아내로 맞이한 것이 타락의 원인이 되었던 것입니다.

　생령인 아담으로서는 여자를 지키지 못합니다. 왜냐하면 에덴동산에는 아담보다 월등한 지혜를 가진 뱀이 도사리고 있기 때문입니다. 뱀을 이기려면 뱀보다 더 똑똑해야 합니다. 그러나 하나님이 만든 들짐승 중에 뱀이 가장 똑똑합니다. 하나님은 뱀을 아담보다 더 똑똑하게 만드셨습니다. 아담이 뱀을 이기려면 뱀보다 더 지혜로운 분의 도움을 받아야 합니다. 그래서 하나님은 뱀보다 더 지혜로운 분을 아담에게 돕는 배필로 주시고자 하였던 것입니다.

　그런데 아담이 자기 몸에서 나온 여자를 돕는 배필로 맞이하자 하나님이 준비한 돕는 배필은 저만치서 지켜볼 수밖에 없었던 것입니다. 아담은 자기 몸에서 나온 여자로 인하여서 뱀의 미혹에 넘어가고 말았습니다. 아담은 여자를 지켜내지 못하였습니다. 이는 모두가 남자도 아닌 것이 남자 구실을 하다가 결국에는 둘 다 뱀의 미혹에 넘어가 죽음의 나락으로 떨어지고 만 것입니다.

에덴동산에 먹으면 죽는 과실과 먹으면 영생하는 과실이 있었습니다.

두 과실은 두 의와 같습니다. 붙잡으면 죽는 의가 있고, 붙잡으면 사는 의가 있습니다. 율법의 의를 붙잡으면 죽고, 예수 그리스도의 믿음의 의를 붙잡으면 삽니다. 율법의 의는 선악과이고, 예수 그리스도의 의는 생명과입니다.

이를 남자와 여자로 비유하면 율법의 의를 가진 자는 여자이고, 믿음의 의를 가진 자는 남자인 것입니다. 율법 아래 있는 자는 여자이고, 은혜 아래 있는 자는 남자입니다. 율법 아래 있는 목사는 여자이고, 은혜 아래 있는 목사는 남자입니다.

여자는 교회에서 가르치려 하지 말고 잠잠하라는 말은 율법 아래 있는 자는 가르치려 하지 말라는 것입니다. 교회의 타락은 예수의 생명이 없는 목사들이 가르치는 자로 서 있기 때문입니다. 누구를 가르치려면 먼저 자기 자신이 예수 그리스도로부터 생명을 받아서 강건한 남자가 되어야 합니다. 그래야 생명을 줄 수 있는 것입니다.

복음을 전하려면 복음이 무엇인지를 먼저 알아야 합니다. 그러자면 하나님으로부터 복음을 먼저 받아야 합니다. 복음은 인간들의 지혜로는 알 수 없습니다. 성령께서 깨닫게 해주셔야만 알 수 있습니다. 성령의 감동이 없이는 성경을 알 수 없습니다. 성령이 오셔야만 하늘의 말로 복음을 깨닫게 해주십니다. 그래서 예수님이 아버지가 약속하신 성령을 보내주실 때까지 예루살렘을 떠나지 말고 기다리라고 하신 것입니다.

교회에서 성도들에게 먼저 일을 시킬 것이 아니라 하나님의 말씀을 가르쳐야 합니다. 예수가 누구인지도 모르는 사람들에게 일을 시키면 반드시 그 일 때문에 망하게 되어 있습니다. 예수가 누구인지, 왜 예수를 믿어야 하는지, 태초에 말씀으로 계시던 하나님이 왜 육신을 입고 이 세상에 오셔서 십자가에 죽으셔야 했는지 복음을 들려주어야 합니다.

복음이 먼저이고 일은 나중입니다. 율법 아래서는 종으로 살았고, 은혜 아래서는 아들로 살아갑니다. 종은 여자이고, 아들은 남자입니다. 먼저는 여자이고, 나중이 남자입니다. 성도의 신앙은 이 과정을 겪게 됩니다.

바울도 이 과정을 겪었습니다. 율법 아래 있던 바울은 여자였습니다. 바울은 율법에 특심을 가지고 죽이는 일을 하였습니다. 이것은 아담이 남자 구실을 한 것과 같습니다. 여자인 바울이 남자 구실을 하려고 다메섹으로 가다가 예수님을 만납니다. 예수님이 바울을 찾아가신 것입니다. 예수님이 바울 속에 예수님의 생명을 주신 것입니다. 그러자 바울이 남자가 된 것입니다.

하나님은 남자가 된 바울을 아라비아 광야에서 3년 동안 강건한 남자로 만들어 가십니다. 성령의 감동으로 하나님의 말씀을 깨닫도록 하셨습니다. 그리고 난 후에 복음을 전하게 하였습니다. 바울은 강건한 남자가 되어서 하늘의 말을 전하였던 것입니다.

우리도 마찬가지입니다. 예수를 전하기 전에 먼저 예수를 알아야 합니다. 예수님의 십자가를 말하기 전에 십자가가 담고 있는 의미가 무엇인지를 먼저 알아야 합니다. 복음을 말하기 이전에 복음의 내용이 무엇인지를 알아야 합니다. 다른 복음, 다른 예수, 다른 영이 있습니다. 예수를 말하지만 다른 예수일 수 있습니다. 복음을 말하지만 다른 복음일 수 있습니다. 성령을 말하지만 다른 영일 수 있습니다.

인간의 지식으로 아는 예수와 성령께서 알려주신 예수가 다릅니다. 인간의 지혜로 아는 복음과 성령께서 알려주신 복음은 다릅니다. 복음을 전하기 이전에 내가 아는 예수가 참 예수인지 다른 예수인지를 알아야 합니다. 내가 아는 복음이 하늘의 참 복음인지 땅의 다른 복음인지를 알아야 합니다. 참 복음은 하늘 이야기를 하고, 다른 복음은 땅 이야기를 하게 되어 있습니다. 참 복음은 그의 나라와 그의 의를 말하고, 다른 복음은 무엇을 먹을까, 무엇을 마실까, 무엇을 입을까를 말합니다.

예수님께서 제사보다 먼저 긍휼을 배우라고 합니다. 제사를 왜 지내는지도 모르면서 제사를 지내면 그 제사 지낸 것 때문에 망합니다. 바리새인들이 제사를 안 지내서 망한 것이 아니고 제사를 지낸 것 때문에 망한 것입니다. 이 시대 교인들은 교회 일을 하나님의 일이라고 생각하는 것 때문에 정작 해야 하는 하나님의 일을 놓치고 있는 것입니다. 하나님의 일은 하나님이 보내신 자를 믿는 것입니다.

그런데 교인들이 교회 일 때문에 하나님이 보내신 자를 믿는 일을 게을리하고 있는 것입니다. 예수님은 섬기러 오셨는데 마르다처럼 섬기고자 하면 안 됩니다. 예수님은 마르다를 섬기려고 가셨습니다. 예수님의 생명을 주고자 가셨습니다. 그런데 마르다는 자기 것으로 예수님을 섬기겠다고 합니다. 마르다는 예수님을 섬기겠다고 하다가 정작 예수님으로부터 섬김을 받지 못한 것입니다. 예수님은 마르다의 것을 받지 않으십니다. 마르다는 예수님으로부터 받은 것도 없이 자기 것으로 섬겼습니다. 이것이 참람함입니다.

신앙의 순서는 먼저 받는 것입니다. 땅은 하늘로부터 받아서 산물을 내는 것으로 되어 있습니다. 땅인 우리는 하늘이신 예수님의 것을 받아서 산물을 내게 되어 있습니다. 그래서 신앙은 하나님으로부터 받는 것입니다. 신앙생활의 본질은 잠시라도 하나님의 도움이 없이는 살 수 없음을 알고 수로보니게 여인처럼 주인의 상에서 떨어지는 은혜를 사모하며 살아가는 것입니다. 먼저 먹고 배불러야 합니다. 배가 부르면 각종 일들이 은혜의 결과로 나타나게 되는 것입니다.

제발 잘난 척 나서지 마십시오. 선생이 되어서 가르치려고도 하지 마십시오. 누굴 가르치려고 나서는 순간 아담처럼 망하고 맙니다. 마리아처럼 예수님 발 앞에 쪼그리고 앉아서 예수님 입으로부터 나오는 말씀을 듣고자 하십시오. 초등학생이 장가가겠다고 하면 어찌합니까? 남자 구실도 못 하면서 여자를 데리고 오면 어찌합니까?

씨알이 영글 때까지 제발 잠잠히 부모 아래서 장성한 자로 자라가십시오. 남자가 어떤 일을 해야 하는 자인지를 배워야 합니다. 그럼 자연히 여자도 생기고 장가도 가고 아버지 집을 떠나게 됩니다. 분명한 것은 남자 되기는 쉬워도 남자로 살기는 여간 어려운 것이 아니라는 것입니다. 그러니 섣불리 "나 장가갈래!" 하지 마세요. 어쭙잖게 남을 가르치려 하지 말란 말입니다. 항아리 아구까지 물이 가득 채워질 때까지 기다리십시오. 아구까지 다 차면 저절로 철철 넘쳐흘러서 주변에 있는 사람들에게 흘러가게 되어 있습니다.

바울은 여자는 교회에서 잠잠하라고 했습니다. 집에서 남편에게 배우라고 합니다. 여자가 가르치는 것을 허락하지 않았습니다. 여자는 목사 하지 말라는 말이 아닙니다. 복음을 모르면 잠잠하라는 말입니다. 목사는 남자, 여자 성별로 따지지 않습니다. 여자라도 복음을 알면 남자이고, 남자라도 복음을 모르면 여자입니다.

가정에서도 마찬가지입니다. 믿음이 좋은 자가 남자이고, 믿음이 연약한 자가 여자입니다. 예를 들어서 남편이 복음을 모르고 아내가 복음을 알면 신앙적인 질서에서는 아내가 남자이고 남편은 여자인 것입니다. 그럼 남편은 아내 말을 들어야 합니다. 반대로 남편이 복음을 알고 아내가 모르면 남편이 남자이고 아내는 여자입니다. 그럼 아내는 남편 말을 들어야 합니다. 이것이 순리입니다.

교회도 마찬가지입니다. 목사가 복음을 알고 성도가 복음을 모르면 목사는 남자이고 성도는 여자입니다. 이럴 때는 성도가 목사에게 순종하여야 합니다. 반대로 성도가 복음을 알고 목사가 복음을 모르면 성도가 남자이고 목사는 여자입니다. 이럴 때는 목사가 성도에게 배워야 합니다. 이것이 영적인 질서입니다. 모르는 것을 배우는 것은 수치가 아닙니다. 자존심 상할 일이 아니고 도리어 지혜로움입니다. 모르면서 아는 척하는 것이 어리석음입니다.

목사와 성도는 직분의 다름이지 높고 낮음이 아닙니다. 목사가 복음을 모르면 성도에게 배우는 것은 수치가 아닙니다. 성령의 사람은 복음을 배우는 것을 수치로 여기지 않습니다. 모르면 모른다고 하는 것이 능력입니다. 신앙은 구원받음에 감사하며 살아가는 것으로 족합니다. 그 이상도 그 이하도 아닙니다. 하루하루 살게 해주시는 그 은혜에 감사하면서 살아가시면 됩니다.

예수 믿는 것이 행복하셔야 합니다.
신앙생활이 기쁨이고 감사이어야 합니다.
그러면 날마다 천국을 누리게 됩니다.
그 천국을 빼앗기지 마시기 바랍니다.

스스로에게 물어보세요.
나는 남자인가, 여자인가?
모두가 강건한 남자로 자라가시길 주의 이름으로 축원드립니다.

19강 아담과 하와

창세전 언약으로 본 창조와 구원 이야기

창 2:21-25 "여호와 하나님이 아담을 깊이 잠들게 하시니 잠들매 그가 그 갈빗대 하나를 취하고 살로 대신 채우시고 ^{22}여호와 하나님이 아담에게서 취하신 그 갈빗대로 여자를 만드시고 그를 아담에게로 이끌어 오시니 ^{23}아담이 가로되 이는 내 뼈 중의 뼈요 살 중의 살이라 이것을 남자에게서 취하였은즉 여자라 칭하리라 하니라 ^{24}이러므로 남자가 부모를 떠나 그 아내와 연합하여 둘이 한 몸을 이룰지로다 ^{25}아담과 그 아내 두 사람이 벌거벗었으나 부끄러워 아니하니라"

이번 장에서는 아담과 하와 속에 담겨 있는 영적인 의미를 앞선 남자와 여자 이야기를 보충하는 의미에서 살펴보려 합니다. 앞 장에서 설명이 미진한 부분이 있어서 보충하는 것이므로 다소 중복되는 것이 있어도 더 웅숭깊게 나눈다 생각하시길 바랍니다.

아담은 영생의 세계를 모르는 여자를 결코 돕는 배필로 두어서는 안 됩니다. 성경에서 남자와 여자의 의미는 돕는 자와 도움을 입는 자의 모습을 보여주고자 함입니다. 이는 남자와 여자 속에 하나님과 성도의 관계를 설정해 두신 것입니다.

하나님은 하나님 자신이 아담의 돕는 배필이 되고자 하셨습니다. 그렇다면 아담이 여자의 자리에 있고 하나님이 남자의 자리에 서 있는 그림이 그려지게 됩니다. 에덴동산에서 아담과 하와의 그림으로 본다면 아담이 남자가 되어 여자를 돕는 자가 됩니다. 남자와 여자가 창조된 순서를 보아서도 남자가 여자를 도울 수는 있어도 여자는 남자를 도울 수 없습니다.

하지만 이것도 어디까지나 아담과 하와가 동산에서 생령으로 살아가는 것을 전제로 할 때의 일입니다. 그러나 아담은 동산에서 에덴으로 나아가도록 창조된 자입니다.

그럼 아담은 동산을 떠나 에덴으로 나아가는 데 도움을 줄 수 있는 분을 돕는 배필로 두어야 했습니다.

아담보다 더 나은 분이라야 도울 수가 있는 것입니다. 그럼 아담이 에덴으로 나아가는 길에 도울 수 있는 돕는 배필은 동산의 차원에 속한 분이 아니라 에덴에 속한 분이어야 합니다. 에덴에 속한 분이 동산으로 내려와서 아담을 에덴으로 데리고 가야 합니다.

동산에서 에덴은 보이지 않는 세계입니다. 그럼 동산보다 더 높은 곳에 위치한 보이지 않는 에덴은 하늘나라와 같습니다. 이러면 보이는 동산은 이 세상이 되는 것입니다. 아담의 구원을 우리에게 적용하면 하나님께서 우리를 보이는 이 세상에서 보이지 않는 하나님 나라로 데리고 가는 것입니다. 그러자면 보이지 않는 하나님 나라에 계신 하나님이 육신을 입고 이 세상 사람들이 볼 수 있도록 오셔야 합니다.

그것이 육신을 입고 이 세상에 오신 예수 그리스도입니다. 이러면 아담에게 주시고자 하신 돕는 배필이 누구인지를 알 수 있습니다. 하나님이 아담에게 주시고자 하신 돕는 배필은 바로 예수 그리스도이신 것입니다. 이를 에덴동산에서는 여호와 하나님이라고 합니다.

아담이 만약 이 사실을 알았다고 한다면 여자를 돕는 배필로 맞이할 것이 아니라 다소곳이 앉아서 에덴에서 오시는 돕는 배필을 기다려야 했습니다. 그런데 아담은 자기 몸에서 나온 여자에게 마음을 빼앗기고 돕는 배필로 맞이함으로써 인류에 타락을 몰고 오게 된 것입니다. 아담이 생령에서 영생하는 사람이 되어서 영생의 세계로 나아가야 한다면 아담 역시 남자가 아니라 여자의 위치에 있어야 합니다. 자신을 영생의 세계로 끌어줄 남자를 기다려야 합니다.

아담은 선 줄로 생각하다가 넘어진 자가 되고 만 것입니다. 그런데 하나님은 아담의 넘어짐 속에 인류의 구속사를 담아 놓으셨습니다. 하나님께서 그 아들을 육신으로 보내서 어떻게 죄인을 구원해 내는지를 씨눈처럼 담아 놓으신 것입니다. 그래서 사도 바울은 남자와 여자의 이야기는 단순하게 남녀 간의 사랑 이야기가 아니라 예수 그리스도와 교회의 비밀이라고 하였습니다. 이는 예수 그리스도와 성도 간의 구원 이야기라는 것입니다.

남자와 여자가 그리스도와 교회의 비밀이라는 말은 남자와 여자의 관계를 그리스도와 성도 간의 구원 이야기로 들을 사람들이 있다는 것입니다. 이 비밀을 알아볼 줄 아는 사람들이 존재한다는 것입니다. 모두가 다 아는 것이 아니고 특정한 사람들만이 알게 된다는 것입니다. 특정한 사람들이 누구인가요? 그들이 바로 창세전에 영생 받기로 작정된 어린양의 생명책에 녹명된 자들입니다. 성경은 이들을 하나님의 아들들이라고 합니다.

아담과 하와 속에 예수 그리스도와 교회의 비밀을 담아 두신 것은 하나님의 아들들에게만 알려주고자 하신 것입니다. 이를 역으로 말하면 하나님의 아들들은 아담과 하와 이야기를 예수 그리스도와 자신들의 이야기로 해석하게 된다는 뜻입니다.

오늘은 아담과 하와를 통해서 남자와 여자의 존재가 어떤 것인지에 대하여 살펴봅니다. 먼저 남자와 여자의 창조부터 살펴봅시다. 하나님께서 남자에게서 여자를 빼냈다고 말해주고 있습니다. 처음 창조된 아담 속에는 남성성(性)과 여성성(性)이 함께 있었습니다. 하나님께서 아담 속에 있던 '여자'(이솨 אִשָּׁה)를 빼내면서부터 아담이 '남자'(이쉬 אִישׁ)가 되었습니다.

엄마 뱃속에서 갓 태어난 어린아이들은 남자와 여자로 구분하지 않습니다. 그냥 아이들이라고 합니다. 남자와 여자는 자라가면서 남성성과 여성성으로 구분이 됩니다. 자아에 대하여 눈을 뜨고 자기 정체성을 알면서 서로 구분하게 됩니다. 자신이 남자이고 여자인 것을 알았다고 해서 모든 게 끝이 나는 것은 아닙니다. 이제부터 남자는 남자로서, 여자는 여자로서 살아가야 하는 삶이 남아 있는 것입니다.

각자 남자와 여자로서 살아가려면 무엇보다도 자신에 대한 정확한 인식이 필요합니다. 남자는 남자다움이 있어야 하고, 여자는 여자다움이 있어야 합니다. 남자의 구실이 있고, 여자의 구실이 있습니다. 그 구실을 충분히 할 때 우리는 '남자답다' 혹은 '여자답다'라는 말을 하게 됩니다. 이성에 눈을 떴다고 하여서 초등학생이 여자 친구를 데리고 와서 결혼한다고 하면 난감해집니다. 남자가 아니라서가 아니라 남자 구실을 못 하기 때문입니다.

창세기 2장의 아담 역시 이런 점에서 아담이 과연 남자 구실을 제대로 하는 남자인가 하는 것입니다. 아담의 남자 구실이란 여자를 영생의 세계로 끌고 가는 것을 말합니다. 그러나 아담 역시 자신을 영생의 세계로 끌고 갈 돕는 배필을 필요로 하는 미숙한 어린아이와 같은 사람인 것입니다. 그럼 아담이 남자로 살 것이 아니라 자기도 도움을 받아야 할 여자로 다소곳이 있어야 합니다.

남자란 씨(생명)를 가진 자를 말합니다. 아담이 가지고 있어야 할 씨는 당연히 하나님의 생명을 말합니다. 아담이 남자 구실을 한다는 말은 여자에게 하나님의 생명을 줄 수 있는 상태를 말합니다.

그렇다면 아담은 아직 여자에게 하나님의 생명(씨)을 줄 수 있는 입장이 아닙니다. 아담이 여자에게 줄 수 있는 씨란 고작해야 네페쉬 하야(נֶפֶשׁ חַיָּה)라는 생령의 씨뿐입니다. 생령의 씨는 아무리 많이 주어도 그 속에 생명이 없기에 뱀의 노리갯감밖에 안 됩니다. 뱀을 이기려면 뱀보다 더 나은 생명이어야 합니다.

하나님은 아담이 하나님의 형상대로 하나님의 씨를 가진 자가 되기를 바라셨습니다. 그래서 하나님의 씨가 들어 있는 생명과를 먹으라고 명령하셨던 것입니다. 아담이 생명과를 먹었으면 여자를 아내로 맞이하여 생명의 씨(하나님의 생명)를 줄 수 있었습니다. 그러나 생명과를 먹기 전의 아담은 하나님의 씨가 없는 상태이기 때문에 여자와 다름이 없는 것입니다.

그렇다면 아담은 남자 구실을 하려고 해서는 안 됩니다. 아담은 지금 여자를 맞아들여 가정을 꾸릴 수 있을 만큼 강건하지 못하기 때문입니다. 하나님의 생명이 없는 상태로서의 아담이 남자로서 살고자 한 것은 결국 아담 자신이나 여자에게도 커다란 불행이 되고 만 것입니다.

아담의 이러한 모습은 이 시대 교회 안에서도 그대로 나타나고 있습니다. 오늘날 신자들이 가장 크게 속고 있는 점은 아직 하나님의 말씀을 열심히 먹어서 믿음이 남자답게 강건하게 자라가야 하는 데도, 자라기도 전에 하나님께 헌신해야 한다는 맹목적인 충성심으로 하나님의 일(?)을 한다고 함부로 나서고 있는 것입니다.

그리고 하나님의 일이 무엇인지 알아야 합니다. 이는 하나님의 일을 하지 말라는 얘기가 아닙니다. 문제는 자신이 정말 하나님의 일을 할 수 있는 존재인가 하는 것입니다. 남에게 복음을 전할 수 있는 자인지 아니면 복음을 들어야 할 자인지 구분하라는 뜻입니다. 예수님은 하나님의 일을 정의하기를 하나님이 보내신 자를 믿는 것이라고 하셨습니다.

요한복음 6장을 봅시다.

요 6:27-29 "썩는 양식을 위하여 일하지 말고 영생하도록 있는 양식을 위하여 하라 이 양식은 인자가 너희에게 주리니 인자는 아버지 하나님의 인치신 자니라 [28]저희가 묻되 우리가 어떻게 하여야 하나님의 일을 하오리이까 [29]예수께서 대답하여 가라사대 하나님의 보내신 자를 믿는 것이 하나님의 일이니라 하시니"

썩을 양식이 있고, 영생하는 양식이 있습니다. 예수님이 제자들에게 썩을 양식을 위하여 일하지 말고, 영생하는 양식을 위하여 일하라고 하십니다. 영생하는 양식은 하나님의 일을 한 자들에게 주어지는 것이라고 합니다. 하나님의 일은 하나님이 보내신 자를 믿는 것이라고 합니다. 예수 믿는 것이 하나님의 일입니다. 예수 믿는 것이 영생하는 양식을 얻는 것입니다.

일하는 것은 양식을 얻기 위한 것입니다. 하나님이 인간들에게 주시고자 한 양식은 예수 그리스도입니다. 예수님은 스스로 '나는 하늘로서 내려온 산 떡'이라고 하셨습니다. '내가 온 것은 세상에 생명을 주기 위함'이라고 하셨습니다. '그러므로 누구든지 나를 먹는 자는 그 속에 생명이 있고 영생을 얻게 된다'고 하셨습니다.

요 6:51 "나는 하늘로서 내려온 산 떡이니 사람이 이 떡을 먹으면 영생하리라 나의 줄 떡은 곧 세상의 생명을 위한 내 살이로라 하시니라"

구약의 에덴동산에서는 생명과를 먹으면 영생을 하였습니다. 그런데 그 생명과가 신약에서는 예수로 나타난 것입니다. 그래서 예수님은 제자들에게 '하나님이 보내신 나를 믿는 것이 하나님의 일'이라고 정의하여 주신 것입니다.

하나님은 예수를 생명과로 주신 것입니다. 예수 믿는 것이 생명과를 먹는 것입니다. 예수라는 생명과를 먹지 않은 상태에서의 일은 선악과의 일밖에 안 됩니다. 이를 율법의 의라고 합니다. 율법의 의로는 구원받을 수 없습니다. 율법의 의로는 영생을 얻을 수 없습니다. 영생은 예수 그리스도의 의로만 얻을 수 있습니다.

하나님은 율법 아래 있는 자들에게 예수라는 생명과를 주셨습니다. 누구든지 예수 그리스도를 믿으면 영생을 얻습니다. 그런데 이 사실을 인간들은 알지 못합니다. 율법 아래 있는 자들은 모릅니다. 그래서 하나님은 성령을 돕는 배필로 주어서 예수 그리스도가 바로 영생을 주는 생명과라는 것을 알게 해주는 것입니다. 성령께서 이 예수가 바로 하늘로서 온 생명의 떡이라는 것을 알려줍니다.

율법 아래서는 아무리 큰일을 하여도 영생을 받지 못합니다. 율법의 일로는 영생을 얻을 수 없습니다. 율법의 일은 선악과와 같습니다. 마귀는 신앙의 관심사를 예수 그리스도를 믿는 믿음이라는 생명과에서 눈을 돌리게 하여 율법 지킴이라는 선악과에 고정시키고자 합니다. 율법이라는 선악과에 눈을 고정시키는 한 예수라는 생명과는 먹을 수 없습니다.

바리새인들은 열심히 율법의 일을 하느라 예수라는 생명의 떡을 먹지 못하였습니다. 이레에 두 번씩 금식하느라고 예수를 믿지 못하였습니다. 전도하고 봉사하느라고 예수를 믿을 시간이 없었던 것입니다.

지금도 마찬가지입니다. 성화한다고 예수 믿는 일을 놓치고 있는 것입니다. 마치 성화가 하나님의 일이라도 되는 줄 알고 있습니다. 성화는 인간의 일이고, 예수 믿는 것은 하나님의 일입니다. 마귀는 에덴동산에서 선악과로 생명과를 가리는 일을 하였듯이 지금도 성화라는 것으로 예수 그리스도를 믿는 것을 잊게 만듭니다. 마귀가 신앙의 본질을 믿음에서 행위로 바꿔치기하는 것입니다.

교인들이 새벽부터 밤까지 교회의 일을 열심히 하는데, 예수를 믿는 믿음이 없습니다. 마귀가 예수 믿는 것을 교회 다니는 것으로 둔갑시켜 놓은 것입니다. 그러다 보니 교인들이 교회를 다니면 당연히 예수를 믿는다고 여기는 것입니다. 예수도 모르면서 예수를 믿는다고 합니다.

마귀는 성도에게 예수 그리스도가 무슨 일을 하셨고 무엇을 믿어야 하는지에서는 눈을 돌리게 하고, 대신 성도다운 삶에 관심을 갖도록 합니다. 신앙의 초점을 예수 그리스도를 믿는 것에서 무엇을 할 것인가로 옮겨지게 만들어 버렸습니다. 그러다 보니까 열심히 일만 하는 것입니다.

이것은 무화과나무 잎사귀로 치마를 만들어 입는 것과 같습니다. 아무리 열심과 충성으로 일을 해도 하나님의 일이 아니고 사람의 일입니다. 그것은 인간의 의일 뿐 예수 그리스도의 의가 아닙니다.

신앙의 초점을 '무엇을 할 것인가'로 맞추게 되면 평생 헛싸움만 하게 되고 맙니다. 의(義)의 말씀에 대해서는 아직 젖도 못 떼었으면서 말씀에 순종한다는 것은 어리석은 것입니다. 마리아처럼 예수의 발아래서 의의 말씀을 들어야 할 자들이 마르다처럼 예수를 섬기겠다고 분주합니다.

예수를 섬기고자 하는 일 때문에 정작 예수를 믿는 일은 놓치고 있는 것입니다. 교회에 대한 일은 많이 하는데 정작 예수 믿는 일을 모르고 있는 것입니다. 예수도 모르면서 예수를 믿는다고 합니다. 하나님의 일도 모르면서 하나님의 일을 한다고 합니다. 나아가 복음이 무엇인지 제대로 모르면서 남을 가르치겠다고 하고 있습니다.

성경 구절 몇 개 외워서 전도한다고 해서 그걸 어찌 충성이라고 하겠습니까? 그것이 어찌 하나님이 영광을 받고 기뻐하실 일이라고 할까요? 이것은 마치 열심히 공부할 아이가 껌 팔아서 아버지 집 짓는 데 보태겠다고 하는 것과도 같습니다.

신앙의 심각성은 아버지가 원하지도 않는 일을 아들이 한다고 해도 아버지가 막지 않는다는 것입니다. 이를 탕자 비유에서 볼 수 있습니다. 육신의 아버지는 아들이 하라는 공부는 하지 않고 껌 팔러 나간다고 하면 두들겨 패서라도 막을 것입니다. 하지만 우리의 자비로운 하나님 아버지는 막지 않고 그대로 지켜보실 뿐입니다.

왜 아버지는 둘째 아들이 유산을 상속해 달라는 것을 막지 않고 원하는 대로 들어주었을까요? 아버지 집을 떠나 사는 것이 얼마나 저주스러운 것인가를 아들 스스로가 체득하여서 깨달아야 했기 때문입니다. 아버지는 세상의 악함을 알고 자기 주제를 알게 하기 위하여 막지 않은 것입니다. 스스로가 아버지 집의 귀함을 알아야 집을 나간다는 소리를 하지 않기 때문입니다. 아버지와 함께 살아가는 것이 얼마나 귀한 축복인지를 알아야 집 떠난다는 소리를 하지 않기 때문입니다.

스스로가 아버지의 보호에서 벗어나서는 살 수 없다는 것을 깨달아야 합니다. 둘째 아들은 아버지 집을 나가 강도를 만나고 사기꾼을 만나고 난 후에야 비로소 자기 주제를 알게 된 것입니다. 집을 나갈 땐 아들로 나갔지만, 돌아올 땐 스스로 종으로 돌아오게 된 것입니다. 아버지 집에서 종으로 사는 것이 훨씬 더 큰 축복이라는 것을 알게 된 것입니다. 그래서 품꾼의 자리로 돌아온 것입니다.

아버지는 스스로 종이 되겠다고 돌아온 아들을 비로소 진정한 아들로 받아들입니다. 아버지를 떠나서는 살 수 없다는 것을 올바로 아는 것이 바로 아버지의 아들 됨입니다. 아버지는 둘째 아들이 자기 능력으로는 살아갈 수 없다는 것을 알게 하시려고 비싼 수업료를 치른 것입니다.

아담이 이와 같습니다. 아담은 자기 주제를 모르고 남자 행세를 하다가 여자에게 설득을 당하고 급기야 뱀에게 사기를 당하고 에덴동산에서 쫓겨나 생고생을 하면서 유리 방황하게 된 것입니다. 급기야는 하나님의 아들이 죽임을 당하는 죗값을 치르고서는 다시 에덴동산으로 돌아오게 되는 비싼 수업료를 지불하게 되었던 것입니다.

그런데 집에 있는 큰아들은 아직까지 자기 주제를 모르고 있는 것입니다. 자신은 아버지 명(命)에 순종하였기 때문에 아버지가 기뻐하는 아들인 줄 알고 있는 것입니다. 큰아들의 문제는 아버지는 열심히 일만 하면 기뻐할 것이라고 생각한 데 있습니다. 큰아들은 아버지의 명을 어기지 않고 열심히 일한 충성심은 있었지만 정작 맏아들에게 있어야 하는 아버지의 마음은 없었습니다.

맏아들은 아버지를 대신하여서 가문을 이어갈 자입니다. 그럼 당연히 그 속에 아버지처럼 못난 동생도 감싸 안는 아버지의 마음이 있어야 합니다. 아버지의 마음은 아들이 일을 열심히 하는 것이 아닙니다. 일은 종들에게 시키면 됩니다. 맏아들은 온 집안 식구들을 아버지처럼 사랑으로 잘 돌아볼 수 있는 넉넉한 마음이 있어야 합니다.

그런데 탕자 비유에서의 큰아들에게는 아버지와 같은 사랑과 은혜의 마음은 없고, 아버지 재산을 탕진한 못난 놈은 동생의 자격이 없다고 하면서 집 밖으로 내치라고 하는 비정한 마음만 있는 것입니다. 이것은 마치 법으로 죄인을 기소하여서 감옥에 가두려는 검사의 심정인 것입니다. 사단의 마음입니다. 사단의 마음을 품고서 하나님 나라를 상징하는 아버지의 집을 유업으로 받을 수는 없는 것입니다.

그래서 아버지는 가산을 탕진하고 돌아와서 아버지 앞에서 감히 아들이라고 하지 못하고 품꾼의 하나라고 하는 둘째 아들에게 가문을 이어가라고 인감도장을 맡긴 것입니다. 아들이 되는 조건은 일에 있지 않습니다. 아들의 조건은 아버지의 마음을 아는 것입니다.

아버지의 마음을 모르고서는 자기가 한 일을 근거로 늘 아버지가 하는 일을 못마땅히 여기고 부딪치기 때문입니다. 실제로 맏아들은 재산을 탕진하고 돌아온 동생을 받아들이는 아버지의 마음을 이해하지 못하고 아버지의 처사에 반발하였던 것입니다. 이것이 죄입니다.

탕자 이야기를 에덴동산의 아담 이야기로 그려보면 하나님의 마음을 이해할 수 있습니다. 하나님께서 왜 아담과 하와가 뱀의 꾐에 넘어가서 선악과를 따 먹는 것을 말리지 않고 물끄러미 보고 계셔야만 했는지를 알 수 있을 것입니다.

하나님은 아담과 하와가 선악과를 따 먹는 것을 막지 않으셨습니다. 또한 앞서서 아담이 여자를 보고 돕는 배필로 맞이할 때도 막지 않았던 것입니다. 이는 생령인 아담이 왜 남자 구실을 해서는 안 되는지를 알게 하시기 위함입니다.

네페쉬 하야(נפש חיה)인 생령이 남자 구실을 할 때 어떤 저주를 당하게 되는지를 알려주시기 위함입니다. 지혜로움이란 자기 주제를 아는 것입니다. '나는 남자다! 나는 여자다!'라는 것은 말에 의미가 있는 것이 아닙니다. 문제는 나 자신이 도움을 받을 존재인가, 아니면 도와줄 존재인가를 아는 것입니다.

창세기 2장의 생령인 아담은 여호와 하나님으로부터 도움을 받으려고 하여야지 남을 도와주려고 해서는 안 됩니다. 자신도 생명과를 먹고 생명의 사람이 되어야 할 처지입니다. 여자나 아담이나 동등하게 네페쉬 하야이기 때문입니다. 둘 다 누가 누굴 돕고 할 처지가 안 되는 것입니다. 둘 다 영생에 관하여서는 소경이기 때문입니다. 둘 다 영생에 관하여 잘 아시는 분의 도움을 입어야 할 자들입니다.

그럼에도 마치 어린아이들이 "너는 아빠! 나는 엄마!"라고 소꿉놀이를 하면서 집에 돌아가는 일을 잊은 것처럼 부모를 떠나고 말았던 것입니다. 부모를 떠나면 뱀을 만나게 되어 있습니다. 뱀이 문밖에서 기다리고 있었습니다. 아니나 다를까 부모를 떠나자 즉시로 뱀은 여자에게 다가가 선악과로 미혹하였습니다. 이것은 마치 탕자가 아버지 집 문을 나서자 사기꾼들이 기다리고 있었던 것과 같습니다.

어느 시대이고 항상 자기 지위를 떠나면 타락하게 되어 있습니다. 자기 주제를 모르면 주변에 있는 사람들이 고통당하게 되어 있습니다. 아담이 망한 것은 자기 주제를 몰랐기 때문입니다. 부모님 밑에서 어른으로 자라가야 할 존재가 남자 행세한다고 여자를 돕는 배필로 맞이하고서는 부모의 마음을 아프게 하는 일을 저지르고 만 것입니다.

아담은 아직 남자가 아닙니다. 남자 구실을 할 수가 없습니다. 우리가 어렸을 때는 남자와 여자를 구분하지 않습니다. 남자와 여자가 구분될 때는 자아가 깨어나서 성의 정체성을 알 때입니다. 어렸을 때는 그냥 사람으로 지냅니다.

어릴 때는 남자와 여자로 구분하지 않기 때문에 사내아이가 엄마를 따라서 여자 목욕탕에 가기도 하고, 여자아이가 아빠 손 잡고 남자 목욕탕으로 가기도 하는 것입니다. 그러다가 남자와 여자의 성징이 나타나면서 서로 다름을 알게 되고 비로소 남자와 여자로 구분하게 되는 것입니다. 이때부터 남녀칠세부동석이라는 말을 하게 되는 것입니다. 성(性)의 정체성을 알 때까지는 그냥 아이로 살아갑니다.

아담과 하와가 그러합니다. 둘 다 네페쉬 하야(נֶפֶשׁ חַיָּה)라는 생령입니다. 어린아이들입니다. 남자와 여자를 구분할 때가 아닙니다. 그냥 부모 아래서 사람으로 자라가야 할 때입니다. 영생에 관하여서는 어린아이인 아담에게서 피어나야 할 성(性)은 당연히 하나님께 씨를 받아야 할 여성(女性)인 것입니다. 그럼 아담은 남자로 살고자 해서는 안 되고 여자로 살아야 했습니다. 그랬다면 하나님이 세 번째로 제시하는 돕는 배필을 만날 수 있었을 것입니다. 당연히 돕는 배필은 그에게 남성(男性)으로 나타날 것입니다.

그랬으면 아담은 남자로 나타난 돕는 배필을 통해서 강건한 남자가 되었을 것입니다. 아담이 남자로 나타난 돕는 배필을 통해서 남자가 되면 그때 여자에게 자기 씨를 주어서 그 여자도 남자로 만들어낼 수 있었을 것입니다. 그럼 아담과 하와 모두가 강건한 남자가 되어서 아버지의 나라를 유업으로 받을 수 있었을 것입니다. 그럼에도 아담은 어린아이로서 남자 구실을 하다가 망하고 만 것입니다.

바울 역시 어린아이가 남자 구실을 하다가 망하였습니다. 바울은 예수 그리스도를 만나기 전에 탕자 비유에서의 맏아들처럼 율법에 특심한 것을 가지고 못난 동생들을 죽이는 일을 하였습니다. 그러다가 참 남자인 예수님을 만나서 예수님의 생명을 받고서 강건한 남자가 되어서 율법 아래 있는 많은 여자들에게 예수로부터 받은 생명을 줄 수 있었던 것입니다. 그래서 바울은 자신이 한 남자인 예수 그리스도에게 여자들을 소개하는 중매쟁이 노릇을 하고 있다고 하였던 것입니다.

고린도후서 11장을 봅니다.

고후 11:2 "내가 하나님의 열심으로 너희를 위하여 열심 내노니 내가 너희를 정결한 처녀로 한 남편인 그리스도께 드리려고 중매함이로다"

바울이 본 것처럼 아담은 정결한 처녀로 예수 그리스도를 남편으로 맞아들였어야 했습니다. 그럼에도 아담은 스스로 남자가 되어서 여자를 아내로 맞아들이고 부모를 떠나고 맙니다. 부모를 떠나자 뱀은 미소를 지으면서 그들을 정겹게 맞이합니다. 그리고 그들의 눈앞에 보암직하고 먹음직하고 탐스러운 선악과를 둡니다.

여자는 첫눈에 반하고 맙니다. 반하면 따 먹어야 합니다. 그리하여 여자는 선악과를 맛나게 따 먹고 맙니다. 그리고는 신랑에게도 줍니다. 아담도 여자가 주는 선악과를 먹고 맙니다. 인류 타락의 비극은 이렇게 시작되었습니다. 어린아이와 같은 자들이 부모를 떠난 결과는 참담하였습니다. 죽음으로 돌아왔습니다.

결국 에덴동산에서 쫓겨나고 말았습니다. 그리하여 아담은 에덴동산 밖을 유리하는, 죽은 아담들의 조상이 되고 만 것입니다. 이러한 일은 지금도 교회라는 하나님의 동산에서 이루어지고 있습니다. 교회 안에도 아담과 여자처럼 네페쉬 하야가 있고, 선악과도 있고, 생명과도 있습니다. 물론 돕는 배필도 있고, 뱀도 있습니다.

하나님이 정의하는 남자와 여자의 차이는 하나님의 생명을 가진 자와 생명을 받아야 하는 자로 구분합니다. 남자는 생명을 줄 수 있는 자이고, 여자는 생명을 받아야 하는 자입니다. 아담은 아직 생명의 씨를 가지고 있지 않은 상태이므로 당연히 여자로 있어야 합니다. 아담은 여자의 위치에서 여호와 하나님이라는 남자가 주는 생명의 씨를 자기 안에 받아서 생명을 꽃피워야 할 위치에 있는 것입니다.

아담이 받아야 할 씨는 누구인가요? 아담이 받아야 할 씨(생명)는 당연히 하나님의 씨입니다. 그 생명이 바로 생명과 속에 담겨 있습니다. 아담은 여자를 아내로 맞이하기 전에 먼저 생명과를 먹고서 하나님의 생명을 가진 남자가 되어야 했습니다. 그리할 때 여자를 아내로 맞이할 수 있습니다.

생명과를 먹기 전의 아담은 여자입니다. 돕는 배필을 통해서 생명과 속에 담긴 비밀을 알고 먹었어야 했습니다. 하나님께서 아담에게 돕는 배필을 주시고자 하신 것은 아담으로 하여금 생명과를 먹게 하여서 강건한 남자를 만들기 위함이었습니다. 그런데 아담은 스스로 씨를 가진 남자라고 생각한 것입니다.

이것은 마치 예수님이 오셨을 때 바리새인들이 자기들이 가지고 있는 의가 마치 하나님의 의가 되는 줄 알고 자랑한 것과 같습니다. 바리새인들이 가지고 있던 의는 고작 네페쉬 하야의 의입니다. 이것은 마치 아담의 생명과 같은 것입니다.

예수님께서 오셔서 의를 준다고 하여도 바리새인들은 거부하였습니다. 자신들은 의가 있다고 여겼기 때문입니다. 바리새인들이 자랑한 율법의 의가 바로 선악과입니다. 의가 있다고 여긴 것이 결국에는 예수님으로부터 저주를 받고 지옥에 떨어지고 만 것입니다.

아담은 스스로 남자라고 착각하다가 에덴동산 바깥으로 쫓겨나는 저주를 받았고, 바리새인들은 스스로 의롭다고 하다가 지옥으로 떨어지는 저주를 받은 것입니다. 바리새인들이 들어간 지옥이 바로 아담이, 쫓겨난 죽은 자들이 살아가는 에덴동산 바깥과 같은 것입니다. 스스로 선 줄로 생각하는 자들은 모두가 하나님의 동산에서 쫓겨나고 맙니다.

아담은 선악과를 먹고 죽은 자가 되고 말았습니다. 죽은 자들을 생산하는 조상이 되고 만 것입니다. 아담이 낳은 모든 후손은 죽은 자로 태어납니다. 하나님은 산 자이고, 아담은 죽은 자입니다. 산 자와 죽은 자는 함께 살 수 없습니다. 그래서 하나님은 아담을 생명의 동산에서 죽음의 세계로 쫓아내고 말았습니다.

아담은 죽은 자의 조상이 되어서 죽은 자를 낳게 됩니다. 아담에게 있어 유일한 희망은 뱀의 머리를 깨트릴 여자의 후손으로 오실 메시아입니다. 여자의 후손으로 오실 메시아는 남자로 오실 것입니다. 아담의 후손들은 마치 등불을 켜고 신랑을 기다리는 여자들의 심정으로 하나님께서 약속하신 대로 여자의 후손으로 오실 한 남자를 기다려야 합니다.

이 땅의 모든 인간은 죽은 자인 아담을 조상으로 두었기 때문에 하나님 앞에서는 모두가 여자인 것입니다. 그 속에 생명이 없습니다. 하나님의 생명이 없기 때문에 다 죽는 것입니다. 죽음을 이기려면 하나님의 생명을 받아야 합니다. 하나님의 생명이 죽음을 이기는 백신이 되어서 죄와 사망의 권세로부터 해방시켜 주십니다.

그 하나님의 생명을 여자의 후손으로 오실 한 남자가 가지고 오는 것입니다. 그래서 하나님은 에덴동산 밖으로 떠나가는 아담에게 한 남자를 보내주겠다고 약속하신 것입니다. 그 남자가 바로 하나님의 아들이신 예수 그리스도입니다. 예수님은 이 땅에 하나님의 아들로 오셨습니다. 예수님께서 하나님의 아들로 오신 목적은 사람들에게 하나님의 씨를 주기 위함입니다. 예수님은 하나님의 씨를 성도라는 밭에 뿌려서 그들을 하나님의 아들로 만들어 내십니다.

예수님은 하나님의 씨를 심기 위해서 먼저 밭을 개간하는 일을 하십니다. 그것이 선악과를 먹고 죄와 사망에 가두어진 자들을 죽이는 것입니다. 이것은 마치 농부가 씨를 뿌리기 위하여 밭에 있는 가시와 엉겅퀴를 제거하고 돌들을 캐내고 옥토를 만드는 일을 하는 것과 같습니다.

예수님은 십자가에서 선악과를 먹은 아담을 죽이는 일을 하였습니다. 죄 아래서 난 아담을 죽이는 것은 밭을 개간하는 것과도 같습니다. 그리고 성령을 아들의 영으로 보내서 그들 속에 아들의 씨를 심어 주십니다. 이를 성령으로 거듭난다고 합니다. 성령으로 거듭난 성도는 아들이 된 것입니다.

성령이 예수의 씨를 성도라는 밭에 심은 것입니다. 이것은 마치 여자가 남자의 씨를 받는 것과 같습니다. 여자가 남자의 씨를 받으면 이제부터 자기 안에 심긴 남자의 씨를 강건하게 키워가는 일을 합니다. 이제 연약한 여자가 아니라 강건한 남자로 바뀌어 가는 것입니다.

여자는 남자의 씨를 받음과 동시에 자신도 그 씨를 잘 키워내기 위해서 강건한 남자로 바뀌어져 가는 것입니다. 남자의 씨를 받아 잉태한 여자는 남편의 도움으로 자기 안에 심겨진 아이를 강건한 생명으로 키워가는 남자의 일을 하게 됩니다. 이렇게 되면 여자는 남편 앞에서는 여전히 남편의 도움을 입어야 하는 여자이지만, 자기 안에 심긴 아이를 키워가는 일에는 여자가 아니라 남자로서 있게 되는 것입니다.

그래서 성도를 일컬어 하나님의 아들이라고 하면서도 예수 그리스도의 신부라고 하는 것입니다. 하나님의 아들들이 모인 교회를 여성 명사로 쓰는 이유도 예수 앞에서는 여전히 예수로부터 하늘의 신령한 은혜를 공급받아야 하는 여자이기 때문입니다.

성도는 남자이면서 여자이고, 여자이면서 남자입니다. 성도는 생명이 없는 세상 사람들 앞에서는 하나님의 생명을 가진 자로서 남자입니다. 하지만 예수님의 은혜와 사랑을 먹고 살아가야 하는 입장에서는 여전히 여자인 것입니다.

여기서 중요한 것은 성도는 세상에 대하여서는 분명히 남자이지만 예수님 앞에서는 여자로 살아가야 한다는 것입니다. 성령으로 거듭난 성도는 분명히 남자가 맞습니다. 그러나 여전히 예수라는 생명을 공급받아야 하는 입장에서는 여자입니다. 그러므로 남자로 살 것이 아니라 여자의 자리를 떠나지 말아야 합니다. 이 부분을 놓치지 말아야 합니다.

예수님의 생명을 받으면 분명히 남자가 됩니다. 그러나 남자처럼 사는 것이 신앙의 본질이 아닙니다. 신앙의 본질은 잠시라도 예수님의 도우심이 아니면 살 수 없는 여자로서 사는 것입니다. 여자는 남자에게 붙어 있으면서 마치 포도나무에 붙어 있는 가지처럼 항상 뿌리가 공급해 주는 생명이라는 진액을 받아야 합니다. 가지는 뿌리에서 전해주는 생명의 진액을 받지 않으면 시름시름 말라 죽게 됩니다.

여자 역시 마찬가지입니다. 여자는 남자의 사랑을 먹고 살아가게 되어있는 존재입니다. 여자는 남자의 사랑을 받지 않으면 시름시름 죽어가게 되어 있습니다. 땅이 하늘의 비를 받지 않으면 사막이 되듯이, 여자는 남자의 사랑을 받지 않으면 심령이 메말라가게 됩니다.

세상에서 가장 행복한 여자는 남자의 사랑을 받는 여자입니다. 반대로 세상에서 가장 불쌍한 여자는 남편의 사랑을 받지 못하는 여자입니다. 남자의 사랑은 여자를 살게 하는 생명인 것입니다. 그래서 여자는 남자의 사랑을 먹고 사는 자라고 합니다.

성도들도 마찬가지입니다. 한 남자이신 예수 그리스도의 사랑을 받지 못하면 죽습니다. 신랑이신 하나님의 사랑을 받지 못하면 마음이 강퍅해져 갑니다. 그럼 심령이 가뭄에 논바닥 갈라지듯이 갈라지게 됩니다.

신랑이신 예수님의 사랑을 받지 못하면 마음속에 가시와 엉겅퀴가 자라서 자신을 삼켜버립니다. 그러면 마음이 우울해지고 성격이 포악해져서 신경질적으로 변하고 매사에 짜증을 내면서 부정적으로 바뀌게 됩니다. 사망의 냄새를 풍기게 되는 것입니다.

그러므로 성도들은 하나님의 은혜 받는 일을 게을리하면 안 되는 것입니다. 잠시라도 은혜의 자리를 떠나서는 안 되는 것입니다. 비록 예수의 생명을 받아서 남자가 되었다 할지라도, 육신으로 살아가는 날 동안은 항상 여자의 자리에서 남편이신 예수 그리스도의 사랑을 사모하여야 합니다.

남편의 사랑은 여자에게 빛을 줍니다. 따뜻함을 줍니다. 남편의 사랑을 듬뿍 받고 사는 여자들의 얼굴에서는 빛이 납니다. 이는 남자의 사랑이 여자에게는 생명이기 때문입니다. 여자가 사랑하면 예뻐지는 것도 그러한 이유에서입니다.

왜 아무리 못생긴 여자라도 사랑을 하면 예뻐진다고 할까요? 이는 여자는 남자의 사랑을 받는 자로서 창조되었기 때문입니다. 이것은 성도가 예수 그리스도의 사랑을 받아야 하는 신부로 부르심을 입은 것과도 같습니다. 여자에게 있어 남자의 사랑은 생명이고 기쁨이고 행복입니다. 성도가 신랑인 예수님의 사랑을 받게 되면 소망이 생기고 기쁨이 생깁니다.

우리는 예수님의 사랑 없이는 하루도 살 수 없는 여자입니다. 늘 예수님의 사랑에 배고파하며 살아가야 합니다. 예수님의 사랑을 늘 사모해야 합니다. 몸은 마음의 지배를 당하게 되고, 마음은 영의 지배를 당하게 되어 있습니다. 그 안에 아들의 영으로 오신, 성령이 계신 성도는 몸도 마음도 예수 그리스도를 좇아가게 되어 있습니다.

성도가 되어서 예수라는 신랑에 대한 관심이 없는 자는 필히 다른 애인을 두고 간음하고 있는 것입니다. 야고보 사도는 세상을 사랑하는 자를 간음하는 여자라고 하였습니다. 내가 사랑하는 남자는 누구인가요? 예수인가요, 세상인가요? 스스로 점검해 보시길 바랍니다. '나는 지금 여자로 살고 있는가, 아니면 남자로 살고 있는가?'

아담 속에 담겨진 두 가지 영적 의미를 잠깐 살펴봅니다.

아담 속에는 두 가지 모형이 있습니다.
첫째 모형은 예수 그리스도이고,
둘째 모형은 죄인의 모습입니다.

아담이 깊이 잠든 뒤 그 몸에서 여자를 빼내신 것은 예수 그리스도의 모습이고, 선악과를 먹고 죽은 자가 된 것은 죄인의 모습인 것입니다. 아담은 오실 자의 표상이면서 또한 모든 죄인의 표상이기도 합니다. 그래서 사도 바울은 한 사람 아담으로 인하여 죄가 들어왔고, 마지막 아담이신 예수 그리스도 한 사람이 순종함으로 모든 사람이 살아나게 되었다고 말해주고 있습니다.

로마서 5장과 고린도전서 15장을 봅시다.

롬 5:19 "한 사람의 순종치 아니함으로 많은 사람이 죄인 된 것같이 한 사람의 순종하심으로 많은 사람이 의인이 되리라"

고전 15:22 "아담 안에서 모든 사람이 죽은 것같이 그리스도 안에서 모든 사람이 삶을 얻으리라"

아담은 여자가 주는 선악과를 먹지 않을 수 있었습니다. 그럼에도 선악과를 먹은 것은 여자의 운명에 동참하고자 함입니다. 아담이 여자가 주는 선악과를 먹고 죽음에 넘겨진 것은 예수님이 자기 백성들을 위하여 십자가에서 죽어주신 것과도 같습니다.

예수님은 죽지 않아도 됩니다. 그런데 죽음을 담당하였습니다. 이는 자기 백성들의 죄를 대신하기 위해서입니다. 그래서 예수님을 대속 제물이라고 합니다. 하나님께서 우리의 죄를 그에게 담당시키신 것입니다.

이사야 53장을 봅시다.

사 53:5-6 "그가 찔림은 우리의 허물을 인함이요 그가 상함은 우리의 죄악을 인함이라 그가 징계를 받음으로 우리가 평화를 누리고 그가 채찍에 맞음으로 우리가 나음을 입었도다 ^{6}우리는 다 양 같아서 그릇 행하여 각기 제 길로 갔거늘 여호와께서는 우리 무리의 죄악을 그에게 담당시키셨도다"

본문을 잘 보면 하나님은 우리와 예수님을 맞바꾸는 일을 하심을 보게 됩니다. 그가 우리의 허물 때문에 찔림을 당하셨습니다. 그가 우리의 죄악으로 징계를 당하셨습니다. 그가 채찍에 맞아서 우리가 나음을 입은 것입니다. 그가 죽었기 때문에 우리가 하나님과 평화할 수 있는 것입니다. 우리가 죽어야 하는 자리에서 그가 죽은 것입니다.

아담이 여자를 위해서 죽을 수 있었던 것은 여자가 아담의 몸에서 나왔기 때문입니다. 여자는 아담과 한 몸이기 때문입니다.

예수님이 우리를 위하여 죽임당한 것은 우리가 예수님으로부터 나왔기 때문입니다. 하나님께서 예수님에게 "저들은 너에게서 나온 너의 백성이니 네가 책임져"라고 하신 것입니다. 마치 아담 안에서 나온 여자가 잘못한 것을 하나님께서 아담에게 "네 안에서 나온 여자이니까 네가 죽음으로 책임지라"고 하신 것과 같습니다.

구원은 누군가가 대신해 주어야 합니다. 죄 아래 가두어진 자는 스스로 그 죄로부터 나올 수 없습니다. 죄 밖에 있는 분이 건져주어야 합니다. 모든 인간은 나면서부터 죄인으로 태어났습니다. 이것은 우리에게 결정권이 없습니다. 죄인인 조상 아래서 태어났기 때문입니다.

조상은 우리가 결정할 수 없습니다. 우리의 결정권이 없기 때문에 죄로부터 벗어나는 것도 우리에게는 결정권이 없는 것입니다. 결정권자는 오직 하나님뿐이십니다. 그런데 하나님께서 일부를 구원하기로 작정하셨습니다. 하나님은 이들을 어린양의 생명책에 녹명해 놓았습니다. 그 작정된 녹명 속에 성도들이 들어가 있는 것입니다. 이들을 일컬어 '창세전에 영생 주시기로 작정된 자들'이라고 합니다.

왜 어린양의 생명책에 녹명을 해놓으셨을까요? 이는 어린양이 그들을 위하여 죽어야 하기 때문입니다. 어린양이 그들에게 생명을 주어야 하기 때문입니다. 생명은 생명의 죽음으로 낳는 것입니다. 어린양의 생명책에 녹명된 자들은 어린양의 죽음으로 생명을 얻게 되는 것입니다. 어린양은 어린양의 생명책에 녹명된 자들을 살리려고 죽은 것입니다. 그래서 성도를 그리스도 안에서 난 자들이라고 합니다. 그리스도 안에서 난 자들을 그리스도인이라고 합니다. 그리스도인은 그리스도의 생명으로 살아가는 자들입니다.

성도의 생명이 예수 그리스도의 것이기 때문에 예수 그리스도로부터 간섭당하게 되는 것입니다. 성도의 생명이 예수 그리스도의 것이기 때문에 예수 그리스도께서 지켜내시는 것입니다. 그래서 예수님이 그리스도의 영으로 성도 안에 주인으로 와 계신 것입니다. 예수님이 우리의 주인이십니다.

구원은 구원을 시작하신 이가 이루어 내십니다. 구원을 창조와 동의어로 말하는 이유도 철저하게 창조주에 의해서 주어지는 것이기 때문입니다. 그래서 구원을 '은혜'라고 하고 '하나님의 선물'이라고 합니다.

예수님은 구원을 강한 자가 약한 자를 결박하고 늑탈하는 것이라고 하였습니다. 이것은 구원은 강하신 분에 의하여 강제로 이루어진다는 뜻입니다. 이것을 '불가항력적 은혜'라고 합니다. 신앙생활은 그 은혜에 감사하면서 살아가는 것입니다. 신앙생활이 감사와 찬양으로 나타나야 하는 이유도 구원해 주신 그 은혜가 너무도 크기 때문입니다.

사도 바울은 "누구든지 주 예수를 사랑하지 않는 자는 저주를 받을지어다"라고 하였습니다. 이 말은 예수를 사랑하지 않는 자는 저주 아래 있는 자라는 뜻입니다. 직역하면 저주받은 자이기 때문에 예수를 사랑하지 않는다는 뜻입니다. 반대로 예수로부터 사랑을 받았기 때문에 예수를 사랑하게 되는 것입니다.

사랑은 우리 것이 아닙니다. 예수님의 것입니다. 우리는 예수님으로부터 받은 것을 되돌려 드리는 것뿐입니다. 이를 '영광'이라고 합니다. 영광이란 농부가 열심히 농사를 지어서 추수하는 것과 같습니다. 곡식은 농부의 보살핌에 대한 보답으로 열매를 맺는 것입니다. 열매는 농부가 흘린 피와 땀의 결실입니다. 겉으로는 나무가 열매를 맺는 것처럼 보이지만 실상은 농부가 맺게 한 것입니다. 그러므로 열매는 농부에게 영광이 되는 것입니다.

성도가 드리는 감사와 찬송이 바로 열매입니다. "하나님, 잘 키워주셔서 고맙습니다. 하나님, 열심히 지켜주셔서 감사합니다. 하나님, 나로 하여금 열매를 맺을 수 있도록 해주셔서 감사합니다"라고 감사하고 찬양하는 것이 신앙의 열매입니다. 이것이 요한계시록 4장을 보면, 24장로가 자기의 면류관을 벗어서 하나님에게 던지는 것으로 나타납니다. 하나님은 이 열매를 바라고 농사를 지으시는 것입니다.

피조물은 스스로 살 수 없습니다. 창조주가 살려주는 것으로 살아가는 것입니다. 하나님께서 창조한 세계의 흐름은 창조주가 피조물에게 생명을 주는 것으로 되어 있습니다. 이것이 구원 속에 그대로 녹아 있습니다.

구원은 강한 자가 약한 자를 위하여 희생하는 것입니다. 창조주가 피조물을 위하여 희생하는 것으로 주어지는 것입니다. 하나님은 이것을 가정 속에 부모가 자식을 위하여 희생하는 것으로 담아 놓았습니다. 자식이 부모의 희생으로 살아가듯이, 죄인은 자기를 낳아준 예수 그리스도의 희생으로 죄 사함을 받고 살아가게 되는 것입니다.

가만히 생각해 보세요. 우리가 누구 때문에 속이 상하나요? 남인가요, 가족인가요? 내 가족, 내 자식들 때문입니다. 남의 자식들 때문에 속이 썩지 않습니다. 모두가 내 자식 때문에 죽네 사네 합니다. 결국 부모는 자기가 낳은 자식들 때문에 속 푹푹 끓여가면서 죽어가는 것입니다. 자식은 부모의 죽음으로 살아가고 있는 것입니다.

이 사실을 자식이 커서 부모가 되면 알게 됩니다. 내가 부모의 희생으로 부모가 되었다는 것을 깨닫게 됩니다. 그리하여 부모로부터 받은 사랑을 자기 자식을 위하여 쏟게 됩니다. 자신을 부모처럼 죽음에 내어주면서 자식을 키워가게 되는 것입니다. 하나님은 부모 자식 관계를 가지고 우리의 구원을 설명해 주십니다.

말씀을 갈음합니다. 우리는 남자이면서 여자입니다. 세상에 대하여서는 남자이지만, 예수 그리스도 앞에서는 여자로 살아가야 하는 자들입니다. 교회 안에서는 예수로부터 받은 사랑을 나누어주어야 하는 남자로 살아야 하지만, 하나님으로부터 은혜를 받아야만 하는 입장에서는 여자로 살아야 합니다.

사도 바울이 고린도 교회 성도들에게 '남자답게 강건하라'고 한 말은 예수 그리스도로부터 받은 사랑을 성도들에게 나누어주는 자로 살아가라는 뜻입니다. 성도의 신앙은 생명의 자람과 같습니다. 어린아이처럼 부모로부터 섬김을 받아야 할 때가 있고, 부모처럼 어른이 되어서 섬겨야 할 때가 있습니다.

어린아이가 어른으로 자라가는 것은 부모의 희생으로 되는 것입니다. 부모의 희생으로 자라고 나면 어른의 자리가 기다리고 있습니다. 이제 어른이 되어서 어린아이들을 섬겨야 합니다. 우리의 신앙도 마찬가지입니다. 자라야 할 자가 자라지 않으면 부모의 근심거리가 됩니다. 그래서 은혜 받는 일을 게을리하지 말라고 합니다. 은혜의 자리를 떠나지 말라고 합니다.

어른이 되면 하나님의 마음을 헤아릴 수 있게 됩니다. 왜 그 아들을 이 세상에 보내서 십자가에 죽게 하셨는지를 알게 됩니다. 왜 십자가가 하나님의 사랑의 확증인지 알게 됩니다. 왜 예수님은 하나님이시면서 육신의 모양으로 오셔서 자신을 대속물로 주시면서 성도들을 섬기셨는지를 알게 됩니다.

은혜 받으면 하나님의 사랑을 알게 됩니다. 그 사랑을 다 알게 될 즈음이면 우린 하늘의 본향으로 돌아가게 될 것입니다. 그때가 이 세상에서 퇴근하는 날입니다. 안식의 세계로 들어가는 날입니다. 퇴근하고 돌아가면 아버지께서 수고하였다고 잔치를 베풀어 주실 것입니다. 그날을 소망하면서 여자의 일생을 살아가시길 바랍니다.

여자의 일생은 한 남자를 그리워하면서 믿음의 정절을 지키면서 살아가는 것입니다. 술람미 여인처럼 한 남자의 사랑을 간절한 마음으로 그리워하면서 부르는 한 여자의 노래를 기도하는 마음으로 들어보시길 바랍니다. '애모'라는 노래의 가사 중에서 복음적인 것이 있어서 인용합니다.

사랑 때문에 침묵해야 할
나는 당신의 여자
그리고 추억이 있는 한
당신은 나의 남자요

성도에게는 예수 그리스도와의 추억이 있습니다.
사랑한 추억이 있습니다.
추억이 있는 한 당신은 나의 남자입니다.

예수 그리스도가 우리에게 사랑의 추억을 새겨 주셨습니다. 그 사랑의 추억이 있는 한 우리는 예수 그리스도의 여자입니다. 예수 그리스도는 자기가 사랑한 여자는 목숨을 걸고서 끝까지 지켜내십니다. 예수님은 자기가 사랑한 여자에게 성령을 보증으로 주셨습니다. 우리 안에는 성령이 보증으로 와 계십니다. 그러므로 우리는 담대하게 하나님 보좌에 나아가서 예수 그리스도를 향하여 큰 소리로 '당신은 나의 남자'라고 외칠 수 있는 것입니다.

　예수님께 사랑을 달라고 청구권을 행사할 수 있는 것입니다. '당신은 나의 남자이기 때문에 당신이 나를 책임져야 한다'고 간구하시길 바랍니다. 남자는 자기 씨를 잉태한 여자는 끝까지 책임을 집니다. 우리의 남자이신 예수님은 우리 몸에 새겨놓은 그 추억을 기억하시고 반드시 우리를 끝까지 책임져 주십니다. 그러니 그 사랑 안에서 담대하게 살아가시길 바랍니다.

　오늘은 '애모' 속에 담긴 가사를 우리의 기도라 여기시고 불러 보시길 바랍니다.

애모(愛慕)

그대 가슴에 얼굴을 묻고
오늘은 울고 싶어라
세월의 강 넘어 우리 사랑은
눈물 속에 흔들리는데
얼만큼 나 더 살아야
그대를 만날 수 있나
한마디 말이 모자라서
다가설 수 없는 사람아
그대 앞에만 서면 나는 왜 작아지는가
그대 등 뒤에 서면 내 눈은 젖어 드는데
사랑 때문에 침묵해야 할 나는 당신의 여자
그리고 추억이 있는 한 당신은 나의 남자여
그대 앞에만 서면 나는 왜 작아지는가
그대 등 뒤에 서면 내 눈은 젖어 드는데
사랑 때문에 침묵해야 할 나는 당신의 여자
그리고 추억이 있는 한 당신은 나의 남자요
당신은 나의 남자요

예수 그리스도, 당신은 나의 남자입니다.
나는 당신의 여자입니다.
나는 당신의 추억을 가지고 있는 당신의 여자입니다.
당신의 사랑 없이는 하루도 살 수 없습니다.

오늘도 그 사랑을 사모하며 살아가시기를 주의 이름으로 축원드립니다.

20강 창세전 언약으로 본 창조와 구원 이야기

남자가 부모를 떠나는 아담 이야기

창 2:21-25 "여호와 하나님이 아담을 깊이 잠들게 하시니 잠들매 그가 그 갈빗대 하나를 취하고 살로 대신 채우시고 ²²여호와 하나님이 아담에게서 취하신 그 갈빗대로 여자를 만드시고 그를 아담에게로 이끌어 오시니 ²³아담이 가로되 이는 내 **뼈 중의 뼈요 살 중의 살**이라 이것을 남자에게서 취하였은즉 여자라 칭하리라 하니라 ²⁴이러므로 남자가 부모를 떠나 그 아내와 연합하여 둘이 한 몸을 이룰찌로다 ²⁵아담과 그 아내 두 사람이 벌거벗었으나 부끄러워 아니하니라"

오늘은 남자가 부모를 떠나는 이야기를 상고해 봅니다. 남자가 부모를 떠나는 이야기는 예수님의 이야기이면서 우리의 이야기이기도 합니다. 예수님이 부모를 떠나는 이야기와 우리가 부모를 떠나는 이야기는 하늘과 땅만큼이나 다릅니다.

아담이 부모를 떠나는 이야기 속에는 이중적 계시가 담겨 있습니다. 첫째는 자기 백성들의 구원 이야기이고, 둘째는 타락한 인간의 이야기입니다. 예수님 이야기로 풀면 죄인을 구원하는 이야기가 됩니다. 우리 이야기로 풀면 범죄하여 타락하는 이야기가 됩니다.

예수님은 하나님의 생명을 가진 남자이기 때문에 부모를 떠나 여자와 한 몸을 이루어서 가정을 꾸리는 것은 자기 백성들과 연합하여 구원을 이루는 이야기가 되지만, 생령인 아담이 부모를 떠나 여자와 한 몸을 이루어서 가정을 꾸리는 것은 타락의 이야기가 되는 것입니다.

결혼은 남자와 여자가 하는 것이며, 이는 생명을 낳는 일을 하는 것입니다. 남자는 생명을 주는 자이고, 여자는 생명을 받는 자입니다. 남자는 하나님을 상징하고, 여자는 피조물을 상징합니다. 그럼 남자에게 있어야 하는 생명은 하나님의 생명입니다. 하나님의 생명은 영생하는 것인데 그 생명이 생명과 속에 있는 것입니다. 그러므로 아담이 생명과를 먹기 전에는 하나님의 생명을 여자에게 줄 수가 없습니다. 그럼 남자가 아니고 여자입니다.

생명과를 먹기 전의 아담은 하나님의 생명이 없습니다. 하와와 동등한 생명인 '네페쉬 하야(חיה נפש)'라는 생령입니다. 그럼 아담은 하나님으로부터 생명을 받아야 하는 여자의 위치에 있는 것입니다. 아담이 여자와 하나가 되는 것은 여자와 여자가 사랑하는 동성애와 같은 것입니다.

하나님은 생명의 탄생을 남자와 여자의 사랑 속에 담아 놓으셨습니다. 남자는 예수님이고 여자는 사람입니다. 예수님과 사랑하는 사람은 하나님의 생명을 낳지만, 예수님이 아닌 사람을 사랑하면 생명이 없는 사랑 행위가 되는 것입니다.

영적인 의미로 보면 죄인이 죄인을 사랑하는 것은 동성애가 되는 것입니다. 예수님과 사랑하면 이성의 사랑으로서 생명에 속한 사랑이 되지만, 사람(죄인)과 사람(죄인)이 사랑하면 동성의 사랑으로 죽음에 속한 사랑이 되는 것입니다.

사회적으로 이슈가 되는 동성애 문제는 표상적으로 나타난 문제에 불과한 것입니다. 중요한 것은 예수를 주와 그리스도로 믿느냐입니다. 신앙적으로 보면 누구라도 예수를 믿으면 '예스'(yes)이고, 누구라도 예수를 안 믿으면 '노'(no) 땡큐'인 것입니다. 영적으로 잘 이해하시길 바랍니다.

먼저 아담이 부모를 떠나는 것을 아담(우리) 이야기로 살펴봅시다.

성도는 여자이면서 남자이고, 남자이면서 여자라는 것을 살펴보았습니다. 남자와 여자의 차이는 남자는 씨를 주는 자이고, 여자는 남자로부터 씨를 받아야 하는 자입니다. 성경에서 여자는 인구수를 계산할 때 계수에 들지 않는 것은 죽은 자를 상징하기 때문입니다. 그런 의미에서 구원받지 못한 자들은 여자로서 죽은 자들입니다. 구원은 여자가 남자가 되는 것이라고 하였습니다. 이는 죄인이 예수 그리스도의 생명으로 살아나는 것을 말합니다.

우린 모두가 생명이 없는 죽은 자들입니다. 생명은 예수님께만 있습니다. 예수님으로부터 생명을 받으면 남자가 됩니다. 그래서 사도 바울은 여자는 해산함으로 구원을 이룬다고 하였습니다. 구원받은 성도를 일컬어 하나님의 아들이라고 하는 것도 다 이러한 이유에서입니다.

성도는 예수님으로부터 아들의 생명을 받음으로 하나님의 씨를 가진 남자가 되었습니다. 하지만 문제는 여전히 남습니다. 남자의 씨를 가졌다고 해서 다 남자의 구실을 하지는 못합니다. 우리가 남자 구실을 하여야 한다는 말은 자기 앞가림을 할 줄 알아야 한다는 의미입니다. 자기 앞가림을 할 줄 모르면 어린아이라고 하지 남자라고 하지 않습니다.

남자 구실을 하려면 강한 자가 되어야 합니다. 예수님이 강한 남자였습니다. 그럼 성도도 예수님처럼 강한 남자가 되어야 합니다. 그래서 구원받은 성도에게 그리스도의 충만한 분량으로 자라가라고 합니다. 그리스도처럼 강건한 어른이 될 때 남자 구실을 하는 것입니다.

이 말에서 성도의 신앙은 자람을 전제로 주어졌다는 것을 알 수 있습니다. 바울은 우리가 어린아이일 때는 어린아이같이 생각을 하고 어린아이처럼 행동하다가도 장성한 사람이 되어서는 어린아이 일을 버렸다고 하였습니다. 그럼 신앙의 여정은 어린아이로 출발하여서 어른이 되어가는 과정을 거치게 되어있음이 됩니다.

성도는 존재론적으로는 아들의 영을 받았기 때문에 하나님의 아들인 남자입니다. 그러나 뱀이라는 존재와 영적 전투를 하는 수준의 측면에서는 여전히 죄의 몸을 가지고 살아가는 자이므로 예수님으로부터 생명을 끊임없이 받아야 하는 여자입니다. 구원을 받았다 할지라도 여전히 예수로부터 끊임없이 생명을 공급받아야 합니다.

예수님은 창조주로서 생명을 주시는 분이고, 우리는 피조물로서 생명을 받아야 합니다. 이 관계가 연결되어 있으면 순리이고, 이 관계가 끊어지면 역리가 됩니다. 죄란 하나님과의 관계가 단절된 것을 말합니다. 그러므로 죄인들은 하나님과 연결이 끊어진 상태로서 역리로 살고 있는 것입니다. 이를 죽음이라고 합니다. 그런데 예수님이 오셔서 끊어진 것을 연결시켜 주셨습니다. 역리를 순리로 만들어 주신 것입니다. 예수님에 의하여 하나님과의 관계가 복원된 자들은 순리로 살아가게 됩니다.

성도는 구원을 받았다 할지라도 독자적으로 살아갈 수 없고, 계속해서 예수 그리스도가 공급해 주시는 생명으로 살아가야 합니다. 생명이란 살아 있는 것을 말합니다. 죽은 것은 생명이 아닙니다. 생명은 항상 살아 있어야 합니다. 이를 영생이라고 합니다. 그러자면 영생하는 하나님으로부터 계속하여서 생명을 공급받아야만 합니다. 이를 포도나무와 가지로 비유해 주고 있습니다.

요한복음 15장을 봅시다.

요 15:1-6 "내가 참 포도나무요 내 아버지는 그 농부라 ^{2}무릇 내게 있어 과실을 맺지 아니하는 가지는 아버지께서 이를 제해 버리시고 무릇 과실을 맺는 가지는 더 과실을 맺게 하려 하여 이를 깨끗케 하시느니라 ^{3}너희는 내가 일러준 말로 이미 깨끗하였으니 ^{4}내 안에 거하라 나도 너희 안에 거하리라 가지가 포도나무에 붙어 있지 아니하면 절로 과실을 맺을 수 없음같이 너희도 내 안에 있지 아니하면 그러하리라 ^{5}나는 포도나무요 너희는 가지니 저가 내 안에, 내가 저 안에 있으면 이 사람은 과실을 많이 맺나니 나를 떠나서는 너희가 아무것도 할 수 없음이라 ^{6}사람이 내 안에 거하지 아니하면 가지처럼 밖에 버리워 말라지나니 사람들이 이것을 모아다가 불에 던져 사르느니라"

예수님은 나무이고 우리는 가지입니다. 가지는 독자적으로 살아갈 수 없습니다. 가지는 나무가 공급해 주는 진액으로 살아갑니다. 가지는 나무에 붙어 있을 땐 풍성한 열매를 맺을 수 있습니다. 그러나 나무에서 떨어진 가지는 반드시 죽게 되어 있습니다. 예수님이 나무라고 하셨으니 가지인 우리는 예수를 떠나서는 살 수 없는 것입니다.

가지인 성도가 나무인 예수로부터 떨어져 독자적으로 살고자 하는 것을 죄라고 합니다. 하나님은 농부가 되셔서 예수라는 나무에서 떨어져서 독자적으로 열매를 맺고자 하는 가지들은 모두 다 모아서 불에 태우십니다.

예수라는 나무에 붙어 있는 가지는 예수의 의의 생명을 맺지만, 예수라는 나무에서 떨어진 가지는 자기 의를 맺습니다. 하나님은 예수의 의가 없는 가지들은 불에 태우십니다. 예수의 의는 예수라는 나무에 붙어 있어야만 나타나는 것입니다. 그러므로 성도는 잠시라도 예수라는 나무에서 떨어질 수 없는 것입니다.

신앙이 무엇입니까? 예수 믿는 것입니다. 모든 것이 예수 믿음으로부터 출발하여야 합니다. 내가 사는 것도 예수 때문이고, 내가 행하는 일도 예수 때문입니다. 이를 사도 바울은 '나의 나 된 것은 모두가 하나님의 은혜'라고 하였습니다. 그러므로 성도는 아무리 구원을 받았다고 하여도 예수님 앞에서는 도움을 받는 여자로 살아야 합니다. 예수님의 그늘에서 살아가야 합니다. 그게 믿음이고 신앙입니다.

부모란 생명을 주시는 분입니다. 부모를 떠난다는 것은 생명으로부터의 단절을 의미합니다. 예수님은 우리를 낳아준 부모와 같습니다. 예수님은 우리를 낳아주었다는 의미에서 하나님 아버지와 같습니다. 그래서 이사야는 예수님을 '전능하신 하나님'이라고 하면서 '영존하는 아버지'라고 하였습니다.

이사야 9장을 봅니다.

사 9:6 "이는 한 아기가 우리에게 났고 한 아들을 우리에게 주신 바 되었는데 그 어깨에는 정사를 메었고 그 이름은 기묘자라, 모사라, 전능하신 하나님이라, 영존하시는 아버지라, 평강의 왕이라 할 것임이라"

예수님 속에는 다양한 속성들이 있습니다. 전능하신 하나님이고, 영존하시는 아버지이며, 평강의 왕이십니다. 예수님이 우리에게 생명을 주셨기 때문에 아버지라고 합니다. 영적인 의미에서는 예수님과 아버지는 동등한 하나님이시므로 하나로 보아도 됩니다. 그러므로 우리는 예수님(아버지)을 떠날 수 없는 것입니다.

하나님이 아담을 창조하신 것은 예수님이 우리를 낳으신 것과 같습니다. 그런 의미에서 아담이 부모를 떠난다는 것은 성도가 예수를 떠나는 것과 같은 것입니다. 아담이 부모를 떠나 죽게 된 것은 성도가 예수님을 떠나서 남자로 살고자 하면 반드시 죽게 된다는 것을 아담을 통해서 말해주고 있는 것입니다.

아담이 부모를 떠나 하와와 함께 살면서 뱀의 미혹으로 죽은 자가 된 것은 성도가 하나님(예수님)을 떠나면 어떻게 되는지를 잘 보여주고 있습니다. 하나님을 떠나면 필연적으로 뱀의 미혹으로 죽게 된다는 것을 말해주고 있습니다. 아담은 우리의 자화상입니다.

부모를 떠나 독자적으로 살고자 하면 어떤 저주의 아픔을 겪게 되는지 살펴봅시다.

아담은 여자를 보고 한눈에 반하고 맙니다. 아담은 여자를 보고 "이는 내 뼈 중의 뼈요 살 중의 살이라"고 합니다. 아담이 여자를 보고 한눈에 반한 이유가 아담이 여자를 보고서 한 고백 속에 담겨 있습니다.

이는 아담은 여자를 통해서 자기 자신을 본 것입니다. 아담에게 있어 여자는 자신의 거울과 같은 것입니다. 아담 자신입니다. 아담은 자기 자신에게 빠져들고 만 것입니다. 이것을 신약식으로 말하면 자기 의에 사로잡혀 있다고 합니다.

인간은 자기가 한 모든 것을 귀하게 여깁니다. 자기가 행한 것 속에는 자기 의가 담겨 있기 때문입니다. 인간은 자기애로 살아가기 때문에 자기가 부정당하는 것을 참지 못합니다. 자신이 행한 일을 누가 부정이라도 하면 자기 자신이 부정당한 것처럼 여겨 화를 내는 것입니다.

아담이 여자를 보고 한눈에 반한 것도 자기애에 사로잡혀 있는 것입니다. 아무튼 아담은 여자를 보고 첫눈에 반하고 한 몸을 이룹니다. 아담은 여자와 한 몸을 이루자

빈자리가 채워진 것입니다. 아담은 빈자리가 채워지자 만족합니다. 그리고는 기뻐하면서 부모를 떠나고 맙니다.

남자가 부모를 떠나는 것은 자신이 부모가 되고자 함입니다.

창 2:24 "이러므로 남자가 부모를 떠나 그 아내와 연합하여 둘이 한 몸을 이룰찌로다"

남자가 부모를 떠난다는 말은 곧 부모로부터 독립하여 자신의 삶을 살아간다는 뜻입니다. 그렇다면 남자가 부모를 떠나기 위해서는 전제 조건이 있습니다. 먼저 스스로가 독립하여 살 수 있는 자라야 합니다. 남자 구실을 할 수 있어야 합니다.

남자 구실이란 가정을 책임질 능력이 되어야 한다는 것입니다. 처자식들을 자기 힘으로 먹여 살릴 수 있는 자가 되어야 합니다. 부모의 도움 없이도 스스로 가정을 꾸려나갈 수 있어야 합니다. 그럴 때 남자 구실을 할 수 있는 것입니다. 남자 구실을 할 수 있을 때만 부모를 떠날 수 있는 것입니다.

만약에 스스로 독립하지 못하고 부모에게 의존해야 하는 자라고 한다면 성별로는 남자일 수는 있어도 아직 온전한 남자가 아닌 것입니다. 장가가서도 맨날 부모에게 손을 벌려서 도움을 청하여야 할 것 같으면 부모를 떠나서는 안 되는 것입니다. 그것은 부모를 떠남이 아니고 계속하여서 부모에게 머물러 있음이 됩니다. 이것은 부모의 마음을 아프게 하는 불효입니다. 장가가서 자기 가정도 제대로 꾸리지 못하는 자식을 보는 부모의 마음은 미어집니다.

남자란 스스로 살 수 있는 자입니다. 그런 의미에서 생령인 아담은 부모를 떠나 스스로 살 수 있는 자가 아닙니다. 생령으로서는 뱀이 있는 세상에서 처자식을 지켜낼 수가 없습니다. 그럼 독립해서는 안 됩니다. 독립하게 되면 모두가 불행해집니다. 그렇기 때문에 생령인 아담은 부모를 떠나 분가를 할 것이 아니라, 부모 아래서 남자 구실을 할 수 있도록 생명과를 먹고서 뱀을 이길 수 있는 강건한 사내로 더욱더 자라가야 했습니다.

부모의 그늘을 벗어나지 못한 사람은 어린아이이지 남자가 아닙니다. 어린아이로서는 뱀을 이길 수 없습니다. 뱀을 이길 수 있는 자가 될 때까지 부모가 주는 양식을 먹고 강건한 남자로 자라가야 합니다. 부모를 떠난다는 것은 또 다른 부모가 되는 일입니다. 내가 부모가 되고자 부모를 떠나는 것입니다. 남자는 부모를 떠나서 남편이 되고 아버지가 되는 것입니다.

부모란 가정을 위하여 희생하는 분입니다. 자식을 위해서 자기 생명을 버리는 분이십니다. 자식은 아버지의 생명을 먹고 강건한 남자로 자라가고, 나중에는 그도 장가가서 부모를 떠나 또 다른 부모가 되어가는 것입니다. 부모가 죽고 부모를 낳게 되는 것입니다. 이것은 하나님이 죽어서 하나님의 아들들이 생겨나는 것과 같습니다.

이 땅의 하나님의 아들들은 하나님의 죽음을 바탕으로 생겨났습니다. 구원 자체가 예수의 죽음으로 자기 백성들이 살아나는 것입니다. 이러한 모습을 가정 속에 담아놓은 것입니다. 부모의 희생으로 자라난 자들이 나중에 부모가 되어서 자식을 위해서 희생하는 자로 살아가듯이, 예수라는 하나님 아들의 희생으로 살아난 하나님의 아들들이 된 자들은 이 땅에서 예수라는 하나님 아들처럼 그리스도인으로서 희생하는 삶을 살아가게 되는 것입니다.

성경의 역설은 아버지가 되고자 하는 자는 아들의 상태를 버려야 한다는 것입니다. 부모를 떠나 아내를 맞이하는 것은 아들의 지위를 버리고 아버지가 되는 것입니다. 그럼 부모를 떠나서 아버지가 되고자 하는 남자는 아들의 상태를 버려야만 합니다. 아들의 상태란 아버지에게 의존해서 살아가는 자를 말합니다. 이것은 예수의 생명을 얻고자 하는 자는 반드시 아담의 생명을 버려야 한다는 것입니다.

애굽을 떠나지 않고 가나안으로 갈 수 없고, 땅을 떠나지 않고서는 하늘로 갈 수 없습니다. 율법의 세계를 떠나지 않고서는 은혜의 세계로 나아갈 수 없습니다. 옛것을 버림이 없이는 새것을 얻을 수 없습니다. 땅의 장막이 무너져야 하늘로부터 오는 장막을 입을 수 있는 것입니다.

그래서 하나님이 이 세상 속에 두신 생명의 법칙은 먼저 나온 것들은 모두가 죽어서 새것을 낳는 것으로 되어 있는 것입니다. 씨가 죽어서 또 다른 생명을 낳는 것입니다. 하나님께서 이 세상에 두신 생명의 법칙은, 한 알의 밀이 땅에 떨어져서 죽어야만 또 다른 밀알을 낳게 되어 있습니다. 밀이 죽지 않으면 밀을 생산해 낼 수 없습니다.

하나님은 밀 속에 있는 생명을 끄집어내고자 밀을 죽음에 넘겨주는 것입니다. 하나님께서 예수님을 죽이신 것은 예수님 속에 있는 생명을 끄집어내기 위함입니다. 밀이 죽어서 밀을 낳듯이, 하나님의 아들이 죽어서 하나님의 아들들을 낳은 것입니다.

아담이 부모를 떠나서 부모가 되려면 아들을 죽여야만 가능합니다. 부모에게 의존하여 살아가는 아들이 죽임을 당하고 독립하여 스스로 살 수 있는 강건한 남자가 되어야 부모가 될 수 있는 것입니다. 의존적으로 살던 아들이 죽어야 더는 부모의 도움을 필요로 하지 않게 되는 것입니다.

하나님은 아브라함을 열국의 아비로 만들기 위해서 본토 친척 아비 집을 떠나게 하셨습니다. 아브라함은 본토 친척 아비 집을 떠나옴으로써 열국의 아비가 될 수 있었습니다. 이것이 부모를 떠남입니다. 부모를 떠나지 않은 상태에서 아버지같이 되겠다는 것과 육신의 생명을 버림 없이 영원히 살려고 하는 것은 참람함이며 곧 불경인 것입니다.

이 시대의 육신적인 결혼 생활에서도 가장 큰 문제는 남자가 장가를 갔어도 부모를 떠나지 않는다는 것입니다. 경제적인 문제는 말할 것도 없이 세상을 살아가는 데 닥치는 이러저러한 일들을 처리하는 것에서도 스스로 해결할 수 없다는 것입니다. 정신적으로나 인격적으로도 부모로부터 온전히 독립된 개체여야 할 남자가 이런저런 문제로 부모에게 의존하여야 한다고 하면 이는 아직 결혼해서는 안 되는 사람입니다.

자립심이 없는 미숙한 사람이 결혼하게 되면 모두가 불행해집니다. 본인뿐 아니라 부모나 아내나 자식까지도 불행해집니다. 심지어 주변 사람들에게까지도 피해를 주게 되는 것입니다. 스스로 자립하여 독자적으로 가정을 꾸릴 수 있다고 한다면 고부간의 갈등이나, 부모의 재산 때문에 생기는 형제간의 다툼 따위는 찾아볼 수 없을 것입니다. 고부간의 갈등이나 돈 때문에 형제간에 원망과 불평이 쌓이는 것도 스스로 독립할 수 없기 때문에 나타나는 것입니다.

결혼할 정도의 나이가 된 남자라면 부모의 돈에 미련이 있어서는 안 됩니다. 부모의 도움 없이도 가정을 꾸릴 수 있어야 합니다. 스스로 수고하여 준비하고 자신의 이마에 땀을 흘려서 밥그릇을 마련해야 합니다. 그럼 형제간에 재산 다툼이 일어나지 않습니다.

고부간의 갈등 문제도 마찬가지입니다. 고부간의 갈등 가운데 거의 십중팔구는 남자가 그의 어머니를 떠나지 못하는 데에서 일어나는 것입니다. 고부간의 갈등의 원인은 대다수가 두 여자가 한 남자를 사이에 두고서 일어납니다.

시어머니와 아내라는 두 여자가 한 남자에 대한 소유권을 주장하고자 하는 갈등에서 벌어지는 일들입니다. 우리나라 남자들의 대부분은 이 경우 아내는 버리더라도 어머니는 버릴 수 없다고 생각합니다. 그만큼 부모를 떠나지 못하고 있다는 것입니다. 이것은 부모 역시 자식을 붙잡고 있으므로 나타나는 것입니다.

고부간의 갈등은 남자만의 문제가 아닙니다. 책임의 절반은 부모에게도 있습니다. 자식을 장가보내려면 자식을 떠나보내야 합니다. 품 안에 있을 때 자식이지, 장성하여서 아내를 맞아 가정을 꾸릴 정도가 되면 품 안에서 자식을 놓아 주어야 합니다. 부모에게 있어 자식은 언제까지나 어릴 적 품 안에 있을 때의 자식이어야지 장성하였음에도 품에 안고 있어서는 안 됩니다. 장가가면 품 안에서 내보내야 합니다.

자식을 떠나보내지 못할 것 같으면 장가를 보내지 말아야 합니다. 장가가서도 아들의 소유권을 주장하려면 장가를 보내서는 안 되는 것입니다. 아들을 다른 여자에게 장가를 보냈으면 소유권까지 그 여자에게 양도해 주어야 합니다. 이런 면에 있어서는 남자인 아버지는 비교적 매정한 편입니다. 이는 씨의 속성상 그럴 수밖에 없습니다.

남자의 속성은 씨를 밖으로 토하여 내지만 여자의 속성은 씨를 자기 품으로 품어 버립니다. 그러므로 남자인 아버지들은 자식이 장가를 가고 나면 너 알아서 하라고 놓아 줍니다. 그러나 어머니는 그렇지 못합니다. 어머니는 항상 자식을 자기 품 안에 두고 싶어 합니다.

그래서 엄마는 장가간 자식을 일일이 간섭하면서 아들을 스스로 부모가 되어서 살게 하지 않고 자기 자식으로 살게 만드는 것입니다. 어미는 아들에 대한 끈을 놓고자 하지 않습니다. 아들이 장가를 가도 자식으로 붙잡아 두고자 합니다. 탯줄을 끊어주어야 하는데 끝까지 붙잡고자 하는 것입니다.

어미는 아들을 자기 뱃속에서 하나로 함께 살았고, 태어나서도 젖을 물리고 키우고, 진자리 마른자리 갈아 누이면서 정성을 다해서 키웠기 때문에 하나라고 여깁니다. 그래서 자식이 떠나려고 하면 본능적으로 뱉어내는 말들이 "내가 너를 어떻게 키웠는데…네가 어떻게 나에게 이럴 수가 있느냐?"라고 항변합니다.

이는 '너는 나를 떠나서는 안 된다'는 것입니다. 계속하여서 아들로 살라는 것입니다. 이럴 때 강건치 못한 남자들은 어머니 그늘에 머물게 됩니다. 장가를 갔어도 여전히 어머니 품에 거하게 되는 것입니다. 결국 결혼을 하여서도 아들은 어머니 때문에 고통을 당하는 일이 발생하고, 어머니 또한 아들로 인하여 고통당하는 일들이 발생하게 되는 것입니다.

가정의 불화는 이렇게 시작됩니다. 여자는 남자로부터 받은 씨를 자신의 모든 진액을 다 쏟아부어 장성한 자로 살려내는 것으로 자신의 의무를 다하는 것입니다. 자식을 다 키웠으면 품 안에서 빼내서 독립시켜야 합니다. 아들 스스로 가정을 꾸리고 자기 아내와 자식을 낳고 키우면서 부모가 되는 삶을 살아가도록 분가시켜 줘야 합니다.

그럴 때 어머니는 아들을 놓게 되고, 아들은 어머니를 놓게 됩니다. 이렇게 할 때 비로소 어머니도 남자가 되고, 아들도 남자가 되는 것입니다. 그런데 실상에선 그렇게 하지 못합니다. 대다수의 어머니들은 아들이 장성하여서 결혼해도 떠나보내지 않고 붙잡아 두고자 합니다.

이러면 남자는 어머니에게 있어 여전히 여자이고 맙니다. 자식을 떠나보내지 못하는 어머니나, 어머니를 떠나지 못하는 자식이나 둘 다 여자로서 남자가 부모를 떠나는 것이 되지 못합니다. 어머니가 자식을 놓지 못하는 것이나 자식이 부모 그늘에 있는 것이나 그 의미는 동일합니다.

어머니는 장성한 자식을 자기 품에서 놓을 때 어머니 스스로가 남자가 부모를 떠나게 되는 것이 됩니다. 즉 어머니는 자식을 자기 품에서 과감하게 끊어서 독립된 존재로 출가를 시킴으로써 자식이라는 끈(부모)으로부터 떠나게 되는 것입니다. 장성하여서 아내를 맞이하여서 새로운 가정을 꾸리고 어머니를 떠나는 자식이나, 장성하여서 아내를 맞이하여서 가정을 꾸리는 자식을 떠나보내는 어머니는 모습만 서로 다를 뿐 그 의미는 동일합니다.

내용과 의미는 각자에게서 떠나 독립적인 개체가 된다는 것으로 동일하므로 모두가 부모를 떠나는 것이 되는 것입니다. 아들도 부모를 떠남이 되고, 어머니도 부모를 떠남이 되는 것입니다. 부모를 떠나는 것의 기준은 내가 의지하던 것을 버리는 것입니다. 이 모두가 자식이 남자로서 강건하게 장성할 때의 이야기입니다. 장성하지 못할 때는 이야기가 달라집니다.

창세기 2장의 아담은 이런 의미로서 부모를 떠나서는 안 될 자가 부모를 떠남으로써 타락의 길을 걷게 되었던 것입니다. 생명과를 먹지 못한 아담은 아직까지 그 안에 하나님의 생명이 없는 여자인 것입니다. 장가갈 입장이 못 됩니다. 여자에게 생명을 줄 수 있는 입장이 아니기 때문입니다.

그렇다면 아담은 먼저 여호와 하나님을 남편으로 맞아들여 하나님의 씨를 잉태함으로 하나님의 아들을 낳아야 할 여자로 있어야 했습니다. 그런 의미에서 아담은 부모를 떠날 것이 아니라 하나님의 생명을 받을 때까지는 부모 아래서 여자로 있어야 했습니다. 그럼에도 아담은 하나님의 씨를 받아야 할 여자인 주제에 자기 갈비뼈로 만들어진 여자를 보고 "이는 내 뼈 중의 뼈요 살 중의 살이라"고 하며 빠져들고 말았던 것입니다.

하나님의 생명을 받지도 못한 생령인 아담이 동일한 네페쉬 하야인 여자에게 빠져들었다는 것은 그것 자체로 죽음을 의미합니다. 강건한 남자가 부모를 떠나 아내와 합하여 한 몸을 이룸으로 자기의 생명을 여자에게 주는 것은 아름다운 일입니다. 그러나 자기 앞가림도 하지 못하는 주제에 부모를 떠나서 아내와 하나가 되는 것은 자기도 죽고 상대방도 죽이는 엄청난 불행을 초래하게 됩니다.

이것은 수영도 못 하는 자가 물에 빠진 사람을 구하려고 물에 뛰어들었다가 둘 다 익사하고 마는 것과도 같습니다. 물에 빠진 사람을 구하려면 내가 먼저 물에 빠지지 않을 수영 실력을 갖추어야 합니다. 수영 실력을 갖추기 전에는 물에 뛰어들어서는 안 됩니다.

아담이 지금 그러합니다. 자기도 생령인 주제에 생령인 여자를 맞아들여서 가정을 꾸리고 있는 것입니다. 생령으로서는 뱀을 이기지 못합니다. 결국 둘 다 예상대로 뱀에게 잡아먹히고 만 것입니다. 아담이 만약에 온전한 남자였다면 선악과를 먹는 일은 벌어지지 않았을 것입니다. 온전한 남자는 절대로 먹으면 죽을 선악과를 먹지 않습니다. 아무리 사랑하는 여자라 할지라도 독약을 받아먹을 남자는 없습니다.

아담이 생명의 사람으로 강건하였다고 한다면 설령 자기와 함께한 여자가 선악과를 먹고 그걸 자신에게 가지고 와서 함께 먹자고 권유하더라도 먹지 않습니다. 이 일로 인하여 여자를 잃어버릴지라도 그는 선악과의 길로 빠지지 않습니다. 이것이 생명의 냉엄함입니다.

산 자와 죽은 자는 함께할 수 없습니다. 이것은 생명의 속성 때문입니다. 생명의 세계는 때로는 냉정함이 일어나게 되는 것입니다. 죽고 사는 문제에 있어서 생명은 속성상 죽음이 닥치면 스스로 방어기제를 발동하여서 자기를 죽음으로부터 지키게 되어 있습니다.

아담이 여자의 말을 듣고 선악과를 먹은 것은 아직 아담이 그만큼 성숙하지 못했다는 뜻입니다. 생명이 없기 때문에 생명의 속성이 그 안에서 발동하지 않은 것입니다. 아담이 여자가 주는 선악과를 먹었다는 것은 남자로서의 삶을 제대로 살 수 없었다는 뜻입니다. 그렇기 때문에 여자가 이끄는 대로 끌려간 것입니다.

믿음이 강건한 남자는 아무리 사랑하는 여자의 말이라 할지라도 그것이 생명을 해치는 비진리라고 한다면 듣지 않고 따르지 않습니다. 그것이 강건한 남자의 생명의 속성입니다.

인정과 생명은 다릅니다.

아프리카의 동물의 세계를 보면 어미가 사자에게 잡혀서 죽어가는 새끼를 보고서도 달려가서 구하지 못하는 것은 인정이 없어서가 아니라 생명의 가치 때문입니다. 새끼를 구하려다가 자기도 죽는다는 것을 알기 때문에 죽어가는 새끼를 물끄러미 보고 있는 것입니다.

성도의 신앙도 마찬가지입니다. 아무리 친한 사람이라 할지라도 이단을 따르면 절교를 하게 되어 있습니다. 이는 생명과 신앙은 동일한 속성을 가지고 있기 때문입니다. 성경이 이단은 집에 들이지도 말라고 하는 것은 진리와 비진리는 하나 될 수 없는 속성을 가지고 있기 때문입니다. 그래서 생명을 가진 성도는 비진리를 전하는 사람이 비록 부모 형제라 할지라도 멀리하게 되는 것입니다. 이것이 생명의 냉엄함입니다.

신앙은 생명과 같습니다. 그러므로 신앙도 자람의 과정이 있는 것입니다. 말씀을 듣고 자라가야 할 때가 있고, 다 자라서 일을 할 때가 있습니다. 일은 자람의 결과로 나타나는 것이어야 합니다. 예를 들어서 믿음 안에서 남자답게 강건하게 자라가야 하는데 전도를 한다거나 구제하며 봉사하는 일에 빠져버리는 것은 아담이 여자를 만나서 부모를 떠나는 것과 같습니다.

믿음이 연약한 성도는 먼저 말씀을 듣고 강건해져야 합니다. 먼저 강건해지고 난 후에 구제도 하고 봉사도 하고 전도도 해야 합니다. 그렇지 않고 믿음도 없는 상태에서 열심과 충성에 미치는 것은 마치 아담이 여자를 보고 빠져드는 것과 같은 것입니다. 이것은 어린아이가 공부하지 않고 돈벌이하겠다는 것과도 같습니다. 그럼에도 이러한 일들이 이 시대 교회 안에서 횡행하고 있습니다.

왜 그런가요? 믿음이 없음에도 일하는 것은 그 일을 통하여서 얻어지는 영광 때문입니다. 일 속에 자기 영광 즉 보람이 있기 때문입니다. 사람들의 칭찬이 있기 때문입니다. 사람들이 행하는 열심과 충성 속에는 자기 사랑과 자기 보람이 들어가 있기에 쉽사리 놓지 못합니다.

아담이 자기 갈비뼈로 만들어진 여자를 보고 "이는 내 뼈 중의 뼈요 살 중의 살이라"고 하며 여자에게 빠져드는 것 자체를 가지고는 나쁘다고 말할 수 없습니다. 즉, 성도가 열심을 내고 충성을 한다고 해서 나쁘다고 말할 수는 없습니다. 그런 의미에서 아담이 부모를 떠나 아내와 합하여 한 몸을 이룬다는 것도 가능한 일입니다.

그러나 자기 옆에 여자가 하나 생겼다고 해서 그것으로 자신이 온전한 남자가 되는 것은 아니라는 데 문제가 있는 것입니다. 남자로 자라가는 것은 남자로 자라가는 것이고, 아내와 합하여 한 몸이 되는 것은 또 아내와 합하여 한 몸이 되는 것입니다.

이 둘은 별개의 문제입니다. 아담이 강건한 남자로 자라가는 것과 여자를 아내로 맞이하는 것은 다릅니다. 강건한 남자로 자라가는 것은 부모 아래서 하는 일이지만, 강건한 남자가 되어서 살아가는 것은 부모를 떠나서 해야 하는 일입니다.

부모 아래서 강건한 남자로 있을 때와 부모를 떠나 강건한 남자로 살아가는 것은 아버지의 일과 내 일의 차이입니다. 아버지 아래 있을 때는 아버지의 일이었지만, 부모를 떠나오면 내 일이 되는 것입니다. 아버지 일에는 책임이 없지만 내 일에는 책임이 따르게 되는 것입니다. 아버지가 재벌이라고 해서 내가 재벌이 되는 것은 아닙니다. 그러나 사람들은 아버지가 재벌이면 자신도 재벌이라고 여깁니다. 세상에서는 그렇게 생각하지만, 하나님은 그렇게 여기시지 않습니다.

신앙의 세계는 냉정합니다. 아버지와 나는 별개입니다. 아버지의 신앙은 아버지의 신앙이고, 내 신앙은 내 신앙입니다. 내가 아버지와 같은 신앙이 될 때 아버지의 신앙이 내 신앙이 되는 것입니다. 사람들은 종종 아버지의 신분이 자기의 신분인 줄 착각하는 현상을 일으킵니다. 이런 착시 현상이 사기행각을 벌이게 하는 것입니다.

마치 대통령의 아들들이 아버지가 대통령인 것을 가지고 마치 자기가 대통령이라도 되는 줄 알고 대통령 행세를 하다가 감옥에 가는 것으로 나타나는 것입니다. 이것은 아담처럼 남자 구실도 하지 못하는 자가 남자 행세를 하는 것과 같습니다.

인간들은 약육강식의 법 아래서 태어났기 때문에 사람의 숫자로 모든 것을 판단합니다. 그래서 사람들은 자신을 추종하는 사람들의 숫자를 가지고 자신의 옳음을 증명하려고 합니다. 세상은 정치이든, 문화이든, 예술이든, 종교이든 참과 거짓을 사람의 다수를 가지고 판단합니다. 그래서 인간들은 많은 사람을 모으는 일에 혈안이 되는 것입니다.

목사들도 마찬가지입니다. 교회에서도 다수가 모이면 진리이고, 소수가 모이면 비진리라고 여기는 것입니다. 믿음이 없는 교인들은 다수가 모인 곳에 있으면 안심이 되고, 소수가 모인 곳에 있으면 불안해합니다. 목사들은 자신을 추종하는 사람이 많으면 진리를 전한다고 큰소리를 치는 것입니다.

예수님이 오셨을 때 많은 군중이 예수님을 따르자 바리새인들이 불안해한 것도 그들은 사람의 수에 가치를 두었기 때문입니다. 그러나 예수님은 사람의 수에 신경 쓰지 않으셨습니다. 진리는 사람의 수와 상관없이 진리가 되기 때문입니다. 진리의 세계는 자신을 추종하는 사람이 있든 없든 아무런 상관이 없습니다.

유유상종이라 사람들은 자기와 비슷한 수준을 찾아서 모여들게 되어 있습니다. 그리하여 집단을 이루어서 그 속에서 안위를 받고자 합니다. 그래서 그 속에 진리가 없는 자들은 큰 무리들을 거느리고자 하는 것입니다.

이단들이 사람의 숫자를 힘으로 삼는 것은 그 자체가 하나님을 믿는 것이 아니라 인간의 힘을 믿고 있다는 것을 반증하고 있는 것입니다. 자기를 따르는 사람들이 있다고 해서 자신이 곧 진리에 이르렀다고 생각한다면 큰 오산입니다. 군중들이 자신의 말에 아멘 한다고 해서 그것을 진리라고 여겨서는 안 됩니다.

자기 안에 진리를 품은 사람은 사람에게 동의를 구하고자 하지 않습니다. 예수 그리스도를 믿음으로 살아가는 성도는 사람들이 추종한다고 해서 좋아하고, 떠난다고 해서 낙망하지 않습니다. 성령으로 거듭난 성도는 사람들의 평가로 살지 않고 예수 그리스도의 생명으로 살아가기 때문에 사람의 수에 따라 흔들리지 않습니다. 따르는 무리가 많다고 우쭐하지 않고, 반대로 따르는 무리가 적다고 해서 기죽지 않습니다.

성령으로 거듭난 성도의 힘은 믿음이기 때문에 외부의 조건에 휘둘리지 않습니다. 믿음은 외부의 조건과 상관이 없습니다. 예수는 내 안에서 믿어지는 것으로 믿는 것입니다. 믿어지면 믿는 것이고, 안 믿어지면 믿고 싶어도 믿을 수가 없는 것입니다. 믿어지는 사람은 믿어지는 것으로 살고, 믿어지지 않는 사람들은 안에서 밀려오는 불안감을 해소하고자 다수가 모인 곳을 찾아가게 되는 것입니다. 숫자의 논리로 살기 때문에 숫자 많은 곳에 가면 안심하는 것입니다.

마음에서 일어나는 불안감은 다수 속에 있다고 해서 사라지는 것이 아닙니다. 그 안에 믿어지는 믿음이 없으면 아무리 많은 숫자가 따른다고 하여도 원초적으로 밀려오는 불안감을 해소하지 못합니다. 그 안에 하나님이 믿어지게 해주는 믿음이 없으면, 진리를 말하지만 정작 본인은 평안을 누리지 못하고, 안으로부터 엄습하는 불안감을 없애고자 각양의 방법으로 애를 쓰게 됩니다.

그러나 그 불안감은 해소되지 않습니다. 외부적인 조건으로 불안감을 해소하고자 하는 것은 믿음이 없다는 것을 스스로 드러내고 있는 것입니다. 사람의 수를 진리의 증거로 내어놓는 자들은 모두가 진리에 속하지 않은 자들입니다. 성도는 자기 안에 증거로 살아가는 자입니다. 그러므로 외부적인 환경에 일희일비하지 않는 것입니다. 아담이 여자를 보고 첫눈에 빠져들 수밖에 없었던 것은 자기를 알아주는 자를 만났기 때문입니다.

짐승들 속에 살고 있던 아담이 어느 날 자기를 이해하고 자기 말을 알아듣는 여자를 만났으니 얼마나 좋았겠습니까? 그러니 첫눈에 빠져들 수밖에 없었던 것입니다. 우리 역시 자신의 말을 들어주는 사람을 만나면 기쁘고 신이 나서 사귐을 갖게 됩니다. 그러나 이러한 만남도 때에 따라서는 독이 되어 자신을 죽일 수 있습니다.

그 말이 진리가 아닐 때는 서로가 서로에게 독이 되는 것입니다. 쉬운 말로 이단과 이단이 만나서 사귐을 가진다고 해서 진리가 되는 것이 아닙니다. 서로 같음이 도리어 비진리를 진리로 둔갑시키는 것이 되므로 서로 망하게 되는 것입니다.

아담과 하와가 그러합니다. 둘 다 생령의 생명으로 만남을 가졌습니다. 생령과 생령이 만나서 한 몸을 이룬다고 해서 하나님의 생명이 주어지는 것이 아닙니다. 아담과 하와의 만남은 이단과 이단의 만남과 같은 것입니다. 그 속에 생명이 없는 자끼리 만났으니 결국 둘 다 죽고 마는 것입니다.

이러한 일은 지금도 교회 안에서 일어나고 있습니다. 복음을 들어야 할 사람이 복음을 전한다고 하다가 망하고 있는 것입니다. 지식으로 알게 된 말씀 몇 자락을 가지고 마치 복음을 다 아는 양 남을 가르치는 선생 노릇을 합니다. 비극은 항상 선 줄로 생각하는 자들로 인하여 일어나게 되어 있습니다. 아담이 선 줄로 생각하다가 망한 것처럼 지금 교회도 선 줄로 생각하는 자들 때문에 망해가고 있는 것입니다.

아담은 아내를 사랑하지 않아서 망한 것이 아니라, 아내를 사랑한 것 때문에 망하고 말았습니다. 지금 식으로 말하면 목사를 하지 말았어야 할 사람이 목사를 해서 망하게 되는 것입니다. 복음을 전하지 말아야 할 사람이 복음을 전한 것 때문에 망하는 것입니다.

말씀을 듣고 더욱더 강건해 가야 할 사람이 사람들에게 복음을 전하느라고 하나님의 말씀을 듣는 일을 등한시하고 있는 것입니다. 이것은 아담이 하나님의 생명으로 강건하게 자라야 함에도 아내를 사랑하느라고 하나님으로부터 사랑받는 일을 놓쳐버리고 만 것과 같습니다.

사람들은 흔히 예수가 우리를 위하여 십자가에 죽으셨다는 말 한마디를 전하여서 상대방이 그 말을 믿고 받아들이기만 하면 복음이 전해지는 줄 압니다. 그렇다고 예수가 우리를 위하여 십자가에 죽으셨다는 것이 복음이 아니란 얘기가 아닙니다. 그것은 아주 중요한 내용이고 반드시 이해하고 믿어야 할 대목입니다. 그러나 문제는 그것이 신앙의 전부가 아니라는 것입니다.

신앙은 예수 그리스도의 장성한 분량이 충만한 데까지 믿음과 지식이 자라가야 하고, 하나님의 사랑의 깊이와 높이와 넓이와 길이를 더 많이 알아가야 하고, 부르심의 소망이 무엇인지를 더 깊게, 더 풍성하게 많이 알아가야 하는 것입니다. 그래서 예수님만이 삶의 의미이며 가치의 전부인 수준으로 나아가야 합니다. 예수 그리스도처럼 남자답게 강건해져 가야 합니다. 하나님으로부터 받은 아들의 생명을 튼튼하게 키워가야 하는 길입니다.

그래서 사람의 간사한 궤술과 사단의 유혹과 갖가지 밀려오는 교훈의 풍조로부터 든든히 서서 좌로나 우로나 치우침이 없이 예수 그리스도 안에서 든든히 서가야 합니다. 철학과 헛된 속임수로 공교하게 지은 말에 넘어가지 말아야 합니다. 화려한 언변이나 미사여구에 현혹되지 말아야 합니다.

그 말이 산 위의 말인지 산 아래의 말인지, 그 말이 사람의 유전에서 나온 말인지 성령의 감동으로 주어진 말인지, 그 말이 학습으로 배워서 알게 된 것인지, 하나님의 은혜로 깨달아서 주어진 말인지 분별할 줄 알아야 합니다.

그러나 대부분의 사람들은 이 과정을 버리고 지식으로 습득된 조금 아는 것을 가지고 복음을 전한다고 하고 있습니다. 예수를 더 알아가야 하는 사람이 예수를 전한다는 일에 한평생을 보내고 있는 것입니다. 그러다 보니 자신이 생각하는 하나님의 일(전도와 봉사, 복음을 전하는 것)에 파묻혀 예수님께서 말씀하신 진짜 하나님의 일(하나님이 보내신 자를 믿는 것)은 놓치고 있는 것입니다. 이것은 마치 아담이 생명과를 먹어야 하는 일은 놓쳐버리고 여자와 노는 일에 빠져들고 만 것과 같은 것입니다.

예수님께서 세상에 와보니 유대인들의 모습이 그러하였던 것입니다. 하나님께 대한 열심은 특심한데 그 속에 하나님이 없는 것입니다. 그래서 예수님은 "너희가 사람의 유전으로 계명을 삼아서 가르치니 하나님을 헛되이 경배한다"고 하셨습니다. "이 백성이 입술로는 나를 존경하나 마음은 내게서 멀도다"라고 하신 것입니다. 예수님은 이러한 것은 모두가 썩을 양식을 위한 일이라고 하셨습니다. 그래서 썩을 양식을 위하여 일하지 말고 영생하도록 있는 양식을 위하여 일하라고 알려주신 것입니다.

요한복음 6장을 봅시다.

요 6:27-29 "썩는 양식을 위하여 일하지 말고 영생하도록 있는 양식을 위하여 하라 이 양식은 인자가 너희에게 주리니 인자는 아버지 하나님의 인치신 자니라 [28]저희가 묻되 우리가 어떻게 하여야 하나님의 일을 하오리이까 [29]예수께서 대답하여 가라사대 하나님의 보내신 자를 믿는 것이 하나님의 일이니라"

인간들이 생각하는 일과 하나님이 생각하는 일은 전혀 다릅니다. 하나님이 보내신 자인 예수를 믿는 것과 그를 전하는 것은 별개의 문제입니다. 예수님은 복음 전하는 일을 하나님의 일로 보시지 않았습니다. 예수님은 하나님의 일은 하나님이 보내신 자를 믿는 것이라고 분명하게 알려주셨습니다.

대부분의 사람들은 예수님의 이 말씀을 자기식으로 이해합니다. 그러므로 오늘날 교인들은 전도나 교회에 대한 열심과 충성을 가지고 하나님의 일을 한다고 생각합니다. 복음을 전하는 것과 하나님이 보내신 자를 믿는 것은 다릅니다. 복음을 전하는 것은 예수를 믿음으로 살아가는 것의 한 부분일 뿐입니다. 복음을 전하는 것은 하나님의 일인 하나님이 보내신 자를 믿는 것을 충실히 한 사람들이 누리는 복이지, 결코 일일 수는 없습니다.

　복음 전하는 것은 예수를 믿으면 자연히 나타나는 현상입니다. 교회에서 행하는 일들은 예수를 믿으면 저절로 나타나는 것들입니다. 예수를 믿으면 그 속의 생명이 일을 합니다. 그것이 다양한 모습으로 나타나는 것입니다.

　성도가 행하는 일들은 예수가 믿어지는 것이 너무도 기쁘고 신이 나서 그만 주체하지 못하고 전도나 봉사로 섬김으로 표현을 해내는 것입니다. 하나님은 생명이 번식하게 되는 것을 기쁨으로 하게 하였습니다. 생명을 생산하는 짝짓기를 고통스러운 것으로 해놓았으면 이 세상에 존재하는 생명은 이미 멸종되고 없었을 것입니다.

　남자가 부모를 떠나 아내와 합하여 한 몸을 이루는 것은 결코 의무가 아니며 고통이 아닙니다. 만약에 아내와 합하여 한 몸을 이루어 자식을 낳는 일이 힘들고 고통스러운 일이라고 한다면 인류는 벌써 멸망했을 것입니다. 하나님은 생명의 번식을 위한 짝짓기 행위는 기쁨과 즐거움으로 해놓았습니다. 짐승이나 사람이나 발정기가 되어 짝짓기한다는 것은 장성하였다는 것입니다. 이제는 어른 구실을 할 수 있다는 신체의 자연적인 현상입니다.

　강건한 남자와 장성한 여자가 되면 본능적으로 짝을 찾게 되어 있습니다. 이것은 건강한 생명의 활동입니다. 그래서 동물이든 사람이든 발정기가 되면 열심히 기쁨으로 짝짓기를 하여서 종족을 번성시키는 일을 하게 되는 것입니다.

　이와 같이 성도가 예수를 믿는 일을 충실히 하면 믿음이 그 안에서 주체할 수 없는 일들을 일어나게 하는데, 그것이 봉사나 충성이나 전도나 헌금과 같은 것으로 나타나게 되는 것입니다. 예수를 믿는 일에 장성한 사람들에게 이러한 것들은 자연스럽게 나타납니다. 억지가 아니고 자연스러운 것입니다.

　아담이 부모를 떠나 여자와 한 몸이 되는 것도 아담이 감당할 수 있을 정도로 건강하고 튼튼한 어른이 되었느냐에 달려 있습니다. 만약에 여자를 감당할 수 없는 남자라면 부모를 떠나 여자와 한 몸이 되는 것은 자신도 죽고 여자도 죽이는 것이 됩니다.

창세기 3장의 아담이 여자가 들고 온 선악과를 받아먹었다는 것은 그가 아직 그 여자를 감당할 수 있을 만큼 강건한 남자로 자라지 못했다는 뜻입니다. 하나님의 요구와 여자의 요구를 선별할 능력이 없는 아담에게 여자는 넘어지게 하는 앞잡이가 되는 것입니다.

그러면 어떻게 하면 건장한 남자가 될 수 있는 것인가요? 아담의 예로 보면 우선은 생명과를 먹고 하나님의 아들로 태어나야 하고, 그다음은 강건한 남자로 자라가야 합니다. 하나님의 아들로 태어났더라도 그에게 알맞은 양식의 공급이 적절치 않으면 건장한 남자는 만들어지지 않습니다.

그러한 의미에서 씨와 양식은 동일한 무게로 중요한 것입니다. 구원을 받는 것도 중요하지만 그리스도의 말씀으로 장성한 분량으로 자라가는 것도 중요한 것입니다. 둘 다 비중은 동일합니다. 그러므로 구원을 받은 성도는 말씀을 듣고 자라가는 일을 게을리할 수 없는 것입니다. 우리가 하나님의 은혜로 말미암아 성령으로 거듭났다고 하더라도 거듭난 사람으로서의 양식을 먹고 자라가는 삶이 없으면 그는 불원간 말라 죽게 됩니다.

그러므로 예수님의 생명을 받아서 새사람이 되었다고 하면 이제부터는 새사람으로 살아갈 수 있도록 말씀을 먹고 강건해져 가는 일을 게을리해서는 안 되는 것입니다. 이것은 엄마 뱃속에서 태어난 아이가 엄마 젖을 먹고 건강하게 자라가는 것과 같습니다. 갓난아이의 일은 엄마의 젖을 열심히 먹는 것입니다. 믿음은 들음(먹음)에서 나고, 그 들음(먹음)은 그리스도의 말씀(양식)에서 납니다. 그래서 말씀을 듣는 것이 하나님의 일인 것입니다.

말씀을 먹고 강건한 자로 자라가면 봉사의 일은 자연적으로 나타나게 되어 있습니다. 말씀을 먹지도 않고 또한 먹은 말씀을 제대로 소화하지도 못하고 일을 하게 되면 반드시 그 일로 인하여 부작용이 생기게 되고 급기야는 후회하게 됩니다.

이것은 마치 어린아이들이 용돈으로 수재의연금을 내는 것과 같습니다. 어린아이들이 용돈을 받고 세뱃돈을 받으면 쓰지 않고 나중에 장난감을 사려고 돼지 저금통에 저금해 놓습니다. 그런데 어느 날 홍수가 나서 TV 방송국에서 수재민 돕기 성금 모금을 하는데, 엄마가 돼지 저금통의 배를 갈라서 아이에게 재해 성금으로 내라고 하는 것과도 같습니다.

믿음도 없는 사람이 분위기에 휩쓸려 헌금을 냈다가 아까워서 후회하는 것과 같습니다. 아나니아와 삽비라가 이들입니다. 이들은 헌금을 안 해서 망한 것이 아니라, 헌금을 해서 망했습니다. 봉사와 충성도 하나님이 공급하시는 힘이 있는 사람이 하여야지, 믿음도 없는 사람이 누가 시킨다고 해서 하게 되면 반드시 후회하게 되어 있습니다. 또한 남이 한다고 해서 공명심으로 하게 되어도 후회하게 됩니다.

교회에 오기 싫은 것을 목사가 강요해서 온다고 해서 그걸 예배라고 하지 않습니다. 왜 교회에 와야 하고, 왜 봉사를 해야 하고, 왜 헌금을 해야 하고, 왜 성도를 섬겨야 하는지를 알기까지 자라가야 합니다. 일을 감사함으로, 기쁨으로 행할 수 있는 강건한 남자로 자라가야 합니다.

섬김을 받아야 할 때는 섬김받는 것이 신앙입니다. 반면에 섬겨야 할 때는 섬기는 것이 신앙입니다. 섬김을 받아야 할 자가 섬기겠다고 하는 것도 참람함이고, 반대로 섬겨야 하는 자가 빈둥거리면서 노는 것도 참람함입니다. 공부해야 할 아이가 학교에 가서 공부는 하지 않고 살림에 보태겠다고 돈 벌러 나가는 것도 참람함이며, 회사에 출근해서 돈을 벌어야 하는 어른이 집 안에서 빈둥거리고 노는 것도 참람함입니다.

생명의 자람에는 섬김을 받을 때가 있고, 섬겨야 할 때가 있습니다. 이 순서가 바뀌면 아담처럼 자신도 죽고 여자도 죽게 됩니다. 먼저 강건해져야 합니다. 바울처럼 우상의 제물을 먹든 안 먹든 자유할 수 있는 강건한 자가 되어야 합니다. 모든 것이 가(可)하나 모든 것이 유익이 되지 않는다는 것을 아는 자가 되어야 합니다. 이러할 때 자유를 자기를 위하여 사용하지 않고 그리스도를 위하여 사용하게 되는 것입니다.

아담이 여자를 다스릴 수 있으려면 여자와 차원이 달라야 합니다. 여자 앞에서 남자 구실을 하려면 여자보다 월등해야 합니다. 여자가 그 어떤 무기를 들고 와도 눈 하나 깜짝하지 않을 만큼 냉정해야 합니다. 더더욱 생명에 관한 문제에는 냉정해야 합니다. 여자들이 가지고 있는 최고의 무기는 눈물입니다. 하지만 신앙적인 문제에 있어서는 여자의 눈물을 이겨낼 수 있는 냉정함이 있어야 합니다. 성숙한 남자의 특징 가운데 하나가 바로 이 냉정함입니다.

하나님은 은혜와 사랑이 풍성하신 분이십니다. 그러나 생명의 섭리에서 벗어나는 일에 대하여는 지극히 냉정하신 분입니다. 예수님께서는 혈연도 인정도 통하지 않았습니다. 일명 수제자라고 하는 베드로도 일순간에 사단의 자리로 내려보낼 만큼 냉정하고 단호하신 분이십니다. 하나님은 자신이 창조한 인간들이 선악과를 먹자 에덴동산에서 내칠 정도로 냉정하신 분이십니다. 그래서 신앙은 인정에 매여서는 안 되는 것입니다.

아담이 여자가 들고 온 선악과를 먹은 것은 하나님의 말씀보다 여자의 말에 더 귀를 기울였기 때문입니다. 아담에게는 하나님의 말씀보다 여자의 말이 더 강력하였기 때문입니다. 아담이 여자를 다스릴 수 있으려면 여자의 눈물에 냉정하여야 합니다. 그러나 아담은 그렇지 못했습니다. 아담은 여자가 선악과를 들고 오자 그냥 먹어버리고 맙니다. 아담은 하나님의 말씀을 알고 있었지만, 여자를 향한 인정을 끊지 못했습니다.

보통 보면 여자들이 남편을 설득할 때 눈물을 동원합니다. 여자에게 있어 눈물은 남자를 설득시키는 강력한 무기입니다. 대부분의 남자들은 여자가 눈물 흘리면서 말을 할 때 여자의 주장을 들어줍니다. 아담 역시 여자의 눈물에 넘어가고 만 것입니다. 그래서 여자가 들고 온 선악과를 먹고 만 것입니다. 이것은 아담이 강건한 남자가 아니라 여자와 동등한 자라는 것을 말해주고 있습니다. 결국 아담은 여자와 함께 죽음에 떨어지고 말았습니다.

이러한 일들이 이 시대 교회 안에서 그대로 자행되고 있습니다. 이 시대 교회가 이렇게 타락하게 된 것은 하나님 말씀 앞에서 냉정한 남자로 살았어야 할 목사들이 여자와 같은 교인들의 눈물에 현혹되어 신앙의 기준과 원칙을 인간적인 차원으로 양보한 데서 기인한 것입니다.

바른말을 하면 교인들이 떠나갈까 봐 하나님의 말씀을 가감하기 시작한 것입니다. 목사들 눈에 하나님이 보여야 하는데 교인들만 보이기 때문입니다. 그러다 보니 인본주의로 흐르기 시작한 것입니다. 하늘의 말과 땅의 말을 혼합하기 시작한 것입니다. 결국 뱀의 말이 되고 만 것입니다. 이 모두가 예수님이나 바울같이 건장한 남자가 아닌 자들이 아담처럼 남자(가르치는 자)의 자리를 차지하고 있기 때문입니다.

이 시대 교회 안에서는 여자(성도)들의 발언권이 목사보다 강합니다. 여자의 발언권이 강해지고 나니까 그리스도의 말씀이 설 자리가 사라지고 만 것입니다. 바울의 말을 빌리면 여자(성도)들은 교회에서 잠잠해야 하는데, 실제로는 성도(여자)가 목사(남자)를 가르치고 다스리고 있는 실정입니다. 이렇게 되면 자연히 선악과를 먹게 되는 것은 필연적일 수밖에 없습니다.

목사가 예수님처럼 강한 남자로서 가르치고 다스리려면 먼저 자신이 예수 그리스도의 생명으로 강하고 냉정한 남자로 자라 있어야 합니다. 그런데 실상은 다릅니다. 대부분 목사들이 교인들보다 복음을 모르고 있는 것입니다. 복음을 모르는 목사는 여자이지 남자가 아닙니다. 그럼 성도들을 가르치려 해서는 안 됩니다. 먼저 복음을 알아야 합니다. 그리고 난 후에 강건한 남자로서 여자인 성도들을 돌보아야 합니다.

간과하지 말아야 할 것은 남자답게 강건해져 가는 것과 남자답게 사는 것은 다르다는 것입니다. 남자답게 사는 것은 남자답게 강건한 결과로 나타나는 일입니다. 먼저 남자답게 강건해지는 것입니다. 예수님처럼 강건해지려면 예수님에게 붙어서 양분을 많이 섭취해야 합니다. 생명은 먹는 것으로부터 주어집니다.

산 사람은 먹고사는 일을 생명과 동등한 수준으로 여깁니다. 강건한 남자는 그리스도에게서 떨어지면 죽는다는 것을 잘 알기 때문에 그리스도로부터 흘러나오는 생명을 공급받는 일을 최우선으로 여기고 살아가게 되는 것입니다. 남자답게 강건하게 사는 것만큼 남자답게 강건해지는 일을 지속해야 합니다.

오순절 성령 강림 후에 세워진 초대교회를 보면 이러한 사실을 잘 볼 수 있습니다. 교회에 성도가 많아지자 구제하는 일로 다툼이 일어나기 시작했습니다. 이때 사도들이 자신들이 해야 하는 일은 구제하는 것이 아니라 말씀 사역과 기도하는 일이라는 것을 알고 일곱 집사를 세웁니다.

초대교회가 구제하는 일로 다툼을 일으켰다는 것은 일하는 자들이 강건하지 않았기 때문입니다. 그래서 사도들이 구제하는 것이 중요한 것이 아니라 성도들에게 하나님의 말씀을 먹여서 강건한 자로 세워가는 것이 우선임을 알고 자신들은 말씀을 가르치는 것과 기도하는 일에만 전념하겠다고 한 것입니다.

교인들을 남자답게 강건한 자로 세워가고자 사도 자신들이 먼저 하나님의 말씀과 기도하는 일에 올인한 것입니다. 사도들은 강건한 남자였기 때문에 일보다 예수 그리스도의 말씀을 더 사모하였던 것입니다. 말씀과 기도로 그리스도의 생명을 공급받았던 것입니다. 강건한 남자는 그리스도를 떠나지 않습니다. 우리는 늘 하나님의 도움을 힘입어야만 살아갈 수 있는 죄인들입니다.

우리는 육신이라는 몸의 소욕을 이길 수 없는 한계를 안고 있습니다. 그러므로 아담처럼 부모를 떠날 수가 없는 것입니다. 그럼에도 어떤 이들은 교만하여 자신이 곧 예수님처럼 산다고 합니다. 신앙을 예수처럼 살아가는 것에 맞추고 있습니다. 날마다 성령 충만을 받아서 예수님처럼 살라고 합니다. 이것이 마귀의 말입니다. 이렇게 되면 믿을 것은 날아가 버리고 살아야 할 것(행함)만 남게 됩니다.

행함(선악과)에 관심을 가지면, 믿음(생명과)에서는 눈이 멀어지게 되어 있습니다. 마귀가 노리는 노림수가 바로 이것입니다. 믿을 것(예수의 의)을 잊게 하고, 살아야 할 것(자기 의)을 붙잡게 합니다. 선악과가 눈에 보이면 생명과는 감춰지게 됩니다. 그럼 거하는 동네가 산 아래가 됩니다. 선악과는 산 아래 있는 것입니다. 산 아래서는 생명을 얻을 수 없습니다.

하나님의 일은 내가 예수처럼 사는 것도 아니고, 천사처럼 변화되는 것도 아닙니다. 예수를 떠나서는 살 수 없음을 알고 예수님에게 붙어서 살아가는 것입니다. 예수는 어저께 한 번 믿었으니 오늘은 안 믿어도 되는 그런 분이 아닙니다. 죄 아래서 난 몸을 가지고 사는 한 예수는 항상 믿어야 합니다.

예수는 우리가 믿어야 할 구주이지, 본받을 스승이 아닙니다. 주 예수를 믿으라고 하는 것은 죄인의 몸으로는 예수님처럼 살 수가 없기 때문입니다. 그러므로 성도가 해야 하는 일은 하나님이 보내신 자 곧 예수를 믿는 것이라고 확정해 주신 것입니다.

첫째도 믿음이고,
둘째도 믿음이고,
셋째도 믿음입니다.

생명은 생명과(예수 믿음) 속에만 있지, 선악과(성도의 행함) 속에는 없습니다. 선악과를 아무리 많이 먹었다 할지라도 영생할 수 없습니다. 영생은 예수라는 생명과를 먹을 때에만 얻어집니다. 예수님은 '나는 하늘로서 내려온 산 떡(양식, 밥)'이라고 하셨습니다. 떡을 다른 말로 밥이라고 합니다.

밥은 날마다 먹는 것입니다. 예수는 날마다 먹어야 할 우리의 밥입니다. 밥은 한 끼 먹어서 평생을 사는 것이 아닙니다. 우리 몸은 날마다 끼니마다 밥을 먹어야만 살 수 있습니다. 그러므로 건강한 사람은 밥 먹는 것을 최고의 일로 여기고 살아가게 되는 것입니다. 밥을 먹고 건강한 몸이 되어야 일을 할 수 있기 때문입니다.

밥 먹는 것이 먼저이고 일은 나중입니다. 죄 사함도 마찬가지입니다. 단번에 받은 죄 사함도 있지만, 날마다 받아야 할 죄 사함도 있습니다. 이미 이루어진 구원도 있고, 현재 이루어 가야 하는 구원도 있고, 장차 이루어야 할 구원도 있습니다. 그래서 바울은 다 이루었다 함도 아니요, 뒤에 지난 것은 다 잊어버리고 앞에 있는 푯대를 향하여 좇아간다고 고백한 것입니다.

예수는 한 번만 믿으면 끝나는 것이 아니고 날마다 믿음으로 살아가야 합니다. 태어났다고 해서 사는 것이 아닙니다. 열심히 먹고 살아가야 합니다. 그럴 때 태어남이 기쁨이고 감사가 되는 것입니다.

구원을 과거, 현재, 미래의 세 시제로 말하는 것은 생명의 자람과 같기 때문입니다. 구원은 생명처럼 부모로부터 단번에 얻은 생명을 날마다 밥을 먹고 유지하며 살아야 하는 것과 같기 때문입니다. 신앙을 생명으로 말하는 것은 날마다 살아서 자라가야 하는 것이기 때문입니다.

갓 태어난 어린아이와 어른의 차이가 무엇인가요? 아이의 몸과 어른의 몸은 동일합니다. 그러나 그 능력은 다릅니다. 어른으로 자라간다는 것은 몸이 성숙해지고 튼튼해져 간다는 말입니다. 몸이 튼튼해지는 것은 하나밖에 없습니다. 오로지 밥을 잘 먹는 길밖에 없습니다.

부모는 이를 잘 알기 때문에 아이에게 밥 먹이는 것을 최우선의 과제로 삼아서 기르는 것입니다. 그러나 아이들은 밥 먹는 일보다 노는 것을 더 좋아합니다. 여기서 부모와 아이 간에 전쟁이 시작되는 것입니다. 부모는 온갖 수단을 동원해서 먹이고자 합니다.

산 자에게 가장 큰 일은 양식을 잘 챙겨 먹는 것입니다. 항우장사라도 굶으면 죽게 됩니다. 먹는 것이 싫고 귀찮다고 한다면 이는 중병에 걸린 증거입니다. 신앙 역시 마찬가지입니다. 어저께 믿음이 좋았으니 내일도 좋을 것이란 법이 없습니다. 믿음은 날마다 예수의 힘으로 살아가는 것입니다.

생명은 정지되지 않습니다. 정지된 생명은 죽은 것입니다. 믿음도 마찬가지입니다. 믿음이 정지되면 고사(枯死)하고 맙니다. 어저께 아무리 믿음이 좋았다고 하더라도 오늘 정지되면 죽어 버립니다. 그러므로 산 사람들은 믿음이 정지되지 않도록 열심히 말씀을 듣게 되는 것입니다. 살았기 때문에 살고자 움직이는 것입니다.

믿음이 좋다는 것이 무엇인가요? 글자 그대로 예수를 잘 믿는 것입니다. 그러므로 날마다 예수라는 하늘에서 온 양식을 잘 먹어야 합니다. 예수 그리스도의 말씀을 들어야 합니다.

성도의 신앙생활은 광야 길과 같습니다. 하나님께서 광야 길에서 만나를 일주일 치를 한꺼번에 주시지 않고 매일매일 주십니다. 그 이유는 날마다 하나님으로부터 생명을 공급받음으로써 살아가고 있다는 것을 가르치시기 위함입니다. 하나님의 은혜는 한꺼번에 왕창 받아 쌓아두고서 곶감 빼내 먹듯이 하는 게 아닙니다.

하나님의 은혜는 흐르는 물과 같습니다. 은혜는 저축해서 사용하는 것이 아닙니다. 날마다 때를 따라 받아야 합니다. 그런 의미에서 성도는 날마다 모이기를 힘쓰고 말씀 듣기를 사모해야 합니다. 하늘의 생명을 공급받아야 합니다. 성령은 성도를 독단적으로 예수님처럼 살도록 하기 위해 오신 분이 아닙니다. 도리어 예수님에게 붙잡아 두고자 오셨습니다. '너희는 예수를 떠나서는 살 수 없다'라고 알려주십니다.

성령은 인간은 왜 예수님처럼 살 수 없는지를 알려주십니다. 왜 예수를 믿어야만 하는지를 알게 해주십니다. 인간이 예수님처럼 살 수 없는 것은 죄를 이길 수 없는 몸을 가지고 있기 때문입니다. 예수님처럼 살고 싶어도 살아갈 수 없는 것이 죄 아래서 난 몸의 한계입니다.

죄인은 정답을 제시해 주셔도 정답대로 살 수 없는 자입니다. 이러한 인간의 한계를 아는 자는 절대로 아담처럼 부모를 떠나서 독립하겠다고 하지 않습니다. 아버지를 떠나는 순간 탕자처럼 된다는 것을 잘 알기 때문입니다.

영적으로 남자답게 강건한 자는 야곱처럼 마마보이가 되어 부모 곁에 붙어서 살아갑니다. 에서처럼 혼자 살아가는 것이 아니라 부모의 그늘에서 살아가는 것입니다. 마귀의 미혹에 넘어가면 남자답게 강건한 것을 마치 에서처럼 부모를 떠나 스스로의 능력으로 들에서 사냥하면서 살아가는 것이라고 둔갑시켜서 말하게 됩니다.

육적으로 보면 야곱은 유약한 믿음으로 보이고 에서는 강건한 믿음으로 보입니다. 에서의 인생은 보암직하고 먹음직하고 탐스러운 선악과와 같은 인생입니다. 아담과 하와와 같은 생령에게는 이것이 함정입니다. 스스로 예수처럼 살고자 하는 자는 에서와 같고, 예수님을 떠나서는 살 수 없다는 것을 아는 자는 야곱과 같습니다.

바울은 이 사실을 잘 알았기에 수많은 성경을 기록하였음에도 날마다 주의 은혜를 사모하며 날마다 두렵고 떨림으로 구원을 이루어 간다고 고백한 것입니다. 남에게 복음을 전하고도 정작 자신은 버림을 받을까 염려하며 살았던 것입니다. 이것은 두려워서가 아니고 자기 주제를 분명히 알기 때문에 토해낸 고백입니다.

최고의 남자 같은 신앙을 가진 바울도 부모를 떠나고자 하지 않았습니다. 늘 부모의 도움이 없이는 살 수 없다고 고백하였습니다. 이것이 강건한 남자입니다. 바울이 남자답게 강건하라는 말은 예수님처럼 독립하여 살라는 말이 아닙니다. 자신은 잠시라도 하나님의 은혜가 아니면 살 수 없는 죄인이라는 사실을 알고 하나님께 가까이하는 자가 남자답게 강건한 자입니다.

강건한 남자는 자기 주제를 올바로 아는 자입니다. 자신은 하나님을 떠날 수 없다는 것을 아는 자가 남자답게 강건한 사람으로 자라가고 있는 것입니다. 자신이 죄인 중에 괴수이고 자기에게서는 죄만 쏟아져 나온다는 것을 아는 자는 절대로 예수를 떠나고자 하지 않습니다.

인간은 아담의 수준을 벗어날 수 없습니다. 인간은 항상 돕는 자 안에서만 살아갈 수밖에 없는 존재들입니다. 인간의 본래의 자리는 마리아처럼 예수님 발 앞에 앉아서 예수님의 입으로 나오는 말씀을 받아먹는 것입니다.

죄란 피조물이 하나님같이 되려는 것으로부터 출발하였습니다. 선악과의 아름다움이 주는 미혹은 피조물의 위치를 뛰어넘어서 하나님같이 되려고 하기에 사람들이 빠져들게 되는 것입니다. 신앙의 아름다움이란 각자의 위치에 있는 것입니다. 피조물은 피조물의 위치에 있고, 하나님은 하나님 위치에 있는 것이 아름다움이고, 자기의 위치를 벗어남이 타락이고 죄입니다.

바울은 안다고 하는 자는 아직까지 다 알지 못하는 자라고 하였습니다. 진짜 아는 사람은 '나는 아는 게 너무도 없다'는 것을 알게 됩니다. 그래서 안다는 말을 하지 못합니다. 이러한 사람이 강건한 남자입니다.

수로보니게 여인처럼 주인의 밥상에서 떨어지는 부스러기를 얻어먹고 살아가는 종의 자리에 서서 주인의 즐거움에 참예하는 복으로 살아가시기를 바랍니다. 부모를 떠남이 아니라 부모 아래 머물면서 도움을 구하고 살아가시기를 주의 이름으로 축원드립니다.

21강 남자가 부모를 떠나는 예수님 이야기

창세전 언약으로 본 창조와 구원 이야기

창 2:21-25 "여호와 하나님이 아담을 깊이 잠들게 하시니 잠들매 그가 그 갈빗대 하나를 취하고 살로 대신 채우시고 ²²여호와 하나님이 아담에게서 취하신 그 갈빗대로 여자를 만드시고 그를 아담에게로 이끌어 오시니 ²³아담이 가로되 이는 내 **뼈** 중의 **뼈**요 살 중의 살이라 이것을 남자에게서 취하였은즉 여자라 칭하리라 하니라 ²⁴이러므로 남자가 부모를 떠나 그 아내와 연합하여 둘이 한 몸을 이룰찌로다 ²⁵아담과 그 아내 두 사람이 벌거벗었으나 부끄러워 아니하니라"

앞에서 아담이 부모를 떠난 것은 인류의 타락 이야기라는 것을 살펴보았습니다. 이제 아담이 부모를 떠난 것을 예수 그리스도께서 자기 백성들을 구원하는 이야기로 살펴보고자 합니다.

앞에서 살펴보았던 아담의 타락 이야기를 잠시 보충합니다. 하나님이 아담을 창조하셨습니다. 그럼 아담의 부모는 하나님인 것입니다. 아담은 아들이고 하나님은 아버지입니다. 아버지와 아들은 한집에서 살아갑니다. 아들은 아버지의 명(命)으로 살아가게 되어 있습니다.

이것을 예수님께서 친히 보여주셨습니다. 예수님께서 '내가 온 것은 나의 뜻을 이루기 위함이 아니고 아버지의 뜻을 이루기 위함'이라고 하셨습니다. 예수님은 이 세상에서 아버지에게 종속되어 살아가셨습니다. 이것을 순종이라고 합니다.

아담은 예수님을 표상하고 있습니다. 그럼 아담은 예수님처럼 아버지의 그늘에 있어야 했습니다. 예수님과 아버지의 구조가 아담과 하와의 구조입니다. 그런데 아담은 부모를 떠나고 맙니다. 부모를 떠났다는 것은 부모의 말씀을 듣지 않고 자기 뜻대로 살았다는 뜻입니다. 자기 뜻대로 산 결과는 죽음이었습니다.

이것은 피조물이 창조주를 떠나면 어떻게 되는지를 잘 보여주고 있는 것입니다. 피조물이 창조주를 떠나면 반드시 죽게 되어있다는 것을 말해주고 있습니다. 이것을 아담과 하와 이야기로 적용해 봅시다.

여자는 아담에게서 나왔습니다. 이러면 영적으로 아담이 여자의 아버지가 되는 것입니다. 아담과 여자의 관계는 아담과 하나님의 관계와 같은 것입니다. 아담과 하와의 관계는 아버지와 아들의 관계를 보여주고 있는 것입니다.

그럼 하와도 아담의 곁을 떠나지 말아야 합니다. 아담의 권세 아래 있으면서 아담의 말에 순종하여야 합니다. 여자가 남자를 떠난다는 것은 아담이 부모를 떠남과 같은 것입니다. 부모를 떠나면 죽는다고 하였습니다. 아담이 부모를 떠나서 죽은 것처럼 하와는 아담을 떠나서 뱀을 만나 죽고 말았습니다. 하와는 아담의 그늘을 벗어나 있다가 뱀에게 미혹을 당하고 말았던 것입니다.

부모를 떠난 자들은 모두가 죽음의 나락으로 떨어지고 만 것입니다. 아담은 하나님을 떠나서는 안 되고, 하와는 아담을 떠나서는 안 되는 것입니다. 부모를 떠나는 순간 뱀의 수중으로 떨어지고 맙니다. 부모를 떠난 결과 둘 다 죽고 맙니다.

최초에 일어난 천상에서의 타락도 천사들이 자기 지위를 떠나서 일어났습니다. 하나님은 자기 지위를 떠난 천사들을 땅으로 쫓아내셨습니다. 땅으로 쫓겨난 천사가 바로 세상 신인 옛 뱀이고 마귀이고 사단인 것입니다. 이것이 사람들로 하여금 자기 지위를 떠나게 합니다. 그것이 에덴동산에서 아담과 하와를 미혹하여 자기 지위를 떠나게 한 것입니다. 아담은 부모를 떠나고 여자는 남자를 떠난 것으로 나타난 것입니다.

죄가 무엇입니까? 자기 지위를 떠나는 것입니다. 하와나 아담이나 모두가 자기 지위를 떠나 있었기 때문에 죽은 것입니다. 하와는 아담을 떠나서 뱀에게 미혹 당하여서 선악과를 먹고 죽은 자가 되었고, 아담은 하나님을 떠났기 때문에 여자가 주는 선악과를 먹고 죽은 자가 되고 만 것입니다.

왜 부모를 떠나면 죽을까요? 이는 '네페쉬 하야'(נֶפֶשׁ חַיָּה)라는 생령의 몸으로서는 뱀의 지혜를 이길 수 없기 때문입니다. 뱀의 지혜를 이기려면 생명과를 먹고 영생의 사람이 되어야 합니다. 생명과를 먹기 전의 아담과 하와는 생령입니다. 그럼 부모를 떠나면 안 됩니다. 부모를 떠남이 되려면 생령의 사람에서 영생의 사람으로 바뀌어야 합니다. 영생의 사람이라야 뱀의 미혹을 이길 수 있기 때문입니다.

부모를 떠났어도 뱀의 미혹을 이긴 분이 있습니다. 그분이 바로 예수 그리스도입니다. 예수님이 이 세상에 오신 것은 부모를 떠난 것입니다. 예수님은 마귀의 시험을 이기셨습니다. 이는 예수님의 생명이 마귀보다 우위에 있기 때문입니다.

예수님처럼 마귀의 시험을 이길 수 있는 생명을 가진 사람은 부모를 떠남이 성립되지만, 아담처럼 뱀을 이기지 못하는 자는 부모를 떠남이 성립되지 않는 것입니다. 예수님과 같은 생명을 소유한 사람이 부모를 떠남은 선이 되어도, 아담과 같은 생령의 생명을 소유한 자가 부모를 떠나는 것은 악이 되는 것입니다. 부모 아래 머물러 있어야 할 때가 있고, 부모를 떠날 때가 있는 것입니다.

예수님은 영생의 사람으로 오셨습니다. 예수님께서 부모를 떠남은 선이 되는 것입니다. 그러므로 예수님께서 하늘나라에서 부모를 떠나 이 세상에 오신 이야기는 자기 백성들을 살리는 구원 이야기가 됩니다.

오늘은 아담이 부모를 떠나는 사건을 예수 그리스도의 구원 이야기로 살펴봅니다. 구원은 창세전 언약을 근거로 주어집니다. 창세전 언약에 의하면 죄 아래 있는 하나님의 백성들이 하나님의 아들인 예수 그리스도의 피 흘리심으로 구속함을 입어서 하나님의 아들들이 되는 것으로 되어 있습니다.

참 하나님의 아들이 죽어서 하나님의 아들들(양자)을 구원하는 것입니다. 이것은 하나님께서 아담과 하와가 뱀의 미혹으로 죄와 사망에 떨어진 것을 그 아들을 이 세상에 보내서 피 흘리게 하시어 구원을 이루어 간다는 뜻입니다. 예수님이 이 땅에 오신 것은 부모를 떠나온 것입니다. 이는 자기 백성들을 구원하기 위함입니다. 예수님은 태초에 말씀이신 하나님으로 계셨습니다.

요한복음 1장을 봅시다.

요 1:1-3 "태초에 말씀이 계시니라 이 말씀이 하나님과 함께 계셨으니 이 말씀은 곧 하나님이시니라 ²그가 태초에 하나님과 함께 계셨고 ³만물이 그로 말미암아 지은 바 되었으니 지은 것이 하나도 그가 없이는 된 것이 없느니라"

요 1:14 "말씀이 육신이 되어 우리 가운데 거하시매 우리가 그 영광을 보니 아버지의 독생자의 영광이요 은혜와 진리가 충만하더라"

태초에 말씀으로 계시던 하나님이 이 세상으로 오셨습니다. 태초는 하나님 나라를 말합니다. 하나님 나라에 사시는 하나님이 왜 피조 세계에 오셨나요? 이는 그 이름 속에 내용이 담겨 있습니다. 태초에 말씀이신 하나님이 세상에 오실 때 어떤 이름으로 오셨나요? 예수라는 이름으로 오셨습니다.

마태복음 1장을 봅시다.

마 1:18-23 "예수 그리스도의 나심은 이러하니라 그 모친 마리아가 요셉과 정혼하고 동거하기 전에 성령으로 잉태된 것이 나타났더니 ¹⁹그 남편 요셉은 의로운 사람이라 저를 드러내지 아니하고 가만히 끊고자 하여 ²⁰이 일을 생각할 때에 주의 사자가 현몽하여 가로되 다윗의 자손 요셉아 네 아내 마리아 데려오기를 무서워 말라 저에게 잉태된 자는 성령으로 된 것이라 ²¹아들을 낳으리니 이름을 예수라 하라 이는 그가 자기 백성을 저희 죄에서 구원할 자이심이라 하니라 ²²이 모든 일의 된 것은 주께서 선지자로 하신 말씀을 이루려 하심이니 가라사대 ²³보라 처녀가 잉태하여 아들을 낳을 것이요 그 이름은 임마누엘이라 하리라 하셨으니 이를 번역한즉 하나님이 우리와 함께 계시다 함이라"

예수라는 이름의 의미는 '자기 백성을 저희 죄에서 구원할 자'입니다. 어떻게 죄에서 구원합니까? 이는 예수님의 죽으심으로 합니다. 의인이 죄인을 위하여 대신 죽어주신 것입니다. 그래서 예수님을 일컬어 대속 제물이라고 합니다. 구원이란 죄 없는 분이 죽어서 죄인이 구원을 받게 되는 것입니다. 그래서 구원을 값없이 받은 은혜라고 합니다.

하나님 나라에서 말씀으로 계시던 하나님이 예수라는 이름으로 육신의 몸을 입고 피조 세계에 오심을 '자기를 비웠다'라고 합니다. 이것은 죽음을 의미하고 있습니다. 예수님은 근본 하나님의 본체이십니다. 그런데 하나님과 동등됨을 취하지 않고 자기를 비워서 종의 형체로 오셨습니다. 이를 신의 죽음이라고 합니다.

빌립보서 2장을 봅시다.

빌 2:6-8 "그는 근본 하나님의 본체시나 하나님과 동등 됨을 취할 것으로 여기지 아니하시고 ⁷오히려 자기를 비어 종의 형체를 가져 사람들과 같이 되었고 ⁸사람의 모양으로 나타나셨으매 자기를 낮추시고 죽기까지 복종하셨으니 곧 십자가에 죽으심이라"

하나님이 인간으로 오신 것입니다. 이를 종의 형체를 입고 오셨다고 합니다. 종의 형체로 오셨다는 것은 종이 되어 오셨다는 뜻입니다. 종이란 주인에게 종속되어 있습니다. 그래서 예수님은 역사 속에서 철저하게 아버지에게 종속된 삶을 사신 것입니다. 이는 종으로 사신 것입니다.

예수님께서 십자가를 앞두고 겟세마네에서 기도하실 때 '이 잔을 옮겨달라'고 하셨습니다. 이는 십자가를 지지 않겠다는 것입니다. 이때 하나님은 천사들을 보내서 예수님을 수종 들게 하셨습니다. 천사들이 어떻게 수종 들었는가 하면 예수님이 십자가를 지시도록 수종 들었습니다. 그러자 예수님께서 "내 뜻대로 마옵시고 아버지 뜻대로 하옵소서"라고 하면서 자신의 뜻을 철회하십니다. 그리곤 십자가를 지셨습니다.

예수님은 아버지를 떠나와서 죽임을 당하신 것입니다. 아버지는 그 아들 예수 그리스도의 죽음을 가지고 자기 백성들을 살려내는 일을 하십니다. 그러므로 예수님이 부모를 떠나온 것은 창세전에 어린양의 생명책에 녹명된 자기 백성들을 구원하는 충성스러운 아들의 이야기가 되는 것입니다.

　예수님은 창조주 하나님이십니다. 그래서 만물이 그로 말미암아 지은 바 되었다고 하는 것입니다. 이는 예수님이 만물 속에서 새로운 창조의 일을 하신다는 뜻입니다. 예수님이 역사 속에서 하시는 창조는 자기 백성들을 죄에서 구원하는 일입니다.

　그래서 예수님에 의하여 구원을 받은 성도를 일컬어 '새로운 피조물'이라고 하는 것입니다. 이를 새로운 형상으로 창조되었다고 합니다. 성경이 말하고자 하는 창조란 죽은 자를 살려내는 것입니다. 죄인을 구원하는 것입니다. 예수 그리스도의 구속사로 보면 창조는 구원과 같은 것입니다. 그래서 영적인 의미에서 창조와 구원을 동의어로 사용하고 있는 것입니다.

　이 세상은 죄 아래 있습니다. 죄의 삯은 사망입니다. 죄 아래 있는 이 세상은 죽은 세상입니다. 죄인이 스스로 살 수 있는 길은 없습니다. 죄인이 살 수 있는 길은 오로지 창조주가 오셔서 살려주어야만 합니다. 예수님이 세상에 오신 것은 죽은 자를 살려내기 위함입니다.

　죽은 자가 어떻게 살아나는가 하면 산 자의 죽음으로 주어집니다. 예수님은 산 자입니다. 그 안에 영원한 생명이 있습니다. 하나님은 예수님 안에 있는 영원한 생명을 끄집어내고자 죽음에 넘겨주신 것입니다. 이를 한 알의 밀알이 땅에 떨어져 죽어서 많은 열매를 맺었다고 합니다. 예수님은 자기 안에 있는 생명을 낳고자 죽으신 것입니다. 예수의 죽음으로 난 자들을 하나님의 아들이라고 합니다.

　하나님께서 역사 속에 담아 놓은 생명의 법칙은 씨가 죽어서 열매를 맺도록 해놓으셨습니다. 생명이 죽어서 생명을 낳도록 하신 것입니다. 그래서 피조 세계의 모든 생명은 생명을 가진 씨가 죽음으로 새로운 생명을 낳는 것으로 나타난 것입니다.

　이를 표상적으로 보여주신 것이 예수님이 구유에서 탄생하신 사건입니다. 앞서 하나님의 생명을 가진 자를 사람이라고 하고, 하나님의 생명이 없는 자를 짐승이라고 하였습니다. 예수님이 하나님의 생명을 가진 사람으로서 짐승의 밥통인 구유에 태어나신 것은 하나님께서 그 아들을 짐승의 밥으로 주신 것입니다. 이를 '생명의 떡'이라고 합니다. 우리는 짐승이었습니다. 그런데 하나님이 생명의 떡으로 보내신 그 아들을 먹음으로써 사람이 된 것입니다.

예수님이 자기 안에 있는 백성들을 낳기 위하여 부모를 떠나 이 세상으로 오신 것입니다. 그래서 사도 바울은 남자가 부모를 떠나 아내와 하나 되는 아담과 하와 이야기를 신약에서는 예수 그리스도와 교회의 비밀이라고 하였습니다.

에베소서 5장을 봅시다.

엡 5:30-32 "우리는 그 몸의 지체임이니라 ³¹이러므로 사람이 부모를 떠나 그 아내와 합하여 그 둘이 한 육체가 될찌니 ³²이 비밀이 크도다 내가 그리스도와 교회에 대하여 말하노라"

바울은 아담과 하와 이야기를 그리스도와 교회 이야기로 말해주고 있습니다. 남자와 여자를 그리스도와 교회에 대한 비밀이라고 합니다. 이것은 단순하게 남자와 여자 이야기가 아니라는 것입니다. 비밀이란 감추어져 있다는 뜻입니다. 자기편들만 아는 숨은 뜻이 있는 것입니다. 아담은 '오실 자의 표상'이라고 하였습니다. 여기서 오실 자는 예수 그리스도입니다.

그렇다고 한다면 아담과 하와 이야기를 겉으로 드러난 아담의 타락 이야기로만 보아서는 안 된다는 것입니다. 겉으로 드러난 사건은 인간의 타락 이야기이지만, 그 속에 담긴 이야기는 예수 그리스도를 통한 죄인이 구원받는 이야기가 숨겨져 있는 것입니다. 아담이 부모를 떠난 사건 속에는 예수 그리스도께서 자기 백성을 구속하는 이야기가 담겨 있다는 뜻입니다.

이러한 것을 이중 계시(二重 啓示)라고 합니다. 그래서 아담과 여자는 그리스도와 교회의 비밀이라고 하는 것입니다. 바울은 그 비밀을 안 것입니다. 그래서 아담이 부모를 떠나 그 아내와 합하여 한 몸이 된 사건은 예수 그리스도가 하나님을 떠나(성육신) 우리와 연합하여 교회를 이루는 사건이라고 말해주고 있는 것입니다.

바울은 남자가 부모를 떠나는 것을 예수님이 자기를 비워 종(肉身)의 형체로 오셔서 성도를 구원하신 사건으로 정의해 주고 있습니다. 예수님은 왜 창조주의 위치를 버리고 피조물의 모습으로 오셨나요? 이는 창세전에 어린양의 생명책에 녹명된 자기 백성들의 죄를 속량하기 위함입니다. 세상에는 어린양의 생명책에 녹명된 자들이 있습니다. 이들은 예수 그리스도 안에서 나온 자들입니다.

이것은 마치 아담 속에서 하와가 나온 것과 같습니다. 아담이 여자의 죽음에 동참한 것은 곧 예수님께서 자기 백성들을 위하여 자신을 죽음에 넘겨주신 것과 같습니다. 예수님이 자신을 죽음에 넘겨준 것은 자기 백성들의 죄를 대속하기 위함입니다. 예수님이 자기 백성들을 위하여 자신을 죽음에 넘겨준 것은 자기 백성들이 예수님 안에서 나온 자들이기 때문입니다.

바울은 이것을 아담이 부모를 떠나 여자와 한 몸을 이룬 것으로 말해주고 있습니다. 여자와 한 몸을 이룬 것은 여자의 운명에 동참하는 것과 같습니다. 아담이 여자와 함께 죽음에 떨어진 것은 그 여자가 자기 안에서 나온 자기의 분신이기 때문입니다. 이를 '내 뼈 중의 뼈요 내 살 중의 살'이라고 합니다.

성도들도 마찬가지로 예수님의 뼈이고 살입니다. 그래서 성도를 일컬어 그리스도의 몸의 지체라고 하는 것입니다. 몸은 여러 가지 지체로 구성되어 있습니다. 성도는 예수 그리스도의 뼈 중의 뼈요 살 중의 살입니다.

구원이 무엇입니까? 원래의 자리로 돌아가는 것입니다. 원래 있던 자리를 찾아가는 것입니다. 성도의 원래 자리는 예수 그리스도 안입니다. 예수 안에서 나와서, 예수로 살다가, 예수 안으로 돌아가는 것입니다. 이를 바울은 만물의 창조로 이야기해 주었습니다.

로마서 11장을 봅시다.

롬 11:36 "이는 만물이 주에게서 나오고 주로 말미암고 주에게로 돌아감이라 영광이 그에게 세세에 있으리로다 아멘"

만물이 주에게서 나왔다고 합니다. 이는 성도가 예수 안에서 나온 것을 말합니다. 주로 '말미암고'라는 말은 예수의 생명으로 산다는 뜻입니다. '주께로 돌아감'이라는 말은 예수 안으로 돌아간다는 뜻입니다. 이것이 구원입니다.

구원이 세 시제로 이루어지는 것입니다. '주에게서 나오고'는 단회적이면서 과거 시제로 예수 그리스도의 죽음으로 죄와 사망의 권세로부터 출애굽 한 것입니다. '주로 말미암고'는 부활 후 성령으로 성도 안에 오셔서 현재 시제로 새로운 피조물로 살아가게 하시는 것입니다. '주에게로 돌아감'은 미래 시제로 장차 예수 그리스도가 재림하여 신랑과 신부가 한 몸이 되어서 천년왕국에서 살아가는 것을 말합니다.

구원이란 예수 안에서 나와서, 예수로 살다가, 예수에게로 돌아가는 것입니다. 예수 안에서 나온 것은 창세전에 영생 얻기로 작정된 자가 되어서 이 세상으로 보내심을 입은 것입니다. 하나님은 영생 얻기로 작정된 자들을 그 아들을 보내서 찾아내서 죄에서 구원하여서 생명을 주게 하셨습니다.

이러한 것을 구약의 이스라엘을 통해서 예표적으로 보여주었습니다. 구약의 이스라엘은 언약의 후손입니다. 이는 아브라함 언약으로 생겨난 자들이기 때문입니다. 이스라엘이 아브라함 언약을 안고 애굽으로 내려갑니다.

애굽에서 정한 기간 동안 종노릇하다가 어린양의 피로 출애굽을 합니다. 이는 '주에게서 나오고'와 같습니다. 그리고 광야에서 구름기둥, 불기둥의 인도로 40년을 살아갑니다. 이는 '주로 말미암고'입니다. 그리고 여호수아를 통해서 약속의 땅에 들어가서 성전을 짓고 살아가게 됩니다. 이는 '주에게로 돌아감'이 됩니다.

이스라엘 백성들은 하나님이 아브라함과 하신 언약의 때까지 죄 아래서 종노릇하였습니다. 그러다가 때가 차매 하나님이 구원자를 보내서 어린양의 피로 찾아오셨습니다. 성도는 비록 창세전에 영생을 받기로 작정되었지만 죄 아래서 종노릇하는 기간을 겪게 되어 있습니다. 이 과정을 신약의 성도들도 그대로 겪게 되어 있습니다.

갈라디아서 4장을 봅시다.

갈 4:1-7 "내가 또 말하노니 유업을 이을 자가 모든 것의 주인이나 어렸을 동안에는 종과 다름이 없어서 ²그 아버지의 정한 때까지 후견인과 청지기 아래 있나니 ³이와 같이 우리도 어렸을 때에 이 세상 초등학문 아래 있어서 종노릇하였더니 ⁴때가 차매 하나님이 그 아들을 보내사 여자에게서 나게 하시고 율법 아래 나게 하신 것은 ⁵율법 아래 있는 자들을 속량하시고 우리로 아들의 명분을 얻게 하려 하심이라 ⁶너희가 아들인 고로 하나님이 그 아들의 영을 우리 마음 가운데 보내사 아바 아버지라 부르게 하셨느니라 ⁷그러므로 네가 이 후로는 종이 아니요 아들이니 아들이면 하나님으로 말미암아 유업을 이을 자니라"

하나님에게는 유업을 이을 아들이 있습니다. 하나님이 아들에게 주시고자 하는 유업은 천국입니다. 그런데 그 아들을 일시 동안 종으로 살게 하였습니다. 이를 율법 아래 두었다고 합니다. 율법 아래 두었다는 것은 죄와 사망 가운데 두었다는 뜻입니다. 이를 종이라고 합니다. 비록 하나님의 아들이지만 일정 기간 동안 죄와 사망 안에서 종노릇을 하는 것입니다.

정한 때까지입니다. 때가 차매 하나님이 그 아들을 율법 아래 나게 하셨습니다. 이는 태초에 말씀으로 계시던 하나님의 아들을 예수라는 이름으로 이 세상에 보내신 것을 말합니다. 하나님의 아들이 왜 오셨나요? 자기 백성들의 죄를 위하여 죽으러 오셨습니다. 이것은 아담이, 선악과를 먹고 죽은 자가 된 하와가 주는 선악과를 먹고 함께 죽음에 동참한 것과 같습니다.

이 세상은 죄와 사망 아래 있습니다. 이를 율법 아래 있다고 합니다. 예수님이 율법 아래 오신 것은 죽음에 뛰어든 것입니다. 이는 죽음 안에 있는 자기 백성들을 구원코자 함입니다. 자기 백성들의 죄를 대신 담당키 위함입니다. 예수님은 자기 안에서 나온 자기 백성들을 위하여 자기 몸을 죽음에 넘겨준 것입니다. 이를 대속이라고 합니다. 우리는 예수님께서 대신 죽어주심으로써 죄에서 속량받은 것입니다.

이사야 53장을 봅시다.

사 53:5 "그가 찔림은 우리의 허물을 인함이요 그가 상함은 우리의 죄악을 인함이라 그가 징계를 받음으로 우리가 평화를 누리고 그가 채찍에 맞음으로 우리가 나음을 입었도다"

그가 찔림은 우리의 허물을 인함입니다. 그가 상함은 우리의 죄악 때문입니다. 그가 징계를 받으므로 우리가 평화를 누리게 되었습니다. 그가 채찍에 맞으므로 우리가 나음을 입었습니다. 하나님께서 그와 우리를 바꾸신 것입니다. 그를 우리 대신 죽게 하신 것입니다. 그가 바로 예수 그리스도입니다. 이 모든 것이 예수님이 부모를 떠나서 이 세상에 오셨기 때문에 주어진 것입니다. 자기 백성들에게 하나님의 생명을 주는 살려주는 영으로 오신 것입니다.

고린도전서 15장입니다.

고전 15:45 "기록된바 첫 사람 아담은 산 영이 되었다 함과 같이 마지막 아담은 살려주는 영이 되었나니"

첫 아담은 산 영이고, 마지막 아담이신 예수님은 살려주는 영입니다. 첫 아담은 죽은 자이지만 마지막 아담은 산 자입니다. 첫 아담 안에서 모든 자가 죽었듯이, 마지막 아담인 예수 그리스도 안에서는 모든 자가 살아납니다. 예수 그리스도 안에서 살아나는 자들은 창세전에 어린양의 생명책에 녹명된 자들에게 국한되어 있습니다. 한마디로 창세전에 영생 주시기로 작정이 된 자들입니다. 이들을 그 기쁘신 뜻대로 선택된 예정된 자들이라고 합니다.

예수님은 살려주는 영이시기 때문에 죽음이 가둘 수가 없는 것입니다. 예수님이 종(肉身)의 형체로 오실 수 있는 것도, 또한 부모를 떠나올 수 있는 것도 건강한 남자로서 살려주는 영이시기 때문입니다. 그러므로 남자가 부모를 떠나 아내와 한 몸을 이루는 것은 살려주는 영이신 예수님만이 하실 수 있는 일이지, 산 영인 첫 아담이 할 일이 아닌 것입니다.

잘 보시면 하나님이 아담을 깊이 잠들게 하시고 옆구리에서 갈비뼈를 취하여서 여자를 만드십니다. 그리고 하나님이 여자를 아담에게로 인도합니다. 일을 행하시는 주체가 하나님이십니다. 하나님이 빼내시고 하나님이 한 몸이 되도록 하십니다.

이것은 하나님이 예수님을 십자가에서 죽게 함으로써 자기 백성들을 죄와 사망에서 빼내신 것과 같습니다. 이 사실을 성령을 보내서 성도들에게 믿어지도록 해주셨습니다. 이 사실이 믿어지는 성도는 예수 그리스도와 한 몸이 되어서 살아가게 되는 것입니다.

한 몸이란 둘이 하나가 되는 것을 말합니다. 원래의 자리로 돌아가는 것을 말합니다. 성도가 그리스도와 한 몸이 되는 것도 하나님이 하시는 일이지, 성도가 하는 일이 아닙니다. 우리가 예수를 믿는 것은 예수와 한 몸이 되는 것입니다. 우리가 예수를 믿은 것이 아닙니다. 하나님이 믿어지게 해주신 것입니다.

그래서 예수를 믿어서 구원을 얻게 하는 믿음을 하나님의 선물이라고 하는 것입니다. 하나님이 예수를 믿어지게 해주셨기 때문입니다. 예수님은 아버지께서 이끌고 온 자들을 자기에게로 끌어당기십니다. 예수 그리스도가 성도를 끌어당겨 줄 때 성도는 그리스도와 한 몸이 되는 것입니다.

요한복음 6장을 봅시다.

요 6:37, 39, 44 "³⁷아버지께서 내게 주시는 자는 다 내게로 올 것이요 내게 오는 자는 내가 결코 내어 쫓지 아니하리라… ³⁹나를 보내신 이의 뜻을 행하려 함이니라 나를 보내신 이의 뜻은 내게 주신 자 중에 내가 하나도 잃어버리지 아니하고 마지막 날에 다시 살리는 이것이니라… ⁴⁴나를 보내신 아버지께서 이끌지 아니하면 아무라도 내게 올 수 없으니 오는 그를 내가 마지막 날에 다시 살리리라"

예수는 아무나 믿는 것이 아닙니다. 아버지께서 믿어지게 해주시는 자들만이 믿을 수 있습니다. 이를 예수님은 '아버지께서 나에게 이끌어 주신다'고 합니다. 예수님은 아버지께서 이끌고 온 자들에게 생명을 주십니다.

예수님은 성도를 아버지께서 자기에게 주신 자들이라고 합니다. 아버지께서 성도들을 예수님에게 맡기신 것입니다. 예수님은 아버지께서 맡긴 자들을 끝까지 지켜내십니다. 그러므로 우리의 구원은 처음부터 끝까지 하나님께서 하시는 것입니다.

예수를 믿는 믿음의 주체가 하나님이지 우리가 아닙니다. 하나님께서 예수를 믿어지게 해주셨습니다. 그래서 구원이 하나님의 선물입니다. 예수에게서 나와서 예수께로 돌아가는 것이 구원입니다. 이것을 아담 속에서 여자를 꺼냈다가 다시 아담에게로 데려다주는 것으로 미리 보여주신 것입니다. 그러므로 에덴동산에서 아담과 하와에게 일어난 일들은 창세전 언약이 역사 속에서 어떻게 펼쳐질지를 보여주고 있는 모형적인 그림입니다.

이 세상에는 예수 안에서 나온 여자들이 있습니다. 교회(성도)를 여성명사로 쓰는 것도 예수님의 신부들이기 때문입니다. 이들은 창세전에 어린양의 생명책에 녹명된, 영생 주시기로 작정된 언약의 후손들입니다. 예수님이 오셔서 이들을 자기 안으로 끌어당겨서 한 몸을 이루십니다.

아버지로부터 떠나옴을 입은 예수님은 이 땅에서 자기 안에서 나온 여자들을 위하여 십자가에서 죽임을 당합니다. 이는 언약의 후손들을 죄와 사망으로부터 건져내고자 하심입니다. 예수님이 죄인의 운명으로 뛰어든 것입니다. 이 모습을 아담이 여자가 주는 선악과를 먹고 함께 죽음의 운명에 동참하는 것으로 보여주신 것입니다.

아담은 선악과의 본질을 잘 알고 있었습니다. 그럼에도 자기 몸에서 나온 여자가 들고 온 선악과를 먹은 것은 여자와 운명을 함께하고자 함입니다. 이 모습이 예수님께서 죄인을 상징하는 세례 요한에게 세례를 받는 것으로 나타났습니다. 세례는 연합을 의미합니다. 세례를 받는 자가 세례를 주는 자와 연합하는 것을 의미합니다.

알다시피 예수님은 성령으로 잉태되어 오신 죄가 없는 분이고, 세례 요한은 죄 아래서 태어난 죄인입니다. 예수님은 세례 요한에게 세례를 받음으로 죄가 없는 분이 죄인과 연합한 것입니다. 예수님은 율법을 세례 요한의 때까지라고 하였습니다. 그래서 세례 요한을 일컬어 율법과 선지자라고 합니다. 이는 '세례 요한은 구약을 대표하는 자'라는 뜻입니다.

구약은 율법을 상징합니다. 율법은 죄와 사망을 말합니다. 그럼 세례 요한은 죄와 사망 아래 있는 자를 대표하는 자가 됩니다. 죄와 사망에 가두어진 자가 죄가 없는 예수님에게 세례를 베풀고 있는 것입니다. 이것은 성막에서 드려지는 제사를 예표하고 있습니다. 죄인이 흠 없는 제물에게 안수하는 것은 자신의 죄를 흠 없는 제물에게 전가시키는 것입니다. 흠 없는 제물은 죄인의 죄를 위하여 대신 죽는 것입니다.

이 일을 요단강에서 세례 요한이 예수님에게 행하고 있는 것입니다. 예수님은 흠 없는 제물이고 세례 요한은 죄인입니다. 세례 요한은 구약의 이스라엘을 대표하는 자라고 하였습니다. 이렇게 되면 구약의 성도들이 자신들의 죄를 예수님에게 전가시키고 있는 것이 됩니다.

예수님은 구약의 언약 백성들의 죄를 그 몸에 짊어지고 십자가에서 죽으신 것입니다. 예수님이 죽어주심으로 언약의 후손들이 죄와 사망에서 건져냄을 당한 것입니다. 이것이 예수님께서 십자가에 죽으실 때 그대로 나타났습니다.

마태복음 27장을 봅시다.

마 27:50-53 "예수께서 다시 크게 소리 지르시고 영혼이 떠나시다 [51]이에 성소 휘장이 위로부터 아래까지 찢어져 둘이 되고 땅이 진동하며 바위가 터지고 ⁵²무덤들이 열리며 자던 성도의 몸이 많이 일어나되 ⁵³예수의 부활 후에 저희가 무덤에서 나와서 거룩한 성에 들어가 많은 사람에게 보이니라"

예수님이 십자가에서 죽으시자 성소의 휘장이 찢으졌습니다. 땅이 진동하고 바위가 터지고 무덤이 열립니다. 그러자 자던 성도들이 일어납니다. 그리고 예수님이 부활하신 후에 이들을 무덤에서 빼내서 거룩한 성으로 데리고 가십니다.

성소의 휘장은 성소와 지성소를 가로막고 있는 커튼입니다. 이 커튼은 단 한 번도 열린 적이 없습니다. 다만 일 년에 한 번 7월 10일 대속죄일에 대제사장이 흠 없는 피를 앞세우고 성소에서 휘장을 열고 지성소로 들어갔습니다.

속죄일이 되면 온 민족이 죄를 벗는 제사를 드립니다. 이때는 대제사장이 홀로 제사를 지냅니다. 속죄일에 드려지는 제사는 대제사장 자신을 위한 제사입니다. 이때 흠 없는 제물을 잡는 것은 대제사장 자신을 위한 것입니다. 이는 대제사장 자신의 죽음을 의미합니다.

대제사장은 온 백성을 대표합니다. 그럼 대제사장의 죽음은 온 백성들의 죄를 대신 담당하는 죽음을 담고 있는 것입니다. 대제사장이 들고 들어가는 흠 없는 제물의 피는 곧 자신의 죽음을 예표하기도 하지만 온 백성의 죄를 짊어지고 죽은 것이 되는 것입니다.

대제사장은 그 피를 들고 지성소 안으로 들어가는 것입니다. 이것은 예수님께서 자기 피를 앞세우고 아버지 앞으로 나아가는 것과 같습니다. 예수님께서 들고 가는 자기 피는 자기 백성들을 대속하는 피입니다.

이렇게 예수님의 죽음은 자기 백성들의 죄를 위한 죽음이 되는 것입니다. 예수님이 죽어주심으로써 자기 백성들이 죄 사함을 받게 되는 것입니다. 예수님의 피로 죄 사함을 받은 자들은 더는 죄와 사망이 붙잡아 둘 수가 없습니다. 그래서 예수님이 십자가에 죽으실 때 무덤이 열리고 사망이 붙잡고 있던 성도들을 내어주는 것으로 나타난 것입니다.

예수님은 부활하신 후에 이들을 데리고 아버지에게로 나아간 것입니다. 이것을 구약에서는 대제사장이 속죄일에 피를 앞세우고 지성소 안으로 들어가는 것으로 미리 보여주신 것입니다. 예수님께서 대제사장이 되어서 십자가에서 속죄일에 드려지는 제사를 드린 것입니다. 이를 히브리서 기자는 정확하게 설명해 주었습니다.

히브리서 9장을 봅시다.

히 9:11-12 "그리스도께서 장래 좋은 일의 대제사장으로 오사 손으로 짓지 아니한 곧 이 창조에 속하지 아니한 더 크고 온전한 장막으로 말미암아 [12]염소와 송아지의 피로 아니하고 오직 자기 피로 영원한 속죄를 이루사 단번에 성소에 들어가셨느니라"

히 10:19-20 "그러므로 형제들아 우리가 예수의 피를 힘입어 성소에 들어갈 담력을 얻었나니 [20]그 길은 우리를 위하여 휘장 가운데로 열어 놓으신 새롭고 산 길이요 휘장은 곧 저의 육체니라"

예수님께서 아버지에게 나아가는 길을 여신 것입니다. 그것이 성소의 휘장이 찢어진 것으로 나타난 깃입니다. 이를 새롭고 산 길이라고 합니다. 이제부터 예수님께서 십자가에서 열어 놓은 길로 아버지를 만날 수 있게 된 것입니다. 그래서 예수님이 스스로 '내가 길이요 진리요 생명'이라고 말씀하신 것입니다.

예수님께서 부모를 떠나 이 세상에 오신 것은 하늘로 가는 길을 열어 주고자 하심입니다. 성도들은 예수님께서 자기 몸으로 열어 놓으신 그 길을 따라서 하늘에 계신 아버지를 만나게 되는 것입니다. 이것을 하나님 앞에 가로막힌 담을 허물었다고 합니다. 이것이 창세전 언약입니다. 예수님께서 자기 몸으로 창세전 언약을 완성하신 것입니다.

예수님이 부모를 떠나온 것은 창세전 언약을 이루기 위함입니다. 아담이 부모를 떠나 자기 안에서 나온 여자를 위하여 죽음에 동참한 것처럼, 예수님께서도 부모를 떠나 자기 안에서 나온, 창세전에 어린양의 생명책에 녹명되어 영생 주시기로 작정된 언약의 후손들을 위하여 죽음의 길을 택한 것입니다.

이를 사도 바울이 잘 알고 교회와 그리스도의 비밀을 아담과 하와가 부모를 떠나 한 몸을 이루는 것으로 이야기해 주고 있는 것입니다. 결혼이란 남편과 아내가 한 몸이 되는 것입니다. 정확하게 말하면 여자가 남자 안으로 들어가는 것입니다. 여자란 남자를 떠나 있는 자를 말합니다. 남자에게서 나오면서 여자가 된 것입니다. 남자는 하나님으로부터 나왔고, 여자는 남자로부터 나왔습니다.

그런데 여자는 유업을 얻을 수가 없습니다. 하나님은 여자에게는 유업을 주지 않습니다. 왜냐하면 그 속에 아버지의 씨가 없기 때문입니다. 여자가 아버지의 씨를 받으려면 남자 안으로 들어가 한 몸이 되어서 남자가 되어야 하는 것입니다. 이것을 결혼이라고 합니다. 그래서 결혼을 한 몸이 되는 것이라고 하는 것입니다.

결혼은 남자가 여자에게 씨를 주는 것입니다. 남자가 여자에게 아버지의 생명을 주는 것입니다. 여자는 남자로부터 생명을 받으면 남자가 되는 것입니다. 여자는 남편으로부터 받은 씨를 키워가면서 남자가 되는 것입니다. 남자가 된다는 것은 유업을 이어 받을 자격을 얻게 되었다는 뜻입니다.

여자는 남자로부터 씨를 받음으로써 자기 안에 남자의 생명을 소유하게 된 것입니다. 이를 여자가 남자가 된다고 합니다. 이렇게 되면 아버지의 유업을 얻을 수 있는 아들이 되는 것입니다. 예수님께서 성도들에게 씨를 주었습니다. 하나님의 생명을 주신 것입니다. 그래서 예수의 씨를 받은 성도를 일컬어 하나님의 아들이라고 하는 것입니다. 아들이면 유업을 이을 자라고 합니다.

구원은 종에서 아들이 되는 것입니다. 율법 아래서는 종으로 살았습니다. 그런데 예수님이 십자가에서 율법의 요구를 완성하시고 은혜 안으로 옮겨 주었습니다. 그리고 아들의 영을 보내주었습니다. 이제는 종이 아니고 아들입니다. 아들이면 유업을 이를 자입니다.

구원이 무엇입니까? 여자가 남자가 되는 것입니다. 어떻게 여자가 남자가 될까요? 예수 그리스도와 한 몸이 되는 것으로 이루어집니다. 남자인 예수님이 여자인 성도들에게 자기의 생명을 주어서 하나님의 아들(남자)로 만드시는 것입니다. 이를 성령으로 거듭난다고 합니다. 그래서 성령을 아들의 영이라고 하는 것입니다.

성도가 성령으로 거듭나는 것은 마치 여인이 아이를 임신하는 것과 같습니다. 그 증상이 동일하게 나타나는 것입니다. 여자의 몸은 남자의 씨를 잉태하면 그 씨를 키우기 위하여 몸의 구조가 바뀌게 됩니다. 아이를 키우기 위해서 연약한 여자에서 강인한 엄마로 바뀌게 되는 것입니다. 아이를 키우는 엄마는 여자가 아닙니다. 남자입니다. 아이를 위해서 엄마는 온몸을 다하여서 남자가 되어서 희생을 하게 됩니다. 이것은 마치 예수님이 자기 백성들을 위해서 목숨을 버린 것과 같습니다.

남자는 여자에게 자기의 생명을 주어서 여자에서 엄마(남자)로 만들어 버리는 것입니다. 여자는 남자의 씨를 받아 임신하게 되면 엄마가 됩니다. 엄마는 자기 안의 남자가 준 생명을 자기 몸을 다하여서 길러내게 됩니다. 여자는 남자가 준 생명인 아이를 잉태하는 순간부터, 온몸이 자궁 속의 잉태된 아이를 키워내는 구조로 바뀌게 되는 것입니다. 아이를 위한 인생을 살아가게 됩니다. 이를 해산의 고통이라고 합니다. 바울은 이러한 해산의 수고를 구원을 이루는 것이라고 하였습니다.

여자는 남편 앞에서는 유약한 여자이지만 아이 앞에서는 강인한 남자입니다. 남자란 자기 몸에서 나온 자를 위하여 희생(죽음)하는 자입니다. 그래서 남자들은 자기 씨를 가진 여자를 지켜내는 것입니다. 온 정성을 다하여서 지켜내는 것입니다. 이는 값을 주고 산 자신의 소유이기 때문입니다.

예수님이 성도들을 값을 주고 사셨습니다. 그래서 예수님은 자기 생명을 가진 성도들을 끝까지 지켜내시는 것입니다. 남자(예수, 아담)가 자기 몸에서 나온 여자(성도, 하와)를 지켜내듯이, 여자 또한 자기 몸에서 나온 아이를 지켜냅니다.

여자로 머물러 있으면 안 됩니다. 남자로 자라가야 합니다. 여자로 머물러 있게 되면 교회나 사람에게 거치는 자가 됩니다. 그래서 사도 바울은 여자는 교회에서 조용히 하고 남편에게 배우라고 하였습니다.

디모데전서 2장을 봅니다.

딤전 2:11-15 "여자는 일체 순종함으로 조용히 배우라 12여자가 가르치는 것과 남자를 주관하는 것을 허락하지 아니하노니 오직 조용할지니라 13이는 아담이 먼저 지음을 받고 하와가 그 후며 14아담이 속은 것이 아니고 여자가 속아 죄에 빠졌음이라 15그러나 여자들이 만일 정숙함으로써 믿음과 사랑과 거룩함에 거하면 그의 해산함으로 구원을 얻으리라"(개역개정)

하나님은 여자가 가르치는 것과 남자를 주관하는 것을 허락하시지 않았습니다. 이는 생물학적 여자를 말하는 것이 아니고, 예수의 생명으로 강건하지 않은 사람은 가르치는 자가 되지 말라는 것입니다. 말씀을 가르친다는 것은 예수의 생명을 나누어주는 것과 같습니다. 예수의 생명을 나누어주려면 바울처럼 강건한 남자가 되어야 합니다.

바울처럼 다메섹 경험이 있고 복음에 대하여 분명한 증거를 가지고 있어야 합니다. 예수를 만난 확실한 증거를 가지고 있어야 합니다. 그럴 때 사람의 말이 아닌 하나님의 말씀을 전할 수 있습니다.

남을 가르칠 수 있으려면 강건한 남자가 되어야 합니다. 남자로 자라가야 합니다. 예수의 생명을 잉태하였다고 하여서 강건한 남자가 되는 것은 아닙니다. 갓 태어난 아이는 남자라 할지라도 유약합니다. 유약한 자는 여자와 같습니다. 강인한 남자가 되려면 부모가 공급해 주는 양식으로 열심히 자라야 합니다.

부모는 어린아이에게 유업을 주진 않습니다. 약속을 줍니다. 그러나 그 약속이 현실로 나타날 때는 유업을 이어갈 강한 자가 되었을 때입니다. 아이는 남자가 아니라서가 아니라 남자 구실을 할 수 없기 때문입니다.

어린아이는 장가를 보내지 않습니다. 장가는 어른이 되어야 보냅니다. 분명하게 남자로 태어났어도 여자에게 생명을 줄 수 있으려면 남자 구실을 할 수 있는 어른으로 자라가야 합니다. 강건한 남자로 자라야 예수의 증인으로 살아갈 수 있습니다.

성도는 하나님의 아들로 이 세상에 남겨진 자들입니다. 예수님은 제자들을 보내시면서 양을 이리 가운데로 보내신다고 하였습니다. 이것은 마치 예수님이 부모를 떠나와서 자기 백성들을 위하여 죽어주신 것과 같습니다. 예수 그리스도는 여자를 남자로 만들어서 자기 몸인 교회를 위하여 제물 되게 하십니다. 남자가 된 성도는 자기 몸으로 예수 그리스도의 삶을 풀어내게 되어 있습니다.

강건하게 자라면 남자로서의 삶이 기다리고 있습니다. 이를 해산의 수고라고 합니다. 해산의 수고는 예수님이 자기 백성들을 위하여 버려짐을 당하는 삶을 사셨듯이, 거듭난 성도들의 삶도 그리스도의 몸 된 교회를 위하여 헌신하는 것으로 나타나는 것입니다. 이러한 삶을 일컬어 예수의 증인이라고 합니다.

오순절 성령이 임하자 성도들은 예수 그리스도의 증인으로서 자기 안의 예수라는 생명을 세상에 퍼뜨리는 남자로서 살아가게 되었습니다. 그래서 성경은 언약의 후손들 모두가 예수 그리스도의 삶에 동참하는 것으로 증거해 주고 있습니다. 이것이 남자가 부모를 떠남입니다.

요한복음 20장을 봅시다.

요 20:19-23 "이날 곧 안식 후 첫날 저녁때에 제자들이 유대인들을 두려워하여 모인 곳에 문들을 닫았더니 예수께서 오사 가운데 서서 가라사대 너희에게 평강이 있을찌어다 20이 말씀을 하시고 손과 옆구리를 보이시니 제자들이 주를 보고 기뻐하더라 21예수께서 또 가라사대 너희에게 평강이 있을찌어다 아버지께서 나를 보내신 것같이 나도 너희를 보내노라 22이 말씀을 하시고 저희를 향하사 숨을 내쉬며 가라사대 성령을 받으라 ²³너희가 뉘 죄든지 사하면 사하여질 것이요 뉘 죄든지 그대로 두면 그대로 있으리라 하시니라"

예수님께서 부활하신 후에 제자들을 찾아가서 사명을 주십니다. 어떤 사명입니까? 아버지께서 아들을 세상에 보내서 자기 백성들의 죄 사함을 위하여 제물로 죽는 삶을 살게 하셨듯이, 예수님도 제자들에게 성령을 주시면서 죄 사함의 복음을 증거케 하신 것입니다.

성령이 임하자 제자들은 예수님을 증거하는 증인으로 살다가 모두가 목 베임을 당하는 삶을 살게 되었던 것입니다. 예수님이 제자들을 남자로서 세상에 보내신 것입니다. 그럼 제자들을 영접하는 자들이 있습니다. 이들은 복음을 받아들일 어린양의 생명책에 녹명된 자들로서 어린양의 실상인 예수 그리스도를 맞이할 여자로서 기다리는 것입니다. 이러면 제자들은 남자의 위치에서 여자의 위치에 있는 성도들에게 예수 그리스도의 생명을 주게 되는 것입니다.

성령이 임하자 제자들은 남자처럼 부모를 떠나 여자와 한 몸을 이루는 여정으로 들어서게 됩니다. 제자들은 예수 그리스도 곧 신랑의 소식을 듣고 예수님의 신부가 될 성도들을 찾아가서 전해 줍니다. 그럼 신부들은 신랑의 소식을 듣고 온 제자들을 신랑처럼 맞이하게 되는 것입니다.

부모를 떠난 남자의 삶은 예수님처럼 이 세상으로부터 미움을 받고 예수의 생명을 위해 버림당하는 것으로 나타납니다. 예수님은 성도의 몸을 가지고 교회 안에서 예수 그리스도의 몸인 지체들을 위하여 예수님처럼 섬김의 삶을 살게 하십니다.

섬김이란 강자가 약자의 짐을 대신 짊어지는 것입니다. 섬김은 남자만이 할 수 있습니다. 예수님은 성도들을 강한 남자로 만들어서 예수님의 생명으로 살아가게 하십니다. 이렇게 예수 그리스도의 생명으로 교회를 돌보고 성도들을 섬기는 것을 일컬어 남자의 삶이라고 합니다. 자기를 희생하는 이러한 남자로서의 삶을 일컬어 '산 제사'라고 합니다. 산 제사를 영적 예배라고 합니다.

로마서 12장을 봅시다.

롬 12:1-11 "그러므로 형제들아 내가 하나님의 모든 자비하심으로 너희를 권하노니 너희 몸을 하나님이 기뻐하시는 거룩한 산 제사로 드리라 이는 너희의 드릴 영적 예배니라 ²너희는 이 세대를 본받지 말고 오직 마음을 새롭게 함으로 변화를 받아 하나님의 선하시고 기뻐하시고 온전하신 뜻이 무엇인지 분별하도록 하라 ³내게 주신 은혜로 말미암아 너희 중 각 사람에게 말하노니 마땅히 생각할 그 이상의 생각을 품지 말고 오직 하나님께서 각 사람에게 나눠주신 믿음의 분량대로 지혜롭게 생각하라 ⁴우리가 한 몸에 많은 지체를 가졌으나 모든 지체가 같은 직분을 가진 것이 아니니 ⁵이와 같이 우리 많은 사람이 그리스도 안에서 한 몸이 되어 서로 지체가 되었느니라 ⁶우리에게 주신 은혜대로 받은 은사가 각각 다르니 혹 예언이면 믿음의 분수대로, ⁷혹 섬기는 일이면 섬기는 일로, 혹 가르치는 자면 가르치는 일로, ⁸혹 권위 하는 자면 권위 하는 일로, 구제하는 자는 성실함으로, 다스리는 자는 부지런함으로, 긍휼을 베푸는 자는 즐거움으로 할 것이니라 ⁹사랑엔 거짓이 없나니 악을 미워하고 선에 속하라 ¹⁰형제를 사랑하여 서로 우애하고 존경하기를 서로 먼저 하며 ¹¹부지런하여 게으르지 말고 열심을 품고 주를 섬기라"

예배란 예수 그리스도의 생명으로 살아가는 것입니다. 위로는 하나님을 사랑하는 것이고, 아래로는 하나님께 받은 사랑으로 이웃을 사랑하는 것입니다. 이를 교회에서 섬김으로 말하고 있습니다. 하나님은 각 사람에게 은사를 주셨습니다. 성도는 하나님으로부터 받은 은사로 그리스도의 몸인 교회를 섬기게 됩니다. 그래서 열심을 품고 주를 섬기라고 하는 것입니다.

성령이 임하면 영적 예배가 드려집니다. 자기 몸을 그리스도의 몸인 교회를 위하여 드리게 됩니다. 하나님은 이렇게 자기 몸으로 산 제사를 드리는 것을 영적 예배라고 하고, 하나님은 이렇게 영적 예배를 드리는 자들을 찾으십니다. 예수의 생명으로 사는 것은 오직 성령의 능력으로만 됩니다. 그래서 성령의 충만을 받으라고 하는 것입니다. 구하고 찾고 두드리라고 하는 것입니다. 그러면 남자답게 강건하게 살아가는 성령의 능력을 은사로 주신다고 하는 것입니다.

구원이란 자기 인생을 살던 자들이 예수 그리스도를 만나서 자기 인생은 차압당하고 예수 그리스도를 위하여 살아가는 인생으로 바뀌는 것입니다. 그래서 구원을 천국이 침노해 왔다고 하는 것입니다. 예수 그리스도가 우리 안에 침노해 오셔서 옛사람을 죽이고 새사람으로 살아가도록 자신의 나라를 확장해 가는 것입니다. 이를 가나안 전쟁이라고 합니다.

성령은 성도들 안에서 예수 그리스도의 생명으로 생육하고 번성하고 땅에 충만케 하는 일을 하십니다. 이를 그리스도의 충만한 분량으로 자라간다고 합니다. 그러므로 예수 그리스도를 품에 안고 살아가는 성도의 삶은 날마다 겉사람은 후패해져 가고, 속사람은 날로 새로워져 가는 것으로 나타나게 되는 것입니다. 나는 쇠하고 예수가 흥하게 됩니다. 율법의 사람은 죽임당하고, 은혜의 사람으로 살아가게 되는 것입니다. 이를 나는 날마다 죽고, 예수 안에서 살아간다고 합니다.

이 모두가 예수님이 부모를 떠나 그 아내와 한 몸을 이룬 결과로 주어지는 것입니다. 우리 모두가 예수 그리스도의 아내이면서 동시에 하나님의 아들들입니다. 그러므로 성도들은 예수 그리스도 앞에서는 아내로 살아가고, 교회와 성도들 앞에서는 강건한 하나님의 아들로 살아가게 되는 것입니다.

이를 영적 예배라고 합니다. 영적 예배는 남자라야 드릴 수 있습니다. 하나님은 여자의 예배는 받지 않으십니다. 그 속에 예수의 생명이 없는 자들의 예배는 받지 않는다는 뜻입니다. 하나님은 남자의 예배만 받으십니다. 그 속에 예수의 생명이 있는 자들의 예배만 받으십니다.

이를 가인과 아벨의 제사로 말해주었습니다. 가인의 제사는 아들의 생명이 없는 제사였습니다. 피가 없었습니다. 그래서 받지 않으신 것입니다. 그러나 아벨의 제사는 피가 있었습니다. 그 피가 바로 아들의 생명입니다. 이를 히브리서 기자는 아벨은 더 좋은 예물로 하나님께 드렸다고 합니다. 더 좋은 예물이란 가치를 말하는 것이 아니고, 하나님이 바라시는 것을 드렸다는 것입니다.

성령은 성도를 강건한 아들로 자라가게 하십니다. 예수님처럼 생명을 줄 수 있는 자로 자라가게 하십니다. 그리스도의 충만한 분량으로 자랄 때 비로소 하나님의 아들답게 살아가게 됩니다. 그것이 예수님을 대신하는 부모를 떠나는 삶입니다. 부모를 떠나는 것은 여자에게 생명을 주기 위함입니다.

하나님은 예수의 생명을 가진 자들을 세상에 씨로 뿌리십니다. 그것이 세상에서 죽임당하는 모습으로 나타났습니다. 복음은 항상 예수의 증인들의 피 뿌림을 통해서 증거되어 왔습니다. 지금도 마찬가지입니다. 예수 그리스도의 복음을 가진 자들은 형제라고 하는 자들로부터 이단이라는 말로 죽임당하고 있는 것입니다.

예수가 죽은 자리에서 스데반이 나왔고, 스데반이 죽은 자리에서 바울이 나왔고, 바울이 죽은 자리에서 이방인 교회들이 세워졌습니다. 예수의 피로 세워진 교회는 예수 증인들의 피로 지켜져 왔습니다.

우리의 신앙도 마찬가지입니다. 예수의 피로써만 우리의 신앙이 지켜집니다. 그 예수의 피가 유업을 얻게 하는 약속이기 때문에 그 피로 신앙을 지켜내는 것입니다. 천국은 하나님의 말씀과 예수의 증거로 인하여 목 베임을 받은 자들이 가는 곳입니다. 그러므로 이 땅에서 예수의 증거로 죽임당하는 것은 곧 천국에서 하나님의 아들로서 유업을 얻게 되는 예수 그리스도를 대신하는 삶이므로 축복입니다.

지금은 창세전에 하신 언약이 완성되어가는 시점입니다. 논문이 서론, 본론, 결론으로 되어있듯이 창세전 언약 속의 구원도 과거와 현재와 미래를 거치면서 완성되는 것입니다. 예수님이 재림하시면 미래도 완성되는 것입니다. 이 시대는 창세전 언약이 다 완성되는 목전에 왔습니다.

예수 그리스도 안에서 강한 남자로 자라가시고 살아가시길 바랍니다. 강한 남자가 되어서 예수 그리스도의 피로 주신 생명의 복음을 끝까지 잘 지켜내시길 바랍니다. 전쟁은 곧 끝이 납니다. 그날을 소망하면서 마라나타 신앙으로 살아가시길 주의 이름으로 축원드립니다.

22강 뱀이 여자를 미혹하는 방법 (창 3:1-7)

창세전 언약으로 본 창조와 구원 이야기

창 3:1-7 "여호와 하나님의 지으신 들짐승 중에 뱀이 가장 간교하더라 뱀이 여자에게 물어 가로되 하나님이 참으로 너희더러 동산 모든 나무의 실과를 먹지 말라 하시더냐 ²여자가 뱀에게 말하되 동산 나무의 실과를 우리가 먹을 수 있으나 ³동산 중앙에 있는 나무의 실과는 하나님의 말씀에 너희는 먹지도 말고 만지지도 말라 너희가 죽을까 하노라 하셨느니라 ⁴뱀이 여자에게 이르되 너희가 결코 죽지 아니하리라 ⁵너희가 그것을 먹는 날에는 너희 눈이 밝아 하나님과 같이 되어 선악을 알 줄을 하나님이 아심이니라 ⁶여자가 그 나무를 본즉 먹음직도 하고 보암직도 하고 지혜롭게 할 만큼 탐스럽기도 한 나무인지라 여자가 그 실과를 따 먹고 자기와 함께한 남편에게도 주매 그도 먹은지라 ⁷이에 그들의 눈이 밝아 자기들의 몸이 벗은 줄을 알고 무화과나무 잎을 엮어 치마를 하였더라"

태초에 하나님이 천지를 창조하셨습니다. 하나님이 왜 천지를 창조하셨을까요? 이는 뭔가 하실 일이 있어서입니다. 필요가 창조를 만들어 낸 것입니다. 창조는 어떤 원인에 의하여 나타난 결과물이 됩니다. 원인이 먼저이고 창조가 나중입니다. 창조를 일으킨 원인이 무엇인가요? 그것은 바로 창세전 언약입니다.

창세전이란 만물이 만들어지기 전을 말합니다. 창세전 언약은 역사(만물) 바깥에 존재하는 하나님 나라에서 일어난 이야기를 말하고 있습니다. 하나님은 만물을 창조하기 전에 어떤 계획을 하셨습니다. 그 계획을 언약이라고 합니다.

언약의 중심 내용은 예수 그리스도께서 죄와 사망 가운데 있는 자기 백성들을 구원한다는 것입니다. 그래서 만물이 예수 그리스도를 위하여 창조되었다고 합니다. 예수님이 자기 백성 구원하는 일이 창조의 원인이 됩니다. 이렇게 되면 만물의 존재 목적은 예수가 주와 그리스도이심을 드러내는 데 있는 것입니다.

역사를 히스토리(history)라고 하는데 이는 '그의 이야기'라는 뜻입니다. 그가 바로 만물을 존재케 하신 예수님입니다. 예수님이 주인으로서 역사 속에 오셔서 창세전에 하신 언약을 이루어 가는 것입니다. 언약은 만물이 창조되기 전에 하나님이 하나님에게 이렇게 하겠다고 맹세하신 것입니다. 그러므로 창세전 언약은 아버지와 아들 간의 언약입니다.

아버지는 창세전에 계획하시고, 아들이 역사 속에 오셔서 성취하고, 성령은 아들이 하신 일을 자기 백성들에게 적용하는 것입니다. 언약은 역사 속에서 이루어집니다. 언약이 다 이루어지면 역사는 철거됩니다. 그러므로 역사는 시작과 끝이 있는 것입니다.

역사가 시작과 끝이 있다는 것은 역사 속에서 이루어지는 창세전 언약은 곧 점진적으로, 심층적으로 이루어져 간다는 뜻입니다. 즉 구원이 한순간에 이루어지는 것이 아니고 현재 진행형으로 이루어진다는 뜻입니다. 그래서 성경은 구원을 과거와 현재와 미래라는 세 시제로 말해주고 있는 것입니다.

구원을 받았다(과거).
구원을 이루라(현재).
구원을 이룰 것이다(미래).

우리의 구원이 그러합니다. 역사 속에서 일평생 이루어져 가는 것입니다. 개인적으로는 죽음으로 끝이 나지만, 역사적으로는 예수님의 재림 때 온전하게 이루어지게 됩니다. 예수님이 재림하시면 구원이 완료되고 완성되는 것입니다.

구원이 무엇인가요? 죄와 사망에서 건져냄을 입는 것입니다. 죄인이 죄와 사망으로부터 해방을 받는 것입니다. 죄에서 건져냄을 당하려면 먼저 죄 아래 가두어짐이 있어야 합니다. 그래서 창세전 언약이 먼저 죄 아래 가두어지고 나중에 건짐받는 것으로 되어있는 것입니다. 그것이 옛 언약과 새 언약으로 나타납니다. 율법에서 은혜로 나아가는 것으로 이루어지는 것입니다. 역사 속에서 펼쳐지는 구원은 이 수순에 따라서 일어나게 됩니다.

아담도 창세전 언약을 위하여 창조되었습니다.

아담도 창세전 언약의 수순을 거치게 되어 있습니다. 죄 아래 가두어졌다가 건져냄을 당하는 것으로 되어 있습니다. 그것이 선악과를 먹고 죽은 자가 되었다가 예수 그리스도의 피 흘리심을 통하여 구원받는 것으로 나타나는 것입니다. 이 일을 위해서 에덴동산에 먹으면 죽는 선악과와 먹으면 영생하는 생명과를 두신 것입니다.

여기에 뱀(마귀)도 동원된 것입니다. 뱀도 창세전 언약을 이루어 가는 데 필요한 것입니다. 뱀은 마치 드라마에서 악당이 주인공을 괴롭혀주는 것과도 같은 것입니다. 하나님께서 에덴동산에 뱀을 둔 것은 아담이 구원을 이루어 가는 데 있어서 필요한 배역이기 때문입니다.

아담은 인류를 대표하고 있습니다. 아담의 타락과 구원 이야기 속에는 온 인류의 타락과 구원 이야기가 담겨 있는 것입니다. 아담은 우리의 자화상입니다. 우리도 아담의 수순을 밟게 되어 있습니다. 아담도 예수 그리스도를 통해서 구원을 받아야 하는 자로 창조되었습니다. 그럼 먼저 죄 아래 가두어짐이 있어야 합니다. 여기에 뱀이 동원된 것입니다.

아담의 창조 과정을 봅시다. 하나님은 흙으로 아담을 만드십니다. 그리고 그 속에 생기를 부어서 생령이 되게 하십니다. 생령은 '네페쉬 하야'(נֶפֶשׁ חַיָּה)라고 하는데 이는 그냥 살아 있는 존재라는 뜻입니다. 이는 각종 생물들을 일컫는 말이기도 합니다. 바울은 이를 '산 영'이라고 하였습니다. 산 영이란 영생하는 자가 아니고 그냥 살아 있는 존재라는 뜻입니다. 구원을 받아야 할 자라는 뜻입니다.

산 영인 아담은 살려주는 영으로 오신 예수 그리스도로부터 영생을 얻는 구원을 받아야 합니다. 그래서 생명과를 먹고 영생하는 자가 되라고 하신 것입니다. 흙으로 지음을 받은 아담은 영생하는 자가 아닙니다. 영생을 위하여 지음을 받은 자입니다. 영생은 하나님의 생명을 말하는데 이를 에덴동산에서는 생명과로 말씀하신 것입니다.

생명과 속에는 하나님의 생명인 영생이 있습니다. 그래서 하나님은 아담에게 생명과를 먹고 영생하는 자가 되라고 하셨습니다. 하나님께서 아담에게 생명과를 먹고 영생하는 자가 되라고 하신 것은 아담이 아직까지 영생하는 자가 아니라는 뜻입니다.

아담도 예수 그리스도를 통해서 영생하는 자가 되는 것으로 지음을 받은 것이지, 처음부터 영생하는 자로 지음 받은 것이 아닙니다. 그래서 하나님은 아담에게 생명과를 먹고 영생하는 자가 되어서 에덴동산을 지키고 다스리라고 하였던 것입니다. 에덴동산을 지키고 다스리자면 아담은 먼저 생명과를 먹고 영생하는 자가 되어야 합니다.

그런데 아담은 자기 몸에서 나온 여자에게 빠져서 부모인 하나님을 떠나고 맙니다. 하나님을 떠난 아담은 여자와 함께 뱀의 미혹에 넘어가 선악과를 먹고 죽은 자가 되고 맙니다. 죽은 자가 된 아담은 이제 죽음에서 구원받아야 할 자가 된 것입니다. 구원자가 필요하게 되었습니다. 하나님은 죽은 자와 함께 살 수 없습니다. 그래서 하나님은 죽은 자가 된 아담을 에덴동산에서 추방하십니다.

하나님은 아담을 에덴동산에서 추방하면서 죄에서 구원해 주실 메시아를 여자의 후손으로 보내시겠다고 약속하십니다. 여자의 후손이 와서 뱀의 머리를 깨트리고 자신들을 죄와 사망으로부터 건져주실 것이라고 합니다.

에덴동산에서 쫓겨난 아담에게 가장 크고 첫째 되는 일은 자신을 죄와 사망에서 건져내어 에덴동산으로 데리고 갈 메시아를 기다리는 것입니다. 아담의 후손들은 모두가 아담의 운명 속에 있는 것입니다. 메시아를 통한 구원을 소망해야 하는 것입니다. 그러나 뱀은 아담이 땅을 떠나지 못하도록 미혹을 합니다.

뱀이 어떻게 인간(아담)을 미혹하는지 살펴봅니다.

병서에 보면 '지피지기 백전백승'(知彼知己 百戰百勝)이라는 말이 있습니다. 이는 전쟁에서 이기려면 먼저 적의 전략과 전술을 알고 싸우라는 말입니다. 성도가 싸울 적은 마귀입니다. 그러자면 뱀이 어떻게 인간들을 미혹했는지를 알아야 합니다. 뱀(마귀)의 전술과 전략을 알아야 이길 수 있습니다.

첫 아담은 실패했습니다. 그러나 마지막 아담으로 오신 예수님은 이기셨습니다. 이는 첫 아담은 뱀의 전략과 전술을 몰랐고, 마지막 아담인 예수 그리스도는 마귀의 계략을 알았기 때문입니다. 우리는 첫 아담을 통해서는 뱀이 어떻게 인간들을 미혹하는지를 알 수 있고, 마지막 아담인 예수 그리스도를 통해서는 마귀의 시험을 어떻게 이길 수 있는지를 알 수 있습니다. 그럼 에덴동산에서 뱀이 무엇으로 여자를 어떻게 미혹하였는지를 살펴봅시다.

에덴동산에는 성질이 다른 선악과와 생명과 두 과실이 있습니다. 선악과를 먹으면 죽고, 생명과를 먹으면 영생합니다. 하나님은 아담에게 두 과실에 대한 정보를 알려주었습니다. 아담은 여자에게 자신이 하나님께 들었던 두 과실에 대한 정보를 알려줍니다.

뱀은 여자를 타깃으로 삼고 접근합니다. 뱀은 호시탐탐 여자가 아담을 떠나길 바랐습니다. 어느 날 뱀은 여자가 아담의 곁을 떠나 혼자 있는 것을 발견합니다. 뱀은 이때다 싶어 여자에게 접근합니다. 그리곤 여자에게 의문의 말을 던집니다.

창 3:1 "여호와 하나님의 지으신 들짐승 중에 뱀이 가장 간교하더라 뱀이 여자에게 물어 가로되 하나님이 참으로 너희더러 동산 모든 나무의 실과를 먹지 말라 하시더냐"

뱀은 여자에게 "하나님이 참말로 너희더러 동산 모든 나무의 실과를 먹지 말라고 하더냐?"라고 합니다. 이 말은 틀린 말입니다. 하나님은 선악을 알게 하는 나무는 먹지 말고, 다른 과실은 먹으라고 하였습니다. 그럼에도 뱀은 "모든 나무의 실과를 먹지 말라고 하더냐?"라는 의문문으로 여자가 자연적으로 먹지 말라고 하신 선악과를 바라보도록 유도합니다.

만약에 뱀이 질문을 "하나님이 먹으라고 한 과실이 무엇이냐?"라고 물었다면 당연히 여자는 생명과라고 하면서 생명과에 눈길을 주었을 것입니다. 뱀은 이 사실을 너무도 잘 알고 있었습니다. 뱀이 여자보다 더욱 지혜롭기 때문입니다. 그래서 뱀은 여자의 눈길을 선악과에 붙잡아 두려고 "하나님이 참으로 너희에게 동산의 모든 나무의 과실을 먹지 말라고 하더냐?"라고 하면서 여자의 관심사를 생명과로부터 멀어지게 한 것입니다.

이것은 마치 이 시대 마귀가 교인들에게 '어떻게 하면 하나님의 말씀에 순종하고 살까?'라는 명제로 접근하는 것과도 같습니다. 하나님 말씀에 순종해야 한다는 명제에 걸려들면 주 예수를 믿는 것에서 하나님 말씀을 지켜야 하는 쪽으로 화제가 바뀌게 됩니다. 그럼 예수 믿는 것은 사라지고, '어떻게 하면 하나님의 말씀에 순종할까?'라는 싸움을 하게 되는 것입니다. 이렇게 되면 헛싸움을 하게 됩니다.

뱀이 여자에게 선악과로 생명과를 가렸듯이, 마귀도 교인들에게 하나님의 말씀을 지켜야 한다는 것으로 주 예수를 믿음으로 살아가는 믿음의 신앙에서 하나님의 말씀대로 살아야 한다는 행위 신앙으로 바뀌게 하는 것입니다.

에덴동산에서의 신앙은 선악과를 안 먹는 것이 아니고 생명과를 먹는 것입니다. 이 시대 신앙은 하나님 말씀대로 사는 것이 아니고 주 예수를 믿는 것입니다. 말씀대로 사는 것과 주 예수를 믿는 것은 하늘과 땅만큼이나 다른 것입니다.

하나님 말씀대로 살아서 구원받는 것이 아니라, 주 예수를 믿음으로 구원을 받습니다. 주 예수를 믿으면 하나님의 말씀을 지킴과 상관없이 구원을 받습니다. 그러나 하나님의 말씀을 지킨다고 하여도 예수를 믿지 않으면 구원받지 못합니다.

죄 사함은 주 예수를 믿음으로 받는 것이지, 하나님의 말씀을 지켜서 받는 것이 아닙니다. 그러므로 신앙의 본질을 주 예수를 믿는 것에 두어야 합니다. 에덴동산에서 뱀이 여자의 눈길을 선악과로 생명과를 가렸듯이, 지금도 마귀는 교회 안에서 교인들의 눈길을 하나님의 말씀대로 살아야 한다는 것으로 주 예수를 믿는 것을 가리는 일을 하는 것입니다.

에덴동산에서 일어난 일들이 이 시대 교회 안에서 일어나고 있습니다.

　에덴동산은 교회를 상징하고 있습니다. 에덴동산에서 벌어진 일들이 지금은 교회 안에서 일어나고 있습니다. 사단의 종들이 뱀이 되어서 교인들을 미혹하고 있는 것입니다. 에덴동산에서 뱀이 선악과를 가지고 인간을 죄와 사망에 가두는 일을 하였듯이, 지금도 마귀가 교회 안에서 하나님의 말씀대로 살아야 한다는 율법 신앙으로 미혹하고 있습니다.

　에덴동산에 먹으면 죽는 과실과 먹으면 영생하는 과실이 있었듯이, 교회 안에도 붙잡으면 죽을 의와 붙잡으면 영생하는 의가 있습니다. 이렇게 되면 에덴동산의 두 과실은 이 시대 교회 안의 두 의를 상징하게 되는 것입니다.

교회 안에 두 의(義)가 있습니다.

　율법으로 난 의와 예수 그리스도를 믿음으로 난 의가 있습니다. 율법으로 난 의를 붙잡으면 죽고, 예수 그리스도를 믿음으로 난 의를 붙잡으면 삽니다. 뱀이 여자에게 먹으면 죽을 선악과로 미혹하였듯이, 지금도 마귀는 교회 안에서 붙잡으면 죽을 의인 율법의 의로 미혹하고 있습니다.

　여자가 선악과에 미혹 당한 것은 선악과의 매력 때문입니다. 여자의 눈에 비친 선악과는 보암직하고 먹음직하고 탐스러웠습니다. 단박에 여자의 눈을 사로잡고 맙니다. 이 시대 교회 안에서 인간의 행위를 거룩한 의로 가르치는 인본주의 성화주의자들의 가르침이 선악과처럼 매력적으로 증거되고 있는 것입니다.

　선악과는 율법의 의를 상징한다고 하였습니다. 율법으로 난 의는 선악과처럼 인간들 눈에는 보암직하고 먹음직하고 달콤한 것으로 보입니다. 왜냐하면 율법의 의는 인간을 긍정해 주고, 인간의 가치를 상승시켜주고, 인간에게 보람과 영광과 자랑거리를 제공해 주기 때문입니다. 사람은 자기애(自己愛)로 가득합니다. 무엇을 하든지 그것을 통해서 자존감을 얻고자 합니다. 그것이 일이든 신앙이든 모든 면에서 동일합니다. 그런데 선악과 신앙이 이를 충족시켜주는 것입니다.

예수님 초림 당시에 선악과 신앙으로 자기 영광으로 살아간 자들이 있었습니다. 그들이 바로 바리새인들이었습니다. 바리새인들은 율법 지킴을 훈장처럼 자랑스럽게 여겼습니다. 율법의 의로 사람들에게 영광을 받았습니다. 그 영광으로 성자 대접을 받고 살았습니다. 바리새인들은 율법 지킴을 자랑했습니다. 그들에게는 율법의 의가 선악과와 같이 보암직하고 먹음직하고 탐스러운 것이었습니다.

바리새인들은 율법의 의를 자기 영광을 얻는 데 이용하였습니다. 그런데 예수님이 바리새인들을 '독사의 새끼들'이라고 하였습니다. 독사 새끼란 에덴동산에서 여자를 미혹한 뱀의 후손이라는 말입니다.

에덴동산의 뱀이 예수님 초림 때 바리새인으로 나타난 것입니다. 그래서 지옥에 가라고 한 것입니다. 예수님은 바리새인들을 가지고 하나님의 말씀 지킨 것으로 자기 영광을 얻고자 하는 신앙이 바로 뱀이 여자를 미혹한 선악과라고 알려주신 것입니다. 지금도 바리새인과 같은 신앙을 추구하는 자들은 뱀의 새끼들입니다.

우리는 여기서 하나님께서 왜 선악과를 보암직하고 먹음직하고 탐스럽게 해놓았을까를 생각해 보아야 합니다. 만약에 여자가 보기에 선악과는 볼품이 없고 생명과가 보암직하고 먹음직하고 탐스러웠으면 인간의 속성상 선악과는 멀리하고 생명과를 따먹었을 것입니다. 그러나 선악과는 너무도 맛나게 생겼고, 생명과는 맛이 없게 생긴 것입니다. 어떻게 알 수가 있느냐면 생명과는 예수님을 상징하고 있기 때문입니다. 예수님은 볼품이 없는 분이십니다.

이사야 53장을 보면 생명과의 실체이신 예수님에 대하여 말해주고 있습니다.

사 53:2-3 "그는 주 앞에서 자라나기를 연한 순 같고 마른 땅에서 나온 줄기 같아서 고운 모양도 없고 풍채도 없은즉 우리의 보기에 흠모할 만한 아름다운 것이 없도다 [3]그는 멸시를 받아서 사람에게 싫어 버린 바 되었으며 간고를 많이 겪었으며 질고를 아는 자라 마치 사람들에게 얼굴을 가리우고 보지 않음을 받는 자 같아서 멸시를 당하였고 우리도 그를 귀히 여기지 아니하였도다"

예수님은 생명과의 실상입니다. 그런데 그 모습이 마른 땅에서 나온 줄기 같다고 합니다. 고운 모양도 없고 풍채도 없고 흠모할 만한 것이 없다고 합니다. 한마디로 매력이라고는 찾아보려야 찾아볼 수 없다고 합니다. 그래서 우리도 그를 귀히 여기지 않았다고 합니다. 이러한 것은 세상 전반에 나타나고 있습니다.

의롭게 사는 것은 힘들어도 죄짓고 사는 일은 쉽습니다. 사람을 타락하게 하는 것은 화려하여도 사람을 살게 하는 것은 매력적이지 않습니다. 역사 속에서 나타나는 모든 죄는 보암직하고 먹음직하고 달콤한 것으로 나타납니다. 만약에 죄짓는 것이 힘이 들고 아픈 것이라고 한다면 죄지을 사람은 한 사람도 없을 것입니다. 그러나 죄는 항상 달콤하게 다가옵니다. 인간의 마음을 빼앗는 것으로 다가옵니다.

죄는 하지 말라고 하여도 자발적으로 하는 것으로 나타납니다. 죄는 강요해서 짓는 것이 아닙니다. 모두가 자발적으로 짓습니다. 그것도 시간을 들이고 돈을 들여가면서 정성을 쏟고 기쁨으로 죄를 짓는 것입니다. 왜냐하면 그것이 달콤하기 때문입니다. 죄가 우리의 욕망을 채워주기 때문입니다. 그래서 죄짓지 말라고 하여도 인간들은 죄를 짓는 것입니다. 이것이 죄가 담고 있는 마력입니다. 그래서 몰래 먹은 떡이 맛이 있고 도둑질한 물이 달다고 하는 것입니다.

죄인의 특성은 불순종하는 것입니다. 그래서 인간들은 금지할수록 더욱더 소망하게 되는 것입니다. 하지 말라고 하면 더 하고 싶어지는 것입니다. 하라고 하면 하지 않고, 하지 말라고 하면 기를 쓰고 더 하려는 것이 인간들의 죄성인 것입니다. 이것은 인간이 범죄 하기 전의 모습을 보아서도 알 수 있습니다. 인간들 속에 하나님의 뜻에 불순종하고자 하는 기질이 들어있음을 알 수 있습니다. 이것은 생명과를 먹기 전의 인간들의 모습입니다.

뱀은 이것을 너무도 잘 알고 있는 것입니다. 그래서 여자에게 부정의 말을 던져서 적극적으로 행하게 만든 것입니다. 뱀이 여자에게 "정말로 하나님이 다 먹지 말라고 하더냐?"라고 하자, 여자는 적극적으로 "아니야, 먹으라고 했어!"라고 하면서 "다만 선악과는 먹지 말라고 했어!"라고 말을 합니다.

이에 뱀이 "아니야, 그걸 먹으면 너희가 하나님같이 되기 때문에 먹지 말라고 한 것이야"라고 의문을 증폭시켜 버리는 것입니다. 그러자 여자의 눈에 선악과가 더 매력적으로 보이는 것입니다. 여자가 선악과를 보고 한눈에 빠진 것도 하나님이 금지하는 것이니까 저걸 먹지 않고서는 도무지 견딜 수가 없었던 것입니다.

우리는 뱀이 여자에게 선악과를 강제로 먹게 한 줄로 알지만 실상은 그렇지 않습니다. 성경을 보면 뱀은 여자에게 선악과를 따 먹으라고 하지 않았습니다. 뱀은 다만 여자에게 선악과가 담고 있는 정보만 알려주었을 뿐입니다. 이것은 하나님께서 죄를 추궁하자 아담과 하와가 변명하는 것을 보아도 알 수 있습니다.

창 3:12-13 "아담이 가로되 하나님이 주셔서 나와 함께하게 하신 여자 그가 그 나무 실과를 내게 주므로 내가 먹었나이다 [13]여호와 하나님이 여자에게 이르시되 네가 어찌하여 이렇게 하였느냐 여자가 가로되 뱀이 나를 꾀므로 내가 먹었나이다"

하나님이 아담을 추궁하자 아담은 여자가 주어서 먹었다고 합니다. 그러나 여자는 뱀이 꾀므로 먹었다고 합니다. 꾀었다는 말은 따 먹을 수밖에 없도록 호기심을 유발시켰다는 뜻입니다. 마귀는 우리를 강제로 죄를 짓게 하지 않습니다. 다만 죄를 짓도록 유도하는 것입니다. 죄 속에 담겨져 있는 달콤한 것들을 알려주는 것입니다. 그럼 인간은 죄를 짓게 되어 있습니다. 왜냐하면 호기심을 유발하고 매력적으로 다가오기 때문입니다.

사람들이 오해하는 것은 마귀는 하나님의 말씀을 말하지 않는다고 생각합니다. 그러나 그렇지 않습니다. 마귀는 하나님의 말씀을 인간의 입장에서 이해하도록 가감하는 일을 합니다. 그래서 성경의 맨 마지막인 요한계시록 22장에서 하나님의 말씀을 가감하지 말라고 준엄하게 경고하면서 결론을 맺었던 것입니다. 이는 인류의 타락이 하나님의 말씀을 가감하는 것으로부터 시작되었기 때문입니다.

요한계시록 22장을 봅시다.

계 22:18-19 "내가 이 책의 예언의 말씀을 듣는 각인에게 증거하노니 만일 누구든지 이것들 외에 더하면 하나님이 이 책에 기록된 재앙들을 그에게 더하실 터이요 ¹⁹만일 누구든지 이 책의 예언의 말씀에서 제하여 버리면 하나님이 이 책에 기록된 생명 나무와 및 거룩한 성에 참예함을 제하여 버리시리라"

마귀는 속이는 자입니다. 마귀의 주특기가 하나님의 말씀을 가감하는 것입니다. 이를 하늘의 말과 땅의 말을 섞는다고 합니다. 포도주에 물이 섞였다고 합니다. 하나님의 말씀을 가감한다는 것은 자기 입장에서 해석한다는 것입니다. 하나님의 말씀을 가감하지 말라는 것은 인간 입장에서 해석하지 말라는 것입니다.

성경을 성령의 감동으로 기록을 한 것은 인간의 지혜로 인간 입장에서 성경을 해석하지 못하게 하기 위함입니다. 성령은 철저하게 예수 그리스도 중심으로 성경을 해석합니다. 사도 바울이 예수님을 만나기 전에는 하나님의 말씀인 율법을 자기식으로 해석하여 그리스도인들을 죽이는 일을 하였습니다. 그런데 다메섹에서 예수 그리스도를 만나고 난 후에는 모든 성경을 예수 그리스도로 해석하였습니다. 모든 율법을 예수 그리스도를 만나게 하는 몽학선생이라고 결론 내렸던 것입니다.

어느 시대든 마귀는 항상 하나님의 말씀을 인간들 입장에서 해석하도록 미혹하였습니다. 마귀가 예수님을 시험할 때도 하나님의 말씀으로 인간들의 가치를 상승시켜주고 인간들의 영광을 위하여 이용하라고 미혹하였습니다. 그것도 "네가 만약 하나님의 아들이라면…" 이러한 명제를 깔고서 말입니다.

여기에 거듭나지 못한 자들은 속아 넘어가는 것입니다. 하늘의 지혜를 받지 않은 자들이 속는 것입니다. 이 시대 많은 목사들이 설교를 마귀가 예수님에게 나아와서 하던 식으로 하고 있습니다. 그러다 보니까 교인들의 신앙이 기복주의로 흐르고 신비주의로 흐르게 되는 것입니다.

　에덴동산에서 뱀은 하나님의 말씀을 가감하는 것으로 여자를 미혹하였습니다. 그래서 뱀이 여자에게 준 정보는 맞는 것도 있고 틀린 것도 있습니다. 선악과를 먹어도 죽지 않는다는 것은 틀린 말입니다. 선악과를 먹으면 반드시 죽게 되어 있습니다. 그리고 선악과를 먹으면 눈이 밝아져 하나님같이 된다는 것도 맞는 말입니다. 눈이 밝아져 하나님같이 된다는 말은 스스로 선악을 판단하는 자가 된다는 것입니다. 선악을 판단하는 일에 스스로의 기준을 갖게 된다는 뜻입니다. 이것이 하나님과 같은 권세입니다.

　선악을 판단하는 일은 하나님의 고유권한입니다. 판단은 창조주만이 할 수 있습니다. 왜냐하면 만물 자체가 하나님의 필요에 의하여 창조된 것이기 때문입니다. 인간은 피조물이므로 창조주가 하는 일에 이러쿵저러쿵 논할 처지가 아닙니다. 창조주의 판단에 따라야 할 뿐입니다.

　그런데 뱀은 선악과를 먹으면 선악을 아는 일에 하나님같이 된다고 알려주었습니다. 이것이 인간들에게는 보암직하고 먹음직하고 탐스러운 것입니다. 아담도 여자가 주는 선악과를 군소리 없이 받아먹은 것은 아담에게도 선악과는 매력적인 것이기 때문입니다. 누구를 판단하고 심판하는 자리에 앉는다는 것은 매력적인 일입니다.

　옳고 그름을 판단하는 분은 하나이어야 합니다. 창조주만이 옳고 그름을 판단할 수 있습니다. 에덴동산에도 마찬가지입니다. 선악을 판단하는 권세를 가진 자가 둘이 있을 수 없습니다. 선악을 아는 아담을 그대로 에덴동산에 둔다면 하나님이 하시는 일에 충돌이 일어나게 됩니다. 왜냐하면 하나님의 판단과 인간들의 판단이 다르기 때문입니다.

　하나님은 하나님이 좋은 대로 선악을 판단하는데, 인간은 자기들이 좋은 대로 선악을 판단하게 되기 때문입니다. 그래서 하나님은 선악과를 먹고 자신들의 기준으로 선악을 판단하려는 인간들을 에덴동산 바깥으로 추방해 버린 것입니다.

창 3:22-24 "여호와 하나님이 가라사대 보라 이 사람이 선악을 아는 일에 우리 중 하나같이 되었으니 그가 그 손을 들어 생명나무 실과도 따 먹고 영생할까 하노라 하시고 23여호와 하나님이 에덴동산에서 그 사람을 내어 보내어 그의 근본 된 토지를 갈게 하시니라 24이같이 하나님이 그 사람을 쫓아내시고 에덴동산 동편에 그룹들과 두루 도는 화염검을 두어 생명나무의 길을 지키게 하시니라"

하나님은 선악과를 먹고 죽은 자가 된 인간을 추방하시면서 천사들로 하여금 생명나무 길을 지키라고 하였습니다. 이는 범죄한 자들이 생명과를 먹고 영생할까 해서라고 합니다. 이 말씀 속에 하나님께서 죄인을 죽이는 이유가 담겨 있습니다. 죄인으로 영생하면 그건 재앙입니다. 그래서 하나님은 아담을 에덴동산에서 쫓아내고 생명나무로 나오는 길을 막아버린 것입니다.

생명과는 그 속성이 먹으면 영생하게 되어 있습니다. 하나님이 생명나무 길을 지키게 한 것은 죄인이 생명과를 먹게 되면 죄인으로서 영생하게 되기 때문입니다. 죄인으로서 영생을 하면 어찌 될까요? 이것은 영원한 재앙입니다. 영원한 저주이고 비극이 됩니다. 그래서 죄인의 눈에 생명나무를 가려버린 것입니다.

이를 이렇게 비유로 말할 수 있습니다.

어떤 집에 불치의 병에 걸린 자식이 있다고 합시다. 그 자식이 베데스다 못가의 38년 된 병자와 같다고 생각해 봅시다. 38년 된 병자는 숨만 자기 힘으로 쉴 뿐 전신 마비가 되어서 아무것도 할 수 없습니다. 밥 먹는 것에서부터 용변을 보는 것까지 부모가 곁에서 다 해주어야만 합니다. 38년 된 병자의 병은 그 어떤 약으로도 고칠 수가 없습니다. 치료할 수도 없습니다. 그런 자식이 죽지도 않고 부모 앞에서 얼쩡거리며 영원토록 산다고 생각해 봅시다. 부모는 그 자식을 볼 때마다 마음이 천 갈래 만 갈래 찢어집니다.

이런 불치의 병든 몸으로 오래 산다는 것은 결코 복이라 할 수 없습니다. 생명이 붙어 있다는 것을 삶의 의미로 둔다면 불치의 병으로 고통을 당하면서도 오래 사는 것을 복이라고 할 수 있습니다. 그러나 어떻게 사느냐를 삶의 의미로 둔다면 오히려 일찍 죽는 것이 복이라 할 것입니다. 선악과를 먹은 죄인은 하나님 앞에서 불치의 병에 걸린 자식들과 같습니다.

이렇게 생각하세요. 모든 인간은 영생하는 자로 지음을 받았습니다. 왜냐하면 영생하시는 하나님으로부터 지음을 받았기 때문입니다. 신자도 영생하고 불신자도 영생합니다. 신자는 천국에서 영생하고, 불신자는 지옥에서 영생합니다. 천국에서 영생하는 것은 복된 것이지만, 지옥에서 영생하는 것은 저주입니다. 선악과를 먹은 죄인이 바로 지옥에서 영생하는 자들입니다. 이러한 자를 그대로 살려둔다는 것은 저주입니다.

그래서 하나님은 죄인이 생명과를 따 먹고 죄인으로서 영생할 수 없도록 하기 위해서 에덴동산에서 추방하고 천사들로 하여금 생명나무의 길을 밤낮으로 지키도록 하신 것입니다. 하나님께서 선악과를 먹은 인간을 에덴동산 밖으로 추방한 것은 죄인을 죽이기 위함입니다. 하나님은 인간이 죄인으로 오래 사는 것을 기뻐하시지 않습니다.

죄인의 몸으로 오래 살면 살수록 저주이기 때문에 노아 홍수 이후에는 인간의 수명을 1/10로 줄여 버리신 것입니다. 홍수 전에는 거의 1,000년을 살았습니다. 그러나 홍수 후에는 100여 년으로 줄어들었습니다. 이것은 저주가 아니고 복입니다. 하나님께서 죄인을 향한 배려이고 사랑입니다.

하나님은 죄인을 죽이고 죄와 상관없는 몸으로 다시 살려내는 방식으로 구원하는 일을 하십니다. 그래서 하나님은 그 아들을 세상에 보내서 죄와 사망이라는 불치병에 걸린 자들을 죽이고 죄와 상관없는 몸으로 다시 살려내는 일을 하도록 하신 것입니다. 예수님이 재림하시면 썩을 몸이 썩지 아니할 몸으로 변화를 입게 됩니다. 이를 하늘의 몸이라고 합니다. 구원이 완성되는 것입니다. 이를 몸의 구속이라고 합니다.

두 예수가 있습니다.

육신으로 십자가에서 죽은 예수가 있고, 부활하여서 성령으로 성도들 안에 오신 예수가 있습니다. 육신으로 십자가에서 죽은 예수는 선악과를 먹은 우리 옛사람을 죽이는 일을 하셨고, 성령으로 우리 가운데 오신 예수는 생명과를 먹여서 새사람으로 살리는 일을 하십니다.

예수님은 이 두 가지 사역을 두 세례로 보여주었습니다. 두 세례는 물세례와 성령 세례입니다. 물세례는 죽는 것이고, 성령 세례는 살아나는 것입니다. 물세례는 선악과를 먹은 죄인을 죽이는 것입니다. 성령 세례는 죄와 상관없는 사람으로 살려내는 것입니다. 구원은 이 두 과정을 거치게 되어 있습니다. 구원은 죽고 살아나는 것입니다.

복음은 옛 언약이 먼저 주어지고 새 언약이 나중에 주어지는 것입니다. 구원의 수순이 옛 언약인 율법으로 인간들을 죄 아래 가두어 죽이는 것이 먼저이고, 그 후에 새 언약인 은혜로 살리는 것으로 다가오는 이유가 여기에 있습니다. 성령을 먼저 보내지 않고 예수를 육신으로 먼저 보내신 이유가 여기에 있습니다. 육신으로 오신 예수가 먼저 선악의 사람을 죽이고 난 후에 성령이 오셔서 살려내는 일을 하시는 것입니다.

구원이란 죄인을 죽이고 의인으로 살려내는 것입니다. 구원의 순서가 옛사람이 먼저 죽는 것이고, 나중에 새사람으로 살아나는 방식으로 전개되는 것입니다. 그래서 먼저 죽이는 언약을 주시고 나중에 살리는 언약을 주시는 것입니다.

옛 언약은 율법이고
새 언약은 은혜입니다.

율법은 행위 언약이고
은혜는 믿음의 언약입니다.

율법은 죽이는 언약이고
은혜는 살리는 언약입니다.

언약을 이루시는 분은 예수님입니다. 그래서 하나님은 먼저 예수님을 육체로 율법 아래 나게 하신 것입니다. 육체로 오신 예수님은 율법 아래 있는 우리를 죽이는 일을 하십니다. 그것이 십자가에서 죽임당하는 것으로 나타난 것입니다. 예수님이 십자가에서 죽으실 때 우리도 함께 죽었습니다. 이를 물세례로 보여주었습니다. 우리는 물세례를 받음으로써 예수님과 함께 죽음에 연합되었음을 고백하는 것입니다.

예수님과 함께 십자가에서 죽임을 당한 자들에게 하나님은 성령을 보내서 새로운 피조물로 창조하십니다. 이들을 일컬어 하늘로부터 거듭난 새로운 피조물이라고 합니다. 성령으로 거듭난 성도들은 영생하는 자로 새롭게 창조된 자들입니다. 이를 새사람이라고 합니다. 성령으로 거듭난 성도 안에는 하나님의 생명인 영생이 담겨 있습니다. 그러므로 예수 안에서 죽었다가 성령으로 거듭난 성도들은 목숨이 끊어진다고 해도 죽었다고 하지 않고 잔다고 하는 것입니다.

두 예수가 있듯이 우리에게도 두 사람이 있습니다. 예수와 함께 십자가에서 죽은 옛사람이 있고, 성령으로 거듭나서 살아난 새사람이 있습니다. 예수와 함께 십자가에 죽은 옛사람은 아담 안에서 난 선악의 사람이고, 성령으로 거듭난 새사람인 성도는 예수 그리스도 안에서 난 생명의 사람입니다.

인간이 왜 죄라는 불치의 병에 걸리게 되었는지 살펴봅시다.

사람이 죽는 것은 생명과를 먹지 않아서입니다. 아담이 만약에 하나님의 말씀대로 생명과를 먼저 먹고 영생하는 자가 되었으면 선악과를 먹어도 별문제가 되지 않습니다. 이미 영생하는 생명이 그 속에 있기 때문입니다. 영생하는 자는 선악의 법도 생명을 살리는 것으로 사용하기 때문에 문제가 되지 않습니다. 예수님이 그렇게 사신 분입니다.

예수님은 율법으로 보면 정죄당할 수 있는 일을 하여도 예수님은 선악의 법 아래 있지 않고 생명의 법 아래 있기 때문에 율법으로 정죄당하지 않는 것입니다. 예수님은 생명과가 담겨 있는 영생하시는 분입니다. 그러므로 예수님이 하시는 일은 모두가 선이 되는 것입니다. 그래서 예수님이 죽이는 율법도 살리는 것으로 사용하신 것입니다.

바리새인들은 율법을 가지고 죽이는 일을 하였지만 예수님은 율법으로 살리는 일을 하셨습니다. 이는 바리새인은 죽은 자이고 예수님은 산 자이기 때문입니다. 죽은 자는 살리는 복음을 가지고도 죽이는 일을 하지만, 산 자는 죽이는 율법으로도 살리는 일을 합니다. 우리의 신앙도 마찬가지입니다. 은혜 아래 있는 사람은 율법으로도 살리는 일을 하고, 율법 아래 있는 사람은 살리는 복음을 가지고도 죽이는 일을 합니다.

은혜 받은 사람에게서는 용서와 사랑이 나오지만, 율법 아래 있는 사람에게서는 비판과 정죄가 나옵니다. 그래서 예수님은 사사건건 시비를 거는 바리새인들에게 "너희가 악하니 어찌 선한 말을 할 수가 있겠느냐? 사람은 쌓은 선에서 선이 나오고 쌓은 악에서 악이 나온다"고 하신 것입니다. 선악의 법 아래 있는 자는 선악의 열매를 맺고, 생명의 법 아래 있는 자는 생명의 열매를 맺게 되어있는 것입니다. 그러므로 열매로 나무를 안다고 하신 것입니다.

산 자에게서 생명이 나오고, 죽은 자에게서 사망이 나오는 것입니다. 아담도 마찬가지입니다. 만약 아담이 먼저 생명과를 먹고 산 자가 되었다고 한다면 선악과를 먹어도 전혀 문제 되지 않습니다. 그러나 생명과를 먹기 전의 아담이 선악과를 먹으면 필경 죽게 되어 있습니다. 아담은 선악과를 해독할 능력이 없기 때문입니다.

막 지어진 아담은 아직까지 영생하는 자가 아닙니다. 아담이 영생하는 자가 되려면 먼저 생명과를 먹어야 합니다. 생명과를 먹으면 예수님처럼 영생하는 자가 되어서 그 다음에 선악과를 먹어도 전혀 영향을 받지 않았을 것입니다.

신약식으로 말하면 율법 아래 있는 자는 율법의 다스림을 받지만, 은혜 아래 있는 성도는 율법의 다스림으로부터 자유하는 것과 같습니다. 누구든지 그리스도 예수 안에 있는 자는 율법으로 결코 정죄당하지 않는다는 것도 다 이러한 이유 때문입니다. "너희는 법 아래 있지 않고 은혜 아래 있다"고 하였습니다.

하나님이 지으신 들짐승 중에 뱀이 가장 간교하다고 했습니다. 간교하다는 말은 지혜롭다는 뜻입니다. 뱀의 지혜는 사람보다 한 수 위인 것입니다. 그래서 뱀은 사람으로 하여금 생명과를 먹지 못하게 하려고 생명과로부터 관심을 멀어지게 하는 작전을 편 것입니다. 그것이 선악과로 생명과를 가리는 것입니다. 선악과는 여자의 눈길을 사로잡기에 충분했습니다.

뱀의 작전대로 여자는 선악과 주변을 맴돌다가 결국에는 따 먹고 맙니다. 뱀은 자신의 작전대로 선악과로서 여자의 눈길을 생명과로부터 돌리는 데 성공하였습니다. 여자의 눈길이 선악과를 보는 순간 게임은 이미 끝이 나 버렸습니다. 왜냐하면 선악과는 인간의 마음을 단박에 사로잡을 만큼 매력적인 것이기 때문입니다. 보암직하고 먹음직하고 지혜롭게 할 만큼 탐스럽기 때문입니다.

여자는 선악과를 보는 순간 선악과가 주는 마력으로부터 빠져나올 수가 없었습니다. 이것은 마치 뱀에게 물리면 그 독에 의하여 감각을 잃어버리는 것과도 같습니다. 죄는 그렇게 인간들에게 침투되기 시작하였습니다. 이러한 것은 역사 전반에 걸쳐서 인간들 사회에서 나타나고 있습니다.

선악과는 율법을 상징합니다. 선악과 속에 담긴 의는 율법의 의로서 인간들의 의입니다. 율법의 의는 인간들의 마음을 빼앗고 눈길을 사로잡습니다. 왜냐하면 율법의 의 속에는 인간들이 좋아하는 것들이 담겨 있기 때문입니다. 인간의 자랑과 인간의 영광이 들어있기 때문입니다.

이것이 교회 안에서 그대로 나타납니다. 에덴동산은 교회를 상징한다고 하였습니다. 에덴동산에 뱀이 있었듯이 교회 안에도 뱀(마귀)이 있습니다. 마귀는 율법이라는 인간의 의로 예수 그리스도의 의를 가리는 일을 합니다. 이러한 자들을 거짓 선지자라고 합니다.

뱀이 선악과로 여자를 미혹하였듯이 거짓 선지자들이 율법의 의로 미혹하고 있습니다. 여기에 율법 아래 있는 자들이 여자처럼 걸려들고 맙니다. 여자들이 화려한 장

신구로 치장을 하듯이 율법 아래 있는 자들이 각종 행함이라는 인간들의 의로 치장하고 있는 것입니다.

교인들이 쉽게 인간의 의에 빠져드는 것은 그 속에 자기 가치 챙기기가 있기 때문입니다. 율법의 의가 인간의 자존감을 채워주기 때문입니다. 인간의 영광을 주고 인간의 자랑거리들을 주기 때문입니다. 그래서 교인들이 율법 신앙을 선호하는 것입니다.

예수님께서 "나를 따라오려거든"이라고 말씀하시는데, 그 첫째 조건이 자기를 부인하라는 것입니다. 자기를 부인하라는 말은 자기 의를 버리라는 것입니다. 왜 인간의 의를 버리라고 하실까요? 이는 인간의 의와 예수 그리스도의 의가 충돌을 일으키기 때문입니다.

로마서 3장을 봅시다.

롬 3:20-22 "그러므로 율법의 행위로 그의 앞에 의롭다 하심을 얻을 육체가 없나니 율법으로는 죄를 깨달음이니라 ²¹이제는 율법 외에 하나님의 한 의가 나타났으니 율법과 선지자들에게 증거를 받은 것이라 ²²곧 예수 그리스도를 믿음으로 말미암아 모든 믿는 자에게 미치는 하나님의 의니 차별이 없느니라"

율법의 행위로는 하나님 앞에 설 자가 없습니다. 하나님은 율법 외에 다른 의를 주셨습니다. 그것이 예수 그리스도의 의입니다. 예수 그리스도의 의는 인간의 조건으로 차별하지 않습니다. 인간들은 남과 차별성을 두고 살아가고자 합니다. 차별성이 곧 자기에게 영광을 안겨다 주기 때문입니다.

그런데 예수 그리스도 안에서는 인간의 차별성이 사라집니다. 그렇기에 인간적으로 잘난 자들이 예수 그리스도의 의를 거부하는 것입니다. 이들이 바로 바리새인들이었습니다. 바리새인들은 율법 지킴을 가지고 세리와 창기들과 차별성을 두고 살았습니다. 그런데 예수 그리스도가 와서 그 차별성을 다 허물어 버리신 것입니다. 예수님이 바리새인들의 영광을 다 뭉개 버리신 것입니다. 예수를 그대로 두었다가는 자신들의 존재감이 날아가게 생겼습니다. 그래서 죽여버린 것입니다.

이러한 것은 지금도 교회 안에서 일어나고 있습니다. 예수 그리스도의 의를 증거하는 종들과 인간의 의를 증거하는 종들이 부딪치고 있습니다. 예수 그리스도의 의를 증거하는 종들은 예수 그리스도의 십자가 안에서는 인간의 행함은 의가 되지 않는다고 합니다. 그러나 거짓 선지자들은 하나님의 말씀대로 사는 것도 의로운 것이라고 합니다. 이것이 갈라디안 신앙입니다.

갈라디안 신앙은 '예수 믿기+율법 지킴=온전한 믿음'이라는 틀을 가지고 있습니다. 사도 바울은 이것을 단호하게 '다른 복음'이라고 했습니다. 이러한 것은 유대교 거짓 선지자들이 바울이 전한 예수 그리스도를 믿는 믿음으로만 의롭게 된다는 새 언약을 훼손하고자 복음에다 율법을 혼합한 이단 사상입니다.

이것이 이 시대에는 알미니안 계통의 인본주의 성화주의로 나타나고 있는 것입니다. 하나님의 말씀대로 사는 것도 의롭다고 하는 인본주의 성화주의는 예수 그리스도의 피에다 인간의 행위를 혼합시키는 것과 같은 이단 사상입니다. 이것은 초대교회로부터 있어왔던 사상입니다. 사도들은 이러한 사상과 싸웠습니다.

인본주의 알미니안 성화주의는 인간의 의인 선악과로 예수 그리스도의 의인 생명과를 가리는 행위를 하는 깃입니다. 마귀는 인간의 행위에 의미가 있다고 하면서 예수 그리스도의 의를 가리는 일을 합니다. 마귀는 사람들에게 율법적 신앙을 부각함으로써 사람들로 하여금 그 율법을 벗어나지 못하게 하는 것입니다.

사람들이 인간의 행위를 의롭다고 하는 알미니안 성화주의에 잘 현혹당하는 것은 그 속에 인간의 가치 챙기기가 들어있기 때문입니다. 자기 자랑이 있고, 자기 긍정이 있고, 자기 영광이 있기 때문입니다. 자기 보람이 있고 자존감을 채워주기 때문입니다.

인간의 행위를 의롭다고 하는 성화주의자들을 잘 보세요. 그들은 자신들이 행한 행위를 자랑하지 예수 그리스도를 자랑하지 않습니다. 자신들이 이러저러한 일을 했다는 것을 자랑하는데, 정작 자랑해야 하는 예수 그리스도는 자랑하지 않는 것입니다. 이런 자들은 예수와 상관없는 자들입니다.

마태복음 7장을 봅시다.

마 7:22-23 "그날에 많은 사람이 나더러 이르되 주여 주여 우리가 주의 이름으로 선지자 노릇 하며 주의 이름으로 귀신을 쫓아내며 주의 이름으로 많은 권능을 행치 아니하였나이까 하리니 ^{23}그때에 내가 저희에게 밝히 말하되 내가 너희를 도무지 알지 못하니 불법을 행하는 자들아 내게서 떠나가라 하리라"

그날에 많은 사람이 예수님 앞에 나와서 자기들이 주의 이름으로 귀신도 쫓아내고, 주의 이름으로 선지자 노릇도 하고, 주의 이름으로 이것도 행하고 저것도 행하였다고 자기 업적들을 자랑합니다. 그런데 정작 예수님은 이러한 자들을 '불법을 행한 자들'이라고 하면서 '나는 너희를 도무지 모른다'고 하며 '내게서 떠나가라'고 하셨습니다.

주의 이름으로 일한 것은 잘못이 아닙니다. 이러한 것은 반드시 해야 하고 얼마든지 장려해야 할 것입니다. 그러나 자신이 일한 것을 신앙의 본질로 붙잡고 있을 때는 그것이 예수 그리스도의 의를 가리게 되는 것입니다. 이것이 바로 선악과입니다.

본질과 비본질을 혼동해서는 안 됩니다.

신앙의 본질은 예수 그리스도를 믿는 것입니다. 하나님 말씀대로 사는 것은 예수 그리스도를 믿는 것에 종속으로 따라오는 것입니다. 하나님 말씀대로 산다고 구원이 주어지지 않습니다. 구원은 예수를 믿음으로 주어집니다. 그러므로 하나님 말씀대로 사는 것을 신앙의 본질로 내놓을 수는 없는 것입니다. 그러나 알미니안주의에 속한 인본주의 성화론자들은 하나님의 말씀대로 산 행위 신앙을 신앙의 본질로 내어놓고 있습니다. 이것은 뱀이 선악과로 생명과를 가리는 것과 같은 것입니다.

마귀와 성령의 대화를 가정해서 생각해 봅시다.

마귀는 "네가 만약 신자라고 한다면 하나님 말씀대로 살아야 해!
하나님 말씀대로 살아서 신자다움을 증명해 봐!"라고 합니다.

성령은 "네가 정녕 하나님 말씀대로 살 수 있다고 생각하느냐?
네가 만약 하나님 말씀에 순종할 수 있다면 예수 믿을 필요가 없어!
네가 하나님 말씀대로 살 수가 없으니까 예수 그리스도를 믿어야 하는 거야!"라고
말합니다.

마귀는 말씀을 지킬 주체를 인간으로 보고,
성령은 말씀을 지킨 예수 그리스도를 믿고 바라보라고 하십니다.

이러한 말은 이 시대 교회 안에서 그대로 행해지고 있습니다. 선악의 법 아래 있는 거짓 종들인 인본주의 성화주의자들은 하나님 말씀대로 살아서 신자다움을 보이라고 하고, 생명의 법 아래 있는 참 종들은 우리가 하나님 말씀대로 살 수 없으므로 주 예수를 믿어야 하는 것이라고 말합니다.

마귀는 항상 예수 그리스도를 가리는 일을 합니다. '무엇을 믿을 것인가'에서 '무엇을 행할 것인가'로 신앙의 관점(과녁)을 옮겨버립니다. '무엇을 행할 것인가'는 옛 언약이고, '무엇을 믿을 것인가'는 새 언약입니다. 옛 언약에 고정되면 '무엇을 하여야 할 것인가'를 붙잡게 됩니다. 율법에 시선이 고정되면 '무엇을 믿을까'는 사라지게 되어 있습니다. 그럼 신앙의 본질이 믿음에서 행함으로 옮겨지게 되는 것입니다.

예수 그리스도를 믿어서 구원받는 것은 사라지고, 말씀을 지켜서 구원받는 쪽으로 과녁이 옮겨가게 되는 것입니다. 이는 미혹입니다. 이러한 것은 우리의 신앙에서 얼마든지 경험되는 일들입니다. 우리는 본능적으로 우리에게서 발생된 것을 붙잡게 되어 있습니다. 예수님께서 십자가에서 죽으신 것보다 하나님 말씀대로 산 내가 더 자랑스러운 것입니다. 전도하고 봉사하고 헌금하고 충성한, 내가 행한 일들이 자랑스러운 것입니다.

전도하고 봉사하고 헌금하고 충성하는 것은 좋은 일입니다. 그러나 그 일이 나에게 죄 사함을 주거나 구원을 주지 못합니다. 성도가 행하는 일은 믿음의 결과로 나타나는 부산물이지, 그 자체가 믿음의 본질이 아닙니다. 그러므로 신앙적 행위는 자랑할 것이 못 되고 붙잡아서도 안 되는 것입니다. 죄란 본질에서 이탈한 것을 말합니다. 신앙의 본질은 주 예수를 믿는 것입니다. 신앙의 싸움은 '무엇을 믿을까'의 싸움이지, '무엇을 행할까'의 싸움이 아닙니다.

이 시대 많은 교인들이 입술로는 예수를 믿음으로 구원을 받는다고 합니다. 인간의 행함으로 구원을 받는 것이 아니라고 합니다. 말들은 그럴듯하게 합니다. 그러나 신앙의 내용을 들여다보면 믿는 것은 없고 온통 행할 것들만 가득합니다. 기도를 들어보면 무엇을 하지 못한 것들에 대한 안타까움은 있는데 정작 예수 그리스도의 피로 맺은 새 언약 안에서 구원받음에 대한 감사와 찬송은 없습니다. 하늘에 소망을 두고 살지 못한 것에 대한 안타까움은 찾아볼 수 없습니다.

회개한다고 하는 것들을 들어보면 "앞으로 잘하겠습니다"라는 것이지, "앞으로 주만 바라보고 믿음으로 살아가겠습니다"라는 것은 없는 것입니다. 성도가 하나님 말씀을 지켜야 한다는 것은 구원받은 자로서 합당한 도리입니다. 지극히 합당한 말입니다. 백 프로 공감합니다. 그러나 여기에 함정이 있습니다. 왜냐하면 이 말이 바로 뱀이 여자를 미혹하는 데 사용한 수법이기 때문입니다.

성도가 말씀을 지켜야 한다는 것 속에는 뱀의 독이 있기 때문입니다. 뱀은 합당한 말로 미혹하지, 불합리한 말로 미혹하지 않습니다. 뱀은 인간들의 이성에 합당한 말로 신앙의 본질을 바꾸는 일을 합니다. 성도가 하나님 말씀대로 사는 것은 지극히 당연한 일입니다. 여기에 이의를 제기할 사람은 없습니다. 그러나 뱀은 인간이 죄인이라는 사실을 잊게 만듭니다.

하나님의 말씀은 의인이라야만 지킬 수 있습니다. 그러나 인간은 죄 아래서 태어난 죄인입니다. 구원을 받았다 할지라도 죄의 몸으로 살아가고 있습니다. 예수를 믿어도 죄의 몸입니다. 죄의 몸으로는 하나님의 말씀을 온전히 지켜낼 수 없습니다. 사도 바울은 성령의 감동으로 로마서를 씁니다. 로마서를 쓰면서 자기 실존을 보고 탄식합니다.

로마서 7장을 봅시다.

롬 7:21-25 "그러므로 내가 한 법을 깨달았노니 곧 선을 행하기 원하는 나에게 악이 함께 있는 것이로다 ²²내 속사람으로는 하나님의 법을 즐거워하되 ²³내 지체 속에서 한 다른 법이 내 마음의 법과 싸워 내 지체 속에 있는 죄의 법 아래로 나를 사로잡아 오는 것을 보는도다 ²⁴오호라 나는 곤고한 사람이로다 이 사망의 몸에서 누가 나를 건져내랴 ²⁵우리 주 예수 그리스도로 말미암아 하나님께 감사하리로다 그런즉 내 자신이 마음으로는 하나님의 법을, 육신으로는 죄의 법을 섬기노라"

바울은 자기 안에 두 법이 있음을 보았습니다. 하나님의 뜻대로 살고자 하는 선한 법과 자기 뜻대로 살고자 하는 악한 법을 보았습니다. 그런데 악한 법이 선한 법을 이기더라는 것입니다. 원함은 있으나 그 원함대로 살아갈 수 없음을 보고서 절망하는 것입니다. 그래서 '누가 이 사망의 몸에서 나를 건져낼 수 있을까' 탄식하게 되는 것입니다.

마음으로는 하나님의 법을 섬기지만 육신으로는 죄의 법을 섬기고 있다고 합니다. 정답은 아는데 그 정답대로 살아가지 못하는 것입니다. 그러니 "오호라 나는 곤고한 사람이로다"라고 단식하는 것입니다. 이것은 거듭난 성도들에게만 나타나는 현상입니다. 이러한 바울에게 성령께서 답을 알려주십니다.

7장의 의문을 8장이 해답을 주십니다.

롬 8:1-9 "그러므로 이제 그리스도 예수 안에 있는 자에게는 결코 정죄함이 없나니 ²이는 그리스도 예수 안에 있는 생명의 성령의 법이 죄와 사망의 법에서 너를 해방하였음이라 ³율법이 육신으로 말미암아 연약하여 할 수 없는 그것을 하나님은 하시나니 곧 죄를 인하여 자기 아들을 죄 있는 육신의 모양으로 보내어 육신에 죄를 정하사 ⁴육신을 좇지 않고 그 영을 좇아 행하는 우리에게 율법의 요구를 이루어지게 하려 하심이니라 ⁵육신을 좇는 자는 육신의 일을, 영을 좇는 자는 영의 일을 생각하나니 ⁶육신의 생각은 사망이요 영의 생각은 생명과 평안이니라 ⁷육신의 생각은 하나님과 원수가 되나니 이는 하나님의 법에 굴복지 아니할 뿐 아니라 할 수도 없음이라 ⁸육신에 있는 자들은 하나님을 기쁘시게 할 수 없느니라 ⁹만일 너희 속에 하나님의 영이 거하시면 너희가 육신에 있지 아니하고 영에 있나니 누구든지 그리스도의 영이 없으면 그리스도의 사람이 아니라"

우리가 연약하여서 할 수 없는 것을 하나님께서 하셨다고 합니다. 우리가 할 수 없는 것을 하나님께서 그 아들을 보내서 우리 대신 그 죗값을 담당케 하셨다는 것입니다. 우리가 하나님의 말씀대로 살 수 없기 때문에 그 죄의 값을 예수님에게 물으신 것입니다.

예수님께서 십자가에 죽으심으로 죄의 삯은 사망이라는 율법의 요구를 충족시키신 것입니다. 그래서 누구든지 그리스도 예수 안에 있는 자는 하나님의 말씀대로 살지 못한 율법의 정죄로부터 자유케 되었다고 선언하고 있는 것입니다. 말씀대로 살아야 한다는 것은 죄와 사망의 법이고, 예수 그리스도를 믿음으로 살아가는 것은 생명의 성령의 법이라고 합니다. 생명의 성령의 법이 죄와 사망의 법으로부터 해방시켜 주었다고 합니다. 그러므로 이제는 법으로 살지 말고 은혜로 살아가라고 하는 것입니다.

말씀대로 살아야 한다는 것은 육신을 좇는 것이고, 예수 그리스도를 믿음으로 사는 것은 영을 좇는 것이라고 합니다. 성도는 그리스도의 영을 받은 자들입니다. 그럼에도 하남 말씀대로 살아야 한다고 하면 그는 그 속에 그리스도의 영이 없는 죽은 자라고 하는 것입니다. 죽은 자이기 때문에, 말씀대로 사는 것이 아니라 주 예수를 믿어야 한다는 그리스도의 법에 굴복지 않는 것입니다. 이러한 자들은 사망의 선악의 법 아래 있는 것입니다.

성령께서 성도들에게 내가 말씀을 지키고 살아야 한다는 죄와 사망의 법에서 예수 그리스도께서 우리 대신 율법의 요구를 들어주심으로써 우리가 죄와 사망의 법에서 해방되었다고 알려주십니다. 예수 그리스도가 십자가에서 우리를 죄와 사망의 법에서 해방시켜 주셨다고 합니다. 이것을 믿으라고 합니다. 이 믿음으로 살라고 하십니다. 이를 생명의 성령의 법이라고 합니다. 이것이 새 언약입니다.

새 언약 신앙은 행함이 아니고 믿음입니다.

새 언약 안에서는 우리가 말씀을 지켜서 의로워진다는 것이 없습니다. 예수 그리스도께서 십자가에서 다 이루셨다는 것만 있습니다. 이것을 믿음으로 살아가라는 것입니다. 그렇다고 하나님 말씀을 지킬 필요가 없다는 것이 아닙니다. 율법 아래서는 하나님의 말씀을 지키는 것은 절대 명제였습니다. 그러나 새 언약 안에서는 명제가 하나님의 말씀을 지키는 것에서 주 예수를 믿는 것으로 바뀌었습니다.

우리는 하나님의 말씀을 지키고 안 지키고와 상관없이 예수 그리스도 안에서 의롭다 여기심을 입었습니다. 성령은 이 믿음으로 살아가라고 합니다. 그런데 뱀은 옛 언약식 신앙으로 미혹하는 것입니다. 여전히 우리가 하나님 말씀을 지켜야 한다는 것으로, 우리의 시선을 예수 그리스도의 십자가로부터 멀어지게 하는 것입니다.

성도가 하나님 말씀을 지키는 것은 잘못된 것이 아닙니다. 그러나 그것은 정답이 아닙니다. 정답은 주 예수께서 십자가에서 다 이루심을 믿는 것입니다. 하지만 뱀은 주 예수를 믿는 것에서 말씀을 지켜야 하는 쪽으로 시선을 옮겨버리는 일을 하는 것입니다.

이렇게 되면 '무엇을 믿을까'는 사라지고 '무엇을 행할까'만 남게 됩니다. 믿음이 행함으로 전락하게 되는 것입니다. 이것은 예수 그리스도의 의에 인간의 의를 섞는 행위입니다. 이를 혼합주의라고 합니다. 이것이 이 시대 인본주의 알미니안 성화주의로 나타나고 있는 것입니다.

성경은 죄의 종이냐 그리스도의 종이냐를 묻고 있습니다. 인간은 어디에 있어도 종입니다. 죄의 종이든지 그리스도의 종이든지, 둘 중 하나에 속한 종입니다. 죄 아래 있으면 죄의 종이고, 그리스도 안에 있으면 의의 종입니다. 종은 주인의 신분에 따라 결정됩니다.

주인이 충신이면 종도 충신이고, 주인이 역적이면 종도 역적이 됩니다. 이처럼 종의 신분은 주인에게 달려 있습니다. 죄가 주인이면 죄의 종으로 살고, 그리스도가 주인이면 의의 종으로 살아가는 것입니다. 죄가 주인이면 율법을 지켜야 하고, 그리스도가 주인이면 그리스도를 믿음으로 살아가게 됩니다.

죄의 종은 말씀을 지키는 주체가 자기 자신이고, 의의 종은 말씀을 지키는 주체가 예수 그리스도이십니다. 죄의 종은 자기가 지킨 것으로 살고, 예수 그리스도의 종은 예수님께서 지킨 것으로 살아갑니다. 죄의 종은 지킴의 끝에 자기 영광과 자기 자랑이 있고, 예수 그리스도의 종은 지킴의 끝에 그리스도의 영광이 있고 그리스도의 자랑이 있습니다. 동일한 지킴이라도 그 영광은 다릅니다.

뱀은 지킴의 주체를 인간이 행사하여서 인간이 영광을 받으라고 합니다. 무엇을 해도 자기 영광을 위하여 살고자 하는 본성을 지닌 인간들은 뱀의 말이 훨씬 더 매력적일 수밖에 없습니다. 뱀의 미혹을 이겨낼 수 없는 것입니다. 인간의 의는 선악과와 같습니다. 하지만 붙잡으면 죽습니다. 그런데 붙잡으면 죽는 인간의 의가 인간들에게는 너무나 매력적이기 때문에 놓을 수가 없는 것입니다.

여기에 문제의 심각성이 있습니다. 사람들은 하나님 말씀대로 사는 것이 신앙의 본질이 아니고 주 예수를 믿는 것이 신앙의 본질이라고 하면 "신자가 하나님 말씀대로 사는 것은 좋은 것이 아닌가?"라고 말을 합니다. 신자가 하나님 말씀대로 사는 것은 좋은 일입니다. 그러나 신앙의 정답은 아닙니다. 좋음과 옳음은 다릅니다. 옳음은 정답의 문제이지만 좋음은 건덕상의 문제입니다.

좋은 것과 정답은 다릅니다.

정답은 본질이고, 좋은 것은 비본질입니다.
예수 믿는 것은 본질이고, 하나님 말씀대로 사는 것은 비본질입니다.
말씀을 지키는 것은 옛 언약에 속한 것이지만,
주 예수를 믿는 것은 새 언약에 속한 것입니다.

구원은 옛 언약으로 주어지지 않고 새 언약으로 주어집니다. 신앙의 정답은 예수 피로 맺은 새 언약을 믿는 것입니다. 그러므로 신앙의 본질은 예수를 주와 그리스도로 믿는 것에 두어야 합니다. 새 언약은 예수님의 피와 살로 맺어진 언약입니다. 즉, 예수님의 죽으심을 바탕으로 세워진 언약입니다. 옛 언약은 짐승의 피로 맺었지만 새 언약은 예수 그리스도의 피로 맺었습니다.

하나님은 창세전에 한 몸을 예비하셨습니다. 하나님은 창세전에 예수 그리스도의 피로 자기 백성들을 죄에서 속량하기로 작정하셨습니다. 이 사실을 아는 베드로가 예수의 피로 구속된 것은 창세전부터 미리 알리신 바라고 합니다.

베드로전서 1장을 봅시다.

벧전 1:18-21 "너희가 알거니와 너희 조상의 유전한 망령된 행실에서 구속된 것은 은이나 금같이 없어질 것으로 한 것이 아니요 19오직 흠 없고 점 없는 어린양 같은 그리스도의 보배로운 피로 한 것이니라 20그는 창세 전부터 미리 알리신 바 된 자나 이 말세에 너희를 위하여 나타내신 바 되었으니 21너희는 저를 죽은 자 가운데서 살리시고 영광을 주신 하나님을 그리스도로 말미암아 믿는 자니 너희 믿음과 소망이 하나님께 있게 하셨느니라"

하나님은 예수님의 죽으심을 근거로 구원하기로 창세전에 언약하셨습니다. 이를 새 언약이라고 합니다. 새 언약은 하나님과 예수님 두 분 사이에서 맺어진 것이므로 인간이 끼어들 틈이 없습니다. 하나님께서 예수님과만 언약을 맺었다는 것은 인간하고는 상대하지 않겠다는 뜻입니다. 그러므로 새 언약 안에서는 인간들이 하나님 말씀을 지킨 것은 옳음에 속한 신앙이 될 수가 없는 것입니다.

하나님 앞에서는 예수 그리스도만 의가 됩니다. 새 언약 안에서는 하나님은 예수 그리스도의 것만 받으시는 것입니다. 하나님의 관심사는 예수님이 하신 일에만 있습니다. 그래서 그 아들을 영접하는 자는 아버지를 영접하는 것이라고 하셨습니다.

왜 하나님은 예수님이 하신 일에만 관심을 두실까요? 이는 예수님께서 율법의 요구를 완성하셨기 때문입니다. 예수님만이 하나님의 말씀에 순종하셨기 때문입니다. 신앙은 이 사실을 믿음으로 살아가는 것입니다.

그런데 마귀는 신앙에 인간의 것을 섞으라고 미혹합니다. "너도 구원받아서 이젠 의인이 되었잖아! 의인이 되었으면 의인답게 살아야 하지 않겠어?"라며 내 쪽에서 발생된 의를 붙잡으라고 미혹하는 것입니다.

마귀가 제시한 의인다움은 하나님 말씀을 지키는 것입니다. 그러나 의인다움은 예수 안에서 주어지는 것이지, 말씀 지킴으로 주어지는 것이 아닙니다. 그러므로 신앙의 싸움은 예수 그리스도의 의에 인간의 의가 섞이지 않도록 지키는 것으로 나타나야 합니다.

이 사실을 마귀는 잘 알고 있습니다. 그래서 마귀는 끊임없이 예수 그리스도가 이루신 것에 인간의 것을 섞으라고 미혹하는 것입니다. 행함으로 믿음을 가리는 일을 하려는 것입니다. 그래서 하나님의 말씀을 지키고 행하여야 한다고 가르칩니다.

마귀는 도적질하지 말라, 살인하지 말라, 간음하지 말라고 합니다. 마귀는 절대로 도적질하지 말고 살인하지 말고 간음하지 말라고 가르치지, 살인하고 도적질하고 간음해도 괜찮다는 식으로 가르치지 않습니다. 이 점을 명심해야 합니다. 마귀는 살인하지 않고, 도적질하지 않고, 간음하지 않고 착하게 사는 영혼들을 칭찬하고 권면하며 신앙인의 표본처럼 떠받들게 합니다.

이렇게 되면 선악의 구도가 하나님 말씀대로 살았느냐 안 살았느냐로 바뀌게 됩니다. 율법 지킴이라는 행위가 선과 악으로 나누이게 합니다. 하나님 말씀을 지킨 자는 선한 자가 되고, 하나님 말씀을 지키지 않은 자는 악한 자가 되고 마는 것입니다. 예수를 믿는 것과 상관없이 도적질 안 한 사람은 선한 사람이 되고, 도적질을 한 사람은 악한 사람이 되고 마는 것입니다.

마귀가 정한 선악의 구도에 빠지게 되면 자기 행함으로 선과 악을 따지게 됩니다. 하나님 말씀대로 살았을 때는 천국인데, 하나님 말씀대로 살지 않았을 때는 지옥이 되는 것입니다. 자기 행위로 천국과 지옥을 넘나들게 되는 것입니다.

결국 행함이라는 선악과만 남고, 믿음이라는 생명과는 사라지게 됩니다. 이렇게 되면 한 주간 동안 착하게 산 사람들은 당당하게 교회에 나오게 되지만, 그 반대로 한 주간 동안 나쁜 짓을 한 사람은 교회에 오는 것이 부담스러워지게 됩니다.

이는 선악이라는 법에 매여서 스스로의 양심을 이기지 못하기 때문입니다. 그래서 사람들은 한평생 선악과 속의 선은 행하고 악을 행하지 않으려고 싸움하게 됩니다. 하나님의 원하심은 우리가 도적질 안 하는 사람 되는 게 아닙니다. 그렇다고 도적질해도 된다는 말이 아닙니다. 도적질도 되냐 안 되냐는 신앙의 본질이 아니란 뜻입니다.

구원은 도적질 여부와 상관없이 예수 그리스도를 믿음으로 주어지는 것입니다. 그러므로 우리는 도적질 여부와 상관없이 예수 그리스도를 믿음으로 살아가야 합니다. 이것이 신앙의 본질입니다.

하나님은 우리가 왜 예수를 믿을 수밖에 없는지 알기를 바라십니다. 왜 예수 그리스도의 피 흘리심으로만 구원이 주어지는지 아는 것을 바라십니다. 예수는 죄인이 믿는 것입니다. 그러자면 내가 죄인임을 알아야 합니다.

내가 죄인이라는 것을 알게 하는 것이 바로 하나님의 말씀입니다. 하나님 말씀 앞에 서면 우리는 그 말씀대로 온전하게 살아갈 수 없는 죄인이라는 사실을 자각하게 됩니다. 상하고 통회하는 심령이 들게 됩니다. 말씀이 우리로 하여금 긍휼을 구하게 합니다.

긍휼의 자리에서 예수 그리스도의 십자가를 바라보게 되는 것입니다. 말씀이 우리로 하여금 예수 그리스도 앞으로 인도하는 것입니다. 그래서 바울은 율법은 우리를 그리스도에게 인도하는 몽학선생이라고 한 것입니다. 이것이 하나님께서 성도에게 말씀을 주신 목적입니다.

　마귀는 사람들이 선악과를 먹느냐 안 먹느냐, 도적질하느냐 안 하느냐에는 별 관심이 없습니다. 뱀이 여자에게 "선악과를 먹지 말라 하시더냐?"라고 의문을 던진 것은 여자의 관심사를 선악과에 묶어 두고자 함입니다.

　뱀은 인간들로 하여금 삶의 주소를 선악과라는 동네에 붙잡아 두려는 것입니다. 선악과라는 동네에 주소를 두고 살면 생명과라는 동네는 자연히 발길을 끊게 되어 있습니다. 그럼 일평생 선악의 법으로 살아가게 되는 것입니다. 선악의 법 아래서 아무리 잘 살아도 거기서는 생명을 얻을 수 없습니다. 그러므로 하나님의 말씀대로 살았느냐 안 살았느냐는 헛싸움이 되고 마는 것입니다.

　마귀는 절대로 율법을 어기도록 부추기지 않습니다. 다만 우리가 율법의 세계를 떠나지 못하도록 할 뿐입니다. 율법의 동네에 머무는 한 생명의 동네로는 갈 수 없기 때문입니다. 오늘날 대다수의 교인들은 선악의 동네에 주소지를 두고 있습니다. 율법적인 신앙생활을 하고 있는 것입니다. 이는 모두 마귀가 교인들의 시선을 인간의 가치를 긍정시켜주는 행함이라는 보암직하고 먹음직하고 탐스러운 성화주의 신앙으로 붙들어 매고 있는 것입니다.

　여기에 미혹 당한 교인들은 하나님 앞에 나와서 "나는 이런저런 죄를 지었습니다"라는 식의 회개를 하거나, 아니면 그와 반대로 "나는 이런저런 하나님 말씀대로 살았습니다"라고 자랑하게 되는 것입니다. 마귀는 교인들로 하여금 바리새인들의 기도와 같이 "나는 저 세리들과 같지 아니하고 한 주간 동안 이러저러한 일들을 하였습니다"라는 것들을 신앙으로 내어놓도록 미혹하고 있는 것입니다.

　분명히 알 것은 생명의 능력은 선악의 지킴에서 나오지 않습니다. 생명은 율법 지킴에서 주어지지 않고 주 예수를 믿음으로 주어지는 것입니다. 생명의 능력은 생명과를 먹음으로 주어지는 것입니다. 새 언약 아래에서는 나쁜 짓을 하는 것이 죄가 아니고 주 예수를 믿지 않는 것이 죄입니다.

'그렇다면 도적질해도 괜찮단 말인가? 살인해도 되고, 간음해도 된단 말인가? 이것은 하라는 소리인가, 하지 말라는 소리인가?' 이 싸움이 바로 선악의 법 아래 머물러 있음이 되는 것입니다. 마귀는 이러한 명제에 묶어 두고자 합니다. 그럼 신앙이 '하라, 하지 말라'로 흐르게 됩니다. 그러면 예수 그리스도의 십자가는 우리의 눈에서 멀어지게 되어 있습니다.

마귀는 항상 신앙의 논점을 흐리게 합니다. 마귀가 이러한 명제로 신자의 삶의 방향성까지 미혹하는 것입니다. 마귀가 예수님에게 이러한 관점으로 접근했습니다. 마귀가 예수님을 어떻게 시험하였고, 예수님은 마귀에게 어떻게 대응하셨는지 살펴봅시다.

마태복음 4장을 봅시다.

마 4:3-11 "시험하는 자가 예수께 나아가서 가로되 네가 만일 하나님의 아들이어든 명하여 이 돌들이 떡덩이가 되게 하라 ⁴예수께서 대답하여 가라사대 기록되었으되 사람이 떡으로만 살 것이 아니요 하나님의 입으로 나오는 모든 말씀으로 살 것이라 하였느니라 하시니 ⁵이에 마귀가 예수를 거룩한 성으로 데려다가 성전 꼭대기에 세우고 ⁶가로되 네가 만일 하나님의 아들이어든 뛰어내리라 기록하였으되 저가 너를 위하여 그 사자들을 명하시리니 저희가 손으로 너를 받들어 발이 돌에 부딪히지 않게 하리로다 하였느니라 ⁷예수께서 이르시되 또 기록되었으되 주 너의 하나님을 시험치 말라 하였느니라 하신대 ⁸마귀가 또 그를 데리고 지극히 높은 산으로 가서 천하만국과 그 영광을 보여 ⁹가로되 만일 내게 엎드려 경배하면 이 모든 것을 네게 주리라 ¹⁰이에 예수께서 말씀하시되 사단아 물러가라 기록되었으되 주 너의 하나님께 경배하고 다만 그를 섬기라 하였느니라 ¹¹이에 마귀는 예수를 떠나고 천사들이 나아와서 수종 드니라"

마귀가 예수님에게 네가 만약 하나님의 아들이라면 이런 사람이 되고 저런 사람이 되라고 합니다. 이 정도는 되어야 하나님 아들답지 않냐고 접근합니다. 마귀는 하나님 아들다움을 자기 영광으로 증명해 보이라고 합니다. 재벌이 되고 영웅호걸이 되라고 합니다. 그러나 예수님은 하나님의 아들다움을 하나님의 뜻을 이루는 것으로 응수하셨습니다.

마귀가 떡으로 살아야 하지 않느냐고 하자, 예수님은 사람이 사는 것은 하나님의 말씀으로 산다고 하셨습니다. 마귀는 세상의 부귀영화를 누리면서 영웅호걸이 되어야 하지 않겠느냐, 그래야 하나님 아들답지 않겠느냐고 합니다. 이에 예수님은 "주 너의 하나님만 섬기고 경배하라"고 합니다. 예수님은 하나님의 아들다움이란 자기의 능력을 과시하는 것이 아니고 하나님의 영광을 위해 사는 것이라 하셨습니다. 신앙은 내가 영웅이 되는 것이 아니고 하나님의 뜻을 이루는 것이라고 하셨습니다.

마귀와 예수님의 싸움은 '누구에게 관심을 갖느냐?'의 싸움입니다. 자기 잘남을 증명하며 살 것인가, 아니면 하나님의 뜻을 위해 살 것인가 하는 것입니다. 마귀는 자기를 증명하라고 하고, 예수님은 하나님의 뜻을 위하여 자기를 버리라고 하십니다. 마귀는 자기에게 관심을 가지라고 하고, 예수님은 하나님에게 관심을 가지라고 합니다.

신앙이 자기에게 관심을 갖는 것이 되면 말씀을 자기를 증명하는 데 끌어당기게 되어 있습니다. 그러나 하나님께 관심을 갖게 되면 하나님께서 무슨 일을 하셨는가에 눈길을 돌리게 됩니다. 하나님은 "주 예수를 믿으라 그리하면 너와 네 집이 구원을 얻으리라"고 하셨습니다.

"너희가 하나님의 말씀대로 살면 구원해 주신다"고 하시지 않았습니다. 우리가 아무리 엄청난 일을 하고 하나님의 말씀을 완벽하게 지켰다고 할지라도 그것이 나를 구원해 주지 않습니다. 하나님은 그렇게 약속하시지 않았기 때문입니다.

인간의 행위에서는 하나님이 인정하는 의가 나오지 않습니다. 하나님이 인정하는 의는 오직 예수 그리스도에게서만 나옵니다. 그래서 신앙의 본질이 주 예수를 믿는 것에 있어야 하는 것입니다. 인간의 의로는 죄를 이기지 못합니다. 죄는 오로지 예수의 피로만 이길 수 있습니다.

피 흘리심이 없으면 죄 사함이 없습니다. 그 피는 우리의 피가 아닌 예수님의 피입니다. 왜 죄 사함이 우리 피로는 안 되고 예수님의 피로만 되나요? 이는 우리 피는 죄인의 피고, 예수님의 피는 의인의 피이기 때문입니다.

예수님은 비록 육신을 입고 있지만 성령으로 잉태하여 오셨기 때문에 죄가 없으십니다. 그러므로 인간의 피로는 죄 사함을 얻을 수가 없고, 오직 예수 그리스도의 피로서만 죄 사함이 주어지는 것입니다. 죄 사함은 흠 없는 제물로만 주어집니다. 죄 없는 자가 죄인을 위하여 대신 죽어주어야 합니다. 이것이 하나님께서 이 세상에 주신 죄 사함의 방법입니다. 그것이 예수 그리스도께서 십자가에서 죽어주심으로 자기 백성들의 죄가 사해지는 방식으로 나타난 것입니다.

그러나 마귀는 이에 반(反)하는 죄 사함의 방식을 제안합니다. 그것은 죄지은 자가 죗값을 치르는 것입니다. 이것이 이방 종교에서는 고행으로 죗값을 치르는 것으로 나타난 것입니다. 이방 종교는 상선벌악의 신앙과 인과응보의 신앙을 가지고 있습니다.

이방 종교에서는 복을 받기 위하여 정성을 들이고, 벌을 피하기 위하여 육신을 고행케 하는 것을 신앙 행위로 가르치는 것입니다. 이것이 절간에서는 삼천 배(三千 拜)를 드리는 것으로 나타나고, 절간 바깥 길에서는 일보 삼배(一步 三拜) 하는 것으로 행해지고 있는 것입니다. 이것이 이 시대 교회 안에서 모습만 다를 뿐 그대로 행하여지고 있습니다.

특별 새벽기도, 철야기도, 금식, 충성, 봉사, 전도, 성전 건축, 단기선교 등 이름만 다를 뿐 절간과 같은 종교 행위를 나타내고 있는 것입니다. 이것이 율법 신앙입니다. 율법은 아무리 지켜도 그 속에서 생명이 나오지 않습니다. 하나님은 선이 악을 이겼느냐, 악이 선을 이겼느냐 하는 것에는 아무런 의미를 두시지 않습니다. 그건 여전히 선악과 아래 머무름이며, 그 결과는 필연적인 사망일 뿐이기 때문입니다.

창세전 언약은 예수 그리스도의 피로 죄 사함이 주어지는 것으로 되어 있습니다. 인간들이 하나님 말씀대로 살면 죄 사함을 주신다고 하시지 않았습니다. 창세전 언약 속에 인간이 하나님 말씀대로 살면 거룩해진다(성화)고 말씀하시지 않았습니다.

거룩은 거룩하신 분 안에 있으면 됩니다. 그래서 거룩하신 주 예수를 믿으라고 하신 것입니다. 하나님은 예수 믿는 자를 거룩한 자라고 하십니다. 인간은 하나님 말씀대로 살아서 성화되는 것이 아니고, 주 예수를 믿음으로 성화되는 것입니다.

신앙은 예수 안에서 사는 것이지, 예수 밖에서 성자로 사는 것이 아닙니다. 예수 안은 정죄함이 없지만 예수 밖은 무조건 정죄뿐입니다. 믿음으로 산다는 것은 예수에게 눈길을 고정시키고 산다는 뜻입니다. "말씀을 지켜야 할까요?"라고 묻는 것은 결국 자기에게 눈길을 두고 있는 것입니다. "말씀을 지켜야 할까요?"라고 묻는 것은 스스로 말씀을 지켜낼 수 있다고 생각하는 것입니다.

사람들은 착각하기를 하나님께서 말씀을 지키라고 명령하신 것은 성도가 그 말씀을 지켜낼 능력이 있기 때문이라고 생각합니다. 그렇다면 하나님은 예수님을 공연히 죽이신 것이 되고 맙니다. 예수를 보내지 말고 바로 성령을 보내서 말씀을 잘 지키도록 하면 되었을 것입니다.

그럼에도 하나님은 그런 방법을 사용하지 않고 예수를 십자가에 죽게 하고 사흘 만에 부활을 시켜서 하늘나라로 데려가시고 성령을 보내서 예수가 그리스도이심을 믿어지게 하는 방식으로 구원하셨습니다.

왜 하나님은 이런 번거로운 방법으로 죄인을 구원하셨을까요? 이는 죄인은 반드시 죄의 삯대로 죽어야 하고, 하나님께서 다시 죄 없는 몸으로 창조하셔야 하기 때문입니다. 예수님을 '마지막 아담'이라고 하는 것은 새로운 조상이 되었기 때문입니다. 하나님께서는 첫 아담이 망쳐 놓은 것을 마지막 아담으로 보내신 그 아들을 통해서 새롭게 창조하는 일을 하신 것입니다.

성령은 성도들에게 이 사실들을 알려주십니다. 하나님께서 예수 그리스도를 통하여서 이런 일들을 하셨다고 알게 해주시고 믿어지게 하십니다. 성령을 받은 사람들은 성경을 통하여 하나님이 하신 일들을 보고 "아! 그렇구나! 내가 이런 몹쓸 죄인이었기에 하나님은 예수님과 함께 나를 십자가에 죽이시고 다시 살려내는 일을 하셨구나!" 하고 깨닫게 되는 것입니다.

이 사실이 깨달아지는 성도는 예수만 높이고, 예수만 자랑하고, 예수만 사랑하게 되는 것입니다. 이러한 곳이 천국입니다. 구원받은 자들은 천국에서 어린양에게 찬송과 존귀와 영광과 능력을 세세토록 돌립니다.

요한계시록 5장을 봅시다.

계 5:11-14 "내가 또 보고 들으매 보좌와 생물들과 장로들을 둘러 선 많은 천사의 음성이 있으니 그 수가 만만이요 천천이라 ¹²큰 음성으로 가로되 죽임을 당하신 어린양이 능력과 부와 지혜와 힘과 존귀와 영광과 찬송을 받으시기에 합당하도다 하더라 ¹³내가 또 들으니 하늘 위에와 땅 위에와 땅 아래와 바다 위에와 또 그 가운데 모든 만물이 가로되 보좌에 앉으신 이와 어린양에게 찬송과 존귀와 영광과 능력을 세세토록 돌릴찌어다 하니 ¹⁴네 생물이 가로되 아멘 하고 장로들은 엎드려 경배하더라"

성도가 천국에서 하는 일은 어린양을 찬송하는 일입니다. 왜 어린양을 영원토록 찬송하나요? 이는 어린양이 죄에서 구원하는 일을 하셨기 때문입니다. 이 일을 세상에서는 교회 안에서 맛보기로 행하는 것입니다. 교회는 어린양의 피로 죄 사함을 받은 자들이 모인 곳입니다. 그래서 교회를 일컬어 그리스도의 몸이라고 하고 성도들을 그 몸의 지체라고 하는 것입니다. 지체는 몸을 위하여 존재하고 몸의 영광을 위하여 살아갑니다.

신앙에는 자기 자신에게 눈을 돌릴 틈이 없습니다. 오로지 예수 그리스도에게만 눈길을 주고 살아야 합니다. 만약 예수님 말고 다른 데 눈길을 주고 살면 간음한 자로 취급합니다. 마귀는 이 사실을 너무도 잘 알고 있습니다. 그래서 마귀는 성도들에게 다가와 '네가 만약 하나님의 아들이거든 거룩하고 멋진 사람으로 증명해 보이라'고 미혹하는 것입니다. '하나님의 아들이 그렇게 살아서 되겠는가?'라는 식으로 자극합니다.

그럼 그 안에 법이 작동하는 사람은 자신의 행위로 하나님 아들다움을 보이고자 합니다. 그것이 율법 지킴으로 성화하는 것으로 나타납니다. 이것이 바로 에덴동산에서 뱀이 여자를 미혹한 함정이었습니다. 여기에 걸려들면 자기 주체 챙기기를 하게 됩니다. '그렇지! 내가 그래도 하나님의 아들인데, 이렇게 살아서는 안 되지!'라고 분발하게 됩니다.

이렇게 되면 믿을 것은 사라지고 무엇을 해야 할 것들만 남게 됩니다. 마귀는 이런 자들에게 박수치면서 "너 참으로 대단하다"라고 부추기고 사람들 앞에 거룩한 사람이라고 영광 받게 하는 것입니다. 칭찬은 고래도 춤추게 한다는 말이 있듯이 사람들로부터 칭찬 듣게 되면 더 칭찬 듣고자 움직이게 되어 있습니다. 사람들의 영광은 마약과 같아서 점점 더 깊은 자기 영광 챙기기로 나아가게 되는 것입니다.

바리새인들이 이 마약에 빠져서 사람의 영광을 구하고 살았던 것입니다. 바리새인들은 사람의 영광을 구하고 살았습니다. 그러다가 예수님으로부터 '독사의 새끼'라는 말을 듣고 지옥으로 들어가고 만 것입니다. 왜 예수님은 사람의 영광을 받고자 하는, 율법 신앙을 추구하는 바리새인들을 마귀의 자식이라고 하셨을까요? 이는 마귀가 인간의 가치를 챙기는 신앙으로 미혹하기 때문입니다.

사도 바울은 교회 안에 다른 예수, 다른 복음, 다른 영이 있다고 했습니다. 뱀이 하와를 미혹하였듯이 교회 안에 거짓 종들이 성도들을 미혹하고 있다고 하였습니다. 그래서 요한계시록에서는 종말의 교회를 각종 더러운 영들이 모이는 귀신의 처소라고 하였던 것입니다.

지금도 교회 안에는 뱀들이 우글거리고 있습니다. 거짓 종들이 뱀 사상을 전하고 있습니다. 성화주의라는 이름으로 인간의 가치를 상승시켜주는 인본주의 설교를 하고 있습니다. 그러므로 오직 예수 그리스도의 의만 증거하는 성령이 교회들에게 하시는 말씀을 들을 수 있는 귀가 있어야 합니다.

예수님은 우리가 믿어야 할 구주이지 우리가 본받아야 할 선생이 아닙니다.

나에게 있어 예수님의 의미는 무엇인가요? 예수님은 본받고 배워야 할 선생인가요? 믿어야 할 주와 그리스도인가요? 예수님께서 지금 우리에게 묻고 계십니다. '너희는 나를 누구라 하느냐? 본받아야 할 선생이냐, 믿어야 하는 주와 그리스도이냐?' 하나님이 베드로에게 정답을 알려주셨습니다. "주는 그리스도시요 살아계신 하나님의 아들이니이다."

옳음과 좋음을 구분하세요. 옳음은 본질의 문제이고, 좋음은 비본질의 문제입니다. 본질은 절대적인 것으로서 반드시 있어야 하는 것이고, 비본질은 가변적인 것이므로 있어도 되고 없어도 되는 것입니다. 예수는 우리의 주와 그리스도이십니다. 이것은 본질입니다. 예수만 본질이고 그 외의 것들은 모두가 비본질입니다.

마귀는 비본질을 본질처럼 왜곡하여 가르칩니다. 어린아이는 속고 장성한 자는 속지 않습니다. 그러므로 그리스도의 충만한 분량으로 자라가시길 바랍니다. 신앙에 어린아이가 되지 말고 장성한 자가 되어야 합니다. 그래야 속지 않습니다.

예수님은 종말의 징조를 말씀하실 때 첫 번째로 많은 사람이 그리스도의 이름으로 와서 많은 사람들을 미혹할 것이라고 하셨습니다. 종말은 흑암의 때입니다. 진리가 감추어지고 비진리가 창궐하는 때입니다. 예수 그리스도를 믿음으로 의롭게 되는 것은 진리이고, 하나님 말씀대로 살아서 거룩해져야 한다는 것은 비진리입니다. 잘 분별하여서 종말의 타락한 교회 음녀인 거짓 목사들의 가르침으로부터 벗어나시길 바랍니다.

몸에 좋은 약은 쓰고, 몸에 나쁜 약은 달콤합니다. 말씀대로 살아서 거룩해야 한다는 성화주의자들의 말은 달콤하고, 주 예수를 믿어야 한다는 참 종들의 말은 귀에 거슬리고 거북스럽습니다. 어린아이는 달콤한 약을 좋아해도 어른들은 쓴맛의 약도 달게 마십니다. 선악과는 달콤하고 생명과는 씁니다.

예수 그리스도를 믿음으로만 의롭게 된다는 것만이 정답입니다. 그 외에 어떤 것도 오답입니다. 신앙생활을 자기 영광을 위하여 하지 마십시오. 성도는 오직 예수 그리스도의 영광만 드러내는 자들입니다. 예수 자랑하는 자가 성도입니다. 여러분 눈앞에 오직 예수 그리스도만 보이시기를 주의 이름으로 축원드립니다.

23강 선악과에 취한 사람들

창세전 언약으로 본 창조와 구원 이야기

창 3:1-8 "여호와 하나님의 지으신 들짐승 중에 뱀이 가장 간교하더라 뱀이 여자에게 물어 가로되 하나님이 참으로 너희더러 동산 모든 나무의 실과를 먹지 말라 하시더냐 ²여자가 뱀에게 말하되 동산 나무의 실과를 우리가 먹을 수 있으나 ³동산 중앙에 있는 나무의 실과는 하나님의 말씀에 너희는 먹지도 말고 만지지도 말라 너희가 죽을까 하노라 하셨느니라 ⁴뱀이 여자에게 이르되 너희가 결코 죽지 아니하리라 ⁵너희가 그것을 먹는 날에는 너희 눈이 밝아 하나님과 같이 되어 선악을 알 줄을 하나님이 아심이니라 ⁶여자가 그 나무를 본즉 먹음직도 하고 보암직도 하고 지혜롭게 할 만큼 탐스럽기도 한 나무인지라 여자가 그 실과를 따 먹고 자기와 함께한 남편에게도 주매 그도 먹은지라 ⁷이에 그들의 눈이 밝아 자기들의 몸이 벗은 줄을 알고 무화과 나무 잎을 엮어 치마를 하였더라 ⁸그들이 날이 서늘할 때에 동산에 거니시는 여호와 하나님의 음성을 듣고 아담과 그 아내가 여호와 하나님의 낯을 피하여 동산 나무 사이에 숨은지라"

오늘은 쉬어가는 코너로 짧은 단상으로 살펴보겠습니다. 성경은 태초에 하나님이 말씀으로 천지를 창조하셨다고 증거해 주고 있습니다. 천지가 말씀으로 창조되었다는 말은 모든 피조물은 하나님의 말씀 안에서 존재한다는 말입니다.

말씀으로 창조된 피조물이 하나님을 만날 수 있는 것은 곧 하나님 말씀 안에서만 가능합니다. 즉 피조물은 말씀을 떠나서는 하나님을 만날 수 없다는 뜻이기도 합니다. 이처럼 처음 창조된 인간은 하나님의 말씀으로만 살 수 있는 존재였습니다.

하나님은 인간을 에덴동산에 두시곤 하나님 말씀으로 살도록 하셨습니다. 말씀으로 산다는 말은 말씀을 지켜야만 살 수 있다는 말입니다. 피조물은 창조주와 순종 관계 안에 있어야 살 수 있다는 말입니다. 이는 창조주가 곧 생명을 주시는 분이기 때문입니다.

창조주의 말씀에 순종하는 것은 곧 생명을 얻는 것입니다. 아담이 영생할 수 있는 길은 하나님 말씀을 지켜서 생명과를 먹는 것이었습니다. 아담이 생명과를 먹고 영생하라는 하나님의 말씀을 지켰으면 영원토록 에덴동산에서 살 수 있었습니다.

그런데 아담은 창조주의 말씀을 불순종하고 말았습니다. 이것은 곧 생명줄에서 끊어진 것과 같습니다. 마귀가 하나님의 말씀 밖으로 나오도록 한 것입니다. 에덴동산에서 아담이 하나님의 말씀을 지키는 것은 곧 생명과를 먹는 것입니다. 그런데 아담은 하나님이 먹지 말라는 선악과를 따 먹어 버렸습니다. 이는 하나님 말씀을 지키지 않은 것이 되고 만 것입니다.

선악과를 먹고 난 인간은 이제 하나님의 말씀을 지켜 생명을 얻는 길에서는 완전히 차단되었습니다. 왜냐하면 이미 하나님의 말씀을 거역하여 말씀에서 떨어져 죽은 자가 되었기 때문입니다. 결국 선악과를 먹고 난 후 인간은 하나님의 말씀과 상관이 없는 자가 되고 만 것입니다.

하나님은 하나님의 말씀을 지킴으로 살 수 있는 인간을 에덴동산에서 쫓아내어 생명나무로부터 격리시켜 버렸습니다. 과거에 인간은 하나님의 말씀을 지킴으로 생명을 누리도록 허락이 되었지만, 이제는 말씀을 지킬 능력이 없게 되어버린 것입니다.

그런데 하나님은 에덴동산에서 쫓겨나는 인간에게 새롭게 살길을 약속해 주셨습니다. 그 약속이란 다름 아닌 여자의 후손을 보내주신다는 것입니다. 하나님이 여자의 후손을 보내주신다는 것은 곧 하나님은 여자의 후손과만 상대하시겠다는 뜻이기도 합니다.

이제 인간들에겐 여자의 후손을 믿음으로써 생명을 얻는 새로운 길이 주어진 것입니다. 인간에게 필요한 것은 하나님의 약속을 믿는 자로 사는 것입니다. 이것이 죽은 자들에게 떨어진 새로운 미션인 말씀을 지켜야 하는 세계입니다.

'여자의 후손이 오셔서 인간이 지켜내지 못한 하나님의 말씀들을 대신 다 지켜내실 것이다'라는 것입니다. 하나님은 여자의 후손이 자기 대신 하나님의 말씀을 지켜준 것을 믿는 자들은 말씀을 지킨 것으로 간주해 주십니다.

에덴동산 역시 말씀 안의 세계였으나 그때는 인간이 스스로 지켜야 하는 세계였습니다. 그러나 에덴동산에서 쫓겨난 죄인들의 세계는 인간이 말씀을 지키는 세계가 아니라, 여자의 후손이 오셔서 말씀을 대신 지켜주신 것을 믿어야 하는 세계입니다.

하나님께서 약속하신 말씀을 믿는 세계는 여자의 후손이 대신 그 말씀을 지켜주는 세계이므로 인간의 행함이라는 것은 전혀 해당되지 않는 것입니다. 오로지 대신 지켜주신 분을 믿는 믿음의 법만이 통용되는 세계입니다. 이렇게 말씀을 대신 지켜주실, 여자의 후손으로 오신 예수 그리스도를 믿는 것이 새 언약에서의 말씀에 순종하는 세계인 것입니다.

신앙에는 두 가지가 있습니다.
말씀을 지켜서 사는 것이 있고,
예수를 믿어서 사는 것이 있습니다.
이름하여 행함과 믿음입니다.

에덴동산에서는 내가 말씀에 순종하는 행함으로 살아내야만 살 수 있었습니다. 하지만 에덴동산에서 쫓겨난 아담에겐 말씀을 지켜서 사는 것은 사라지고 오로지 예수를 믿음으로써 살아야 합니다. 사는 방법이 달라진 것입니다.

하나님은 어느 시대나 말씀을 지킴으로써 살 수 있도록 해놓으셨습니다. 과거 에덴동산에서는 아담이 생명과를 먹는 것이 말씀을 지키는 것이었습니다. 그러나 지금은 여자의 후손으로 오신 예수 그리스도를 믿는 것이 말씀을 지키는 것이 됩니다.

행함에서 믿음으로 바뀌었습니다. 그런데 사단은 어느 시대이고 말씀을 지키는 세계를 훼방하는 활동을 합니다. 이것은 에덴동산의 때나 지금이나 다를 바 없습니다.

과거엔 에덴동산에서 활동하였지만, 지금은 교회 안에서 활동합니다. 에덴동산에는 먹으면 사는 것이 있었고 먹으면 죽는 것이 있었습니다. 지금 교회 안에도 붙잡으면 사는 게 있고 붙잡으면 죽는 게 있습니다.

두 의(義)가 있습니다.

율법으로 난 의가 있고,
예수로 난 의가 있습니다.
율법으로 난 의로 살면 죽고,
예수로 난 의로 살면 영생한다고 합니다.

두 행함이 있습니다.

믿음으로 하는 행함이 있고,
인간이 행하는 행함이 있습니다.
믿음으로 난 예수의 행함을 붙잡으면 살고,
인간의 행함을 붙잡으면 죽습니다.

하나님은 에덴동산의 두 과실을 다른 모습으로 두셨습니다. 먹으면 죽는 나무의 실과는 보기에도 좋고, 맛있어 보이고, 멋있게 해놓았습니다. 그러나 먹으면 사는 나무의 실과는 볼품없이 만들어 놓으셨습니다. 마귀는 보기 좋은 것으로 인간의 눈을 사로잡아 버립니다. 아담(인간)도 보기 좋은 과실에 빠져들고 말았습니다. 결국 하나님 말씀에 불순종하고 만 것입니다.

알다시피 뱀이 에덴동산에서는 생명과 대신 선악과를 따 먹게 함으로써 아담이 하나님의 말씀을 지키는 것을 방해하였습니다. 지금도 동일하게 사단은 교회 안에서 예수님의 피 흘리심으로 죄 사함을 얻고 의로워진다는 것을 믿지 못하도록 방해하는 것입니다.

아담은 뱀의 미혹에 넘어가 선악과를 먹어 버렸습니다. 선악 사상에 빠지게 되었습니다. 아담 기준의 선악을 갖게 된 것입니다. 이는 곧 하나님의 선악에서의 단절을 의미합니다. 결국 아담은 선악과를 먹음으로써 하나님이 정해 놓은 선과 악에 대하여는 죽은 자가 되고 만 것입니다.

에덴동산에서의 하나님의 선은 생명과를 먹는 것입니다. 왜냐하면 생명과를 먹어야 산 자가 되기 때문입니다. 산 자가 되어야 영생하시는 하나님과 살 수 있습니다. 예수님은 '하나님은 산 자의 하나님'이라고 하셨습니다. 즉 하나님은 산 자들과만 상대하신다는 말입니다. 하나님 앞에서 아담은 선악과를 먹고 죽은 자가 되고 만 것입니다. 산 자이신 하나님과 죽은 자는 함께할 수 없습니다. 결국 죽은 자가 된 아담은 에덴동산에서 축출당하고 만 것입니다.

죽은 자인 아담이 내어놓을 수 있는 선이란 고작해야 선악 사상에서의 '선'뿐입니다. 그런데 하나님은 선악 사상에서 뽑아낸 모든 것을 악이라고 하십니다. 선악 사상에 빠진 인간이 말씀을 지킴으로써 만들어내는 선은 하나님 앞에선 악일 뿐입니다. 이것은 어디까지나 하나님이 바라보는 시각입니다.

그러나 인간들은 이를 거부합니다. 인간들도 얼마든지 선을 만들어낼 수 있다고 합니다. 그러나 하나님은 인간이 선이라고 내어놓는 것을 거들떠보지 않으십니다.

이 사실을 욥기 35장에서 증거하고 있습니다.

욥 35:5-8 "너는 하늘을 우러러보라 네 위의 높은 궁창을 바라보라 6네가 범죄 한들 하나님께 무슨 영향이 있겠으며 네 죄악이 관영한들 하나님께 무슨 관계가 있겠으며 7네가 의로운들 하나님께 무엇을 드리겠으며 그가 네 손에서 무엇을 받으시겠느냐 8네 악은 너와 같은 사람이나 해할 따름이요 네 의는 인생이나 유익하게 할 뿐이니라"

하나님은 인간들이 만들어내는 선과 악은 인정하지 않으십니다. 왜 하나님은 인간의 선과 악을 인정하지 않고 또한 영향도 받지 않으십니까? 그것은 인간은 선악과를 먹고 이미 하나님이 정한 선으로부터 죽은 자가 되었기 때문입니다. 죽은 자들이 좋은 것을 선이라고 내어놓아도 이미 죽은 자들의 선입니다.

짐승들의 세계에도 윤리와 도덕이 있습니다. 그러나 인간들은 짐승들의 도덕이나 윤리를 인정하지 않습니다. 왜 그렇습니까? 이는 생명의 세계가 다르기 때문입니다. 이와 같이 하나님 앞에서도 선악과를 먹고 죽은 자가 된 인간은 짐승에 불과합니다. 의인은 없나니 하나도 없다고 합니다. 이는 인간에게서는 하나님이 바라는 의가 나오지 않는다는 말입니다. 이러면 하나님 앞에 인간의 의를 신앙이라고 하는 것은 죄가 됩니다.

처음 지음 받은 아담은 말씀에 순종하였으면 살았을 것입니다. 하나님 말씀에 순종하여서 생명과를 먹었으면 아담은 영생하는 자가 되었을 것입니다. 그런데 아담은 말씀에 불순종하였습니다. 먹으라고 한 것은 먹지 않고, 먹지 말라는 것을 먹었습니다. 이제는 말씀에 순종하면 영생을 얻는 법칙에서 벗어났습니다.

선악과를 먹은 아담은 말씀을 지켜서 영생을 얻는 약속으로부터 단절되고 말았습니다. 하나님은 죄인에게 말씀에 순종하면 산다는 법을 주시지 않고, 예수를 믿어서 구원을 받는 법을 주셨습니다. 죄인이 구원을 받는 길은 오직 예수 믿는 것밖에 없습니다. 천하 만민에게 구원 얻을 길은 예수 이름 외에 주신 적이 없습니다.

그렇다고 죄인이 스스로 예수 믿어서 구원을 받을 수도 없습니다. 왜냐하면 예수는 죄인의 의지나 각오로 믿을 수가 없기 때문입니다. 예수는 하나님으로부터 믿음을 선물로 받아야만 믿을 수 있습니다. 그런데 하나님은 이 믿음의 선물을 아무에게나 주시지 않습니다. 오로지 창세전에 영생을 주시기로 작정하고 어린양의 생명책에 녹명된 자들에게만 주십니다.

이제는 말씀에 순종하면 구원받는 법은 사라진 것입니다. 그건 에덴동산에서만 통용되는 법입니다. 그것도 아담이 선악과를 먹기 전에 말입니다. 선악과를 먹고 에덴동산에서 쫓겨난 죄인들에게는 말씀에 순종해서 영생받는 법칙은 사라진 것입니다. 에덴동산 밖은 순종과 불순종과 상관없이 모두가 죄와 사망의 권세 아래 가두어져 있는 것입니다.

에덴동산 밖으로 쫓겨가는 죄인들에게 주신 법칙은 여자의 후손을 기다리는 것입니다. 여자의 후손이 와서 죄와 사망의 권세인 뱀의 머리를 깨트려주어야만 합니다. 죄인은 뱀의 머리를 깨트릴 수 없습니다. 뱀의 머리는 오로지 하늘로서 오신 여자의 후손에 의해서만 깨어지게 됩니다. 에덴동산 밖의 아담은 여자의 후손을 기다리는 것이 신앙인 것입니다.

에덴동산 밖에서 아무리 하나님에게 "이제 말씀 지킬 테니까 용서해 주세요"라고 해도 소용이 없습니다. 그건 이미 깨어진 법이기 때문입니다. 이것은 마치 출애굽 한 이스라엘이 율법을 지키면 복을 받는 구조에서 벗어난 것과 같습니다. 율법을 지키면 복을 받는 구조는 돌판이 깨어지기 전의 법입니다. 금송아지 사건으로 돌판이 깨어지고 난 후에 두 번째 주어진 돌판에는 율법을 지키면 복을 받는다는 것은 없습니다.

두 번째 돌판은 모세의 생명을 담보로 은혜로 주어진 것이기 때문입니다. 두 번째 돌판은 이스라엘에게 '너희는 하나님 말씀을 어긴 자'라고 고발하는 것입니다. 말씀 지켜서 구원받고자 하지 말고 모세의 말을 들으라고 하는 것입니다. 이제부터 모세를 거역하면 죽습니다. 모세를 믿어야 하는 것입니다. 모세는 예수님을 예표하고 있습니다.

예수님이 요단강에서 세례를 받고 물에서 올라오시자 하늘에서 하나님이 "이는 내 사랑하는 아들이요 내 기뻐하는 자라"고 둘러선 백성들에게 알려주십니다. 이는 이 아들을 믿으라는 것입니다. 아들을 믿는 자에게는 영생이 주어지고, 아들을 믿지 않는 자에게는 심판이 따릅니다. 이제는 율법을 지켜도 소용이 없습니다. 예수를 믿어야 합니다.

예수님의 출현으로 시대가 바뀌었습니다. 신앙이 율법 지킴에서 예수 믿음으로 바

꿰었습니다. 율법 지킴은 옛 언약이고 예수 믿음은 새 언약입니다. 이렇게 되면 인간이 말씀을 지켜야 한다는 행함의 신앙은 새 언약하에선 말씀을 지키지 않음이 되는 것입니다. 왜냐하면 새 언약하에서 말씀을 지키는 것은 예수 그리스도를 믿는 것이기 때문입니다. 즉 예수님이 대신 말씀을 지켰다는 것을 믿는 것입니다.

인간적으로 보면 예수를 믿는 쪽이 말씀을 지키지 않고 불순종하는 자처럼 보입니다. 반대로 열심히 말씀을 지키고 행하는 쪽이 순종하는 자처럼 보입니다. 그러나 하나님은 예수 믿는 쪽을 말씀 지킨 자로 간주하십니다. 그리고 말씀을 열심히 지킨 것을 신앙으로 붙잡는 자를 말씀을 거역한 자로 간주해 버리십니다. 정반대로 취급하십니다.

새 언약하에서는 말씀을 문자적으로 해석하게 되면 하나님이 쳐놓은 함정에 빠지게 됩니다. 인간이 말씀을 지켜야 한다는 행함의 신앙은 곧 예수 그리스도를 불신하는 죄가 되고 마는 것입니다. 신약에서는 예수를 믿지 않는 것이 죄이기 때문입니다.

지금은 예수 믿음은 옳음이고 말씀대로 사는 것은 틀림이 됩니다. 말씀대로 사는 것은 예수를 믿는 자들에게 나타나는 자연적인 현상인 것입니다. 이것은 마치 나무에서 열매가 저절로 맺히는 것과도 같습니다.

신약은 믿음의 시대이고 구약은 율법의 시대입니다. 신약 시대에 구약식으로 살면 죄가 되는 것입니다. 에덴동산에서 뱀은 인간이 말씀에 불순종하게 하였습니다. 그러나 에덴동산 바깥에서는 말씀에 순종하라고 합니다.

마귀는 항상 하나님의 뜻을 거역하는 식으로 역사합니다. 지금은 마귀가 말씀대로 살라고 합니다. "너 그래서 어떻게 신자라고 할 수 있느냐?" 그러면서 우리의 시선을 우리의 행함에 고정시키고자 합니다.

마귀는 말씀을 지키게 함으로써 예수님이 십자가에서 의문에 쓴 증서를 도말하신 것을 가리게 합니다. 그래서 새 언약하에선 말씀대로 사는 것을 신앙으로 붙잡고 있으면 악이 되는 것입니다. 즉 말씀대로 사는 것을 의라고 가르치면 뱀의 말이 되는 것입니다. 왜냐하면 의는 예수를 믿는 믿음 안에만 있기 때문입니다. 마귀가 내어놓는 신앙이란 에덴동산에서 쫓겨나게 하는 신앙입니다.

신앙은 주체 싸움입니다. 구약에서는 말씀을 지키는 주체가 인간이었습니다. 그러나 신약에서 말씀을 지키는 주체는 예수님입니다. 예수님이 성도 안에서 일을 하시는 것입니다. 성도는 예수님의 힘으로 살아가는 자들입니다. 성도가 일으킨 모든 행함은 예수님의 것입니다. 이를 하나님이 공급하는 힘이라고 합니다.

새 언약하에서는 말씀을 지킨 주체가 누구이냐를 가지고 논합니다. 인간이 말씀을 지켜야 한다고 하면 마귀의 신앙입니다. 인간의 행함을 높이는 것이야말로 예수 그리스도의 죽으심을 헛된 것으로 전락시키는 것이 됩니다. 그래서 히브리서 기자는 예수의 피를 부정하게 하는 자들은 하나님께서 용서치 않으신다고 경고하였습니다.

히브리서 10장을 봅시다.

히 10:28-29 "모세의 법을 폐한 자도 두세 증인을 인하여 불쌍히 여김을 받지 못하고 죽었거든 ²⁹하물며 하나님 아들을 밟고 자기를 거룩하게 한 언약의 피를 부정한 것으로 여기고 은혜의 성령을 욕되게 하는 자의 당연히 받을 형벌이 얼마나 더 중하겠느냐 너희는 생각하라"

누가 아들의 피를 부정한 자로 만드나요? 예수의 죽음을 헛되게 만드는 자입니다. 믿음이란 예수님이 대신 말씀에 순종한 것을 믿는 것이지, 자기가 말씀 지킨 것을 내어놓은 것이 아닙니다. 자기 것을 내어놓으면 놓을수록 예수를 더욱더 욕보이게 되는 것입니다.

자기 행함을 근거로 신앙을 판단하는 것이야말로 사단의 유혹에 빠져 있다는 증거가 됩니다. 사단에게 미혹된 자들은 예수님만이 하나님의 말씀을 지킬 수 있는 분이라는 것을 믿지 않습니다. 이들은 예수를 믿기 때문에 더 적극적으로 말씀을 지켜야 된다고 합니다.

성도가 말씀을 지키는 것이야말로 가장 아름다운 신앙이고 예수를 잘 믿는 것이라고 합니다. 결국은 믿음을 자신이 말씀 지키는 것으로 이해하고 있는 것입니다. 믿음이라는 말 자체가 자기 자신을 떠나 있는데도, 이들은 믿음을 자기 자신에게 두고자 합니다. 결국은 자기 주체 챙기기입니다. 그렇기에 행함을 주장하는 자들은 예수를 믿음으로 신앙을 가늠하지 않고 자신이 말씀을 지킨 것으로 가늠합니다.

자기 행위로 믿음을 가늠한다는 것 자체가 예수를 믿지 않는다는 증거입니다. 원론적으로 말하면 성도는 자책할 권리조차도 없는 자입니다. 자책이란 자기가 기대하던 것에 미치지 못할 때 나타나는 현상입니다. 그러나 하나님은 인간들에게 기대를 걸고 있지 않으십니다. 자기에게 기대를 거는 것은 교만이고 악한 일인 것입니다.

사단의 미혹에 빠진 자들은 예수님의 공로에 자신의 행함을 더함으로써 온전한 신앙이 된다고 합니다. 이들은 예수님의 공로만이 선이며 인간의 모든 것이 악이라는 것을 인정하지 않습니다. 믿음은 자기를 부인하고 예수 그리스도의 공로만을 의지하고 높이게 되어 있습니다. 그러나 이들은 예수를 믿기 때문에 말씀을 지켜야 한다고 합니다. 즉 말씀을 지킨 자신도 인정해 달라는 것입니다.

이들은 하나님이 인정하는 선이란 인간에게는 없고 오직 예수 그리스도에게만 있다는 것을 모릅니다. 선 자체가 인간의 소관이 아닌데도 끝까지 선을 만들어내겠다고 합니다. 뱀의 미혹에 빠져서 죄인이 선을 만들어내겠다고 하는 것이 죄인 줄 모르는 것입니다. 결국은 사단의 미혹 속에 헤매고 있는 것입니다. 그러므로 인간은 행함이라는 보암직하고 먹음직하고 탐스러운 선악과의 함정에서 빠져나오지 못하고 있는 것입니다.

왜 선악과가 보암직하고 먹음직하고 탐스러운가요? 이는 인간의 영광이 담겨 있기 때문입니다. 예수님 시대에 바리새인들이 이 아름다움에 빠져서 헤어 나오지 못했습니다. "우리는 저 세리들과 같이 방종하거나 방탕하게 살지 않고 철저히 하나님 말씀을 지켰으며 이레에 두 번씩 금식하고, 전도하고, 거룩하게 살았다"고 합니다. "하나님 우리 같은 자들이 천국에 안 가면 누가 가겠습니까?"라고 당당하였습니다.

바리새인들에게 있어 행함의 신앙은 보암직하고 먹음직하고 탐스러운 선악과였습니다. 예수님은 그들에 대해 '저들은 하나님의 영광을 구하지 않고 사람의 영광을 구하는 자들'이라고 하셨습니다. 그래서 사람에게 칭찬을 받으면 화(禍)가 있다고 하신 것입니다.

이는 사람에게 칭찬을 받고자 행하는 자는 화가 있다는 말입니다. 아나니아와 삽비라처럼 화를 당합니다. 아나니아와 삽비라는 믿음으로 행한 행함이 아니고 자기들이 행한 행함입니다. 왜 자기들이 행하였습니까? 이는 사람의 영광을 위해서였습니다.

행함 신앙엔 반드시 행한 그 사람을 드러나게 하는 영광이 있습니다. 그렇기에 한 번 그 맛에 빠져들면 중독이 되어서 나오지를 못하게 되는 것입니다. 죄인에게 칭찬이란 마약과 같아서 한번 들으면 끊기가 어렵습니다.

말씀을 전하는 목사 자신도 누가 설교를 잘한다고 해주어야 존재의 의미를 느낍니다. 설교에 대한 반응을 살피게 됩니다. 그만큼 인간은 칭찬에 약한 존재들입니다. 그래서 인간들은 본능적으로 자기가 무엇인가를 행한 것을 마음 뿌듯해하고 기뻐하게 되는 것입니다. 죄인은 본능적으로 선악과를 선호하게 되어 있습니다. 선악과가 주는 자기 영광은 영적 나르시시즘이 되어서 늪처럼 점점 깊이 빠져들게 만들어 버립니다.

행함 신앙을 공격하면 필사적으로 방어를 하고자 하는 것은 모두가 자기 존재가 부정당하는 것을 참지 못하겠다는 본능적인 자기 지킴의 현상입니다. 그래서 사단에게 속한 자들은 행함이 없는 믿음을 믿음으로 인정하지 않으려 합니다. 행함으로 자기 가치 챙기기를 하는 것입니다.

바울은 율법 아래서 행한 모든 신앙을 배설물이라고 하였습니다. 바울이 버린 배설물 속에는 가문도 있고 학벌도 있고 열심도 있고 충성도 있습니다. 지금 이 시대 교회 안에서는 바울이 버린 배설물을 많이 모은 자들이 신앙 있음으로 대접을 받고 있습니다. 바울이 버린 배설물을 많이 가지고 있는 자들이 모인 교회가 좋은 교회라고 회자되고 있습니다. 그러니 종말의 교회를 각종 더러운 영들이 모인 귀신의 처소라고 하는 것입니다.

하나님은 인간의 행함을 가지고 믿음이라고 하신 적이 없습니다. 그러므로 자기 행함으로 믿음을 확인하려고 하는 것은 악이 되는 것입니다. 왜 믿음을 남에게 확인받으려 합니까? 이는 그 안에 믿음이 없기 때문이다. 그래서 사람들로부터 확인을 받고 싶어 하는 것입니다.

자기가 말씀 지킨 것으로 믿음을 확인받고자 하는 것은 예수님이 홀로 다 이루셨다는 것이 믿어지지 않기 때문입니다. 안 믿어지니 믿음을 만들어서라도 사람들에게 확인받고 영광 받고 싶어 하는 것입니다.

믿음은 인간이 만들어내는 것이 아니고 하나님으로부터 선물로 주어지는 것입니다. 그냥 하늘에서 뚝 떨어지는 것입니다. 마치 광야에 내린 만나처럼 주어집니다. 만나라는 말의 뜻이 '이것이 무엇이냐?'입니다. 구약의 사람들은 만나를 먹으면서도 "이것이 무엇이냐?"라고 하였습니다.

지금도 사람들은 예수를 주와 그리스도로 믿음으로 구원을 받는다고 하면 "이것이 무엇이냐?"라고 비아냥거리면서 조소합니다. "예수님께서 다 이루셨습니다"라고 하면 그럼 우리는 아무것도 하지 않아도 된다는 말이냐며 역정을 내는 것은 "이것이 무엇이냐?"라는 것과도 같습니다.

믿음이 하늘에서 뚝 떨어져서 믿어지는 사람들은 만나를 "이것이 무엇이냐?"라고 하지 않습니다. 생명의 떡을 주심에 그저 감사합니다. "어제도 주시더니 오늘도 변함없이 주시는군요. 감사합니다. 잘 먹겠습니다. 그럼 내일도 주실 것을 믿고 푹 자겠습니다." 이것이 믿음입니다.

믿음을 만들어서 확인하려고 하지 마세요. 왜 사람들로부터 믿음을 확인받고자 하십니까? 이는 사람들의 관심을 붙잡고자 하기 때문입니다. 사람의 영광이 그립기 때문입니다. 믿음은 외부로부터 만들어지는 것이 아니고 자기 안에서 일어나기 때문에 누구에게 확인받을 이유가 없습니다. 자기가 압니다. 자기 안에서 믿어지는 증거가 없는 자는 그 무엇을 해도 믿어지지 않습니다.

어느 시대이고 항상 가짜일수록 진짜같이 행세하였습니다. 왜냐하면 자신의 가짜됨을 화려함으로 가리고자 하기 때문입니다. 그래서 진짜같이 행세하는 가짜에게 그것은 가짜라고 하면 화를 내게 되는 것입니다. 자기 신앙이 거짓으로 드러나기 때문입니다.

그러나 진짜인 사람에게 당신 가짜라고 하면 그냥 씩 웃고 맙니다. 진짜를 가짜라고 한다고 해서 진짜가 가짜 되는 것도 아니고, 가짜를 진짜라고 하여도 가짜가 진짜가 되질 않습니다. 가짜인지 진짜인지는 자기 자신이 더 잘 압니다.

그런데 인간이란 가짜인 줄 알면서 진짜 행세를 한다는 게 문제입니다. 이는 죄는 스스로도 속이게 하는 성질을 가지고 있기 때문입니다. 마귀를 '거짓의 아비'라고 한 것은 스스로도 속이고 남도 속이는 자이기 때문입니다. 그러나 하나님은 속지 않으십니다. 또한 성령을 받은 자도 속지 않습니다. 그 안에 빛이 있는 자는 어둠에 다니지 않습니다.

하나님은 "귀 있는 자는 성령이 교회들에게 하시는 말씀을 들을지어다"라고 하십니다. 이는 하나님께 귀를 받은 자를 찾아내겠다는 뜻입니다. 그리고 하나님으로부터 귀를 받은 자는 다 듣게 되어있다는 말입니다. 들을 귀를 받은 사람은 다 알아듣게 되어있습니다. 반면에 귀를 받지 못한 사람은 아무리 말해도 알아듣지 못합니다. 하나님이 다 그렇게 해놓으셨기 때문입니다.

쉬운 예를 들어서 개그 프로그램에서 동문서답하는 코너가 있습니다. 두 친구가 만나서 무엇인가를 열심히 설명해 놓고 "뭔 말인지 알지?"라고 묻습니다. 그러면 상대방

친구는 알았다는 듯이 "응!" 하고선 동문서답을 합니다. 전혀 다른 엉뚱한 답을 내어 놓습니다. 그러면 질문한 친구가 속이 답답해서 막 퍼붓습니다.

이것이 어디 개그인가요? 이 시대 교인들의 신앙입니다. 아무리 소리치고 가슴을 쳐봐도 모르는 것은 말로 설명할 수 없는 법입니다. 어쩌면 이 모습이 행함을 주장하는 자들과 십자가만을 증거하는 사람들의 모습이 아닌가 싶습니다. 서로가 서로를 보고 가슴 치며 "뭔 말인지 몰라?"라고 애를 태웁니다.

믿음에 따르는 행함이란 믿는 분의 행함을 말하는데도, 기어코 믿는 자기의 행함을 내어놓고 믿음의 행함이라고 우기니 이를 어찌하나요! 그럼 "그냥 그렇게 지내세요!"라고 말을 할 수밖에 없습니다.

스스로 돌아 보세요.
나는 누구의 의로 살아가고 있는가요?
자기의 의인가요?
아니면 예수 그리스도의 의로 사는가요?
예수님께서 내가 다시 올 때 믿는 자를 보겠느냐고 하셨습니다.
이는 믿는 자가 적다는 뜻입니다.
그 작은 무리가 바로 그루터기로서 남은 자이고
하나님의 것인 십일조 성도인 것입니다.
천년왕국은 은혜로 남겨진 자들이 들어가는 곳입니다.
부디 그 남은 자 무리에서 신랑으로 재림하시는 예수 그리스도를 만날 수 있기를 주의 이름으로 축원드립니다.

아담아 네가 어디 있느냐 (창 3:6-13)

창 3:6-13 "여자가 그 나무를 본즉 먹음직도 하고 보암직도 하고 지혜롭게 할 만큼 탐스럽기도 한 나무인지라 여자가 그 실과를 따 먹고 자기와 함께한 남편에게도 주매 그도 먹은지라 ⁷이에 그들의 눈이 밝아 자기들의 몸이 벗은 줄을 알고 무화과나무 잎을 엮어 치마를 하였더라 ⁸그들이 날이 서늘할 때에 동산에 거니시는 여호와 하나님의 음성을 듣고 아담과 그 아내가 여호와 하나님의 낯을 피하여 동산 나무 사이에 숨은지라 ⁹여호와 하나님이 아담을 부르시며 그에게 이르시되 네가 어디 있느냐 ¹⁰가로되 내가 동산에서 하나님의 소리를 듣고 내가 벗었으므로 두려워하여 숨었나이다 ¹¹가라사대 누가 너의 벗었음을 네게 고하였느냐 내가 너더러 먹지 말라 명한 그 나무 실과를 네가 먹었느냐 ¹²아담이 가로되 하나님이 주셔서 나와 함께하게 하신 여자 그가 그 나무 실과를 내게 주므로 내가 먹었나이다 ¹³여호와 하나님이 여자에게 이르시되 네가 어찌하여 이렇게 하였느냐 여자가 가로되 뱀이 나를 꾀므로 내가 먹었나이다

구원은 하나님의 은혜로 주어지는 것입니다. 죄인이 구원을 받는 데에는 인간이 한 것이라고는 하나도 없습니다. 모든 것을 하나님이 홀로 다 하셨습니다. 예수님은 구원을 목자가 잃어버린 양을 찾는 것으로 말씀하셨습니다. 잃어버린 양들은 창세전에 어린양의 생명책에 녹명된 자들입니다. 이들이 하나님의 양입니다. 하나님은 그 아들을 통해서 세상에 버려진 양들을 찾아내는 일을 하십니다. 이를 예수 그리스도의 구속사라고 합니다.

예수 그리스도의 구속사라는 말은 예수님이 주체가 되어서 잃어버린 양들을 죄와 사망에서 건져내는 일을 하신다는 뜻입니다. 죄인을 예수 그리스도의 피 흘리심으로 구원하는 일은 하나님의 아이디어에서 나온 것입니다. 죄인이 구원을 받는 것은 죄인의 원함에서 일어난 것이 아니고 하나님의 원함에서 일어난 것입니다. 그러므로 하나

님이 주체가 되어서 자기 백성들을 구원하는 일을 하시는 것입니다.

구원은 하나님이 찾아가심으로 주어집니다. 하나님이 아담을 찾아가고, 하나님이 아브라함을 찾아가고, 예수님이 베드로를 찾아가고, 예수님이 바울을 찾아가고, 예수님이 우리를 찾아오심으로 주어진 것입니다.

인류 최초 에덴동산에서 하나님이 아담을 찾아가서 구원을 베푸는 일을 하셨습니다. 뱀의 미혹으로 선악과를 먹고 두려워서 숨어 있는 아담을 하나님이 부르십니다. 그리고 자신들이 만들어 입은 무화과나무 잎사귀로 만든 치마를 벗겨내고 희생당한 흠없는 짐승의 가죽을 벗겨서 옷을 만들어 입히십니다. 이것은 인류 최초로 보여주신 예수 그리스도의 구속사입니다. 범죄한 아담에게 가죽옷으로 죄의 수치를 가려주신 것은 예수 그리스도의 피 흘리심으로 자기백성들을 죄에서 구원하는 구속사의 씨눈과 같은 것입니다. 이것이 인류 역사 전반에 걸쳐서 일어나게 되는 것입니다.

구약은 그림자이고 신약은 실상입니다. 에덴동산에서 하나님이 아담을 찾는 그림 속에는 신약에서 하나님께서 자기 백성들을 찾는 실상이 담겨 있습니다. 그림자는 실상이 존재하기 때문에 나타나는 것입니다. 구약에서 나타난 아담과 하나님 이야기는 신약에서 성도와 예수 그리스도 이야기로 나타납니다. 하나님께서 아담을 찾으심 속에는 예수 그리스도께서 자기 백성들을 구원하는 복음이 담겨 있는 것입니다.

오늘은 하나님께서 아담을 찾는 이야기를 성도를 구원하는 이야기로 살펴봅니다.

아담 속에는 두 가지 계시가 담겨 있습니다. 바울은 아담은 오실 자의 표상이라고 하였습니다. 이는 아담은 예수 그리스도를 표상하고 있다는 말입니다. 반면에 한 사람 아담이 범죄 하여 죄가 온 세상에 들어오게 되었다고 합니다. 이 말은 아담은 모든 죄인을 대표하는 자라는 뜻입니다. 이러면 아담은 성도를 표상하고 있는 것입니다.

하나님이 아담을 찾으시는 것은 아담을 구원하시는 것입니다. 아담은 선악과를 먹고 죽은 자가 되었습니다. 죽은 자가 되니까 하나님이 두려운 것입니다. 선악과를 먹기 전에는 하나님이 두렵지 않았었는데 선악과를 먹고 난 후로는 하나님이 두려워지기 시작한 것입니다. 그래서 나무 뒤에 숨은 것입니다. 하나님이 아담을 찾기 전까지는 아담은 두려움에 떨면서 나무 사이에 숨어서 살았습니다.

아담의 인생을 세 부분으로 나눌 수 있습니다.

1기 인생은 선악과를 먹기 전이고,
2기 인생은 선악과를 먹고 난 후이고,
3기 인생은 에덴동산에서 쫓겨난 후입니다.

선악과를 먹기 전에 아담은 의인도 아니고 죄인도 아닌 상태입니다. 하나님은 막 창조된 아담을 에덴동산으로 데리고 가서 두 가지 과실에 대하여 알려줍니다. 선악과를 먹으면 죽게 되고 생명과를 먹으면 영생하게 된다고 알려주십니다. 그럼에도 아담은 하나님의 명을 어기고 죽은 자가 되고 맙니다. 구원이 필요한 자가 되고 만 것입니다.

하나님이 죄로 인하여 죽은 아담을 찾아가서 구원하는 일을 행하십니다. 하나님이 아담을 찾아가서 구원하는 일은 장차 모든 인류에게 확대되어 일어나게 되는 것입니다. 중요한 것은 아담이 흠없는 제물의 희생으로 죄에서 구원받게 되는 일은 창세전 언약 속에 이미 예정된 것으로서의 구원의 수순이라는 것입니다.

에베소서 1장을 봅시다.

엡 1:3-10 "찬송하리로다 하나님 곧 우리 주 예수 그리스도의 아버지께서 그리스도 안에서 하늘에 속한 모든 신령한 복으로 우리에게 복 주시되 ⁴곧 창세전에 그리스도 안에서 우리를 택하사 우리로 사랑 안에서 그 앞에 거룩하고 흠이 없게 하시려고 ⁵그 기쁘신 뜻대로 우리를 예정하사 예수 그리스도로 말미암아 자기의 아들들이 되게 하셨으니 ⁶이는 그의 사랑하시는 자 안에서 우리에게 거저 주시는바 그의 은혜의 영광을 찬미하게 하려는 것이라 ⁷우리가 그리스도 안에서 그의 은혜의 풍성함을 따라 그의 피로 말미암아 구속 곧 죄 사함을 받았으니 ⁸이는 그가 모든 지혜와 총명으로 우리에게 넘치게 하사 ^{9}그 뜻의 비밀을 우리에게 알리셨으니 곧 그 기쁘심을 따라 그리스도 안에서 때가 찬 경륜을 위하여 예정하신 것이니 ^{10}하늘에 있는 것이나 땅에 있는 것이 다 그리스도 안에서 통일되게 하려 하심이라"

우리가 구원을 논할 때는 항상 창세전 언약에서 출발하여야 합니다. 왜냐하면 죄인의 구원이 창세전 언약에서 나왔기 때문입니다. 창세전이라는 말은 만물이 만들어지기 전을 말합니다. 이를 요한복음 1장 1절에서는 태초라고 합니다. 그 태초는 하나님 나라를 말합니다.

하나님 나라는 만물 밖에 있습니다. 이를 히브리서 11장에서는 보이지 않는 나라라고 합니다. 보이는 이 세상은 보이지 않는 세계에서 나온 것이라고 합니다. 보이지 않는 하나님 나라에서 언약하신 것을 보이는 세상에서 펼쳐 보이시는 것입니다.

창세전 언약은 죄인이 예수 그리스도 안에서 구원받는 것입니다. 창세전 언약은 만물이 창조되기 전에 세운 언약입니다. 언약이 먼저이고 구원이 나중이 되는 것입니다. 언약이라는 말은 하나님의 의지입니다. "나는 이렇게 일을 한다"라고 하나님이 하나님에게 맹세하신 것입니다.

예를 들어서 하나님이 아브라함을 찾아가서 "내가 너를 복의 조상으로 만들어 줄게"라고 하는 것과 같은 것입니다. 이것은 하나님이 아브라함을 복의 조상으로 만들어 주시겠다는 것입니다. 아브라함이 복의 조상 자격이 있어서가 아니라 하나님께서 일방적으로 "너, 복의 조상 해!" 그래서 복의 조상이 된 것입니다. 아브라함은 얼떨결에 복의 조상이 되었습니다.

이것은 하나님의 말씀 속에 담겨 있는 창조의 능력입니다. 하나님은 창조주이십니다. 창조주 입에서 나오는 말씀은 모두가 창조의 능력을 가지고 있습니다. 그러므로 하나님 입에서 뱉어진 말씀은 반드시 이루어지게 되는 것입니다. 그것이 언약이 담고 있는 창조의 능력입니다.

창세전 언약의 내용이 무엇인가요? 하나님의 백성들이 예수 그리스도의 피 흘리심으로 죄 사함을 받는 것입니다. 예수 그리스도 안에서 자기 백성들이 구원받는 것입니다. 이렇게 예수 그리스도의 피 흘리심으로 죄에서 속량 받은 자들을 하나님의 아들이라고 합니다. 예수 그리스도의 피 흘리심으로 하나님의 아들들이 된 자들이 그의 나라에서 그 은혜의 영광을 세세토록 찬미하는 것으로 되어 있습니다.

하나님은 예수 그리스도를 만유의 주가 되게 하는 일을 하신 것입니다. 그래서 천국에서는 예수 그리스도 안에서 구원받은 자들이 예수 그리스도 앞에 무릎을 꿇고 예수를 주라 시인하면서 영광을 돌리게 되는 것입니다. 이것이 하나님께서 창세전에 세우신 언약입니다.

만물이 창세전 언약 속에서 나왔습니다. 창조라는 말의 뜻이 어떤 원인에 의한 결과물로 나타난 것이라는 의미입니다. 원인이 먼저이고 창조가 나중입니다. 원인이 언약이고 창조는 나중입니다. 만물은 창세전 언약을 이루기 위한 도구로 창조된 것입니다. 창세전 언약이 뭐라고 했나요? 예수 그리스도가 만유의 주가 되는 것이라고 하였습니다. 이를 역사 속에서 이루어 가십니다.

골로새서 1장을 봅시다.

골 1:13-18 "그가 우리를 흑암의 권세에서 건져내사 그의 사랑의 아들의 나라로 옮기셨으니 ¹⁴그 아들 안에서 우리가 구속 곧 죄 사함을 얻었도다 ¹⁵그는 보이지 아니하시는 하나님의 형상이요 모든 창조물보다 먼저 나신 자니 ¹⁶만물이 그에게 창조되되 하늘과 땅에서 보이는 것들과 보이지 않는 것들과 혹은 보좌들이나 주관들이나 정사들이나 권세들이나 만물이 다 그로 말미암고 그를 위하여 창조되었고 ¹⁷또한 그가 만물보다 먼저 계시고 만물이 그 안에 함께 섰느니라 ¹⁸그는 몸인 교회의 머리라 그가 근본이요 죽은 자들 가운데서 먼저 나신 자니 이는 친히 만물의 으뜸이 되려 하심이요"

잘 보시면 그가 우리를 흑암의 권세에서 건져내서 그 아들의 나라로 옮기셨고 우리가 그 아들 안에서 구속 곧 죄 사함을 받았다고 합니다. 우리를 흑암의 나라에서 아들의 나라로 옮겨주신 분이 누구인가 하면, '보이지 아니하시는 하나님의 형상을 가지신 분으로서 모든 창조물보다 먼저 나신 자'라고 합니다.

하나님은 피조물에게 포착되지 않는 분이십니다. 그런데 피조물에게 포착되지 않는 하나님이 보이는 피조물에게 포착되는 모습의 형상으로 오셨습니다. 그분이 바로 예수 그리스도입니다. 하지만 그는 피조물이 아니고 창조주입니다. 하나님이 그 아들을 피조물의 모습으로 보내셨다는 것입니다. 그가 바로 예수님입니다. 보이지 않는 하나님이 보이는 육신을 입고 이 세상에 오신 것입니다.

그 이유는 보이는 세상 속에서 창세전에 하신 언약을 이루기 위함입니다. 그래서 만물을 그가 창조하였고 그를 위하여 존재한다고 말하는 것입니다. 만물이 그 안에 함께 선다는 것은 그가 만물을 존재케 하신다는 말입니다. 이를 머리라고 하고, 근본이라고 하고, 으뜸이라고 하는 것입니다. 만물의 머리니 근본이니 으뜸이라는 말은 '만물을 존재케 하시는 분'이라는 뜻입니다. 그분이 바로 예수 그리스도이십니다.

신앙은 예수가 하나님의 아들이고, 예수가 죄인을 구원하는 그리스도이심을 믿는 것입니다. 이것이 얼마나 놀라운 일인가 하면 하나님께로 나지 않은 자는 절대로 알 수 없는 비밀이기 때문입니다. 알다시피 예수님은 30세에 공생애를 시작하셨습니다. 요단강에서 세례를 받으시고 물에서 올라오실 때 하늘에서 하나님이 '이는 내 사랑하는 아들'이라고 천명해 주셨습니다.

이 소리를 모든 사람이 들었습니다. 세례 요한도 예수님을 '보라 세상 죄를 지고 가는 하나님의 어린양'이라고 알려주었습니다. 그런데 믿는 자들도 있고 거부하는 자들도 있었습니다. 여기에 구원의 비밀이 담겨 있습니다. 모여선 무리 중에서도 예수를 하나님의 아들로 믿는 자와 믿지 않는 자로 구분되는 것입니다. '너희'와 '저희'로 구분되는 것입니다.

이렇게 생각해 보세요. 예수님이 사생아로 사셨을 때는 하나님 아들로 드러나지 않았습니다. 나사렛에서 목수 아들로 살 때는 평범한 사람이었습니다. 누구도 예수를 하나님의 아들로 믿지 않았습니다. 물론 마리아와 요셉은 알고 있었지만 다른 사람들은 몰랐습니다. 또한 예수님이 스스로 "나는 하나님 아들이다"라고 생색내고 다니지도 않았습니다. 예수님의 친형제들도 예수님이 하나님의 아들이라는 사실을 몰랐습니다.

그런데 공생애를 시작하고 예수님이 하나님 아들로 세상에 알려지기 시작합니다. 그것도 하나님이 모든 이가 보는 앞에서 공개적으로 가르쳐 주신 것입니다. 이러면 가장 혼란스러운 사람들이 어려서부터 예수님과 함께 살던 동네 사람들입니다. 동네 사람들은 예수가 요셉의 아들이라는 것을 다 압니다. 그런데 어느 날 예수님이 "나는 하나님의 아들이다"라고 하는 것입니다. 동네 사람들이 들을 땐 미친 소리입니다.

이 말을 누가 믿겠습니까? 못 믿습니다. 못 믿는 것이 정상입니다. 믿는 자가 비정상인 것입니다. 여기서 창세전에 어린양의 생명책에 녹명된 자와 아닌 자들로 갈라지게 되는 것입니다. 어린양의 생명책에 녹명된 자들은 믿고, 녹명되지 않은 자들은 믿지 못합니다. 하늘로서 난 자들은 믿고, 육으로 난 자들은 믿지 못하는 것입니다.

예수님은 이러한 사실을 선지자는 고향에서 대접을 받지 못한다고 하셨습니다. 왜냐하면 동네 사람들은 육의 눈으로 보기 때문입니다. 예수가 하나님의 아들이라는 사실은 육으로는 알 수 없습니다. 오로지 하나님께로 난 자들만이 알아들을 수 있는 것입니다. 그래서 예수를 하나님의 아들로 알아보고 믿는 것은 하나님의 비밀인 것입니다.

한번은 예수님이 "나는 하늘로서 내려온 산 떡이다. 누구든지 나를 먹으면 영생을 얻는다"라고 하십니다. 그러자 많은 사람이 수군거립니다. "우리가 너의 아버지가 요셉인 줄을 알고 있는데 어찌하여 하늘로서 내려왔다고 하느냐? 그리고 어떻게 너를 믿으면 영생을 얻는다는 망발을 하느냐? 별 미친놈을 다 보겠네!"라고 하면서 떠나가 버립니다. 이에 예수님이 제자들에게 "너희들도 떠나가려느냐?"라고 물으십니다. 그러자 제자들이 "영생의 말씀이 여기 계시온데 우리가 어디로 떠나갑니까?"라고 말하며 "우린 안 떠나겠습니다"라고 합니다.

이것을 어떻게 이성으로 설명을 할 수가 있겠습니까? 설명할 수가 없습니다. 그래서 예수님은 '누구라도 아버지께서 내게 이끌지 아니하시면 내게 올 수가 없다'고 하시면서 떠나가는 자들을 붙잡지 않으신 것입니다. 떠나가는 자들도 믿고 싶었으나 믿어지지 않으니까 지금까지 표적을 보고 호기심으로 잘 따라다니다가 예수님이 도무지 알아들을 수 없는 말을 하니까 미쳤다고 생각하고 떠나간 것입니다.

이러한 일은 지금도 일어나고 있습니다. 창세전 언약을 전하면 두 부류로 갈라집니다. 창세전 언약을 믿는 자와 믿지 않는 자로 예정이 되어있다고 하면 어떤 이는 믿고 어떤 이는 믿지 않습니다. 둘로 구분이 되는 것입니다. 창세전에 어린양의 생명책에 녹명된 자들은 창세전 언약을 믿을 것이고, 녹명되지 않은 자들은 믿지 않을 것입니다.

창세전 언약은 창세전에 하나님께서 자기 백성들을 어린양의 생명책에 녹명해 놓고 이 세상에 보내서 예수가 그리스도이심을 믿게 하여 구원하신다는 내용입니다. 이 모두를 창세전에 그 기쁘신 뜻대로 예정하신 것입니다.

그런데 이러한 창세전 예정론을 인간의 이성으로 하나님의 일하심을 이해하는 인본주의자들은 인정하지 않습니다. 이들은 창세전 예정론을 말하면 인간의 자유의지를 말하면서 "하나님이 창세전에 예정해 놓았으면 인간이 무슨 로봇이냐? 하나님이 정해 놓으신 대로 움직이게?"라고 비아냥거리면서 조소를 합니다.

우리는 창세전 예정론이 믿어지는데 그들은 왜 못 믿을까요? 이는 각자 믿음의 차이 때문입니다. 이것은 예수님을 두고 하나님의 아들로 믿는 자와 믿지 않는 자로 나누어지는 것과도 같은 이치입니다. 믿어지니 믿는 것이고, 믿어지지 않으니 못 믿는 것입니다. 이것은 누구를 탓할 문제가 아니고 하나님의 일하심으로 받아들여야 합니다. 예수님이 천국의 비밀을 '너희'에게는 허락되었으나 '저희'에게는 감추어져 있다고 하신 것과 같은 것입니다.

세상에는 두 부류의 사람이 있습니다. '너희'와 '저희'입니다. 너희는 예수 그리스도에게 속한 자이고 '저희'는 속하지 아니한 자들입니다. 예수에게 속한 자들은 예수를 따르고, 예수에게 속하지 않은 자들은 따르지 않습니다. 하나님은 두 부류의 사람들을 가지고 그 아들 예수를 만유의 주가 되게 하는 일을 하십니다. 예수님은 세상 속에서 '너희'와 '저희'를 갈라내는 일을 하시는 것입니다.

이 세상은 예수 그리스도가 일하시는 밭입니다. 하나님은 만물 속에 그리스도를 담아 놓으셨습니다. 만물은 예수 그리스도로 충만합니다. 만물을 통해서 예수 그리스도를 볼 수 있어야 합니다. 예수 그리스도를 설명하려고 만물이 존재하고 있기 때문입니다.

우리가 거듭나서 은혜를 받으면 그렇게 보입니다. 모든 만물을 통해서 예수 그리스도를 보게 됩니다. 예수 그리스도를 직접 본다는 말이 아니고 그의 일하심을 알게 된다는 것입니다. 느끼고 경험하게 되는 것입니다. 이것을 그리스도 안에서 산다고 합니다.

만물은 예수 그리스도를 위해서 창조되었다고 했습니다. 그럼 아담도 예수 그리스도를 위해서 창조된 자입니다. 아담도 예수 그리스도의 피 흘리심으로 구원받아야 하는 자로 창조된 것입니다. 그래서 처음 창조된 아담은 죄인도 아니고 의인도 아닌, 그냥 산 존재로 창조된 것입니다.

아담은 빈 그릇과 같습니다. 그 안에 무엇을 담느냐에 따라서 아담의 존재가 결정되는 것입니다. 하나님은 아담 속에 예수 그리스도의 생명을 담고자 하였습니다. 그래서 막 창조된 아담에게 선악과는 먹지 말고 생명과를 먹고 영생하는 자가 되라고 명령하신 것입니다. 그런데 아담은 하나님의 명을 어기고 맙니다. 반드시 먹으라고 한 생명과는 먹지 않고, 절대로 먹어서는 안 된다고 한 선악과를 먹고 맙니다.

아담은 자기 안에 선악과를 담고 말았습니다. 선악과는 죽음의 과실입니다. 결국 아담은 죽은 자가 되고 맙니다. 이것은 아담이 자초한 일입니다. 이것을 죄라고 합니다. 아담은 최초의 죄인이 되고 만 것입니다. 그런데 이러한 것은 모두가 창세전 언약을 이루어 가는 데 있어서 하나의 수순이었던 것입니다.

죄란 하나님의 명을 불순종하는 것입니다. 불순종이 되려면 하나님께서 먼저 명령을 하셔야 합니다. 그 명령이 아담에게 선악과는 먹지 말고 생명과는 먹으라고 하는 것으로 주어진 것입니다. 그런데 아담은 하나님의 명을 어기고 먹으라는 것은 먹지 않고 먹지 말라고 한 것은 먹고 맙니다. 이를 불순종의 죄라고 합니다. 아담 스스로가 죄 아래 떨어지고 만 것입니다.

하나님은 죄 아래 떨어진 아담을 구원하는 일을 하십니다. 그것도 창세전 언약에 근거한 구원이어야 합니다. 창세전 언약에서의 구원은 예수 그리스도의 피 흘리심으로 구속 곧 죄 사함을 받는 것으로 되어 있습니다. 그래서 하나님은 선악과를 먹고 죽은 자가 된 아담에게 흠 없는 짐승을 잡아서 그 가죽으로 옷을 해 입혀서 죄의 수치로부터 벗어나게 해주시는 일을 하신 것입니다.

선악과로 죽은 아담이 흠 없는 짐승의 죽음을 통해서 살아나게 된 것입니다. 이것이 역사 전반에 걸쳐서 나타납니다. 흠 없는 짐승의 죽음이 예수 그리스도의 죽음으로 나타난 것입니다. 흠 없는 짐승의 죽음으로 죄에서 벗어난 아담의 모습은 그림자이고, 예수 그리스도의 죽음으로 죄와 사망의 권세로부터 해방되는 성도의 구원이 실상입니다.

범죄한 아담을 하나님께서 어떻게 구원하시는지 살펴봅시다.

날이 서늘할 때 하나님이 아담을 찾으십니다. 날이 서늘하다는 것은 저녁이라는 뜻입니다. 이는 종말을 상징하고 있습니다. 이러면 하나님이 종말에 범죄 한 아담을 찾으심이 됩니다. 이것을 우리에게 적용하면 하나님이 우리를 찾아오심은 곧 종말이라는 뜻입니다. 우리는 하나님이 찾아오심으로 종말을 맞이한 것입니다.

아담은 우리의 자화상입니다. 아담은 발가벗은 것이 두려워서 온종일 나무 사이에 숨어 있었습니다. 그런데 저녁때 하나님이 아담을 찾아오신 것입니다. "아담아 네가 어디 있느냐?"라고 부르시는 것입니다. 그러자 아담이 발가벗고 있음이 두려워서 숨어 있다고 합니다.

이에 하나님이 "누가 너의 벗었음을 고하였느냐?"고 합니다. 이 말은 그동안 아담은 벌거벗음의 의미를 모르고 살았다는 뜻입니다. 벌거벗음이 수치라는 것을 몰랐던 것입니다. 그런데 뱀을 만나 선악과를 먹고 나서 발가벗음이 수치라는 것을 알게 된 것입니다. 그리고 하나님이 두려워서 숨은 것입니다.

이에 하나님이 "혹시 내가 먹지 말라고 한 선악을 알게 하는 나무의 실과를 먹었느냐?"라고 하십니다. 아담이 대답하기를 "하나님이 주신 여자가 주길래 먹었습니다"라고 합니다. 그러자 하나님이 이번에는 여자에게 "어찌하여 그렇게 하였느냐?"고 묻습니다. 그러자 여자가 대답하기를 "뱀이 나를 꾀므로 먹었습니다"라고 합니다. 서로 자기는 잘못이 없고 "모두가 저놈 때문입니다"라고 죄를 남에게 전가시킵니다. 결국 모든 잘못은 하나님에게로 돌아가고 만 것입니다. 이것이 죄입니다.

아담이 발가벗음이 두려워서 나무 뒤에 숨은 사건 속에 담긴 복음의 비밀을 살펴보고자 합니다. 아담이 왜 숨었을까요? 이는 하나님의 말씀에 불순종한 죄가 그 마음속에서부터 두려움을 일으켰기 때문입니다. 선악과가 두려움을 몰고 왔기 때문입니다.

아담이 선악과를 먹고 난 후에 눈이 밝아졌습니다. 그러자 자신들이 발가벗고 있다는 것을 알게 되었습니다. 그래서 무화과나무 잎사귀로 치마를 만들어 입었습니다. 치마를 입으면 두려움이 사라질 줄을 알았는데 그렇지가 않은 것입니다. 그래도 하나님이 두려운 것입니다. 여전히 두려움은 그대로 엄습하는 것입니다. 그래서 동산 나무 사이에 숨어버린 것입니다.

아담은 왜 벗었음을 두려워했을까요? 선악과가 발가벗고 있는 것이 하나님 앞에서는 수치스러운 일이라고 생각되게 하기 때문입니다. 선악과가 두려운 하나님으로 인식하게 만든 것입니다. 아담이 선악과를 먹은 것은 하나님께 불순종한 것입니다. 불순종이 죄입니다. 죄가 하나님을 두려워하게 하고 하나님 앞에서 숨어버리게 한 것입니다.

죄는 하나님과의 관계를 단절시킵니다. 죄가 아담으로 하여금 하나님 앞에서 숨어버리게 하고 만 것입니다. 아담이 나무 사이에 숨은 것은 본능적으로 행동한 것입니다. 아담 스스로가 하나님 앞에서 숨어버린 것입니다. 죄는 본능에 속한 것입니다. 죄 문제가 해결되지 않으면 본능적으로 하나님이 두려워지게 됩니다. 그럼 하나님 앞에서 숨어버리게 되고 하나님을 떠나게 되는 것입니다.

이러한 상태를 죄가 하나님과 인간 사이를 가로막았다고 합니다. 이를 막힌 담이라고 합니다. 죄가 담을 쌓아놓은 것입니다. 이 담이 허물어지지 않고서는 하나님을 만날 수 없습니다. 그 담은 죄 문제가 해결되어야만 허물어집니다. 그런데 죄는 인간 쪽에서 해결할 수 없는 것입니다. 인간은 가해자이고 하나님은 피해자입니다. 죄는 피해자이신 하나님이 가해자인 아담을 용서해 주어야만 해결됩니다.

가해자인 아담은 하나님의 선처만 기다릴 수밖에 없는 것입니다. 그래서 하나님이 그 아들을 육신의 모양으로 예수라는 이름으로 이 세상에 보내신 것입니다. 예수님께서 십자가에서 자기 몸으로 죄 문제를 해결해 주신 것입니다. 예수님이 자기 몸으로 하나님과 인간 사이에 가로막힌 담을 헐어버린 것입니다. 이를 화목 제물이라고 합니다. 예수님이 자신의 죽음으로 죄인과 하나님을 만날 수 있도록 해주신 것입니다.

죄 문제가 해결되니까 하나님에 대한 두려움이 사라진 것입니다. 그래서 그리스도 예수 안에 있는 자는 결코 정죄함이 없다고 하는 것입니다. 예수 그리스도의 피가 우리 안의 죄의 두려움으로부터 자유케 해주셨기 때문입니다. 죄 문제가 해결되지 않은 아담들은 하나님 앞에 나올 수 없습니다. 하나님은 그들을 만나주시지 않습니다. 하나님은 오직 예수 안에서 죄 문제가 해결된 아담들만 만나주십니다. 예수 안에 있는 아담들은 두려움으로 살지 않고 평안으로 살아가게 됩니다.

신앙이란 이 사실을 믿음으로 살아가는 것입니다. 사랑 안에 두려움이 없고 온전한 사랑이 두려움을 내어쫓습니다. 믿어지지도 않는 것을 배우들처럼 믿는 척 연기할 필요가 없습니다. 연기로는 마음에 평안을 얻을 수 없기 때문입니다. 마음의 평안은 그 마음에 예수 그리스도의 대속이 믿어지는 믿음이 있어야만 얻을 수 있는 것입니다.

신앙에 있어서는 솔직해야 합니다. 가장 어리석은 사람이 스스로를 속이는 것입니다. 속인다고 해서 마음속에서부터 일어나는 두려움을 펴낼 수는 없습니다. 하나님 앞에서 솔직해야 합니다. 믿어지지 않으면 믿어지지 않는다고 하세요. 믿음을 달라고 하셔야 합니다. 불쌍히 여겨 달라고 하여야 합니다.

소경 거지 바디매오처럼 사람들의 소리에 아랑곳하지 않고 "나사렛 예수여, 내가 보기를 원합니다. 그러니 나를 도와주소서"라고 소리쳐야 합니다. 신앙에는 사람의 체면이 필요가 없습니다. 절박해야 합니다.

"주여, 살려주세요",
"주여, 믿고자 합니다",
"믿음을 더하여 주옵소서"라고 외치셔야 합니다.

"음욕과 간음 그리고 이혼"이라는 설교를 하면서 우리는 모두가 틈만 나면 외간 남자를 만나러 가는 고멜이라고 하였더니 어떤 분이 이런 댓글을 달았습니다.

"내가 고멜이라는 생각은 못 하고 고멜에 해당되는 사람만 생각하고 있었습니다. 말씀을 듣는 동안 부끄럽기가 한량없습니다."

그래서 제가 이렇게 답글을 달았습니다.

"모두가 남을 정죄하기에 바쁜데, 말씀 앞에서 내가 참 나쁜 인간이라는 것이 보인다는 것은 큰 은혜입니다. 우리는 양파처럼 까도 까도 죄가 쏟아져 나오게 되어 있습니다. 그럼에도 양파처럼 숨기고 또 숨기고 살아가고 있지요. 우리는 누가 죄의 모습을 드러내면 본능적으로 손가락질하고 '어떻게 그럴 수가 있어?'라고 하면서 스스로 의인인 체하고 있습니다. '넌 그렇지만 난 아니야'라고 하는 위선자들이 바로 우리입니다. 고멜은 애교에 불과합니다. 우리는 고멜보다 몇 갑절 더 더러운 창기들입니다. '이런 창기가 구원을 받았다!' 이런 기적이 어디에 있단 말입니까? 말 같지도 않은 그 말을 우리는 오늘도 진리로 듣고 또한 믿고 있습니다. 그래서 오늘도 '주여, 불쌍히 여겨 주세요'라고 하면서 눈물로 주님을 바라봅니다."

천부여 의지 없어서 손들고 옵니다.
주 나를 외면하시면 나 어디 가리까
내 죄를 씻기 위하여 피 흘려 주시니
곧 회개하는 맘으로 주 앞에 옵니다. 아멘

성도의 복이 무엇입니까? 하나님의 말씀 앞에서 내 자신이 누구인지를 아는 것입니다. 말씀이 내가 누구인지를 고발해 주고 있는 것입니다. 그리고 말씀이 우리를 예수 앞으로 인도하는 것입니다.

히브리서 4장을 봅시다.

히 4:12-13 "하나님의 말씀은 살았고 운동력이 있어 좌우에 날 선 어떤 검보다도 예리하여 혼과 영과 및 관절과 골수를 찔러 쪼개기까지 하며 또 마음의 생각과 뜻을 감찰하나니 ¹³지으신 것이 하나라도 그 앞에 나타나지 않음이 없고 오직 만물이 우리를 상관하시는 자의 눈앞에 벌거벗은 것같이 드러나느니라"

하나님의 말씀은 살았다고 합니다. 살았다는 것은 어떤 일을 한다는 것입니다. 어떤 일을 하는가 하면 우리의 혼과 영과 및 관절과 골수를 찔러 쪼개는 일을 하는 것입니다. 마음의 생각과 뜻을 감찰하는 일을 하시는 것입니다. 말씀이 우리를 발가벗겨서 죄를 드러내는 일을 하고 있는 것입니다.

발가벗긴다는 것은 우리가 입고 있는 것들을 다 걷어내는 일을 한다는 것입니다. 아담의 무화과나무 잎사귀로 만든 치마를 벗겨낸다는 것입니다. 무화과나무 잎사귀로 만든 치마를 입고서는 하나님을 만날 수 없습니다.

하나님은 무화과나무 잎사귀로 만든 치마를 입고 온 자는 만나주시지 않습니다. 하나님은 발가벗고 오라고 하십니다. 하나님이 원래 창조한 그 모습 그대로 오라고 합니다. 본래 창조한 모습이 바로 죄가 없는 모습입니다. 그 모습을 하나님은 보시기에 좋았더라고 합니다. 하나님이 보시기에 좋은 상태는 하나님이 만드신 원래의 모습입니다.

구원은 본래의 자리로 돌아가는 것입니다.

아담의 본래 자리가 어떤 곳인가요? 발가벗었으나 부끄러워하지 않는 세계입니다. 이는 죄와 상관없는 세계라는 뜻입니다. 이것은 마치 아이가 엄마 뱃속에서 나왔을 때 그 모습으로 돌아가는 것입니다. 어미의 피로 범벅이 된 상태로 태어난 그 모습이 바로 발가벗음의 상태입니다. 아담이 처음 창조된 상태가 바로 갓난아이가 발가벗은 상태입니다.

발가벗음이 바로 어머니의 피가 발라진 상태입니다. 어머니의 희생이 오롯이 담겨 있는 상태입니다. 어머니의 희생이 오롯이 담겨 있는 상태가 바로 하나님의 은혜로 살아가는 하나님 나라의 모습입니다.

예수님이 십자가에서 발가벗겨져 옆구리에서 물과 피를 쏟으셨습니다. 예수님은 자신의 물과 피를 십자가 아래 있는 마리아들에게 쏟으신 것입니다. 십자가 아래 있던 마리아들은 예수님의 피를 옴팡 뒤집어쓰고 있는 것입니다. 이것은 처음 창조된 아담의 발가벗은 모습이기도 한 것입니다.

예수님은 십자가 아래 있는 자기 백성들에게 피를 쏟아부은 것입니다. 이 모습은 어미가 아이를 낳는 모습입니다. 아이는 어미의 피를 옴팡 뒤집어쓰고 태어납니다. 이 모습이 바로 발가벗은 모습입니다. 아이의 몸에 어미의 피가 발라져 있는 상태가 수치가 없는 발가벗음이 되고, 아이의 몸에서 어미의 피가 씻겨져서 사라진 상태가 바로 수치로 인하여 무화과나무로 만든 옷을 입는 것과 같이 되는 것입니다.

신앙이 무엇인가요? 예수 그리스도의 피로 죄 사함을 받는 것입니다. 죄 사함을 받는 것이 바로 아담의 원래의 창조 상태인 발가벗음으로 돌아가는 것입니다. 예수님의 죽음으로 본래의 자리로 나아가게 된 것입니다. 예수님의 십자가는 세상의 옷을 발가벗기는 곳입니다. 예수 그리스도의 십자가 앞에서 세상의 옷을 발가벗김을 당하는 것이 창조의 상태로 돌아가는 것이 되는 것입니다. 지금도 예수 그리스도의 십자가의 복음이 우리를 발가벗기는 일을 하십니다.

지금부터 타락과 구원이 어떻게 이루어지는지에 대하여 상고해 봅시다.

발가벗고 살던 아담이 선악과를 먹고 난 후에 발가벗음을 수치로 여겨서 무화과나무 잎사귀로 치마를 해 입은 것으로 시작으로 해서, 예수님께서 십자가에서 아담이 무화과나무 잎사귀로 만들어 입은 치마를 어떻게 벗겨내어서 원래 창조의 모습인 발가벗었으나 부끄러워하지 않은 상태로 구원을 해내는지를 역순으로 추적하여서 살펴보기로 합니다.

본문을 간단하게 설명합니다. 막 창조된 아담은 하나님 앞에서 발가벗고 살았습니다. 발가벗었으나 부끄러워하지 않았습니다. 그런데 어느 날 뱀의 미혹을 받고 선악과를 먹은 하와가 들고 온 선악과를 아담도 먹게 됩니다.

선악과를 먹고 난 후에 이상 징후가 일어납니다. 갑자기 발가벗은 것이 수치로 보이기 시작하였습니다. 발가벗고 있는 것을 하나님이 책망할 것만 같고 급기야 하나님이 두려워지는 것입니다. 그래서 아담은 무화과나무 잎사귀로 치마를 해 입게 됩니다. 하지만 두려움은 사라지지 않습니다. 그래서 나무 사이에 숨은 것입니다. 그런데 저녁때가 되자 하나님이 찾으십니다.

아담은 하나님이 찾으시는 음성을 듣고 하나님이 두려워서 동산 나무 사이에 숨었다고 합니다. 그러지 하나님께서 누가 발가벗음을 수치라고 하더냐고 물으십니다. 이에 아담은 하나님이 먹지 말라고 한 선악과를 먹고 난 후에 그렇게 되었다고 이실직고하고 맙니다.

선악과를 먹기 전에는 하나님이 두렵지 않았습니다. 그런데 선악과를 먹고 난 후에는 발가벗은 몸으로 하나님과 함께 있다는 것이 두려운 것이 되고 만 것입니다. 이것은 어디까지나 아담의 생각입니다. 하나님은 아담의 발가벗음을 수치로 보지 않았습니다. 그러나 아담은 발가벗음이 수치로 보이는 것입니다. 수치로 보이니까 가려야 합니다. 그런데 수치를 가려도 두려움은 사라지지 않는 것입니다.

하나님이 두려워서 하나님과 함께 살아갈 수 없는 것입니다. 이것은 심각한 문제입니다. 하나님이 괜찮다 하여도 아담은 괜찮지가 않은 것입니다. 본인이 괜찮지 않다는 생각이 들면 본인이 괜찮다는 생각이 드는 방법으로 두려움을 해소시켜야 하는 것입니다. 그것이 무화과나무 잎사귀로 치마를 만들어서 수치를 가리는 것으로 나타난 것입니다. 아담은 자기 생각으로 수치를 가렸습니다.

그런데 이번에는 하나님에게 문제가 생긴 것입니다. 하나님이 아담이 무화과나무 잎사귀로 치마를 만들어 입은 것이 마음에 들지 않는 것입니다. 하나님께서 무화과나무 잎사귀로 치마를 만들어 입고 있는 아담의 모습이 불편한 것입니다. 이것은 마치 하나님이 그려 놓은 그림에 아담이 자기 마음대로 덧칠을 해놓은 것과 같은 것입니다.

하나님은 아담이 발가벗고 있을 때가 좋았습니다. 하나님이 만든 그대로의 모습이 아름다웠던 것입니다. 그런데 아담이 자기 마음대로 해놓은 것입니다. 서로의 생각에 충돌이 일어나고 만 것입니다. 서로의 생각이 다르면 함께 살아갈 수 없습니다. 함께 살면 사사건건 부딪치기 때문입니다. 선악과가 하나님과 불화하게 만든 것입니다.

죄란 하나님과 불화하는 것입니다. 하나님과 불화하고서는 하나님과 같이 살아갈 수 없습니다. 그래서 하나님은 불편해하는 아담을 에덴동산 바깥으로 내어보내신 것입니다. 죄는 본능에 속한 것입니다. 죄가 하나님을 두렵게 만든 것입니다. 그러므로 죄인은 스스로 하나님 앞에서 숨게 되는 것입니다. 이것은 마치 우리가 어렸을 때 부모님이 하지 말라고 하는 일을 하였을 때 안으로부터 몰려오는 두려움 때문에 집에 들어가지 못한 것과도 같습니다.

아담은 선악과를 먹고 난 후 하나님과의 관계성에 변화가 생긴 것입니다. 사랑 안에 있지 않고 법 아래 있게 된 것입니다. 사랑 안에 있으면 두려움이 없는데 법 아래 있으면 두려움이 들게 됩니다. 법이 아담으로 하여금 죄가 해결되지 않고서는 하나님 앞에 나아갈 수 없도록 만든 것입니다.

하나님은 변한 게 없습니다. 하나님은 여전히 사랑의 하나님으로 계십니다. 그런데 선악과가 법의 하나님으로 보이도록 아담의 눈을 바꿔 놓은 것입니다. 하나님과 아담은 부모와 자식과 같습니다. 부모와 자식은 사랑의 관계로 있습니다. 그런데 선악과가 법의 관계로 만들어 버린 것입니다.

사랑은 허다한 죄를 덮습니다. 하지만 법은 모든 허물을 드러냅니다. 아담 안에 사랑이 없으면 아무리 하나님이 괜찮다고 하여도 아담이 불편한 것입니다. 법이 아담으로 하여금 불편하게 만드는 것입니다. 법 아래 놓여진 아담은 무화과나무 잎사귀로 치마를 만들어 입고도 그 두려움이 사라지지 않았습니다. 그래서 나무 뒤에 숨어버린 것입니다.

선악과의 눈으로 본 하나님은 심판하는 하나님이었습니다. 법이 아담으로 하여금 하나님을 심판하는 하나님으로 인식하게 한 것입니다. 자기 눈에 하나님이 심판하는 하나님으로 보이면 숨게 되어 있습니다. 이것은 마치 어린아이가 잘못하고 난 후 부모를 두려워하는 것과 같습니다. 자기 안의 법이 두려움을 일으켜서 부모를 두려운 분으로 만들어 버린 것입니다. 이것을 죄라고 합니다.

법 아래서 살아가는 사람들은 쉼을 누리지 못합니다. 쉼은 법에서 해방될 때 누릴 수 있습니다. 선악과를 먹기 전에 아담은 사랑 안에서 살았습니다. 발가벗고서도 쉼을 누렸습니다. 그런데 선악과를 먹고 난 후에는 법 아래 떨어지고 말았습니다. 법이 아담 안에서 발가벗음이 수치라고 말하는 것입니다. 법이 발가벗음이 수치라는 생각이 들게 하니까 도무지 발가벗고서는 하나님 앞에 나아갈 수 없는 것입니다.

그래서 인간들이 스스로 수치를 가리는 일을 하는 것입니다. 그것이 인간의 방법으로 의를 만들어 가는 것으로 나타난 것입니다. 인간들은 하나님 앞에서 떳떳해지려고 합니다. 자기들 방식으로 떳떳해지려고 하는 것입니다. 이것을 율법 신앙이라고 합니다.

선악과는 율법을 상징합니다. 율법 아래서 하나님을 보게 되면 심판하는 두려운 하나님으로 보입니다. 그러나 은혜 아래서 하나님을 보게 되면 사랑의 하나님으로 보입니다. 아담은 율법의 눈으로 하나님을 보니까 치마를 해 입고도 두려운 것입니다. 뱀이 선악과로 아담을 두려움의 자리로 밀어넣은 것입니다. 마귀는 우리로 하여금 두려움의 자리로 이끕니다.

그것이 이 시대는 율법 아래 머물게 하는 것으로 나타나고 있습니다. 율법 아래 있으면 하나님은 상선벌악하시는 두려운 하나님으로 보입니다. 그럼 인간들은 그 두려움을 해소하고자 자기 행위로 아담처럼 치마를 해입게 됩니다. 그것이 자기가 하나님의 말씀을 지켜서 의로워지려는 율법 신앙으로 나타나는 것입니다.

하나님은 이러한 일은 헛된 일이라고 하면서 아담이 만든 치마를 벗겨버립니다. 그리고 흠 없는 짐승을 죽여서 그 가죽으로 옷을 해서 입혀주십니다. 이것은 죄의 수치는 흠 없는 제물의 죽음으로 가려주신다는 뜻입니다.

수치를 가리는 방식에는 두 가지 방식이 있습니다. 인간의 방식과 하나님의 방식이 있습니다. 인간의 방식은 자기들이 치마를 만들어서 수치를 가리는 것이고, 하나님의 방식은 흠 없는 제물의 죽음으로 수치를 가리는 것입니다.

인간이 만들어 입는 것을 율법이라고 하고, 하나님이 입혀주는 것은 은혜라고 합니다. 즉 율법이냐, 은혜이냐의 문제입니다. 신앙은 하나님의 방식으로 하나님께 나아가는 것입니다. 그러나 마귀는 우리의 방식으로 하나님에게 나아가라고 합니다. 우리의 방식은 '율법 지킴'이라는 방식입니다.

뱀이 선악과로 미혹을 하였듯이, 마귀는 인간을 율법이라는 동네에 붙잡아 두고자 합니다. 마귀는 우리가 하나님의 말씀을 지켰느냐 안 지켰느냐에는 관심이 없습니다. 다만 우리의 관심사를 율법에 붙잡아 두고자 하는 것입니다. 율법 아래 있으면 하나님은 두려운 존재가 되므로 숨어버리게 되기 때문입니다.

율법에 시선이 고정되면 하나님의 뜻에는 관심이 없고 우리가 무엇을 해야 하느냐에만 관심을 기울이게 됩니다. 그럼 자기 힘으로 수치를 가리는 방식으로 일을 하게 되는 것입니다. 성경은 이것을 불의라고 합니다. 불의는 법적 관계로 살아가는 것입니다. 마귀는 우리를 법적 관계 속에 묶어두고자 합니다. 법적 관계 속에서는 쉼이 없고 수고와 슬픔만 있습니다. 율법 아래는 쉼이 없고 형벌만 있을 뿐입니다.

선악의 동네에서는 하나님은 두려운 분으로 보입니다. 그래서 선악과를 먹은 아담은 두려움을 해소하고자 분주히 무화과나무로 치마를 만들어 입는 일을 하게 되는 것입니다. 일평생 두려움을 쫓아낼 수도 없는 치마를 만드는 헛수고를 하면서 살아가고 있는 것입니다.

아담이 하나님과 살려면 먼저 선악과가 몰고 온 눈을 버려야 합니다. 선악의 눈으로는 하나님을 볼 수 없습니다. 아담의 눈에서 선악의 비늘이 떨어져야만 하나님을 볼 수 있습니다. 눈에서 선악의 비늘이 떨어져야 사랑의 하나님으로 보이게 되는 것입니다.

구원이 무엇입니까? 아담의 눈에서 선악의 비늘이 떨어지는 것입니다. 그래서 구원을 받으면 그 첫째 현상이 눈에서 율법의 비늘이 떨어지는 것으로 나타나는 것입니다. 바울이 그러하였습니다. 바울은 다메섹에서 예수님을 만나고 난 후에 눈에서 비늘이 떨어졌습니다. 눈에서 비늘이 떨어지고 보니까 자신이 그동안 율법의 의로 치마를 해 입고 있었다는 것을 깨닫게 된 것입니다.

바울은 눈에서 비늘이 떨어지고 난 후 즉시로 율법의 의로 치마를 해 입던 것을 중지하였습니다. 율법으로 의로워지려던 것을 배설물처럼 버렸습니다. 하나님의 의는 예수 그리스도를 통해서 주어진다는 것을 깨닫게 된 것입니다.

눈에서 율법의 비늘이 떨어지고 나니까 본래의 눈을 갖게 된 것입니다. 본래의 눈은 은혜의 눈입니다. 은혜의 눈으로 보니까 사랑의 하나님으로 보이는 것입니다. 그래서 바울이 누구든지 그리스도 예수 안에 있는 자들은 결코 정죄함이 없다고 한 것입니다. 하나님이 아담을 찾은 것은 그 눈에서 비늘이 떨어지게 하고자 함입니다.

본문을 자세히 보면, 하나님이 아담을 언제 찾으십니까? 서늘할 때입니다. 하나님이 선악과를 먹고 나무 사이에 숨어 있는 아담을 서늘할 때 찾으십니다. '서늘할 때'를 히브리어로 '루아흐'(רוּחַ)라고 하는데, 이는 '바람이 불 때'라는 뜻을 담고 있습니다.

'루아흐'는 창세기 1장 2절의 수면에 운행하는 하나님의 신을 뜻하기도 합니다. '루아흐'는 에스겔 37장에서 마른 뼈 골짜기에 생기가 불어서 죽은 자들을 살려내는 것으로도 말해주고 있습니다. 이것이 신약에서는 오순절 성령 강림으로 나타나고 있습니다.

'날이 서늘할 때'라는 말을 영적인 의미로 보면 신약에서 '성령이 역사할 때'라고도 말할 수 있습니다. 성경은 성령이 역사 속에 운행하는 때를 종말이라고 합니다. 새로운 역사가 시작된다는 뜻이기도 합니다. 여기에 구속사적으로 엄청난 비밀이 담겨 있습니다. 하나님께서 범죄 한 아담을 찾으시는 날인 '서늘할 때'는 죄인을 구원하는 때입니다. 구원이 시작되는 때입니다.

선악과를 먹고 난 후에 아담이 얼마나 숨어 지냈는지는 알 수 없습니다. 정황을 유추하여 보면 선악과를 먹고 난 후 아담은 한동안 하나님을 떠나서 무화과나무 잎사귀로 치마를 해 입는 일을 하였다고 볼 수 있습니다. 그날이 하루인지 이틀인지는 몰라도 일정한 시간 동안 하나님을 떠나 있었던 것은 사실입니다.

무화과나무 잎사귀로 치마를 만들어 입는 것은 율법을 상징한다고 하였습니다. 그럼 아담이 무화과나무로 치마를 해 입는 기간은 언약적인 관점에서 보면 율법 시대를 상징하는 구약 시대 전체를 총칭한다고도 볼 수 있습니다.

그렇다고 한다면 하나님이 날이 서늘할 때 아담을 찾은 것은 구약 시대의 끝이 되는 것으로도 볼 수 있는 것입니다. 이것은 예수님께서 공생애로 사셨던 3년 반을 의미하기도 합니다. 예수님께서 십자가를 지시기 전은 구약입니다. 예수님은 구약의 종말인 3년 반 동안에 열두 제자들을 부르셨습니다. 그러므로 예수님께서 공생애 기간에 제자들을 찾아가서 부르신 것은 하나님께서 날이 서늘할 저녁때에 아담을 찾으신 것과도 같은 것입니다.

예수님이 제자들을 구약의 마지막 때 찾으신 것이나, 하나님이 아담을 날이 서늘한 저녁때에 찾으신 것이나 그 의미는 동일합니다. 예수 그리스도의 구속사로 보면 범죄한 아담을 하나님이 저녁에 찾으신 것은 예수님께서 자기 백성을 죄에서 구원하기 위하여 이 세상에 오신 것을 말합니다. 그래서 예수님이 이 세상에 오신 것을 일컬어 마지막 때라고 합니다.

히브리서 1장을 봅시다.

히 1:1-3 **"옛적에 선지자들로 여러 부분과 여러 모양으로 우리 조상들에게 말씀하신 하나님이 ^{2}이 모든 날 마지막에 아들로 우리에게 말씀하셨으니 이 아들을 만유의 후사로 세우시고 또 저로 말미암아 모든 세계를 지으셨느니라 ^{3}이는 하나님의 영광의 광채시요 그 본체의 형상이시라 그의 능력의 말씀으로 만물을 붙드시며 죄를 정결케 하는 일을 하시고 높은 곳에 계신 위엄의 우편에 앉으셨느니라"**

옛적에 선지자들로 그 아들에 관하여 여러 부분과 여러 모양으로 말씀하셨습니다. 그런데 이 모든 날 마지막 때에 아들로 우리에게 말씀하셨다고 합니다. 이것은 에덴동산에서 날이 서늘할 때 아담을 찾으신 하나님이 모든 날 마지막에는 그 아들을 통해서 찾으신다는 뜻입니다. 그래서 예수님의 오심이 모든 날 마지막이라고 하는 것입니다. 마지막 때란 저녁을 말합니다. 다른 말로 종말이라고 합니다. 하나님께서 세상 끝에 그 아들을 세상에 보내신 것은 무화과나무 사이에 숨어 있는 아담을 찾아내고자 하심입니다.

무화과나무 치마는 율법을 상징한다고 하였습니다. 그럼 예수님께서 오신 때는 율법의 마지막 때가 되는 것입니다. 에덴동산에서 하나님이 날이 서늘할 때 무화과나무 사이에 숨어 있던 아담을 부르신 것은 예수님께서 초림으로 오셔서 율법 아래 있는 자들을 부르신 것과 동일한 것입니다.

갈라디아서 4장을 봅시다.

갈 4:1-7 "내가 또 말하노니 유업을 이을 자가 모든 것의 주인이나 어렸을 동안에는 종과 다름이 없어서 ²그 아버지의 정한 때까지 후견인과 청지기 아래 있나니 ³이와 같이 우리도 어렸을 때에 이 세상 초등학문 아래 있어서 종노릇하였더니 ⁴때가 차매 하나님이 그 아들을 보내사 여자에게서 나게 하시고 율법 아래 나게 하신 것은 ⁵율법 아래 있는 자들을 속량하시고 우리로 아들의 명분을 얻게 하려 하심이라 ⁶너희가 아들인 고로 하나님이 그 아들의 영을 우리 마음 가운데 보내사 아바 아버지라 부르게 하셨느니라 ⁷그러므로 네가 이 후로는 종이 아니요 아들이니 아들이면 하나님으로 말미암아 유업을 이을 자니라"

하나님의 나라를 유업으로 이을 아들을 어렸을 때는 종과 다름없는 모습으로 두셨다고 합니다. 쉬운 말로 회사를 물려받을 회장님 아들이 회사를 경영하기에 앞서서 회장님이 잠깐 그 아들을 말단 직원으로 근무하게 하는 것과도 같습니다.

정한 때가 되면 아들을 사장으로 불러올려서 회사를 운영하도록 맡기게 됩니다. 하나님이 지금 아들들을 그렇게 하신 것입니다. 천국을 유업으로 얻을 아들이 정한 때까지 율법 아래서 종노릇하게 하신 것입니다. 그래서 때가 차매 하나님께서 예수 그리스도를 율법 아래 보내신 것입니다. 예수 그리스도를 율법 아래 보내신 것은 율법 아래 있는 아들들을 속량하기 위함입니다.

율법 아래 있을 때는 종이었습니다. 그런데 예수님이 오셔서 율법 아래서 종노릇하던 자들을 아들의 명분을 얻게 해주셨습니다. 성령을 아들의 영으로 보내주어서 하나님을 '아바 아버지'라고 부르게 하신 것입니다. 이것은 마치 무화과나무 잎사귀로 치마를 해 입고서도 두려워서 무화과나무 사이에 숨어 있던 아담을 하나님이 찾아가서 부르신 것과도 같습니다.

하나님께서 아담을 찾는 것은 죄에서 구원하기 위함입니다. 그것이 아담이 입고 있던 무화과나무 잎사귀로 만든 치마를 벗겨내고 가죽옷을 입혀주는 것으로 나타난 것입니다. 아담이 무화과나무 잎사귀로 수치를 가리려고 치마를 해 입는 것은 율법 아래서 인간의 행위로 의로워지려고 하는 구약 교회의 모습입니다. 율법의 의로는 결코 의로워질 수 없습니다.

하나님 앞에 의는 예수 그리스도의 피 흘리심으로 주어지는 것입니다. 이것은 하나님이 아담에게 피 묻은 가죽옷을 입혀주신 것과 같습니다. 신약에서의 구원 사역은 오순절 성령 강림으로부터 시작되었습니다. 오순절 성령 강림의 때가 바로 날이 서늘할 때와 같습니다. 종말은 시대가 바뀌는 때입니다. 구시대는 가고 새시대가 도래하는 것입니다.

오순절 성령의 강림으로 구약에서 신약으로 시대가 바뀌게 된 것입니다. 구약은 육이고 신약은 영입니다. 성령이 오심으로 육의 시대는 끝이 나고, 영의 시대가 열린 것입니다. 성령의 오심으로 혈통적 이스라엘은 끝이 나고, 성령으로 거듭난 영적 이스라엘의 시대가 열리게 된 것입니다.

사도행전 2장을 봅시다.

행 2:17-18 "하나님이 가라사대 말세에 내가 내 영으로 모든 육체에게 부어주리니 너희의 자녀들은 예언할 것이요 너희의 젊은이들은 환상을 보고 너희의 늙은이들은 꿈을 꾸리라 [18]그때에 내가 내 영으로 내 남종과 여종들에게 부어주리니 저희가 예언할 것이요"

베드로는 성령 강림을 말세라고 합니다. 성령 강림을 요엘 선지자의 예언을 인용하면서 말하기를 말세에 하나님께서 성령을 부어주시는 것이라고 하였습니다. 육체에 하나님의 영이 부어지면 육체의 시대는 끝이 나고 영의 시대가 열리는 것입니다. 우리는 비록 육체적으로는 이방인이지만 영적으로는 하나님의 아들들입니다.

성령의 오심으로 육체의 시대는 종말을 맞이하고 영의 시대에 돌입한 것입니다. 육체의 시대가 끝이 난다는 것은 죄인의 시대가 끝이 난다는 뜻입니다. 율법의 시대가 끝이 났다는 뜻입니다. 성령 강림으로 저녁에서 아침으로 바뀐 것입니다.

아담은 하나님이 찾기 전까지 무화과나무 잎사귀로 치마를 만들어 입는 일을 하였습니다. 우리도 예수 그리스도께서 우리를 찾기 전까지는 율법의 의로 치장하고 살았습니다. 인간의 행함으로 "의이다, 불의이다" 하면서 살았습니다.

아담은 내면으로부터 밀려오는 두려움을 해소하고자 무화과나무 잎사귀로 치마를 만들어 입는 일을 하였습니다. 이것은 죄 아래 있는 인간들의 모습입니다. 인간들은 본능적으로 두려움이 있습니다. 그 두려움을 해소하고자 종교를 만들었습니다. 세상의 모든 종교는 인간들의 내면으로부터 밀려오는 두려움을 해소하려는 것으로부터 시작되었습니다.

인간들은 내면으로부터 밀려오는 두려움을 해소하고자 종교를 만든 것입니다. 그것이 최초로 홍수 후에 바벨탑을 쌓는 것으로 나타났습니다. 인간들은 성과 대를 하늘 꼭대기까지 오르고자 쌓았습니다. 이것은 홍수의 두려움으로부터 벗어나고자 하는 행위입니다.

창세기 11장을 봅시다.

창 11:1-4 "온 땅의 구음이 하나이요 언어가 하나이었더라 ²이에 그들이 동방으로 옮기다가 시날 평지를 만나 거기 거하고 ³서로 말하되 자, 벽돌을 만들어 견고히 굽자 하고 이에 벽돌로 돌을 대신하며 역청으로 진흙을 대신하고 ⁴또 말하되 자, 성과 대를 쌓아 대 꼭대기를 하늘에 닿게 하여 우리 이름을 내고 온 지면에 흩어짐을 면하자 하였더니"

바벨탑을 쌓을 때 인간들이 하는 말을 들어보세요. 성과 대를 쌓아서 하늘에 닿자고 합니다. 탑을 하늘에 닿도록 쌓아서 홍수라는 두려움으로부터 벗어나고자 한 것입니다. 에덴동산에서 선악과를 먹은 아담이 내면으로부터 밀려오는 두려움을 없애고자 무화과나무 잎사귀로 치마를 만들어 입던 것이 홍수 이후 인간들에게는 바벨탑을 쌓는 것으로 나타난 것입니다.

이것은 죄인들의 본성을 말해주고 있는 것입니다. 인간들은 일평생 마음으로부터 밀려오는 두려움을 해소하고자 합니다. 두려움을 해소하고자 하는 모습은 다양하게 나타납니다. 인간들이 힘이라고 여기는 것을 의지하는 것으로 나타나고 있는 것입니다.

어떤 사람은 어리석은 부자처럼 물질을 모으는 것으로 나타나고, 어떤 사람은 율법사와 같이 영생을 얻고자 일평생 인간의 선한 행실을 행하는 것으로 나타나고, 어떤 사람은 자기 몸을 쳐서 고행을 행함으로써 죄책으로부터 해방하고자 합니다.

사람들이 술에 취하고 마약을 하는 것은 마음속에서부터 밀려오는 두려움과 공허함을 잊기 위함입니다. 여자들이 세상의 각종 화려한 것으로 치장하는 것은 마음으로부터 밀려오는 공허함과 두려움을 해소하고자 함입니다.

인간들은 정치로 예술로 종교로 경제로 자기 안의 두려움으로부터 벗어나고자 합니다. 그러나 벗어나고자 하면 할수록 더욱더 가두어지게 되는 것입니다. 그래서 성공한 후에는 인생의 허무를 느끼고 우울해하는 것입니다.

아담은 하나님이 찾아오기 전까지는 두려움을 없애고자 무화과나무 잎사귀로 치마를 해 입는 일을 하였습니다. 그러나 두려움을 해소하지 못하였습니다. 무화과나무 잎사귀로 만든 치마가 두려움을 해소시키지 못하였습니다. 이것은 인간들은 그 어떤 것으로도 죄가 주는 두려움으로부터 벗어날 길이 없다는 것을 말해주고 있는 것입니다.

히브리서 2장을 봅시다.

히 2:14-18 "자녀들은 혈육에 함께 속하였으매 그도 또한 한 모양으로 혈육에 함께 속하심은 사망으로 말미암아 사망의 세력을 잡은 자 곧 마귀를 없이 하시며 15또 죽기를 무서워하므로 일생에 매여 종노릇하는 모든 자들을 놓아주려 하심이니 16이는 실로 천사들을 붙들어 주려 하심이 아니요 오직 아브라함의 자손을 붙들어 주려 하심이라 17그러므로 저가 범사에 형제들과 같이 되심이 마땅하도다 이는 하나님의 일에 자비하고 충성된 대제사장이 되어 백성의 죄를 구속하려 하심이라 ¹⁸자기가 시험을 받아 고난을 당하셨은즉 시험 받는 자들을 능히 도우시느니라"

인간들은 일평생 죽음이라는 두려움에 종노릇하고 살았습니다. 인간은 죽음이 주는 두려움으로부터 벗어날 수 없습니다. 아담이 무화과나무 잎사귀로 치마를 해 입어도 두려움에서 벗어나지 못한 것도 죽음에 가두어졌기 때문입니다.

하나님은 죽음에 종노릇하는 자기 백성들을 해방시키기 위하여 그 아들을 보냈습니다. 일평생 죽음에 종노릇하는 자기 백성들을 놓아주시려고 오신 것입니다. 이들을 아브라함의 자손이라고 합니다. 아브라함의 자손이란 언약의 후손이라는 뜻입니다. 창세전에 어린양의 생명책에 녹명된 자들을 말합니다. 예수 그리스도를 만난 사람은 죽음의 두려움으로부터 자유하게 살아가게 되는 것입니다.

죽음의 두려움은 인간 쪽에서는 해소할 수 없습니다. 백약이 무효합니다. 죽음의 두려움은 오직 하나님께서 해소해 주어야만 합니다. 그것이 에덴동산에서는 하나님이 아담에게 가죽옷을 입혀주시는 것으로 나타났습니다.

죄가 주는 두려움은 하나님이 입혀주는 옷을 입어야만 사라집니다. 그것이 세상 마지막 때에는 예수 그리스도가 이 세상에 오셔서 십자가에서 자신의 옷을 벗어주시는 것으로 나타난 것입니다. 하나님은 이러한 일을 창세전에 계획하셨습니다.

에베소서 1장을 봅시다.

엡 1:3-7 "찬송하리로다 하나님 곧 우리 주 예수 그리스도의 아버지께서 그리스도 안에서 하늘에 속한 모든 신령한 복으로 우리에게 복 주시되 ⁴곧 창세전에 그리스도 안에서 우리를 택하사 우리로 사랑 안에서 그 앞에 거룩하고 흠이 없게 하시려고 ⁵그 기쁘신 뜻대로 우리를 예정하사 예수 그리스도로 말미암아 자기의 아들들이 되게 하셨으니 ⁶이는 그의 사랑하시는 자 안에서 우리에게 거저 주시는바 그의 은혜의 영광을 찬미하게 하려는 것이라 ⁷우리가 그리스도 안에서 그의 은혜의 풍성함을 따라 그의 피로 말미암아 구속 곧 죄 사함을 받았으니"

사도 바울은 성령의 감동으로 창세전 소식을 들었습니다. 성령께서 사도 바울에게 알려주신 창세전 소식은 예수 그리스도 안에서 하나님의 아들들이 되는 것입니다. 그런데 그 아들이 되는 방법이 독특합니다. 예수 그리스도의 피로 말미암아 죄 사함을 받아서 되는 것으로 되어 있습니다. 예수 그리스도의 피로 말미암는다는 것은 예수 그리스도의 죽음으로 주어진다는 것입니다.

이것이 에덴동산에서는 하나님께서 선악과를 먹고 죽은 자가 된 아담에게 가죽옷을 지어 입히신 것으로 나타난 것입니다. 하나님이 아담에게 입혀준 가죽옷이 예수 그리스도의 십자가로 나타난 것입니다. 그래서 오순절 성령 강림 후에는 예수 그리스도의 피로 맺은 새 언약을 믿음으로 살아가는 것을 일컬어 예수 그리스도로 옷을 입었다고 합니다. 성령 강림 후로는 예수 그리스도를 믿음으로 살아가는 것이 가죽옷을 입는 것입니다.

베드로전서 1장을 봅니다.

벧전 1:18-21 "너희가 알거니와 너희 조상의 유전한 망령된 행실에서 구속된 것은 은이나 금같이 없어질 것으로 한 것이 아니요 [19]오직 흠 없고 점 없는 어린양 같은 그리스도의 보배로운 피로 한 것이니라 [20]그는 창세전부터 미리 알리신 바 된 자나 이 말세에 너희를 위하여 나타내신 바 되었으니 [21]너희는 저를 죽은 자 가운데서 살리시고 영광을 주신 하나님을 그리스도로 말미암아 믿는 자니 너희 믿음과 소망이 하나님께 있게 하셨느니라"

베드로는 우리가 예수 그리스도의 피로 구속받은 것은 창세전부터 미리 알리신 바라고 합니다. 그런데 이것이 이 말세에 우리를 위하여 나타난 것이라고 합니다. 말세란 세상 마지막이라는 뜻입니다. 세상 마지막 때가 바로 하나님이 서늘할 때 아담을 찾으실 때입니다. 예수님께서 세상 마지막에 오셔서 자기 백성들에게 "아담아 네가 어디 있느냐?"라고 부르십니다. 이를 자기 양들의 이름을 각각 부르신다고 합니다.

요한복음 5장을 봅시다.

요 5:24-29 "내가 진실로 진실로 너희에게 이르노니 내 말을 듣고 또 나 보내신 이를 믿는 자는 영생을 얻었고 심판에 이르지 아니하나니 사망에서 생명으로 옮겼느니라 25진실로 진실로 너희에게 이르노니 죽은 자들이 하나님의 아들의 음성을 들을 때가 오나니 곧 이때라 듣는 자는 살아나리라 26아버지께서 자기 속에 생명이 있음같이 아들에게도 생명을 주어 그 속에 있게 하셨고 27또 인자 됨을 인하여 심판하는 권세를 주셨느니라 28이를 기이히 여기지 말라 무덤 속에 있는 자가 다 그의 음성을 들을 때가 오나니 29선한 일을 행한 자는 생명의 부활로, 악한 일을 행한 자는 심판의 부활로 나오리라"

무덤 속에 있던 자들이 다 하나님의 아들의 음성을 들을 때가 온다고 합니다. 그럼 두 가지 반응으로 나타납니다. 선에 속한 사람은 생명의 부활로 나아오고, 악에 속한 사람은 심판의 부활로 나아옵니다. 선에 속한 사람은 창세전에 어린양의 생명책에 녹명된 자들을 말하고, 악에 속한 자들은 어린양의 생명책에 녹명되지 않은 자들을 말합니다.

어린양의 생명책에 녹명된 자들은 예수 그리스도를 영접하게 되고, 어린양의 생명책에 녹명되지 않은 자들은 예수 그리스도를 배척하게 되어 있습니다. 그래서 이 세상에는 예수 그리스도를 믿는 자들과 예수 그리스도를 믿지 않는 자들로 나타나고 있는 것입니다.

예수 그리스도를 믿는 자들은 예수 그리스도의 의로 살아가고, 예수 그리스도를 믿지 않는 자들은 자신들이 만든 의로 살아갑니다. 예수 그리스도의 의로 살아가는 자들은 가죽옷을 입고 살아가는 것이고, 자기 의로 살아가는 자들은 무화과나무 잎사귀로 만든 치마를 입고 살아가는 것입니다.

이 세상을 무덤이라고 합니다. 무덤 속에는 죽은 자들이 있습니다. 이 세상에 속한 모든 자들은 다 죽은 자들입니다. 그런데 예수님께서 죽은 자들 속에서 자기 백성들을 불러내십니다. 자기 양들의 이름을 부르십니다. 누구든지 예수 그리스도께서 "아담에 네가 어디에 있느냐?"라고 부르시는 그 음성을 듣는 자는 살아나게 되는 것입니다.

이를 나사로를 통해서 보여주셨습니다. 나사로는 무덤 속에서 예수님의 음성을 들었습니다. 그리고 무덤에서 나온 것입니다. 나사로가 예수님의 음성을 듣고 무덤에서 나온 것은 성도들이 복음을 듣고 세상에서 교회로 불러내심을 입은 것과 같습니다.

언약적으로는 율법 아래 있던 자들을 은혜 아래로 불러내신 것입니다. 이것이 신앙적으로는 우리가 예수 그리스도의 복음을 듣고 영적으로 죄와 사망의 권세로부터 빼내심을 입는 것으로 나타난 것입니다. 이것이 장차 역사적으로는 예수님이 재림하실 때 하나님의 백성들은 하늘로부터 울려 퍼지는 천사장의 나팔 소리를 듣고 이 세상 바깥으로 빼내심을 입는 것으로 나타나게 되는 것입니다.

세상은 죽은 자들이 살아가는 무덤입니다. 예수님이 무덤 속에 있는 자기 백성들을 불러내십니다. 그것이 이 시대는 복음으로 성도들이 구원을 받는 것으로 나타나고 있는 것입니다. 이 시대가 날이 서늘할 때입니다. 저녁때입니다. 예수님이 문 앞에서 두드리고 계십니다. "아담아 네가 어디 있느냐?" 하고 찾으십니다.

요한계시록 3장으로 말씀을 맺습니다.

계 3:17-22 "네가 말하기를 나는 부자라 부요하여 부족한 것이 없다 하나 네 곤고한 것과 가련한 것과 가난한 것과 눈먼 것과 벌거벗은 것을 알지 못하도다 [18]내가 너를 권하노니 내게서 불로 연단한 금을 사서 부요하게 하고 흰옷을 사서 입어 벌거벗은 수치를 보이지 않게 하고 안약을 사서 눈에 발라 보게 하라 [19]무릇 내가 사랑하는 자를 책망하여 징계하노니 그러므로 네가 열심을 내라 회개하라 [20]볼찌어다 내가 문 밖에 서서 두드리노니 누구든지 내 음성을 듣고 문을 열면 내가 그에게로 들어가 그로 더불어 먹고 그는 나로 더불어 먹으리라 [21]이기는 그에게는 내가 내 보좌에 함께 앉게 하여 주기를 내가 이기고 아버지 보좌에 함께 앉은 것과 같이 하리라 [22]귀 있는 자는 성령이 교회들에게 하시는 말씀을 들을찌어다"

아시아의 일곱 교회에게 편지를 합니다. 아시아의 일곱 교회는 신약의 전 기간에 나타날 교회의 모습들을 담고 있습니다. 그러므로 예언적인 의미가 있습니다. 에베소 교회로 시작된 교회가 라오디게아 교회로 끝이 납니다. 라오디게아 교회는 종말의 교회를 상징하고 있습니다.

라오디게아 교회의 모습이 어떠한가요? '나는 부자라 부요하여 부족한 것이 없다'고 합니다. 이는 자기 의로 가득하다는 것입니다. 무화과나무 잎사귀로 만든 치마를 입고 있는 것입니다. 스스로는 수치를 가렸다고 하는데, 하나님이 보시기에는 발가벗고 있는 것입니다. 이 모습은 아담의 모습과 같은 것입니다.

예수님이 라오디게아 교회의 문을 두드리십니다. "아담아 어디 있느냐?"라고 소리치고 계신 것입니다. 그 음성을 듣고 영접하면 더불어 먹고 마시게 해주신다고 합니다. 저녁을 먹자는 말입니다. 저녁을 먹으면, 예수님의 보좌에 함께 앉혀 주신다고 합니다. 이는 천국에서의 안식을 말합니다.

저녁을 먹고 나면 잠을 잡니다. 잠자는 것은 안식하는 시간입니다. 하나님께서 서늘할 때 아담을 찾으신 것은 저녁을 먹이고 잠을 자게 하시고자 함입니다. 저녁 먹고 잠잘 시간이 가까이 오고 있습니다. 그러니까 세상에서 퇴근할 준비를 하시기 바랍니다. 세상 것들을 더 정리하시고 홀가분하게 퇴근하여서 집으로 돌아가서 저녁 잘 잡수시고 평안하게 주무실 준비를 하십시다.

하나님이 찾으십니다.

아담아!
네가 어디 있느냐?
어디서 무얼 하고 있느냐?
어서 퇴근할 준비 해야지!

25강 흙을 먹는 뱀(창 3:14-15)

창세전 언약으로 본 창조와 구원 이야기

창 3:14-15 "여호와 하나님이 뱀에게 이르시되 네가 이렇게 하였으니 네가 모든 육축과 들의 모든 짐승보다 더욱 저주를 받아 배로 다니고 종신토록 흙을 먹을지니라 ¹⁵ 내가 너로 여자와 원수가 되게 하고 너의 후손도 여자의 후손과 원수가 되게 하리니 여자의 후손은 네 머리를 상하게 할 것이요 너는 그의 발꿈치를 상하게 할 것이니라"

하나님께서 만물을 창조하시면서 각자에게 먹어야 할 양식을 지정해 주셨습니다. 어떤 짐승은 고기를 양식으로 주셨고, 어떤 짐승은 풀을 양식으로 주셨습니다. 그래서 동일한 짐승임에도 초식동물이 있고, 육식동물이 있는 것입니다. 동일한 새들임에도 풀을 먹는 새가 있고, 고기를 먹는 새들이 있습니다. 먹거리가 다 다른 것입니다.

피조물들에게 각자가 먹을 양식을 지정해 주셨다는 것은 각자의 생명이 다르다는 것입니다. 각자 지정해 주신 것을 먹지 않으면 죽게 됩니다. 예를 들어 송충이는 솔잎을 먹도록 하였습니다. 그런데 송충이가 솔잎을 먹지 않고 햄버거를 먹게 되면 죽어버립니다. 고기를 먹어야 할 사자가 풀을 먹으면 죽고, 풀을 먹어야 할 소가 고기를 먹어도 죽게 됩니다.

예전에 광우병에 걸린 소고기 문제로 온 나라가 시끄러웠습니다. 왜 소가 미치나요? 이는 풀을 먹어야 할 소에게 고기를 먹였기 때문입니다. 소가 광우병에 걸리는 사건은 하나님께서 피조물들에게 주신 각자의 양식을 먹지 않고 먹지 말아야 하는 양식을 먹을 땐 어떤 현상이 나타나는지를 잘 보여주는 사건이라 할 수 있습니다. 이는 소에게만 국한된 문제가 아닙니다. 누구든지 자기 양식을 먹지 않으면 미치게 되는 것입니다. 이는 하나님의 명을 어기는 것이기 때문입니다. 하나님의 뜻을 거역한 죄로 나타난 현상입니다.

인간도 먹어야 할 것을 먹지 않고 먹지 말아야 할 것을 먹으면 광우병에 걸리게 됩니다. 아담이 그러하였습니다. 하나님은 아담에게 생명과를 양식으로 주셨습니다. 그런데 아담은 선악과를 먹어버렸습니다. 선악과를 먹고 난 아담은 미치고 말았습니다. 그것이 하나님의 뜻을 거스르고 자기 뜻대로 살아가는 것으로 나타난 것입니다.

아담이 먹지 말아야 할 양식을 먹고 나타난 미친 결과가 아담 혼자에게 머물지 않고 온 인류에게 악영향을 끼쳐서 온 세상이 미치고 만 것입니다. 미치면 눈에 뵈는 게 없습니다. 안하무인(眼下無人)이 되고 맙니다. 급기야 목사 입에서 하나님도 까불면 자기에게 혼난다는 망발을 하면서 객기를 부리고 교만을 떨게 되는 것입니다. 이것은 마치 술 먹고 부모도 몰라보고 행패를 부리는 것과도 같은 것입니다.

에덴동산에서 쫓겨난 인간들이 한 짓이 무엇입니까? 바벨탑을 쌓아서 하나님을 대적하였습니다. 피조물이 어찌 창조주를 대적한단 말입니까? 이것은 미치지 않고서는 할 수 없는 일입니다. 홍수 속에서 살려주었으면 감사하여야지 어찌 대적한단 말입니까? 은혜를 원수로 갚는 것입니다. 이것이 바로 먹으라는 것은 먹지 않고 먹지 말라는 것을 먹고 나타난 미친 짓입니다.

우리는 흔히 부모를 대적하고 폭행하는 자식을 금수만도 못한 패륜아라고 합니다. 자신을 낳아준 부모에게 해(害)를 가하는 것은 제정신으로는 할 수 없는 일입니다. 술을 먹고 미쳤든지, 마약을 먹고 미쳤기 때문입니다. 그래서 인간 사회에서는 부모를 대적하는 자를 패륜아라고 낙인을 찍어서 이것은 인간이 할 도리가 아니라는 것을 아이들에게 교육하는 것입니다.

그런데 인간들이 자기를 낳아준 하나님에게 패륜을 저지르고 있으면서, 인간들에게는 그래서는 안 된다고 가르치고 있는 것입니다. 인간들이 창조주 하나님을 대적하는 것은 괜찮고, 인간들이 부모에게 패륜하면 안 된다고 가르치고 있는 것입니다. 죄인다운 아주 고약한 이율배반적이면서도 이분법적인 사고입니다.

생명은 양식을 찾게 되고, 양식은 생명을 자라게 합니다. 산 자는 양식을 먹고 양식이 사람을 살게 하는 것입니다. 그러므로 생명과 양식은 분리될 수 없는 하나입니다. 흔히들 열심히 일하는 사람에게 "수고가 많으십니다"라고 하면 "다 살자고 하는 것이 아니겠습니까?"라고 응대합니다. 맞습니다. 다 먹고 살자고 하는 것입니다.

우리가 왜 먹거리에 그렇게 신경을 씁니까? 이는 먹거리가 우리의 생명을 유지하게 하는 원동력이기 때문입니다. 항우장사도 먹지 않으면 죽습니다. 금강산도 식후경입니다. 그런데 아무리 배가 고파도 아무것이나 먹지 않습니다. 각자 먹어야 할 것을 찾아서 먹게 됩니다. 하나님은 피조물 각각에게 먹거리에 대한 본능을 주셨습니다. 그래서 각자가 먹어야 할 양식을 정확하게 찾아서 먹는 것입니다. 이것은 본능적입니다. 본능이 자기 먹거리를 찾게 만드는 것입니다.

성도에게 있어 양식은 하나님의 말씀입니다. 말씀이신 하나님이 육신을 입고 이 세상에 오셨습니다. 그분이 예수 그리스도입니다. 하나님은 예수님을 성도들의 양식으로 주셨습니다. 그래서 예수님께서 '나는 하늘로서 내려온 산 떡'이라고 하신 것입니다. '누구든지 나를 먹으면 영생을 얻게 된다'고 하셨습니다.

예수님은 '내가 세상에 온 것은 아버지의 뜻을 이루기 위함'이라고 하셨습니다. 이것은 비단 예수님에게만 국한된 것이 아닙니다. 우리 역시 하나님의 뜻을 위하여 창조된 자들입니다. 신앙생활은 하나님의 뜻을 이루어 가는 것입니다. 그럼 무엇을 하기 이전에 이것이 하나님이 기뻐하는 일인가를 먼저 헤아려 볼 줄 알아야 합니다. 하나님의 뜻을 모르고 하게 되면 자기 딴에는 충성하였다고 하는 것이 도리어 하나님을 모독하는 것이 될 수 있기 때문입니다.

이것은 가인과 아벨의 제사를 통해서 잘 보여주었습니다. 가인과 아벨은 하나님께 제사를 드렸습니다. 그런데 하나님께서 가인의 제사는 거부하고 아벨의 제사만 받으셨습니다. 그러자 가인이 분노하면서 하나님에게 예쁨받는 아벨을 돌로 쳐 죽이고 맙니다.

하나님은 왜 가인의 제사는 거부하셨나요? 이는 하나님이 원하는 제사가 아니었기 때문입니다. 우리의 신앙도 그러합니다. 무슨 일이든지 하나님의 뜻을 모르고 하게 되면 가인처럼 왜 내 제사는 받지 않느냐고 하나님을 대적하게 됩니다.

예수님께서 세상에 오셨을 때 유대인들의 신앙이 그러했습니다. 유대인들은 율법을 지키면 그것이 하나님이 기뻐하는 것인 줄 알았습니다. 그래서 율법 지킴을 자랑하였던 것입니다. 그러자 예수님께서 하나님은 제사를 원치 않고 긍휼을 원하신다는 것을 배우라고 하신 것입니다. 이러한 일은 예수님 초림 때만 일어난 것이 아닙니다. 구약 내내 일어난 일입니다. 하나님의 백성들 속에서 늘 반복해서 일어났던 일입니다.

호세아 4장을 봅시다.

호 4:6-7 "내 백성이 지식이 없으므로 망하는도다 네가 지식을 버렸으니 나도 너를 버려 내 제사장이 되지 못하게 할 것이요 네가 네 하나님의 율법을 잊었으니 나도 네 자녀들을 잊어버리리라 ⁷저희는 번성할수록 내게 범죄 하니 내가 저희의 영화를 변하여 욕이 되게 하리라"

호 6:6 "나는 인애를 원하고 제사를 원치 아니하며 번제보다 하나님을 아는 것을 원하노라"

호세아 선지자는 이 백성이 지식이 없어서 망한다고 하였습니다. 하나님의 뜻을 알지 못하면서 제사를 드렸던 것입니다. 하나님의 마음도 모르면서 열심이었던 것입니다. 그래서 번성하면 할수록 하나님께 더욱더 범죄 한다고 하는 것입니다. 무슨 말인가요? 하나님의 뜻을 모르면서 행하면 그것이 죄가 된다는 것입니다. 열심히 하면 할수록 죄가 더욱 가중되는 것입니다. 이 말은 인간의 열심은 하나님께 아무런 도움이 되지 못한다는 것입니다.

하나님을 섬기는 데 있어서 가장 중요한 것은 먼저 하나님의 뜻을 아는 것입니다. 신앙은 열심의 문제가 아니라 하나님의 뜻을 먼저 아는 앎입니다. 앎이 먼저이고, 제사는 나중입니다. 그래서 하나님은 제사를 원치 않고 하나님 아는 것을 원한다고 하시는 것입니다. 우리도 유대인들처럼 하나님의 뜻과는 상관없이 자기 열심으로 신앙생활을 하고 있지는 않은지 살펴볼 필요가 있습니다.

요한계시록의 라오디게아 교회를 보면 스스로는 '부자라 부요하여 부족한 것이 없다'고 하는데, 정작 하나님이 보시기에는 가난하고 헐벗고 가련한 소경이라고 합니다. 그 안에 세상 것으로 가득 채워져서 예수님이 있을 공간이 없어서 문밖으로 다 내보내고 있는 것입니다. 그럼에도 스스로는 신앙생활을 잘하고 있다고 믿고 있는 것입니다. 착각은 자유이겠지만 그 피해는 엄청나게 큽니다.

마태복음 7장을 봅시다.

마 7:22-23 "그날에 많은 사람이 나더러 이르되 주여 주여 우리가 주의 이름으로 선지자 노릇 하며 주의 이름으로 귀신을 쫓아내며 주의 이름으로 많은 권능을 행치 아니하였나이까 하리니 23그때에 내가 저희에게 밝히 말하되 내가 너희를 도무지 알지 못하니 불법을 행하는 자들아 내게서 떠나가라 하리라"

종말의 심판 때에 많은 사람들이 하나님의 뜻과는 무관하게 자기 열심으로 신앙생활을 하다가 하나님으로부터 외면당하는 사태가 벌어지고 있습니다. 스스로는 주의 이름으로 각양의 일들을 행하였습니다. 그런데 하나님은 모른다고 하면서 불법을 행하였다고 하십니다. 주의 이름으로 열심히 한 것이 불법이라고 하십니다. 이것은 청천벽력과 같은 말입니다. 돌이킬 수 있는 시간도 없습니다. 저주 중에서 이런 저주는 없습니다.

자기 딴에는 열심과 충성으로 행한 것인데, 정작 하나님은 모른다고 하시는 것입니다. 모름으로 그치지 않고 한발 더 나아가서 도리어 그 일이 하나님의 뜻을 거역하는 불의이고 불법이라고 하십니다. 이런 충격이 또 어디에 있단 말입니까? 그러므로 열심 이전에 하나님의 뜻을 아는 것이 먼저여야 하는 것입니다. 그래서 힘써 여호와를 알자고 외친 호세아 선지자의 외침을 우리도 들어야 합니다.

유대인들은 하나님이 무엇을 기뻐하는지를 몰랐습니다. 열심히 하나님께 갖다 바치면 하나님이 기뻐하실 것으로 생각하였습니다. 시간 시간마다 모였고 많은 것을 갖다 바쳤습니다. 그러나 그것은 가인의 제사였던 것입니다.

이사야 1장을 봅시다.

사 1:10-14 "너희 소돔의 관원들아 여호와의 말씀을 들을찌어다 너희 고모라의 백성아 우리 하나님의 법에 귀를 기울일찌어다 ¹¹여호와께서 말씀하시되 너희의 무수한 제물이 내게 무엇이 유익하뇨 나는 수양의 번제와 살진 짐승의 기름에 배불렀고 나는 수송아지나 어린양이나 수염소의 피를 기뻐하지 아니하노라 ¹²너희가 내 앞에 보이러 오니 그것을 누가 너희에게 요구하였느뇨 내 마당만 밟을 뿐이니라 ¹³헛된 제물을 다시 가져오지 말라 분향은 나의 가증히 여기는 바요 월삭과 안식일과 대회로 모이는 것도 그러하니 성회와 아울러 악을 행하는 것을 내가 견디지 못하겠노라 ¹⁴내 마음이 너희의 월삭과 정한 절기를 싫어하나니 그것이 내게 무거운 짐이라 내가 지기에 곤비하였느니라"

이스라엘은 시간 시간마다 소를 잡아 바치고 양을 잡아 바치곤 하였습니다. 안식일이나 절기나 월삭이나 대회 때마다 틈만 나면 잔뜩 싸 들고 찾아와서 하나님께 예배를 드린다고 하였습니다. 그런데 하나님께서 제발 가지고 오지 말라고 하십니다. "내가 언제 이런 걸 원했느냐? 마음에도 없는 것을 받기에 지쳤고 이젠 지겨우니까 가지고 오지 말라"고 하십니다. 꼴도 보기 싫으니 다시는 찾아오지 말라고 하십니다.

하나님은 이사야 선지자를 통하여서 이스라엘의 외식 신앙에 역겨움을 드러내셨습니다. 얼마나 역겨우셨으면 이스라엘을 유황불로 저주를 받았던 소돔과 고모라 사람과 같은 인간들이라고 책망을 하셨겠습니까! 섬뜩해지는 말이 아닐 수 없습니다. 이 정도 되면 하나님 앞에 나왔다는 것을 자랑할 것이 아니라, 하나님이 무엇을 기뻐하시는지를 아는 일에 목숨을 걸어야 할 판입니다.

예수님도 요한계시록 3장에서 라오디게아 교회에게 말씀하시기를 그들을 토해내겠다고 하셨습니다. 라오디게아 교회는 종말 교회를 상징하고 있습니다. 그럼 이 이야기를 지금 우리에게 하고 있는 것입니다. 그래서 성령이 교회들에게 하시는 말씀을 귀 있는 자는 들으라고 합니다. 우리는 이 말씀 앞에 어떻게 반응해야 할까요? 이런 일을 당하지 않으려면 어찌해야 하나요? 하나님이 무엇을 기뻐하시는지를 알아야 합니다. 먼저 하나님의 뜻을 올바로 알고 난 후에 열심도 충성도 해야 하는 것입니다.

가인과 아벨의 제사로 본다면 하나님께서 어떤 제사를 원하시는지를 먼저 알아야 하는 것입니다. 쉬운 말로 하나님이 채소를 좋아하는지, 아니면 양고기를 좋아하시는지를 알아야 합니다. 하나님의 식성도 알지 못하면서 상을 차려 놓았다가는 이사야 선지자가 말한 것처럼 헛된 제물을 드리는 것이 될 수도 있기 때문입니다.

난 죽도록 충성을 했는데 하나님께서 받지 않으실 수도 있기 때문입니다. 우리는 일평생 충성한다고 했는데, 그날에 하나님이 "난 너희를 도무지 모른다"고 할 수 있기 때문입니다. 우리 딴에는 엄청난 일을 했다고 자랑하는데, 정작 주님은 모른다고 하시면 어찌 될까요?

실제로 예수님은 산상보훈의 결론에서 그날에 많은 사람들이 주 앞에서 자신들이 행한 일들을 자랑할 때 하나님께서 "나는 너희를 모른다"고 하시면서 이들은 불법을 행한 자들이니 "나를 떠나라"고 하신다고 하셨습니다.

예수님께서 오셨을 때 유대인들의 신앙이 그러했습니다. 바리새인들은 모든 것을 돈으로 판단했습니다. 그래서 성전을 강도의 굴혈로 만들어 놓은 것입니다. 그것도 신앙이라는 이름으로 말입니다. 그래서 예수님께서 바리새인들을 일컬어 독사의 자식들이라고 하셨던 것입니다.

눅 16:14 "바리새인들은 돈을 좋아하는 자라"

바리새인들은 자신들이 돈을 좋아하니까, 예루살렘 성전을 온통 돈벌이하는 곳으로 만들어 놓았던 것입니다. 바리새인들은 하나님 말씀을 돈벌이 수단으로 사용하였던 것입니다. 율법을 확대 해석하여서 백성들로 하여금 죄 아래 가두어서 제물을 바치도록 하였습니다. 율법으로 제사를 지내도록 하여 제물들을 강탈했던 것입니다.

예를 들어서 안식일을 확대 해석하여 안식일에는 밥도 짓지 못하도록 하였던 것입니다. 밥을 짓기 위해 불 지피는 것도 노동이라고 해서 안식일을 범한 죄가 되도록 했고, 아이가 놀다가 옷이 터져서 바느질을 해도 안식일을 범한 죄가 되기 때문에 제물을 가져다가 제사를 지내야 했습니다. 여행을 가도 자신들이 정해 놓은 거리를 벗어나면 안식일을 범하였다는 죄목으로 제물을 갖다 바쳐서 속죄하라고 가르쳤습니다. 그러니 성전에는 백성들이 바친 제물로 차고 넘쳤던 것입니다. 제사장들은 백성들이 바친 속죄 제물로 이익을 챙겼던 것입니다.

귀에 걸면 귀걸이, 코에 걸면 코걸이식으로 율법을 적용하였던 것입니다. 사태가 이렇다 보니 백성들은 안식일이 돌아오는 것이 싫었던 것입니다. 안식일이 즐거운 날이 아니고 고역의 날이 되었던 것입니다. 백성들에게는 안식일이 돌아오는 것이 마치 며느리들이 명절날 돌아오는 것처럼 싫은 날이 되고 만 것입니다.

잘못하여서 속죄 제사를 지내려고 해도 본인이 제물을 준비하면 안 됩니다. 대제사장이 지정해 준 업자로부터 구입해야 했습니다. 업자들이 준비한 양이라야 거룩해서 하나님이 받으신다고 가르쳐 놓은 것입니다. 그래서 예수님은 성전에서 양 팔고 비둘기 파는 장사꾼들의 상과 돈 바꾸는 자들의 상을 뒤집어엎으신 것입니다.

예수님 당시에 거룩을 판단하는 것은 제사장들의 몫이었습니다. 제사장의 말을 안 듣고서는 이스라엘 백성으로 살아가기가 어려운 것입니다. 이런 모습을 보신 예수님이 얼마나 역겹고 화가 나셨으면 돈을 좋아하는 바리새인들을 향하여 지옥에 갈 독사 새끼들이라고 저주를 퍼부으셨겠습니까?

하나님의 말씀을 맡은 종교 지도자라고 하는 자들이 백성들에게 돈만 밝히는 무서운 하나님으로 가르쳐 놓았으니 백성들이 하나님을 좋아할 리가 없는 것입니다. 바리새인들은 아주 나쁜 하나님을 가르쳐 놓은 것입니다.

이것은 마치 이 시대 성도들의 신앙을 돈으로 평가하는 목사들과 같은 것입니다. 소경인 교인들이 목사들의 말을 듣고 하나님을 돈 좋아하는 분으로 만들어 놓은 것입니다. 목사들은 성도가 죄지었을 때 돈만 갖다 바치면 사(赦)해 주시는 그런 하나님으로 가르쳐 놓은 것입니다. 그러니 교인들이 어떤 잘못을 하고 나면 속된 말로 액땜용 헌금을 하게 되는 것입니다.

마태복음 23장을 봅시다.

마 23:16-25 "화 있을찐저 소경 된 인도자여 너희가 말하되 누구든지 성전으로 맹세하면 아무 일 없거니와 성전의 금으로 맹세하면 지킬찌라 하는도다 ^{17}우맹이요 소경들이여 어느 것이 크뇨 그 금이냐 금을 거룩하게 하는 성전이냐 ^{18}너희가 또 이르되 누구든지 제단으로 맹세하면 아무 일 없거니와 그 위에 있는 예물로 맹세하면 지킬찌라 하는도다 ^{19}소경들이여 어느 것이 크뇨 그 예물이냐 예물을 거룩하게 하는 제단이냐 ^{20}그러므로 제단으로 맹세하는 자는 제단과 그 위에 있는 모든 것으로 맹세함이요 ^{21}또 성전으로 맹세하는 자는 성전과 그 안에 계신 이로 맹세함이요 ^{22}또 하늘로 맹세하는 자는 하나님의 보좌와 그 위에 앉으신 이로 맹세함이니라 ^{23}화 있을찐저 외식하는 서기관들과 바리새인들이여 너희가 박하와 회향과 근채의 십일조를 드리되 율법의 더 중한바 의와 인과 신은 버렸도다 그러나 이것도 행하고 저것도 버리지 말아야 할찌니라 ^{24}소경 된 인도자여 하루살이는 걸러 내고 약대는 삼키는도다 ^{25}화 있을찐저 외식하는 서기관들과 바리새인들이여 잔과 대접의 겉은 깨끗이 하되 그 안에는 탐욕과 방탕으로 가득하게 하는도다"

하나님은 종교 지도자를 소경 된 인도자라고 합니다. 요즘 식으로 하면 교인들은 소경이고 목사들은 강도인 것입니다. 그래서 예수님은 당시 종교 지도자(서기관, 제사장, 율법사)들과 백성들을 한통속으로 묶어서 소경들이라고 하셨던 것입니다.

바리새인들은 돈의 가치를 신앙의 척도로 삼은 것입니다. 그럼에도 무지하고 어리석은 백성들은 자신들은 지도자(목사)들이 시키는 대로 했다고 합니다. 결국, 백성들은 소경에게 인도받아 함께 망하게 된 것입니다.

소경을 인도자로 두었다는 것은 자신도 소경이기 때문입니다. 하나님께서는 소경을 소경에게 붙여서 함께 지옥으로 데리고 가게 하신 것입니다. 여기서 재미있는 것은 예수님께서 돈 버러지와 같은 바리새인들을 향하여 "뱀들아, 독사의 새끼들아"라고 하신 말씀입니다.

마 23:33 "뱀들아 독사의 새끼들아 너희가 어떻게 지옥의 판결을 피하겠느냐"

예수님은 하나님께서 돈을 좋아한다고 가르치는 자들을 독사의 새끼라고 하셨습니다. 그럼 이 시대 물질적 가치로 신앙을 판단하는 목사들도 뱀 새끼들인 것입니다. 돈을 좋아하면 뱀 새끼입니다.

우린 여기서 우리의 신앙을 달아 보아야 합니다. '나는 과연 돈을 좋아하지 않는가?' 이 세상에 돈을 좋아하지 않는 인간은 없습니다. 신자이든 불신자이든 돈을 힘으로 삼고 살아가고 있는 것입니다. 그럼 모든 인간은 뱀 새끼들입니다.

역설적으로 말하면 우린 모두가 뱀 새끼들이기 때문에 돈을 좋아하는 것입니다. 아무리 하나님께서 돈을 사랑함이 일만 악의 뿌리이니 돈을 사랑하지 말라고 하여도 우리는 그 악의 뿌리인 돈을 사랑할 수밖에 없는 것입니다. 이것이 인간의 한계입니다.

여기서 우리는 예수님께서 왜 바리새인들을 향하여 독사의 새끼라고 하셨는지를 추적해 보지 않을 수 없습니다. 예수님은 왜 돈을 밝히는 바리새인들을 향하여 많은 짐승들이 있는데 굳이 '뱀들, 독사의 새끼들'이라고 하였을까요?

왜 '소 대가리들아! 말 대가리들아! 돼지 대가리들아!' 아니면 '코끼리 새끼들아! 이 더러운 바퀴벌레 새끼들아!'라고 하지 않으시고 '뱀들아, 독사의 새끼들아!'라고 하셨을까요? 이는 에덴동산에서 아담과 하와를 선악과로 미혹한 뱀의 행세를 하고 있기 때문입니다. 성경이 증거하고 있는 뱀이 어떤 존재인지 살펴봅시다.

창세기 3장을 봅시다.

창 3:1 "여호와 하나님의 지으신 들짐승 중에 뱀이 가장 간교하더라"

하나님이 지으신 들짐승 중에 "뱀이 가장 간교하더라"라고 되어 있습니다. '간교하다'라는 말은 어감 자체가 부정적인 면을 가지고 있습니다. 마치 '간사스러운 사기꾼' 또는 '비열하고 얍삽한 놈'과 같은 뜻으로 들립니다. 그러나 '간교하다'라는 원문의 뜻은 전혀 그렇지가 않습니다. 나쁜 뜻이 아니라 좋은 뜻을 가지고 있습니다.

'간교하다'라는 말은 히브리어 원문으로는 '아룸'(מערוּם)이라고 합니다. 히브리어의 '아룸'이라는 말을 신약 성경의 헬라어 70인역에서는 '프로니모스'(φρόνιμος)라고 번역하고 있습니다. 이 말은 원래 '교활하다'나 '간교하다'라는 의미가 아니고 그 반대로 '지혜롭다'라는 뜻이고, '슬기롭다'라는 의미입니다.

히브리어로 된 구약 성경을 헬라어로 번역한 70인 개역 성경에서도 역시 '슬기롭다, 사려 깊다, 신중하다'라는 의미로 사용하였습니다. 우리말 개역 성경에서도 '아룸'이라는 단어가 사람을 대상으로 쓰일 때는 '지혜'로 사용되었습니다. 그 몇 가지 예를 보면 다음과 같습니다.

잠언을 봅시다.

잠 12:16 "미련한 자는 분노를 당장에 나타내거니와 슬기로운 자는 수욕을 참느니라"

잠 13:16 "무릇 슬기로운 자는 지식으로 행하여도 미련한 자는 자기의 미련한 것을 나타내느니라"

잠 14:8 "슬기로운 자의 지혜는 자기의 길을 아는 것이라도 미련한 자의 어리석음은 속이는 것이니라"

잠언에서 사용하는 '슬기롭다'라는 말은 창세기 3장 1절의 '아룸'과 일점일획도 다르지 않습니다. 이처럼 '아룸'을 사람에게 사용할 때는 '슬기롭다'라고 합니다. 그러나 유독 뱀에게는 '간교하다'라고 사용하고 있는 것입니다. 동일한 단어를 가지고 달리 해석하고 있는 것입니다. 이것은 반칙입니다. 뱀에게는 나쁜 의도로 사용하고, 인간에게는 좋은 의도로 사용하는 것은 불공평한 것입니다.

뱀에게는 간교니 교활이니 해놓고, 사람들을 향해서는 슬기니 지혜니 이렇게 말할 수 있는 것은 오직 인간들이나 할 법한 일입니다. 참으로 죄인다운 이율배반적이고 이기적인 인간의 뻔뻔스러움과 추악함을 잘 드러내 주고 있는 것입니다.

인간들의 정서상 아무리 생각해도 뱀을 '지혜롭다'라고 말하고 싶지 않은 것입니다. 뱀을 나쁘게 보고 싶은 것입니다. 이 모두가 뱀에 대하여 부정적인 이미지를 가지고 있기 때문입니다. 이것은 편견입니다. 예수님도 과연 우리처럼 뱀의 지혜를 편견으로 나쁘게 보셨을까요?

마태복음 10장을 봅시다.

마 10:16 "보라 내가 너희를 보냄이 양을 이리 가운데 보냄과 같도다 그러므로 너희는 뱀같이 지혜롭고 비둘기같이 순결하라"

예수님께서는 뱀을 인간들처럼 편견으로 보시지 않았습니다. 예수님은 뱀을 있는 그대로 지혜로움으로 보셨습니다. 그래서 열두 제자들을 파송하시면서 오히려 뱀처럼 지혜로워지라고 말씀하셨습니다. 뱀의 지혜를 배우라고 하셨습니다.

예수님께서 뱀처럼 지혜로워지라며 사용하신 단어가 바로 구약 히브리어로 '아룸'입니다. 신약 헬라어로는 '프로니모스'(φρόνιμος)입니다. 만약 예수님께서 제자들에게 뱀처럼 지혜로워지라고 한 말을 창세기식으로 번역하면 '교활해져라', '간사스러워져라'가 되는 것입니다.

과연 예수님께서 제자들에게 '야비하고, 얍삽하고, 교활하고, 사기꾼처럼 간사스럽게' 행동하라고 하셨을까요? 여기에 동의하는 사람은 없을 것입니다. 예수님께서 절대로 그렇게 말씀하실 리가 없다고 할 것입니다. 왜냐하면 우리의 편견이 예수님은 좋은 말만 하신다고 보기 때문입니다.

인간들은 뱀 때문에 인류가 죄에 빠지게 되었다고 생각을 합니다. 물론 성경에서는 뱀을 죄의 원흉인 마귀로 묘사하고 있습니다. 하지만 냉정하게 보면 뱀은 죄를 짓게 하지 않았습니다. 뱀은 인간에게 선악과를 따 먹으라고 하지 않았습니다. 다만 선악과가 지니고 있는 정보를 사실 그대로 알려주었을 뿐입니다. 굳이 뱀의 잘못을 따진다면 인간들에게 알려주지 말아야 할 정보를 알려준 것뿐입니다.

이것은 마치 어린아이들에게 보여주어서는 안 될 나쁜 영화를 보여준 것과도 같은 것입니다. 옳고 그름을 따지자면 나쁜 영화를 보고서 따라 한 아이들이 잘못이지, 나쁜 영화를 보여준 것은 잘못이 아닙니다. 윤리적으로 보면 왜 그러한 것을 보여주었느냐고 책망은 들을 수 있어도 보여준 것으로 죄를 책할 수는 없습니다.

뱀의 죄도 마찬가지입니다. 굳이 따진다면 너무 올바르게 알려준 것이 죄라면 죄입니다. 뱀은 선악과를 정확하게 간파하고 있었습니다. 뱀은 자기가 알고 있는 대로 여자에게 알려준 것입니다. 뱀과 여자의 대화를 살펴보고 갑시다.

창세기 3장입니다.

창 3:1-6 "여호와 하나님의 지으신 들짐승 중에 뱀이 가장 간교하더라 뱀이 여자에게 물어 가로되 하나님이 참으로 너희더러 동산 모든 나무의 실과를 먹지 말라 하시더냐 ²여자가 뱀에게 말하되 동산 나무의 실과를 우리가 먹을 수 있으나 ³동산 중앙에 있는 나무의 실과는 하나님의 말씀에 너희는 먹지도 말고 만지지도 말라 너희가 죽을까 하노라 하셨느니라 ⁴뱀이 여자에게 이르되 너희가 결코 죽지 아니하리라 ⁵너희가 그것을 먹는 날에는 너희 눈이 밝아 하나님과 같이 되어 선악을 알 줄을 하나님이 아심이니라 ⁶여자가 그 나무를 본즉 먹음직도 하고 보암직도 하고 지혜롭게 할 만큼 탐스럽기도 한 나무인지라 여자가 그 실과를 따 먹고 자기와 함께한 남편에게도 주매 그도 먹은지라"

뱀은 여자에게 선악과를 먹으면 눈이 밝아 선악을 아는 일에 하나님과 같이 된다고 하였습니다. 이는 선과 악을 판단하게 된다는 말입니다. 선악을 판단하는 것은 심판하는 권세입니다. 이것은 창조주 하나님만이 가지고 있어야 하는 법입니다. 뱀의 말대로 인간은 선악과를 따 먹고 선과 악에 대한 눈이 밝아졌습니다. 눈이 밝아졌다는 것은 자기들의 눈을 가졌다는 것입니다.

자기들의 눈을 가지게 되자 자기들 생각으로 옳고 그름을 판단하기에 이른 것입니다. 심지어 하나님이 하신 일도 자기들 눈으로 판단하기에 이른 것입니다. 그것이 하나님이 발가벗고 살게 한 것을 수치라 여기고 무화과나무 잎사귀로 치마를 만들어서 입는 것으로 나타난 것입니다. 하나님이 하신 일에 자기들 생각을 섞기 시작한 것입니다.

하나님은 발가벗음을 아름다움으로 보셨습니다. 그래서 발가벗고 살아도 나무라지 않으셨던 것입니다. 아담과 하와가 발가벗고 사는 것이 수치스러운 일이었을 것 같으면 하나님이 먼저 치마를 해 입히셨을 것입니다. 그러나 하나님은 발가벗은 그 상태로 살게 하셨습니다. 그 이유는 발가벗음이 수치가 아니었기 때문입니다.

죄가 무엇입니까? 하나님과 다른 눈을 가진 것입니다. 하나님과 다르게 보는 것입니다. 이것이 지금은 성경을 보는 관(觀)으로 나타나고 있는 것입니다. 예수님께서 오셔서 유대인들을 향하여 소경이라고 하신 것은 하나님과 다른 눈을 가지고 있었기 때문입니다.

하나님과 다른 눈으로 성경을 보면 하나님과 다른 신앙을 갖게 됩니다. 하나님의 말씀을 자기 생각으로 이해하게 되는 것입니다. 그럼 다른 신앙을 낳게 됩니다. 그래서 예수님이 유대인들에게 "너희가 성경도 하나님도 크게 오해를 하였도다"라고 말씀하신 것입니다.

오해란 '다른 해석'이라는 뜻입니다. 예수님은 하나님의 말씀을 오해한 바리새인들을 향하여 독사의 새끼들이라고 하셨습니다. 뱀이 유대인들에게 하나님의 말씀을 오해해 보게 한 것입니다. 다른 눈으로 보게 한 것입니다. 이러한 것은 지금도 계속되고 있습니다.

뱀은 인간의 지혜로 성경을 해석하게 합니다. 인간의 이성으로 이해하게 하는 것입니다. 그것이 이 시대 인간의 이성을 바탕으로 한 인문학적인 해석입니다. 심리학이나 철학을 바탕으로 한 원어 풀이입니다. 원어로 풀이한다고 하면서 공교하게 지은 말로 해석하는 것으로 나타나고 있는 것입니다. 신앙을 도를 깨우치는 것으로 미혹하고 있는 것입니다.

예수님은 자기 백성들에게 하나님의 생명을 주고자 오셨습니다. 생명은 반드시 삶으로 표현하게 되어 있습니다. 예수를 믿는 신앙은 불교처럼 어떤 도리나 이치를 깨닫는 것이 아닙니다. 예수의 생명으로 살아가는 것입니다.

그러므로 예수님은 우리가 믿어야 하는 구주가 되기도 하지만 우리가 본받아야 할 형제이기도 합니다. 예수님을 맞아들이라고 하는 것은 성도들도 예수님과 같이 하나님의 아들로서 이 세상을 살아가는 자들이기 때문입니다. 그래서 하나님은 미리 아신 자들을 그 아들의 형상을 본받게 하시고자 구원하신 것입니다.

마귀는 신앙을 도(道) 닦는 것으로 변질시켜 놓았습니다. 마치 도사가 되어서 신선 놀음하는 것으로 만들어 버린 것입니다. 도를 깨달으면 마치 고급 신앙인 것처럼 둔갑시켜 놓은 것입니다. 여기에 미혹 당한 자들은 하나님의 말씀을 마치 심오한 도를 깨우치는 식으로 이해하여 문자 풀이를 하고 그 뜻을 깨달으면 진리를 아는 것이라고 스스로 속고 있는 것입니다.

이러한 자들은 머리로는 진리를 말하지만 몸뚱어리는 자리에 누워서 손과 발은 움직이지 못하는 중풍병자들과 같습니다. 중풍병자들은 머리로 축구하는 자들입니다. 머리로는 공을 차기만 하면 골인이 됩니다. 뒷발로 차도 골인이 됩니다. 그러나 몸뚱이는 스스로 밥도 떠먹지 못하는 자들입니다. 성경은 이러한 신앙을 일컬어 '귀신의 믿음'이라고 하고 '죽은 것'이라고 합니다.

예수는 입으로 믿는 것이 아닙니다. 머리로 도를 깨우치는 것도 아닙니다. 온몸과 마음을 다하여서 예수로부터 받은 생명으로 살아가는 것입니다. 삶으로 나타나지 않는 신앙은 귀신의 신앙입니다. 뱀 신앙입니다. 뱀은 항상 인간의 이성을 바탕으로 하는 선악의 지혜로 인간을 미혹하고 있습니다. 선악의 지혜는 선악에 머물게 할 뿐입니다.

인간의 이성으로 아무리 논리적으로 그럴듯하게 성경을 해석한다고 하여도 어디까지나 인간의 지혜입니다. 그러니까 인간 자랑을 벗어나지 못하는 것입니다. "나, 이만큼 깨달았다"라고 자랑질하는 것입니다. 그래서 기껏 자랑하는 것이 "난 이만큼 아는데 넌 모르지?" 하면서 사람 간에 우열과 서열로 줄을 세우는 것입니다.

아는 자는 마치 득도한 신선처럼 행세하고, 깨닫지 못하는 자는 저급하다는 식으로 폄훼하고 무시하는 것입니다. 성경을 원어로 해석하는 것을 가지고 진리를 안다 모른다 하는 것 자체가 선악의 지혜입니다.

예수를 믿는 것은 지적 유희를 즐기는 것이 아닙니다. 피 흘리기까지 자기 안에서 일어나는 죄와 싸우는 것입니다. 그리하여 하나님의 은혜가 아니면 살 수 없고 예수 그리스도의 피 흘리심이 없이는 죄 사함을 받을 수 없다는 것을 뼛속 깊이 절감하고, 그리하여 십자가의 은혜가 너무도 고마워서 그 은혜에 감사하면서 살아가는 것으로 나타나야 하는 것입니다.

뱀은 인간을 선악과의 지혜에 머물러 있게 합니다. 예수 그리스도를 바라보는 것이 아니라 예수 그리스도를 아는 자기 자신에게 빠지게 합니다. 복음을 깨닫는 자신에게 취하게 합니다. 마태복음 7장을 보면, 종말의 심판을 말할 때 그날에 많은 사람이 주의 이름으로 선지자 노릇을 하고 주의 이름으로 귀신도 쫓아내고 주의 이름으로 이러저러한 능력을 행하였다고 자기 자신들이 행한 업적들을 자랑하고 있습니다.

이에 하나님은 "불법을 행한 자들아, 나는 너희를 도무지 모른다"라고 하시면서 "내게서 떠나라"고 하십니다. 그들은 분명히 주의 이름으로 행하였습니다. 그런데 왜 불법을 행한 자들이라고 할까요? 이는 이들은 주의 이름으로 무엇인가 행하는 것을 신앙으로 붙잡고 있었기 때문입니다. 요즘 식으로 말하면 복음을 아는 것으로 자랑하고 있는 것입니다.

복음 아는 것은 자랑하는 것이 아니고 그 알게 된 복음으로 예수 그리스도를 대신하여서 살아가는 것입니다. 복음 아는 것을 자랑하는 것은 밥 많이 먹었다고 자랑하는 것과 같습니다. 밥을 먹은 것은 일하기 위함이지 빈둥거리고 놀고자 함이 아닙니다. 하나님께서 복음을 깨닫게 해주신 것은 그 복음을 힘으로 삼아 예수 그리스도의 것으로 살아가게 하고자 하심입니다.

그러나 뱀은 복음 아는 것을 신앙의 본질로 붙잡게 만드는 것입니다. 복음 아는 것을 신앙의 본질로 붙잡고 있는 것이 바로 선악의 지혜로 신앙생활을 하고 있는 것입니다. 복음을 아는 것은 선악의 지혜이고, 복음으로 살아가는 것은 생명의 지혜입니다. 지식으로 아는 것은 선악의 지혜이고, 예수 그리스도의 생명으로 살아가는 것은 생명의 지혜입니다.

뱀은 예수 그리스도를 지식으로 아는 것에 머물게 하여서 생명의 삶을 가리게 하는 것입니다. 산다는 것은 지식으로 이해하는 것이 아닙니다. 산다는 것은 온몸으로 희로애락을 토해내는 것입니다.

어느 시대이고 뱀은 인간에게 생명과를 가리는 작전을 구사합니다. 뱀은 인간에게 "하나님이 참으로 동산 나무의 모든 실과를 먹지 말라고 하였느냐?"라고 함으로써 인간의 관심사를 먼저 먹지 말아야 하는 것으로 돌려버리는 데 성공합니다.

만약 뱀이 인간에게 하나님이 먹으라고 한 실과가 무엇이냐고 물었다면 인간은 당연히 생명과로 눈이 고정되었을 것입니다. 그랬으면 생명과를 따 먹었을 것입니다. 그럼 선악과를 따 먹는 일은 발생하지 않았을 것입니다.

뱀은 이를 잘 알고 인간의 눈을 선악과에 붙잡아 두는 작전을 펼친 것입니다. 인간의 관심사가 선악과에 고정되는 순간 인간은 선악과로부터 빠져나오지 못합니다. 왜냐하면 선악과는 인간의 마음을 단박에 빼앗을 만큼 보암직하고 먹음직하고 탐스러운 강력한 매력을 가지고 있기 때문입니다.

인간의 본능은 마음속에 먹어야겠다는 그림이 그려지게 되면 인간의 모든 신경은 먹고자 하는 쪽으로 동원하여 움직이게 되어 있습니다. 뱀은 선악과로 인간의 눈길을 사로잡는 데 성공하였습니다. 이러면 이미 게임은 끝났습니다. 언제 따 먹느냐만 남아 있을 뿐입니다.

하나님 앞에서 뱀의 잘못은 인간의 눈을 선악과로 빼앗은 것입니다. 그래서 저주의 길에 떨어지게 된 것입니다. 뱀이 저주받은 것은 인간에게 알려주지 말아야 할 것을 알려준 것 때문입니다. 피조물에게는 선악을 아는 일은 해(害)가 되기 때문입니다.

이는 마치 어른이 어린 청소년에게 소화하지도 못할 성인 비디오 내용을 알려준 것과 같습니다. 성인 비디오는 그것을 소화할 수 있는 성인에게는 전혀 해가 되지 않습니다. 그러나 아직까지 성을 모르는 어린 청소년이 보게 되면 치명적인 해를 입을 수 있습니다. 그래서 부모들이 어린아이가 성인 비디오를 보지 못하도록 꼭꼭 감추는 것입니다.

선악을 아는 지혜는 예수님처럼 온전하신 분이 가지고 있으면 전혀 문제가 되지 않습니다. 그러나 피조물인 인간이 가지게 될 때는 치명적인 독이 될 수 있습니다. 세상을 피조물 입장에서 선과 악으로 구분하기 때문입니다. 그러면 하나님이 보시기에 좋게 만든 것도 피조물 입장에서 좋지 않다고 할 수 있는 것입니다.

그래서 하나님은 인간에게 선악과를 먹으면 죽는다고 강하게 경고하셨던 것입니다. 선악과를 먹고 난 후 인간들은 모든 것을 인간 중심으로 옳고 그름으로 판단하게 되었습니다. 하나님이 지으신 것은 모두가 선한 것인데도 피조물인 인간들이 자기 생각으로 좋고 나쁜 것으로 구분하여 판단한 것입니다.

가장 쉬운 예로 보면 인간들은 자연을 보호한답시고 오히려 훼손하는 것과 같습니다. 자연 보호는 자연 그대로 두는 것이 가장 자연을 잘 보호하는 것입니다. 하나님은 '제발 내가 창조한 그대로 가만두라'고 하십니다. 그런데 인간들은 "아닙니다, 우리가 좋게 만들겠습니다"라고 하면서 하나님이 만드신 것을 훼손하는 것입니다.

선악과도 마찬가지입니다. 하나님이 먹지 말라고 하시면 안 먹으면 됩니다. 그런데 먹어서 이런 난리를 치고 있는 것입니다. 감당하지도 못할 선악의 지식을 가져서 하나님이 만드신 세상을 엉망진창으로 만들어 버린 것입니다. 과유불급이라고, 넘침은 모자람만 못한 것입니다. 지혜도 절제하지 못하고 넘치게 사용하면 뱀처럼 화를 입게 됩니다. 반대로 아담처럼 지혜가 부족하여 자기 뜻대로 판단하는 것도 화를 입게 됩니다.

뱀은 지혜가 넘쳐서 망하였고, 인간은 지혜가 부족하여서 망하였습니다. 둘 다 지혜를 잘못 사용하여서 함께 저주의 나락으로 떨어지게 되고 만 것입니다. 그래서 바울은 선 줄로 생각하는 자는 넘어질까 조심하라고 경고하였던 것입니다.

뱀은 인간에게 선악과의 비밀을 알게 해준 죄로 저주를 받았고, 인간은 지혜가 부족하여 뱀의 술수에 넘어가 선악과를 먹은 죄로 저주를 받게 되었습니다. 그런데 뱀과 인간에게 떨어진 저주가 동일합니다. 하나님은 아담이 살아갈 땅을 저주해 버리십니다. 아담이 살아갈 땅은 저주의 기운을 뿜어내고 있습니다. 하나님은 뱀과 죄인을 둘 다 저주의 기운을 뿜어내는 흙에 가두어 버리셨습니다.

창세기 3장을 봅시다.

창 3:14 "여호와 하나님이 뱀에게 이르시되 네가 이렇게 하였으니 네가 모든 육축과 들의 모든 짐승보다 더욱 저주를 받아 배로 다니고 종신토록 흙을 먹을지니라"

창 3:18-23 "땅이 네게 가시덤불과 엉겅퀴를 낼 것이라 너의 먹을 것은 밭의 채소인즉 ¹⁹네가 얼굴에 땀이 흘러야 식물을 먹고 필경은 흙으로 돌아가리니 그 속에서 네가 취함을 입었음이라 너는 흙이니 흙으로 돌아갈 것이니라 하시니라… ²³여호와 하나님이 에덴동산에서 그 사람을 내어 보내어 그의 근본 된 토지를 갈게 하시니라"

뱀은 흙을 먹게 하셨고, 인간은 일평생 얼굴에 땀을 흘리면서 근본 된 토지를 갈게 하여 흙에서 난 것을 먹고 살다가 흙으로 돌아가도록 하셨습니다. 뱀과 인간은 흙을 근거로 살아가는 한통속이 되고 만 것입니다. 중요한 것은 뱀이 인간보다 한 수 위라는 것입니다. 그래서 뱀은 죄인이 살아가는 세상에서 인간을 지배하는 신이 된 것입니다. 뱀은 흙에 속한 것으로 인간들을 다스립니다.

뱀은 마귀이고 사단입니다. 에덴동산에서 아담을 미혹한 뱀이 곧 마귀이고 사단입니다. 그래서 요한계시록 12장에서는 하늘에서 떨어진 용을 일컬어 옛 뱀, 마귀, 사단이라고 동의어로 말해주고 있는 것입니다.

종신토록 흙을 먹어야 한다는 것은 뱀이나 인간은 흙을 떠날 수 없는 운명이 되었다는 것입니다. 뱀은 비록 배로 기어다니기는 하지만 흙을 먹지는 않습니다. 이 땅에 그 어떤 뱀도 문자대로 흙을 먹고 사는 뱀은 없습니다. 뱀이 종신토록 흙을 먹는다는 것은 비유이며 상징입니다.

흙이란 아담을 만들 때 사용한 재료입니다. 그렇다면 뱀이 흙을 먹는다는 것은 곧 인간을 먹는다는 말이 됩니다. 이것은 흙에 속한 자들을 지배한다는 뜻입니다. 성경은 흙에 속한 자는 육이라고 합니다. 육은 영의 반대말입니다. 성경은 하나님을 영이라고 합니다. 예수 그리스도를 영이라고 합니다. 하나님이 살아가는 나라를 영의 나라라고 합니다.

영은 하늘이라고 하고,
육은 땅이라고 합니다.
영은 거룩이라고 하고,
육은 비거룩이라고 합니다.
영은 생명이라고 하고,

육은 죽음이라고 합니다.
하나님의 세계를 영이라고 하고,
인간들의 세계를 육이라고 합니다.

하나님께서 뱀에게 종신토록 흙을 먹으라고 한 것은 죄와 사망의 권세를 주신 것입니다. 그래서 마귀는 죄인들의 임금인 것입니다. 그래서 마귀를 세상 신이라고 하는 것입니다. 이 모두 하나님께서 마귀에게 죄 아래 있는 세상을 다스리도록 허락하신 것입니다. 이 세상에 그 어떤 인간도 마귀의 권세를 이길 수 없습니다. 그래서 마귀는 육신으로 오신 예수님조차도 땅의 것으로 미혹하여서 자기 수하에 두려고 시험을 하였던 것입니다. 마귀는 광야에서 사십 일을 굶주리신 예수님을 찾아가 시험을 합니다.

누가복음 4장을 봅시다.

눅 4:1-13 "예수께서 성령의 충만함을 입어 요단강에서 돌아오사 광야에서 사십 일 동안 성령에게 이끌리시며 ²마귀에게 시험을 받으시더라 이 모든 날에 아무것도 잡수시지 아니하시니 날 수가 다하매 주리신지라 ³마귀가 가로되 네가 만일 하나님의 아들이어든 이 돌들에게 명하여 떡덩이가 되게 하라 ⁴예수께서 대답하시되 기록하기를 사람이 떡으로만 살 것이 아니라 하였느니라 ⁵마귀가 또 예수를 이끌고 올라가서 순식간에 천하만국을 보이며 ⁶가로되 이 모든 권세와 그 영광을 내가 네게 주리라 이것은 내게 넘겨준 것이므로 나의 원하는 자에게 주노라 ⁷그러므로 네가 만일 내게 절하면 다 네 것이 되리라 ⁸예수께서 대답하여 가라사대 기록하기를 주 너의 하나님께 경배하고 다만 그를 섬기라 하였느니라 ⁹또 이끌고 예루살렘으로 가서 성전 꼭대기에 세우고 가로되 네가 만일 하나님의 아들이어든 여기서 뛰어내리라 ¹⁰기록하였으되 하나님이 너를 위하여 그 사자들을 명하사 너를 지키게 하시리라 하였고 ¹¹또한 저희가 손으로 너를 받들어 네 발이 돌에 부딪히지 않게 하시리라 하였느니라 ¹²예수께서 대답하여 가라사대 말씀하기를 주 너의 하나님을 시험치 말라 하였느니라 ¹³마귀가 모든 시험을 다 한 후에 얼마 동안 떠나니라"

마귀는 사십 일을 굶은 예수님께 먹을 것으로 시험합니다. 육신은 떡을 먹어야 살

수 있습니다. 아무리 항우장사라도 먹지 않고서는 살 수 없습니다. 예수님도 육신을 가졌기 때문에 떡을 먹어야 살아가실 수가 있는 것입니다. 마귀는 이 사실을 너무도 잘 압니다. 그래서 마귀는 몸에 필요한 떡을 주겠다고 한 것입니다. 마귀는 틀린 말을 하지 않았습니다.

예수님은 사십 일을 굶으셨습니다. 당연히 몸이 요구하는 대로 떡을 구하여야 합니다. 그런데 예수님은 자신이 먹을 양식은 떡이 아니라 하나님 말씀이라고 합니다. 이는 예수님은 떡을 안 먹어도 된다는 말이 아닙니다. 예수님의 존재 양식을 말해주고 있는 것입니다. 예수님께서 이 세상에 오신 것은 아버지의 뜻을 이루시기 위함입니다. 아버지의 뜻은 떡의 가치로 사는 자들을 하나님의 말씀의 가치로 사는 자들로 구원하기 위함입니다.

예수님은 마귀에게 "내가 존재하는 이유는 떡을 먹고 배부름을 얻기 위함이 아니라 하나님의 뜻을 이루는 것"이라고 하십니다. 그러자 마귀는 온 천하만국을 보여주면서 "그럼 내가 세상의 부귀와 영화와 모든 권세를 줄 테니 그것으로 이루라"고 합니다. 그러자 예수님은 "하나님을 시험하지 말라"고 하십니다. 만유를 지으시고 다스리는 분이 무엇이 아쉬워서 세상의 힘으로 하나님의 뜻을 이루겠느냐고 하면서 마귀를 책망하십니다.

하나님의 뜻을 이루어 가는 데에는 세상의 힘은 필요치 않다고 하십니다. 하나님의 일은 인간의 도움을 필요로 하지 않는다는 것입니다. 그러자 마귀는 예수님을 성전 꼭대기에 세워 놓고 '네가 만일 하나님의 아들이거든 뛰어내리라'고 합니다. '그러면 하나님께서 천사들을 보내서 네 발이 땅에 닿지 않도록 붙잡아 줄 것이니 그것으로 사람들에게 네가 하나님의 아들이라는 것을 보여 보라'고 합니다.

이에 예수님이 "야, 임마! 하나님의 아들이 뭐가 부족해서 인간들에게 '나 하나님 아들이니 나 좀 알아달라'고 할 필요가 있느냐? 인간들이 알아주면 하나님 아들이 되고 인간들이 알아주지 않으면 하나님 아들이 안 되는 것이냐? 하나님의 아들은 인간들이 알아주건 알아주지 않건 하나님의 아들인데, 뭘 기적을 동원해서 나 좀 알아달라고 할 필요가 있느냐? 그럴 필요 없으니 쓸데없는 소리 하지 말고 꺼져!"라고 하십니다. 그러자 마귀가 "나 살다 살다 별 희한한 놈 다 보겠네!"라고 구시렁거리면서 떠나갑니다.

예수님께서 세상의 떡을 거부한 것은 자신은 떡의 가치로 사는 분이 아니라는 뜻입니다. 그러나 그것만 있는 것이 아니고 나는 세상 사람이 아니라는 뜻도 담겨 있는 것입니다. 자신은 이 세상에 속한 사람이 아니라는 것입니다. '나는 떡을 먹기 위해서 사는 사람이 아니고 하나님의 뜻을 이루기 위해서 사는 사람'이라는 것입니다. 그리고 '난 이 세상에 천년만년 살려고 온 것이 아니고 아버지의 뜻을 다 이루면 이 세상을 떠나 하늘나라로 가야 한다'고 하십니다.

마귀와 예수님의 대화 속에서 마귀가 제시한 하나님의 아들과 예수님이 제시한 하나님의 아들이 다름을 알 수 있습니다. 마귀가 제시한 하나님의 아들은 떡을 위해 살고 이 세상의 영웅호걸이 되어서 모든 권세를 가지고 부귀영화를 누리면서 자기 이름을 내면서 살아가야 하는 자들이라는 것입니다. 그래야 하나님 아들답다는 것입니다.

그런데 예수님이 제시하신 하나님의 아들은 이 세상의 가치로 살지 않는 자입니다. 부자 되는 것도 원치 않고, 세상 권세자가 되는 것도 원치 않고, 특별한 능력을 행하여서 자기 이름을 내는 영웅호걸이 되는 것도 아니라고 합니다. 그냥 아버지 뜻대로 살다가 이 세상을 떠나는 것이라고 합니다. 한마디로 하나님의 아들들은 이 세상에 대한 꿈도 없고 욕심도 없고 미련도 없다는 것입니다. 그냥 하루하루 하나님의 뜻 안에서 살아가는 것이면 된다는 것입니다.

이는 하나님의 아들들은 세상 사람들과 존재 양식이 다르다는 뜻입니다. 하나님의 아들들은 예수님과 같은 가치관과 존재 양식으로 살아갑니다. 그러므로 예수님께서 마귀와의 시험에서 제시한 하나님의 아들상은 장차 이 땅에 예수님과 같이 하나님의 말씀을 양식으로 먹고 살아갈 이상한 족속들이 출현할 것을 보여주고 있는 대목이기도 한 것입니다. 이들이 누구인가요? 바로 하나님 말씀으로 난 성도들입니다.

성도들은 예수님과 같은 사고로 살아가게 되어 있습니다. 성령으로 거듭난 성도들은 세상의 가치로 살지 않습니다. 세상에서 영웅호걸이 되는 것을 목적으로 살아가지 않습니다. 세상의 부귀영화와 권세를 붙잡으려고도 하지 않습니다. 먹고 마시는 가치로 살지 않고 그의 나라와 그의 의를 위하여 살아갑니다. 그것이 성령 안에서 의와 평강과 희락을 누리면서 살아가는 것입니다.

이 시대 교회 안에서 창궐하고 있는 예수 믿으면 복 받고 잘산다고 하는 기복주의, 예수 믿으면 세상에서 출세하고 높아진다고 하는 영웅주의, 예수 믿으면 기적을 행하고 갖가지 능력을 행한다고 하는 신비주의는 모두가 마귀에게 미혹 당하여서 나타난 현상들입니다.

이러한 것이 교회 대형화로 나타나고 있는 것입니다. 마귀에게 미혹 당한 교인들은 마치 교회가 크면 하나님이 함께하신다고 믿는 것입니다. 누가 신기한 능력을 행하면 그 사람은 하나님께 특별한 은혜를 입은 특별한 종이라고 여기는 것입니다. 신앙은 이러한 것을 목적으로 하고 있지 않습니다. 그러므로 성령으로 거듭난 진정한 하나님의 아들들은 이러한 것을 좇아가지 않습니다.

중요한 것은 어느 시대든 참 성도는 적고 가짜들이 많다는 것입니다. 엘리야 시대처럼 가짜들은 온 세상을 뒤덮는데 진짜들은 7천 명처럼 미미해서 보이지 않을 정도로 숨겨져 있다는 것입니다. 마귀는 항상 세상 것으로 미혹합니다. 하나님께서 마귀에게 세상 것으로 흙에 속한 자들을 추수하라고 사명을 주신 것입니다. 그러므로 흙에 속한 자들은 마귀의 말을 하나님의 뜻인 줄 알고 따르게 되는 것입니다.

세상의 힘을 좇아가는 사람은 마귀의 제안을 거절하지 못합니다. 왜냐하면 그것들은 세상에서의 최고의 가치들이기 때문입니다. 선악과처럼 보암직하고 먹음직하고 탐스러운 매력적인 것들입니다. 육에 속한 자들은 눈만 뜨면 육신의 정욕과 안목의 정욕과 이생의 자랑을 좇아갑니다. 그 속에 육신의 쾌락과 자기 영광과 자기만족이 있기 때문입니다. 세상에 속한 자들은 이러한 것을 더 갖고자 새벽부터 밤늦게까지 경주하고 있습니다. 다른 사람보다 더 가져야 성공자가 된다고 생각하기 때문입니다.

하지만 하늘에 속한 성도들은 세상에 대한 정과 욕심을 좇아가지 않습니다. 예수님과 같이 "내 나라는 이 세상에 속한 것이 아니요"라는 자세로 살아가야 합니다. 바울은 예수를 만나기 전에는 세상에 대한 정과 욕심을 이루고자 좇아갔습니다. 그리하여 예수를 죽이려는 앞잡이들의 끄나풀이 되어서 예수쟁이들을 죽이는 일에 앞장섰습니다. 그러다가 다메섹에서 예수님을 만납니다. 예수를 만나고 난 후 삶이 완전히 바뀌었습니다. 그동안 자랑하고 좇아가던 것들을 배설물처럼 여기게 된 것입니다.

빌립보서 3장을 봅시다.

빌 3:5-12 "내가 팔 일 만에 할례를 받고 이스라엘의 족속이요 베냐민의 지파요 히브리인 중의 히브리인이요 율법으로는 바리새인이요 [6]열심으로는 교회를 핍박하고 율법의 의로는 흠이 없는 자로라 [7]그러나 무엇이든지 내게 유익하던 것을 내가 그리스도를 위하여 다 해로 여길뿐더러 [8]또한 모든 것을 해로 여김은 내 주 그리스도 예수를 아는 지식이 가장 고상함을 인함이라 내가 그를 위하여 모든 것을 잃어버리고 배설물로 여김은 그리스도를 얻고 [9]그 안에서 발견되려 함이니 내가 가진 의는 율법에서 난 것이 아니요 오직 그리스도를 믿음으로 말미암은 것이니 곧 믿음으로 하나님께로서 난 의라 [10]내가 그리스도와 그 부활의 권능과 그 고난에 참여함을 알려 하여 그의 죽으심을 본받아 [11]어찌하든지 죽은 자 가운데서 부활에 이르려 하노니 [12]내가 이미 얻었다 함도 아니요 온전히 이루었다 함도 아니라 오직 내가 그리스도 예수께 잡힌 바 된 그것을 잡으려고 좇아가노라"

바울은 예수를 만나기 전에는 세상의 것을 최고의 가치로 여기며 살았습니다. 족보와 가문과 학벌과 율법 아래서의 열심과 특심을 자랑하였습니다. 그런데 예수님을 만나보니까 그동안 자랑스럽게 여기던 것들이 전부 배설물과 같은 것임을 깨닫게 된 것입니다. 그래서 그러한 것들을 배설물처럼 버렸다고 합니다.

예수를 만나고 보니까 세상 것은 전부 똥처럼 무가치한 것입니다. 자랑할 것이 아니더란 말입니다. 자랑할 것은 오직 예수 그리스도뿐이라는 것입니다. 예수 그리스도 안에 담긴 보화를 보고 나니까 세상 것은 아무것도 아닌 것입니다. 바울은 세상의 영광을 배설물이라고 하였습니다. 배설물은 똥입니다. 똥은 가까이 두지 않고 멀리 버립니다. 가까이 두면 악취를 풍겨 온 집 안을 더럽게 하기 때문입니다.

그런데 마귀는 이 시대 교회 안에서 똥을 향수로 둔갑시켜 놓았습니다. 목사들은 교회 안을 똥으로 가득 채우고 있는 것입니다. 마귀의 시험에 다 넘어지고 만 것입니다. 마귀에게 미혹 당한 자들은 똥을 향수처럼 뿌리고 다니는 것입니다. 교회마다 똥 많이 쌓는 경쟁을 벌이고 있는 것입니다. 똥을 많이 쌓아놓은 목사가 신령한 목사로 칭송받고 있는 실정입니다. 무식하면 용감하다고 포복절도할 일들이 지금 교회 안에서 경쟁적으로 벌어지고 있습니다.

목사가 강단에서 세상의 가치를 외치니까 교인들은 그 장단에 맞추어서 서로서로 더 많은 똥으로 하나님께 영광을 돌리겠다고 충성 경쟁을 하고 있는 것입니다. "주여, 똥을 많이 주세요!" 불철주야 밤낮을 잊은 채 산에서 들에서 굶어가면서 달라고 외쳐대고 있는 것입니다. 그러면 광명의 천사처럼 마귀가 주님으로 위장하고 다가와서 "오냐, 여기 있다!"라고 한 움큼 집어줍니다.

그러면 축복받았다고 동네방네 다니면서 간증합니다. 목사들은 그런 사람들을 초청해서 간증시키고 자기 교회 교인들에게도 더 많은 똥들을 모아 오라고 부추기는 것입니다. 여기에 기독교 방송은 한술 더 떠서 생방송에다 위성 중계방송까지 한다고 난리를 치고 있는 것입니다.

교회가 절간이 되고 말았습니다. 목사는 주지승이고 교인들은 보살들인 것입니다. 뱀이 교회를 절간으로 만들어 놓은 것입니다. 절간에서는 보살들이 "나무아미타불 관세음보살, 부처님 도와주세요"라고 외치고 있고, 교회에서는 교인들이 "할렐루야! 아멘, 하나님 도와주세요"라고 외치고 있는 것입니다.

뱀은 예수님을 흙에 붙잡아 두고자 하였으나 실패하였습니다. 그래서 타깃을 목사와 교인들로 바꾸어서 미혹하고 있는 것입니다. 예수님은 뱀보다 더 지혜로우셔서 뱀의 달콤한 속삭임을 단호하게 거절하시면서 하나님을 시험하지 말라고 마귀를 쫓아버리셨습니다. 하지만 뱀보다 지혜가 부족한 인간들은 뱀이 천하만국의 영웅이 되게 해주겠다는 말에 현혹되어 마귀에게 넙죽 절하고 땅강아지마냥 흙 파먹기에 열중하고 있는 것입니다.

이 시대 목사나 교인들이 세상에서 으뜸이 되고자 하는 것은 결국 흙을 떠나지 못하게 하는 뱀의 독을 마신 증거입니다. 뱀의 독에 마비되고 만 것입니다. 그러다 보니 뱀의 말과 예수님의 말씀을 분별할 수 없는 귀머거리가 되고 만 것입니다. 목사는 소경이고 교인은 귀머거리인 것입니다. 그러니까 목사들이 예수를 이용해서 세상의 영웅이 되라고 소리치면 교인들은 "할렐루야, 아멘" 하면서 화답하고 있는 것입니다.

목사들이 예수 믿는 자들이 세상에서 으뜸이 되고 영웅되는 것이야말로 하나님께 영광이 된다고 가르치고 있는 것입니다. 그럼 귀머거리 소경인 교인들은 그 소리가 하나님의 말씀인 줄 알고 세상 것으로 하나님께 영광을 돌리겠다고 새벽부터 뛰는 것입니다.

예수님의 초림 때 성전이 장사꾼의 소굴이 되었고 강도의 굴혈이 되었듯이, 예수님의 재림 때가 가까운 이 시대 교회들도 신약 교회와 똑같이 되고 말았습니다. 목사들은 강도짓을 하고 있고 교인들은 장사를 하고 있는 것입니다. 목사들이 심은 대로 거둔다고 설교하면 순진한 교인들은 집을 팔아서 바치고 전세금 빼내서 바치면서 그것이 삼십 배, 육십 배, 백 배가 되어서 돌아올 날을 기다리고 있는 것입니다. 돈 놓고 돈 먹기입니다.

사실이 이러할진대 이 시대 무지한 교인들은 복채를 들고 뱀의 종들에게 찾아가서 천하만국의 영광을 달라고 기도해 달라며 간청하고 있는 것입니다. 무엇이든지 시키는 대로 할 테니 세상에서 으뜸만 되게 해달라고 합니다. 그럼 복채를 두둑이 받은 뱀 새끼들은 사업을 성공하게 해준다고 하고, 하는 것마다 만사형통하게 해준다며 기도해 주겠다고 합니다. 삼중축복이니 오중복음이니 하면서 '네 영혼이 잘됨같이 범사가 잘 되어서 만사형통하게 해주겠다'고 합니다.

수험생들에겐 좋은 대학 보내주겠다고 하고, 직장인들에게는 승진시켜 준다고 하고, 사업하는 사람들에게는 번창하게 해준다고 하고, 혼기를 앞둔 자들에겐 좋은 혼처를 만나 결혼할 수 있게 해준다고 합니다. 목사가 시키는 대로만 정성을 쏟아서 하면 된다는 것입니다. 그리고 목사들은 성경 구절이 적힌 부적들을 줍니다.

"네 시작은 미약하였으나 나중은 창대하리라."
"꼬리가 되지 않고 머리가 되리라."
"주여, 종의 집에 영원히 복을 주옵소서."

무식한 교인들은 목사가 들고 온 이런 액자를 부적처럼 사업체마다, 식당마다, 가게마다, 집집마다 가장 잘 보이는 곳에 신줏단지 모시듯이 걸어 놓고 기도하는 것입니다. "주여, 돈 많이 벌어서 하나님 집을 채우게 해주세요"라고 합니다. 절간이 따로 없습니다. 교회가 절간입니다. 이처럼 세상 것에 푹 빠져 있는 종말의 타락한 교회를 음녀라고 하고 각종 더러운 영들이 모인 귀신의 처소라고 하였습니다.

요한계시록 17-18장을 봅시다.

계 17:2-5 "땅의 임금들도 그로 더불어 음행하였고 땅에 거하는 자들도 그 음행의 포도주에 취하였다 하고 ³곧 성령으로 나를 데리고 광야로 가니라 내가 보니 여자가 붉은빛 짐승을 탔는데 그 짐승의 몸에 참람 된 이름들이 가득하고 일곱 머리와 열 뿔이 있으며 ⁴그 여자는 자주 빛과 붉은빛 옷을 입고 금과 보석과 진주로 꾸미고 손에 금잔을 가졌는데 가증한 물건과 그의 음행의 더러운 것들이 가득하더라 ⁵그 이마에 이름이 기록되었으니 비밀이라, 큰 바벨론이라, 땅의 음녀들과 가증한 것들의 어미라 하였더라"

계 18:2-5 "힘센 음성으로 외쳐 가로되 무너졌도다 무너졌도다 큰 성 바벨론이여 귀신의 처소와 각종 더러운 영의 모이는 곳과 각종 더럽고 가증한 새의 모이는 곳이 되었도다 ³그 음행의 진노의 포도주를 인하여 만국이 무너졌으며 또 땅의 왕들이 그로 더불어 음행하였으며 땅의 상고들도 그 사치의 세력을 인하여 치부하였도다 하더라

⁴또 내가 들으니 하늘로서 다른 음성이 나서 가로되 내 백성아, 거기서 나와 그의 죄에 참예하지 말고 그의 받을 재앙들을 받지 말라 ⁵그 죄는 하늘에 사무쳤으며 하나님은 그의 불의한 일을 기억하신지라"

여자가 붉은빛 짐승을 타고 있습니다. 붉은빛 짐승은 마귀를 말합니다. 여자는 교회를 말합니다. 교회가 마귀를 타고 있는 것입니다. 그러나 각종 보석으로 꾸미고 금잔 속에 음행의 포도주를 가득 채우고 마시고 있는 것입니다. 음행의 포도주로 인하여 만국이 무너졌다고 합니다.

온 세상의 교회가 음녀의 포도주를 마시고 행음하고 있는 것입니다. 이를 두고 각종 더러운 영들이 모인 귀신의 처소라고 합니다. 이들의 죄가 하늘에 사무쳤다고 합니다. 그래서 하나님이 "내 백성아 거기서 나오라"고 하십니다. 그들이 받을 재앙을 받지 말라고 하십니다.

왜 교회를 음녀라고 할까요? 음녀의 남편은 누구입니까? 세상이고 뱀입니다. 그래서 음녀를 '땅에 거하는 자들'이라고 하는 것입니다. 이들은 세상 것에 취하여 땅에서 임금 노릇을 하고 있습니다. 이 시대 교회와 목사와 교인들은 경쟁적으로 세상에서 왕이 되겠다고 합니다. 목사들은 마귀의 자리에 앉아서 교인들에게 마귀가 광야에서 예수님에게 했던 말로써 미혹하고 있는 것입니다.

세상에서 출세하고 성공하고 으뜸이 되어서 하나님 아들다움을 보이라고 합니다. 세상에서 성공하는 것이 하나님께 영광을 돌리는 것이라고 합니다. 신자가 거지같이 살면서 어떻게 전도를 하겠느냐, 잘살아야 전도가 될 것이 아니냐고 합니다. 거지같이 되어서 하나님 망신시키지 말라고 합니다.

한국교회에서는 가난이 죄악입니다. 작은 교회는 하나님을 망신시키고 있는 것입니다. 이 시대 목사나 교인들의 논리대로라면 초근목피하면서 살았던 열두 제자들이나 초대교회 성도들은 완전히 하나님을 망신시킨 자들이 되고 맙니다. 가난하게 십자가도만 전하는 사람들은 하나님을 망신시키는 자들인 것입니다.

이 시대 교인들은 교회가 크면 자랑스러워하고 교회가 작은 것은 부끄러워합니다. 목사들은 교인이 없는 것을 수치스럽게 생각합니다. 모든 것을 물질적 가치로 판단하고 있는 것입니다. 중요한 것은 신앙의 위기는 항상 부요할 때 나타난다는 것입니다. 세상 것으로는 부요한데 영적으로는 가난한 것입니다.

요한계시록 3장을 봅시다.

계 3:14-22 "라오디게아 교회의 사자에게 편지하기를 아멘이시요 충성되고 참된 증인이시요 하나님의 창조의 근본이신 이가 가라사대 ^{15}내가 네 행위를 아노니 네가 차지도 아니하고 더웁지도 아니하도다 네가 차든지 더웁든지 하기를 원하노라 ^{16}네가 이같이 미지근하여 더웁지도 아니하고 차지도 아니하니 내 입에서 너를 토하여 내치리라 ^{17}네가 말하기를 나는 부자라 부요하여 부족한 것이 없다 하나 네 곤고한 것과 가련한 것과 가난한 것과 눈먼 것과 벌거벗은 것을 알지 못하도다 ^{18}내가 너를 권하노니 내게서 불로 연단한 금을 사서 부요하게 하고 흰옷을 사서 입어 벌거벗은 수치를 보이지 않게 하고 안약을 사서 눈에 발라 보게 하라 ^{19}무릇 내가 사랑하는 자를 책망하여 징계하노니 그러므로 네가 열심을 내라 회개하라 ^{20}볼찌어다 내가 문 밖에 서서 두드리노니 누구든지 내 음성을 듣고 문을 열면 내가 그에게로 들어가 그로 더불어 먹고 그는 나로 더불어 먹으리라 ^{21}이기는 그에게는 내가 내 보좌에 함께 앉게 하여 주기를 내가 이기고 아버지 보좌에 함께 앉은 것과 같이 하리라 ^{22}귀 있는 자는 성령이 교회들에게 하시는 말씀을 들을찌어다"

예수님이 재림하기 직전의 종말의 교회를 상징하는 라오디게아 교회는 세상 것으로 취하여 있습니다. 스스로 '나는 부자라 부요하여 부족한 것이 없다'고 합니다. 그런데 정작 신앙은 차지도 않고 덥지도 않습니다. 즉 신자도 아니고 불신자도 아닌 상태입니다. 절간도 아니고 교회도 아닌 곳이 되고 말았습니다.

모두가 예수님을 문밖으로 쫓아내고 있습니다. 그 안에 뱀이 주인으로 떡하니 차지하고 있는 것입니다. 교인들이 뱀을 주님으로 모시고 있는 것입니다. 여호와가 목자가 아니라 뱀이 목자입니다. 종말은 여호와의 부재 시대입니다. 이를 흑암이라고 합니다.

마치 구약의 말라기 선지자를 끝으로 여호와의 계시가 단절된 400년 암흑기처럼 지금 이 시대가 그렇게 되어 있습니다. 하늘의 말씀들이 감추어진 기근의 시대입니다. 양식이 없어서 주림이 아니고 여호와의 말씀이 없어서 주림을 당하는 시대입니다. 여호와의 말씀을 가진 자들이 너무도 미미하여서 엘리야 시대 7,000명처럼 감추어져 있는 때입니다. 겨우 하나님의 등불이 비추어지고 있는 것입니다.

지금은 흑암의 때입니다. 구약 교회의 마지막 흑암의 때에 세례 요한을 보내서 주의 길을 예비케 하였듯이, 신약 교회의 마지막 때인 이 시대도 재림하시는 주의 길을 예비하는 종들이 일어나서, 엘리야가 둘 사이에서 머뭇거리는 백성들을 바알에게서 여호와에게로 돌이키게 하였듯이 물질적 가치에서 하나님의 말씀의 가치로 돌이키게 하는 일들이 일어나야 할 때입니다.

백성들의 마음을 예수 그리스도에게로 돌이키게 하여야 합니다. 예수님께서 왜 오셨나요? 땅의 흙을 먹고 사는 짐승들에게 하늘의 먹거리가 되기 위해서 오셨습니다. 예수님께서 짐승의 밥통에서 나신 것은 흙을 먹고 살아가는 짐승으로 하여금 예수님을 먹고 하늘나라 사람이 되라고 하신 것입니다.

누가복음 2장입니다.

눅 2:5-7 "그 정혼한 마리아와 함께 호적하러 올라가니 마리아가 이미 잉태되었더라 ⁶거기 있을 그때에 해산할 날이 차서 ⁷맏아들을 낳아 강보로 싸서 구유에 뉘었으니 이는 사관에 있을 곳이 없음이러라"

하나님께서 그 아들을 자기 백성들의 양식으로 보내셨습니다. 그래서 예수님이 짐승의 밥통에서 태어나신 것입니다. 예수님은 하늘 백성들의 먹거리입니다. 예수님은 하늘의 양식입니다. 그래서 예수님은 '나는 하늘로서 온 생명의 떡'이라고 하셨습니다. '누구든지 나를 먹으면 영생을 얻는다'고 하셨습니다. 예수를 먹고 하늘 사람이 되라고 하십니다.

요한복음 6장을 봅시다.

요 6:47-58 "진실로 진실로 너희에게 이르노니 믿는 자는 영생을 가졌나니 [48]내가 곧 생명의 떡이로라 [49]너희 조상들은 광야에서 만나를 먹었어도 죽었거니와 [50]이는 하늘로서 내려오는 떡이니 사람으로 하여금 먹고 죽지 아니하게 하는 것이니라 [51]나는 하늘로서 내려온 산 떡이니 사람이 이 떡을 먹으면 영생하리라 나의 줄 떡은 곧 세상의 생명을 위한 내 살이로라 하시니라 [52]이러므로 유대인들이 서로 다투어 가로되 이 사람이 어찌 능히 제 살을 우리에게 주어 먹게 하겠느냐 [53]예수께서 이르시되 내가 진실로 진실로 너희에게 이르노니 인자의 살을 먹지 아니하고 인자의 피를 마시지 아니하면 너희 속에 생명이 없느니라 [54]내 살을 먹고 내 피를 마시는 자는 영생을 가졌고 마지막 날에 내가 그를 다시 살리리니 [55]내 살은 참된 양식이요 내 피는 참된 음료로다 [56]내 살을 먹고 내 피를 마시는 자는 내 안에 거하고 나도 그 안에 거하나니 [57]살아계신 아버지께서 나를 보내시매 내가 아버지로 인하여 사는 것같이 나를 먹는 그 사람도 나로 인하여 살리라 [58]이것은 하늘로서 내려온 떡이니 조상들이 먹고도 죽은 그것과 같지 아니하여 이 떡을 먹는 자는 영원히 살리라"

요 6:60-61 "제자 중 여럿이 듣고 말하되 이 말씀은 어렵도다 누가 들을 수 있느냐 한대 [61]예수께서 스스로 제자들이 이 말씀에 대하여 수군거리는 줄 아시고 가라사대 이 말이 너희에게 걸림이 되느냐"

요 6:66 "이러므로 제자 중에 많이 물러가고 다시 그와 함께 다니지 아니하더라"

사람들은 예수님이 하늘의 양식인 줄 모르는 것입니다. 예수님이 '나는 하늘로서 온 생명의 떡'이라고 하자 사람들은 정신 나간 말을 한다고 하면서 다 떠나가 버립니다. '아니 사람이 식인종도 아닌데 어떻게 사람을 먹는단 말인가?'라고 수군거리고 다 떠나갑니다.

맞는 말입니다. 어찌 예수가 양식이란 말인가요? 사람이 떡을 먹고 살지, 어떻게 예수를 먹고 산단 말인가요? 그럼 누가 예수님이 하늘에서 온 양식이라는 것을 안단 말인가요? 이는 하나님께서 알게 해주신 사람만이 알게 되어 있습니다. 하나님께로 난 자들만이 알 수 있는 것입니다. 이것이 비밀입니다.

예수님은 수군거리면서 떠나가는 사람들을 보면서 제자들에게 묻습니다. "너희도 가려느냐?" 그러자 베드로가 제자들을 대표하여 대답하기를 "예수님이 영생의 말씀(떡)이신데 우리가 어찌 예수님을 떠날 수 있겠습니까?"라고 하면서 떠나지 않겠다고 합니다.

요 6:65-70 "또 가라사대 이러하므로 전에 너희에게 말하기를 내 아버지께서 오게 하여 주지 아니하시면 누구든지 내게 올 수 없다 하였노라 하시니라 66이러므로 제자 중에 많이 물러가고 다시 그와 함께 다니지 아니하더라 67예수께서 열두 제자에게 이르시되 너희도 가려느냐 68시몬 베드로가 대답하되 주여 영생의 말씀이 계시매 우리가 뉘게로 가오리이까 69우리가 주는 하나님의 거룩하신 자신 줄 믿고 알았삽나이다 70예수께서 대답하시되 내가 너희 열둘을 택하지 아니하였느냐"

제자들은 예수님이 하늘로서 온 양식임을 알고 있다고 합니다. 떠나간 사람들이 모르는 것을 제자들은 어떻게 알 수 있었을까요? 이는 하나님께서 알게 해주신 것입니다. 예수님께서 선택하셨기 때문에 하나님이 알려주셨다고 합니다.

예수님은 제자들에게 "너희로 내가 생명의 떡이라는 것을 알게 해준 이는 하늘에 계신 하나님 아버지"라고 알려주십니다. "너희가 나를 떠나지 않는 것은 모두 아버지께서 너희를 나에게 이끌어 주셨기 때문"이라는 것을 알려주십니다.

이 세상에는 두 종류의 사람이 있습니다.

흙에서 나는 양식을 먹고 사는 자와 하늘의 양식을 먹고 사는 자가 있습니다. 흙에서 난 자는 흙에서 난 양식을 먹고 살다가 흙으로 돌아가고, 하늘로서 난 자는 하늘의 양식을 먹고 살다가 하늘로 돌아가게 됩니다.

뱀이 주는 양식을 먹는 자는 흙으로 돌아가고, 예수님이 주신 양식을 먹은 자는 하늘로 돌아갑니다. 흙에 속한 자는 뱀이 주는 양식인 떡의 가치로 살아가고, 하늘에 속한 자는 예수님이 주시는 양식인 하나님의 말씀의 가치로 살아가게 되는 것입니다.

성도의 육신은 비록 땅에서 난 음식을 먹지만, 거듭난 사람은 예수님이 하늘로서 온 생명의 떡임을 알고 예수님의 말씀을 먹고 삽니다. 사도 바울은 그리스도와 함께 살리심을 받았으니 하늘의 가치로 살아가라고 합니다.

골로새서 3장을 봅시다.

골 3:1-5 "그러므로 너희가 그리스도와 함께 다시 살리심을 받았으면 위엣 것을 찾으라 거기는 그리스도께서 하나님 우편에 앉아 계시느니라 ²위엣 것을 생각하고 땅엣 것을 생각지 말라 ³이는 너희가 죽었고 너희 생명이 그리스도와 함께 하나님 안에 감취었음이니라 ⁴우리 생명이신 그리스도께서 나타나실 그때에 너희도 그와 함께 영광 중에 나타나리라 ⁵그러므로 땅에 있는 지체를 죽이라 곧 음란과 부정과 사욕과 악한 정욕과 탐심이니 탐심은 우상숭배니라"

'너희가 그리스도와 함께 살리심을 받았으면 땅의 지체를 죽이라'고 합니다. 땅의 지체를 죽이라는 것은 떡의 가치로 살지 말고 말씀의 가치로 살라는 것입니다. 육신의 가치로 살지 말고 영생의 가치로 살아가라는 뜻입니다. 영생의 가치로 살면 이 세상은 잠깐 지나가는 정거장에 불과하다는 것을 알게 됩니다.

성도를 일컬어 이 세상의 외국인과 나그네라고 합니다. 나그네는 어디를 가든지 곧 떠나야 할 자세로 살아갑니다. 잠시 머물다 떠나야 하기에 불편하면 불편한 대로 살아갑니다. 세상에 속하지 않았기 때문에 세상일에 관심을 두지 않습니다. 세상 것은 다 지나가는 형적이기 때문입니다. 다 흙에 속한 허상이기 때문입니다. 하나님은 이 세상과 이 세상 것들을 사랑하지 말라고 합니다.

요한1서 2장입니다.

요일 2:15-16 "이 세상이나 세상에 있는 것들을 사랑치 말라 누구든지 세상을 사랑하면 아버지의 사랑이 그 속에 있지 아니하니 ¹⁶이는 세상에 있는 모든 것이 육신의 정욕과 안목의 정욕과 이생의 자랑이니 다 아버지께로 좇아 온 것이 아니요 세상으로 좇아 온 것이라"

이 세상이나 이 세상에 있는 것들은 모두가 저주받은 흙으로부터 온 것이기 때문에 사랑하지 말라고 합니다. 저주의 기운을 품고 있기 때문입니다. 성도는 흙의 기운으로 사는 자가 아니고 하늘의 기운으로 사는 자입니다.

뱀이 주겠다고 하는 떡은 흙의 기운을 주지만, 예수님께서 주시는 하나님의 말씀은 하늘의 기운을 줍니다. 흙의 기운은 땅으로 끌어당기고, 하늘의 기운은 하늘로 끌어당깁니다. 성경은 하늘의 기운으로 살아간 인생 유전들의 이야기로 채워져 있습니다. 아벨이 그러하였고, 에녹이 그러하였고, 노아가 그러하였고, 아브라함이 그러하였습니다.

히브리서 11장을 봅니다.

히 11:13-16 "이 사람들은 다 믿음을 따라 죽었으며 약속을 받지 못하였으되 그것들을 멀리서 보고 환영하며 또 땅에서는 외국인과 나그네로라 증거하였으니 ¹⁴이같이 말하는 자들은 본향 찾는 것을 나타냄이라 ¹⁵저희가 나온바 본향을 생각하였더면 돌아갈 기회가 있었으려니와 ¹⁶저희가 이제는 더 나은 본향을 사모하니 곧 하늘에 있는 것이라 그러므로 하나님이 저희 하나님이라 일컬음 받으심을 부끄러워 아니하시고 저희를 위하여 한 성을 예비하셨느니라"

히브리서 11장은 믿음의 선진들 이야기입니다. 이들은 모두가 하나님의 언약에 이끌림 당한 삶을 살았습니다. 이 세상에서 떡의 가치로 살지 않고 하나님의 말씀의 가치로 살아간 자들의 인생 유전을 말해주고 있습니다. 이들을 '하늘의 허다한 구름 같은 증인들'이라고 합니다.

그런데 그 첫 주자를 예수 그리스도라고 합니다. 구약의 믿음의 선진들은 예수 그리스도의 삶을 선취적으로 살았습니다. 이들은 우리의 증인들입니다. 이들 모두 이 세상을 나그네로 산 사람들입니다. 이들 속에 우리도 있는 것입니다.

아브라함 뒤에 우리의 이름을 적어 놓으시길 바랍니다. 아브라함 뒤에 우리의 이름이 적혀 있어야 합니다. 하늘에 속한 자들이 세상 살아가기가 힘이 든 것은 당연합니다. 세상의 기운으로 살지 않고 하늘의 기운으로 살아가기 때문입니다. 떡으로 살지 않고 하나님의 말씀으로 살기 때문입니다.

양식을 보면 그 사람의 정체성을 알 수 있습니다. 소는 아무리 배가 고파도 고기를 먹지 않고, 사자는 아무리 배가 고파도 풀을 먹지 않습니다. 하늘에 속한 자와 흙에 속한 자는 먹거리가 다릅니다. 흙에 속한 자가 예수를 먹거리로 삼지 않듯이, 하늘에 속한 자도 뱀의 말을 먹거리로 삼지 않습니다.

에덴동산에서 뱀은 아담을 선악과로 미혹하였습니다. 그런데 아담은 뱀의 말에 넘어가고 말았습니다. 이 시대 교회에서는 마귀가 떡으로 성도들을 미혹하고 있습니다. 그러나 성도들은 마귀의 말에 넘어가지 않습니다.

뱀의 말이 아무리 달콤하게 들려도 하늘에 속한 자는 듣지 않습니다. 하늘에 속한 성도는 성령이 교회들에게 하시는 말씀만 듣습니다. 성령이 교회들에게 하시는 말씀은 누구든지 주의 음성을 듣고 문을 열면 예수 그리스도가 양식이 되어서 먹고 마시게 해주신다고 합니다.

요한계시록 3장을 봅시다.

계 3:20-22 "볼찌어다 내가 문밖에 서서 두드리노니 누구든지 내 음성을 듣고 문을 열면 내가 그에게로 들어가 그로 더불어 먹고 그는 나로 더불어 먹으리라 [21]이기는 그에게는 내가 내 보좌에 함께 앉게 하여 주기를 내가 이기고 아버지 보좌에 함께 앉은 것과 같이 하리라 [22]귀 있는 자는 성령이 교회들에게 하시는 말씀을 들을찌어다"

종말의 교회는 자기 의로 가득합니다. '나는 부자라 부요하여 부족한 것이 없다'고 합니다. 그런데 예수님을 문밖으로 쫓아내고 있는 것입니다. 그래서 예수님이 '누구든지 내 음성을 듣고 문을 열면 들어가서 먹고 마심을 갖겠다'고 하십니다. 예수님의 보좌에 함께 앉혀 주신다고 하십니다.

성도는 그리스도 안에서 세상을 이긴 자들입니다. 과거에도 이겼고, 지금도 이기고 있으며, 장차도 이길 것입니다. 그리스도 밖에서 보면 세상이 커 보이지만, 그리스도 안에서 보면 세상은 작아 보입니다. 그리스도 안에서 세상을 바라보시기 바랍니다.

허리에 진리로 띠를 띠고, 손에 언약의 말씀의 지팡이를 들고, 달음질을 하기 위하여 신발 끈 단단히 조여 매고, 유월절 어린양을 숯불에 구워 먹고 출애굽하여야 합니다. 잠시 후면 주님이 오십니다. 그러니 환경 보지 말고 약속을 믿고 살아가시기를 주의 이름으로 축원드립니다.

26강

창세전 언약으로 본 창조와 구원 이야기

여자의 후손과 뱀의 후손의 전쟁(창 3:13-15)

창 3:13-15 "여호와 하나님이 여자에게 이르시되 네가 어찌하여 이렇게 하였느냐 여자가 가로되 뱀이 나를 꾀므로 내가 먹었나이다 ¹⁴여호와 하나님이 뱀에게 이르시되 네가 이렇게 하였으니 네가 모든 육축과 들의 모든 짐승보다 더욱 저주를 받아 배로 다니고 종신토록 흙을 먹을지니라 ¹⁵내가 너로 여자와 원수가 되게 하고 너의 후손도 여자의 후손과 원수가 되게 하리니 여자의 후손은 네 머리를 상하게 할 것이요 너는 그의 발꿈치를 상하게 할 것이니라 하시고"

하나님은 아담이 범죄하자 뱀과 함께 에덴동산 바깥 동네로 쫓아내셨습니다. 쫓아내면서 아담에게 말씀하시길 여자의 후손과 뱀의 후손이 서로 원수가 되어서 싸울 것을 말씀하셨습니다. 에덴동산 바깥이 지금 우리가 살고 있는 이 세상입니다. 이 세상에는 뱀의 후손과 여자의 후손이 살고 있는 것입니다.

뱀의 후손과 여자의 후손은 원수지간입니다. 그러므로 이 세상은 전쟁터입니다. 왜 세상이 전쟁터가 되었습니까? 여자의 후손과 뱀의 후손이 공존하고 있기 때문입니다. 이 둘이 서로 싸우는 것은 서로의 성질이 극과 극으로 다르기 때문입니다.

여자의 후손은 생명에 속한 자이고, 뱀의 후손은 사망에 속한 자입니다. 여자의 후손은 빛에 속한 자이고, 뱀의 후손은 어둠에 속한 자입니다. 여자의 후손은 하늘에 속한 자이고, 뱀의 후손은 땅에 속한 자라고 합니다. 뱀의 후손은 사단에게 속하였고, 여자의 후손은 예수 그리스도에게 속해 있습니다.

빛과 어둠이 하나 될 수 없고, 하늘과 땅이 하나 될 수 없고, 산 자와 죽은 자가 하나 될 수 없고, 그리스도와 벨리알이 하나 될 수 없습니다. 그러므로 서로를 밀어내는 싸움을 할 수밖에 없는 것입니다.

이 세상은 두 세력 간의 전쟁터입니다. 이러한 구조가 온 세상에 다양하게 퍼져 있습니다. 종교에서부터 정치와 문화, 예술에 편만하게 퍼져 있는 것입니다. 그래서 모든 분야에서 좌우 대립 구도를 가지고 있는 것입니다. 한 국가 안에서도 진보와 보수로 싸우는 것입니다. 이들이 서로 싸우는 근원을 거슬러 올라가면 여자의 후손과 뱀의 후손 간의 전쟁에서 기인된 것임을 알 수 있습니다.

하나님은 왜 세상을 이런 구조로 만들어 놓았을까요? 이는 이 세상은 창세전 언약을 위하여 창조되었기 때문입니다. 창세전 언약은 자기 백성과 자기 백성 아닌 자로 나누어져 있습니다. 자기 백성은 여자의 후손으로 예수 그리스도를 구주로 믿는 성도들을 말하고, 자기 백성 아닌 자는 뱀의 후손으로 예수 그리스도를 구주로 믿지 않는 자들을 말합니다.

이를 여자의 후손과 뱀의 후손이라고 합니다. 여자의 후손은 예수 그리스도에게 속한 자들을 말하고, 뱀의 후손은 마귀에게 속한 자들을 말합니다. 하나님은 여자의 후손과 뱀의 후손을 통해서 창세전 언약을 이루어 가십니다. 여자의 후손과 뱀의 후손이 서로 원수가 되어 싸우면서 창세전 언약을 이루어 가게 되는 것입니다. 하나님은 마귀도 예수 그리스도의 구속사에 필요한 도구로 사용하고 있는 것입니다.

뱀의 후손과 여자의 후손은 민족적으로는 구약에서는 이스라엘과 이방인으로 나타나고, 신약에서는 신자와 불신자로 나타나고 있으며, 종교적으로는 기독교와 비기독교로 나타나고 있습니다. 이념적으로는 진보와 보수로 나타나고, 사상적으로는 공산주의와 민주주의로 나타나고 있습니다. 이 둘은 항상 싸워왔습니다.

우리 생각에는 '둘이 같이 사이좋게 살면 되지 않느냐? 왜 꼭 그렇게 싸워야 하느냐?'라고 의문을 품을 수도 있습니다. 하지만 이것은 근본이 다르기 때문에 본능적으로 서로를 배척하게 되어 있는 것입니다. 그래서 늘 충돌하는 것입니다. 동일한 문제를 가지고서도 서로가 바라보는 시각이 다르기 때문에 논쟁하고 다투는 것입니다.

둘 사이에 사고 자체가 좌(左)와 우(右)처럼 접점이 없습니다. 그러므로 동일한 것을 가지고도 서로가 서로에게 "너는 왜 그렇게 생각을 하느냐, 이렇게도 생각할 수 있지 않느냐?"라고 하면, 그럼 상대방은 "너는 왜 그렇게만 생각을 하느냐, 이렇게도 생각할 수 있지 않느냐?"라고 반박하게 되는 것입니다.

그래서 이 세상 역사는 전쟁으로 시작하여 전쟁으로 끝이 나게 되는 것입니다. 이것이 세상 전반에 걸쳐서 나타나고 있는 것입니다. 하나님은 이러한 구조를 한 집안 속에 배치해 두었습니다. 이것이 성경 속에서는 형제 싸움으로 나타나고 있는 것입니다. 한 집안 속에도 약속으로 난 자와 육으로 난 자가 있습니다.

아담의 집안에서는 가인과 아벨로 나타났고, 아브라함 집안에서는 이스마엘과 이삭으로 나타났고, 이삭의 집안에서는 에서와 야곱으로 나타났으며, 야곱의 집안에서는 요셉과 그 형제들로 나타났습니다. 국가적으로는 북이스라엘과 남유다로 나타났고, 신약에서는 육적 이스라엘과 영적 이스라엘로 나타나고, 교회적으로는 율법 교회와 은혜 교회로 나타납니다. 언약적으로는 옛 언약과 새 언약으로 나타나고 있는 것입니다.

영적인 의미로 보면 구약 시대 족장들의 집안은 신약적으로 교회를 상징합니다. 그래서 아브라함이나 이삭이나 야곱의 집안에서 일어난 형제간의 싸움이 이 시대 교회 안에서도 그대로 일어나고 있는 것입니다. 교회 안에는 육에 속한 자와 영에 속한 자가 있습니다. 육에 속한 자는 자기 힘으로 살고, 영에 속한 자는 하나님의 힘으로 살아갑니다. 그런데 인간의 힘으로 살아가는 자들이 하나님의 힘으로 살아가는 자들을 핍박하는 것입니다.

우리 생각에는 하나님의 힘으로 사는 자가 강하고 인간의 힘으로 사는 자가 약할 것으로 생각하는데 실제적으로 그 반대로 나타납니다. 하나님을 의지하고 사는 자들이 인간의 힘으로 사는 자들에게 죽임당하고 핍박당하는 것으로 나타나고 있습니다.

이것이 죄 아래 있는 이 세상의 모습입니다. 하나님께서 하나님의 백성들은 세상 속에서 실패하는 모습으로 두신 것입니다. 이들을 구약에서는 고아나 과부나 나그네로 상징화하여 보여주었습니다. 고아나 과부나 나그네가 하나님의 백성이라는 말이 아니고 하나님의 백성들이 이 세상에서 고아나 과부나 나그네들처럼 힘없고 의지할 데 없는 버려진 자들의 모습처럼 있다는 뜻입니다.

이들을 '하삐루'라고 합니다. 다른 말로 '남은 자'라고 합니다. 이들은 오직 하나님만 바라보고 살아가는 자들입니다. 자기들은 힘이 없으니까 핍박을 당하면 자신들을 핍박하는 자들과 싸우지 못하고 하나님에게 원수를 갚아 달라고 탄원하게 되는 것입니다. 이것을 신앙이라고 합니다.

신앙은 하나님만 의뢰하고 살아가는 것입니다. 이것은 믿음이 없으면 절대로 할 수 없는 것입니다. 그래서 하나님은 언약의 후손들에게 믿음으로 간섭해 가시는 것입니다. 이들을 히브리서 11장에서는 믿음으로 살았던 선진들로 말해주고 있습니다. 지금도 언약의 후손들은 그 믿음에 이끌려서 살아가고 있는 것입니다.

뱀의 후손과 여자의 후손 간의 전쟁 이야기입니다.

전쟁은 성질이 다른 두 세력 간의 충돌입니다. 성질이 다르기 때문에 서로를 배척하게 되는 것입니다. 배척하는 것으로 끝나는 것이 아니고 서로가 서로를 죽이는 전쟁으로 나타나는 것입니다. 그 이유는 자기와 다른 세력을 두고서는 불편하기 때문입니다. 그래서 극단적으로 죽여서 없애는 것으로 나타납니다.

이것이 예수님의 십자가로 나타났습니다. 유대인들이 예수를 죽인 것은 예수를 그대로 두고서는 자신들이 불편하기 때문입니다. 그래서 죽인 것입니다. 이것은 뱀의 후손과 여자의 후손 간의 전쟁을 보여주는 것입니다. 이 세상은 뱀의 후손과 여자의 후손 간의 전쟁터입니다.

요한계시록 12장을 봅시다.

계 12:1-17 "하늘에 큰 이적이 보이니 해를 입은 한 여자가 있는데 그 발아래는 달이 있고 그 머리에는 열두 별의 면류관을 썼더라 ²이 여자가 아이를 배어 해산하게 되매 아파서 애써 부르짖더라 ³하늘에 또 다른 이적이 보이니 보라 한 큰 붉은 용이 있어 머리가 일곱이요 뿔이 열이라 그 여러 머리에 일곱 면류관이 있는데 ⁴그 꼬리가 하늘 별 삼분의 일을 끌어다가 땅에 던지더라 용이 해산하려는 여자 앞에서 그가 해산하면 그 아이를 삼키고자 하더니 ⁵여자가 아들을 낳으니 이는 장차 철장으로 만국을 다스릴 남자라 그 아이를 하나님 앞과 그 보좌 앞으로 올려가더라 ⁶그 여자가 광야로 도망하매 거기서 일천이백육십 일 동안 저를 양육하기 위하여 하나님의 예비하신 곳이 있더라 ⁷하늘에 전쟁이 있으니 미가엘과 그의 사자들이 용으로 더불어 싸울새 용과 그의 사자들도 싸우나 ⁸이기지 못하여 다시 하늘에서 저희의 있을 곳을 얻지 못한지라 ⁹큰 용이 내어 쫓기니 옛 뱀 곧 마귀라고도 하고 사단이라고도 하는 온 천하를 꾀는 자라 땅으로 내어 쫓기니 그의 사자들도 저와 함께 내어 쫓기니라 ¹⁰내가 또 들으니 하늘에 큰 음성이 있어 가로되 이제 우리 하나님의 구원과 능력과 나라와 또 그의 그리스도의 권세가 이루었으니 우리 형제들을 참소하던 자 곧 우리 하나님 앞에서 밤낮 참소하던 자가 쫓겨났고 ¹¹또 여러 형제가 어린양의 피와 자기의 증거하는 말을 인하여 저를 이기었으니 그들은 죽기까지 자기 생명을 아끼지 아니하였도다 ¹²그러므로 하늘과 그 가운데 거하는 자들은 즐거워하라 그러나 땅과 바다는 화 있을찐저 이는 마귀가 자기의 때가 얼마 못 된 줄을 알므로 크게 분내어 너희에게 내려갔음이라 하더라 ¹³용이 자기가 땅으로 내어 쫓긴 것을 보고 남자를 낳은 여자를 핍박하는지라 ¹⁴그 여자가 큰 독수리의 두 날개를 받아 광야 자기 곳으로 날아가 거기서 그 뱀의 낯을 피하여 한 때와 두 때와 반 때를 양육 받으매 ¹⁵여자의 뒤에서 뱀이 그 입으로 물을 강같이 토하여 여자를 물에 떠내려가게 하려 하되 ¹⁶땅이 여자를 도와 그 입을 벌려 용의 입에서 토한 강물을 삼키니 ¹⁷용이 여자에게 분노하여 돌아가서 그 여자의 남은 자손 곧 하나님의 계명을 지키며 예수의 증거를 가진 자들로 더불어 싸우려고 바다 모래 위에 섰더라"

사도 요한이 성령의 감동으로 하늘에서 두 가지 큰 이적을 보았습니다. 첫째 이적은 해를 입은 한 여자가 있는데 그 발아래는 달이 있고 그 머리에는 열두 별의 면류관을 쓰고 있는 것입니다. 그런데 이 여자가 아이를 낳습니다. 그 아이는 철장으로 만국을 다스리는 권세를 가졌습니다.

둘째 이적은 한 큰 붉은 용이 있는데 그 머리가 일곱이요 뿔이 열입니다. 그 일곱 머리에는 일곱 면류관을 쓰고 있는 것입니다. 이놈이 그 꼬리로 하늘의 별 삼분의 일을 땅에다 떨어뜨리는 것입니다. 그리고는 여자가 아이를 낳자 용이 그 아이를 삼키고자 합니다. 이는 용이 여자가 낳은 아이를 죽였다는 뜻입니다.

그런데 하나님이 용이 죽인 그 아이를 하나님 보좌 앞으로 올라오게 하십니다. 이는 그 아이가 죽었다가 부활하여서 하나님 나라로 올라갔다는 것입니다. 아이가 하늘에 올라가자 하늘에서 전쟁이 일어나는 것입니다. 미가엘이 용과 더불어서 싸웁니다. 용의 이름을 옛 뱀 마귀라고 합니다. 이 전쟁에서 미가엘이 승리합니다. 그러자 용은 하늘에 있을 자리가 없어서 땅으로 쫓겨납니다.

용은 하늘에서 쫓겨난 분풀이로 아이를 낳은 여자를 핍박하는 것입니다. 하늘에서 이 땅으로 전선이 이동된 것입니다. 이 땅에서 일어나는 신자와 불신자 간의 전쟁은 하늘에서 일어난 전쟁의 대리전 성격을 가진 셈입니다. 마귀는 불신자인 적그리스도 세력을 가지고 싸우고 예수 그리스도는 성도들을 가지고 싸우는 것입니다. 말이 싸움이지 여자의 후손들이 일방적으로 당하는 전쟁입니다.

이 전쟁은 인류 역사의 시작과 더불어서 예표적으로 이미 있어 왔던 것들입니다. 그것이 에덴동산에서는 뱀이 하와를 선악과로 타락하게 하는 것으로 나타났습니다. 에덴동산 바깥인 이 역사 속에서는 가인이 아벨을 죽이는 것으로 나타나게 된 것입니다. 가인과 아벨의 전쟁이 확대되어서 신자와 불신자의 전쟁으로 나타난 것입니다. 이것이 교회 안에서는 육적 신자와 영적 신자의 전쟁으로 나타나고 있는 것입니다.

하나님은 뱀의 후손과 여자의 후손 간의 전쟁을 이스라엘 속에 정해 놓으셨습니다. 이스라엘의 조상인 아브라함 집안에서부터 시작됩니다. 아브라함의 집안에서는 이스마엘과 이삭으로 나타나고, 이삭의 집안에서는 에서와 야곱으로 나타나고, 야곱의 집안에서는 레아의 후손과 라헬의 후손으로 나타나고, 국가가 형성되면서는 사울 왕과 다윗 왕으로 나타나고, 국가가 형성되자 북쪽 이스라엘과 남쪽 유다라는 민족 전쟁으로 나타납니다.

이것이 예수님이 오시자 예수 그리스도에게 속한 자와 속하지 아니한 자로 나타나게 된 것입니다. 중요한 것은 모두가 먼저 나온 자가 가짜이고 강한 것으로 나타난다는 것입니다. 먼저 나온 사람은 가짜이고, 나중에 나온 사람이 진짜입니다. 먼저 나온 가짜가 강하고, 나중에 나온 진짜가 약합니다. 그리고 먼저 나온 자가 나중에 나온 자를 핍박하는 것입니다. 진짜가 가짜로부터 공격받는 것으로 나타나고 있습니다.

이를 바로의 꿈으로 보여주었습니다. 파리한 소가 살찐 소를 잡아먹는 것으로 보여주었고, 세약한 곡식이 충실한 곡식을 먹는 것으로 보여주신 것입니다. 정상이라고 한다면 살찐 소가 파리한 소를 이기고, 충실한 곡식이 세약한 곡식을 이겨야 합니다. 그러나 하나님께서 바로에게 보여주신 꿈은 정반대입니다. 이를 '역리'라고 합니다.

이것은 이 세상의 모습을 보여주고 있는 것입니다. 죄 아래 있는 세상의 모습입니다. 이 세상은 사망이 생명을 삼키는 구조로 되어 있습니다. 그래서 이 세상은 항상 악한 자가 선한 자를 죽이고 가짜가 진짜를 죽이는 것으로 진행되어 온 것입니다.

이 전쟁이 종말에는 적그리스도에게 속한 자가 예수 그리스도에게 속한 자들을 죽이는 것으로 나타나고 있습니다. 이것이 교회 안에서 일어나고 있습니다. 예수 그리스도에게 속한 자들이 마귀에게 속한 자들로부터 죽임을 당하는 것입니다. 그래서 천년 왕국을 하나님의 말씀과 예수의 증거로 인하여 목 베임을 당한 자들이 들어간다고 하는 것입니다. 이것은 지고서 이기는 것입니다.

하나님은 역설적으로 일을 하시는 것입니다. 겉으로는 가짜가 승리한 것처럼 보이는데 실제로는 진짜가 가짜를 이깁니다. 사망이 생명을 삼킨 것 같은데 나중에 보면 생명이 사망을 삼키는 모습으로 나타나는 것입니다. 약함으로 강함을 이기게 하셨습니다. 이것이 예수님의 십자가 사건으로 나타났습니다.

예수님의 십자가 사건은 겉으로는 뱀이 이긴 것처럼 보입니다. 그러나 실상은 예수님이 십자가에서 뱀의 머리를 깨트린 것입니다. 하나님은 여자의 후손이 뱀의 머리를 깨트리고 뱀의 후손은 여자의 발꿈치를 물게 하셨습니다. 뱀의 후손이 여자의 후손의 발꿈치를 문다는 것은 잠시 핍박을 주고 상처는 줄 수 있어도 이기지는 못한다는 것입니다. 하지만 여자의 후손이 뱀의 머리를 깨트린다는 것은 여자의 후손이 죄와 사망의 권세를 무력화시키고 이긴다는 것입니다.

이러한 전쟁은 성도들의 신앙으로도 나타납니다.

우리에게도 두 사람이 있습니다. 육으로 난 옛사람과 하늘로서 난 새사람이 있습니다. 육으로 난 옛사람이 먼저이고, 성령으로 거듭난 새사람이 나중입니다. 옛사람과 새사람은 존재 양식이 다릅니다. 그러다 보니까 서로 충돌하게 되는 것입니다. 이것이 우리 안에서 두 법으로 활동하고 있는 것입니다. 이를 하나님의 법과 육신의 법이라고 합니다.

로마서 7장을 봅시다.

롬 7:18-25 "내 속 곧 내 육신에 선한 것이 거하지 아니하는 줄을 아노니 원함은 내게 있으나 선을 행하는 것은 없노라 19내가 원하는 바 선은 하지 아니하고 도리어 원치 아니하는바 악은 행하는도다 20만일 내가 원치 아니하는 그것을 하면 이를 행하는 자가 내가 아니요 내 속에 거하는 죄니라 21그러므로 내가 한 법을 깨달았노니 곧 선을 행하기 원하는 나에게 악이 함께 있는 것이로다 22내 속사람으로는 하나님의 법을 즐거워하되 23내 지체 속에서 한 다른 법이 내 마음의 법과 싸워 내 지체 속에 있는 죄의 법 아래로 나를 사로잡아 오는 것을 보는도다 24오호라 나는 곤고한 사람이로다 이 사망의 몸에서 누가 나를 건져내랴 25우리 주 예수 그리스도로 말미암아 하나님께 감사하리로다 그런즉 내 자신이 마음으로는 하나님의 법을, 육신으로는 죄의 법을 섬기노라"

우리 안에는 옛사람이 있고, 새사람이 있습니다. 옛사람은 마귀에게 속하였고, 새사람은 하나님께 속하였습니다. 옛사람은 죄의 법을 좇아가고자 하고, 새사람은 하나님의 법을 좇아가고자 합니다. 이 둘은 서로 몸을 차지하고자 전쟁하는 것입니다.

누가 이기느냐에 따라서 우리 몸은 그에게 종노릇하게 되는 것입니다. 그런데 죄의 법을 좇아가고자 하는 옛사람이 하나님의 법을 좇아가고자 하는 새사람을 이기더라는 것입니다. 마음으로는 하나님의 법을 좇아가고 싶은데 정작 몸뚱이는 죄의 법을 좇아가고 있는 것입니다.

쉬운 말로 정답은 알겠는데 정답대로 살아갈 수 없는 것입니다. 마치 중풍병자처럼 머리로는 뻔히 알겠는데 몸뚱이가 말을 안 듣는 것입니다. 그래서 '오호라 나는 곤고한 사람이다'라고 탄식하는 것입니다. '누가 이 사망의 몸에서 나를 건져줄꼬?' 하며 구원자를 찾게 되는 것입니다.

바울은 자기 몸을 사망의 몸이라고 합니다. 사망을 잡은 자가 자기 몸을 주장하고 있더라는 것입니다. 그래서 자기 몸을 주장하는 이 사망의 세력으로부터 누가 자기를 좀 건져줄 자가 없느냐고 하나님께 탄원하고 있는 것입니다. 그러자 성령께서 알려주십니다. 예수 그리스도가 사망의 몸에서 해방시켜 주신다고 합니다.

로마서 8장을 봅시다.

롬 8:1-7 "그러므로 이제 그리스도 예수 안에 있는 자에게는 결코 정죄함이 없나니 ²이는 그리스도 예수 안에 있는 생명의 성령의 법이 죄와 사망의 법에서 너를 해방하였음이라 ³율법이 육신으로 말미암아 연약하여 할 수 없는 그것을 하나님은 하시나니 곧 죄를 인하여 자기 아들을 죄 있는 육신의 모양으로 보내어 육신에 죄를 정하사 ⁴육신을 좇지 않고 그 영을 좇아 행하는 우리에게 율법의 요구를 이루어지게 하려 하심이니라 ⁵육신을 좇는 자는 육신의 일을, 영을 좇는 자는 영의 일을 생각하나니 ⁶육신의 생각은 사망이요 영의 생각은 생명과 평안이니라 ⁷육신의 생각은 하나님과 원수가 되나니 이는 하나님의 법에 굴복치 아니할 뿐 아니라 할 수도 없음이라"

두 가지 해방이 있습니다. 영적 해방과 실제 해방이 있습니다. 영적 해방은 죄와 사망의 권세로부터 해방하는 것이고, 실제 해방은 예수님이 재림하시면 죄악 된 이 세상을 떠나는 것입니다. 역사 속에서는 영적 해방을 누리게 되는 것입니다. 그것이 그리스도 예수 안에 있는 자에게는 결코 정죄함이 없다고 하는 것입니다. 이는 율법의 참소로부터 해방되는 것입니다. 율법은 우리의 죄를 고발합니다. 율법으로부터 해방되면 정죄함이 사라지게 되는 것입니다.

어떻게 율법의 정죄로부터 해방시켜 주셨습니까? 하나님께서 우리의 육신이 연약하여서 할 수 없는 것을 대신해 주셨습니다. 그 아들을 우리와 같은 육신으로 보내서 우리가 할 수 없는 그것을 대신 담당해 주는 것으로 하셨습니다.

하나님께서 우리가 담당해야 할 것을 그 아들에게 담당시키셨다는 것입니다. 이를 생명의 성령의 법이 죄와 사망의 법에서 우리를 해방시키셨다고 합니다. 해방이라는 말은 다른 사람이 대신 해주는 것입니다. 우리 힘으로는 안 되니까 다른 사람이 와서 대신 적을 물리쳐 주는 것입니다.

우리의 구원이 이렇게 주어지는 것입니다. 우리는 죄와 사망에 가두어져 있었습니다. 그런데 예수님이 오셔서 빼내 주신 것입니다. 구원은 우리 힘으로 이루는 것이 아니고 예수님이 대신 해주는 것입니다. 이것을 '은혜'라고 합니다. 이 사실을 믿는 것을 '믿음'이라고 합니다. 이 믿음으로 살아가는 것을 '신앙생활'이라고 합니다.

신앙생활은 구원해 주신 분을 믿고 살아가는 것입니다. 그런데 우리 안에 두 법이 있다고 하였습니다. 죄의 법이 있습니다. 이것이 자꾸만 자기 자신을 바라보게 하는 것입니다. 자기 모습을 보고 낙심하게 하는 것입니다. 그럼 구원의 즐거움을 놓치게 되는 것입니다. 그래서 성령이 우리 안에서 믿음의 법으로 살아가도록 간섭을 하시는 것입니다.

자기 모습을 바라보고 사는 것을 일컬어 죄와 사망의 법으로 산다고 합니다. 이를 다른 말로 육신을 좇는 것이라고 합니다. 육신을 좇게 되면 자기 행위로 인하여 춤을 추게 됩니다. 자신의 행위로 인하여 희비하게 되는 것입니다. 이것은 자기를 믿는 것입니다. 육신의 법으로 살아가게 되면 내가 하나님 말씀대로 살 때는 행복한데 하나님 말씀대로 살지 못하면 불행해지는 것입니다. 영적으로 우울하고 공황장애가 발생하는 것입니다. 이를 육신의 생각이라고 합니다.

그런데 육신의 생각은 하나님과 원수가 된다고 합니다. 왜냐하면 하나님의 법에 굴복하지 않기 때문입니다. 그래서 자기 모습에 따라 희비하게 육신의 법은 사망이고 하나님과 원수 되는 것이라고 하는 것입니다. 우리가 우리 모습에 따라 희비하게 되면 하나님이 그 아들을 통해서 하신 일이 헛일이 되고 마는 것입니다. 그래서 하나님의 법은 우리 모습을 보지 않고 우리가 해야 할 일을 하나님께서 그 아들에게 대신 담당케 하신 것을 믿게 하는 것입니다.

성령이 우리 안에 오신 것은 죄와 사망의 법에서 해방시키기 위함입니다. 성령은 생명의 성령의 법으로 죄와 사망의 법으로부터 자유하게 살게 하십니다. 사랑 안에 두려움이 없고 온전한 사랑이 두려움을 내어 쫓아주시므로 육신의 법으로 살지 않고 성령의 법으로 살아가게 되는 것입니다.

우리가 법 아래 있을 때는 자기 행위로 희비하였습니다. 그러나 성령이 임하고 난 후로는 법 아래 있지 않고 은혜 아래 있게 되었습니다. 그러므로 그리스도 예수 안에 있는 자에게는 결코 정죄함이 없다고 하는 것입니다. 자기 모습으로 희비하는 것은 그 안에 그리스도의 영이 없기 때문입니다.

로마서 8장을 다시 봅시다.

롬 8:8-9 "육신에 있는 자들은 하나님을 기쁘시게 할 수 없느니라 ⁹만일 너희 속에 하나님의 영이 거하시면 너희가 육신에 있지 아니하고 영에 있나니 누구든지 그리스도의 영이 없으면 그리스도의 사람이 아니라"

그 안에 그리스도의 영이 없는 사람은 그리스도의 사람이 아닙니다. 그러니까 자기 행위에 따라서 희비하는 인과응보의 신앙으로 천국과 지옥을 넘나들게 되는 것입니다. 그리스도의 사람은 그리스도의 것으로 살아가는 자입니다. 성령은 우리 안에서 예수 그리스도의 것으로 살아가게 하십니다. 그 안에 그리스도의 영이 있는 성도는 자기 모습을 보지 않고 예수 그리스도께서 하신 일을 믿음으로 살아가게 되는 것입니다. 이를 영으로 산다고 합니다.

성령이 그 안에 거하는 성도는 비록 몸으로는 죄를 짓고 살지만, 성령이 우리의 죄를 예수 그리스도께서 십자가에 죽으심으로 다 속량해 주셨다는 것을 믿음으로 살아가게 하는 것입니다. 성령이 그 안에 거하는 사람은 죄로 인하여 죽은 그 몸도 예수 그리스도의 의로 다시 살려내는 것입니다. 이를 몸의 행실을 죽이는 것이라고 합니다.

다시 로마서 8장을 봅시다.

롬 8:10-14 "또 그리스도께서 너희 안에 계시면 몸은 죄로 인하여 죽은 것이나 영은 의를 인하여 산 것이니라 ¹¹예수를 죽은 자 가운데서 살리신 이의 영이 너희 안에 거하시면 그리스도 예수를 죽은 자 가운데서 살리신 이가 너희 안에 거하시는 그의 영으로 말미암아 너희 죽을 몸도 살리시리라 ¹²그러므로 형제들아 우리가 빚진 자로되 육신에게 져서 육신대로 살 것이 아니니라 ¹³너희가 육신대로 살면 반드시 죽을 것이로되 영으로써 몸의 행실을 죽이면 살리니 ¹⁴무릇 하나님의 영으로 인도함을 받는 그들은 곧 하나님의 아들이라"

몸의 행실을 죽이는 것은 우리가 하나님의 말씀을 지키고 사는 것이 아니고 예수 그리스도를 믿음으로 살아가는 것을 말합니다. 내 안에 그리스도께서 살면 우리 몸의 행실은 죽은 것이 됩니다. 왜냐하면 율법이 우리 몸에게 요구하는 것을 예수 그리스도가 대신 담당해 주셨기 때문입니다. 이렇게 살아가는 것을 일컬어 영으로 산다고 하는 것입니다. 영으로 사는 자를 하나님의 아들이라고 합니다.

마귀는 법 아래 머물도록 미혹합니다. 우리 몸의 행실로 살아가라고 합니다. 우리가 저지른 것을 우리가 책임지라고 합니다. 그것이 하나님 말씀대로 살아가라는 것입니다. 이 모두가 우리의 시선을 예수 그리스도에게서 멀어지게 하려는 마귀의 미혹입니다.

마귀는 사십 일을 주리신 예수님을 찾아와서 '네가 만약 하나님의 아들이라고 한다면 어떤 조건을 가지고 증명을 해 보이라'고 합니다. 돈을 많이 벌어서 증명하든지, 영웅호걸이 되어 증명하든지, 세상의 부귀영화를 누림으로써 증명하라고 합니다.

"네가 만약 하나님의 아들이라고 한다면 하나님 말씀대로 살아가야 하지 않겠느냐? 하나님의 아들이라고 하면서 하나님 말씀대로 살지 않으면 되겠느냐? 네가 하나님의 말씀을 지키고 살아야지 하나님의 말씀을 지킨 것이지, 어떻게 예수가 하나님의 말씀을 지킨 것을 네가 지켰다고 하느냐? 그건 말이 안 되지"라고 의문을 제기하는 것입니다.

이성으로 받으면 마귀의 말이 맞습니다. 그런데 이것이 바로 육신대로 사는 것입니다. 죄와 사망의 법입니다. 그러나 성령은 우리 안에서 우리가 행한 것으로 살지 말고 예수 그리스도가 하신 일을 믿음으로 살아가라고 합니다. 날 보지 말고 주 예수를 보라고 합니다. 내가 할 수 없기 때문에 하나님이 예수 그리스도에게 대신 하라고 하신 것이라고 합니다. 이것을 믿으라고 합니다. 이를 믿고 살아가는 것을 영으로 산다고 하는 것입니다.

마귀는 내가 말씀을 지켜야 한다는 것이고, 성령은 예수 그리스도가 대신 말씀을 지켜주셨으니 그것을 믿으라고 합니다. 내가 말씀을 지키고 살아야 한다는 마귀의 논리가 바로 육신대로 사는 것입니다. 마귀의 논리를 이기고 사는 것을 몸의 행실을 죽이는 것이라고 합니다. 그래서 마귀의 논리인 육신대로 살면 반드시 죽고, 성령의 논리인 예수 그리스도가 대신 이루어 주셨다고 하는 영적 원리로 몸의 행실을 죽이면 살게 된다고 하는 것입니다.

한마디로 마귀는 내 행위로 살라고 하고, 성령은 예수 그리스도를 믿음으로 살라고 합니다. 성도는 성령을 받았습니다. 이를 양자의 영이라고 합니다. 왜냐하면 성령이 예수 그리스도의 이름으로 오신 영이기 때문입니다.

로마서 8장을 다시 봅시다.

롬 8:15-17 "너희는 다시 무서워하는 종의 영을 받지 아니하였고 양자의 영을 받았으므로 아바 아버지라 부르짖느니라 ¹⁶성령이 친히 우리 영으로 더불어 우리가 하나님의 자녀인 것을 증거하시나니 ¹⁷자녀이면 또한 후사 곧 하나님의 후사요 그리스도와 함께한 후사니 우리가 그와 함께 영광을 받기 위하여 고난도 함께 받아야 될 것이니라"

'너희는 종의 영을 받지 않고 양자의 영을 받았다'고 합니다. 아들의 영을 받았으므로 하나님을 두려워할 필요가 없다고 합니다. 양자의 영을 받은 성도는 예수 그리스도 안에서 살아가게 되는 것입니다. 성령이 그렇게 간섭하시는 것입니다. 그러므로 성령이 그 안에 거하는 성도는 양자 되게 하신 예수 그리스도를 떠나서는 존재할 수 없는 것입니다. 이것이 새로운 피조물입니다.

세상은 죄와 사망의 법 아래 놓여 있습니다. 죄와 사망의 법은 율법입니다. 율법은 우리가 행하는 것입니다. 율법 아래 있는 세상에서 성령의 법으로 살면 핍박을 받게 되어 있습니다. 왜냐하면 이 세상은 육신의 법으로 살아가는 곳이기 때문입니다. 세상은 내가 저지른 죄는 내가 갚아야 하는 법으로 살아가는 곳입니다. 즉 내 죄는 내가 책임을 져야 한다는 것입니다. 이를 인과응보 법칙이라고 합니다.

그런데 예수를 믿는 자들이 우리 죄는 우리가 책임지는 것이 아니라 예수 그리스도가 책임져주셨다고 하는 것입니다. 이를 믿음의 법이라고 합니다. 믿음의 법으로 살면 인과응보의 법칙으로 다스려지는 세상의 질서가 깨어집니다. 이는 믿음의 법이 세상의 인과응보의 법을 깨뜨리는 것이 되기 때문입니다. 그래서 세상은 예수 그리스도를 믿음으로 살아가는 자들을 핍박하는 것입니다.

이러므로 둘 사이에는 전쟁이 벌어지게 되는 것입니다. 이것은 서로 살아가는 존재양식이 다르기 때문입니다. 성도는 믿음의 법으로 살고, 세상 사람들은 행위의 법으로 살기 때문입니다. 이것이 교회 안에 그대로 들어와 있습니다. 교회 안에 육신의 법으로 사는 자와 영의 법으로 사는 자가 있는 것입니다.

마귀는 송사하고 정죄하는 일을 합니다. 우리의 죄를 우리가 책임지라고 합니다. 이 참소에 걸려들면 구원의 즐거움을 상실하게 됩니다. 그래서 예수님께서 성도들의 변호사가 되어서 간구해 주시는 것입니다. 저들의 죄를 자신이 다 담당하였다고 하십니다. 그러므로 우리가 하나님 말씀대로 살지 못하고 온전치 못하여도 그리스도의 사랑에서 끊어지지 않는 것입니다.

다시 로마서 8장을 봅니다.

롬 8:33-39 "누가 능히 하나님의 택하신 자들을 송사하리요 의롭다 하신 이는 하나님이시니 ³⁴누가 정죄하리요 죽으실 뿐 아니라 다시 살아나신 이는 그리스도 예수시니 그는 하나님 우편에 계신 자요 우리를 위하여 간구하시는 자시니라 ³⁵누가 우리를 그리스도의 사랑에서 끊으리요 환난이나 곤고나 핍박이나 기근이나 적신이나 위험이나 칼이랴 ³⁶기록된바 우리가 종일 주를 위하여 죽임을 당케 되며 도살할 양같이 여김을 받았나이다 함과 같으니라 ³⁷그러나 이 모든 일에 우리를 사랑하시는 이로 말미암아 우리가 넉넉히 이기느니라 ³⁸내가 확신하노니 사망이나 생명이나 천사들이나 권세자들이나 현재 일이나 장래 일이나 능력이나 ³⁹높음이나 깊음이나 다른 아무 피조물이라도 우리를 우리 주 그리스도 예수 안에 있는 하나님의 사랑에서 끊을 수 없으리라"

마귀는 욥을 시험하듯이 환경으로 힘들게 할 수 있습니다. 물론 이 시험도 하나님의 허락하에서 일어나는 것입니다. 그러므로 그 어떤 환경이나 고난 가운데서도 성도의 구원은 지켜지게 되는 것입니다. 비록 날마다 도살당하는 양과 같은 운명이라 할지라도 하나님의 사랑 안에서 넉넉히 이기게 되는 것입니다.

이것은 역설적으로 성도의 일생은 고달프다는 뜻입니다. 왜냐하면 세상에서 예수 그리스도의 것으로 선택을 입었기 때문입니다. 세상에서 예수의 것으로 선택을 입은 것은 세상으로부터 미움을 받게 됩니다. 이를 '건축자들이 버린 돌'이라고 합니다.

마귀는 이 세상 신입니다. 하나님은 이 세상을 마귀에게 넘겨주었습니다. 마귀와 예수님은 원수입니다. 세상에서 예수 그리스도의 것으로 선택을 입었다는 것은 마귀의 세력으로부터 공격당하게 되어 있는 것입니다. 그래서 천국은 이 세상에서 하나님의 말씀과 예수의 증거로 목 베임을 당한 자들이 가는 곳으로 말해주고 있는 것입니다.

천국은 어떻게 갑니까? 마귀로부터 죽임을 당하고 갑니다. 그래서 예수님은 "누구든지 나를 따라오려거든 자기 십자가를 지고 따르라"고 하신 것입니다. 이는 십자가 너머에 천국이 있기 때문입니다. 십자가의 길이 천국 가는 길입니다. 겉으로 나타난 것은 죽음인데, 그 뒤편에는 영생이 있습니다.

예수님은 생명으로 가는 문은 좁고 그 길이 협착하여서 찾는 이가 적다고 하십니다. 세상에서 예수 그리스도를 믿음으로 산다는 것은 죽임당하는 일이기 때문입니다. 세상에 속한 자들로부터 미움받게 되는 것입니다. 이 모두가 세상과 다른 가치로 살아가야 하기 때문입니다. 그래서 구원이 먼저 세상에서 교회로 빼내심을 입고 교회에서 하나님 나라로 나아가게 되는 과정을 거치면서 이루어지게 되는 것입니다. 이를 아담을 통해서 보여주었습니다.

창세기 2장을 봅시다.

창 2:8-10 "여호와 하나님이 동방의 에덴에 동산을 창설하시고 그 지으신 사람을 거기 두시고 ^{9}여호와 하나님이 그 땅에서 보기에 아름답고 먹기에 좋은 나무가 나게 하시니 동산 가운데에는 생명나무와 선악을 알게 하는 나무도 있더라 ^{10}강이 에덴에서 발원하여 동산을 적시고 거기서부터 갈라져 네 근원이 되었으니"

창 2:8 "야훼 하느님께서는 동쪽에 있는 에덴이라는 곳에 동산을 마련하시고 당신께서 빚어 만드신 사람을 그리로 데려다가 살게 하셨다."(공동번역)

하나님이 동방의 에덴에 동산을 창설하시고 사람을 거기에 두십니다. 잘 보시면 아담을 동산 밖에서 창조하시고 동산 안으로 데리고 오심을 보게 됩니다. 이것은 성도들을 세상에서 교회로 부르신 것과 같은 것입니다.

그런데 에덴에서 강이 발원하여서 동산을 적시고 사방으로 흘러감을 보게 됩니다. 에덴동산의 구조를 보면 셋으로 되어있음을 볼 수 있습니다. 그림으로 그려보면 맨 위층이 에덴이고, 중간층이 동산이고, 맨 아래층이 사방인 것입니다. 편의상 에덴은 3층이고 동산은 2층이고 동산 밖은 1층인 것입니다.

아담이 살아가는 곳이 2층인 동산입니다. 하나님은 동산에 성질이 다른 두 과실을 두었습니다. 두 과실은 각각의 생명을 담고 있습니다. 선악과는 죽음을 담고 있고, 생명과는 영생을 담고 있습니다. 먹으면 에덴으로 올라가는 과실이 있고, 먹으면 세상으로 내려가는 과실이 있습니다. 선악과를 먹으면 동산 밖 아래층으로 내려가게 되고, 생명과를 먹으면 동산 위층인 에덴으로 올라가게 됩니다.

아담에게 있어서 구원은 동산에서 생명과를 먹고 위층인 에덴으로 올라가는 것입니다. 그러나 아담은 생명과를 먹고 에덴으로 올라오라는 하나님의 명을 어기고 여자(뱀)의 말을 듣고는 선악과를 먹고 동산에서 세상으로 내려가는 길을 택하고 만 것입니다. 이를 죽음이라고 합니다.

하나님은 에덴동산을 세상 속에 교회로 정해 두셨습니다. 하나님은 교회 안에 동산의 두 과실을 두 가지 의로 정해 놓으신 것입니다. 동산에 먹으면 죽는 과실과 먹으면 영생하는 과실이 있었듯이 교회 안에도 붙잡으면 죽는 의와 붙잡으면 사는 의가 있는 것입니다. 붙잡으면 죽는 의를 '율법으로 난 의'라고 하고, 붙잡으면 사는 의를 '예수 그리스도를 믿음으로 난 의'라고 합니다.

붙잡으면 죽는 의는 선악과이고, 붙잡으면 사는 의는 생명과입니다. 율법의 의는 인간들에게서 나오는 것이고, 믿음의 의는 예수 그리스도로부터 나옵니다. 인간의 의를 행위라고 하고, 예수 그리스도의 의를 믿음이라고 합니다.

인간의 행위로 나아오면 죽고, 예수 그리스도의 믿음으로 나아오면 삽니다. 인간의 의를 붙잡으면 지옥으로 내려가고, 예수 그리스도의 의를 붙잡으면 하늘로 올라갑니다. 인간의 행위로 나아오는 것을 '율법 신앙'이라 하고, 예수 그리스도의 의로 나아오는 것을 '은혜와 믿음의 신앙'이라고 합니다. 한마디로 말하면 행위냐, 믿음이냐 하는 것입니다.

교회 안에는 두 부류의 사람이 있습니다.

선악에 속한 자들과 생명에 속한 자들이 있는 것입니다. 인간의 의로 사는 사람과 예수 그리스도의 의로 사는 사람이 있습니다. 선악에 속한 자들은 인간의 의로 살고, 생명에 속한 자들은 예수 그리스도의 의로 삽니다. 선악과의 의는 율법에서 발생하는 것이고, 생명과의 의는 예수 그리스도를 믿음으로써 발생합니다. 선악과의 의는 율법을 지킴으로써 인간의 행함으로 얻어내는 것이고, 생명과의 의는 예수 그리스도 안에서 하나님께서 값없이 거저 주시는 것입니다.

의란 옳음입니다. 인간들의 옳음이 있고, 하나님의 옳음이 있습니다. 인간들의 옳음은 인간들이 정한 기준에 합당할 때이고, 하나님의 옳음은 하나님이 정한 기준에 합당할 때입니다. 신앙은 하나님의 옳음을 받는 것입니다. 그러니까 하나님이 무엇을 의라고 여기는지에 늘 귀를 기울여야 합니다. 그래서 복을 받은 성도들은 늘 하나님의 말씀에 귀를 기울이게 되는 것입니다.

성경이 뭐라고 하는지, 하나님이 무얼 기뻐하는지, 하나님의 관심사가 어디에 있는지 살피게 되는 것입니다. 성경의 증거는 하나님께서 무엇을 하셨는지에 대하여 말해주고 있습니다. 하나님이 하신 일이 무엇인지를 알라는 것입니다. 그러나 마귀라는 존재는 하나님의 말씀보다 자기 것으로 나아오라고 합니다. 하나님의 일하심에는 관심이 없고 내가 어떤 일을 했는지에 관심을 갖도록 합니다.

이것이 구약의 율법 신앙입니다. 어떤 율법사가 예수님에게 나아와서 "내가 어떻게 하면 영생을 얻습니까?"라고 묻습니다. '내가 어떻게 하면'이라는 말은 자기 가능성으로 나아오는 것입니다. 방법만 알려주시면 내가 그대로 하겠다는 것입니다. 그러나 예수님은 '어떻게 하면'이라는 명제에서 벗어나 '나를 좇으라'고 하십니다. 영생은 인간 쪽에서 발생된 의로 주어지는 것이 아니라 주 예수를 믿음으로 주어지는 것이라고 하십니다.

'어떻게 하면'에서 '주 예수를 좇는'(믿는) 것으로 바뀐 것입니다. '어떻게 하면'은 율법이고, 예수를 믿는 것은 은혜입니다. 신앙이 내 쪽에서 발생되는 행위를 의지하던 것에서 예수 그리스도를 믿는 것으로 바뀐 것입니다. 율법에서 은혜로 바뀐 것입니다. 이것을 새 언약이라고 합니다.

새 언약을 새 포도주라고 합니다. 새 포도주인 예수 그리스도를 좇는 믿음을 헌 부대인 율법 신앙에 담지 말라는 것입니다. 율법 신앙은 새 언약을 담아낼 수 없습니다. 그래서 새 포도주를 헌 부대에 담으면 부대가 찢어져서 둘 다 버리게 된다고 하신 것입니다. 새 술은 새 부대에 담으라고 하신 것입니다. 새 술이 바로 예수 그리스도를 믿음으로 의롭게 된다는 새 언약입니다.

새 언약은 믿음이라는 부대에 담아야 합니다. 그래야 보존되는 것입니다. 사람들이 율법 신앙을 버리지 못하는 것은 율법 신앙 속에 자기 의와 자기 자랑과 자기 영광이 들어가 있기 때문입니다. 자기를 영화롭게 해주기 때문입니다. 율법의 의는 선악과처럼 보암직하고 먹음직하고 지혜롭게 할 만큼 탐스럽기에 인간들이 따르게 되는 것입니다.

마귀는 율법의 의로 예수 그리스도의 의를 가리게 합니다. 율법의 의는 인간의 행함으로 나오는 것이고, 예수 그리스도의 의는 믿음으로 나오는 것입니다. 인간의 행위로 나오는 것을 불의라고 하고, 예수 그리스도를 믿는 믿음으로 나오는 것을 의라고 합니다. 왜 인간의 의로 나오는 것을 불의(不義)라고 할까요? 이는 예수 그리스도의 십자가 사건을 부정한 것으로 돌리기 때문입니다. 우리 옛사람은 예수와 함께 십자가에 못 박혔습니다. 이를 믿는 것이 믿음입니다.

로마서 6장입니다.

롬 6:6-7 "우리가 알거니와 우리 옛사람이 예수와 함께 십자가에 못 박힌 것은 죄의 몸이 멸하여 다시는 우리가 죄에게 종노릇하지 아니하려 함이니 ⁷이는 죽은 자가 죄에서 벗어나 의롭다 하심을 얻었음이니라"

예수가 십자가에 못 박힌 것은 우리의 죄의 몸을 멸하기 위함이라고 합니다. 우리로 하여금 죄의 몸으로 살지 않게 하시기 위함입니다. 예수님이 십자가에 죽으신 것은 우리의 행위로 인하여 율법으로부터 참소를 당하지 않게 하기 위함이라는 뜻입니다.

율법은 죄인의 몸으로 행한 것을 참소합니다. 그런데 성도는 죄의 몸은 예수 그리스도와 함께 십자가에서 죽었습니다. 죄의 몸이 죽었기 때문에 율법은 죽은 것이 되는 것입니다. 그래서 예수 그리스도 안에 거하는 자는 죄의 몸에서 벗어났다고 하는 것입니다. 이것은 율법이 몸으로 행한 것을 참소하는 것으로부터 자유하게 되었다는 뜻입니다.

로마서 6장을 봅시다.

롬 6:8-11 "만일 우리가 그리스도와 함께 죽었으면 또한 그와 함께 살 줄을 믿노니 9이는 그리스도께서 죽은 자 가운데서 사셨으매 다시 죽지 아니하시고 사망이 다시 그를 주장하지 못할 줄을 앎이로라 10그의 죽으심은 죄에 대하여 단번에 죽으심이요 그의 살으심은 하나님께 대하여 살으심이니 11이와 같이 너희도 너희 자신을 죄에 대하여는 죽은 자요 그리스도 예수 안에서 하나님을 대하여는 산 자로 여길찌어다"

성도는 그리스도와 함께 죽었고 함께 살아났습니다. 그러므로 그리스도 안에 거하는 자는 사망이 다시 그를 주장하지 못하게 되는 것입니다. 왜냐하면 사망은 죄의 몸만 주장하기 때문입니다. 그런데 성도의 몸은 이미 예수 그리스도와 함께 십자가에서 죽었습니다.

성도는 죄에 대하여 죽은 자들입니다. 이 말은 율법이 죄를 가지고 참소하는 것으로부터 자유하다는 것입니다. 율법이 더는 성도가 몸으로 행한 것을 이러쿵저러쿵 참소하지 못한다는 것입니다. 그 이유는 성도는 그리스도와 함께 십자가에서 죽었기 때문입니다. 이 사실을 믿으라고 합니다.

그래서 "너희 자신을 죄에 대하여 죽은 자로 여기고, 그리스도 예수 안에서 의에 대하여 산 자로 여기라"고 하는 것입니다. '여기라'는 말은 실제로는 그렇지 않은데, 그러한 것으로 믿으라는 것입니다. 왜냐하면 하나님께서 그리스도 예수 안에 거하는 자는 죄인으로 여기지 않고 의인으로 간주해 주시기 때문입니다.

그러므로 더는 죄가 우리 몸을 주장하지 못하게 하라고 합니다. 성도의 몸은 이미 그리스도와 함께 죽었기 때문에 죄가 더는 우리에게 이래라저래라 간섭하지 못하는 것입니다. 이러한 것을 의의 병기라고 합니다.

로마서 6장입니다.

롬 6:12-14 "그러므로 너희는 죄로 너희 죽을 몸에 왕 노릇 하지 못하게 하여 몸의 사욕을 순종치 말고 [13]또한 너희 지체를 불의의 병기로 죄에게 드리지 말고 오직 너희 자신을 죽은 자 가운데서 다시 산 자같이 하나님께 드리며 너희 지체를 의의 병기로 하나님께 드리라 [14]죄가 너희를 주관치 못하리니 이는 너희가 법 아래 있지 아니하고 은혜 아래 있음이니라"

"너희 지체를 불의의 병기로 죄에게 드리지 말고…의의 병기로 하나님께 드리라"고 합니다. '의의 병기'라고 하는 말은 우리 몸은 의를 보여주는 그릇이라는 뜻입니다. 성도의 몸은 예수 그리스도 안에서 의롭다 여기심을 받은 것을 보여주는 그릇입니다. 이를 긍휼의 그릇이라고 합니다. 하나님의 은혜를 보여주는 그릇이라는 의미입니다.

하나님은 성도 안에 하나님의 은혜를 가득 담아 놓으셨습니다. 성도의 몸을 푹 찌르면 하나님의 은혜가 쏟아져 나와야 합니다. 이를 '의의 병기'라고 합니다. 성도는 법 아래 있지 않고 은혜 아래 있습니다. 죄에 대하여 죽고 의에 대하여 살아났습니다. 죄에 대하여 죽었다 함은 율법의 참소로부터 자유하다는 뜻입니다.

성령은 성도의 몸을 의(義)의 병기로 드리게 하고, 마귀는 불의(不義)의 병기로 드리게 합니다.

의의 병기는 예수님의 십자가 공로를 보여주고, 불의의 병기는 인간의 공로를 보여줍니다. 의의 병기는 예수 그리스도를 자랑하고, 불의의 병기는 인간의 행위를 자랑합니다. 구약의 율법 지킴의 신앙은 불의의 병기이고, 신약의 예수 믿음은 의의 병기입니다.

율법 지킴은 인간의 의이고, 예수 믿음은 예수 그리스도의 의입니다. 불의의 병기로 사는 것은 법으로 사는 것이고, 의의 병기로 사는 것은 은혜로 사는 것입니다. 성령은 은혜로 살게 하는데 마귀는 법으로 살게 미혹합니다.

마귀는 신앙을 우리의 행함에 두고, 성령은 우리의 신앙을 예수 그리스도를 믿는 것에 두게 하십니다. 교회 안에는 율법의 종도 있고 은혜의 종도 있습니다. 율법의 종은 우리가 하나님의 말씀을 지키는 것을 신앙이라고 가르치고, 은혜의 종은 우리가 의롭게 되는 것은 예수 그리스도를 믿음으로 주어지는 것이라고 합니다.

이 둘은 서로 대척점에 서서 서로가 서로에게 이단이라고 고발합니다. 이 사실을 예수님과 유대인의 충돌로 보여주었습니다. 유대인들은 율법의 의로 예수 그리스도를 이단이라고 정죄하고서 죽인 것입니다. 그런데 하나님께서 유대인들이 이단이라고 죽인 예수 그리스도를 살리셨습니다. 이는 예수 그리스도가 맞고 유대인이 틀렸다는 것을 고발해 주고 있는 것입니다.

그래서 오순절 성령 강림이 임하고 난 후에 사도들이 '너희가 이단이라고 죽인 이 예수를 하나님께서 살리셨다'고 합니다. 예수 그리스도를 살린 것은 예수 그리스도가 옳다는 뜻입니다. 예수 그리스도는 이단이 아니고 정통이라는 것입니다. 옳은 자이기 때문에 살려주셨다고 하는 것입니다. 그러니 주 예수를 믿으라고 합니다. 주 예수를 믿는 것이 하나님의 말씀에 순종하는 것입니다.

복음이 증거되면 두 편으로 갈라집니다. 주 예수를 믿으라는 사도들의 설교를 듣고 유대인들 중에서 어찌할꼬 회개하는 자가 일어나는가 하면, 분개하면서 이를 뿌드득 뿌드득 가는 자들이 일어난 것입니다. 유대인 중에서도 예수 그리스도를 중심으로 두 부류로 갈라지게 된 것입니다. 예수 그리스도를 구주로 받아들이는 자와 배척하는 자로 갈라진 것입니다. 이 둘 간에 전쟁이 일어난 것입니다. 이것이 의의 전쟁입니다.

의의 전쟁은 교회 안에서도 일어나지만 우리 안에서도 일어납니다. 우리 안에는 두 사람이 있습니다. 옛사람과 새사람입니다. 우리 옛사람은 율법의 의로 살게 하고, 새사람은 예수 그리스도의 의로 살게 합니다.

사도 바울이 로마서 7장에서 탄식한 것이 이 때문입니다. 그런데 8장에서 그 해답을 알려주었습니다. 누구든지 그리스도 예수 안에 있는 자에게는 결코 정죄함이 없다고 하였습니다. 성령은 예수 그리스도의 의로 살아가도록 하십니다.

옛사람과 새사람은 존재 양식이 다릅니다. 옛사람은 아담 안에서 흙에서 났고, 새사람은 예수 그리스도 안에서 하늘로부터 났습니다. 옛사람은 흙에 속하였으므로 떡으로 살고, 새사람은 하늘에 속하였으므로 하나님의 말씀으로 살아갑니다. 옛사람은 땅의 것인 육신의 소욕을 좇아가고, 새사람은 하늘의 것인 성령의 소욕을 좇아가는 것입니다.

거듭난 성도는 육신의 소욕과 성령의 소욕의 전쟁을 하게 됩니다. 옛사람은 육적 가치로 살아가고, 새사람은 영적 가치로 살아갑니다. 이것은 삶의 가치관과 지향성에 대한 싸움입니다. 쉬운 말로 떡의 가치로 살 것인가, 아니면 하나님의 말씀의 가치로 살 것인가의 싸움입니다.

예수님께서 광야에서 사십 일을 주리신 후에 마귀와 이 싸움을 하셨습니다. 마귀는 예수님에게 떡을 주겠다고 합니다. 그러자 예수님은 하나님의 아들들은 떡을 위하여 사는 것이 아니라 하나님의 언약을 이루어 가는 것으로 산다고 하셨습니다.

마귀가 다시 시험하기를 '성전 꼭대기에서 뛰어내려서 천사들로 하여금 너를 보호하여서 하나님의 아들 됨을 증명해 보이라'고 합니다. 이에 예수님은 '내가 온 것은 아버지로 하여금 내 능력을 증명해 보여서 하나님의 아들 됨을 자랑키 위함이 아니다'라고 하십니다.

마귀가 다시 천하만국의 부귀영화와 권세를 보여주면서 자기에게 절만 하면 이 모든 것을 주겠다고 합니다. 이에 예수님은 '내가 이 세상에 온 것은 천하만국의 부귀영화와 권세를 얻어서 사람들로부터 경배받기 위하여 온 것이 아니고 오직 아버지께만 경배하고 그를 섬기기 위하여 왔다'고 하십니다.

마귀는 세상에서 영웅호걸이 되어서 하나님의 아들 됨을 증명해 보이라고 합니다. 마귀는 성도들을 흙에 붙잡아 두고자 합니다. 사람들의 관심사를 땅의 것에 두도록 미혹하는 것입니다. 이를 육신의 소욕이라고 합니다. 마귀는 인간들의 약점을 너무도 잘 알고 있습니다. 마귀는 인간들은 배가 부르면 반드시 하나님을 떠난다는 사실도 잘 압니다. 그래서 마귀는 떡으로 하나님을 떠나도록 미혹하는 것입니다.

신명기 32장을 봅시다.

신 32:15-34 "그러한데 여수룬이 살찌매 발로 찼도다 네가 살찌고 부대하고 윤택하매 자기를 지으신 하나님을 버리며 자기를 구원하신 반석을 경홀히 여겼도다 16그들이 다른 신으로 그의 질투를 일으키며 가증한 것으로 그의 진노를 격발하였도다 17그들은 하나님께 제사하지 아니하고 마귀에게 하였으니 곧 그들의 알지 못하던 신, 근래에 일어난 새 신, 너희 열조의 두려워하지 않던 것들이로다… 32그들의 포도나무는 소돔의 포도나무요 고모라의 밭의 소산이라 그들의 포도는 쓸개포도니 그 송이는 쓰며 33그들의 포도주는 뱀의 독이요 독사의 악독이라 34이것이 내게 쌓이고 내 곳간에 봉하여 있지 아니한가"

여수룬이 살찌매 자기를 지으신 여호와를 발로 차버렸다고 합니다. 먹고 배가 부르니까 자기를 지으신 하나님을 몰라보더라는 것입니다. 급기야 하나님에게 제사하지 않고 마귀에게 하였다고 합니다. 이는 마귀가 좋아하는 일만 한다는 뜻입니다.

마귀가 좋아하는 일은 인간의 의로 예수 그리스도의 의를 감추는 것입니다. 등 따습고 배가 부르니까 자기 주체 챙기기를 하는 것입니다. 예수님도 필요가 없는 것입니다. 자기 힘이 있으니까요. 인간들은 힘을 가지면 하나님도 귀찮아집니다. 힘을 가지면 하나님을 믿지 않고 자기를 믿게 됩니다.

옛사람은 흙의 기운으로 살아가고, 새사람은 하늘이 기운으로 살아갑니다. 육신은 세상 것을 가질 때 행복해하고, 영혼은 하나님의 은혜를 받을 때 행복해 합니다. 우리 모두가 땅의 것으로 육신의 즐거움을 위하여 살았습니다. 그런데 예수 그리스도로 말미암아 하늘의 것으로 영혼의 즐거움으로 살아가는 자들로 새롭게 거듭났습니다.

우리가 비록 하늘의 사람으로 거듭났다고 하지만 우리 몸은 여전히 죄 아래서 난 몸으로 살아가야 하기 때문에 육신의 소욕으로부터 자유롭지 못합니다. 이 약점을 마귀는 너무도 잘 알고 있습니다. 그래서 마귀는 성도에게 찾아와서 '네가 만약 하나님의 아들이라고 한다면 육신의 정욕과 안목의 정욕과 이생의 자랑이라는 세상 것을 구하라'고 유혹하는 것입니다.

여기에 미혹 당하면 어리석은 부자처럼 재물을 모으는 데 일생을 바치게 됩니다. 어리석은 부자는 재물로 쉼을 얻고자 하였습니다. 그러나 재물로는 쉼을 얻을 수 없습니다. 왜냐하면 세상 것에는 하나님의 사랑이 없기 때문입니다. 아담이 범죄 하자 하나님은 아담이 살아갈 땅을 저주하셨습니다. 죄인들이 살아가는 이 세상은 하나님의 저주의 기운을 뿜어내고 있습니다. 그러므로 이 땅의 것은 아무리 많이 소유하여도 쉼을 얻을 수 없는 것입니다.

이를 어리석은 부자로 비유해 주었습니다. 어리석은 부자는 소출이 많아서 창고를 늘렸지만 엄습해 오는 두려움을 해소할 수 없었습니다. 마음속의 두려움은 하나님과의 올바른 관계 안에 거하면 사라지게 됩니다. 그것이 주 예수를 믿는 것입니다. 예수 그리스도 안에 거하면 죄와 사망이 주는 두려움은 사라집니다. 그래서 하나님은 어리석은 부자에게 하나님께 부요치 못하고 재물을 쌓은 자를 어리석은 자라고 하시는 것입니다.

하나님의 사랑은 하늘의 것에만 있습니다. 마음의 안식은 하늘의 것에만 있습니다. 그래서 예수님은 무엇을 먹을까, 무엇을 마실까, 무엇을 입을까를 구하지 말고 그의 나라와 그의 의를 구하라고 하셨습니다. 언약 안에 있으면 무엇을 먹을까, 무엇을 마실까, 무엇을 입을까로부터 자유하게 됩니다.

그래서 예수님은 어떤 청년이 자기 형에게 이야기하여서 자신에게 돌아올 유업을 좀 나누어주게 해달라고 청할 때 삼가 탐심을 물리치라고 하시면서 어리석은 부자 비유를 하신 것입니다. 왜 어리석은 부자라고 합니까? 하나님과의 온전한 관계 안에 거하지 않았기 때문입니다. 하나님과의 온전한 관계를 그의 나라와 그의 의라고 합니다.

거짓 종들은 떡을 소유함이 하나님께 복을 받은 것이라고 미혹하여 성도의 눈을 떡에 머물게 하여서 관심사를 땅의 것에 두게 합니다. 떡의 가치로 살게 하는 것입니다. 사도 바울은 떡의 가치로 사는 것을 땅의 일이라고 하였습니다.

빌립보서 3장을 봅시다.

빌 3:18-19 "내가 여러 번 너희에게 말하였거니와 이제도 눈물을 흘리며 말하노니 여러 사람들이 그리스도 십자가의 원수로 행하느니라 [19]저희의 마침은 멸망이요 저희의 신은 배요 그 영광은 저희의 부끄러움에 있고 땅의 일을 생각하는 자라"

사도 바울은 교회 안에 십자가의 원수로 행하는 자들이 있다고 합니다. 그들이 누구인가 하면 땅의 일을 생각하는 자들입니다. 땅의 일을 한마디로 떡을 좇아가는 것이라고 합니다. 땅의 일을 생각하는 자들의 신(神)은 배라고 하였습니다.

누구든지 진 자는 이긴 자의 종이 됩니다. 구약은 땅을 차지하는 전쟁이지만, 신약은 몸을 차지하는 전쟁입니다. 우리 몸은 도구입니다. 영적 싸움을 하는 병기입니다.

육신의 소욕이 우리 몸을 장악하면 마귀의 도구로 사용되고, 성령의 소욕이 우리 몸을 장악하면 예수 그리스도의 도구로 사용됩니다.

육신의 소욕이 우리 몸을 주장하면 무엇을 먹을까, 무엇을 마실까, 무엇을 입을까를 구하게 되고, 성령의 소욕이 우리 몸을 주장하면 그의 나라와 그의 의를 구하게 됩니다. 마귀가 이기면 우리 몸은 불의의 병기로 드려집니다. 그럼 우리 몸은 이 세상의 떡을 좇아가게 됩니다. 성령이 이기면 우리 몸은 의의 병기로 드려지게 되는 것입니다. 그럼 우리 몸은 하늘의 신령한 말씀을 좇아가게 됩니다.

우리의 마음이 있는 곳에 우리 몸도 있게 마련입니다. 마음에 떡이 그려져 있으면 몸은 세상과 짝하고 있을 것이고, 마음에 언약이 그려져 있으면 몸은 교회와 가까이 하게 될 것입니다. 몸은 정신의 지배를 받고 정신은 영의 지배를 받게 됩니다. 그러므로 '네 마음이 있는 곳에 몸도 있다'고 하는 것입니다.

골로새서 3장을 봅시다.

골 3:1-5 "그러므로 너희가 그리스도와 함께 다시 살리심을 받았으면 위엣 것을 찾으라 거기는 그리스도께서 하나님 우편에 앉아 계시느니라 ²위엣 것을 생각하고 땅엣 것을 생각지 말라 ³이는 너희가 죽었고 너희 생명이 그리스도와 함께 하나님 안에 감취었음이니라 ⁴우리 생명이신 그리스도께서 나타나실 그때에 너희도 그와 함께 영광 중에 나타나리라 ⁵그러므로 땅에 있는 지체를 죽이라 곧 음란과 부정과 사욕과 악한 정욕과 탐심이니 탐심은 우상숭배니라"

신앙생활은 하늘의 가치로 살아가는 것입니다. 그러므로 사도 바울은 땅의 지체를 죽이라고 합니다. "너희가 그리스도와 함께 살리심을 받지 않았느냐? 그러면 하늘의 것을 찾아야 하지 않겠느냐, 그리스도가 하늘에 계신데 어떻게 그리스도에게서 나와서 땅의 것을 달라고 할 수 있느냐?"라고 합니다.

땅의 지체를 좇아가는 것을 우상숭배라고 합니다. 다시 말해서 떡을 위하여 예수를 찾는 것은 우상숭배입니다. 세상 것을 얻기 위하여 예수에게 나아왔다고 한다면 그건 예수 그리스도의 십자가를 모욕하는 것이라고 합니다. '어떻게 육신의 소욕을 죽이고 세상에 대하여 죽게 하는 예수 그리스도의 십자가 사건을 세상 것을 얻는 수단으로 이용한단 말인가? 그것은 예수를 두 번 죽이는 것이 된다'는 것입니다.

세상 것을 얻고자 하는 것은 예수 그리스도의 피를 망령되게 하는 것입니다. 또한 율법으로 의롭게 되려는 것도 예수 그리스도의 피를 부정한 것으로 돌리는 것이 됩니다. 그래서 세상 것을 좇아가면 십자가의 원수라고 하고 인간의 의를 붙잡는 것도 하나님의 원수라고 하는 것입니다.

성도는 죽는 날까지 두 싸움을 하게 되어 있습니다.

떡이냐,
말씀이냐?

성령의 소욕을 좇을 것인가,
육신의 소욕을 좇을 것인가?

인간의 의냐,
예수 그리스도의 의냐?

율법의 의를 붙잡을 것인가,
예수 그리스도의 의를 붙잡을 것인가?

누구든지 진 자는 이긴 자의 종이 되기 때문입니다. 우리는 우리 몸을 죄가 주관하지 못하도록 싸워야 하고, 우리 몸을 육신의 소욕이 지배하지 않도록 싸워야 합니다. 미래 천국은 현재 천국으로 살아가는 자들이 들어가는 곳입니다. 현재 천국은 영적으로 주어졌습니다. 하나님 나라는 먹고 마시는 것이 아니고 성령 안에서 의와 평강과 희락을 누리는 것입니다.

율법의 의와 육신의 소욕이 이기게 되면 우리 몸은 불의의 병기로 사용되고, 예수 그리스도의 의와 성령의 소욕이 이기면 우리 몸은 의의 병기로 사용됩니다. 그래서 죄와 싸우되 피 흘리기까지 싸우라고 하는 것입니다. 천국은 전쟁에서 이긴 자들에게 유업으로 주어지는 것입니다.

요한계시록 20장 말씀으로 오늘 말씀을 갈음합시다.

계 20:4 "또 내가 보좌들을 보니 거기 앉은 자들이 있어 심판하는 권세를 받았더라 또 내가 보니 예수의 증거와 하나님의 말씀을 인하여 목 베임을 받은 자의 영혼들과 또 짐승과 그의 우상에게 경배하지도 아니하고 이마와 손에 그의 표를 받지도 아니한 자들이 살아서 그리스도로 더불어 천 년 동안 왕 노릇 하니"

천년왕국은 예수의 증거를 가진 자들이 들어가는 곳입니다. 다시 말해서 예수 그리스도의 의를 가진 자들이 들어가는 곳입니다. 세상에서 예수 그리스도의 의로 살다 보니까 짐승인 적그리스도 세력으로부터 미움을 받고 급기야 죽임을 당하게 된 것입니다. 그러나 실패가 아니고 성공입니다. 왜냐하면 살아서 그리스도와 함께 왕 노릇 하기 때문입니다. 지금은 예수 그리스도의 의로 살아가면 왕 노릇 하는 것입니다. 부디 예수 그리스도의 의로 죄와 사망의 권세를 이기고 왕으로 살아가시기를 주의 이름으로 축원드립니다.

27강 여자의 길과 남자의 길(창 3:14-19)

창세전 언약으로 본 창조와 구원 이야기

창 3:14-19 "여호와 하나님이 뱀에게 이르시되 네가 이렇게 하였으니 네가 모든 육축과 들의 모든 짐승보다 더욱 저주를 받아 배로 다니고 종신토록 흙을 먹을지니라 15 내가 너로 여자와 원수가 되게 하고 너의 후손도 여자의 후손과 원수가 되게 하리니 여자의 후손은 네 머리를 상하게 할 것이요 너는 그의 발꿈치를 상하게 할 것이니라 하시고 16 또 여자에게 이르시되 내가 네게 잉태하는 고통을 크게 더하리니 네가 수고하고 자식을 낳을 것이며 너는 남편을 사모하고 남편은 너를 다스릴 것이니라 하시고 17 아담에게 이르시되 네가 네 아내의 말을 듣고 내가 너더러 먹지 말라 한 나무 실과를 먹었은즉 땅은 너로 인하여 저주를 받고 너는 종신토록 수고하여야 그 소산을 먹으리라 18 땅이 네게 가시덤불과 엉겅퀴를 낼 것이라 너의 먹을 것은 밭의 채소인즉 19 네가 얼굴에 땀이 흘러야 식물을 먹고 필경은 흙으로 돌아가리니 그 속에서 네가 취함을 입었음이라 너는 흙이니 흙으로 돌아갈 것이니라 하시니라"

성경은 교회를 여성명사로 사용하여 여자로 표현을 합니다. 이는 하나님의 아들인 예수 그리스도의 신부로 말해줍니다. 왜 교회를 여성명사로 쓰고 성도는 하나님의 아들이라고 할까요? 이는 예수 그리스도의 구속사를 교회를 통해서 보여주고자 함입니다. 하나님은 막 창조된 아담에게 생명과를 먹으라고 하셨습니다. 이는 아담 속에 하나님의 생명을 담고자 함입니다.

이러면 아담은 하나님의 씨를 받아야 하는 여자의 위치에 있는 것입니다. 하나님이 여자에게 하나님의 씨를 주어서 남자로 만들어 가는 것이 성경의 이야기입니다. 그래서 구원이 여자가 남자가 되는 것이라고 하는 것입니다. 즉 죽은 자들이 예수 그리스도로부터 하나님의 생명을 수여 받아서 산 자인 하나님의 아들이 되는 것입니다.

오늘은 여자의 길과 남자의 길에 대하여 살펴보고자 합니다. 여자의 길과 남자의 길이라는 말은 여자의 신앙과 남자의 신앙이 따로 있기 때문입니다. 이 둘은 한 몸에서 일어나게 되는 것입니다. 왜냐하면 성도는 여자이면서 남자이기도 하기 때문입니다. 그러므로 성도가 신앙생활을 함에 있어서 어떤 때는 여자로서의 신앙생활이 있고, 어떤 때는 남자로서의 신앙생활이 있는 것입니다. 신앙의 모습이 여자의 성향과 남자의 성향이 있다는 뜻입니다.

하나님은 범죄 한 아담과 하와에게 죽음이라는 형벌을 내리셨습니다. 형벌은 교정(깨닫고 돌이킴)에 목적을 두고 있습니다. 형벌을 통해서 하나님의 뜻을 깨닫게 되는 것이므로 저주가 아니라 복입니다.

두 가지 징벌이 있습니다. 원수에게 하는 징벌과 자기 백성들에게 하는 징벌이 있습니다. 원수에게 하는 징벌은 심판하는 것으로서 저주의 징벌입니다. 그러나 자기 백성들에게 하는 징벌은 교정 차원의 징벌이므로 사랑입니다.

부모가 자식에게 하는 모든 행위는 사랑을 바탕으로 하고 있습니다. 부모가 자식이 잘못하면 매질하는 것도 사랑인 것입니다. 물론 매를 맞는 자식 입장에서는 사랑으로 느끼지 않습니다. 그러나 그 자식이 장성해서 장가나 시집가서 가정을 꾸리고 자기 자식을 낳아서 기르게 되면 자기가 어렸을 때 부모가 매질한 것이 사랑임을 알게 됩니다. 그래서 자신이 어렸을 때 부모가 한 일을 자기 자식에게도 대물림으로 행하게 되는 것입니다. 시집가고 장가가서 자식을 낳아서 기르다 보니 매도 사랑이라는 것을 알게 되었기 때문입니다.

하나님과 성도는 아버지와 아들 관계입니다. 부모와 자식 관계는 하나님과 자기 백성들의 관계를 보여주는 시청각 교재와 같은 것입니다. 하나님께서 이스라엘에게 행하시는 모든 행위는 부모가 자식에게 하는 것과 같이 사랑을 바탕으로 하는 것입니다.

바벨론에 포로로 잡혀가서 70년 종살이하게 하신 것도 저주가 아니고 사랑이었습니다. 이스라엘 백성들은 바벨론에서 포로 생활을 하면서 이 사실을 깨닫게 됩니다. 그래서 그발강가에 서서 시온을 바라보면서 찬송을 불렀던 것입니다.

하나님이 선악과를 먹은 아담을 에덴동산 밖으로 추방하신 것도 사랑입니다. 하나님은 산 자의 하나님이십니다. 그러므로 하나님 나라는 생명을 최고의 가치에 두고 있는 것입니다. 산 자의 하나님은 죽은 자와 함께 살 수 없는 것입니다. 그래서 아무리 사랑스러운 아들이라 할지라도 죄로 인하여 죽은 자가 된 자식과는 함께 살 수 없어서 추방하신 것입니다. 죽음의 문제가 해결되면 다시 에덴동산으로 불러들여서 함께 살아갈 것입니다.

그래서 성경의 중심 사상은 죄로 인하여 죽은 자가 된 아담을 하나님께서 그 아들을 구원주로 보내서 죄와 사망으로부터 건져내어서 하나님 나라로 데려가는 것을 중심 주제로 다루고 있는 것입니다. 성경은 예수 그리스도께서 자기 백성을 죄와 사망의 권세로부터 해방시키는 구속사 이야기입니다.

하나님의 최고의 사랑은 생명을 지키는 것으로 나타나는 것입니다. 부모가 자식에게 하는 모든 행위는 사랑입니다. 그런데 그 사랑이 때로는 징계로도 나타납니다. 그래서 하나님은 참 아들들에게는 반드시 징계가 따른다고 하셨습니다. 징계하는 것은 참 아들로 대우하는 것입니다.

이를 구약의 이스라엘을 통해서 예표적으로 보여주었습니다. 하나님은 구약의 아브라함 후손들을 가지고 장차 예수 그리스도로 난 성도들의 구원을 보여주신 것입니다. 그래서 구약의 이스라엘을 기능적 이스라엘이라고 합니다. 기능적이라고 함은 하나님의 일하심을 보여주기 위하여 선택을 입은 민족이라는 것입니다.

구약의 이스라엘은 아브라함의 후손들입니다. 아브라함은 장차 오실 예수님을 예표하고 있습니다. 그래서 예수님께서 '아브라함도 내 때를 보고 즐거워하였다'고 말씀하신 것입니다. 즉 아브라함도 예수 그리스도를 통해서 구원을 받게 된다는 뜻입니다. 하나님은 구약의 이스라엘을 통해서 하나님의 백성들이 이 땅에서 어떻게 다스림을 받게 되는지를 알려주었습니다. 그러므로 구약의 이스라엘 이야기는 우리의 이야기가 되는 것입니다.

구약의 이스라엘은 어린양의 피로 죽음의 재앙으로부터 살아나 출애굽을 합니다. 하나님은 이들을 '내 장자'라고 하셨습니다. 하나님의 장자라는 말은 곧 하나님이 부모가 되어 다스린다는 말입니다. 하나님께서 구약의 이스라엘을 부모가 자식을 사랑하듯이 대하셨습니다.

그런데 그 사랑이 역설적입니다. 이스라엘 백성의 입장으로 보면 고난입니다. 고난 속에는 하나님의 사랑이 절절히 담겨 있는 것입니다. 겉으로 드러난 것은 고난이지만 그 안에 감추어진 것은 사랑입니다. 그래서 바벨론으로 포로가 되어 가는 백성들에게 하나님은 예레미야 선지자를 통해서 '내가 너희에게 행하는 것은 재앙이 아니라 평안'이라고 말씀하셨던 것입니다.

예레미야 29장을 봅시다.

렘 29:11-13 "나 여호와가 말하노라 너희를 향한 나의 생각은 내가 아나니 재앙이 아니라 곧 평안이요 너희 장래에 소망을 주려 하는 생각이라 ^{12}너희는 내게 부르짖으며 와서 내게 기도하면 내가 너희를 들을 것이요 ^{13}너희가 전심으로 나를 찾고 찾으면 나를 만나리라"

예레미야 선지자는 바벨론에 포로로 잡혀가는 백성들에게 이것은 하나님의 뜻이라고 알려줍니다. 그러면서 이것은 재앙이 아니라 평안이고 장래에 소망을 주려는 것이라고 합니다. 물론 이 말을 백성들은 알아들을 수가 없었습니다.

이방 나라에 포로로 잡혀가는 것이 어떻게 사랑이냐고 항변하는 것입니다. 그런데 바벨론에서 포로 생활을 하면서 하나님의 사랑을 점차 깨닫게 됩니다. 고난이 철들게 만든 것입니다. 그래서 시편 기자는 고난 당하기 전에는 그릇 행하였는데, 고난을 통해서 올바른 길을 걷게 되었다고 하면서 고난이 복이라고 하였습니다.

신앙은 하나님의 마음을 깨달아가는 것입니다. 바울은 그 하나님의 은혜를 더 깊게, 더 넓게, 더 높이, 더 많이 알아가기를 기도하였습니다. 한마디로 하나님의 은혜와 사랑을 알아가는 일에 어른이 되어 가라는 것입니다. 어른이 된다는 것은 사랑하는 사람이 된다는 뜻입니다.

　성도를 예수님의 신부로 표현하는 것도 예수님으로부터 사랑을 입고 예수님을 사랑하는 자라는 뜻입니다. 바울은 지금 예수님의 심정으로 온 세계에 흩어진 그리스도의 신부들에게 편지하는 것입니다. "예수 그리스도의 신부들아! 예수님의 사랑을 좀 더 많이 알아가라"고 기도하고 있는 것입니다.

　에베소서 3장을 봅시다.

엡 3:14-19 "이러하므로 내가 하늘과 땅에 있는 각 족속에게 [15]이름을 주신 아버지 앞에 무릎을 꿇고 비노니 [16]그 영광의 풍성을 따라 그의 성령으로 말미암아 너희 속 사람을 능력으로 강건하게 하옵시며 [17]믿음으로 말미암아 그리스도께서 너희 마음에 계시게 하옵시고 너희가 사랑 가운데서 뿌리가 박히고 터가 굳어져서 [18]능히 모든 성도와 함께 지식에 넘치는 그리스도의 사랑을 알아 [19]그 넓이와 길이와 높이와 깊이가 어떠함을 깨달아 하나님의 모든 충만하신 것으로 너희에게 충만하게 하시기를 구하노라"

　하나님의 사랑은 무한합니다. 그래서 바울은 예수님의 심정으로 온 세상에 흩어져 있는 모든 성도들이 하나님의 그 큰 사랑을 많이 알아가기를 기도하였던 것입니다. 그 사랑을 깨닫는 것만큼 사랑하게 되어있기 때문입니다. 많이 깨닫는 사람은 많이 사랑하고, 적게 깨닫는 자는 적게 사랑하게 되는 것입니다. 깨닫는 것에 비례하여서 사랑의 농도가 차이가 나는 것입니다.

　그런 의미에서 신앙은 생명의 자람과 같습니다. 생명이 어린아이로부터 시작하여서 어른으로 나아가듯이 우리의 신앙도 어린아이같이 출발하여서 장성한 자로 나아가게 되는 것입니다. 율법으로부터 시작하여 은혜로 나아가는 것입니다. 율법은 어린아이처럼 강요에 의하여 행하는 신앙이고, 은혜는 장성한 자로서 스스로 알아서 자발적으로 행하는 신앙입니다.

신앙이 장성한 어른이 될 때 비로소 모든 것이 합력하여 선을 이루어 간다는 하나님의 말씀이 무엇을 말하고 있는지를 알게 되는 것입니다. 바울은 산전수전을 겪으면서 이 사실을 깨달았던 것입니다. 그래서 '나의 나 된 모든 것이 하나님의 은혜'라고 고백할 수 있었던 것입니다.

사람이 철들어가는 것이 인생이듯이 우리의 신앙도 하나님의 마음을 알아가는 것입니다. 그런데 하나님의 마음은 산전수전 겪으면서 알아가게 되는 것입니다. 산전수전을 겪는다는 것은 많은 고난을 당하게 된다는 것입니다. 고난을 통해서 하나님의 마음을 알아가게 되는 것입니다. 그래서 성경 속 믿음의 사람들은 수많은 고난을 겪는 것으로 나타나고 있는 것입니다.

겉으로 드러난 것은 고난이지만 실상은 사랑입니다. 그 대표적인 사람으로 야곱과 요셉을 들 수 있습니다. 야곱은 태어나기도 전에 하나님의 사랑을 받았습니다. 야곱은 장자의 축복을 받기 전까지는 집에서 잘 살았습니다. 그런데 장자의 축복을 받고 나자 집에서 쫓겨나는 신세가 되고 만 것입니다.

야곱은 아버지로부터 장자의 축복을 받으면 아버지 집을 유업으로 받아서 행복하게 잘 살아가리라고 생각했습니다. 그런데 장자의 축복을 받고 나자 돌아온 것은 아버지 집을 유업으로 받는 것이 아니고 아버지 집에서 쫓겨남을 당하는 것이었습니다.

이것은 야곱이 바라던 것이 아니었습니다. 야곱은 말년에 스스로의 인생을 평가하기를 험악한 세월을 살았다고 하였습니다. 이는 하나님의 사랑이 이 세상에서 험악한 인생을 살게 하는 것으로 나타난다는 것입니다. 인간의 상식에 반하는 역설적인 것입니다.

야곱은 하나님의 언약에 이끌려 다니는 인생을 살았습니다. 그것이 인생을 차압 당하는 것으로 나타난 것입니다. 야곱은 인생이 차압을 당할 때마다 엄청난 아픔을 겪었습니다. 자기 꿈이 깨어지는 아픔을 당하였습니다. 그런데 그 인생을 마감할 즈음에 가서 보니까 복된 인생이라는 것을 알게 된 것입니다.

하지만 하나님으로부터 미움받은 에서의 인생은 승승장구, 일취월장, 만사형통하였습니다. 육적으로 보면 에서는 성공한 인생을 살았고 야곱은 실패한 인생을 살았습니다. 세상적으로 보면 에서는 행복하였고 야곱은 불행하였습니다. 그런데 성경은 야곱은 하나님의 사랑을 받았고 에서는 미움을 받았다고 합니다.

요셉도 마찬가지입니다. 요셉은 합환채로 난 자입니다. 이는 형제들과 다른 존재로 출생하였다는 것입니다. 야곱은 요셉에게 가문을 이어가도록 합니다. 그래서 요셉을 야곱의 약전에 기록한 것입니다. 요셉은 아버지 야곱으로부터 특별한 사랑을 받았습니다. 그런데 돌아온 것은 형제들로부터 미움받고 집에서 쫓겨나고 급기야는 죽임당하는 구조 속으로 떨어지고 만 것입니다. 요셉은 아버지 야곱의 전철을 그대로 밟게 된 것입니다. 이 모두가 아버지로부터 사랑을 받아서입니다.

신약으로 오면 예수님에게로 집약되어서 나타납니다. 예수님은 하나님의 사랑을 입었습니다. 하나님은 예수님을 "이는 내 사랑하는 아들"이라고 하십니다. 그러자 돌아오는 것은 동족들로부터 미움을 받고 급기야 죽임을 당하는 것으로 나타났습니다. 이것은 열두 제자들에게도 그대로 나타납니다. 예수님은 열두 제자들을 사랑했습니다. 그런데 예수님의 사랑을 입은 제자들은 자기 동족들로부터 미움의 대상이 되었습니다.

특히 사도 바울은 예수님과 방불할 정도로 핍박을 받았습니다. 바울은 다메섹에서 예수님을 만나고 난 후 인생이 꼬이기 시작하였습니다. 예수를 만나기 이전 바울의 인생은 전도가 유망했습니다. 꽃길만 걷도록 장래가 보장되어 있었습니다. 그런데 다메섹에서 예수를 만나고 난 후에는 인생의 굴곡이 시작되었습니다. 동족들로부터 극심한 핍박을 받았습니다. 얼마나 힘이 들었으면 살 소망까지 끊어졌다고 하였겠습니까?

그럼에도 바울은 감사하였습니다. 예수를 만난 것이야말로 세상에서 가장 큰 축복인 것을 안 것입니다. 그래서 바울은 자신이 당하는 고난을 그리스도의 남은 고난을 자기 육체에 채우고 있는 것이라고 자랑하였던 것입니다.

이 모두가 보배를 질그릇에 담고 있기 때문에 당하는 아픔이라고 하였습니다. 자기 안에 만유의 주이신 예수 그리스도를 담고 있기 때문에 미움받는 것이라고 합니다. 예수 그리스도와 한편이라는 것 때문에 당하는 것이므로 행복하고 감사하였던 것입니다. 그래서 지하 감옥에 들어가서도 찬송과 기도를 할 수 있었던 것입니다.

이것은 지금도 마찬가지입니다. 하나님의 사랑을 받으면 형제로부터 미움의 대상이 됩니다. 올바른 복음을 전하면 환영받는 것이 아니라 도리어 이단이라는 소리가 돌아오는 것입니다. 인간의 이성으로는 이해 불가한 역설적인 것입니다.

왜 성경은 인간들의 이성에 반하는 이야기들로 기록되어 있을까요? 왜 하나님께 속한 자들은 세상으로부터 미움받고 버림당하게 될까요? 이는 죄가 하나님을 대적하는 것으로 나타나고 있기 때문입니다. 이 세상은 죄 아래 있습니다. 죄가 하나님께 속한 자들을 미워하고 싫어하는 것입니다. 이를 예수님께서는 빛이 어둠에 비취니까 어둠이 자기 행위가 악하므로 빛을 미워하더라고 말씀하셨습니다.

빛과 어둠이 하나 될 수가 없듯이, 하나님으로부터 사랑받은 자들은 하나님의 사랑을 받지 못한 형제들로부터 미움받게 되는 것입니다. 그런데 하나님은 그 미움을 통해서 하나님의 백성들로 하여금 이 세상을 떠나도록 하십니다. 그래서 합력해서 선을 이루어 가게 되는 것입니다.

우리가 성경을 읽을 때 항상 유념해야 하는 것은 성경을 쓴 저자인 하나님 입장으로 보아야 한다는 것입니다. 성경 속에는 하나님의 절절한 사랑이 담겨 있습니다. 자기 백성들을 향한 지극한 사랑이 녹아 있습니다. 그런데 그 사랑이 인간의 입장에서 보면 고난으로서 역설적이라는 것이 문제인 것입니다.

마치 부모의 사랑이 자식에게는 잔소리로 들리는 것과도 같은 것입니다. 부모의 잔소리가 사랑이라는 것을 그 아이가 부모가 되어서 자식을 키울 때 비로소 알게 됩니다. 내가 부모가 되어서야 우리 부모님이 나에게 한 잔소리가 사랑이라는 것을 알게 되는 것입니다. 그리하여 부모로부터 받은 그 사랑을 자기 자신에게 쏟아붓게 되는 것입니다.

물론 그 자식은 내가 아이일 때 부모의 말을 사랑으로 듣지 못하고 잔소리를 듣게 되는 것처럼 듣게 됩니다. 하지만 그 자식이 나처럼 어른이 되어서 자기 자식을 키우면서 내가 한 그 잔소리가 사랑이었음을 알게 됩니다. 인간 세상은 늘 이렇게 돌고 돌아서 운행이 되는 것입니다. 그래서 전도서 기자는 지금 있는 일이 이전 세대에도 이미 있었던 것이라고 합니다. 결국 인간 세상은 늘 같은 일을 반복하면서 살아가게 된다는 것입니다.

전도서 1장을 봅시다.

전 1:3-11 "사람이 해 아래서 수고하는 모든 수고가 자기에게 무엇이 유익한고 ⁴한 세대는 가고 한 세대는 오되 땅은 영원히 있도다 ⁵해는 떴다가 지며 그 떴던 곳으로 빨리 돌아가고 ⁶바람은 남으로 불다가 북으로 돌이키며 이리 돌며 저리 돌아 불던 곳으로 돌아가고 ⁷모든 강물은 다 바다로 흐르되 바다를 채우지 못하며 어느 곳으로 흐르든지 그리로 연하여 흐르느니라 ⁸만물의 피곤함을 사람이 말로 다 할 수 없나니 눈은 보아도 족함이 없고 귀는 들어도 차지 아니하는도다 ⁹이미 있던 것이 후에 다시 있겠고 이미 한 일을 후에 다시 할찌라 해 아래는 새것이 없나니 ¹⁰무엇을 가리켜 이르기를 보라 이것이 새것이라 할 것이 있으랴 우리 오래전 세대에도 이미 있었느니라 ¹¹이전 세대를 기억함이 없으니 장래 세대도 그 후 세대가 기억함이 없으리라"

해 아래 새것은 없다고 합니다. 그리고 인간들이 하는 일들도 새로운 것이 아니라 이미 그 전 세대 사람들이 다 했던 것이라고 합니다. 이것은 어느 시대이든 인간은 변함이 없다는 뜻입니다. 그러므로 어느 시대이든 인간들이 행하는 일도 동일한 것입니다.

옛날 사람들이 하나님께 속한 자들을 미워하였다고 한다면 지금도 그 일이 반복해서 나타나고 있다는 것입니다. 그래서 역사는 인간들의 거울이라고 합니다. 인간들은 역사를 통해서 배우는 것이 아니라 답습하는 것입니다.

왜 그런가요? 유전자가 같기 때문입니다. 그 인간에 그 아들들이기 때문입니다. 아담 시대 인간이나, 노아 시대 인간, 아브라함 시대 인간, 예수님 초림 때 인간, 지금 인간이나 동일합니다. 문명의 발달로 살아가는 환경만 조금 다를 뿐 인간들이 하는 일들은 같습니다.

이것은 하나님께서 자기 백성들을 다루어 가는 방식도 같다는 뜻입니다. 구약에서 하나님의 사랑을 입은 자들이 육적 형제들에게 핍박과 고난을 받았다고 한다면, 지금도 동일하게 하나님으로부터 사랑을 입은 자들이 육적 교인들로부터 핍박받고 고난 당하게 됩니다. 어느 시대이든 하나님의 사랑을 입은 자들을 핍박하던 자들이 한 집안의 식구들이었듯이 지금도 한 교회 안의 형제라고 하는 자들이 핍박하는 것입니다. 그래서 예수님이 집안 식구가 원수라고 하셨던 것입니다.

인간은 늘 이렇게 살아왔고, 현재도 그렇게 살아가고 있으며, 앞으로도 그렇게 살아가게 될 것입니다. 오고 오는 세대 모두가 그렇고 그런 삶을 살아가게 되는 것입니다. 하나님의 사랑도 시대를 초월하여서 항상 동일하게 나타나고 있는 것입니다. 하나님의 사랑이 늘 우리에게는 미움처럼 보이는 것입니다. 하나님은 사랑한다고 하는데 우리는 왜 우릴 미워하느냐고 따집니다. 이는 모두가 하나님의 마음을 읽어내는 것이 부족하기 때문입니다.

죄가 하나님의 사랑을 미움으로 여기게 하는 것입니다. 죄가 하나님께서 간섭하는 것을 미워하는 것이라고 여기게 하는 것입니다. 죄가 하나님이 자기 인생에 개입하는 것은 자신을 힘들게 하는 것이라고 곡해하여서 하나님을 미워하게 하는 것입니다.

오죽했으면 부모와 자식은 전생의 원수라고 할까요? 부모인 하나님은 자식인 우리가 하나님의 사랑을 곡해하여서 미워한다고 하여도 그 사랑을 그칠 수가 없습니다. 왜냐하면 그것이 자식을 향한 사랑이기 때문입니다. 그 자식이 커서 어른이 되면 알게 될 테니까 지금은 이해가 안 되어 부모를 원망한다고 하더라도 어쩔 수 없이 그 사랑을 하게 되는 것입니다.

우리의 아버지이신 하나님이 그러합니다. 하나님은 만민 중에서 이스라엘을 구별하여서 하나님의 백성으로 삼으셨습니다. 그리하여 아버지가 되어서 이스라엘을 간섭하십니다. 그런데 그 간섭하심이 이스라엘에게는 엄청 아픔으로 다가오는 것입니다.

간섭 없이 살아오던 자들이 하나님으로부터 간섭당하는 것 자체가 고난입니다. 그래서 늘 하나님과 싸우는 모습으로 나타나는 것입니다. 간섭당할 때는 엄청 아팠는데 그 간섭하심으로 인하여 고난에 던져졌을 때 비로소 고난이 아니라 평안을 위한 것임을 알게 되는 것입니다.

실제로 유대인들은 바벨론에서 70년 동안 종살이하면서 그동안 자신들이 한없는 하나님의 사랑을 받고 살았다는 것을 깨닫게 되었습니다. 이방에서 포로로 살면서 그 동안 엄청난 은혜를 입고 살았음을 알게 된 것입니다. 그래서 포로 생활을 하면서 과거를 하나하나 추억하면서 그때가 참으로 행복했었다는 것을 알고 고난 속에서 감사할 수 있었던 것입니다.

이 모습을 미리 앞서서 축약해서 보여준 시대가 있었습니다. 이름하여 사사시대입니다. 사사시대는 은혜와 타락 그리고 징벌과 회개의 악순환이었습니다. 징벌을 통하여서 회개하여 회복을 입게 되면 얼마 가지 않아서 또다시 타락하여서 징벌당하는 구조 속으로 밀려들어 갔습니다.

하나님은 매번 그렇게 간섭하셨습니다. 죄인은 늘 하나님께 불순종하고, 하나님은 불순종하는 자기 백성들에게는 항상 채찍질하신 후 회개케 하여서 은혜와 긍휼과 사랑으로 대하고 계셨습니다. 하나님의 지극한 사랑이 우리 인간들의 범죄를 이기는 것으로 보여주신 것입니다.

형벌은 회개와 교정을 위한 것입니다.

성도는 형벌을 통해서 하나님의 은혜를 깨달아가게 되는 것입니다. 형벌은 반드시 정한 기간 동안 징계를 당하다가 풀려나게 되어 있습니다. 이를 아담을 통해서 가르쳐

주고 있습니다. 알다시피 아담과 하와는 가장 좋은 환경에서 타락하였습니다. 하나님은 아담에게 모든 것을 다 주셨습니다.

하나님은 동방의 에덴에 동산을 창설하십니다. 그리고 아담을 거기에 두십니다. 모든 것을 다스리고 지키게 하였습니다. 그리고 아담 안에서 여자를 빼내시고 배필로 주십니다. 아담이 에덴동산에서 할 일은 하나님의 말씀에 순종만 하면 됩니다.

하나님의 말씀은 그리 어려운 것이 아닙니다. 먹으라고 한 것은 먹고, 먹지 말라고 한 것은 안 먹으면 되는 일입니다. 생명과는 먹고 선악과는 먹지 않으면 되는 것입니다. 그런데 그 일을 어기고 말았습니다. 죄는 가장 작은 것으로부터 시작합니다.

하나님께서 아담에게 생명과는 먹고 선악과는 먹지 말라고 하신 것은 아담을 하나님 앞에 순종의 관계로 두고 싶으셨던 것입니다. 하나님의 다스림 안에 두고자 하신 것입니다. 모든 것을 다 먹게 하고서는 달랑 선악과 하나 먹지 말라고 하셨습니다.

하나님의 명은 그리 지키기 어려운 것이 아닙니다. 그런데 아담은 모든 걸 다 먹으라고 한 것은 먹지 않고 달랑 하나 먹지 말라고 한 선악과를 먹고 맙니다. 이것은 하나님의 다스림 안에 거하기 싫고 독자적으로 살겠다는 것입니다.

이것이 천상에서 천사가 저질렀던 죄입니다. 천상에도 하나님의 동산인 에덴이 있었습니다. 하나님은 그곳에 천사들을 창조하여서 두셨습니다. 그런데 그 천사들 중에서 찬양을 맡은 우두머리 천사가 교만하여서 하나님같이 되고자 하나님의 자리를 탐하다가 이 세상으로 쫓겨난 것입니다.

그놈이 바로 마귀입니다. 그 마귀가 지상의 에덴동산에 뱀으로 나타난 것입니다. 이것은 하나님의 다스림을 받기 싫어하는 속성을 가진 존재입니다. 반역의 전문가입니다. 그런데 뱀이 여자에게 다가와서 자기의 주특기로 미혹한 것입니다.

뱀은 여자에게 선악과가 담고 있는 비밀을 알려주었습니다. 여자가 선악과가 담고 있는 비밀을 알고 나자 갑자기 그 과실이 보암직하고 먹음직하고 탐스러워 보이는 것입니다. 먹고 싶어지는 것입니다. 그래서 따 먹어 버린 것입니다. 그리곤 자기 남편 아담에게 주면서 먹게 합니다. 하나님은 하나님의 명을 어긴 자들과는 함께 살 수 없었습니다. 그래서 천상에서 천사가 타락하자 에덴동산에서 땅으로 쫓아냈듯이 지상에서도 인간이 타락하자 뱀과 함께 아담과 하와를 에덴동산 밖으로 쫓아내 버리셨습니다. 말을 안 들으니까 집에서 쫓아낸 것입니다.

인류 역사상 제일 먼저 하나님으로부터 징벌을 당한 사건이 일어난 것입니다. 그것도 가장 살기 좋은 곳에서 말입니다. 죄는 가장 살기 좋은 곳에서 발생된다는 것을 보여주고 있는 대목이기도 합니다. 이러한 것이 이스라엘 역사 전반에 걸쳐서 나타납니다. 이스라엘은 가장 살기 좋을 때 항상 하나님을 반역하였습니다.

신명기 31-32장을 봅시다.

신 31:14-22 "여호와께서 모세에게 이르시되 너의 죽을 기한이 가까왔으니 여호수아를 불러서 함께 회막으로 나아오라 내가 그에게 명을 내리리라 모세와 여호수아가 나아가서 회막에 서니 ¹⁵여호와께서 구름 기둥 가운데서 장막에 나타나시고 구름 기둥은 장막 문 위에 머물렀더라 ¹⁶여호와께서 모세에게 이르시되 너는 너의 열조와 함께 자려니와 이 백성은 들어가 거할 그 땅에서 일어나서 이방 신들을 음란히 좇아 나를 버리며 내가 그들과 세운 언약을 어길 것이라 ¹⁷그때에 내가 그들에게 진노하여 그들을 버리며 내 얼굴을 숨겨 그들에게 보이지 않게 할 것인즉 그들이 삼킴을 당하여 허다한 재앙과 환난이 그들에게 임할 그때에 그들이 말하기를 이 재앙이 우리에게 임함은 우리 하나님이 우리 중에 계시지 않은 까닭이 아니뇨 할 것이라 ¹⁸그들이 돌이켜 다른 신을 좇는 모든 악행을 인하여 내가 그때에 반드시 내 얼굴을 숨기리라 ¹⁹그러므로 이제 너희는 이 노래를 써서 이스라엘 자손에게 가르쳐서 그 입으로 부르게 하여 이 노래로 나를 위하여 이스라엘 자손에게 증거가 되게 하라 ²⁰내가 그들의 열조에게 맹세한바 젖과 꿀이 흐르는 땅으로 그들을 인도하여 들인 후에 그들이 먹어 배부르고 살찌면 돌이켜 다른 신들을 섬기며 나를 멸시하여 내 언약을 어기리니 ²¹그들이 재앙과 환난을 당할 때에 그들의 자손이 부르기를 잊지 아니한 이 노래가 그들 앞에 증인처럼 되리라 나는 내가 맹세한 땅으로 그들을 인도하여 들이기 전 오늘날에 나는 그들의 상상하는 바를 아노라 ²²모세가 당일에 이 노래를 써서 이스라엘 자손에게 가르쳤더라"

신 32:15-17 "그러한데 여수룬이 살찌매 발로 찼도다 네가 살찌고 부대하고 윤택하매 자기를 지으신 하나님을 버리며 자기를 구원하신 반석을 경홀히 여겼도다 ¹⁶그들이 다른 신으로 그의 질투를 일으키며 가증한 것으로 그의 진노를 격발하였도다 ¹⁷그들은 하나님께 제사하지 아니하고 마귀에게 하였으니 곧 그들의 알지 못하던 신, 근래에 일어난 새 신, 너희 열조의 두려워하지 않던 것들이로다"

하나님은 모세에게 가나안으로 들어가는 백성들에게 노래 하나를 지어서 가르쳐주라고 하십니다. 그 내용은 이스라엘이 가나안 땅에 들어가서 먹고 배가 부르면 하나님을 떠난다는 내용입니다. 하나님을 섬기지 않고 마귀를 섬기게 된다는 내용입니다.

모세는 장차 이스라엘이 가나안 땅에서 뽑혀서 이방 나라의 포로가 되어서 고난 당할 것을 미리 내다보고 있었습니다. 모세의 예견대로 이스라엘은 가나안 땅에 들어가서 망하고 맙니다. 그것이 바벨론으로 포로로 잡혀가는 것으로 나타납니다. 가나안에서 바벨론으로 쫓겨난 것은 에덴동산에서 이 세상으로 쫓겨난 것의 반복인 것입니다.

천상에서 천사가 타락하여 이 땅으로 쫓겨난 것이나, 아담이 타락하여 에덴동산에서 이 세상으로 쫓겨난 것이나, 이스라엘이 타락하여서 가나안에서 쫓겨나 바벨론으로 포로로 잡혀간 것이나 그 영적 의미는 동일합니다.

하나님은 죄를 지으면 쫓아내 버리십니다. 하나님은 하나님의 명을 어기고 타락한 자들을 에덴동산 바깥 동네에 살게 하시고는 그들이 살아갈 땅을 저주해 버리십니다. 하나님으로부터 저주받은 그 땅이 바로 우리가 지금 살고 있는 이 세상입니다.

죄인들이 살아가는 이 땅이 지옥입니다. 지옥이란 땅의 감옥이라는 뜻입니다. 지옥은 하나님께 반역한 무리를 가두는 곳입니다. 그 첫째가 타락한 천사로서 마귀입니다. 이 마귀를 요한계시록 12장에선 옛 뱀, 마귀 곧 사단이라고도 합니다.

하나님은 하와를 타락하게 한 뱀에게 종신토록 흙을 먹으라고 하셨습니다. 이는 흙에 가두어 버린 것입니다. 그 흙이 바로 이 세상입니다. 하나님은 뱀에게 저주의 기운을 머금고 있는 이 세상을 주신 것입니다. 그래서 뱀을 일컬어 이 세상 신이라고 합니다. 뱀은 이 세상 임금입니다. 흙에 속한 자들을 세상 것으로 다스리는 것입니다.

예수님은 십자가를 지시기 전에 제자들에게 '내가 가면 다른 보혜사를 너희에게 보내줄 터인데 그가 오면 세상 임금이 심판을 받게 될 것'이라고 하셨습니다. 성령이 임하면 더는 마귀가 성도들에게 왕 노릇을 할 수 없게 될 것이라고 합니다. 예수님이 성도들의 왕이 되어 다스리시기 때문입니다.

구원은 마귀의 권세로부터 해방되는 것입니다. 죄와 사망의 권세로부터 해방되는 것입니다. 이를 다른 말로 흙의 기운으로부터 해방되었다고 합니다. 마귀는 이 세상 신입니다. 흙으로부터 난 것들을 가지고 흙에 속한 자들을 다스립니다. 흙에서 난 자들은 마귀의 권세로부터 벗어날 수 없습니다. 왜냐하면 흙에서 난 자는 흙에서 난 것을 먹고 살아가기 때문입니다. 그래서 흙에서 태어난 모든 인간은 마귀에게 종노릇하고 있는 것입니다.

마귀는 구약의 이스라엘을 흙에 속한 먹거리로 미혹하여 하나님을 떠나도록 하였습니다. 구약의 이스라엘은 실패하였습니다. 그런데 예수님이 오셔서 마귀의 시험을 이기셨습니다. 마귀는 예수님에게 세상 것을 가지고 시험합니다. 그러자 예수님은 '나는 땅의 것이 필요 없다'고 하십니다. '내가 존재하는 양식은 하늘의 것으로 살아가는 것'이라고 하십니다. 인류 최초로 뱀의 미혹으로부터 이긴 사건이 발생한 것입니다. 이것이 십자가에서는 죄와 사망의 권세를 이기는 것으로 나타난 것입니다.

예수님은 마귀의 권세를 이기셨습니다. 예수님은 그 이기심을 자기 백성들에게도 적용하십니다. 마귀의 권세로부터 해방되었다는 것은 더는 흙의 기운으로 살아가지 않게 되었다는 뜻입니다. 성령으로 거듭나게 되면 하늘에 속한 자가 됩니다. 하늘에 속한 자는 하늘의 기운으로 살아가는 자가 된 것입니다. 이를 '그리스도 예수 안에서 난 새사람'이라고 합니다.

그리스도 예수 안에서 난 성도들은 존재 양식이 달라진 것입니다. 흙의 가치로부터 벗어나게 된 것입니다. 죄와 사망의 권세로부터 벗어난 자들이 된 것입니다. 예수 그리스도와 함께 흙에서 난 자가 죽고 하늘로서 난 자로 살아나게 된 것입니다. 이러한 일들이 일어나게 될 것을 하나님은 에덴동산에서 쫓겨나는 아담에게 이미 약속하신 것입니다.

하나님은 에덴동산에서 쫓아낼 때 뱀과 아담에게 다르게 저주를 하셨습니다.

하나님은 뱀은 종신토록 흙에 가두었지만, 아담에게는 뱀의 머리를 깨트릴 여자의 후손을 보내주겠다고 약속하셨습니다. 뱀은 영원토록 용서하지 않지만, 뱀에게 미혹당한 아담은 여자의 후손을 보내서 살려주시겠다는 것입니다.

이것은 아담에게는 복음이고 희망입니다. 아담에게 땅에서 벗어날 수 있는 길을 열어주신 것입니다. 하지만 아담이 독자적으로 흙으로부터 벗어날 수는 없습니다. 여자의 후손이 와서 빼내 주어야 합니다. 아담은 정한 기간 동안 형벌의 삶을 살아가야 합니다. 때가 차면 하나님께서 아담을 땅에서 빼내 주실 구원자를 보내주십니다. 그가 바로 여자의 후손으로 오시는 메시아입니다.

아담을 구원할 여자의 후손은 하늘로서 오셔야만 합니다. 그래야 아담을 땅에서 하늘로 뽑아낼 수 있기 때문입니다. 그분이 바로 예수 그리스도이십니다. 그래서 예수 그리스도가 성령으로 잉태되어 오신 것입니다. 아담에게 이 세상은 교도소와 같은 곳입니다. 하나님은 아담을 이 세상이라는 교도소에 가두신 것입니다. 정한 기간을 두고 가두신 것입니다. 정한 때가 되면 여자의 후손을 보내서 빼내 오도록 하십니다.

하나님은 아담에게 저주받은 땅에서 자신을 에덴동산으로 데리고 갈 여자의 후손으로 오시는 메시아를 기다리는 신앙생활을 하도록 하신 것입니다. 아담에게는 여자의 후손을 기다리는 것이 신앙입니다. 아담은 세상이라는 감옥에서 빠져나갈 날만을 소망하면서 살았습니다.

하나님은 아담을 지옥에서 천국을 보게 하신 것입니다. 지옥의 고통 속에서 천국을 소망하게 하신 것입니다. 아담은 에덴동산에서 쫓겨나고 보니까 에덴동산이 얼마나 귀한 곳인 줄을 알게 된 것입니다. 이 땅에서의 고난이 클수록 에덴동산이 더욱더 그리운 것입니다.

하나님은 고난을 통해서 에덴동산을 그리워하게 하신 것입니다. 이러면 고난이 복인 것입니다. 겉으로 드러난 것은 고난이지만 그 속에 담긴 내용은 하나님의 사랑입니다. 그럼 하나님께서 아담과 하와에게 내린 형벌 속에 어떤 복이 담겨 있는지를 살펴봅시다.

이제부터 여자의 신앙과 남자의 신앙을 살펴봅시다.

하나님은 범죄 한 아담과 하와에게 각각의 형벌을 내리십니다. 남자와 여자에게 내리신 형벌이 다릅니다. 형벌 속에는 남자와 여자의 신앙 내용이 담겨 있습니다. 또한 각각의 형벌 속에는 복음적 의미가 담겨 있는 것입니다. 왜 여자와 남자의 형벌이 다를까요? 이는 여자로서의 신앙이 있고 남자로서의 신앙이 따로 있기 때문입니다. 여자로서 행해야 하는 일이 다르고, 남자로서 행해야 하는 일이 다릅니다.

구원은 땅에서 하늘로 옮겨지는 것입니다. 흙에 속한 사람이 하늘에 속한 사람으로 거듭나는 것입니다. 흙에 속한 사람이 살아가는 존재 양식과 하늘에 속한 사람이 살아가는 존재 양식은 다릅니다. 흙에 속한 사람은 떡을 위해서 살아가고, 하늘에 속한 사람은 말씀을 위해 살아갑니다. 흙에 속한 사람은 육적 가치를 좇아가고, 하늘에 속한 사람은 영적 가치를 좇아갑니다.

흙에 속한 사람은 자기 세계를 확장하고, 하늘에 속한 사람은 하나님 나라를 확장

합니다. 흙에 속한 사람은 자기 이름을 위해 살고, 하늘에 속한 사람은 하나님의 이름을 위해 삽니다. 흙에 속한 사람은 세상 것을 움켜잡고 살며, 하늘에 속한 사람은 세상 것을 버림으로 삽니다. 흙에 속한 사람은 흙의 기운으로 살고, 하늘에 속한 사람은 하늘의 기운으로 삽니다.

하늘은 창조주의 세계이고 땅은 피조물의 세계입니다. 창조주는 생명을 주는 분이고, 피조물은 생명을 받아야 하는 자입니다. 하나님은 창조주와 피조물의 모습을 남자와 여자로 두신 것입니다. 남자는 생명을 주는 자이고, 여자는 생명을 받는 자입니다. 남자는 하늘이고, 땅은 여자인 것입니다. 흙에 속한 자는 여자이고, 하늘에 속한 자는 남자인 것입니다.

구원이 땅에서 하늘로 옮겨지는 것이라고 하였습니다. 이는 여자가 남자가 되는 것입니다. 땅에 속한 자가 하늘에 속한 자가 되는 것입니다. 흙의 가치로 살아가던 사람이 하늘의 가치로 살아가는 사람으로 거듭나는 것입니다. 이 일을 예수 그리스도께서 하십니다. 어떻게 하는가 하면 옛사람을 십자가에서 죽이고 성령으로 새사람으로 살려내는 방식으로 하십니다. 그러므로 여자로서 살아가는 것이 있고 남자로서 살아가는 것이 있는 것입니다.

성도는 여자이면서 남자입니다. 예수 그리스도로부터 구원받아야 하는 여자이면서, 세상 속에서는 하늘의 사람으로 구원받은 자로서 살아가야 하는 남자이기도 한 것입니다. 그리스도 앞에서는 생명을 받아야 하는 여자이지만, 세상 앞에서는 하나님의 생명을 가진 남자입니다.

하나님은 여자에게 두 가지 형벌을 주셨습니다.

창 3:16 "또 여자에게 이르시되 내가 네게 잉태하는 고통을 크게 더하리니 네가 수고하고 자식을 낳을 것이며"

첫째는, 남자로부터 씨를 받아서 잉태하여 해산하는 고통을 당하도록 하셨습니다.

잉태하여서 해산하는 고통은 옛사람의 죽음을 뜻합니다. 구원은 옛사람이 죽고 새사람으로 태어나는 것입니다. 옛사람은 여자이고 새사람은 하나님의 아들로서 남자입니다. 성령으로 거듭난 성도는 하나님의 아들입니다. 성령을 아들의 영이라고 하는 것은 성도들에게 주어진 성령이 하나님의 아들이신 예수 그리스도의 영이기 때문입니다.

예수 그리스도의 영은 아들의 영입니다. 그래서 성령으로 거듭난 성도들을 일컬어 하나님의 아들이라고 하는 것입니다. 성령으로 거듭난 성도는 여자에서 남자가 된 것입니다. 그래서 구원받은 성도를 하나님의 아들들이라고 하는 것입니다. 하나님의 아들은 반드시 옛사람의 죽음을 전제로 하고 있습니다.

죄인인 여자는 예수 그리스도 안에서 남자가 되는 새로운 피조물로 태어나기 위해서는 반드시 옛사람의 죽음을 경험하게 되어 있습니다. 이를 해산함으로 구원을 이루어 간다고 합니다. 여자가 아이를 해산하는 것은 자기 안의 새로운 생명을 낳는 것입니다. 그 생명은 남편으로부터 받은 생명입니다.

성도의 남편은 예수 그리스도입니다. 예수님은 자기 백성들 속에 자기의 생명을 심어주셨습니다. 그럼 성도들은 예수님이 심어준 생명을 낳는 일을 하여야 합니다. 그것은 여자가 아이를 잉태하여 낳는 것과도 같은 것입니다. 이는 옛사람을 죽이고 새사람으로 살아가는 것입니다.

여자가 아이를 낳는 것은 자신의 죽음이 동반되는 것입니다. 여자가 아이를 낳으면서 물과 피를 쏟는 것은 예수님이 십자가에서 물과 피를 쏟고 죽으신 것과도 같습니다. 그러므로 성도가 자기 안에 심겨진 예수 그리스도의 생명을 낳는 일은 여자가 물과 피를 쏟고 아이를 낳는 해산의 수고와도 같은 것입니다. 그래서 사도 바울은 여자는 해산함으로 구원을 이룬다고 하였습니다.

딤전 2:15 "그러나 여자들이 만일 정절로써 믿음과 사랑과 거룩함에 거하면 그 해산함으로 구원을 얻으리라"

성령이 오심으로 우리 안에서는 예수 그리스도의 생명이 심어집니다. 예수 그리스도의 생명이 심어지면 임신한 여자들처럼 몸에 이상 반응들이 나타나게 됩니다. 우리의 옛사람이 죽임당하는 일들이 일어나게 됩니다. 예수님의 생명이 우리 몸을 장악해 가게 되는 것입니다.

여자는 임신하게 되면 모든 몸의 구조가 아이를 위한 것으로 바뀌어 버립니다. 여자로서의 삶은 후패해집니다. 아이를 위하여 자신을 희생하는 것으로 살아가게 됩니다. 이것은 여자로서의 죽음인 것입니다.

성령이 임하면 우리의 인생도 바뀌게 됩니다. 나를 위한 삶에서 예수 그리스도를 위한 삶으로 바뀌게 되는 것입니다. 삶의 궤적이 바뀌게 됩니다. 가치관이 바뀌고 지향하는 곳이 바뀌게 됩니다. 옛사람은 죽고 하늘의 사람으로 자라가게 되는 것입니다. 이를 육신의 소욕과 성령의 소욕이 싸운다고 합니다. 그럼 세상에 대한 정과 욕심을 날마다 십자가에 못을 박게 되는 것입니다. 세상에 대한 미련이 사라지고 하늘에 대한 소망이 날로 새로워지게 되는 것입니다.

이러한 것을 일컬어 겉사람은 후패하나 속사람은 날로 새로워진다고 합니다. 그리하여 그리스도의 충만한 분량으로 자라가게 되는 것입니다. 그 아들의 형상을 본받게 되는 것입니다. 내 안에 그리스도가 아이처럼 자라가면서 점점 더 충만해져 가는 것입니다.

비록 그 모습이 희미하고 더디다 할지라도 생명의 자람처럼 옛사람을 벗고 새사람으로 자라가는 것으로 나타나게 되는 것입니다. 마치 어린아이가 자라가면서 부모의 모습을 닮는 것과도 같습니다. 갓난아이 때 모습은 부모와 온전하게 닮지 않아 보입니다. 하지만 자라가면서 부모의 모습들이 서서히 드러나게 됩니다. 행동이나 버릇이나 하는 모든 일들이 아빠를 닮아가게 되는 것입니다.

그래서 옛 어른들은 씨 도둑질은 못 한다고 하였습니다. 이는 자식은 반드시 아버지를 닮게 되어있기 때문입니다. 우리 안의 성령이 예수 그리스도의 성품이나 예수님의 삶의 모습들을 그려가게 하시는 것입니다. 이것이 바로 예수 그리스도의 형상으로 자라가는 것입니다. 바울은 이러한 것을 자기 몸에 예수의 흔적을 가졌다고 하였습니다. 그리스도의 남은 고난을 자기 몸에 채운다고 하였습니다.

이것은 예수라는 생명을 받으면 제일 먼저 나타나는 현상입니다. 이것이 해산의 고통이고 자식을 낳는 일인 것입니다. 첫 번째 형벌인 것입니다. 첫 번째 형벌은 인생을 예수 그리스도께 차압당하는 것입니다. 예수 그리스도에게 인생을 차압당하면 두 번째 형벌이 기다립니다.

둘째는 남편(메시야)을 사모하며 다스림을 받으면서 살아가게 하셨습니다.

창 3:16 "또 여자에게 이르시되…너는 남편을 사모하고 남편은 너를 다스릴 것이니라"

성령이 임하면 하늘의 사람으로 거듭나게 됩니다. 그럼 그의 나라와 그의 의를 구하는 삶을 살아가게 됩니다. 예수 그리스도의 사랑을 그리워하고 사모하게 되는 것입니다. 이를 믿음, 소망, 사랑이라고 합니다. 예수님은 자기 백성들에게 생명을 심어주시고 다시 온다고 약속하고는 하늘로 가셨습니다. 그럼 여자는 자기 안에 심어진 아이를 키우면서 남편을 기다리게 됩니다.

이를 남편을 사모하며 살아가는 것이라고 합니다. 남편을 사모한다는 것은 남편이 떠나 있음을 전제로 하는 말입니다. 남편의 사랑을 받은 여자는 남편을 그리워하면서 기다리게 되어 있습니다. 마치 술람미 여인이 솔로몬의 사랑을 받고 난 후에 오매불망 남편이 다시 올 날을 소망하면서 사모하며 기다리고 살아갔던 것과 같은 것입니다.

예수님께서 다시 오신다는 것은 오로지 그 약속을 받은 자들만이 기다리게 되는 것입니다. 성령으로 거듭난 성도만이 남편을 사모하게 되는 것입니다. 하늘에 속한 성도만이 예수님께서 다시 오심을 기다리게 되는 것입니다. 그리스도와 함께 살리심을 받았기 때문에 하늘나라를 소망하게 되는 것입니다. 이것은 성령이 새사람에게 본능으로 담아 놓은 것입니다.

하나님께서 아담과 하와에게 하신 말씀은 일차적으로 아담과 하와에게 주신 것입니다. 하나님은 아담과 하와에게 여자의 후손을 주신다고 하였습니다. 그럼 아담과 하와는 여자의 후손을 기다리는 삶을 살아야 합니다. 여자의 후손으로 오실 분은 아담과 하와에게 생명을 주실 남자인 것입니다.

아담과 하와는 생명과를 먹지 못하였기 때문에 그 안에 하나님의 생명이 없습니다. 하나님의 씨가 없는 것입니다. 그런 의미에서 아담과 하와 둘 다 하나님으로부터 생명을 받아야 하는 여자인 것입니다. 아담도 여자의 후손으로부터 생명을 받아야 하는 여자입니다. 그럼 아담이나 하와는 동일하게 여자의 모습으로 기다려야 합니다. 그것이 남편을 사모하라는 말씀 속에 담겨진 의미입니다.

하나님은 약속대로 여자의 후손을 아담과 하와의 남편으로 보내주셨습니다. 그리고 그 속에 생명을 심어주셨습니다. 남편의 씨를 몸에 지닌 여자는 남편의 것입니다. 이제부터 남편을 주인으로 모시고 살아가야 합니다. 그래서 남편의 다스림을 받으라고 하신 것입니다. 이는 남편의 그늘을 벗어나지 말라는 뜻입니다.

왜 남편의 다스림을 받도록 하였나요? 이는 에덴동산에서 여자가 남편인 아담을 떠나 독자적으로 있다가 뱀을 만나서 미혹 당하였기 때문입니다. 여자는 남편을 떠나면 뱀을 만나게 되어 있습니다. 여자의 능력으로는 뱀을 이길 수 없습니다. 그러므로 여자는 남편의 다스림을 벗어나서는 안 되는 것입니다.

그 남편이 바로 예수 그리스도이십니다. 여자에게 있어서 죄는 남편(예수 그리스도)을 떠나는 것입니다. 그래서 성경은 하나님을 떠나 독자적으로 사는 것을 악이고 죄라고 말합니다. 하나님을 떠난 삶을 불순종이라고 합니다.

남자에게 내린 형벌 속에 담긴 의미를 살펴봅시다.

남자는 생명을 주는 자입니다. 생명을 받는 자는 여자이고 생명을 주는 자는 남자입니다. 우리는 먼저 예수 그리스도로부터 생명을 받아야 하는 여자입니다. 하지만 예수 그리스도로부터 생명을 받은 여자는 이제부터 그 생명을 키워가는 데 있어서 남자로 살아야 합니다. 여자는 임신하게 되면 온몸을 다해서 자기 안의 아이를 키우는 삶을 살아가게 됩니다. 이것이 남자로서의 삶입니다.

임신한 여자는 남편에게는 유약한 여자이지만 뱃속의 아이에게는 강건한 남자입니다. 그래서 여자는 약하나 엄마는 강하다고 하는 것입니다. 어머니는 여자가 아니라 남자인 것입니다. 이것이 남자에게 내려진 형벌 속에 담겨 있습니다. 남자에게 내린 형벌은 저주받은 땅을 개간하여 식물을 얻는 것입니다.

창세기 3장을 봅니다.

창 3:17-19 "아담에게 이르시되 네가 네 아내의 말을 듣고 내가 너더러 먹지 말라 한 나무 실과를 먹었은즉 땅은 너로 인하여 저주를 받고 너는 종신토록 수고하여야 그 소산을 먹으리라 ^{18}땅이 네게 가시덤불과 엉겅퀴를 낼 것이라 너의 먹을 것은 밭의 채소인즉 ^{19}네가 얼굴에 땀이 흘려야 식물을 먹고 필경은 흙으로 돌아가리니 그 속에서 네가 취함을 입었음이라 너는 흙이니 흙으로 돌아갈 것이니라 하시니라"

여자는 예수 그리스도를 통해서 남자가 되었습니다. 예수로 구원을 받은 성도는 세상 속에서는 믿음이 강건한 남자로서의 삶을 살아야 합니다. 이제부터 예수 그리스도의 생명으로 살아가는 삶이 기다리고 있습니다. 남자란 여자를 위하여 희생하는 자입니다. 그러므로 아이를 해산한 여자는 남자처럼 아이를 위하여 자신의 모든 것을 헌신하게 됩니다. 남자로서의 삶입니다.

사도 바울이 '나는 날마다 죽노라'라고 고백한 것은 세상에 속한 자는 죽이고 하늘에 속한 자로 살아간다는 뜻입니다. 이는 흙의 기운으로 사는 여자로서의 삶은 죽이고, 하늘의 기운으로 살아가는 남자로서의 삶을 살아간다는 뜻입니다. 옛사람은 죽이고 새사람으로 살아간다는 뜻입니다.

바울은 '나는 죽고 그리스도로 산다'고 하였습니다. 이를 '십자가의 흔적'이라고 하였습니다. 하나님은 성도의 몸에 그 아들의 형상을 새기는 일을 하십니다. 아담의 속성을 제하시고 예수님의 속성을 채우시는 일을 하십니다. 남자로서의 삶은 전쟁입니다.

구원 속에는 두 가지 싸움이 있습니다.

땅을 차지하는 싸움과 그 땅의 신과의 싸움입니다. 땅을 차지하는 전쟁은 예수님이 십자가에서 하셨습니다. 이제 그 땅에서 살아가는 전쟁은 성령이 우리 안에 오셔서 행하십니다. 두 싸움은 마치 여리고성과 아이성의 전투와도 같습니다. 여리고성은 죄와 사망의 싸움이고, 아이성 전쟁은 육신의 소욕과의 싸움입니다.

육신으로 오신 예수님은 철옹성과도 같은 죄와 사망이라는 사단의 권세인 여리고성을 무너뜨리는 전쟁을 하셨습니다. 그리고 부활하신 후 성령으로 우리 가운데 오신 예수님은 우리 안에 시날산 외투와 은과 금을 탐하는 육신의 소욕을 죽이는 아이성 전쟁을 하십니다. 범죄 한 아담의 몸에는 죄의 소욕들이 있습니다. 이름하여 가시와 엉겅퀴들입니다. 아담은 종신토록 자기 안의 죄의 소욕이라는 가시와 엉겅퀴를 제거하는 싸움을 하여야 합니다.

남자에게 내린 형벌은 땅의 가시와 엉겅퀴를 제거하고 얼굴에 땀을 흘리면서 채소를 얻어서 식물로 삼는 것입니다. 가시와 엉겅퀴가 나는 땅은 죄의 몸을 뜻합니다. 성도의 몸은 가나안 땅과 같습니다.

가나안 땅은 네피림이라는 거인 족속이 원주민으로 살고 있습니다. 이것은 우리 옛사람을 의미합니다. 우리 옛사람은 가나안 칠 족속들처럼 장대한 자입니다. 그러므로 성령으로 거듭난 성도는 하늘의 남자가 되어 땅의 옛사람을 죽이는 싸움을 하여야 합니다.

첫째, 의의 싸움입니다.

인간의 의를 죽이고 예수 그리스도의 의로 살아가는 싸움을 해야 합니다. 율법의 의인가, 예수 그리스도의 의인가 하는 것입니다. 율법의 의는 법이고, 예수 그리스도의 의는 은혜입니다.

마귀는 우리의 신앙을 선악의 법 아래 두고자 합니다. 선악의 법이 작동하면 복음 아는 것이 힘이 되어서 정죄와 심판을 행사하게 됩니다. 법으로 살면 지옥이고, 은혜로 살면 천국입니다. 마귀는 법으로 살게 하여서 구원의 즐거움을 상실하게 합니다. 그러므로 성령은 성도 안에서 보혜사가 되어서 법으로 살지 말고 은혜로 살아가도록 간섭하시는 것입니다. 법은 자기 행함을 근거로 하고 있고, 은혜는 예수 그리스도를 믿는 믿음을 근거로 하고 있습니다.

또 행위인가, 믿음인가 하는 것입니다. 행위 속에는 내 영광이 있고, 믿음 속에는 예수 그리스도의 영광이 있습니다.

행위는 선악과처럼 보암직하고 먹음직하고 탐스럽습니다. 율법 신앙은 우리에게 자랑거리를 제공해 주기 때문에 매력적입니다. 그래서 사람들이 많이 빠지게 되는 것입니다. 마귀는 포도주에 물을 섞도록 합니다. 우리의 신앙에 인본과 신본을 혼합하는 일을 하는 것입니다. 포도주에 물이 섞이면 썩어버립니다. 그 맛을 잃어버립니다. 이것을 갈라디안식 신앙이라고 합니다.

'예수 믿기+율법 지킴=온전한 신앙'은 예수 그리스도의 의에 인간의 공로를 섞는 것입니다. 바울은 이를 '다른 복음'이라고 하였습니다. 성령으로 시작하였다가 육체로 마친다고 하였습니다. 이러한 신앙이 이 시대 알미니안 계통의 인본주의 성화주의로 나타나고 있습니다.

이름하여 하나님의 말씀대로 살아서 의로워져야 한다는 것입니다. 성도가 하나님의 말씀대로 살아가는 것은 지극히 당연합니다. 그런데 이것이 '주의'(主義)가 되면 예수 그리스도의 십자가를 가리는 것이 됩니다. 하나님 앞에서 의는 오직 예수 그리스도의 의뿐입니다. 의는 오직 하나뿐입니다. 예수 그리스도의 의입니다. 우리가 하나님의 말씀대로 산다고 하여서 그것이 의가 되지 않습니다.

구원을 받은 성도가 하나님의 말씀에 순종하고자 하는 것은 지극히 당연합니다. 그러나 그 자체가 의가 되는 것은 아닙니다. 그것은 새로운 피조물로서의 성향입니다. 그리스도와 함께 살리심을 받았으면 하나님 말씀에 순종하고자 하는 것과 땅의 지체를 죽이고 하늘을 바라보고 살아가게 되는 성향이 생기게 되는 것입니다.

우리가 하나님의 말씀대로 살아야 한다는 것을 아는 것과 그대로 살아가는 것은 다릅니다. 정답을 아는 것과 정답대로 살아가는 것은 다릅니다. 우리가 하나님 말씀대로 살아야 한다는 것은 정답을 아는 것입니다. 하지만 우리의 몸은 그 정답대로 살아내지를 못합니다. 죄 아래서 난 몸이기 때문입니다.

우리의 몸은 여전히 죄 아래 있는 몸입니다. 죄의 몸으로 예수 그리스도를 믿고 있는 것입니다. 이것을 질그릇 속에 보배를 담았다고 합니다. 질그릇은 우리의 몸이고 보배는 예수 그리스도입니다. 질그릇이 보배를 담았다고 해서 질그릇이 보배가 되는 것은 아닙니다. 질그릇은 여전히 질그릇일 뿐입니다. 하나님께서 성도를 귀히 여기는 것은 그 속에 보배인 예수 그리스도를 담고 있기 때문입니다. 보배가 없으면 그냥 깨어져 버릴 질그릇입니다.

우리는 원님 태운 나귀와 같습니다. 사람들이 원님에게 인사를 하는 것이지, 나귀에게 하는 것이 아닙니다. 나귀는 원님을 태우고 있을 때 영광을 받는 것이지, 원님을 태우지 않으면 그냥 짐을 지고 다니는 가축에 불과한 것입니다. 원님을 태우지 않은 나귀가 "에헴" 하면서 "이리 오너라" 하고 돌아다니면 죽임을 당합니다.

하나님은 왜 보배를 담은 질그릇을 보배로 만들지 않고 질그릇 그대로 두셨을까요? 이는 질그릇이 존재하는 것은 그 속에 담긴 보배 때문이라는 사실을 알리고자 하심입니다. 우리는 우리 안에 예수 그리스도의 의를 품고 살아갈 때 귀하게 여김을 받는 것입니다.

우리는 우리 안에 예수 그리스도의 의가 없으면 금방 돌에 맞아 죽을 나귀와 같은 자들입니다. 우리가 하나님의 말씀을 지키고 산다고 하여도 여전히 죄인입니다. 예수 그리스도를 품지 않고 하나님의 말씀대로 산 바리새인들에게 예수님은 '지옥으로 들어갈 독사의 새끼들'이라고 하셨습니다.

예수 그리스도를 품고 살아가는 성도는 설령 하나님의 말씀대로 살았다고 하여도 그것을 의로 여기지 않습니다. 그리고 하나님의 말씀대로 살아가는 것을 신앙의 본질로 붙잡지 않습니다. 하나님의 말씀대로 살고 안 살고와는 상관없이 예수 그리스도의 의로 살아가는 것입니다.

사도 바울은 자기의 행함을 자랑하지 않았습니다. 자기 안에 그리스도를 모시고 살아간 것을 자랑하였습니다. 그래서 자기가 한 모든 일들은 자기가 한 것이 아니고 하나님의 은혜였다고 고백한 것입니다.

성도는 스스로 존재하는 자가 아닙니다. 자기 안의 그리스도로 살아가고 있는 자들입니다. 그리스도가 빠지면 그냥 흙입니다. 질그릇입니다. 하나님은 그 속에 예수 그리스도를 담고 있으면 보호해 주시지만, 그 속에 그리스도가 없으면 불에 태워 버립니다. 그러니 질그릇인 자기 자신에게 신경 쓸 문제가 아니고 자기 안에 담고 있는 보배에게 신경 써야 합니다.

질그릇을 금그릇으로 만들 필요도 없습니다. 그냥 보배를 담고 사는 질그릇으로 살면 됩니다. 그게 신앙입니다. '나의 나 된 모든 것이 하나님의 은혜입니다'라고 살면 됩니다. 그러지 않고 자신이 변화된 것을 자랑해서는 안 되는 것입니다. 자기 몸에서 그리스도만 존귀케 되면 되는 것이지 자기가 존귀해지려면 안 됩니다.

무수리가 왕의 씨를 받았다고 해서 왕비 노릇을 해서는 안 됩니다. 여전히 왕의 성은을 입고 살아가야 합니다. 씨가 사라지면 그냥 무수리입니다. 씨가 무수리로 하여금 왕의 여인으로 살아가도록 하고 있는 것입니다. 무수리는 씨와 운명을 함께해야 하는 것입니다. 이 말은 씨 없이 독자적으로 어떤 인간이 되려고 해서는 안 된다는 것입니다.

우리 성도들이 그러합니다. 예수 그리스도의 씨를 몸에 담고 있습니다. 그 씨 때문에 성도라는 존귀함을 받는 것입니다. 이 사실을 아는 성도는 자기에게 관심을 두는 것이 아니고 자기 안의 예수 그리스도에게 관심을 쏟으면서 살아가게 되는 것입니다. 이것이 의의 싸움입니다.

둘째, 육신의 소욕과 성령의 소욕의 싸움입니다.

땅의 것으로 살고자 하는 육신의 소욕을 죽이고 성령의 소욕으로 하늘의 것으로 살아가려는 싸움을 해야 합니다. 마귀는 세상 것으로 하늘의 것을 가리는 일을 합니다. 아간처럼 시날산 외투와 은과 금을 탐하도록 합니다. 성령은 우리 안에서 아간을 죽이는 일을 하십니다. 마귀가 예수님께 세상 것으로 미혹하였듯이 성도들을 미혹하고 있는 것입니다.

마태복음 4장을 봅시다.

마 4:1-11 "그때에 예수께서 성령에게 이끌리어 마귀에게 시험을 받으러 광야로 가사 ²사십 일을 밤낮으로 금식하신 후에 주리신지라 ³시험하는 자가 예수께 나아와서 가로되 네가 만일 하나님의 아들이어든 명하여 이 돌들이 떡덩이가 되게 하라 ⁴예수께서 대답하여 가라사대 기록되었으되 사람이 떡으로만 살 것이 아니요 하나님의 입으로 나오는 모든 말씀으로 살 것이라 하였느니라 하시니 ⁵이에 마귀가 예수를 거룩한 성으로 데려다가 성전 꼭대기에 세우고 ⁶가로되 네가 만일 하나님의 아들이어든 뛰어내리라 기록하였으되 저가 너를 위하여 그 사자들을 명하시리니 저희가 손으로 너를 받들어 발이 돌에 부딪히지 않게 하리로다 하였느니라 ⁷예수께서 이르시되 또 기록되었으되 주 너의 하나님을 시험치 말라 하였느니라 하신대 ⁸마귀가 또 그를 데리고 지극히 높은 산으로 가서 천하 만국과 그 영광을 보여 ⁹가로되 만일 내게 엎드려 경배하면 이 모든 것을 네게 주리라 ¹⁰이에 예수께서 말씀하시되 사단아 물러가라 기록되었으되 주 너의 하나님께 경배하고 다만 그를 섬기라 하였느니라 ¹¹이에 마귀는 예수를 떠나고 천사들이 나아와서 수종 드니라"

요일 2:15-16 "이 세상이나 세상에 있는 것들을 사랑치 말라 누구든지 세상을 사랑하면 아버지의 사랑이 그 속에 있지 아니하니 ¹⁶이는 세상에 있는 모든 것이 육신의 정욕과 안목의 정욕과 이생의 자랑이니 다 아버지께로 좇아 온 것이 아니요 세상으로 좇아 온 것이라"

마귀가 예수님을 시험하던 것들은 이 세상 것들입니다. 떡을 위해서 살라고 하고, 영웅호걸이 되라고 하고, 세상의 부귀영화를 누리라고 합니다. 이를 육신의 정욕과 안목의 정욕과 이생의 자랑거리라고 합니다. 이는 모두가 이 세상을 살아가는 데 필요한 것들입니다. 세상의 가치들입니다.

율법 아래 있을 때는 이러한 세상의 가치를 좇아갔습니다. 율법을 지키는 것도 다 이러한 것들을 얻기 위함이었습니다. 율법 아래서는 율법을 잘 지키면 이러한 것들을 얻었습니다. 그러나 은혜 아래서는 이러한 것들이 도리어 발목을 잡습니다. 하늘로 가는 길에 장애물이 됩니다. 그래서 성령께서 이러한 것들을 제거하는 일들을 하십니다. 이것은 땅의 지체를 죽이는 일입니다.

골로새서 3장입니다.

골 3:1-10 "그러므로 너희가 그리스도와 함께 다시 살리심을 받았으면 위엣 것을 찾으라 거기는 그리스도께서 하나님 우편에 앉아 계시느니라 ²위엣 것을 생각하고 땅엣 것을 생각지 말라 ³이는 너희가 죽었고 너희 생명이 그리스도와 함께 하나님 안에 감취었음이라 ⁴우리 생명이신 그리스도께서 나타나실 그때에 너희도 그와 함께 영광 중에 나타나리라 ⁵그러므로 땅에 있는 지체를 죽이라 곧 음란과 부정과 사욕과 악한 정욕과 탐심이니 탐심은 우상숭배니라 ⁶이것들을 인하여 하나님의 진노가 임하느니라 ⁷너희도 전에 그 가운데 살 때에는 그 가운데서 행하였으나 ⁸이제는 너희가 이 모든 것을 벗어버리라 곧 분과 악의와 훼방과 너희 입의 부끄러운 말이라 ⁹너희가 서로 거짓말을 말라 옛사람과 그 행위를 벗어버리고 ¹⁰새사람을 입었으니 이는 자기를 창조하신 자의 형상을 좇아 지식에까지 새롭게 하심을 받는 자니라"

성도는 날마다 땅의 지체를 죽이는 싸움을 하게 됩니다. 육신의 소욕과 싸우는 삶을 살아가게 됩니다. 이것이 가나안 전쟁입니다. 남자의 길입니다. 구약에서는 땅을 빼앗는 전쟁이지만, 신약에서는 세상에 대한 정과 욕심을 날마다 십자가에 못 박는 전쟁을 하여야 합니다. 세상 것이 제거당하는 전쟁은 우리에게는 아픔으로 다가옵니다. 육신의 소욕을 죽이는 일은 죽음과 같습니다.

누구든지 진 자는 이긴 자의 종이 됩니다. 성령의 소욕이 이기면 우리 몸은 예수 그리스도의 병기로 드려지고, 육신의 소욕이 이기면 우리 몸은 마귀의 병기로 사용됩니다. 또한 자기 안의 법을 죽이는 싸움을 하여야 합니다. 법은 은혜로만 이길 수 있습니다. 성도는 법 아래 있지 않고 은혜 아래 있습니다.

자기 안의 법이 작동하면 가시와 엉겅퀴가 돋아나서 자기도 찌르고 남도 찌르게 됩니다. 성도는 은혜로서 마음을 굳게 하여 가시와 엉겅퀴가 돋아나지 못하도록 이마에 땀을 흘리면서 개간을 해야 합니다. 그래야 비로소 하늘 채소를 얻을 수 있습니다.

남자는 예수님처럼 은혜를 주는 사람입니다. 남자답게 강건하게 사는 것은 법으로 살지 않고 은혜로 사는 것입니다. 자기를 희생하여서 다른 이의 생명을 살리는 삶을 사는 것입니다. 여자와 남자에게 내려진 형벌의 길은 천지와 만물을 이루는 일과 같습니다.

여자의 길은 천지로 나누이는 일이고, 남자의 길은 천지 속에 만물을 채우는 일입니다. 이는 단번에 주신 구원을 날마다 이루어 가는 것입니다. 성령께서 우리 안에 예수 그리스도의 것으로 생육하고 번성하여 충만하게 채워서 나를 정복하도록 해야 하는 것입니다.

엿새가 차기까지….
이 일이 다 끝이 나면 일곱째 날 안식을 누리게 됩니다.

28강 흙으로 돌아가라 (창 3:17-19)

창세전 언약으로 본 창조와 구원 이야기

창 3:17-19 "아담에게 이르시되 네가 네 아내의 말을 듣고 내가 너더러 먹지 말라 한 나무 실과를 먹었은즉 땅은 너로 인하여 저주를 받고 너는 종신토록 수고하여야 그 소산을 먹으리라 ¹⁸땅이 네게 가시덤불과 엉겅퀴를 낼 것이라 너의 먹을 것은 밭의 채소인즉 ¹⁹네가 얼굴에 땀이 흘러야 식물을 먹고 필경은 흙으로 돌아가리니 그 속에서 네가 취함을 입었음이라 너는 흙이니 흙으로 돌아갈 것이니라 하시니라"

오늘은 인간이 어떤 존재인지를 살펴보고자 합니다. 인간들은 스스로를 엄청난 능력을 가진 자라고 생각을 합니다. 과연 그러한가요? 인간을 만드신 하나님은 인간을 어떻게 말씀하고 있는지를 살펴보아야 합니다. 인간을 지으신 하나님의 평가가 참 인간이기 때문입니다.

하나님은 아담에게 선악과를 먹으면 반드시 죽게 된다고 알려주셨습니다. 하지만 아담은 하나님의 명을 여기고 선악과를 먹고 맙니다. 하나님은 선악과를 먹은 아담에게 "너는 흙이니 흙으로 돌아가라"고 하셨습니다.

흙으로 돌아가라는 것에는 두 가지 의미가 있습니다.
첫째는 아담이 태어난 본래의 자리로 돌아가는 것이고, 둘째는 에덴동산 바깥으로 쫓아냄을 당하는 것입니다.

아담은 흙에서 났습니다. 아담의 본래 자리는 흙입니다. 그래서 하나님은 범죄한 아담에게 '너는 흙에서 취함을 입었으니, 너는 흙이니 흙으로 돌아가라'고 하신 것입니다. 하나님은 흙 한 줌으로 토기를 빚어서 그 속에 생기를 불어 넣으셨습니다. 흙 속에 생기가 들어가자 생령이 된 것입니다. 그가 아담입니다.

흙은 먼지라는 뜻입니다. 먼지란 없다는 것입니다. 아무것도 아니라는 뜻입니다. 아담은 원래 없던 자였습니다. 하나님의 필요에 의해서 만들어진 것입니다. 이를 토기장이가 필요에 의하여 그릇을 만들었다고 합니다. 흙 자체는 죽은 것입니다. 그 속에 생기가 들어갈 때 산 존재가 되는 것입니다. 흙 속에서 생기가 빠지면 그냥 흙이 되는 것입니다. 이를 죽음이라고 합니다.

시편 104편입니다.

시 104:29-30 "주께서 낯을 숨기신즉 저희가 떨고 주께서 저희 호흡을 취하신즉 저희가 죽어 본 흙으로 돌아가나이다 ³⁰주의 영을 보내어 저희를 창조하사 지면을 새롭게 하시나이다"

아담이 범죄하자 하나님과 함께 동거할 수가 없습니다. 이는 거룩과 비거룩이 함께 할 수 없기 때문입니다. 그래서 아담을 동산 밖으로 쫓아낸 것입니다. 이를 낯을 숨기셨다고 합니다. 하나님은 아담을 에덴동산에서 내어 쫓으시고 아담 속에 있던 호흡을 취하셨습니다.

그러자 아담은 본래의 흙으로 돌아가고 말았습니다. 이는 죽음을 말합니다. 그래서 사람의 숨이 멎으면 죽었다고 하는 것입니다. 아무리 장대한 자라도 하나님께서 호흡을 취하여 가시면 끝입니다. 하나님의 호흡이 아담을 살게 하는 능력인 것입니다. 아담은 하나님과 멀어지면 죽은 목숨인 것입니다.

이렇게 되면 아담은 하나님의 것으로 사는 자가 되는 것입니다. 다시 말해서 아담은 인생을 자기 계획으로 사는 자가 아니라는 뜻입니다. 하나님이 살게 해주시면 살고, 하나님이 그만 살라고 하면 그 즉시로 끝이 나는 것입니다. 그래서 숨이 끊어지면 그 도모가 소멸해 버린다고 하는 것입니다.

시편 146편을 봅시다.

시 146:1-5 "할렐루야 내 영혼아 여호와를 찬양하라 ²나의 생전에 여호와를 찬양하며 나의 평생에 내 하나님을 찬송하리로다 ³방백들을 의지하지 말며 도울 힘이 없는 인생도 의지하지 말찌니 ⁴그 호흡이 끊어지면 흙으로 돌아가서 당일에 그 도모가 소멸하리로다 ⁵야곱의 하나님으로 자기 도움을 삼으며 여호와 자기 하나님에게 그 소망을 두는 자는 복이 있도다"

인생은 호흡이 끊어지면 당일에 그 도모가 소멸됩니다. 도모란 계획이고 꿈이고 일을 뜻합니다. 이 말은 계획도 꿈도 일도 모두 하나님이 허락하셔야만 할 수 있다는 것입니다. 즉 인간이 세우는 꿈도 계획도 일도 모두가 하나님의 허락하에서만 이룰 수 있다는 뜻입니다.

창조주의 도움으로 살아가는 피조물은 하나님을 떠나서는 아무것도 할 수 없습니다. 예수님은 인간은 머리털 하나라도 검게나 희게 할 수 없다고 하셨습니다. 이는 인간이 독자적으로 할 수 있는 것은 아무것도 없다는 뜻입니다. 모두가 하나님의 섭리 안에서 살아가는 자라는 뜻입니다.

하나님은 창조주이시고 인간은 피조물입니다. 피조물의 존재 목적은 창조주의 도움으로 살고 있음을 드러내는 것입니다. 이를 그 은혜의 영광을 드러내는 것이라고 합니다. 피조물이 독자적으로 살고자 하는 것은 악이고 죄입니다. 그럼 인생은 어떻게 해야 하나요? 여호와 하나님을 의지하고 살아가는 것입니다. 그것이 지혜입니다.

잠언 16장을 봅시다.

잠 16:1-3 "마음의 경영은 사람에게 있어도 말의 응답은 여호와께로서 나느니라 ²사람의 행위가 자기 보기에는 모두 깨끗하여도 여호와는 심령을 감찰하시느니라 ³너의 행사를 여호와께 맡기라 그리하면 너의 경영하는 것이 이루리라"

사람이 마음속으로 아무리 계획을 하여도 그 일은 하나님께서 허락하지 않으면 안 된다고 합니다. 그러므로 인생을 내가 경영하려고 하지 말고 하나님께 맡기라고 합니다. 이는 우리 인생의 주인이 하나님이기 때문입니다.

나보다 나를 더 잘 아시는 분이 나를 지으신 하나님입니다. 이것은 마치 로봇을 만든 사람이 로봇보다 로봇을 더 잘 아는 것과도 같습니다. 우리의 인생도 우리를 지으신 하나님이 경영을 해가실 때 가장 잘 경영이 되는 것입니다.

성경이 이러한 사실을 증거해 주고 있습니다. 여기에 동원이 된 민족이 이스라엘입니다. 이스라엘은 독자적으로 살고자 할 때는 반드시 망하였습니다. 하지만 하나님께 맡기고 살면 흥왕하였습니다. 그런데 흥왕을 하고 나면 그 흥왕을 스스로의 힘으로 지키고자 하였습니다. 그러면 반드시 타락의 길로 가고 패망하고 말았습니다.

성경의 증거는 인생을 하나님께 맡기라는 것입니다. 우리의 인생을 우리가 경영하려고 하지 말고 하나님이 경영하시도록 하라는 것입니다. 이것을 순종이라고 합니다. 하나님께서 구약의 이스라엘을 가지고 말하고자 하는 것은 하나님을 떠나서 독자적으로 살려고 하지 말라는 것입니다. 그럼 반드시 망하게 된다는 것입니다. 그래서 코로 호흡하는 인생을 의지하지 말라고 하는 것입니다.

이사야 2장을 봅시다.

사 2:22 "너희는 인생을 의지하지 말라 그의 호흡은 코에 있나니 수에 칠 가치가 어디 있느뇨"

사람의 가치는 호흡에 있습니다. 그런데 그 호흡은 스스로 쉬는 것이 아니라 하나님이 쉬게 해주시는 것입니다. 그러므로 코로 숨을 쉬는 인생을 의지하지 말라고 하는 것입니다. 의지할 분은 인간의 호흡을 주관하시는 여호와 하나님입니다. 여호와 하나님이 인생에게 호흡을 주시기도 하고 취하시기도 하시는 분이기 때문입니다.

여호와 하나님이 우리 인생의 주인입니다. 하나님은 모든 피조물의 주인으로서 생사화복을 주관하시는 것입니다. 하나님은 공중의 새도 먹이시고 들의 풀을 입히시기도 합니다. 하나님께서 공중에 나는 참새 한 마리의 생명도 주관하시고, 들의 풀 한 포기를 살게도 하시고 마르게도 하시는 것입니다. 이 사실을 아는 것이 지혜입니다. 그래서 모세는 인생의 호흡을 주관하시는 여호와 하나님을 아는 것이 인간에게 있어서 가장 지혜로운 것이라고 말하였던 것입니다.

시편 90편을 봅시다.

시 90:3-17 "주께서 사람을 티끌로 돌아가게 하시고 말씀하시기를 너희 인생들은 돌아가라 하셨사오니 ⁴주의 목전에는 천 년이 지나간 어제 같으며 밤의 한 경점 같을 뿐임이니이다 ⁵주께서 저희를 홍수처럼 쓸어 가시나이다 저희는 잠간 자는 것 같으며 아침에 돋는 풀 같으니이다 ⁶풀은 아침에 꽃이 피어 자라다가 저녁에는 벤 바 되어 마르나이다 ⁷우리는 주의 노에 소멸되며 주의 분내심에 놀라나이다 ⁸주께서 우리의 죄악을 주의 앞에 놓으시며 우리의 은밀한 죄를 주의 얼굴 빛 가운데 두셨사오니 ⁹우리의 모든 날이 주의 분노 중에 지나가며 우리의 평생이 일식간에 다하였나이다 ¹⁰우리의 년수가 칠십이요 강건하면 팔십이라도 그 년수의 자랑은 수고와 슬픔뿐이요 신속히 가니 우리가 날아가나이다 ¹¹누가 주의 노의 능력을 알며 누가 주를 두려워하여야 할 대로 주의 진노를 알리이까 ¹²우리에게 우리 날 계수함을 가르치사 지혜의 마음을 얻게 하소서 ¹³여호와여 돌아오소서 언제까지니이까 주의 종들을 긍휼히 여기소서 ¹⁴아침에 주의 인자로 우리를 만족케 하사 우리 평생에 즐겁고 기쁘게 하소서 ¹⁵우리를 곤고케 하신 날수대로와 우리의 화를 당한 년수대로 기쁘게 하소서 ¹⁶주의 행사를 주의 종들에게 나타내시며 주의 영광을 저희 자손에게 나타내소서 ¹⁷주 우리 하나님의 은총을 우리에게 임하게 하사 우리 손의 행사를 우리에게 견고케 하소서 우리 손의 행사를 견고케 하소서"

모세는 성령의 감동으로 인생은 주의 분노 중에 지나가며 결국에는 그 노(怒)에 의하여 소멸되어 가는 풀과 같다고 하였습니다. 그 분노 중에 소멸되어 가는 인생도 화살처럼 빠르게 지나가는 찰나 같은 인생이라고 합니다. 인간의 연수의 많고 적음과 상관없이 수고와 슬픔의 인생이라는 것입니다.

우리의 인생은 홍수로 쓸려가듯이 흘러 떠내려가고 있는 것입니다. 그러니까 우리의 날을 계수하고 살아가는 지혜를 달라고 합니다. 즉 인생이 어떤 것인지 아는 지혜를 달라는 것입니다. 한낱 풀과 같은 인생이라는 것을 안다면 우리의 인생을 주관하시는 하나님 앞에 머리를 숙여야 할 것이 아니냐는 말입니다.

인생에게 있어 지혜로움은 하나님을 의식하고 살아가는 것입니다. 하나님 앞에서 자신을 보아야 합니다. 내가 하나님으로부터 어떤 은혜를 입고 사는지를 알아야 합니다. 그래야 하나님을 사랑할 수 있습니다. 예수님은 하나님을 사랑하는 것에 있어서 많이 탕감받은 자는 많이 사랑하고, 적게 탕감받은 자는 적게 사랑한다고 하셨습니다.

하나님은 차별해서 탕감해 주시지 않습니다. 누구에게는 많이 탕감해 주고, 누구에게는 적게 탕감해 주시지 않습니다. 모두에게 공평하고 평등하게 탕감해 주셨습니다. 동일한 죄 사함을 주셨습니다. 그러나 그 의미를 받아들이는 것은 사람들마다 차이가 있습니다. 많이 깨닫는 사람은 많이 사랑하고, 적게 깨닫는 사람은 적게 사랑하게 될 것입니다.

마리아는 향유 든 옥합을 깨트리고 자신의 머리털로 예수님의 발을 씻겼습니다. 이러한 마리아의 행위를 예수님은 많이 탕감받은 종이라고 하셨습니다. 그래서 복음이 증거되는 현장에서 마리아의 사건도 증거하라고 하셨습니다.

이는 구원이 감사하는 자리로 나아가게 되어있기 때문입니다. 마리아는 옥합을 깨트려서 예수님의 발을 씻김으로써 예수님이야말로 자기 인생의 모든 것을 다 드리고 섬겨도 부족하다는 고백을 했던 것입니다. 이것이 많이 탕감받은 종의 모습입니다.

우리가 주를 섬기는 일에 게으름을 피우는 것은 탕감받음을 모르고 있기 때문입니다. 게으름을 피우는 것은 모두가 구원의 즐거움을 모르기 때문입니다. 그러니 억지로 행하게 되는 것입니다. 억지로 행하는 것은 종으로 섬기는 것입니다. 종으로 섬기니까 신앙생활이 재미가 없는 것입니다. 교회 생활이 수고하고 무거운 짐이 되는 것입니다.

달란트 비유를 보면 두 부류의 종이 있습니다. 주인이 있으나 없으나 열심히 하는 두 달란트와 다섯 달란트 받은 종이 있고, 주인이 있을 때는 하는 척하다가도 주인이 없으면 게으름을 피우는 한 달란트 받은 종이 있습니다.

한 달란트 받은 종은 주인이 집을 떠나자 주인이 없다고 여긴 것입니다. 그래서 달란트를 땅에 묻어둔 것입니다. 그러나 다섯 달란트와 두 달란트를 받은 종들은 주인이 있으나 없으나 각자 받은 것으로 열심히 일했습니다. 한 달란트 받은 종의 마음속에는 주인이 없었고, 두 달란트와 다섯 달란트를 받은 종들의 마음속에는 주인이 있었던 것입니다.

한 달란트 받은 종은 율법 아래 있는 자를 말하고, 두 달란트와 다섯 달란트 받은 종은 은혜로 살아가는 자를 말합니다. 율법 아래 있는 자는 주인이 있으면 하는 척하고 주인이 없으면 게으름을 피우고, 은혜 아래 있는 자는 주인이 있으나 없으나 늘 의식하고 살아가고 있는 것입니다.

교회 안에는 종의 영을 받은 자와 아들의 영을 받은 자가 있습니다. 종의 영을 받은 자는 율법 아래 있는 자이고, 아들의 영을 받은 자는 은혜 아래 있는 자입니다. 종의 영을 받은 자는 주인이 있을 때는 하는 척하고 주인이 눈에 안 보이면 게으름을 피웁니다. 종의 영을 받은 자들은 수고하고 무거운 짐을 지고 따르고, 아들의 영을 받은 자는 기쁨과 즐거움으로 따릅니다.

신앙생활과 종교생활이 있습니다. 신앙생활은 구원받음에 감사와 기쁨으로 자발적으로 행하는 것이지만, 종교생활은 남의 눈을 의식하고 행하는 것입니다. 신앙생활은 누구를 위해서 하는 것이 아닙니다. 내 자신을 위하여 하는 것입니다. 그러므로 남을 의식할 필요도 없고, 억지로 행할 이유가 없는 것입니다.

스스로의 신앙을 돌아보세요. 나는 율법 아래서 종으로 섬기고 있는지, 아니면 은혜 아래서 아들로 섬기고 있는지 스스로의 신앙을 점검해 보시길 바랍니다. 스스로를 속이지 마세요. 믿음이 없으면서도 믿는 척한다고 해서 하나님이 기뻐하지 않습니다.

안 믿어지면 안 믿어진다고 하셔야지, 믿는 척해서는 안 되는 것입니다. 믿고자 하십니까, 믿어지십니까? 믿고자 하는 것은 종의 영이고, 믿어지는 것은 아들의 영입니다.

앞서 말했듯이 인간은 하나님의 도움이 없이는 존재할 수 없는 피조물입니다. 죄란 하나님의 도움을 입고 살아가는 자가 독자적으로 살아가고자 하는 것입니다. 이를 에덴동산에서 쫓겨난 아담의 인생을 통해서 보여주고 있습니다. 아담의 인생은 죄인의 인생입니다.

하나님은 범죄한 아담에게 '너는 흙이니 흙으로 돌아가라'고 하셨습니다. 이는 죄인의 죽음을 말합니다. 그런데 흙으로 돌아가라는 죄인의 죽음 속에는 복음이 담겨 있는 것입니다. 어째서 죄인의 죽음이 복이 될까요? 이는 죄의 몸에서 해방이 되기 때문입니다.

하나님께서 하시는 모든 일은 선입니다. 우리에게 적용하면 사랑입니다. 그런데 하나님의 사랑이 우리에게는 역설적으로 다가오는 것입니다. 하나님은 분명히 사랑하셨는데 우리는 그걸 사랑으로 볼 수 없는 것입니다. 그것은 죄 때문입니다. 죄가 하나님의 일하심을 가려 놓았기 때문입니다. 죄가 하나님의 입장에서 바라보지 못하게 하고 우리 눈으로 바라보게 해놓은 것입니다.

그래서 우리는 늘 하나님과 충돌하게 됩니다. 이 사실을 구약 이스라엘의 광야 40년을 통해서 잘 보여주었습니다. 하나님의 사랑이 애굽에 있던 백성들을 광야로 인도하셨습니다. 환경적으로 보면 광야는 살기가 어렵고 애굽이 훨씬 살기 좋은 곳입니다. 인간이 살아가기 좋은 조건으로 본다면 애굽은 천국이고 광야는 지옥입니다.

구원이 무엇입니까? 육적으로 보면 천국에서 지옥으로 빼낸 것입니다. 하나님은 지옥에서 천국으로 빼냈습니다. 그러나 백성들의 입장에서는 천국에서 지옥으로 온 것입니다. 그러니까 광야에서 애굽으로 돌아가겠다고 원망하고 불평하였던 것입니다. 죄인들은 하나님의 뜻으로 보는 것이 아니고 자기중심으로 보는 것입니다.

신앙생활의 첫째가 우리의 눈이 바뀌는 것입니다. 이 사실을 바울이 다메섹에서 예수님을 만나고 난 후 제일 먼저 나타난 현상이 눈에서 비늘이 떨어지는 것으로 보여주신 것입니다. 눈에서 비늘이 떨어지고 보니까 이 세상에서 산다는 것이 지옥이고, 예수 안에서 죽는 것이 천국이라는 것을 알게 된 것입니다. 그래서 바울은 자신의 소원은 육신의 장막을 떠나서 주와 함께 거하는 것이라고 하였던 것입니다.

바울은 눈에서 비늘이 떨어지고 보니까 죽음이 바로 축복이라는 것을 안 것입니다. 바울의 사고로 보면 하나님께서 아담에게 흙으로 돌아가라고 하신 것이 엄청난 축복임을 알 수가 있습니다. 하나님이 아담을 죽게 하신 것이 복입니다. 아담을 죽인 것은 아담을 살리기 위한 것이었습니다.

왜 그러한가를 살펴봅시다. 사람들은 죽음을 저주라고 생각하고, 오래 사는 것을 복이라고 생각합니다. 그래서 오래도록 살고자 몸에 좋다고 하는 음식들을 챙겨서 먹고 운동을 하면서 건강을 챙기는 것입니다. 좋은 음식을 먹는 것도 건강하게 오래 살기 위함이고, 운동하는 것도 건강하게 오래 살기 위함입니다.

인간에게 있어 모든 관심사가 오래 살고자 하는 데 있는 것입니다. 죽음에 쫓기는 인간들은 본능적으로 죽음을 늦게 맞이하고 싶어 하는 것입니다. 100세 먹은 노인에게도 오래 산다고 하면 좋아하고, 죽는다고 이야기하면 재수 없어 하면서 이맛살을 찌푸리고 역정을 내게 되는 것입니다.

이 모두가 죽음 아래 있는 자들에게서 나타나는 본성들입니다. 죽음을 멀리하고자 하는 본성 때문입니다. 죽음이 쫓아오니까 도망치는 것입니다. 하지만 영생하는 자는 죽음에 도망치지 않습니다. 영생하는 자에게는 죽음은 없는 것(죽은 것)입니다. 그러므로 영생하는 자들은 죽음이라는 말을 두려워하지 않습니다.

쉽게 설명합니다. 북한에서 남한으로 탈북하신 분들이 있습니다. 남한으로 탈북하신 분들은 북한에 대하여 죽었습니다. 그러므로 북한을 두려워하지 않는 것입니다. 남한에 왔음에도 북한을 두려워한다는 것은 몸은 남한에 와 있어도 그 사람의 정신은 탈북하지 못하고 그대로 북한에 있는 것입니다. 이러한 사람들이 바로 남파 공작원들입니다. 공작원들은 북한에 대하여 살아있는 자들입니다. 그러므로 몸은 남한에서 살지만 북한의 지령을 받고 따르게 되는 것입니다.

두 권세가 있습니다. 사망의 권세와 생명의 권세입니다. 사망의 권세 아래 사는 자가 있고 생명의 권세 아래 사는 자가 있습니다. 죽음이 두려운 것은 사망의 권세가 살아있기 때문입니다. 사망의 권세에 죽은 자들은 죽음이 두렵지가 않습니다. 죽음을 두려워하는 자들은 사망의 권세 아래 있기 때문입니다. 우린 모두가 사망의 권세 아래 있었습니다. 그런데 하나님께서 예수 그리스도의 생명의 권세 아래로 옮겨주셨습니다.

예수 그리스도 안은 생명의 세계입니다. 예수 그리스도는 사망의 권세를 이기신 분입니다. 사망이 예수 그리스도를 가둘 수가 없습니다. 그러므로 예수 그리스도 안에 거하는 사람은 사망의 권세가 범접할 수 없는 것입니다. 이러한 상태를 일컬어 사망에 대하여 죽었다고 합니다.

그래서 예수 그리스도 안에 거하는 성도는 죽음을 두려워하지 않습니다. 사도들은 오순절 성령이 임하기 전에는 죽음을 두려워하였습니다. 그러나 성령이 임하고 나자 죽음에 대한 두려움이 사라졌습니다. 죽음에 대한 두려움이 사라지니까 죽음을 두려워하지 않았던 것입니다.

사도 바울은 자신의 생명은 사나 죽으나 주의 것이라고 하였습니다. 살아도 주의 것으로 살고 죽어도 주의 것으로 죽는다고 하였습니다. 그러므로 사나 죽으나 주를 위하여 존재하는 것이므로 살아도 감사할 일이고 죽어도 감사할 일이라고 하였던 것입니다.

죄의 삯은 사망입니다. 이것은 죄의 속성입니다. 죄인에게 죽음이란 본능에 속한 것이 되는 것입니다. 우리는 그 본능을 거스르고 싶은 것입니다. 죽음에 사로잡혀 있으니까 본능적으로 죽음은 피하고 싶어 하는 것입니다. 이것은 마치 하지 말라고 금지를 하면 꼭 하고 싶어지는 것과도 같습니다.

"만지지 마세요"라고 하면 만지고 싶은 욕망이 발동하는 것과 같습니다. "만지지 마세요"라는 글을 보기 전에는 만지고 싶은 욕망이 없었는데 "만지지 마세요"라는 글을 보는 순간 만지고 싶어지는 것입니다. 결국 "만지지 마세요"라는 글이 인간들 속에 있는 불순종이라는 죄의 욕망을 불러일으킨 것입니다.

죽음이 그러한 것입니다. 죄가 인간에게 '너 죽어!' 그러니까 인간들은 '난 안 죽을래!'라고 도망치는 것입니다. 하지만 죽음은 죄인에게 주어진 속성이므로 도망간다고 해서 벗어날 수가 없습니다. 인간은 피하여도 죽음은 계속하여서 그림자처럼 따라다니는 것입니다.

죽음은 피하고 싶어도 피할 수 없습니다. 죽음은 인간에게는 불가항력적인 것입니다. 죽음이라는 것은 눈치도 없이 인간의 원함과 상관없이 어느 날 불쑥 찾아옵니다. 어느 날 불쑥 찾아온 죽음 앞에 인간들은 애곡합니다. 이는 죽음을 끝이라 여기기 때문입니다. 이것이 인간들이 알고 있는 죽음관입니다.

하지만 성경을 열면 죽음을 복이라고 합니다. 역설입니다. 어째서 성경은 죽음을 복이라고 합니까? 이는 죽음을 두려워하는 인생을 죽음으로 끝을 내는 것이기 때문입니다. 죽음으로써 죽음에 쫓겨 다니는 죄 아래서의 삶을 제대하게 되는 것입니다. 죽음의 공포를 죽음으로 없애 버리는 것입니다. 죽음 아래 있는 인생을 졸업하는 것이기 때문입니다. 죽음에 쫓기는 인생을 끝내고 다시는 죽음이 없는 영생하는 인생으로 나아가는 것이기 때문입니다.

히브리서 2장을 봅시다.

히 2:14-16 "자녀들은 혈육에 함께 속하였으매 그도 또한 한 모양으로 혈육에 함께 속하심은 사망으로 말미암아 사망의 세력을 잡은 자 곧 마귀를 없이 하시며 15또 죽기를 무서워하므로 일생에 매여 종노릇하는 모든 자들을 놓아주려 하심이니 16이는 실로 천사들을 붙들어 주려 하심이 아니요 오직 아브라함의 자손을 붙들어 주려 하심이라"

예수님께서 이 세상에 오신 것은 일평생 죽음에 종노릇하는 아브라함의 후손들을 놓아주시기 위함이라고 합니다. 즉 죽음에서 졸업을 시키기 위함이라는 것입니다. 이를 죄와 사망의 권세에서 해방시키셨다고 합니다. 아브라함의 후손은 언약의 후손을 말합니다.

이들은 창세전에 어린양의 생명책에 녹명된 자들입니다. 어린양의 생명책에 녹명된 자들은 예수 그리스도 안에서 영생 주시기로 작정된 자들입니다. 예수 그리스도 안에서 영생을 얻게 하시려고 죽음 아래 가두어 두신 것입니다. 이는 예수 그리스도가 오셔서 건져주시기 위함입니다. 그럴 때 예수 그리스도 안에서 영생을 얻은 자가 되기 때문입니다.

예수 그리스도가 오시기 전에는 사망이 그들을 붙잡고 있어야 합니다. 예수 그리스도가 와서 해방시켜 주셔야 하기 때문입니다. 그래서 하나님께서 그 아들을 예수라는 이름으로 이 세상에 보내서 창세전에 영생 주시기로 작정하시고 어린양의 생명책에 녹명한 자들을 죄와 사망으로부터 건져내게 하신 것입니다.

그것이 죄 아래서 난 몸을 죽이는 것으로 나타난 것입니다. 겉으로 나타난 것은 죽이는 것이지만 실상은 살리기 위함입니다. 죽었는데 살아난 것입니다. 분명히 죽었습니다. 그런데 살아났습니다. 이것은 세상 사람들이 알 수 없는 비밀입니다.

고린도전서 15장을 봅시다.

고전 15:35-49 "누가 묻기를 죽은 자들이 어떻게 다시 살며 어떠한 몸으로 오느냐 하리니 ^{36}어리석은 자여 너의 뿌리는 씨가 죽지 않으면 살아나지 못하겠고 ^{37}또 너의 뿌리는 것은 장래 형체를 뿌리는 것이 아니요 다만 밀이나 다른 것의 알갱이뿐이로되 ^{38}하나님이 그 뜻대로 저에게 형체를 주시되 각 종자에게 그 형체를 주시느니라 ^{39}육체는 다 같은 육체가 아니니 하나는 사람의 육체요 하나는 짐승의 육체요 하나는 새의 육체요 하나는 물고기의 육체라 ^{40}하늘에 속한 형체도 있고 땅에 속한 형체도 있으나 하늘에 속한 자의 영광이 따로 있고 땅에 속한 자의 영광이 따로 있으니

⁴¹해의 영광도 다르며 달의 영광도 다르며 별의 영광도 다른데 별과 별의 영광이 다르도다 ⁴²죽은 자의 부활도 이와 같으니 썩을 것으로 심고 썩지 아니할 것으로 다시 살며 ⁴³욕된 것으로 심고 영광스러운 것으로 다시 살며 약한 것으로 심고 강한 것으로 다시 살며 ⁴⁴육의 몸으로 심고 신령한 몸으로 다시 사나니 육의 몸이 있은즉 또 신령한 몸이 있느니라 ⁴⁵기록된바 첫 사람 아담은 산 영이 되었다 함과 같이 마지막 아담은 살려주는 영이 되었나니 ⁴⁶그러나 먼저는 신령한 자가 아니요 육 있는 자요 그다음에 신령한 자니라 ⁴⁷첫 사람은 땅에서 났으니 흙에 속한 자이거니와 둘째 사람은 하늘에서 나셨느니라 ⁴⁸무릇 흙에 속한 자는 저 흙에 속한 자들과 같고 무릇 하늘에 속한 자는 저 하늘에 속한 자들과 같으니 ⁴⁹우리가 흙에 속한 자의 형상을 입은 것같이 또한 하늘에 속한 자의 형상을 입으리라"

어떤 이들이 죽은 자의 부활을 말하니까 비아냥거리면서 바울을 조롱하는 것입니다. 그러자 바울은 죽은 자의 부활을 씨앗 비유로 말해줍니다. 씨앗이 죽어서 새로운 생명을 내는 것으로 말해주고 있습니다. 하나님은 죽음과 부활을 만물 속에 담아 놓으셨습니다. 그런데 인간들은 한 알의 밀알을 심어서 수많은 밀알을 생산해 내는 농사를 지으면서도 사람이 죽으면 다시 살아난다는 것을 모르고 있습니다.

예수님의 십자가가 이를 보여주는 것입니다. 하나님이 예수님을 십자가에 죽이신 것은 다시 살리시기 위함입니다. 육체로 심고 영으로 살려내신 것입니다. 그래서 사도 바울은 예수 그리스도의 십자가는 하나님의 비밀이라고 한 것입니다. 십자가는 죽음 너머에 있는 하늘나라로 나아가는 길이라고 하였던 것입니다.

예수님은 얻을 목숨이 있고 버릴 목숨이 있다고 하셨습니다. 버릴 목숨은 이 세상에 속한 것이고 얻을 목숨은 하늘에 있는 것입니다. 그래서 예수님은 목숨을 얻기 위하여 목숨을 버린다고 하셨습니다. 땅의 목숨이 끊어진다고 하여서 끝나는 것이 아니라 하늘의 목숨으로 살아나는 것입니다. 예수님은 이 사실을 알고 있었기 때문에 땅의 목숨을 구걸하지 않으셨습니다. 예수님은 땅의 목숨이 끝나는 것을 창세전에 가졌던 그 영화로움으로 돌아가는 것이라고 기뻐하셨던 것입니다.

요한복음 17장을 봅시다.

요 17:4-5 "아버지께서 내게 하라고 주신 일을 내가 이루어 아버지를 이 세상에서 영화롭게 하였사오니 ⁵아버지여 창세전에 내가 아버지와 함께 가졌던 영화로써 지금도 아버지와 함께 나를 영화롭게 하옵소서"

예수님은 십자가라는 문을 통해서 창세전 영생의 나라로 나아간 것입니다. 죽음이 영생으로 나아가는 비밀의 문이었습니다. 이것을 좁은 문이라고 합니다. 아무도 찾지 않는 문입니다. 예수님께서 자기 백성들에게 그 문의 비밀을 알려주시고자 오신 것입니다. 죽음을 어떻게 보느냐에 따라서 복이기도 하고 저주가 되기도 합니다. 세상 관점에서는 일찍 죽는 것이 저주이지만, 성경적 관점에서는 일찍 죽는 것이 복입니다.

성도는 성경적 관점에서 죽음을 바라보아야 합니다. 죽음을 끝이라고 보는 세상 관점에서는 저주이지만, 새로운 시작이라고 보는 성경적 관점에서는 복입니다. 이처럼 죽음을 어떤 관점에서 바라보느냐에 따라서 저주이기도 하고 복이 되기도 하는 것입니다. 오래 살고자 하는 사람에게는 죽음이 저주일 수 있습니다. 그러나 빨리 죽고자 하는 사람에게는 죽음은 저주가 아니라 복입니다.

중요한 것은 하늘 아래 그 어느 인간이 빨리 죽고자 하는 인간이 있느냐 하는 것입니다. 인간이라면 다 오래도록 살고 싶어 합니다. 오래 살고 싶어 하는 본능을 가진 인간에게는 죽음은 피하고 싶은 저주임에는 틀림이 없습니다. 그런데 성도들은 다릅니다. 성도에게는 두 생명이 있는 것입니다. 땅에서 난 겉사람과 하늘로서 난 속사람이 있는 것입니다. 겉사람은 세상 사람들과 같이 오래 살고 싶어 하지만, 속사람은 영생하는 언약을 품고 있는 몸이기도 합니다.

속사람이 겉사람이라는 몸 안에 씨앗처럼 살고 있는 것입니다. 속사람이라는 씨앗은 겉사람이라는 몸이 죽어야 싹을 내게 되어 있습니다. 겉사람은 세상 사람들처럼 오래 살고 싶어 합니다. 하지만 속사람은 빨리 이 육신의 장막을 벗고서 하늘로부터 오는 새로운 몸을 입고 싶어 합니다. 성경을 하나님의 말씀으로 믿는 성도라고 한다면 성경적인 죽음관으로 살아가야 합니다. 성경적 입장에서 죽음에 접근해야 하는 것입니다. 그래야 죽음의 권세로부터 자유하게 됩니다.

하나님께서 아담에게 '너는 흙이니 흙으로 돌아가라'고 하신 것은 일차적으로는 죽음을 말하지만, 이차적으로는 에덴동산에서 쫓아내는 것입니다. 이것은 마치 아버지가 자식이 말을 듣지 않아서 집에서 쫓아낸 것과도 같은 것입니다. 문자적으로 보면 저주처럼 들립니다.

아담 입장에서 보면 저주입니다. 아담을 에덴동산에서 쫓아낸 것을 아담 입장에서 보면 안 되고 하나님 입장에서 보아야 합니다. 왜냐하면 하나님이 아담에게 하신 일이기 때문입니다. 하나님이 이러한 일을 왜 하셨는지를 알아야 복인지 저주인지 알 수 있습니다.

성경은 하나님의 속성을 사랑이라고 합니다. 그럼 하나님이 하시는 모든 일은 사랑인 것입니다. 사랑을 근본으로 하고 있습니다. 알다시피 성경은 하나님께서 자기 백성들을 사랑하는 이야기입니다. 성경은 하나님과 성도를 아버지와 아들 관계로 말해주고 있습니다.

말을 안 듣는 자식을 집에서 내어 쫓는 아버지의 심정은 과연 자식을 향한 저주일까요? 아닙니다. 사랑하기 때문에 책망하고 징계하는 것입니다. 자식을 저주할 아버지는 없습니다. 이는 아버지의 속성상 허락되지 않기 때문입니다. 하지만 아버지는 자식이 말을 안 들면 매질을 합니다. 매질 당하는 아이의 입장에서는 결코 사랑으로 받아들여지지 않습니다. 그건 아프기 때문입니다.

아픔을 사랑으로 여길 자식은 없습니다. 그런데 그 매질이 사랑이라는 것을 알 때가 옵니다. 그건 내가 어른이 되어서 부모가 될 때입니다. 아이가 어른이 되고 부모가 되면 부모가 나에게 한 그 일을 그대로 자기 자식에게도 대물림으로 하게 됩니다. 왜냐하면 그것이 자식을 향한 사랑이기 때문입니다. 왜 사랑의 매를 대물림하나요? 그것은 틀린 것이 아니라 옳은 것이기 때문입니다. 자식은 부모의 훈육을 통해서 올바르게 자라갑니다. 그래서 부모가 자식에게 하는 것을 사랑의 징계라고 합니다.

히브리서 12장을 봅시다.

히 12:4-13 "너희가 죄와 싸우되 아직 피 흘리기까지는 대항치 아니하고 ⁵또 아들들에게 권하는 것같이 너희에게 권면하신 말씀을 잊었도다 일렀으되 내 아들아 주의 징계하심을 경히 여기지 말며 그에게 꾸지람을 받을 때에 낙심하지 말라 ⁶주께서 그 사랑하시는 자를 징계하시고 그의 받으시는 아들마다 채찍질하심이니라 하였으니 ⁷너희가 참음은 징계를 받기 위함이라 하나님이 아들과 같이 너희를 대우하시나니 어찌 아비가 징계하지 않는 아들이 있으리요 ⁸징계는 다 받는 것이거늘 너희에게 없으면 사생자요 참 아들이 아니니라 ⁹또 우리 육체의 아버지가 우리를 징계하여도 공경하였거늘 하물며 모든 영의 아버지께 더욱 복종하여 살려 하지 않겠느냐 ¹⁰저희는 잠시 자기의 뜻대로 우리를 징계하였거니와 오직 하나님은 우리의 유익을 위하여 그의 거룩하심에 참예케 하시느니라 ¹¹무릇 징계가 당시에는 즐거워 보이지 않고 슬퍼 보이나 후에 그로 말미암아 연달한 자에게는 의의 평강한 열매를 맺나니 ¹²그러므로 피곤한 손과 연약한 무릎을 일으켜 세우고 ¹³너희 발을 위하여 곧은 길을 만들어 저는 다리로 하여금 어그러지지 않고 고침을 받게 하라"

징계란 잘못된 것에서 돌이키게 하는 것입니다. 그러므로 징계는 참 아들에게만 행하는 것입니다. 이 말은 참 아들만 징계를 당하게 되어있다는 뜻입니다. 하나님께서 성도들을 징계하는 것은 아들로 대우하시는 것입니다.

부모는 자기 자식하고 싸우지 남의 자식하고 싸우지 않습니다. 남의 자식이야 잘되든 못되든 신경 쓰지 않습니다. 하지만 내 자식은 잘되어야 하므로 늘 싸우는 것입니다. 이것을 참 아들에게 하는 징계라고 합니다.

성경을 보면 하나님의 싸움 대상은 이스라엘로 나타납니다. 이방인은 이스라엘을 올바른 길로 인도하기 위하여 몽둥이로 사용하셨습니다. 몽둥이로 사용하고는 다 멸망시켜 버렸습니다. 이스라엘을 괴롭힌 제국들의 이름은 흔적 없이 다 사라져 버렸지만, 이스라엘은 지금도 여전히 그 땅에 이스라엘이라는 이름으로 존재하고 있는 것입니다. 이는 하나님께서 아버지가 되어서 보호하고 계시기 때문입니다.

이스라엘은 혹독한 아픔들을 겪었습니다. 그렇지만 분명한 것은 남의 자식들은 다 사라져도 하나님의 백성들은 세상 끝날까지 존재한다는 것입니다. 예수님은 하나님의 마음을 표현할 때, 자식이 떡을 달라고 하는데 돌을 줄 부모가 없고, 생선을 달라고 하는데 전갈을 줄 부모가 없다고 하셨습니다. 부모는 자식에게 항상 좋은 것을 주고자 합니다.

하나님이 아담을 창조하셨으므로 하나님은 아담의 부모가 되십니다. 그렇다면 하나님께서 아담에게 내린 죽음도 징계 차원의 사랑인 것입니다. 죽은 자식을 살리기 위해서 죽음에 내어준 것입니다. 죽이고 다시 살리시는 방법으로 일하시는 것입니다. 이 사실은 아담의 창조 과정을 보면 알 수 있습니다.

창세기 2장을 봅시다.

창 2:4-9 "여호와 하나님이 천지를 창조하신 때에 천지의 창조된 대략이 이러하니라 ⁵여호와 하나님이 땅에 비를 내리지 아니하셨고 경작할 사람도 없었으므로 들에는 초목이 아직 없었고 밭에는 채소가 나지 아니하였으며 ⁶안개만 땅에서 올라와 온 지면을 적셨더라 ⁷여호와 하나님이 흙으로 사람을 지으시고 생기를 그 코에 불어 넣으시니 사람이 생령이 된지라 ⁸여호와 하나님이 동방의 에덴에 동산을 창설하시고 그 지으신 사람을 거기 두시고 ⁹여호와 하나님이 그 땅에서 보기에 아름답고 먹기에 좋은 나무가 나게 하시니 동산 가운데에는 생명나무와 선악을 알게 하는 나무도 있더라"

창 2:16-17 "여호와 하나님이 그 사람에게 명하여 가라사대 동산 각종 나무의 실과는 네가 임의로 먹되 ¹⁷선악을 알게 하는 나무의 실과는 먹지 말라 네가 먹는 날에는 정녕 죽으리라 하시니라"

하나님은 천지를 창조하십니다. 그리고 흙으로 사람을 만드십니다. 하나님이 사람의 코에 생기를 불어 넣으니 그 사람이 생령이 됩니다. 그리고 하나님께서 아담을 에덴의 동산에 이끌어 두셨습니다. 그리고는 동산을 다스리고 지키라고 하십니다. 다스리고 지키라는 말은 동산을 해치는 뱀이 있기 때문입니다.

동산에는 먹으면 영생을 주는 생명과와 먹으면 죽음을 주는 선악과가 있습니다. 하나님은 아담에게 두 과실에 대하여 정확하게 알려주셨습니다. 그리곤 선악과는 절대로 먹지 말고 생명과는 반드시 먹으라고 명하셨습니다. 이는 아담을 영생하는 자로 만드시겠다는 하나님의 뜻입니다. 그런데 아담은 아직 하나님의 깊은 마음을 이해하지 못하였습니다.

아담은 빈 그릇과 같습니다. 아담 안에 무엇을 담느냐에 따라 달라지게 됩니다. 생명과를 먹으면 영생하는 자가 되어서 에덴동산에서 하나님과 함께 살아갈 수 있지만, 선악과를 먹으면 죽은 자가 되어서 에덴동산 밖으로 추방당하게 됩니다.

아담은 죽음이 뭔지, 영생이 뭔지를 모릅니다. 아직까지 경험해 보지 않았기 때문입니다. 하나님은 아담이 동산에 있는 생명과를 먹고 영생하는 자가 되어서 에덴으로 올라와서 하나님과 함께 살아가기를 바라셨습니다.

그래서 아담에게 동산에 있는 생명과를 먹고 영생하는 자가 되라고 명하신 것입니다. 하지만 아담은 뱀의 미혹으로 인하여 먹으라고 한 생명과는 먹지 않고 먹지 말라고 한 선악과를 먹고 죽은 자가 되고 말았습니다.

선악과를 먹고 난 후에 죽음이 무엇인지, 영생이 무엇인지를 알게 된 것입니다. 그러나 이미 죽은 자가 되고 난 이후였습니다. 죽은 자가 되고 나니까 영생하는 자가 되고 싶은 것입니다. 하지만 하나님은 죽은 자가 영생하는 것을 원치 않아서 천사들로 하여금 죽은 아담이 생명나무 과실을 따 먹지 못하도록 생명나무의 길을 막아 버리십니다. 그것은 선악의 사람으로 영생하면 안 되기 때문입니다.

아담이 생명나무 과실을 따 먹으려면 선악과를 먹기 전의 모습으로 돌아가야 합니다. 그래야 생명과를 먹고서 죄 없는 자로 영생하기 때문입니다. 죄인으로 영생하면 그건 저주 중에서도 저주가 됩니다. 그래서 하나님은 즉시로 선악과를 먹고 죽은 자가 된 아담이 생명나무로 나아가지 못하도록 막으신 것입니다.

선악과를 먹고 죽은 자가 된 아담이 생명과를 먹고 영생을 하려면 먼저 선악과를 먹은 아담이 죽어야 합니다. 그리고 죽음이 없는 자가 되어서 생명과를 먹어야 합니다. 그러자면 아담은 선악과를 먹기 이전의 상태로 돌아가야 합니다. 그것은 선악을 담고 있는 아담을 죽이고 다시 살려내는 방식으로 아담을 다루어 가야 합니다.

그래서 예수님께서 십자가에서 우리 옛사람을 죽이는 일을 하신 것입니다. 예수님의 십자가 사건은 선악과를 먹은 아담을 죽이는 일입니다. 그리고 난 후에 성령을 보내서 살리는 일을 하셨습니다. 그러므로 구원의 순서가 먼저 선악의 사람이 죽고 난 후에 생명의 사람으로 살아나는 과정을 밟게 되는 것입니다.

한편 하나님은 아담이 왜 선악과를 따 먹을 때 말리지 않으셨을까요? 위치적으로 보면 에덴은 동산 위에 있습니다. 에덴은 하늘이고 동산은 땅의 위치에 있는 것입니다. 이것은 강이 에덴에서 발원하여서 동산을 적시는 것을 보면 에덴은 동산 위에 있는 동네임을 알 수 있습니다.

하나님은 에덴에서 동산에 있는 아담의 일거수일투족을 다 감찰하시고 계셨습니다. 마치 공중에서 아래를 내려다보는 것과 같습니다. 아담이 누구를 만나는지, 무엇을 하는지 다 알고 계십니다. 그럼에도 여자가 뱀의 미혹에 넘어가는 것이나 여자가 아담에게 선악과를 주어서 먹게 하는 것들을 다 보시면서도 말리지 않으신 것입니다.

이는 모두가 창세전 언약을 이루어 가는 수순이었기 때문입니다. 창세전 언약은 죄인을 예수 그리스도의 피로 구속하여서 하나님의 아들들이 되게 하는 것입니다. 구원의 수순이 먼저 죄 아래 가두어지고 그다음에 죄에서 건짐을 당하는 것입니다.

다른 말로 죽음에 먼저 가두어졌다가 예수 그리스도를 통해서 영생을 얻는 자가 되는 것으로 되어있는 것입니다. 그래서 동산에 선악과와 생명과를 두신 것입니다. 그리고 뱀도 두신 것입니다. 뱀도 창세전 언약을 위하여 필요하기 때문입니다. 뱀도 피조물입니다. 모든 피조물은 창세전 언약을 위한 도구들입니다. 그래서 하나님은 동산에 뱀을 두고서 창세전 언약의 수순을 이루고자 아담과 하와를 미혹하게 한 것입니다.

그렇다고 하나님이 뱀에게 아담을 미혹하게 한 것은 아닙니다. 아담과 하와가 미혹을 당한 것입니다. 하나님은 분명히 아담에게 생명과를 먹으라고 하셨고 선악과는 절대로 먹어서는 안 된다고 명령하셨습니다. 그럼에도 아담은 하나님의 명을 어기고 뱀의 말에 넘어가서 먹으라고 한 생명과는 먹지 않고 먹지 말라고 한 선악과를 먹고 만 것입니다. 이것을 죄라고 합니다.

아담이 하나님의 명령을 어기기 전에는 죄인도 의인도 아니었습니다. 죄인이 될 수도 있고 의인이 될 수도 있는 자로 존재한 것입니다. 생명과를 먹으면 의인으로서 영생하는 자가 되는 것이고, 선악과를 먹으면 죄인으로서 죽은 자가 되는 것입니다.

그런데 아담은 하나님의 바람과 정반대의 일을 하고 만 것입니다. 비로소 죄가 형성되고 죄인이 된 것입니다. 하나님은 죄인과는 살 수 없어서 아담을 에덴동산 밖으로 내어 보내신 것입니다. 이것은 하나님의 사랑입니다. 선악을 알게 된 아담은 하나님과 동거하는 것이 여간 불편한 것이 아닙니다. 이를 잘 아시는 하나님이 그 불편함을 없애주시려고 분가시키신 것입니다.

아담은 선악과를 먹고 하나님이 두려워서 나무 뒤에 숨었습니다. 선악과가 두려운 하나님으로 만들어 버린 것입니다. 하나님께서 아무리 두려워하지 말라고 하여도 아담은 본능적으로 밀려오는 두려움을 떨쳐 버릴 수가 없는 것입니다. 그러므로 하나님은 아무런 말을 하지 않았음에도 아담 스스로가 발가벗음이 수치로 여겨져서 무화과 나무 잎사귀로 치마를 만들어 입은 것입니다. 그래도 본능적으로 오는 두려움을 피할 수가 없어서 하나님을 피하여 숨게 된 것입니다.

그러자 하나님이 아담을 하나님이 보이지 않는 동산 밖으로 내어 보내신 것입니다.

이것은 죄인을 향한 하나님의 배려인 것입니다. 하나님을 두려워하는 자를 붙잡아 두는 것은 고문하는 것과 같습니다. 그래서 하나님이 보이지 않는 곳으로 분가를 시키신 것입니다. 이것은 하나님의 사랑입니다. 하나님은 아담에게 하나님이 두려워지지 않거든 들어오라고 하십니다. 이는 죄 문제가 해결되면 돌아오라는 것입니다.

하나님은 아담 스스로가 죄 문제를 해결할 수 없기 때문에 여자의 후손을 보내서 아담의 죄를 해결하여서 아담이 에덴동산으로 돌아오는 길을 마련해 주신 것입니다. 이것이 예수님이 십자가에서 죽으실 때 성소의 휘장이 위로부터 아래로 찢어지는 것으로 나타난 것입니다. 비로소 에덴동산으로 나아가는 길이 생긴 것입니다. 이를 '새롭고 산 길'이라고 합니다. 그래서 예수 그리스도의 죽음을 복음이라고 하는 것입니다. 범죄 한 아담에게는 죽음은 곧 복인 것입니다.

하나님이 지으신 들짐승 중에서 뱀이 가장 간교합니다. 간교하다는 말은 지혜롭다는 뜻입니다. 이 말은 뱀이 아담보다 더 지혜롭다는 뜻입니다. 아담은 뱀의 지혜를 이길 수 없습니다. 그래서 하나님은 아담에게 돕는 배필을 주려고 하신 것입니다. 하나님이 아담에게 주시려는 돕는 자는 당연히 뱀의 지혜보다 더 뛰어난 지혜를 가진 자라야 합니다.

뱀의 지혜보다 더 뛰어난 지혜를 가진 자는 피조물 중에는 없습니다. 왜냐하면 하나님이 지으신 들짐승 중에서 뱀이 가장 간교하기 때문입니다. 이렇게 되면 하나님께서 아담에게 주시고자 한 돕는 배필은 에덴에서 와야 합니다.

그분이 바로 여호와 하나님입니다. 그런데 아담은 자기 몸에서 나온 여자는 돕는 자로 맞아들이고 맙니다. 여자는 아담의 몸에서 나왔기 때문에 지혜에 있어서는 아담과 같은 수준입니다. 여자의 지혜로는 뱀을 이길 수 없습니다. 그래서 아담을 돕는 배필이라고 하는 여자가 도리어 뱀에게 넘어가서 아담을 본래의 흙으로 돌아가게 하는 죽음의 길로 인도하는 돕는 자가 되고 만 것입니다.

죽음이 저주라는 것을 경험한 자들에게는 죽는다는 말은 두려운 것이 됩니다. 그러나 죽음이 무엇인지를 모르는 인간에게는 죽음은 두려운 것이 아닙니다. 도리어 죽는다는 것이 무엇인지에 대한 호기심만 유발시킬 뿐이라고 유추해 볼 수도 있습니다.

뱀은 이러한 것을 너무도 잘 알고 있습니다. 그래서 뱀은 여자에게 접근하여 여자 스스로가 선악과를 따 먹도록 유도하였습니다. 그것이 선악과에 대한 호기심을 유발시키는 것입니다. 뱀은 여자에게 선악과가 담고 있는 것에 대하여 알려줍니다. 거짓 정보를 제공한 것입니다. 하나님은 선악과를 먹으면 반드시 죽는다고 하셨습니다. 그러나 뱀은 결코 죽지 않는다고 하였습니다. 그러면서 그것을 먹으면 눈이 밝아져 하나님 같이 된다고 합니다.

창세기 2장과 3장을 봅시다.

창 2:16-17 "여호와 하나님이 그 사람에게 명하여 가라사대 동산 각종 나무의 실과는 네가 임의로 먹되 ¹⁷선악을 알게 하는 나무의 실과는 먹지 말라 네가 먹는 날에는 정녕 죽으리라 하시니라"

창 3:4-6 "뱀이 여자에게 이르되 너희가 결코 죽지 아니하리라 ⁵너희가 그것을 먹는 날에는 너희 눈이 밝아 하나님과 같이 되어 선악을 알 줄을 하나님이 아심이니라 ⁶여자가 그 나무를 본즉 먹음직도 하고 보암직도 하고 지혜롭게 할 만큼 탐스럽기도 한 나무인지라 여자가 그 실과를 따 먹고 자기와 함께한 남편에게도 주매 그도 먹은지라"

여자가 뱀의 꾐에 넘어가 선악과를 보자 먹음직도 하고 보암직도 하고 지혜롭게 할 만큼 탐스러워 보이는 것입니다. 갑자기 따 먹고 싶은 충동이 일어납니다. 결국 여자는 선악과를 따 먹고 맙니다. 선악과를 먹고 난 후에 찾아온 것은 두려움이었습니다. 선악과가 두려움을 몰고 온 것입니다. 하나님을 볼 수가 없는 것입니다. 그러자 숨어버립니다.

두려움은 죄로부터 오는 것입니다. 죄가 인간을 죽음 안에 가두어 버리고 만 것입니다. 하나님이 두려워서야 어찌 하나님과 함께 살 수 있겠습니까? 죽음에 가두어지자 더는 하나님과 한집에서 살 수 없습니다. 서로가 불편한 것입니다.

생명과 죽음은 속성이 다릅니다. 서로를 배척하는 이질적인 것입니다. 산 자와 죽은 자는 이질적이므로 함께 살 수가 없습니다. 그래서 하나님은 죽은 자인 아담과 뱀을 에덴동산에서 추방하신 것입니다. 이는 생명이신 하나님으로부터 완전히 단절되어 버린 것입니다. 아담이 에덴동산에서 추방당한 것은 또 다른 죽음입니다.

죽음이란 생명이신 하나님으로부터의 단절을 말합니다. 흙으로 돌아가는 것은 육적 죽음이고, 에덴동산에서 쫓겨나 하나님으로부터 단절이 된 것은 영적인 죽음입니다. 하나님은 아담이 살아갈 땅을 저주해 버리십니다. 이는 아담이 살아가는 땅에서는 생명을 얻을 수 없다는 것입니다. 아담은 에덴동산 밖에서 죽은 자의 역사를 시작합니다.

아담은 죽은 자의 조상이 되고 말았습니다. 죽은 자들이 살아가는 곳을 이 세상이라고 합니다. 그래서 성경은 이 세상을 무덤이라고 합니다. 사도 요한은 예수님이 이 세상에 오신 것을 가지고 무덤 속에 있는 자들에게 하나님의 음성이 들릴 때가 온다고 하였습니다.

요한복음 5장을 봅시다.

요 5:25-29 "진실로 진실로 너희에게 이르노니 죽은 자들이 하나님의 아들의 음성을 들을 때가 오나니 곧 이때라 듣는 자는 살아나리라 [26]아버지께서 자기 속에 생명이 있음같이 아들에게도 생명을 주어 그 속에 있게 하셨고 [27]또 인자 됨을 인하여 심판하는 권세를 주셨느니라 [28]이를 기이히 여기지 말라 무덤 속에 있는 자가 다 그의 음성을 들을 때가 오나니 [29]선한 일을 행한 자는 생명의 부활로, 악한 일을 행한 자는 심판의 부활로 나오리라"

아버지께서 아들에게 생명을 주어서 이 세상으로 보냈습니다. 이는 죽은 자를 살려내라는 뜻입니다. 그래서 예수님이 이 세상에 오셔서 창세전에 어린양의 생명책에 녹명된 자들을 찾아가서 하나님의 생명을 주는 일을 하십니다.

이를 무덤 속에 있는 자들이 하나님 아들의 음성을 들을 때가 온다고 합니다. 그 음성을 듣는 자는 살아나게 되는 것입니다. 하나님의 아들의 음성이 들리면 두 가지 반응이 나타나는 것입니다. 어떤 자는 듣고 무덤에서 나오게 되고, 어떤 자는 무덤 속에 그대로 있게 됩니다. 무덤에서 나오는 자는 생명의 부활이라고 하고, 무덤에 있는 자는 심판의 부활이라고 합니다.

무덤은 이 세상을 상징합니다. 세상에는 두 부류의 사람이 있습니다. 창세전에 영생 주시기로 작정을 하고 어린양의 생명책에 녹명된 자와 녹명되지 않은 자가 있습니다. 어린양의 생명책에 녹명이 된 자들은 아들의 음성을 듣고 무덤에서 나오고, 녹명되지 않은 자는 아들의 음성을 듣고도 나오지 않습니다. 무덤에서 나온다는 말은 출애굽과 같은 것입니다.

이 세상이라는 애굽으로부터 나오게 되는 것입니다. 무덤은 애굽과 같습니다. 이렇게 되면 애굽(무덤)에서 나오는 것은 애굽에서의 인생은 죽음을 맞이하는 것과 같은 것입니다. 애굽 사람이 죽게 되는 것입니다. 애굽은 이 세상을 상징합니다. 그럼 성도들은 예수님의 음성을 듣고 세상으로부터 나온 것입니다. 예수님이 세상에서 빼내서 교회로 두신 것입니다. 이렇게 되면 성도들은 세상으로부터는 죽은 것이 되는 것입니다.

이것은 마치 아브라함이 갈대아 우르에서 가나안으로 빼내심을 입은 것과 같습니다. 가나안으로 가려면 갈대아 우르를 떠나야 합니다. 아브라함이 본토 친척 아비 집이 있는 갈대아 우르를 떠나는 것은 갈대아 우르 사람으로서의 죽음을 맞이하는 것과 같은 것입니다. 갈대아 우르는 이 세상을 상징합니다. 아브라함은 갈대아 우르라는 세상에서 죽임을 당한 것입니다. 이것을 구원이라고 합니다.

구원은 반드시 기존 세상으로부터의 떠남을 전제로 주어지는 것입니다. 기존의 세상을 떠남이 곧 죽음과 같은 것입니다. 우리도 세상에서 교회로 부르심을 입은 것은 세상으로부터 죽임당한 것입니다. 교회는 세상과 다른 곳입니다. 세상에서 교회로 나아올 때 십자가를 통과해 온 것입니다. 예수 그리스도의 십자가를 지나서 교회로 나아올 때 아담 안에서 난 우리는 죽은 것입니다. 그리스도 안에서 새로운 사람이 된 것입니다.

구원의 첫 번째 수순이 이 세상을 떠남으로부터 이루어지는 것입니다. 하나님은 인간이 범죄 하자 죄인이 살아갈 땅을 저주하셨습니다. 그러자 땅이 가시와 엉겅퀴를 내기 시작하였습니다. 가시와 엉겅퀴는 저주의 산물입니다. 범죄 한 인간에게 내려진 형벌은 가혹할 정도로 처참합니다. 땅은 인간 때문에 저주를 받게 된 것입니다.

저주를 머금은 땅에서 인간은 종신토록 땀 흘리면서 수고하여야 땅의 소산물을 먹고 사는 처지가 되었습니다. 기껏 땀 흘려 수고하여서 얻은 것이라야 고작해서 저주의 기운을 머금은 땅이 뱉어낸 소산물일 뿐입니다.

인간은 저주를 머금은 땅이 뱉어낸 소산물을 먹고 살다가 결국 흙으로 돌아가게 되는 것입니다. 인간이 죽는 것은 저주의 땅에서 나오는 소산물을 먹기 때문입니다. 땅에 붙어서 사는 한 저주는 피할 수가 없습니다. 저주를 피할 수 있는 길은 오직 한 가지뿐입니다. 그것은 저주의 기운이 있는 땅으로부터 벗어나는 것입니다. 저주의 기운을 뿜어내는 땅의 소산물로 연명하는 선악의 생명이 죽는 것뿐입니다.

그렇다면 하나님께서 죄인에게 흙으로 돌아가라는 것은 저주가 아니라 복입니다. 죽음이 일평생 죽음으로부터 쫓기는 저주로부터 해방시켜 주기 때문입니다. 아이러니하게도 하나님은 죽음으로 죽음을 이기게 하신 것입니다. 성경은 인간이 죽는 것은 정해진 법칙이고 그다음에 심판이 있다고 증거해 주고 있습니다.

히브리서 9장을 봅시다.

히 9:27 "한 번 죽는 것은 사람에게 정하신 것이요 그 후에는 심판이 있으리니"

죽는 것은 정해진 이치입니다. 하지만 그다음에 심판이 있습니다. 그럼 죽는다고 해서 끝나는 것이 아닙니다. 죽고 난 후에 심판이 기다리고 있기 때문입니다. 어떤 심판인가요? 영생과 영벌로 갈라지는 심판입니다. 인간은 이 세상에서의 삶으로 영생으로 나아갈지, 영벌로 나아갈지가 결정되는 것입니다.

이 세상에서 예수 그리스도를 믿는 자는 죽어서 영생으로 나아가게 되고, 이 세상에서 예수 그리스도를 배척하고 믿지 아니하는 자들은 죽어서 영벌로 나아가게 되는 것입니다. 이러면 죽음 이후의 인간들에게는 2라운드의 세상이 있게 되는 것입니다. 육신으로 사는 이 세상의 인생은 1라운드이고, 죽고 나서 심판을 받고 영생으로 가든지 영벌로 가든지 각자 갈라져서 저세상에서 살아가는 인생은 2라운드가 되는 것입니다.

요한계시록 20장을 봅시다.

계 20:11-15 "또 내가 크고 흰 보좌와 그 위에 앉으신 자를 보니 땅과 하늘이 그 앞에서 피하여 간 데 없더라 ¹²또 내가 보니 죽은 자들이 무론 대소하고 그 보좌 앞에 섰는데 책들이 펴 있고 또 다른 책이 펴졌으니 곧 생명책이라 죽은 자들이 자기 행위를 따라 책들에 기록된 대로 심판을 받으니 ¹³바다가 그 가운데서 죽은 자들을 내어주고 또 사망과 음부도 그 가운데서 죽은 자들을 내어주매 각 사람이 자기의 행위대로 심판을 받고 ¹⁴사망과 음부도 불못에 던지우니 이것은 둘째 사망 곧 불못이라 ¹⁵누구든지 생명책에 기록되지 못한 자는 불못에 던지우더라"

사도 요한은 성령의 감동으로 하나님 나라에서 일어나는 심판을 보았습니다. 이때는 천년왕국이 끝나고 영원한 하나님 나라로 나아가는 시점입니다. 역사에서 묵시로 나아가는 때입니다. 하나님께서 책을 가지시고 심판하시는 것입니다. 그런데 두 가지 책이 있는 것입니다. 하나는 생명책이고, 다른 하나는 행위책입니다.

생명책에 녹명된 자들은 바로 천국으로 가고, 행위책에 녹명된 자들은 각각의 행위로 심판을 받게 되는 것입니다. 생명책에 녹명되지 않은 자들은 불못에 던져지게 되는 것입니다. 죽고 나면 영생과 영벌인 천국과 지옥으로 갈라지는 심판을 받게 되는 것입니다. 그런데 그 천국과 지옥은 이 세상에서 결정되는 것입니다. 생명책에 녹명된 자들은 예수를 믿는 자들이고, 생명책에 녹명되지 않은 자들은 예수를 믿지 않는 자들입니다.

천년왕국의 끝에 일어나는 백보좌 심판은 예수를 믿었느냐, 예수를 안 믿었느냐로 판단하는 것입니다. 예수를 믿은 자는 영생으로 가고, 예수를 믿지 않은 자는 영벌로 가게 되는 것입니다. 예수 믿는 자는 생명책에 녹명된 자들이고, 예수를 안 믿는 자들은 행위책에 기록된 자들입니다. 생명책에 녹명되지 않은 자들은 이유 여하를 막론하고 불못으로 던져지게 되는 것입니다. 예수를 믿고 안 믿고는 이 세상에서 결정되는 것입니다.

세상에는 두 부류의 인간이 있습니다. 생명책에 녹명된 자와 녹명되지 않은 자들입니다. 예수에게 속한 자와 예수에게 속하지 아니하는 자가 있는 것입니다. 예수 안에 있는 자는 죽어서 심판을 당할 때 생명책에 녹명되었기 때문에 영생으로 들어가고, 반대로 예수 밖에 있는 자들은 생명책에 녹명되지 않았기 때문에 영벌의 심판을 받게 되는 것입니다.

모든 인간은 다 죽습니다. 예수 안에 있는 자도 죽고, 예수 밖에 있는 자도 죽습니다. 하지만 예수 안에 있는 자의 죽음과 예수 밖에 있는 자의 죽음은 다릅니다. 예수 안에 있는 자는 천국으로 가는 영생의 죽음이므로 축복의 죽음이지만, 예수 밖에 있는 자의 죽음은 지옥으로 가는 영벌의 죽음이므로 저주의 죽음입니다.

하나님께서 아담과 하와를 에덴동산에서 내어 보내실 때 가죽옷을 입혀 주셨습니다. 가죽옷은 죄인의 수치를 가려주는 옷입니다. 이는 구원의 옷입니다. 이는 장차 여자의 후손으로 오실 메시아가 죽어서 구원해 주실 것을 예표하고 있는 것입니다.

예수님께서 십자가에 죽으심으로 자기 백성들의 죄가 사해졌습니다. 이것은 예수님이 에덴동산에서 가죽옷으로 아담의 수치를 가려주기 위하여 희생당한 제물의 실상임을 보여주는 것입니다. 그래서 구원을 예수 그리스도로 옷을 입었다고 하는 것입니다.

아담은 인류의 조상입니다. 하지만 아담 속에는 두 가지 의미가 있습니다. 첫째는 범죄한 인간은 모두가 하나님 앞에 저주의 대상이라는 것을 보여주고 있고, 둘째는 자기 백성들은 어린양의 희생으로 구원받게 된다는 것을 보여주고 있습니다.

아담 속에는 두 인간이 담겨 있습니다. 구원받을 인간과 저주받을 인간이 있습니다. 그것이 아담의 두 아들로 나타난 것입니다. 아담 안에서 가인과 아벨이 나옵니다. 가인과 아벨은 한 아담의 후손입니다. 하지만 둘은 다릅니다.

그들의 직업으로 보여주었습니다. 가인은 농사짓는 자이고 아벨은 양치는 자입니다. 가인은 농산물로 제사를 드렸고 아벨은 양으로 제사를 드렸습니다. 하나님은 가인의 제사는 거부하고 아벨의 제사는 받으셨습니다. 아벨은 구원을 받았고 가인은 저주를 받았습니다.

왜 그런가요? 가인은 저주의 기운이 담긴 땅의 소산물을 먹고 사는 자였지만, 아벨은 자신의 죄의 수치를 가려줄 희생제물을 키웠기 때문입니다. 쉬운 말로 가인은 먹고 사는 일을 하였고, 아벨은 예수를 믿는 일을 한 것입니다.

아벨은 생명책에 녹명된 자를 대표하고 있고, 가인은 녹명되지 않은 자를 대표하고 있는 것입니다. 아벨의 계통은 예수 그리스도를 구주로 믿고, 가인의 계통은 예수 그리스도를 믿지 아니하는 것입니다. 그러므로 아벨의 계통과 가인의 계통은 죽음이 다른 것입니다. 가인의 계통에는 죽음은 영벌로 나아가는 저주의 죽음이지만, 아벨의 계통에는 죽음은 영생으로 나아가는 축복의 죽음인 것입니다.

하나님은 죄인에게 수고하는 삶을 살게 하셨습니다. 일평생 땀 흘려 수고하고 살아가도록 하였습니다. 인간의 인생사는 수고와 슬픔의 인생사입니다. 모세는 성령의 감동으로 이 사실을 알았습니다. 성령께서 모세에게 인생은 풀과 같다는 것을 알려주었습니다.

시편 90편을 봅시다.

시 90:3-12 "주께서 사람을 티끌로 돌아가게 하시고 말씀하시기를 너희 인생들은 돌아가라 하셨사오니 ⁴주의 목전에는 천 년이 지나간 어제 같으며 밤의 한 경점 같을 뿐임이니이다… ¹⁰우리의 년수가 칠십이요 강건하면 팔십이라도 그 년수의 자랑은 수고와 슬픔뿐이요 신속히 가니 우리가 날아가나이다 ¹¹누가 주의 노의 능력을 알며 누가 주를 두려워하여야 할 대로 주의 진노를 알리이까 ¹²우리에게 우리 날 계수함을 가르치사 지혜의 마음을 얻게 하소서"

시 39:4-5 "여호와여 나의 종말과 연한의 어떠함을 알게 하사 나로 나의 연약함을 알게 하소서 ⁵주께서 나의 날을 손 넓이만큼 되게 하시매 나의 일생이 주의 앞에는 없는 것 같사오니 사람마다 그 든든히 선 때도 진실로 허사뿐이니이다(셀라)"

모세는 인생을 한마디로 수고와 슬픔뿐인 인생이라고 합니다. 이 말을 그대로 해석하면 살아있다는 것 자체가 수고와 슬픔의 연장선인 것입니다. 사람이 오래 산다는 것은 그만큼 수고와 슬픔을 많이 겪게 된다는 것입니다.

이렇게 되면 오래 산다는 것은 결코 복일 수 없습니다. 오래 살수록 수고와 슬픔을 많이 겪게 되는 것이기 때문입니다. 그래서 욥은 일찍 죽는 것이 복이고, 일찍 죽는 것보다 태어나지 않는 것이 더 복되다고 하였던 것입니다.

욥기 3장을 봅시다.

욥 3:9-13 "그 밤에 새벽 별들이 어두웠었더라면, 그 밤이 광명을 바랄찌라도 얻지 못하며 동틈을 보지 못하였었더라면 좋았을 것을, ¹⁰이는 내 모태의 문을 닫지 아니하였고 내 눈으로 환난을 보지 않도록 하지 아니하였음이로구나 ¹¹어찌하여 내가 태에서 죽어 나오지 아니하였었던가 어찌하여 내 어미가 낳을 때에 내가 숨지지 아니하였던가 ¹²어찌하여 무릎이 나를 받았던가 어찌하여 유방이 나로 빨게 하였던가 ¹³그렇지 아니하였던들 이제는 내가 평안히 누워서 자고 쉬었을 것이니"

욥 10:18-19 "주께서 나를 태에서 나오게 하셨음은 어찜이니이까 그렇지 아니하였더면 내가 기운이 끊어져 아무 눈에도 보이지 아니하였을 것이라 ¹⁹있어도 없던 것같이 되어서 태에서 바로 무덤으로 옮겼으리이다"

욥은 태어났으면 일찍 죽는 것이 복이고, 일찍 죽는 것보다 안 태어난 것이 더 복되다고 하였습니다. 이미 태어났으면 일찍 죽는 것이 수고와 슬픔을 적게 겪는 것이므로 복이라는 것입니다. 그러나 이것도 어디까지나 그리스도 안에서 난 하나님의 지혜를 받은 자에게나 이해되는 말씀입니다. 즉 예수 안에서 죽으면 2라운드 인생은 천국에서 안식하는 것임을 아는 자들에게나 일찍 죽는 것이 복이 됩니다.

그래서 성경은 성도의 죽음을 소멸하는 것으로 말하지 않고 안식(잠)하는 것으로 표현하고 있는 것입니다. 이 사실을 아는 성도는 사나 죽으나 복된 인생입니다. 그래서 하나님은 사랑하는 자에게 잠을 주신다고 하는 것입니다.

시편 127편입니다.

시 127:2 "너희가 일찌기 일어나고 늦게 누우며 수고의 떡을 먹음이 헛되도다 그러므로 여호와께서 그 사랑하시는 자에게는 잠을 주시는도다"

하나님은 사랑하는 자에게 잠을 주신다고 합니다. 잠은 일차적으로 하루하루 자는 것입니다. 그러나 영적인 의미에서는 성도의 죽음을 말합니다. 성도의 죽음을 잠으로 말하는 것은 깨어나야 하기 때문입니다. 예수님은 죽은 자들의 부활을 나사로를 살리는 사건으로 보여주셨습니다. 예수님은 나사로가 죽었을 때 잠들었다고 하셨습니다.

요한복음 11장입니다.

요 11:11-17 "이 말씀을 하신 후에 또 가라사대 우리 친구 나사로가 잠들었도다 그러나 내가 깨우러 가노라 ¹²제자들이 가로되 주여 잠들었으면 낫겠나이다 하더라 ¹³예수는 그의 죽음을 가리켜 말씀하신 것이나 저희는 잠들어 쉬는 것을 가리켜 말씀하심인 줄 생각하는지라 ¹⁴이에 예수께서 밝히 이르시되 나사로가 죽었느니라 ¹⁵내가 거기 있지 아니한 것을 너희를 위하여 기뻐하노니 이는 너희로 믿게 하려 함이라 그러나 그에게로 가자 하신대 ¹⁶디두모라 하는 도마가 다른 제자들에게 말하되 우리도 주와 함께 죽으러 가자 하니라 ¹⁷예수께서 와서 보시니 나사로가 무덤에 있은 지 이미 나흘이라"

나사로가 죽은 것은 나사로를 쉬게 하기 위함입니다. 하지만 마르다와 마리아는 쉼으로 보지 않고 슬퍼하였습니다. 제자들도 마찬가지였습니다. 예수님께서 나사로가 잠잔다고 하였지만, 제자들은 죽은 것으로 여겼습니다. 예수님께서 우시니까 나사로에 대한 그리움으로 우는 줄 알고 참 안되었다고 수군거렸습니다.

제자들은 예수님이 나사로가 안식하고 있다는 사실을 모르는 마르다와 나사로를 애곡하기 위하여 모인 무리들을 위해 울고 계신다는 것을 알지 못하였습니다. 그래서 예수님은 통분히 여기시고 잠자는 나사로를 깨우신 것입니다. 예수님은 나사로를 무덤에서 나오게 하심으로 예수 안에 거하는 성도의 죽음은 잠자는 것이라고 알려주신 것입니다.

제자들에게 '너희들도 죽으면 내가 나사로처럼 깨울 테니까 안심하라'고 하신 것입니다. 주님을 따르다가 죽는다고 해도 슬퍼하지 말고 기뻐하라고 가르쳐주신 것입니다. 예수님은 나사로를 통하여서 예수 안에 있는 자들에게 죽음의 의미를 가르쳐주신 것입니다. 바울은 이 사실을 알았습니다.

고린도후서 5장을 봅시다.

고후 5:1-9 "만일 땅에 있는 우리의 장막 집이 무너지면 하나님께서 지으신 집 곧 손으로 지은 것이 아니요 하늘에 있는 영원한 집이 우리에게 있는 줄 아나니 ²과연 우리가 여기 있어 탄식하며 하늘로부터 오는 우리 처소로 덧입기를 간절히 사모하노니 ³이렇게 입음은 벗은 자들로 발견되지 않으려 함이라 ⁴이 장막에 있는 우리가 짐 진 것같이 탄식하는 것은 벗고자 함이 아니요 오직 덧입고자 함이니 죽을 것이 생명에게 삼킨 바 되게 하려 함이라 ⁵곧 이것을 우리에게 이루게 하시고 보증으로 성령을 우리에게 주신 이는 하나님이시니라 ⁶이러므로 우리가 항상 담대하여 몸에 거할 때에는 주와 따로 거하는 줄을 아노니 ⁷이는 우리가 믿음으로 행하고 보는 것으로 하지 아니함이로라 ⁸우리가 담대하여 원하는 바는 차라리 몸을 떠나 주와 함께 거하는 그것이라 ⁹그런즉 우리는 거하든지 떠나든지 주를 기쁘시게 하는 자 되기를 힘쓰노라"

바울은 죽음을 하늘의 몸을 덧입기 위한 것이라고 하였습니다. 땅의 장막이 무너지면 하늘로부터 오는 장막을 덧입게 되는 것이니까 죽음을 슬퍼할 필요가 없다고 하신 것입니다. 자신의 소원은 일찍 죽는 것이라고 합니다. 하지만 살아도 그리스도의 복음을 더 전할 수 있으니 그것도 나쁜 일이 아니라고 합니다. 그러므로 예수 안에 있는 성도는 살아도 복이고 죽어도 복이라는 것입니다.

하나님께서 아담에게 죽음을 주신 것은 죄의 고통에서 벗어나게 하신 것입니다. '너는 흙이니 흙으로 돌아가라'는 말씀은 더없는 위로의 말씀입니다. 수고하고 슬픈 인생에게 쉬라는 축복의 말씀인 것입니다.

부활을 모르는 사람들은 병들어도 오래 살아야 한다고 합니다. 비록 병으로 고통당한다고 할지라도 목숨이 붙어 있는 것이 복이라고 합니다. 그래서 중환자를 산소호흡기로 연명시키는 것입니다. 이들은 그것이 그 사람을 위하는 것이라고 생각합니다. 그러나 그것은 고통을 더 오래도록 유지하게 하는 고문 행위입니다.

죽을병에 걸린 환자를 살리는 것은 마치 군대 생활을 마치고 제대하려는 사람을 붙잡고 몇 달만 더 군대에 남아 있다가 제대를 하라는 것과 같은 것입니다. 군대에서 제대하는 사람을 붙잡고 제대하지 말라는 것은 그 사람을 위하는 것이 아니라 고통스럽게 하는 것입니다.

하루하루 수고와 슬픔 속에서 살아가는 사람에게 흙으로 돌아가라는 말씀은 너무나도 고맙고 감사한 기쁜 소식임을 알아야 합니다. 하나님이 아담에게 "너는 흙이니 흙으로 돌아가라"라고 하신 말씀은 최초의 복음이었던 것입니다.

누가복음 2장을 봅시다.

눅 2:25-31 "예루살렘에 시므온이라 하는 사람이 있으니 이 사람이 의롭고 경건하여 이스라엘의 위로를 기다리는 자라 성령이 그 위에 계시더라 26저가 주의 그리스도를 보기 전에 죽지 아니하리라 하는 성령의 지시를 받았더니 27성령의 감동으로 성전에 들어가매 마침 부모가 율법의 전례대로 행하고자 하여 그 아기 예수를 데리고 오는지라 28시므온이 아기를 안고 하나님을 찬송하여 가로되 29주재여 이제는 말씀하신 대로 종을 평안히 놓아 주시는도다 30내 눈이 주의 구원을 보았사오니 31이는 만민 앞에 예비하신 것이요"

예수님이 탄생하셨을 때 시므온이라는 늙은 제사장이 있었습니다. 그가 반차(班次)에 따라서 제사장 업무를 수행하고 있었습니다. 이때 예수님의 부모가 율법의 결례에 따라서 아기 예수님을 안고 성전에 왔습니다.

일찍이 시므온은 성령의 지시로 예수 그리스도를 만나고 죽게 된다는 것을 알았습니다. 그런데 예수님을 만난 것입니다. 이제 죽을 때가 된 것입니다. 그래서 시므온은 예수님을 안고서 하나님께 찬송하기를 "이제 주의 구원을 보았사오니 주께서 종을 평안히 놓아 주시니 감사합니다"라고 하였던 것입니다. 이젠 쉬게 되었다는 것입니다.

시므온의 이런 고백은 예수 그리스도 안에서 죽음이 복이라는 것을 아는 자만이 토해낼 수 있는 고백입니다. 바울이 이런 고백을 하였고, 스데반이 이런 고백을 하였습니다. 바울이 하나님께 빨리 가고 싶다고 말한 것을 누가 객기라고 하겠으며, 스데반이 죽어가면서 "주여 내 영혼을 받으시옵소서", "주여 저들을 용서하여 주옵소서"라고 말한 것을 객기이고 만용이라 할 수 있겠습니까?

신앙이란 관념이 아니라 실제입니다. 복음이 현실 속에서 삶으로 피어나야 하는 것입니다. 죽음을 이기고 사는 모습으로 나타나야 합니다. 죽기를 소망하라는 말이 아니라 죽음을 슬퍼하지 말라는 것입니다. 소망 없는 자들처럼 죽음 앞에서 울고불고하지 말라는 것입니다.

하나님께서 아담에게 흙으로 돌아가라고 하신 말씀은 저주를 풀어주기 위한 복음인 것입니다. 그리스도 예수 안에 거하는 자에게 죽음은 축복입니다. 그러므로 우리는 하나님이 아담에게 흙으로 돌아가라고 하신 말씀을 시므온의 고백처럼 이제 종을 평안히 놓아 주신다고 해야 하는 것입니다. '아담아, 너는 흙이니 흙으로 돌아가라'는 이 말씀이 오늘 우리의 귀에 소망의 소리로 들리고 복된 소리로 들리는 은혜가 임하시길 주의 이름으로 축원드립니다.

주여!
종을 어느 때에 평안히 놓아 주시렵니까?

두 가지 옷 (창 3:6-21)

창 3:6-21 "여자가 그 나무를 본즉 먹음직도 하고 보암직도 하고 지혜롭게 할 만큼 탐스럽기도 한 나무인지라 여자가 그 실과를 따 먹고 자기와 함께한 남편에게도 주매 그도 먹은지라 7이에 그들의 눈이 밝아 자기들의 몸이 벗은 줄을 알고 무화과나무 잎을 엮어 치마를 하였더라… 21여호와 하나님이 아담과 그 아내를 위하여 가죽옷을 지어 입히시니라"

오늘은 두 가지 옷에 대하여 살펴보고자 합니다. 알다시피 옷은 인간이 죄를 짓고 난 후에 만들어 입게 된 것입니다. 처음 창조된 인간에게는 옷이 필요없었습니다. 그런데 인간이 선악과를 먹고 난 후에 자기들 눈에 수치스럽다고 옷을 만들어 입은 것입니다. 선악과가 하나님과 다른 눈을 인간들에게 준 것입니다. 이것이 죄입니다.

하나님이 창조한 세계는 그 자체로서 보시기에 좋았습니다. 피조물은 하나님이 보시기에 좋도록 창조되었습니다. 그러므로 인간 입장에서 더 보태거나 뺄 것이 없습니다. 하나님께서 완벽하게 창조하신 것이므로 피조물인 인간이 손을 댈 필요가 없는 것입니다. 그런데 죄가 하나님이 보시기에 좋게 창조된 것을 인간들로 하여금 인간들이 보기 좋도록 보태고 빼는 일을 하게 하는 것입니다.

의란 옳음인데, 곧 '하나님이 보시기에 좋았더라'의 상태를 말합니다. 처음 창조된 아담과 하와도 '보시기에 좋았더라'의 상태였습니다. 그런데 인간이 선악과를 먹고 난 후에는 '하나님이 보시기에 좋았더라'가 깨어져 버렸습니다. 선악과를 먹은 인간들이 하나님이 하신 일에 자신들의 생각을 가미하기 시작한 것입니다.

그것이 무화과나무 잎사귀로 치마를 만들어 입는 것으로 나타납니다. 아담과 하와는 처음에는 발가벗고 살았습니다. 그럼에도 부끄러움을 몰랐습니다. 선악과를 먹고 난 후 발가벗음이 부끄러움으로 느껴지기 시작한 것입니다. 선악과가 부끄러움을 몰고 온 것입니다.

발가벗음이 부끄러움으로 보이자 자기들 방식으로 가리기 시작하였습니다. 그것이 무화과나무 잎사귀로 만든 옷입니다. 선악과가 옷을 해 입게 만든 것입니다. 선악과를 먹기 전에는 발가벗음도 아름다웠습니다. 그런데 선악과를 먹고 난 후에 발가벗음이 수치로 보이기 시작한 것입니다. 선악과가 다른 눈을 몰고 온 것입니다.

창 3:5 "너희가 그것을 먹는 날에는 너희 눈이 밝아 하나님과 같이 되어 선악을 알 줄을 하나님이 아심이니라"

뱀이 여자에게 선악과를 먹으면 눈이 밝아 하나님같이 되어 선악을 알게 된다고 하였습니다. 선악을 판단하는 일은 창조주이신 하나님만이 가지고 있어야 하는 고유권한입니다. 그런데 피조물인 인간이 선악과를 먹고 난 후에 하나님같이 판단하는 일을 하게 될 것입니다. 신의 자리에 앉고 만 것입니다. 선악과가 신 노릇을 하도록 한 것입니다. 이것을 죄라고 합니다.

선악을 아는 일이란 심판하는 권세를 말합니다. 심판은 창조주만이 행사할 수 있습니다. 창조주만이 옳고 그름을 판단할 수 있는 것입니다. 이는 토기를 만든 토기장이만이 그 토기의 상태를 올바르게 구분할 수 있는 것과도 같습니다.

피조물은 판단을 받아야 할 존재이지, 판단할 존재가 아닙니다. 피조 세계에서 일어나는 선악의 판단은 오직 피조물의 주인이신 창조주만이 할 수 있어야 합니다. 왜냐하면 '하나님이 보시기에 좋았더라'로 창조되었기 때문입니다.

하나님께서 아담에게 선악과를 먹지 말라고 하신 것은 선악과가 마치 훈장님이 혼자서 몰래 먹는 꿀단지와도 같은 것이라서가 아닙니다. 선악을 판단하는 일은 하나님만이 가지고 있어야 하기 때문입니다. 피조물이 선악을 판단하게 되면 각자의 판단 기준으로 행사하게 되므로 혼돈에 빠지게 됩니다. 나는 좋은데 너는 싫다고 하고, 너는 좋은데 나는 싫다고 할 수가 있는 것입니다.

이것은 재앙입니다. 심판하는 일은 피조물이 가져서는 안 되는 것입니다. 그건 어린 아이가 폭탄을 가지고 노는 것과도 같습니다. 하나님이 보시기에 좋은 선악과도 피조물에게는 치명적인 독이 될 수 있기 때문입니다. 창조주이신 하나님 앞에서 선악과는 그 자체가 좋은 것입니다.

하나님은 생명과와 선악과를 짝으로 두신 것입니다. 서로를 드러내는 일을 하게 하신 것입니다. 이것은 어디까지나 하나님의 입장에서 그런 것입니다. 아담이 하나님의 입장에 서 있다고 한다면 선악과를 먹지 말라고 금지할 이유가 없습니다. 하나님 입장에 서게 되면 선악과조차도 유익하게 사용할 줄을 알기 때문입니다.

이것은 마치 의사가 마약을 생명을 살리는 데 유익하게 사용하는 것과도 같은 것입니다. 마약 자체는 독도 아니고 약도 아닙니다. 누가 어떻게 사용하느냐에 따라서 생명을 살리기도 하고 생명을 죽이기도 합니다. 아이들이 마약을 사용하면 생명을 해치는 독이 되지만, 의사가 마약을 사용하면 생명을 살리는 약이 됩니다. 의사에게 있어 마약은 환자를 살리기 위하여 사용하는 약인 것입니다.

독과 약은 누가 어떻게 사용하느냐에 따라서 달라집니다. 어떤 이에게는 독도 약이 될 수 있고, 어떤 이에게는 약도 독이 될 수 있기 때문입니다. 생명과가 다 선일 수 없고, 선악과가 다 악일 수 없습니다. 하나님에게는 선악과도 선이 되지만, 범죄 한 인간에게는 생명과도 악이 됩니다. 예수 그리스도가 그러합니다.

예수님은 구원주가 되기도 하시지만 심판주가 되시기도 합니다. 어떤 이는 예수 그리스도를 통해 생명을 얻지만, 어떤 이는 예수 그리스도 때문에 멸망하게 됩니다. 어떤 이는 떡을 얻기 위하여 예수를 따르고, 어떤 이는 하나님의 말씀을 듣고자 예수를 따릅니다. 어떤 이는 예수를 이용해서 이 세상에서의 입신양명을 이루고자 따르고, 어떤 이는 예수를 통해서 이 세상을 떠나 영원한 나라로 나아가고자 따릅니다.

예수를 따른다는 것은 동일하지만 그 결과는 하늘과 땅처럼 다릅니다. 예수님은 선악과가 되기도 하고 생명과가 되기도 합니다. 예수님은 사람에 따라서 선이 되기도 하고 악이 되기도 하는 것입니다. 어떤 이에게는 예수님이 선악과처럼 죽이는 독일 수 있고, 어떤 이에게는 예수님이 생명과처럼 영생을 얻는 약일 수 있는 것입니다.

사도 바울은 이것을 알고 예수 그리스도는 어떤 이에게는 멸망의 빙거로서 사망의 향기가 되기도 하고 어떤 이에게는 구원의 빙거로서 생명의 향기가 되기도 한다고 하였습니다. 하나님은 속성이 전혀 다른 두 과실을 에덴동산에 두셨습니다. 생명과는 먹으면 영생하는 속성을 가졌고, 선악과는 먹으면 죽게 되는 속성을 가졌습니다.

에덴동산의 두 과실은 두 예수와도 같습니다.

죽이는 예수가 있고,
살리는 예수가 있습니다.
어떤 이는 예수 때문에 죽고,
어떤 이는 예수 때문에 살게 됩니다.

두 과실은 두 언약과도 같습니다.

죄 아래 가두는 언약이 있고,
죄에서 건져내는 언약이 있습니다.
죄 아래 가두어 죽이는 언약은 율법이고,
죄에서 건져내어 살리는 언약은 은혜라고 합니다.

창세전 언약에는 쌍둥이 언약이 있습니다.
죽이는 언약과 살리는 언약, 두 언약이 있습니다.
죽이는 언약은 율법으로서 옛 언약이라고 하고,
살리는 언약은 은혜로서 새 언약이라고 합니다.
선악과는 율법과 같고,

생명과는 은혜와 같습니다.

하나님은 두 언약으로 자기 백성들을 다스리십니다. 그러므로 율법도 복음이고 은혜도 복음인 것입니다. 예수님께서 천국의 서기관들은 옛것과 새것을 자유자재로 사용한다고 하셨습니다. 이는 성도들도 율법과 은혜를 자유자재로 사용할 줄 알아야 한다는 뜻입니다. 생명에 속한 사람은 율법도 생명으로 사용하고, 사망에 속한 자는 은혜도 죽이는 것으로 사용하게 됩니다. 마치 동일한 물도 양이 마시면 젖을 내고, 독사가 마시면 독을 내는 것과 같습니다.

누가 어떻게 사용하느냐에 따라서 복음이 되기도 하고 저주가 되기도 합니다. 하나님은 선악과와 생명과를 선으로 사용하십니다. 그러나 막 지어진 아담에게는 선악과는 절대로 먹어서는 안 되는 것입니다. 왜냐하면 하나님의 생명이 없는 상태에서 선악과를 먹게 되면 피조물 입장에서 선악을 판단하게 되기 때문입니다. 피조물 입장에서 보면 창조주가 하는 일이 틀려 보일 수가 있기 때문입니다. 그것이 바로 발가벗음을 바라보는 시각의 차이로 나타난 것입니다.

왜 동일한 것이 전혀 다르게 나타났을까요? 이는 서로의 생명이 다르기 때문입니다. 하나님은 산 자이고 아담은 죽은 자입니다. 그러므로 동일한 것을 가지고도 전혀 다른 판단을 낳게 되는 것입니다. 하나님은 발가벗음을 좋게 보고 계시는데, 선악과를 먹고 난 아담의 눈에는 수치로 보이는 것으로 나타난 것입니다. 본인이 수치라고 여겨지면 가려야 합니다. 그래서 아담은 발가벗음을 그대로 두지 않고 자기들 방식으로 가리는 일을 한 것입니다.

이것은 마치 화가가 그려 놓은 그림에 관람객이 덧칠해 놓은 것과도 같은 것입니다. 하나님은 발가벗게 그렸는데 아담은 치마를 입혀 놓은 것입니다. 아담은 발가벗음이 수치로 보이자 옷을 만들어 입고 맙니다. 옷으로 수치를 가리기에 급급합니다. 이것은 어디까지나 아담의 생각입니다.

입은 삐뚤어졌어도 말은 바로 합시다. 과연 수치가 가려진 것일까요? 그건 어디까지나 아담의 생각일 뿐입니다. 아담은 자신들이 치마를 해 입으면 수치가 가려지고 두려움이 사라지는 줄 알았습니다. 그러나 마음으로부터 밀려오는 두려움은 인간들의 행위로 막을 수가 없습니다.

아담은 겉으로 드러난 것만 보지만 하나님은 인간의 속을 보십니다. 하나님은 우리의 생각과 심령 골수를 다 아시는 분입니다. 이것은 마치 바리새인들이 겉으로 드러난 율법 몇 자락을 지킨 것을 가지고 의롭다고 거드름을 피우자 예수님이 산상보훈에서 인간들 속에 들어있는 죄의 근본들을 지적하면서 인간은 근본 자체가 죄인이라는 사실을 알려주신 것과도 같습니다.

아담은 우리가 이렇게 수치를 가렸으니 인정해 달라는 것입니다. 그러자 하나님은 그 방식으로는 어림없다고 하시면서 치마를 확 찢어버리십니다. 그리고 흠 없는 짐승을 잡아서 그 가죽으로 옷을 해 입히십니다. 최초로 하나님이 죄인에게 입혀 주시는 옷이 등장하게 된 것입니다. 이것을 하나님의 의(義)라고 합니다.

성경의 시작과 끝은 하나님께서 죄인에게 옷을 입혀 주는 이야기입니다. 창세기는 인류의 시작을 알리는 책이고, 요한계시록은 인류의 끝을 알리는 책입니다. 그런데 옷 입는 것으로 시작하여서 옷 입는 것으로 끝을 맺습니다.

성경의 시작인 창세기와 성경의 끝인 요한계시록을 봅시다.

창 3:21 "여호와 하나님이 아담과 그 아내를 위하여 가죽옷을 지어 입히시니라"

계 19:8 "그에게 허락하사 빛나고 깨끗한 세마포를 입게 하셨은즉 이 세마포는 성도들의 옳은 행실이로다 하더라"

인류의 시작을 여는 에덴동산에서 하나님이 아담에게 옷을 입혀 주십니다. 그리고 인류를 마감하는 예수님이 재림하기 직전에 하나님께서 어린양의 혼인 잔치에 참예하는 신부들에게도 빛나고 흰 세마포 옷을 입혀 주십니다. 이렇게 되면 인류 역사는 옷을 입는 역사로 시작해서 옷을 입는 역사로 마감하게 되는 것입니다.

옷은 죄의 수치를 가리는 것입니다. 이를 의라고 합니다. 그래서 신약에서는 죄의 수치를 가리움을 입는 것을 일컬어 예수 그리스도로 의의 옷을 입었다고 합니다. 하나님이 아담에게 입혀 주신 가죽옷은 흠 없는 짐승의 희생으로 얻어진 옷입니다. 흠 없는 짐승이 아담의 죄를 가리기 위하여 희생을 당한 것입니다.

이것이 예수 그리스도를 통해 실상으로 나타났습니다. 흠 없는 예수 그리스도가 우리의 죄를 대속하기 위하여 죽임을 당하셨습니다. 이렇게 되면 모든 성경은 예수 그리스도께서 자기 백성들의 죄를 대속하는 예수 그리스도의 구속사 이야기가 되는 것입니다.

구속사 속에는 두 가지 비밀이 있습니다. 첫째는 죄인들의 수치는 하나님이 가려주시는 것입니다. 죄 아래서 태어난 인간들 쪽에서는 죄를 가릴 방법이 없습니다. 왜냐하면 죄를 가린다고 한 것이 기껏해야 죄인에게서 나온 것이기 때문입니다.

죄의 가리움은 죄를 규정하시는 하나님 입장에서 되었다고 인정해 주어야 하기 때문입니다. 그러므로 죄는 하나님께서 가려주실 때만 가려지게 되는 것입니다. 하나님은 피해자이고 인간은 가해자입니다. 합의가 되려면 피해자가 인정해 주어야 합니다. 그럼 당연히 피해자가 원하는 합당한 방법으로 합의가 도출되어야 하는 것입니다.

인간 쪽에서 아무리 좋은 방법을 제시하여도 하나님이 싫다고 하시면 안 되는 것입니다. 아담이 아무리 비단옷으로 가려도 하나님이 싫다고 하시면 끝입니다. 하나님이 좋다고 해주셔야만 합니다. 그러므로 죄의 수치는 하나님의 방법으로 가리움을 입어야 합니다.

둘째는 수치를 가리기 위해서 흠 없는 짐승이 죽는다는 것입니다. 이를 위해 하나님이 그 아들을 어린양으로 보내신 것입니다. 세례 요한은 이를 알고 예수님을 일컬어 "보라 세상 죄를 지고 가는 하나님의 어린양"이라고 유대인들에게 알려주었던 것입니다.

요한복음 1장을 봅시다.

요 1:29 "이튿날 요한이 예수께서 자기에게 나아오심을 보고 가로되 보라 세상 죄를 지고 가는 하나님의 어린양이로다"

예수님께서 세례를 받으시려고 나오자 세례 요한은 "보라 세상 죄를 지고 가는 하나님의 어린이로다"라고 외칩니다. 세례 요한의 외침은 율법 지킴으로 의롭다고 하는 자들에게 하는 말입니다. "너희들은 율법을 지켜서 의롭게 된다고 하는데, 아니야, 하나님은 하나님이 보내신 어린양을 믿음으로 의롭다 여겨 주시는 것이야"라고 알려 준 것입니다.

구약에서 하나님께서는 에덴동산에서 범죄 한 아담을 살리기 위해서 대신 흠 없는 짐승을 죽였습니다. 그러나 신약에서는 그 아들을 어린양으로 보내서 자기 백성들의 죄를 대신 담당하라고 하신 것입니다. 하나님은 그 아들을 예수라는 이름으로 자기 백성들의 죄의 수치를 가려주는 옷으로 보내신 것입니다. 그래서 예수 그리스도를 믿는 자들을 예수 그리스도로 옷을 입었다고 하는 것입니다. 성도는 예수 그리스도의 의로 옷을 입은 자들입니다.

갈라디아서 3장을 봅시다.

갈 3:27 "누구든지 그리스도와 합하여 세례를 받은 자는 그리스도로 옷 입었느니라"

바울은 그리스도와 합하여 세례를 받은 자는 그리스도로 옷 입은 자들이라고 합니다. 세례는 죽음을 말합니다. 그리스도와 합하여 세례를 받았다는 것은 그리스도와 함께 죽었다는 것입니다. 이는 예수 그리스도가 우리의 죄를 대신하여 죽으셨다는 것을 믿는 것입니다.

신앙은 내가 죽어야 할 자리에서 예수 그리스도가 죽었다는 이 사실을 믿는 것입니다. 이 사실을 믿는 자를 일컬어 예수 그리스도로 옷을 입었다고 합니다. 예수 그리스도로 옷을 입은 사람은 예수 그리스도의 생명으로 살아가게 되는 것입니다. 이들을 일컬어 새로운 피조물이라고 합니다.

옛사람은 자기를 위하여 살았지만 새로운 피조물은 예수 그리스도를 위하여 살아갑니다. 존재의 의미가 완전히 달라진 것입니다. 삶의 의미가 나에게서 예수 그리스도에게로 옮겨지게 된 것입니다. 이들이 바로 열두 제자들이고 오순절 성령 강림으로 생겨난 초대교회 성도들입니다. 그리고 이 시대 성령으로 거듭난 성도들입니다. 성도의 소속은 하늘나라입니다. 그러므로 그리스도와 함께 살리심을 받았으면 위의 것을 찾으라고 합니다. 땅의 것을 생각지 말라고 합니다.

골로새서 3장을 봅시다.

골 3:1-10 "그러므로 너희가 그리스도와 함께 다시 살리심을 받았으면 위엣 것을 찾으라 거기는 그리스도께서 하나님 우편에 앉아 계시느니라 ²위엣 것을 생각하고 땅엣 것을 생각지 말라 ³이는 너희가 죽었고 너희 생명이 그리스도와 함께 하나님 안에 감취었음이니라 ⁴우리 생명이신 그리스도께서 나타나실 그때에 너희도 그와 함께 영광 중에 나타나리라 ⁵그러므로 땅에 있는 지체를 죽이라 곧 음란과 부정과 사욕과 악한 정욕과 탐심이니 탐심은 우상숭배니라 ⁶이것들을 인하여 하나님의 진노가 임하느니라 ⁷너희도 전에 그 가운데 살 때에는 그 가운데서 행하였으나 ⁸이제는 너희가 이 모든 것을 벗어버리라 곧 분과 악의와 훼방과 너희 입의 부끄러운 말이라 ⁹너희가 서로 거짓말을 말라 옛사람과 그 행위를 벗어버리고 ¹⁰새사람을 입었으니 이는 자기를 창조하신 자의 형상을 좇아 지식에까지 새롭게 하심을 받는 자니라"

"너희가 그리스도와 함께 살리심을 받았으면 위엣 것을 찾으라"고 합니다. 이것은 성도의 정체성을 알려주고 있는 것입니다. '너희는 다른 인간'이라는 것입니다. 땅의 기운으로 사는 자가 아니고, 하늘의 기운으로 살아가는 자들이라는 것입니다.

땅의 기운으로 살아가는 자와 하늘의 기운으로 살아가는 자는 서로가 입은 옷이 다릅니다. 의가 다르다는 뜻입니다. 땅에 속한 자는 인간의 의로 살아가고, 하늘에 속한 자는 예수 그리스도의 의로 살아갑니다. 의가 옷인 것입니다.

예수 그리스도가 수치를 가려주는 옷으로 오셨습니다. 예수 그리스도가 죄인의 수치를 가려주는 옷이 되기 위해 오셨다고 할지라도 인간이 죄인임을 모르면 허사입니다. 그것은 어디까지나 자신이 죄인임을 아는 자에게만 적용되는 것입니다.

그렇다면 예수라는 옷의 필요성을 알게 하려면 인간이 죄인이라는 사실을 먼저 들추어내는 일을 해야 합니다. 그 일을 하나님의 말씀이 하십니다. 율법으로 죄를 고발하는 일을 하시는 것입니다.

두 가지 말씀이 있습니다.

옷을 벗기는 말씀이 있고 옷을 입히는 말씀이 있습니다. 옷을 벗기는 말씀은 율법으로서 우리의 심령 골수를 찔러 쪼개는 일을 합니다. 우리를 발가벗겨서 수치를 드러내는 일을 합니다. 옷을 입히는 말씀은 은혜로서 우리의 허물을 덮어주는 일을 합니다. 먼저 우리의 죄를 고발하는 말씀을 봅시다.

갈라디아서 3장과 로마서 3장을 봅시다.

갈 3:19 "그런즉 율법은 무엇이냐 범법함을 인하여 더한 것이라 천사들로 말미암아 중보의 손을 빌어 베푸신 것인데 약속하신 자손이 오시기까지 있을 것이라"

롬 3:19-20 "우리가 알거니와 무릇 율법이 말하는 바는 율법 아래 있는 자들에게 말하는 것이니 이는 모든 입을 막고 온 세상으로 하나님의 심판 아래 있게 하려 함이니라 20그러므로 율법의 행위로 그의 앞에 의롭다 하심을 얻을 육체가 없나니 율법으로는 죄를 깨달음이니라"

먼저 갈라디아서입니다. 율법은 '범법함을 인하여 더한 것'이라고 합니다. 인간이 죄를 지어서 주어진 것이라는 말입니다. 만약 인간들이 죄를 짓지 않았다면 율법이 주어지지 않았을 것입니다. 이러면 율법의 기능을 알 수가 있습니다. 범죄 한 자들의 죄를 고발하여서 약속하신 자손 앞으로 인도하는 일을 하는 뜻입니다.

다음 로마서를 봅시다. 율법이 말하는 바는 율법 아래 있는 자들에게 말한다고 합니다. 율법은 범범함으로 인하여 더하여진 것이라고 하였습니다. 율법은 죄인에게 주어진 말씀인 것입니다. 왜 죄인에게 범법함으로 인하여 주어진 율법을 주었는가 하면 '너희들은 죄인으로서 죽어야 한다'는 것을 알리고자 함입니다. 그래서 율법으로는 죄를 깨닫게 하고 하나님의 심판 아래 가두는 일을 한다고 하는 것입니다.

로마서 7장을 봅시다.

롬 7:7-9 "그런즉 우리가 무슨 말 하리요 율법이 죄냐 그럴 수 없느니라 율법으로 말미암지 않고는 내가 죄를 알지 못하였으니 곧 율법이 탐내지 말라 하지 아니하였더면 내가 탐심을 알지 못하였으리라 ⁸그러나 죄가 기회를 타서 계명으로 말미암아 내 속에서 각양 탐심을 이루었나니 이는 법이 없으면 죄가 죽은 것임이니라 ⁹전에 법을 깨닫지 못할 때에는 내가 살았더니 계명이 이르매 죄는 살아나고 나는 죽었도다"

율법은 죄를 드러내는 일을 하는 것입니다. 율법이 주어졌다는 말은 '너는 죄인'이라는 것입니다. '율법의 조문이 담고 있는 죄를 네 안에 품고 있다'는 것을 알려주고 있는 것입니다. 예를 들어서 도적질이 죄라는 규정이 없으면 도적질을 죄로 단죄할 수가 없습니다. 도적질을 죄로 물으려면 먼저 도적질은 죄라는 법을 만들어야 합니다. 이를 바울은 율법이 가입하기 전에는 죄를 죄로 규정하지 않았다고 합니다.

법이 없으면 죄를 죄로 규정할 수 없습니다. 그래서 법이 없으면 죄가 죽은 것이라고 합니다. 죄가 죽었다는 말은 죄로 단죄할 수 없다는 뜻입니다. 양심적으로 보면 분명히 죄가 맞지만, 법이 없으니까 죄로 단죄할 수 없었던 것입니다. 그래서 하나님이 인간의 모든 것을 죄로 단죄하려고 율법을 주신 것입니다. 율법이 오고 나니까 모든 것이 죄로 드러나게 된 것입니다.

애굽에서는 율법이 없었으니까 죄를 지어도 하나님이 뭐라고 하시지 않았습니다. 그런데 광야에 나와서는 달리 대우하십니다. 율법을 주고 난 이후에는 일거수일투족을 죄로 규정하기 시작하시는 것입니다. 그러자 백성들이 난리를 치는 것입니다. 왜 애굽에서는 괜찮았는데, 여기서는 닦달을 하느냐고 불평하는 것입니다.

불평하니까 왜 불평하느냐고 죽이십니다. 애굽에서는 안 그랬는데 왜 광야에서는 그러느냐고 따지니까 '너희는 어린양의 피로 태어난 거룩한 하나님의 백성'이라고 하십니다. 새로운 사람이라는 것입니다. 그래서 애굽에서 나온 1세대들을 광야에서 다 죽이는 일을 하시는 것입니다. 그리고 죽은 그 자리에서 새로운 2세대들을 태어나게 하십니다. 이들을 데리고 아브라함에게 약속한 땅인 가나안으로 들어간 것입니다. 광야는 옛사람은 죽고 새사람으로 태어나는 곳입니다.

우리가 교회로 오기 전에 세상에서 세상 방식으로 살 때 하나님은 우리를 간과해 두었습니다. 그때도 이미 하나님의 백성입니다. 그런데 일정 기간 버려진 상태로 유기를 시켜 놓은 것입니다. 마치 아브라함 언약의 후손인 이스라엘을 애굽에 400년 동안 유기시켜 놓은 것과도 같습니다. 그러다가 때가 차매 하나님이 우리를 교회로 부르셨습니다. 그리고 말씀을 주십니다. 그 말씀으로 우리의 실존을 낱낱이 까발리는 일을 하시는 것입니다.

쉬운 말로 옛날에는 술 먹고 방탕한 짓을 해도 아무렇지 않았는데, 이제는 그런 짓을 하면 마음이 찜찜한 것입니다. 마치 화장실에서 큰 볼일을 보고 난 후 비데를 하지 않은 것과 같이 불쾌한 것입니다. 그래서 스스로 그 일들을 멀리하게 되는 것과 같습니다. 교회를 일컬어 무덤이라고 하는 이유도 여기에 있습니다.

가룟 유다가 예수님을 팔고 은 30을 받았습니다. 그런데 예수님이 십자가에서 죽으시자 가룟 유다가 양심의 가책을 받고서 은 30을 성전에 바칩니다. 그러자 대제사장이 이 돈은 더러운 돈이니까 성전에 둘 수 없다고 하면서 밭을 하나 삽니다. 그 밭 이름을 '아겔다마'라고 하는데, 이는 '피 밭'이라는 뜻입니다. '피 값으로 산 밭'이라는 뜻입니다. 그리고는 그 밭을 '나그네들의 무덤'으로 삼은 것입니다.

예수님 피 값으로 산 밭이 나그네들의 무덤이 된 것입니다. 그곳이 바로 교회입니다. 교회는 예수님의 피로 세워진 곳입니다. 성도들은 예수님의 피 값으로 산 자들입니다. 하나님은 예수님의 피 값으로 산 자들을 교회로 부르십니다. 그리곤 하나님의 말씀으로 세상에 대한 정과 욕심을 죽이는 일을 하십니다. 세상을 사랑하는 것이 죄라고 고발하는 것입니다. 하나님을 사랑하지 않는 것이 죄라고 하는 것입니다. 하나님의 말씀이 율법 역할을 하는 것입니다.

히브리서 4장을 봅시다.

히 4:12-16 "하나님의 말씀은 살았고 운동력이 있어 좌우에 날 선 어떤 검보다도 예리하여 혼과 영과 및 관절과 골수를 찔러 쪼개기까지 하며 또 마음의 생각과 뜻을 감찰하나니 13지으신 것이 하나라도 그 앞에 나타나지 않음이 없고 오직 만물이 우리를 상관하시는 자의 눈앞에 벌거벗은 것같이 드러나느니라 14그러므로 우리에게 큰 대제사장이 있으니 승천하신 자 곧 하나님 아들 예수시라 우리가 믿는 도리를 굳게 잡을찌어다 15우리에게 있는 대제사장은 우리 연약함을 체휼하지 아니하는 자가 아니요 모든 일에 우리와 한결같이 시험을 받은 자로되 죄는 없으시니라 16그러므로 우리가 긍휼하심을 받고 때를 따라 돕는 은혜를 얻기 위하여 은혜의 보좌 앞에 담대히 나아갈 것이니라"

하나님의 말씀이 수술하는 예리한 칼처럼 우리의 안과 밖 모든 생각과 뜻과 행동까지 다 죄라고 고발하는 것입니다. 우리를 완전히 발가벗겨서 입을 닫게 하고 죽음의 자리로 밀어 넣는 것입니다. 그리고는 우리 눈을 예수 그리스도의 십자가를 바라보게 하십니다. '저 예수가 왜 죽었는지 아느냐'고 묻습니다. '바로 너의 죄 때문'이라고 합니다. '저 예수의 죽음 때문에 네가 지금 살고 있는 것'이라고 알려주는 것입니다.

'너의 몸은 죄 아래서 났기 때문에 죄로부터 자유할 수 없다'고 합니다. 하지만 십자가에 달린 예수 그리스도의 희생 때문에 용서받고 있음을 알라는 것입니다. '네 눈에서 예수 그리스도가 사라지지 않게 하라'고 합니다. 은혜의 보좌 앞으로 담대히 나아가라고 합니다.

왜 율법으로 죄를 드러내는 일을 하실까요? 이는 옷을 입혀 주시기 위함입니다. 율법으로 죄의 수치를 드러내게 하여서 옷의 필요성을 알려주신 것입니다. 그것이 구약에서는 성막의 제사 제도로 나타난 것입니다.

성막의 제사는 죄 사함을 위한 것입니다. 율법으로 죄가 고발당하면 짐승의 제사로 그 허물을 용서해 주신 것입니다. 이렇게 되면 짐승의 죽음으로 죄가 가려지게 된 것입니다. 이는 예수 그리스도의 희생으로 주어진 의의 옷을 예표하고 있는 것입니다.

그래서 하나님은 애굽에 있던 백성들을 광야로 끄집어내서 율법을 주신 것입니다. 율법으로 이스라엘의 죄(수치)를 드러내는 일을 하신 것입니다. 이스라엘에 율법을 주신 목적은 죄를 깨닫게 하여 어린양의 피로 수치를 가려주신다는 것을 알려주시기 위함입니다.

그러나 이스라엘은 율법으로 죄를 깨닫기보다 율법을 지킴으로써 자신의 의로움을 드러내기에 바빴습니다. 하나님은 율법으로 죄인의 자리에서 하나님의 긍휼을 구하라고 주셨는데, 이스라엘 백성들은 율법을 지켜서 의인의 자리에서 자기 영광을 챙기고 있었던 것입니다. 이것은 반칙이고 적반하장(賊反荷杖)입니다.

짐승의 제사는 '너의 죄 때문에 흠 없는 제물이 죽었다'는 것을 알리고자 함인데, 이스라엘 백성들은 "제사 지내라고 해서 제사를 지냈잖아요. 제사 지냈으면 된 것이 아닙니까?"라고 하는 것입니다. 제사 지낸 것이 무슨 장원급제라도 한 것처럼 말입니다.

이에 이사야 선지자가 하나님의 심정으로 대노하면서 이따위 제사는 다시 지내지 말라고 합니다. '내가 언제 제사를 원했느냐. 제사를 왜 지내는지 그 의미를 알라고 했지! 제사의 의미도 모르면서 제사를 지내는 것은 우상숭배하는 것과 똑같은 것이다'라고 하십니다.

　이러한 모습은 예수님 초림 때도 동일했습니다. 바리새인들이 율법 지킨 것을 가지고 의인 행세를 하고 있는 것입니다. 그래서 예수님이 성전을 쓸어버리신 것입니다. 이것은 성전이 아니고 강도의 굴혈이라고 하십니다. 물건을 사고파는 매매하는 장터라고 하신 것입니다.

　그리고는 이 성전을 헐어 버리라고 합니다. '내가 사흘 만에 다른 성전을 짓겠다'고 하십니다. 그 성전이 바로 우리 몸입니다. 그래서 우리 몸을 일컬어 성령이 거하는 전이라고 하는 것입니다. 성령이 거하는 전이니까 너희 몸에 세상 것을 담지 말라고 하시는 것입니다. 먹고 입고 마시는 것을 구하지 말고 그의 나라와 그의 의를 구하라고 하는 것입니다.

　그의 나라와 의가 바로 예수 그리스도의 의의 옷입니다. 한마디로 먹고살 생각을 하지 말고 '너의 죄를 위하여 대신 죽어주신 예수를 잘 믿으라'는 것입니다. 성도에게 있어 일은 예수 믿는 것입니다. 그래서 예수님께서 제자들에게 썩을 양식을 위하여 일하지 말고 영생하도록 있는 양식을 위하여 일하라고 하신 것입니다.

　영생하도록 있는 양식을 위하여 일하는 것이 하나님의 일입니다. 그것이 바로 하늘로부터 오신 생명의 떡이신 예수 그리스도를 먹고 마시면서 살아가는 것입니다. 예수 믿는 것이 하나님의 일이고, 예수 믿는 것이 그의 나라와 그의 의를 구하는 것이며, 예수 믿는 것이 옷을 입는 것입니다.

　그런데 마귀는 이 본질을 흐리는 일을 합니다. 주객을 전도시키는 일을 하는 것입니다. 인간의 열심과 정성을 하나님의 일로 둔갑을 시켜서 예수 믿는 것을 가리는 일을 하는 것입니다. 과녁을 옮기는 일을 하는 것입니다. 에덴동산에서 선악과로 생명과를 가렸듯이 지금도 말씀대로 살아야 한다는 것으로 예수 믿는 일을 가리고 있는 것입니다.

이 시대 교인들은 일하지 못하고 충성하지 못한 것에는 안타까워하지만 정작 예수 믿는 일에는 관심을 두지 않고 있는 것입니다. 엄밀히 말해서 예수 믿는 것이 무엇인지를 모르고 있는 것입니다. 제사는 열심히 지내는데 긍휼을 구함이 없는 것입니다.

죄란 하나님 말씀에 불순종한 것입니다. 마귀는 에덴동산에서는 먹으라고 한 생명과는 먹지 않고 먹지 말라고 한 선악과를 먹게 하여서 불순종케 하였습니다. 마귀는 항상 하나님의 말씀을 변개해서 하나님의 뜻을 왜곡시키는 일을 합니다.

어떻게 왜곡하는가 하면 '너희가 하나님 말씀에 불순종하여서 죄인이 되었으니까, 이제는 하나님 말씀에 순종하여 의인이 되라'고 부추기는 것입니다. 이것이 율법을 지켜서 의로워지라고 미혹하는 것으로 나타난 것입니다. '아담은 불순종해서 에덴동산에서 쫓겨났으니까, 너희는 율법을 지켜서 약속의 땅(에덴동산)으로 들어가라'고 합니다.

두 돌판이 있습니다. 불순종으로 깨어진 돌판과 은혜로 주신 돌판이 있습니다. 첫 번째 돌판은 불순종으로 깨어졌고, 두 번째 돌판은 은혜로 성막에 보관되어 있습니다. 성막에 보관된 율법은 두 번째 주신 돌판입니다. 두 번째 돌판은 모세의 생명을 담보로 주어진 은혜의 돌판입니다.

하나님은 출애굽 한 백성들이 시내산에 당도하자 모세를 시내산 위로 불러올려서 율법을 줄 테니까 백성들에게 지킬 수 있겠느냐 물어보라고 하십니다. 지키면 복을 받고 못 지키면 저주를 받는다고 알려주셨습니다.

이에 모세가 산에서 내려와서 백성들에게 이 사실을 알립니다. 그러자 백성들이 일제히 지키겠다고 합니다. 이에 모세가 짐승을 잡고 그 피를 양푼에 담아서 백성들에게 뿌립니다. 피로 언약을 맺은 것입니다. 이는 누구든지 계약을 어기면 짐승처럼 죽임을 당하게 된다는 쌍무 언약인 것입니다.

모세가 다시 시내산으로 올라가서 하나님께 백성들의 뜻을 알리자 하나님께서 계약의 내용들을 돌판에 새겨서 주십니다. 사십 일 만에 모세가 시내산에서 내려오자 산 아래 백성들은 금송아지를 만들어 놓고 우상숭배하고 있었습니다.

이 광경을 본 모세는 기겁을 하면서 돌판을 산 아래로 던져서 깨트려버립니다. 이는 계약 파기를 선언하는 것입니다. 그러자 하나님께서 계약대로 이스라엘을 죽이기 시작하십니다. 순식간에 삼천 명이 죽었습니다.

이에 모세가 하나님 앞에 엎드리고 이들을 죽이려면 자기 이름을 생명책에서 지워 달라고 하면서 자신의 생명을 담보로 용서해 달라고 합니다. 그러자 하나님께서 죽임을 멈추시고 모세의 말대로 용서해 주십니다.

하나님은 모세를 다시 시내산으로 올라오게 합니다. 그리곤 처음 내용과 동일한 것을 돌판에 새겨 주십니다. 이 돌판은 쌍무 언약이 아니고 모세의 생명을 담보로 주어진 은혜 언약입니다. 하나님은 은혜 언약의 돌판과 함께 성막을 주십니다. 성막을 주신 것은 율법으로 죄를 고발당한 자들에게 흠 없는 제물의 희생으로 용서받고 있다는 것을 가르치기 위한 것입니다.

처음 돌판은 쌍무 언약으로 백성들이 율법을 지켜야 하는 것이지만, 두 번째 돌판은 은혜 언약으로 흠 없는 제물의 희생 안에서 살아가게 하는 것입니다. 처음 돌판 앞에서는 율법을 지키는 것이 순종이지만, 두 번째 돌판 앞에서는 은혜로 살고 있음을 모르고 율법을 지키고자 하는 것은 불순종이 되는 것입니다.

이스라엘이 보관하고 있는 율법은 '너희들은 하나님의 말씀을 어긴 죄인'이라는 것을 고발하고 있는 것입니다. 하지만 예수님께서 오셨을 때 이스라엘 백성들은 율법 지킴을 의로 가지고 있었습니다. 죄를 고발하려고 주신 율법을 가지고 도리어 의를 만들고 있었던 것입니다.

바리새인들은 율법 지킴을 가지고 자신들은 의로운 자라고 하면서 거드름을 피우면서 자랑하고 있었던 것입니다. 그래서 예수님께서 율법 지킴을 의라고 여긴 자들을 독사의 새끼들이라고 하면서 지옥에 가라고 저주를 하신 것입니다. 이는 마귀가 백성들에게 율법을 지켜서 의로워지라고 미혹하였던 것입니다.

처음 돌판은 하나님 말씀에 순종하는 것이 의가 되는 것이고 하나님이 기뻐하는 것이었습니다. 그러나 두 번째 돌판은 하나님 말씀에 순종하는 것은 불의가 되고 하나님이 미워하는 죄가 되는 것입니다. 처음 돌판은 하나님 말씀을 지켜서 의로워지라고 주신 것입니다. 그런데 우상숭배로 깨어져 버렸습니다. 이로 인하여 인간은 하나님 말씀을 지킬 수 없는 자라는 것을 폭로 당하고 만 것입니다.

하나님은 원래 이것을 목적으로 율법을 주시고자 하였습니다. 그런데 백성들이 자신들이 율법을 지켜서 복을 얻어내겠다고 하자 그럼 지켜보라고 제물의 피로 언약을 맺도록 하신 것입니다. 하나님이 "그래 그럼 한번 지켜봐"라고 주신 것입니다. 그런데 백성들이 율법을 어겼습니다. 그러자 하나님이 "그것 봐라. 내가 뭐라고 하더냐! 너희들은 내 말을 지킬 수 없는 죄인들이야"라고 알려주신 것입니다.

그리고 처음 것과 똑같은 돌판을 다시 주십니다. 주시면서 하는 말씀이 "이 돌판을 볼 때마다 '우리는 하나님 말씀을 어긴 자로서 마땅히 죽어야 할 죄인들이야'라고 하면서, '하나님 용서해 주세요'라고 은혜를 구하라"고 하십니다.

하나님은 백성들에게 율법을 어길 때마다 흠 없는 짐승을 잡아서 하나님께 제사를 지내라고 하십니다. '법대로 하면 너희가 죽어야 하는데, 하나님께서 너희 대신에 흠 없는 짐승을 잡아서 대속하게 하셨다'는 것을 알려주신 것입니다.

구약의 이스라엘은 흠 없는 짐승의 희생으로 죄를 용서받은 것입니다. 흠 없는 짐승의 죽음으로 의롭다 여기심을 입은 것입니다. 이것이 신약으로 와서는 예수 그리스도의 죽으심으로 의롭다 여기심을 입는 것으로 나타난 것입니다. 구약의 짐승 제사가 신약에서는 예수 그리스도의 죽으심으로 나타난 것입니다. 짐승 제사는 그림자이고, 예수 그리스도의 죽으심이 실상입니다.

히브리서 10장을 봅시다.

히 10:1-10 "율법은 장차 오는 좋은 일의 그림자요 참 형상이 아니므로 해마다 늘 드리는바 같은 제사로는 나아오는 자들을 언제든지 온전케 할 수 없느니라 ²그렇지 아니하면 섬기는 자들이 단번에 정결케 되어 다시 죄를 깨닫는 일이 없으리니 어찌 드리는 일을 그치지 아니하였으리요 ³그러나 이 제사들은 해마다 죄를 생각하게 하는 것이 있나니 ⁴이는 황소와 염소의 피가 능히 죄를 없이 하지 못함이라 ⁵그러므로 세상에 임하실 때에 가라사대 하나님이 제사와 예물을 원치 아니하시고 오직 나를 위하여 한 몸을 예비하셨도다 ⁶전체로 번제함과 속죄제는 기뻐하지 아니하시나니 ⁷이에 내가 말하기를 하나님이여 보시옵소서 두루마리 책에 나를 가리켜 기록한 것과 같이 하나님의 뜻을 행하러 왔나이다 하시니라 ⁸위에 말씀하시기를 제사와 예물과 전체로 번제함과 속죄제는 원치도 아니하고 기뻐하지도 아니하신다 하셨고 (이는 다 율법을 따라 드리는 것이라) ⁹그 후에 말씀하시기를 보시옵소서 내가 하나님의 뜻을 행하러 왔나이다 하셨으니 그 첫 것을 폐하심은 둘째 것을 세우려 하심이니라 ¹⁰이 뜻을 좇아 예수 그리스도의 몸을 단번에 드리심으로 말미암아 우리가 거룩함을 얻었노라"

율법은 장차 오는 일의 그림자이고 참 형상이 아니라고 합니다. 율법 아래서 드려지는 짐승의 제사는 그림자이고, 한 몸으로 드려지는 예수 그리스도의 제사가 참 형상입니다. 그림자인 짐승의 제사로는 온전함을 이룰 수 없습니다. 짐승의 제사는 도리어 죄를 깨닫도록 하는 일을 하는 것입니다.

하나님은 창세전에 한 몸을 준비하셨습니다. 이를 '여호와 이레의 제물'이라고 합니다. 이는 '하나님이 친히 준비하는 제물'이라는 뜻입니다. 세례 요한은 예수님을 보고 "보라 세상 죄를 지고 가는 하나님의 어린양"이라고 이스라엘 백성들에게 알려주었습니다.

이 예수가 바로 율법 아래서 드려지는 흠 없는 제물의 실상이라는 것입니다. 예수 그리스도가 왔는데도 짐승 제사를 드리면 죄가 되는 것입니다. 다시 말해서 예수 그리스도가 왔음에도 율법을 지켜서 의로워지려고 하는 것은 불의가 되고 죄가 되는 것입니다.

선악과를 먹은 인간은 죽은 자가 되었습니다. 죄 아래 가두어지고 말았습니다. 죽은 자는 하나님 말씀에 순종할 수 없는 자입니다. 순종하고 싶어도 죄의 종으로 팔린 몸으로는 하나님의 말씀에 순종할 수 없게 된 것입니다.

범죄 하고 난 후에는 하나님 말씀에 순종하겠다고 하는 것은 죄가 되는 것입니다. 그러나 마귀는 하나님 말씀에 순종할 수 있는 것처럼 미혹합니다. 마귀는 인간이 마음만 먹으면 하나님 말씀을 지켜낼 수 있다고 미혹합니다. 그래서 열심히 최선을 다해 말씀을 지켜서 하나님께 영광을 돌리라고 하는 것입니다.

아담과 하와에게 있어 죄란 가죽옷을 벗는 것입니다. 가죽옷을 벗는다는 것은 흠 없는 제물의 희생을 잊고 사는 것입니다. 흠 없는 제물은 예수 그리스도를 상징합니다. 구속사적으로 보면 아담과 하와도 예수 그리스도의 의의 옷을 입고 있었던 것입니다.

아담과 하와가 가죽옷을 입고 산 것은 예수 그리스도를 믿음으로 산 것과 같습니다. 아담과 하와가 입었던 가죽옷이 출애굽 하여 광야로 나온 이스라엘에게는 흠 없는 짐승의 제사로 나타난 것입니다. 이것이 신약에서는 예수 그리스도의 죽음으로 실상이 되어서 나타난 것입니다. 지금은 예수 그리스도께서 우리의 죄의 수치를 가리기 위해 죽임당하셨다는 것을 믿는 것이 가죽옷을 입고 있는 것입니다.

신약에서는 예수 그리스도의 죽음의 의미를 모르는 것이 옷을 벗는 것입니다. 마귀는 어떻게 하든지 예수 그리스도의 희생을 잊게 하고자 합니다. 어떻게 잊게 하는가 하면 하나님 말씀대로 살아서 성화하라는 것으로 하고 있는 것입니다. 예수 그리스도의 행위가 옷이라고 한다면 인간의 행위도 옷이 됩니다. 예수 그리스도의 행위가 가죽옷이라고 한다면, 인간의 행위는 무화과나무 잎사귀로 만든 치마인 것입니다.

예수 그리스도가 우리 대신 율법의 요구를 완성하셨다는 것을 믿는 것은 하나님이 입혀 주신 가죽옷을 입은 것입니다. 하지만 자신이 말씀을 지키겠다고 하는 것은 무화과나무 잎사귀로 만든 옷을 입는 것과 같은 것입니다.

하나님 앞에는 예수 그리스도의 의의 옷을 입고 나아가는 것이지 인간들이 말씀대로 살았다고 하는 인간의 의로 나아갈 수가 없습니다. 예수 그리스도로 옷 입은 사람은 인간의 행함에 의미를 두지 않습니다. 그러나 예수 그리스도의 의로 옷을 입지 않은 사람은 인간의 행함에 의미를 두게 됩니다. 결국 하나님이 입혀 준 옷을 입고 있느냐 자기의 옷을 입고 있느냐입니다.

예수님께서 천국을 왕의 아들의 혼인 잔치 비유로 말씀하셨습니다. 왕의 아들의 혼인 잔치에는 예복을 입고 들어가야 합니다. 예복은 왕이 준비해 두었습니다. 누구라도 예외 없이 왕이 준비한 옷을 입고 들어가야만 합니다. 왕이 준비한 예복을 입지 않으면 문지기가 들여보내지 않습니다.

왕은 하나님을 상징하고 그 아들은 예수님을 상징합니다. 그럼 신부는 누구일까요? 바로 혼인 잔치에 초대받은 자들입니다. 이들이 바로 어린양의 혼인 잔치에 들어갈 신부들입니다. 그래서 하나님이 어린양의 혼인잔치에 초대받은 신부들에게 옷을 입혀 주시는 것입니다.

요한계시록 19장을 봅시다.

계 19:7-8 "우리가 즐거워하고 크게 기뻐하여 그에게 영광을 돌리세 어린양의 혼인 기약이 이르렀고 그 아내가 예비하였으니 ⁸그에게 허락하사 빛나고 깨끗한 세마포를 입게 하셨은즉 이 세마포는 성도들의 옳은 행실이로다 하더라"

어린양의 혼인 기약이 가까워지자 하나님께서 어린양의 신부가 될 자들에게 흰 세마포 옷을 입혀 주십니다. 어린양의 신부는 어린양의 피 묻은 옷을 입고 있어야 합니다. 왕이 준비한 옷은 바로 예수 그리스도가 십자가에서 대신 죽어주신 대속의 가죽 옷인 것입니다.

천국에는 예수 그리스도의 옷을 입고 들어가게 되어 있습니다. 그래서 어린양의 혼인 기약이 이르자 하나님께서 어린양의 신부들에게 빛나고 흰 세마포 옷을 입혀 주시는 것입니다. 하나님이 어린양의 신부들에게 입혀 주는 흰옷이 바로 예수 그리스도의 의의 옷입니다. 흰옷은 어린양의 피로 씻은 의의 옷입니다.

요한계시록 7장과 19장을 봅시다.

계 7:13-14 "장로 중에 하나가 응답하여 내게 이르되 이 흰옷 입은 자들이 누구며 또 어디서 왔느뇨 ¹⁴내가 가로되 내 주여 당신이 알리이다 하니 그가 나더러 이르되 이는 큰 환난에서 나오는 자들인데 어린양의 피에 그 옷을 씻어 희게 하였느니라"

계 19:11-14 "또 내가 하늘이 열린 것을 보니 보라 백마와 탄 자가 있으니 그 이름은 충신과 진실이라 그가 공의로 심판하며 싸우더라 ¹²그 눈이 불꽃 같고 그 머리에 많은 면류관이 있고 또 이름 쓴 것이 하나가 있으니 자기밖에 아는 자가 없고 ¹³또 그가 피 뿌린 옷을 입었는데 그 이름은 하나님의 말씀이라 칭하더라 ¹⁴하늘에 있는 군대들이 희고 깨끗한 세마포를 입고 백마를 타고 그를 따르더라"

종말에 큰 환난에서 나오는 자들이 있습니다. 이들은 하나님의 인을 맞은 십사만사천입니다. 이들이 천년왕국에서 살아갈 자들입니다. 천년왕국에는 하나님으로부터 흰옷을 입혀 주심을 입은 자들만이 들어갈 수 있습니다. 그래서 예수님이 재림하실 때 백마를 타고 피 뿌린 옷을 입고 오시는데 이때 앞서간 성도들을 함께 데리고 옵니다. 그런데 그들도 모두가 흰옷을 입고 백마를 타고 오는 것입니다.

구원은 하나님이 옷을 입혀 주시는 것입니다. 하나님이 입혀 주신 옷이 바로 예수 그리스도의 의의 옷입니다. 이것이 바로 예수 그리스도를 믿음으로 살아가는 것입니다. 옷은 신분을 나타내는 것입니다. 어떤 옷을 입었느냐를 보면 그 사람의 신분을 알 수 있습니다. 예수 그리스도의 의의 옷을 입었으면 예수 그리스도의 사람이고, 인간들의 의의 옷을 입고 있으면 마귀의 자녀입니다.

지금 어떤 옷을 입고 있습니까? 내가 만든 옷입니까, 하나님이 입혀 주신 옷입니까? 인류 역사는 옷의 역사라 하여도 과언이 아닙니다. 하나님께서 인간을 창조하셨을 때에는 옷이 없었습니다. 아담과 하와는 처음에는 옷을 입지 않고 벌거벗고 살았습니다. 그럼에도 부끄러움을 몰랐습니다. 그때는 죄가 없었기 때문입니다.

창 2:25 "아담과 그 아내 두 사람이 벌거벗었으나 부끄러워 아니하니라"

인간이 옷을 입게 된 것은 선악과를 먹고 난 이후부터입니다. 선악과를 먹고 난 후 벌거벗음이 부끄러움으로 느껴지기 시작하면서 옷이 등장하게 된 것입니다. 죄가 옷을 필요로 하게 만든 것입니다. 죄를 알게 되면 옷을 입어야 합니다. 옷을 입는 것은 수치를 가리는 것이고, 옷을 벗는 것은 수치를 드러내는 것입니다.

사람이 태어날 때는 벌거벗은 몸으로 태어납니다. 어린아이 때는 옷을 입지 않아도 수치로 여기지 않습니다. 왜냐하면 그때는 발가벗음이 수치라는 것을 모르기 때문입니다. 어린아이 때는 남자와 여자로 살지 않고 그냥 사람으로 삽니다. 그래서 어린아이들은 남자와 여자라는 성(性)의 구분이 없이 발가벗고 있어도 부끄럽게 여기지 않고 수치로 여기지 않는 것입니다.

발가벗음이 수치라는 것을 아는 것은 남자와 여자라는 성에 대한 눈을 뜨고부터입니다. 이때를 성의 정체성을 아는 때라고 합니다. 남자와 여자 간의 서로의 성 정체성의 차이를 알고 나면서부터 벌거벗음을 수치로 알고 옷을 입고 가리게 되는 것입니다.

'남녀칠세부동석'이라는 말은 일반적으로 보면 학교에 입학할 정도인 일곱 살 정도가 되면 성에 대한 자아가 확립되는 시기이기 때문에 남녀는 7세 정도가 되면 분리하여 생활하여야 한다고 하는 것입니다. 일곱 살 이전까지는 남자와 여자의 구분 없이 함께 놀았지만 일곱 살이 되면서부터 남자와 여자로 구분을 하고 다르게 놀게 된다는 뜻입니다.

처음 지음을 받은 아담과 하와는 어린아이와 같았습니다. 그러므로 서로 발가벗고도 수치를 모르고 살았던 것입니다. 아담과 하와는 선악과를 먹기 전에는 남자와 여자가 아닌, 그냥 사람으로서 우리가 되어서 살았던 것입니다.

선악과를 먹고 난 후 남자와 여자가 다름으로 보이기 시작하였습니다. '우리'에서 '너와 나'가 된 것입니다. '너'와 '나'의 다름이 보이자 발가벗음이 수치가 되었고 급기야 옷을 입고 가리기 시작한 것입니다. 선악과는 '우리'라는 하나의 사람을 남성과 여성이라는 성(性)으로서 둘로 나누어 버렸습니다. '너'와 '나'는 다른 존재라고 분리시켜 버린 것입니다. 한 몸에서 두 몸이 되고 만 것입니다.

선악과를 따 먹은 것을 죄라고 합니다. 죄가 '우리'라는 한 몸을 '너와 나'라는 두 몸으로 나누어 버린 것입니다. '너와 나'를 다름으로 분리시켜 버린 것입니다. 다름이 되면서 발가벗음이 수치가 되었고 급기야 옷을 필요로 하게 된 것입니다.

하나님은 발가벗음을 수치로 여기지 않으셨습니다. 그래서 발가벗은 대로 살게 하셨던 것입니다. 그런데 선악과가 발가벗음을 수치라고 여기는 눈을 준 것입니다. 하나님과 다른 눈을 갖게 만든 것입니다. 눈이 다르다는 것은 서로의 생각과 가치가 다르다는 말입니다. 서로의 생각과 가치가 다르면 판단하는 것이 달라집니다.

하나님과 다른 눈을 가졌다는 것은 곧 하나님과 다른 생명이라는 말입니다. 선악과 속에는 하나님과 다른 생명이 들어있었던 것입니다. 하나님과 다른 생명으로서는 하나님과 함께 살 수 없습니다. 하나님은 영생하시는 분입니다. 영생하는 하나님과 다른 생명은 유한한 생명이라는 뜻입니다. 영생에서 끊어진 것을 죽음이라고 합니다. 그래서 선악과를 먹은 인간은 죽은 자가 되고 만 것입니다.

에덴동산은 영생하는 자만이 살아갈 수 있습니다. 산 자와 죽은 자는 함께 살아갈 수 없습니다. 그래서 하나님은 산 자들만이 살 수 있는 에덴동산에서 죽은 자가 된 아담과 하와를 에덴동산 밖으로 내어 보낸 것입니다. 에덴동산은 생명의 세계이고, 에덴동산 밖은 죽음의 세계입니다. 생명의 세계에서의 선과 악과, 죽음의 세계에서의 선과 악은 다릅니다.

하나님이 판단하는 선과 악은 인간들이 판단하는 선과 악과 다릅니다. 동일한 것이라도 서로 다른 눈으로 판단하기 때문에 이견이 생기는 것입니다. 하나님이 보시기에 좋은 것도 죄인이 보기에는 좋지 않을 수 있습니다. 하나님의 선이 죄인에게는 악으로 보일 수 있습니다. 그 반대로 하나님의 악이 죄인에게는 선이 될 수 있습니다. 이러면 매사에 충돌이 일어납니다.

하나님께서는 역사를 생명의 가치로 운행하십니다. 그 생명은 바로 예수 그리스도입니다. 예수 그리스도의 생명이 에덴동산의 영생의 생명이기 때문입니다. 하나님은 예수 그리스도를 중심으로 선악을 판단하십니다. 예수 그리스도를 선으로 규정하고 인간은 악으로 규정하십니다. 하나님은 예수 그리스도가 하신 일만 선으로 인정하고, 인간이 한 일은 모두 악으로 규정하십니다.

하나님은 인간들이 내어놓는 선을 선으로 인정하지 않으십니다. 예수 그리스도께서 하신 일만 선으로 인정하십니다. 하나님은 예수 그리스도 안에 있는 자를 의롭다 여기시고, 예수 그리스도 밖에 있는 자를 죄인이라고 정의하십니다.

예수 안이냐, 예수 밖이냐로 판단하십니다. 예수 안은 선이고, 예수 밖은 악입니다. 하나님은 예수 안에 있는 자는 사람으로 보고, 예수 밖에 있는 자는 짐승으로 보십니다. 예수 안에 있는 사람과 예수 밖에 있는 사람은 서로 다른 종(種)입니다. 신자는 사람이고, 불신자는 짐승입니다. 신자는 하늘의 생명을 가졌고, 불신자는 땅의 생명을 가졌습니다.

사람의 혼은 위로 올라가고, 짐승의 혼은 아래로 내려갑니다. 신자와 불신자는 각자의 생명으로 살아갑니다. 신자와 불신자 간에 수치를 가리는 것도 다릅니다. 신자는 예수 그리스도의 의로 수치를 가리고, 불신자는 자기 의로 수치를 가립니다.

죄란 자기 생각으로 하나님 앞으로 나아오는 것입니다. 불신자는 자기의 선을 하나님께서도 선으로 인정해 달라고 합니다. 불신자들은 자기들의 의도 하나님이 인정하는 의로 인정해 달라고 합니다. 자기들의 의로 만든 옷을 입고 있어도 수치가 가려진 것으로 인정해 달라고 합니다.

자기 방식대로 하나님을 믿어도 인정해 달라고 합니다. 이러한 것을 인본주의 신앙이라고 합니다. 인본주의는 하나님의 뜻이 어떤 것인지에는 관심이 없습니다. 오로지 자기들이 한 일을 신앙으로 들고 나아오는 것입니다. 이것이 가인의 제사로 나타났습니다.

가인은 하나님이 기뻐하는 제사가 무엇인지에는 관심이 없었습니다. 오직 자기가 차린 제사에만 관심이 있었습니다. 그런데 하나님은 가인의 제사를 거부하십니다. 이에 가인이 왜 자기 성의를 무시하느냐고 하면서 하나님이 제사를 받은 아벨을 죽여 버립니다. 가인은 자신의 성의를 무시한 하나님께 인정받는 자들도 미운 것입니다. 그래서 하나님께 인정받는 자들을 죽이는 일을 하는 것입니다.

가인의 사상이 곧 죄인인 모든 인간의 사상입니다. 이를 인본주의라고 합니다. 인본주의는 하나님의 뜻에는 관심이 없습니다. 자신들이 행한 일에만 관심이 있습니다. 그런데 하나님은 인간들이 한 일에는 관심이 없습니다. 오로지 하나님이 하신 일에만 관심을 가지십니다. 하나님이 하신 일을 선으로 여기는 자들을 선한 자라고 구원하십니다.

하나님은 그 아들을 이 세상에 보내서 하나님의 일을 하게 하셨습니다. 그것이 예수 그리스도의 십자가 사건입니다. 예수 그리스도의 십자가만 하나님이 보시기에 선입니다. 그래서 예수 그리스도를 믿는 자들을 의롭다 여겨 주시는 것입니다. 제사보다 앎이 먼저입니다. 하나님의 뜻을 아는 것이 먼저입니다. 하나님의 뜻대로 드려지는 제사를 원하십니다.

요한계시록 3장을 봅시다.

계 3:17-18 "네가 말하기를 나는 부자라 부요하여 부족한 것이 없다 하나 네 곤고한 것과 가련한 것과 가난한 것과 눈먼 것과 벌거벗은 것을 알지 못하도다 ¹⁸내가 너를 권하노니 내게서 불로 연단한 금을 사서 부요하게 하고 흰옷을 사서 입어 벌거벗은 수치를 보이지 않게 하고 안약을 사서 눈에 발라 보게 하라"

라오디게아 교회는 스스로 "부자라 부요하여 부족한 것이 없다"라고 합니다. 하나님의 평가에는 관심이 없고 오로지 자기들식으로 부자이고 부요하고 부족한 것이 없다고 판단하고 있는 것입니다. 자기들 것으로 만족하고 있습니다. 라오디게아 교회는 자기들이 좋아하는 식으로 신앙생활을 하는 것입니다.

신앙생활은 하나님이 기뻐하는 것으로 해야지, 자기 좋은 대로 하는 것이 아닙니다. 내가 좋다고 하여서 그것을 하나님도 좋아하실 것이라고 생각해서는 안 됩니다. 자기 생각으로 하나님을 섬기는 것은 죄입니다.

라오디게아 교회는 자기만족으로 가득합니다. 그러나 하나님은 라오디게아 교회의 생각과 정반대의 진단을 내리십니다. '너희들은 부자라 부요하여 부족한 것이 없다고 하지만 내가 보기에는 곤고하고 가련하고 가난하고 눈멀고 발가벗고 있다'고 하십니다. 이것은 하늘과 땅만큼이나 전혀 다른 시각입니다.

라오디게아 교회는 아시아의 일곱 교회 중에 맨 마지막 교회입니다. 이것은 교회사적으로 보면 역사 마지막 예수님의 재림 직전의 교회 모습이라고 볼 수 있습니다. 이 시대 교회의 모습이라고 할 수 있습니다. 이 시대 교인들은 스스로의 생각으로 하나님 앞에 나아옵니다. 내가 좋은 것이면 하나님도 좋아하실 것이라고 생각합니다. 자기들 방식으로 신앙생활을 하는 것입니다. 하나님의 말씀으로 다스림을 받고자 하지 않습니다.

이 시대 교인들에게는 하나님의 생각이 중요치 않습니다. 자기 생각이 중요한 것입니다. 그것이 '나는 부자라 부요하여 부족한 것이 없다'는 것으로 나타나고 있는 것입니다. 스스로 '이 정도면 되었지'라고 자긍하고 있는 것입니다.

신앙의 옳고 그름은 우리가 판단하는 것이 아니고 하나님이 판단하십니다. 의냐 불의냐는 하나님이 판단하십니다. 하나님이 보시기에 좋아야 합니다. 그래서 하나님은 라오디게아 교회에 안약을 사서 눈에 발라 보라고 하십니다. 성경을 보라는 것입니다. 성경 속에 답이 있다고 합니다. '너희들의 상식으로 믿지 말고 성경대로 믿으라'고 합니다.

하나님의 진단은 냉혹합니다. '너희들은 소경이고 발가벗고 있다'고 합니다. 그래서 흰옷을 사서 입고서 발가벗은 수치를 가리라고 하십니다. 성경을 통해서 어떻게 발가벗은 수치가 가리움을 입었는지 알라고 하십니다.

성경은 죄의 수치는 하나님이 가려주시는 것이라고 합니다. 인류의 시작에도 하나님이 가려주셨고, 인류의 마지막 때도 하나님이 가려주신다고 합니다. 예수님은 십자가에서 자신의 옷을 벗어 주셨습니다. 라오디게아 교회에 흰옷을 사서 입으라는 말은 예수 그리스도의 의로 살아가라는 뜻입니다. 인간의 의를 버리고 예수 그리스도의 의를 붙잡으라는 말입니다.

종말은 발가벗는 시대입니다. 사회현상론으로 본 종말의 징후는 여자들이 옷을 벗는 것으로 나타나고 있는 것입니다. 모든 면에서 경쟁적으로 발가벗은 여자를 상품으로 내어놓고 호객행위를 하고 있습니다. 지금은 온 세상이 옷을 벗는 시대입니다. 문화와 예술이라는 이름으로 벗는 경쟁을 하고 있습니다. 하나님께서 발가벗음을 가려주셨는데 인간들은 벗으면서 하나님을 정면으로 대적하고 있습니다.

여자는 성경적으로 교회를 상징합니다. 교회들이 경쟁적으로 인본주의 신앙으로 발가벗고 있습니다. 예수 그리스도의 의를 버리고 인간의 의를 좇아가고 있습니다. 교회가 하나님의 뜻을 찾지 않고 세상의 뜻을 따라가고 있습니다. 교회가 세상의 악을 고발해 주어야 하는데 도리어 세상으로부터 인정을 받고자 합니다.

목사들이 복음을 버리고 돈을 좇아가고 있는 것입니다. 강단에서 흘러나오는 설교 속에 예수 그리스도가 없습니다. 교인들이 하늘의 가치를 버리고 세상의 가치를 따르고 있습니다. 교회나 목사나 교인들 모두가 하나님의 뜻에는 관심이 없고 세상 것에만 관심을 두고 있습니다. 성경이 무엇을 말하는지에는 관심이 없고 자기의 소원만 들어 달라고 하고 있습니다.

하나님의 죄관이 사라지고, 세상의 죄관이 자리를 잡고 있습니다. 하나님이 어떻게 판단하시는지에는 관심이 없고 사람들에게 어떻게 판단을 받을까만 있습니다. 그러다 보니까 예수 그리스도의 의는 사라지고, 인간들의 의만 난무합니다. 모두가 발가벗고 있는 것입니다. 지금은 예수님이 재림하시기 직전의 때입니다. 그러므로 인간의 의를 버리고 예수 그리스도의 의로 옷을 입어야 할 때입니다.

스스로 돌아보세요.
나는 무슨 옷을 입고 있나요?
무엇을 의로 붙잡고 살아가고 있나요?
내 의인가요, 예수 그리스도의 의인가요?

주님이 곧 오십니다.
어떤 옷을 입고 신랑을 기다리고 있습니까?
예수 그리스도의 의로 수치를 가리고
신랑을 기다리는 신부가 되시길 주의 이름으로 축원드립니다.

30강 에덴동산에서 추방함 (창 3:22-24)

창세전 언약으로 본 창조와 구원 이야기

창 3:22-24 "여호와 하나님이 가라사대 보라 이 사람이 선악을 아는 일에 우리 중 하나같이 되었으니 그가 그 손을 들어 생명나무 실과도 따 먹고 영생할까 하노라 하시고 ²³여호와 하나님이 에덴동산에서 그 사람을 내어 보내어 그의 근본 된 토지를 갈게 하시니라 ²⁴이같이 하나님이 그 사람을 쫓아내시고 에덴동산 동편에 그룹들과 두루 도는 화염검을 두어 생명나무의 길을 지키게 하시니라"

하나님을 언약의 하나님이라고 합니다. 이는 하나님은 미리 정하신 언약에 따라서 일을 하신다는 의미입니다. 이를 성경이 증거하고 있는 것입니다. 성경은 하나님이 역사 속에서 언약을 어떻게 성취하셨는지를 담아 놓은 것입니다. 언약은 영화의 시나리오와 같습니다. 언약이라는 시나리오는 창세전에 있었습니다. 하나님이 창세전 언약을 역사 속에 풀어 놓으신 것입니다. 이를 기록해 놓은 것이 성경입니다.

성경은 구약과 신약으로 되어 있습니다. 구약은 옛 언약이라고 하고, 신약은 새 언약이라고 합니다. 구약과 신약은 짝입니다. 구약은 신약을 전제로 하고 있고, 신약은 구약을 배경으로 하고 있습니다. 그래서 구약을 그림자라고 하고, 신약을 실상이라고 합니다.

성경을 열면 첫 페이지가 창조 이야기로 시작됩니다. 첫째 날부터 시작되어서 여섯째 날에 천지와 만물이 다 이루어집니다. 그리고 일곱째 날에 안식합니다. 창조에서 안식까지 1장에 다 들어있습니다. 성경 전체의 내용을 한 페이지에 축약해 놓은 것입니다. 창세기 1장은 책의 전체 내용을 한눈에 보도록 편집해 놓은 목차와 같습니다.

책을 보면 맨 앞 페이지에 목차가 있습니다. 목차는 각 페이지마다 이러한 내용이 있다는 것을 말해 주고 있는 것입니다. 독자들은 목차를 통해서 이 책은 이러이러한 내용으로 전개되는구나 알게 됩니다.

창세기 1장에서 창세기 2, 3장이 나왔고, 창세기 2, 3장에서 성경 전체가 나온 것입니다. 그러니까 창세기 1, 2, 3장은 성경 전체의 내용을 샘플로 보여주는 것입니다. 알다시피 창세기 2, 3장은 아담과 하와가 에덴동산에서 살았던 이야기입니다. 에덴동산에서 아담과 하와가 하나님의 명을 어기고 죄에 빠지자 하나님이 흠 없는 짐승의 희생을 통하여 얻은 가죽옷으로 수치를 가려주시는 이야기입니다.

이를 복음적으로 해석하면 범죄 한 백성을 예수 그리스도의 희생으로 구원해 주는 것입니다. 이 이야기를 4장 이후부터 구체적으로 설명해 주고 있는 것입니다. 그래서 성경을 예수 그리스도를 통한 자기 백성들의 구속사 이야기라고 합니다.

창세기 2, 3장의 이야기가 4장 이후부터 점진적으로, 심층적으로 확대되어 나타납니다. 창세기 1장에서 3장까지 이야기를 이해하면 비록 예표적이기는 하지만 하나님께서 역사 속에서 행하실 일들을 이해할 수 있습니다. 하나님은 창세전에 하신 언약을 역사 속에서 이루십니다. 그 내용을 살펴봅시다.

에베소서 1장입니다.

엡 1:4-14 "우리를 그리스도와 함께 살게 하시려고 천지창조 이전에 이미 우리를 뽑아주시고 당신의 사랑으로 우리를 거룩하고 흠 없는 자가 되게 하셔서 당신 앞에 설 수 있게 하셨습니다. ⁵하느님께서는 예수 그리스도를 통하여 우리를 당신의 자녀로 삼으시기로 미리 정하신 것입니다. 이것은 하느님께서 뜻하시고 기뻐하시는 일이었습니다. ⁶사랑하시는 아드님을 통하여 우리에게 거저 주신 이 영광스러운 은총에 대하여 우리는 하느님을 찬양할 수밖에 없습니다. ⁷우리는 그리스도의 죽음으로 말미암아 죄를 용서받고 죄에서 구출되었습니다. 이렇게 하느님께서는 풍성한 은총으로 ⁸우리에게 온갖 지혜와 총명을 넘치도록 주셔서 ⁹당신의 심오한 뜻을 알게 해주셨습니다. 이것은 그리스도를 시켜 이루시려고 하느님께서 미리 세워놓으셨던 계획대로 된 것으로서 ¹⁰때가 차면 이 계획이 이루어져서 하늘과 땅에 있는 모든 것이 그리스도를 머리로 하고 하나가 될 것입니다. ¹¹모든 것을 뜻하신 대로 이루시는 하느님께서 당신의 계획을 따라 우리를 미리 정하시고 택하셔서 그리스도를 믿게 하셨습니다. ¹²그러므로 맨 먼저 그리스도께 희망을 둔 우리는 하느님의 영광을 찬양할 수밖에 없습니다. ¹³여러분도 그리스도를 통하여 여러분에게 구원을 가져다주는 복음 곧 진리의 말씀을 듣고 믿어서 하느님의 백성이 되었습니다 이것을 확인하는 표로 하느님께서는 여러분에게 약속하셨던 성령을 주셨습니다. ¹⁴성령께서는 우리가 받을 상속을 보증해 주시고 하느님의 백성인 우리에게 완전한 자유를 누리게 하여 주십니다. 그러므로 우리는 하느님의 영광을 찬양할 수밖에 없습니다." (공동번역개정)

하나님께서 천지창조 이전에 이미 우리를 선택하셨습니다. 선택하신 이유는 그리스도 안에서 거룩하고 흠이 없는 자가 되게 하여서 하나님 앞에 설 수 있도록 하기 위함입니다. 이를 창세전에 그 기쁘신 뜻대로 예정하신 것입니다.

예정이란 미리 정하셨다는 뜻입니다. 이것은 하나님의 뜻이고 의지입니다. 성도들은 창세전에 예수 그리스도 안에서 하나님의 아들들이 되도록 예정을 입었습니다. 그리고 이 세상으로 보내심을 입은 것입니다. 이 사실이 믿어지는 성도는 하나님의 그 크신 은혜를 찬양하게 되는 것입니다.

그런데 성도의 구원은 예수 그리스도의 죽음으로 이루어집니다. 이러한 사실을 성령을 보내서 알게 하시고 믿어지게 해주십니다. 예수 그리스도의 피로 죄 사함을 받는다는 사실을 성령께서 알게 해주는 것입니다. 성령으로 이러한 사실이 믿어지는 사람은 창세전에 어린양의 생명책에 녹명된 자들입니다. 그래서 성령의 보증을 받았다고 합니다.

이 사실이 믿어지는 성도는 어떤 상황에서도 그 은혜의 영광을 찬미하게 됩니다. 너무도 놀라워서 찬양할 수밖에 없는 것입니다. 제가 입만 열면 창세전 언약, 창세전 언약이라고 노래를 부르고 외치는 이유는 이 사실이 깨달아지고 믿어지기 때문입니다. 그래서 모든 성경을 창세전 언약으로 해석하는 것입니다. 성령께서 깨닫게 해주셨고 성령께서 믿어지게 해주셨기 때문입니다.

창세전 언약으로 해석한다 함은 '오직 예수! 오직 은혜! 오직 믿음!'으로 해석한다는 뜻입니다. 만물이 주께로 나오고, 주로 말미암고, 주께로 돌아가게 되어 있습니다. 이 세상 역사는 예수로 시작해서, 예수로 이루어지고, 예수로 완성되는 것입니다. 결자해지라고 하듯이 예수님이 시작하셨기 때문에 예수님이 완성하시는 것입니다.

그래서 태초에 말씀으로 계시던 하나님이 육신을 입고 이 세상에 오신 것입니다. 그분이 바로 예수님입니다. 창세전에 하신 자기 백성들을 죄에서 구원하는 언약을 이루기 위해서 말씀이 육신이 되어서 예수라는 이름으로 오신 것입니다.

예수라는 이름이 무슨 뜻입니까? '자기 백성을 저희 죄에서 구원할 자'입니다. 이를 위해 십자가를 지신 것입니다. 성경은 이 사실을 증거해 주고 있습니다. 그래서 창세기 1장의 창조 사건이 혼돈과 공허와 흑암 속에 있는 땅에서 일어나는 것으로 말해 주고 있는 것입니다.

이런 궁금증을 가진 적은 없나요? '전지전능하신 하나님이 왜 혼돈과 공허와 흑암이 깊은 죽은 세상으로 만드셨을까?' 그 이유는 바로 창세전 언약이 죄 아래 있는 자기 백성들을 예수 그리스도의 피로 거룩하고 흠이 없게 하여서 하나님 나라로 데려오는 것으로 되어있기 때문입니다. 그러니까 창세기 1장 2절은 죄 아래 놓여 있는 이 세상의 모습입니다.

창 1:2 "땅이 혼돈하고 공허하며 흑암이 깊음 위에 있고 하나님의 신은 수면에 운행하시니라"

땅이 혼돈과 공허와 흑암의 깊음 위에 있다는 것은 이 세상이 죄와 사망 가운데 놓여 있음을 말해 주고 있습니다. 이러한 세상에 빛이 오신 것입니다. 첫째 날 빛은 다름 아닌 참 빛 되신 예수님을 상징합니다. 참 빛이신 예수님께서 죄와 사망 가운데 놓인 이 세상에 오심으로써 자기 백성들이 죄에서 구원을 받는 새로운 창조 사건이 일어나게 된 것입니다.

요한복음 1장을 봅시다.

요 1:9-13 "참 빛 곧 세상에 와서 각 사람에게 비취는 빛이 있었나니 ¹⁰그가 세상에 계셨으며 세상은 그로 말미암아 지은 바 되었으되 세상이 그를 알지 못하였고 ¹¹자기 땅에 오매 자기 백성이 영접지 아니하였으나 ¹²영접하는 자 곧 그 이름을 믿는 자들에게는 하나님의 자녀가 되는 권세를 주셨으니 ¹³이는 혈통으로나 육정으로나 사람의 뜻으로 나지 아니하고 오직 하나님께로서 난 자들이니라"

참 빛이 세상에 오셨습니다. 이 세상은 참 빛이신 예수 그리스도로부터 지음을 받았습니다. 그런데 이 세상이 그를 알아보지 못하는 것입니다. 이를 어둠이라고 하고 죄라고 합니다. 예수님이 세상의 주인으로 오신 것입니다. 그런데 아무도 몰라보는 것입니다. 만약에 예수님을 주인으로 알아보는 사람이 있다면 그것은 인간의 실력이 아니고 하나님께서 알아보게 하신 것이라고 합니다.

그래서 예수를 구주로 알아보는 자를 일컬어 이는 혈통으로나 육정으로나 사람의 뜻으로 나지 아니하고 오직 하나님께로서 난 자들이라고 하는 것입니다. 죄 아래서 난 자들은 예수를 몰라보는 것이 정상입니다. 그런데 예수를 알아보는 자들이 있는 것입니다. 몰라보면 다 몰라보아야 하는데 그중에 알아보는 자들이 있는 겁니다.

온 인류가 한 아담 안에서 태어난 후손이라고 한다면 예수를 다 믿지 않아야 합니다. 그런데 그중에서 예수를 믿는 자들이 있습니다. 이는 하나님께서 예수를 믿어지게 해주신 것입니다. 그래서 하나님께로 난 자들이라고 합니다. 예수는 아무나 믿을 수가 없습니다. 하나님께로 난 자들이라야 믿을 수 있습니다. 이들을 영생 주시기로 작정을 하고 창세전에 어린양의 생명책에 녹명한 자들이라고 합니다.

예수님께서 세상에 오심으로 인류가 둘로 갈라지게 된 것입니다. 예수를 영접하는 자와 영접하지 않는 자로 갈라지게 된 것입니다. 이 모습은 예수님을 가운데 두고서 십자가에 달린 두 강도를 통해서 보여주었습니다. 그래서 둘 다 강도짓을 하였는데 한 강도는 예수를 영접하였고, 다른 한 강도는 예수를 영접하지 않은 것으로 나타난 것입니다. 창세기 1장의 창조의 모습 속에 이러한 것이 담겨 있습니다.

　창조가 어떻게 시작될까요? 빛이 옴으로 시작됩니다. 이 세상은 혼돈과 공허와 흑암이 깊음 위에 있는 어둠입니다. 이는 죄 아래 있는 모습입니다. 이 세상은 죄인들이 살아가는 곳입니다. 그런데 죄가 없는 의인이 등장한 것입니다. 이를 참 빛이 왔다고 합니다. 어둠에 빛이 비추었다고 합니다. 창조가 어둠에 빛이 옴으로써 시작된 것입니다.

　빛이 옴으로 세상에 균열이 일어나게 된 것입니다. 이를 빛과 어둠으로 갈라지는 것으로 말해 주고 있습니다. 빛과 어둠이 갈라지고, 궁창 윗물과 궁창 아랫물로 갈라지고, 땅과 바다가 갈라지는 것으로 나타난 것입니다. 원래 두 물이 하나로 섞여 있었습니다. 그런데 빛이 오자 궁창 위의 물과 궁창 아래 물로 갈라지는 일들이 일어난 겁니다. 이를 심판이라고 합니다. 빛에 의하여 심판이 일어난 것입니다.

　이러한 일들이 엿새 동안 일어납니다. 그리곤 일곱째 날에 안식하게 됩니다. 이를 '천지와 만물을 다 이루니라'고 합니다. 이것이 예수님께서 십자가에서 다 이루었다고 선언하신 것으로 나타난 것입니다. 그럼 창조 이야기는 예수님의 십자가 사건을 겨냥하고 있음을 알 수 있습니다.

　창세기 1장의 천지창조가 인류 역사 속에서 예수 그리스도의 구속사로 펼쳐지게 된 것입니다. 그러니까 첫째 날부터 일곱째 날까지가 품고 있는 영적인 의미가 예수 그리스도를 통한 사건으로 역사 속에서 점진적으로, 심층적으로 이루어지게 되는 것입니다. 마치 씨앗이 죽어서 싹을 내고, 싹이 자라면서 잎과 줄기를 내고, 줄기가 나무와 가지가 되어서 열매를 맺고 추수가 되는 것과 같은 것입니다.

　구원은 시작과 끝이 있는 시간 속에서 이루어집니다. 그래서 성도의 구원도 점진적으로, 심층적으로 이루어지게 되는 것입니다. 창세전 언약은 자기 백성들이 죄에서 구원받는 것입니다. 이 일을 에덴동산에서 아담과 하와를 샘플로 보여주시고자 하였습니다.

창세기 2장을 봅시다.

창 2:8-10 "여호와 하나님이 동방의 에덴에 동산을 창설하시고 그 지으신 사람을 거기 두시고 ⁹여호와 하나님이 그 땅에서 보기에 아름답고 먹기에 좋은 나무가 나게 하시니 동산 가운데에는 생명나무와 선악을 알게 하는 나무도 있더라 ¹⁰강이 에덴에서 발원하여 동산을 적시고 거기서부터 갈라져 네 근원이 되었으니"

하나님이 동방의 에덴에 동산을 만드십니다. 엄밀히 보면 에덴과 동산이 다릅니다. 에덴에 동산을 만드신 것입니다. 그리고 흙으로 지음 받은 사람을 동산에 두셨습니다. 잘 보시면 에덴에서 물이 발원하여 동산을 적십니다. 이러면 에덴은 윗동네가 되고 동산은 아랫동네가 되는 것입니다.

에덴은 생명의 원천입니다. 에덴에서 흐르는 물은 온 세상에 하나님의 생명을 공급하는 것입니다. 에덴은 창조주가 사는 곳이고, 동산은 피조물이 사는 곳입니다. 그래서 생명수 강물이 에덴에서 동산으로 주어지는 것입니다. 에덴동산은 하늘과 땅의 이야기입니다. 에덴은 하늘을 상징하고, 동산은 땅을 상징합니다. 그래서 물이 에덴에서 동산으로 흘러가는 것으로 나타난 것입니다.

동산은 독자적으로 살 수 없습니다. 동산은 에덴에서 흘려 주는 생명수로 살아가는 곳입니다. 이것은 마치 하늘에서 비를 주어야 땅이 산물을 낼 수 있는 것과도 같습니다. 땅은 하늘에서 비를 주지 않으면 죽습니다. 땅이 살 수 있는 길은 오직 하나, 하늘에서 내리는 비를 받는 것입니다. 땅은 하늘만 쳐다보고 살아야 합니다. 이 사실을 출애굽 한 백성들에게 알려주었습니다.

그것이 만나 사건입니다. 광야에 나오니까 하늘에서 만나가 내립니다. 출애굽 한 백성들은 광야 생활 40년 동안 만나를 먹고 살았습니다. 광야는 인간들이 농사를 지을 수 있는 곳이 아닙니다. 그럼 광야는 하늘에서 만나가 내리지 않으면 죽게 되는 것입니다. 백성들은 하늘만 쳐다보고 살아야 하는 것입니다. 하늘만 쳐다보고 살라고 광야로 빼낸 것입니다.

광야에서의 신앙이 무엇입니까? 하늘만 쳐다보고 사는 것입니다. 이것을 사람이 떡으로만 사는 것이 아니고 하나님의 말씀으로 산다고 하는 것입니다. 예수님은 만나가 바로 예수님 자신을 보여주는 것이라고 하셨습니다. 그래서 예수님이 "내가 바로 하늘에서 내린 생명의 떡"이라고 하신 것입니다.

하나님은 아담을 에덴에 두지 않고 동산에 두신 것은 다 이유가 있습니다. 동산에서 에덴으로 나아가는 것은 창세전 언약에 의한 구속사의 수순입니다. 그래서 하나님은 동산에 거하는 아담에게 에덴에서 흘려 주는 물을 마시고 동산에 있는 생명과를 먹고 영생하는 자가 되라고 하신 것입니다. 영생하는 자가 되어서 에덴으로 올라오라고 하신 것입니다.

이렇게 되면 아담은 생명과를 먹고 영생하는 자가 되어야 합니다. 이러면 아담은 한 번의 거듭남의 과정을 거쳐야 하는 것으로 창조된 것임을 알 수 있습니다. 이것은 마치 성도가 예수 그리스도를 믿음으로 하늘의 사람으로 거듭나서 하나님 나라인 천국으로 올라가는 것과 같은 것입니다.

동산에는 성질이 전혀 다른 두 과실이 있습니다.

먹으면 영생하는 과실과
먹으면 죽는 과실이 있습니다.
생명과 속에는 영생이 담겨 있고,
선악과 속에는 죽음이 담겨 있습니다.

이것은 마치 두 언약과도 같습니다.

붙잡으면 죽는 언약과
붙잡으면 영생하는 언약이 있습니다.
옛 언약이라는 율법은 죽이는 언약이고,
새 언약이라는 은혜는 살리는 언약입니다.

하나님은 아담에게 두 과실의 속성을 알려주십니다. 그리고는 선악과를 먹는 날에는 반드시 죽게 된다고 경고하시고는 생명과는 반드시 먹으라고 하십니다. 아담은 하나님의 두 가지 명령 중 선택을 해야 합니다. 하나님 말씀에 순종하여 선악과를 먹고 죽음의 길로 나아갈 것인가, 아니면 생명과를 먹고 영생의 세계로 나아갈 것인지 결정해야 합니다.

그런데 아담과 하와는 불순종의 길을 택하고 맙니다. 절대로 먹어서는 안 된다고 한 선악과를 먹고 맙니다. 그 이유는 선악과가 보기에 보암직하고 먹음직하고 탐스러웠기 때문입니다. 쉬운 말로 선악과는 맛나 보였고 생명과는 맛이 없어 보였기 때문입니다. 그래서 아담과 하와는 보기에 좋은 선악과를 따 먹고 만 것입니다.

아담과 하와는 자기 속에 죽음을 담고 말았습니다. 스스로가 죽음의 길을 택하고 만 것입니다. 그러자 하나님은 아담을 본래의 땅으로 내어 보내버립니다. 아담이 처음 지음을 받았던 본래의 땅인 동산 밖 흙의 세계로 추방한 것입니다.

이렇게 되면 에덴동산과 에덴동산 밖은 다른 세계가 되는 것입니다. 하나님이 계시는 에덴동산은 생명의 세계가 되고, 아담이 쫓겨난 에덴동산 바깥은 죽음의 세계가 되는 것입니다. 에덴동산에서는 에덴과 동산으로 나누어졌습니다. 그러나 이제는 에덴동산과 에덴동산 밖으로 나누어진 것입니다.

에덴과 동산으로 나누어질 때는 동산은 죽음의 세계가 되고, 에덴은 생명의 세계가 되지만, 에덴동산과 에덴동산 바깥으로 나누어지면 에덴동산은 생명의 세계가 되고, 에덴동산 바깥은 죽음의 세계가 되는 것입니다.

하나님은 선악과를 먹고 죽은 자가 된 아담을 죽음의 세계로 쫓아낸 것입니다. 죽은 자는 생명의 세계에서 살 수 없기 때문입니다. 그리고 하나님은 아담이 쫓겨난 죽은 자들이 살아가는 땅을 저주해 버립니다. 이를 지옥이라고 합니다. 이러한 모습이 이 세상 바깥 태초라고 하는 하나님 나라에서도 있었습니다.

에스겔 28장을 봅시다.

겔 28:12-19 "인자야 두로 왕을 위하여 애가를 지어 그에게 이르기를 주 여호와의 말씀에 너는 완전한 인이었고 지혜가 충족하며 온전히 아름다웠도다 ¹³네가 옛적에 하나님의 동산 에덴에 있어서 각종 보석 곧 홍보석과 황보석과 금강석과 황옥과 홍마노와 창옥과 청보석과 남보석과 홍옥과 황금으로 단장하였었음이여 네가 지음을 받던 날에 너를 위하여 소고와 비파가 예비되었었도다 ¹⁴너는 기름 부음을 받은 덮는 그룹임이여 내가 너를 세우매 네가 하나님의 성산에 있어서 화광석 사이에 왕래하였었도다 ¹⁵네가 지음을 받던 날로부터 네 모든 길에 완전하더니 마침내 불의가 드러났도다 ¹⁶네 무역이 풍성하므로 네 가운데 강포가 가득하여 네가 범죄 하였도다 너 덮는 그룹아 그러므로 내가 너를 더럽게 여겨 하나님의 산에서 쫓아내었고 화광석 사이에서 멸하였도다 ¹⁷네가 아름다우므로 마음이 교만하였으며 네가 영화로우므로 네 지혜를 더럽혔음이여 내가 너를 땅에 던져 열왕 앞에 두어 그들의 구경거리가 되게 하였도다 ¹⁸네가 죄악이 많고 무역이 불의하므로 네 모든 성소를 더럽혔음이여 내가 네 가운데서 불을 내어 너를 사르게 하고 너를 목도하는 모든 자 앞에서 너로 땅 위에 재가 되게 하였도다 ¹⁹만민 중에 너를 아는 자가 너로 인하여 다 놀랄 것임이여 네가 경계거리가 되고 네가 영원히 다시 있지 못하리로다 하셨다 하라"

에스겔 28장은 천사들이 타락한 내용을 두로 왕으로 비유적으로 말해 주고 있는 것입니다. 자세히 보면 역사 바깥에 있는 하나님 나라에 에덴동산이 있는 것입니다. 이것은 창세기 2장의 에덴동산과 다른 곳입니다. 창세기 2장은 역사 세계의 에덴동산이지만, 에스겔 28장의 에덴동산은 역사 바깥 하나님 나라의 에덴동산입니다.

보이는 것은 보이지 않는 것으로 말미암았습니다. 보이는 것은 이 세상을 말하고, 보이지 않는 것은 하나님 나라를 말합니다. 보이는 이 세상은 보이지 않는 하나님 나라에서 나왔습니다. 즉 우리가 살고 있는 역사라는 피조 세계는 창조주가 사는 세계로부터 나왔다는 뜻입니다.

창조주가 사는 나라를 하나님 나라라고 합니다. 이를 영의 나라라고 합니다. 영의 나라라는 말은 영적 존재들이 살아가는 곳이란 뜻입니다. 신들의 세계입니다. 이 세상 바깥에 신의 나라가 있는 것입니다. 그 신의 나라를 영적 세계라고 합니다.

영적 세계인 하나님 나라에는 영적 존재들이 살아갑니다. 영적 세계인 하나님 나라에는 영적 피조물이 있는 것입니다. 이들을 천사라고 합니다. 천사들은 하나님 나라에서 수종 드는 종입니다. 인간을 육적 피조물이라고 하고, 천사들은 영적 피조물이라고 합니다.

태초라는 하나님 나라인 에덴동산에 천사들이 살았습니다. 그런데 천사 중 일부가 하나님을 반역하는 사건이 일어났습니다. 그러자 하나님이 타락한 천사들을 땅으로 쫓아내 버립니다. 그 땅을 음부라고도 하고 지옥이라고도 합니다.

이 모습을 그대로 만든 나라가 창세기 1장의 천지입니다. 그래서 창세기 1장 1절에서 "태초에 하나님이 천지를 창조하시니라"고 하고는, 2절에서는 하늘은 사라지고 땅이 혼돈하고 공허하고 흑암이 깊음 위에 있다고 하는 것입니다.

천지는 하늘과 땅을 말합니다. '천'(天)은 하늘나라를 상징하고, '지'(地)는 이 세상을 말합니다. '천'을 에덴동산이라고 한다면, '지'는 에덴동산 밖이 되는 것입니다. 에덴동산을 영적 세계라고 한다면, 에덴동산 밖은 육적 세계가 되는 것입니다.

하늘나라에 있는 에덴동산을 그대로 모형으로 만든 곳이 창세기 2장의 에덴동산입니다. 그러니까 역사 속의 에덴동산은 하늘나라 에덴동산의 복사본과 같습니다. 에스겔 28장은 하늘나라 에덴동산에서 일어난 것을 말해 주고 있는 것입니다.

하나님은 하늘나라 에덴동산에서 반역을 일으킨 천사들을 땅으로 쫓아냈습니다. 그 땅을 창세기 1장 2절의 땅으로 보여주고 있는 것입니다. 그래서 창세기 1장 2절에서 땅의 모습이 혼돈과 공허와 흑암의 깊음 중에 있는 지옥의 모습으로 나타난 것입니다.

이렇게 되면 천지창조 중에서 '천'(天)이라는 하나님 나라는 감추어져 있고, '지'(地)라는 이 땅의 모습만 보이는 것입니다. 그래서 창세기 1장 2절에서는 하늘은 없고 땅이 혼돈하다는 것으로 말해 주고 있는 것입니다.

성경은 하늘나라에서 일어났던 이야기를 하나님이 이 땅에서 그 아들을 보내서 어떻게 회복하는지를 이야기해 주고 있습니다. 그것이 혼돈과 공허와 흑암 중에 있는 죽은 세상에 예수 그리스도가 오셔서 죽은 자들을 살려내는 것으로 말해 주고 있는 것입니다.

이를 창세기 1장에서 창조 사건으로 보여주고 있는 것입니다. 그래서 창세기 1장에서 일어나는 창조 사건은 빛이 이 세상에 옴으로부터 시작이 되는 것으로 보여주고 있는 것입니다. 이것을 에덴동산에 그대로 옮겨 놓은 것입니다. 그래서 창세기 2장의 에덴동산에서 에덴은 하늘을 상징하고, 동산은 땅을 상징하는 것으로 나타난 것입니다.

하나님이 흙으로 아담을 지으시고 동산에 두신 것입니다. 동산에 생명과와 선악과가 있습니다. 동산에서 에덴은 보이지 않는 세계와 같은 것입니다. 이러면 동산은 이 세상을 상징하고 에덴은 하늘나라를 상징하게 되는 것입니다.

그래서 창세기 2장의 역사 속 에덴동산의 땅을 상징하는 동산에 에스겔 28장의 하늘나라 에덴에서 쫓겨난 타락한 천사인 마귀가 뱀의 모습으로 나타나고 있는 것입니다. 뱀이 어디에 있나요? 에덴인가요, 동산인가요? 인간들이 살아가는 동산에 있습니다. 동산에는 인간도 있고 뱀도 있습니다. 인간도 있고 마귀도 있는 곳이 어디인가요? 이 세상입니다.

요한계시록 12장을 보면 마귀가 땅으로 쫓겨납니다. 마귀가 쫓겨난 땅이 에덴동산에서는 동산으로 나타난 것입니다. 그러니까 에덴동산에서의 에덴은 생명을 공급해 주시는 하나님이 계신 하늘나라를 상징하고, 동산은 창조주 하나님으로부터 생명을 공급받음으로 인간들이 살아가는 이 세상 나라를 상징하고 있는 것입니다.

하나님은 동산에 있던 아담이 뱀의 미혹에 넘어가서 범죄하자 에덴동산 바깥 땅으로 쫓아내고 만 것입니다. 이러면 아담이 범죄하여서 동산에서 동산 밖의 땅으로 쫓겨난 것은 곧 에스겔 28장에서 천사들이 범죄하자 하나님께서 타락한 천사들을 땅으로 쫓아낸 것과 같은 그림이 되는 것입니다. 이렇게 되면 동산은 보이지 않는 하나님 나라를 상징하고, 동산 밖 죄인들이 살아가는 곳은 이 세상을 상징하게 되는 것입니다.

그래서 천사들이 쫓겨난 땅과 아담과 하와가 쫓겨난 땅의 모습이 같은 것으로 나타나는 것입니다. 하나님은 죽은 자인 아담이 살아갈 땅을 저주합니다. 죽은 자들이 살아가는 곳을 지옥이라고 합니다. 그래서 타락한 천사인 마귀를 지옥의 사자라고 하는 것입니다.

지옥은 하나님으로부터 저주받은 땅을 말합니다. 타락한 천사들이 쫓겨난 땅을 음부라고 하고, 타락한 아담과 하와가 쫓겨난 땅을 지옥이라고 합니다. 우리가 사는 이 세상이 지옥인 것입니다. 지옥이란 '땅의 감옥'이라는 뜻입니다. 음부나 지옥이나 다 같은 의미입니다. 천사의 타락이나 아담의 타락이나 영적으로는 동일합니다.

예수님이 십자가에 죽으시고 무덤에 들어가서 무덤 속에 있던 언약의 후손들을 끄집어내어서 거룩한 성으로 데리고 가셨습니다. 그것은 바로 예수님이 이 세상에서 자기 백성들을 끄집어내어서 하늘나라로 데려가는 것을 보여주고 있는 그림입니다.

이 세상은 죽은 자들이 살아가는 곳입니다. 죽은 자들이 살아가는 곳을 무덤이라고 합니다. 이 세상이 무덤인 것입니다. 그래서 예수님이 오시자, '무덤 속에 있는 자들이 그의 음성을 들을 때가 오나니 듣는 자는 다 살아나리라'고 말씀하신 것입니다.

이를 이 세상과 교회로 비유하면, 우리는 세상이라는 무덤에서 나와서 하나님 나라를 상징하는 교회로 옮겨진 것입니다. 교회가 에덴동산과 같고, 세상은 에덴동산 밖이 되는 것입니다. 하나님이 아담을 동산 밖에서 지으시고 동산으로 이끌어 두셨듯이, 성도들은 세상에서 교회로 이끌어 두신 것입니다.

교회 안에는 에덴동산에 있던 두 과실이 있습니다. 이름하여 율법과 은혜입니다. 율법은 선악과와 같고 은혜는 생명과와 같습니다. 율법은 죽이는 것이고 은혜는 살리는 것입니다. 동산에서 뱀이 선악과로 여자를 미혹하였듯이, 교회 안에도 뱀 새끼인 거짓 종들이 율법 신앙으로 교인들을 미혹하고 있는 것입니다. 이러면 에덴동산에서 벌어진 일들이 이 시대에는 교회 안에서 일어나고 있는 것입니다.

하나님은 범죄한 아담에게 가죽옷을 지어 입히시고 에덴동산 밖으로 추방하십니다. 그리고 생명나무 길을 막아 버리십니다. 천사들로 하여금 그 길을 지키게 하셨습니다. 이는 죽은 자가 된 아담이 생명과를 따 먹고 영생할까 해서입니다.

아담은 선악과를 먹고 죽은 자가 되었습니다. 죽은 자가 생명과를 따 먹으면 죽은 자로 영생하게 됩니다. 그래서 하나님은 선악과를 먹고 죽은 자가 된 아담을 죽은 세상인 땅으로 쫓아낸 것입니다. 하나님이 아담을 에덴동산에서 추방하신 데는 두 가지 이유가 있습니다.

첫째, 산 자와 죽은 자는 함께할 수 없기 때문입니다.

생명과 죽음은 본질이 다릅니다. 생명은 팽창하고 확장하는 속성을 가지고 있고, 죽음은 부패하고 소멸하는 속성을 가지고 있습니다. 죽음과 생명은 서로 상극입니다. 성질이 다른 둘은 하나 될 수 없습니다. 속성이 다르므로 서로를 밀어내게 되어있기 때문입니다. 빛과 어둠이 함께할 수 없고, 거룩과 비거룩이 함께할 수 없는 것처럼 생명과 죽음도 함께할 수 없습니다.

우리가 아무리 사랑하던 사람이라도 죽으면 집에 두지 않고 무덤에 묻습니다. 이는 산 자와 죽은 자는 함께 살 수 없기 때문입니다. 사랑하지 않아서가 아니라 함께할 수 없기 때문입니다. 그래서 아무리 사랑하는 사람이라 할지라도 죽으면 격리시키는 것입니다.

하나님은 거룩하고 죄인은 부정합니다. 거룩과 부정은 하나가 될 수 없습니다. 그러므로 하나님과 죄인은 한집에서 살아갈 수 없는 것입니다. 함께 있으면 서로 불편하기 때문입니다. 그래서 하나님은 죽은 자인 아담을, 산 자들이 살아가는 에덴동산에서 죽은 자들이 살아가는 세상으로 분리를 시키신 것입니다.

에덴동산은 생명의 세계입니다. 생명의 세계는 산 자들만이 살아갈 수 있습니다. 생명의 속성상 죽은 자인 아담은 영생하는 에덴동산에서 살아갈 수 없게 된 것입니다. 그래서 하나님은 부득불 죽은 자가 된 아담을 에덴동산에서 쫓아내신 것입니다. 하나님께서 아담을 에덴동산에서 쫓아내신 것이 사랑인 것입니다.

하나님은 사랑의 하나님이십니다. 하나님이 하시는 모든 일은 사랑이 되는 것입니다. 아담을 에덴동산에서 추방한 것도 하나님의 사랑인 것입니다. 아담은 범죄한 후 하나님이 두려웠습니다. 하나님도 이 사실을 잘 알고 계셨습니다. 그래서 에덴동산 밖으로 내어 보내신 것입니다.

하나님이 하시는 일은 모두가 '하나님이 보시기에 좋았더라'입니다. 범죄하기 전 아담을 에덴동산에 두신 것도 '보시기에 좋았더라'라고 했고, 범죄한 아담을 에덴동산에서 추방하신 것도 '보시기에 좋았더라'라고 하였습니다.

아담은 선악과를 먹고 난 후에 벌거벗음이 두려웠습니다. 선악과가 벌거벗음을 두려움으로 몰고 온 것입니다. 그래서 아담은 무화과나무 잎사귀로 치마를 만들어서 해 입고서 나무 사이에 숨은 것입니다.

아담은 치마로 수치를 가리면 두려움이 사라지는 줄 알았습니다. 그러나 치마를 만들어서 해 입어도 두려움은 사라지지 않습니다. 이는 죄로 인하여 죽은 자가 된 인간은 마음속에서부터 밀려오는 두려움을 외부적인 조건으로 해소하고자 하지만 해소할 수 없다는 것을 말해 주고 있습니다.

마음이 두려우면 두려운 겁니다. 겉을 아무리 멀쩡히 포장해도 마음이 두려우면 백약이 무효입니다. 두려운 마음으로는 살 수가 없습니다. 아담은 죄로 인한 두려움으로 하나님을 가까이할 수 없는 자가 되고 만 것입니다. 이를 하나님은 너무도 잘 알고 계셨습니다. 그래서 하나님은 아담을 하나님이 보이지 않는 동산 바깥 세상으로 내어 보내신 것입니다.

두려운 하나님과 함께 산다는 것은 아담에게는 지옥입니다. 죽은 자가 산 자들의 세상에서 산다는 것은 고통입니다. 죽은 자가 된 아담에게는 에덴동산이 지옥입니다. 아담 곁에 거룩한 하나님 계신다는 것은 아담을 고문하는 것과도 같은 것입니다. 그래서 하나님은 아담을 에덴동산 바깥으로 분가시키신 것입니다.

마치 시부모를 어려워하는 며느리를 분가시킨 것과도 같습니다. 시부모가 보이지 않는 곳에서 너희들끼리 잘 살아가라고 에덴동산 바깥으로 내어 보내신 것입니다. 하나님의 곁을 떠나 분가하는 아담 입장에서는 기쁨인 것입니다.

그러나 저주의 땅으로 자식을 떠나보내는 부모이신 하나님 입장에서는 엄청난 아픔입니다. 에덴동산 밖으로 추방당하는 아담을 바라보는 하나님의 마음은 마치 집을 떠나가는 탕자를 바라보는 아버지의 심정과 같이 찢어질 듯 아픈 것입니다. 우리는 이 하나님의 아픔을 알아야 합니다.

신앙이란 죄 아래 있는 자기 백성들을 바라보는 하나님의 슬프고 아린 애끓는 마음을 알아가는 것입니다. 하나님의 이 아픈 사랑이 아담을 구원하는 것으로 나타난 것입니다. 우리의 구원은 하나님의 아픈 사랑으로 이루어진 것입니다.

아담을 떠나보낸 하나님은 한시라도 안식할 수 없었습니다. 모든 신경이 집 떠난 아담에게 가 있는 것입니다. 하나님은 하나님의 안식을 위해서 집 떠난 아담을 다시 집으로 돌아오게 하는 일을 하십니다. 그것이 여자의 후손을 보내서 아담의 죄과를 도말하는 것으로 나타난 것입니다. 아담의 죄과를 도말하는 것은 하나님이 안식하고자 하심입니다.

이사야 43장을 봅시다.

사 43:25 "나 곧 나는 나를 위하여 네 허물을 도말하는 자니 네 죄를 기억지 아니하리라"

하나님께서 아담의 죄를 도말하는 것은 하나님을 위해서입니다. 아담을 창조하신 분이 하나님입니다. 부모이신 하나님은 죄 아래서 신음하는 아담을 두고 볼 수 없었습니다. 그래서 하나님은 하나님 자신을 위해서 아담의 죄를 도말하는 일을 벌이신 것입니다.

그것이 하나님의 아들을 이 세상에 보내서 아담의 죄를 대신하여서 십자가에 죽게 하여서 아담의 죄과를 도말하는 일로 나타난 것입니다. 이것이 범죄 한 아담에게 가죽옷을 지어 입히신 것으로 보여주신 것입니다. 이것은 이렇게 죄인이 용서받게 된다는 것을 보여주신 것입니다.

하나님이 흠 없는 짐승을 죽여서 그 가죽으로 범죄 한 아담에게 옷을 지어 입히는 일을 에덴동산 바깥에서 행하시게 됩니다. 그래서 아담을 에덴동산에서 내어 보내면서 여자의 후손을 보내준다는 약속을 하셨습니다.

여자의 후손이 너희들을 죄와 사망으로부터 건져내서 에덴동산으로 다시 돌아오게 할 것이라고 하셨습니다. 에덴동산을 떠나 온 아담에게 있어서 소망은 하나님께서 보내주신다는 여자의 후손을 기다리는 것입니다. 여자의 후손을 기다리는 것이 아담의 신앙입니다. 이것을 하나님의 약속을 믿음으로 살아간다고 합니다.

둘째, 죽은 자가 된 아담이 생명나무 실과를 따 먹지 못하게 하기 위함입니다.

아담을 에덴동산에서 추방한 둘째 이유는 생명나무 실과를 따 먹지 못하게 하기 위함입니다. 죽은 자는 생명과를 따 먹어서는 안 됩니다. 선악과 속에는 죽음이 담겨 있고 생명과는 영생이 담겨 있습니다. 그런데 아담은 선악과를 먹고 자기 안에 죽음을 담고 말았습니다. 만약에 죽음을 담고 있는 아담이 생명과를 먹고 영생하게 된다면 마치 중병에 걸린 반신불수 환자가 죽지 않고 영원히 병으로 고통당하는 것과도 같은 것이 됩니다.

이것은 재앙 중에서도 엄청난 재앙입니다. 저주 중에서도 엄청난 저주입니다. 일평생 죽음에 쫓기는 중환자에게는 살아있다는 것 자체가 지옥입니다. 그래서 하나님은 선악과를 담고 있는 아담을 죽이는 일을 하시는 것입니다. 그것이 '필경 흙으로 돌아가라'는 말씀입니다. 아담을 그대로 에덴동산에 두었다가는 불순종의 죄가 역사하여서 생명과를 따 먹고 영생하게 되기 때문입니다. 그래서 생명나무로 가는 길을 차단하신 것입니다.

선악과를 먹은 아담은 반드시 죽어야 합니다. 선악의 사람은 죽지 않고서는 선악의 법으로부터 벗어날 수 없습니다. 그래서 하나님은 여자의 후손을 보내서 아담을 십자가에 죽이는 일을 하신 것입니다. 이것을 옛사람을 십자가에 못 박는다고 합니다.

선악의 사람을 죽이는 것은 생명의 사람으로 다시 살리기 위함입니다. 생명의 사람이 되어서 에덴동산으로 다시 돌아가게 하시려는 것입니다. 그러므로 범죄 한 아담이 생명과를 따 먹지 못하도록 에덴동산에서 추방하고 생명나무의 길을 차단시킨 것은 하나님의 사랑이 되는 것입니다.

구원은 죽음에서 살아나는 것입니다. 먼저 선악의 사람이 죽임당하고, 그다음 생명의 사람으로 살아나는 것입니다. 구원의 수순이 지옥에서 천국으로 나아감을 입게 되는 것입니다. 구원의 서정을 보면 지옥이 먼저이고 천국이 나중입니다. 먼저 에덴동산 밖에서 지옥을 경험하고 천국으로 나아가게 되는 것입니다.

그래서 우리의 일생이 죄 아래서 태어남이 먼저이고, 죄에서 건짐받는 것이 나중으로 주어지는 것입니다. 죽음에서 태어났기 때문에 살고자 하는 욕망이 생기고, 죄 아래서 태어났기 때문에 죄로부터 자유롭고 싶어지는 것입니다.

에덴동산에서 추방된 아담에게 유일한 소망은 에덴동산으로 다시 돌아가는 것입니다. 에덴동산 바깥 저주의 세계에서 아무리 성공하여서 잘 산다고 하여도 천국일 수는 없습니다. 포장된 지옥일 뿐입니다. 천국은 에덴동산 안에 있습니다. 역설적으로 죽음이 영생을 소망하게 되었고, 에덴동산에서 추방되었기 때문에 다시 돌아가고자 소망하게 되는 것입니다.

우리의 고향은 에덴동산입니다. 성도의 죽음을 '귀천'(歸天)이라 하는 것도 원래 있던 곳으로 다시 돌아가기 때문입니다. 그래서 성도의 죽음은 축복이고 기쁨이 되는 것입니다. 에덴동산은 선악의 사람이 죽어야만 돌아갈 수 있습니다. 죄의 몸을 입고 있는 아담에게 최고의 축복은 죄의 몸을 벗어 버리는 것입니다. 죄의 몸에서 벗어나는 길이 곧 사는 길입니다. 죽음의 몸에서 해방시키는 방법이 죄 아래서 난 몸을 죽이는 것입니다.

구원의 순서는 첫째, 죄 아래서 난 선악의 사람이 죽는 것이고, 둘째로 하늘의 사람으로 거듭나서 영생의 사람이 되는 것입니다. 구원은 예수 안에서 주어집니다. 예수 안에서 죽어야 하늘의 생명을 주십니다. 예수 안에서 땅의 장막이 무너져야 하늘의 장막을 입혀 주실 수가 있는 것입니다.

두 예수가 있습니다. 땅에서 난 죄인을 죽이는 예수가 있고, 하늘로서 난 자로 살리는 예수가 있습니다. 육체로 오신 예수는 선악의 사람을 십자가에서 죽이는 일을 하십니다. 그리고 부활하신 후 성령으로 오셔서 죽은 자들을 살려내는 일을 하십니다. 죽음을 먼저 주시고 영생을 나중에 주시는 것입니다. 이것이 물세례와 성령 세례 두 세례로 나타났습니다. 물세례는 죽이는 세례이고 성령 세례는 살리는 세례입니다. 그런데 물세례가 먼저이고 성령 세례가 나중입니다.

영생은 죄가 없는 새로운 몸에 주어지는 것입니다. 그 몸이 바로 성령으로 거듭난 몸입니다. 성령은 부활의 영입니다. 성령으로 거듭난 자들은 장차 예수님의 재림으로 하늘의 몸을 입게 됩니다. 그래서 성령의 오심을 부활의 보증이라고 하는 것입니다.

성령은 누구에게 오실까요? 죄 사함이 이루어진 자들에게 오십니다. 예수님과 함께 십자가에서 죽임당한 자들에게만 오십니다. 그래서 예수님이 죽음에서 부활을 하신 후에 승천하여서 아버지로부터 성령을 받아서 자기 백성들에게 보내주신 것입니다.

아담의 구원은 먼저 생명과가 있는 에덴동산으로 돌아가는 것입니다. 선악의 몸으로는 에덴동산으로 들어갈 수가 없습니다. 아담이 에덴동산으로 돌아가려면 먼저 선악과를 담고 있는 아담이 죽어야 합니다. 그래서 육체로 오신 예수님이 먼저 죄 아래서 난 아담을 죽이는 일을 하시는 것입니다. 그것이 십자가에서 죽으심입니다.

성도는 창세전에 어린양의 생명책에 녹명되었습니다. 이를 예수 안에서 나왔다고 합니다. 예수 안에서 나온 자들을 위하여 예수님이 십자가를 지신 것입니다. 이를 연합이라고 합니다. 하나님은 예수 안에서 나온 자들을 예수와 함께 십자가에서 죽이신 것입니다. 예수님이 죽을 때 성도들도 함께 죽은 것입니다. 예수님이 부활하실 때 성도들도 함께 부활한 것입니다.

이 사실을 알고 믿어지게 하시려고 성령을 성도들에게 보내주신 것입니다. 성령이 오셔서 이 사실을 성도들에게 알려주고 믿어지게 하십니다. 그럼 성도는 비록 죄 아래서 난 몸으로 살고 있지만 믿음으로 하늘의 사람으로서 살아가게 되는 것입니다. 역사에서 묵시로 살아가게 되는 것입니다. 세상에서 하늘의 가치관으로 살아가게 되는 것입니다. 그것이 날마다 세상에 대한 정과 욕심을 죽이고 하늘의 소망으로 살아가는 것입니다.

하나님이 하시는 모든 일은 사랑입니다. 죽이는 것도 사랑이고 살리는 것도 사랑입니다. 시편 기자는 '여호와는 나의 목자'라고 고백합니다. 목자가 쉴 만한 물가, 푸른 초장으로도 인도하시고, 때로는 사망의 음침한 골짜기로 인도하신다고 합니다.

쉴 만한 물가, 푸른 초장과 사망의 음침한 골짜기는 극과 극입니다. 쉴 만한 물가와 푸른 초장을 평안이라고 한다면, 사망의 음침한 골짜기는 고난입니다. 하나님은 우리의 목자가 되셔서 때로는 평안으로, 때로는 고난으로 인도하십니다.

사무엘상 2장을 봅시다.

삼상 2:6-7 "여호와는 죽이기도 하시고 살리기도 하시며 음부에 내리게도 하시고 올리기도 하시는도다 ⁷여호와는 가난하게도 하시고 부하게도 하시며 낮추기도 하시고 높이기도 하시는도다"

여호와는 죽이기도 하시고 살리기도 하십니다.
여호와는 가난하게도 하시고 부하게도 하십니다.
여호와는 낮추기도 하시고 높이기도 하십니다.
하나님은 형통과 곤고를 가지고 다스려 가십니다.

전도서 7장을 봅시다.

전 7:13-14 "하나님의 행하시는 일을 보라 하나님이 굽게 하신 것을 누가 능히 곧게 하겠느냐 ¹⁴형통한 날에는 기뻐하고 곤고한 날에는 생각하라 하나님이 이 두 가지를 병행하게 하사 사람으로 그 장래 일을 능히 헤아려 알지 못하게 하셨느니라"

인간의 생사화복을 전도서에서는 순경과 역경이라고 합니다. 하나님은 순경과 역경을 가지고 자기 백성들을 다스려 가십니다. 순경도 하나님의 사랑이고, 역경도 하나님의 사랑입니다. 천국 같은 환경도 하나님의 사랑이고, 지옥 같은 환경도 하나님의 사랑인 것입니다.

그래서 부르심을 입은 자들에게는 모든 것이 합력하여 선을 이룬다고 하는 것입니다. 그래서 아담이 범죄하자 에덴동산으로 내어 보낸 것도 사랑인 것입니다. 하나님은 아담이 범죄하자 푸른 초장과 같은 에덴동산에서 사망의 음침한 골짜기와 같은 세상으로 내어 쫓으셨습니다. 아담의 입장에서 보면 저주처럼 보일지라도 하나님 입장에서는 사랑입니다.

우리가 기억할 것은 우리에게 일어나는 모든 일은 하나님의 섭리로 보아야 한다는 것입니다. 하나님은 자기 백성들을 눈동자같이 지키고 계십니다. 이 사실을 믿는다면 지금 내게 일어나는 모든 희로애락의 일들은 하나님께서 필요하여서 주신 것이라는 사실을 알아야 합니다. 좋은 일이든 나쁜 일이든 다 주께서 벌이신 것입니다. 우리의 신앙을 위해서…

아담은 에덴동산 밖에서 여자의 후손이 올 때까지 정한 기간 동안 저주의 삶을 살아야 합니다. 정한 때가 되면 하나님은 여자의 후손을 보내서 저주의 땅에서 빼내 주실 것입니다. 이를 구약의 이스라엘을 통해서 보여주셨습니다. 아브라함 후손을 애굽에서 빼내 주는 것으로 보여주신 것입니다.

출애굽기 2장을 봅시다.

출 2:23-25 "여러 해 후에 애굽 왕은 죽었고 이스라엘 자손은 고역으로 인하여 탄식하며 부르짖으니 그 고역으로 인하여 부르짖는 소리가 하나님께 상달한지라 24하나님이 그 고통 소리를 들으시고 아브라함과 이삭과 야곱에게 세운 그 언약을 기억하사 25이스라엘 자손을 권념하셨더라"

이스라엘이 출애굽 할 수 있었던 것은 아브라함 언약 때문입니다. 애굽에서 종살이한 것도 아브라함과 한 언약 때문이고, 애굽에서 구원받은 것도 언약 때문입니다. 아브라함 언약이 이스라엘을 끌고 다닌 것입니다. 그래서 이스라엘의 출애굽을 아브라함과 이삭과 야곱에게 하신 언약을 기억하사 이스라엘 자손을 권념하셨다고 하는 것입니다.

이스라엘은 아브라함 언약에서 나온 자들입니다. 이것은 마치 창세전 언약에서 성도가 나온 것과 같습니다. 그러므로 아브라함 언약은 창세전 언약을 예표하는 언약이 되는 것입니다. 하나님은 먼저 아브라함에게 언약하십니다. 그리고 그 언약에 따라 후손들의 인생을 간섭하시는 것입니다.

창세기 15장을 봅시다.

창 15:13-16 "여호와께서 아브람에게 이르시되 너는 정녕히 알라 네 자손이 이방에서 객이 되어 그들을 섬기겠고 그들은 사백 년 동안 네 자손을 괴롭게 하리니 ¹⁴그 섬기는 나라를 내가 징치할찌며 그 후에 네 자손이 큰 재물을 이끌고 나오리라 ¹⁵너는 장수하다가 평안히 조상에게로 돌아가 장사될 것이요 ¹⁶네 자손은 사 대 만에 이 땅으로 돌아오리니"

언약의 내용이 아브라함 후손들이 이방의 객이 되었다가 약속의 땅으로 돌아오는 것으로 되어 있습니다. 아브라함의 후손인 이스라엘은 그 언약에 따라서 애굽에서 400년 동안 종살이를 하게 되었던 것입니다. 아브라함과 약속한 때가 차매 하나님이 아브라함에게 하신 언약을 기억하사 출애굽 시키신 것입니다.

출애굽 시키실 때도 그냥 시키지 않고 유월절 어린양의 피로 출애굽 시키신 것입니다. 이것은 우리가 예수님의 피로 죄와 사망의 권세로부터 해방을 맞이한 것과도 같습니다. 아담이 죄를 벗을 수 있는 길은 독자적으로는 불가능합니다. 죄인 쪽에서는 죄를 해결할 방법이 없습니다. 누군가가 대신 담당해 주어야 합니다.

죄 문제는 하나님 쪽에서 해결해 주어야만 합니다. 그것이 출애굽 때는 어린양의 죽음으로 죽음의 재앙에서 나오는 것으로 나타났습니다. 이것은 그림자입니다. 신약으로 오면 실상이 나타나는데 그것이 예수님의 죽음으로 자기 백성들이 죄와 사망의 권세로부터 해방되는 것으로 나타난 것입니다.

아담은 독자적으로 에덴동산에 들어갈 수가 없습니다. 누군가의 도움으로만 에덴동산으로 들어갈 수 있습니다. 그래서 하나님은 아담을 에덴동산에서 쫓아내시면서 뱀의 머리를 깨트릴 여자의 후손을 보내주겠다고 약속하신 것입니다.

이것은 마치 이스라엘이 독자적으로 출애굽을 할 수 없어서 모세를 보내서 출애굽 시키신 것과도 같습니다. 여자의 후손이 모세처럼 이 세상으로 와서 언약의 후손인 성도들을 죄악 된 세상으로부터 구원해 내는 것입니다.

하나님은 죄인이 여자의 후손의 도움으로 에덴동산에 들어오도록 하신 겁니다. 에덴의 문을 여는 자가 하나님이 약속하신 여자의 후손인 것입니다. 누가 에덴의 문을 열었습니까? 예수님입니다. 예수님이 십자가에서 그 문을 여신 것입니다.

마태복음 27장을 봅시다.

마 27:50-53 "예수께서 다시 크게 소리 지르시고 영혼이 떠나시다 ⁵¹이에 성소 휘장이 위로부터 아래까지 찢어져 둘이 되고 땅이 진동하며 바위가 터지고 ⁵²무덤들이 열리며 자던 성도의 몸이 많이 일어나되 ⁵³예수의 부활 후에 저희가 무덤에서 나와서 거룩한 성에 들어가 많은 사람에게 보이니라"

예수님이 십자가에서 죽으실 때 성소의 휘장이 위에서 아래로 찢어집니다. 성소의 휘장이 찢어진 것은 지성소로 들어갈 길이 생긴 것입니다. 이것은 에덴동산으로 들어가는 문이 열린 것과 같습니다. 히브리서에서는 이것을 '새롭고 산 길'이라고 합니다.

성막의 구조를 보면 뜰과 성소와 지성소로 되어 있습니다. 뜰에서 성소는 매일 제사장들이 드나들었습니다. 그러나 지성소는 대제사장이 일 년에 단 한 차례만 들어갈 수 있습니다. 성소는 일반 제사장들이 드나들지만, 지성소는 오직 대제사장만이 들어갈 수 있습니다.

예수님이 십자가에서 죽으시자 성소의 휘장이 찢어진 것은 지성소로 들어가는 길이 열린 것입니다. 이것은 예수님이 바로 대제사장이라는 말입니다. 예수님이 대제사장이 되어서 지성소의 문을 여신 것입니다. 이것은 에덴동산의 문을 여신 것과도 같습니다. 그래서 예수님께서 십자가에서 열어 놓으신 그 문을 일컬어 '새롭고 산 길'이라고 하는 것입니다.

히브리서 10장입니다.

히 10:19-20 "그러므로 형제들아 우리가 예수의 피를 힘입어 성소에 들어갈 담력을 얻었나니 ²⁰그 길은 우리를 위하여 휘장 가운데로 열어 놓으신 새롭고 산 길이요 휘

장은 곧 저의 육체니라"

아담이 쫓겨난 이후 굳게 잠겨 있던 빗장이 예수님의 죽으심으로 풀린 것입니다. 비로소 에덴동산으로 들어가는 문이 열린 것입니다. 예수님이 "나는 길이요 진리요 생명"이라고 하시고 "누구든지 나로 말미암지 않고서는 아버지께로 갈 수 없느니라"라고 하셨습니다.

에덴동산의 문은 예수님의 피로써만 들어갈 수 있습니다. 죄인이 예수님의 피로 원래의 자리로 돌아갈 수 있게 된 것입니다. 창세전부터 하나님은 아담의 구원을 예수 안에서 이루어지는 것으로 작정하신 것입니다. 이것을 예정이라고 합니다.

하나님의 나라는 은혜의 나라입니다. 그래서 에덴동산은 우리의 의로 들어갈 수 없고 예수 그리스도의 의로 들어가게 되는 것입니다. 구원은 거룩함을 입는 것입니다. 예수 그리스도의 의로 옷을 입는 것입니다. 이를 거룩하게 하시는 분 안에서 거룩하게 된다고 하였습니다.

히브리서 2장을 봅시다.

히 2:11-12 "거룩하게 하시는 자와 거룩하게 함을 입은 자들이 다 하나에서 난지라 그러므로 형제라 부르시기를 부끄러워 아니하시고 ¹²이르시되 내가 주의 이름을 내 형제들에게 선포하고 내가 주를 교회 중에서 찬송하리라 하셨으며"

거룩하게 하시는 분과 거룩함을 입는 자를 한 형제라고 합니다. 이는 예수 그리스도 안에서 자기 백성들이 의로워지는 것을 말합니다. 하나님의 의가 예수 그리스도 안에서 자기 백성들에게 주어지는 것으로 나타난 것입니다. 이를 새 언약이라고 합니다. 이것을 믿으라는 것입니다. 그래서 성령을 보내주신 것입니다. 성령이 예수 그리스도의 의로 살아가게 하십니다. 이를 믿음으로 산다고 합니다.

율법 지킴을 의로 여기고 살아가는 것은 옛 언약 방식입니다. 옛 언약은 예수님께서 십자가로 폐하셨습니다. 예수님께서 자기 몸으로 율법의 요구를 완성하신 것입니다. 이를 새 언약이라고 합니다. 마귀는 예수님의 십자가를 헛되게 만드는 일을 합니다. 그것이 옛 언약 방식으로 살라고 미혹하는 것입니다. 인간의 힘으로 하나님께 나아가라는 것입니다. 이것이 율법 지킴으로 자기 의를 쌓는 형식으로 나타나고 있는 것입니다.

신앙은 누구 흔적을 남기느냐의 싸움입니다. '내 의인가, 예수 그리스도의 의인가?' 하나님은 에덴동산을 떠나는 아담에게 여자의 후손을 기다리라고 하십니다. 여자의 후손이 와서 뱀의 머리를 깨트린다고 하셨습니다. 여자의 후손이 뱀의 머리를 깨트린다는 것은 곧 뱀의 신앙을 깨트린다는 뜻입니다.

뱀의 신앙은 인간의 의를 쌓는 것입니다. 이것이 율법주의입니다. 구약 교회는 율법주의였습니다. 예수님이 오시자 바리새인들이 율법 지킴이라는 자기 의로 가득했습니다. 은혜로 세워져야 하는 나라를 법으로 세워가고 있었던 것입니다. 그래서 예수님께서 율법주의로부터 빼내는 구원을 하신 것입니다. 창세전에 예정된 구원은 율법에서 은혜로 옮겨지는 것입니다.

갈라디아서 4장을 봅시다.

갈 4:1-11 "내가 또 말하노니 유업을 이을 자가 모든 것의 주인이나 어렸을 동안에는 종과 다름이 없어서 ²그 아버지의 정한 때까지 후견인과 청지기 아래 있나니 ³이와 같이 우리도 어렸을 때에 이 세상 초등학문 아래 있어서 종노릇하였더니 ⁴때가 차매 하나님이 그 아들을 보내사 여자에게서 나게 하시고 율법 아래 나게 하신 것은 ⁵율법 아래 있는 자들을 속량하시고 우리로 아들의 명분을 얻게 하려 하심이라 ⁶너희가 아들인 고로 하나님이 그 아들의 영을 우리 마음 가운데 보내사 아바 아버지라 부르게 하셨느니라 ⁷그러므로 네가 이후로는 종이 아니요 아들이니 아들이면 하나님으로 말미암아 유업을 이을 자니라 ⁸그러나 너희가 그때에는 하나님을 알지 못하여 본질상 하나님이 아닌 자들에게 종노릇하였더니 ⁹이제는 너희가 하나님을 알뿐더러 하나님의 아신 바 되었거늘 어찌하여 다시 약하고 천한 초등학문으로 돌아가서 다시 저희에게 종노릇하려 하느냐 ¹⁰너희가 날과 달과 절기와 해를 삼가 지키니 ¹¹내가 너희를 위

하여 수고한 것이 헛될까 두려워하노라"

하나님은 창세전에 어린양의 생명책에 녹명된 자들을 먼저 율법 아래 나게 하십니다. 이는 율법 신앙으로부터 출발케 한다는 것입니다. 율법 신앙은 '자기 의 쌓기'입니다. 정한 때가 되면 예수 그리스도의 십자가로 율법 아래 있는 자들을 속량하십니다.

예수님의 피로 속량 받은 자들에게 성령을 보내주십니다. 성령이 인간의 의로 살지 말고 예수 그리스도의 의로 살라고 하십니다. 하지만 마귀는 인간의 의로 살라고 합니다. 인간의 의로 하나님께 나아가라고 합니다. 그것이 율법주의로 돌아가게 하는 것입니다.

예수님께서 십자가에서 날과 달과 절기를 지키는 율법의 조문을 도말하였습니다. 인간의 의를 쌓는 신앙을 헐어 버리셨습니다. 그리고는 다시는 율법의 천한 초등학문으로 돌아가지 말라고 하셨습니다. 율법주의로 돌아가면 예수 그리스도가 허물어 놓은 것을 다시 세우는 것이 됩니다. 예수님을 십자가에 다시 못 박는 것이 됩니다. 그럼에도 사람들이 율법주의를 좋아하는 것은 율법 신앙 속에 자기 자랑이 있기 때문입니다.

예수님께서 "나를 좇으려면 자기 십자가를 지고 좇으라"고 하시면서 "누구든지 자기 목숨을 버리지 않는 자는 내게 합당치 않다"고 하셨습니다. 이는 율법신앙을 죽이라는 것입니다. 자기 의로 하나님께 나아오지 말라는 것입니다. 자신의 행위로 구원을 얻고자 하지 말라는 말씀입니다.

그래서 신앙의 첫걸음이 옛사람이 죽는 물세례로부터 시작되는 것입니다. 물세례는 율법의 사람이 죽는 것입니다. 율법의 사람이 죽어야 생명과를 먹을 수 있습니다. 그래서 예수님이 물세례를 받고 물에서 올라오실 때 성령이 임한 것입니다. 예수님께서 자기 백성들을 대신하여서 물세례를 받으신 것입니다. 이를 예수와 함께 십자가에 못 박혔다고 합니다. 이러한 자들에게 성령이 임하십니다.

옛사람이 예수와 함께 십자가에서 죽음으로써 생명과를 먹을 수 있게 된 것입니다. 이를 이긴 자라고 합니다. 생명과는 죄를 이긴 자만이 먹을 수 있습니다. 죄는 예수 그리스도 안에서만 이길 수 있습니다. 그러므로 예수 그리스도를 믿음으로 살아가는 자들이 이긴 자가 되는 것입니다. 하나님은 이긴 자들에게 낙원에 있는 생명나무 과실을 먹게 해주십니다.

요한계시록 2장을 봅시다.

계 2:7 "귀 있는 자는 성령이 교회들에게 하시는 말씀을 들을찌어다 이기는 그에게는 내가 하나님의 낙원에 있는 생명나무의 과실을 주어 먹게 하리라"

이긴 자는 선악의 법에서 벗어난 자들을 말합니다. 율법으로부터 자유한 자들입니다. 하나님의 낙원은 예수님과 함께 십자가에 죽어서 율법으로부터 자유한 자들만이 들어갈 수가 있습니다. 율법은 예수 안에서만 이길 수 있습니다.

생명과를 담으려면 먼저 선악의 사람이 죽어야 합니다. 그래서 하나님은 선악과를 먹은 아담을 에덴동산 바깥, 죽은 자들이 살아가는 무덤으로 쫓아내신 것입니다. 아담이 쫓겨난 이 세상은 죽은 자들이 살아가는 무덤인 것입니다.

예수님은 무덤 속에 있는 자들을 불러내십니다. 예수의 음성을 듣고 무덤에서 나온 자들이 모인 곳이 교회입니다. 교회는 예수님의 핏값으로 산 곳입니다. 예수님의 피로 밭을 하나 샀는데, 그 밭을 '아겔다마' 곧 '피 밭'이라고 합니다.

피 밭이란 무덤이라는 뜻입니다. 피 밭으로 나그네들의 무덤을 삼습니다. 성도를 일컬어 이 세상에서 외국인이요 나그네요 객이라고 합니다. 나그네들이 모인 곳이 교회입니다. 그래서 교회를 일컬어 '나그네들의 무덤'이라고 하는 것입니다. 선악의 사람이 교회에서 예수와 함께 십자가에서 죽임을 당하고 장사되어야 합니다.

예수님이 무덤을 마련해 주셨듯이, 구약 이스라엘의 조상인 아브라함도 이 땅에 '막

벨라 굴'이라는 무덤 하나를 장만하고 갔습니다. 구약의 언약의 후손들은 모두가 그 무덤 속에 장사되었습니다. 그래서 구약의 사람들이 죽으면 열조로 돌아갔다고 하는 것입니다. 아브라함의 무덤이 신약에서는 예수 그리스도의 피로 산 교회로 나타난 것입니다. 예수님의 피로 세운 교회는 선악의 사람이 죽임당하는 곳입니다.

범죄로 인하여 에덴동산에서 추방당한 아담이 교회에서 예수와 함께 장사되고 죄 없는 자로 다시 살아나야 하는 것입니다. 그래야 에덴동산으로 다시 돌아갈 수 있습니다. 예수님의 십자가는 에덴동산으로 가는 문입니다. 그래서 예수님께서 "내가 곧 길"이라고 하시면서 "누구든지 나로 말미암지 않고서는 아버지께로 갈 자가 없다"고 말씀하신 것입니다.

예수로 말미암아 에덴동산으로 가는 길이 열린 것입니다. 하지만 그 길이 좁고 협착하여서 찾는 이가 적다고 하십니다. 이는 인간의 힘으로도 갈 수 없고 인간의 의로도 갈 수 없기 때문입니다. 그 길은 오직 하나님께로서 난 자들만이 들어갈 수 있습니다.

온 세상에 구원의 길이 열려있습니다. 그러나 그 길은 아무나 들어갈 수 없습니다. 오직 하나님께로서 난 자들만이 들어갈 수 있는 것입니다. 그들이 바로 창세전에 영생 받기로 작정되어 어린양의 생명책에 녹명된 자들입니다. 그들이 바로 우리입니다.

예수님의 십자가 도는 예수를 믿는 우리에게는 구원의 빙거이지만 믿지 아니하는 자들에게는 멸망의 빙거입니다. 어떤 이는 예수로 구원을 얻지만, 어떤 이는 예수로 말미암아 심판을 당합니다. 믿지 아니하는 자들에게는 예수는 4대 성인 중의 한 사람이지만, 믿는 우리에게 예수는 우리를 죄에서 구속해 주신 주와 그리스도이십니다. 에덴의 문을 열어주신 구원주이십니다.

영적으로 예수 그리스도 안이 에덴동산입니다. 성도는 에덴동산으로 이미 들어간 자들입니다. 영적으로 보면 예수 그리스도 안이 안식의 세계입니다. 성도는 비록 죄 아래 살고 있지만 안식으로 살아가고 있는 것입니다. 그래서 하나님의 나라는 먹고 마시는 것이 아니고 성령 안에서의 의와 평강과 희락이라고 하신 것입니다. 성도는 예수가 주는 의와 예수가 주는 희락과 예수가 주는 평안으로 안식을 누리는 자들입니다.

　이제 곧 성경의 결론이 이루어집니다. 만물의 마지막이 가까이 왔습니다. 때를 분별할 수 있어야 합니다. 지금은 씨를 뿌릴 때가 아니고 추수할 때입니다. 어린아이와 같이 젖 먹는 신앙에서 벗어나야 합니다. 장성한 자가 되어서 단단한 식물을 먹어야 합니다. 젖 먹는 신앙은 먹고 입고 마시는 세상 것을 구하는 것이고, 단단한 음식은 그의 나라와 그의 의를 구하는 것입니다.

　하나님이 입혀 주신 가죽옷을 입고 있어야 합니다. 예수 그리스도의 옷을 입고 에덴동산으로 다시 돌아가야 합니다. 그 동산이 예수님이 몰고 오는 새 하늘과 새 땅입니다. 그 땅에서 뱀의 미혹으로 이루지 못한 일들을 해야 합니다. 아담과 하와가 하지 못한 일들을 예수님과 성도들이 해야 하는 것입니다.

　그 세계를 천년왕국이라고 합니다. 천년왕국은 하나님이 입혀 주신 옷을 입고 들어가게 됩니다. 하나님께서 어린양의 혼인 잔치에 들어갈 신부들에게 흰 세마포 옷을 입혀 주셨습니다. 예수 그리스도의 의의 옷입니다. 그 옷을 입고 등불을 들고 신랑을 기다리는 처녀들과 같이 기다리시기를 주의 이름으로 축원드립니다.

맺는말

성경은 "태초에 하나님이 천지를 창조하시니라"라고 하면서 역사의 문을 엽니다.
그리고 "아멘 주 예수여 오시옵소서"라고 역사의 문을 닫아버립니다.
태초에 천지를 방문하신 하나님이 다시 세상에 오심으로 천지창조가 완성됩니다.
우리는 지금까지 천지창조 속에 담긴 우리의 구원 이야기를 살펴보았습니다.
내가 누구인지 우리의 정체성을 알아보았습니다.

내가 어디서 와서,
무엇을 하다가,
어디로 가는지를 알게 되었습니다.

'어디서 와서'는 과거이고,
'무엇을 하다가'는 현재이고,
'어디로 가는지'는 미래입니다.

우리의 인생은
태초라는 과거에서 창세전 언약을 씨앗처럼 품고 와서,
역사라는 현재에서 창세전 언약을 몸으로 풀어내는 삶을 살다가,
묵시라는 미래로 창세전 언약이 완성된 몸으로 나아가게 되는 것입니다.

첫째 날로 시작이 된 창조가 지금은 여섯째 날을 지나가고 있습니다.

포도원 품꾼 비유에서처럼
아침 일찍 부르심을 입은 사람도 있고,
점심 때 부르심을 입은 사람도 있고,
저녁 때 부르심을 입은 사람도 있습니다.

어떤 이는 첫째 날의 모습으로 살아가고,
어떤 이는 둘째 날의 모습으로 살아가고,
어떤 이는 셋째 날의 모습으로 살아가고,
어떤 이는 넷째 날의 모습으로 살아가고,
어떤 이는 다섯째 날의 모습으로 살아가고,
어떤 이는 여섯째 날의 모습으로 살아가고 있습니다.

지금은 엿새가 차가고 있는 때입니다.
역사의 종착역이 다가오고 있는 때입니다.
예수님이 재림하시면 일곱째 날이 완성됩니다.
그날을 소망하면서 현재 구원을 잘 이루어 가시기를 바랍니다.

부디 이 글을 통해서 우리의 정체성을 알고 구원의 즐거움을 회복하여서
역사의 때를 알아가는 지혜를 배웠으면 합니다.
지금은 잠잘 때가 아니고 잠에서 깨어날 때입니다.
만물이 신랑이 온다는 소식을 전해주고 있습니다.

그러므로 정신을 차리고 근신하면서
미래 천국을 현재 속에서 맛보면서 살아가시기를 바랍니다.

해 돋는 강동에서
정낙원 목사

창세전 언약으로 본 창조와 구원 이야기
(창세기 1, 2, 3장 강해)

1판 1쇄 인쇄 _ 2023년 10월 20일
1판 1쇄 발행 _ 2023년 10월 30일

지은이 _ 정낙원
펴낸이 _ 이형규
펴낸곳 _ 쿰란출판사

주소 _ 서울특별시 종로구 이화장길 6
편집부 _ 745-1007, 745-1301~2, 743-1300
영업부 _ 747-1004, FAX 745-8490
본사평생전화번호 _ 0502-756-1004
홈페이지 _ http://www.qumran.co.kr
E-mail _ qrbooks@daum.net / qrbooks@gmail.com
한글인터넷주소 _ 쿰란, 쿰란출판사
페이스북 _ www.facebook.com/qumranpeople
인스타그램 _ www.instagram.com/qrbooks
등록 _ 제1-670호(1988.2.27)
책임교열 _ 홍은숙 간사

© 정낙원 2023 ISBN 979-11-6143-474-2 93230

책값은 뒤표지에 있습니다.
이 출판물은 저작권법에 의해 보호를 받는 저작물이므로 무단 복제할 수 없습니다.
파본(破本)은 구입처에서 교환해 드립니다.